Peter Collier (Hrsg.), Helge Anke, Helmut Bergup, Doris Bredehöft, Marcus Curtius,
Reinhard Fresow, Norbert Hitter, Wolfram Peine, Sybille Schulemann-Adlhoch,
Rolf H. Stich, Volker Wedde, Daikan J. Westerbarkey, Thomas Zimmermann

Gepr. Handelsfachwirt

Das gesamte Fachwissen mit Praxisbeispielen

Mit Übungsaufgaben, Prüfungstipps und einer kompletten Prüfungssimulation.
Nach der Rechtsverordnung vom 2014 und dem DIHK-Rahmenplan

3. Auflage 2021

 Der Spezialist für Fachwirte

Die Verfasser verfügen über langjährige Erfahrung als Dozenten in Studiengängen und Mitglieder von IHK-Prüfungsausschüssen zum Gepr. Handelsfachwirt.

Umschlaggestaltung: Anita Schreiner, Würzburg
weConsult-Verlag – Der Spezialist für Fachwirte. 97222 Rimpar/Würzburg
www.weconsult-verlag.de
Satz: Christian Wöhrl, Hoisdorf
Druck: cpi-print, Leck
ISBN 978-3-948633-21-9

Alle Rechte vorbehalten. Ohne Genehmigung des weConsult-Verlags ist es nicht erlaubt, das Buch oder Teile daraus zu vervielfältigen, auch nicht für Unterrichtszwecke.

Ein kleiner Wegweiser zu diesem Lehrbuch

Die Titelzeile zeigt Ihnen das aktuelle Kapitel und Unterkapitel:

1 Unternehmensführung und Steuerung   1.2 Geschäftsidee und Businessplan

Sie finden im Buch immer wieder **Fallbeispiele** aus der Praxis, anschaulich am Beispiel des Modellunternehmens Trinkmann.

Definitionen sind zum leichteren Lernen rötlich unterlegt und kursiv gedruckt.

Exkurse zeigen Ihnen den Stoff, der sich zwar nicht im Rahmenplan findet, den man jedoch zum Erkennen des Gesamtzusammenhangs auch wissen sollte.

Was Sie unbedingt im Kopf behalten sollen, haben wir als Merksatz herausgehoben.

Aufgaben zur Selbstkontrolle finden Sie am Ende eines jeden Handlungsbereichs.

Inhaltsverzeichnis

Statt eines Vorworts 17

Teil A

Zwei hilfreiche Vorkapitel 21
Das Modellunternehmen „Trinkmann GmbH" stellt sich vor 21
Lern- und Arbeitsmethodik 23
    Einige Grundsätze über das Lernen 23

Teil B

1. Unternehmensführung und -steuerung 33

1.1 Voraussetzungen, Chancen und Risiken der unternehmerischen Tätigkeit ... 33
    1.1.1 Vor- und Nachteile unternehmerischer Selbstständigkeit 33
    1.1.2 Persönliche und fachliche Voraussetzungen 35
    1.1.3 Anmeldungen und Genehmigungen 36

1.2 Geschäftsidee und Businessplan 37
    1.2.1 Die Geschäftsidee 37
    1.2.2 Bestandteile der Geschäftsidee 37
    1.2.3 Der Businessplan 38
    1.2.4 Was bei einer Geschäftsübernahme zu beachten ist 42
    1.2.5 Die Unternehmensbewertung 42

1.3 Die Unternehmensorganisation 45
    1.3.1 Die Anforderungen an eine Organisation 45
    1.3.2 Organisation als Führungsaufgabe 46
    1.3.3 Die Aufbauorganisation 49
    1.3.4 Die Ablauforganisation 54
    1.3.5 Anpassung der Organisation 56
    1.3.6 Unternehmensorganisation und Kooperationen 57

1.4. Die Managementaufgaben im Unternehmen 57
    1.4.1 Leitbild, Corporate Identity und Ziele 58
    1.4.2 Strategie und strategische Planung 59
    1.4.3 Operative Planung 60

1.5 Das betriebliche Rechnungswesen 61
    1.5.1 Vom externen und internen Rechnungswesen 61
    1.5.2 Die Finanzbuchhaltung 62

    1.5.3 Die Bilanz 62
    1.5.4 Die Gewinn- und Verlustrechnung (G + V) 63
    1.5.5 Die Kosten- und Leistungsrechnung 65
    1.5.6 Die Gliederung der Kosten- und Leistungsrechnung 69
    1.5.7 Aufgaben, Bereiche und Ziele des Controllings 84
1.6 Finanzierung 99
    1.6.1 Finanzwirtschaftliche Grundsätze und Ziele im Unternehmen 99
    1.6.2 Wichtige finanzwirtschaftliche Kennzahlen. 100
    1.6.3 Außen- und Innenfinanzierung 102
    1.6.4 Kreditsicherheiten 111
1.7 Risikomanagement, Qualitätsmanagement und Umweltmanagement 114
    1.7.1 Risikomanagement in der betrieblichen Organisation 114
    1.7.2 Qualitätsmanagement. 118
    1.7.3 Umweltmanagement 121
1.8 Rechtsfragen zur Unternehmensführung 123
    1.8.1 Grundlagen des Steuerrechts 123
    1.8.2 Gesellschaftsrecht – Rechtsformen der Unternehmen 128
    1.8.3 Die Vollmacht im Handelsgewerbe 134
    1.8.4 Insolvenz und Liquidation 135
1.9 Aufgaben zur Selbstkontrolle 137
    1.9.1 Unternehmensführung allgemein 137
    1.9.2 Rechtsfragen in Unternehmensführung 147

2 Führung, Personalmanagement, Kommunikation und Kooperation 150
2.1 Führungsmethoden. 150
    2.1.1 Ziele der Personalführung und Unternehmensziele. 150
    2.1.2 Unternehmensleitbild und Führungsgrundsätze 150
    2.1.3 Personale und soziale Kompetenzen, Methoden- und Fachkompetenz . . . 153
    2.1.4 Führungsmethoden 156
2.2 Zeit- und Selbstmanagement 161
    2.2.1 Die Prioritäten der Aufgaben müssen festgelegt werden. 161
    2.2.2 Instrumente des Zeitmanagements 163
    2.2.3 Zeitplansysteme 164
    2.2.4 Zeitdiebe und Zeitfresser 165
    2.2.5 Biorhythmus und Leistungskurve 165
    2.2.6 Stress, seine Auswirkungen und einige Möglichkeiten, ihn zu reduzieren . . 166
    2.2.7 Die Work-Life-Balance 167

2.3 Personalmarketing, Personalauswahl und -einstellung 168
2.3.1 Konzepte des Personalmarketings 168
2.3.2 Innerbetriebliche und außerbetriebliche Personalbeschaffung 172
2.3.3 Die Auswahl von Mitarbeitern 174
2.3.4 Controlling des Auswahlverfahrens 179

2.4 Planen und Durchführen der Berufsausbildung 180
2.4.1 Der Ausbildungsbedarf und die Voraussetzungen für die Ausbildung 180
2.4.2 Ausbildungsberufe für den Handelsbetrieb 182
2.4.3 Zusammenarbeit mit der Berufsschule 185
2.4.4 Betriebliche Ausbildungspläne 187
2.4.5 Personalbeschaffung, Auswahlverfahren und Vorstellungsgespräche 188
2.4.6 Durchführung der Ausbildung 191

2.5 Die Beurteilung 197
2.5.1 Ziele und Anlässe von Beurteilungen 197
2.5.2 Das Beurteilungsverfahren 198
2.5.3 Das Beurteilungsgespräch 204
2.5.4 Auch Beurteilungen lassen sich verbessern 204

2.6 Die drei Seiten der Personalplanung 205
2.6.1 Aufgaben und Ziele der Personalplanung 205
2.6.2 Phasen der Personalbedarfsplanung 207
2.6.3 Methoden der Personalbedarfsplanung 209
2.6.4 Instrumente der Personalbedarfsplanung 212
2.6.5 Die Personalkostenplanung 212
2.6.6 Die Personaleinsatzplanung 214

2.7 Planen und Organisieren von Qualifizierungsmaßnahmen 217
2.7.1 Methoden zur Ermittlung des Weiterbildungsbedarfs 217
2.7.2 Qualifizierungsmaßnahmen 221
2.7.3 Der Lernprozess 223
2.7.4 Wie kann man den Erfolg messen? 233

2.8 Personalkennziffern 234
2.8.1 Personalinformationssysteme 234
2.8.2 Personalkennziffern 235
2.8.3 Die Balanced Scorecard 238
2.8.4 Personalkennziffern 239

2.9 Entgeltsysteme 239
2.9.1 Ziele der Entgeltfindung 239
2.9.2 Entgeltformen 240

2.10 Personalentwicklung und Teambildung 243
    2.10.1 Systematische Entwicklung von Mitarbeitern 243
    2.10.2 Personalentwicklungsinstrumente on-the-job 246
    2.10.3 Mitarbeitergespräche – das wichtigste Führungsmittel! 248
    2.10.4 Wie schafft man ein gutes Team? 252
    2.10.5 Projektmanagement 257

2.11 Kommunikation, Präsentations- und Moderationstechniken 260
    2.11.1 Gesprächsführung 260
    2.11.2 Wahrnehmung und Kommunikation 261
    2.11.3 Konfliktmanagement. 264
    2.11.4 Moderations- und Präsentationstechniken 266

2.12 Arbeits- und Gesundheitsschutz 269
    2.12.1 Die Gesundheit der Mitarbeiter 269
    2.12.2 Vereinbarkeit von Beruf und Familie 271

2.13 Ausgewählte arbeitsrechtliche Bestimmungen 271
    2.13.1 Grundlagen des Arbeitsrechts 271
    2.13.2 Auswählen und Einstellen von Mitarbeitern 272
    2.13.3 Der Abschluss des Arbeitsvertrags 275
    2.13.4 Arbeitsschutzbestimmungen. 283
    2.13.5 Die Abmahnung. 286
    2.13.6. Die Beendigung von Arbeitsverhältnissen 287
    2.13.7 Das Arbeitszeugnis 294
    2.13.8 Das Betriebsverfassungsrecht 296
    2.13.9 Das Tarifrecht 299

2.14 Aufgaben zur Selbstkontrolle. 301
    2.14.1 Führung, Personalmanagement. Kommunikation und Kooperation 301
    2.14.2 Arbeitsrecht 316

3. Handelsmarketing 320

3.1 Marketing: Vom Markt her denken 320

3.2 Handelsrelevante Entwicklungen 322
    3.2.1 Entwicklung vom Verkäufer- zum Käufermarkt 322
    3.2.2 Stakeholder des Handelsbetriebs und ihre Erwartungen 329
    3.2.3 Die Dynamik der Betriebsformen des Handels. 329
    3.2.4 Entwicklungen und Perspektiven der Kooperationen 336

3.3 Markt-/Zielgruppenanalysen und Marketingstrategien 340
    3.3.1 Daten zur Beschreibung von Märkten 340
    3.3.2 Aufgaben und Methoden der Marktforschung. 344

3.3.3 Befragung 348
3.3.4 Beobachtung 350
3.3.5 Test/Experiment. 350
3.3.6 Panel. 350
3.3.7 Situation des Unternehmens auf den Märkten. 351
3.3.8 Marketingstrategien 355
3.3.9 Marktsegmentierung 359

3.4 Einsetzen von Marketinginstrumenten. 362
3.4.1 Marketinginstrumente des Handelsbetriebs 363
3.4.2 Einfluss der Marketingstrategien des Produktionsbetriebs auf den Handelsbetrieb 372
3.4.3 Positionierung und Profilierung 374
3.4.4 Standortmarketing 375
3.4.5 Standortkooperationen 389
3.4.6 Preispolitik 390

3.5 Die Gestaltung des Sortiments. 396
3.5.1 Ziele und Aufgaben der Sortimentspolitik 396
3.5.2 Sortimentskontrolle und sortimentspolitische Maßnahmen 401
3.5.3 Markenpolitik 403
3.5.4 Der Produktlebenszyklus 407

3.6 Verkaufsförderung und Servicepolitik 409
3.6.1 Maßnahmen der Verkaufsförderung im Distributionsprozess. 410
3.6.2 Serviceangebote und Betriebsform. 414
3.6.3 Instrumente des Customer Relationship Management (CRM) 417
3.6.4 Beschwerdemanagement 419

3.7 Verkaufsflächengestaltung, Warenpräsentation und Visual Merchandising. 425
3.7.1 Verkaufsflächengestaltung 426
3.7.2 Planung der Warenpräsentation. 429
3.7.3 Zusammenarbeit mit internen und externen Partnern. 429

3.8 Die Werbekonzeption 430
3.8.1 Werbeforschung 430
3.8.2 Werbeziele 431
3.8.3 Die Werbeplanung 432
3.8.4 Werbeerfolgskontrolle. 440
3.8.5 Werbekooperationen 442
3.8.6 Direktwerbung 443
3.8.7 Sonderformen der Werbung 444

3.9 Öffentlichkeitsarbeit 447
3.9.1 Zielgruppen der Öffentlichkeitsarbeit 447

    3.9.2 Kommunikationsinstrumente der PR 448
    3.9.3 PR im Krisenfall 450
    3.9.4 Sonderinstrumente der Kommunikationspolitik 451
    3.9.5 Eventmarketing 452

3.10 E-Commerce 453
    3.10.1 Strategische Geschäftsmodelle im E-Commerce 454
    3.10.2 E-Commerce-Strategie 457
    3.10.3 Customer-Relationship-Management im E-Commerce 458
    3.10.4 Vertriebswege im E-Commerce 460
    3.10.5 E-Commerce-Marketinginstrumente 461
    3.10.6 Besondere Controllinginstrumente des E-Commerce 462

3.11 Märkte und Marktstrategien 463
    3.11.1 Einige nützliche volkswirtschaftliche Grundbegriffe 463
    3.11.2 Produktionsfaktoren und volkswirtschaftliche Gesamtrechnung 465
    3.11.3 Auswirkungen von Markt- und Preismechanismen auf die
           Marktstrategie des Unternehmens 468
    3.11.4 Konjunktur und Wachstum 478
    3.11.5 Auswirkungen der Globalisierung 485
    3.11.6 Der Marketing-Mix: Gebündelte Marketingaktivitäten 487
    3.11.7 Controlling der Marketingaktivitäten 489

3.12. Grundlagen des Wettbewerbsrechts 493
    3.12.1 Die Ziele des Wettbewerbsrechts 493
    3.12.2 Welche Bereiche regelt das UWG 493
    3.12.3 Rechtsfolgen eines Verstoßes 504
    3.12.4 Das Marken- und Kennzeichenrecht 506
    3.12.5 Das Urheberrecht 507
    3.12.6 Das Kartellrecht 509
    3.12.7 Bundesdatenschutzgesetz (BDSG) und Datenschutzgrundverordnung (DSGVO) 510

3.13 Aufgaben zur Selbstkontrolle 513
    3.13.1 Handelsmarketing einschließlich Volkswirtschaftslehre 513
    3.13.2 Wettbewerbsrecht 523

4. Beschaffung und Logistik 526
4.1 Ermitteln des Bedarfs an Gütern und Dienstleistungen 527
    4.1.1 Die Analyse des Warenbedarfs 528
    4.1.2 Analyse des Bedarfs an Dienstleistungen 531
    4.1.3 Bedarfsmengenermittlung 532

4.2 Beschaffungs- und Logistikprozesse 538
    4.2.1 Organisationsformen der Beschaffung und Logistik 538
    4.2.2 Der Beschaffungsprozess 542
    4.2.3 Beschaffungs- und Logistikcontrolling 552

4.3 Die Wertschöpfungskette (Supply Chain Management) 553
    4.3.1 Supply Chain Managementsystem in betrieblichen Prozessen 553
    4.3.2 Beschaffungs- und logistikbezogene Entscheidungen 553
    4.3.3 Identifikationstechnologien 554
    4.3.4 Standardprozesse 555
    4.3.5 Warenflusssteuerung 557

4.4 Efficient Consumer Response (ECR),
kunden- und lieferantenbezogener Waren- und Datenfluss 559
    4.4.1 Category Management als eine Voraussetzung für ECR 559
    4.4.2 Strategien des Efficient Consumer Response 565

4.5 Transport- und Entsorgungsprozesse 568
    4.5.1 Transportprozesse 568
    4.5.2 Entsorgung 575

4.6 Lagerprozesse 579
    4.6.1 Entscheidung für die Lagerhaltung 579
    4.6.2 Lagerorganisation 580
    4.6.3 Wirtschaftlichkeit der Lagerhaltung 590

4.7 Kaufrecht und Erfüllungsstörungen 602
    4.7.1 Kaufvertragsrecht 602
    4.7.2 Die Anfechtung 609
    4.7.3 Fernabsatzverträge und außerhalb von Geschäftsräumen geschlossene Verträge 611
    4.7.4 Erfüllungsstörungen 616
    4.7.5 Mängelhaftung (Gewährleistungsansprüche) 618
    4.7.6 Die Verjährung 621

4.8 Aufgaben zur Selbstkontrolle 623
    4.8.1 Beschaffung und Logistik 623
    4.8.2 Kaufrecht und Erfüllungsstörungen 630

5. Vertriebssteuerung 632

5.1 Vertriebsstrategien 632
    5.1.1 Entwicklung einer Vertriebsstrategie 632
    5.1.2 Das Key Account Management 635
    5.1.3 Vertriebsstrategie-Konzepte 640
    5.1.4 Customer Relationship Management (CRM) als Marketinginstrument 643

  5.1.5 Formen der Kundenbindung 647
  5.1.6 Phasen in Managementprozessen 650
  5.1.7 Sortimentsstrategien unter dem Aspekt der Hersteller- und Händlerinteressen 651
  5.1.8. Sortimentsstrategien unter dem Aspekt der Kundengewinnung und Kundenbindung . . . 651
5.2 Flächenoptimierung **656**
  5.2.1 Flächenarten 656
  5.2.2 Kundenlaufstudien 657
  5.2.3 Bonanalyse 658
  5.2.4 Gestaltung der Einkaufsatmosphäre 659
5.3 Kundenbedürfnisse und Kundenverhalten **660**
  5.3.1 Auswirkungen von Kundenbedürfnissen und Kundenverhalten auf die Beschaffungsprozesse 660
  5.3.2 Ergebniskontrolle 669
  5.3.3 Stärken und Schwächen des Category Managements 670
5.4 Preis- und Konditionenpolitik **672**
  5.4.1 Verhältnis von strategischer und operativer Preispolitik im Handel 672
  5.4.2 Preispolitische Strategien 675
  5.4.3 Preisdifferenzierung 677
  5.4.4 Konditionenpolitik 678
  5.4.5 Überwachung und Kontrolle des Preis- und Konditionensystems 681
5.5 Aufgaben zur Selbstkontrolle **683**

6. Handelslogistik 693
6.1 Planen, Steuern, Kontrollieren und Optimieren der Logistikkette **693**
  6.1.1 Abläufe in der Logistikkette 693
  6.1.2 Beschaffungslogistik 695
  6.1.3 Transportlogistik 698
  6.1.4. Lagerlogistik 705
  6.1.5 Inhouse-Logistik 713
  6.1.6 Informationslogistik 718
6.2 Aushandeln von Vertragskonditionen und Vergabe von Aufträgen **720**
  6.2.1 Verhandlungsstrategien 720
  6.2.2 Verhandlungsführung 721
  6.2.3 Auftragsvergabe 722
6.3 Umsetzen der Transportsteuerung und von logistischen Lösungen **724**
6.4 Bewerten von logistischen Investitionen **730**
  6.4.1 Kosten der Lagerhaltung 730
  6.4.2 Logistikcontrolling 732

6.5 Aufgaben zur Selbstkontrolle 737

7. Einkauf 740
7.1. Entwickeln von Einkaufstrategien 740
   7.1.1. Der Einkauf im Zusammenspiel mit Verkauf und Lager 740
   7.1.2. Beschaffungsstrategien 742
   7.1.3. Beschaffungspolitik 747
   7.1.4. Beschaffungsprinzipien 749
   7.1.5. Qualitätsstrategie im Einkauf 750
   7.1.6. Organisationsformen des Einkaufs 751
   7.1.7. Einkaufskooperationen und strategische Partnerschaften 752
   7.1.8. E-Business in der Beschaffung 754
7.2. Sortimentsstrategie, Hersteller- und Handelsmarken 755
   7.2.1. Sortimentsstrategie 755
   7.2.2. Herstellermarken 762
   7.2.3. Handelsmarken/Eigenmarken 762
7.3. Auswählen von Lieferanten und Beschaffungswegen 765
   7.3.1. Beschaffungsmarktforschung 765
   7.3.2. Zielobjekte der Beschaffungsmarktforschung 766
   7.3.3. Vorgehensweise in der Beschaffungsmarktforschung 767
   7.3.4. Auswahl von Lieferanten und Beschaffungswegen 768
7.4. Verhandlungsstrategien 777
   7.4.1. Wissen ist Macht 777
   7.4.2. Vorbereitung und Zielsetzung 777
   7.4.3. Strategien in der Verhandlung 778
7.5. Lieferantenbewertungen 780
   7.5.1. Einbindung in das Lieferantenmanagement 780
   7.5.2. Nutzwertanalyse 781
   7.5.3. Einteilung der Kriterien 782
   7.5.4. Handlungsalternativen 783
7.6 Aufgaben zur Selbstkontrolle 784

8. Außenhandel 789
8.1 Anbahnung von Außenhandelsgeschäften 789
   8.1.1 Formen und Motive für außenwirtschaftliche Aktivitäten 791
   8.1.2 Bestimmungsfaktoren für die Auswahl von Auslandsmärkten 791
   8.1.3 Länderauswahl 792

8.2 Quellen zur Beratung und Unterstützung im Außenhandel 794
8.2.1 Öffentlich-rechtliche Einrichtungen 794
8.2.2 Verbände und andere private Institutionen 794
8.2.3 Förderprogramme der EU 795
8.2.4 Aufbau von Niederlassungen 795
8.3 Außenhandelsrisiken und Geschäfte zur Risikominderung 796
8.3.1 Kunden- und länderspezifische Risiken im Auslandsgeschäft 796
8.3.2 Sonstige Risiken 797
8.3.3 Die Risikoprüfung 799
8.3.4 Risikopolitische Maßnahmen (Risk Management) 800
8.3.5 Ausfuhrkreditversicherung des Bundes 800
8.3.6 Private Kreditversicherung 801
8.3.7 Außenwirtschaftsgesetz und Außenwirtschaftsverordnung 801
8.3.8 Beschränkungsmöglichkeiten 801
8.3.9 Meldepflichten gemäß AWG/AWV, Intrastat Meldung und Zusammenfassende Meldung . . 802
8.3.10 Rechtliche Bestimmungen des Zollwesens 803
8.3.11 Rechtsgrundlagen für die Wareneinfuhr 805
8.3.12 Rechtsgrundlagen für die Warenausfuhr 805
8.4 Die umsatzsteuerliche Behandlung von innergemeinschaftlichem Warenverkehr (Intrahandel) 806
8.4.1 Die statistische Meldung INTRASTAT 806
8.5 Transport und Lagerung, Zertifizierung und Versicherungen 806
8.5.1 Incoterms® 2010 806
8.5.2 Einpunkt- und Zweipunktklauseln 808
8.5.3 Klauseln für alle Transportarten 809
8.5.4 Klauseln für den See- und Binnenschiffstransport 815
8.6 Arten der Lagerhaltung 821
8.6.1 Zolllager 821
8.6.2 Lagerhaltung im Freihafen 821
8.6.3 Konsignationslager 821
8.7 Zertifizierung 822
8.7.1 Arten der Handelsrechnung 822
8.7.2 Ursprungszeugnisse 823
8.7.3 Inspektionszertifikate 823
8.7.4 Präferenznachweise 823
8.8 Transportversicherung 824
8.8.1 Versicherungsarten 824
8.8.2 Versicherungssumme, Versicherungswert und Versicherungsprämie 824

8.9 Zahlungsverkehr, Zahlungsbedingungen und Finanzierung von Außenhandelsgeschäften . 824
    8.9.1 Nichtdokumentärer Zahlungsverkehr / Vorauskasse 824
    8.9.2 Dokumentärer Zahlungsverkehr 827
    8.9.3 Dokumentäre Zahlungsarten 830
    8.9.4 Dokumenten-Akkreditiv 830
    8.9.5 Garantien und Bürgschaften 833

8.10 Zölle und Verbrauchsteuern, Handelshemmnisse und Organisationen
    zu ihrer Überwindung 835
    8.10.1 Tarifäre Handelshemmnisse 835
    8.10.2 Nicht-Tarifäre Handelshemmnisse 836
    8.10.3 Organisationen zum Abbau von Handelshemmnissen 837

8.11 Aufgaben zur Selbstkontrolle 840

Teil C

Prüfungssimulation **848**

Tipps für die Prüfung vor der IHK **894**

Die 20 wichtigsten Formeln für den Handelsfachwirt **898**

Literaturverzeichnis **907**

Die Autoren **909**

Index **912**

Statt eines Vorworts ...

Seit 1992 bietet der Verlag mit dem Buch „Geprüfter Handelsfachwirt werden" ein Intensivtraining zur Vorbereitung auf die IHK-Prüfung an. Dem folgten inzwischen eine Reihe weiterer Fachbücher für Handelsfachwirte und andere Weiterbildungsprüfungen. Mit diesem Lehrbuch für Handelsfachwirte legten wir 2016 erstmals ein Buch im aufwendigen Vierfarbdruck vor. Dies soll Ihnen helfen, Schwerpunkte noch besser zu erkennen. Dieses Buch haben wir nochmals überarbeitet und aktualisiert. Aktuelle Neuerungen haben wir eingefügt, kleine Fehler ausgemerzt und den Satz ganz neu gestaltet.

Das Besondere an den Büchern aus dem weConsult-Verlag:
- Die Bücher sind aus den Bedürfnissen der Teilnehmer von Handelsfachwirte-Studiengängen entstanden.
- Die Autoren verfügen über praktische Erfahrungen als Dozenten im Studiengang Geprüfter Handelsfachwirt und als Mitglieder in Prüfungsausschüssen.
- Sätze müssen verständlich und nachvollziehbar sein. Dies gilt erst recht für Fachbücher, deren Inhalt ja ohnehin nicht so leicht ins Gehirn geht wie ein Krimi. Wir haben uns bei unseren Fachbüchern ganz besonders um gute Verständlichkeit bemüht. Aus diesem Grunde sind wir in den juristischen Teilen mit Paragrafenhinweisen zurückhaltend und haben uns grundsätzlich geschlechtsneutral ausgedrückt.

Über unsere Website www.weconsult-verlag.de sowie über **info@weconsult-verlag.de** ist eine Rückkopplung mit Verlagsleitung und Autoren möglich. Sie stehen also nicht allein mit Ihren Fragen!

Durch das Buch zieht sich als „roter Faden" der Fall des Groß- und Einzelhandelsunternehmens Trinkmann GmbH. An ihm können Sie das theoretische Wissen plausibel nachvollziehen. Dies ist auch zur Vorbereitung für die Prüfung vorteilhaft: Denn da werden fast nur noch Aufgaben auf der Grundlage einer Situation gestellt.

Die Struktur des DIHK-Rahmenplans haben wir auch hier im Wesentlichen übernommen. Dort, wo Themen mehrfach im Rahmenplan vorkommen, finden Sie entsprechende Verweise. Der umfangreiche Index hilft Ihnen schnell, die entsprechenden Kapitel zu finden.

Die Rechtsfragen basieren auf dem Gesetzesstand von Januar 2018. Weiterhin haben wir auf wenigen Seiten die wesentlichen Formeln zusammengefasst, die ein Handelsfachwirt kennen sollte.

Zum Schluss eines jeden Kapitels finden Sie Kontrollfragen, im hinteren Teil des Buches dann eine Prüfungssimulation, die auch die Wege zur Lösung aufzeigt. Eine umfangreiche Vorbereitung auf die Prüfung mit jeweils vier Aufgaben- und Lösungssätzen zu allen Handlungsbereichen sowie zahlreichen Lösungstipps enthält **„Intensivtraining Geprüfter Handelsfachwirt"**, das jährlich aktualisiert im selben Verlag erscheint.

Gesetzestexte dürfen Sie mit in die Prüfung nehmen. Praktisch ist hierfür die Sammlung **„Gesetzestexte für Fachwirte"** (jährlich aktualisiert) mit einer Auswahl aus 50 Gesetzen und Verordnungen. Dort finden Sie alle gesetzlichen Bestimmungen, die für die Prüfung relevant sind, in einem Band zusammengefasst.

Ein besonders herzliches Dankeschön sage ich Chantal Geidel, Johanna Groß, Lennart Haack, Miriam Hamidi, Alina Hirsch, Sophia Huang, Ramona Lougani, Norman Peine und Jana Studemund. Als Studierende beim Bildungszentrum des Einzelhandels in Springe haben sie das Buch kritisch auf Verständlichkeit und Klarheit des Ausdrucks unter die Lupe genommen und mir viele Anregungen gegeben. Einen herzlichen Dank sage ich natürlich auch meinen Mitautoren. Das Buch ist eine Gemeinschaftsarbeit von Spezialisten, die seit vielen Jahren als Dozenten in Handelsfachwirt-Studiengängen sowie als IHK-Prüfer für Handelsfachwirte bei verschiedenen Kammern tätig sind. Schließlich gilt mein Dank Christian Wöhrl, der über den Satz des Buchs hinaus ein überaus geduldiger wie kenntnisreicher Begleiter war.

Ich wünsche Ihnen Freude beim Durcharbeiten dieses Buches und jeden Erfolg für Ihre Prüfung! Wenn Ihnen das Buch gefällt, sagen Sie es bitte weiter (zum Beispiel den Bewertungsportalen im Internet). Aber auch für kritische Verbesserungsvorschläge direkt an den Verlag (**collier@weConsult-Verlag.de**) sind wir dankbar.

Im Juli 2018   Peter Collier

Teil A

Zwei hilfreiche Vorkapitel

Das Modellunternehmen „Trinkmann GmbH" stellt sich vor

Damit Sie den Stoff der Handelsbetriebslehre an der Praxis nachvollziehen können, haben wir ein mittelständisches Unternehmen als Modellbetrieb gewählt, die Trinkmann GmbH, Groß- und Einzelhandel. An typischen Situationen dieses Unternehmens werden Theorien auf den betrieblichen Alltag übertragen. Sie erfahren, wie wichtige Entscheidungen zustande kommen, wie Konzepte geplant, umgesetzt und ausgewertet und Entwicklungen im Handel beurteilt werden.

Rechtsform	GmbH, Geschäftsführender Gesellschafter Marco Trinkmann
	Groß- und Einzelhandelsunternehmen mit Getränken
Umsatz	Gesamt 15,3 Mio. €, davon 7,9 Mio. € im Großhandel, 7,4 Mio. im Einzelhandel
Standorte	Zentrale im Gewerbezentrum in A-Stadt
	Fachmärkte in
	• A-Stadt, City
	• A-Stadt, Vorort
	• B-Stadt
	• C-Stadt
	• D-Stadt
	• E-Stadt
	• F-Stadt
	• G-Stadt
	Die Fachmärkte haben je ca. 1000 qm Verkaufsfläche.
	In Zukunft sollen weitere Fachmärkte in einem Umkreis von 50 km um die Zentrale hinzukommen.
Sortiment	Alkoholfreie Getränke, Bier, Wein, Likörwein, Schaumwein, Spirituosen; zusätzlich werden noch Salzgebäck, Gläser, Pralinen und saisonale Artikel wie z.B. Gartenpartyartikel geführt.
Service-Leistungen	Die Kunden des Großhandels aus der Gastronomie werden bei der Anmietung der Einrichtung ihres Betriebs sowie bei der Planung von Events beraten. Außerdem betreibt der Großhandel Getränkeautomaten als „Rack Jobber" in Kantinen.
	In den Fachmärkten können die Kunden Zapf- und Thekenanlagen, Gläser und Festzeltgarnituren mieten.
	Das Unternehmen unterhält einen Fuhrpark.

Zwei hilfreiche Vorkapitel

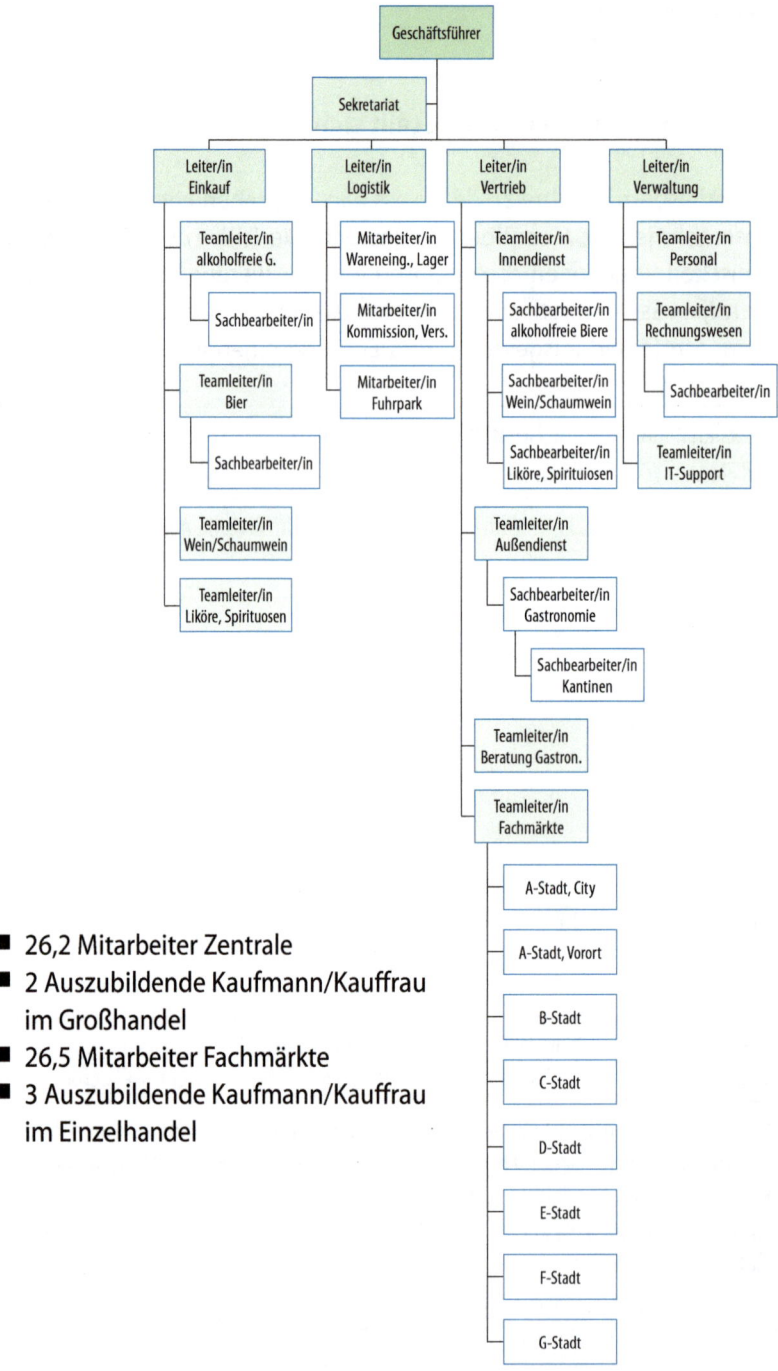

- 26,2 Mitarbeiter Zentrale
- 2 Auszubildende Kaufmann/Kauffrau im Großhandel
- 26,5 Mitarbeiter Fachmärkte
- 3 Auszubildende Kaufmann/Kauffrau im Einzelhandel

Lern- und Arbeitsmethodik

Einige Grundsätze über das Lernen

Florentine ist voller Elan in ihre Karriere gestartet: Sie ist die erste Mitarbeiterin, die bei der Trinkmann GmbH das Duale Studium zur Geprüften Handelsfachwirtin (IHK) begonnen hat. Das ist schon eine große Herausforderung, und nach dem Abschluss winkt ihr ein toller Job in der mittleren Führungsebene. Klar, dass sie alles dransetzen wird, das Beste aus sich herauszuholen. Die ersten Tage des Dualen Studiums sind vorbei, und sie hat schnell gemerkt, dass es doch ganz anders als in der Schule ist. Der Bildungsträger organisiert zwar den Unterricht und gibt zahlreiche Hilfen. Aber: Letztlich muss Florentine selber dafür sorgen, dass sie die Lerninhalte nicht nur beisammen hat, sondern auch aus ihrem Gedächtnis abrufen kann; sie muss ihre geschäftlichen Termine mit den Unterrichtsphasen unter einen Hut bringen, soll sich um ergänzende Fachliteratur kümmern, ein paar hundert Seiten der Skripten durchackern und die bedeutsamen Tageszeitungen und Wirtschaftsmagazine lesen, um immer „up to date" zu sein. Natürlich hat sie noch Freunde, die mir ihr ausgehen wollen, und andere Interessen, die sie auch nicht vernachlässigen möchte.

Das ist schon ganz schön viel. „Du musst Dich nur gut organisieren", hat ihr Vorgesetzter gesagt. Sie denkt bei sich: „Der hat gut reden, aber ich werde es ihm schon zeigen." So will sich Florentine erst einmal einen Überblick verschaffen, wie sie das Studium bestmöglich absolviert, und befasst sich mit der **Lern- und Arbeitsmethodik**.

Dieses Kapitel ist nicht unmittelbar prüfungsrelevant. Es soll dazu beitragen, dass Sie die Prüfungsfächer einfacher lernen und besser beherrschen können. Denn Sie kennen den Spruch: „Lernen muss gelernt sein." Wichtige Grundsätze aus Sicht eines Dozenten und Prüfers ganz zu Beginn:

- **Vertrauen Sie sich:** Es haben schon viele junge Menschen vor Ihnen die Prüfungen bestanden. Das schaffen Sie auch! Denn das Bestehen ist kein Hexenwerk, sondern das Ergebnis Ihrer Leistungen und Ihres Fleißes, den Sie in Ihrem beruflichen Alltag schon erbracht haben.
- **Erwarten Sie aber nicht, dass Ihnen alles abgenommen und vorgegeben wird.** Sie müssen das Studium selbstständig meistern. Zeigen Sie Eigeninitiative. Natürlich bezahlen Sie eine Menge Geld für die Ausbildung – den Erfolg kaufen Sie damit aber nicht mit ein.
- Der Bildungsträger und vor allem die Dozenten sind ausschließlich dazu da, Ihnen den Lernstoff beizubringen und zu erklären, um Sie bestmöglich auf die Prüfung vorzubereiten. Wenn Sie also etwas nicht verstehen oder Ihnen etwas unklar ist, **fragen Sie, fragen Sie, fragen sie!** Sie haben ein Recht auf Antworten!

- **Organisieren Sie Ihre Zeit:** Legen Sie fest, wann und wie viel Sie lernen sollten und können, um den Stoff zu bearbeiten. Überfordern Sie sich aber nicht: Pausen und Freizeit sind genauso wichtig wie die Arbeitsphasen, in denen Sie konzentriert lernen.
- **Bilden Sie Lern- und Arbeitsgruppen:** Das Lernen fällt in Gruppen viel leichter und macht zudem noch mehr Spaß. Sie verinnerlichen ein Thema besonders gut, wenn Sie z. B. versuchen, es einem Mitstudenten zu erklären oder mit ihm darüber zu diskutieren.
- **Gehen Sie zum Unterricht:** Nichts ist schlimmer, als zu Hause vor einem „jungfräulich" weißen Skript zu sitzen und die Texte lernen zu wollen. Im Unterricht nehmen Sie immer etwas mit und die Nachbearbeitung fällt wesentlich leichter. Denn Sie wissen zumindest schon, worum es geht – selbst dann, wenn Sie dem Unterricht nicht immer hundertprozentig gefolgt sind.
- **Beginnen Sie frühzeitig und regelmäßig mit Wiederholung und Nachbearbeitung.** Wenn Sie erst kurz vor den Prüfungen mit dem Lernen beginnen, kommen Sie schnell ins Schleudern. Der Lernstoff eines angehenden Handelsfachwirts ist umfangreich, aber trotzdem gut zu schaffen, wenn Sie am Ball bleiben. Außerdem gibt es Ihnen Sicherheit, wenn Sie wissen, worüber der Dozent und Ihre Mitstudenten in den Unterrichtsstunden reden. Ersparen Sie sich unnötigen Stress.
- **Versuchen Sie, das Gelernte in der Praxis anzuwenden.** Wenn Sie im Unterricht zum Beispiel einen Betriebsabrechnungsbogen durchgenommen haben, besorgen Sie sich ein Exemplar in Ihrem Betrieb und schauen ihn sich in der Praxis an. Es ist spannend, die gelernten Lagerkennzahlen in der Filiale einmal zu berechnen und zu kontrollieren. Sicher wird Ihnen Ihr Ausbilder gern dabei helfen, die Unterlagen zu beschaffen.

Motivation

Im Laufe des Handelsfachwirte-Studiums werden Sie sich bestimmt die Frage stellen: Warum mache ich das überhaupt? Wenn Sie darauf stets eine Antwort haben und ihre Ziele genau kennen, sind Sie im Vorteil. Denn dann können Sie immer wieder auf diese Motive zurückgreifen – auch wenn Sie einmal eine Durststrecke haben.
Es ist einfacher, die Motivation zu behalten, wenn Sie den Weg in Etappen zurücklegen. So behalten Sie stets den Überblick und haben immer wieder ein Erfolgserlebnis. Es bringt wenig, sich ein 100 Seiten starkes Skript an einem Abend „reinzuprügeln". Teilen Sie es in Teilbereiche auf, und servieren Sie es sich in kleinen Häppchen. Wenn Sie dies kontinuierlich machen, reicht die Zeit dafür allemal.

Lerntypen

Lernen funktioniert nicht bei jedem Menschen gleich – der gleiche Lernstoff wird von verschiedenen Menschen auf verschiedene Art und Weise gelernt. Wir nehmen Informationen über unsere Sinnesorgane auf: Der Lernstoff gelangt zum Beispiel über Ohren, Augen oder Hand in unser Gedächtnis. Je nach der individuellen Ausprägung unterscheidet man vier Lerntypen. Kein Mensch lernt nur über ein Sinnesorgan, sondern über **alle Sinne, von denen Sie natürlich möglichst viele nutzen sollten**. Einer davon ist je nach Lerntyp aber **besonders** ausgeprägt, weshalb das Lernen damit leichter fällt.

- Der **auditive Lerntyp** lernt durch Hören und Sprechen. Es fällt ihm am leichtesten, mündliche Informationen zu verarbeiten, sie zu behalten und wiederzugeben. Für ihn bietet es sich an, sich den Lernstoff vorzulesen oder einem anderen zuzuhören.
- Der **visuelle Lerntyp** lernt durch Beobachtung, also vor allem über das Auge. Er nimmt Lernstoff am effizientesten auf, wenn er im Unterricht Mitschriften anfertigt, die Informationen liest und Abläufe beobachtet, um sich die Inhalte bildhaft vorzustellen. So merkt sich der visuelle Lerntyp Grafiken, Übersichten, Mind-Maps, Tabellen und Bilder besonders leicht. Texte sollten mit Textmarkern farblich strukturiert werden. Versuchen Sie als visueller Lerntyp, sich Schaubilder oder Grafiken vom Lernstoff anzufertigen, und vermeiden Sie optische Unordnung.
- Der **motorische Lerntyp** lernt durch eigenständige Erfahrungen, also das eigene Handeln und Fühlen. Bestes Motto: Learning by doing – etwas selber ausführen, ausprobieren und damit Erfahrungen sammeln. Der motorische Lerntyp sollte beim Lernen stehen oder umhergehen, Inhalte mit Gestik und Mimik verbinden, den Stoff in der Praxis ausprobieren und mit ihm experimentieren. Hilfreiche Mittel sind Notizen, Lernkarteien, Lerngruppen, Rollenspiele oder das Schreiben eigener Zusammenfassungen.
- Der **kommunikative Lerntyp** lernt am besten, wenn er sich sprachlich mit einer Fragestellung auseinandersetzt. Dialog und Diskussionen mit anderen sind für den kommunikativen Lerntyp besonders geeignet, sich den Stoff einzuprägen. Sie sollten daher versuchen, Sachverhalte mit anderen durchzusprechen, kritisch zu hinterfragen, aktiv an Rollen- und Planspielen oder an Gruppengesprächen teilzunehmen.

Lernrhythmus
Florentine ist verunsichert: Sie hat sich jeden Dienstagabend zum Lernen freigehalten. Nach der Arbeit kommt sie nach Hause, isst zu Abend und setzt sich bis Mitternacht an den Schreibtisch – es fällt ihr aber sehr schwer, sich den Lernstoff zu merken. Sie fragt sich, ob ihr Lernrhythmus stimmt. Den richtigen Lernrhythmus gibt es nicht, sondern dieser ist immer individuell. Jeder Mensch hat am Tag Zeiten, an denen er viel leisten kann, und Zeiten, an denen er einen Durchhänger hat. Florentine ist abends recht früh müde, morgens dafür aber topfit. Daher versucht sie, ihre persönliche Leistungskurve (siehe Abbildung oben auf Seite 26) zu erstellen und die Lernphasen darauf einzustellen.

Zwei hilfreiche Vorkapitel

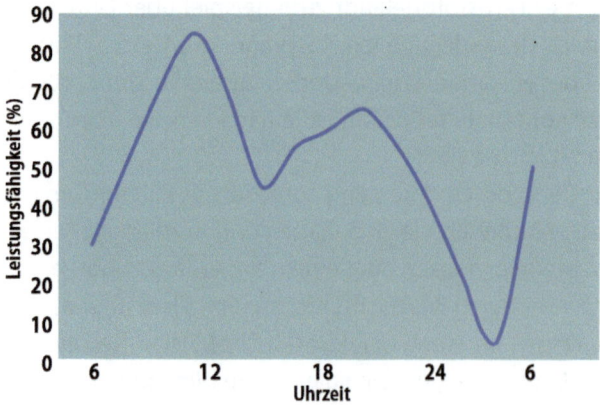

Beispiel einer Leistungskurve

Auch während einer Lerneinheit ist man nicht immer gleich konzentriert. Innerhalb von nur 60 Minuten nimmt die Konzentration stetig ab, gegen Ende sogar sehr stark. Wer also pausenlos durchlernt, ist bald nicht mehr leistungs- und konzentrationsfähig. Planen Sie deshalb nach ihrer eigenen Konzentrationsfähigkeit auch Pausen ein. Grundsätzlich sollten Sie nach etwa einer halben bis dreiviertel Stunde die Lerneinheit kurz für fünf bis zehn Minuten unterbrechen. Eine längere Pause von 15 Minuten sollten Sie nach etwa zwei Stunden einlegen. Etwa alle vier Stunden brauchen Sie eine Erholungspause; dann sollte die Arbeit für eine bis zwei Stunden wirklich komplett unterbrochen werden.

Ein gutes Hilfsmittel ist ein Arbeitsplan, aber: Bleiben Sie realistisch – ein Arbeitsplan, den Sie nicht schaffen können, frustriert nur.

Lernumgebung
Konzentriert und effektiv lernen können Sie am besten in einer angenehmen und ordentlichen Lernumgebung mit möglichst wenigen Störungen. Daher sollten Sie darauf achten, alle Arbeitsmittel, Unterlagen und Bücher griffbereit zur Hand zu haben. Wenn Sie immer wieder aufstehen und nach Unterlagen kramen müssen, können Sie sich nur schlecht konzentrieren. Halten Sie dafür auch Ihren Arbeitsplatz übersichtlich, da Chaos und Unwichtiges Sie vom Wesentlichen ablenken.

Sorgen Sie für Ruhe und vermeiden Sie Störungen. Weder Familie noch Freunde sollten Sie aus der Konzentration bringen; auch das Telefon kann ein rechter Quälgeist sein – schalten Sie es einfach ab. Auch die Menschen, die auf das ständig laufende Radio pochen, sollten es abschalten. Neuere Untersuchungen zur Gehirnforschung haben es wieder bestätigt, dass auch Musikuntermalung die Konzentration beeinträchtigt – noch schlimmer ist die menschliche Sprache!

Lern- und Arbeitsmethodik

Tageslicht ist die beste Lichtquelle – stellen Sie Ihren Schreibtisch am besten an ein Fenster. Dann können Sie auch öfter lüften, um das Gehirn optimal mit Sauerstoff zu versorgen. Die Raumtemperatur sollte angenehm, aber nicht zu warm sein – 20 Grad Celsius gelten als Optimum.

Lernquellen
Auf jeden angehenden Handelsfachwirt stürzt eine Flut an Informationen ein, die er beschaffen und bearbeiten soll. Folgende Quellen sind hilfreiche Begleiter auf dem Weg zur Abschlussprüfung:

- **Unterricht:** Die Unterrichtseinheiten sind das Herzstück eines Handelsfachwirte-Studiengangs. Hier bearbeiten die Dozenten mit den Studierenden im Dialog allen Prüfungsstoff, stehen für jedwede Fachfrage zur Verfügung und versuchen, das theoretische Wissen durch anschauliche Beispiele verständlich zu machen und in die Praxis zu übersetzen.
- **Manuskripte:** Meist erhalten Sie von Ihrem Bildungsträger als fachlichem Begleiter ein Manuskript zu den Fächern, um den Stoff in Ruhe nacharbeiten und lernen zu können. Optimal ist es natürlich, wenn die Inhalte den gesamten Lernstoff für die Prüfung abdecken. Vergewissern Sie sich, ob die Inhalte wirklich allen Stoff abbilden.
- **Eigene Aufzeichnungen:** Vielen Studenten hilft es, sich während des Unterrichts die wichtigsten Stichpunkte zu notieren und zu protokollieren. Schreiben Sie dabei aber nicht jedes Wort mit, denn es geht darum, zu Hause den „roten Faden" wiederzufinden und Wichtiges herauszuheben. Anderenfalls wird es schwierig, dem eigentlichen Unterrichtsverlauf zu folgen. So können Sie bei der Nacharbeit auf ein erstes „Gerüst" zurückgreifen, mit dessen Inhalten Sie sich dann ausführlich und in Ruhe beschäftigen können.
- **Fachliteratur:** Gerade im Wirtschaftsbereich existiert eine Masse an Fachliteratur; damit kann Wissen gut vertieft und wiederholt werden. Aber nicht jedes Buch ist sinnvoll und notwendig. Fragen Sie Ihre Dozenten – sie haben sicher Empfehlungen.
- **Fachzeitschriften, Tages- und Wochenzeitungen:** Natürlich müssen Sie als angehender Handelsfachwirt nicht Zeitungen und Zeitschriften im Dutzend lesen. Aber in Wirtschaft und Politik am Puls der Zeit zu bleiben, ist auch für die Prüfung wichtig. Denn hier und da werden Fragen mit aktuellen Tagesthemen verbunden. In Zeiten der Diskussionen um die Stabilität des Euro sollte man schon wissen, was es damit auf sich hat. Das Lesen einer Tageszeitung sollte daher nicht nur für das Studium selbstverständlich sein. Internet allein reicht zumeist nicht!
- **Lernplattformen (WBT) / computerbasierte Lernmethode (CBT):** An PC und Internet kommt man nahezu nicht mehr vorbei. Bildungsträger bieten immer öfter Lerneinheiten auf CD-ROM oder ganze Lernplattformen als webbasierte Trainingsanwendungen (WBT) an.

Wie eigne ich mir am besten den Lernstoff an?

Wichtiger als das reine Beschaffen von Informationen ist es, sich den Lernstoff einzuprägen und abrufbar zu halten. Der Prozess des Lernens lässt sich mit folgender Gedankenkette umreißen: Wahrnehmen – Aufnehmen – Sortieren – Verarbeiten – Verknüpfen – Anwenden – Ausprobieren / Perfektionieren – Auswerten – Speichern – Transferieren.

Wichtige Schritte im Lernprozess:

- **Strukturieren:** Manche Manuskripte umfassen im Handelsfachwirte-Studiengang hundert Seiten und mehr. Da ist es sinnvoll, den Lernstoff zunächst zu strukturieren: Versuchen Sie, die zentralen Inhalte und Fachbegriffe mittels Definitionen, Schaubildern und Grafiken zu verstehen und miteinander in einen Zusammenhang zu bringen. Gliedern Sie beim Durcharbeiten den Stoff und markieren Sie farblich die Hauptpunkte. Versuchen Sie schon hier, das Wichtige von weniger Wichtigem zu unterscheiden. Damit formen Sie ein „Gerüst" der Materie, um sie immer gut überblicken zu können. Erst dann sollten Sie damit beginnen, sich den Stoff einzuprägen.
- Vielen Studenten hilft es, eine Zusammenfassung von unübersichtlichen Themen zu erstellen oder die wesentlichen Inhalte per **Mind-Mapping** „sichtbar" zu machen: Eine Mind-Map ist eine effiziente Technik, bei der Stichworte rund um einen zentralen Begriff angeordnet werden. So werden Zusammenhänge verdeutlicht und können immer wieder ergänzt werden. Mind-Mapping nutzt nicht nur die Darstellung von Texten, sondern verwendet auch Bilder und Farben, um so die Funktionen beider Gehirnhälften anzusprechen. Im Internet findet sich eine ganze Reihe an Freeware, um eine Mindmap am Computer zu erstellen. Die grobe Skizze einer Mind-Map sehen Sie hier:

- **Verstehen:** Als angehender Handelsfachwirt sollen Sie nicht nur reine Inhalte lernen, sondern auch in der Lage sein, wirtschaftliche Probleme zu lösen. Wenn Sie zum Beispiel den durchschnittlichen Umsatz der Filialen einer Region ermitteln sollen, berechnen Sie sicher auch den arithmetischen Mittelwert. Wichtig für Sie ist zu verstehen, warum Sie so vorgehen und nicht eine Alternative wählen. Denn wenn Sie den Lösungsweg nicht nur auswendig gelernt, sondern seine Zusammensetzung verstanden haben, fällt es Ihnen leicht, ähnliche Probleme mit diesem Lösungsansatz zu bewältigen. Sofern Sie eine Formel nur auswendig können oder gar lediglich in einer Formelsammlung finden, wird Sie das

gleiche Problem immer wieder vor die Frage der geeigneten Lösungsmethode stellen – Verstehen hilft beim Einprägen.
- **Aneignen und Anwenden:** Wenn Sie den Lernstoff richtig verstanden haben, prägt er sich gut ein. Können Sie die Inhalte dann mit eigenen Worten wiedergeben und erläutern, haben Sie sie ausreichend verinnerlicht.

Achtung! Das Wissen bleibt nicht automatisch für immer erhalten. Jeder Stoff muss wiederholt werden. Dabei helfen Ihnen zum Beispiel eine Lernkartei (z.B. im little-helper-Verlag die App „Handelsfachwirt"), die Zusammenfassung der wesentlichen Lerninhalte und das regelmäßige Wiederholen. Speziell hierfür entwickelt wurde auch das Büchlein „Geprüfter Handelsfachwirt to go", das – vom gleichen Autorenteam verfasst – auf 99 Seiten das komprimierte Wissen dieses Lehrbuchs enthält (9,99 €).
Versuchen Sie zudem, die wirtschaftlichen Vorgänge in Ihrem Unternehmen nachzuvollziehen – dies ist ein Training, wie es besser nicht sein kann.
So kann sich das Wissen gut festigen, anders als beim reinen Auswendiglernen (das einem angehenden Handelsfachwirt leider manchmal auch nicht erspart bleibt – doch auch diese Stoffe sollten Sie in die Gesamtstruktur einzubetten versuchen)!
Und lernen Sie nicht bis zur letzten Sekunde! Ich selbst habe die besten Erfahrungen damit gemacht, vor einer Prüfung im „Kutschersitz", vornüber gebeugt auf meinem Stuhl gewissermaßen alle Glieder hängen zu lassen, tief auszuatmen und an nichts zu denken. Dann war ich anschließend offen für all das, was auf mich in der Prüfung zukam.

Teil B

1. Unternehmensführung und -steuerung

Im Handlungsbereich „Unternehmensführung und -steuerung" soll die Fähigkeit nachgewiesen werden, bei der Erstellung von Handelsleistungen das Zusammenwirken der betrieblichen Aufgabenbereiche zu beurteilen sowie unternehmerische Ziele und Entscheidungen zu planen, umzusetzen und zu kontrollieren. Hierbei sollen Auswirkungen volkswirtschaftlicher Entwicklungen bewertet und daraus Schlussfolgerungen und Maßnahmenvorschläge für die Sicherung der Wettbewerbsfähigkeit des Handelsunternehmens abgeleitet werden. Es sollen Qualitäts- und Umweltmanagement-Prozesse umgesetzt und optimiert sowie das Qualitätsbewusstsein der Mitarbeiter gefördert werden. Außerdem soll gezeigt werden, dass zentrale Prozesse für die Gründung und Übernahme eines Unternehmens geplant werden können. Rechtliche Vorschriften, Compliance-Regeln und Aspekte der Nachhaltigkeit sind zu berücksichtigen.

1.1 Voraussetzungen, Chancen und Risiken der unternehmerischen Tätigkeit

1.1.1 Vor- und Nachteile unternehmerischer Selbstständigkeit

Sein eigener Chef zu sein, direkt für sein eigenes Einkommen zu arbeiten, vielleicht gar sein Hobby zum Beruf zu machen – das sind verführerische Gedanken, die am Anfang vieler Existenzgründungen stehen. Sicher sind diese Arten persönlicher Motivation ganz wichtig, um den erforderlichen Schwung mitzubringen. Anders gesagt: Das sind zwar **notwendige**, aber noch keineswegs **hinreichende** Voraussetzungen für eine auf Dauer erfolgreiche Existenzgründung! Ganz am Anfang stehen sollte weniger der eher negative Wunsch, die bisherige abhängige Beschäftigung oder auch die Arbeitslosigkeit zu verlassen, sondern eine klare positive Idee. Natürlich muss man sich auch bewusst sein, dass jede Existenzgründung **Chancen und Risiken** birgt. Einige der Chancen und Möglichkeiten:

- Man ist sein eigener Herr und kann Dinge gestalten
- Man kann seine Träume realisieren
- Man kann sein privates Hobby und den Beruf zusammenbringen
- Man kann auch finanziell gewinnen (wenn Sie Ihr Gehalt als Arbeitnehmer und das Einkommen des Selbstständigen vergleichen, vergessen Sie die Sozialleistungen des Arbeitnehmers nicht!)

Aber auch Risiken müssen eingeplant werden. Zunächst die persönlichen Risiken und Ihre Absicherungsmöglichkeiten:

- Krankheit – abzusichern mit privater Krankenversicherung, Betriebsunterbrechungsversicherung
- Unfall des Unternehmers – abzusichern mit Unfallversicherung (Berufsgenossenschaft) und Betriebsunterbrechungsversicherung
- Alter – das kommt sicher! Vorbereiten mit Lebensversicherung
- Berufsunfähigkeit – abzusichern mit einer Berufsunfähigkeitsversicherung

Und auch den Betrieb können Risiken treffen:
- Sturm, Wasser – abzusichern durch Elementarversicherung
- Betriebsunterbrechung s.o.
- Schadensfälle bei Kunden – abzusichern durch Haftpflichtversicherung, Versicherung für Vermögensschäden
- Brand – abzusichern durch Brandversicherung
- Unfälle von Mitarbeitern – abzusichern durch Unfallversicherung (BG)
- Und natürlich das Risiko, dass aus mancherlei Gründen der angepeilte und zur Kostendeckung sowie einem Unternehmerlohn notwendige Umsatz nicht erreicht wird. Das kann an der Wettbewerbssituation, an Veränderungen der Nachfragestruktur – aber im Einzelhandel auch an einer Änderung der Standortqualität liegen. Da wird eine Umgehungsstraße gebaut oder eine Fußgängerzone geschaffen – schon kann damit ein Standort attraktiver werden oder an Attraktivität verlieren.

Die richtige Rechtsform

Die Wahl der Rechtsform hängt von verschiedenen Kriterien ab. Wie viele Personen sind beteiligt? Welcher Kapitalbedarf ist mit der Gründung verbunden?
Entscheidungskriterien für die Wahl der Rechtsform sind
- Kosten
- Haftung
- Transparenz (Publizitätspflichten)
- Finanzierungsmöglichkeiten
- Flexibilität
- Steuern
- Auflagen

Wer sich als Berater allein selbstständig macht, kann ohne große Formalitäten loslegen; er unterliegt als „Freiberufler" den wenigsten Vorschriften. Ähnlich steht es beim „Kleingewerbetreibenden" und „Einzelkaufmann". Schließen sich mehrere Personen zusammen, ist die Personengesellschaft als „Gesellschaft bürgerlichen Rechts" (GbR) der formloseste Weg. Andere Personengesellschaften mit schon strengeren Vorschriften sind OHG und KG. Allen Personengesellschaften gemeinsam ist, dass die Gesellschafter im Prinzip unbeschränkt und auch mit

ihrem Privatvermögen haften. Wer dieses Haftungsrisiko vermeiden will, muss eine Kapitalgesellschaft gründen. Hier ist die Gesellschaft eine juristische Person, die über eigenes festes Kapital verfügt, auf das die Haftung begrenzt ist. *Mehr zu diesem Thema finden Sie im Kapitel 2.10.*
Bei der Wahl der „Firma", also des Namens, unter dem der Kaufmann sein Gewerbe betreibt, gibt es heute große Freiheiten. Der Unternehmenszweck muss nicht mehr wie früher aus der Namensgebung erkennbar sein. Aber es schadet sicher nicht, wenn man einen Namen findet, der potenziellen Kunden ein positives Signal sendet. Die beliebten Wortspiele aus Bestandteilen der eigenen Namen sind meist weniger sinnvoll. Wenn **Ernst**, **Ku**rt und **La**rs einen Tattoo-Laden aufmachen, ist es immer noch besser, diesen beispielsweise „Die Tattoostecher" zu nennen, als aus den Namensanfängen das Kunstwort „EKuLa" zu bilden.

1.1.2 Persönliche und fachliche Voraussetzungen

Von seiner Idee überzeugt zu sein, zu lieben, was man tut, sind sicher gute Voraussetzungen. Aber gerade dann, wenn man beispielsweise sein Hobby zum Beruf machen will, ist auch die Gefahr besonders groß, sich etwas schönzureden, etwas positiver zu sehen, als es ist, weil man es eben so furchtbar gern glauben möchte. Deshalb ist Objektivität als die Fähigkeit, unabhängig von eigenen Wunschvorstellungen sich selbst und die Wirklichkeit so wahrzunehmen, wie sie ist, erste Voraussetzung. Ist diese Fähigkeit gegeben, sollte man sie zuerst auf sich selbst anwenden und sich folgende Fragen beantworten:
- Habe ich ausreichend starke Nerven, um auch in schwierigen Phasen trotzdem gut zu schlafen?
- Kann ich andere mit meiner Begeisterung anstecken?
- Stelle ich mich unangenehmen Gesprächen und Situationen lieber gleich?
- Bin ich bereit, zumindest für einige Zeit keine Trennung zwischen Freizeit und Beruf mehr zu haben?
- Habe ich gerne mit der Art von Menschen zu tun, wie es meine Kunden sein werden?
- Kann ich ausdauernd und zielstrebig arbeiten?
- Fühle ich mich auch schwierigen Verhandlungen mit Geschäftspartnern gewachsen?

Und auch die **fachlichen Anforderungen** sind nicht zu unterschätzen:
- Verfüge ich über die notwendigen Fachkenntnisse?
- Kenne ich mich ausreichend auch in den kaufmännischen Dingen aus?
- Habe ich das nötige Führungswissen, evtl. durch eine Weiterbildung wie den Handelsfachwirt?
- Habe ich die notwendigen Produktkenntnisse?

Ein „Nein" bei der einen oder anderen Frage bedeutet nicht zwingend „vergiss es"; aber es zeigt, wo noch Voraussetzungen fehlen. Vielleicht ist es ein guter Test auf die persönliche Eignung:
- Wer bei einem „Nein" gleich die Mundwinkel herunterzieht, hat vielleicht zu viel Respekt vor Problemen;
- Wer bei einem „Nein" die Achseln zuckt und denkt, das krieg ich schon irgendwie, ist vielleicht zu leichtfertig.
- Der richtige Existenzgründer konzentriert sich vielmehr bei einer kniffligen Frage darauf, wie er das eine oder andere Manko beseitigen kann – zum Beispiel durch Verbesserung seiner eigenen Fachkompetenz.

1.1.3 Anmeldungen und Genehmigungen

Die folgende Übersicht zeigt, was dann bei der Umsetzung der Geschäftsidee in ein konkretes Unternehmen zu tun ist.
- Gewerbeanmeldung bei der Gemeinde vornehmen
- Ggfs. Eintragung ins Handelsregister vornehmen, je nach Rechtsform und Größe
- Beim Finanzamt anmelden
- Ggfs. Anmeldung bei Agentur für Arbeit
- Anmeldung Berufsgenossenschaft
- Ggfs. Anmeldung Krankenkasse
- Ggfs. Sondergenehmigungen je nach Branche
- Notwendige Versicherungen abschließen

Die Liste täuscht freilich in einem Punkt: Man muss gar nicht an alles selbst denken. Wer bei der zuständigen Gemeinde eine Gewerbeanmeldung vornimmt, kann sicher sein, dass sich auf Grund der dann von der Gemeinde erfolgenden Weitergabe der Daten Finanzamt und Berufsgenossenschaft ganz von allein melden werden!

1.2 Geschäftsidee und Businessplan

1.2.1 Die Geschäftsidee

Eine Geschäftsidee ist, wie der Name sagt, eine Idee, mit der man ein „Geschäft" machen könnte. Eine Idee besteht aber zunächst einmal nur aus einer losen Mischung von Gedankensplittern, Vorstellungen und Annahmen. Ein Geschäft zu machen bedeutet, mit dieser Idee dauerhaft mehr Geld verdienen zu können, als man hineinsteckt. Klar, dass man deshalb genau rechnen muss, wie viel hineinzustecken ist. Aber das ist der einfachere Teil, denn die Kosten sind meist gewiss. Doch wie sollen sie wieder „reinkommen"; genauer: von wem, wofür, wie viel? Außer der wohlmeinenden eigenen Oma wird niemand für eine nette Geschäftsidee zahlen, wenn er nicht selbst einen Nutzen davon hat. Daraus folgt als erste Anforderung an die Geschäftsidee: Eine Idee ist nur dann eine gute Geschäftsidee, wenn sie zumindest im Ansatz die Frage beantwortet, wer wofür wie viel zu bezahlen bereit sein könnte. Das reicht freilich noch lange nicht aus für eine erfolgreiche Existenzgründung; die meisten Geschäftsideen werden im Rahmen bestehender Unternehmen entwickelt und umgesetzt. Um zur Umsetzung der eigentlichen Idee erfolgreich auf Dauer ein Unternehmen zu gründen, müssen noch eine ganze Reihe weiterer Voraussetzungen erfüllt werden.

1.2.2 Bestandteile der Geschäftsidee

Auch wenn Ihnen selbst der Inhalt der Geschäftsidee sonnenklar ist: Damit ist noch nicht geklärt, welche Angebote im Detail den angestrebten Kunden gemacht werden sollen. Bei der Eröffnung eines Friseurgeschäfts ist zwar klar, dass das Angebot im Kern darin bestehen soll, den Kunden die Haare zu waschen und zu schneiden – aber in der Praxis hat jedes Friseurgeschäft eine lange Liste von Leistungen. Davon werden aber wiederum einzelne zu „Paketen" zusammengefasst. Es ist also ein sinnvolles Vorgehen, zuerst alle einzelnen Leistungen oder Produkte zusammenzustellen, die man anbieten könnte, um dann in einem nächsten Schritt aus Kundensicht zu prüfen, welche zusammengefasst werden sollten. Einerseits sollen potenzielle Kunden ja durchaus erfahren, welche Fülle von Kompetenz sie erwarten können, andererseits soll es aber auch für den Kunden überschaubar bleiben und ihn nicht verwirren.

Sohn und Tochter Trinkmann wollen sich mit einem separaten Party-Service selbstständig machen. Die Geschäftsidee besteht darin, den mit der Organisation solcher Events zeitlich und inhaltlich überforderten Gruppen aus Vereinen, Fortbildungskursen, Unternehmen mit Hilfe der im Getränkehandel gesammelten Erfahrungen einen realistischen Bedarfsplan zu erstellen, die entsprechenden Getränke zu organisieren und zu liefern. Dazu gehört, die erforderliche Zapfeinrichtung zu stellen. Ergänzend soll auch die Möglichkeit angeboten werden, das gesamte Geschirr und sonstiges Zubehör zu mieten. Im Sommer ist das zusätzliche Angebot eines Kühlwagens unverzichtbar. Da die Auftraggeber ja alle selbst feiern wollen, könnte auch angeboten werden, Personal zu stellen, das zapft und Gläser spült. Da stellt sich sofort die Frage, ob man auch Essen anbieten soll. So wächst bei genauer Betrachtung dessen, was Kunden benötigen könnten, rasch eine umfangreiche Liste. Als alle Positionen schließlich drei Seiten füllen, ist klar: Das wird zu kompliziert für die Kunden. Als interne Kalkulationsgrundlage ist die Liste unverzichtbar. Für die Kunden aber ist es besser, bedarfsgerechte Pakete aus verschiedenen Positionen der Liste zu bilden.

1.2.3 Der Businessplan

Qualitative Bestandteile
Im Internet gibt es viele Hinweise, Checklisten und Formulare für Existenzgründer, insbesondere beim Bundesministerium für Wirtschaft. Darunter sind auch vorgefertigte Gliederungen für einen Businessplan. Vordergründig braucht man einen Businessplan für externe Partner, wenn man eine Förderung beantragen will und/oder einen Bankkredit braucht. Hier dient er dazu, über die eher vage Geschäftsidee hinaus möglichst konkret zu zeigen, wie die Chancen auf dem Markt sind, mit welchen Angeboten und Mitteln diese Chancen genutzt werden sollen und wie sich das letzten Endes in Zahlen niederschlagen soll. Aber zuallererst sollte man den Businessplan für sich selbst erstellen, um in folgenden Punkten konkret zu werden und Klarheit zu gewinnen:
- Details der Geschäftsidee, des Angebots
- Besonderheit, vielleicht sogar Unverwechselbarkeit des eigenen Angebots
- Zielgruppen; Kunden
- Abgrenzung des Tätigkeitsbereichs inhaltlich wie evtl. geografisch
- Aktuelles Marktvolumen und absehbare Entwicklung
- Wettbewerber; Marktlücken, Marktpreise
- Analyse der externen Bedingungen (gesetzliche Vorschriften, technische Entwicklungen, ...)
- Marketingkonzeption
- Kapitalbedarf
- Organisation
- Rechtsform
- Finanzierung

Beim Durcharbeiten wird man bald merken, dass ein Businessplan nicht entsteht, indem man einfach die Punkte nacheinander bearbeitet und aufschreibt. Vielmehr muss alles aufeinander abgestimmt sein und zueinander passen. Deshalb kann es sein, dass sich beispielsweise erst beim letzten Punkt, der Finanzplanung, Aspekte ergeben, die es unvermeidlich machen, an der Geschäftsidee selbst wieder Details zu ändern – mit Konsequenzen dann wiederum für alle folgenden Punkte. Es ist also ein Prozess mit vielen Abhängigkeiten und Rückkopplungen, bei dem Sorgfalt und Gewissenhaftigkeit besonders gefragt sind. Fehler des Architekten lassen sich ja auch beim Bau des Hauses schwer und nach dem Bau oft gar nicht mehr ausmerzen.

Zielgruppen und Wettbewerber: Marktpotenzial
Bei den Fragen zur Ausgestaltung des Angebots hat sich schnell gezeigt, dass nichts sinnvoll entschieden werden kann, ohne dabei auch auf den „Markt" zu schauen. Konkret bedeutet das: auf beide Seiten, sowohl die angestrebten Kunden als auch die schon vorhandenen anderen Anbieter – heute oft freundlich „Marktbegleiter" genannt. Folgende Fragen sind so genau wie möglich, also am besten mit fundierten Zahlen zu beantworten:
- Nach welchen Kriterien (Alter; Geschlecht; Einkommen; Branche usw.) kann ich meine Zielgruppe abgrenzen?
- Wie sind bei vorsichtiger Betrachtung die regionalen Grenzen für die Geschäftstätigkeit zu ziehen?
- Wie groß ist auf dieser Grundlage die Zielgruppe?
- Wie hoch ist in dieser Zielgruppe der Etat für meine Angebote?
- Wie viele Wettbewerber gibt es bereits?

Analyse der externen Bedingungen
Der Albtraum jedes Existenzgründers: Das Konzept steht, die Finanzierung ist gesichert, Waren etc. bestellt, Miet- und Pachtverträge unterschrieben – und dann startet ein anderer zwei Wochen vorher mit der gleichen Geschäftsidee! Auch wenn man selbstbewusst sagen möchte, egal – Konkurrenz belebt das Geschäft: Zunächst einmal halbiert sich das Marktpotenzial. Aber es gibt noch andere Gefahren, die unmittelbar bei einer Existenzgründung drohen. Gibt es z.B. gesetzliche Vorschriften, die geändert, eingeführt oder abgeschafft werden könnten? Diese Frage kann zwei verschiedene Aspekte betreffen. Zum einen können solche Änderungen sich auf Zulassungsvoraussetzungen und ähnliches beziehen. Werden sie neu eingeführt, ist eine zusätzliche Hürde wie beispielsweise das Ablegen einer Prüfung oder Erbringen eines anderen Nachweises zu überwinden. Aber auch der umgekehrte Fall kann nachteilig sein: Wenn bisher Voraussetzungen in Form eines bestimmten Abschlusses bestanden, die man selber erfüllt, dann bedeutet deren Abschaffung schlagartig die Gefahr zahlreicher zusätzlicher Wettbewerber. Zum andern können Änderungen sich auswirken auf die Größe der Zielgruppe oder deren

Ausgaben für die betreffenden Angebote. Wenn die Arbeitsagenturen all denen, die aus der Arbeitslosigkeit den Weg in die Selbstständigkeit suchen, eine Coaching-Maßnahme bezahlt, kann ein Teil dieser Arbeitslosen sich damit selbstständig machen, die anderen zu coachen. Wird die Förderung einer solchen Maßnahme an die Bedingung geknüpft, dass der „Coach" einen bestimmten Abschluss vorweisen kann, entsteht sofort ein Markt für entsprechende Seminare. Wird das Programm jedoch gestrichen, schrumpft das Marktvolumen auf einen Wert nahe Null. Aber all das geschieht nicht über Nacht; bei den zuständigen Stellen lässt sich erfragen, ob Änderungen absehbar sind.

Schwieriger ist es mit der Prognose bei einem anderen externen Faktor: der „Mode" im weitesten Sinne. Dahinter stehen oft nicht nur technische, sondern auch soziale Entwicklungen, die manchmal auch von großen Konzernen mit ganzen Stäben aus Experten falsch eingeschätzt werden. Als der niederländische Philips-Konzern in den 1980er Jahren die „Bildplatte" auf den Markt brachte, wurde sie trotz exzellenter Bildqualität im Vergleich zum alten Videoband ein Flop. Als die gleiche Technologie aber verwendet wurde, um die alte, noch in Mono eingespielte Musik auf kleineren Scheiben auf den Markt zu bringen, startete der Siegeszug der CD. Dabei kamen hier ja die speziellen Vorteile dieser neuen Technik gar nicht so stark zur Geltung. Aber diese Anwendung traf auf den Bedarf, möglichst überall unkompliziert Musik eigener Wahl hören zu können.

Marketingkonzeption
Dafür haben Handelsfachwirte das Fach „Handelsmarketing": Sie sollen in die Lage versetzt werden, nicht nur über die Produktidee selbst, sondern auch über Distributionswege, Preisgestaltung und Kommunikation qualifiziert zu entscheiden. Und vor allem wissen sie, dass alle vier Bereiche im Marketing-Mix miteinander verwoben sind. Deshalb ist vor Entscheidungen über Details auf einem dieser Felder der Einsatz der Analyseinstrumente angebracht, die bei den Grundsatzentscheidungen helfen.
- Wo sind meine Stärken und Schwächen? Dafür gibt's die SWOT-Analyse, über die Sie im Handelsmarketing noch mehr lesen.
- Wie positioniere ich mich auf dem Markt hinsichtlich Sortimentsauswahl und Preisstrategie? Bei diesen beiden Bereichen ist speziell bei der Existenzgründung besondere Aufmerksamkeit angebracht.

Quantitative Bestandteile
Finanzierung
Zu keinem anderen Feld der Existenzgründung gibt es so viele Ratgeber, Broschüren und helfende Institutionen. Berücksichtigt werden muss freilich nicht nur, ob für einen bestimmten Zeitraum Einnahmen und Ausgaben unter dem Strich im Lot sind; auch der Zeitverlauf muss

berücksichtigt werden! Wann werden Rechnungen fällig? Wann werden Einnahmen erzielt? Auch der Einkauf von Waren im September, die erst im Dezember umschlagen werden, will finanziert sein. Auch hierzu finden Sie in diesem Buch an anderer Stelle – im Kapitel 1.5 – detaillierte Ausführungen.

Vor der Existenzgründung ist zunächst der **Kapitalbedarf** zu ermitteln. Im Handel ergibt sich dieser vor allem aus dem notwendigen Warenbestand. Eine Hilfe hierfür lässt sich aus dem Betriebsvergleich des Instituts für Handelsforschung ableiten. Dazu kommt die Ladeneinrichtung, eventuell auch das Gebäude. Weiterhin gehören dazu die Gründungskosten, aber auch die laufenden Kosten der ersten Monate. Denn in dieser Zeit werden vermutlich die Einnahmen aus dem neuen Geschäftsbereich nicht ausreichen, die Kosten der Lebenshaltung zu decken.

Der Finanzierungsplan zeigt sodann auf, mit welchen Finanzierungsmitteln der o.g. Kapitalbedarf gedeckt werden soll. Dies sind dann Eigenmittel, Öffentliche Darlehen (dazu mehr unter 1.5.), Bankdarlehen oder auch Familiendarlehen und Beteiligungen.

Ein ganz wesentlicher Teil des Business-Plans ist der **Ertragsplan,** auch Ertragsvorschau genannt. Hier stellt der Kaufmann für die Planperiode folgende Größen gegenüber:

Geplante Umsatzerlöse
./. Wareneinsatz
Betriebshandelsspanne
Personalkosten (einschl. Unternehmerlohn!)
Miete
Sonst. Raumkosten
Kfz-Kosten
Werbekosten
Abschreibungen
Zinskosten
Sonstige Kosten
Gesamtkosten
Die Differenz aus Betriebshandelsspanne und Gesamtkosten ergibt das **Betriebsergebnis**.

Liquiditätsplan
Wie Sie im Absatz „Finanzierung" noch sehen werden, ist die Erhaltung der Zahlungsfähigkeit (Liquidität) eine der wichtigsten Forderungen an den Unternehmer. Diesem Zweck dient der Liquiditätsplan. Eine solche Planung ist deshalb so wichtig, weil die Einnahmen und Ausgaben ja nicht immer in gleicher Höhe anfallen. Da gibt es Zeiten, in denen die Umsätze nur so tröpfeln – aber zur gleichen Zeit füllt sich das Warenlager. Und zu anderen Zeiten brummt der Umsatz, während nur wenig neue Ware ankommt. Im Liquiditätsplan werden nun die erwarteten Ein-

nahmen und Ausgaben einer Woche oder eines Monats gegenübergestellt. Wenn die Einnahmen geringer ausfallen als die erwarteten Ausgaben, muss entsprechend früh mit einem kurzfristigen Kontokorrentkredit die Liquidität sichergestellt werden.

1.2.4 Was bei einer Geschäftsübernahme zu beachten ist

Viele der genannten Schritte erübrigen sich, wenn man ein bereits bestehendes Geschäft übernimmt. Das Unternehmen ist am Markt bekannt, es bestehen Kundenbindungen. Auch Lieferantenbeziehungen sind aufgebaut. Dazu kommen die Betriebsräume und das Mitarbeiterteam. Was ein Vorteil zu sein scheint, kann sich aber auch ins Gegenteil verkehren: Der Ruf ist vielleicht nicht nur günstig, die Geschäftsräume brauchen vielleicht dringend eine Auffrischung und unter den Mitarbeitern haben sich vielleicht Gewohnheiten breitgemacht, die dem jungen Übernehmer gar nicht gefallen. Immerhin müssen die Mitarbeiter nach § 613a BGB übernommen und für ein Jahr gehalten werden.

Die Untersuchungen zu Marktpotenzial und externen Bedingungen werden bei einer Übernahme keineswegs überflüssig; sie können jetzt aber auf schon bekannte konkrete Voraussetzungen angewendet werden. Es gehört also zu den Vorteilen der Übernahme gegenüber einer kompletten Neugründung, dass weit weniger Ungewissheit damit verbunden ist. Vorauszusetzen ist dabei, dass auch alle Geschäftszahlen offengelegt werden. Aber das ist noch aus einem anderen Grund unverzichtbar: Der Firmenwert muss geschätzt werden!

1.2.5 Die Unternehmensbewertung

Hier gibt es zwei Methoden, die Substanzwertmethode und die Ertragswertmethode: Die erstere geht von den aktuellen Vermögens- und Schuldenwerten aus, während die zweite eher zukunftsorientiert danach fragt, welchen Ertrag das Unternehmen bringen kann.

Die Substanzwertmethode
Bewertet werden das Vermögen und die Schulden:
    Warenbestand
+ Betriebs- und Geschäftsausstattung
+ Forderungen
+ Immaterielle Vermögenswerte (z.B. Patente, Rechte)
+ Firmenwert (hierzu s. unten)
./. Verbindlichkeiten

Geschäftseinrichtung

Der Verkäufer wird hierzu sicher vorschlagen, den Buchwert anzusetzen. Der ist aber in den meisten Fällen bestenfalls als Obergrenze anzusehen. Zum ersten ist Alterung heutzutage nicht mehr in erster Linie eine Frage der Gebrauchsfähigkeit, sondern eine der Mode und des Geschmacks. Auch eine nur wenige Jahre alte und technisch einwandfreie Einrichtung kann in vielen Branchen schon wieder hoffnungslos überaltert wirken. Damit ist es zum zweiten auch eine Frage des Corporate Designs. Passen Stil, Farbgebung, Raumgestaltung etc. in ihrer ästhetischen Anmutung zu dem emotionalen Eindruck, der dem Leitbild entspricht? Und damit ist zum dritten auch zu veranschlagen, welche Kosten die Umbau- und Anpassungsmaßnahmen verursachen.

Warenwert

Im Idealfall ist hier gar nichts mehr anzusetzen – denn der Verkäufer wird vor der Geschäftsübergabe die Gelegenheit eines Räumungsverkaufs ergreifen. Wenn dann noch Warenbestand da ist, stellt sich die Frage, ob der vielleicht unverkäuflich (und somit letztlich wertlos) war.

Firmenwert

Der Firmenwert ist ein immaterieller Wert. Hier spielen viele Komponenten eine Rolle. Welchen Bekanntheitsgrad hat das Geschäft? Aber zu fragen ist auch: Als was ist das Geschäft bekannt, mit welchem Image? Und: Wie weit ist das mit der Person des bisherigen Inhabers verbunden, kann also nicht ohne weiteres mit „übernommen" werden? Das Interessanteste ist der Kundenstamm: Wie groß ist er? Können die Kundendaten übernommen werden? Ohne den Rat eines neutralen Sachverständigen zum Beispiel des Verbands ist diese Abschätzung im Interessengegensatz zwischen Verkäufer und Käufer kaum zu bewältigen.

Die Ertragswertmethode

Diese Methode geht vom durchschnittlichen Gewinn der letzten Jahre aus. Oft nimmt man hierzu die letzten drei Jahre. Beim Einzelunternehmen ist darauf zu achten, dass auch die kalkulatorischen Kosten (z.B. der Unternehmerlohn!) angemessen berücksichtigt werden. In diesem betriebswirtschaftlichen Gewinn spiegelt sich letztlich auch der Firmenwert.
Wenn von einer vergleichbaren weiteren Entwicklung des Geschäfts ausgegangen werden kann, gilt in der Praxis ein Kaufpreis in Höhe des Zwei- bis Dreifachen des durchschnittlichen Betriebsergebnisses der letzten drei Jahre als angemessen.

Kauf oder Pacht?

Beim Kauf geht das Eigentum des Unternehmens auf den Nachfolger über. Dieser zahlt den Kaufpreis in einer Summe oder in Form einer Rente. Bei der Pacht dagegen stellt der Verpächter die Geschäftsräume, Einrichtung und sämtliche Rechte gegen Zahlung eines Pachtzinses zur Verfügung. Ein Pachtvertrag wird auf eine bestimmte Zeit abgeschlossen.

Kauf	Pacht
▪ Kaufpreis muss finanziert werden ▪ Der Käufer ist absoluter „Herr im Haus" ▪ Er trägt das volle Risiko, auch für den Fall einer Veränderung der Standortqualität.	▪ Es fallen monatliche Pachtzinsen an, die aus dem laufenden Geschäft finanziert werden. ▪ Der Vertrag hat nur eine begrenzte Laufzeit. Erweist sich das Geschäft als nicht tragfähig, ▪ kann der Pächter dann das Vertragsverhältnis beenden. ▪ Andererseits könnte auch der Vermieter nach Beendigung der Laufzeit den Zins heraufsetzen. ▪ Der Pächter ist nicht Herr im Haus; er kann z.B. nicht ohne weiteres die Räume verändern.

Ob Kauf oder Pacht – in beiden Fällen muss der Nachfolger die Mitarbeiter nach § 613a BGB übernehmen; für ein Jahr ist eine betriebsbedingte Kündigung ausgeschlossen.

Die Sortimentsauswahl

Es wäre sicher toll, wenn man sich für jeden denkbaren Kunden mit jedem möglichen Wunsch so aufstellen könnte, dass man ihn bedienen kann. Aber das gelingt selbst alt eingeführten Geschäften mit großer Verkaufsfläche kaum. Selbst wenn die erforderliche Fläche verfügbar ist, wäre die Kapitalbindung bei einem riesigen Sortiment zu groß.

Bei einer Neugründung spielt noch ein anderer Aspekt eine nicht zu unterschätzende Rolle: **die Konditionen im Einkauf**! Ohnehin sind natürlich die Rabatte auch im Einkauf umso höher, je größer das Auftragsvolumen ist. Die gleiche Bestellmenge bringt also bei einem einzigen Lieferanten bessere Preise als bei einer Aufteilung auf mehrere. Aber darüber hinaus steigen bei einer Konzentration auf wenige Partner auch die Chancen auf Unterstützung, sei es besondere Ware für die Eröffnungsphase, Material für die Ladengestaltung, Werbekostenzuschüsse oder die Durchführung von Aktionen mit eigenem Personal. Andererseits kann damit die Abhängigkeit von einem Lieferanten zu groß werden.

Bei der Preisgestaltung ist als Grundlage eine sorgfältige und vorsichtige Kalkulation, die keine Kosten außer Acht lässt, natürlich unverzichtbar. Aber was nutzt der genau kalkulierte Preis, wenn kein Kunde bereit ist, ihn zu bezahlen? Die Kostenkalkulation ist nur ein Teil der Preisfindung. Die Analyse der Preise bei den Wettbewerbern und plausible Annahmen darüber, was der Kunde zu zahlen bereit ist, sind genauso wichtig. Dabei ist die bittere Erkenntnis nicht auszuschließen, dass die Kalkulation auf der Grundlage der Kosten einen höheren Preis ergibt, als bei einem solchen „target pricing" verlangt werden kann. Aber das ist ja gerade der Sinn dieser

Analyse im Vorhinein. So kann rechtzeitig, bevor finanzieller Schaden eingetreten ist, geprüft werden, ob man
- dann eben von diesem Angebot lieber Abstand nimmt;
- an den Kosten etwas streichen kann;
- beim angebotenen Produkt selbst Abstriche machen kann an kostenverursachenden Bestandteilen, die dem Kunden nicht so wichtig sind (z.B. konkret gefragt: Welchen Service will der Kunde wirklich? Wie viel will er dafür bezahlen?);
- das Produkt in Kombination mit zusätzlichem Service und/oder anderen Produkten so anbieten kann, dass die Kunden voraussichtlich bereit sein werden, kostendeckende Preise zu zahlen.

1.3 Die Unternehmensorganisation

1.3.1 Die Anforderungen an eine Organisation

„Organisation" und „organisieren" gehören zu den Fachbegriffen, die wir auch im alltäglichen Sprachgebrauch verwenden. Die genauere Betrachtung dieses Sprachgebrauchs zeigt uns verschiedene Bedeutungen des gleichen Begriffs. Wenn wir abwertend fragen „Was ist das denn für eine komische Organisation?", meinen wir damit meist ein Unternehmen oder eine Institution. Es kann aber auch Unzufriedenheit damit ausdrücken, wie etwas z.B. bei einer Behörde geregelt ist, dann meinen wir unklare Zuständigkeiten oder langwierige Abläufe. Beides findet sich im Fachbegriff „Organisation" wieder: Organisation bezeichnet zugleich ein System von Regeln für Zuständigkeiten und Abläufe sowie den institutionellen Rahmen dieses Systems. Aber die Übertragung des umgangssprachlichen Verständnisses auf den Fachbegriff hat ihre Grenzen. Die flapsige Aufforderung „Organisier mal ein Bier" beispielsweise richtet sich auf einen konkreten einmaligen Vorgang. Wenn wir beim Fachbegriff aber von einem „System von Regeln" sprechen, dann geht es offenbar nicht nur um „Regeln" von Fall zu Fall. Eine Regel ist schließlich nur dann eine Regel, wenn sie dauerhaft angewendet wird: nämlich immer dann, wenn die gleichen Voraussetzungen vorliegen. Für solche immer wiederkehrenden Vorgänge braucht es eine Organisation. Am Anfang aller Überlegungen muss eine Bestandsaufnahme stehen, also eine detaillierte und vollständige Auflistung aller absehbar anfallenden Tätigkeiten. Zu jeder Tätigkeit gehört die Abschätzung des wöchentlichen Zeitbedarfs – und natürlich, wer das machen soll. Dabei gilt auch hier wie bei allen Zeitmanagement-Empfehlungen, dass Puffer einzubauen sind, dass es keinem Menschen gelingt, an einem 10-Stunden-Tag wirklich 10 Stunden nur wie geplant zu arbeiten.

Organisation bedeutet ein System von Regeln für Zuständigkeiten und Abläufe.

An alle organisatorischen Regeln sind fünf **grundlegende Anforderungen** zu stellen:
- **Zweckmäßigkeit**; das bedeutet Orientierung am zu erzielenden Ergebnis;
- **Wirtschaftlichkeit;** das gilt bei allem: so sparsam wie möglich;
- **Übersichtlichkeit**; also knapp und präzise;
- **Dauerhaftigkeit**; nicht nur für einen Fall oder einen Tag, sondern verlässlich über einen längeren Zeitraum;
- **Flexibilität;** es muss Raum bleiben, sich immer auch an die gegebenen Anforderungen anzupassen.

Nimmt man alle diese Anforderungen zusammen, dann kann man Organisation im betrieblichen Zusammenhang bezeichnen als ein System von möglichst dauerhaften, zugleich aber flexiblen Regelungen, die auf möglichst wirtschaftliche Weise eine effektive Durchführung der Aufgaben sichern sollen. Worauf sich das bezieht, lässt sich in drei Bereiche unterscheiden. Geht es um die Strukturen, handelt es sich um den Bereich der **Aufbauorganisation**. Sie regelt Hierarchien und Funktionen. Geht es um die Prozesse, handelt es sich um den Bereich der **Ablauforganisation**. Sie regelt Reihenfolge und Zusammenspiel von Tätigkeiten im zeitlichen Ablauf. Geht es um Daten, handelt es sich um **Informationsorganisation**. Sie regelt Sammeln, Weitergabe und Ablage von Informationen, lässt sich in der Praxis aber kaum trennen vom Thema der Kommunikation, das in den Bereich Personalführung gehört.

1.3.2 Organisation als Führungsaufgabe

Für alle drei Bereiche der Organisation gilt, dass die Schaffung verbindlicher Regeln für alle nur von der Führung des Unternehmens geleistet werden kann. Damit diese Regeln auch den genannten fünf Grundanforderungen entsprechen, müssen zuerst alle bestehenden Aufgaben, Anforderungen und Tätigkeiten ganz genau untersucht und in einzelne Schritte zerlegt werden. Dieses Zerlegen in Einzelelemente (**Analyse**) ermöglicht erst, die Elemente danach sinnvoll zu gruppieren und zu ordnen (**Synthese**). Je nach Fragestellung erfolgt die Analyse als Zeitstudie, Arbeitsverteilungsstudie oder Arbeitsablaufstudie. Richtet sich die Untersuchung als Mengenstudie auf die Häufigkeit des Vorkommens bestimmter Tätigkeiten, kann sie entweder bei einem längeren Betrachtungszeitraum in definierten Abständen Momentaufnahmen der Situation machen, um diese dann auszuwerten und zu vergleichen (**Multimomentverfahren**) oder bei einem kürzeren Betrachtungszeitraum die Situation kontinuierlich beobachten und „mitzählen" (**Frequenzstudie**).
In der Phase der Analyse steht ja noch nicht fest, nach welchen Gesichtspunkten später die Synthese, also das Zusammenfassen von Tätigkeiten zu einem Aufgabenbereich, erfolgen soll. Das ist im Detail dann in der Aufbauorganisation (s.u.) Sache entsprechender Stellenbeschrei-

bungen. Um aber dafür alle Voraussetzungen zu schaffen, muss bei der Analyse für jede festgestellte einzelne Verrichtung alles mit festgehalten werden, was bei der Synthese in diesem Sinne wichtig sein könnte. Solche Kriterien können sein:
- das **Objekt**, mit dem die Tätigkeit zu tun hat. Dabei kann „Objekt" sowohl eine Produktgruppe sein als auch ein bestimmter Kundenstamm;
- die **Hilfsmittel**, die dabei benötigt werden. Wenn alles, wofür man einen Gabelstapler braucht, von einem Mitarbeiter erledigt wird, ist das wahrscheinlich sinnvoller, als wenn vier verschiedene Leute immer mal wieder einen Gabelstapler brauchen;
- der **Ort**, an dem die Tätigkeit ausgeübt wird. Der auf Weine spezialisierte Kundenberater kann nicht in fünf verschiedenen Filialen zur gleichen Zeit sein;
- der **Rang** in der Hierarchie, weil für viele Entscheidungen eine bestimmte Kompetenz Voraussetzung ist.

Das sind nur die wichtigsten Kriterien. Welche in Frage kommen, ist natürlich abhängig von der Tätigkeit; wie sie zum Zweck der Bildung von „Stellen" zusammengefasst werden, ist Sache der Aufbauorganisation.

Bei der Festlegung verbindlicher Regeln steht die Unternehmensführung vor dem Problem, dass sich unmöglich jeder denkbare Einzelfall vorab regeln lässt. Deshalb muss Organisation zugleich Raum dafür lassen, die Regeln auf den Einzelfall anzuwenden. Diese kurzfristige Anpassung an die konkreten Verhältnisse (**Disposition**) steht also nicht im Gegensatz zur Organisation, sondern macht sie überhaupt erst praktikabel. Sie unterscheidet sich damit von der **Improvisation**. Als kurzfristige Reaktion auf eine nicht vorher gesehene und auch nicht geregelte Situation setzt sie das Fehlen von Organisation voraus. Es ist dann Aufgabe der Führung, die zunächst rasch fallweise zu treffende Entscheidung für den Wiederholungsfall durch eine generelle Regelung zu ersetzen (**Substitutionsprinzip**). Organisation bewegt sich also als Führungsaufgabe immer in dem Spannungsverhältnis, dass ein Zuwenig an Regelungen schnelle, damit auch unzureichend durchdachte und eventuell widersprüchliche oder gar fehlerhafte Entscheidungen erzwingt, aber andererseits ein Zuviel an Regelungen das Unternehmen unflexibel machen und auch den Mitarbeitern, die dann kaum noch etwas entscheiden können, die Motivation und Eigeninitiative nimmt.

Auch im Zusammenwirken der Mitarbeiter besteht oft ein Spannungsverhältnis zwischen dem, was die Führung organisiert, also regelt, und dem, was wirklich gelebt wird. Wenn mehrere Menschen in einer Abteilung oder in einem Team zusammenarbeiten, weil das so angeordnet wurde, dann ist die Zusammensetzung dieser **formellen Gruppe** also fremdbestimmt; die Aufgabenteilung einschließlich eventueller Über- und Unterordnungen ist ebenso vorgegeben wie die Kommunikationswege. Menschen bilden aber auch immer auf der Basis gemeinsamer Interessen oder Situationen von sich aus **informelle Gruppen**, in denen die Aufgabenverteilung ebenso wie eine Art „Rangordnung" organisch wachsen. In der betrieblichen Wirklichkeit entwickeln die „formellen Gruppen" bei längerem Bestand auch immer Merkmale einer „informellen Gruppe": Das kann im Sinne des Unternehmens gut sein, wenn beispielsweise die Projektaufgabe zum gemeinsamen Interesse wird und Grundlage für einen stärkeren Zusammenhalt in der Gruppe wirkt. Das kann aber auch destruktiv wirken, wenn ein von den meisten akzeptierter „informeller Führer" im Konflikt mit dem offiziell eingesetzten Verantwortlichen, dem „formellen Führer", steht.

Wenn Organisation das Zusammenwirken von verschiedenen Menschen regelt, stellt sich schon bei recht einfachen Abläufen, erst recht aber bei dem komplexen Aufbau eines großen Unternehmens die Frage, wie die Arbeit aufgeteilt werden, also die **Arbeitsteilung** erfolgen soll. Wenn zwei Auszubildende die Aufgabe haben, 100 Preislisten aus je zehn Blättern mit Preisen zusammenzutragen, zu lochen und in eine Hülle einzuheften, dann können sie entweder beide die Hälfte der Blätter und Hüllen nehmen und zusammentragen, lochen und ablegen. Sie können sich die Arbeit aber auch so teilen, dass der eine zusammenträgt, der andere locht und ablegt. Im ersten Fall machen beide fast das Gleiche und teilen sich die Arbeitsmenge (**Mengenteilung**), im zweiten Fall teilen sie sich die Arbeit nach der Art der Tätigkeit auf (**Artteilung**). Um zu entscheiden, was letzten Endes besser ist, muss man sich nicht nur die Aufgabe, sondern auch die Bedingungen genau anschauen. Wahrscheinlich geht es am schnellsten, wenn beide einfach nach der Mengenteilung loslegen; die Arbeit ist dann auch nicht so eintönig. Aber wenn der eine besonders flinke Finger im Zusammentragen von Blättern hat, sind die beiden vielleicht früher fertig, wenn er sich nur damit beschäftigt und der andere nur locht. Früher galt Artteilung meist von vornherein als besser, weil ja jeder sich damit stärker in seiner Aufgabe spezialisieren kann. Es leuchtet auch ein, dass es bei einer Anwaltskanzlei von fünf Juristen sinnvoller ist, wenn jeder in einem anderen Rechtsgebiet die Fälle bearbeitet und die Rechtsprechung verfolgt. Wenn aber der Mandant des Anwalts für Familienrecht während des laufenden Scheidungsverfahrens einen Unfall baut, muss er in der Sache dann zum Kollegen für Verkehrsrecht wechseln. Die Mengenteilung ist also meist kundenfreundlicher, weil der Kunde sich nicht erst durchfragen muss, wer zuständig ist, sondern immer den gleichen Ansprechpartner hat. In der betrieblichen Praxis findet vor allem im Kundenkontakt zunehmend ein Mischprinzip aus beiden Anwendung: Zunächst macht nach Mengenteilung jeder alles, der Kunde kann also jedes Mal zum gleichen Ansprechpartner kommen. Wenn es aber in einem Fall sehr speziell wird und tieferes Wissen gefordert ist, steht im „Hintergrund" ein Funktionsspezialist zur Verfügung, der entweder den Kollegen unterstützt oder auch dann direkt den Kundenkontakt übernimmt.

1.3.3 Die Aufbauorganisation

Die Struktur, der Aufbau eines Unternehmens ergibt sich daraus, wie Zuständigkeiten einschließlich der Über- und Unterstellungen in der Hierarchie geregelt werden. Kleinste Einheit dieser Struktur ist die durch Zusammenfassung von Tätigkeiten gebildete **Stelle**. Stellenbildung und Stellenbeschreibung sind dementsprechend der Kern der Aufbauorganisation. Bei der Stellenbildung muss entschieden werden, nach welchen Kriterien Tätigkeiten zusammengefasst werden sollen. Die Informationen dazu hat zuvor die Analyse geliefert. Wenn die Zuweisung von Tätigkeiten zu Stellen nach diesen Gesichtspunkten erfolgt, handelt es sich um eine rein „sachbezogene" Organisation in dem Sinne, dass dabei an keinen bestimmten einzelnen Stelleninhaber gedacht wird. Die Stellenbildung erfolgt völlig unabhängig von einzelnen Personen und deren speziellen Stärken und Schwächen. Das hat von vornherein den Vorteil, dass die Zuordnungen auch bei einem Personalwechsel unberührt bleiben. Allerdings bleiben damit vielleicht auch spezielle Fähigkeiten ungenutzt. Gerade in kleineren Unternehmen und speziell in Familienbetrieben ist es deshalb weit verbreitet, dass die Stellenbildung weitgehend „personenbezogen" erfolgt. Das bedeutet, dass es in erster Linie von den individuellen Stärken und Schwächen abhängt, wer welche Aufgaben übernimmt. Zu berücksichtigen bei der Stellenbildung ist aber auch die Frage, wie umfangreich die Tätigkeiten sind, wie viel Zeit, Intensität und Energie sie erfordern. Bei einer sachbezogenen Stellenbildung muss dann von einem fiktiven „durchschnittlichen" Stelleninhaber ausgegangen werden.

Einführung von Stellenbeschreibungen
Hierfür gilt wie bei vielen anderen Projekten, dass eine bestimmte Abfolge eingehalten werden sollte. Am Beginn stehen fast immer die Ist-Analyse und die Entwicklung von Zielen mit daraus abgeleiteten Soll-Vorstellungen. Da es sich bei der Einführung von Stellenbeschreibungen aber um Maßnahmen handelt, die einschneidende Bedeutung für die davon betroffenen Mitarbeiter haben können, ist es besonders wichtig, von vornherein für möglichst viel Transparenz zu sorgen. Unsicherheit über Entwicklungen, die einen selbst betreffen können, führt bei Menschen stets zu Befürchtungen und Angst. Damit kann schon von Anfang an Ablehnung bis hin zu Widerstand gegenüber eventuellen organisatorischen Änderungen geschürt werden. Um dem entgegenzuwirken, ist deshalb von Anfang an die Information ein unverzichtbarer Teil des Ablaufs.
Die verbindliche schriftliche Festlegung der Merkmale der Stelle und ihrer Eingliederung in die Gesamtorganisation des Betriebes, unabhängig vom jeweiligen Stelleninhaber, ergibt die **Stellenbeschreibung**. Im Unterschied zur Stellenausschreibung, die sich nach außen richtet und deshalb normalerweise auch Aussagen über das Unternehmen insgesamt enthält, ist die Stellenbeschreibung ein internes Dokument. Sie enthält nach der sachlichen Bezeichnung der Stel-

le Informationen über die Zuordnung zu organisatorischen Einheiten, z.B. einer bestimmten Abteilung und/oder Filiale, eventuell ein aus dem Unternehmensleitbild abgeleitetes Ziel als allgemeine Handlungsanweisung, die grundlegenden Aufgabenstellungen, typische Anforderungen an den Stelleninhaber einschließlich eventuell erforderlicher Qualifikationen und Zeugnisse, die Einordnung der Stelle in die Hierarchie durch Angabe der Unterstellung und – bei Stellen mit Führungsaufgaben – auch der Überstellung, eventuell Angaben zur Zusammenarbeit und gegenseitigen Stellvertretung mit anderen Stellen. Nicht in eine Stellenbeschreibung gehört die Angabe eines bestimmten Gehalts; möglich ist jedoch der Verweis auf eine bestimmte Lohngruppe des Tarifvertrags.

Damit liefern die Stellenbeschreibungen klare und nachvollziehbare Abgrenzungen zwischen den verschiedenen Aufgabenbereichen. Allerdings muss wie bei jeder anderen organisatorischen Regelung auch immer wieder geprüft werden, ob sie noch den Anforderungen entsprechen oder geändert werden müssen.

Instanzen und Entscheidungen

Aus der Zusammenfassung von Stellen zu organisatorischen Einheiten (z.B. Abteilungen), die ihrerseits wieder zu größeren Einheiten (z.B. Bereichen) zusammengefasst werden, ergibt sich der mehrstufige Betriebsaufbau. Dabei muss auch die Zusammenfassung zu Führungsebenen und deren Entscheidungsstrukturen und Führungsprinzipien geregelt werden. Keine besonderen Regeln über die Entscheidungsstrukturen sind dann nötig, wenn an der Spitze nur ein Einzelner steht. Diese **Singularinstanz** ist der klassische Fall des Direktors. Häufiger aber steht an der Spitze eine **Pluralinstanz**, also ein Gremium aus mehreren Personen, die nach dem Kollegialprinzip gleichberechtigt sind. Damit ergibt sich zunächst für das Fällen von Entscheidungen in wichtigen Fragen das Prinzip der **Abstimmungs-Kollegialität**: Es ist eine einfache Mehrheit im Gremium erforderlich. Um zu verhindern, dass dies zu Patt-Situationen führt, in denen keine Entscheidung mehr getroffen wird, kann dieses Prinzip in der Weise abgewandelt werden, dass ein Mitglied des Gremiums, z.B. bei dem Vorstand einer AG der Vorstandsvorsitzende, bei Stimmengleichheit mit seiner Stimme entscheidet; da er als „Erster unter Gleichen" (lat.: primus inter pares) handelt, nennt man diesen Fall auch **Primatkollegialität.** Umgekehrt werden die Anforderungen an die Übereinstimmung aber bei der **Kassationskollegialität** so weit verschärft, dass sogar Einstimmigkeit gefordert ist, z. B. bei für das Unternehmen grundlegenden Entscheidungen.

Entscheiden muss die Führungsebene bei größeren Unternehmen, insbesondere bei Filialunternehmen, auch generell, inwieweit Zuständigkeiten und Aufgaben bei einer Zentrale bleiben oder an Gebietsleiter beziehungsweise Filialleiter übertragen werden. Ähnlich wie bei der Artteilung hat die Zusammenfassung von identischen Teilaufgaben in einer Zentrale den Vorteil, dass eine stärkere Spezialisierung möglich ist und vorhandenes Rationalisierungspotenzial genutzt werden kann. Auch ist dann eher gesichert, dass ein klarer Entscheidungsprozess erfolgt,

1.3 Die Unternehmensorganisation

bei dem unter gleichen Voraussetzungen auch gleiche Entscheidungen getroffen werden. Andererseits birgt eine solche **Zentralisierung** die Gefahr, dass Entscheidungen ohne ausreichende Detailkenntnis getroffen werden und der Entscheidungsweg zu lang, der Entscheidungsprozess damit zu langsam wird.

Das gilt vor allem dann, wenn das ganze Unternehmen streng hierarchisch gegliedert ist. Bei dieser Organisationsform des **Ein-Linien-Systems** hat, von der untersten Ebene betrachtet, jede Stelle genau eine vorgesetzte Stelle. So zieht sich das über alle Hierarchie-Ebenen durch bis zur obersten Instanz. Für die Mitarbeiter hat das den Vorteil einer klaren und überschaubaren Regelung. Zu den Nachteilen gehört eben der genannte lange Entscheidungsweg. Eine weitere Gefahr liegt auch darin, dass die Führungsebene überlastet ist, weil letztlich alles bei ihr zusammenläuft.

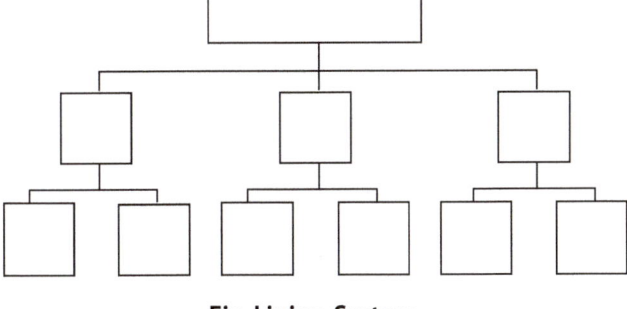

Ein-Linien-System

Um diese Gefahr zu entschärfen und gleichzeitig die Vorteile des Ein-Linien-Systems zu erhalten, kann es abgewandelt werden zum **Stab-Linien-System**, bei dem Instanzen Stellen direkt zugeordnet werden, die spezielle Aufgaben insbesondere zur Vorbereitung von Entscheidungen übernehmen. Eine solche Stabsstelle kann beispielsweise ein Controller sein oder ein Jurist, also ein Spezialist, der auf seinem Feld die Führung unterstützt und so dazu beiträgt, sie zu entlasten und ihre Entscheidungen besser zu fundieren.

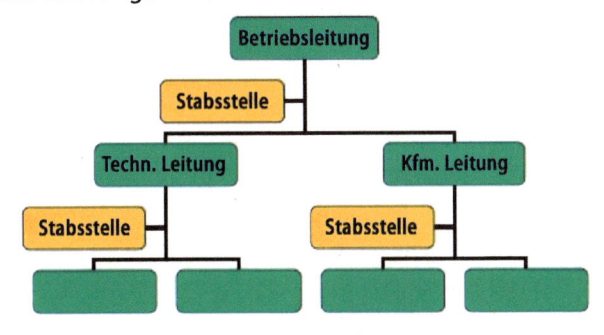

Stab-Linien-System

Ein grundsätzlich anderer Aufbau des Unternehmens kann darin bestehen, dass es vom jeweiligen Thema abhängt, wer von einem Stelleninhaber als Vorgesetzter anzusprechen ist. Dieses **Mehr-Linien-System** vermeidet damit durch die Möglichkeit, direkt die für das jeweilige Thema zuständige Instanz anzusprechen, die Umständlichkeit des Ein-Linien-Systems. Allerdings geht damit auch die Eindeutigkeit der Zuordnung verloren. Das kann zu Kompetenzstreitigkeiten führen.

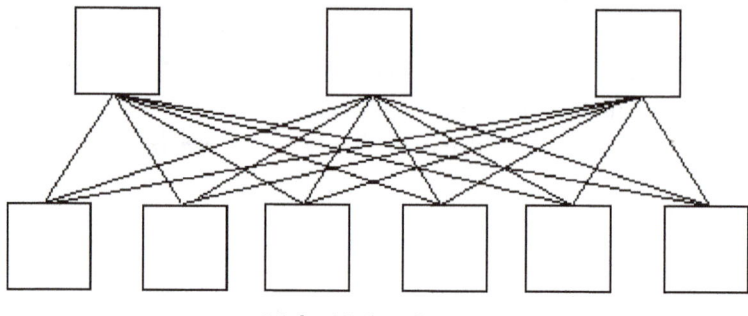

Mehr-Linien-System

Bei diesem Vergleich der Linien-Systeme wird durchweg und ohne besonders darauf hinzuweisen unterstellt, dass die Gleichartigkeit der Tätigkeit, also die ausgeübte Funktion, erstes Gliederungsprinzip für die Bildung organisatorischer Einheiten ist. Die **funktionale Gliederung** fasst also, beginnend schon bei der Führungsebene, Bereiche nach diesem Prinzip der Tätigkeiten zusammen. Es gibt z.B. einen Geschäftsführer mit Zuständigkeiten für Finanzen. Diesem untersteht unter anderem ein Bereichsleiter Rechnungswesen, diesem wiederum ein Abteilungsleiter Finanzbuchhaltung, diesem ein Gruppenleiter Debitoren. Nicht nur bei Großunternehmen sind jedoch auch andere Gliederungsprinzipien denkbar. So könnte ein Getränkehandel bei entsprechender Kundenstruktur auch nach Kundengruppen gegliedert sein: ein Verantwortlicher für den Bereich Unternehmen/Kantinen, einer für Belieferung von Events, einer für den üblichen stationären Verkauf. Ein bundesweit tätiges Handelsunternehmen wiederum könnte sich zuerst regional aufstellen, also je einen Bereich für Nord-, West-, Ost- und Süddeutschland. Freilich schließen sich diese Gliederungsprinzipien keineswegs gegenseitig aus. Es geht eher darum, in welcher Reihenfolge, mit welcher Priorität sie angewendet werden. Häufig sind hier auch **Mischformen** anzutreffen, bei denen beispielsweise **Divisions** gebildet werden, von denen jede für eine bestimmte Produktgruppe zuständig ist. Jede Division weist in ihrer Struktur dann eine nach Tätigkeitsbereichen gegliederte Linienorganisation auf. Die Mitarbeiter sind hier also stärker spezialisiert. Auf der anderen Seite kann dies auch zu einer verengten Sichtweise führen. Man ist nicht mehr auf das Unternehmen ausgerichtet, sondern nur noch auf die eigene Sparte. In jeder Division findet man dann die funktionalen Abteilungen wie Einkauf oder Verkauf. Das wiederum bedeutet teilweise Doppelarbeit und erhöht die Kosten. Solche divisionalen Organisationen bezeichnet man auch als **Spartenorganisation**. Allgemeine Aufgaben wie das Rechenzentrum aber bleiben bei einer Zentrale.

Generell sind die Linien-Systeme mit ihrem hierarchischen Aufbau gut geeignet für die zuverlässige Abarbeitung wiederkehrender Aufgaben. In der Unternehmenswirklichkeit haben jedoch die Bewältigung neuer Aufgaben und die Suche nach neuen Wegen an Bedeutung gewonnen. Deshalb haben sich auch hier neue Formen entwickelt, bei der verschiedene der genannten Gliederungskriterien kombiniert werden. Beispielsweise kann eine bestehende Linienorganisation mit klassischer funktionaler Gliederung ergänzt werden um Produktmanager, die quer durch alle Funktionsbereiche für eine Produktgruppe verantwortlich sind. Diese **Matrixorganisation** verbindet also die Gliederungen nach Funktion und nach Produkt.

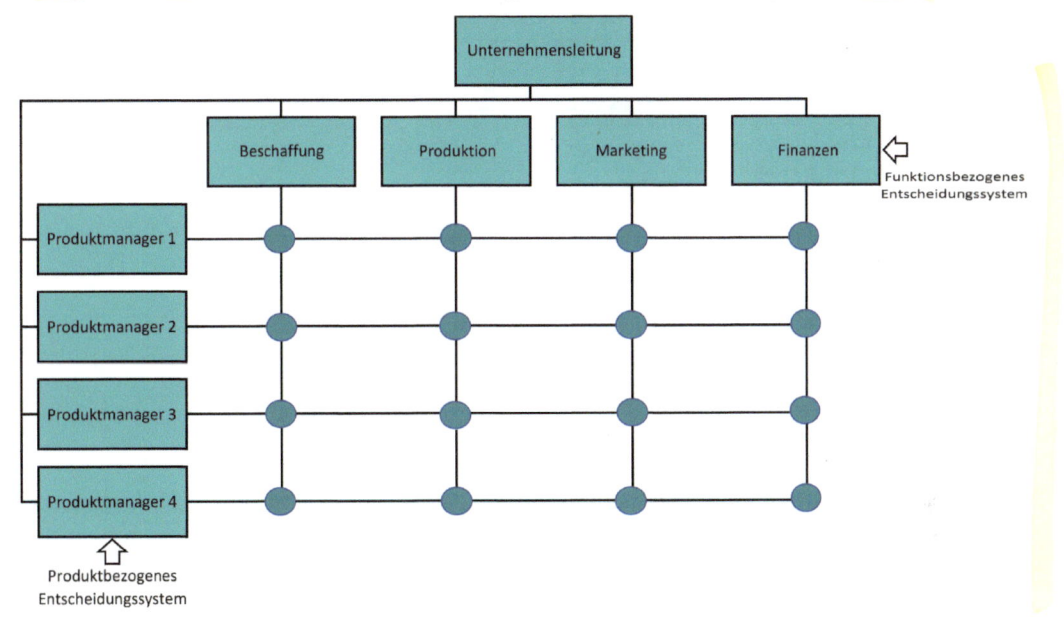

Matrixorganisation

Kommt noch eine weitere Dimension, z.B. nach Kundengruppen hinzu, um entsprechend flexible Teams zu bilden, spricht man von einer **Tensororganisation** (Abb. nächste Seite).

1. Unternehmensführung und -steuerung

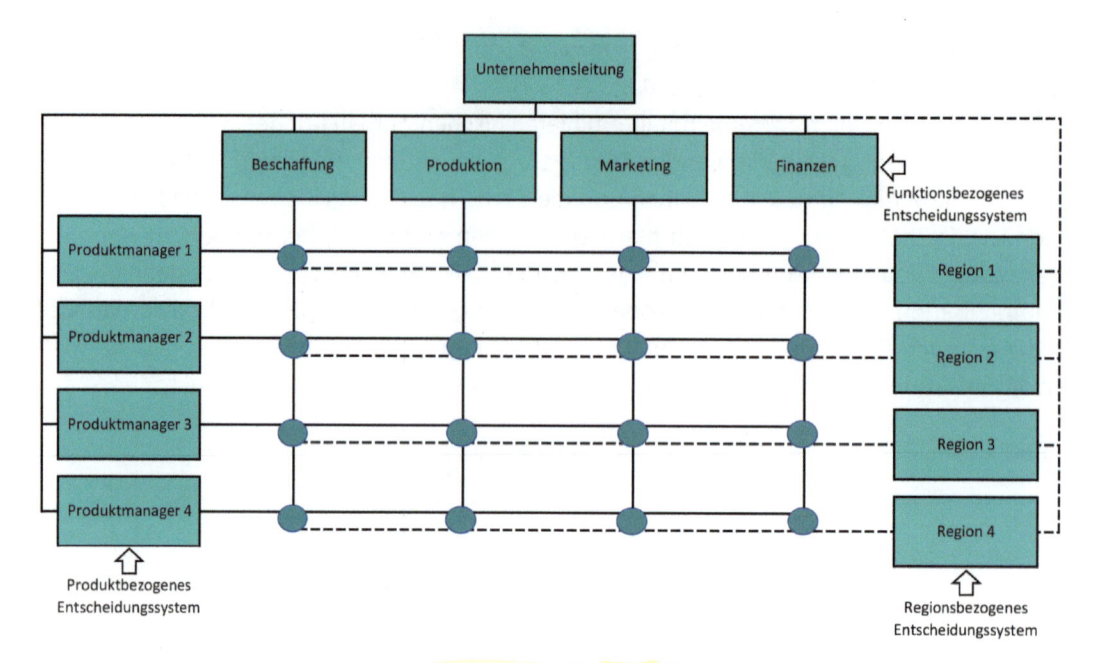

Tensororganisation

1.3.4 Die Ablauforganisation

Auch für die Regelung von Vorgängen und Arbeitsprozessen gelten alle genannten Anforderungen an Beständigkeit und Flexibilität; schließlich spielen sich diese Abläufe ja innerhalb der bestehenden Aufbauorganisation mit ihren Zuständigkeiten und Strukturen ab. Aber während die Aufbauorganisation ihrem Wesen nach statisch ist, spielt bei der Ablauforganisation von vornherein die Zeit und mit ihr die Reihenfolge von Tätigkeiten eine entscheidende Rolle. Es geht nicht nur darum, Menschen und Material in der richtigen Kombination am richtigen Ort zusammenzubringen, sondern dies auch zur richtigen Zeit zu tun. Wann etwas geschehen muss und wie lange es dauert, ist zu berücksichtigen.

1.3 Die Unternehmensorganisation

Um die bei großen Projekten sehr komplexen Verzahnungen und Abhängigkeiten deutlicher und überschaubarer zu machen, bedient sich die Ablauforganisation verschiedener grafischer Darstellungsformen. Als übersichtliche Darstellung der Tätigkeiten in logischer (zeitlicher) Folge sollen sie Antworten auf die Fragen geben, wer wo was wie lange und womit macht. – Im einfachsten Fall genügen **Balkendiagramme (Gantt-Diagramme)**, bei denen jeder Balken für einen in sich abgeschlossenen Vorgang steht und die Länge der Balken den Zeitbedarf ausdrückt. Schließen diese Balken direkt aneinander an, dann liegt eine „Ende-Anfang-Beziehung" zwischen den Tätigkeiten vor; das bedeutet, dass erst mit Abschluss einer Tätigkeit die nächste beginnen kann. Für die Darstellung logischer Verknüpfungen der einzelnen Bestandteile eines Prozesses sind **Fluss-Diagramme** besser geeignet. Sie werden auch zur Visualisierung von Programmabläufen verwendet. Verzweigungen je nach Situation bzw. Antwort auf eine Alternativfrage ermöglichen die Darstellung verschiedener Handlungsvarianten.

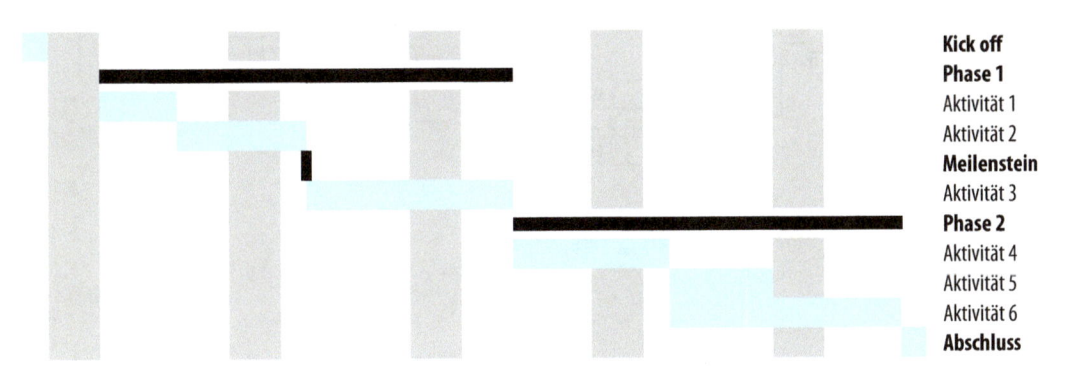

Balkendiagramm

Die flexibelsten Möglichkeiten bieten **Netzpläne** (Abbildung S. 56), bei denen jede Tätigkeit durch ein grafisches Symbol dargestellt wird, in dem die Nummer der Tätigkeit, ihr frühester und spätester Beginn und ihr Zeitbedarf angegeben sind. Die Verbindungslinie zwischen den Tätigkeiten, bei denen kein Zeitpuffer besteht, weil sie länger dauern als eventuell gleichzeitig stattfindende andere Tätigkeiten, nennt man den **kritischen Pfad**. Eine Verzögerung auf diesem Pfad kann nicht aufgefangen werden und verursacht eine Verschiebung des geplanten Endes.

1. Unternehmensführung und -steuerung

FAZ	D	FEZ
	Bezeichnung	
SAZ	GP	SEZ

FAZ: Frühester Anfangszeitpunkt
D: Dauer
FEZ: Frühester Endzeitpunkt
SAZ: Spätester Anfangszeitpunkt
GP: Gesamtpuffer
SEZ: Spätester Endzeitpunkt

Nr.	Bezeichnung	Dauer	Vorgänger	Nachfolger
A	Schritt 1	4	-	B; C
B	Schritt 2	5	A	D
C	Schritt 3	6	A	E
D	Schritt 4	9	B	E
E	Schritt 5	7	C; D	-

Kritischer Pfad: ➡ A, B, D, E

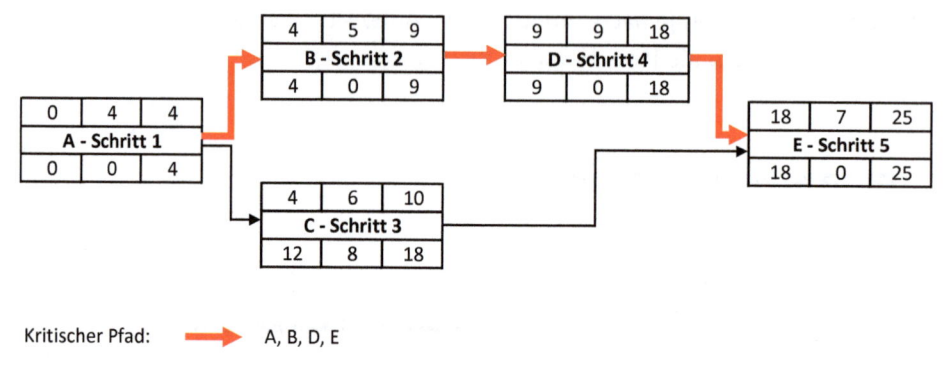

Netzplan

1.3.5 Anpassung der Organisation

Alle organisatorischen Regelungen stehen in dem Spannungsverhältnis, einerseits dauerhafte und beständige Verhältnisse schaffen zu sollen, andererseits aber nicht zu starr oder gar hinderlich zu werden. Deshalb muss eine Organisation immer wieder auf den Prüfstand gestellt werden. Als Ursachen für notwendige Anpassungen der Organisation kommen in erster Linie in Frage:

- Entwicklungsstadien des Unternehmens, von der Existenzgründung an;
- Standortbedingungen, die sich verändert haben;
- Produktänderungen, die z.B. Einfluss auf die Erklärungsbedürftigkeit haben;
- Kundenverhalten, z.B. geänderte Ansprüche der Kunden;
- Änderung der Gesellschaftsform und damit rechtlicher Vorschriften.

Der wichtigste Faktor ist und bleibt aber der Markt. Wandel auf den Märkten erzwingt als Reaktion eine entsprechende Marktanpassung. Das Ideal aber wäre, so weitsichtig zu sein und auch über die dazu erforderlichen Mittel zu verfügen, um selbst die Entwicklung der Märkte zu beeinflussen, also eine „pro-aktive" Marktgestaltung.

1.3.6 Unternehmensorganisation und Kooperationen

Im Handel spielen Kooperationen heute eine immer größere Rolle. Sie können gebildet werden als
- Horizontale Kooperationen: Unternehmen auf der gleichen Ebene arbeiten eng zusammen. Beispiel: Einkaufskooperationen wie die Edeka oder Rewe. *Thalia/Osi*
- Vertikale Kooperationen: Unternehmen verschiedener Ebenen arbeiten zusammen. Beispiel: Franchising als Zusammenarbeit zwischen einem Franchisegeber und einem Franchisenehmer.
- Laterale Kooperationen als Zusammenarbeit zwischen Unternehmen, die durchaus verschiedenen Branchen angehören können. Beispiel: Stadtmarketingvereine, in denen sowohl Handelsunternehmen wie auch Gastronomie oder auch örtliche Industrie- und Dienstleistungsunternehmen zusammenarbeiten, um die Stadt attraktiver zu machen.

Je nach Art und Intensität der Zusammenarbeit hat dies auch Einfluss auf die Organisation des Unternehmens. Ist ein Unternehmen einer Einkaufskooperation angeschlossen, so benötigt es nur noch eine kleinere eigene Einkaufsabteilung; arbeitet es im Stadtmarketing mit anderen zusammen, muss festgelegt werden, welche Stelle mit dieser Einrichtung zusammenarbeitet und für den Informationstransfers sorgt.

1.4. Die Managementaufgaben im Unternehmen

Anmerkung: Dieses Kapitel ist nicht mehr im Rahmenplan enthalten. Wir haben es aber in das Buch aufgenommen, weil es Grundlagen der Unternehmensführung enthält, die eine Führungskraft beherrschen muss.
Die Bezeichnung als „Manager" hat sich umgangssprachlich eingebürgert für alle, die in Unternehmen die Aufgabe haben, übergeordnete Ziele zu setzen, deren Umsetzung zu planen, anzuleiten und zu kontrollieren. Deshalb hat nicht jeder einzelne Manager alle genannten Aufgaben. Je nach Hierarchiegrad in der Aufbauorganisation unterscheidet man Top-, Middle- und Lower-Management. Ein übergreifendes Leitbild des Unternehmens zu beschließen und langfristige Ziele zu entwickeln ist Sache des Top-Managements; mittelfristige Ziele für bestimmte Bereiche daraus abzuleiten und zu verfolgen ist typische Aufgabe des Middle-Ma-

nagements, während das „Lower-Management" schließlich mehr mit kurzfristiger Umsetzung, Planung und Kontrolle befasst ist.

1.4.1 Leitbild, Corporate Identity und Ziele

Das Leitbild eines Unternehmens sollte Auskunft darüber geben, welche grundsätzliche Aufgabe das Unternehmen für sich in den Mittelpunkt stellt und welche Vision es dabei verfolgt. Auch die generellen Werte, denen sich das Unternehmen verpflichtet fühlt, gehören in das Leitbild. Damit liefert es die Grundlage für ein klares Selbstbild, eine „Corporate Identity" (CI). Wie jede natürliche Person soll so auch die „juristische Person", die das Unternehmen ist, ein klares unverwechselbares Profil, eine eigene Persönlichkeit erhalten. Damit kann das Unternehmen nicht nur in der Öffentlichkeit wirksamer auftreten und besser wahrgenommen werden, sondern es bietet auch den Mitarbeitern eine Identifikationsmöglichkeit. Diese CI drückt sich in verschiedenen Bereichen aus, von denen der bekannteste das als **Corporate Design** bezeichnete äußere Erscheinungsbild des Unternehmens ist. Firmenlogo und Schreibweise gehören ebenso dazu wie Schriftart und Farben, generell das Design in allen Dokumenten und Unterlagen. Aber auch ein einheitlicher, dem Leitbild entsprechender Stil im Verhalten (**Corporate Behaviour**) und in der Kommunikation (**Corporate Communication**) gehören dazu. Speziell unter dem Aspekt des Kampfes gegen unlauteres Geschäftsgebaren wie z.B. Bestechung kam in den letzten Jahren ein System von Verhaltensregeln speziell für das Management hinzu (**Corporate Governance**). Gelegentlich findet man heute in der Literatur auch den Begriff „Corporate Image": Während die Corporate Identity immer das Ziel angibt, nach dem ein Unternehmen sich ausrichtet, kennzeichnet der Begriff (Corporate-) Image das Bild, das Außenstehende sich tatsächlich vom Unternehmen machen.

In den letzten Jahren gewann auch der Begriff Compliance (Regeltreue, Regelkonformität) an Bedeutung. Er umfasst die Einhaltung von Gesetzen und Richtlinien, aber auch von freiwilligen Unternehmensgrundsätzen. Die Gesamtheit der Grundsätze und Maßnahmen eines Unternehmens zur Einhaltung bestimmter Regeln und die Vermeidung von Regelverstößen in einem Unternehmen wird als Compliance Management System bezeichnet. Unternehmen und ihre Geschäftsführungen müssen dafür Sorge tragen, dass aus dem Unternehmen heraus keine Gesetzesverstöße erfolgen und diese Regeln eingehalten werden.

Aus der „Vision" des Leitbilds ergeben sich auch die langfristigen Unternehmensziele. Üblich ist hierfür die Bezeichnung als „strategische" Ziele, während die daraus abgeleiteten mittelfristigen Ziele als „taktisch", die kurzfristigen Maßnahmen als „operativ" bezeichnet werden. Auf allen drei Ebenen gelten für die Formulierung von Zielen die gleichen Anforderungen. Am leichtesten einprägsam dafür ist die SMART-Formel. Sie fasst diese Anforderungen zusammen:

S pezifisch
M essbar
A kzeptiert (manchmal auch: attraktiv)
R ealistisch
T erminiert

Im Zusammenhang formuliert sollen Ziele klar abgegrenzt sein. Die Zielerreichung und vorher der Fortschritt auf dem Weg zum Ziel sind nur kontrollierbar, wenn das Ziel „messbar" ist, es sich also um eine quantitative, in Zahlen ausgedrückte Größe handelt. Das ist nicht unbedingt von vornherein der Fall. Ziele können auch qualitativ sein, sich auf bestimmte Merkmale richten, zum Beispiel ein bestimmtes Image des Unternehmens. Hier ist dann eine indirekte Möglichkeit zu suchen, die Messbarkeit herzustellen, z.B. durch wiederholte Meinungsumfragen. Erreicht werden kann ein Ziel nur, wenn die Mitarbeiter sich auch mit dem Ziel identifizieren, es gleichsam zu ihrem eigenen Ziel machen. Das setzt entsprechende Akzeptanz voraus. Ein Ziel, das zu ehrgeizig gesteckt ist, führt dabei von vornherein zu Demotivation; ein leicht erreichbares Ziel dagegen stellt auch keinen Ansporn dar. Deshalb sollen Ziele zwar anspruchsvoll, aber realistisch sein. Und schließlich gilt für jedes Ziel, dass ein Zeitpunkt für die Erreichung angestrebt wird, weil es sonst im Beliebigen bleibt, wann mit der Umsetzung begonnen wird.

Neben dem grundsätzlichen und langfristigen Unternehmensziel gibt es in den Unternehmen eine ganze Reihe von Zielen für die unterschiedlichen Bereiche, verschiedenen Produkte, Kunden und Märkte. Damit entsteht für das Management die Aufgabe, der Gefahr zu begegnen, dass verschiedene untergeordnete Ziele einander widersprechen, miteinander konkurrieren. So lässt sich das Ziel des Bereichs Rechnungswesen, die Kosten für Kommunikation zu senken, schwer vereinbaren mit dem Ziel, den Bekanntheitsgrad auf den Märkten zu erhöhen. Idealerweise sollten Ziele komplementär zueinander sein, sich gegenseitig ergänzen, z.B. Erweiterung des Sortiments und Gewinnung neuer Kundengruppen.

Ziele können sich auf folgende Bereiche erstrecken:
- Marktziele (s. hierzu Marketing)
- Effizienzziele (hier geht es um die Verbesserung der Wirtschaftlichkeit)
- Strukturziele (hier geht es vor allem um die Organisation des Unternehmens)
- Soziale Ziele (z.B. gegenüber den Mitarbeitern)

1.4.2 Strategie und strategische Planung

Um langfristige Ziele zu erreichen, müssen auch weit vorausschauend Festlegungen über die Wahl des Weges zu diesem Ziel und grundsätzliche Vorgehensweisen getroffen werden. Das ist

Aufgabe der strategischen Planung. Planung ist ein Prozess über mehrere Phasen, der auf die Zukunft bezogen ist und damit – wenn auch unter der Bedingung von Unsicherheit – dem Gestalten der Zukunft dient und entsprechende Handlungsinformationen liefert.
Der Prozess lässt sich in folgende Schritte zerlegen:
- Situationsanalyse (Rahmenbedingungen, Unternehmen, Markt)
- Erstellen einer Prognose
- Ziele formulieren
- Entscheidung
- Durchführung
- Kontrolle

Eine Kernaufgabe ist, den Grad der Unsicherheit in der strategischen Planung dadurch zu verringern, dass alle Faktoren, die Einfluss auf die Zielerreichung haben können, frühzeitig berücksichtigt und analysiert werden. Dazu gehören zum einen nicht oder kaum zu beeinflussende externe Faktoren wie beispielsweise die Entwicklung der wirtschaftlichen Rahmenbedingungen und Änderungen von Konsumgewohnheiten. Besser planbar sind interne Faktoren wie die Struktur der Mitarbeiter oder finanzielle Möglichkeiten des Unternehmens.

Zentraler Punkt bei den externen Faktoren sind die Entwicklungen auf den Märkten, sowohl dem Absatz- wie auch auf dem Beschaffungsmarkt. Um hier Anhaltspunkte für die strategische Planung zu erhalten, muss die Marktforschung zur systematischen Beschaffung, Aufbereitung und Analyse von Daten über marktrelevante Fakten und Entwicklungen eingesetzt werden. Dabei greift die „sekundäre Marktforschung" auf bereits vorliegende Daten zurück, ist damit schneller verfügbar und sparsamer. Wenn jedoch keine für die Fragestellung brauchbaren aktuellen Daten vorliegen, müssen diese mit der „primären Marktforschung" erst erhoben werden. Die Daten, die der Planung zugrunde gelegt werden, können nur dann wirklich beurteilt und richtig gewertet werden, wenn Vergleichsgrößen zur Verfügung stehen. Für dieses **Benchmarking** können externe Daten von Mitbewerbern oder Branchenwerte verwendet werden; aber auch interne Daten, häufig passende Vergangenheitswerte, oder eine Potenzialschätzung kommen in Frage. In jüngster Zeit wird Benchmarking häufig gleichgesetzt mit der Orientierung an den Daten des Marktführers.

1.4.3 Operative Planung

Alle Strategie nützt nichts, wenn sie nicht letzten Endes in konkrete Maßnahmen umgesetzt wird. Aus den festgelegten allgemeinen Zielen müssen konkrete Handlungsanweisungen abgeleitet werden. Diese **deduktive Planung** von der allgemeinen Vorgabe zum konkreten operativen Plan („top down") ist aber auch unter einem anderen Aspekt wichtig: Hier erst erweist sich, ob die getroffenen strategischen Entscheidungen umsetzbar sind. Dazu werden die Ergebnisse der Umsetzung ihrerseits wieder in operative Pläne zusammengefasst. Es erfolgt eine **induktive Zusammenfassung**, die („bottom up") vom Detail zum Gesamtüberblick führt. Dieses Gegenstromverfahren ergibt vor allem auch die Erkenntnis, ob der zugrundeliegende strategische Beschluss mit den dafür geplanten Ressourcen durchführbar ist. Ergeben sich aus dieser Überprüfung durch die Umsetzung in operative Pläne Differenzen, muss die Beschlussgrundlage erneut geprüft werden.

1.5 Das betriebliche Rechnungswesen

Im Rahmenplan gehört dieser Abschnitt noch zu 1.4 (Anwenden der Kosten- und Leistungsrechnung.) Wir haben bewusst den größeren Rahmen „Rechnungswesen" gewählt, zumal der Kaufmann meistens mit dem externen Rechnungswesen in Form von Bilanz sowie Gewinn- und Verlustrechnung zu tun hat.

1.5.1 Vom externen und internen Rechnungswesen

Die Aufgaben eines Handelsunternehmens bestehen im Einkauf, der Lagerung und dem Absatz von Wirtschaftsgütern. Um diese Leistungen zu erbringen, müssen unterschiedliche Produktionsfaktoren kombiniert werden. Die Geschäftsführung hat diesen Prozess zu planen, zu steuern und zu kontrollieren. Dem dient das betriebliche Rechnungswesen. Hier werden also alle im Betrieb auftretenden Geld- und Leistungsströme mengen- und wertmäßig erfasst und überwacht. Damit kommt dem betrieblichen Rechnungswesen in erster Linie eine Dokumentations- und Kontrollfunktion zu. Mit dem Rechnungswesen werden externe und interne Zwecke verfolgt:

Externe Zwecke:
Anteilseigner, Gläubiger, Banken, Lieferanten und auch der Staat (Finanzamt) werden über die Lage des Unternehmens informiert. Diese Information erfolgt z. T. aufgrund gesetzlicher Vorschriften.

Interne Zwecke:
Die Zahlen des Rechnungswesens sollen jederzeit eine Überwachung der Wirtschaftlichkeit und der Rentabilität des Unternehmens ermöglichen. Darüber hinaus stellt das Rechnungswesen

Zahlen für unternehmerische Entscheidungen über Investitionen, Preispolitik, Sortimentspolitik usw. bereit.

> **Im betrieblichen Rechnungswesen (Kostenrechnung) werden alle im Betrieb auftretenden Geld- und Leistungsströme erfasst und überwacht. Das externe Rechnungswesen (Finanzbuchhaltung) richtet sich nach außen und unterliegt gesetzlichen Vorschriften. Das interne Rechnungswesen dient der Überwachung der Wirtschaftlichkeit und stellt Zahlen für unternehmerische Entscheidungen bereit.**

Diese unterschiedlichen Aufgaben des Rechnungswesens lassen sich nicht mit einer einzigen „Rechnung" erfüllen, da die Rechenschaftslegung nach außen völlig andere Ziele verfolgt als die Darstellung der wirtschaftlichen Lage nach innen. Nach außen soll oft eine ausgezeichnete Unternehmenslage schlechter dargestellt werden, um zu hohe Ausschüttungen an Aktionäre oder zu hohe Steuerzahlungen zu vermeiden. Eine schlechte Unternehmenslage wird in der Bilanz oft besser dargestellt, um weitere Kredite zu erhalten. Nach innen dagegen muss die Unternehmenslage realistisch aufgezeigt werden, um bestmögliche Entscheidungen treffen zu können.

Diese unterschiedlichen Zielsetzungen machen eine Aufteilung des betrieblichen Rechnungswesens in Teilgebiete erforderlich. Man unterscheidet zwischen:
- Finanzbuchhaltung
- Kosten- und Leistungsrechnung
- Statistik und Vergleichsrechnung
- Planungsrechnung

1.5.2 Die Finanzbuchhaltung

Die Aufgabe der Finanzbuchhaltung besteht darin, alle Geschäftsvorfälle, die sich im Betrieb ereignen, in chronologischer Reihenfolge festzuhalten. Da das Zahlenmaterial der Finanzbuchhaltung und der daraus resultierende Jahresabschluss externen Zwecken dient, gelten hier spezielle gesetzliche Bestimmungen (z.B. über die Bewertung von Wirtschaftsgütern).

1.5.3 Die Bilanz

Die Bilanz ist eine Abschlussrechnung. Sie gibt den Stand des Vermögens (Aktiva) und des Kapitals (Passiva) zu einem ganz bestimmten Zeitpunkt (Stichtag) wieder. Der §242 HGB verlangt die

Aufstellung einer Bilanz zu Beginn der Geschäftstätigkeit und für den Schluss eines jeden Geschäftsjahrs. Das Inventar bildet die Grundlage für die Erstellung der Bilanz. Die Aufbewahrungsfrist der Bilanz beträgt 10 Jahre.

1.5.4 Die Gewinn- und Verlustrechnung (G + V)

Die Gewinn- und Verlustrechnung (G + V) ist eine Gegenüberstellung von Aufwendungen und Erträgen einer Periode zur Ermittlung des Unternehmungsergebnisses und der Darstellung seiner Quellen. Aufwendungen umfassen die während einer Abrechnungsperiode verbrauchten Güter, Dienstleistungen und öffentlichen Abgaben. Erträge sind die von einer Unternehmung in einer Periode für die Erstellung von Gütern oder Dienstleistungen erzielten Einnahmen.

In dem G + V-Konto (Gewinn- und Verlust-Konto) werden die Erfolgskonten abgeschlossen. Auf der Soll-Seite werden die Aufwandskonten verbucht, auf der Haben-Seite die Ertragskonten. Das G + V-Konto wird auch oft als „Unterkonto des Eigenkapitalkontos" bezeichnet, denn es hat direkten Einfluss auf dieses Konto. Das G + V-Konto wird dementsprechend über das Eigenkapitalkonto abgeschlossen.

Wenn über das Geschäftsjahr die Aufwendungen größer waren als die Erträge – vereinfacht gesagt: wenn mehr ausgegeben als eingenommen wurde –, errechnet sich aus dem Gewinn- und Verlust-Konto ein Verlust. Wenn die Erträge größer sind als die Aufwendungen, ergibt sich aus dem G + V-Konto ein Gewinn. Ein Verlust vermindert das Eigenkapital, ein Gewinn vermehrt es. Die Erfolgskonten zeichnen alle Geschäftsvorfälle auf, die den Erfolg (Gewinn / Verlust) des Unternehmens beeinflussen. Sie werden über die Gewinn- und Verlustrechnung abgeschlossen. Beispiele für Erfolgskonten sind:

- Löhne / Gehälter
- Wareneinsatz
- Umsatzerlöse
- Miete
- Abschreibungen

Das Privatkonto (Privateinlagen / Privatentnahmen)

Das Privatkonto ist im Rahmen der Buchführung ein Konto, das zur Erfassung der Privatentnahmen und Privateinlagen eines Unternehmers vorgesehen ist. Ein Privatkonto ist in der Finanzbuchhaltung nur bei Einzelunternehmen oder Personengesellschaften möglich, da nur dort Gesellschafter solche Eingriffe vornehmen können bzw. dürfen. Zum Jahresabschluss wird das Privatkonto direkt über das Eigenkapitalkonto abgeschlossen.

Das Kapitalkonto drückt die Schulden des Unternehmens an den Unternehmer aus (daher nennt man es auch ein passives Bestandskonto). Durch private Einlagen (z.B. Geldeinlage) und durch private Entnahmen (z.B. Geld- oder Warenentnahme) verändert sich das Kapital.

Warenkonten und Wareneinsatz
Der Wareneinsatz ergibt sich durch den mengenmäßigen Verbrauch an Roh-, Hilfs- und Betriebsstoffen, bewertet mit den entsprechenden Preisen.
Die Buchung eines Wareneinkaufs im Handelsunternehmen wird direkt als Aufwand auf dem entsprechenden Konto „Wareneingang" zu Bezugspreisen verbucht.
Beim Konto „Warenverkauf" werden alle Warenverkäufe zu Netto-Verkaufspreisen verbucht. Beide Konten sind Erfolgskonten, die in der Gewinn- und Verlustrechnung gebucht werden. Der Wareneingang wird im Soll gebucht und mindert so den Gewinn des Unternehmens, während der Warenverkauf im Haben gebucht wird und den Gewinn steigert.
Neben den beiden Erfolgskonten „Wareneingang" und „Warenverkauf" gibt es noch ein weiteres Konto, welches sich mit den Warenbeständen beschäftigt. Hierbei handelt es sich um das aktive Bilanzkonto „Warenbestand".
Wurden im laufenden Geschäftsjahr mehr Waren eingekauft als verkauft, ergibt sich auf dem Konto ein Mehrbestand. Ein Minderbestand wiederum tritt auf, wenn mehr verkauft wurde, als im selben Jahr eingekauft wurde. Das Konto Warenbestand wird zum Jahresende in die Schlussbilanz überführt.

Abschreibungen
Als Abschreibung bezeichnet man das Verfahren, mit dem die Wertminderung langlebiger Anlagegüter einer Unternehmung erfasst und auf die Nutzungsdauer der Anlagegüter umgelegt wird. Im Steuerrecht spricht man von **A**bsetzung **f**ür **A**bnutzung (AfA). Abschreibungen können nach verschiedenen Methoden vorgenommen werden.
Bei der direkten Abschreibung wird das Bestandskonto um den Abschreibungsbetrag vermindert und enthält somit nur den jeweiligen Restbuchwert. Die Abschreibung stellt betrieblichen Aufwand dar und schmälert den Gewinn des Unternehmens. Das Aufwandskonto Abschreibungen wird daher über das Gewinn- und Verlustkonto abgeschlossen.
Der Gesetzgeber unterscheidet die lineare Abschreibung und degressive Abschreibung. Bei der **linearen Abschreibung** erfolgt die Abschreibung in jedem Jahr der Nutzung zum gleichen Anteil von den Anschaffungskosten des Anlagegutes. Die Abschreibungsbeträge sind daher gleich hoch. Nach Ablauf der Nutzungsdauer ist der Buchwert gleich Null. Sollte sich das Anlagegut nach Ablauf der Nutzungsdauer noch weiterhin im Betrieb befinden, so ist es mit einem Erinnerungswert von einem Euro im Anlagenkonto auszuweisen. Steuerrechtlich ist die lineare Abschreibung bei allen beweglichen und unbeweglichen abnutzbaren Anlagegütern erlaubt.

Bei der **degressiven Abschreibung** wird die Abschreibung nur im ersten Nutzungsjahr von den Anschaffungskosten vorgenommen, in den folgenden Jahren dagegen vom jeweiligen Buch- oder Restwert. Dadurch ergeben sich jährlich fallende Abschreibungsbeträge. Bei der degressiven Abschreibung wird der Nullwert des Anlagegutes theoretisch nie erreicht. Der Abschreibungssatz muss bei degressiver Abschreibung höher sein als bei linearer AfA. Steuerrechtlich darf der degressive AfA-Satz allerdings höchstens das Dreifache des linearen AfA-Satzes betragen, jedoch nicht höher als 30 % sein. (Gerade hier ändert Vater Staat leider immer wieder einmal die steuerrechtlichen Bestimmungen …!)

1.5.5 Die Kosten- und Leistungsrechnung

Die Kosten- und Leistungsrechnung dient vor allem betriebsinternen Zwecken, es sind deshalb keine speziellen gesetzlichen Vorschriften zu beachten. Sie bedient sich auch der Daten aus der Finanzbuchhaltung und verfolgt in erster Linie drei Aufgaben:
- Kontrollfunktion: Das Zahlenmaterial der Kostenrechnung soll Kostenkontrollen einzelner Kostenarten und Kostenstellen ermöglichen. Diese Kontrollen können innerbetriebliche Zeitvergleiche oder auch zwischenbetriebliche Vergleiche sein.
- Entscheidungsgrundlage bei der Preisfindung: Auch die Ermittlung der Selbstkosten der erzeugten Produkte (Kostenträger) erfolgt in der KLR. Diese Selbstkosten bilden die Grundlage der Angebotskalkulation.
- Kalkulation der Herstellkosten: Die Ermittlung der Herstellkosten ist erforderlich für die Bewertung der Bestände anfertigen und unfertigen Erzeugnissen in der Handels- und in der Steuerbilanz.

Die betriebswirtschaftliche Statistik
Die betriebswirtschaftliche Statistik und Vergleichsrechnung wertet neben anderen Unterlagen das Zahlenmaterial aus Finanzbuchhaltung und Kostenrechnung aus. Es werden beispielsweise die Umsätze oder die Produktion mehrerer Perioden verglichen, es werden Beziehungen und Zusammenhänge zwischen betriebswirtschaftlichen Größen wie Umsatz und Gewinn, Lohnkosten und Gesamtkosten festgestellt. Auch zwischenbetriebliche Vergleiche gehören zum Gebiet der betriebswirtschaftlichen Statistik und Vergleichsrechnung.

Die Planungsrechnung
Die Planungsrechnung hat die Aufgabe, mit Hilfe des Zahlenmaterials aus der Finanzbuchhaltung, Kostenrechnung und Statistik zukünftige betriebliche Entwicklungen zu prognostizieren. Eine scharfe Trennung zwischen Kosten- und Leistungsrechnung und Planungsrechnung ist

nicht immer möglich: Die Plankostenrechnung als Teilgebiet der KLR ist ihrem Wesen nach eine Planungsrechnung.

Begriffe im Rechnungswesen: Von Auszahlungen bis Kosten

Im Unternehmen tauchen häufig ganz unterschiedliche Begriffe auf; die folgende Aufstellung gibt eine recht gute Übersicht über die Abgrenzung dieser Begriffe.

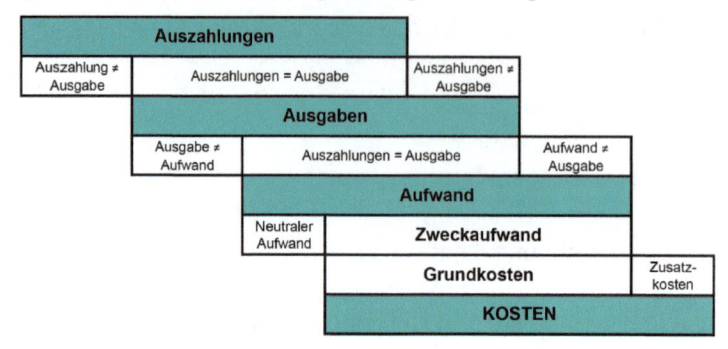

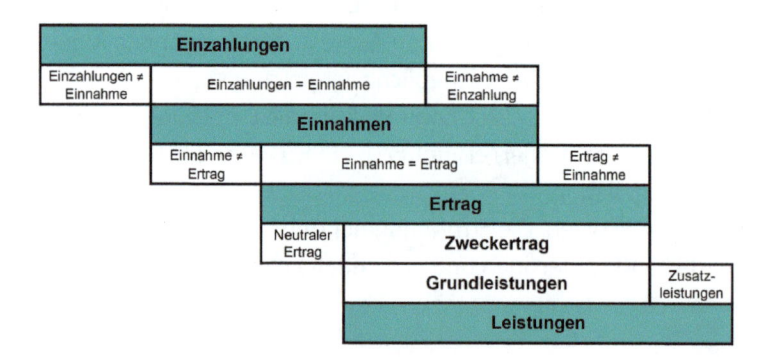

Auszahlungen
- Auszahlung ≠ Ausgabe
- Auszahlungen = Ausgabe
- Auszahlungen ≠ Ausgabe

Ausgaben
- Ausgabe ≠ Aufwand
- Auszahlungen = Ausgabe
- Aufwand ≠ Ausgabe

Aufwand
- Neutraler Aufwand
- Zweckaufwand
- Grundkosten
- Zusatzkosten

KOSTEN

Einzahlungen
- Einzahlungen ≠ Einnahme
- Einzahlungen = Einnahme
- Einnahme ≠ Einzahlung

Einnahmen
- Einnahme ≠ Ertrag
- Einnahme = Ertrag
- Ertrag ≠ Einnahme

Ertrag
- Neutraler Ertrag
- Zweckertrag
- Grundleistungen
- Zusatzleistungen

Leistungen

Kostenbegriffe in der Vollkosten- und der Teilkostenrechnung:		
	Definition	**Zuordnung**
Grundkosten	Aufwandsgleiche Kosten (z.B. Löhne/Gehälter)	Vollkostenrechnung
Anderskosten (kalk. Kosten)	Aufwandsungleiche Kosten (z.B. Abschreibungen)	Vollkostenrechnung
Zusatzkosten (kalk. Kosten)	Aufwandloser Unternehmerlohn	Vollkostenrechnung
Einzelkosten	Werden dem Produkt direkt zugeordnet (Material)	Vollkostenrechnung

Gemeinkosten	Werden dem Produkt indirekt zugeordnet (Material)	Vollkostenrechnung
Fixe Kosten	Fallen unabhängig der Beschäftigung an (Personalkosten, Abschreibungen, Miete)	Teilkostenrechnung
Variable Kosten	Sind abhängig von der Beschäftigung (Material)	Teilkostenrechnung
Primäre Kosten	Rohstoffe oder Dienstleistungen von Außen	Vollkostenrechnung
Sekundäre Kosten	innerbetrieblicher Leistungsverkehr	Vollkostenrechnung
Istkosten	Kosten der Abrechnungsperiode	Vollkostenrechnung/ Plankostenrechnung
Normalkosten	Durchschnittliche Istkosten vergangener Abrechnungsperioden	Vollkostenrechnung/ Plankostenrechnung
Sollkosten	Geplante Kosten bei der Istbeschäftigung	Plankostenrechnung
Plankosten	Geplante Kosten für eine bestimmte Beschäftigung	Plankostenrechnung

Kalkulatorische Kosten
Wie wir der vorstehenden Übersicht entnehmen, gibt es Kosten, die keine Aufwendungen darstellen.

> Herr Trinkmann jun. gründet einen Party-Vertrieb. Er betreibt ihn als eine Einzelfirma. Sein eigener Unternehmerlohn stellt Zusatzkosten dar. Es sind damit aufwandslose Kosten, die nicht in der GuV erfasst sind. Ebenso verhält es sich, wenn das Unternehmen in den eigenen Räumen des Unternehmers betrieben wird. Wir sprechen hier vom kalkulatorischen Unternehmerlohn bzw. einer kalkulatorischen Miete.

Anderskosten
Anderskosten sind Kosten, die in der Kostenrechnung mit anderen Werten als in der GuV übernommen werden, wie Kalkulatorische Abschreibungen, Kalkulatorische Zinsen, Kalkulatorische Miete.

Ordentlicher und neutraler Ertrag
Ordentlicher Ertrag = Leistungen = die Umsatzerlöse beim Handelsunternehmen.

Neutraler Ertrag = Erträge, die nicht unmittelbar aus dem Betriebszweck erwirtschaftet werden, die betriebsfremd (aus Nebenleistungen), außerordentlich (einmaliger Ertrag) und periodenfremd (Erträge, die eine andere Periode betreffen) sein können.

Ordentlicher und neutraler Aufwand

Ordentlicher Aufwand – man nennt ihn auch Zweckaufwand – entspricht den Grundkosten in der Kostenrechnung. Dieser Wert wird aus der GuV unverändert als Grundkosten übernommen. Die Aufwendungen müssen betriebsbedingt verursacht sein, in der Berichtsperiode verursacht und in den normalen Geschäftsaktivitäten vorkommen.

Zum neutralen Aufwand gehören Aufwendungen, die nicht unmittelbar zum Betriebszweck erwirtschaftet werden, die betriebsfremd (aus Nebenleistungen), außerordentlich (einmaliger Aufwand) und periodenfremd (Aufwendungen, die eine andere Periode betreffen) sein können.

Die Erfolgsrechnung im externen Rechnungswesen

Die Erfolgskonten gehen in die Gewinn- und Verlustrechnung ein. Auf Erfolgskonten werden ausschließlich erfolgswirksame Geschäftsvorfälle gebucht.

Sie sammeln sämtliche Aufwendungen und Erträge einer Abrechnungsperiode. Der Saldo eines Erfolgskontos wird auf das Gewinn- und Verlustkonto gebucht. Aus Gründen der Klarheit und Übersichtlichkeit ist es notwendig, die einzelnen Aufwands- und Ertragsarten kontenmäßig gesondert aufzuzeigen, damit die Quellen des Erfolges deutlich erkennbar werden.

Externes Rechnungswesen	**Internes Rechnungswesen**
Gewinn- und Verlustrechnung	Kosten- und Leistungsrechnung
Erträge . /. Aufwendungen	Leistungen . /. Kosten
= Gesamtergebnis	= Betriebsergebnis

1.5.6 Die Gliederung der Kosten- und Leistungsrechnung

Jetzt wollen wir uns dem internen Rechnungswesen etwas genauer zuwenden:

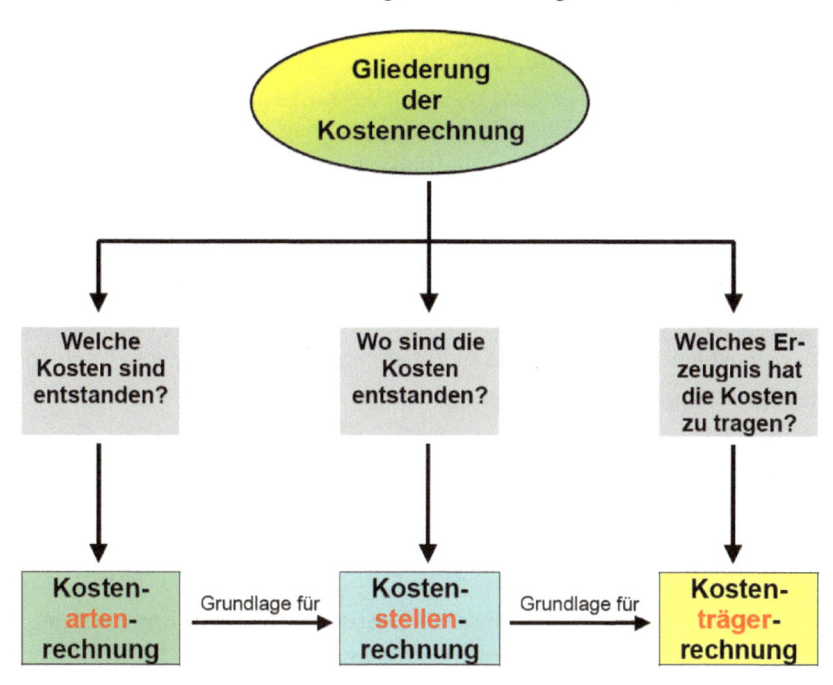

Gliederung der Kostenrechnung

- Welche Kosten sind entstanden? → **Kostenartenrechnung**
- Wo sind die Kosten entstanden? → **Kostenstellenrechnung**
- Welches Erzeugnis hat die Kosten zu tragen? → **Kostenträgerrechnung**

Kostenartenrechnung — Grundlage für → Kostenstellenrechnung — Grundlage für → Kostenträgerrechnung

Die Vollkostenrechnung
In der Vollkostenrechnung werden die Kosten auf die Kostenarten, Kostenstellen und Kostenträger verteilt.

Die Kostenartenrechnung (1. Stufe „Welche Kosten sind angefallen")
Hierbei handelt es sich um die Erfassung und Kategorisierung aller im Betrieb entstandenen Kosten während einer Abrechnungsperiode. Die Kosten wurden in der Buchhaltung des Unternehmens erfasst und verbucht. In der Kostenartenrechnung werden diese sortiert. Die Sortierung kann nach verschiedenen Differenzierungen erfolgen. Zum einen ist eine Differenzierung nach der Kostenart möglich, zum Beispiel nach Material-, Personal- oder Infrastrukturkosten. Eine weitere Variante wäre die Differenzierung nach der Kostenerfassung in Grund-, Zusatz- und Anderskosten.
Einzelkosten: Dies sind alle Kosten, die einem Kostenträger direkt zurechenbar sind (z.B. Wareneinsatz, Verpackung).

Gemeinkosten sind alle Kosten, die einem Kostenträger nicht direkt zugerechnet werden können, z.B. Gehälter, Abschreibungen, Miete usw. Sie werden von mehreren Kostenträgern verursacht und mit dem Betriebsabrechnungsbogen verursachungsgerecht auf Kostenstellen verteilt.

Die Kostenstellenrechnung (2. Stufe „Wo sind die Kosten entstanden")

Die Kostenstellenrechnung befindet sich zwischen der Kostenarten- und der Kostenträgerrechnung und verteilt die entstandenen Kosten auf betriebliche Abteilungen bzw. Positionen, in denen die Kosten entstanden sind. Das grundlegende Hilfsmittel ist der Betriebsabrechnungsbogen (siehe nächste Seite).

Er dient dazu, die Gemeinkosten den Orten der Entstehung – das sind die Kostenstellen – verursachungsgerecht zuzuordnen. Die Kostenstellenrechnung bildet eine wichtige Basis für die Zuschlagskalkulation und dient der Kostenkontrolle und der Kalkulation. Kosten werden mittels BAB auf die Kostenstellen verrechnet und bilden durch die Ermittlung von Zuschlagssätzen die Basis für die Kostenträgerrechnung.

Der Betriebsabrechnungsbogen (BAB)

Der BAB übernimmt die Einzel- und Gemeinkosten aus der Kostenartenrechnung und verteilt die Gemeinkosten auf Kostenstellen nach einem bestimmten Verteilerschlüssel mit einem Gemeinkostenzuschlagssatz.

Hilfskostenstellen sind Kostenstellen, die eine Leistung für andere Kostenstellen erbringen. Diese Kosten werden auf Hauptkostenstellen verrechnet.

Es ist zwar problematisch, den richtigen Verteilerschlüssel zur Verteilung der Gemeinkosten zu finden – aber es gibt keine bessere Methode!

Berechnung des Gemeinkostenzuschlagsatzes:

$$\frac{\text{Handlungskosten der Kostenstelle} \times 100}{\text{Wareneinsatz der Kostenstelle}} = \%$$

Kontrolle der Wirtschaftlichkeit:

$$\frac{\text{Soll-Kosten} \times 100}{\text{Ist-Kosten}}$$

Beispiel eines Mehrstufigen Betriebsabrechnungsbogens

Gemein-kosten	Zahlen der KLR	Allgemeine Kostenstelle	Hilfskostenstelle	Material	Fertigungsstellen A	Fertigungsstellen B	Verwaltung	Vertrieb
GMK	50.000	3.125	9.375	25.000	12.500	–	–	–
Gehälter	200.000	16.000	32.000	24.000	24.000	16.000	64.000	24.000
Sozial-	45.000	3.600	7.200	5.400	5.400	3.600	14.400	5.400
Steuer	60.000	5.000	10.000	15.000	10.000	5.000	10.000	5.000
AfA	160.000	12.800	25.600	38.400	44.800	12.800	19.200	6.400
Summe	515.000	40.525	84.175					
Umlage der Allgemeinen Kostenstelle			4.863	12.157,50	8.105,00	6.484,00	4.863,00	4.052,50
Summe			89.038					
Umlage der Hilfskostenstelle					53.422,80	35.615,20		
Summe				119.957,50	158.227,80	79.499,20	112.463,00	44.852,50

Die Kostenträgerrechnung (3.Stufe „Wer trägt die Kosten")

Die Kostenträgerrechnung ist der letzte Schritt in der Kostenrechnung. Hier werden die ermittelten Kosten auf einzelne Kostenträger (Kostenträgerstückrechnung, Kalkulation) nach dem Verursachungsprinzip bzw. anteilsmäßig verrechnet. Kostenträger können Produkte, Produktgruppen, Projekte und ähnliches sein.

Die Kostenträgerstückrechnung (Kalkulation)

Sie hat die Aufgabe, für den einzelnen Kostenträger die Preisuntergrenze und damit auch den Selbstkostenpreis zu ermitteln. An der Preisuntergrenze kann sich der Kaufmann bei seiner Preis-, Rabatt-, Sortiments-, Werbe- und Beschaffungspolitik orientieren.
Er kann mit einem einheitlichen oder einem differenzierten Handlungskostenzuschlag arbeiten:

Einheitlicher Handlungskostenzuschlagssatz (HKZ):

$$\frac{\text{Handlungskosten gesamt} \times 100}{\text{Wareneinsatz}}$$

Differenzierter Handlungskostenzuschlagssatz (HKZ):
Hier gibt es drei Möglichkeiten:

a) Verteilung der Kosten nach dem Verursachungsprinzip
Formel: HKZ = Summe der Gemeinkostenzuschlagssätze je Artikelgruppe (GKZ pro Kostenstelle, die der Kostenträger in Anspruch genommen hat. Die Summe der GKZ pro Kostenstelle ergeben den HKZ).

b) Verteilung der Kosten nach dem Tragfähigkeitsprinzip (Handelspraxis)
Formel: Prinzip des kalkulatorischen Ausgleichs als Mischkalkulation. Jeder Artikel erhält den HKZ, den der Artikel noch tragen kann. Dieses Vorgehen ermöglicht, einen Preis unterhalb des Selbstkostenpreises zu finden – freilich mit der Gefahr der fehlenden Kostendeckung. Andere Artikel müssen über dem Selbstkostenpreis kalkuliert werden, um Kostendeckung zu erreichen.

c) Kalkulation mit Kostensätzen
Hier lautet die Formel:

$$\frac{\text{Handlungskosten der Kostenstelle} \times 100}{\text{Bezugsgröße (z.B. gefahrene Kilometer, Arbeitsstunden usw.)}}$$

Begriffe in der Handelskalkulation
- *Listeneinkaufspreis: Listenpreis der Ware beim Lieferanten*
- *Zieleinkaufspreis: Listeneinkaufspreis minus Lieferantenrabatt*
- *Bareinkaufspreis: Zieleinkaufspreis minus Lieferantenskonto*
- *Einkaufspreis (Bezugspreis oder Wareneinsatz): Bareinkaufspreis plus Lieferkosten (Bezugskosten)*
- *Handlungskostenzuschlag: Kosten der Handelstätigkeit als Prozentsatz des Bezugspreises*
- *Selbstkosten: Bezugspreis + Handlungskosten*
- *Barverkaufspreis (BVK): Selbstkosten plus Gewinnzuschlag*
- *Zielverkaufspreis: Barverkaufspreis plus Skonto und Provision*
- *Nettoverkaufspreis (Listenverkaufspreis): Barverkaufspreis plus Kundenrabatt*
- *Bruttoverkaufspreis: Nettoverkaufspreis zuzüglich Umsatzsteuer*
- *Rohgewinn: Nettoverkaufspreis minus Selbstkosten*
- *Handelsspanne: (Nettoverkaufspreis minus Einkaufspreis) / Nettoverkaufspreis*
- *Handlungskostenzuschlagssatz: Handlungskosten / Einkaufspreis*

Die Trinkmann GmbH erhält ein Angebot für den Kauf eines Geschäfts mit den folgenden Informationen:
- Nettoumsatz   3.000.000 €
- 2 % Gewinn (Umsatzrendite)
- gesamte Handlungskosten   594.000 €

Herr Trinkmann möchte zur Vorbereitung der Entscheidung die Handelsspanne, den Handlungskostenzuschlagssatz und den Mindestumsatz, bei dem das angebotene Geschäft kostendeckend ist, berechnen.

Für die Berechnung benötigt er noch den Wareneinsatz:

Umsatz	3.000.000 €
- 2% Gewinn (Umsatzrendite)	60.000 €
- gesamte Handlungskosten	594.000 €
Wareneinsatz	2.346.000 €

Ergebnisse:
Handelsspanne: 654.000 / 3.000.000 € x 100   = 21,80 %
((Nettoverkaufspreis – Einkaufspreis) / Nettoverkaufspreis))
Handlungskostenzuschlagssatz   594.000 / 2.346.000 € x 100   = 25,32 %
((Handlungskosten) / Einkaufspreis))
Mindestumsatz: 594.000 / 21,80% x 100   = 2.724.770,64 €
(Handlungskosten / Handelsspanne x 100)

Die Kostenträgerzeitrechnung (kurzfristige Erfolgsrechnung):
Sie wird angewendet, um sämtliche Kosten eines Produkts bzw. einer Leistung innerhalb einer Abrechnungsperiode zu erfassen und den einzelnen Kostenträgern zuzurechnen. Die Kostenträgerzeitrechnung ist Grundlage für die Erfolgsanalyse und Berechnung des Betriebsergebnisses. Sie liefert wichtige Erkenntnisse für die Nachkalkulation und darauf aufbauende Maßnahmen zur Erfolgsverbesserung.

Kostenrechnungssysteme im Vergleich

Beispiel Kostenvergleichsrechnung mit Kostenstellen:			
in Euro	TK	G	SF
Handlungskosten	10.819,03	8.597,56	9.692,14
+ Wareneinsatz	10.300,00	8.600,00	9.600,00
= Selbstkosten	21.119,03	17.197,56	19.292,14
Verkaufserlöse	24.500,00	22.800,00	19.700,00
= Gewinn	3.380,97	5.602,44	407,86
Gewinnaufschlag (Gewinn / SK x100)	16,01%	32,58%	2,11%
Rohgewinn (Verkaufserlöse / Wareneinsatz)	14.200,00	14.200,00	10.100,00
Kalkulationszuschlag (Rohgewinn / Wareneinsatz x100)	137,86%	165,12%	105,21%
Handelspanne (Rohgewinn / Verkaufserlöse x100)	57,96%	62,28%	51,27%

Die Vollkostenrechnung

Sie dient der langfristigen Preiskalkulation und verteilt sämtliche während einer Periode angefallenen Kosten auf die Kostenträger. In den kalkulierten Selbstkosten der Produkte sind sowohl fixe aus auch variable Kostenbestandteile enthalten. Ein solches Kostenrechnungssystem kann jedoch bei der Lösung bestimmter betriebswirtschaftlicher Probleme zu falschen Entscheidungen führen. Das gilt beispielsweise bei der Frage, ob man Zusatzaufträge annehmen soll oder ob die Eigenfertigung der Fremdfertigung vorzuziehen sei („Make or buy").

Die Vollkostenrechnung dient außerdem der langfristigen Kostenkalkulation. Als Kritikpunkt lässt sich vorbringen, dass bei der Vollkostenrechnung die Verteilung der Gemeinkosten nicht verursachungsgerecht, sondern nur nach dem „Gießkannen-Prinzip" z.B. durch entsprechende Umlageschlüssel etc. erfolgen kann. Dann werden u. U. bestimmte Kostenträger überproportional mit Gemeinkosten belastet und können im Extremfall sogar in den Bereich der Unwirtschaftlichkeit abrutschen. Demgegenüber können tatsächlich andere Kostenträger einen höheren als den verrechneten Anteil an den Gemeinkosten verursachen. Deren Deckungsbeitrag wird somit fälschlicherweise zu hoch bemessen. Diese Verteilung der Gemeinkosten nach Schlüsselsystemen ist daher der wesentliche Mangel der Vollkostenrechnung.

1.5 Das betriebliche Rechnungswesen

Die Teilkostenrechnung

Die Teilkostenrechnung geht dem Problem, wie man die Gemeinkosten auf Kostenträger verteilt, aus dem Weg. Hier werden nur die Einzelkosten den jeweiligen Kostenträgern zugerechnet. Damit wird eine leistungsabhängige Kostenrechnung eingeführt, die per Definition als „verursachungsgerecht" zu bezeichnen ist. Gleichzeitig erhöht sich damit der Gesamtdeckungsbeitrag, der zur Deckung der Gemeinkosten verbleibt. Insofern reagiert die Teilkostenrechnung deutlicher auf Beschäftigungs-schwankungen, als es die Vollkostenrechnung vermag. Gleichzeitig liefert sie Entscheidungshilfen bei kurzfristigen Fragestellungen wie z.B. der Festlegung einer absoluten Preisuntergrenze oder bei der Berechnung einer Gewinnschwelle vergleichbar mit dem Verfahren der Grenzkostenrechnung. Eben diese Kurzfristigkeit der Teilkostenrechnung stellt aber auch einen wesentlichen Kritikpunkt dar, da langfristig alle Kosten inklusive Gewinn erwirtschaftet werden müssen.

> Die Stadt A plant eine große Jubiläumswoche aus Anlass ihrer 800-jährigen Stadtgründung. Herr Trinkmann hat die Möglichkeit, die Getränke für das Festzelt zu liefern. Diese Getränke kalkuliert er jetzt mit nur einem geringen Aufschlag, der nur wenig mehr als die variablen Kosten deckt.

Die Preisuntergrenze in der Vollkostenrechnung und in der Teilkostenrechnung:

Vollkostenrechnung	Teilkostenrechnung
⇩	⇩
Langfristige Preisuntergrenze	**Kurzfristige Preisuntergrenze**
Unternehmensbezogen: Deckung der gesamten Kosten (fixe Kosten fallen weiterhin an)	Kurzfristige / Absolute: Nur Deckung der variablen Kosten
Produktbezogen: Deckung der variablen und fixen Kosten	Liquiditätsorientierte: Deckung der variablen Kosten

Gerade für die Preisbestimmung von Sonderangeboten wird die Teilkostenrechnung gern herangezogen.

Für welches der beiden Verfahren man sich entscheidet, hängt im Wesentlichen von zwei zentralen Fragestellungen ab:
a) Wie variabel ist der Gemeinkostenblock? Sind die Gemeinkosten aus Sicht des zugrundeliegenden Planungshorizonts als unveränderlich zu betrachten, so ist der Teilkostenrechnung den Vorzug zu geben.
b) Welche Reichweite hat meine Deckungsbeitragsrechnung? Handelt es sich z.B. um die Begutachtung der langfristigen Kostentragfähigkeit eines neuen Geschäftsmodells, so bedient man sich in der Regel der Vollkostenrechnung.

Kapazität und Beschäftigung
Kapazität ist die unter Berücksichtigung der vorhandenen Leistungsfaktoren normalerweise mögliche Beschäftigung.
Der Beschäftigungsgrad ist der Anteil der Beschäftigung an der Kapazität.

Formel: $\dfrac{\text{tatsächlicher Umsatz} \times 100}{\text{möglicher Umsatz (Kapazität)}}$

Fixe Kosten
Fixe Kosten sind die Kosten, die unabhängig vom jeweiligen Beschäftigungsgrad in immer gleicher Höhe anfallen. Im Handelsbetrieb wird dies z.B. meistens die Miete sein. Jedoch werden auch die Personalkosten zumeist fixen Charakter haben, weil sie sich zumindest kurzfristig nicht an Beschäftigungsschwankungen anpassen lassen.

Sprungfixe Kosten
entstehen bei der Veränderung der Kapazität des Unternehmens und steigen sprunghaft. Geht die Beschäftigung zurück, so gehen die Kosten zeitverzögert zurück (Kostenremanenz), da der Betrieb die Kapazität nicht sofort einschränken kann oder möchte.

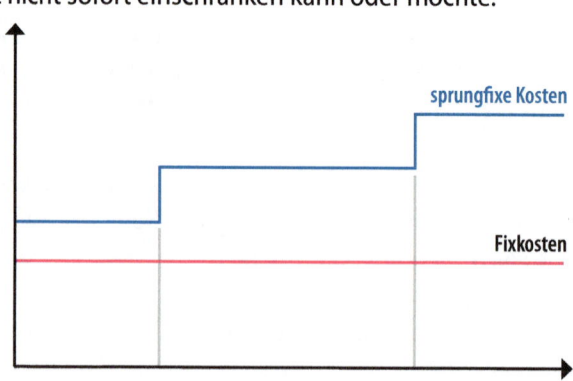

Durch die Unteilbarkeit der Produktionsfaktoren oder die unvollständige Ausnutzung der Kapazität können Leerkosten entstehen.

Der Fixkostendegressionseffekt entsteht dadurch, dass bei steigender Beschäftigung der Fixkostenanteil pro Stück bis zur Kapazitätsgrenze sinkt.

Der **Erfahrungskurveneffekt** besagt, dass die Stückkosten (k) konstant sinken, wenn sich die kumulierte Ausbringungsmenge (Produktionsmenge) erhöht. Typischerweise sinken diese Kosten um 20 bis 30 % bei einer Verdoppelung der kumulierten Ausbringungsmenge.

Fixe Kosten fallen unabhängig von der Beschäftigung in gleicher Höhe an.
Sprungfixe Kosten entstehen bei einer Kapazitätserhöhung.
Variable Kosten verändern sich mit der Beschäftigung bzw. der Menge.

Begriffe
Fixkostendegressionseffekt: Bei steigender Verkaufsmenge (Handel) reduzieren sich die fixen Kosten pro Stück
Erfahrungskurveneffekt: Bei einer Erhöhung der kumulierten Verkaufsmenge sinken die Stückkosten.
Nutzkosten: Kosten der genutzten Kapazität
Leerkosten: Kosten der ungenutzten Kapazität

Variable Kosten
Dies sind veränderliche Kosten, die sich mit der Beschäftigung oder Menge verändern. Sie können sich proportional zur Menge verändern (z.B. Verpackungsmaterial), degressiv (evtl. der Einstandspreis der Ware – mit zunehmender Bezugsmenge sinkt dieser Preis) oder auch progressiv (z.B. Überstunden von Mitarbeitern).

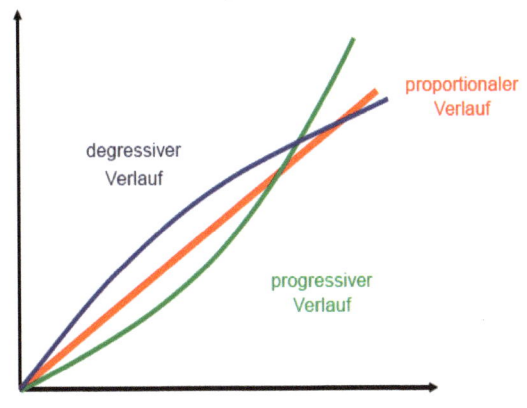

Grenzkosten

Unter Grenzkosten versteht man den Kostenzuwachs, der entsteht, wenn die Ausbringungsmenge um eine Einheit erhöht wird (i. d. R. = variable Kosten pro Stück).

Gesamtkosten

Gesamtkosten = Fixe Kosten + variable Kosten

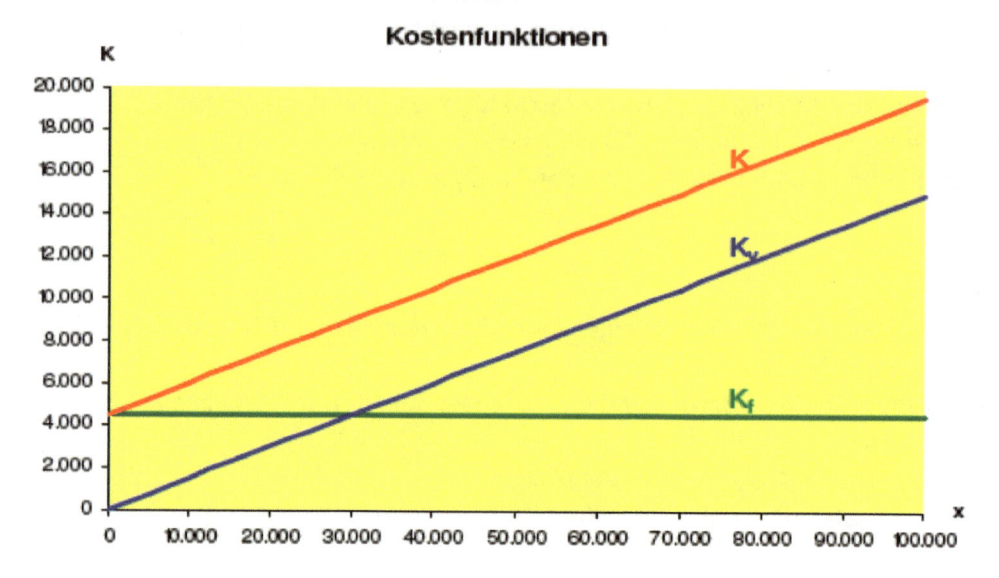

Kostenfunktionen

Die Deckungsbeitragsrechnung

Der Deckungsbeitrag pro Stück ist die Differenz zwischen dem Nettoerlös und den zugerechneten variablen Stückkosten (Teilkosten). Formel:

Nettoerlös pro Stück (**E**)
./. variable Stückkosten (**KV**)
= Deckungsbeitrag pro Stück (**DB**)

Der Deckungsbeitrag zeigt an, wie viel der einzelne Artikel zur Deckung der fixen Kosten beiträgt.

Der Unternehmens-Deckungsbeitrag (Gesamt-DB)

Verkaufserlöse Netto (**E**)
./. variable Kosten (**KV**)
Deckungsbeitragsvolumen (**DB**)
./. fixe Kosten (**Kf**)
= Betriebsgewinn /-verlust

Der Break-Even-Point

Der Break-Even-Point bezeichnet das Kosten-Erlös-Niveau, bei dem die bis dahin erwirtschafteten Deckungsbeiträge gerade ausreichen, um die entstandenen fixen Kosten der Unternehmung zu decken. Der Absatz einer weiteren Produkteinheit würde folglich einen Deckungsbeitrag erbringen. Hier decken die Gesamterlöse erstmals die Gesamtkosten. Vor diesem Punkt entstanden Verluste, nach ihm entstehen Gewinne.

Die Gewinnschwellenmenge

wird so berechnet:

$$\frac{\text{Fixe Kosten}}{\text{DB / Stück}}$$

Der Gewinnschwellenumsatz

wird so berechnet:

Gewinnschwellenmenge x Nettoverkaufspreis pro Artikel

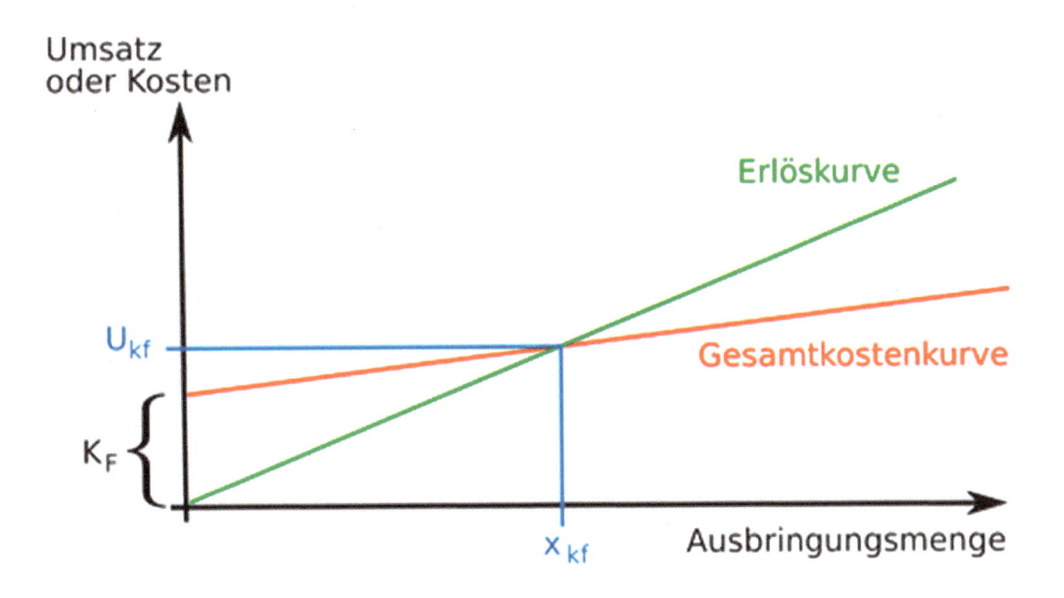

Die Deckungsbeitragsrechnung gibt uns auch Antworten auf folgende Fragen:
- Auf welche Produkte (oder -gruppen) sollte sich der Betrieb am meisten konzentrieren?
- Welche Produkte sind unwirtschaftlich?
- Was ist die absolute Preisuntergrenze? (variable Kosten sind gerade so gedeckt)
- Selber produzieren oder beim Lieferanten bestellen?
- Zusatzaufträge annehmen?
- Wann wird die Gewinnschwelle erreicht?
- In welcher Höhe sind Produktion und Absatz zu planen?

Auswirkungen auf den Break-Even-Point bei unterschiedlichen Geschäftsverläufen:
- Eine Senkung der Fixkosten führt zu einer niedrigeren Break-Even-Menge, da weniger Deckungsbeitrag (DB) zur Deckung der Fixkosten (Kf) benötigt wird.
- Eine Erhöhung des Deckungsbeitrags (Erhöhung VK-Preis oder Reduzierung der variablen Kosten) für das einzelne Stück erhöht das Deckungsbeitragsvolumen (DB) und führt zu niedrigerer Break-Even-Menge.
- Eine Desinvestition führt dann zu Kostensteigerungen (k) pro Stück, wenn sich die Fixkosten (Kf) nicht im gleichen Maße wie die Desinvestition reduzieren.

Die absolute Preisuntergrenze (kurzfristige Preisuntergrenze)
Die kurzfristige Preisuntergrenze ist der Netto-Verkaufspreis, bei dem die durch die Leistungserstellung entstandenen variablen Kosten (Kv) gedeckt sind. Sie ist eine wichtige Bestimmungsgröße für die Preis- und Sortimentspolitik. Denn die absolute Preisuntergrenze zeigt auf, dass ein Preis auch unter den Selbstkosten der Vollkostenrechnung von Vorteil sein kann (wenn noch Kapazitätsreserven vorhanden sind), solange die variablen Stückkosten gedeckt sind. Dies ist dann der Fall, wenn der Verkaufspreis gerade die variablen Stückkosten deckt.

Mehrstufige Verfahren der Deckungsbeitragsrechnung
Die mehrstufige Deckungsbeitragsrechnung ist eine Weiterentwicklung der DB-Rechnung und verzichtet auf jegliche Schlüsselung der Kosten (Kv + Kf).
Neben der Zuordnung der variablen Kosten auf Artikel oder Artikelgruppen werden auch die Fixkosten soweit wie möglich der Unternehmensebene zugeordnet, auf der sie angefallen sind. Durch die Aufteilung in Erfolgsstufen erkennt das Unternehmen frühzeitiger Fehlentwicklungen in den einzelnen Unternehmensbereichen als bei der Analyse des Gesamt-Betriebsergebnisses und kann gezielt gegensteuern.

Teilkostenrechnung

Vorteile	Nachteile
Für kurzfristige Entscheidungen geeignet, da hier nur variable Kosten relevant	Unterstützt keine langfristigen Entscheidungen
Reagiert auf Beschäftigungsschwankungen	Aufteilung in fixe und variable Kosten aufwendig
Keine Schlüsselung von Gemeinkosten	Herstellkosten können nicht ermittelt werden

Vollkostenrechnung

Vorteile	Nachteile
Alle Kosten verteilen, d. f. Ermittlung langfristiger Preisuntergrenze wichtig für Existenz des Unternehmens	Für kurzfristige Entscheidungen ungeeignet, keine Trennung in fixe und variable Kosten (z.B. Make or Buy)
Ermittelt innnerbetriebliche Verrechnungssätze	Gemeinkostenschlüsselung und Fixkostenproportionalisierung
Ermittlung der Stückerfolge	Risiko für Preiskalkulationen („aus dem Markt kalkulieren" durch Orientierung an Ist-Beschäftigung)

Anwendungsmöglichkeiten der Deckungsbeitragsrechnung im Handelsunternehmen

Die Deckungsbeitragsrechnung ist eine wichtige Grundlage für die Sortimentspolitik. Bevorzugt werden Produkte mit einem hohen Deckungsbeitrag. Für die Preispolitik zeigt die Deckungsbeitragsrechnung Auswirkungen von Preiserhöhungen oder Preissenkungen auf das Deckungsbeitragsvolumen. Schließlich erleichtert sie eine Werbekostenerfolgsrechnung:

Formel: $\dfrac{\text{Werbekosten}}{\text{DB / Stück}}$

1. Unternehmensführung und -steuerung

> Die Trinkmann GmbH will ein neues Biermixgetränk ins Sortiment aufnehmen. Die fixen Kosten incl. der Einführungswerbung belaufen sich auf 5.000 €. Der Einstandspreis des Kastens beträgt 7,58 €, der Netto-Verkaufspreis 10,08 €.
>
> Ermittlung des Deckungsbeitrags: $\quad 10{,}08 - 7{,}58 = 2{,}50\,€$
>
> $$\frac{5.000\,€}{2{,}50\,€/\text{Stück}} = 2.000$$
>
> Die Gewinnschwellenmenge beträgt 2.000 Kästen.
>
> Ermittlung des Gewinnschwellenumsatzes (brutto):
> 2.000 Kästen x 12 € = 24.000 €.
>
> Beim Verkauf von 2.000 Kästen werden also alle Kosten gedeckt.

Kostenrechnungssysteme mit unterschiedlichem Zeitbezug

Istkostenrechnung
= Istpreise mit Ist-Verbräuchen

Normalkostenrechnung
= durchschnittliche Istpreise mit Ist-Verbräuchen

Plankostenrechnung
= Geplante Kosten, die benötigt werden, um eine geplante Ausbringung zu erreichen

Starre Plankostenrechnung
Die starre Plankostenrechnung wird dort angewendet, wo Beschäftigungsschwankungen (Umsatzänderungen) nicht berücksichtigt werden müssen:

Beschäftigungsgrad =
$$\frac{\text{Istbeschäftigung} \times 100}{\text{Planbeschäftigung}}$$

Plankostenrechnungssatz =
$$\frac{\text{Plankosten} \times 100}{\text{Planbeschäftigung}}$$

Verrechnete Plankosten =
$$\frac{\text{Istbeschäftigung} \times \text{Plankosten}}{\text{Planbeschäftigung}}$$

Flexible Plankostenrechnung

Vollkostenbasis: Hier werden die gesamten Plankosten (fixe und variable) durch den Planumsatz geteilt und anteilig auf die Kostenträger verteilt. Das führt zu einer starken Fixierung auf den Planumsatz. Wird dieser nicht erreicht, so führt dies zur Kostenunterdeckung.
Grenzkostenbasis: Dabei werden nur die variablen Kosten direkt dem Kostenträger zugeordnet. Die fixen Kosten werden dann in einer Summe vom Betriebsergebnis abgezogen. Dies ist ein geeignetes Verfahren für Handels- und Dienstleistungsunternehmen.

Beschäftigungsabweichung	= Sollkosten – verrechnete Plankosten
Verbrauchsabweichung	= variable Istkosten – Sollkosten
Gesamtabweichung	= Istkosten – verrechnete Plankosten
verrechnete Plankosten	= Stückkosten x Istmenge
Sollkosten	= (fixe Kosten + variable Stückkosten) x Istmenge

Kalkulationsmodelle: Vorwärts-, Rückwärts-, Differenzkalkulation

Die Vorwärtskalkulation wird verwendet, wenn der Listeneinkaufspreis eines Produkts vorgegeben ist und der maximale Listenverkaufspreis ermittelt werden soll. Des Weiteren steht hier üblicherweise der prozentuale Gewinn fest.
Die Rückwärtskalkulation wird verwendet, wenn der Listenverkaufspreis eines Produkts vorgegeben ist und der maximale Listeneinkaufspreis ermittelt werden soll. Des Weiteren steht hier üblicherweise der prozentuale Gewinn fest.
Bei der Differenzkalkulation ist es das Ziel, vom zugrunde liegenden Listeneinkaufspreis und Listenverkaufspreis den Gewinn in Euro und in Prozent vom Listenverkaufspreis zu errechnen. Ein Händler, der bereits den Einkaufspreis eines Produkts kennt und zugleich schon einen Verkaufspreis fokussiert hat, kann mit dieser Art der Handelskalkulation seine Gewinnmarge errechnen. Der Gewinn in Euro errechnet sich durch die Subtraktion der Selbstkosten vom Barverkaufspreis.
Zu den verschiedenen Kalkulationsmodellen vgl. Kap. 3.4.5 Preispolitik.

1.5.7 Aufgaben, Bereiche und Ziele des Controllings

Controlling: Mehr als Kontrolle!
Im Management der nächsten Jahre werden weniger die einzelnen Unternehmensbereiche als vielmehr die Verantwortung für das gesamte Unternehmen und die Verbesserung seiner Wettbewerbsposition im Vordergrund stehen. Dies ergibt sich aus den schnellen Veränderungen der Kundenbedürfnisse und der Märkte sowie einer zunehmenden Marktsättigung. Das strategische Management bedient sich in einer solchen Situation des Controllings, um langfristig den Ertrag des Unternehmens zu sichern und sich rechtzeitig den veränderten Gegebenheiten anzupassen. Dadurch wird es möglich, die eigenen Stärken konsequent auszubauen und Marktchancen gezielt und risikoarm wahrzunehmen. Die Möglichkeiten liegen in den Strategien zur Spezialisierung, zur Differenzierung oder zur Erlangung der Kosten- und Preisführerschaft.
Controlling stammt von „to control" und bedeutet „steuern", „führen" und „kontrollieren". Der Begriff bringt zum Ausdruck, dass die richtigen Ziele planvoll angesteuert werden müssen, um das Unternehmen kurz-, mittel- und langfristig erfolgreich zu führen. Dazu gehören sowohl eine gezielte und genaue Überwachung des Tagesgeschäfts als auch das Erkennen der Signale der Märkte. Controlling ist somit ein ziel-, nutzen- und engpassorientiertes Führungskonzept.
Die konkreten Aufgaben des Controllings leiten sich direkt aus den in der Unternehmensphilosophie beschriebenen Unternehmenszielen ab. Während die Controlling-Aufgaben immer zielorientiert sind, können die Controlling-Werkzeuge neutral sein und für die unterschiedlichsten Aufgaben und Ziele eingesetzt werden.

Kennzahlen als Basis für die Kommunikation
Kennzahlen werden zu Frühindikatoren, wenn wir den Zusammenhang zwischen heute messbaren Ereignissen und ihrer Rolle als Mit-Ursache zukünftiger Wirkungen verstehen (Ursache-Wirkungs-Beziehung). Sie ermöglichen erst dann Transparenz, wenn durch Kommunikation ein gemeinsames Verständnis für die Zahl, die Inhalte und den verwendeten Maßstab besteht, die Beteiligten annähernd gleiche Erfahrungshorizonte haben und die Kennzahlen einfach genug sind, dass ihre Bedeutung mit den gegebenen Erfahrungshorizonten nachvollzogen werden kann!

Controlling dient dem Management

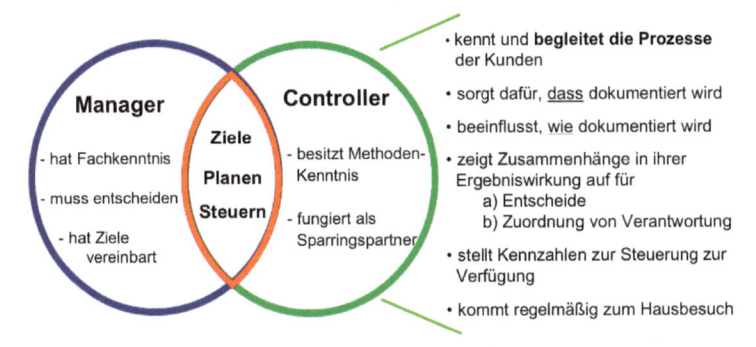

Manager
- hat Fachkenntnis
- muss entscheiden
- hat Ziele vereinbart

Ziele Planen Steuern

Controller
- besitzt Methoden-Kenntnis
- fungiert als Sparringspartner

- kennt und **begleitet die Prozesse** der Kunden
- sorgt dafür, <u>dass</u> dokumentiert wird
- beeinflusst, <u>wie</u> dokumentiert wird
- zeigt Zusammenhänge in ihrer Ergebniswirkung auf für
  a) Entscheide
  b) Zuordnung von Verantwortung
- stellt Kennzahlen zur Steuerung zur Verfügung
- kommt regelmäßig zum Hausbesuch

Die Ebenen des Controllings

Strategisches Controlling

Strategisches Controlling umfasst das Entwerfen, Prüfen, Durchsetzen und Überwachen von Strategien. Der Zeithorizont ergibt sich durch die mit den Strategien abzudeckenden Zeiträume. Zielgrößen sind z.B. bestehende und zukünftige Erfolgspotenziale, Marktanteile oder ein bestimmter angestrebter Cash Flow. Dazu werden die relevanten Informationen gesammelt und aufbereitet. Diese betreffen insbesondere die Kosten der Produkte (Kostenrechnung), Leistungen und Erlöse, darüber hinaus auch die Qualität der Leistungen sowie die Effektivität der Wertschöpfungskette.

Umweltanalyse

Die Umweltanalyse (engl. environmental analysis) analysiert das Umfeld einer Organisation nach verschiedenen Kriterien. Im strategischen Management, Marketing, Finanzmanagement etc. werden verschiedene Schwerpunkte für die Umweltanalyse gesetzt.

Politisch	Volkswirtschaftlich
Gesetzgebung Steuergesetzgebung Politische Stabilität	Entwicklung relevanter volkswirtschaftlicher Indikatoren (z.B. Inflation, Arbeitslosigkeit) Ressourcenverfügbarkeit
Soziokulturell	**Technologisch**
Bevölkerung und Demografie Einkommensverteilung Konsumverhalten	Technologisches Niveau • der Wirtschaft • der Branche

Diese Analysen spielen im strategischen Controlling eine Rolle:
- **Die SWOT-Analyse** hilft, eigene Stärken und Schwächen sowie die Chancen und Risiken des Umfeldes zu erkennen.
- **Die Portfolioanalyse** formuliert und analysiert Unternehmensstrategien auf ihre Alltagstauglichkeit. Die verschiedenen Produkte eines Unternehmens werden in Abhängigkeit vom relativen Marktanteil und Marktwachstum, je nach Stand im Produktlebenszyklus, in vier Kategorien eingeteilt: Question Marks, Stars, Cash Cows und Poor Dogs. (Hierzu mehr im Kapitel Handelsmarketing.)
- **Die Balanced Scorecard** als Analysetool geht über die reine Betrachtung finanzwirtschaftlicher Perspektiven hinaus, um ein aussagekräftiges Gesamtbild des Unternehmens zu bekommen. Untersucht werden die Kundenperspektive, die internen Prozessabläufe sowie die Innovations- und Mitarbeiterpotenziale im Unternehmen.

Operatives Controlling (Gewinnmaximierung)

Operatives Controlling ist die Tätigkeit der Führungskräfte, die die Zielbildung, Planung und Steuerung im mittelfristigen und im einjährigen Zeithorizont umfasst. Zielgrößen sind Liquidität, Gewinn und Sicherheit. Das operative und das strategische Controlling können nicht streng voneinander getrennt werden, denn es besteht eine ständige Wechselwirkung zwischen diesen beiden Bereichen. Die operative Planung hängt sehr stark von der strategischen Planung ab. Umgekehrt liefern operative Überlegungen wichtige Impulse für die strategische Ausrichtung des Unternehmens.

Gesamtplan

Der Gesamtplan umfasst alle Einzel- bzw. Teilpläne der Unternehmung und die daraus angestrebte Entwicklung in der Zukunft. Er ist eine wesentliche Quelle des finanzwirtschaftlichen Informationssystems, also der Finanzplanung und der Liquiditätsplanung.

Budgetierung

Der Prozess der Budgetierung umfasst alle Aktivitäten der Erstellung, Genehmigung, Durchsetzung und Anpassung des Budgets. Die operative Budgetierung umfasst die vollständige mengen- und wertmäßige Zusammenfassung der angestrebten Entwicklung der Unternehmung in der zukünftigen Planungsperiode (in der Regel ein Jahr).
Die strategische Budgetierung dagegen umfasst sämtliche Pläne zur mittel- bis langfristigen Existenzsicherung.
Folgende Aufgaben werden übernommen:
- Finanzplanung
- Koordinationsfunktion

1.5 Das betriebliche Rechnungswesen

- Leistungs- und Kontrollfunktion
- Verhaltenssteuerung

Bei der Budgetierung wird die Kostenverantwortung mit Zielen und Planwerten kombiniert. Ein weiterer wesentlicher Arbeitsschritt ist die Kontrollphase (Soll-Ist-Vergleich, Abweichungsanalyse). Alle wichtigen Werte werden in der Budgetberichterstattung dokumentiert. In der Abweichungsanalyse wird neben der tatsächlichen Soll-Ist-Abweichung auch die Auswirkung auf den Gesamterfolg betrachtet. Außerdem werden Abweichungsursachen analysiert und Korrekturvorschläge erarbeitet.

Untersucht werden hard facts (messbare, objektiv bewertbare Daten wie Kosten, Termine, Mengen), aber auch soft facts (Fakten aus dem Projektumfeld wie psychosoziale Entwicklungen oder die Situation der Mitarbeiter). Budgets beeinflussen also das Verhalten der Mitarbeiter. Damit sie dies können, sollte man sich an folgende Regeln halten:

- Budgets müssen sich auf klar umrissene Verantwortlichkeiten beziehen
- Budgetvorgaben müssen messbar sein
- Budgetvorgaben müssen seitens der Budgetverantwortlichen beeinflussbar sein
- Vorgaben müssen herausfordernd, aber erreichbar sein
- Vorgaben müssen einen Handlungsspielraum enthalten
- Die Budgetverantwortlichen sind am Budgetierungsprozess zu beteiligen

Budgetgefahren

Die Budgetierung bringt immer eine Reihe von Problemen mit sich. Es handelt sich hierbei um einen stark interessenbezogenen Prozess, der in der Praxis von unterschiedlichen Taktiken und Manipulationen begleitet werden kann. In der Praxis stellt sich die Budgetierung häufig auch als politischer Prozess dar, dessen Ausgang nicht zuletzt von dem Verhandlungsgeschick und der Verhandlungsmacht der einzelnen beteiligten Mitarbeiter und Organisationseinheiten abhängt. Zuweilen versuchen die Beteiligten, das Budget auszutricksen. Budgetierte Mittel werden zu hoch angesetzt und bei Nichtverbrauch verschwendet, oder es werden stille Reserven aufgebaut, die den Budgetverantwortlichen Handlungsspielräume schaffen, um die Budgetvorgabe leichter zu erreichen. Das liegt häufig daran, dass der budgetierte Betrag an den Verbrauch des Vorjahres angepasst wird.

Als Konsequenz aus diesen möglichen Verhaltensweisen der Budgetbeteiligten sollte das Controlling darauf achten, dass Budgets nicht zu rigide formuliert werden und ihre Stellung im Planungsprozess nicht überbetont wird. Trotz ihres detaillierten und quantifizierten Inhalts stellen Budgets letztendlich Pläne dar, die wie alle anderen Pläne auch mit dem Problem der Unsicherheit behaftet sind.

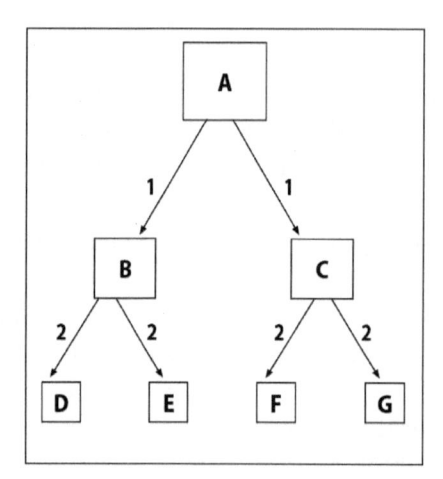

Top-down-Planung = von der Unternehmensführung (A) nach unten. Vorgabe Budget für die nachgeordneten Führungsebenen.

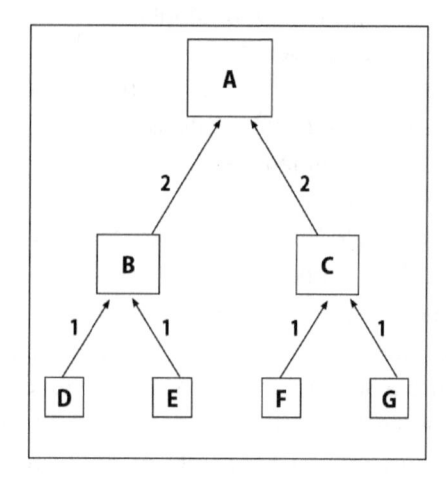

Bottom-Up-Planung = Budget der Fachabteilungen wird an die Vorgesetzten-Ebene weitergegeben bis hin zum Gesamtunternehmensbudget.

Kennzahlen/Analysetools

Kennzahlen dienen der Entscheidungsunterstützung, Steuerung und Kontrolle von Maßnahmen. Sie lassen sich unterscheiden in

- Gliederungszahlen: Teilmasse : Gesamtmasse, also z.B. Umsatz mit dem Kunden A : Gesamtumsatz.
- Beziehungszahlen: artverschiedene Zahlen werden ins Verhältnis zueinander gesetzt, z.B. Bevölkerungszahl pro km²
- Indexzahlen: Messzahlen, die Daten in ihrer zeitlichen Veränderung gegenüberstellen, z.B. der Preisindex für die Entwicklung der Verbraucherpreise.

Eine subjektive Interpretation von Kennzahlen kann zu Fehlbewertungen führen. Diesen Nachteil versucht man mit Kennzahlen-Profiling zu vermeiden. Dahinter verbirgt sich der Ansatz, bei der Arbeit mit Kennzahlen Hintergründe und Wirkungsverhältnisse der Zahlen transparent zu machen

Handelsbezogene Kennzahlen/Analysetools können sein
- ABC-Analyse
- Auftragsgrößenanalyse
- Beschaffungs-Controlling
- Break-Even-Analyse

- Deckungsbeitragsrechnung
- Engpassrechnung
- Ergebnisrechnungen
- Investitionsrechnungsverfahren
- Kosten-Nutzen-Analyse
- Kostenrechnung
- kurzfristige Erfolgsrechnung
- Nutzenprovision
- Rabattanalyse
- Verkaufsgebietsanalyse
- Wertanalyse
- Wirtschaftlichkeitsanalysen, z.B. Bestellmengenoptimierung, Losgrößenoptimierung
- XYZ-Analyse

Kennzahlen zur Vermögensstruktur

Anlagenintensität	$\dfrac{Anlagevermögen}{Gesamtvermögen} \cdot 100\%$
Anteil des Umlaufvermögens	$\dfrac{Umlaufvermögen}{Gesamtvermögen} \cdot 100\%$
Vorratsquote	$\dfrac{Vorräte}{Gesamtvermögen} \cdot 100\%$
Forderungsquote	$\dfrac{Forderungen}{Gesamtvermögen} \cdot 100\%$
Anteil der flüssigen Mittel	$\dfrac{Flüssige\ Mittel}{Gesamtvermögen} \cdot 100\%$

Kennzahlen zur Kapitalstruktur

Eigenkapitalquote	$\dfrac{Eigenkapital}{Gesamtkapital} \cdot 100\%$
Verschuldungsgrad	$\dfrac{Fremdkapital}{Eigenkapital} \cdot 100\%$
Anteil des langfr. Fremdkapitals	$\dfrac{langfristiges\ Fremdkapital}{Gesamtkapital} \cdot 100\%$
Anteil des kurzfr. Fremdkapitals	$\dfrac{kurzfristiges\ Fremdkapital}{Gesamtkapital} \cdot 100\%$
Grad der Selbstfinanzierung	$\dfrac{Gewinnrücklagen}{Gesamtkapital} \cdot 100\%$

Kennzahlen zum Lagerumschlag

Lagerumschlaghäufigkeit	$\dfrac{\text{Materialaufwand}}{\text{durchschn. Bestand Roh-,Hilfs-,Betriebsstoffe}}$
Durchschnittliche Lagerdauer	$\dfrac{360 \text{ Tage}}{\text{Lagerumschlaghäufigkeit}}$

Kennzahlen zum Kapitalumschlag

Umschlaghäufigkeit des Eigenkapitals	$\dfrac{\text{Umsatzerlöse}}{\text{Durchschnittsbestand Eigenkapital}}$
Durchschn. Umschlagdauer des Eigenkapitals	$\dfrac{360 \text{ Tage}}{\text{Umschlaghäufigkeit des Eigenkapitals}}$
Umschlaghäufigkeit des Gesamtkapitals	$\dfrac{\text{Umsatzerlöse}}{\text{Durschnittsbestand Gesamtkapital}}$
Durchschn. Umschlagdauer des Gesamtkapitals	$\dfrac{360 \text{ Tage}}{\text{Umschaghäufigkeit des Gesamtkapitals}}$

Return on Investment (ROI)

Dies ist eine weit verbreitete Kennzahl, die sich aus Umsatzrentabilität multipliziert mit der Umschlaghäufigkeit des Gesamtkapitals zusammensetzt: Durch diese Erweiterung gegenüber der Gesamtkapitalrentabilität lassen sich besser Veränderungen der einzelnen Größen verfolgen. In Simulationen können Auswirkungen auf den ROI durch Veränderungen in Teilbereichen (z.B. Umsatz, Deckungsbeitrag oder Bestände) besser sichtbar gemacht werden. Return heißt Rückfluss – es geht also darum, welchen Rückfluss das eingesetzte Kapital erwirtschaftet.

$$\text{ROI} = \frac{\text{Gewinn}}{\text{Umsatz}} \cdot \frac{\text{Gewinn}}{\text{Gesamtkapital}} \cdot 100$$

Um diese Kennzahl nicht zu verfälschen, sollte das ordentliche Betriebsergebnis und nicht der steuerliche Gewinn herangezogen werden, weil es keine Zinserträge und -aufwendungen, keine außerordentlichen Erträge und Aufwendungen und auch keine Steuern enthält.

Controlling-Aktivitäten im Handel

- Gesamtcontrolling umfasst alle in die Zukunft gerichteten Denk- und Handlungsweisen des Unternehmens für alle Unternehmensbereiche unter Beachtung der Unternehmensziele.
- Sortimentscontrolling ausgerichtet auf Sortimentskontrolle, Sortimentsplanung und Sortimentssteuerung (Direkt Produkt-Rentabilität oder Renner/Penner-Sortimentslisten).
- Finanzcontrolling ausgerichtet auf Liquiditätsplanung, Optimierung der Finanzierung und Kapitalbeschaffung.

- Marketingcontrolling ausgerichtet auf die absatzwirtschaftlichen Aufgaben des Unternehmens.
- Personalcontrolling ausgerichtet auf die personalwirtschaftlichen Entscheidungen im Unternehmen.
- Beschaffungs- und Logistikcontrolling ausgerichtet auf die logistischen Funktionen (Transport, Lager, Umschlag) vom Lieferanten bis zum Kunden.

Organisation des Controllings
- **Liniencontrolling:** Wird das Controlling als Linienstelle in das Unternehmen eingegliedert, erhält es zur Erfüllung seiner Aufgaben häufig weitreichende Kompetenzen. Durch diese Kompetenzen bekommt das Controlling einen Platz in einer hohen Ebene des Unternehmens. Meistens ist es unter dem Bereich Finanzen der zweiten Ebene zugeordnet. Der Controller hat hier oft die Befugnis, den Mitarbeitern anderer Bereiche Anweisungen zu geben und die Informationserfassung für die Kontrolle und zur Vorbereitung von weiteren Entscheidungen anzuordnen.
  Der Controller ist an den Entscheidungen für die Unternehmenspolitik über seinen Bereichsleiter beteiligt. Er ist nicht nur Berater, sondern auch Entscheidungslenker. Ihm fehlt damit allerdings die Distanz für eine kritische Auseinandersetzung mit seinen Ergebnissen.
- **Stabscontrolling:** Als Stabstelle in erster Ebene besitzt der Controller Informations-, Beratungs- und Ausführungskompetenzen gegenüber anderen Bereichen, die für seine entscheidungsvorbereitenden Aufgaben ausreichend sein sollten. Er hat keine Anweisungsbefugnis gegenüber anderen Bereichen und kann somit auf Entscheidungen, die getroffen wurden, nicht einwirken. Als Berater erbringt er eine Service-Leistung für die Unternehmensleitung. Alle Entscheidungen werden von dieser getroffen. Je qualifizierter jedoch seine Arbeit ist, umso stärker kann er dann doch indirekt die Entscheidungen beeinflussen.

Steuerungsinstrumente des strategischen Controllings
Wertanalyse: Die Wertanalyse beschreibt den Vorgang der Planung und Analyse mit dem Ziel, ein Produkt oder eine Leistung zu möglichst geringen Kosten herzustellen, ohne dabei Einbußen an Qualität und Funktionalität zu verzeichnen. Versucht wird dabei, durch Substitution bzw. Streichen überflüssiger Kosten das Verhältnis von Kosten und Nutzen zu optimieren. Solche Analysen erfolgen meist unregelmäßig in größeren Zeitabständen und werden dann im Rahmen einer Projektarbeit durchgeführt. Nach der Auswahl der konkreten Analyseobjekte und der Bestimmung der Projektorganisation und -leitung werden die Zielvereinbarungen formuliert, wobei diese oft besonders ambitioniert ausfallen (sollen), um den Anreiz und die Motivation zu steigern. Angestrebte Kosteneinsparungen von 30 bis 40 Prozent sind daher nicht selten. In der eigentlichen Analysephase werden folgende Aufgaben erledigt:

- Erfassung der erstellten Leistungen (Ist-Zustand)
- Schätzung der Kosten pro Leistung
- Gegenüberstellung von Kosten und Nutzen
- bei schlechtem Kosten-Nutzen-Verhältnis -> Ideen und Strategien der Einsparung
- Prüfung der Realisierbarkeit
- Dokumentation und Weitergabe an das Management

Die Phase der Realisation kann unter Umständen lange andauern, wenn z.B. zu hohe Personalkosten festgestellt werden. Dadurch wird eine verbesserte Transparenz geschaffen. Besonders auf mittelfristige Sicht sind Gemeinkostenwertanalysen daher empfehlenswert.

Zusammenfassend lassen sich die Ergebnisse folgendermaßen darstellen:
- Reduzieren der Gemeinkosten
- Eliminieren ineffizienter Tätigkeiten
- Schaffen von Transparenz
- Reorganisation oder Auslagern bestimmter Bereiche
- Wechsel zu anderen Budgetierungsansätzen (z.B. Zero Base Budgeting, ein Verfahren der Budgetierung, das prinzipiell die Basis der Zahlen bisheriger Budgets in Frage stellt und auf ihre Rechtfertigung untersucht)

Früherkennungsanalyse
Aufdecken der Chancen und Risiken im Unternehmen (Absatz, Personal, Finanzen) und im Umfeld (ökonomisch, sozial, politisch), die in absehbarer Zeit auf das Unternehmen einwirken können.

Stärken-Schwächen- und Konkurrenzanalyse
Mit der Stärken-Schwächen-Analyse untersucht der Unternehmer sein Unternehmen auf Potenziale und Ressourcen, die noch nicht genutzt worden sind, sowie auf Schwächen, die ausgeglichen werden sollten. Die Potenziale können bereichs-, funktions- oder wertorientiert sein. Alle Abläufe im Unternehmen, die einen Wertzuwachs zur Folge haben, gehören zu den wertorientierten Potenzialen. Häufiger allerdings sind die Potenziale, die untersucht werden, funktionsorientiert (Absatzmärkte, Finanzsituation, Kostensituation, Standort, Forschung & Entwicklung), um eine bereichsorientierte Erfassung und Analyse zu gewährleisten. Es gibt dabei drei Hauptvergleichsmöglichkeiten.
- **Zeitvergleich**: Es werden die Bereiche oder Funktionen des Unternehmens der jetzigen und der vorhergehenden bzw. nächsten gewünschten Periode verglichen, um noch nicht genutzte Potenziale und die Entwicklung des Unternehmens zu erkennen.

- **Konkurrenzvergleich:** Das Unternehmen und ein Konkurrent werden verglichen. Das Ergebnis zeigt nicht nur die eigenen Schwächen und Stärken, sondern auch die des Konkurrenten. Allerdings ist es schwer, zuverlässige Informationen über den Konkurrenten herauszufinden.
- **Vergleich mit kritischen Erfolgsfaktoren**: Die kritischen Erfolgsfaktoren sind Faktoren, die das Überleben eines Unternehmens in einem gesättigten Marktsegment sichern. Der Vergleich zeigt auf, inwieweit das Unternehmen die kritischen Erfolgsfaktoren erfüllt.

Die **Stärken-Schwächen-Analyse** birgt Vor- und Nachteile. Sie verschafft einem Unternehmer einen guten Überblick über das Unternehmen und die Vergleichsposition. Jedoch betrachtet der Unternehmer durch sie nur bestimmte Teile des Unternehmens und nicht ein Gesamtbild. Zusätzlich ist die Einschätzung der Ressourcen subjektiv und muss nicht unbedingt der Realität entsprechen. Oft bedingen sich die Stärken und Schwächen gegenseitig, so dass der Unternehmer auch die Auswirkungen auf die andere Position bedenken muss. Die Stärken-Schwächen-Analyse wird zur Anfertigung der SWOT-Analyse benötigt.

Beispiel: Stärken-Schwächen-Analyse

Ressourcen (Leistungspotential)	Beurteilung		
	schlecht	mittel	gut
	7 6 5 4 3	2 1 0 1 2	3 4 5 6 7
Marktanteil		○	●
Strategie		●	○
Finanzsituation	○	●	
F & E	● ○		
Produktion		○	●
Infrastruktur	●	○	
Logistik		○ ●	
Kosten	●	○	
Führungssysteme	○		●
Produktivität		●	○

● eigenes Unternehmen
○ stärkster Wettbewerber

Steuerungsinstrumente des operativen Controllings

Das operative Controlling benötigt zur Aufgabenerledigung Daten, die aus externen oder internen Quellen ermittelt werden. Quellen:

Intern	Extern
■ Personalwesen ■ Finanz-/Rechnungswesen ■ Vertrieb ■ Logistik	■ Betriebsvergleiche

Kennzahlen sind unverzichtbare Daten für das Controlling. An weiteren Instrumenten stehen zur Verfügung:

Die ABC-Analyse

Die ABC-Analyse als betriebswirtschaftliches Mittel zur Planung und Entscheidungsfindung unterteilt Objekte in drei Klassen von A-, B- und C-Objekten. Sie ist eine einfache Vorgehensweise zur Gewichtung von Objekten oder Prozessen und wird beispielsweise dazu verwendet, den Materialverbrauch oder andere Werte nach Wertgrößen zu gruppieren. Bei der ABC-Analyse handelt es sich um einen Vergleich, ausgerichtet nach Mengen und Werten.

Mit der ABC-Analyse ist es möglich:

- das „Wesentliche" vom „Unwesentlichen" zu trennen,
- Rationalisierungsschwerpunkte zu setzen,
- unwirtschaftliche Anstrengungen zu vermeiden,
- die Wirtschaftlichkeit zu steigern.

Die ABC-Analyse ist ein Ordnungsverfahren zur Klassifizierung einer großen Anzahl von Daten (Erzeugnisse, Kunden oder Prozesse). Die gängige Aufteilung sieht die Bildung jeweils einer A-, B- und C-Klasse vor. Die Einteilung in drei Klassen ist jedoch nicht zwingend erforderlich.

XYZ-Analyse

Dieses Instrument ist ähnlich aufgebaut wie die ABC-Analyse, jedoch wird die Stetigkeit des Verbrauchs untersucht.

Gap-Analyse

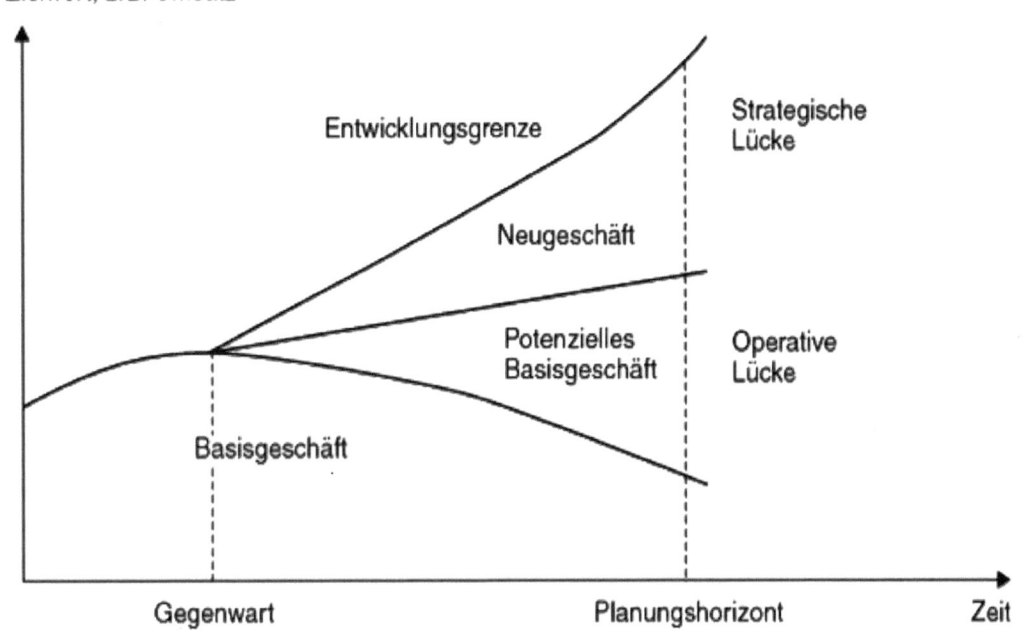

Zielwert, z.B. Umsatz

- Entwicklungsgrenze
- Strategische Lücke
- Neugeschäft
- Potenzielles Basisgeschäft
- Operative Lücke
- Basisgeschäft

Gegenwart — Planungshorizont — Zeit

Die GAP-Analyse ist ein klassisches Instrument des strategischen Controllings. Durch sie lassen sich Abweichungen von dem geplanten Zielpfad feststellen. Deshalb gilt die GAP-Analyse als eine Früherkennungsmethode, mit deren Hilfe rechtzeitig geeignete Maßnahmen ergriffen werden können. Die derzeitige Entwicklung wird mit der geplanten (gewünschten) Entwicklung abgeglichen. Die Fortführung der Ist-Werte zeigt, was passieren würde, wenn keine Maßnahmen ergriffen werden. Dies wird den Werten des gewünschten Plans gegenübergestellt und auf Abweichungen hin untersucht. Die Differenz, die sich dadurch ergibt, wird als Lücke bezeichnet. Die Lücke lässt sich in eine operative und eine strategische Lücke aufteilen; zur Schließung der Lücken werden unterschiedliche Handlungsweisen erforderlich:

- Operative Lücke: Die operative Lücke kennzeichnet die Abweichung zwischen dem Basisgeschäft und dem potenziellen Basis-Geschäft. Das potenzielle Basisgeschäft lässt sich durch kurzfristige Rationalisierungsmaßnahmen und die dadurch folgende Umsatzerhöhung erreichen.
- Strategische Lücke: Die strategische Lücke kennzeichnet das erwartete Neugeschäft und wird durch die Entwicklungs-Grenze des Unternehmens und das potenzielle Basisgeschäft begrenzt. Die Anwendung der Produkt-Markt-Matrix von Ansoff wird zur Schließung dieser Lücke empfohlen (Marktdurchdringung, Marktentwicklung, Produktentwicklung, Diversifi-

kation). Die Lücke kann auch durch eine Zielkorrektur geschlossen werden, die sich insbesondere dann empfiehlt, wenn die strukturellen Umweltentwicklungen unterschätzt worden sind.

Die Szenario-Technik

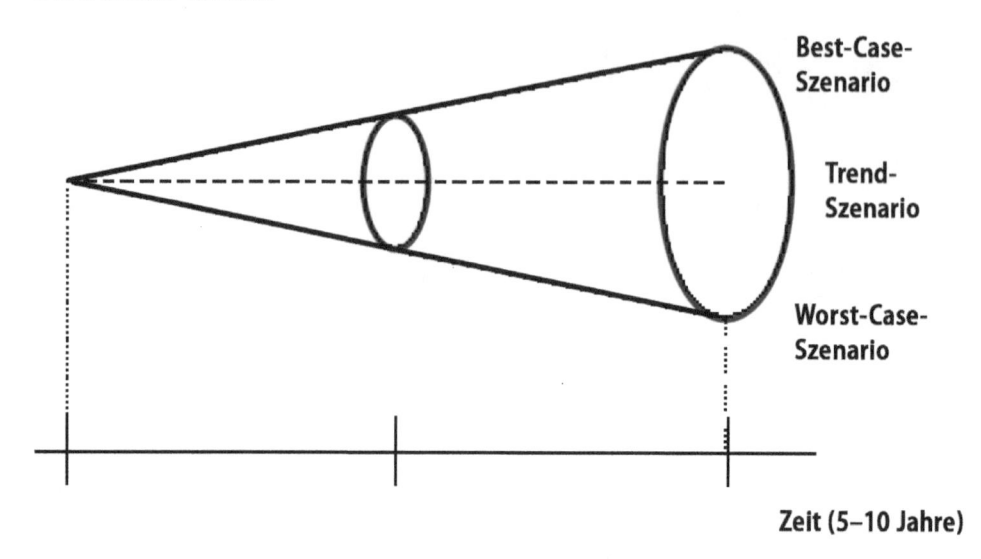

Best-Case-Szenario

Trend-Szenario

Worst-Case-Szenario

Zeit (5–10 Jahre)

Mit Unterstützung der Szenario-Technik sollen mögliche qualitative und quantitative Entwicklungen in der Umwelt in Form von einzelnen Teilentwicklungen gedanklich analysiert und beschrieben werden, die sich dann zu einem zukünftigen Zustand (Szenario, Szenarium) einschließlich der daraus erwachsenden Chancen und Risiken zusammensetzen.

Der Einsatz erfolgt hauptsächlich zur langfristigen Prognose gesamtwirtschaftlicher oder auf Teilmärkte bezogener Entwicklungen. Dabei steht weniger die genaue Vorhersage der Zukunft im Vordergrund als die Analyse und Systematisierung denkbarer Entwicklungsprozesse, damit sie in die Strategieüberlegungen einbezogen werden können.

Das Target Costing

Target Costing oder Zielkostenrechnung ist das Konzept des marktorientierten Zielkostenmanagements, das in den frühen Phasen der Produktentwicklung einsetzt. Mit Target Costing sollen Produkte zu den vom Kunden erlaubten Kosten entwickelt werden, die die vom Kunden definierten Funktionsmerkmale erfüllen.

Ziel des Target Costing ist es, die eigene Wettbewerbsfähigkeit zu erhöhen. Mit der Anwendung des Target Costing wird angestrebt, eine Reduktion der Kosten herbeizuführen, die ein Produkt während seines Lebenszyklus verursacht.
Bei der Durchführung der entsprechenden Aktivitäten können allerdings verschiedene Schwierigkeiten auftreten, z. B. bei der Ermittlung des zukünftig erlaubten Marktpreises, der Festlegung des Gewinnanteils, der Bewertung der Bedeutung von Funktionen und Komponenten für die Kunden sowie der Einbeziehung von Gemeinkosten.

Benchmarking

Unter Benchmarking wird ein kontinuierlicher Prozess verstanden, bei dem die Qualität der eigenen Unternehmung in den verschiedenen Bereichen mit der des stärksten Mitbewerbers (Best-Practice-Unternehmen) verglichen wird. Der Prozess des Benchmarkings kann in sieben Schritten dargestellt werden:
- Stärken-Schwächen-Analyse der eigenen Unternehmung
- Ermittlung des Best-Practice-Unternehmens
- Analyse: Warum ist diese Unternehmung so gut? Wie war dies möglich?
- Konsequenzen ziehen: Was kann die eigene Unternehmung daraus lernen?
- Was kann man umsetzen?
- Zielabstimmung und Realisierung
- Erfolgskontrolle

Die kurzfristige Erfolgsrechnung

Mit der kurzfristigen Erfolgsrechnung (KER) werden kurzfristig, meistens monatlich, Daten zur Analyse und Kontrolle der Waren-/Artikelgruppen erstellt.
Die KER ist mehr als eine Umsatzanalyse. Neben Umsatz und Umsatzentwicklung gibt sie Auskunft über die erreichte Kalkulation, den Lagerbestand, den Lagerumschlag und die Rentabilität. Die KER zeichnet sich durch ihre kurzfristige Verfügbarkeit aus. Ihre Aufgabe ist die permanente monatliche Kontrolle und Analyse der laufend fortgeschriebenen Daten, die den Verkaufserfolg bestimmen. Sie ermöglicht dem Unternehmen Einblick in die Verknüpfungen von Umsatz mit:
- Preisänderungen
- erreichter Kalkulation
- Wareneingang
- Lagerbestand
- Lagerumschlag

Sie dient zur Bewertung der Verkaufslage und liefert wichtige Grundlagen:
- für den Fall einer Umsatzkorrektur,

- für die Anpassung der Warenbeschaffung an den Umsatz,
- für die Einhaltung der zu erreichenden Kalkulation / des Rohgewinns,
- zur Vermeidung von unnötiger Kapitalbindung (Bestandserhöhung),
- für die Einhaltung von Auswahl und Aktualität des Lagers (Vermeidung von Bestandslücken).

Eine Beurteilung ist jedoch nur möglich, wenn es entsprechende Basiszahlen gibt. Diese können bestehen aus:
- Planzahlen,
- Vorjahreszahlen,
- Erfahrungswerten,
- Branchenvergleichszahlen/ Benchmarks.

Eine KER wird zunächst auf die wichtigsten betriebswirtschaftlichen Erfolgsdaten nach den zentralen Warengruppen komprimiert. Bei weitergehendem Analysebedarf kann sie dann je nach EDV-Warenwirtschaftssystem und Datenerfassung nach Untergruppen bis zum einzelnen Artikel und seinen weiteren Besonderheiten aufgebrochen werden.

Letztlich sollten kurzfristige Erfolgsrechnungen auch Aufschluss geben über die Warenbewegung des einzelnen Lieferanten, so dass im Bedarfsfall die Analyse auch diesen Blickwinkel ermöglicht. Die Erkenntnisse davon sind u. a. wichtig für das Engagement in Marken oder auch für ihre Bereinigung.

Gesamtkostenverfahren

Mit dem Gesamtkostenverfahren wird der Periodenerfolg des Unternehmens ermittelt. Dabei werden die Gesamtkosten mit den erbrachten Leistungen verglichen. Da die Umsatzerlöse nur ein Teil der Leistung sind, müssen die Bestandsveränderungen und die aktivierten Eigenleistungen hinzugerechnet werden.

Umsatzkostenverfahren

Das Umsatzkostenverfahren (UKV) ist eine Methode zur Ermittlung des betrieblichen Erfolgs. Hierfür werden die Umsatzerlöse vermindert um die angefallenen Kosten je Bereich des Unternehmens (z.B. Produktion, Verwaltung und Vertrieb). Für diese Berechnung der Gewinn- und Verlustrechnung wird in dem Unternehmen eine Kostenstellenrechnung benötigt. Das Umsatzkostenverfahren kann nach dem HGB und dem IFRS (Internationale Rechnungslegungsvorschriften) anstatt des in der Industrie üblichen Gesamtkostenverfahrens angewandt werden.

Anforderungen an die betriebswirtschaftlichen Daten:

Zahlen aus dem Rechnungswesen müssen

- realitätsnah sein,
- überprüfbar sein,
- verständlich für alle sein,
- Verknüpfungen aufzeigen.

Die „7 W" controllinggerechter Ziele

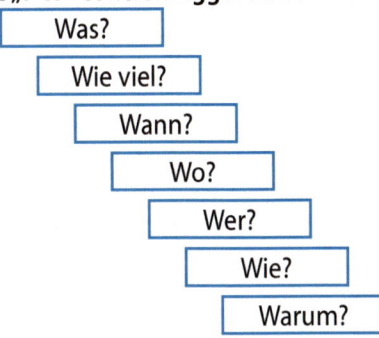

```
Was?
  Wie viel?
    Wann?
      Wo?
        Wer?
          Wie?
            Warum?
```

- Was? = Klarer Zielinhalt (Was soll erreicht werden?)
- Wie viel? = Eindeutiges Zielausmaß (Wie viel soll erreicht werden?)
- Wann? = Zeitlicher Bezug (In welchen Zeitraum soll das Ziel erreicht werden?)
- Wo? = Räumlicher Bezug (Wo gilt das Ziel?)
- Wer? = Verantwortung (Wer ist für die Zielerreichung verantwortlich?)
- Wie? = Umsetzung (Wie ist das Ziel zu erreichen?)
- Warum? = Zweck der Zielerreichung (Warum ist das Ziel anzustreben?)

1.6 Finanzierung

1.6.1 Finanzwirtschaftliche Grundsätze und Ziele im Unternehmen

Unter Finanzierung versteht man die Beschaffung von Kapital, das zur Leistungserstellung und Leistungsverwertung benötigt wird. Die Finanzierung beschäftigt sich mit der Frage, wie die optimale Finanzierung auszusehen hat unter den Zielen der
- Rentabilität
- Liquidität
- Sicherheit
- Unabhängigkeit

Man bezeichnet diese Ziele auch zuweilen als das „magische Viereck" – denn sie können durchaus in Konkurrenz zueinander stehen. Wer mit seinem Geld eine hohe Rentabilität erreichen will, gefährdet vielleicht mit einer riskanten Anlage die Sicherheit – Beispiele hierfür hat uns die Finanzkrise 2008 mehr als deutlich gezeigt.

- Die Erzielung von **Umsätzen** erfordert
    - Aufwände (Personal, Vertrieb etc.)
    - Investitionen (Maschinen, Gebäude etc.)
- Hiermit ist i.d.R. ein **Kapitalbedarf** am Anfang eines Unternehmens verbunden

Wie decke ich einen Kapitalbedarf?
- **Eigenkapitalaufnahme**
    - Gründer finanzieren Unternehmen durch eigenes Kapital/Ersparnisse oder
    - Investor erhält Anteile am Unternehmen und wird an Gewinnen/Wertsteigerung beteiligt
- **Fremdkapitalaufnahme**
    - Banken/Förderinstitutionen gewähren ein Darlehen
    - Zahlung eines Zinses

- Sowohl Investoren als auch Banken verlangen einen Finanzplan mit
    - Gewinn- und Verlustrechnung (GuV)
    - Kapitalflussrechnung (KFR)
    - Bilanz

1.6.2 Wichtige finanzwirtschaftliche Kennzahlen

$$\text{Eigenkapitalrentabilität} = \frac{\text{Gewinn} \times 100}{\text{Eigenkapital}}$$

Diese Kennzahl bringt die Verzinsung des eingesetzten Kapitals zum Ausdruck.
Durch die Aufnahme von Fremdkapital kann sich die Eigenkapitalrentabilität erhöhen. Dieser sog. **Leverage-Effekt** tritt ein, wenn die **Gesamtkapitalrentabilität** höher ist als der Fremdkapitalzins und sich der Verschuldungsgrad durch die Veränderung des Verhältnisses von Eigenkapital zu Fremdkapital durch die Fremdkapitalaufnahme erhöht.

$$\text{Gesamtkapitalrentabilität} = \frac{(\text{Gewinn} + \text{Fremdkapitalzinsen}) \times 100}{\text{Gesamtkapital}}$$

Da die Gesamtkapitalrentabilität die Verzinsung des gesamten im Unternehmen investierten Kapitals angibt, ist sie aussagefähiger als die Eigenkapitalrentabilität.

Liquidität
Liquidität ist die Zahlungsfähigkeit des Unternehmens. Das Unternehmen muss jeder Zeit in der Lage sein, seine Zahlungsverpflichtungen zu erfüllen.
Dazu müssen die flüssigen Mittel fristgerecht bereitgestellt werden, um die Fortführung des Unternehmens zu gewährleisten unter den sich am Kapitalmarkt immer weiter verschärfenden Kapitalbeschaffungsbedingungen für Unternehmen.

Liquidität 1. Grades

$$\frac{\text{Barmittel} \cdot 100}{\text{Kurzfristiges Fremdkapital}}$$

Liquidität 2. Grades

$$\frac{(\text{Barmittel} + \text{kurzfristige Forderungen}) \cdot 100}{\text{Kurzfristiges Fremdkapital}}$$

Liquidität 3. Grades

$$\frac{(\text{Barmittel} + \text{kurzfristige Forderungen} + \text{Vorräte}) \cdot 100}{\text{Kurzfristiges Fremdkapital}}$$

Deshalb ist die Aufstellung eines Finanzplans zwingend erforderlich, um die Liquiditätserhaltung zu sichern. In ihm werden die Ein- und Ausgaben einer Planperiode, auf Monate oder gegebenenfalls auf Wochen bezogen, gegenübergestellt.

Wie lässt sich die Liquidität verbessern?
- Reduzierung der Außenstände
- Nutzung von Lieferantenkrediten
- Abbau des Umlaufvermögens (Barmittel, Warenlager)

Finanzierungsformen

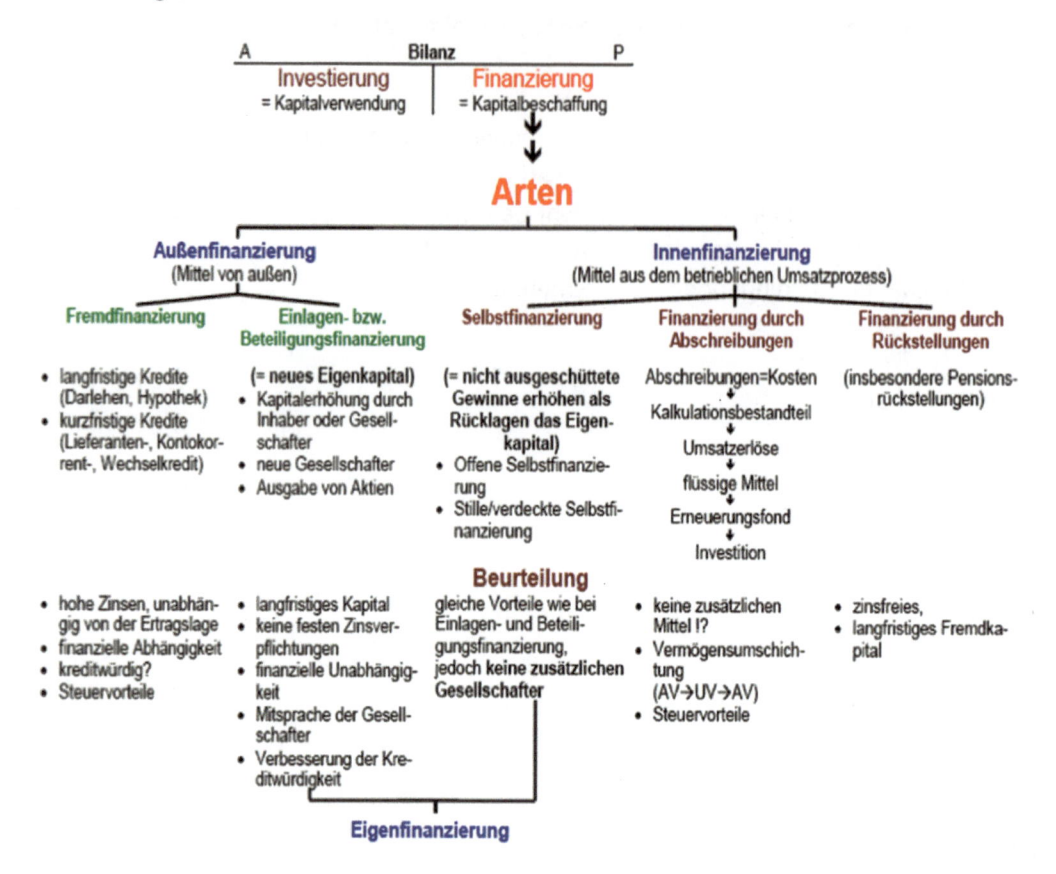

```
              A        Bilanz         P
            Investierung │ Finanzierung
          = Kapitalverwendung │ = Kapitalbeschaffung
                             ↓
                           Arten
```

Außenfinanzierung (Mittel von außen)

- **Fremdfinanzierung**
  - langfristige Kredite (Darlehen, Hypothek)
  - kurzfristige Kredite (Lieferanten-, Kontokorrent-, Wechselkredit)

- **Einlagen- bzw. Beteiligungsfinanzierung**
  - (= neues Eigenkapital)
  - Kapitalerhöhung durch Inhaber oder Gesellschafter
  - neue Gesellschafter
  - Ausgabe von Aktien

Innenfinanzierung (Mittel aus dem betrieblichen Umsatzprozess)

- **Selbstfinanzierung**
  - (= nicht ausgeschüttete Gewinne erhöhen als Rücklagen das Eigenkapital)
  - Offene Selbstfinanzierung
  - Stille/verdeckte Selbstfinanzierung

- **Finanzierung durch Abschreibungen**
  - Abschreibungen=Kosten
    ↓
  - Kalkulationsbestandteil
    ↓
  - Umsatzerlöse
    ↓
  - flüssige Mittel
    ↓
  - Erneuerungsfond
    ↓
  - Investition

- **Finanzierung durch Rückstellungen**
  - (insbesondere Pensionsrückstellungen)

Beurteilung

- Fremdfinanzierung:
  - hohe Zinsen, unabhängig von der Ertragslage
  - finanzielle Abhängigkeit
  - kreditwürdig?
  - Steuervorteile

- Einlagen- bzw. Beteiligungsfinanzierung:
  - langfristiges Kapital
  - keine festen Zinsverpflichtungen
  - finanzielle Unabhängigkeit
  - Mitsprache der Gesellschafter
  - Verbesserung der Kreditwürdigkeit

- Selbstfinanzierung:
  - gleiche Vorteile wie bei Einlagen- und Beteiligungsfinanzierung, jedoch keine zusätzlichen Gesellschafter

- Finanzierung durch Abschreibungen:
  - keine zusätzlichen Mittel !?
  - Vermögensumschichtung (AV→UV→AV)
  - Steuervorteile

- Finanzierung durch Rückstellungen:
  - zinsfreies, langfristiges Fremdkapital

Eigenfinanzierung

1.6.3 Außen- und Innenfinanzierung

Außenfinanzierung

Dies umfasst die Kapitalbeschaffung in Form von Eigenkapital oder Fremdkapital. Außenfinanzierung bedeutet also, dass das Kapital dem Unternehmen von außen zufließt und demnach nicht aus dem betrieblichen Umsatzprozess stammt. Die Mittelzuführung erfolgt hierbei im Wesentlichen durch Kreditaufnahme oder durch eine Beteiligung.

Eigen- und Fremdfinanzierung

Betrachtet man das Finanzierungsproblem von der Rechtsstellung des Kapitalgebers her, ergibt sich diese Zweiteilung:

1.6 Finanzierung

Übersicht nach Herkunft der Mittel	
Außenfinanzierung	**Innenfinanzierung**

Übersicht nach Herkunft der Mittelgeber

Fremdfinanzierung

Finanzierung aus Krediten und Darlehen
- Bankkredit
- Dispositionskredit über das Girokonto bei der Bank
- Lieferantenkredit, insbes. unter Skontonutzung
- Leasing, Factoring
- Hybride Finanzierungen, wie Mezzanine Kapital

Finanzierung aus Rückstellungen
- Pensionsrückstellungen
- Steuerrückstellungen
- Andere Rückstellungen, z.B. Gewährleistungen

Eigenfinanzierung

Finanzierung aus Einlagen und Beteiligungen
- OHG, KG: neuer Gesellschafter
- GmbH: Ausgabe neuer Geschäftsanteile
- AG: Emission neuer Aktien
- eG: neue Mitglieder

Finanzierung aus Gewinnthesaurierung

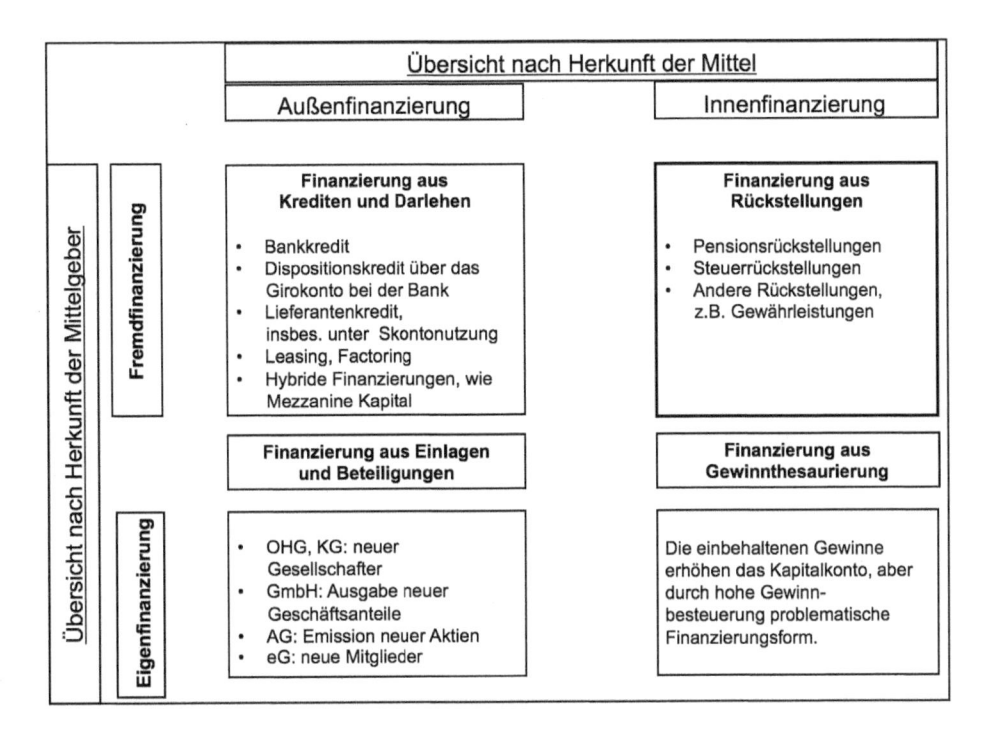

Die einbehaltenen Gewinne erhöhen das Kapitalkonto, aber durch hohe Gewinnbesteuerung problematische Finanzierungsform.

Eigenfinanzierung kommt in mehreren Formen vor:

Einlagen- bzw. Beteiligungsfinanzierung
- Beteiligungsfinanzierung von Einzelunternehmern / Personengesellschaften / Kapitalgesellschaften
- Einlagenfinanzierung durch Erhöhung des Eigenkapitals oder stille Gesellschafter
- Kapitalbeteiligungsgesellschaften

Fremdfinanzierung über den Geld- und Kapitalmarkt

Formen der kurzfristigen Finanzierung:

Lieferantenkredit
Er entsteht durch Ausnutzung der vereinbarten Zahlungsziele, aber er ist kostspielig, da er mit einem Verzicht auf Skontoabzug verbunden ist.

1. Unternehmensführung und -steuerung

Ein Lieferant bietet der Trinkmann GmbH folgende Zahlungsmöglichkeiten an: Zahlungsziel 30 Tage, Skontoabzug 2 % bei Zahlung innerhalb von 10 Tagen.

Herr Trinkmann beauftragt seinen Assistenten, den Handelsfachwirt Klug, mit der Prüfung dieses Angebots. Klug präsentiert ihm am nächsten Morgen die erstaunliche Rechnung:

$$\text{Jahreszins} = \frac{\text{Skontosatz} \times 360}{\text{Zahlungsziel} - \text{Skontofrist}} = \frac{2\% \times 360}{30 - 10} = 36\%$$

Fazit: Wenn Trinkmann das Angebot des 30-tägigen Zahlungsziels annimmt, entspricht dies einem Lieferantenkredit zum Jahreszins von 36 %. Kurz entschlossen vereinbart er bei seiner Hausbank eine Erhöhung des Kontokorrentkredits, für den er 9 % p.a. zahlt, und kann den satten Skontobetrag einstreichen!

Kontokorrentkredit
Ein kurzfristiger Bankkredit als häufigste Finanzierungsform mit bankmäßiger Besicherung.

Avalkredit:
Hierunter versteht man eine Kreditgewährung eines Kreditinstituts durch Übernahme einer Bürgschaft oder Garantie gegenüber einem Dritten im Auftrag eines Kunden gegen Zahlung einer Avalprovision.

Kundenanzahlungen
Bei dieser Finanzierungsart handelt es sich um eine Anzahlung, die durch die volle oder teilweise Bezahlung der Ware vor der Lieferung bzw. Aushändigung an den Kunden zustande kommt. Besonders verbreitet sind Kundenanzahlungen im Mittel- und Hochpreissegment (zum Beispiel Möbeleinzelhandel oder Consumer Electronics) und bei Waren, die extra bestellt werden müssen.

Factoring
Beim Factoring verkauft ein Unternehmen (Factoring-Nehmer) seine Forderungen (i.d.R. seine Forderungen aus Lieferungen und Leistungen) an ein Factoring-Institut (Factor). Üblicherweise erfolgt der Forderungsverkauf nicht einmalig, es handelt sich vielmehr um eine fortlaufende Finanzierungsmöglichkeit, mittels derer Forderungen in liquide Mittel transferiert werden.
Man unterscheidet **offenes Factoring**, bei dem die Kunden des Unternehmens (deren Forderungen an das Factoring-Institut verkauft wurden) über die Forderungsabtretung informiert sind und entsprechend ihre offenen Rechnungen an das Factoring-Institut bezahlen, sowie **stilles**

Factoring, bei dem die Kunden an das Unternehmen zahlen und das Unternehmen die vereinnahmten Gelder an das Factoring-Institut weiterleitet.

Vorteile: Durch den Forderungsverkauf verbessert sich die Bilanz- und Kapitalstruktur, die Eigenkapitalquote steigt, sofern die Liquidität aus dem Forderungsverkauf zur Schuldentilgung verwandt wird.

Nachteile: Neben unter Umständen hohen Kosten kann der Verkauf von Forderungen von Seiten der Kunden negativ bewertet werden. Darüber hinaus ist Factoring nicht für jede Branche geeignet bzw. verfügbar.

Langfristige Fremdfinanzierung

Langfristige Darlehen sind Darlehen mit einer langen Laufzeit. In der Regel laufen diese Darlehen mindestens zehn Jahre, häufig aber auch bedeutend länger. Meist werden bei langfristigen Darlehen auch die Zinsen festgeschrieben, allerdings nicht für die gesamte Laufzeit, sondern nur für einen bestimmten Zeitraum (in der Regel 10 Jahre). Nach dem Zinsfestschreibungszeitraum erfolgt eine Anpassung des Zinssatzes. Es gibt jedoch auch langfristige Darlehen, bei denen der Zinssatz von Beginn an nicht festgeschrieben wird, man spricht in diesem Zusammenhang von einem variablen Zinssatz.

Hypotheken und Grundschulden-Darlehen

Unter einem Hypothekendarlehen versteht man die Beleihung auf Grundbesitz. Dieser Darlehensvertrag kann bei Bausparkassen, Banken oder Lebensversicherungsgesellschaften abgeschlossen werden. Bei einem Hypothekendarlehen geht ein Teil des Wertes des Hauses in Höhe der geliehenen Summe auf die Bank über. Diesen Wert nennt man Grundpfandrecht, er wird auch als sogenannte Grundschuld im Grundbuch eingetragen. Ist der Betrag komplett zurückgezahlt, geht das Grundpfandrecht in der entsprechenden Höhe wieder auf den Hauseigentümer über, der Eintrag im Grundbuch wird gelöscht.

Leasing

Unter Leasing versteht man ein für eine bestimmte Zeit eingegangenes Vertragsverhältnis zwischen einem Leasinggeber und einem Leasingnehmer.

Für Leasingverhältnisse besteht eine Vielzahl von Vertragstypen. Oftmals werden Leasingverträge anhand folgender Kriterien eingeteilt:
- Art des Leasingobjekts (z.B. Auto-, Maschinen-, Computer-Leasing);
- Mobilität des Leasingobjekts (Mobilien-Leasing/Immobilien-Leasing);
- Art der Vertragspartner (Privat-Leasing/gewerbliches Leasing);
- Verhältnis des Leasinggebers zum Leasingnehmer (direktes Leasing/indirektes Leasing);
- Verhältnis des Leasinggebers zum Hersteller (Sale-and-lease-back);

- Kalkulation der Grundmietzeit
  Vollamortisationsverträge, d.h. die gezahlten Leasingraten gleichen die Anschaffungs- bzw. Herstellungskosten und entstandenen Finanzierungs- und Verwaltungskosten mindestens aus.
  Teilamortisationsverträge. Hier gleichen die gezahlten Leasingraten die Kosten des Leasing-Gebers am Ende der Grundmietzeit nicht aus. Es verbleibt ein Restbetrag.

Ob Leasing gegenüber einem Kreditkauf insgesamt vorteilhafter ist, hängt ab von der speziellen Vertragsgestaltung sowie von Rentabilitäts-, Liquiditäts- und Flexibilitätserwägungen:

Liquiditätseffekte des Leasings
- Leasing erspart die Beschaffung entsprechender Fremdmittel und stellt dennoch die Anlagen zur Verfügung (Leasing erlaubt 100% Fremdfinanzierung).
- Zur Durchführung des Leasings müssen keine (Zusatz-)Sicherheiten in Anspruch genommen werden. Als Sicherheit dient dem Leasinggeber das Leasingobjekt. Das reicht aus, weil für ihn im Insolvenzfall des Leasingnehmers ein Aussonderungsrecht existiert.

Effekte des Leasings auf die Bilanz
- Leasing bewirkt (gegenüber Kreditkauf) Bilanzverkürzung. Dadurch sind die Verbesserung von Bilanzrelationen und die Einhaltung von Finanzierungsregeln möglich.
- Leasingverpflichtungen werden in der handelsrechtlichen Bilanz nicht ausgewiesen. Eine Verschlechterung der Kapitalstruktur und des Verschuldungsgrades werden somit aus der Bilanz nicht ersichtlich. Mittlere und große Kapitalgesellschaften müssen jedoch den Umfang der finanziellen Verpflichtungen im Anhang angeben (§ 285 Nr. 3 HGB).

Bei Personengesellschaften und Einzelunternehmern ist der Gesamtumfang der Leasingverpflichtungen aus dem Jahresabschluss nicht erkennbar, sofern er nicht freiwillig im Anhang dargestellt wird.

Risiko- und Flexibilitätseffekte
- Stellt sich der Einsatz des Wirtschaftsgutes nachträglich als Fehlinvestition heraus, so ist der Kreditkauf im Vergleich zum Leasing die vorteilhaftere Alternative, weil das Investitionsobjekt jederzeit veräußert werden kann. Der Leasingnehmer bleibt hingegen für die Grundmietzeit an den Leasingvertrag gebunden.
- Allerdings kann das Verwertungsrisiko nach Ablauf der Grundmietzeit bei einigen Vertragsgestaltungen auf den Leasinggeber abgewälzt werden.
- Sollten die Kreditzinsen während der Investitionsphase sinken, so ermöglicht Leasing nicht die Teilnahme an den gesunkenen Kreditzinsen. Bei Kauf und Kreditfinanzierung ist dies möglich, z.B. wenn beim Kredit eine variable Verzinsung vereinbart wurde.

Resümee
Leasing ist unter Finanzierungsgesichtspunkten in der Vielzahl der Fälle teurer als Kreditfinanzierung. Es ist allerdings eine geeignete Finanzierungsform für kapitalschwache, aber ertragsstarke Unternehmen.

> **Leasing ist i.d.R. teurer als eine Kreditfinanzierung.**
> **Geeignet für kapitalschwache, aber ertragsstarke Unternehmen!**

Innenfinanzierung
Innenfinanzierung bedeutet, dass das Kapital aus dem Betrieb selbst stammt. Ihre Bedeutung wird im Handelsunternehmen häufig unterschätzt. Dabei stellt sie eine der wichtigsten Finanzierungsquellen dar. Die Innenfinanzierung unterstellt grundsätzlich, dass dem Unternehmen durch Umsätze Mittel zufließen bzw. dass es über Vermögen verfügt. Der Grad der Innenfinanzierung bestimmt die Höhe des Eigenkapitals.
Grundlage ist der Cash Flow. Im Einzelnen funktioniert die Innenfinanzierung über Nicht-Entnahme von Gewinnen (Selbstfinanzierung).
Die Thesaurierung erzielter Gewinne, die im Unternehmen verbleiben und nicht an die Anteilseigner ausgeschüttet werden, ist eine wichtige Form der Innenfinanzierung. Man unterscheidet zwischen der offenen und der stillen Selbstfinanzierung. Die offene Selbstfinanzierung erfolgt durch Bilanzgewinne, die in die Eigenkapital- oder Rücklagekonten überführt werden. Die stille Selbstfinanzierung erfolgt durch stille Reserven, die dadurch entstehen, dass Wertsteigerungen in der Bilanz nicht ausgewiesen oder Risiken durch Rückstellungen überbewertet werden. Man spricht dann von stillen Reserven.

Durch Abschreibungen von Vermögen (AfA) Reinvestitionen finanzieren
Eine Abschreibung verteilt die Wertminderung einer Vermögensposition auf ihre Nutzungsdauer. Sowohl materielle wie auch immaterielle Güter (z.B. Software-Lizenzen, Kundenforderungen) sind abzuschreiben. Die jährlichen Abschreibungen reduzieren als Kostengröße das Betriebsergebnis, sind jedoch keine Ausgabe. Die Abschreibungen verbleiben im Unternehmen und stehen als Finanzierungsquelle für künftige Ersatz- oder Erweiterungsinvestitionen zur Verfügung.

Der Kapitalfreisetzungseffekt
Dieser Effekt nutzt die Tatsache, dass in den Erträgen des Unternehmens der Abschreibungswert für die Anlagennutzung früher vergütet wird, als er für die verschleißbedingte Erneuerung der Anlagegüter benötigt wird, von denen die Abschreibungsbeträge stammen. Durch die jährlichen Abschreibungen verbleiben im Unternehmen Finanzierungsmittel, die erst zum Ende der Nutzungsdauer wieder investiert werden.

In Zeiten schlechter Betriebsergebnisse werden diese Quellen nicht selten zur Finanzierung des Umlaufvermögens (Ware, Forderungen) herangezogen. Man trifft in diesem Fall auf einen Investitionsstau, wenn Unternehmen die Abschreibungen nicht zur Reinvestition einsetzen und dann weder Abschreibungspotenzial noch liquide Mittel vorhanden sind.

Fazit
Den Fehlentwicklungen ist durch eine fundierte Anlagenbuchhaltung in Verbindung mit einem mittelfristigen Investitions- und Finanzierungsplan entgegenzuwirken.

Nutzung von Rückstellungen
Rückstellungen werden gebildet für mögliche Verbindlichkeiten, die in der Zukunft anfallen können. In dem Jahr, in dem sie gebildet werden, führen sie eine Gewinnminderung herbei, ohne dass Ausgaben entstehen. Dem Unternehmen bleiben somit Finanzierungsmittel erhalten.
Rückstellungen sind nach dem Handelsrecht hinsichtlich ihrer Entstehung oder Höhe ungewiss. Durch die Bildung der Rückstellung sollen später zu leistende Ausgaben den Perioden ihrer Verursachung zugerechnet werden. Sie sind in der Bilanz separat zwischen Eigenkapital und Verbindlichkeiten auszuweisen. Kapitalgesellschaften müssen nach Pensions-, Steuer- und sonstigen Rückstellungen differenzieren.
Häufig anzutreffende Beispiele für Rückstellungen sind:
- Pensionsrückstellungen: Durch eine Pensionszusage an Mitarbeiter nach Erreichen der entsprechenden Altersgrenze entstehen einem Unternehmen in Zukunft Kosten. Für die in der Zukunft liegenden Ausgaben müssen in den folgenden Jahren Pensionsrückstellungen gebildet werden.
- Prozessrisiken: Das Unternehmen führt einen Prozess, der bei ungünstigem Verlauf beispielsweise zu Schadensersatzleistungen führen kann. Da sich ein solches Verfahren ohne weiteres über mehrere Jahre erstrecken kann, werden im Jahr des Prozessursprungs entsprechende Rückstellungen gebildet.
- Garantiezusagen: Ein Hersteller gewährt auf seine Produkte eine **Garantie**. Für das Risiko, dass diese durch die Kunden in Anspruch genommen wird, werden im Jahr des Verkaufs entsprechende Rückstellungen gebildet.

Ein Mitbewerber hat die Trinkmann GmbH vor dem Landgericht X verklagt. Ein Richterspruch ist erst im kommenden Jahr zu erwarten; es kann aber durchaus sein, dass Trinkmann eine Vertragsstrafe zu zahlen hat und obendrein die Prozesskosten übernehmen muss. Der Geschäftsführer schätzt dies auf 20.000 € und beschließt, in der Bilanz in dieser Höhe eine Rückstellung zu bilden.

Rückstellungen dienen bis zu ihrer Auflösung als Finanzierungsquelle. Dieser Zeitpunkt kann beispielsweise bei Prozessrisiken mit der Urteilsverkündung sehr kurzfristig sein oder aber bei Pensionszusagen in ferner Zukunft liegen. Soweit die gesetzlichen Grundlagen zur Rückstellungsbildung es zulassen, werden beispielsweise Rückstellungen für Garantieleistungen regelmäßig aufgelöst und durch Neubildungen ersetzt.

> Wider Erwarten hat ein Jahr später das Landgericht der Trinkmann GmbH recht gegeben und die Klage des Mitbewerbers abgewiesen. Jetzt löst Trinkmann die Rückstellung auf – damit erhöht sich der Gewinn dieses Jahres um diese Summe.

Fazit:
Rückstellungen können eine bedeutsame Finanzierungsquelle für Handelsunternehmen sein. Art und Umfang werden maßgeblich durch die aktuellen Steuervorschriften bestimmt.

Der Cash Flow
Die Innenfinanzierung erfolgt durch Einnahmeüberschüsse des Unternehmens selbst, die sich entweder aus dem Umsatzprozess und Rationalisierungsmaßnahmen oder durch Bestandsveränderungen der Vermögenspositionen ergeben. Die Möglichkeiten der Innenfinanzierung lassen sich durch den erweiterten Cash Flow überblicken, der alle Einnahmen und Ausgaben zusammenfasst:

Betriebsergebnis vor Steuern
./. Ertragssteuern
= **Betriebsergebnis nach Ertragssteuern**
+ Abschreibungen
./. Investitionen
+ oder ./. Veränderungen des Umlaufvermögens (Vorräte, Forderungen, außerordentliche Aufwendungen/Erträge etc.)
+ oder ./. Veränderungen der langfristigen Rückstellungen, Rücklagen
./. Entnahmen, Ausschüttungen, Dividende
―――――――――――――――――――
= **Cash Flow (Netto Cash Flow)**

1. Unternehmensführung und -steuerung

Umschichtungen des Betriebsvermögens
Dies kann im einfachsten Fall durch die Veräußerung von nicht betriebsnotwendigen Gegenständen erfolgen (Desinvestition). Es ist aber auch die Möglichkeit denkbar, dass unbelastete Vermögensgegenstände durch Sale-and-lease-back zu einem Nettozufluss führen.

> Die Trinkmann GmbH verkauft ihre Verkaufshallen an einen Anlagefonds und mietet sie für eine Laufzeit von 10 Jahren wieder zurück.

Controlling als Voraussetzung
Soweit ein absehbarer Finanzierungsbedarf nicht durch vorhandene, flüssige Mittel zu decken ist, lässt er sich deutlich einfacher durch eine Außen- als durch eine Innenfinanzierung steuern. Die Innenfinanzierung künftiger Investitionsvorhaben im Rahmen des laufenden Geschäfts ist dann mit Unwägbarkeiten verbunden, wenn hierfür zum Beispiel künftige Überschüsse eingesetzt werden sollen. Eine verantwortungsvolle Reduzierung des Risikos einer unerwarteten Finanzierungslücke erfordert ein professionelles Liquiditäts-Controlling, das einen profunden Finanzplan beinhaltet.

Fazit
Einnahmeüberschüsse und Umschichtungen des Betriebsvermögens sind mögliche Formen der Innenfinanzierung. Ein Handelsunternehmer muss aber immer abwägen, ob eine Außenfinanzierung eventuell vorteilhafter ist. Eine planvolle Innenfinanzierung funktioniert nur mit einem fundierten Controlling.

$$\text{Cash Flow Kennzahl} = \frac{\text{Fremdkapital}}{\text{Cash Flow}} = x \text{ Jahre}$$

(Je niedriger die Anzahl der Jahre ist, umso sicherer ist die Finanzierung des Unternehmens für die Gläubiger)

Seit dem Jahre 1998 dürfen deutsche Unternehmen nach IAS/IFRS (Standard der Internationalen Rechnungslegung) bilanzieren. Im Rahmen der International Financial Reporting Standards enthält IAS 7 die Regelungen zur Cash Flow-Rechnung.

Vollständiger Ausweis nach IAS 7
Das Ergebnis zeigt die Geldsumme, die dem Unternehmen während der Berichtsperiode zur Schuldentilgung, Investition oder Entnahme durch die Kapitaleigner zur Verfügung stand. Es ist daher ein „besserer" Erfolgsausweis als der Jahresüberschuss bzw. Jahresfehlbetrag.

Die Cash Flow-Rechnung nach IAS 7 baut auf dieser Grundlage auf, berücksichtigt aber auch die Verwendung der Mittel. Sie bezieht also auch Zahlungsgrößen mit ein, die nicht aus der GuV stammen, wie beispielsweise Tilgung von Verbindlichkeiten, Zahlung bereits festgesetzter Steuern oder Investitionsauszahlungen. Sie richtet sich auf Mittelherkunft wie auch auf Mittelverwendung.

1.6.4 Kreditsicherheiten

Kreditsicherheiten treten in Form von Personal- oder Realsicherheiten auf. Je nachdem, wie stark die Sicherheit von der dazugehörigen Forderung (auf Rückzahlung des Kredits) abhängt, unterscheidet man weiterhin akzessorische und fiduziarische Kreditsicherheiten:
Akzessorische Sicherheiten bestehen nur, solange der Kreditgeber eine Forderung an den Kreditnehmer hat. Entfällt die Forderung, d.h. wird der Kredit zurückgezahlt, so erlischt auch die Sicherheit. Die wichtigsten Kreditsicherheiten sind die Bürgschaft, die Verpfändung und die Hypothek.
Abstrakte oder **fiduziarische Sicherheiten** können dagegen erhalten bleiben, wenn die Forderung wegfällt. Sie sind in der Praxis beliebter, da bei einer erneuten Kreditaufnahme die bestehende Sicherheit nochmals genutzt werden kann, was Zeit und Kosten spart. Zu den fiduziarischen Sicherheiten zählen die Garantie, die Sicherungsübereignung und die Grundschuld.
Eine genaue Abgrenzung ist nicht durchzuführen, da natürlich auch bei Personalkrediten häufig eine reale Sicherstellung vorliegt. Die haftenden Personen verfügen meist über Vermögen oder zumindest über ein bestimmtes Einkommen. Diese realen Sicherstellungen sind jedoch im Kaufvertrag nicht ausdrücklich angeführt:
Blankokredite: Bei Personalkrediten im engeren Sinn wird überhaupt keine spezielle Sicherstellung vereinbart. Hier haftet der Kreditnehmer mit seinem Vermögen und mit seinem gegenwärtigen und zukünftigen Einkommen. Personalkredite im weiteren Sinn entstehen dadurch, dass dritte Personen am Kreditverhältnis beteiligt sind. Sie treten entweder dem Schuldverhältnis bei oder es werden Forderungsrechte, die der Kreditnehmer gegen dritte Personen besitzt, als Sicherstellung verwendet. Bei all diesen Krediten haften die beteiligten Personen mit ihrem Vermögen bzw. Einkommen.
Bürgschaftskredite: Die personale Sicherstellung wird durch den Schuldbeitritt einer oder mehrerer Personen erweitert. Der Bürge verpflichtet sich, für die Verbindlichkeit des Schuldners einzustehen. Der Bürge kann der Schuld in verschiedenen Formen beitreten:

- **Ausfallbürgschaft:** Die Bürgschaft wird nur für den Teil der Schuld geleistet, der vom Hauptschuldner trotz Ausnutzung sämtlicher Eintreibungsmethoden einschließlich Exekution nicht erlangt werden kann.
- **Einfache und subsidiäre Bürgschaft:** Der Gläubiger muss zunächst durch Mahnungen des Hauptschuldners versuchen, den Betrag einzutreiben. Gelingt dies nicht, kann er sich an den Bürgen wenden.
- **Selbstschuldnerische oder solidarische Bürgschaft:** Der Bürge verpflichtet sich als „Bürge und Zahler". Es steht dem Gläubiger frei, ob er zuerst den Hauptschuldner oder den Bürgen zur Leistung heranzieht. Trotzdem ist es üblich, den Schuldner zunächst außergerichtlich mehrmals zu mahnen, bevor man sich an den Bürgen wendet.
- **Forderungszession:** Der Kreditnehmer tritt zur Sicherstellung seines Kredites Forderungen gegen Dritte an den Kreditgeber ab. Ist dem Dritten diese Abtretung bekannt, spricht man von offener Abtretung, sonst von versteckter Abtretung (stille Zession). Auch in diesem Fall liegt eine personelle Sicherung vor, da auch die abgetretene Forderung nicht speziell sichergestellt ist.
- **Wechseldiskont:** Eine besonders gesicherte Forderung wird an die Bank abgetreten bzw. vor Fälligkeit von der Bank aufgekauft. Auch in diesem Fall haften die verpflichteten Personen mit ihrem Vermögen und ihrem Einkommen, es liegt demnach eine personelle Sicherstellung vor.
- **Lombard-Kredite:** Als Sicherstellung dienen bewegliche Güter, wie Waren oder Wertpapiere.
- **Warenlombard:** Gegenstände geringeren Umfangs können dem Kreditgeber direkt übergeben werden. Typisch für diese Art des Kredits sind die Kredite, die die so genannten Pfandleihhäuser an Private vergeben. Sollen jedoch größere Warenmengen verpfändet werden, so ist eine körperliche Übergabe nicht möglich. In diesem Fall werden nur die Papiere übergeben, mit deren Hilfe über die Waren verfügt werden kann.
- **Wertpapierlombard:** Wertpapiere, wie Aktien oder Teilschuldverschreibungen, werden in der Regel dem Kreditgeber zur Sicherstellung übergeben.
- **Hypothekarkredit:** Bei Hypothekarkrediten erfolgt die Sicherstellung durch bebaute und unbebaute Grundstücke. Da Grundstücke und Gebäude nicht beliebig übergeben werden können, ist ein besonderes Verfahren vorgesehen. Alle Gebäude und Grundstücke sind im Grundbuch eingetragen. In das Grundbuch wird die Hypothek eingetragen. Das heißt, es wird vermerkt, dass ein Pfandrecht an der Liegenschaft besteht. Es ist möglich, dass für ein Grundstück mehrere Hypotheken eingetragen werden.

Sonderformen

- **Sicherungsübereignung.** Bewegliche Sachen werden dem Kreditgeber übereignet, d.h. der Besitzer kann weiterhin die Sachen benutzen.
- **Eigentumsvorbehalt.** Die verkaufte Sache bleibt für die Kreditdauer im Eigentum des Verkäufers. Auch beim Eigentumsvorbehalt kann die Sache vom Besitzer (Käufer) genutzt werden.

> **Die goldene Bilanzregel:**
> Langfristiges Vermögen soll mit langfristigem Kapital finanziert werden. Kurzfristiges Vermögen kann mit kurzfristigem Kapital finanziert werden.
>
> **Die goldene Finanzierungsregel:**
> Langfristig gebundenes Vermögen (Grundstücke, Anlagen, Lizenzen) soll durch langfristiges Kapital (Eigenkapital, Darlehen) finanziert werden.

1.7 Risikomanagement, Qualitätsmanagement und Umweltmanagement

Unter dem Begriff „Risiko" versteht man die Möglichkeit, dass etwas Unerwünschtes geschieht. Für den Umgang mit Risiken sind zwei Faktoren entscheidend:
- ■ - wie groß ist die Gefahr, dass es geschieht (die „Eintrittswahrscheinlichkeit") und
- ■ - wie groß ist der dadurch möglicherweise eintretende Schaden.

Bestehende Risiken in einer betrieblichen Organisation ausfindig zu machen, ihre Eintrittswahrscheinlichkeit zu analysieren und den möglichen Schaden zu bewerten, gehört nach ISO 31.000 zu den Aufgaben des Risikomanagements.

1.7.1 Risikomanagement in der betrieblichen Organisation

Wie alle Managementaufgaben kann auch das Risikomanagement nicht isoliert betrachtet werden. Für den Umgang mit und die Bewertung von Risiken existieren in vielen Bereichen gesetzliche Vorschriften. So sind z.B. nach dem Vorsichtsprinzip im Rechnungswesen für viele Risiken Rückstellungen zu bilden. In der Logistik sind zur Vermeidung oder Verringerung von Transportrisiken Verordnungen zur Ladungssicherung zu beachten. Ein spezielles „Kontroll- und Transparenzgesetz" (KonTraG) enthält Anforderungen an Aktiengesellschaften für ein System der Risikofrüherkennung. Zu solchen externen Rahmenbedingungen für das Risikomanagement kommen die internen Grundlagen hinzu, beispielsweise generelle wie das Leitbild des Unternehmens und Regeln zur Corporate Governance, aber auch spezielle Arbeitsanweisungen und Prozessdefinitionen.

Risikofelder
Risikofelder sind die Bereiche, in denen die Gefahr unerwünschter Ereignisse oder Entwicklungen entstehen kann. Das sind zwar grundsätzlich alle Bereiche, aber es lassen sich folgende Felder abgrenzen, die vom Risikomanagement besonders beachtet werden müssen. Welche vorbeugenden Maßnahmen zu ergreifen oder welche Konsequenzen bei bereits aufgetretenen Risiken zu ziehen sind, lesen Sie weiter unten in diesem Kapitel.
Interne Risikofelder sind vor allem:
- ■ Die Unternehmensstruktur: Die gewählte Aufbauorganisation ist ein über längere Zeit statisches Gebilde, was häufig dazu führt, dass sie den sich wandelnden Anforderungen nicht mehr gerecht wird. Konkret können Risiken dadurch entstehen, dass Entscheidungsprozesse zu lange dauern, zuständige Stellen nicht über die erforderlichen Kompetenzen oder Ressourcen verfügen oder für neu entstandene Themen niemand zuständig ist.

1.7 Risikomanagement, Qualitätsmanagement und Umweltmanagement

- Unternehmensprozesse: Die Abläufe können zunächst einmal durch die genannten Defizite in der Aufbauorganisation auch zu Problemfeldern werden. Aber auch unabhängig davon besteht insbesondere bei stark arbeitsteiligen Prozessen immer ein erhöhtes Risiko für Fehler bei den Schnittstellen. Schnittstellen sind Verbindungsstellen zwischen Unternehmen (externe Schnittstellen) und innerhalb der Unternehmen zwischen Organisationseinheiten (interne Schnittstellen). Konkret bestehen Risiken u.a. in Informationsverlusten bei der Übergabe, Verzögerungen im Arbeitsablauf, Diskrepanzen in Bearbeitungsweise oder Qualität zwischen den beteiligten Einheiten.
- Arbeitsanweisungen: Da sie die Grundlage für eine stets gleichbleibende Ausführung von Tätigkeiten sind, besteht hier insbesondere das Risiko von Fehlerwiederholungen. Arbeitsanweisungen müssen deshalb authentisch (= sachlich richtig), vollständig, übersichtlich und verständlich sein. Hinzu kommt die Aktualität als Ergebnis regelmäßiger Überprüfung der Daten auf Authentizität und Vollständigkeit.

Externe Risikofelder sind vor allem:

- Marktrisiken: Auf dem Markt muss sich jedes Unternehmen auf das Handeln der anderen Marktteilnehmer einstellen. Das sind neben den unmittelbaren Mitbewerbern Kunden und Lieferanten. Risiken können unter anderem in neuen Angeboten der Mitbewerber, Veränderungen der Kundenansprüche, Lieferengpässen oder Preiserhöhungen bei Lieferanten bestehen.
- Rechtsrisiken: Sie können aus Ansprüchen von Kunden nach dem Produkthaftungsgesetz entstehen. Zu den allgemeinen Risiken gehört aber beispielsweise auch die Möglichkeit, dass Gesetzesänderungen oder neue Gesetze mit negativen Auswirkungen auf die Kostenstruktur oder Absatzmöglichkeiten in Kraft treten.
- Imagerisiken: Durch die Entwicklung des Internets ist die Gefahr rascher Verbreitung von Informationen gestiegen, die für das Image schädlich sein können. Hierzu zählen vor allem spezielle Bewertungsplattformen, Blogs und soziale Netzwerke.

Risiken: Eintrittswahrscheinlichkeit und möglicher Schaden
Für die festgestellten Risikofelder müssen zu den möglichen nachteiligen Ereignissen sowohl die Eintrittswahrscheinlichkeit als auch der bei Eintritt zu vermutende Schaden abgeschätzt werden. Grundlagen für diese Einschätzung sind meist statistische Auswertungen von Vergangenheitsdaten. Die Eintrittswahrscheinlichkeiten können beispielsweise klassifiziert werden in die Kategorien:
sehr wahrscheinlich – wahrscheinlich – möglich – unwahrscheinlich.
Schadensklassen können beispielsweise sein:
niedrig – mittel – hoch – sehr hoch.

Aus der Kombination dieser beiden Merkmale kann dann eine Risikomatrix erstellt werden. Bei einer Vier-Felder-Matrix lassen sich den Risiken als Kombination aus Eintrittswahrscheinlichkeit und Schadenshöhe dann sieben Maßzahlen zuordnen.

Wahrscheinlichkeit	Schaden			
	Niedrig	Mittel	Hoch	Sehr hoch
Hoch	4	5	6	7
Mittel	3	4	5	6
Gering	2	3	4	5
Sehr gering	1	2	3	4

Jeder Maßzahl entspricht dann eine Normstrategie des Risikomanagements, z.B. 1 = vernachlässigbar; 7 = existenzbedrohend und unbedingt zu verhindern; 2 = in größeren Abständen prüfen; 6 = Versicherung abschließen.
Für die Identifizierung und Einordnung von Risiken aus der Kombination interner und externer Risikofelder eignet sich die auch aus dem Marketing bekannte SWOT-Analyse, die die Betrachtung interner Stärken und Schwächen mit externen Chancen und Risiken verbindet.

Maßnahmen des Risikomanagements
Zu den Hauptaufgaben des Risikomanagements gehört die Sicherstellung eines klar definierten und regelmäßigen Ablaufs von Prozessen. Das Risikomanagement ist damit Teil des Qualitätsmanagements und als besonders sensibles Feld der Risikovorbeugung des Umweltmanagements. Die Anforderungen an das Qualitätsmanagement sind niedergelegt in den Normen ISO 9000 ff. Im Mittelpunkt steht die Prozessvalidierung, also die Prüfung eines Prozesses auf hinreichende Zuverlässigkeit zur dauerhaften Erfüllung der Anforderungen.
Die Dokumentation des Prozesses muss enthalten:
- Qualitätspolitik und -ziele;
- QM-Handbuch;
- QM-Verfahren;
- Dokumente zur Sicherstellung der Planung, Durchführung und Lenkung der Prozesse, laufende Aufzeichnungen des QM. Das QM-Handbuch muss stets aktualisiert werden incl. der Dokumentation von Änderungen mit Angabe des Zeitpunkts.

Beim Umweltmanagement ist das „Eco-Management and Audit Scheme" (EMAS) die wichtigste Grundlage. Es ist ein Instrument der Europäischen Union, das Unternehmen und Organisationen jeder Größe und Branche dabei unterstützt, ihre Umweltleistung kontinuierlich zu verbessern.

1.7 Risikomanagement, Qualitätsmanagement und Umweltmanagement

Das Umweltauditgesetz als Umsetzung des EMAS regelt:
- die Umweltbetriebsprüfung;
- die Anforderungen an Gutachter und deren Zulassung;
- die Registrierung im EMAS-Register;
- die Erteilung von Fachkenntnisbescheinigungen;
- die Aufsicht über Gutachter.

Die Umwelterklärung nach EMAS muss enthalten:
- die genaue Bezeichnung des Unternehmens;
- eine Aufstellung aller umweltrelevanten Tätigkeiten;
- Daten über Verbrauchswerte und Emissionen;
- die Bezeichnung der Verantwortlichen.

Langfristiges Ziel ist die **„Nachhaltigkeit"**, ein vor allem in der Forstwirtschaft seit langem geltendes Prinzip des Substanzerhalts, nach dem folglich der Verbrauch so zu begrenzen ist, dass die Regeneration auf mindestens gleichem Niveau nicht gefährdet wird (ökologische Nachhaltigkeit.)

> **Die Forderung nach Nachhaltigkeit ist ein Prinzip des Substanzerhalts. Danach ist der Verbrauch so zu begrenzen, dass die Regeneration auf mindestens gleichem Niveau nicht gefährdet wird (ökologische Nachhaltigkeit.)**

Das **Audit** (= „Anhörung") ist das zentrale Instrument jedes QM-Systems. Es handelt sich dabei um eine normierte (DIN ISO 19011), also standardisierte systematische Vorgehensweise zur Bewertung von Abläufen und Strukturen durch Ist-Analysen oder Soll-Ist-Vergleiche. Im Fokus steht der exakt dokumentierte Nachweis, dass die vorgegebenen Methoden und Kriterien exakt eingehalten werden. Damit soll eine sichere Basis zur Leistungsverbesserung bzw. Stabilisierung des Leistungsniveaus erhalten werden.

Ziele sind:
- Qualitätsverbesserung der Resultate des betrieblichen Leistungsprozesses;
- Sicherstellen eines gleichmäßigen optimierten Ablaufs der Prozesse;
- stetige zuverlässige Erfüllung von Kundenanforderungen;
- stetige zuverlässige Einhaltung der aus einer Zertifizierung folgenden formalen Anforderungen.

Der Unternehmer kann das Audit selbst durchführen oder durchführen lassen (intern oder auch Erstparteien-Audit), er kann es von Partnern (Kunden, Lieferanten) auf Grund vertraglicher Vereinbarung (extern, Zweitparteien-Audit) oder aber auch von unabhängigen Organisationen durchführen lassen (extern, Drittparteien-Audit). Letzteres führt meist zu einer Zertifizierung.

1.7.2 Qualitätsmanagement

Was ist Qualität?
Jeder Kaufmann, der auf dem Markt Waren oder Dienstleistungen anbietet, wird bestrebt sein, dies in bester Qualität zu tun. Viele werben ja auch damit. Doch was ist eigentlich mit Qualität gemeint? Umfasst es nur die Waren oder auch die Prozesse (z.B. die Kompetenz, mit der ein Kunde beraten wird), das Ladengeschäft und vieles andere mehr? Und wer bestimmt eigentlich, was Qualität ist?
Nun, vor allem – darauf hat man sich inzwischen in allen gelehrten Gremien geeinigt – bestimmen dies die Kunden, aber auch die Eigentümer, die Mitarbeiter und andere Personenkreise, die für das Unternehmen wichtig sind. Wenn die Hausbank meint, das Geschäft habe keine Qualität, dann wird sie mit Krediten vielleicht etwas zurückhaltender sein.
Welchen Einfluss hat eine Verbesserung der Qualität? Sie kann den Absatz steigern, eine Verbesserung der Ablaufqualität kann auch die Produktivität steigern, damit die Kosten senken oder auch die Mitarbeiter zufriedener machen.
In den Fokus von Wissenschaft und Praxis geriet der Qualitätsbegriff um die Mitte des letzten Jahrhunderts zunächst in Japan. Mit Kaizen, dem Prozess der kontinuierlichen Verbesserung der Abläufe, kam ein Schlagwort dann auch in die USA und nach Europa. Nicht dass Qualitätskontrolle zuvor keine Rolle gespielt hätte – nunmehr aber ging es nicht nur um die technische Qualität und Funktionalität, sondern um höchste Gebrauchstauglichkeit unter dem Gesichtspunkt der Orientierung auf den Kunden. Die internationale Organisation für Standardisierung (ISO) entwickelte hier den Begriff des „Total Quality Managements" (TQM) und den Standard DIN EN ISO 9000, der seitdem zur Norm 9000:2000 weiterentwickelt wurde.

Die Norm DIN EN ISO 9000:2000
Diese Norm enthält u.a. acht Kriterien, anhand derer sich die Qualität einer Organisation verbessern lässt:
- Kundenorientierung: Inwieweit kennt die Organisation die Wünsche des Kunden – und erfüllt sie diese?
- Führung: Sorgt die Führung für eine Umgebung, in der sich Qualitätsbewusstsein entfalten kann?
- Einbeziehung der Mitarbeiter: Werden diese mit ihrem Kreativitätspotenzial einbezogen?
- Prozessorientierter Ansatz: Wird in ganzen, kompletten Prozessen gedacht?
- Systemorientierter Managementansatz: Wird der Zusammenhang zwischen den einzelnen Prozessen erkannt?
- Ständige Verbesserung: Wird dafür Sorge getragen, dass ständig nach besseren Lösungen gesucht wird?

- Sachbezogener Ansatz zur Entscheidungsfindung: Werden ausreichend Informationen zur Entscheidungsvorbereitung herangezogen?
- Lieferantenbeziehungen zum gegenseitigen Nutzen: Wird die Möglichkeit genutzt, die Wertschöpfung auf beiden Seiten durch enge Zusammenarbeit zu erhöhen?

Kundenorientierung und Umfeldfaktoren
Im Mittelpunkt des QM steht also der Kunde. Welche Erwartungen aber hat er? Dazu gehören sicherlich
- Zuverlässigkeit
- geringe Betriebskosten bei einem technischen Produkt
- wertvolle Rohstoffe
- einwandfreie Verarbeitung
- Preisvorteile

Natürlich ist die Liste nicht vollständig. Und sicherlich wird sie von Kunde zu Kunde unterschiedlich sein. Inwieweit aber der Kaufmann diesen Anforderungen gerecht wird, das wird auch von seiner Kostensituation, der Eigenart der Verfahren und der Produkte, der zur Verfügung stehenden Zeit und schließlich auch von der Gesamtstrategie des Unternehmens abhängen. Aber auch bestehende Gesetze und Vorschriften wirken auf die Qualität: Wenn der Gesetzgeber den Ladenschluss am Sonntag vorschreibt, dann kann der Kaufmann dem möglicherweise als Qualität vom Kunden empfundenen Wunsch nach permanentem Einkauf nicht nachkommen.

Prozessorientierung
Auch Prozesse müssen unter dem Gesichtspunkt der Kundenorientierung verlaufen. Es muss also untersucht werden, welche einzelnen Tätigkeiten anfallen und wie diese miteinander verknüpft sind.
Wir unterscheiden Management-(Führungs-)Prozesse, Kernprozesse (die für den Kunden unmittelbar einen Wert haben) sowie Unterstützungsprozesse (z.B. die Logistik). Diese Prozesse müssen klar definiert, bewertet, optimiert und überwacht werden. Dazu kommt das Gebot der permanenten Verbesserung.

Der kontinuierliche Verbesserungsprozess
Das sagt sich so einfach und ist doch so schwer! Wir alle kennen ja die beliebten „Argumente", wenn etwas geändert werden soll:
- Das haben wir schon immer so gemacht!
- Das haben wir schon einmal ohne Erfolg versucht!
- Wo kommen wir denn da hin
- In der Theorie lässt sich das leicht sagen! usw. usw. ...

Und dennoch: kein Unternehmen kann sich dem Zwang entziehen, ständig in kleinen Schritten Prozesse zu verbessern. Das aber geht nur, wenn alle Beteiligten in diese Gedanken einbezogen sind. Also nicht Verbesserung per Dekret, sondern dadurch, dass man den unmittelbar Betroffenen auch zu einem Beteiligten macht! Immer aber geht es auch darum, gedanklich nie in der Routine zu erstarren, sondern offen für Neues zu sein. Die Geschäftsleitung kann dies mit Prämiensystemen und einem betrieblichen Vorschlagswesen unterstützen. (Für den, der sich näher hiermit befasst: Cisek, Die Knete macht's, Mitarbeiter mit richtiger Gehaltsfindung beflügeln, weConsult-Verlag, 39,80 €)

Die Auditierung

Nicht selten geht der Anstoß hierzu von Kunden aus, die eine solche Zertifizierung verlangen. Oft aber verspricht sich das Unternehmen hiervon auch einen Wettbewerbsvorteil. Und schließlich nimmt auch der Gesetzgeber direkt oder indirekt darauf Einfluss – zum Beispiel dadurch, dass bestimmte Leistungen nur noch von zertifizierten Betrieben oder Abteilungen abgenommen werden.

Total Quality Management und integrierte Managementsysteme (IMS)

Unabhängig von der oben genannten Normenfamilie DIN EN ISO 9000 ist TQM eine Methode, die die Qualität in den Mittelpunkt stellt. Management und Mitarbeiter haben die Aufgabe, an einer umfassenden Qualität von Produkten und Abläufen zu arbeiten und sich regelmäßig selbst zu bewerten, um Stärken, Schwächen und Verbesserungsmöglichkeiten festzustellen. Bei integriertem Management werden auch die Aspekte aus Umweltschutz, Sicherheit und Arbeitsschutz mit einbezogen. Ziel ist damit, die Prozesse ganzheitlich zu regeln.
In den letzten Jahren sind verschiedene Methoden entwickelt worden. Man kann sie auch als Variationen des Qualitätsmanagements verstehen.

Der **PDCA-Zyklus** ist ein Modell zur Qualitätsverbesserung für das Qualitätsmanagement. Es handelt sich dabei um einen Problemlösungsprozess in vier Phasen:
- Planen (to plan)
  Das Problem feststellen
  Die Ist-Situation definieren (Sammlung von Ursachen, Formulierung von Zielsetzungen und Festlegung von Maßnahmen zur Lösung)
- Ausführen (to do)
  Kommunikation des Plans an die Mitarbeiter
  Umsetzung der beschriebenen Maßnahmen mit der Dokumentation der Maßnahmen, Verantwortlichkeiten und Terminen

- Überprüfen (to check)
  Ergebnisse bewerten: Wurde das Ziel erreicht?
- Verbessern (to act)
  Den Prozess nochmals überdenken. Wenn das Soll erreicht wurde, kann die Lösung zum Standard gemacht werden. Wenn nicht, ist zu entscheiden, ob der Prozess noch einmal von Anfang an durchlaufen werden soll.

Six Sigma ist ebenfalls ein Managementsystem zur Prozessverbesserung. Kernelement ist die Beschreibung, Messung, Analyse, Verbesserung und Überwachung von Geschäftsvorgängen mit statistischen Mitteln. (vgl. hierzu auch das Kapitel Controlling).

Einige spezielle Konzepte
HACCP: Das Hazard Analysis Critical Control Point-Konzept (Gefährdungsanalyse und kritischer Kontrollpunkt) ist ein System zur Sicherheit von Lebensmitteln. Zu seinen wichtigsten Inhalten zählen
- Analyse aller Risiken für die Verträglichkeit von Lebensmitteln, die im Verantwortungsbereich eines Unternehmens liegen.
- Ermittlung der für die Überwachung von Lebensmitteln kritischen Punkte.
- Festlegung von Grenzen für die kritischen Kontrollpunkte, von denen ab eingegriffen werden muss.

IFS Der International Food Standard dient der Überprüfung und Zertifizierung von Systemen, die die Lebensmittelsicherheit und die Qualität bei der Lebensmittelproduktion gewährleisten. Er enthält auch Richtlinien zu einer „guten Herstellpraxis". Federführend in Deutschland ist der Handelsverband Deutschland.

1.7.3 Umweltmanagement

Ökologie in der öffentlichen Diskussion
Die Gedanken des Umweltschutzes sind heute aus der öffentlichen Diskussion nicht mehr wegzudenken. Auch der Handelskaufmann muss sich mit Fragen des Umweltschutzes befassen. Eine ganze Reihe von einschlägigen Rechtsbestimmungen hat er zu beachten. Darüber hinaus aber muss er sich auch aktiv der öffentlichen Diskussion über die Auswirkungen unternehmerischer Entscheidungen auf die Belange der Umwelt stellen. Dies können Auswirkungen auf den Verkehr durch eine bestimmte Ansiedlung ebenso sein wie die ökologischen Auswirkungen bestimmter Verpackungen und der Bodenverbrauch bei Neuansiedlungen.

1. Unternehmensführung und -steuerung

Rechtliche Bestimmungen

Das Bundesimmissionsschutzgesetz: Das Ziel dieses Gesetzes ist der Schutz der Menschen und der Natur vor schädlichen Umwelteinwirkungen durch Luftverunreinigungen, Lärm, Licht, Strahlen und anderen Emissionen.

Eine Emission ist das, was von einem Verursacher ausgeht; eine Immission ist das, was auf einen anderen einwirkt, also bei ihm ankommt.

Das Kreislaufwirtschaftsgesetz und weitere Gesetze: Dieses Gesetz regelt die umweltverträgliche Beseitigung von Abfällen.

Einschlägige Gesetze sind ferner das Wasserhaushaltsgesetz, das Bundesbodenschutzgesetz sowie das Umwelthaftungsgesetz. Teilweise enthalten die genannten Gesetze auch Strafbestimmungen; daneben gilt auch das Strafgesetzbuch (z.B. für Gewässer-, Boden- oder Luftverunreinigung oder für die Gefährdung schutzbedürftiger Gebiete. Auch die Verursachung von Lärm, die umweltgefährdende Abfallbeseitigung und das unerlaubte Betreiben von Anlagen unterliegen den Bestimmungen des StGB.

Einige wenige Landesgesetze ergänzen den recht umfangreichen Katalog der Bundesgesetze. Dazu kommen Satzungen der Gemeinde, insbesondere zum Abfallrecht, Abwasser, Bebauung und dem Schutz von Bäumen. Diese sollte sich der Kaufmann auf jeden Fall beschaffen.

Und schließlich hat sich auch die EU des Themas Umweltschutz angenommen. Mit einer Reihe von Richtlinien (die in nationales Recht umzusetzen sind) und Verordnungen (die unmittelbar gelten!) ist dies ein umfangreicher Katalog von einigen hundert Bestimmungen. Im Zweifelsfalle tut der Kaufmann gut daran, seinen Verband um Rat zu fragen!

Ein strategisches Management muss heute nicht nur auf die Gestaltung des Unternehmens, sondern auch auf die Beziehungen zur Umwelt ausgerichtet sein. Ein offensives Umweltmanagement bemüht sich darum, die Unternehmens- und die Umweltziele in Übereinstimmung zu bringen.

Marco Trinkmann hat sich auf Anraten seines umweltbewussten Assistenten entschlossen, die Dächer seiner Märkte mit einer Photovoltaik-Anlage auszurüsten. Damit kann er den für Beleuchtung und Kühlung anfallenden Strom selbst produzieren und den Überschuss sogar ins öffentliche Netz einspeisen. Die Abwärme der Kühlungen nutzt er zum Heizen der Verkaufs- und Sozialräume. Im Sortiment hat er einen überdurchschnittlich hohen Anteil an Mehrwegverpackungen; die Abfalltrennung hat er vorbildlich organisiert.

Damit wird er in Umweltfragen auch in der Öffentlichkeit als ein ernster Partner wahrgenommen. Obendrein zeigt er sich den Kunden als verantwortungsbewusster Pionier – und kann obendrein noch Gewinne mit dieser Investition verbinden.

Das Öko-Audit

Das Öko-Audit (das bereits erwähnte EMAS – Eco-Management and Audit Scheme) ist ein System aus Umweltmanagement und Umweltbetriebsprüfung. Es hat die kontinuierliche Verbesserung der Umweltleistung von Organisationen zum Ziel. Umweltaudits und eine Umwelterklärung sind Voraussetzungen zur Zertifizierung.

1.8 Rechtsfragen zur Unternehmensführung

1.8.1 Grundlagen des Steuerrechts

Der Satz des Pythagoras umfasst 24 Wörter, das Archimedische Prinzip 67, die Zehn Gebote 179, die amerikanische Unabhängigkeitserklärung 300 – aber allein § 3 des deutschen Einkommensteuergesetzes 6269 Wörter.

Steuern, Gebühren, Beiträge

Steuern sind Abgaben an den Staat ohne direkten Gegenleistungsanspruch.
Dies bedeutet, dass der einzelne Steuerzahler keinen Anspruch darauf hat, durch die Zahlung der Steuer einen direkten Gegenleistungsanspruch zu erhalten. Wer also Mineralölsteuer bezahlt, erwirbt damit keinen Anspruch auf gute Straßen! Die Steuern fließen in das große „Staatssäckel" und dienen der Finanzierung des Gesamthaushalts.
Gebühren sind Abgaben an den Staat mit einem direkten Gegenleistungsanspruch. Dies bedeutet, dass der einzelne Bürger für die Gebühren eine Leistung erhält. So z.B. bei der Gebühr, die zu zahlen ist, wenn ein Reisepass beantragt wird.
Beiträge sind Abgaben an den Staat für Leistungen, die der Einzelne in Anspruch nehmen **kann** – unabhängig davon, ob er es tatsächlich tut. Beispiel: Die Gemeinde baut eine Straße, die Anlieger müssen einen Teil der Kosten über einen Anliegerbeitrag bezahlen. Auch in der Sozialversicherung spricht man von Beiträgen. Mit ihnen entstehen Ansprüche, die in der Zukunft realisiert werden.

Steuern sind Abgaben an den Staat ohne direkte Gegenleistung.

Gebühren sind Abgaben an den Staat mit einem direkten Gegenleistungsanspruch.

Beiträge sind Abgaben an den Staat für Leistungen, die der Einzelne in Anspruch nehmen kann

1. Unternehmensführung und -steuerung

Bei den direkten Steuern sind Steuerzahler und Steuerträger identisch, bei den indirekten Steuern sind Steuerzahler und Steuerträger nicht identisch.

Mit Steuerzahler ist in diesem Fall derjenige gemeint, der die Zahlung tatsächlich an das Finanzamt vornimmt. Mit dem Träger ist derjenige gemeint, der die Steuer im Ergebnis tatsächlich „auf seinen Schultern trägt".

Die bekannteste indirekte Steuer ist die Umsatzsteuer. Hier nimmt der Händler („Steuerzahler") die Umsatzsteuer vom Verbraucher („Steuerträger") ein und leitet sie an das Finanzamt weiter. Bei der Einkommenssteuer dagegen handelt es sich um eine direkte Steuer. Hier wird die Steuer dem gegenüber erhoben, der sie auch zu tragen hat. Steuerzahler und Steuerträger sind identisch.

> **Direkte Steuern: Steuerzahler und Steuerträger sind identisch**
>
> **Indirekte Steuer: Steuerzahler und Steuerträger sind nicht identisch.**

Die Einkommensteuer

Gem. § 1 Einkommensteuergesetz ist jede natürliche Person einkommensteuerpflichtig, die ihren Wohnsitz oder ihren gewöhnlichen Aufenthalt im Inland hat. Nach § 2 EStG unterliegen der Einkommensteuer Einkünfte aus sieben Einkunftsarten. Dies sind Einkünfte aus

- - Land- und Forstwirtschaft,
- - Gewerbebetrieb,
- - selbstständiger Arbeit,
- - nicht selbstständiger Arbeit,
- - Kapitalvermögen,
- - Vermietung und Verpachtung sowie
- - sonstige Einkünfte.

Bei Einkünften aus Land- und Forstwirtschaft, Gewerbebetrieb und selbstständiger Arbeit wird der Gewinn besteuert, bei den anderen Einkunftsarten der Überschuss der Einnahmen über die Werbungskosten – dies sind alle Aufwendungen zur Erwerbung, Sicherung und Erhaltung der Einnahmen. Von dem jeweiligen Gewinn bzw. dem Überschuss der Einnahmen über die Werbungskosten sind ggfs. noch Entlastungsbeträge abzuziehen. Der sich hieraus ergebende Betrag wird vermindert um Sonderausgaben und die außergewöhnlichen Belastungen sowie bestimmte Freibeträge.

Sonderausgaben im Sinne des Einkommensteuergesetzes sind Aufwendungen, die weder Betriebsausgaben noch Werbungskosten sind. Dies sind insbesondere Versicherungsbeiträge. Außergewöhnliche Belastungen sind bestimmte persönliche Aufwendungen, die größer sind als üblich. Hierzu gehören zum Beispiel Krankheitskosten, Beerdigungskosten eines nahen Verwandten oder auch Pflegekosten. Zu den Freibeträgen zählt insbesondere der Kinderfreibetrag. Hier wird für jedes zu berücksichtigende Kind ein Freibetrag für das Existenzminimum des Kindes sowie für den Betreuungs-, Erziehungs- oder Ausbildungsbedarf vom Einkommen des Steuerpflichtigen abgezogen.

Das sich so ergebende zu versteuernde Einkommen wird nun in die Einkommensteuertabelle eingesetzt, aus der sich der ergebende Steuerbetrag ablesen lässt. Die Einkommensteuertabelle ist linear-progressiv ausgestaltet. Dies bedeutet, dass der prozentuale Steuersatz mit zunehmendem Einkommen ansteigt. Freibeträge, Sonderausgaben, außergewöhnliche Belastungen und Ehegattensplitting sollen hier nur beispielhaft dafür aufgeführt werden, dass es zwar eine Reihe von Entlastungsmöglichkeiten für den Bürger gibt – dass aber dieses Recht damit enorm kompliziert geworden ist.

Ehegattensplitting
Nach dem Einkommensteuergesetz ist es für Ehegatten möglich, die Zusammenveranlagung gemäß der sogenannten „Splittingtabelle" zu wählen. Dies bedeutet, dass das zu versteuernde Einkommen der Ehegatten zusammengerechnet wird. Der sich ergebende Betrag wird durch zwei geteilt und in die Tabelle eingesetzt. Der zu zahlende Steuerbetrag wird dann verdoppelt. Nehmen wir also an, Herr Müller hat ein zu versteuerndes Einkommen von 50.000 €, seine Frau ein solches von 10.000 € pro Jahr. Herr Müller müsste dann 12.823 € ESt zahlen, seine Frau nur 294 €. Zusammen ergibt dies 13.117 €. Wenn sie ihr Einkommen zusammenrechnen, ergibt das 60.000 €, für jeden also 30.000 €. Darauf zahlt jeder von ihnen nach der Tabelle 5.601 €, zusammen sind das 11.202 €. Der sogenannte Ehegattenvorteil bringt ihnen also fast 2.000 €.

Lohnsteuer
Die Lohnsteuer ist eine Unterform der Einkommensteuer. Hat ein Steuerpflichtiger nur Einkommen aus unselbstständiger Tätigkeit, also als Arbeitnehmer, so wird ihm die Lohnsteuer vom Arbeitgeber direkt von seinem Lohn abgezogen und an das Finanzamt abgeführt.

Umsatzsteuer
Der Umsatzsteuer unterliegen Lieferungen und sonstige Leistungen, die ein Unternehmer im Rahmen seines Unternehmens im Inland gegen Entgelt ausgeführt hat. Ein Unternehmer ist berechtigt, von seiner Umsatzsteuerschuld die Umsatzsteuer, die er an seine eigenen Lieferanten gezahlt hat, als sogenannte „Vorsteuer" abzuziehen.
Liegt ein steuerbarer Umsatz vor, so schlägt der Unternehmer also auf den kalkulierten Nettopreis die Umsatzsteuer auf und gibt sie somit an seinen Kunden weiter.

1. Unternehmensführung und -steuerung

> Die Trinkmann GmbH bezieht von einer Brauerei 100 Kästen Pils. Dafür erhält sie folgende Rechnung:
>
> | | |
> |---|---|
> | 100 Kästen Pils | 860,00 € |
> | zzgl. 19% Umsatzsteuer | 163,40 € |
> | **Summe** | **1.023,40 €** |
>
> Das eingekaufte Bier wird von der Trinkmann GmbH weiter veräußert:
>
> | | |
> |---|---|
> | Verkauf von 100 Kästen Pils | 1.076,00 € |
> | zzgl. 19 % Umsatzsteuer | 204,44 € |
> | **Summe** | **1.280,44 €** |
>
> Nunmehr hätte die Trinkmann GmbH die Umsatzsteuer in Höhe von 204,44 € an das Finanzamt abzuführen. Die dem Lieferanten gezahlte Umsatzsteuer in Höhe von 163,40 € wird jedoch hiervon abgezogen – denn diesen Betrag hat das Finanzamt bereits von dem Lieferanten der Trinkmann GmbH bekommen. Es verbleibt also lediglich die Differenz in Höhe von 41,04 €, die an das Finanzamt zu zahlen ist. Man spricht da auch von der Steuerzahllast.

Die ausgegebene Umsatzsteuer wird also immer von der vereinnahmten Umsatzsteuer abgezogen (Abzugsverfahren). Die Umsatzsteuer ist daher für den Unternehmer nur ein „durchlaufender Posten". Dies gilt im Übrigen für alle Ausgaben, die der Unternehmer im Rahmen seines Geschäftsbetriebs tätigt, also z.B. auch den Kauf von Büromaterial.

Nun gibt es auch Umsätze, die zwar steuerbar, aber nicht umsatzsteuerpflichtig sind. Hierzu gehören
- die Vermietungen von Immobilien,
- Umsätze von Ärzten,
- Kreditgewährungen.

Neben dem allgemeinen Steuersatz von 19% gibt es noch den ermäßigten Steuersatz von 7% für Nahrungsmittel, Bücher und einige andere Umsätze.

Damit eine Rechnung vom Finanzamt anerkannt wird, muss sie gem. § 14 Abs. 4 UStG folgende Angaben enthalten:
- Name und Anschrift des leistenden Unternehmers,
- Name und Anschrift des Kunden,
- die Steuernummer bzw. Umsatzsteueridentifikationsnummer,
- das Ausstellungsdatum,
- eine fortlaufende Rechnungsnummer,

- Menge und handelsübliche Bezeichnung der Ware oder Leistung,
- den Zeitpunkt der Lieferung oder Leistung,
- das Nettoentgelt,
- den Umsatzsteuersatz und den sich ergebenden Umsatzsteuerbetrag
- sowie den Endbetrag (Bruttobetrag).

Kleinbetragsrechnungen bis 150 € brutto brauchen lediglich die folgenden Bestandteile:
- Name und Anschrift des leistenden Unternehmers,
- Ausstellungsdatum,
- Menge und handelsübliche Bezeichnung der Ware,
- Bruttobetrag,
- Angabe des Steuersatzes.

Die Gewerbesteuer

Die Gewerbesteuer ist eine Sondersteuer für Gewerbebetriebe. Dies besteuert den Gewerbeertrag der Betriebe. Natürliche Personen und Personengesellschaften haben einen Freibetrag von 24.500 €. Dies bedeutet, dass nur der Gewinn, der diesen Betrag übersteigt, der Gewerbesteuer unterliegt. Für Kapitalgesellschaften gilt kein Freibetrag.

Der sich so ergebende Betrag wird mit der einheitlichen sogenannten Steuermesszahl von 3,5 % multipliziert.

An dieser Stelle kommt das Besondere: Jede Gemeinde legt einen eigenen sogenannten Hebesatz fest, mit dem die Steuermesszahl multipliziert wird. Dieser Hebesatz schwankt heute zwischen 200% und 490%. Für einen Unternehmer kann es daher bei der Wahl seines Unternehmenssitzes gegebenenfalls ganz wichtig sein, in welcher Gemeinde er sich mit seinem Gewerbebetrieb niederlässt, da dies schon einen erheblichen Unterschied bei der Gewerbesteuer machen kann. Der Einzelhändler freilich wird auch eine hohe Gewerbesteuer zumeist schlucken müssen – für ihn ist das örtliche Marktpotenzial in der Regel als Entscheidungsgrundlage wichtiger.

Marco Trinkmann ist verärgert. Der Stadtrat seiner Heimatstadt hat soeben den Hebesatz für die Gewerbesteuer auf 450% erhöht. Das Dorf in der Nachbarschaft hat einen Hebesatz von 250% und bietet obendrein preiswerte, gut geschnittene Gewerbegrundstücke an. Er überlegt daher, ob er seinen Betrieb gegebenenfalls verlegt, da er ohnehin erweitern müsste.

Körperschaftssteuer

Die Körperschaftssteuer wird auf den Gewinn einer Kapitalgesellschaft (GmbH, Aktiengesellschaft, Unternehmergesellschaft oder auch einer Limited) erhoben. Man kann sagen, dass die

Körperschaftssteuer die Einkommensteuer der Kapitalgesellschaften ist. Derzeit beträgt sie 15%. Hinzu kommt der Solidaritätszuschlag.

1.8.2 Gesellschaftsrecht – Rechtsformen der Unternehmen

Grundsätzlich steht es jedem frei, sich in der Bundesrepublik Deutschland selbstständig zu machen (§ 1 GewO). Hierfür sind lediglich eine Gewerbeanmeldung und die Meldung beim Finanzamt notwendig. Wenn Annette Maier eine Boutique eröffnet, muss sie deshalb ihr Unternehmen noch nicht im Handelsregister eintragen lassen – zumindest so lange nicht, wie das Unternehmen nach Art oder Umfang nicht einen in kaufmännischer Weise eingerichteten Geschäftsbetrieb erfordert. Wird das Unternehmen jedoch immer größer, dann stellt sich die Frage, eine der folgenden Rechtsformen zu wählen.

1.8.2.1 Kaufleute

Kaufmann
Gem. § 1 Handelsgesetzbuch – HGB – ist Kaufmann, wer ein Handelsgewerbe betreibt. Bei dem Begriff des Kaufmanns wird unterschieden zwischen dem Ist-Kaufmann, dem Kann-Kaufmann und dem Form-Kaufmann.

Ist-Kaufmann ist, wer ein Handelsgewerbe betreibt (§ 1 HGB). Der Gesetzgeber gibt also im Ergebnis vor, dass durch die Ausübung eines Handelsgewerbes automatisch die Kaufmannseigenschaft besteht. Der Kaufmann hat sich ins Handelsregister einzutragen, hierzu gleich mehr.

Kann-Kaufmann ist ein (bloßer) Gewerbetreibender, der das Wahlrecht hat, ob er Kaufmann sein will oder nicht. Will er als Kaufmann auftreten, so lässt er sich ins Handelsregister eintragen und wird hierdurch (wie man sagt: konstitutiv) zum Kaufmann.
Ist aber jemand bereits Kaufmann, weil er ein Handelsgewerbe betreibt, aber noch nicht ins Handelsregister eingetragen, so wäre die Eintragung „deklaratorisch". Deklaratorisch bedeutet, dass ein Umstand, der schon besteht, durch die Eintragung nur noch bezeugt wird.

Formkaufleute sind die Kapitalgesellschaften. Eine GmbH ist also Form-Kaufmann. Denn Kapitalgesellschaften werden aufgrund der von ihnen gewählten Rechtsform automatisch als Kaufleute behandelt.

Das Handelsregister

Das Handelsregister ist ein öffentliches Register, das in elektronischer Form geführt wird. Im Handelsregister kann jedermann Informationen darüber finden, wer Kaufmann ist, für welches Rechtsform sich der Unternehmer entschieden hat, unter welcher Firma (zu diesem Begriff gleich mehr) die Unternehmung geführt wird und wie die Haftungsverhältnisse sind. Das Handelsregister wird unterteilt in Abschnitt A und Abschnitt B. In Teil A sind die Kaufleute und Personengesellschaften eingetragen, in Teil B die Kapitalgesellschaften.

> Die Trinkmann GmbH ist im zuständigen Handelsregister unter Teil B eingetragen, da sie eine Kapitalgesellschaft ist. Auf ihrem Briefkopf wird sich daher die Zeile wiederfinden: „eingetragen beim Handelsregister X, HRB 1234".

Die Firma

Firma ist der Name des Kaufmanns, unter dem er seine Geschäfte betreibt, seine Unterschrift abgibt, klagt und verklagt werden kann.

Die Firma, also der Name des Kaufmanns, muss den Grundsätzen von Firmenwahrheit und Firmenklarheit entsprechen. Der Firmenname darf also keine täuschenden Inhalte haben. Weiterhin gilt der Grundsatz der Firmenunterscheidbarkeit. Die Firma muss sich also von anderen Firmennamen unterscheiden, damit Verwechslungen vermieden werden. Zu guter Letzt sind die Gesellschaftsverhältnisse offen zu legen, es muss also erkennbar sein, wer in welchem Umfang haftet. Dies erfolgt in der Regel durch den sogenannten Rechtsformzusatz.

> **Firma ist der Name des Kaufmanns, unter dem er seine Geschäfte betreibt.**

> Die Firmierung der Trinkmann GmbH ergibt sich aus dem Personennamen eines Gesellschafters mit dem Zusatz „GmbH". Jedermann kann also sehen, dass es sich um eine Gesellschaft mit beschränkter Haftung handelt und Marco Trinkmann nicht persönlich haftet.

1.8.2.2 Personengesellschaften

Bei den Personengesellschaften stehen schon dem Begriff nach die Personen, also die einzelnen Gesellschafter, im Vordergrund. Zu den Personengesellschaften zählen die BGB-Gesellschaft (auch GbR genannt), die Offene Handelsgesellschaft (OHG) sowie die Kommanditgesellschaft (KG). Zu den Kapitalgesellschaften zählen insbesondere die Unternehmergesellschaft haftungsbeschränkt (UG haftungsbeschränkt), die Gesellschaft mit beschränkter Haftung (GmbH) sowie

die Aktiengesellschaft (AG). Daneben gibt es die im Genossenschaftsregister gesondert eingetragene Genossenschaft (eG).
Die einzelnen Gesellschaftsformen wollen wir uns mit ihren wesentlichen Merkmalen näher betrachten:

Gesellschaft bürgerlichen Rechts (BGB-Gesellschaft), §§ 705 ff. BGB

Die GbR ist die am einfachsten zu gründende Gesellschaft, die das deutsche Recht kennt. Für die Gründung reicht es schon aus, wenn sich mindestens zwei Personen zu einem gemeinsamen Zweck zusammenschließen. Allein durch den losen Zusammenschluss mit einem gemeinsamen Ziel kann eine GbR entstehen. Ein Gründungskapital ist gesetzlich nicht vorgesehen. Dies gilt im Übrigen für alle Personengesellschaften. Ist vertraglich nichts geregelt, so vertreten alle Gesellschafter gemeinschaftlich die GbR nach außen, § 709 BGB.
Die Gesellschafter der GbR haften persönlich, solidarisch und unbeschränkt. Persönlich heißt, dass jeder Gesellschafter für seine eigenen Verbindlichkeiten haftet. Solidarisch heißt, dass jeder Gesellschafter für die Verbindlichkeiten der Gesellschaft und somit der anderen Gesellschafter mithaftet. Unbeschränkt heißt, dass jeder Gesellschafter vollständig mit seinem Privatvermögen haftet.
Das Stimmrecht in der GbR richtet sich gemäß § 709 Abs. 2 BGB nach Köpfen, gleiches gilt für eine Gewinn- beziehungsweise Verlustbeteiligung.

Die Offene Handelsgesellschaft (OHG) – §§ 105 ff. HGB

Wächst die GbR so, dass sie einen in kaufmännischer Weise eingerichteten Geschäftsbetrieb erfordert, so wird sie automatisch zur OHG. Zur Geschäftsführung sind alle Gesellschafter berechtigt und verpflichtet. Jeder Gesellschafter darf die Gesellschaft allein führen. Die Gesellschafter der OHG haften wie bei der GbR persönlich, solidarisch und unbeschränkt. Die Gewinnbeteiligung richtet sich nach § 121 Abs. 1 HGB. Demnach erhält jeder Gesellschafter zunächst 4% auf seinen Kapitalanteil, der Rest wird nach Köpfen verteilt. Der Verlust wird nach Köpfen verteilt.

Die Kommanditgesellschaft (KG) – §§ 161 ff. HGB

Die KG ist eine Gesellschaft, deren Zweck auf den Betrieb eines Handelsgewerbes gerichtet ist und bei der mindestens einer der Gesellschafter gegenüber den Gesellschaftsgläubigern nur auf seine Vermögenseinlage beschränkt haftet. Die Kommanditgesellschaft besteht aus mindestens einem Vollhafter (Komplementär) sowie einem Teilhafter (Kommanditist).
Als Gesellschaftsorgane kennt auch diese Personengesellschaft die Gesellschafterversammlung und die Geschäftsführung. Zur Geschäftsführung ist der Komplementär berufen. Er haftet per-

sönlich und unbeschränkt. Die Kommanditisten sind von der Führung der Geschäfte der Gesellschaft ausgeschlossen. Sie haften nur bis zur Höhe ihrer Einlage.

Das Stimmrecht in der Gesellschafterversammlung richtet sich auch bei der Kommanditgesellschaft nach Köpfen. Die Gewinnverteilung richtet sich nach § 168 HGB, demnach erhält jeder Gesellschafter zunächst 4% auf seine Einlage, der Rest wird im angemessenen Verhältnis verteilt. In der Praxis wird von dieser Regelung durch Vertrag sinnvollerweise abgewichen.

Die Kommanditgesellschaft besteht aus mindestens einem Vollhafter (Komplementär) und einem oder mehreren Teilhaftern (Kommanditisten).

1.8.2.3 Kapitalgesellschaften

Bei den Kapitalgesellschaften kommt es nicht auf die Gesellschafter an, sondern es steht das Kapital im Vordergrund. Die Gesellschafter können auch anonym bleiben und wechseln, während die Gesellschaft als eigene Rechtsperson unverändert besteht. Nehmen wir an, Herr Trinkmann würde seine Gesellschaftsanteile an Franz Huber verkaufen, könnte das Unternehmen sogar weiter unter der bekannten Firma Trinkmann GmbH am Markt auftreten.

Auch hier wollen wir uns einige bekannte Gesellschaftsformen ansehen:

Die Gesellschaft mit beschränkter Haftung (GmbH) – §§ 1 ff. GmbHG

Die GmbH kann als Kapitalgesellschaft durch eine oder mehrere Personen gegründet werden. Es ist ein Gründungskapital von mindestens 25.000,00 € notwendig, von denen im Gründungsvorgang von jedem Gesellschafter mindestens 25% seines Stammkapitals und insgesamt mindestens 12.500,00 € erbracht sein müssen.

Die Gründer setzen zunächst einen Gesellschaftsvertrag auf, der notariell beurkundet werden muss. Sie ernennen die Geschäftsführung, sodann wird die Eintragung ins Handelsregister veranlasst. Als Gesellschaftsorgane kennt die GmbH die Gesellschafterversammlung, die Geschäftsführung und den Aufsichtsrat.

Die Gesellschafterversammlung ist das beschließende Organ der Gesellschafter. Sie legt im Rahmen der Versammlung die Geschäftspolitik fest. Im Ergebnis ergibt sich der Aufgabenkreis der Gesellschafter aus § 46 GmbHG. Das Stimmrecht in der Gesellschafterversammlung ergibt sich entsprechend den Kapitalanteilen der Gesellschafter. Die Gesellschaft wird durch die Geschäftsführer gerichtlich und außergerichtlich vertreten. Der Aufsichtsrat ist als Organ nach GmbHG nicht zwingend vorgesehen. Er kann im Gesellschaftsvertrag eingerichtet werden. Bei mehr als 500 Arbeitnehmern ist ein Aufsichtsrat einzurichten. Aufgabe des Aufsichtsrats ist die Überwachung der Geschäftsführung.

Bezüglich der Haftung ergibt sich schon aus dem Begriff der Kapitalgesellschaften, dass die Gesellschafter selbst nur mit ihrem eingebrachten Kapital haften, die Gesellschaft selbst haftet mit dem Gesellschaftsvermögen.

Kapitalgesellschaften sind ab ihrer Eintragung in das Handelsregister eigenständig rechtsfähig. Die Gewinnbeteiligung richtet sich nach dem Verhältnis der Geschäftsanteile. Eine Verlustbeteiligung der Gesellschafter selbst gibt es aufgrund der beschränkten Haftung nicht. Gemäß § 325 HGB müssen Kapitalgesellschaften ihren Jahresabschluss beim elektronischen Bundesanzeiger einreichen.

Unternehmergesellschaft (UG-haftungsbeschränkt) – § 5 a GmbHG

Bei der UG-haftungsbeschränkt handelt es sich im Ergebnis um eine Sonderform der GmbH. Der Gesetzgeber wollte mit ihrer Einführung der Entwicklung entgegenwirken, dass Existenzgründer ins europäische Ausland abwandern, insbesondere nach Großbritannien, wo es schon lange die Gesellschaftsform der Limited gab. Das Gründungskapital kann hier auf bis zu 1,00 € abgesenkt werden. Allerdings muss die UG-haftungsbeschränkt in den folgenden Jahren jeweils 25% des Gewinns als Rücklage behalten, bis das Stammkapital einer „echten" GmbH in Höhe von 25.000,00 € erreicht ist. Der Gesetzgeber legte fest, dass es bei der Gründung einer UG-haftungsbeschränkt darf maximal 3 Gesellschafter geben darf. Für die Haftung gelten die allgemeinen Regeln des GmbHG.

Die Aktiengesellschaft (AG) – § 1 ff. AktG

Das Gründungskapital für die Aktiengesellschaft beträgt mindestens 50.000 €. Zur Gründung wird mindestens eine Person benötigt. Im Gründungsvorgang beschließen die Gründungsgesellschafter die sogenannte Satzung, welche notariell beurkundet werden muss. In diesem Zusammenhang wird das Grundkapital in Aktien mit einem Mindestnennwert von 1,00 € zerlegt, die Aktien werden von den Gründungsgesellschaftern übernommen. Des Weiteren werden der Aufsichtsrat, der Vorstand und der erste Abschlussprüfer bestellt. Sodann erfolgt der Antrag auf Eintragung ins Handelsregister. Mit konstitutiver Eintragung wird die Aktiengesellschaft als juristische Person rechtsfähig.

Die Gesellschaftsorgane, die die Aktiengesellschaft kennt, sind die Hauptversammlung, der Vorstand und der Aufsichtsrat. Die Hauptversammlung ist das beschlussfassende Organ der Aktionäre. Die Rechte der Hauptversammlung im Einzelnen ergeben sich aus § 119 AktG. Hierzu gehören insbesondere:

- Wahl der Mitglieder des Aufsichtsrats
- Beschluss der Gewinnverteilung (Dividende)
- Entlastung des Vorstands und des Aufsichtsrats
- Beschluss über Satzungsänderungen

Der Aufsichtsrat
Die Regelungen zum Aufsichtsrat finden sich in §§ 95 ff. AktG.

Der Vorstand
Nach § 76 Abs. 1 AktG ist der Vorstand der gesetzliche Vertreter der Aktiengesellschaft.
Die Verteilung des Gewinns erfolgt bei der Aktiengesellschaft nach Beschluss in der Hauptversammlung durch die Dividendenzahlung. Eine Verlustbeteiligung ist nicht vorgesehen.
Auch die Aktiengesellschaft unterliegt der Publizitätspflicht des § 325 HGB, die durch § 161 AktG ergänzt werden.

1.8.2.4 Und jetzt noch einige besondere Rechtsformen:

Die GmbH & Co. KG
Bei der GmbH & Co. KG handelt es sich nicht um eine neue Gesellschaftsform, sondern um eine ganz normale Kommanditgesellschaft. Die Besonderheit ist lediglich, dass hier als Komplementärin (also Vollhafterin) eine GmbH eingesetzt ist, die ihrerseits ja haftungsbeschränkt ist! Aus Gründen der Firmenwahrheit und Firmenklarheit müssen deshalb die Haftungsverhältnisse einer Gesellschaft offengelegt werden. Um dies deutlich zu machen, heißt die Kommanditgesellschaft, bei der eine GmbH Vollhafterin ist, also GmbH & Co. KG.

Die Genossenschaft (eG) – §§ 1 ff. GenG
Nach § 1 Abs. 1 Genossenschaftsgesetz (GenG) handelt es sich bei der Genossenschaft um eine Gesellschaft mit nicht geschlossener Mitgliederzahl, deren Zweck darauf gerichtet ist, einen gemeinschaftlichen Geschäftsbetrieb zu fördern. Grundsätzlich dient die Idee der Genossenschaft einem Zusammenschluss, um über die Größe der Mitgliederzahl den Mitgliedern zum Beispiel günstigere Preise verschaffen zu können. So gibt es Einkaufsgenossenschaften, Wohnungsbaugenossenschaften, Kreditgenossenschaften – um nur einige Beispiele zu nennen. Als Einkaufsgenossenschaft ist z.B. die InterSport eG, als Kreditgenossenschaft sind die Volks- und Raiffeisenbanken eG bekannt.
Ein Gründungskapital ist bei der Genossenschaft nicht vorgeschrieben, zur Gründung werden jedoch mindestens 3 Personen benötigt. Zur Gründung ist es notwendig, dass die Gründer ein Statut aufstellen, welches lediglich unterzeichnet wird. Als Gesellschaftsorgane kennt die Genossenschaft die Generalversammlung, den Vorstand und den Aufsichtsrat. Die Generalversammlung ist das beschlussfassende Organ; das Stimmrecht richtet sich nach Köpfen.
Aufsichtsrat und Vorstand stellen sich wie bei der Aktiengesellschaft dar.

Die Gewinnbeteiligung richtet sich nach dem Verhältnis der Geschäftsguthaben. Eine persönliche Verlustbeteiligung gibt es aufgrund der Haftungsverhältnisse – vgl. oben – nicht. Verluste werden im Ergebnis durch Abzug vom Geschäftsguthaben ausgeglichen, vgl. § 19 GenG.
Nach § 105 GenG haben die Mitglieder unter bestimmten Voraussetzungen eine Nachschusspflicht.

1.8.3 Die Vollmacht im Handelsgewerbe

Die Prokura
Das Handelsgesetzbuch kennt spezielle Formen von Vollmachten. Die umfangreichste hierbei ist die Prokura. Diese ist in § 49 HGB geregelt. Die Prokura ermächtigt den Prokuristen zu allen Arten von gerichtlichen und außergerichtlichen Geschäften und Rechtshandlungen, die der Betrieb eines Handelsgewerbes mit sich bringt. Der Vorteil an der Prokura ist, dass ihr Umfang gesetzlich geregelt ist. Somit weiß jeder, der einen Prokuristen vor sich hat, welche Rechtsgeschäfte dieser tätigen darf und welche nicht. So darf der Prokurist z.B. keine Grundstücke belasten oder veräußern, Bilanz und Steuererklärung nicht unterschreiben und keine Anmeldungen zum Handelsregister vornehmen. Dies ist dem Kaufmann selbst vorbehalten. Im Ergebnis darf der Prokurist keine sogenannten Grundlagengeschäfte machen, also alle die Geschäfte nicht, die dem Handelsgewerbe die Grundlage entziehen können.
Die Prokura wird im Handelsregister eingetragen. Dies hat zur Folge, dass sich aufgrund der sogenannten Öffentlichkeitswirkung des Handelsregisters der Prokurist nicht „ausweisen" muss, um den Umfang seiner Vollmacht nachzuweisen. Da das Handelsregister öffentlich ist, kann sich jeder von der Prokuristen-Eigenschaft überzeugen.

> **Die Prokura ermächtigt den Prokuristen zu allen Arten von gerichtlichen und außergerichtlichen Geschäften, die der Betrieb eines Handelsgewerbes mit sich bringt.**

Zu berücksichtigen ist jedoch: Die Prokura kann nur vom Kaufmann erteilt werden, was persönlich und ausdrücklich geschehen muss. Es ist also nicht möglich, dass ein Bevollmächtigter oder ein Prokurist einen anderen Prokuristen ernennt. Dies ist dem Kaufmann vorbehalten. Hierbei muss er ausdrücklich den Begriff Prokura verwenden. Tut er dies nicht, so handelt es sich um eine Vollmacht, nicht jedoch um eine Prokura. Die Eintragung selbst ist nur deklaratorisch – sie gilt von der Erteilung an.
Auch der Widerruf der Prokura ist in dem Moment des Widerrufs wirksam. Allerdings können sich Dritte, solange die Prokura im Handelsregister eingetragen ist, darauf berufen, dass sie nicht wissen konnten, dass die Prokura bereits widerrufen war. Gegenüber dem Handelsgewer-

be sind Geschäfte des ehemaligen Prokuristen bis zur Austragung also immer noch wirksam. Dieser Zeitraum wird daher auch als „Nachhaftung" bezeichnet.
Die Prokura kann als sogenannte Einzelprokura, also für eine Person, oder als Gesamtprokura erteilt werden, so dass immer nur mehrere Prokuristen gemeinsam Rechtsgeschäfte tätigen können. Darüber hinaus gibt es auch die Möglichkeit der sogenannten „Filialprokura", mithin also einer Prokura nur für die Filiale eines Unternehmens.

Die Handlungsvollmacht
Neben der Prokura gibt es auch die Handlungsvollmacht nach § 54 HGB.

> **Die Handlungsvollmacht berechtigt den Bevollmächtigten dazu, alle gewöhnlichen Rechtsgeschäfte zu tätigen, die das betreffende Handelsgewerbe mit sich bringt.**

Diese wird nicht in das Handelsregister eingetragen.
Neben den vorgenannten Vollmachten gibt es noch die Art- und die Spezialvollmacht.
Unter Artvollmacht versteht man eine Vollmacht, die den Bevollmächtigten dazu berechtigt, Rechtsgeschäfte der immer gleichen Art abzuschließen. So z.B. der Verkäufer, der regelmäßig Kaufverträge abschließt und das Geld im Namen des Unternehmens entgegennimmt. Eine solche Vollmacht kann schon im Abschluss eines Arbeitsvertrages konkludent enthalten sein, da ein Verkäufer ohne eine derartige Vollmacht seinen Arbeitsvertrag gar nicht erfüllen kann.
Die Spezialvollmacht demgegenüber berechtigt den Bevollmächtigten dazu, einmalig ein spezielles Rechtsgeschäft abzuschließen.

1.8.4 Insolvenz und Liquidation

Die Insolvenz
Wenn ein Unternehmen finanziell „in eine Schieflage" gerät, also die Passiva die Aktiva überschreiten, so muss ein Insolvenzverfahren eingeleitet werden. Bei Kapitalgesellschaften gilt es als Straftat, wenn die Geschäftsführung dies nicht zeitnah anmeldet. Nach der Insolvenzordnung ist es Ziel des Verfahrens, nach Möglichkeit das Unternehmen in seiner Substanz zu erhalten. Zuständig hierfür ist das Amtsgericht, in dessen Bezirk sich der Sitz der Gesellschaft befindet. Gründe für eine Insolvenz können tatsächliche oder drohende Zahlungsunfähigkeit sowie Überschuldung sein. Diese liegt vor, wenn das Vermögen eines Unternehmens seine Schulden nicht mehr deckt.
Das Verfahren wird erst dann eröffnet, wenn das Gericht auf Grund des Antrags geprüft hat, ob zumindest so viele Vermögenswerte vorhanden sind, dass davon das Verfahren bezahlt werden

kann. Dann bestellt es einen Insolvenzverwalter. Dieser legt den Gläubigern einen Bericht vor. Die Gläubigerversammlung kann nun eine Sanierung des insolventen Unternehmens in einem Insolvenzplan beschließen, der auch vom Schuldner wie auch vom Gericht bestätigt werden muss.

Miet- und Pachtverhältnisse laufen weiter, auch Arbeitsverträge bestehen fort. Allerdings können Arbeitsverhältnisse betriebsbedingt mit einer Frist von drei Monaten zum Monatsende gekündigt werden.

Die Liquidation
Ein Kaufmann kann sein Unternehmen, wenn es nicht von einer Insolvenz bedroht ist, auch „still" liquidieren. Bei mehreren Gesellschaftern müssen diese der Liquidation zustimmen. Der Kaufmann prüft dann alle Verbindlichkeiten und bezahlt sie aus dem vorhandenen Vermögen; anschließend wird das Unternehmen beim Gewerbeamt abgemeldet.

1.9 Aufgaben zur Selbstkontrolle

1.9.1 Unternehmensführung allgemein

Aufgabe 1
Sie haben die Möglichkeit, statt einer Neugründung einen bestehenden Party-Service mit allen erforderlichen Einrichtungen zu übernehmen. Vor der Verhandlung über den Kaufpreis erstellen Sie eine Liste der Komponenten, die für die Bewertung am wichtigsten sind, und vermerken bei jeder ein Stichwort, worauf Sie auf jeden Fall achten wollen.

Aufgabe 2
Erläutern Sie die Phasen der Managementaufgaben.

Aufgabe 3
Erläutern Sie den Begriff „Leitbild".

Aufgabe 4
Erläutern Sie den Begriff „CI" und seine Bestandteile.

Aufgabe 5
Womit befasst sich eine Strategie?

Aufgabe 6
Was wird mit einem Audit geprüft?

Aufgabe 7
Ihr Vater weist Sie darauf hin, dass in einer Existenzgründung sowohl betriebliche wie auch persönliche Risiken liegen.
Nennen Sie je drei.

Aufgabe 8
Ein Wäschegeschäft hat drei Abteilungen, die in etwas den gleichen Wareneinsatz zu verzeichnen haben. Die Abteilung „Dessous" verursacht laufende Kosten in Höhe von 10.000€, die Abteilung „Bettwäsche" solche in Höhe von 2.000 €. Sollte ein einheitlicher Handlungskostenzuschlag oder ein differenzierter Handlungskostenzuschlag zur Kalkulation der Artikel verwendet werden? Begründen Sie Ihre Antwort.

1. Unternehmensführung und -steuerung

Aufgabe 9
Erläutern Sie den Begriff der sprungfixen Kosten. Erstellen Sie auch eine Skizze.

Aufgabe 10
Sie werden beauftragt, die Einführung von Stellenbeschreibungen vorzubereiten.
a) Nennen Sie sechs Inhalte, die in eine Stellenbeschreibung gehören.
b) Sie wollen Ihrem Chef verdeutlichen, warum es sinnvoll ist, Stellenbeschreibungen einzuführen. Nennen Sie drei Gründe.

Aufgabe 11
Eine wichtige Kennzahl im Unternehmen ist der Cash Flow.
a) Was sagt er aus?
b) Welchen Zwecken dient eine Cash Flow-Analyse?
c) Wozu steht der Cash Flow zur Verfügung?

Aufgabe 12
„Leasing vergrößert den Finanzierungsspielraum beim Leasingnehmer." Beurteilen Sie diese Aussage. Nennen Sie drei verschiedene Unterteilungsmöglichkeiten.

Aufgabe 13
Manche Unternehmen schwören auf den Vorteil einer straffen Unternehmensführung mit zentralen Entscheidungen. Andere sehen Vorteile darin, Entscheidungen dezentral zuzulassen.
a) Welche Merkmale kennzeichnen das Prinzip der Dezentralisation? Welche speziellen Anforderungen sind damit verbunden?
b) Nennen Sie je zwei mögliche Vor- und Nachteile der Dezentralisation.

Aufgabe 14
Fragen des Umweltschutzes spielen heute auch in einem Handelsunternehmen eine große Rolle.
a) Nennen Sie drei Grundsätze des Kreislaufwirtschaftsgesetzes
b) Nennen Sie drei Gründe, aus denen heraus ein Handelsunternehmen Maßnahmen zum Umweltschutz ausführen sollte.

Aufgabe 15
Ihr Chef hat von den Nachteilen eines reinen Einliniensystems gehört und will deshalb eine Stabsstelle „Assistent der Geschäftsführung" schaffen. Welche Aufgabe hat eine solche Stabsstelle?

Welche Konflikte können zwischen der Stabsstelle und den Linieninstanzen entstehen?

Aufgabe 16
Welche finanzwirtschaftlichen Kriterien muss ein Unternehmen beachten? Erläutern Sie sie kurz.

Aufgabe 17
In jedem modernen Handelsunternehmen gibt es heute ein Controlling.
a) Begründen Sie, warum für ein Handelsunternehmen die jährliche Gewinn- und Verlustrechnung nicht ausreichend ist.
b) Erläutern Sie anhand von drei verschiedenen Bereichen eines Unternehmens je zwei betriebswirtschaftliche Kennzahlen, mit denen man ein Unternehmen steuern kann.

Aufgabe 18
Beschreiben Sie „Franchising" und erläutern Sie je zwei Vor- und Nachteile, die das Franchising dem Einzelhandelsunternehmer bietet.

Aufgabe 19
a) Ihnen wird der folgende Betriebsabrechnungsbogen vorgelegt. Vervollständigen Sie ihn.
b) In der Kostenrechnung wird zwischen Istzuschlagssätzen und Normalzuschlagssätzen unterschieden. In diesem Zusammenhang spricht man auch von einer Kostenunterdeckung bzw. einer Kostenüberdeckung. Erläutern Sie die Begriffe.

Gemeinkosten		Allgemeine Kostenstelle	Hilfskostenstellen		Hauptkostenstellen	
Gemeinkosten-Arten		Verwaltung	Dekoration	Lager	Verkauf Abt. 1	Verkauf Abt. 2
Material	30.000	3.000	1.000	15.000	5.000	6.000
Gehälter	255.000	65.000	30.000	20.000	60.000	80.000
AfA	60.000	15.000	10.000	5.000	20.000	10.000
Kalk. Wagnisse	5.000	2.000	1.000	1.000	1.000	1.000
Betr. Steuern	10.000	3.000	1.000	2.000	2.000	2.000

Kalk. Zinsen	15.000	2.000	6.000	2.000	3.000	2.000
Kalk. Miete	50.000	10.000	1.000	16.000	13.000	20.000
Unt.lohn	60.000	60.000	-	-	-	-
Summe	485.000	160.000	50.000	60.000	94.000	121.000
Uml.Schlüssel Verw.	1:1:1:1					
Summe						
Uml. Deko	0:3:2					
Summe						
Umlage Lager	1:1					
Summe						
Wareneinsatz						
Istzuschlagssatz						

Aufgabe 20
a) Erläutern Sie den Begriff des Leitbilds.
b) Wer wird mit dem Leitbild angesprochen? Erläutern Sie drei Gruppen von Adressaten mit einem Beispiel.

Aufgabe 21
Ein Handelsunternehmer muss die Rahmenbedingungen in seinem Umfeld beachten, wenn er nicht scheitern will. Erläutern Sie stichwortartig die fünf Wirkungskreise, in denen sich diese Rahmenbedingungen zusammenfassen lassen.

Aufgabe 22
Eine Organisation soll übersichtlich sein. Erläutern Sie kurz
- drei Maßnahmen, die dies gewährleisten, sowie
- was passiert, wenn diese Forderung nicht eingehalten wird (anhand von zwei Beispielen).

Aufgabe 23
Wodurch unterscheiden sich bilanzielle und kalkulatorische Abschreibungen nach Verfahren, Bemessungsgrundlage und Abschreibungsdauer?

Lösungen

Aufgabe 1
- Geschäftseinrichtung: Gebrauchsfähigkeit?
- Energieverbrauch?
- Optischer Eindruck?
- Warenwert: warum sind noch Waren da – unverkäuflich?
- Firmenwert: Umsatzentwicklung der letzten drei Jahre?
- Entwicklung der Kundenstruktur?
- Struktur der Kunden nach ABC-Analyse

Aufgabe 2
Planung-Realisation-Kontrolle

Aufgabe 3
Im Leitbild sind die Philosophie und die Grundsätze zusammengefasst. Es ist zugleich ein Ausdruck der Wertvorstellungen wie auch der eigenen Identität.

Aufgabe 4
Die Corporate Identity (CI) ist das Bild, das sich ein Unternehmen in der Öffentlichkeit zu verschaffen sucht. Hierzu gehören
- Corporate Design (CD): Die äußeren Erkennungszeichen des Unternehmens (z.B. Logo)
- Corporate Behaviour (CB): Das Verhalten der Mitarbeiter nach innen und außen.
- Corporate Communication (CC): Diese stellt alle Aktivitäten dar, mit denen das Unternehmen nach innen und außen kommuniziert.

Aufgabe 5
Eine Strategie befasst sich mit der Umsetzung von mittel- bis langfristigen Zielen.

Aufgabe 6
Ein Audit prüft, ab bestimmte Anforderungen erfüllt werden. Es prüft auch, ob bestimmte Voraussetzungen noch gegeben sind.

Aufgabe 7
Betriebliche Risiken sind u.a.:
- Die Marktsituation kann sich verändern
- Die Auftrags- und Umsatzlage ist ungewiss

- Forderungsausfälle
- Schadensersatzforderungen
- Zahlungsunfähigkeit und Insolvenz von Kunden oder Geschäftspartnern
- Brand, Wasserschaden, Diebstahl.

Persönliche Risiken sind u.a.:
- Haftung, u.U. mit dem gesamten Privatvermögen
- Krankheit
- Berufsunfähigkeit
- Keine gesetzliche Rentenversicherung als Selbstständiger
- Der Fortschritt geht an einem vorbei.

Aufgabe 8
In diesem Falle ist ein differenzierter Handlungskostenzuschlag vorzuschlagen. Ein einfacher Handlungskostenzuschlag würde außer acht lassen, dass in der Abteilung „Dessous" wesentlich höhere Handlungskosten anfallen als in der Abteilung „Bettwäsche". Die Abteilung „Dessous" würde mit zu niedrigen Handlungskosten belastet, die Abteilung „Bettwäsche" mit zu hohen.

Aufgabe 9
Sprungfixe Kosten ändern sich nicht kontinuierlich in der Abhängigkeit vom Beschäftigungsgrad, sondern sie bleiben bis zur Kapazitätsgrenze fix. Dann steigen sie bei einer Ausweitung der Kapazität sprunghaft an und bleiben wieder bis zur neuen Kapazitätsgrenze konstant.

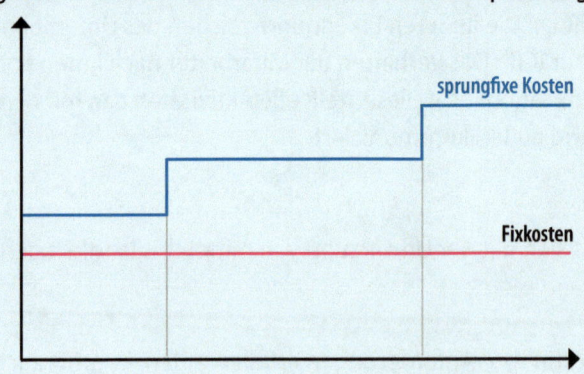

Aufgabe 10
a) Inhalte einer Stellenbeschreibung sind:
- Stellenbezeichnung
- Anforderungen an den Stelleninhaber
- Eingliederung der Stelle (Überstellung, Unterstellung)

1.9 Aufgaben zur Selbstkontrolle

- Ziel der Stelle
- Aufgaben im einzelnen
- Kompetenzen
- Stellvertretung
- Informationspflichten
- Tarifmäßige Eingliederung

b) Vorteile einer Stellenbeschreibung
- Klare Abgrenzung der Stellen voneinander
- Doppelarbeit wird vermieden
- Es wird auch vermieden, dass sich keiner zuständig fühlt!
- Leichtere Gewinnung von Mitarbeitern
- Leichtere Einarbeitung neuer Mitarbeiter
- Grundlage für die Beurteilung von Mitarbeitern
- Grundlage für die Gehaltsfindung
- Grundlage für die Personalentwicklung: man sieht, was ein Mitarbeiter bereits geleistet hat und kann ihn besser auf seine Eignung für neue Aufgaben hin bewerten.

Aufgabe 11
a) Cash Flow ist der im Unternehmen innerhalb einer Periode erwirtschaftete Zahlungsmittelzufluss.
b) Die Cash Flow-Analyse dient dem innerbetrieblichen und dem zwischenbetrieblichen Vergleich.
c) Der Cash Flow steht für Investitionen, Tilgungen und Entnahme zur Verfügung.

Aufgabe 12
Sie ist nur bedingt zutreffend, da die Leasinggeber auch Bonitätsprüfungen durchführen. Das Leasing bietet jedoch eine leichtere Finanzierung von Anlagegütern und damit oftmals 100% Fremdfinanzierung.
- Direktes – indirektes Leasing
- Operate Leasing – Finance Leasing
- Vollamortisationsleasing – Teilamortisationsleasing
- Immobilien-Leasing – Mobilien-Leasing

Aufgabe 13
a) Das Prinzip der Dezentralisation geht von dem Grundsatz aus, dass nicht alle Entscheidungen von der Spitze getroffen werden müssen. Aufgaben, Verantwortung, Kompetenz sollen vielmehr soweit wie möglich nach unten delegiert werden. Damit wird zugleich die Spitze ent-

lastet. Die Anforderungen an die Führungsqualifikation der unteren Einheiten werden damit höher. Die Spitze muss Entscheidungen der Mitarbeiter zulassen können.
b) Vorteile: Nutzen der Spezialkenntnisse der Mitarbeiter; bessere Motivation. Nachteile: Möglicherweise uneinheitliche Entscheidungen; Verzicht auf Rationalisierungsvorteile.

Aufgabe 14
a) Zunächst sollen Abfälle möglichst vermieden werden, z.B. Mehrweg statt Einweg
b) Lassen sie sich nicht vermeiden, so sind sie zu verwerten.
c) Nicht mehr nutzbare Abfälle sind möglichst umweltverträglich zu entsorgen.

Aufgabe 15
Einliniensystem: Jede Stelle hat nur einen Vorgesetzten. Aber Befehls- und Informationswege können sehr lang sein; das System wird dann schwerfällig. Eine Stabsstelle darf der Linie keine Anweisungen geben, sie ist vielmehr der jeweiligen Instanz als Assistent zugeordnet. Aufgrund der Position „nahe beim Chef" kann daraus jedoch eine Quasi-Befehlsinstanz entstehen, ohne dass die Stabsstelle für Maßnahmen die Verantwortung trägt.

Aufgabe 16
- Liquidität: Die Fähigkeit, jederzeit seine Zahlungsverpflichtungen erfüllen zu können
- Rentabilität: Die Fähigkeit, Gewinn zu machen
- Sicherheit: Den Bestand des Unternehmens sicherstellen
- Unabhängigkeit/Dispositionsfreiheit: Die Fähigkeit, auch zukünftig Entscheidungen sachgerecht treffen zu können.

Aufgabe 17
a) Die Informationen der GuV über Umsatz, Wareneinsatz, Rohgewinn und Spanne kommen in der Regel zu spät. Außerdem werden die Daten nur für den gesamten Betrieb dargestellt. Deshalb ist ein kurzfristiges Controlling unerlässlich.
b) Unternehmensbereich Finanzen:
Cash Flow, Liquidität, Rentabilität, ROI (Return on Investment)
Unternehmensbereich Marketing:
Absatz, Umsatz, Kundenfrequenz, Umsatz pro Kunde, Deckungsbeitrag pro Kunde
Unternehmensbereich Beschaffung:
Wareneinsatz, Handelsspanne/Rohgewinn, Deckungsbeitrag, durchschnittlicher Lagerbestand, Lagerdauer, Lagerumschlagsgeschwindigkeit
Unternehmensbereich Personal:
Personalkosten je Mitarbeiter, Umsatz je Mitarbeiter, Fluktuationsrate, Krankheitsrate

Aufgabe 18
- Franchising ist eine sehr enge Form einer vertikalen Kooperation, bei der ein Franchisegeber aufgrund einer langfristigen vertraglichen Bindung einem rechtlich selbstständigen Franchisenehmer gegen Entgelt das Recht einräumt, Waren und Dienstleistungen unter Verwendung von Namen, Warenzeichen, Ausstattung oder sonstigen Schutzrechten anzubieten.
- Der Franchisenehmer übernimmt das Know-how des Franchisegebers. Sein unternehmerisches Risiko ist damit geringer; er muss jedoch das Konzept des Franchisegebers akzeptieren; sein Spielraum ist damit eingeschränkt.

Aufgabe 19
a)

Gemeinkosten		Allgemeine Kostenstelle	Hilfskostenstellen		Hauptkostenstellen	
Gemeinkostenarten		Verwaltung	Dekoration	Lager	Verkauf Abt. 1	Verkauf Abt. 2
Material	30.000	10.000	10.000	4.000	5.000	6.000
Gehälter	255.000	65.000	30.000	20.000	60.000	80.000
AfA	60.000	60.000	10.000	5.000	20.000	10.000
Kalk. Wagnisse	5.000	5.000	1.000	1-000	1.000	1.000
Betr.Steuern	10.000	3.000	1.000	2.000	2.000	2.000
Kalk.Zinsen	15.000	15.000	6.000	2.000	3.000	2.000
Kalk. Miete	50.000	10.000	1.000	10.000	14.000	15.000
Unt.lohn	60.000	60.000	-	-	-	-
Summe	485.000	160.000	50.000	60.000	94.000	121.000
Uml.Schlüssel Verw.	1:1:1:1		40.000	40.000	40.000	40.000
Summe			90.000	100.000	134.000	161.000
Uml. Deko	0:3:2			-	54.000	36.000
Summe				100.000	188.000	197.000

Umlage Lager	1:1					50.000	50.000
Summe						238.000	247.000
Wareneinsatz						250.000	360.000
Ist-Zuschlagssatz						95,2 %	68,6 %

Ist-Zuschlagssatz = Summe der Kosten : Wareneinsatz
b) Die tatsächlich angefallenen Zuschlagssätze sind die Ist-Zuschlagssätze.
Die Berechnung dieser Sätze gehört zur Nachkalkulation. Damit wird überprüft, ob die in der Vorkalkulation eingesetzten Normal-Zuschlagssätze tatsächlich eingehalten werden konnten. Mit Hilfe der Ist-Zuschlagssätze werden die erzielten Stückergebnisse ermittelt. Sind die Normalkosten > Ist-Kosten, liegt eine Kostenüberdeckung vor.
Sind die Normalkosten < Ist-Kosten, liegt eine Kostenunterdeckung vor.

Aufgabe 20
a) Im Leitbild werden die grundsätzlichen, dauerhaften Wertvorstellungen eines Unternehmens verankert.
b) Das Leitbild richtet sich an
- Mitarbeiter („Unsere Mitarbeiter werden fachlich und sozial gefördert")
- Kunden („Die Bedürfnisse unserer Kunden stehen im Mittelpunkt unseres Handelns")
- Mitbewerber („Auch gegenüber unseren Mitbewerbern legen wir Wert auf ein faires Miteinander")
- Lieferanten („Wir verstehen unsere Lieferanten als wichtige Partner eines gemeinsamen Erfolgs")

Aufgabe 21
- Gesellschaftlich-soziale Entwicklungen: Wertevorstellungen ändern sich.
- Politisch-rechtliches Umfeld: Wirtschaftspolitik und Gesetze wirken sich auf das Unternehmen aus.
- Ökonomisches Umfeld: Wirtschaftslage und Erwartungen bestimmen Verbraucherverhalten und Investitionsbereitschaft.
- Technologische Entwicklungen: Neue Technologien und Produkte bieten Chancen. Wer sie nicht berücksichtigt, fällt zurück.
- Ökologisches Umfeld: Ressourcen werden knapper, die Natur kann aber auch Abfälle nur begrenzt verarbeiten, die Sensibilität der Menschen gegenüber diesem Themenkreis steigt.

Aufgabe 22
Maßnahmen:
- Aufgabenbereiche klar abgrenzen

- Zuständigkeiten eindeutig festlegen
- Arbeitsabläufe verständlich regeln
- Informationen einfach und klar formulieren

Folgen, wenn die Maßnahmen nicht eingehalten werden:
- Verwirrung bei Mitarbeitern
- Missverständnisse entstehen
- Regelungen werden nicht akzeptiert
- Kunden sind desorientiert

Aufgabe 23

	Bilanziell	**kalkulatorisch**
Verfahren	Möglichst steuersparend	abnutzungsgerecht
Bemessungsgrundlage	Anschaffungskosten	Wiederbeschaffungskosten
Abschreibungsdauer	Bis zum Ende der Nutzungsdauer	solange das Gut genutzt wird

1.9.2 Rechtsfragen in Unternehmensführung

Aufgabe 1
Welche Einnahmen des Staates kennt die Abgabenordnung? – Grenzen Sie diese voneinander ab.

Aufgabe 2
Grenzen Sie die Begriffe direkte und indirekte Steuern voneinander ab.

Aufgabe 3
Benennen Sie die sieben Einkunftsarten nach dem Einkommensteuergesetz.

Aufgabe 4
Erläutern Sie kurz, was Werbungskosten sind und wie sich diese auf das zu versteuernde Einkommen auswirken.

Aufgabe 5
Welche Arten von Kaufleuten kennt das HGB? – Erläutern Sie, wie sie sich voneinander unterscheiden.

Aufgabe 6
Erläutern Sie die Funktion des Handelsregisters.

Aufgabe 7
Definieren Sie kurz den Begriff „Firma".

Aufgabe 8
Grenzen Sie die Handlungsvollmacht von der Prokura ab.

Aufgabe 9
Wie haften die Gesellschafter einer OHG?

Lösungen

Aufgabe 1
Die Abgabenordnung kennt Steuern, Gebühren und Beiträge.
Steuern sind Abgaben an den Staat ohne einen direkten Gegenleistungsanspruch.
Gebühren sind Abgaben an den Staat mit einem direkten Gegenleistungsanspruch.
Beiträge sind Abgaben an den Staat mit einem indirekten Gegenleistungsanspruch.

Aufgabe 2
Bei direkten Steuern sind Steuerzahler und Steuerträger identisch, bei den indirekten Steuern sind Steuerzahler und Steuerträger nicht identisch.

Aufgabe 3
Die Einkunftsarten sind: Einkünfte aus
Land- und Forstwirtschaft,
Gewerbebetrieb,
selbstständiger Arbeit,
nicht selbstständiger Arbeit,
Kapitalvermögen,
Vermietung und Verpachtung,
sonstige Einkünfte.

1.9 Aufgaben zur Selbstkontrolle

Aufgabe 4
Werbungskosten sind alle Aufwendungen zur Erwerbung, Sicherung und Erhaltung der Einkünfte. Werbungskosten mindern direkt das zu versteuernde Einkommen.

Aufgabe 5
Es gibt Ist-Kaufleute, Kann-Kaufleute sowie Formkaufleute.
Ist-Kaufleute sind nach § 1 HGB Kaufleute, weil sie ein Handelsgewerbe betreiben. Kann-Kaufleute haben ein Wahlrecht. Wenn sie sich nicht eintragen lassen, sind sie lediglich Gewerbetreibende, lassen sie sich in das Handelsregister eintragen, werden sie damit zu Kaufleuten. Form-Kaufleute sind jene, die die Kaufmannseigenschaften bereits auf Grund ihrer Rechtsform besitzen (also z.B. die oHG).

Aufgabe 6
Das Handelsregister erfüllt die so genannte Öffentlichkeitsfunktion. Dies bedeutet, dass alles, was in das Handelsregister eingetragen wird, für und gegen jedermann wirkt. Es gilt das als richtig, was dort eingetragen ist, so dass sich jedermann hierauf verlassen kann.

Aufgabe 7
Firma ist der Name des Kaufmanns, unter der er seine Geschäfte betreibt, seine Unterschrift abgibt, klagt und verklagt werden kann.

Aufgabe 8
Die Handlungsvollmacht nach § 54 HGB berechtigt den Bevollmächtigten dazu, alle gewöhnlichen Rechtsgeschäfte des betroffenen Handelsgewerbes zu tätigen. Die Prokura dagegen ermächtigt den Prokuristen zu **allen** Arten von gerichtlichen und außergerichtlichen Geschäften und Rechtshandlungen, die der Betrieb eines Handelsgewerbes mit sich bringt.

Aufgabe 9
Die Gesellschafter einer OHG haften persönlich, solidarisch und unbeschränkt.

2 Führung, Personalmanagement, Kommunikation und Kooperation

Der Handelsfachwirt soll nachweisen, dass er zielorientiert mit Mitarbeitern, Auszubildenden, Geschäftspartnern und Kunden kommunizieren und kooperieren, die Aus- und Weiterbildung planen, durchführen und kontrollieren, die Methoden des Konfliktmanagements lösungsorientiert einsetzen, Mitarbeiter führen und motivieren, die Zusammenhänge zwischen Unternehmens- und Personalpolitik beurteilen, daraus die notwendigen Handlungsschritte ableiten und Mitarbeiter fördern kann. Dazu muss er die rechtlichen Vorschriften berücksichtigen.

2.1 Führungsmethoden

2.1.1 Ziele der Personalführung und Unternehmensziele

Personalführung ist ein Teil der Unternehmensführung; der Mitarbeiter steht hierbei im Mittelpunkt. Die wichtigste Führungsaufgabe überhaupt ist, den Mitarbeiter dazu zu motivieren, zum Erfolg des Unternehmens beizutragen. Die Arbeitsbedingungen müssen so gestaltet werden, dass sie die Loyalität und Identifikation des Mitarbeiters unterstützen und verstärken. Meist wird im Unternehmensleitbild die Bedeutung der Personalführung beschrieben wie z.B. einzusetzende Führungsstile, -modelle und -techniken.

2.1.2 Unternehmensleitbild und Führungsgrundsätze

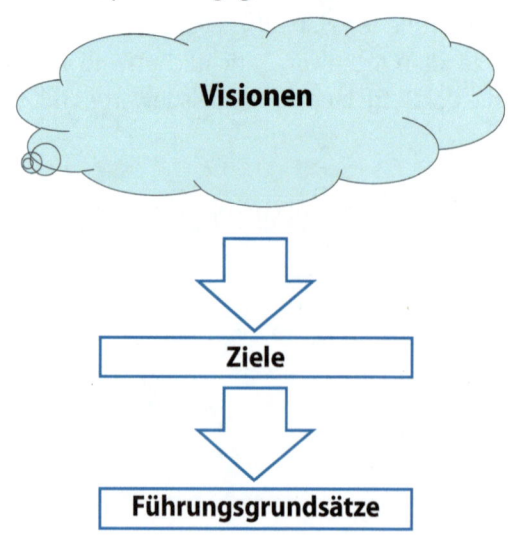

Visionen
↓
Ziele
↓
Führungsgrundsätze

2.1 Führungsmethoden

Innerhalb des Marketings wird den Unternehmen heute empfohlen, eine „Corporate Identity" zu entwickeln, um für den Kunden klar erkennbar und abgrenzbar vom Mitbewerber zu sein. Corporate Identity kann mit dem Wesen oder Charakter eines Menschen verglichen werden. Zunächst entspricht die Corporate Identity eines Unternehmens dem Soll-Zustand. Für den Kunden wird die Identität des Unternehmens erst zur Realität, wenn diese im Unternehmen auch gelebt wird, sie der tatsächlichen Unternehmenskultur entspricht. Daher soll jede Corporate Identity mit schriftlichen Normen, Regeln und Leitbildern begleitet werden, die den Mitarbeitern ein gewünschtes Unternehmensbild vorgeben, nach dem sie sich ausrichten sollen.

Viele Unternehmen entwickeln heute sehr langfristige Ziele – Visionen –, die als Weg in die Zukunft gesehen werden müssen. Visionen beziehen sich auf einen Zeitraum zwischen 5, 10 und mehr Jahren. Abgeleitet von der Vision entwickelt das Unternehmen Ziele, die langfristig angestrebt werden.

Diese Unternehmensziele sind die Grundlage zur Erarbeitung der Führungsgrundsätze, die eine Anleitung geben, wie im Bereich des Personalmanagements diese Ziele erreicht werden können. Andere sprechen von Leitlinien für die Zusammenarbeit. Nicht selten werden sie in einem oder Mitarbeiterhandbuch zusammengefasst. Inhalte der Führungsgrundsätze sind z.B.:

Mitarbeiterführung und Kooperation:
Den Führungskräften wird vorgegeben, welchen Führungsstil sie anzuwenden haben, in der Regel den kooperativen oder situativen Führungsstil. Es werden die wichtigsten Führungsinstrumente genannt, die die Führungskraft regelmäßig einzusetzen hat (z.B. das Mitarbeitergespräch). *Siehe Führungsinstrumente*

Qualifikation der Mitarbeiter:
In vielen Führungsgrundsätzen wird den Mitarbeitern zugesichert, dass sie gefördert werden, um ihre Leistungsfähigkeit kontinuierlich zu verbessern. Außerdem wird ihnen der Aufstieg innerhalb des Unternehmens in Aussicht gestellt.

Mitentscheidung der Mitarbeiter und Selbstverwirklichung:
Über Zielvereinbarungen werden die Mitarbeiter in die Planung von Aufgaben mit einbezogen. So können sie sich mit ihren Aufgaben identifizieren und diese in eigener Verantwortung erfüllen.

Zusammenarbeit mit dem Betriebsrat:
Der Betriebsrat ist Partner der Geschäftsleitung, mit dem vertrauensvoll zusammengearbeitet wird.

2 Führung, Personalmanagement, Kommunikation und Kooperation

Diversity – Verschiedenheit:
Der Anteil der Bürger mit Migrationshintergrund nimmt stetig zu, die Quote der älteren Mitarbeiter wächst und Mitarbeiter mit Behinderungen werden verstärkt Chancen zur Einstellung erhalten.
Diversity bedeutet, dass diese Vielfalt von Mentalitäten, Talenten und Einstellungen als Chance verstanden wird.

Bei der Trinkmann GmbH gibt es bereits ein Unternehmensleitbild, das die wichtigsten Ziele und Grundsätze für das Unternehmen festhält:

„Die Trinkmann GmbH ist ein in Nordrhein-Westfalen im Groß- und Einzelhandel tätiges Handelsunternehmen. Wir wollen breite Schichten der Bevölkerung mit Getränken versorgen. Durch die Erschließung neuer Standorte und die Einrichtung neuer Vertriebstypen wollen wir weiter wachsen.

Unsere Mitarbeiter sind unser wertvollstes Kapital. Wir bekennen uns zur Wertschätzung jedes einzelnen Mitarbeiters. Deshalb wollen wir
- persönliche Leistung anerkennen und fördern,
- eine leistungsgerechte Vergütung gewähren,
- Mitarbeiter unterstützen, ihre Talente nutzen und weiterentwickeln,
- uns gegenseitig informieren, unsere Meinungen austauschen,
- sachliche und faire Kritik zulassen.

Wir wollen dem Kunden den Getränkeeinkauf so bequem wie möglich machen. Gleichzeitig wollen wir uns geändertem Kundenverhalten frühzeitig anpassen. Attraktive und konkurrenzfähige Preise sowie die kompetente und freundliche Beratung durch unsere Mitarbeiter sind unsere stärkste Waffe gegenüber unseren Mitbewerbern.
Wir legen Wert auf eine vertrauensvolle Zusammenarbeit mit unseren Lieferanten. Ehrlichkeit und Loyalität liegen unseren Verhandlungen zugrunde. Dabei streben wir durch leistungsfähige Kooperationen zusätzliche Einkaufsvorteile an.
Wir akzeptieren die Verantwortung, die wir als Unternehmen gegenüber dem Staat und der Gesellschaft haben und beziehen diese in unser Handeln ein. Dabei verstehen wir den Umweltschutz als wichtige und nachhaltige Aufgabe.
Angemessene Gewinne sind die Voraussetzung für die Sicherung des Unternehmens und der Arbeitsplätze. Daher streben wir ein kontinuierliches Wachstum von Umsatz und Gewinn an."

Nun soll eine Projektgruppe ausgehend vom Leitbild ein Mitarbeiterhandbuch entwickeln. Folgende Vorgehensweise hat die Teamleiterin Personal geplant:

Zunächst wird in der Projektgruppe der Entwurf des Mitarbeiterhandbuchs erstellt. In der Projektgruppe arbeiten zusammen: Der geschäftsführende Gesellschafter, die Teamleiterin Personal als Projektleiterin, der Leiter Vertrieb, eine Sachbearbeiterin aus dem Einkauf, der Teamleiter Fachmärkte, zwei Verkaufsmitarbeiter aus den Fachmärkten und ein Auszubildender. Für die Erstellung des Entwurfs sind 3 Monate vorgesehen.

Der Geschäftsführer und die Teamleiterin Personal prüfen nach Erstellung, ob die Mitarbeiter alle Regeln und Normen auch umsetzen können oder ob Mitarbeiter noch qualifiziert werden, Seminare besuchen oder einen Coach zur Seite gestellt haben müssen. Erst wenn sicher ist, dass die Führungskräfte und Mitarbeiter auch das Verhalten zeigen können, das das Handbuch vorsieht, wird es veröffentlicht.

Zur Einführung wird der Geschäftsführer gemeinsam mit einem Mitglied der Projektgruppe die Teams in der Zentrale und in den Fachmärkten besuchen, das Handbuch vorstellen und Fragen hierzu beantworten. Alle hoffen, dass die Mitarbeiter in eine lebhafte Diskussion einsteigen. Denn Leitbild und Handbuch müssen gelebt werden. Sie in Schriftform zu besitzen, ändert noch nichts im Unternehmen.

2.1.3 Personale und soziale Kompetenzen, Methoden- und Fachkompetenz

Die Führungsaufgaben in einem Unternehmen werden von der Geschäftsleitung sowie den Instanzen ausgeführt. Meist sind deren Aufgaben in einer Stellenbeschreibung festgehalten, so dass jede Führungskraft ihre Aufgaben kennt.

Stellenbeschreibung für den „Teamleiter Fachmärkte" der Trinkmann GmbH

Stellenbezeichnung	Teamleiter/in Fachmarkt
Ziel	Leitung aller Fachmärkte
Unterstellung	Leiter/in Vertrieb
Überstellung	alle Mitarbeiter und Auszubildende der Fachmärkte
Vertretung	Leiterin Vertrieb
Vollmachten	Vertragsabschluss für die Mitarbeiter und Auszubildenden der Fachmärkte, Urlaubsgewährung, Abmahnungen
Aufgaben	Personalplanung Beschaffung und Auswahl von Mitarbeitern Personaleinsatzplanung Urlaubsplanung Führung und Entwicklung der Mitarbeiter Betreuung der Auszubildenden Personalfreisetzung Auswertungen des WWS, Weiterleiten von Vorschlägen an den/die Leiter/in Vertrieb Warenpräsentation Beratungsgespräche Reklamationen Kassenprüfung und Kontrolle der Abrechnung

Voraussetzungen: abgeschlossene Ausbildung Kaufmann/frau im Einzelhandel, erfolgreicher Abschluss des Förderprogramms

Es ist von großem Vorteil, wenn, ausgehend von der Stellenbeschreibung, ein Anforderungsprofil entwickelt wird. Dieses Anforderungsprofil ist dann Grundlage für viele Bereiche des Personalmanagements wie z.B. die Personalbeschaffung und die Gestaltung des Auswahlverfahrens, die Weiterbildung oder das Beurteilungswesen.

Zur Stellenbeschreibung des „Teamleiters Fachmärkte" wurde ein Anforderungsprofil entwickelt:

Anforderungen	Gewichtung	
	Weniger wichtig	sehr wichtig
Waren- und Sortimentskenntnisse		
WWS		
Präsentation und Verkaufsraumgestaltung		
analytische Fähigkeit		
Zeit- und Selbstmanagement		
Kundenorientierung		
Kommunikationsfähigkeit		
Teamfähigkeit		
Konfliktfähigkeit		
Führungsfähigkeit		
Belastbarkeit		

Dieses Anforderungsprofil ist entsprechend der beruflichen Handlungskompetenzen nach Fach-, Methoden-, Sozial- und Persönlichkeitskompetenzen geordnet.

Fachkompetenzen
befähigen den Mitarbeiter, seine Aufgaben aus der Stellenbeschreibung mit seinem Fachwissen und –können zu erfüllen (z.B. Rechtskenntnisse, Waren- und Sortimentskenntnisse).

Methodenkompetenzen
sind notwendig dafür, dass der Mitarbeiter geeignete Methoden einsetzt, um auf eine effiziente Art seine Aufgaben zu lösen (z.B. SAP-Erfahrung, Zeit- und Selbstmanagement).

Sozialkompetenzen
ermöglichen dem Mitarbeiter, mit seinen Mitarbeitern, Kollegen und seinem Vorgesetzten sowie mit Kunden und Partnern erfolgreich zu kommunizieren und zusammenzuarbeiten (z.B. Teamfähigkeit, Kommunikationsfähigkeit).

Persönlichkeitskompetenzen
machen es möglich, dass der Mitarbeiter seine Handlungen reflektiert, aus Fehlern lernt und gleichzeitig seinen Standpunkt vertritt (z.B. Engagement, Strebsamkeit).

2 Führung, Personalmanagement, Kommunikation und Kooperation

In diesem Handlungsbereich werden ausschließlich die Führungsaufgaben, die innerhalb des Personalmanagements ausgeführt werden, betrachtet. Dabei gibt es Fach- bzw. Sachaufgaben wie z.B. die Personaleinsatzplanung. Bei den Fachaufgaben gibt das Unternehmen oft Hilfe durch Organisationsanweisungen, Vordrucke oder Software. Anders ist dies bei den situations- und personenbezogen Aufgaben: Die Führungskräfte leiten ihre Mitarbeiter an, um die Unternehmensziele zu erreichen. Beispiele hierfür sind die Delegation von Aufgaben, die Motivation und das Konfliktmanagement. Um diese Aufgaben zu lösen, sind vor allem die Sozial- und Persönlichkeitskompetenzen wichtig. Dabei können die Erfüllung der Fachaufgabe und der personenbezogenen Aufgabe im Widerspruch stehen: Bei der Personaleinsatzplanung plant die Führungskraft das Optimum an Mitarbeitern; es sollen nicht zu viele Mitarbeiter da sein, so dass es nicht zu Leerlauf kommt und dann zu arbeitsintensiven Zeiten diese Mitarbeiter nicht zur Verfügung stehen. Aber es dürfen auch nicht zu wenige Mitarbeiter eingesetzt sein, so dass Kunden nicht bedient werden können. Und nun wünscht ein Mitarbeiter aus persönlichen Gründen Freizeit trotz hohen Arbeitsanfalls. Für seine langfristige Motivation wäre es positiv, wenn die Führungskraft diesem Wunsch nachkommt. Fach- und Methodenkompetenz hilft dann, um die betrieblichen Erfordernisse zu beachten, und Sozial- und Persönlichkeitskompetenz, um dem Mitarbeiter gerecht zu werden.

Mit der Übertragung einer Führungsaufgabe besitzt die Führungskraft eine Amtsautorität: Die Führungskraft, Kollegen und Mitarbeiter kennen durch die Stellenbeschreibung die Einzelaufgaben. Außerdem erhält die Führungskraft vom Unternehmen alle notwendigen Vollmachten. Verbunden damit ist aber auch, dass die Führungskraft für ihr Handeln verantwortlich ist. Das Organigramm zeigt, zu welcher Hierarchiestufe der Stelleninhaber gehört.

Hat die Führungskraft die notwendige Erfahrung, die Fach- und Methodenkompetenzen, die mit der Stelle verbunden sind, so besitzt sie zusätzlich die Fachautorität, die dazu beiträgt, dass die Mitarbeiter ihre Aufträge gut erfüllen.

Erst dann aber, wenn die Mitarbeiter auch die personale Autorität, die Sozial- und Persönlichkeitskompetenzen wie z.B. die Integrität, die Vertrauenswürdigkeit oder die Verlässlichkeit der Führungskraft anerkennen, so werden Mitarbeiter und Vorgesetzter ein gutes Team.

2.1.4 Führungsmethoden

Führungsstile

Führungsstile beschreiben die Art und Weise, wie die Führungskraft ihren Mitarbeitern begegnet.

2.1 Führungsmethoden

Der im Unternehmen gewünschte Führungsstil ist oft in den Führungsgrundsätzen festgelegt und bestimmt das Handeln aller Führungskräfte im Unternehmen. Dabei werden diese beiden gegensätzlichen Modelle unterschieden:

Kooperativer Führungsstil:
Beim kooperativen Führungsstil muss der Vorgesetzte die Anerkennung seiner Mitarbeiter gewinnen. Zur Amtsautorität kommt die Persönlichkeitsautorität hinzu, der freiwillige Respekt der Mitarbeiter.
Beim kooperativen Führungsstil sind die Aufgaben und Ziele der Mitarbeiter durch die Stellenbeschreibungen bestimmt. Der Vorgesetzte unterstützt bei der Erfüllung der Aufgaben, gibt Einsicht in Zusammenhänge, betriebliche Abläufe und Organisationsstrukturen, schafft Freiräume für eigenverantwortliches Handeln und gibt Feedback. Er nimmt aber auch gleichzeitig Feedback seiner Mitarbeiter an.
Beim kooperativen Führungsstil ist oft die Qualität der Entscheidungen besser, weil die Mitarbeiter beteiligt sind.

Autoritärer Führungsstil:
Beim autoritären Führungsstil entscheidet der Vorgesetze kraft seines Amtes und Position, er ordnet an und gibt ausschließlich Weisungen. Bei den Mitarbeitern sind die wichtigsten Eigenschaften Disziplin, Ergebenheit, Folgsamkeit und Unterordnung.
Der Vorteil des autoritären Führungsstils ist die Schnelligkeit der Entscheidungen, da sie nur in einer Hand liegen.

Heute haben sich viele Unternehmen, soweit Führungsgrundsätze vorliegen, den kooperativen Führungsstil festgelegt. Neben diesen beiden Modellen gibt es noch Abwandlungen wie z.B.
- den patriarchalischen Führungsstil: Die Führungskraft fühlt sich für die Mitarbeiter sehr stark verantwortlich. Für die Betreuung erwartet sie Loyalität und Pflichterfüllung.
- den bürokratischen Führungsstil: Im Unternehmen gibt es für alle Vorgänge Regeln, Anweisungen und Richtlinien, die das Handeln aller Beteiligten bestimmen, aber auch einschränken.
- den situativen Führungsstil: Beim situativen Führungsstil führt die Führungskraft nicht nach einem der beschriebenen Modelle, sondern berücksichtigt bei ihrem Verhalten die individuellen Voraussetzungen, die Einstellung und das Wesen der einzelnen Mitarbeiter und die jeweilige Situation.

Der Wissenschaftler McGregor hat hierzu zwei Menschenbilder entwickelt: Die Theorie X sieht den Menschen eher negativ mit wenig Ehrgeiz und Antrieb. Nach der Theorie Y sind Mitarbeiter grundsätzlich interessiert an ihrer Arbeit, akzeptieren Zielvorgaben und haben meist

mehr Potenzial, als das Unternehmen erkennt. Entsprechend diesem Menschenbild wäre für die X-Menschen der autoritäre Führungsstil geeignet und für die Y-Menschen der kooperative. Doch McGregor empfiehlt, das Menschenbild nach Theorie X aufzugeben und von der Theorie Y auszugehen. Arbeitsunlust und mangelnde Motivation sind nach Mc Gregor lediglich ein Ergebnis unzureichender Arbeitsbedingungen.
- Laissez-faire: Dies ist eigentlich kein Führungsmodell, da die Führungskraft keine Führungsmittel einsetzt. Die Mitarbeiter bestimmen selbst über ihr Handeln.

Führungstechniken
Führungstechniken beziehen sich auf einen Teilaspekt der Führung und geben dazu Hilfestellung.

Management by Objectives (MbO):
Die Unternehmensleitung gibt die Ziele für das Gesamtunternehmen vor. Daraus entwickeln die Führungskräfte die Ziele ihrer Teilbereiche und erarbeiten dann mit den Mitarbeitern deren individuelle Ziele. Dem Mitarbeiter wird es dabei überlassen, wie er die festgelegten Ziele erreichen möchte. Neben der Zielfindung hat der Vorgesetzte die Aufgabe, die Zielerreichung zu kontrollieren.
Voraussetzungen für diese Führungstechnik sind Unternehmensgrundsätze, und ein Zielsystem, das die Unternehmensziele in operationalisierte Ziele der einzelnen Bereiche herunterbricht, Stellenbeschreibungen und ein Kontrollsystem für den Mitarbeiter selbst und den Vorgesetzten. Bei der Gestaltung der Zielvereinbarungen zwischen Vorgesetztem und Mitarbeiter ist folgendes zu beachten:
- Die Ziele sind mit den Unternehmenszielen vereinbar, unterstützen diese.
- Die Zielerreichung entspricht der Stellenbeschreibung des Mitarbeiters, er hat die Möglichkeit, die Zielerreichung zu beeinflussen.
- Die Ziele sind klar und präzise formuliert und erreichbar. Das Ausmaß der Zielvereinbarung und Zeit werden festgelegt.
- Die Ziele fordern den Mitarbeiter, sie überfordern ihn aber nicht.

Management by Delegation:
Delegieren bedeutet, eine Aufgabe auf einen anderen übertragen. Mit der Aufgabe muss der Vorgesetzte auch die Befugnisse und die Verantwortung, die sich aus ihnen ergibt, übertragen. Grundsätzlich wollen Mitarbeiter eigenverantwortlich arbeiten können. Dabei ist es wichtig, dass nicht nur Routinearbeiten delegiert werden. Die Führungskraft muss Vertrauen in die Fähigkeiten der Mitarbeiter zeigen – auch wenn der Mitarbeiter einen anderen Weg geht, als die Führungskraft selbst wählen würde. Souverän muss sie zulassen, dass der Mitarbeiter möglicherweise die Aufgabe besser erledigt als sie dies selbst könnte.

Dafür schafft Delegation viele Vorteile für die Führungskraft:
- Die Führungskraft kann sich auf ihre eigenen Führungsaufgaben konzentrieren.
- Mitarbeiter sind motiviert, ihre Potenziale werden genutzt und sie werden ständig durch die Aufgabenvielfalt gefördert und entwickelt.
- Potenziale von Mitarbeitern werden erkannt; sie können entsprechend gefördert werden.

Management by Exception:
Der Arbeitsalltag des Mitarbeiters ist durch die Stellenbeschreibung bestimmt, er führt die dort aufgeführten Aufgaben selbstständig durch. Nur bei Ausnahmesituationen informiert der Mitarbeiter seinen Vorgesetzten oder dieser greift von sich aus ein, um die Ausführung festzulegen. Auch hier soll der Vorgesetzte so weit wie möglich entlastet werden.

Führungsinstrumente
Die Führungsinstrumente sind Hilfsmittel, um das gewünschte Führungsmodell und die -technik zu realisieren.
Die wichtigsten Führungsinstrumente sind:

Information:
Aus Mitarbeiterbefragungen ergibt sich oft, dass Mitarbeiter sich nicht ausreichend informiert fühlen. Dabei steht in vielen Leitbildern, dass Mitarbeiter weitestgehend in Entscheidungen mit einbezogen werden sollen und hierfür ist ein hinreichender Informationsstand unerlässlich.
Die Mitarbeiter benötigen Informationen zu ihrer unmittelbaren Aufgabenerfüllung wie z.B. Organisationsanweisungen, gesetzliche und tarifliche Vorschriften, Waren- und Sortimentskunde, Betriebsordnung oder „ungeschriebene Verhaltensregeln" gegenüber den Kunden oder Geschäftspartnern. Doch wichtig sind auch Informationen, die den Arbeitsplatz am Rand betreffen wie z.B. Aufgaben der Nachbarabteilungen, Kostenprobleme, einen Gesamt-Sortimentsüberblick und Marktinformationen. Diese Informationen können den Mitarbeitern im Intranet bereitgestellt werden, schriftlich vorliegen und/oder von der Führungskraft in regelmäßigen Mitarbeiterteamgesprächen vermittelt werden. Die persönlichen Gespräche haben den Vorteil, dass die Mitarbeiter nachfragen können.
Damit Mitarbeiter sich mit den Unternehmenszielen identifizieren, ist es notwendig, sie für Themen zu interessieren, die über ihre eigentliche Aufgabe hinausgehen. Zu den wünschenswerten Informationen gehören z.B.
- personelle Umbesetzungen
- bauliche Veränderungen
- geschäftliche Situation.

> Bei der Trinkmann GmbH gibt es am 1. Dienstag im Monat in der Zentrale das „Wort zum Sonntag": Marco Trinkmann als geschäftsführender Gesellschafter erläutert in ca. 45 Minuten allen Mitarbeitern die momentane Geschäftssituation, besondere Maßnahmen, hervorragende Leistungen von Mitarbeitern und nennt Mitarbeiter, die Jubiläum hatten. Anschließend stellen die Teamleiter Neuigkeiten ihres Sortiments vor. Die Veranstaltung findet im Foyer statt, da alle Mitarbeiter dort Platz haben.
>
> Besucht der geschäftsführende Gesellschafter oder der Vertriebsleiter die Fachmärkte, ist er 45 Minuten vor Geschäftsbeginn im Laden, um mit den Mitarbeitern in Ruhe das Gespräch zu führen. Für Kaffee und Brötchen ist dann immer gesorgt.

Motivation:
Motivation bezeichnet die Beweggründe des menschlichen Handelns. Zur Motivierung der Mitarbeiter versucht die Führungskraft Anreize zu setzen, die die Mitarbeiter veranlassen, sich für die gesteckten Ziele zu engagieren.
Bei Mitarbeiterbefragungen werden oft folgende Beweggründe genannt:
- Mitarbeiter erreichen Ziele, die sich aus ihrer Aufgabenstellung ergeben. Diese Zielerreichung wird nur dann als persönlicher Erfolg empfunden, wenn der Einsatz der persönlichen Talente, Anstrengung und/oder die Eigeninitiative ausschlaggebend waren.
- Mitarbeiter wollen gefordert werden und sich beruflich entfalten. Einfache Routine-Arbeiten oder zu stark beaufsichtigte Tätigkeiten können frustrieren.
- Die meisten Mitarbeiter schätzen es, in einem Team zusammenzuarbeiten. Dies betrifft die Arbeit an sich, aber auch das Zusammensein mit den Kollegen.
- Zunächst liegt es nahe, als das stärkste Motiv von Mitarbeiter die Vergütungszahlung anzunehmen. Dieses Motiv ist jedoch sehr unterschiedlich bei den Mitarbeiter ausgeprägt: Die einen sehen das Geld als Grundlage für ihren Lebensunterhalt, andere verbinden mit dem Verdienst Ansehen und Geltung. Die Wissenschaft sagt, dass Geld so lange motivierend ist, wie das Einkommen genutzt wird, um sich materielle Wünsche zu erfüllen wie z.B. die eigene Wohnung, das Auto, Bekleidung. Mit steigendem Einkommen fällt der Anreiz des Geldes. Andere Faktoren der Motivation wie z.B. die Leistung an sich und deren Anerkennung werden wichtig.

Delegation:
siehe oben Management by Delegation

Kontrolle:
Zu den Aufgaben einer Führungskraft gehört die Kontrolle, der Aufgabenerfüllung der Mitarbeiter, aber auch des Verhaltens. Auch das damit verbundene Feedback kann die Mitarbeiter motivieren. Wer kein Feedback bekommt, fühlt sich verunsichert.
Mit der Kontrolle verbunden sind Anerkennung und Kritik. Anerkennung von Leistungen motiviert die Mitarbeiter, sie fühlen sich in ihrem Verhalten bestätigt, ihre Arbeitsfreude wird verstärkt. Bei schlechten Leistungen ist es wichtig, dem Mitarbeiter die Chance zu geben, sein Verhalten zu korrigieren und dafür Hilfestellung anzubieten.

Beurteilung: *siehe 2.5*

Mitarbeitergespräche: *siehe 2.10.3 Mitarbeitergespräche*

2.2 Zeit- und Selbstmanagement

Warum Selbstmanagement so wichtig ist
In ihrem berühmten Buch „Das Peter-Prinzip" schildern die Autoren den Fall eines großartigen Automechanikers, der nach der Pensionierung seines Meisters zum neuen Leiter der Werkstatt avanciert. Was tut er hier? Er steckt nach wie vor seinen Kopf unter jede Motorhaube. Seine Mitarbeiter stehen derweil um ihn herum. Aber seinen eigenen Aufgaben, nämlich die Werkstatt zu leiten und Mitarbeiter zu führen, wird er nicht gerecht.
Typisches Beispiel eines unzureichenden Zeit- und Selbstmanagements. Es zeigt auch, wie wichtig es ist, seine eigene Arbeitszeit und die seiner Mitarbeiter sorgfältig zu planen. Zeit- und Selbstmanagement bedeutet, über seine Arbeitszeit selbst zu bestimmen.

2.2.1 Die Prioritäten der Aufgaben müssen festgelegt werden

Die Arbeitsbelastung der Mitarbeiter im Handel ist in den letzten Jahren größer geworden: Im Einzelhandel sind die Öffnungszeiten verlängert worden, zusätzlich kommen noch die Sonntagsöffnungen dazu. Und auch im Großhandel sind die Arbeitsgebiete umfassender als in der Vergangenheit. Die IT ist nicht nur ein Segen, sondern hat manche Korrespondenz vervielfacht. Umso wichtiger ist es, seine eigene Arbeitszeit und die seiner Mitarbeiter sorgfältig zu planen. Zeit- und Selbstmanagement bedeutet, über seine Arbeitszeit selbst zu herrschen.

"Nur wer sein Ziel kennt, findet den Weg." So sagt ein chinesisches Sprichwort. Und so steht beim Zeit- und Selbstmanagement am Anfang, sich seine Ziele bewusst zu machen.
So kann man optimal vorgehen:

- Ziele definieren
- Maßnahmen planen
- notwendige Tätigkeiten ausführen
- Zielerreichung kontrollieren

Die Zielsetzung zu Anfang ermöglicht die Konzentration auf die wichtigen Aufgaben und sichert die Orientierung und den Überblick. Bei der Zielformulierung hilft die „Smart-Formel":

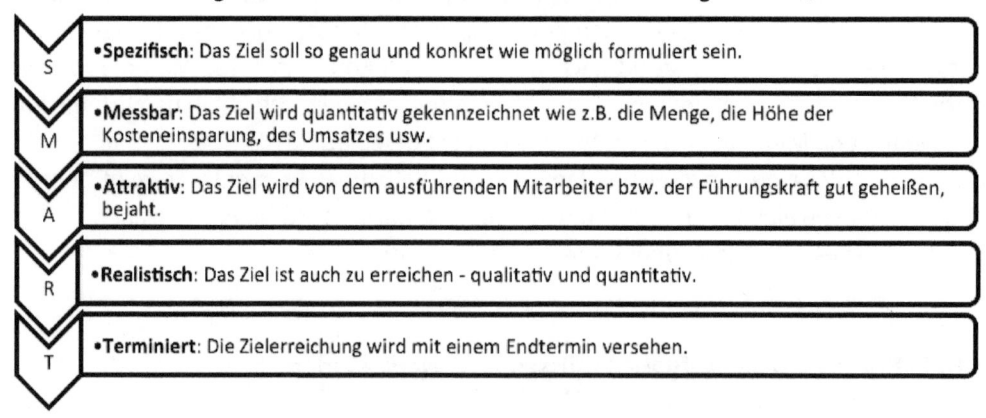

S • **Spezifisch**: Das Ziel soll so genau und konkret wie möglich formuliert sein.

M • **Messbar**: Das Ziel wird quantitativ gekennzeichnet wie z.B. die Menge, die Höhe der Kosteneinsparung, des Umsatzes usw.

A • **Attraktiv**: Das Ziel wird von dem ausführenden Mitarbeiter bzw. der Führungskraft gut geheißen, bejaht.

R • **Realistisch**: Das Ziel ist auch zu erreichen – qualitativ und quantitativ.

T • **Terminiert**: Die Zielerreichung wird mit einem Endtermin versehen.

Das grobe Ziel jedes Aufgabengebietes ist in der Stellenbeschreibung festgelegt. Zusammen mit dem Vorgesetzten werden dann Teilziele für ein Jahr bzw. Halbjahr herunter gebrochen und schriftlich fixiert. An diesen Teilzielen orientiert sich der Mitarbeiter, wenn er für die Woche und dann morgens für den Tag seine Vorhaben festlegt. Das tägliche und wöchentliche Bestimmen von Teilzielen, nach Priorität und Terminen geordnet, ist zu empfehlen. Außerdem ist das Erreichen der kleinen Teilziele motivierend.

Die Maßnahmenplanung sollte regelmäßig am Anfang eines Jahres, eines Monats, einer Woche und eines Tages erfolgen, am besten schriftlich. Damit entlastet man das Gedächtnis und sichert den Überblick. Außerdem trägt die Übersicht zur Disziplin bei. Durchgeführte Arbeiten können durchgestrichen werden, das zeigt auch optisch den Erfolg und motiviert. Am Ende einer Zeitperiode wird die „to-do-Liste" kontrolliert. Vorhaben, die noch nicht geschafft sind, werden dann auf den nächsten Zeitabschnitt übertragen. Wichtig ist bei der Aufstellung, dass nicht die gesamte Arbeitszeit verplant wird, sondern Pufferzeiten für Unvorhergesehenes berücksichtigt werden.

2.2.2 Instrumente des Zeitmanagements

Das Pareto-Prinzip
Benannt nach dem italienischen Nationalökonomen Vilfrido Pareto (1848–1923) besagt es, dass oft im Leben 20% des Einsatzes 80% des Erfolges bewirken wie z.B.
- 20% der Kunden erzielen 80% des Umsatzes
- 20% des Sortiments führen zu 80% des Absatzes.

Hieraus schließt Pareto, dass 20% der aufgewandten Arbeitszeit zu 80% zum Arbeitserfolg beitragen. Man sollte sich deshalb immer wieder fragen: Welches sind meine wichtigsten Aufgaben, die zu meiner definierten Zielerreichung gehören? Diese Aufgaben erhalten höchste Priorität.

Die A-L-P-E-N-Methode
Die Alpen-Methode hilft, einen realistischen Tagesplan aufzustellen:

A	Alle **Aufgaben** eines Tages werden aufgeschrieben: Aufgaben aus dem Monats- bzw. Wochenplan Unerledigtes vom Vortag neu hinzugekommene Arbeiten periodisch wiederkehrende Arbeiten wie z.B. tägliche IT-Auswertungen, Umsatzabfragen vom Vortag, Lagerpflege
L	Die **Länge** wird geschätzt, zu jeder Aufgabe wird der Zeitbedarf eingetragen.
P	**Pufferzeit** wird reserviert, es wird nur ca. 60% der Arbeitszeit verplant, der Rest ist Pufferzeit für unvorhergesehene Dinge, Störungen und nicht zuletzt persönliche Bedürfnisse
E	**Entscheidungen** werden getroffen: Nun wird der Plan nochmals geprüft und notfalls gestrichen, eine Rangfolge festgelegt und abgewogen, ob die Arbeit von einem selbst unbedingt ausgeführt werden muss.
N	**Nachkontrolle**: Aktivitäten, die immer wieder übertragen wurden, werden geprüft, ob diese nun endlich erledigt werden können oder sie sich von selbst erledigt haben.

Die ABC-Analyse

Die ABC-Analyse ist aus der Handelsbetriebslehre bekannt, sie wird in der Beschaffung und im Marketing eingesetzt. Auch im Zeit- und Selbstmanagement besteht die Gefahr, dass zu viel Zeit für die nicht so wichtigen Angelegenheiten verwendet wird und die entscheidenden Vorgänge zu kurz kommen. Deshalb werden die Aufgaben unterschieden in

A-Aufgaben	sind die wichtigsten Aufgaben. Sie müssen von dem Mitarbeiter selbst oder im Team ausgeführt werden, sie sind meist nicht delegierbar. Der Mitarbeiter sollte hierfür 60 – 70 % seiner Arbeitszeit aufbringen.
B-Aufgaben	haben eine Bedeutung, sind aber durchaus delegierbar. Nicht mehr als 20 % der Arbeitszeit sollte hierfür verwendet werden.
C-Aufgaben	müssen in der Bearbeitung optimiert werden durch Vordrucke, Checklisten oder IT-gestützte Maßnahmen, so dass sie in kurzer Zeit erledigt werden können.

Das Eisenhower-Prinzip

Das Eisenhower-Prinzip hilft – ähnlich wie bei der ABC-Analyse – Prioritäten zu setzen. Dabei werden die Arbeitsaufträge nach Dringlichkeit und Wichtigkeit kategorisiert:

	Dringend	nicht dringend
Wichtig	A-Aufgaben sind wichtig und dringlich. Sie müssen unverzüglich ausgeführt werden, in der Regel vom Mitarbeiter selbst.	B-Aufgaben sind wichtig, aber nicht dringlich. Sie werden auf Wiedervorlage gelegt oder es wird geprüft, ob sie delegierbar sind. Dabei ist die Kontrolle notwendig.
Unwichtig	C-Aufgaben sind dringlich, aber nicht wichtig. Sie stehen auf der To-do-Liste unten oder werden an Mitarbeiter übertragen.	Von Vorgängen, die weder wichtig noch dringlich sind, sollte der Mitarbeiter sich trennen. So schwer es auch fällt, diese gehören in den Papierkorb.

2.2.3 Zeitplansysteme

In jedes Zeitplansystem gehören diese Eintragungen:
- Termine und Daten
- To-Do-Liste
- Prioritäten
- Zeitdauer und
- die Zielsetzungen für das Jahr, für den Monat, für die Woche und für den Tag.

Es gibt Papierzeitplaner in unterschiedlichen Formaten. Sie gewähren einen guten Überblick über längere Zeiträume und sind unabhängig von Akkus und Computerviren. Doch sie können nur individuell eingesetzt werden. Sobald mehrere Mitarbeiter in den Zeitplaner Einsicht nehmen bzw. Aufgaben und Termine eintragen müssen, ist ein elektronisches Zeitplansystem zu empfehlen. Outlook bietet eine gute Verwaltung über den PC und über das Internet können Mitarbeiter Zugriff nehmen. Mobile Zeitplansysteme werden über das Smartphone geführt. Vorteil ist hierbei, dass das Smartphone ohnehin stets mit sich getragen wird. Mittlerweise lassen sich Outlook und Mobiltelefone synchronisieren.

2.2.4 Zeitdiebe und Zeitfresser

Zeitdiebe sind Arbeiten, die lange dauern, jedoch nicht zu wichtigen Ergebnissen führen. Dabei können z.B. folgende Ursachen unterschieden werden:

Persönlicher Arbeitsstil:
Die meisten Mitarbeiter verlieren den Überblick, wenn sie an einem überhäuften Schreibtisch arbeiten. Eine regelmäßige Ablage und Verarbeitung von Notizen schafft Ordnung.

Störungen durch andere:
Bei der Erledigung von A-Aufgaben ist es durchaus sinnvoll, das Telefon umzustellen, um in Ruhe, konzentriert und zügig arbeiten zu können. Besprechungen sind für die Teamarbeit unerlässlich, trotzdem muss immer wieder geprüft werden, wie oft und wie lange diese stattfinden müssen.

E-Mails:
Der E-Mail-Eingang muss nicht ständig kontrolliert werden. Es ist ausreichend, wenn der Mitarbeiter 3x am Tag seine Mails prüft und bearbeitet. Auch hier ist von Vorteil, wenn Sie die E-Mails nach Wichtigkeit und Dringlichkeit bestimmen. Nur die wichtigen und dringlichen E-Mails werden sofort bearbeitet, die anderen in Zwischenordnern abgelegt, so dass der Eingangsordner übersichtlich bleibt.
Im Unternehmen sollte es verbindliche Regelungen geben, wer welche Mails erhält, so dass nicht ständig „auf alle" geklickt wird.
Und jeder Blick auf Whatsapp- und andere Nachrichten unterbricht den Denk- und Handlungsfluss!

2.2.5 Biorhythmus und Leistungskurve

Unser Biorhythmus hat einen entscheidenden Einfluss auf die Arbeitsergebnisse. So gilt es herauszufinden, wie die individuelle Leistungskurve verläuft. Generell liegt der Leistungshöhepunkt am Vormittag, sinkt gegen Mittag ab und befindet sich besonders nach dem Mittagessen auf einem Tiefpunkt. Für die Arbeitseinteilung ist darauf zu achten, dass die wichtigen Aufgaben morgens bzw. vormittags erledigt werden. Die Zeit nach dem Mittagessen wird für C-Aufgaben oder für Gespräche bzw. Telefonate genutzt. Der Nachmittag dient dann den B-Aufgaben. Ein Angehen gegen die individuelle Leistungskurve bringt auf Dauer keinen Erfolg, schlimmstenfalls kann es krank machen.

Bei den Arbeitszeitmodellen berücksichtigt das Arbeitszeitkonto am stärksten die individuelle Leistungskurve des Mitarbeiters, da hier der Mitarbeiter selbst in Abstimmung mit den betrieblichen Belangen über seine Arbeitszeit, den Beginn und das Ende entscheidet. Innerhalb der Personaleinsatzplanung ist darauf zu achten, dass die Mitarbeiter ausreichend Pausen haben. Die Pausen sollten nicht am Arbeitsplatz verbracht werden. Außerdem ist es ratsam, dass der Mitarbeiter die Möglichkeit hat, nach ca. 90 Minuten eine kurze Ruhepause von ca. 5 Minuten einzulegen.

Bei größeren Unternehmen ist nach Erkenntnissen der Leistungsfähigkeit die Einrichtung einer Kantine zu empfehlen. Die Mitarbeiter verbringen ihre Pausen in Räumen, die die Entspannung möglich machen, und haben die Chance, sich gesund zu ernähren, um nach der Mittagspause schnell wieder einsatzfähig zu sein. Aber auch langfristig hat dies seine Wirkung: Die Mitarbeiter bleiben gesund und haben weniger mit Übergewicht und Kreislaufschwierigkeiten zu kämpfen. *(Hierzu finden Sie mehr unter Kapitel 2.12.)*

2.2.6 Stress, seine Auswirkungen und einige Möglichkeiten, ihn zu reduzieren
Siehe auch 2.12.1 Gesundheit der Mitarbeiter

Stress gehört zum Leben – es kommt nur auf die richtige Dosierung an. Stresshormone wirken in Belastungssituationen und führen zu Leistungssteigerung und erhöhter Konzentration. Die Stresshormone Adrenalin und Noradrenalin sowie Cortisol werden freigesetzt und erhöhen die Herzfrequenz und den Blutdruck. Muskulatur, Herz und Gehirn werden gut durchblutet. Dadurch werden wir hellwach und unser Körper kann hoher Beanspruchung begegnen. Unseren Vorfahren half dies vor vielen tausend Jahren, mit Kampf oder Flucht sehr schnell auf den Säbelzahntiger und andere Gefahren zu reagieren. Damit wurde dann der Stress auch wieder abgebaut. Das aber ist heute anders – denn auf den Stress folgt heute in der Regel weder Kampf noch Flucht.

Bei länger anhaltendem Stress führt die Hormonausschüttung zu negativen Reaktionen. Dies können z.B. eine eingeschränkte Schilddrüsenfunktion, Magen-Darm-Geschwüre, Verdauungsbeschwerden, Konzentrationsschwäche oder Schlafstörungen sein.

Daher ist es wichtig, dass Mitarbeiter im Unternehmen sagen dürfen, wenn ihnen die „Arbeit über den Kopf wächst", ohne Angst zu haben, dass dies als Schwäche, Faulheit oder mangelnde

Belastbarkeit ausgelegt wird. Die Führungskraft sollte immer dann mit dem Mitarbeiter ein Gespräch führen, wenn sie beobachtet, dass der Mitarbeiter fahrig arbeitet, über Kopf- oder Magenschmerzen klagt oder häufiger Kurzerkrankungen aufweist.

Bei gutem Zeit- und Selbstmanagementmit Hilfe der genannten Instrumente kann der Mitarbeiter sich auf die wichtigen Aufgaben konzentrieren und die nicht so wichtigen Aufträge auf Wiedervorlage legen oder an Mitarbeiter bzw. Kollegen abgeben. Dadurch wird schon mancher Druck genommen.

Das Talent zum Multitasking – mehrere Aufgaben gleichzeitig oder unmittelbar nacheinander ausführen – wird allzu häufig überschätzt. Auf Dauer können das weder die Frauen noch die Männer. Langfristig ist es viel wirkungsvoller, eine Aufgabe in Ruhe zu beenden und dann die nächste anzufangen. Die Bearbeitungszeit verkürzt sich, der Überblick wird bewahrt und die Fehlerquote sinkt. Und: Die Zufriedenheit nimmt zu, wenn man eine Aufgabe erfolgreich abgeschlossen hat und dann erst die nächste aufnimmt.

Stress kommt in der Regel nicht von den Aufgaben, die bearbeitet wurden, sondern von denen, die liegen geblieben sind. Auch aus diesem Grund ist ein diszipliniertes Verhalten mit realistischer Zeit-, Aufgaben- und Zielplanung ein wichtiges Instrument, seine geplanten Arbeiten zu bewältigen und zufrieden seinen Arbeitsplatz zu verlassen.

Stress kommt in der Regel nicht von den Aufgaben, die bearbeitet wurden, sondern von denen, die liegen geblieben sind!

2.2.7 Die Work-Life-Balance

Die Ausgewogenheit der Bereiche Arbeit und Privatleben ist mittlerweile nicht mehr nur eine Angelegenheit des einzelnen Mitarbeiters, sondern eine solche des Personalmanagements von Unternehmen. Sie haben erkannt, dass ausgeglichene und zufriedene Mitarbeiter leistungsfähiger sind, weniger Krankheitstage aufweisen, im Unternehmen länger verbleiben und ihre kreativen Potenziale erhalten. Tragen die Mitarbeiter des Unternehmens die Identifikation und Loyalität gegenüber dem Unternehmen nach außen, so stärkt dies auch das Image des Unternehmens.

Früher verband man mit dem Thema vor allem die Vereinbarkeit von Familie und Beruf. Dies ist auch heute noch von Bedeutung. Flexible Arbeitszeitmodelle – nicht nur für die Frauen – sowie die Unterstützung der Kinderbetreuung, ob finanziell oder durch Bereitstellung von Kita-Plätzen, helfen den Eltern, berufstätig zu bleiben. Hinzugekommen sind Angebote der Pflegebetreuung für Eltern von älteren Mitarbeitern. Oft kooperieren die Unternehmen hier mit Beratungsunternehmen bzw. Pflegebüros.

Unternehmen sollten kritisch prüfen, ob eine ständige Erreichbarkeit der Mitarbeiter langfristig wirklich von Vorteil ist. Es kann zu starken Erschöpfungszuständen führen, da die Mitarbeiter zu kurze Erholungsphasen haben. Manche privaten Belange bleiben dann auf der Strecke. Dadurch kommt es zu Frustrationen in der Familie und im Verhältnis zu Freunden. Damit steigt auch die Gefahr von Erkrankungen. Deshalb sollten auch regelmäßig die Mehrarbeitsstunden kontrolliert werden. Gewiss, es ist schwierig zu entscheiden, wann ein zusätzlicher Mitarbeiter eingestellt wird; denn das bringt weitere Personalkosten. Versucht aber das Unternehmen, zusätzliche Aufgaben und Umsatzzuwächse nur Mehrarbeit der Mitarbeiter abzufangen, so wird es auf Dauer zu einem Leistungsabfall kommen. Schlimmstenfalls erhöhen sich die Krankheitstage, weil die Mitarbeiter die Arbeitsbelastung physisch oder psychisch nicht mehr schaffen. Mitarbeiter verlassen dann das Unternehmen, weil die Arbeit zu viel Raum im Leben eingenommen hat und Familie und Freunde murren. Meist hat die Überanstrengung auch Auswirkungen auf das Verhalten gegenüber dem Kunden; Freundlichkeit und Entgegenkommen leiden unter der Erschöpfung.

Zeit- und Selbstmanagement dient also nicht dazu, noch mehr Aktivitäten unterzubringen, sondern Arbeits- und Freizeit besser zu nutzen. Arbeit, Gesundheit, Familie, Freunde und Kultur werden in ein Gleichgewicht gebracht. Das Unternehmen stellt die betrieblichen Strukturen bereit, die es dem Mitarbeiter ermöglichen, diese Ausgewogenheit besser zu erreichen.

2.3 Personalmarketing, Personalauswahl und -einstellung

2.3.1 Konzepte des Personalmarketings

Es wird für Handelsunternehmen zunehmend schwieriger, ausreichend qualifizierte Mitarbeiter zu finden. Umso wichtiger ist es, die Bedeutung des Handelsunternehmens mit Hilfe der klassischen Absatzinstrumente wie beim Handelsmarketing zu verdeutlichen und das Unternehmen als Arbeitgeber zu stärken. Dazu muss das Unternehmen besondere Qualitäten entwickeln. Grundlage hierfür sind das Unternehmensleitbild und die Führungsleitlinien. Diese müssen mit den Schwerpunkten des Handelsmarketings abgestimmt werden. Dabei ist es genauso wichtig wie im Handelsmarketing, dass das Personalmarketing auf die Zielgruppen abgestimmt wird: z.B. Schüler, Auszubildende, Hochschulabsolventen, Frauen, Ältere, Migranten oder Geringqualifizierte.

> *Personalmarketing wendet sich an den externen Arbeitsmarkt, potenzielle Bewerber und an die eigenen Mitarbeiter.*

2.3 Personalmarketing, Personalauswahl und -einstellung

Eine gute Arbeitgebermarke – „employerbranding" – bringt viele Vorteile: größere Erfolgsaussichten bei der Personalbeschaffung, bessere, passgenauere Bewerbungen, Kostensenkung durch geringere Kosten der Personalbeschaffung, geringere Fluktuation und die Sicherung der Expansion.

> Auch die Trinkmann GmbH spürt schon, dass es schwieriger wird, gute Mitarbeiter zu finden. Doch dies ist unerlässlich, um die Expansion der Fachmärkte fortzusetzen und als Unternehmen zu wachsen. Daher soll eine Projektgruppe ein Konzept entwickeln, wie die Trinkmann GmbH auch als Arbeitgeber in der Region bekannt und ein Image geprägt wird. Der Projektgruppe gehören an: der Chef Marco Trinkmann, die Teamleiterin Personal, der Teamleiter Fachmärkte, ein Mitarbeiter und ein Auszubildender zum Kaufmann im Einzelhandel sowie die Einkaufssachbearbeiterin für Biere sowie die Vertriebssachbearbeiterin für Biere.
>
> Zunächst möchte die Gruppe herausarbeiten, was das Besondere ist, bei der Trinkmann GmbH zu arbeiten. Daher soll eine Mitarbeiterbefragung durchgeführt werden. Die wichtigsten Fragen sind dabei:
>
> - Was schätzen Sie besonders an Ihrem Arbeitsplatz?
> - Was motiviert Sie bei Ihrer Arbeit?
> - Was demotiviert Sie bei Ihrer Arbeit?
>
> Anhand der Ergebnisse sollen zunächst die Stärken und Schwächen des Unternehmens festgehalten und zur Abstellung der Schwächen Maßnahmenvorschläge unterbreitet werden.

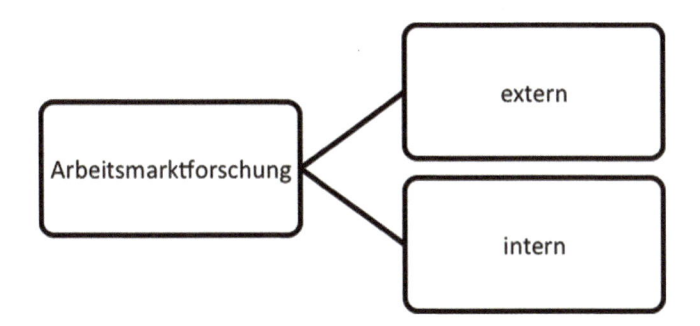

Arbeitsmarktforschung → extern / intern

Ähnlich wie beim Handelsmarketing steht am Anfang die Erkundung des Arbeitsmarktes. Die Größe des Arbeitsmarktes ist abhängig vom Unternehmen: Handelt es sich um ein Einzelunternehmen an einem Standort, so ist der regionale Arbeitsmarkt von Bedeutung, bei einem Filial-

unternehmen richtet sich der Arbeitsmarkt nach dem Verbreitungsgrad. Die Studien zeigen, dass die Bedeutung der Arbeitgebermarke von der Markenstärke des Unternehmens geprägt wird. So sollten Absatz- und Personalmarketing ihre Aktionen abstimmen, gleiche Zielgruppen ansprechen und ähnliche Instrumente einsetzen.
Bei der Arbeitsmarktforschung sind folgende Kriterien von Bedeutung:

Mitbewerber:
Sind die Mitbewerber auf dem Absatzmarkt auch die Mitbewerber auf dem Arbeitsmarkt? (In der Regel wird dies so sein.)

Gibt es fremde Branchen, die Mitarbeiter aus dem Handel rekrutieren, die aber auch interessant für den Handel sind, um von dort Mitarbeiter zu gewinnen?

Wie ist das Personalmanagement dieser Unternehmen? Informationsquellen sind die Homepage des Mitbewerbers, Flyer für Bewerber, der Stellenteil in der Zeitung und Internetbörsen sowie Gespräche mit eigenen Mitarbeitern und Bewerbern.

Anzahl der Bewerber auf dem Arbeitsmarkt:
Aus eigener Beobachtung und Gesprächen mit der Agentur für Arbeit kann die quantitative Größe des Arbeitsmarktes eingeschätzt werden: Stehen ausreichend Bewerber zur Verfügung oder besteht ein Mangel?

Qualifikation der Bewerber und Mitarbeiter:
Oft ist ein Mangel an Bewerbern mit einer geringeren Qualifikation der Bewerber verbunden. Eine realistische Einschätzung des Potenzials führt zu einer zielgerichteten Suche und möglicherweise auch zu begleitenden Personalentwicklungsmaßnahmen.

Erwartungen der Bewerber und Mitarbeiter:
Was wünschen sich Bewerber und Mitarbeiter in der Arbeitsbeziehung? Quellen hierfür sind z.B. Veröffentlichungen der Verbände oder von Fachzeitschriften, Mitarbeiterbefragungen oder Gespräche mit Mitarbeitern, vor allem mit den Mitarbeitern, die das Unternehmen verlassen.
Kann das Unternehmen den Arbeitsmarkt einschätzen, beurteilt es sich selbst als Arbeitgeber. Es erstellt genauso wie im Handelsmarketing ein Stärken/Schwächen-Profil im Hinblick auf die wichtigsten Mitbewerber oder auch eine SWOT-Analyse, in der die Umfeldfaktoren zusätzlich berücksichtigt werden.
Kennt das Unternehmen den Arbeitsmarkt sowie seine eigenen Stärken und Schwächen, wird ein Marketing-Konzept für externe Bewerber und für Mitarbeiter des Unternehmens entwickelt.

2.3 Personalmarketing, Personalauswahl und -einstellung

Je angespannter der Arbeitsmarkt ist, umso wichtiger wird es auch, die eigenen Mitarbeiter zu binden.
Beim externen Personalmarketing werden Bewerber und potenzielle Bewerber angesprochen. Außerdem wendet es sich an Multiplikatoren wie die Berater der Agentur für Arbeit, Personalberater, Lehrer, Eltern und natürlich auch die eigenen Mitarbeiter, die ihre Erfahrungen an Freunde und Bekannte weitergeben.
Maßnahmen des externen Personalmarketings sind z.B. Informationsgespräche für Eltern, Berater, Hochschulabsolventen, Messen, Schul- und Hochschulkontakte und Ausschreibungen in Printmedien, auf der Homepage, in Jobbörsen oder sozialen Internetmedien.
Maßnahmen des internen Personalmarketings sind z.B. eine individuelle Karriereplanung, besonders attraktive Vergütungsformen, flexible Arbeitszeitmodelle und nicht zuletzt ein angenehmes Arbeitsklima. (vgl. hierzu auch: Cisek, Mitarbeiter durch richtige Vergütung beflügeln, Würzburg 2013, ISBN 978-7949-0869-1)
Bei Prüfung der Maßnahmen ist erkennbar, dass sich internes und externes Personalmarketing bedingen: Alle Aktivitäten für die Mitarbeiter haben auch Auswirkungen nach außen, sie unterstützen oder verhindern die erfolgreiche Suche auf dem externen Arbeitsmarkt.
Auf dem Arbeitsmarkt werden in der Zukunft aufgrund der niedrigen Geburtenrate der letzten Jahrzehnte immer weniger junge Arbeitskräfte zur Verfügung stehen. Dagegen bleiben ältere Arbeitnehmer durch gesetzliche Veränderungen wie z.B. die Heraufsetzung des Rentenalters, durch wirtschaftliche Erfordernisse, aber auch durch die verbesserte Gesundheit länger auf dem Arbeitsmarkt.

Daraus ergeben sich für das Unternehmen diese Schlussfolgerungen:
Die älteren Mitarbeiter im Unternehmen müssen an das Unternehmen gebunden und gleichzeitig durch ein gezieltes Gesundheitsmanagement so gestärkt werden, dass sie leistungsfähig bleiben und sich im Unternehmen bis zur Erreichung der Rente oder vielleicht sogar darüber hinaus sicher und anerkannt fühlen.
Andererseits muss möglicherweise auch auf Bewerber zurückgegriffen werden, die nicht die Qualifikationen besitzen, die das Unternehmen bisher vorausgesetzt hat. Hilfreich sind da langfristig geplante Personalentwicklungsmaßnahmen, die diese Defizite mildern oder beseitigen. Solche Maßnahmen können durchaus bereits in der Schule einsetzen, z.B. durch ein Engagement in Haupt- und Realschulen. Sie könnten z.B. durch eine praxisnahe Vermittlung von Wirtschaftsthemen, durch Unterstützung des Technikunterrichts oder Bewerbungstraining die Berufsfähigkeit der Schüler verbessern. , Im Handel ist zwar in den Verkaufsabteilungen ein gutes Sprachvermögen in Deutsch unerlässlich. Trotzdem sollten die Unternehmen prüfen, ob nicht auch Jugendliche mit Migrationshintergrund ausgebildet werden können, zumal sie nicht sel-

ten Stärken in der Kommunikation besitzen. Von Beginn der Ausbildung an können dann mit externen Bildungsträgern die Sprachkenntnisse verbessert werden.

2.3.2 Innerbetriebliche und außerbetriebliche Personalbeschaffung

Vor der externen Personalbeschaffung empfiehlt es sich, zunächst intern geeignete Bewerber zu suchen. Dies gibt den Mitarbeitern die Möglichkeit sich zu verändern und schafft Perspektiven für sie. Außerdem kann der Betriebsrat eine innerbetriebliche Ausschreibung fordern.

Interne Beschaffungsmethoden	
Stellenausschreibung	Am schwarzen Brett, im Intranet oder per Hausmitteilungen werden die Mitarbeiter über die zu besetzende Stelle und deren Anforderungen informiert.
Versetzung	Mitarbeiter werden angesprochen, ob sie auf die freie Stelle wechseln wollen.
Übernahme von Auszubildenden, Praktikanten:	Freie Stellen werden zur Bindung der ausgebildeten jungen Mitarbeiter genutzt.
Juniorgruppe, Förderkreis:	Junge Mitarbeiter werden nach der Ausbildung und einer Praxisphase gefördert, um zukünftige Führungspositionen besetzen zu können. In großen Unternehmen ist es möglich, mehrere Nachwuchskräfte zu einer Gruppe zusammenzufassen, um das methodische und didaktische Angebot zu verstärken.

Externe Beschaffungsmethoden	
Stellenanzeige in der Regionalzeitung / Fachzeitschrift / überregionalen Zeitung:	Die Stellenanzeige ist eine sehr kostenintensive Methode, wird jedoch oft gewählt, wenn sie eine große Bewerberanzahl erwarten lässt.
Agentur für Arbeit:	Über die elektronische Jobbörse wird der Agentur die freie Stelle gemeldet; dies verursacht keine Kosten.
Vermittlung durch Mitarbeiter:	Die Mitarbeiter werden von der freien Stelle informiert und sprechen Familie und Freunde an. Oft nehmen sie bereits eine Vorselektion vor, außerdem sind die Bewerber über das Unternehmen gut informiert.

2.3 Personalmarketing, Personalauswahl und -einstellung

Personalberater:	Kleine Handelsunternehmen scheuen den personellen Aufwand; der Personalberater setzt geeignete Methoden ein, trifft eine Vorauswahl und begleitet das weitere Auswahlverfahren.
Leih-/Leasing-Mitarbeiter:	Besteht ein Bedarf kurzfristig bzw. vorübergehend, kann das Handelsunternehmen die Arbeitnehmerüberlassung nutzen.
Aushänge:	An der Kasse des Einzelhandels oder am Firmentor des Großhandels weist ein Schild darauf hin, dass Mitarbeiter gesucht werden.
Homepage:	Es ist selbstverständlich, auf der Homepage unter „Jobs" auf freie Stellen hinzuweisen. Diese Methode ist nicht sehr kostenintensiv: Sie verursacht aber Kosten der Pflege, denn diese Seite muss ständig aktualisiert werden. Vorteilhaft ist, dass die Bewerber durch ein Link auf Stellenbeschreibung und Anforderungsprofil zugreifen können.
Internet-Jobbörsen:	Außerdem stehen die zahlreichen Jobbörsen zur Verfügung wie z.B. „monster", „stepstone" oder „JobScout". Die auflagenstärksten Fachzeitschriften „Lebensmittel Zeitung" und „Textilwirtschaft" bieten ebenfalls zusätzlich zum Print-Angebot Jobbörsen an.
web 2.0:	Große Handelsunternehmen nutzen alle „Social-Media-Kanäle", um Mitarbeiter zu finden – seien es Blogs oder Netzwerke wie Twitter und Xing: Mitarbeiter des Personalbereichs suchen fast wie Detektive nach geeigneten Bewerbern im Netz und erhalten gleichzeitig einen ersten Eindruck vom Bewerber.
Job-matching:	Diese Art der Beschaffung ist zu vergleichen mit Speed-Dates: Ein großes Handelsunternehmen lädt durch die Regionalpresse Bewerber ein und in kurzen Gesprächen von ca. 5-10 Minuten wird auf beiden Seiten eine erste Entscheidung getroffen. Oft kooperieren hier auch Unternehmen einer Region, um ein großes Forum zu bilden.
Speed Dating:	Eine von IHK oder anderen Stellen organisierte Veranstaltung, bei der die Unternehmen auf einem Messestand Kurzinterviews mit interessierten Bewerbern führen. Man kann mit relativ geringem Aufwand viele Bewerber kennenlernen; für beide Seiten stellt dies schon eine Vorauswahl dar.

2 Führung, Personalmanagement, Kommunikation und Kooperation

Anzeigenmuster der Trinkmann GmbH (mit Logo kombinieren):	
Wir sind …	… ein familiengeführter Getränkegroßhandel mit Sitz in Gelsenkirchen und acht Fachmärkten im nördlichen Ruhrgebiet.
Wir suchen	… einen Mitarbeiter/ eine Mitarbeiterin für … (Beschreibung der vier wichtigsten Aufgaben)
Wir wünschen uns	… eine abgeschlossene Ausbildung als Kaufmann/Kauffrau im Einzelhandel mit Verkaufs- und Kundenorientierung sowie Waren- und Sortimentskenntnissen im Bereich Lebensmittel/Getränke Teamfähigkeit…
Wir bieten	flexible Arbeitszeiten ggf. Homeoffice Kooperation mit Kitas …
Wir bitten	um Bewerbungen über www.trinkmann.de. Für telefonische Rückfragen steht Ihnen gern unsere Teamleiterin Personal Sigrid Rottmann zur Verfügung: 0209 3578.

Sachbearbeiter und Verkaufsmitarbeiter werden mit Anzeigen in der Lokalzeitung gesucht, Teamleiter wahlweise in der Lokalzeitung oder in der Fachzeitschrift und Leiter ausschließlich in der Fachzeitschrift oder in überregionalen Tageszeitungen; alle darüber hinaus im Internet.

2.3.3 Die Auswahl von Mitarbeitern

Das Auswahlverfahren findet in vielen Unternehmen in folgenden Phasen statt:

2.3 Personalmarketing, Personalauswahl und -einstellung

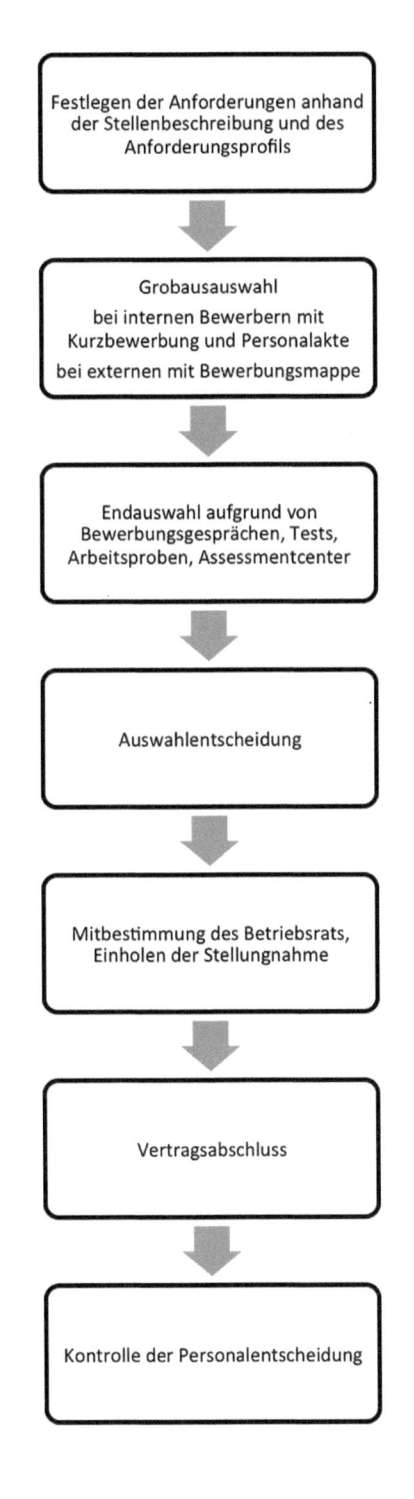

```
┌─────────────────────────────────────┐
│ Festlegen der Anforderungen anhand  │
│ der Stellenbeschreibung und des     │
│ Anforderungsprofils                 │
└─────────────────────────────────────┘
                 ↓
┌─────────────────────────────────────┐
│ Grobauswahl                         │
│ bei internen Bewerbern mit          │
│ Kurzbewerbung und Personalakte      │
│ bei externen mit Bewerbungsmappe    │
└─────────────────────────────────────┘
                 ↓
┌─────────────────────────────────────┐
│ Endauswahl aufgrund von             │
│ Bewerbungsgesprächen, Tests,        │
│ Arbeitsproben, Assessmentcenter     │
└─────────────────────────────────────┘
                 ↓
┌─────────────────────────────────────┐
│ Auswahlentscheidung                 │
└─────────────────────────────────────┘
                 ↓
┌─────────────────────────────────────┐
│ Mitbestimmung des Betriebsrats,     │
│ Einholen der Stellungnahme          │
└─────────────────────────────────────┘
                 ↓
┌─────────────────────────────────────┐
│ Vertragsabschluss                   │
└─────────────────────────────────────┘
                 ↓
┌─────────────────────────────────────┐
│ Kontrolle der Personalentscheidung  │
└─────────────────────────────────────┘
```

Bei der **Grobauswahl** werden die vorliegenden Daten der Bewerber geprüft: bei den internen Bewerber die Personalakte und die Kurzbewerbung, bei externen Bewerber die eingereichte Bewerbungsmappe. Eine Bewerbungsmappe enthält meistens einen Lebenslauf, Schul-, Ausbildungs- und Arbeitszeugnisse, Zertifikate sowie das Bewerbungsschreiben. Viele Bewerber versehen ihre Unterlagen noch zusätzlich mit einem Lichtbild und mit einer „Profilseite", in der übersichtlich die besonderen Fähigkeiten des Bewerbers dargestellt werden. Für das Handelsunternehmen sind wichtig:

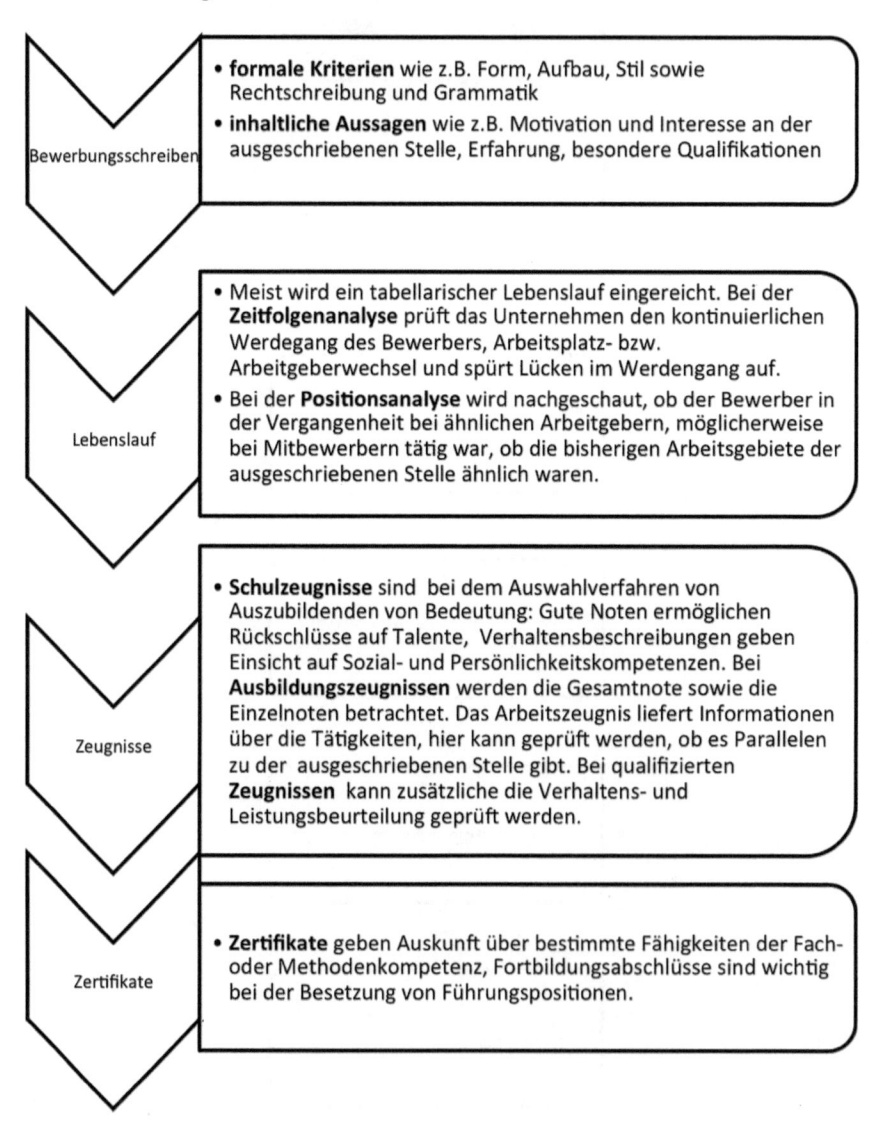

Bewerbungsschreiben
- **formale Kriterien** wie z.B. Form, Aufbau, Stil sowie Rechtschreibung und Grammatik
- **inhaltliche Aussagen** wie z.B. Motivation und Interesse an der ausgeschriebenen Stelle, Erfahrung, besondere Qualifikationen

Lebenslauf
- Meist wird ein tabellarischer Lebenslauf eingereicht. Bei der **Zeitfolgenanalyse** prüft das Unternehmen den kontinuierlichen Werdegang des Bewerbers, Arbeitsplatz- bzw. Arbeitgeberwechsel und spürt Lücken im Werdengang auf.
- Bei der **Positionsanalyse** wird nachgeschaut, ob der Bewerber in der Vergangenheit bei ähnlichen Arbeitgebern, möglicherweise bei Mitbewerbern tätig war, ob die bisherigen Arbeitsgebiete der ausgeschriebenen Stelle ähnlich waren.

Zeugnisse
- **Schulzeugnisse** sind bei dem Auswahlverfahren von Auszubildenden von Bedeutung: Gute Noten ermöglichen Rückschlüsse auf Talente, Verhaltensbeschreibungen geben Einsicht auf Sozial- und Persönlichkeitskompetenzen. Bei **Ausbildungszeugnissen** werden die Gesamtnote sowie die Einzelnoten betrachtet. Das Arbeitszeugnis liefert Informationen über die Tätigkeiten, hier kann geprüft werden, ob es Parallelen zu der ausgeschriebenen Stelle gibt. Bei qualifizierten **Zeugnissen** kann zusätzliche die Verhaltens- und Leistungsbeurteilung geprüft werden.

Zertifikate
- **Zertifikate** geben Auskunft über bestimmte Fähigkeiten der Fach- oder Methodenkompetenz, Fortbildungsabschlüsse sind wichtig bei der Besetzung von Führungspositionen.

2.3 Personalmarketing, Personalauswahl und -einstellung

Zusätzlich zur Sichtung der Bewerbungsunterlagen kann das Unternehmen einen Personalfragebogen einsetzen, der den Vorteil bietet, dass Bewerber besser untereinander verglichen werden können, dass alle Informationen eingeholt sind und an bekannter Stelle stehen. Nutzt das Unternehmen Online-Bewerbungen, so kann der Personalfragebogen vorangestellt werden. Die Inhalte werden dann von einer Software unmittelbar ausgewertet und der Bewerber ggf. aufgefordert, seine Unterlagen einzureichen. Für beide Seiten spart dies Zeit und Kosten. Den gleichen Sinn haben Telefoninterviews, bei denen noch offene Fragen geklärt werden können, das Unternehmen einen ersten Eindruck gewinnt und die Kompetenz am Telefon eingeschätzt werden kann.

Bei der **Endauswahl** stehen folgende Methoden zur Verfügung:

Testverfahren
Eignungstests sollen den Eindruck über den Bewerber vervollständigen. Dabei ist es bei der Auswahl des Testverfahrens wichtig, dass
- der Bewerber sein typisches Verhalten zeigen kann,
- das Verfahren erprobt und zuverlässig ist,
- die Ergebnisse für die berufliche Tätigkeit von Bedeutung sind.

Rechtlich ist der Einsatz von Tests zulässig, wenn
- der Bewerber über Inhalt und Bedeutung informiert ist,
- der Bewerber sein Einverständnis gegeben hat,
- das Testverfahren sich nur auf arbeitsplatzspezifische Merkmale bezieht.

Bei Bewerbern für Mitarbeiter- oder Führungstätigkeiten ist – wenn überhaupt – der Einsatz von Persönlichkeits- und Fähigkeitstests sinnvoll.

Arbeitsproben
Diese geben Auskunft über spezielle Fähigkeiten wie z.B.
- die Erstellung eines Angebotes in einer Fremdsprache über die Sprachkenntnisse, wichtig bei einer Einkaufssachbearbeiterin,
- die PowerPoint-Präsentation eines Verkaufsberichts über die MS Office-Fähigkeiten bei einer Vertriebssachbearbeiterin,
- der Entwurf einer Dekorationsfläche über die gestalterischen Fähigkeiten bei einer Mitarbeiterin in der Dekoration.

Vorstellungsgespräche
Das Vorstellungsgespräch ist der erste persönliche Kontakt mit dem Bewerber. Es ist das wichtigste Auswahlinstrument. Denn es dient dazu,

- einen persönlichen Eindruck von dem Bewerber zu gewinnen. Bei Stellen im Verkauf ist ganz besonders wichtig,
- offen gebliebene Fragen aus der Bewerbungsmappe zu klären, natürlich auch auf Seiten des Bewerbers Fragen zur ausgeschriebenen Position und dem Unternehmen stellen zu können,
- Qualifikationen des Bewerbers zu bewerten und zu beurteilen,
- das Unternehmen zu präsentieren und für Bewerber interessant zu machen sowie Bewerber zu einem Vertragsabschluss zu motivieren.

Beim Vorstellungsgespräch werden unterschieden

- das standardisierte Gespräch: Die Gesprächsinhalte sind vorgeschrieben, das Gespräch ist einem Interview ähnlich. Diese Art von Gesprächen wird von ungeübten Führungskräften eingesetzt, die neben ihrer eigentlichen Aufgabe als Marktleiter, Teamleiter des Vertriebs oder Einkaufs wenige Male im Jahr Einstellungsgespräche führen. Der Gesprächsleitfaden führt sie durch das Gespräch und sichert, dass die wichtigsten Informationen eingeholt werden. In der Regel sollte hier ein zweites Gespräch stattfinden, an dem ein Mitarbeiter des Personalmanagements teilnimmt.
- das strukturierte Gespräch: Das Gespräch wird in Phasen geplant, die Einzelheiten entwickeln sich situativ.

Möglicher Aufbau eines Gesprächs:

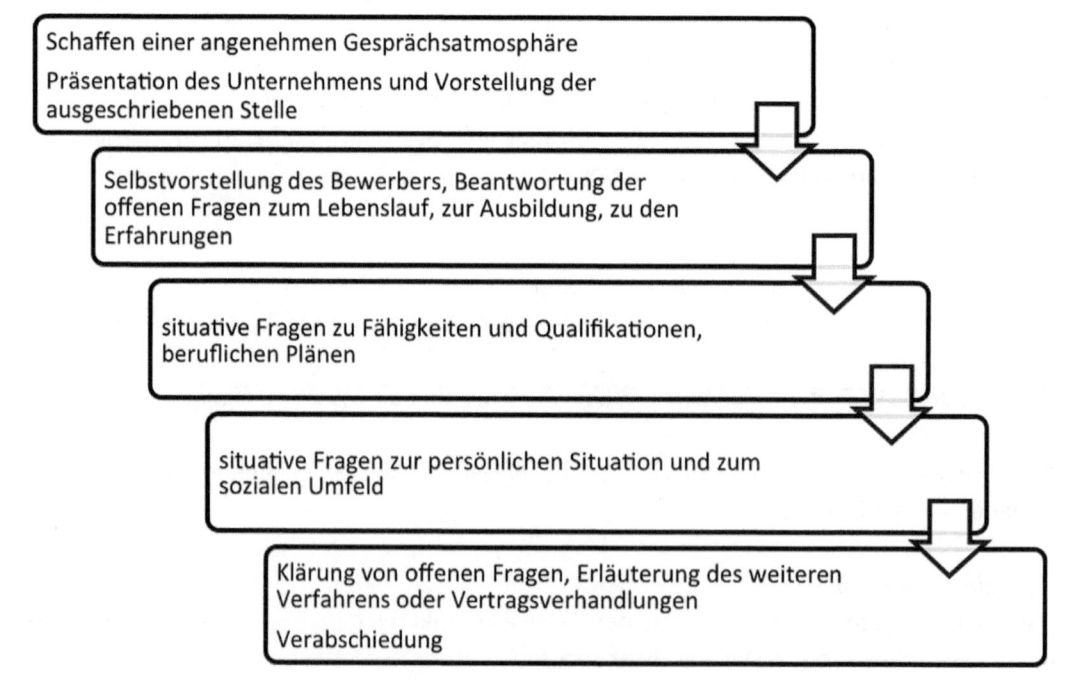

> Schaffen einer angenehmen Gesprächsatmosphäre
> Präsentation des Unternehmens und Vorstellung der ausgeschriebenen Stelle

> Selbstvorstellung des Bewerbers, Beantwortung der offenen Fragen zum Lebenslauf, zur Ausbildung, zu den Erfahrungen

> situative Fragen zu Fähigkeiten und Qualifikationen, beruflichen Plänen

> situative Fragen zur persönlichen Situation und zum sozialen Umfeld

> Klärung von offenen Fragen, Erläuterung des weiteren Verfahrens oder Vertragsverhandlungen
> Verabschiedung

- das freie Gespräch: Es findet meist als zweites Gespräch statt. Im ersten Gespräch sind alle wichtigen Informationen eingeholt und der Bewerber ist als interessant bewertet worden. Nun sollen die Sozial- und Persönlichkeitskompetenzen stärker sichtbar werden. Deshalb wird situativ über Inhalte und Ablauf entschieden.

Stehen mehrere Bewerber zur Auswahl, ist es vorteilhaft, einen standardisierten Bewertungsbogen einzusetzen und entsprechend dem Anforderungsprofil die Verhaltensmerkmale der Bewerber und ihre Motive festzuhalten, um einen Vergleich vorzunehmen.

Assessment-Center (AC)
Das Assessment-Center ist ein internes Analyse- sowie ein Auswahlinstrument für externe Bewerber, auch kann es durchaus sein, dass an einem AC interne und externe Bewerber gemeinsam teilnehmen. Beim AC für externe Teilnehmer steht im Vordergrund das Feststellen der vorhandenen Methoden-, Sozial- und Persönlichkeitskompetenzen, um den bestgeeigneten Bewerber zu finden; beim AC mit Mitarbeitern kann es auch Ziel sein, neben den Kompetenzen Defizite festzustellen, um die Personalentwicklung zu planen.
Der Ablauf eines Assessment-Centers:
- Zunächst werden die Teilnehmer über den Ablauf und die eingesetzten Übungen informiert, es werden ihnen die damit verbundenen Anforderungskriterien erläutert.
- Die Bewerber führen die einzelnen Übungen durch.
- Das Verhalten der Bewerber wird von mehreren Personen während aller Übungen beobachtet und auf einem vorbereiteten Beobachtungsbogen festgehalten. Beobachter können Führungskräfte des Unternehmens, externe Berater und Mitarbeiter des Personalmanagements sein.
- Am Ende des Assessment-Centers kommen alle Beobachter zusammen, gleichen ihre Beobachtungen ab und erstellen eine Bewertung.
- Dann erhält jeder Teilnehmer ein Feedback: Ihm werden die Beobachtungen in den Übungen geschildert und die Bewertungen erläutert.

2.3.4 Controlling des Auswahlverfahrens

Die Beschaffung neuer Mitarbeiter und das Auswahlverfahren verursachen erhebliche Kosten. Dazu kommen die zukünftigen Schwierigkeiten, neue Mitarbeiter am Arbeitsmarkt zu finden. Daher ist es von großer Bedeutung, die richtigen Bewerber auszuwählen und sicherzustellen, dass sie im Unternehmen verbleiben.
Das Auswahlverfahren zu analysieren ist sehr schwierig. Hier kann nur im Nachhinein reflektiert werden, ob es geeignet war, den besten Bewerber zu finden und ob die Auswahlkosten im Ver-

hältnis zu der Bedeutung der zu besetzenden Stelle standen. Genau so gilt dies für die eingesetzten Beschaffungsinstrumente; hier kann die Rücklaufquote des einzelnen Instruments festgestellt sowie bewertet werden, mit Hilfe welchen Instruments letztlich die Stelle besetzt wurde.

Die direkten Beschaffungskosten festzustellen ist unkompliziert und sollte in jedem Fall erfolgen. Bei den indirekten Beschaffungskosten ist die Ermittlung schwierig, doch in längeren Zeitabständen sollte das Unternehmen trotz aufwendiger Erfassung die Arbeitsstunden für das Auswahlverfahren festhalten. Die durchschnittliche Höhe der Beschaffungskosten pro eingestellter Mitarbeiter bzw. besetzte Stelle wird regelmäßig veröffentlicht und kann mit den Ist-Kosten verglichen werden.

Auch Verbleibquoten werden in den Fachzeitschriften und den Fachverbänden veröffentlicht:

$$\text{Verbleibquote} = \frac{\text{Zahl der Mitarbeiter, die aus der Probezeit übernommen wurden} \cdot 100}{\text{Zahl der insgesamt eingestellten Mitarbeiter}}$$

Ist die Verbleibquote niedriger als die veröffentlichten Durchschnittszahlen, so müssen Beschaffungsmethoden und Auswahlverfahren hinterfragt werden. Doch auch in der Einarbeitungszeit können Mängel auftreten, die dazu führen, dass die neuen Mitarbeiter das Unternehmen wieder verlassen.

Mit den eingesetzten Beschaffungsmethoden und dem Auswahlverfahren präsentiert sich das Unternehmen auf dem externen Arbeitsmarkt und prägt das Image als Arbeitgeber. Dies alles macht das Controlling erforderlich.

2.4 Planen und Durchführen der Berufsausbildung

2.4.1 Der Ausbildungsbedarf und die Voraussetzungen für die Ausbildung

Der Handel ist in Deutschland einer der wichtigsten Ausbildungszweige: Jeder vierte Auszubildende im Bereich der Industrie- und Handelskammern absolviert eine Ausbildung im Handel. Der Ausbildungsbedarf ergibt sich vor allem aus der langfristigen Personalplanung:
- quantitativ: Wie viele Fachkräfte benötigen wir in ca. 4 Jahren (Beschaffungs- und Ausbildungszeit) in welchen Bereichen?
- qualitativ: Wie werden sich die Anforderungsprofile in der Zukunft ändern??

Der Bedarf unterliegt internen Einflüssen wie z.B. zu den erwartenden Pensionierungen und der geschätzten Fluktuation, der geplanten Weiterentwicklung des Unternehmens, sowie strukturellen Veränderungen und externen Einflüssen wie z.B. technischen Neuerungen und veränderten Kundenansprüchen.

Das **Berufsbildungsgesetz** schreibt die Voraussetzungen vor, die erfüllt sein müssen, um ausbilden zu können:

Anforderungen an den Ausbildenden (Leiter des Betriebs)
BBiG §§ 28, 29: Auszubildende darf nur einstellen, wer persönlich geeignet ist. Die persönliche Eignung ist z. B. dann nicht gegeben, wenn ein Ausbildender wegen Straftaten gegenüber Kindern und Jugendlichen verurteilt wurde oder gegen Berufsbildungsgesetz, Jugendschutzgesetz oder Jugendarbeitsschutzgesetz verstoßen habt. Kann der Unternehmer nicht selbst ausbilden, so muss er Ausbilder einsetzen.

Anforderungen an Ausbilder:
BBiG §§ 5, 27: Die Ausbilder müssen ebenfalls persönlich und zusätzlich fachlich geeignet sein. Fachlich geeignet ist, wer berufliche Fertigkeiten und Kenntnisse sowie berufs- und arbeitspädagogische Kenntnisse besitzt. Ausbilder müssen danach eine Abschlussprüfung in einer dem Ausbildungsberuf entsprechenden Fachrichtung bestanden haben. Bestimmte Prüfungen wie z.B. ein Hochschulabschluss können in Verbindung mit praktischer Berufstätigkeit die Abschlussprüfung ersetzen. Die berufs- und arbeitspädagogische Eignung muss grundsätzlich durch die Ablegung einer Ausbilderprüfung nachgewiesen werden.

Anforderungen an den Betrieb:
Außerdem muss der Betrieb die typischen Fertigkeiten und Kenntnisse in einem bestimmten Beruf vermitteln können. So muss für jeden Auszubildenden ein Arbeitsplatz zur Verfügung stehen mit einer Grundausstattung an Geräten und bürotechnischen Einrichtungen.
Außerdem schreibt das Berufsbildungsgesetz ein angemessenes Verhältnis der Auszubildenden zur Zahl der beschäftigten Fachkräfte vor:
- 1 – 2 Fachkräfte: 1 Auszubildender
- 2 – 5 Fachkräfte: 2 Auszubildende
- 6 – 8 Fachkräfte: 3 Auszubildende
- Je weitere 3 Fachkräfte: 1 weiterer Auszubildender

2 Führung, Personalmanagement, Kommunikation und Kooperation

Die Ausbildungsordnung:
Die Inhalte der Ausbildung hat der Gesetzgeber in einer Ausbildungsordnung geregelt. Sie enthält die folgenden Bestandteile:

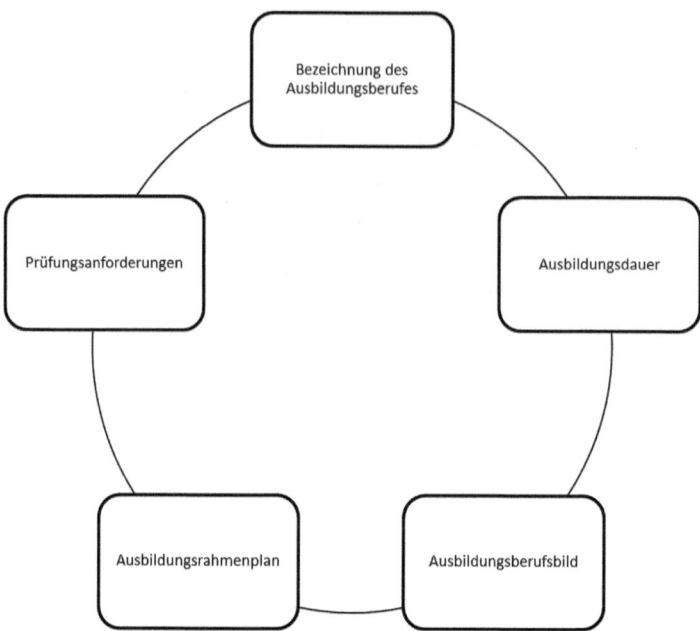

- Bezeichnung des Ausbildungsberufes
- Ausbildungsdauer
- Ausbildungsberufsbild
- Ausbildungsrahmenplan
- Prüfungsanforderungen

Im **Ausbildungsberufsbild** werden die Schwerpunkte der Ausbildung in Stichworten genannt. Im **Ausbildungsrahmenplan** werden die Inhalte des Ausbildungsberufsbildes wieder aufgenommen und in Form von Lernzielen ausgeführt. Alle Inhalte des Ausbildungsrahmenplanes müssen vom Ausbildungsbetrieb vermittelt werden, selbstverständlich können darüber hinaus betriebliche Besonderheiten dem Auszubildenden weitergegeben werden.

2.4.2 Ausbildungsberufe für den Handelsbetrieb

In Deutschland darf nur in staatlich anerkannten Berufen ausgebildet werden. Ein staatlich anerkannter Beruf ist in einer Ausbildungsordnung festgelegt. Diese wird von den Sozialpartnern erstellt – Vertreter des Arbeitgeberverbands und der Gewerkschaft – und dann vom Bundesministerium für Wirtschaft erlassen. Hier ein Überblick der Bundesagentur für Arbeit, in welchen Berufen im Handel ausgebildet werden kann:
„Der Handel ist mit über vier Millionen Mitarbeitern – darunter 175.000 Auszubildende – einer der bedeutendsten Arbeitgeber und Ausbilder in Deutschland. Knapp zehn Prozent aller Erwerbstäti-

gen sind im Handel tätig, und jährlich starten 80.000 Azubis ihre berufliche Laufbahn in der Branche, die eine große Bandbreite an Aufgabenfeldern und Karrieremöglichkeiten aufweist."

Informationen über die gängigsten Ausbildungsberufe in Handelsbetrieben bieten die Ausbildungsprofile, die Sie durch Klick auf die entsprechenden Links im BerufeNet der Bundesagentur für Arbeit abrufen können:
- Automobilkaufmann/-frau
- Buchhändler/-in
- Drogist/-in
- Florist/-in
- Gestalter/-in für visuelles Marketing
- Kaufmann/-frau im Einzelhandel
- Kaufmann/-frau im Groß- und Außenhandel
- Kaufmann/-frau im Groß- und Außenhandel, Fachrichtung Außenhandel
- Kaufmann/-frau im Groß- und Außenhandel, Fachrichtung Großhandel
- Musikfachhändler/-in
- Tankwart/-in
- Verkäufer/-in
- Fachkraft für Lagerlogistik
- Fachlagerist/-in

Die Bundesagentur für Arbeit hält im BerufeNet auch die Profile weiterer Berufe im Handel bereit:
- Änderungsschneider/-in
- Bodenleger/-in
- Fachkraft für Möbel-, Küchen- und Umzugsservice
- Fachverkäufer/-in im Lebensmittelhandwerk
- Fachverkäufer/-in im Lebensmittelhandwerk (Bäckerei)
- Fachverkäufer/-in im Lebensmittelhandwerk (Konditorei)
- Fachverkäufer/-in im Lebensmittelhandwerk (Fleischerei)
- Fahrradmonteur/-in
- Fotomedienfachmann/-frau
- Informatikkaufmann/-frau Fachbereich Handel
- Kosmetiker/-in
- Pharmazeutische/-r kaufmännische/-r Angestellte/-r
- Servicefahrer/-in
- Zweiradmechaniker/-in

Außer dem Verkäufer und den Ausbildungen zur Fachkraft sind alle Ausbildungen dreijährig. Bei den zweijährigen Ausbildungen ist nach erfolgreichem Bestehen der Prüfung die weitere Ausbildung zum dreijährigen Beruf möglich, dabei wird die zweijährige Ausbildung voll angerechnet, so dass nur noch ein drittes Jahr absolviert werden muss. Da die Handelsbranche so vielfältig ist, gibt es die Ausbildungen der beiden wichtigsten Berufe in unterschiedlicher Gestaltung:

- Für die Ausbildung „Kaufmann/Kauffrau im Großhandel" gibt es die Fachrichtung Großhandel und die Fachrichtung Außenhandel. Dabei sind die Inhalte im 1. und 2. Ausbildungsjahr identisch, erst im 3. Ausbildungsjahr gibt es eine Differenzierung der beiden Fachrichtungen. In der schriftlichen Abschlussprüfung wird dies in einem Prüfungsfach berücksichtigt.
- Bei der Ausbildung „Kaufmann/Kauffrau im Einzelhandel" ist die Vielfältigkeit der Branche mit Hilfe von Wahlqualifikationen gelöst. Neben den Pflichtqualifikationen, die allen Auszubildenden vermittelt werden, entscheiden sich Ausbildender und Auszubildender für Wahlqualifikationen, die entsprechend der Betriebsform und Branche des Ausbildungsbetriebes sowie den Neigungen des Auszubildenden ausgewählt werden.

Auswahlliste der Wahlqualifikationseinheiten im 2. Ausbildungsjahr, von der eine zu wählen ist	• Warenannahme, Warenlagerung • Beratung und Verkauf • Kasse • Marketingmaßnahmen
Auswahlliste der Wahlqualifikationseinheiten im 3. Ausbildungsjahr, von der drei auszuwählen sind. Dabei ist zwingend, mindestens eine Einheit aus den Einheiten 1. – 3. zu wählen.	1. Beratung, Ware, Verkauf 2. Beschaffungsorientierte Warenwirtschaft 3. Warenwirtschaftliche Analyse 4. Kaufmännische Steuerung und Kontrolle 5. Marketing 6. IT-Anwendung 7. Personal 8. Grundlagen unternehmerischer Selbstständigkeit

Stehen mehrere Ausbildungsberufe zur Wahl wie z.B. bei der Ausbildung in der Verwaltung eines Handelsunternehmens – „Kaufmann/Kauffrau für Büromanagement" oder „Kaufmann/frau im Groß- und Außenhandel" –, dann werden die einzelnen Ausbildungsrahmenpläne und die Stellenbeschreibungen der zukünftig zu besetzenden Stellen verglichen. Die Entscheidung wird dann für den Beruf getroffen, bei dem die meisten Übereinstimmungen sind. Unterstützt wird der Betrieb hierbei vom Ausbildungsberater.

Die für die Trinkmann GmbH zuständige IHK veröffentlicht die Ergebnisse einer Umfrage der Mitgliedsfirmen: Neun von zehn Unternehmen rechnen damit, dass der Bevölkerungsrückgang Probleme mit sich bringen wird. Hauptsorge der Unternehmen ist der Fachkräftemangel. Jeder dritte

Betrieb fürchtet zudem, nicht genügend Nachwuchskräfte zu finden. Im Handel rechnet sogar die Hälfte der Unternehmen mit Schwierigkeiten bei der Besetzung der Ausbildungsplätze.
Weniger Geburten lassen die Zahl der Schulabgänger schrumpfen. Besonders in Ballungsräumen müssen Handelsunternehmen möglicherweise auf Bewerber zurückgreifen, die nicht ihren Wunschanforderungen entsprechen. Deshalb hat der Gesetzgeber im BBiG die Möglichkeit eines „gesteuerten Langzeitpraktikums" geschaffen – die Einstiegsqualifizierung EQJ. Junge Leute erhalten mit der Einstiegsqualifikation die Möglichkeit, in einem Zeitraum von sechs bis zwölf Monaten den Ausbildungsberuf, den Ausbildungsbetrieb und das Berufsleben kennenzulernen. Und auch der Betrieb kann sich von den Fähigkeiten und der Eignung des Bewerbers überzeugen. Durch einen Vertrag, der bei der IHK eingetragen wird, hat der Bewerber eine gewisse Sicherheit. Die Unternehmen können bei der Agentur für Arbeit einen Zuschuss für die Vergütungszahlung sowie für die Beiträge zur Sozialversicherung beantragen.

2.4.3 Zusammenarbeit mit der Berufsschule

Alle deutschsprachigen Länder und Dänemark bieten eine duale Ausbildung an: Dem Auszubildenden werden im Betrieb die berufspraktischen und in der Berufsschule die berufstheoretischen Kenntnisse und Fähigkeiten vermittelt. Grundlage der beruflichen Ausbildung ist die Ausbildungsordnung mit dem Ausbildungsberufsbild, dem Ausbildungsrahmenplan und den Prüfungsanforderungen. Für die Berufsschule sind alle verbindlichen Lerninhalte im Lehrplan festgehalten. Während die Sozialpartner die Ausbildungsordnung erarbeiten, beschließt die Kultusministerkonferenz der Bundesländer (KMK) einen Rahmenlehrplan. Anders als bei der Ausbildungsordnung, die für alle Betriebe verbindlich ist, entscheidet das einzelne Bundesland, ob es den Rahmenlehrplan annimmt oder einen eigenen Lehrplan für den Ausbildungsberuf entwickelt. Ausbildungsordnung und Lehrplan sind dann verbindlich und alle Inhalte können in der Prüfung behandelt werden.
Abhängig vom Bundesland haben die Auszubildenden zwischen 9 und 15 Unterrichtsstunden in der Woche. Die Unterrichtszeiten können in Teilzeit organisiert sein, der Auszubildende besucht ein bis zweimal die Woche die Schule, oder als Blockunterricht, zwei oder mehr Blöcke über 3 – 6 Wochen in Vollzeit. Vor Beginn der Ausbildung hat der Ausbildungsbetrieb den Auszubildenden bei der zuständigen Berufsschule anzumelden.
Die Unterrichtszeiten zuzüglich Wegezeiten zwischen Schule und Betrieb sind Arbeitszeiten, Pausenzeiten bleiben unberücksichtigt. Erwachsene Auszubildende können nach der Schule noch im Betrieb bis zur betriebsüblichen täglichen Arbeitszeit beschäftigt werden.

Arbeitszeitplan für den Auszubildenden Gregor Froberger, 19 Jahre alt, Ausbildung zum Kaufmann im Groß- und Außenhandel in der Zentrale der Trinkmann GmbH:

Wochentag	Berufsschule	Wegezeit	noch mögliche Arbeitszeit	Pausenzeit	Arbeitszeit gesamt
Montag			8.00 – 16.45	45 Minuten	8 Stunden
Dienstag	8.00 – 13.00	60 Minuten	14.45 – 16.45		8
Mittwoch			8.00 – 16.45	45 Minuten	8
Donnerstag	8.00 – 11.15	60 Minuten	13.00 – 16.45		8
Freitag			8.00 – 15.00	30 Minuten	6,5
					38,5 Stunden = zulässige tarifliche Arbeitszeit

Bei jugendlichen Auszubildenden sind zusätzlich die Bestimmungen des Jugendarbeitsschutzgesetzes § 9 zu beachten.

Arbeitszeitplan für die Auszubildende Kerstin Welter, 17 Jahre alt, Ausbildung zur Kauffrau im Einzelhandel im Fachmarkt:

Wochentag	Berufsschule	Wegezeit	noch mögliche Arbeitszeit	Pausenzeit	Arbeitszeit gesamt
Montag	8.00 – 14.15	60 Minuten			8 Stunden
Dienstag			-		-
Mittwoch			10.00 – 19.00	60 Minuten	8
Donnerstag	8.00 – 12.30	60 Minuten			5, 5
Freitag			10.00 – 19.00	60 Minuten	8
Samstag			9.00 – 18.00	60 Minuten	8
					37,5 = zulässige tarifliche Arbeitszeit

Die Berufsschulpficht ist in den **Schulgesetzen** der Bundesländer unterschiedlich geregelt: Einige Bundesländer haben eine Altersbegrenzung, die für den Ausbildungsbeginn gilt; andere Bundesländer verpflichten grundsätzlich zum Berufsschulbesuch, wenn ein Ausbildungsverhältnis besteht.
Bei der Erarbeitung der Ausbildungsordnung und des Rahmenlehrplans achten die Ersteller grundsätzlich darauf, dass ähnliche Inhalte zeitlich koordiniert werden. Doch sobald die Schule

von dem zeitlichen Rahmen abweicht durch z.B. Unterrichtsausfall oder der Einrichtung einer Verkürzerklasse oder der Betrieb den betrieblichen Ausbildungsplan anders gestaltet als dies der Rahmenplan vorsieht, werden die Schwierigkeiten für den Auszubildenden größer, gleiche Inhalte der beiden Lernorte zu vereinen. Deshalb ist es wichtig, dass sich beide Partner immer wieder über den Lernstand des jeweiligen anderen Lernortes informieren. Dazu dienen Gespräche mit dem Auszubildenden, die Sprechtage und Einsicht in die Unterlagen – und vor allem in den Ausbildungsnachweis.

2.4.4 Betriebliche Ausbildungspläne

Im Handel findet die Ausbildung meist direkt am Arbeitsplatz statt – training-on-the-job. Ergänzt wird die Ausbildung im beruflichen Alltag durch Schulungen, die einen Überblick verschaffen über das gesamte Unternehmen, Inhalte aus der Praxis vertiefen und komplexe fachspezifische Themen behandeln wie z.B. die Waren- und Sortimentskunde.
Können Inhalte aus dem Ausbildungsrahmenplan weder in der Praxis noch in Schulungen vermittelt werden, muss der Ausbildungsbetrieb eine Lernkooperation eingehen. Abhängig von dem zu vermittelnden Lernstoff sind dies Bildungseinrichtungen oder Geschäftspartner wie z.B. andere Handelsunternehmen, Steuerberater, Lieferanten.
Alle zu vermittelnden Inhalte – ob am Arbeitsplatz, in Schulungen oder bei Kooperationspartnern – werden im **betrieblichen Ausbildungsplan/sachliche und zeitliche Gliederung** festgehalten. Dabei müssen mindestens alle Inhalte des Ausbildungsrahmenplans aufgenommen werden.

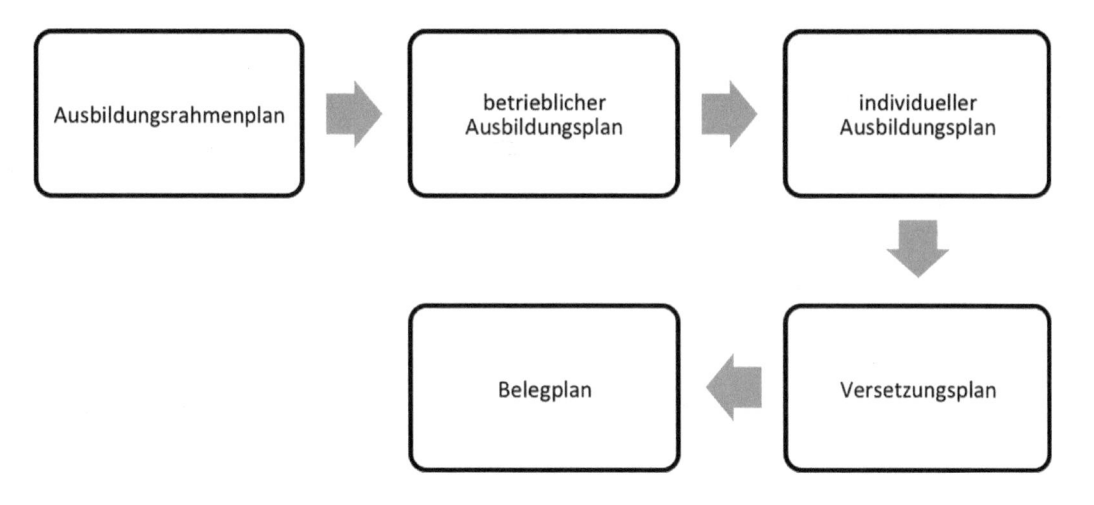

Ausbildungsrahmenplan → betrieblicher Ausbildungsplan → individueller Ausbildungsplan → Versetzungsplan → Belegplan

Aus dem betrieblichen Ausbildungsplan ergibt sich der individuelle Ausbildungsplan für jeden Auszubilden des Unternehmens. Zusätzlich zu den Inhalten wird festgehalten, wann und wo die Inhalte vermittelt werden sowie wie lange der Auszubildende in den einzelnen Lernorten/Bereichen tätig ist, wer ihn einarbeitet und wer der verantwortliche Ausbilder/Ausbildungsbeauftrage ist. Der Ausbildungsbeauftrage ist innerhalb eines Bereichs für den Auszubildenden zuständig: Er bestimmt die Kollegen, die für die Einarbeitung zuständig sind, überwacht die Ausbildung in der Abteilung und ist Ansprechpartner für die Auszubildenden bei Problemen. Selbstverständlich arbeitet er eng mit dem Ausbilder zusammen.

Aus dem individuellen Ausbildungsplan ergibt sich der Versetzungsplan für den Auszubildenden. Er gibt dem Auszubildenden einen zeitlichen Überblick über die gesamte Ausbildung: Die durchzulaufenden Abteilungen sind festgehalten und terminlich bestimmt, ggf. sind Zeiten des Blockunterrichts der Berufsschule enthalten, Seminare und Urlaub werden von vornherein eingeplant. Vorteilhaft ist, wenn der Auszubildende entsprechend dem Warenfluss, dem Arbeitsprozess ausgebildet wird, wie z.B. der Kaufmann/frau im Großhandel beginnt im Einkauf, die Ausbildung wird in der Logistik fortgesetzt, dann ist er im Vertrieb tätig und anschließend in der Verwaltung. Zum Schluss werden die letzten Monate nicht verplant, um den Ausbildenden dort einsetzen zu können, wo Übernahmemöglichkeiten bestehen. Doch in der Praxis müssen oft Kompromisse eingegangen werden: Es gibt mehrere Auszubildende in einem Ausbildungsgang und die Abteilungen können nur einen Auszubildenden gut einarbeiten; der Auszubildende verkürzt die Ausbildung; die Abteilungen können zu auftrags-/umsatzstarken Zeiten nicht noch zusätzlich Ausbildung betreiben.

Der Belegplan ist eine Übersicht für die einzelnen Bereiche, wann bei ihnen Auszubildende eingesetzt sind.

2.4.5 Personalbeschaffung, Auswahlverfahren und Vorstellungsgespräche
Siehe hierzu auch Kapitel 2.3.1 Konzepte des Personalmarketings

Nachdem das Unternehmen in der langfristigen Personalbedarfsplanung die Ausbildungsberufe und die Anzahl der Ausbildungsplätze festgelegt hat, sucht es geeignete Bewerber. Obwohl der „Kaufmann/frau im Einzelhandel" und „Groß- und Außenhandel" zu den „Hits" der ausgewählten Ausbildungsberufen gehören, ist es schwierig ausreichend geeignete Bewerber zu finden. Deshalb ist es wichtig, einen Maßnahmenkatalog zu entwickeln, der kontinuierlich eingesetzt wird.

Maßnahmenkatalog der Trinkmann GmbH:

- Schülerpraktika in der Zentrale in den Bereichen Einkauf, Vertrieb, Logistik und Verwaltung sowie in den Fachmärkten anbieten, bei guter Beurteilung Schüler in die Bewerberdatei aufnehmen und regelmäßig anschreiben,
- Praktika für Lehrer in der Zentrale anbieten,
- Mitarbeiter immer wieder auffordern, in der Familie, im Freundeskreis für Ausbildung zu werben; Bewerber in jedem Fall in das Auswahlverfahren nehmen,
- Beteiligung an Ausbildungsbörsen an den Standorten; speziell hierfür wurde ein Stand in Arbeit gegeben,
- Flyer, die in den Fachmärkten an der Kasse ausliegen,
- Angebote auf der Homepage regelmäßig aktualisieren,
- grundsätzlich Meldung aller Ausbildungsplätze an die Ausbildungsbörse der IHK und die Agentur für Arbeit/Berufsberatung, Einladung an die Berufsberater zum Gespräch in der Zentrale, Vorstellung des Unternehmens als Ausbildungsbetrieb,
- ggf. Anzeige in dem Sonderteil „Ausbildung" der Lokalzeitungen, Anzeigen in Schülerzeitungen,
- redaktionelle Berichte in den Lokalzeitungen bei guten Abschlussnoten der Auszubildenden, Prämierungen.

Liegen ausreichend Bewerbungen vor, prüft der Betrieb zunächst die **Bewerbungsunterlagen**. Hierbei sind die wichtigsten Unterlagen das Bewerbungsschreiben, das formal, inhaltlich, auf Fehlerfreiheit und Vollständigkeit geprüft wird, und die letzten Zeugnisse, bei denen besonders Fehlzeiten und Noten in relevanten Fächern zur Berufsausbildung beurteilt werden. Liegen jedoch Bewerbungen von Schülern aus unterschiedlichen Schulformen vor, so ist ein Vergleich der Noten kaum noch möglich. Der Lebenslauf ist bei den meisten Bewerbern nicht sehr aussagekräftig.

Deshalb wird in vielen Betrieben zunächst ein **Test** durchgeführt. Je nach Raumangebot werden mehrere Bewerber eingeladen. Zu Beginn werden das Unternehmen und die Ausbildung vorgestellt, dann stellen die Bewerber sich mit den wichtigsten Daten vor und anschließend wird der Test durchgeführt. Verlage und die Verbände bieten spezielle Tests für die einzelnen Berufe an. Bei den im Handel gekauften Tests kann das Unternehmen davon ausgehen, dass sie die Anforderungen an Testverfahren erfüllen:

- Jeder Bewerber kann sein zukünftiges typisches Arbeitsverhalten im Test zeigen und dieses Verhalten ist für die zukünftige Ausbildung von Bedeutung – **Validität**.
- Das Ergebnis muss zuverlässig sein. Sollte der Bewerber diesen Test nochmals wiederholen, muss das gleiche Ergebnis zustande kommen – **Reliabilität**.

- Für alle Bewerber gelten die gleichen Testbedingungen, auch wenn der Test zu verschiedenen Terminen von verschiedenen Leitern durchgeführt wird – **Objektivität**.

Es gibt verschiedene Arten von Tests:
- Psychologische Tests geben Auskunft über die Sozial- und Persönlichkeitskompetenzen wie z.B. die Kundenorientierung, Freundlichkeit, Ruhe und Gelassenheit.
- Intelligenztests messen die Intelligenz und können wichtig sein, um die Berufsschulfähigkeit der Bewerber sowie ihre Methodenkompetenzen zu prüfen.
- Kenntnis- und Wissenstests überprüfen das Schulwissen wie z.B. Aufgaben aus dem kaufmännischen Rechnen oder Rechtschreibesicherheit.
- Psychomotorische Tests stellen die Fingerfertigkeiten fest und werden bei technischen und handwerklichen Berufen eingesetzt.
- Leistungstests ermitteln die Konzentrationsfähigkeit und Ausdauer sowie möglicherweise körperliche Fitness.

Anhand der Testergebnisse und einem ersten Eindruck aus der Vorstellung wird dann eine Vorauswahl getroffen. Die verbleibenden Bewerber werden zu einem **Vorstellungsgespräch** eingeladen.

Gesprächsstruktur eines Vorstellungsgesprächs für Bewerber Kaufmann/frau im Einzelhandel bei der Trinkmann GmbH:
- Informationen geben zum Ausbildungsbetrieb, Bewerber auffordern zu Fragen zum Betrieb, Ausbildungsablauf erläutern,
- Darlegen des Berufswunsches durch den Bewerber, Eignung begründen, Motive darlegen, warum dieser Beruf und dieser Ausbildungsbetrieb, Vorerfahrungen erfragen wie z.B. Schülerpraktikum, Nebenjobs, mögliche Alternativen aufzeigen,
- schulische Leistungen darlegen, Lieblingsfächer nennen, schlechte Leistungen begründen, Fehlzeiten oder schlechte Beurteilungen klären,
- Freizeitgestaltung beschreiben, Hobbies und Interessen schildern, Stärken und Schwächen darlegen,
- Abschluss finden, weiteres Vorgehen und Chancen darstellen.

An dem Gespräch nehmen außer dem Bewerber der Teamleiter Fachmärkte und die Teamleiterin Personal teil, in keinem Fall die Eltern. Bei der Auswertung wird besonderes Gewicht gelegt auf die Sozialkompetenzen wie z.B. die Freundlichkeit des Bewerbers, die Aufgeschlossenheit, seine Kommunikations- und Kontaktfähigkeit, die Körpersprache und sein Engagement im privaten Bereich z.B. im Sport, Jugendgruppe, Musik. Außerdem wird geprüft, ob er sich mit dem Beruf und der Branche identifizieren kann. Selbstverständlich ist das äußere Erscheinungsbild von Bedeutung, es muss von den Kunden des Fachmarktes akzeptiert werden.

2.4.6 Durchführung der Ausbildung

Besonders wichtig: Die Einführungsphase
Viele Unternehmen planen zu Ausbildungsbeginn eine Einführungsphase, in der die Auszubildenden Unsicherheiten abbauen sollen, alle wichtigen Informationen zum Unternehmen und Ausbildungsablauf, zu Verhaltensspielregeln und den Vorschriften der Arbeitssicherheit, der Unfallverhütung und des Umweltschutzes erhalten.

Bei der Trinkmann GmbH sind alle Auszubildenden, egal welcher Ausbildungsberuf und Ausbildungsort, in der ersten Woche in der Zentrale zusammen. Ziele sind
- mit der neuen Umgebung vertraut machen,
- einen Überblick über den Ausbildungsablauf erhalten,
- über Rechte und Pflichten informieren,
- sich gegenseitig kennenlernen, Kontakte schaffen, als Auszubildendengruppe finden,
- den Ausbildungsbetrieb kennenlernen.

Zunächst werden die Auszubildenden mit ihren Eltern und Geschwistern bei einem Frühstück von dem geschäftsführenden Gesellschafter Herrn Trinkmann begrüßt. Anschließend machen alle zusammen eine Betriebsbesichtigung, bei der Herr Trinkmann von Führungskräften unterstützt wird, so dass die Möglichkeit für alle Teilnehmer besteht Fragen zu stellen. Vor allem ist es wichtig, hier beim Frühstück und bei dem Rundgang den Kontakt zu den Eltern herzustellen, so dass bei späteren möglichen Konflikten ein vertrauensvolles Gespräch geführt werden kann.

Nach dem Rundgang verlassen Eltern und Geschwister die Zentrale und die Auszubildenden lernen sich gegenseitig und ihre Ausbilderin kennen. Am nächsten Tag wird der Betrieb vorgestellt, die Abteilungen, das Organigramm erläutert sowie über die Ausbildungen informiert. Auch am nächsten Tag werden fachliche Themen behandelt. Am vierten Tag haben die Auszubildenden einen ersten Tag an ihrem Arbeitsplatz; sie werden von den Paten in den Abteilungen begrüßt, den Kollegen vorgestellt und ihnen erste Aufgaben gegeben. Der letzte Tag der Einführungswoche findet dann wieder in der Zentrale statt; die Auszubildenden berichten von ihren ersten Erfahrungen, Fragen werden beantwortet, Fachliches der ersten Tage ergänzt. Zum Schluss werden das Führen des Ausbildungsnachweises behandelt und die ersten Eintragungen vorgenommen.

Die Probezeit ist für beide Seiten eine sehr wichtige Zeit, da Ausbildender und Auszubildender prüfen können, ob sie sich richtig entschieden haben. Daher sind in der Probezeit typische Anforderungen des Berufs zu stellen und Arbeitsaufgaben zu geben, die möglichst das ganze Spektrum des Berufes abdecken. Gleichzeitig werden die ersten Klausuren in der Berufsschule geprüft. Werden Defizite festgestellt, so muss mit dem Auszubildenden im Gespräch geklärt werden, wie er mit den Defiziten umgehen, wie er an ihnen arbeiten und sie ausräumen möchte. Der Eindruck nach diesen Gesprächen ist dann ausschlaggebend, ob die Ausbildung weiter fortgesetzt werden kann bzw. soll. Das erste Feedback-Gespräch sollte mit dem Auszubildenden nach vier Wochen geführt werden, möglicherweise bei Defiziten in der Mitte der Probezeit und dann zum Ende, bei dem die Entscheidung über die Übernahme bzw. Nichtübernahme mitgeteilt wird.

Bei Lernschwierigkeiten in der Berufsschule kann das Angebot der „ausbildungsbegleitenden Hilfe" geprüft werden. Der Auszubildende erhält Unterstützung bei einer Bildungseinrichtung, die finanziellen Kosten übernimmt die Agentur für Arbeit.

Lernziele
Siehe auch Kapitel 2.7.23 Lernprozesse
Der Ausbildungsrahmenplan innerhalb der Ausbildungsordnung gibt verbindlich die Inhalte der betrieblichen Ausbildung vor und schlägt eine zeitliche Planung vor. Entsprechend der Vorgabe dieser Inhalte gestaltet der Betrieb den betrieblichen Ausbildungsplan. Vorteilhaft ist, dass auch der betriebliche Ausbildungsplan mit Hilfe von Lernzielen formuliert wird.

> *Lernziele beschreiben das gewünschte Können des Auszubildenden nach der Ausbildungseinheit.*

Dabei haben Lernziele den Vorteil, dass sie durch das Verb bereits eine Lernzielkontrolle enthalten: Zeigt der Auszubildende nach der Einheit das Können? Wenn nicht, muss der Ausbilder/Ausbildungsbeauftragte intensivieren, ergänzen, die Methode ändern oder in kleineren Schritten vorgehen.

2.4 Planen und Durchführen der Berufsausbildung

Bei den Lernzielen werden drei Arten unterschieden:

Lernzielart	Definition	Beispiel aus dem Rahmenplan „Kaufmann/Kauffrau im Großhandel"
Richtlernziel	Sie sind übergeordnete Bereiche der Ausbildung	Alle Inhalte des Ausbildungsberufsbildes wie z.B. 3.3 Verkauf und Kundenberatung. Sie sind nicht als Lernziele gestaltet.
Groblernziel	Sie kennzeichnen die Breite bzw. Tiefe der zu vermittelnden Inhalte.	Alle Inhalte des Ausbildungsrahmenplans wie z.B. 3.3.a) Aufträge bestätigen und bearbeiten, Rechnungen erstellen 3.3.b) durch eigenes Verhalten zur Kundenzufriedenheit und Kundenbindung beitragen ...
Feinlernziel	Sie erst beschreiben das gewünschte Können des Auszubildenden so, dass es kontrolliert werden kann.	Die Feinlernziele werden vom Ausbilder/Ausbildungsbeauftragten oder einarbeitenden Kollegen festgelegt, um die allgemeinen Inhalte den betriebsspezifischen Belangen anzupassen, einen sachlogischen Ablauf zu gewährleisten und so zu konkretisieren, dass eine Lernkontrolle durch den Auszubildenden selbst und dem Vermittler erfolgen kann.

Die Fa. Trinkmann hat zu dem Groblernziel „Aufträge bestätigen und bearbeiten" die folgenden Feinlernziele entwickelt:
- Notwendige Angaben eines Auftrages erläutern
- Anhand eines Kundenauftrages die notwendigen Angaben aufzeigen, die Bedingungen erläutern
- Kundenauftrag mit ggf. Angebot vergleichen, auf Differenzen prüfen
- Bei Differenzen eine Annahme prüfen, ggf. mit dem Kunden Kontakt aufnehmen
- Lieferfähigkeit anhand des WWS prüfen, Liefertermin festlegen
- Auftrag in das WWS eingeben
- Auftragsbestätigung versenden

In der betrieblichen Ausbildung sind also die Feinlernziele von Bedeutung. Mit diesen arbeiten Ausbilder und Ausbildungsbeauftragte und prüfen, ob die Auszubildenden die Inhalte verstanden haben. Dabei ist es vorteilhaft, die Lernziele mit aktiven Verben zu formulieren, wie z.B. dem Verb „beschreiben". Damit kann der Ausbilder erkennen, ob der Auszubildende das Lernziel erreicht hat.

Die Taxonomie der Lernziele zeigt auf, wie intensiv das Können sein soll.

Wenn Sie in Ihrem eigenen Rahmenplan „Handelsfachwirt/in" nachschauen, werden dort zwei Rangstufen unterschieden:
Verstehen beschreibt das Erkennen und Verinnerlichen von Zusammenhängen, um komplexe Aufgabenstellungen und Problemfälle einer Lösung zuführen zu können.
Anwenden beschreibt die aus dem Verstehen der Zusammenhänge resultierende Fähigkeit zu sach- und fachgerechtem Handeln.
Dann werden beispielhaft Verben für die beiden Taxonomiestufen aufgezeigt.
In der Weiterbildung gibt es zwei Taxonomiestufen. In der Literatur gibt es Beispiele für vier und mehr Taxonomiestufen. Wichtig ist hierbei, dass der Ausbilder bei der Wahl seiner Lernzielformulierung bedenkt, in welcher Tiefe die Auszubildenden die vermittelten Fähigkeiten nachweisen sollen. In der Weiterbildung zum Handelsfachwirt entsprechen die meisten Lernziele der Taxonomiestufe „Anwenden". Doch auch die Ausbildungsrahmenpläne sehen immer mehr Lernziele vor, die anwendungsorientiert sind und nicht nur Wissen verlangen.
Außerdem werden in den Ausbildungsrahmenplänen die Schlüsselqualifikationen immer wichtiger:

> *Schlüsselqualifikationen sind Fähigkeiten, die für das Lösen von Problemen und für das Lernen hilfreich sind.*

Schlüsselqualifikationen befähigen also die Auszubildenden, auch in Zukunft als Mitarbeiter auf neue Herausforderungen reagieren zu können und Probleme zu lösen, die heute noch gar nicht bekannt sind. Beispiele für Schlüsselqualifikationen sind Zeitmanagement, Konfliktfähigkeit, Teamfähigkeit, Eigeninitiative, Problemlösefähigkeit.
Lernziele beziehen sich auf drei **Lernbereiche**:
Der **kognitive** Lernbereich umfasst Wissen und Können.
Der **affektive** Lernbereich bezieht sich auf Verhalten und Einstellungen.
Der **psychomotorische** Lernbereich beschreibt manuelle Fertigkeiten.

Lernschwierigkeiten und Verhaltensauffälligkeiten
Auf dem Ausbildungsmarkt hat sich vieles für den Handel verändert: Die Anzahl der Jugendlichen, die dem Ausbildungsmarkt zur Verfügung stehen, ist durch die demografische Entwicklung geringer geworden. Außerdem wird der Anteil der Jugendlichen, die die Schulzeit mit dem Abitur ablegen, immer größer. Diese Jugendlichen entscheiden sich für ein Studium oder für andere kaufmännische Ausbildungen. Durch dieses schrumpfende Angebot von Bewerbern muss sich der Handel für Jugendliche entscheiden, die dem Wunschprofil nicht ganz entsprechen. So wird es immer wichtiger, bereits bei der Planung der Ausbildung mögliche Lernschwierigkeiten zu berücksichtigen. Lernprobleme können unterschiedliche Gründe haben: z.B. gene-

tisch bedingte Erbanlagen, die Erziehung im Elternhaus, das soziale Umfeld des Auszubildenden oder Erfahrungen aus der Vergangenheit.

Um Konflikte rechtzeitig zu erkennen, ist es wichtig, dass der Ausbilder eine enge, vertrauensvolle Beziehung zu dem Auszubildenden entwickelt, ihn beobachtet und zuhört sowie die Fähigkeit hat, sich in die individuelle Lerngeschichte des Auszubildenden hineindenken zu können. Von Beginn an sollten regelmäßige Feedbackgespräche festgelegt sein, z.B. im 1. Ausbildungsjahr mindestens monatlich. In diesen Gesprächen werden die Ist-Situation in Betrieb und Schule festgestellt, Ziele für den nächsten Zeitraum definiert und Hilfen aufgezeigt. Wichtig ist dabei, den Auszubildenden Mut zu machen, zu bestärken und zu motivieren.

Der Ausbilder sollte auch Grenzen der betrieblichen Ausbildung erkennen. Da, wo Schulungen, Unterweisungen und Gesprächen nicht mehr ausreichen, müssen „ausbildungsbegleitende Hilfen – AbH" in Anspruch genommen werden. Hier wird der Auszubildende fachlich und sozialpädagogisch von überbetrieblichen Trägern gefördert. Ansprechpartner hierfür ist die Agentur für Arbeit.

Neben dem Verständnis für die Probleme des Auszubildenden darf nicht vernachlässigt werden, dem Auszubildenden Konsequenzen aufzuzeigen, wenn er Teilziele nicht erreicht. Dabei muss möglicherweise auch das Instrument Abmahnung eingesetzt werden, um dem Auszubildenden die Gefahr des Verlusts des Ausbildungsplatzes aufzuzeigen.

Leistungsstarke Auszubildende
Der Handel hat die Möglichkeit, Auszubildende mit Schulabschlüssen wie Abitur, Fachabitur oder Studienabbrecher zu gewinnen, wenn zusätzliche Angebote unterbreitet werden, die den Auszubildenden besonders fordern. Bereits bei Vertragsschluss sollte eine Verkürzung der Ausbildung geprüft werden von ca. 6 – 12 Monaten. Die Verkürzung vor Ausbildungsbeginn hat den Vorteil, dass der Auszubildende in den meisten Berufsschulen bereits in eine „Verkürzer-Klasse" kommt, in der der gesamte Berufsschulstoff in komprimierter Form vermittelt wird. Selbstverständlich muss auch der betriebliche Ausbildungsplan der verkürzten Ausbildungszeit angepasst werden.

Viele Industrie- und Handelskammern und Bildungseinrichtungen unterstützen heute die Betriebe in der Gestaltung besonderer Abiturienten-Programme.

- Das duale Studium ermöglicht einen Ausbildungsabschluss sowie den Hochschulabschluss Bachelor.
- Die duale Ausbildung umfasst den Ausbildungsabschluss in Groß- oder Einzelhandel sowie den Fortbildungsabschluss zum/r Handelsfachwirt/in.
- Das Berufsbildungsgesetz sieht vor, dass die Ausbildung auch im Ausland durchgeführt werden kann. Bis zu ¼ der Zeit kann laut Ausbildungsrahmenplan der Auslandseinsatz einnehmen. Dies ist eine gute Chance für Handelsbetriebe, die Filialen im Ausland haben

oder auf dem internationalen Beschaffungsmarkt aktiv sind, die Sprachkenntnisse sowie die interkulturellen Kompetenzen der Auszubildenden zu fördern. Betriebe, die selbst keine Kontakte haben zu ausländischen Partnern, können die Hilfe der IHK in Anspruch nehmen.
- Weitere Zusatzqualifikationen können neben der Ausbildung erworben werden wie z.B. Sprachkenntnisse, Zollabwicklung.

Außerdem können die Auszubildenden bereits in der Ausbildung mit Sonderaufgaben betraut bzw. in Projekte eingebunden werden, die sie besonders in Anspruch nehmen. Wichtig ist dabei, dass die Auszubildenden hierfür neben ihren Ausbildungsaufgaben freigestellt werden und sie auch innerhalb dieser Aktionen betreut und entwickelt werden.

Systematische Prüfungsvorbereitung

Das Bestehen der Abschlussprüfung ist das wichtigste Ziel der Ausbildung. Gerade in Deutschland spielen Abschlussnoten eine wichtige Rolle und begleiten die Berufstätigen über ihren gesamten beruflichen Werdegang.

Zunächst absolvieren die Auszubildenden im 2. Ausbildungsjahr eine schriftliche **Zwischenprüfung**. Bei der Zwischenprüfung gibt es kein Bestehen oder Nichtbestehen, nur die Teilnahme ist notwendig. Doch ist es bei schlechten Leistungen unerlässlich, dass mit dem Auszubildenden das Kritikgespräch geführt wird und er zu besseren Leistungen motiviert wird, denn die Ergebnisse lassen Rückschlüsse zu, wie die Abschlussprüfung ausfallen wird. Gemeinsam muss geklärt werden, welche Gründe es für die schlechten Ergebnisse gibt wie z.B. mangelndes Engagement des Auszubildenden in der Berufsschule, Defizite in der betrieblichen Ausbildung oder Berufsschule, Lernschwierigkeiten. Gemeinsam müssen Fördermaßnahmen geplant werden, ggf. werden „ausbildungsbegleitende Hilfen" in Anspruch genommen. In der Ausbildungsordnung ist festgelegt, welche Themengebiete in der Zwischenprüfung behandelt werden können. Meist ist die Zwischenprüfung eine programmierte Prüfung.

Bei der Ausbildung Kaufmann/frau im Einzelhandel wird keine Zwischenprüfung durchgeführt. Stattdessen legen die Auszubildenden schon den 1. Teil ihrer Abschlussprüfung ab. Bestehen Sie diesen ersten Teil nicht, nehmen sie trotzdem an dem 2. Teil zum Ende der Ausbildung teil, der Teil 1 kann bzw. muss erst wiederholt werden, wenn das Gesamtergebnis vorliegt und die Prüfung insgesamt nicht bestanden wurde.

Die Inhalte der **Abschlussprüfung** sind ebenfalls in der Ausbildungsordnung festgelegt genauso wie die Dauer der einzelnen Prüfungsteile und die Modalitäten über das Bestehen bzw. das Nichtbestehen der Prüfung wie z.B. unterschiedliche Gewichtungen, Sperrfächer. Die Abschlussprüfung besteht aus einer schriftlichen Prüfung, einer mündlichen Prüfung bzw. dem Fachgespräch und ggf. wie z.B. bei der/dem Gestalter/in für visuelles Marketing einer praktischen Prüfung. Je nach Ausbildungsordnung kann der Prüfling sich bei nicht bestandenen schriftlichen Prüfungsfächern einer mündlichen Ergänzungsprüfung stellen. Meist wird diese Prüfung 2:1

gewertet, eine zweifache Wertung für die schriftliche und eine einfache Wertung für die Ergänzungsprüfung. Erreicht der Prüfling insgesamt mindestens 50 Punkte, ist dieses Prüfungsfach bestanden.

Bei der Vorbereitung auf die Abschlussprüfung sollte zunächst mit dem Auszubildenden besprochen werden, wie er unterstützt werden möchte: Die Inhalte der schriftlichen Prüfungen können mit früheren Originalprüfungen geübt werden, die alten Prüfungen können in Print- oder Onlineversion käuflich erworben werden. Außerdem gibt es viel Literatur und Lern-CDs zur Vorbereitung auf die Prüfung. Kann der Auszubildende nicht gut allein lernen, braucht den Anstoß und feste Zeiten, so ist es ratsam, die Teilnahme an Vorbereitungskursen zu unterstützen. Auch für das Fachgespräch oder die praktische Prüfung gibt es Literatur, besser ist jedoch, wenn der Ausbilder oder Experten im Unternehmen den Auszubildenden fördern, das Fachgespräch mit ihm üben und branchenbezogene Inhalte wie z.B. Waren- und Sortimentskunde wiederholen.

2.5 Die Beurteilung

2.5.1 Ziele und Anlässe von Beurteilungen

Mit Hilfe von Beurteilungen will ein Unternehmen einen Überblick darüber gewinnen, wie weit die Leistungen der Mitarbeiter und die Anforderungen an eine Stelle entsprechend Stellenbeschreibung und Anforderungsprofil übereinstimmen. So können Mitarbeiter gezielt gefördert und Talente erkannt werden; die Mitarbeiter werden motiviert. Dem Mitarbeiter bietet eine regelmäßige Beurteilung die Möglichkeit, seine Leistungen und Fähigkeiten einzuschätzen. Außerdem bietet das Beurteilungsgespräch die Chance, in Ruhe alle Themen zu erörtern, die sich unmittelbar aus der Beurteilung ergeben.

Ziele und Funktionen eines Beurteilungssystems sind:

- Beurteilungen sind eine Grundlage für die Festlegung der **Vergütung**. Gerade sehr gute Leistungen kann der Arbeitgeber durch besondere Zulagen oder übertarifliche Vergütung honorieren.
- Bei der **internen Personalbeschaffung** dienen Beurteilungen als wichtige Unterlage innerhalb des Auswahlverfahrens, um zu erkennen, ob der Mitarbeiter den Anforderungen der neuen Stelle gerecht werden kann.
- Darüber hinaus sind Beurteilungen wichtig bei der Planung der **Aufstiegsfortbildung**: Mitarbeiter und Unternehmen können Potenziale erkennen und für die Karriere ein Aus- und Weiterbildungskonzept entwickeln.
- Außerdem stellt die Beurteilung eine **Erfolgskontrolle** dar. Dies gilt z.B. für die Beurteilung zum Ende der Probezeit, für fortlaufende Beurteilungen während und zum Ende der

Ausbildung. Dies gilt auch für den Vergleich von Beurteilungen vor und nach einer Personalentwicklungsmaßnahme.
- Schließlich dienen Beurteilungen als Grundlage zur **Erstellung von Arbeitszeugnissen**.

Viele Unternehmen halten es für sinnvoll, ihre Mitarbeiter regelmäßig zu beurteilen – alle 6, 12 oder längstens 24 Monate –, um Entwicklungen erkennen zu können. Außerdem hat man dann auch gleich aktuelle Mitarbeiterprofile vorliegen, die bei Veränderungen im Unternehmen mit den neuen Anforderungsprofilen verglichen werden können.

Darüber hinaus gibt es betriebliche Anlässe, für die unregelmäßig Beurteilungen erstellt werden wie z.B. Ablauf der Probezeit, vor Versetzungen, für besondere Weiterbildungen.

2.5.2 Das Beurteilungsverfahren

In der Regel erfolgen Beurteilungen mit Hilfe eines standardisierten Verfahrens; den Beurteilern werden Beurteilungskriterien vorgegeben. Entsprechend der vorgegebenen Beurteilungskriterien wird unterschieden:
- Die **Leistungsbeurteilung** befasst sich mit Arbeitsergebnissen, die der Mitarbeiter in der Vergangenheit erreicht hat. Oft können die Ergebnisse durch Kennziffern belegt werden.
- Bei der **Verhaltensbeurteilung** wird das Verhalten des Mitarbeiters bewertet.
- Die **Potenzialbeurteilung** versucht, die Fähigkeiten des Mitarbeiters einzuschätzen, die bei der gegenwärtigen Stelle noch nicht gefordert sind. Sie wird besonders in der Aufstiegsfortbildung eingesetzt.

Elemente der verschiedenen Beurteilungen können gemischt werden.

Außerdem werden Beurteilungen unterschieden nach dem Beurteilten:
- In vielen Unternehmen sind mittlerweile regelmäßige **Mitarbeiterbeurteilungen** selbstverständlich: Der Vorgesetzte beurteilt den Mitarbeiter.
- Bei der **Selbstbeurteilung** gibt der Mitarbeiter eine Selbsteinschätzung ab. Der Vorgesetzte händigt dem Mitarbeiter den Beurteilungsbogen aus und bittet um eine Selbstbeurteilung zur Vorbereitung für die spätere Aussprache.
- Bei der **Vorgesetztenbeurteilung** bewertet der Mitarbeiter seinen Vorgesetzten. Diese Form gibt es noch nicht in vielen Unternehmen, obwohl diese Beurteilung unterstützt, dass Vorgesetzte ihr Führungsverhalten verbessern können.
- Das **360°-Feedback** vereint die verschiedenen Formen: Der Beurteilte soll aus verschiedenen Blickwinkeln eine Einschätzung erhalten, unterschiedliche Perspektiven sollen zum Tragen kommen. Dabei beurteilen alle Personen den Mitarbeiter, die mit ihm zusammenarbeiten wie z.B.: Vorgesetzte, unterstellte Mitarbeiter, Kollegen und Kunden bzw. Lieferanten.

2.5 Die Beurteilung

Merkmale und Kriterien des standardisierten Beurteilungsverfahrens

Beim standardisierten Beurteilungsverfahren müssen Merkmale bestimmt werden. Diese Merkmale sollten mit dem Anforderungsprofil abgestimmt werden. Beide können sich auf das „Genfer Schema" beziehen.

Beurteilungsmerkmale für eine/n Sachbearbeiter/in im Einkauf:

Kriterien nach dem „Genfer Schema"	Anforderungen
Geistige Anforderungen	Ausbildung zum Kaufmann/frau im Großhandel Warenkenntnisse Sortimentskenntnisse Vertragsrechtskenntnisse Angebotsprüfung MS Office-Anwendung Kaufmännisches Englisch in Wort und Schrift
Körperliche Anforderungen	Belastbarkeit
Geistige Beanspruchung	strukturierte Arbeitsweise Organisationsvermögen Kommunikationsfähigkeit
Körperliche Beanspruchung	Sorgfalt auch bei Belastung
Verantwortung	Verantwortungsbewusstsein
Arbeitsbedingungen	Teamfähigkeit

Häufiger werden mittlerweile die Anforderungsprofile und die Beurteilungen an den beruflichen Handlungskompetenzen ausgerichtet:

Bei der Trinkmann GmbH wurde das Beurteilungssystem an den Anforderungsprofilen ausgerichtet. Hier das Anforderungsprofil für die Sachbearbeitung Einkauf:

Anforderungen	Gewichtung		
	Weniger wichtig	wichtig	sehr wichtig
Waren- und Sortimentskenntnisse			
WWS			
Präsentation und Verkaufsraumgestaltung			
analytische Fähigkeit			
Zeit- und Selbstmanagement			
Kundenorientierung			
Kommunikationsfähigkeit			
Teamfähigkeit			
Konfliktfähigkeit			
Belastbarkeit			

Entsprechend sieht der Beurteilungsbogen für diese Tätigkeit aus:

Fähigkeiten	Ausprägung					
	1	2	3	4	5	6
Waren- und Sortimentskenntnisse						
WWS						
Präsentation und Verkaufsraumgestaltung						
analytische Fähigkeit						
Zeit- und Selbstmanagement						
Kundenorientierung						
Kommunikationsfähigkeit						
Teamfähigkeit						
Konfliktfähigkeit						
Belastbarkeit						

2.5 Die Beurteilung

In **Beurteilungssystemen** arbeitet man meist mit folgenden Begriffen:

verbale Definitionen wie z.B. für Zeit- und Selbstmanagement:	plant sorgfältig und arbeitet systematisch plant gelegentlich unsystematisch eher unsystematisches Vorgehen
vorgegebene Begriffe	stets häufig manchmal selten nie
Numerisch	wie bei unserem Fallbeispiel
Grafisch	hoch >> niedrig

Gibt es im Unternehmen eine numerische Vorgabe, so kann ein Ergebnis festgestellt werden. Dann können zusätzlich noch die einzelnen Fähigkeitsmerkmale eine Gewichtung erhalten und ein Punkteendergebnis ermittelt werden.

Hier eine Übersicht der Beurteilungen der Teamleiterin Frau Berger:

Fähigkeiten	Ausprägung						Lfd. Jahr	Vor-jahr	Vorvor-jahr
	1	2	3	4	5	6			
Waren- und Sortimentskenntnisse						x	6	5	5
WWS			x				4	3	3
Präsentation und Verkaufsraumgestaltung					x		5	4	4
analytische Fähigkeit				x			4	3	2
Zeit- und Selbstmanagement		x					3	2	2
Kundenorientierung					x		5	5	5
Kommunikationsfähigkeit					x		5	5	4
Teamfähigkeit					x		5	4	3
Konfliktfähigkeit			X				3	2	2
Führungsfähigkeit				x			4	3	3
Belastbarkeit					x		5	4	4
Durchschnitt							4,5	3,6	3,4

Phasen der Beurteilung

Vorbereitungsphase
Der Beurteiler erhält den Beurteilungsbogen. Sollte dies für ihn die erste Beurteilung sein, so sind ihm die Merkmale zu erläutern und der Bewertungsmaßstab darzulegen. Eventuell wird festgelegt, wer bei der Beurteilung außer dem Vorgesetzten noch mitwirkt.

Durchführungsphase
Zunächst wird der Mitarbeiter über einen angemessenen Zeitraum anhand der vorgegebenen Merkmale beobachtet, Notizen werden gemacht und Ereignisse festgehalten, um im späteren Beurteilungsgespräch dem Mitarbeiter die Bewertung belegen zu können. Selbstverständlich müssen alle Notizen verschlossen verwahrt werden. Dabei ist es wichtig, zunächst wirklich nur die Beobachtungen festzuhalten und erst zum Ende des Beobachtungszeitraums eine Bewertung vorzunehmen. Der abschließenden Bewertung liegen Stellenbeschreibung und Anforderungsprofil zugrunde. Zum Vergleich können Beurteilungen von anderen Mitarbeitern zum Vergleich hinzugezogen werden.
Ist die Beurteilung erfolgt, so wird sie dem Mitarbeiter erläutert. *Dazu mehr unter 2.5.3 – Das Beurteilungsgespräch.* Um die Beurteilungen kontinuierlich vergleichen zu können, werden sie in der Personalakte aufbewahrt.

Beurteilungsfehler
Niemand ist gegen typische Beurteilungsfehler gefeit. Da ist es wichtig, dass man sie kennt, um sie zu vermeiden.
Typische Fehler sind:

Halo-Effekt:
Der Beurteiler schließt von einem herausstechenden – positiven oder negativen – Merkmal auf andere Merkmale.
Die Mitarbeiterin ist immer guter Laune, sehr freundlich und hilfsbereit. Ihr Vorgesetzter arbeitet sehr gern mit ihr zusammen und schätzt ihre positive Einstellung. Dabei beachtet er nicht ausreichend, dass sie eine chaotische Arbeitsweise hat und sehr unordentlich ist.

Übernahmefehler:
Beurteilungseinschätzungen werden aus vorhergehenden Beurteilungen übernommen.
Der Auszubildende war im 1. Ausbildungsjahr noch sehr unsicher gegenüber Kunden. Oft vermied er den direkten Kontakt mit dem Kunden. Doch jetzt im 2. Ausbildungsjahr ist er wesentlich sicherer

geworden und bietet dem Kunden aktiv seine Hilfe an. Aber sein Vorgesetzter erkennt diese Entwicklung nicht.

Kontakteffekt:
Je enger Mitarbeiter und Vorgesetzter zusammenarbeiten, umso besser kann die Beurteilung ausfallen.
Der Leiter Einkauf und die Teamleiterin Weine arbeiten schon sehr lange zusammen; die Teamleiterin vertritt ihren Chef bei Urlaub und Krankheit; im Laufe der Zeit ist ein Vertrauensverhältnis gewachsen, das oft Absprachen überflüssig macht. Die Teamleiterin weiß einfach, wie ihr Vorgesetzter eine Angelegenheit entscheiden würde.
Die Beurteilungen der Teamleiterin fallen durchweg gut bis sehr gut aus, obwohl ihre analytischen Fähigkeiten bzw. ihr Umgang mit dem Warenwirtschaftssystem nicht gut sind.

Nikolauseffekt:
Bei regelmäßigen Beurteilungen steigert der Mitarbeiter seine Leistungen zum Beurteilungstermin.
Die Beurteilungen werden immer im Mai erstellt. Die Mitarbeiter kennen diesen Termin, nehmen sich in dieser Zeit besonders zusammen und vermeiden Fehler.

Andorra-Effekt:
Der Mitarbeiter passt sich mit seiner Leistung an die Rolle, die der Vorgesetzte erwartet, an.
Der Teamleiter Fachmärkte schätzt einen seiner Marktleiter nicht. Der Marktleiter spürt dies, verliert die Lust an der Arbeit und wird immer schlechter in seinen Leistungen.

Tendenz zur Milde bzw. zur Mitte:
Der Vorgesetzte beurteilt so, dass Meinungsverschiedenheiten und Unstimmigkeiten mit dem Beurteilten vermieden werden.
Der Teamleiter Logistik ist ein harmoniebedürftiger Mensch, der Konflikten aus dem Weg geht. Seine Mitarbeiter haben durchweg sehr gute und gute Beurteilungen. Die Beurteilungen der verschiedenen Mitarbeiter unterscheiden sich kaum.

**Niemand ist gegen typische Beurteilungsfehler gefeit.
Man sollte sie kennen, um sie zu vermeiden!**

2.5.3 Das Beurteilungsgespräch

Das Beurteilungsgespräch ist fast noch wichtiger als die eigentliche Beurteilung. Dem Mitarbeiter wird die Beurteilung erläutert, er wird motiviert, seine Leistungen beizubehalten oder zu steigern..

Vorbereitung des Beurteilungsgesprächs
Der Mitarbeiter wird über den Gesprächstermin informiert. Vielleicht erhält er bereits den Beurteilungsbogen, so dass er eine Selbsteinschätzung vornehmen kann. Der Vorgesetzte reserviert einen geeigneten Raum, in dem Mitarbeiter und Vorgesetzter nicht gestört werden. Der Vorgesetzte beschäftigt sich nochmals mit der Beurteilung, sortiert seine Notizen und macht sich Stichworte, um dem Mitarbeiter seine Überlegungen präzise darlegen zu können.

Der Gesprächsablauf
Zunächst wird der Mitarbeiter begrüßt. Der Vorgesetzte legt den Gesprächsablauf dar, informiert über Sinn und ggf. Anlass der Beurteilung und legt Gesprächsziele fest. Dabei wird der Mitarbeiter ermuntert, ein offenes Feedback zu geben und sich aktiv am Gespräch zu beteiligen. Anfangs werden die Zielvereinbarungen aus dem letzten Beurteilungsgesprächs genannt und nachgehalten, ob und wie weit diese Ziele erreicht wurden. Der Mitarbeiter kann dann eine Selbsteinschätzung geben, bei der der Vorgesetzte in Ruhe zuhört. Der Vorgesetze fragt nach und versichert sich, ob er alles richtig verstanden hat. Dann werden die Gedanken des Mitarbeiters aufgegriffen und der Vorgesetzte erläutert seine Beurteilung. Dabei kann er zunächst mit den Stärken und positiven Arbeitsergebnissen beginnen. Dann werden die nicht erreichten Ziele und Schwächen deutlich, aber vorwurfsfrei vorgetragen.
Am Ende wird das Gespräch zusammengefasst und es werden neue Ziele formuliert. Diese werden schriftlich festgehalten und dem Mitarbeiter in Kopie ausgehändigt. Mögliche Maßnahmen nach einem Beurteilungsgespräch können z.B. sein:
- Der Mitarbeiter wird für eine Aufstiegsfortbildung vorgeschlagen.
- Der Mitarbeiter bewirbt sich in Zukunft auf eine neue Stelle im Unternehmen.
- Der Mitarbeiter wird an seiner jetzigen Stelle durch seinen Vorgesetzten weiter gefördert, er besucht ein Seminar, um Defizite auszugleichen.

2.5.4 Auch Beurteilungen lassen sich verbessern.

Das Unternehmen sollte in regelmäßigen Abständen – ca. 3 – 5 Jahren – sein Beurteilungsverfahren überprüfen. Möglichkeiten sind z.B.

Gespräche mit den Beurteilern
In Teambesprechungen mit den Führungskräften wird besprochen, ob die Merkmale und Maßstäbe noch aktuell sind und ob das gesamte Verfahren praktikabel ist.

Auswertung der Beurteilungen
Alle Beurteilungen werden geprüft. Dabei kann festgestellt werden, ob die Beurteilungen der Mitarbeiter ähnlich ausfallen, z.B. im guten Bereich. Realistisch ist dies nicht. Weiterhin müsste dann geprüft werden, ob die Merkmale nicht richtig gewählt sind oder ob die Führungskräfte Hilfestellung in Form von Seminaren oder Coaching benötigen.
Sinnvoll ist es auch, Beurteilungen nach Mitarbeitergruppen auszuwerten. Bei Abweichungen von einzelnen Mitarbeitergruppen wird untersucht, ob in einzelnen Gruppen besonderer Förderbedarf besteht oder ob z.B. Vorurteile, schlechte Bedingungen oder nicht passende Beurteilungsmerkmale zu diesen Abweichungen geführt haben.

Befragung der Beurteilten
Meist erfolgt dies anonym mit Hilfe einer Mitarbeiterbefragung. Wichtig ist, dass das Unternehmen bei schlechten Ergebnissen für die Mitarbeiter wahrnehmbar Verbesserungen bzw. Veränderungen durchführt.

2.6 Die drei Seiten der Personalplanung: Personalbedarfs-, Personalkosten- und Personaleinsatzplanung

2.6.1 Aufgaben und Ziele der Personalplanung

Die Personalplanung trägt wesentlich dazu bei, dass die Unternehmensziele erreicht werden. Mit der Personalbedarfsplanung werden Personalengpässe rechtzeitig erkannt und Personalstrategien und -konzepte entwickelt. Besonders für expandierende Unternehmen ist eine langfristige Personalbedarfsplanung unerlässlich, um sicherzustellen, dass die Mitarbeiter für die neuen Aufgaben zur Verfügung stehen. In Zukunft könnte es sein, dass es schwieriger wird, das richtige und ausreichende Personal zu finden, als die passende Immobilie.

Gute Personalplanung: Die richtige Zahl von Mitarbeitern mit der richtigen Qualifikation zur richtigen Zeit am richtigen Ort!

Die **Planungszeiträume** bei der Trinkmann GmbH:
- **kurzfristig unter einem Jahr** Vor allem die Personaleinsatzplanung in den Fachmärkten: Der Teamleiter plant in der letzten Woche eines Monats für den folgenden Monat die Besetzung im Fachmarkt und korrigiert diese Besetzung, wenn unvorhergesehene Ereignisse eintreten wie außergewöhnliches Wetter, Sportereignisse wie z.B. entscheidende Spiele in der Bundesliga oder Champions League, Krankheit von Mitarbeitern.
- **mittelfristig bis zu ca. drei Jahren** Nachdem bei der Trinkmann GmbH die Umsatz- und Ertragsplanung im September eines Jahres für das Folgejahr erstellt ist, werden der Bedarf von Mitarbeitern in der Zentrale sowie in den Fachmärkten geplant und der Netto-Bedarf ermittelt.
- **langfristig über drei Jahre** Gleichzeitig mit der mittelfristigen Planung erfolgt im Unternehmen eine langfristige Planung. Der Bedarf in ca. 4 – 5 Jahren wird geschätzt unter Berücksichtigung von Expansionsplänen, aber auch möglichen Pensionierungen, Fluktuation und Familienplanung der Mitarbeiter. Entsprechend dieser Planung wird die Anzahl der einzustellenden Auszubildenden im Folgejahr festgelegt. Vier Jahre später stehen diese dann dem Unternehmen zur Übernahme zur Verfügung.

Eine frühzeitige und kontinuierliche Personalbedarfsplanung führt zu einer gezielten Beschaffung von Mitarbeitern und oft zu einer Senkung der Fluktuation, weil das Unternehmen nicht aus der momentanen Situation heraus reagiert, sondern in längeren Zeiträumen plant. So kann es sinnvoll sein, in wirtschaftlich schwierigen Zeiten nicht Mitarbeiter abzubauen, sondern diese zu halten, um für eine positivere Zukunft gerüstet zu sein und betriebliches Know-how zu sichern. Wird die Personalbedarfsplanung für die Mitarbeiter transparent, so wissen die Mitarbeiter um ihre Perspektiven, verbleiben im Unternehmen und identifizieren sich mit den Zielen des Unternehmens. Außerdem stärkt kontinuierliche Personalbedarfsplanung das Image des Unternehmens und stärkt damit auch die Kundenzufriedenheit.

2.6 Die drei Seiten der Personalplanung:

2.6.2 Phasen der Personalbedarfsplanung

Der Kreislauf stellt die Phasen der Personalbedarfsplanung dar:

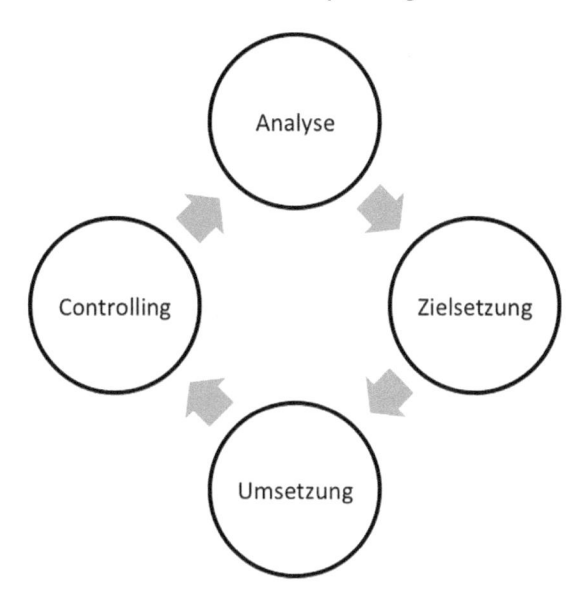

```
        Analyse
   ↙              ↘
Controlling     Zielsetzung
   ↖              ↗
        Umsetzung
```

Oft werden zunächst die momentane Personalsituation im Unternehmen und der externe Arbeitsmarkt analysiert. Bei der internen Analyse werden folgende Bereiche unterschieden:

Quantitative und qualitative Personalbestandsanalyse
Bei der Personalbestandsanalyse werden die Struktur der Belegschaft und ihre Veränderungen festgestellt. U. a. interessieren
- Alters- und Betriebszugehörigkeit,
- Anteil der Geschlechter,
- ggf. der Anteil der Mitarbeiter mit Migrationshintergrund, Nationalitäten
- die Arten der Vertragsverhältnisse (Vollzeit-, Teilzeit-, Anteil der befristeten, der sozialversicherungsfreien Arbeitsverhältnisse und ggf. der Leiharbeiter)
- die Ausbildungsquote.

Bei der qualitativen Analyse werden Veränderungen der Stellenbeschreibungen geprüft und entsprechend Anpassungen der Anforderungsprofilevorgenommen. Die geänderten Profile sind dann Grundlage für die Beschaffung von Mitarbeitern.

Personalbewegungen

Bei der Personalbewegungsanalyse werden die internen und externen Mitarbeiterveränderungen aufgezeigt. Die externen Bewegungen werden in der Kennziffer Fluktuationsquote dargestellt.

$$\text{Fluktuationsquote} = \frac{\text{Zahl der Abgänge} \cdot 100}{\text{durchschnittlicher Personalbestand}}$$

Fluktuationskennziffern können innerhalb des Unternehmens, zwischen den verschiedenen Abteilungen und Niederlassungen, im Zeitablauf oder mit anderen Unternehmen verglichen werden

Arbeitszeit
Siehe auch 2.10 Gesundheitsschutz

Bei der Analyse der Arbeitszeit wird die Soll-Arbeitszeit, die sich durch vertragliche oder tarifliche Vereinbarungen ergibt, mit der Ist-Arbeitszeit verglichen. Übersteigt die Ist-Arbeitszeit die Soll-Arbeitszeit, so führen die Mitarbeiter Mehrarbeitskonten. Das Unternehmen sollte hier prüfen, ob Mitarbeiter durch die Mehrarbeit nicht überfordert sind und ihre Leistungsfähigkeit leidet. Unterschreitet die Ist-Arbeitszeit die Soll-Arbeitszeit, ist die Krankheitsquote zu prüfen.

$$\text{Krankheitsquote} = \frac{\text{Krankheitsstunden} \cdot 100}{\text{Sollarbeitsstunden aller Mitarbeiter}}$$

Krankheitsquoten können dann genau so wie die Fluktuation verglichen werden.

Personalkosten
Siehe 2.6.4 Personalkostenplanung

Bei der externen Analyse wird der Arbeitsmarkt untersucht, um einen Überblick über die Qualität und Struktur des zukünftigen Arbeitskräfteangebots zu gewinnen. Frei zugängliche Daten der Bundes- und Landesstatistikämter, der Industrie- und Handelskammern, Untersuchungen der Arbeitsverwaltung, Veröffentlichungen in Fachzeitschriften und Studien der Fachverbände können dazu genutzt und ausgewertet werden. So sieht das Unternehmen rechtzeitig, ob der zukünftige Bedarf am regionalen oder bei Führungskräften am überregionalen Arbeitsmarkt gedeckt werden kann. Um sich einen Überblick über das Nachwuchskräftepotenzial zu verschaffen, sollten die Unternehmen Informationen über die zukünftigen Entwicklungen von Schulabschlüssen und Studiengängen, hier vor allem die dualen Studiengänge, einholen und Kooperationspartner wie z.B. IHK, Fachhochschulen und Bildungseinrichtungen gewinnen.

2.6 Die drei Seiten der Personalplanung:

Aus der Analyse ergeben sich eigene **Ziele der Personalplanung** wie z.B.
- Strukturveränderungen wie etwa Veränderungen des Geschlechteranteils, Senkung des Durchschnittsalters, Reduzierung der Anzahl der befristeten Verträge und gleichzeitige Inanspruchnahme von Arbeitnehmerüberlassung
- Senkung der Krankheitsquote durch z.B. Veränderungen der Arbeitsbedingungen wie etwa Abbau von Mehrarbeit, Anbau von Stellen, Rückkehrgespräche, Gesundheitsprävention
- Kostenreduzierungen und Anhebung der Pro-Kopf-Leistung durch z.B. flexiblere Arbeitszeitvereinbarungen
- Erhöhung der Aus- und Weiterbildungsquote, um unabhängig vom Arbeitsmarkt zu werden und die Mitarbeiter zu binden.

2.6.3 Methoden der Personalbedarfsplanung

Bei der Personalbedarfsplanung können verschiedene Methoden eingesetzt werden, um den Bruttobedarf zu ermitteln. Oft werden zwei Methoden gleichzeitig eingesetzt, die Ergebnisse miteinander verglichen und dann entschieden.

Schätzen
Die Führungskräfte legen den zukünftigen Bedarf ihres Bereiches fest – quantitativ und qualitativ – aufgrund ihrer Erfahrungen. Unternehmensleitung und Personalleitung überprüfen diese Schätzungen, ggf. wird gemeinsam korrigiert. In großen Unternehmen kann eine Expertenschätzung stattfinden: Eine Gruppe von Führungskräften, z.B. Geschäftsführer, Personalleiter, Leiter Finanzen, Abteilungsleiter geben ihre Schätzungen ab. Aus den Einzelschätzungen wird dann eine endgültige Schätzung vorgenommen.

Kennzahlenmethode
Pro-Kopf-Leistung und Personalquote sind Grundlage für die Kennzahlenmethode. Mit der Kennzahlenmethode kann die Anzahl der Mitarbeiter geplant werden.

Bei der Trinkmann GmbH wird für den Großhandel mit Hilfe der Produktivität bzw. der Pro-Kopf-Leistung der Bruttobedarf ermittelt.

Ist-Situation	Planung für das Folgejahr
Umsatz 7.900.000,00	Umsatzplus von 5% = 8.295.000,00
Mitarbeiter 26,2	
Pro-Kopf-Leistung 301.526,71 €	Erhöhung der Pro-Kopf-Leistung um 3% = 310.527,51 €

$$\text{Pro-Kopf-Leistung} = \frac{\text{Umsatz} \cdot 100}{\text{Zahl der Mitarbeiter}}$$

Um den Bruttobedarf zu errechnen, muss die Formel für die Pro-Kopf-Leistung umgestellt werden. Die Pro-Kopf-Leistung und der Umsatz sind bekannt; gesucht sind die Mitarbeiter:

$$\text{Plan-Mitarbeiter} = \frac{\text{Plan-Umsatz}}{\text{Plan-Pro-Kopf-Leistung}} = \frac{8.295.000}{310.527,51} = 26{,}7$$

Das Unternehmen plant einen Bruttobedarf von 26,7 Mitarbeitern für das Folgejahr.

Für die Fachmärkte wird die Kennziffer Personalquote zugrunde gelegt:

Ist-Situation	Planung
Umsatz 7.400.000 €	Umsatzplus von 5% = 7.770.000 €
Mitarbeiter 26,5	
Personalkosten 742.000 €	
Personalkostenquote 10 %	Die Personalkostenquote soll gesenkt werden und im nächsten Jahr nur noch bei 9,8% liegen.
durchschnittliche Vergütung 28.000 €	Erhöhung der durchschnittlichen Vergütung unter Berücksichtigung von gesetzlichen Veränderungen und möglichen Tariferhöhungen um 3,5 % = 28.980 €

Die Formel für die Personalkostenquote ist

$$\frac{\text{Personalkosten} \cdot 100}{\text{Umsatz}}$$

2.6 Die drei Seiten der Personalplanung:

Wieder muss die Formel umgestellt werden:

$$\text{Personalkosten} = \frac{\text{Personalkostenquote} \cdot \text{Umsatz}}{100} = \frac{9{,}8 \cdot 7.770.000}{100} = 761.460.000$$

Die Personalkosten dürfen im nächsten Jahr nur noch 761.460,00 € betragen. Mit Hilfe der Plan-Durchschnittsvergütung kann jetzt ermittelt werden, wie viele Mitarbeiter beschäftigt werden dürfen.

$$\text{Mitarbeiter} = \frac{\text{Personalkosten}}{\text{durchschnittliche Vergütung}} = \frac{761.460}{28.980} = 26{,}3$$

Im nächsten Jahr dürfen nur noch 26,3 Mitarbeiter in den Fachmärkten beschäftigt werden.

Personalbemessungs-methode	Bei der Personalbemessungsmethode wird im Unternehmen der Zeitaufwand für einen Arbeitsvorgang ermittelt. Diese Methode wird vor allem in der Produktion eingesetzt. Im Handel kann die Personalbemessungsmethode in Werkstätten angewandt werden sowie in der Verwaltung oder Logistik, soweit es sich um immer gleich ablaufende Tätigkeiten handelt.
Stellenplanmethode	Veränderungen des Organigramms und/oder des Stellenplans nehmen Einfluss auf die Personalbedarfsplanung.

Anhand der Bruttobedarfsplanung ermittelt das Unternehmen nun den Nettobedarf:

	Bruttobedarf
-	Ist-Personalbestand zu Anfang des Planungszeitraums
+	Abgänge in dem Planungszeitraum wie z.B. Kündigungen, Pensionierungen, Versetzungen, Auslaufen von befristeten Verträgen, Mutterschutz und Elternzeit
-	Zugänge in dem Planungszeitraum wie z.B. Neueinstellungen, Versetzungen, Übernahme von Auszubildenden, Rückkehrer aus Elternzeit
=	**Nettobedarf**

Der Nettobedarf ist die Grundlage für Maßnahmen der Personalbeschaffung wie auch der Personalabbauplanung und der Personalentwicklung.

2.6.4 Instrumente der Personalbedarfsplanung

Bei der Personalbedarfsplanung sind Instrumente der Organisation eine große Hilfe.
So gibt das Organigramm die Struktur der Aufbauorganisation wieder *(s. Kapitel 1.3.2 – Unternehmensführung)*.

Stellenplan
Im Stellenplan sind alle Stellen des Unternehmens aufgeführt.

> Auszug aus dem Stellenplan der Trinkmann GmbH – Abteilung Logistik 16.6.18
> Leiter/in Logistik
> Mitarbeiter/in Wareneingang/Lager
> Mitarbeiter/in Kommission/Versand
> Mitarbeiter/in Fuhrpark

Aus dem Stellenplan erfasst der Personalbereich, wie viele Mitarbeiter in den einzelnen Bereichen beschäftigt werden, er ist ein Hilfsmittel der quantitativen Personalbedarfsplanung.

Stellenbesetzungsplan
Wichtiger für den Personalbereich ist der Stellenbesetzungsplan. Zusätzlich zu den Stellen ist die momentane Stellenbesetzung aufgeführt. Der Personalbereich entnimmt dem Stellenbesetzungsplan, wo welche Mitarbeiter beschäftigt sind und welche Stellen z.Z. unbesetzt sind.
Die **Arbeitsplatzbeschreibung** ist eine konkrete Beschreibung der Tätigkeiten eines Stelleninhabers sowie der Über- und Unterstellung.
Die **Stellenbeschreibung** enthält u.a. das Ziel der Stelle, Aufgaben, Befugnisse und Verantwortungen.
Siehe auch Kapitel 2.1 Führungsmethoden
Das **Anforderungsprofil** ist Teil der Stellenbeschreibung, das die geforderten Kompetenzen aufzeigt. Es ist die Grundlage für die qualitative Personalbedarfsplanung.
Siehe auch 2.1 Führungsmethoden

2.6.5 Die Personalkostenplanung

Parallel zur quantitativen und qualitativen Personalbedarfsplanung erfolgt die Personalkostenplanung. Dabei müssen auch zukünftige Tarifentwicklungen berücksichtigt werden. Auch wenn der Arbeitgeber nicht tarifgebunden ist, wirken sich Tarifveränderungen auf den Arbeitsmarkt und damit auch auf die Vergütungsstrukturen des Unternehmens aus.

Personalkostenplanung nach Abteilungen oder Bereichen
Die Unternehmensleitung plant die Gesamt-Personalkosten. Aufgrund der quantitativen und qualitativen Personalbedarfsplanung werden dann die Personalkosten je Abteilung errechnet:

Für den Bereich „Fachmärkte" wird für das folgende Jahr durch zwei geplante Eröffnungen ein Bestand von 33 Mitarbeitern geplant. Die Ist-Durchschnittsvergütung beträgt z.Z.

$$\text{Durchschnittsvergütung} = \frac{\text{Personalkosten Ist}}{\text{Ist-Mitarbeiter}} = \frac{742.000}{26,5} = 28.000$$

Nach Auskunft des Handelsverbands erhöhen sich die tariflichen Vergütungen im nächsten Jahr um 3,5 %. Das ergibt eine durchschnittliche Vergütung von ca. 29.000 €

Planpersonalkosten = Plan-Bedarf · Plan-Durchschnittsvergütung
 = 33 x 29.000
 = 957.000 €

Die gleiche Berechnung wird jetzt für den einzelnen Fachmarkt aufgestellt. In der Summe muss dies wieder 957.000 € ergeben, ansonsten muss die Planung korrigiert werden.

Personalkostenarten
In den direkten Personalkosten werden die unmittelbaren Vergütungen erfasst, die für die geleistete Arbeit gezahlt werden. Die indirekten Personalkosten erfassen Nebenkosten wie z.B. die Arbeitgeber-Anteile zur Sozialversicherung, die Entgeltfortzahlung bei Krankheit, die Zuzahlungen zum Mutterschutzgeld und die Urlaubsgewährung nach dem BUrlG; Urlaubs- und Weihnachtsgeld, betriebliche Altersversorgung, Fahrtkostenzuschüsse, Ausgaben für die Gesundheitsfürsorge oder Mahlzeiten in der Kantine.
Bei der Planung kann das Unternehmen bei den gesetzlichen Zusatzkosten und bei einer tariflichen Bindung auf die tariflichen Zusatzkosten keinen Einfluss nehmen, sie sind vorgegeben.

2 Führung, Personalmanagement, Kommunikation und Kooperation

Anteil der Personalkostenarten bei einer Sachbearbeiterin 5. Berufsjahr

Monatsvergütung 2.268,00 €   Stand: 2015

Jahresvergütung	27.216 €
Arbeitgeberanteil vermögenswirksames Sparen	312
Arbeitgeberanteil Sozialversicherung z.Z. Krankenversicherung 7,3 % Pflegeversicherung 1,025 % Rentenversicherung 9,45 % Arbeitslosenversicherung 1,5 % Insolvenzgeldumlage 0,15 % Gesamt 19,425 % Noch nicht berücksichtigt sind U1- und U2-Umlage sowie die Unfallversicherung.	+ 5.347,31
Urlaub 36 Werktage	+ 3.140,31
Weihnachtsgeld	+ 433,92
Urlaubsgeld	+ 643,55
sonstige soziale Aufwendungen	+ 840,00
Gesamtpersonalkosten	37.933,09 €
Personalerhaltungskosten	z.B. Personalbeschaffungs-, Personalauswahl- und Personalversetzungskosten.
Personalentwicklungskosten	Hier werden die Bereiche Ausbildung und Fortbildung in ihrer Kostenhöhe geplant.

2.6.6 Die Personaleinsatzplanung

Die Personaleinsatzplanung passt den Personaleinsatz an den zu erwartenden Arbeitsanfall an. Dabei soll die Personaleinsatzplanung gewährleisten, dass die betrieblichen Aufgaben in optimaler Qualität ausgeführt werden und das Unternehmen die Kundenansprüche erfüllen kann. Die gesetzlichen Arbeitszeitbestimmungen müssen eingehalten und die Interessen der Mitarbeiter berücksichtigt werden. Voraussetzungen für eine optimale Personaleinsatzplanung sind
- flexible Arbeitszeitvereinbarungen
- die Kenntnis über Arbeitsanfall, detaillierte Umsatzverläufe und Kundenfrequenzen
- und in großen Unternehmen ein IT-gesteuertes Arbeitszeitmanagementsystem.

2.6 Die drei Seiten der Personalplanung:

Umsatzverteilung der Fachmärkte im Jahresverlauf bei der Trinkmann GmbH:

Monat	Anteil am Jahresumsatz
Januar	6,5 %
Februar	7,9 %
März	7,2 %
April	9,1 %
Mai	8,2 %
Juni	7,5 %
Juli	8,4 %
August	7,3 %
September	8,9 %
Oktober	8,3 %
November	10,2 %
Dezember	10,5 %

Aus dem Umsatzverlauf ist zu erkennen, dass es nicht sinnvoll wäre, mit einem immer gleich großen Team zu arbeiten. Die Unterschiedlichkeit bei den Monatsumsätzen setzt sich bei den Tagesumsätzen fort, hier sind Montag, Freitag und Samstag die stärksten Tage. Und auch der Umsatzverlauf eines Tages ist nicht gleichbleibend. Bei Öffnung des Fachmarktes gibt es eine starke Umsatzstunde und ab 17.00 steigt wieder der Umsatz. Zusätzlich müssen die langen Öffnungszeiten berücksichtigt werden, die die regelmäßige gesetzlich zulässige Arbeitszeit von 8 Stunden übersteigen.

Flexible Arbeitszeitvereinbarungen sind z.B. Arbeitszeitkonten, Vertrauensarbeitszeit, Home-Office bzw. Telearbeit oder alternierende Arbeitszeit, KAPOVAZ – kapazitätsorientierte Arbeitszeit – oder Abrufkräfte. Im Logistikbereich bzw. bei besonderen Anlässen können Leasing-Mitarbeiter eingesetzt werden.

2 Führung, Personalmanagement, Kommunikation und Kooperation

Bei der Trinkmann GmbH sind Jahres-Arbeitszeit-Vereinbarungen üblich. Für die Mitarbeiter im Großhandel gelten folgende Regelungen für das laufende Jahr:

Brutto-Jahresarbeitszeit	38,5 x 52 Wochen		2002 Stunden
Urlaub	38,5 x 6 Wochen	−	231 Stunden
Feiertage, die auf einen Arbeitstag fallen	7 Tage $$\frac{\text{Wochenarbeitszeit} \cdot \text{Feiertage}}{\text{Arbeitstage}} \quad \frac{38,5 \cdot 7}{5}$$	−	53,9 Stunden
Netto-Jahresarbeitszeit		=	1717 Stunden

Die Mitarbeiter müssen zum Ende des Jahres auf ihrem Konto 1717 Stunden erarbeitet haben. Unterschreitungen bzw. Überschreitungen im Verlauf des Jahres sind erwünscht. Mitarbeiter und Vorgesetzte können jederzeit in die Arbeitszeitkonten Einblick nehmen, so dass der momentane Zeitstand bei der Personaleinsatzplanung berücksichtigt werden kann. Den Mitarbeitern ist es möglich, sich individuelle Wünsche zu erfüllen, z.B. für die Mütter einen späteren Arbeitsbeginn oder Urlaub während der Schulferien, für junge Mitarbeiter vielleicht auch einen längeren Urlaub am Stück. Für das Unternehmen gibt es die Möglichkeit, bei starkem Arbeitsanfall auch wirklich ausreichend Mitarbeiter zur Verfügung zu haben. Werden Jahres-Arbeitszeit-Vereinbarungen mit Teilzeitvereinbarungen kombiniert, bietet dies noch mehr Flexibilität.

Die Teamleiter Außendienst, Beratung und Fachmärkte haben einen Home-Office-Vertrag. Sie sind viel unterwegs und können ihre Büroarbeit zu einer Zeit zuhause erledigen, zu der es passt. Sie sparen Anfahrtswege. Um im Unternehmen eingebunden zu bleiben, sind sie grundsätzlich mittwochs in der Zentrale.

Zusätzlich haben eine Sachbearbeiterin im Einkauf sowie eine Sachbearbeiterin im Vertrieb ein Home-Office. Sie hatten dies schon während der Elternzeit. Nach deren Beendigung haben beide die Stunden erhöht und arbeiten jetzt auf der Basis von ca. 30 Stunden. Hier wird im Einzelfall mit dem Vorgesetzten und dem Team abgesprochen, wann in der Zentrale gearbeitet wird.

Das Unternehmen stellt Rechner, Bildschirm und Technik für die Kommunikation, der Mitarbeiter stellt die Fläche und Einrichtung zur Verfügung.

Die Personaleinsatzplanung gehört zu der kurzfristigen Personalplanung. Sie wird monats- oder wochenweise erstellt. Dabei wird im Einzelhandel die Einteilung der Mitarbeiter meist stündlich geplant.

2.7 Planen und Organisieren von Qualifizierungsmaßnahmen
Siehe auch 2.10.2 Personalentwicklung und 2.10.4 Teambildung

2.7.1 Methoden zur Ermittlung des Weiterbildungsbedarfs

Die Weiterbildung gehört in den meisten Unternehmen zu dem Bereich der Personal- bzw. der Organisationsentwicklung:

> *Die* **Personalentwicklung** *stellt sicher, dass die Mitarbeiter auch die zukünftigen betrieblichen Anforderungen erfüllen können. Grundlagen sind hierfür die Stellenbeschreibungen und Anforderungsprofile.*

Wichtig ist dabei der Einbezug des Personalmanagements in die Unternehmensplanung, um aus Personalsicht Einfluss zu nehmen und vorzeitig Veränderungen zu erfahren, so dass die Mitarbeiter entsprechend der neuen Ansprüche qualifiziert werden können.
Bei der **Organisationsentwicklung** steht nicht allein der Mitarbeiter und seine gewünschten Qualifikationen im Mittelpunkt, sondern die Begleitung der Mitarbeiter bei Veränderungsprozessen innerhalb des Unternehmens wie z.B. Veränderungen der Aufbau- bzw. Ablauforganisation, Einführung von Managementsystemen und Umstrukturierungen.

Personalentwicklungsbereiche
In der Personalentwicklung werden folgende Bereiche, angelehnt an das Berufsbildungsgesetz, unterschieden:

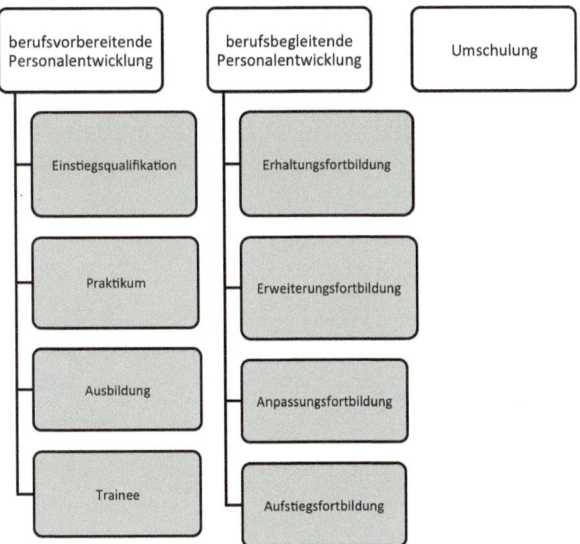

berufsvorbereitende Personalentwicklung	berufsbegleitende Personalentwicklung	Umschulung
Einstiegsqualifikation	Erhaltungsfortbildung	
Praktikum	Erweiterungsfortbildung	
Ausbildung	Anpassungsfortbildung	
Trainee	Aufstiegsfortbildung	

Die **Einstiegsqualifikation** ist eine besondere Hilfe für Jugendliche, die aus der Schule entlassen werden, jedoch noch nicht die notwendige Berufsreife besitzen. Jugendlicher und Betrieb schließen einen Vertrag ab, der bei der IHK eingetragen wird. Ein **Praktikum** hat das Ziel, dass junge Leute den Berufsalltag und dessen Anforderungen kennen lernen, um sich dann für einen Beruf oder ein Studium zu entscheiden.

Die **Erhaltungsfortbildung** ist noch ein neuerer Bereich innerhalb der Personalentwicklung, doch dafür angesichts der demografischen Entwicklung ein immer wichtigerer. Die Personalentwicklung trägt dazu bei, dass die älteren Mitarbeiter so produktiv, innovativ und kreativ bleiben wie die jungen Mitarbeiter. Die **Erweiterungsfortbildung** vermittelt Kenntnisse, die über die gegenwärtige Aufgabe hinausgehen, um Potenziale des Mitarbeiters zu erkennen und über eine Aufstiegsfortbildung entscheiden zu können. Bei der **Anpassungsfortbildung** werden die Mitarbeiter so qualifiziert, dass sie den veränderten Anforderungen gerecht werden. Bei der **Aufstiegsfortbildung** planen Unternehmen und Mitarbeiter mittel- und langfristig den beruflichen Werdegang.

Bei der **Umschulung** hat der Mitarbeiter bereits eine Ausbildung oder ein Studium absolviert, kann jedoch diesen Beruf nicht ausüben und wird nun in einem neuen Beruf ausgebildet.

Egal welche Personalentwicklungsmaßnahme – am Anfang steht die **Bedarfsermittlung**. Betriebliche Anforderungen werden mit dem Können, den Qualifikationen der Mitarbeiter verglichen, um Defizite festzustellen. Auf der betrieblichen Seite werden in jedem Fall die Stellenbeschreibungen und Anforderungsprofile zugrunde gelegt, auf der Mitarbeiterseite die momentanen Fähigkeiten und die Interessen.

Weitere Möglichkeiten, den Leistungsstand der Mitarbeiter und deren Qualifikationen zu erkennen, sind Assessment-Center, Arbeitsproben, Mitarbeit in Projekten und Zielvereinbarungen.

2.7 Planen und Organisieren von Qualifizierungsmaßnahmen

Bei der Trinkmann GmbH werden alle Mitarbeiter jährlich beurteilt. Die Teamleiterin Personal analysiert die einzelnen Beurteilungen. Außerdem ermittelt sie Durchschnittswerte aus den Mitarbeiterbeurteilungen einzelner Stellenbereiche wie z.B. aller Verkaufsmitarbeiter in den Fachmärkten, der Sachbearbeiter im Einkauf und Verkauf. Dann stellt sie das Anforderungsprofil und das durchschnittliche Mitarbeiterprofil visuell gegenüber.

Anforderungen	Gewichtung	
	1	6
Waren- und Sortimentskenntnisse		
WWS		
analytische Fähigkeit		
Zeit- und Selbstmanagement		
Kundenorientierung		
Kommunikationsfähigkeit		
Teamfähigkeit		
Konfliktfähigkeit		
Belastbarkeit		

Dies ist die Gegenüberstellung des Anforderungsprofils Sachbearbeiter/in mit der Durchschnittsbeurteilung aller Sachbearbeiter im Verkauf. Im Bereich der Kundenorientierung fällt die Analyse gut aus, doch in den Bereichen Zeit- und Selbstmanagement sowie der Kommunikationsfähigkeit ist Personalentwicklungsbedarf zu erkennen. Die Teamleiterin Personal möchte zunächst die Zeit- und Selbstmanagementfähigkeiten verbessern und plant ein Teamseminar für die gesamte Verkaufsabteilung. Da sie selbst ein ähnliches Seminar besucht hat und die vermittelten Techniken sie sehr bei ihrer täglichen Arbeit unterstützen, wird sie mit dem Trainer dieses Seminars Kontakt aufnehmen.

Auf der folgenden Seite sehen Sie ein Beispiel für die Bedarfsermittlung im Personalentwicklungsbereich „Aufstiegsfortbildung":

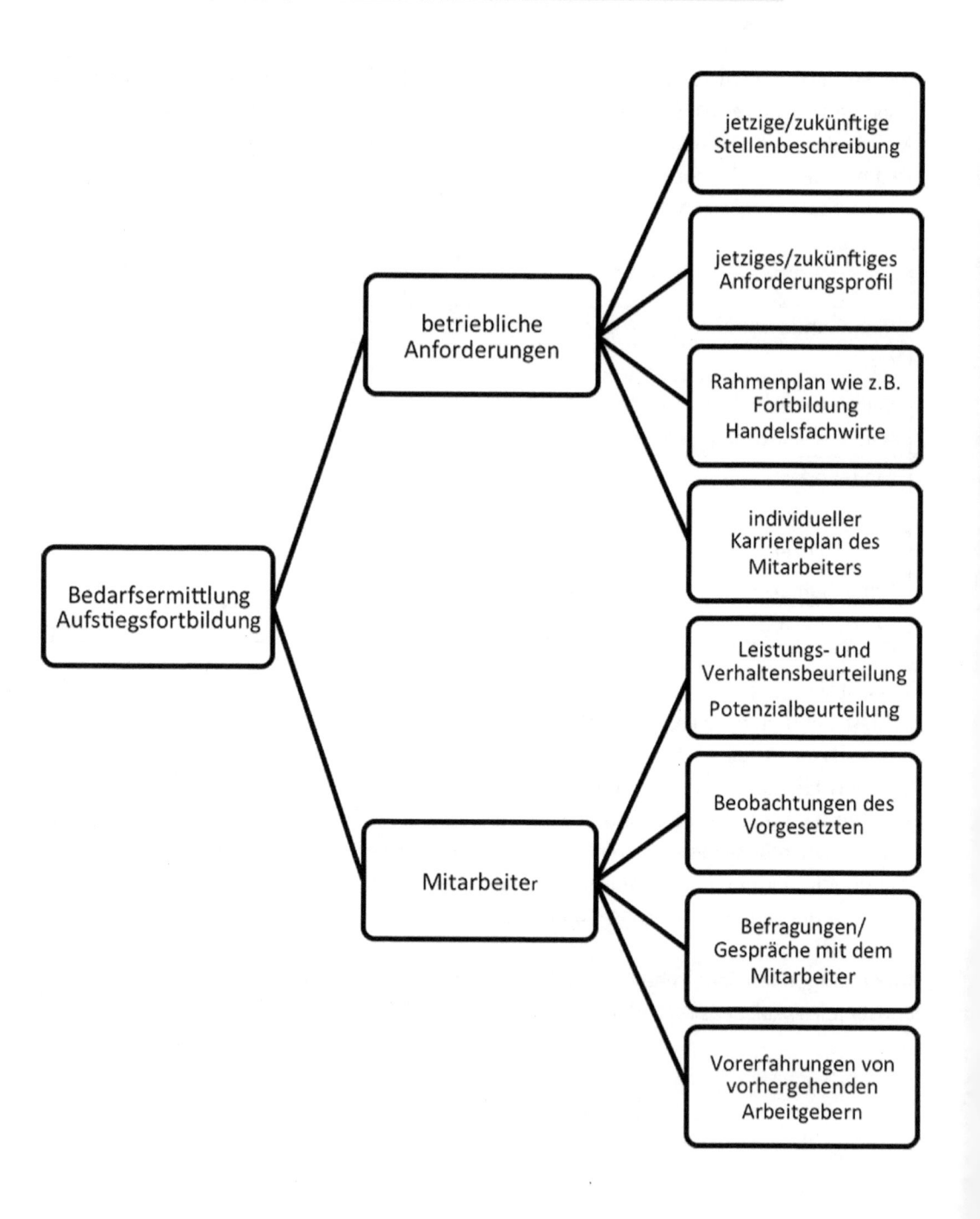

2 Führung, Personalmanagement, Kommunikation und Kooperation

Bedarfsermittlung Aufstiegsfortbildung

- **betriebliche Anforderungen**
  - jetzige/zukünftige Stellenbeschreibung
  - jetziges/zukünftiges Anforderungsprofil
  - Rahmenplan wie z.B. Fortbildung Handelsfachwirte
  - individueller Karriereplan des Mitarbeiters

- **Mitarbeiter**
  - Leistungs- und Verhaltensbeurteilung
  - Potenzialbeurteilung
  - Beobachtungen des Vorgesetzten
  - Befragungen/Gespräche mit dem Mitarbeiter
  - Vorerfahrungen von vorhergehenden Arbeitgebern

2.7.2 Qualifizierungsmaßnahmen

Ist der Bedarf ermittelt, werden die Maßnahmen geplant. In großen Unternehmen enthält ein Jahresplan alle Maßnahmen. So können die Mitarbeiter aus einer Jahresübersicht aller angebotenen Seminare wählen. Dabei werden Lernziele und Lerninhalte dargestellt, die Methoden, Termine und Schulungsort genannt. Mitarbeiter und Vorgesetzter können mit der Jahresübersicht gemeinsam prüfen, welche Seminare in Frage kommen. Das Einbeziehen der Mitarbeiter bei der Auswahl ist sinnvoll; denn eine freiwillige Seminarteilnahme erhöht die Motivation und bietet große Chancen, dass der Mitarbeiter die vermittelten Inhalte annimmt und auf seinen Arbeitsalltag überträgt. Ganz besonders gilt dies für Maßnahmen, die die Sozial- und Persönlichkeitskompetenzen verbessern sollen.
Aspekte, die bei der Planung zu berücksichtigen sind:

Lernort
Die Weiterbildungsmaßnahme kann im Unternehmen im Seminarraum oder am Arbeitsplatz oder extern bei einer Bildungseinrichtung oder in einem Hotel stattfinden. Entscheidend sind dabei die räumlichen Möglichkeiten im Unternehmen, die Weiterbildungsinhalte und die Methoden, mit denen sie vermittelt werden sollen. Externe Weiterbildungsmaßnahmen sind in der Regel teurer als interne. Dabei kann der Ortwechsel von Vorteil sein, vor allem bei Maßnahmen der Organisations- oder Persönlichkeitsentwicklung, um kreative Veränderungen herbeizuführen.

Zeit
Der Zeitumfang wird entsprechend der Inhalte und den Methoden eingeschätzt. Dabei muss entschieden werden, wann die Weiterbildungsmaßnahme stattfinden wird: innerhalb oder außerhalb der Arbeitszeit, vor- oder nachmittags und bei langandauernden Weiterbildungen in welchen Monaten. Dabei sollte die berufliche Belastung berücksichtigt werden.

Trainer, Moderator, Ausbilder
Die Weiterbildung kann von eigenen Mitarbeitern durchgeführt werden. Dies können hauptamtliche Personalentwickler sein, Experten – dies vor allem in der Anpassungsfortbildung- oder Mitarbeiter, die selbst eine Weiterbildungsmaßnahme besucht haben und nun ihr Wissen an ihre Kollegen weitergeben – train-the-trainer.
Sollte das Unternehmen nicht über Mitarbeiter verfügen, die die Weiterbildungsmaßnahme durchführen können, engagiert es freie Mitarbeiter oder bucht ein Seminar bei einer Weiterbildungseinrichtung. Bei Förderung von Persönlichkeits- und/oder Sozialkompetenzen kann es von Vorteil sein, externe Trainer einzusetzen, weil die Akzeptanz der Teilnehmer höher sein kann.

Lernmittel zur Unterstützung

Dies können visuelle Lernmittel sein wie z.B. Handouts, Arbeitsblätter, Fachbücher und -zeitschriften, Folien, Flipchart, Pin(n)wand, Whiteboard oder Smartboard.

Ware und Muster, Modelle und Schaukästen werden vor allem in der Ausbildung bei der Waren- und Sortimentskunde eingesetzt. Im Fremdsprachenunterricht sind Lernprogramme als CD oder online-Angebote von Vorteil.

Audiovisuelle Medien wie Videos oder DVDs stellen Situationen aus dem Berufsalltag dar, dienen als Diskussionsanstoß zur weiteren Vertiefung und erhöhen die Motivation.

Teilnehmer

Es gibt Weiterbildungsangebote speziell für einzelne Mitarbeiter, um sie individuell zu fördern. Daneben gibt es Weiterbildungsmaßnahmen, die alle Mitarbeiter betreffen. Hierbei muss überlegt werden, wie die Mitarbeiter in Lerngruppen aufgeteilt werden. Werden die Gruppen nach Funktionen/Abteilungen bestimmt, kann der Trainer sehr speziell auf die Anforderungen der Arbeitsplätze eingehen. Doch oft ist dies nur außerhalb der Arbeitszeiten möglich, denn die Besetzung der jeweiligen Abteilungen muss ja gewährleistet sein. Eine weitere Möglichkeit der Einteilung ist nach Hierarchiestufen.

Gemischte Gruppen bereiten weniger organisatorische Unannehmlichkeiten; in größeren Unternehmen fördern sie die Kommunikation untereinander. Nachteil kann sein, dass heterogene Gruppen entstehen, deren unterschiedliche Erwartungen der Trainer kaum erfüllen kann.

Kosten

Diese Kosten der Weiterbildung fallen an:

- Personalkosten: anteiliges Arbeitsentgelt für ausgefallene Arbeitszeit, anteiliges Arbeitsentgelt für interne Trainer, Kosten für externe Trainer und anteilige Personalkosten für Planungs- und Verwaltungskosten
- Sachkosten: Seminargebühren bei externen Einrichtungen, Prüfungsgebühren in der Aus- und Fortbildung, Kosten für Lernmittel, Arbeitsmaterialien, Reise und Raumkosten

Zertifikate

Bei externen Seminaren erhalten die Teilnehmer von der Bildungseinrichtung ein Zertifikat, bei Fortbildungen ein Prüfungszeugnis. Doch auch bei internen Weiterbildungsangeboten kann das Unternehmen sich entscheiden, dem Teilnehmer ein Zertifikat auszuhändigen. Dies bringt die Wertschätzung gegenüber dem Mitarbeiter zum Ausdruck.

Die Teamleiterin Personal hat sich eine Checkliste erarbeitet, die ihr die Organisation von Schulungsmaßnahmen erleichtern soll:
- Planung des Seminarablaufs – Inhalte, Schulungsort, Datum und möglicherweise Vorab-Handouts für die Teilnehmer,
- Einladung an die Teilnehmer ca. drei Monate vorher,
- Buchung von Hotels, Seminarräumen, Catering,
- nochmalige Einladung an die Teilnehmer mit genauen Angaben – Anreise, Ort, Kleidung, Unterlagen,
- Reservierung der Ausbildungsmittel, ggf. Mieten von z.B. Pinnwänden, Flipchart, Beamer, Moderatorenkoffer, PC-Arbeitsplätzen oder Laptops, Smartboard,
- Vorbereitung der Seminarunterlagen wie Teilnehmerliste, Programmablauf, Schreibmaterial, Handout, Seminarbeurteilungsbogen,
- ggf. Festlegung eines Rahmenprogramms wie z.B. Betriebsbesichtigung, Abendessen, Besuch einer Veranstaltung, Freizeitmöglichkeiten
- Auswertung.

2.7.3 Der Lernprozess

Lernziele
Am Anfang der Planung steht die Bedarfsermittlung: Betriebliche Anforderungen werden mit den Qualifikationen der Mitarbeiter abgeglichen, Defizite werden aufgenommen und bestimmen das Konzept. Um dann Maßnahmen zu entwickeln, ist es wichtig, folgende Aspekte zu klären:

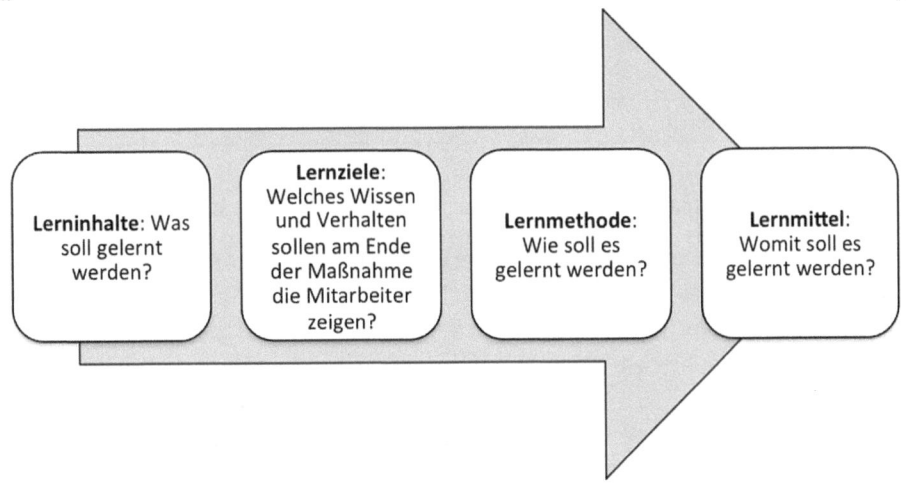

Lerninhalte: Was soll gelernt werden? → **Lernziele:** Welches Wissen und Verhalten sollen am Ende der Maßnahme die Mitarbeiter zeigen? → **Lernmethode:** Wie soll es gelernt werden? → **Lernmittel:** Womit soll es gelernt werden?

2 Führung, Personalmanagement, Kommunikation und Kooperation

Lernzielformulierungen machen erst eine Erfolgskontrolle möglich. Für die Teilnehmer wird deutlich, welche Ziele erreicht werden sollen, sie werden motiviert und können am Ende der Maßnahme eine Selbstkontrolle durchführen.

Lernzielbereiche

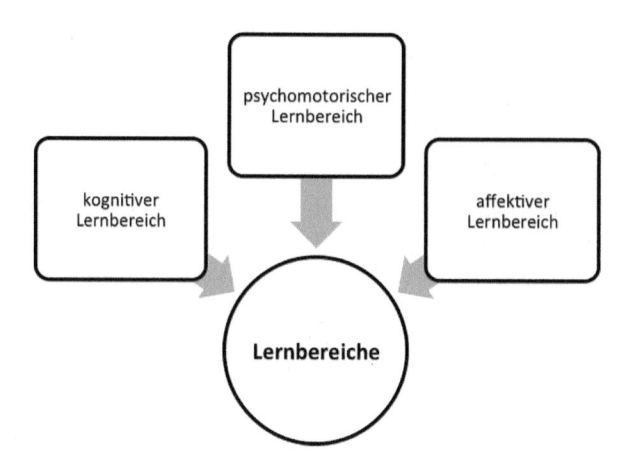

```
        psychomotorischer
           Lernbereich
               |
               v
kognitiver              affektiver
Lernbereich   ──→ ←──  Lernbereich
              Lernbereiche
```

Lernziele aus dem **kognitiven** Lernbereich verbessern das Wissen und die Kenntnisse der Mitarbeiter. Das Training der Fachkompetenzen bezieht sich meist auf den kognitiven Lernbereich; Beispiele sind hierfür:

in der Ausbildung:	Fachausdrücke und handelsübliche Bezeichnungen für Waren eines Warenbereichs, auch in einer fremden Sprache, anwenden
in der Aufstiegsfortbildung Handelsfachwirt/in:	Vertragsformen unterscheiden
in der Anpassungsfortbildung:	Microsoft Office Excel 2013 anwenden

Beim **psychomotorischen** Lernbereich werden die Fingerfertigkeit, die motorischen Fähigkeiten gefördert; ein Beispiel hierfür:

in der Ausbildung:	Ware als Geschenk einpacken

Es kann durchaus sein, dass bei einem Lernziel der kognitive **und** der psychomotorische Bereich gefördert werden sollen; hier ein Beispiel:

in der Ausbildung:	Waren lagern und pflegen; = psychomotorisch rechtliche Vorschriften beachten = kognitiv

Im affektiven Lernbereich verändern sich Verhalten, Normen und Einstellungen; Beispiele hierfür:

in allen Bereichen der Personalentwicklung:	Stresssituationen bewältigen kundenorientiert handeln Konfliktlösungen im Beratungsgespräch entwickeln

Lernziele des affektiven Lernbereichs beinhalten oft auch den kognitiven Lernbereich, hier ein Beispiel:

in der Ausbildung:	Zusammenhänge zwischen Selbstbild und Fremdbild erläutern ... = kognitiv ... und bei der Kommunikation berücksichtigen = affektiv

Die Bestimmung des Lernbereichs ist vor allem wichtig für die Auswahl der Lehrmethoden.

Lernzielarten

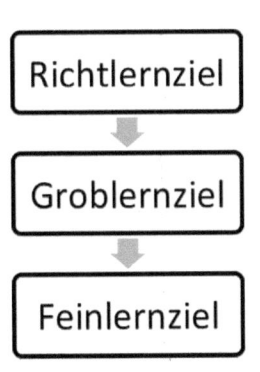

Richtlernziel
⬇
Groblernziel
⬇
Feinlernziel

Zunächst wird in der Personalentwicklung das **Richtlernziel** bestimmt. Oft ergibt es sich aus den Unternehmenszielen, den Strategien des Unternehmens oder den Zielen der Fachbereiche. Es ist eine sehr allgemein gehaltene Zielfestsetzung, oft noch nicht als Lernziel formuliert. Beispiele sind

in der Ausbildung:	alle Punkte des Ausbildungsberufsbilds aus der Ausbildungsordnung
in der Aufstiegsfortbildung:	die Ziele jeweils am Anfang jedes Handlungsbereichs in der Fortbildung Handelsfachwirt/in
in der Anpassungsfortbildung:	Sprachkenntnisse der Mitarbeiter im Einkauf verbessern

Das **Groblernziel** ist als Lernziel formuliert, es ist konkret, lässt jedoch nur eine grobe Erfolgskontrolle bzw. eine Endkontrolle zu. Beispiele hierfür sind

in der Ausbildung:	alle Lernziele aus dem Ausbildungsrahmenplan bzw. aus dem betrieblichen Ausbildungsplan
in der Aufstiegsfortbildung:	alle Lernziele des Rahmenplans Handelsfachwirt/in innerhalb der Handlungsbereiche
in der Anpassungsfortbildung:	Mails und Geschäftsbriefe in Englisch schreiben

Feinlernziele beschreiben das gewünschte Wissen und Endverhalten der Teilnehmer eindeutig und bieten so Trainer und Mitarbeitern eine Erfolgskontrolle. Feinlernziele beziehen sich auf ein Seminar oder eine Schulung; das Groblernziel wird in Lernschritte zerlegt und deren Reihenfolge logisch sinnvoll festgelegt. Beispiele hierfür sind:

in der Ausbildung: Richtlernziel aus dem Ausbildungsberufsbild: Beschwerde und Reklamation Groblernziel aus dem Ausbildungsrahmenplan: Beschwerde, Reklamation und Umtausch unterscheiden; rechtliche Bestimmungen und betriebliche Regelungen anwenden	Feinlernziele für eine 90minütige Schulung zum Umtausch für Auszubildende im 1. Ausbildungsjahr: Umtausch als Chance begreifen Umtauschquote im Unternehmen nennen Umtausch von Reklamation unterscheiden betriebliche Regelungen des Umtauschs erläutern wie Umtauschfristen, Zustand der Ware, Umtausch mit Kassenbon, Umtausch ohne Kassenbon, Hinzuziehen des Vorgesetzten Umtausch annehmen Umtauschgespräch führen Umtauschvordruck ausfüllen

Lernzieltaxonomie

Die Formulierung der Lernziele enthält eine Beschreibung, was der Mitarbeiter können soll. Bei den Verben gibt es deutliche Niveauunterschiede: nennen – beschreiben – erläutern – bewerten. Mit Hilfe der Lernzieltaxonomie wird bestimmt, welche Anforderungen an die Teilnehmer gestellt werden:

- Auf der Stufe der Reproduktion muss der Teilnehmer den Stoff lediglich wiedergeben: Verben sind z.B. nennen, beschreiben, aufzählen, darstellen.
- Die nächste Stufe beinhaltet das Erklären, das Aufzeigen von Zusammenhängen, die Einsicht und das Verständnis für komplexe Zusammenhänge. Typische Verben sind z.B. erläutern, erklären, auswerten, argumentieren, begründen, differenzieren.

2.7 Planen und Organisieren von Qualifizierungsmaßnahmen

- Soll der Teilnehmer das Erlernte am Arbeitsplatz anwenden, wird der Transfer verlangt. Typische Verben sind z.B. umsetzen, handeln, bedienen, herstellen, planen, durchführen.
- In der anspruchsvollsten Stufe wird das selbstständige Verhalten erwartet; der Teilnehmer soll auch auf komplexe Situationen angemessen reagieren können.

Lernmethoden
Lerninhalte, Lernzielbereiche und die Taxonomie sind wichtige Kriterien zur Auswahl der geeigneten Methoden für die Personalentwicklungsmaßnahme.
Nach dem Grad der Beteiligung der Teilnehmer an der Erarbeitung der Lerninhalte werden passive bzw. trainerzentrierte und aktive bzw. teilnehmerzentrierte Methoden unterschieden.

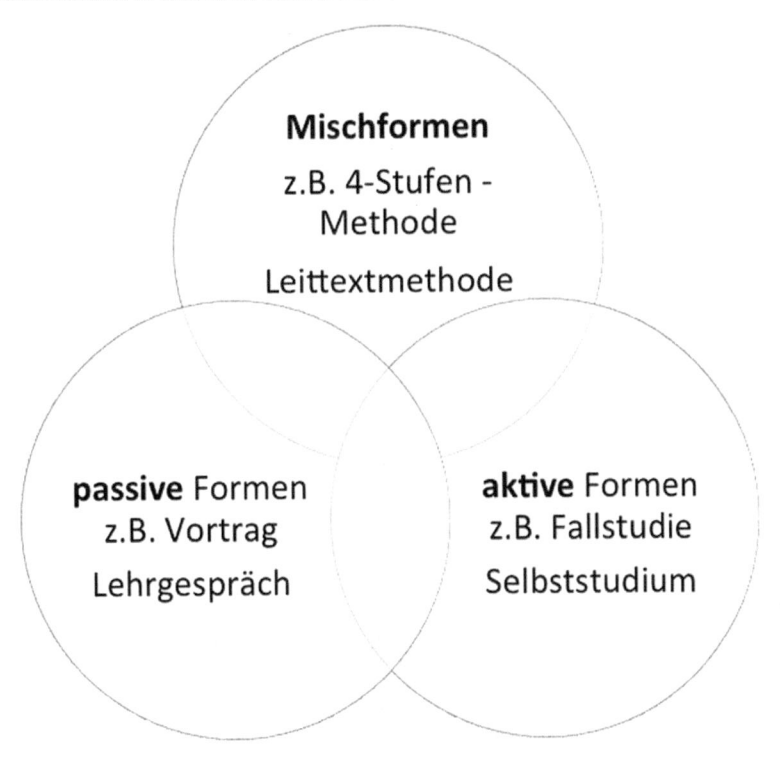

Mischformen
z.B. 4-Stufen - Methode
Leittextmethode

passive Formen
z.B. Vortrag
Lehrgespräch

aktive Formen
z.B. Fallstudie
Selbststudium

Passive Formen können nur bei einfachen Lernzielen eingesetzt werden. Anspruchsvolle Lernziele erfordern die Anwendung der Lerninhalte und daher aktive Lernformen. Insgesamt sind die aktiven Formen vorzuziehen, da nur so auch die Kenntnisse und Erfahrungen der Teilnehmer genutzt werden können. Außerdem ist es für Mitarbeiter unangenehm, wenn sie sich in Situationen versetzt fühlen, die ihrer Kindheit und der Schule entsprechen. Besser werden Inhalte akzeptiert, die die Mitarbeiter sich selbst erarbeiten und entwickeln können.

Weiterhin werden die Methoden nach dem Lernort unterschieden:

Training-on-the-job	Training-near-the-job	Training-off-the-job
• 4-Stufen-Methode	• Rollenspiel • Fallstudie • Leittextmethode • Moderation • Planspiel • Projekt • Coaching • Mentoring	• Vortrag • Lehrgespräch • Selbststudium

Training-on-the-job
Diese Methoden können unmittelbar am Arbeitsplatz des Mitarbeiters, des Auszubildenden eingesetzt werden Die meist eingesetzte Methode ist die **4-Stufen-Methode**, mit der sehr einfache bzw. manuelle Lerninhalte vermittelt werden:
- 1. Stufe: Die Lernsituation wird vorbereitet, die Arbeitsmaterialien bereitgestellt, die Funktion der Geräte überprüft und die Inhalte genannt.
- 2. Stufe: Der Trainer erklärt den gesamten Vorgang, bei komplexen Abläufen in Teilschritten.
- 3. Stufe: Die Teilnehmer machen den Arbeitsvorgang nach. Der Trainer baut Unsicherheiten ab, beantwortet Fragen, korrigiert bei Fehlern, hilft und unterstützt.
- 4. Stufe: Die Teilnehmer üben bis zur fehlerfreien Durchführung.

Training-near-the-job:
Diese Methoden lehnen sich stark an die Praxis an, finden jedoch in separaten Schulungsräumen statt.
Beim **Rollenspiel** sollen die Teilnehmer ihre Sozialkompetenz verbessern, ihr eigenes Verhalten überdenken und das Verhalten anderer kennen lernen.
- In der Einführungsphase erläutert der Trainer den Spielern ihre Rolle und die Ausgangssituation
- In der Durchführungsphase findet das Rollenspiel statt, möglicherweise wird es aufgezeichnet. Die Beobachter machen sich Notizen.
- In der Auswertungsphase besprechen Spieler, Beobachter und Trainer ihre Gefühle und Eindrücke während des Rollenspiels.

Bei der **Fallstudie** wählt der Trainer einen geeigneten Fall aus der Praxis aus, beschreibt diesen, stellt ergänzende Materialien zur Verfügung und gibt Bearbeitungshinweise. Die Teilnehmer bearbeiten selbstständig den Fall, beschaffen sich die notwendigen Informationen, entwickeln unterschiedliche Lösungswege. Die gefundene Problemlösung wird dem Trainer präsentiert und gemeinsam wird der gefundene Lösungsweg bewertet.

Bei der **Leittextmethode** (auch „vollständige Handlung" genannt) erhält der Teilnehmer oder eine Teilnehmergruppe durch die Struktur der Methode Hilfestellung, er/sie erarbeitet/n sich jedoch weitgehend selbstständig die Inhalte. Dies ist die Struktur der Methode:

einführen	Den Teilnehmern wird ein Groblernziel genannt. Zusätzlich erhalten Sie Informationen, Arbeitsblätter, Leittexte, Arbeitshandbücher, Fachliteratur oder Hinweise für eine Internetrecherche. Der Trainer erläutert den Ablauf dieser Methode, wenn die Teilnehmer erstmalig so arbeiten, gibt einen Zeitrahmen vor und beantwortet Fragen zur Aufgabenstellung und zu den Hilfsmitteln.
informieren	Nun beschäftigen sich die Teilnehmer mit der Aufgabe, studieren die Informationen und beschaffen sich möglicherweise zusätzliche Informationen.
planen	Jetzt entwerfen die Teilnehmer einen Arbeitsplan, wie sie die Aufgabenstellung erfüllen können. Dieser Arbeitsplan wird schriftlich festgehalten z.B. in Form einer Checkliste, eines Ablaufplans oder –diagramms. Zum Schluss des Arbeitsplans planen die Teilnehmer eine Selbstkontrolle, mit der sie prüfen können, ob das Lernziel erreicht ist.
entscheiden	Dieser Arbeitsplan wird mit dem Trainer besprochen. Der Trainer weist auf mögliche Fehler hin, korrigiert und gibt Hinweise. In dieser Besprechung muss einerseits sichergestellt werden, dass das Lernziel erreicht werden kann, doch andererseits sollte die Eigenaktivität der Teilnehmer nicht gebremst werden.
ausführen	Nun wird der Arbeitsplan umgesetzt. Der Trainer steht wie in der 2. und 3. Phase zur Verfügung, greift aber nur ein, wenn die Teilnehmer dies wünschen bzw. ein Scheitern oder Gefahren drohen.
kontrollieren	Am Schluss der Durchführung steht die Selbstkontrolle. Ursachen für Fehler müssen gefunden und geeignete Korrekturmaßnahmen ergriffen werden.
bewerten	In der letzten Phase kommen Trainer und Teilnehmer nochmals zusammen und bewerten den gesamten Prozess, fachlich, methodisch und die Zusammenarbeit in der Lerngruppe.

Die Leittextmethode ist geeignet bei sehr komplexen Lernzielen. Sie fördert alle beruflichen Handlungskompetenzen.

Das gleiche gilt für das **Planspiel**. Diese Methode hat Eigenschaften des Spiels; denn Teams treten gegeneinander an, es gibt zum Ende einen Sieger – und es ist ähnlich einer Fallstudie Denn es nimmt eine betriebliche Situation auf, in der die Teilnehmer die richtigen Entscheidungen treffen müssen. Das Szenario ist wesentlich komplexer als bei einer Fallstudie, das Spiel dauert länger, bis zu mehreren Tagen. Fehlentscheidungen wirken sich sofort aus und können im Laufe des Spiels korrigiert werden.
Zunächst werden die Teilnehmer mit dem Planspiel-Unternehmen bekannt gemacht. Sie erfahren Unternehmensziele, Kennziffern und Strukturen. Anhand dieser Fakten entwickeln die Teams Strategien und treffen Unternehmensentscheidungen. Diese werden von der Spielleitung mit Hilfe von IT-Software ausgewertet und als aktuelle Marktsituation wieder an die Teilnehmer zurückgegeben. Am Ende des Spiels wird der Sieger ermittelt, d.h. das Team, das sich mit guten Kennziffern am Markt durchgesetzt hat. Die Verhaltensweisen der Spieler im Team werden besprochen.

Beim **Projekt** erhalten die Teilnehmer eine reale komplexe Aufgabenstellung. Ausgangspunkt bei der Projektmethode ist die Projektbeschreibung, die die Zielsetzung und die Rahmenbedingungen wie Zeitraum, Budget, verfügbare Zeit der Teilnehmer enthält. Zunächst holen die Teilnehmer die notwendigen Informationen ein und werten diese aus. Dann planen sie ihre Arbeitsschritte und nehmen eine Arbeitsteilung vor. In der Durchführungsphase muss bei Komplikationen immer wieder in die vorhergehenden Phasen zurückgegangen werden, um das Problem zu analysieren und zu lösen. In der Kontrollphase wird geprüft, ob das Ziel erreicht und der eingeschlagene Weg optimal gewählt wurde. Zum Schluss präsentiert das Projektteam sein Ergebnis und hält das Vorgehen in einer Dokumentation fest. Die Methode fördert wie das Planspiel alle beruflichen Handlungskompetenzen und kann in der Ausbildung und in der Aufstiegsfortbildung eingesetzt werden.

Coaching ist ein Beratungsprozess, der den Mitarbeiter unterstützt, schwierige betriebliche Probleme zu lösen. Der Coach hilft, die betriebliche Situation zu analysieren und regt an, Lösungswege zu entwickeln. Typische Anlässe für Coaching sind z.B.
- strukturelle, weitgreifende Veränderungen im Unternehmen,
- Veränderungen der Unternehmenskultur
- Begleitung bei wichtigen Projekten und Vorhaben,
- schwere oder dauernde Konflikte mit Mitarbeitern oder Vorgesetzen.

2.7 Planen und Organisieren von Qualifizierungsmaßnahmen

Coaching kann als Einzel- oder Teamcoaching erfolgen und durch einen internen oder externen Coach stattfinden. Coaching und Training können zusammen eingesetzt werden: Zunächst werden Kompetenzen durch training-off-the-job vermittelt, danach wird deren Umsetzung durch den Coach begleitet.

Coaching sollte ein Angebot sein, das die Mitarbeiter freiwillig wählen. Der Coach darf nur gegenüber dem Mitarbeiter verpflichtet sein, die Inhalte aller Gespräche müssen vertraulich behandelt werden. Ansonsten würden Mitarbeiter ein solches Angebot nicht akzeptieren.

Beim **Mentoring** werden Führungsnachwuchskräfte oder Führungskräfte in neuer Position bei ihrer Aufgabe von einem Mentor unterstützt. Ein Mentor ist ein erfahrener Kollege oder ein hierarchiehöherer Mitarbeiter, aber nicht der Vorgesetzte. Er ist Vorbild, gibt Hilfestellung bei den neuen Aufgaben, fördert die Führungspersönlichkeitsentwicklung, gibt Feedback und bespricht Hemmnisse und Widerstände. Er führt in Netzwerke ein und vermittelt Kontakte zu Kollegen und Partnern außerhalb des Unternehmens.

Bei der Trinkmann GmbH werden Mentoren eingesetzt, wenn die Leiterstellen neu besetzt werden. Die Leiter sind Herrn Trinkmann direkt unterstellt, umso wichtiger ist es, dass die neuen Mitarbeiter neben dem Vorgesetzten, der auch geschäftsführender Gesellschafter ist, einen Kollegen haben, der sie bei Problemen unterstützt, Branchenkontakte herstellt und auch möglicherweise hilft, Gespräche mit Herrn Trinkmann vorzubereiten, um Entscheidungen zu erreichen. Herr Trinkmann schätzt die Mentorentätigkeit, er findet sie entlastend für die Zusammenarbeit mit den Leitern. Deshalb ist es für ihn selbstverständlich, dass alle Gespräche zwischen Mentor und neuer Führungskraft vertraulich sind.

Die Aufgaben eines Mentors wurden schriftlich festgehalten.

Profil eines Mentors
Der Mentor ist ein „väterlicher Freund", der sein Wissen und seine Erfahrungen an die neue Führungskraft weitergibt. Er ist kein Vorgesetzter.
Seine Aufgaben/Funktionen:
- Vorbildfunktion für Führung, Identifikation und Engagement, Kundenorientierung,
- Unterstützung bei der Analyse von Problemen und Situationen, Hilfe zur Selbsthilfe bei Problemlösungen,
- Feedbackgeben zu Stärken und Schwächen,
- Einführung in die Branche, Begleitung bei Messen, Lieferanten- und Kundengesprächen.

Anforderungen:
Der Mentor begleitet die neue Führungskraft über einen Zeitraum von ca. einem Jahr. Er identifiziert sich mit dem Mentorenkonzept als Mittel der Personalentwicklung. Regelmäßig führt er Gespräche mit dem zu betreuenden Mitarbeiter. Er hat an einem Mentorentraining teilgenommen.

Beginnen im Unternehmen neue Mitarbeiter, so erhalten diese einen Paten, der sie bei der Einarbeitung unterstützt. Auch dieser Pate ist nicht Vorgesetzter des Mitarbeiters, in der Regel ist es ein Kollege aus dem gleichen Bereich. Die Begleitung ist wesentlich kürzer bemessen als beim Mentor, bei Mitarbeitern die ersten zwei Monate der Probezeit, bei Auszubildenden bis zu sechs Monaten.

Training-off-the-job
Dies sind Maßnahmen, die im Schulungs-/Besprechungs- oder Seminarraum stattfinden.

Beim **Vortrag** wird in ein Thema eingeführt und es werden die notwendigen Informationen gegeben. Oft wird heute der Vortrag durch eine Beamer-Präsentation visuell unterstützt.

Das **Lehrgespräch** läuft ähnlich wie die Teammitarbeiterbesprechung. Der Trainer knüpft an Vorkenntnisse der Teilnehmer an, erweitert und vertieft dieses Wissen, schreibt Kernaussagen auf, visualisiert die Inhalte in Schaubildern, fasst Ergebnisse zusammen und dokumentiert sie, um sie möglicherweise den Teilnehmern nach dem Lehrgespräch zur Verfügung zu stellen.

Viele Unternehmen bieten Angebote des **Selbststudiums** an, vor allem IT-gesteuertes Selbststudium, entweder mit Hilfe von Lernprogrammen oder von webbasierten Angeboten, die die Kommunikation zum Trainer und zu den Teilnehmern zulassen. Das Selbststudium hat den Vorteil, dass der Mitarbeiter nicht an Ort und Zeit gebunden ist. Es erfordert jedoch eine hohe Selbstdisziplin und Motivation, regelmäßig eigeninitiativ zu lernen. Daher nutzen die Unternehmen „**Blended learning**"-Angebote, bei denen Eigenstudium und Präsenzveranstaltungen gemischt werden. Zusätzlich bieten die internetbasierten Lernformen die Möglichkeit, zu festgelegten Zeiten in einem Chat Fragen an den Trainer zu stellen und sich in einer Lerngruppe auszutauschen ähnlich wie in einem Seminarraum.

2.7.4 Wie kann man den Erfolg messen?

Lernerfolgskontrollen überprüfen, ob die Ziele des Seminars und die Ziele der Teilnehmer erreicht wurden. Dabei sollte die Kontrolle über das Ende des Seminars hinausgehen und auch den Transfer am Arbeitsplatz umfassen.

Ökonomische Lernerfolgskontrollen
Personalentwicklung verursacht Kosten: **direkte Kosten** wie Reisekosten und Spesen, Honorare für externe Trainer, Seminargebühren und vielleicht auch Prüfungsgebühren. Daneben entstehen **indirekte Kosten** wie die Gehaltsfortzahlung der Teilnehmer, Gehaltskosten für interne Trainer sowie der Aufwand für Planung und Organisation. Die Kosten pro Mitarbeiter und der Anteil der Personalentwicklungskosten an den Gesamtpersonalkosten können mit anderen Unternehmen der Branche verglichen werden. Außerdem können die Kosten im Zeitvergleich geprüft werden.
Eine Kosten-Nutzen-Analyse für die Personalentwicklung zu erstellen ist schwierig, weil bereits der Nutzen schwer zu quantifizieren ist. Noch schwieriger ist es, die Ursachen von Veränderungen eindeutig zuzuordnen. Wenn das Ziel einer Maßnahme sauber formuliert ist, kann es jedoch gelingen. Beispiele hierfür:
- Senkung der Reklamationsquote oder
- Erhöhung der Umsätze mit Stammkunden nach einer Schulung.

Große Unternehmen veröffentlichen die Schulungs- und Seminarstunden pro Mitarbeiter, auch dies wäre eine Vergleichsmöglichkeit für das eigene Unternehmen. In der Wirtschaft ist der Trend zu erkennen, dass die Maßnahmen der Personalentwicklung zwar zunehmen, die Mitarbeiter jedoch auch einen Teil außerhalb seiner Arbeitszeit leisten müssen.

Pädagogische Erfolgskontrollen
Bei der **Durchführungskontrolle** wird die Einhaltung der Lernziele geprüft, bei der **Transferkontrolle** die Anwendung am Arbeitsplatz.

Methoden

zum Beispiel:

Befragungen	Die Befragung nach dem Seminar dient in erster Linie der Durchführungskontrolle, sie gibt Hinweise, ob die Planung richtig war. Findet die Befragung ein bis drei Monate nach der Schulung statt, kann sie auch zur Transferkontrolle genutzt werden.
Prüfungen und Tests	Sie drücken in Noten den Grad der Lernzielerreichung aus. Sie werden in der berufsvorbereitenden Personalentwicklung und in der Aufstiegsfortbildung eingesetzt.
Beurteilungen	Die Mitarbeiter werden vor und nach der Maßnahme beurteilt, gewünschte Veränderungen der Qualifikation können abgelesen werden. Beurteilungen dienen stärker der Transferkontrolle.
Arbeitsproben, Fallstudien	Fallstudien zum Schluss einer Schulung oder als Hausaufgabe dienen der Durchführungskontrolle. Sie können in allen Personalentwicklungsbereichen eingesetzt werden. Arbeitsproben können auch als Transferkontrolle eingesetzt werden.

Zufriedenheit der Mitarbeiter

Die Zufriedenheit der Mitarbeiter mit einer Personalentwicklungsmaßnahme kann in persönlichen Gesprächen zwischen Vorgesetzten und Mitarbeiter festgestellt werden. Bei Maßnahmen „training-off-the-job" wird der Vorgesetzte gleichzeitig informiert, welche Inhalte vermittelt wurden und wo möglicherweise der Mitarbeiter Unterstützung wünscht, um den Transfer zu sichern.

Außerdem wird die Zufriedenheit oft mit einem Fragebogen ermittelt. Der Mitarbeiter beurteilt dabei Organisation, Atmosphäre, Inhalte und Trainer.

2.8 Personalkennziffern

2.8.1 Personalinformationssysteme

Personalmanagement ist heute so komplex und verzahnt mit anderen Unternehmensbereichen, dass in mittelständischen und großen Unternehmen ein Personalinformationssystem eingesetzt werden muss. Dieses ist meist in das Betriebssystem für die Geschäftsprozesse der Kernbereiche integriert. Ein Personalinformationssystem ermöglicht z.B.

- eine rationelle Erledigung der Personalverwaltung wie z.B. Personalaktenführung, Lohn- und Gehaltszahlung,
- die präzise und fortlaufende Ermittlung des Personalbedarfs,
- den Vergleich von Anforderungsprofilen,
- die kontinuierliche Beobachtung von Beurteilungen von Mitarbeitern
- die Bearbeitung von Bewerbungen und die Unterstützung der Auswahl geeigneter Bewerber
- die Ermittlung und Auswertung von Personalstatistiken.

Um diese Aufgaben zu erfüllen, besteht ein Personalinformationssystem aus verschiedenen Datenbanken, zum Beispiel:

Personalstamm-datenbank	z.B. Personalnummer, Name, Anschrift, Geburtsdatum, Staatsangehörigkeit, Tarifgruppe, Bankdaten, Rentenversicherungsnummer, Krankenkasse
Laufbahndatenbank	z.B. Ausbildungsabschluss, Fortbildungsabschlüsse, ausgeübte Tätigkeiten
Qualifikations-datenbank	z.B. fachliche Kenntnisse und Fertigkeiten, Sprachkenntnisse
Arbeitszeiten-datenbank	z.B. Arbeitsanfang und -ende, Mehrarbeit, beim Arbeitszeitkonto Plus- und Minusstunden, Fehlzeiten

Der Mitarbeiter soll diese Datensammlung nicht als Eingriff in seine Privatsphäre empfinden. Deshalb unterliegt die Einführung eines Personalinformationssystems auch der Mitbestimmung des Betriebsrats nach §87 Abs. 1 Nr. 6 des BetrVG. Und auch das Bundesdatenschutzgesetz BDSG sichert dem Mitarbeiter Rechte: Er hat das Recht auf Auskunft über die gespeicherten Daten und ihren Zweck, auf Berichtigung falscher und auf Löschung unzulässig gespeicherter Daten. Selbstverständlich müssen alle Daten gesichert und dürfen nur für die Mitarbeiter zugänglich sein, die sie unbedingt innerhalb ihrer Funktion brauchen.

2.8.2 Personalkennziffern
Siehe auch Kapitel 2.6.1 „Phasen der Personalbedarfsplanung".

Personalkennziffern ermöglichen Aussagen zur Gesamtheit des Personals oder zu Mitarbeitergruppen und sind daher eine wichtige Grundlage des Controllings. Auch gesetzliche Auflagen verpflichten das Unternehmen, Zahlenmaterial zu liefern z.B. an die statistischen Ämter, die Sozialversicherungsträger, das Finanzamt und die Agentur für Arbeit. Zusätzlich erhalten die IHK`n

2 Führung, Personalmanagement, Kommunikation und Kooperation

und der Arbeitgeberverband Daten, um Branchenwerte zu ermitteln und diese als Vergleichsdaten zu veröffentlichen. Im Unternehmen werden die Personalkennziffern im Zeitvergleich verfolgt, um Veränderungen festzustellen. In einem Filialunternehmen werden die Daten der einzelnen Filialen miteinander verglichen. Extern werden sie Branchenwerten oder Daten befreundeter Unternehmen gegenübergestellt.

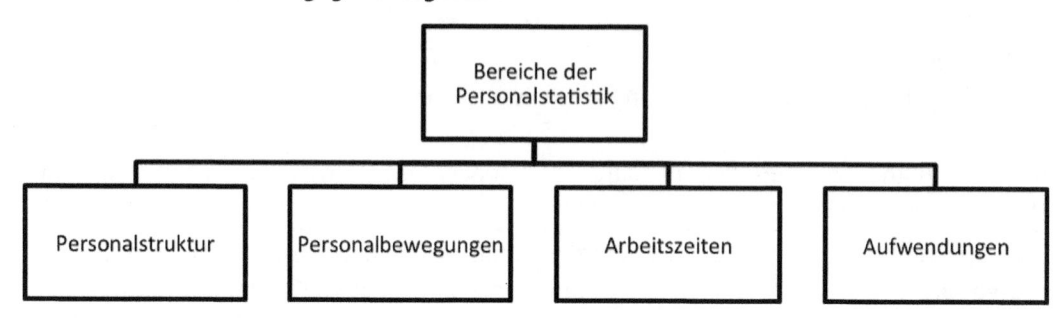

```
                    Bereiche der
                   Personalstatistik
    ┌──────────────┬──────────────┬──────────────┐
Personalstruktur  Personalbewegungen  Arbeitszeiten  Aufwendungen
```

Bereich der Personalstatistik	Kennzahl z.B.	Formel
Personalstruktur	Migrantenquote	$\dfrac{\text{Migranten} \cdot 100}{\text{Gesamtbelegschaft}}$
	Ausbildungsquote	$\dfrac{\text{Auszubildende} \cdot 100}{\text{Gesamtbelegschaft}}$
	Frauenquote in Führungspositionen	$\dfrac{\text{Frauen in Führungspositionen} \cdot 100}{\text{Gesamtanzahl Führungspositionen}}$
	Durchschnittsalter	$\dfrac{\text{Summe der Lebensalter aller Mitarbeiter}}{\text{Gesamtbelegschaft}}$
	durchschnittliche Betriebszugehörigkeit	$\dfrac{\text{Summe der Betriebsjahre aller Mitarbeiter}}{\text{Gesamtbelegschaft}}$
Personalbewegungen	Fluktuation	$\dfrac{\text{Zahl der Austritte} \cdot 100}{\text{durchschnittl. Personalbestand}}$
Arbeitszeiten	Ist-Arbeitszeitquote	$\dfrac{\text{Istarbeitszeit} \cdot 100}{\text{Sollarbeitszeit}}$
	Krankheitsquote	$\dfrac{\text{Krankheitsquote} \cdot 100}{\text{Sollarbeitszeit}}$
	Krankenquote	$\dfrac{\text{Anzahl der Kranken} \cdot 100}{\text{durchschnittl. Personalbestand}}$

2.8 Personalkennziffern

Aufwendungen	Personalkostenquote	$\dfrac{\text{Personalkosten} \cdot 100}{\text{Umsatz}}$
	Personalkostenintensität	$\dfrac{\text{Personalkosten} \cdot 100}{\text{Gesamtkosten}}$
	Anteil der Personalnebenkosten	$\dfrac{\text{Personalnebenkosten} \cdot 100}{\text{Gesamtpersonalkosten}}$
	durchschnittliche Vergütung	$\dfrac{\text{Entgeltkosten}}{\text{Gesamtbelegschaft}}$
	Produktivität oder Pro-Kopf-Leistung	$\dfrac{\text{Umsatz}}{\text{Gesamtbelegschaft (auf Vollzeit umger.)}}$

Neben dem Soll-Ist-Vergleich von Kennziffern spielen im Personalcontrolling auch qualitative, nur teilweise mit Zahlen belegbare Aspekte eine wichtige Rolle (z.B. die Qualifikation eines Mitarbeiters).

Werden in einem Unternehmen regelmäßig Mitarbeiter beurteilt, so ist es wichtig, die Beurteilungen von Mitarbeitergruppen oder aller Mitarbeiter im Zeitverlauf von einigen Jahren zu verfolgen. Das Unternehmen kann Leistungsveränderungen erkennen und wichtige Erkenntnisse für die Personaleinsatzplanung sowie die Personalentwicklung gewinnen.

Assessmentcenter, die intern eingesetzt werden, geben einen Überblick über die Potenziale, die im Unternehmen verfügbar sind. Diese nutzen wieder der – hier besonders der Aufstiegsfortbildung. Außerdem können sie eine Grundlage für Entscheidungen sein, welche Stellen im Unternehmen extern besetzt werden müssen und welche intern besetzt werden können.

Einige Unternehmen gehen dazu über, in regelmäßigen Abständen eine Mitarbeiterbefragung durchzuführen. Hier ist es bei heiklen Themen durchaus gerechtfertigt, die Befragung anonym durchzuführen, um ein wahres Stimmungsbild zu erhalten. Die Analyse der Befragung wirkt sich auf alle Bereiche des Personalmanagements aus.

2.8.3 Die Balanced Scorecard

Die Balanced Scorecard ist ein Controllinginstrument, das die Visionen und Strategien des Unternehmens in den Mittelpunkt stellt und mit den verschiedenen Unternehmensbereichen verknüpft.

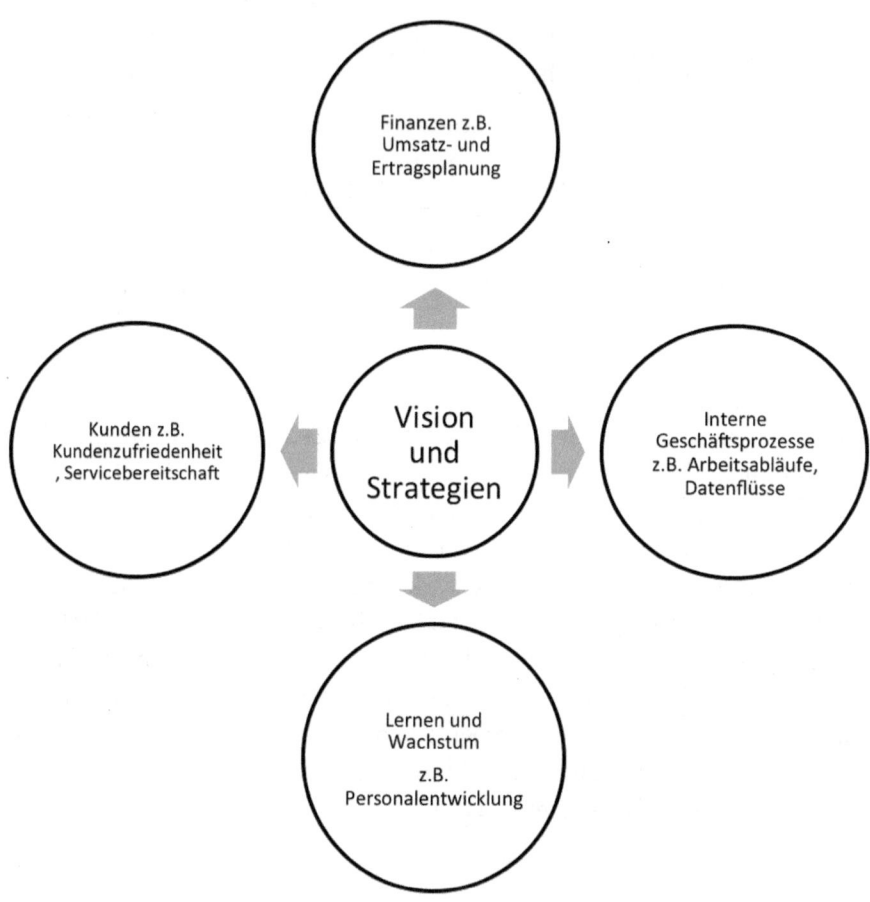

```
                    Finanzen z.B.
                    Umsatz- und
                    Ertragsplanung

                         ↑
Kunden z.B.                              Interne
Kundenzufriedenheit  ←  Vision und  →    Geschäftsprozesse
, Servicebereitschaft   Strategien       z.B. Arbeitsabläufe,
                                         Datenflüsse
                         ↓

                    Lernen und
                    Wachstum
                    z.B.
                    Personalentwicklung
```

Aus der Grafik ist schon zu erkennen, dass alle Bereiche auf das Personalmanagement einwirken und Einfluss nehmen. Dabei ist der wichtigste Bereich „Lernen und Wachstum". Hier werden aus der Mitarbeiterperspektive die Qualifikation, die Motivation und Identifikation sowie die Mitarbeiterzufriedenheit erfasst und hinsichtlich der Unternehmensziele eingeordnet.

2.8.4 Personalkennziffern

Hier werden beispielhaft Maßnahmen für die vier Bereiche aufgezeigt.
Personalstrukturdaten geben u.a. Auskunft über die Altersstruktur: Zukünftige Pensionierungen sind erkennbar und können rechtzeitig in der mittelfristigen Personalbedarfsplanung berücksichtigt werden; einer Überalterung wird entgegengewirkt. Sollte dies nicht gelingen, so muss das steigende Durchschnittsalter in der Personalentwicklung berücksichtigt werden: Der große Erfahrungsschatz der Teilnehmer sollte im Training genutzt werden, gleichzeitig müssen Methoden gewählt werden, die berücksichtigen, dass die Mitarbeiter in ihrer Auffassungsgabe vielleicht nicht mehr so schnell sind wie junge Mitarbeiter. Außerdem ist zu empfehlen, dass ein Gesundheitsmanagement aufgebaut wird, um die Leistungsfähigkeit der Mitarbeiter zu erhalten.

Bei einer zu hohen **Fluktuationsrate** muss ein Unternehmen zunächst die Gründe finden: Das kann ein besonders hoher Anteil an befristeten Verträgen, Pensionierungen, Versetzungen in andere Niederlassungen oder auch eine hohe Unzufriedenheit der Mitarbeiter sein. Sollte der letzte Aspekt ausschlaggebend sein, muss weiter untersucht werden, was zu dieser Unzufriedenheit geführt hat: Schlechte Arbeitsbedingungen, zu viel Mehrarbeit, lange Schichtzeiten, Überschreitungen von gesetzlich zulässiger Arbeitszeit, schlechte Vertragsbedingungen im Vergleich mit Mitbewerbern, mangelnde Perspektiven oder eine schwache Führung der Vorgesetzten. Hilfreich ist dabei, mit jedem ausscheidenden Mitarbeiter ein Abschlussgespräch zu führen und zu erfragen, welcher Anlass bzw. welche Gründe zu seiner Kündigung geführt haben. Denn hier kann man besonders ehrliche und hilfreiche Aussagen erwarten. Sind die Gründe bekannt, können die Maßnahmen entsprechend gestaltet werden.

Die **Kostenkennziffern** sind wichtig für das Gesamtunternehmen z.B. bei der Kosten- und Ertragsplanung, der Kalkulation und auch der Finanzierung. Innerhalb des Personalmanagements sind sie vor allem Grundlage der Personalbedarfs- und der Personalentwicklungsplanung.

2.9 Entgeltsysteme

2.9.1 Ziele der Entgeltfindung

Die Pflicht zur Vergütung ist die Hauptpflicht des Arbeitgebers. Es ist die Gegenleistung zur Hauptflicht des Arbeitnehmers, seine Arbeit sorgfältig und nach bestem Wissen und Können auszuführen.

Zusätzlich will ein Arbeitgeber mit der Vergütung z.B.
- die Mitarbeiter motivieren,
- Anreize schaffen zu besonderen Leistungen, um spezielle unternehmerische Ziele zu erreichen. So z.B. durch Altwarenprämien oder Aufschläge für ungünstige Arbeitszeiten,
- Mitarbeiter binden und neue Mitarbeiter gewinnen.

Mitarbeiter empfinden Gehaltsstrukturen im Unternehmen als angemessen bzw. gerecht, wenn die Vergütungen die Arbeitsaufgaben, die Anforderungen der Stelle und die Arbeitsbedingungen berücksichtigen. Zusätzlich möchten die Mitarbeiter auch ihre Qualifikationen anerkannt sehen wie z.B. den Abschluss als Handelsfachwirt oder Sprachkenntnisse. Mitarbeiter vergleichen oft ihre Vergütung mit denen der Kollegen und hier steht die erbrachte Leistung im Mittelpunkt: Erhält der Mitarbeiter, der fleißig, ausdauernd und belastbar ist, auch eine entsprechende Vergütung? Mitarbeiter mit Familie oder Alleinerziehende wünschen ihren sozialen Status beachtet, denn ihre Lebenshaltungskosten sind höher als die der Singles. Außerdem erwarten die Mitarbeiter bei der Festlegung ihrer Vergütungshöhe, dass sich auch eine gute Ertragssituation des Unternehmens wiederspiegelt.

Aus diesen vielen Aspekten ergibt sich eine große Herausforderung, Entgeltsysteme gerecht zu gestalten. Ist der Arbeitgeber tarifgebunden, ist er an die Vorgaben des Tarifvertrages gebunden und kann nur zusätzliche Zahlungen gewähren.

2.9.2 Entgeltformen

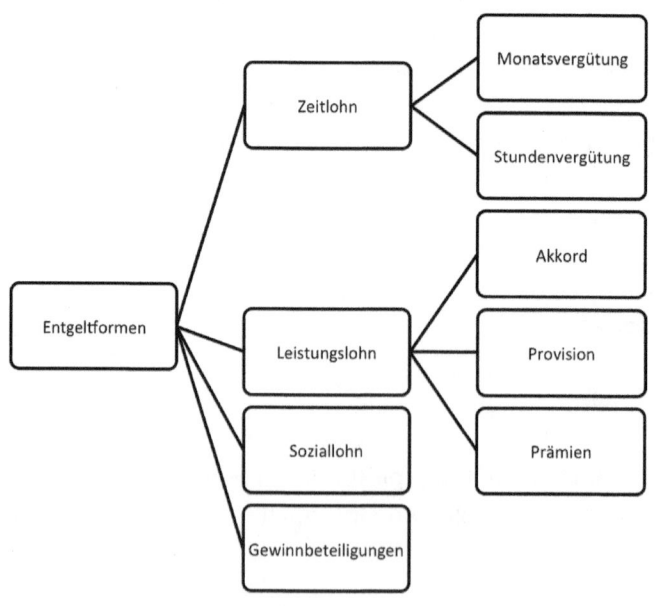

Entgeltformen
- Zeitlohn
  - Monatsvergütung
  - Stundenvergütung
- Leistungslohn
  - Akkord
  - Provision
  - Prämien
- Soziallohn
- Gewinnbeteiligungen

Beim **Zeitlohn** wird die Vergütung anhand der Arbeitszeit berechnet: für viele Mitarbeiter im Handel auf der Basis einer Monatsarbeitszeit, für Abruf-Mitarbeiter und Aushilfen die geleisteten Arbeitsstunden.

Im Handel werden oft Zeit- und **Leistungslohn** miteinander kombiniert – vor allem im Verkauf bzw. Vertrieb: Zusätzlich zum Zeitlohn erhalten die Mitarbeiter **Provision** auf die z.B. getätigten Umsätze oder die Deckungsbeiträge. **Prämien** werden als Warensteuerung eingesetzt: Mitarbeiter erhalten einen festen Geldbetrag, wenn sie z.B. Altware, neue Ware mit hohem Absatzrisiko oder ertragsstarke Ware verkaufen. Im Einzelhandel ist die Diebstahlsprämie üblich; bei Aufdeckung eines Ladendiebstahls erhält der Mitarbeiter einen Festbetrag. Prämien und Provisionen können sich auf den einzelnen Mitarbeiter oder auf ein Team beziehen.

Beim **Akkordlohn** wird die Leistungsmenge bei der Vergütung berücksichtigt. Im Handel wird vor allem im Logistikbereich Akkordlohn bezahlt. Ein Akkordlohn besteht aus

- dem Mindest- oder Ecklohn, der bei tarifgebundenen Arbeitgebern im Tarifvertrag festgelegt ist,
- und dem Akkordzuschlag, der die Leistungsmenge berücksichtigt.

> Bei der Trinkmann GmbH erhält der Logistikmitarbeiter
> den Mindestlohn von   9,00 €
> + einen Akkordzuschlag von 20%   1,80 €
> = Akkordrichtsatz   10,80 €
> Der Akkordrichtsatz entspricht der Normalleistung von 2400 Packeinheiten.
>
> Bruttolohn = Leistungsmenge · Stückgeld
>
> $$\text{Stückgeld} = \frac{\text{Akkordrichtsatz}}{\text{Normalleistung}} = \frac{10{,}80}{2400} = 0{,}0045$$
>
> Der Logistikmitarbeiter verdient an einem 8-Stunden-Tag
> - bei der Normalleistung von 2400   = 2400 · 0,0045 = 10,80 · 8 = 86,40 €
> - bei einer Ist-Leistung von 2640   = 2640 · 0,0045 = 11,88 · 8 = 95,04 €

Der **Soziallohn** könnte in Zukunft eine stärkere Bedeutung bekommen, um den Mitarbeiter an das Unternehmen zu binden und das Image als Arbeitgeber zu stärken. Leistungen des Soziallohns sind z.B. zusätzliche Versicherungsleistungen für den Fall der Erwerbsunfähigkeit oder im Alter, Sachleistungen in Form von Deputaten oder Personalrabattgewährungen, Darlehen, Übernahme von Fitnessstudiokosten, Bereitstellung von Kindergartenplätzen oder eines Dienstwagens. Beim Cafeteria-System kann sich der Mitarbeiter aus vielen Vergütungsleistungen individuell das aussuchen, was er besonders schätzt.

In Aktiengesellschaften können Mitarbeiter Aktien erhalten, so dass sie am Unternehmen beteiligt sind, Führungskräfte können durch Stammanteile an einer GmbH beteiligt werden. Unabhängig von Gesellschaftsanteilen können Mitarbeiter auf Grundlage des Bilanzgewinns oder des Betriebsergebnisses eine Sondervergütung erhalten.

Die Trinkmann GmbH ist durch die Mitgliedschaft in den Arbeitgeberverbänden tarifgebunden, so dass die meisten Mitarbeiter ein tariflich festgelegtes Monatsgehalt erhalten. Auch die Stundenvergütung der Abrufmitarbeiter und Aushilfen basiert auf der Monatsvergütung des Tarifvertrages:

Vergleich zweier Mitarbeiter im Groß- und Einzelhandel

	Sophie Thesing, Sachbearbeiterin im Einkauf Wein, Schaumwein 26 Jahre alt 5. Berufsjahr Tarifvertrag Großhandel	Jochen Lasthaus Mitarbeiter im Fachmarkt 24 Jahre alt 5. Berufsjahr Tarifvertrag Einzelhandel[1]
Arbeitszeit	38,5 Stunden wöchentlich	37,5 Stunden wöchentlich
Urlaub	36 Werktage	36 Werktage
tarifliche Vergütung	2.608,00	2.385,00
tarifliches Urlaubsgeld	643,55	1.352,00
tarifliches Weihnachtsgeld	433,92	1.490,63
vermögenswirksamer Sparzuschuss	26,59	13,29
Jahresvergütung: 12 Monatsgehälter + 12 x VWL + Urlaubsgeld + Weihnachtsgeld	31.296,00 + 319,08 + 643,55 + 433,92 = 32.692,55	28.620,00 + 159,48 + 1.352,00 + 1.490,63 = 31.622,11
Jahresarbeitszeit	52 x 38,5 Stunden = 2002 Stunden	52 x 37,5 Stunden = 1950 Stunden
Stundenvergütung	32.692,55 : 2002 = 16,33	31.622,11 : 1950 = 16,22

1 TV 2015/16

Zusätzlich zur tariflichen Monatsvergütung erhalten die Mitarbeiter im Verkauf 0,75 % Umsatzprovision. Die Umsatzprovision bezieht sich jeweils auf ein Team und wird dann entsprechend der Arbeitszeit auf die Mitarbeiter verteilt. Seit letztem Jahr hat das Unternehmen Verträge mit Fitness-Studios abgeschlossen. Dadurch können die Mitarbeiter dort kostenlos trainieren. Momentan arbeitet die Teamleiterin Personal in einer Projektgruppe mit, die aus Vertretern verschiedener Unternehmen im Gewerbegebiet der Zentrale besteht. Ziel des Projektes ist die gemeinsame Errichtung eines Kindergartens. Der Leiter Einkauf, die Leiterin Vertrieb und die Teamleiter Außendienst, Beratung Gastronomie und Fachmärkte nutzen einen Dienstwagen. Das Unternehmen hat jeweils einen „VW Touran" geleast, den der Mitarbeiter auch privat nutzen darf. Alle Mitarbeiter erhalten in jedem Monat jeweils 35 l Bier und 60 l Wasser nach Wahl, auf alle anderen Getränke gibt es 15 % Personalrabatt.

2.10 Personalentwicklung und Teambildung

2.10.1 Systematische Entwicklung von Mitarbeitern

In Zukunft werden auf dem Arbeitsmarkt nicht mehr ausreichend Bewerber zur Verfügung stehen. Daher wird es immer wichtiger, den Bedarf aus den eigenen Reihen zu rekrutieren und das vorhandene Know-how ständig weiterzuentwickeln. Gleichzeitig muss das Unternehmen alles tun, um die vorhandenen Mitarbeiter zu halten, denn sonst rechnen sich die getätigten Bildungsinvestitionen nicht. Zum Glück können die Unternehmen gerade durch interessante Fortbildungsangebote und berufliche Aufstiegswege Anreize schaffen, dass die Mitarbeiter im Unternehmen verbleiben.

Ziele des Unternehmens
Zunächst soll die Personalentwicklung sicherstellen, dass die Mitarbeiter fachlich und persönlich geeignet sind, ihre jetzigen und ihre zukünftigen Aufgaben zu erfüllen. Dabei wird den Schlüsselqualifikationen eine große Bedeutung zugemessen: Die Mitarbeiter lernen, sich auf neue Situationen einzustellen und flexibel zu agieren. Ihre Eigenverantwortlichkeit wird gefördert, damit Veränderungen nicht als lästig empfunden, sondern als Chance wahrgenommen werden.
Handelsunternehmen, sichern mit Hilfe der Personalentwicklung diese Expansion: Es sind ausreichend Mitarbeiter und Nachwuchskräfte vorhanden, um die neuen Stellen zu besetzen. Viele neue Stellen können intern besetzt werden, das Unternehmen ist unabhängig vom externen Arbeitsmarkt. Die Personalentwicklung ist ein gutes Mittel, sein Image als Arbeitgeber zu stär-

ken, um in der Zukunft bei knappem Arbeitsmarkt noch Mitarbeiter zu finden und die Mitarbeiter an das Unternehmen zu binden.

Ziele der Mitarbeiter

Die Ziele der Mitarbeiter können konform mit den Zielen des Unternehmens sein: den Anforderungen des Arbeitsplatzes gerecht werden, mit seinen Leistungen anerkannt werden, zufrieden in seinem Beruf sein, gefordert und dabei nicht überfordert werden, Perspektiven für die Zukunft erkennen. Doch Mitarbeiter wollen auch für den Arbeitsmarkt fit zu sein, falls sie ihren Arbeitsplatz verlieren sollten oder sie im Unternehmen keine ausreichenden Perspektiven sehen.

Personalentwicklung findet in folgenden Phasen statt:

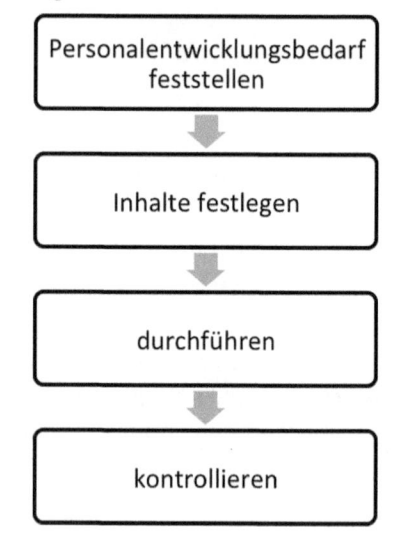

- Personalentwicklungsbedarf feststellen
- Inhalte festlegen
- durchführen
- kontrollieren

Personalentwicklungsbedarf feststellen

betriebliche Anforderung ⇄ Mitarbeiterqualifikationen und -interessen

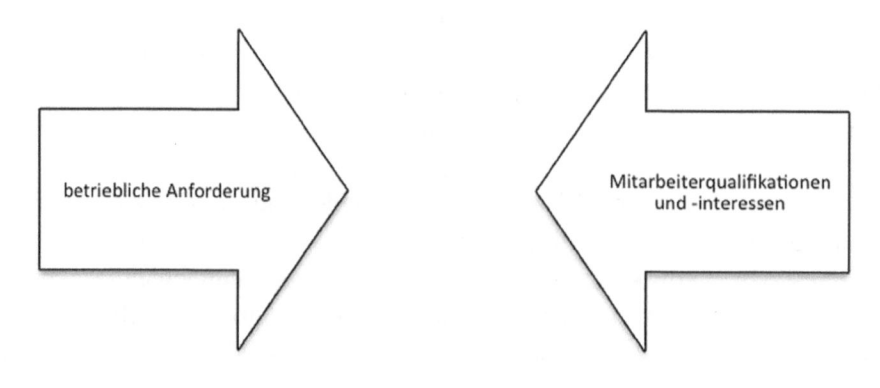

Die betrieblichen Anforderungen ergeben sich aus der Stellenbeschreibung und dem Anforderungsprofil. Bei der Ausbildung werden die zukünftigen Anforderungsprofile hinzugezogen, denen der Auszubildende nach der Ausbildung bei Übernahme entsprechen soll, und zusätzlich der Ausbildungsrahmenplan, der die Mindestinhalte vorgibt.

Dem gegenüber gestellt werden die Qualifikation und die Potenziale des Mitarbeiters/der Mitarbeiter. Diese ergeben sich aus Beurteilungen, Arbeitsproben, Zielvereinbarungen und Gesprächen mit Vorgesetzten. Die Interessen der Mitarbeiter werden in Gesprächen ermittelt, in großen Handelsunternehmen mit Hilfe von Befragungen.

Inhalte festlegen

Aus dem Abgleich der betrieblichen Anforderungen und der Mitarbeiterbefähigung ergeben sich die Inhalte, die vermittelt werden müssen. Diese Inhalte werden in der Personalentwicklung als Lernziele definiert, also die Fähigkeiten, die der Mitarbeiter erwerben soll.

Lernzielbeschreibungen der Personalentwicklung bei der Trinkmann GmbH:

Beruflicher Handlungsbereich	Lernzielbeispiel
Fachkompetenz	dem Kunden den Wein geschmacklich beschreiben, Essensvorschläge unterbreiten, Serviertemperatur nennen
Methodenkompetenz	Renner-/Penner-Liste erstellen, Maßnahmen ableiten
Sozialkompetenz	Beziehungen zum Stammkunden pflegen, kundenorientiert handeln
Persönlichkeitskompetenz	Kritik annehmen, reflektieren, ggf. Verhalten ändern

2.10.2 Personalentwicklungsinstrumente on-the-job

Neben der Festlegung der Lernziele wird bestimmt, mit welchen Methoden die Inhalte vermittelt werden. Besondere Methoden „on-the-job", die im Kapitel 2.9 nicht beschrieben wurden, sind

Job-rotation	Mitarbeiter werden systematisch in mehreren Bereichen des Unternehmens eingesetzt. Sie lernen das Unternehmen kennen, begreifen Gesamtzusammenhänge, kommen mit vielen Kollegen zusammen und machen vielfältige Erfahrungen.
Job-enrichment	Mitarbeiter in der Aufstiegsfortbildung oder Erweiterungsfortbildung erhalten Sonderaufgaben außerhalb ihrer Stellenbeschreibung, um Potenziale zu erkennen und sie zu motivieren. Die Entwicklung der Sozial- und Persönlichkeitskompetenzen steht im Vordergrund.
Job-enlargement	Hier erhalten die Mitarbeiter ein quantitativ erweitertes Aufgabenfeld, um ihre Methodenkompetenz, ihr Zeit- und Selbstmanagement zu stärken.

Kontrolle *(Siehe hierzu auch 2.7.4 Erfolgsmessung)*
Bei der Erfolgskontrolle wird zunächst unmittelbar während der Maßnahme geprüft, ob die Lernziele erreicht sind. Dies kann durch z.B. Beobachtungen geschehen, mit Hilfe von Arbeitsproben. Wichtig ist, dass zusätzlich noch der Transfer am Arbeitsplatz geprüft wird, die Methoden sind die gleichen. Selbstverständlich können auch ökonomische Kontrollen durchgeführt werden mit Hilfe von Kennziffern wie z.B. die Veränderung von Reklamationsquoten, die Steigerung der Produktivität oder die Senkung von Inventur- oder Kassendifferenzen.
Außerdem sollte die Durchführung der Personalentwicklungsmaßnahme geprüft werden: Waren die eingesetzten Methoden geeignet? Konnten die Teilnehmer mit den Ausbildungsmitteln arbeiten? Waren die Räumlichkeiten gut? Wurde der Trainer akzeptiert?

Laufbahnbezogene Personalentwicklung
Heute schon fehlt es im Handel an Nachwuchs für qualifizierte Stellen und Führungskräfte. Kleine Unternehmen benötigen den Nachwuchs, um mögliche Nachfolgeregelungen sicherzustellen und den Fortbestand des Unternehmens zu gewährleisten. Falls eigene Kinder den Betrieb nicht übernehmen wollen, müssen Mitarbeiter für die Leitung gewonnen werden. Doch hierzu ist es notwendig, dass Potenziale erkannt, rechtzeitig Perspektiven aufgezeigt werden und der Mitarbeiter zur Unternehmerpersönlichkeit gefördert wird. In expandierenden Handelsunternehmen ist die Bereitstellung von Führungskräften eine wichtige Aufgabe, die der gleichen Konzentration bedarf wie der Standortsuche.

2.10 Personalentwicklung und Teambildung

Oft arbeiten die Unternehmen mit einem Bildungsträger zusammen und erarbeiten ein Förderprogramm, das interne und externe Aspekte aufweist.

Förderung zum Teamleiter/zur Teamleiterin bei der Trinkmann GmbH:

Ausbildung zum Kaufmann/zur Kauffrau im Großhandel oder Einzelhandel gute Beurteilung, guter Abschluss

⬇

mindestens ein Jahr Berufspraxis gute Beurteilung

⬇

mindestens 2 Jahre Sachbearbeiter/in oder Verkaufsmitarbeiter im Fachmarkt während dieser Zeit:	
Training-on-the-job	Training-off-the-job
▪ Übernahme spezifischer Aufgaben und Funktionen ▪ Abwesenheitsvertretung ▪ Sonderaufgaben bereichsübergreifend ▪ Übernahme von Stellvertreter- oder Assistenzfunktion	▪ Fortbildung zum Handelsfachwirt/zur Handelsfachwirtin Teilzeit ▪ 5-Tage-Seminar: Grundlagen der Kommunikation Zusammenarbeit in Gruppen ▪ 4-Tage-Seminar Planungs- und Entscheidungsprozesse in Gruppen Konfliktstrategien ▪ 4-Tage-Seminar Gesprächsführung und Verhandlungstechnik Reflexion der Fortbildung Festlegen weiterer Lernziele
gute Beurteilung	Bestehen der Prüfung Handelsfachwirt/in

⬇

Teamleiter/in

Das Beispiel bezieht sich auf eine vertikale Laufbahnplanung – vom dem Auszubildenden zum Teamleiter. Bei der horizontalen Laufbahnplanung wird der Mitarbeiter gefördert und entwickelt, ohne dass dies mit einem hierarchischen Aufstieg verbunden ist. Typische zukünftige Funktionen sind Spezialisten oder Stabsstellen wie z.B. Controller oder Projektleitungen.

Bei der Laufbahnplanung stehen die Mitarbeiter im Mittelpunkt, deren Karriereweg festgelegt wird, oder der einzelne Mitarbeiter, für den individuell im Dialog zwischen Personalentwicklung oder Vorgesetztem mit Mitarbeiter entwickelt wird, wie der berufliche Werdegang gestaltet wird. Im Gegensatz dazu steht bei der Nachfolgeplanung eine Stelle im Mittelpunkt der Überlegungen: Der Stelleninhaber wird mittel- bzw. langfristig diese Stelle verlassen – z.B. aus Altersgründen, Versetzung – und nun wird überlegt, wer diese Stelle in Zukunft übernehmen kann und was getan werden muss, dass er den Aufgaben der Stelle gerecht wird. Selbstverständlich sind Laufbahn- und Nachfolgeplanung eng miteinander verzahnt.

2.10.3 Mitarbeitergespräche – das wichtigste Führungsmittel!

Arten von Mitarbeitergesprächen

Das Mitarbeitergespräch ist das wichtigste Führungsmittel des Vorgesetzten. Ein offenes Gespräch zwischen Mitarbeiter und Chef verbessert die Zusammenarbeit, fördert das Vertrauensverhältnis und entwickelt das Verständnis füreinander. Entsprechend dem Anlass haben die Gesprächsarten neben dieser allgemeinen Zielsetzung noch weitere Intentionen:

Fördergespräch

Im Fördergespräch wird dem Mitarbeiter sein weiterer beruflicher Werdegang erläutert und mögliche Maßnahmen vereinbart, die den Mitarbeiter bei seiner Karriere unterstützen. Wichtig ist, dass im Fördergespräch auch die Interessen des Mitarbeiters erfragt werden, um diese in die weitere Personalentwicklungs- und Karriereplanung einzubeziehen.

Kritikgespräch

Oft gibt es zu dieser Gesprächsart einen aktuellen Anlass: Beim Mitarbeiter hat die Aufgabenerledigung nicht gut geklappt oder der Vorgesetzte hat Mängel bei der Kontrolle festgestellt. Trotz der Kritik oder gerade deswegen ist es wichtig, den Mitarbeiter zu motivieren. Er darf in keinem Fall in eine Abwehr- oder Verteidigungshaltung verfallen, sondern der Vorgesetzte muss ihm trotz des Fehlverhaltens, der Leistungsmängel seine Wertschätzung zeigen, damit Mitarbeiter und Chef gemeinsam überlegen können, wie das Verhalten, die Leistung verbessert werden kann.

Konfliktgespräch

Das Konfliktgespräch hat ähnlich wie das Kritikgespräch einen aktuellen Anlass. Dabei sollen im Gespräch die Ursachen für den Konflikt herausgefunden werden, um dann Lösungen zu erarbeiten. Das Konfliktgespräch ist nicht immer ein 4-Augen-Gespräch; der Vorgesetzte kann das Gespräch auch mit mehreren Mitarbeitern führen oder er moderiert eine Teambesprechung. Bei schweren Konflikten kann eine externe, neutrale Moderation angefordert werden.
Siehe auch 2.11.3 Konfliktmanagement

Feedbackgespräch

Im Feedbackgespräch tauschen sich Vorgesetzter und Mitarbeiter über ihre persönlichen und daher subjektiven Eindrücke aus. Da es sich hierbei um einen Austausch von Wahrnehmungen handelt, sollten beide in der „ich-Form" sprechen wie z.B. ich habe beobachtet…Beide Seiten hören aktiv zu, stellen offene Fragen und lassen zunächst gegensätzliche Meinungen stehen. Gemeinsam suchen Führungskraft und Mitarbeiter nach gemeinsamen Lösungen, legen Fördermaßnahmen fest.

Zielvereinbarungsgespräch

In den jährlichen Zielvereinbarungsgesprächen verständigen sich Vorgesetzter und Mitarbeiter über zukünftige Ziele. Siehe 2.14 Führungsmethoden

Rückkehrgespräch

In § 84 Abs. 2 SGB IX fordert der Gesetzgeber die Arbeitgeber auf, für Mitarbeiter, die innerhalb der letzten 12 Monate länger als 6 Wochen arbeitsunfähig waren, ein „Betriebliches Eingliederungsmanagement" durchzuführen. Das betriebliche Eingliederungsmanagement soll sicherstellen, dass der Mitarbeiter dauerhaft den Anforderungen seines Arbeitsplatzes gerecht wird. Die Bestimmung gilt für alle Mitarbeiter, nicht nur für behinderte, schwerbehinderte oder gleichgestellte Beschäftigte. Danach ist es erforderlich, dass der Vorgesetzte während und nach der Krankheit mit dem Mitarbeiter bespricht, welche Einschränkungen vorliegen und wie trotzdem die Anforderungen erfüllt werden können. Mögliche Maßnahmen sind

- medizinische Rehabilitation, bezahlt von der Krankenkasse oder der Rentenversicherung
- die Umgestaltung des Arbeitsplatzes, um Unzulänglichkeiten oder Handicaps auszugleichen
- zusätzliche Hilfsmittel
- ggf. die Versetzung auf einen anderen Arbeitsplatz
- Schulungen und Qualifizierungsmaßnahmen bei Langzeiterkrankungen und Elternzeit.

Siehe auch 2.12 Arbeits- und Gesundheitsschutz

Trennungsgespräch
Dies ist das schwierigste Gespräch zwischen Führungskraft und Mitarbeiter, denn dem Mitarbeiter wird die Beendigung des Arbeitsverhältnisses mitgeteilt. Daher muss dieses Gespräch sehr sorgfältig vorbereitet werden. Wichtige Aspekte sind vorab zu klären wie z.B. den Grund der Kündigung und die daraus resultierende Kündigungsart, die Kündigungsfrist, ggf. die Möglichkeit eines Aufhebungsvertrags sowie Lösungen möglicher Konfliktpunkte wie z.B. Resturlaub, Mehrarbeitsstunden, Abfindungen. Die Führungskraft sollte sich auf sehr emotionale Reaktionen einstellen und diese im Gespräch auch annehmen. Der Verlust des Arbeitsplatzes bedeutet schließlich eine existenzielle Bedrohung für den Mitarbeiter und seine Familie.

Anerkennungsgespräch
Hat der Mitarbeiter über das Normalmaß hinaus Leistung oder Engagement gezeigt, lobt der Vorgesetzte zeitnah diesen Erfolg. Der Mitarbeiter erfährt Dank und Wertschätzung für seinen besonderen Einsatz.

Austrittsgespräch
Zum Ende des Arbeitsverhältnisses sollte ein Gespräch stattfinden, in dem der Vorgesetzte sich für das Engagement und die Zusammenarbeit bedankt, das Arbeitszeugnis überreicht und ein Feedback erbittet. Gerade zum Ende ist dies eine gute Chance, eine ehrliche Meinung zu erfahren, da der Mitarbeiter ja nichts mehr zu befürchten hat.

Ein Mitarbeitergespräch muss vom Vorgesetzten gut vorbereitet werden. Zunächst muss er sich klar werden, welche spezielle Zielsetzung das Gespräch hat. Damit legt er möglicherweise schon die Grenzen seiner Kompromissbereitschaft fest wie z.B. beim Kritik- oder Konfliktgespräch. Unter Umständen muss er auch disziplinarische Maßnahmen zum Ende des Gesprächs ergreifen wie z.B. eine Ermahnung oder Abmahnung am Ende des Kritikgesprächs. Umso wichtiger wird es dann, den Mitarbeiter zu motivieren, die Leistungsbereitschaft und das Vertrauen zu erhalten.

Organisatorische Vorbereitungsmaßnahmen sind die Raum- und Terminfestlegung. Der Raum sollte dem Mitarbeiter vertraut sein und er sollte nicht am Schreibtisch des Vorgesetzten stattfinden, sondern beide führen das Gespräch an einem kleinen Tisch. Dabei ist es selbstverständlich, dass während des Gesprächs nicht gestört werden darf. Mit dem Mitarbeiter wird der Termin rechtzeitig abgestimmt, so dass auch er sich auf das Gespräch vorbereiten kann.

Ablauf von Mitarbeitergesprächen

Eröffnungsphase
Zu Gesprächsbeginn versucht der Vorgesetzte einen positiven Kontakt zum Mitarbeiter herzustellen und mögliche Anspannungen abzubauen, zu beruhigen. Es werden das Thema des Gesprächs und der geplante Ablauf genannt. Der Mitarbeiter wird ermuntert, seinen Standpunkt, seine Einschätzungen zu vertreten. Besonders im Kritikgespräch ist es wichtig, dass der Mitarbeiter davon ausgehen kann, dass er trotz aller Beanstandungen als Mitarbeiter geachtet wird.

Informationsaustausch
Jetzt werden Fakten, Informationen, Sichtweisen und Beobachtungen ausgetauscht. Dabei muss der Vorgesetzte sich klar ausdrücken und Daten und Fakten präzise nennen und beschreiben. Trotzdem ist es wichtig, dass er offen bleibt für Einwände des Mitarbeiters, so dass Informationslücken geschlossen werden können. Fakten werden von Meinungen abgegrenzt.
Als Gesprächstechniken setzt der Vorgesetzte das aktive Zuhören ein: Er wiederholt das Gesagte und spricht seine Annahmen aus, welche Wirkungen und Emotionen dies ausgelöst hat. Er formuliert in „Ich-Botschaften", um seinen persönlichen Standpunkt zu vermitteln.
Bei unterschiedlichen Ansichten ist es wichtig, dass auch der Mitarbeiter offen bleibt. Der Vorgesetzte muss verhindern, dass der Mitarbeiter eine Verteidigungshaltung einnimmt.
Beide wägen Für und Wider ab, um Entscheidungen vorzubereiten.

Verhandlungs- bzw. Vereinbarungsphase
Jetzt werden im Sinne der Zielerreichung Maßnahmen, Aktivitäten oder Bedingungen möglichst einvernehmlich beschlossen. Dabei ist zu überlegen, was bei der Umsetzung zu beachten ist, wer von der Entscheidung noch betroffen ist und informiert werden muss und wie und wann die Kontrolle stattfindet. Die Gesprächsergebnisse werden schriftlich festgehalten, vom Mitarbeiter gegengezeichnet und in der Personalakte aufgehoben.

Abschlussphase
Genauso wichtig wie der positive Einstieg ist der motivierende Abschluss. In einem Schlusswort fasst der Vorgesetzte nochmals die Ergebnisse zusammen, bedankt sich für die Zusammenarbeit speziell in dem Gespräch. Hier wird bereits eine gute Basis für ein nächstes Gespräch geschaffen.

Nachbereitung
Der Vorgesetzte überdenkt nochmals das Gespräch und vergleicht die Ergebnisse mit den geplanten Zielen aus der Vorbereitung. Aber er verschafft sich auch Klarheit über seine Gefühle

während des Gesprächs und überlegt, was diese Gefühle ausgelöst hat. Sollte das Gespräch nicht nach Plan verlaufen sein, so reflektiert er, was dazu geführt hat und wie er sein Verhalten ändern kann/muss.

2.10.4 Wie schafft man ein gutes Team?

Gruppendynamische Prozesse
Für uns ist es heute selbstverständlich, dass wir in Teams arbeiten: im Team der Abteilung, im Team der Auszubildenden, im Team der Führungskräfte oder Führungsnachwuchskräfte. Es gibt nur wenige Aufgaben im Unternehmen, die ein einzelner Mitarbeiter bewältigen kann. Die Regel ist, dass viele Aufgaben so bedeutend sind, dass sie von mehreren Mitarbeitern ausgeführt werden müssen. Studien zeigen, dass gerade heterogene Teams sehr ausgewogene Ergebnisse erzielen können. So kommt zu den Erfahrungen der älteren Mitarbeiter das aktuelle methodische „Knowhow" der jungen Mitarbeiter hinzu, die Kommunikations- und Kompromissfähigkeit der Frauen trifft auf die Durchsetzungsfähigkeit der Männer.
Die wichtigsten Führungsaufgaben des Vorgesetzten im Team sind

- das gemeinsame Entwickeln von Zielen, die gemeinsame Planung von Aktivitäten und die Korrektur bei Zielabweichungen,
- die Beobachtung der gruppendynamischen Prozesse im Team, ggf. notwendige Veränderungen der Gruppenstrukturen und
- das rechtzeitige Erkennen von Konflikten und das gemeinsame Entwickeln von Lösungen.

Der gemeinsame präsente Ort des Austauschs des Teams ist das Teamgespräch oder das Meeting. Im Teamgespräch sollen die unterschiedlichen Meinungen und Interessen der Mitarbeiter erfasst, koordiniert und abgestimmt werden. Dabei sollten alle Mitarbeiter gleichberechtigt sein. Dem Vorgesetzten fällt hier also die Rolle des Moderators zu, der zusammenfasst und festhält.
Das Team einer Abteilung, die Projektgruppe sind **formelle Gruppen**. Sie wurden entsprechend der organisatorischen Strukturen vom Unternehmen gebildet. Innerhalb der formellen Teams gibt es Mitarbeiter, die sich besonders gut verstehen, gern zusammenarbeiten und sich vielleicht auch außerhalb des Betriebsalltags treffen. Das sind **informelle Gruppen**, die sich aufgrund von Sympathien und gemeinsamen Interessen bilden. Natürlich gibt es auch über die Abteilung hinaus informelle Gruppen im Unternehmen wie z.B. die Mitarbeiter, die gemeinsam die Pausen verbringen oder die eine Sportgemeinschaft oder eine Fahrgemeinschaft bilden.
Die Bildung von informellen Gruppen kann eine Chance sein. Sie schaffen soziale Kontakte zwischen den Mitarbeitern und können zu einem positiven Arbeitsklima sowie gegenseitigem Verständnis zwischen den formellen Gruppen beitragen. Andererseits können informelle Gruppen

Mitarbeiter ausgrenzen, sich gegen den Vorgesetzten verbünden und nach Einfluss und Profilierung streben. Es ist eine ganz wichtige Aufgabe der Führungskraft, die Entwicklung rechtzeitig zu erkennen und die Teamorientierung der Mitarbeiter zu fördern. Dabei muss den Mitarbeitern das Ziel klar vor Augen stehen. Jeder Mitarbeiter ist gefordert, seine Talente einzubringen, mit den Kollegen zu kooperieren und sich gegenseitig anzuerkennen. Entsprechend muss der Vorgesetzte wissen, wo die Stärken und Schwächen seiner Mitarbeiter liegen, er muss sie entsprechend einsetzen und zum Einsatz motivieren. Der Vorgesetzte begleitet den Gruppenprozess, unterstützt und stärkt; er greift aber auch ein, wenn Mitarbeiter sich auf Kosten anderer zurücknehmen.

Kommunikationsstrukturen in Gruppen
Kommunikationsprozesse im Unternehmen werden von den organisatorischen Strukturen bestimmt. Dabei werden unterschieden:

Art des Kommunikationsnetzes z.B.	Fallbeispiel
Kreisstruktur	Ein Mitarbeiter der Logistik hat jeweils einen Ansprechpartner im Vertrieb und im Einkauf, an den er sich bei Fragen und Unstimmigkeiten wendet und so erfolgt auch die Kommunikation umgekehrt. Bei offenen Fragen bespricht sich jeweils der Mitarbeiter Vertrieb bzw. Einkauf mit seinen Kollegen und gibt die Lösung dann wieder an den Mitarbeiter Logistik weiter. Die Kommunikation ist nur zwischen diesen drei Mitarbeitern erwünscht.
Sternstruktur	Der Leiter Vertrieb bespricht generelle Probleme des Verkaufs mit jedem einzelnen Fachmarktleiter und entscheidet dann. Ein Austausch zwischen Leiter Vertrieb und allen Fachmarktleitern ist nicht vorgesehen.
Vollstruktur	Jeder Mitarbeiter kann mit jedem Mitarbeiter kommunizieren, alle Mitarbeiter können sich austauschen und für alle Mitarbeiter gibt es die Chance sich auszutauschen. Diese Struktur führt zu einem Höchstmaß an Kommunikation, birgt aber hierdurch auch die größte Gefahr für Störungen und möglicherweise für Chaos.

Phasen der Teambildung

Nach Bildung eines Teams durchläuft dieses Team verschiedene Phasen. Dies kann auch geschehen, wenn ein bestehendes Team eine neue Aufgabe erhält. Wichtig für den Vorgesetzten ist es, diese Phasen durch Beobachtung zu erkennen und das Team zu unterstützen, so dass es nicht zu Konflikten kommt und das Team zusammenarbeitet. Erfahrungsgemäß gibt es folgende Phasen innerhalb des Gruppenprozesses:

Phasen	Merkmale	Interventionsmöglichkeiten der Führungskraft
Kennenlernphase	Die Teammitglieder treffen sich mit gemischten Gefühlen im Team: freudige Erwartung und gleichzeitig Bedenken und Ängste, wie es wohl wird.	Der Vorgesetzte nimmt sich Zeit, so dass sich die Teammitglieder kennenlernen und in Kontakt miteinander kommen.
Orientierungsphase Forming	Die Art der Zusammenarbeit und die Themenstellung sind noch unklar.	Der Vorgesetzte gibt Informationen, erarbeitet gemeinsam mit dem Team Ziele und Strukturen. Von Beginn an schafft er eine Atmosphäre der Toleranz.
Machtkampfphase Storming	Die Teammitglieder nehmen Einfluss auf das Geschehen; es kommt zu Interessenkonflikten und Konkurrenzkämpfen.	Der Vorgesetzte bietet Konfliktlösungen an.
Organisationsphase Norming	Das Team gibt sich Regeln der Zusammenarbeit, Ziele, Aufgaben und deren Verteilung werden geregelt.	Der Vorgesetze erkennt die Schwächen und Stärken der Teammitglieder und verteilt entsprechend die Aufgaben.
Produktionsphase Performing	Die Teammitglieder fühlen sich als Team, sind sehr motiviert und arbeiten mit hohem Engagement am Ziel.	Der Vorgesetzte moderiert die erfolgreiche Arbeit und unterstützt methodisch.
Auflösungsphase Adjourning	Das Ziel ist erreicht und das Team ist einerseits stolz und andererseits bedauert es das Ende der Zusammenarbeit.	Der Vorgesetzte und das Team reflektieren den Ablauf und nehmen Erkenntnisse für das nächste Ziel mit.

Während der Gruppenphasen bietet der Vorgesetzte immer wieder an, dass die Teammitglieder ihr Selbstbild durch das Fremdbild ergänzen und ggf. korrigieren. Eine gute Hilfe hierbei ist das sogenannte „Johari-Fenster" nach **Jo**e Luft und **Har**ry Ingham.

Verhaltensbereiche	mir bekannt	mir unbekannt
den anderen bekannt	Öffentliche Person	blinder Fleck
den anderen unbekannt	Privatperson	Unbewusstes

Das Wesen der **öffentlichen Person** ist dem Mitarbeiter, seinen Kollegen und seinem Vorgesetzten bekannt und wahrnehmbar. Das Wesen der **Privatperson** möchte der Mitarbeiter der formellen Gruppe nicht zeigen, in der informellen Gruppe oder im privaten Bereich ist dies von der Intensität der Beziehung abhängig. Durch Beobachtung kann der Vorgesetzte Einblick nehmen in die Privatperson und durch Gespräche diese Eindrücke überprüfen. Außerdem schafft er eine vertrauensvolle Atmosphäre, so dass der Mitarbeiter zu mehr Offenheit bereit ist. Das Verhalten im **blinden Fleck** zeigt sich den Kollegen und Vorgesetzten wesentlich deutlicher, als dem Mitarbeiter selbst klar ist. Umso wichtiger ist, dass der Vorgesetzte in Feedback-Gesprächen dem Mitarbeiter diesen Teil des Fremdbildes verdeutlicht. Das **Unbewusste** kennen weder der Mitarbeiter selbst noch sein Team. Im betrieblichen Alltag sollte dies auch so bleiben.

Der Alltag hat gezeigt, dass in einem Team bestimmte stereotype **Rollen** – Personen mit bestimmten charakterlichen Eigenschaften – vertreten sind. Auch diese sollte der Vorgesetzte kennen. Es ist vom Vorteil, wenn sich in einem Team über eine Rollenverteilung verständigt wird und die Stärken aus dieser Rolle genutzt werden. Hier können nur beispielhaft unterschiedliche Rollen dargestellt werden:

Rolle	Beschreibung	Verhalten der Führungskraft
Der Macher	ergreift die Initiative, organisiert und treibt an mit viel Engagement.	Zunächst sollte die Führungskraft die Energie und das aktive Tun des Mitarbeiters nutzen, dabei aber die Gefahr im Auge behalten, dass der Mitarbeiter sich zu stark in den Vordergrund drängt und Kollegen einschüchtert.
Der Teamer	hat das Wohl des Teams im Auge und sucht einvernehmliche Lösungen und Kompromisse.	Die Hilfsbereitschaft und der Kooperationswille sollten unbedingt gefördert werden. Doch ist es gleichzeitig notwendig, diese Leistungen des Mitarbeiters anzuerkennen, so dass er in seiner Energie nicht nachlässt.
Der Zweifler oder Querdenker	ist der Bedenkenträger, stellt kritische Fragen und möchte über alternative Lösungen diskutieren.	Hier muss die Balance gefunden werden, einerseits die Kritik aufzunehmen und zu prüfen, doch andererseits sich im Entscheidungsweg nicht zu blockieren.
Der Gruppenclown	stellt Spaß und Unterhaltung in den Vordergrund, möchte durch seine witzigen Bemerkungen und Einlagen im Mittelpunkt stehen.	Spaß und Vergnügen passen durchaus zur Arbeit und können zur Motivation beitragen. Und trotzdem sollte die Führungskraft aufpassen, dass die Ernsthaftigkeit bleibt. Oft steckt in dem Gruppenclown eine gute Beobachtungsgabe und Kreativität. Wenn diese Eigenschaften zur Erreichung des Ziels genutzt werden können, wird der Mitarbeiter zur Bereicherung.

2.10.5 Projektmanagement

Das Projekt
Im betrieblichen Alltag werden oft Aufträge als Projekt bezeichnet, die nach DIN 69901 nicht die **Merkmale eines Projektes** aufweisen. Diese sind:
- Ein Projekt ist eine einmalige Aufgabe.
- Jedem Projekt muss ein konkretes Ziel vorgegeben werden.
- Ein Projekt ist zeitlich, personell und finanziell begrenzt.
- Ein Projekt muss sich von anderen Vorhaben im Betrieb abheben und ein eigenständiges Ergebnis erzielen.
- Das Projekt erfordert eine spezielle Organisation.

Darüber hinaus haben sich in der Praxis weitere Merkmale entwickelt:
- Die Aufgabenstellung des Projektes ist komplex und vielschichtig, viele Bereiche des Unternehmens sind hiervon betroffen.
- Der Aufwand ist erheblich und erfordert umfangreiche Ressourcen.
- Es hat einen abteilungsübergreifenden Charakter und erfordert daher die Mitarbeit von Kollegen aus unterschiedlichen Bereichen.
- Zur Zielerreichung ist eine enge Zusammenarbeit der Projektmitglieder notwendig.
- Ein Projekt ist eine einmalige Aufgabe.
- Ein Projekt hat ein konkretes Ziel.
- Ein Projekt ist zeitlich, personell und finanziell begrenzt.
- Ein Projekt erzielt ein eigenständiges Ergebnis.
- Das Projekt erfordert eine spezielle Organisation.

Bei der Trinkmann GmbH soll ein neues Warenwirtschaftssystem eingesetzt werden. Das alte Warenwirtschaftssystem ist nun fünfzehn Jahre im Einsatz, es ist nicht mehr zeitgemäß. Außerdem ist das Unternehmen zwischenzeitlich stark gewachsen. Durch ständige Anpassungen der Software wurde das System unübersichtlich, verlor seinen klaren Aufbau und fällt zwischendurch komplett aus, da die Kapazitäten nicht ausreichen.

- Das Projekt ist nicht einmalig, doch das neue Warenwirtschaftssystem muss langfristig die richtige Lösung für das Unternehmen sein, ein ähnliches Projekt wird es hoffentlich erst in 10 Jahren geben.
- Das Ziel kann präzise formuliert werden entsprechend den Anforderungen an das neue System.
- Alle Phasen des Projektes können/müssen zeitlich und personell festgelegt werden, die Unternehmensleitung gibt ein Budget vor.

- Schon wegen der großen Bedeutung für alle Mitarbeiter des Unternehmens ist es ein eigenständiges Vorhaben.
- Die Entscheidung und Einführung eines neuen Warenwirtschaftssystems entspricht nicht den üblichen Aufgaben im Unternehmen und erfordert dadurch auch eine spezielle Organisation.
- Es ist ein sehr komplexes Problem, alle Mitarbeiter sind von der Entscheidung betroffen und die Wirkung ist sehr langfristiger Natur.
- Der Aufwand ist in finanzieller, in zeitlicher und personeller Hinsicht innerhalb des normalen betrieblichen Alltags erheblich.
- Es erfordert die Mitarbeit der Bereiche Geschäftsführer, Einkauf, Logistik, Vertrieb-Innendienst, -Außendienst und -Fachmärkte sowie der Verwaltung, insbesondere der IT sowie einen externen Partner wie z.B. ein IT-Beratungsunternehmen oder ein Software-Anbieter.

Projektmanagement ist die zielorientierte Organisation von Projekten mit Hilfe von speziellen Methoden, Techniken und besonderen Arbeitsmitteln.

Der Projektablauf

Das Projektmanagement teilt das Projekt in Phasen auf. Diese Phasen können entsprechend des Projektes unterschiedlich sein; Hier wird beispielhaft ein sehr gebräuchliches Modell vorgestellt:

Definition

Der Geschäftsführer, die Leiter Einkauf, Verkauf, Logistik und Verwaltung analysieren die Situation und Gegebenheiten des derzeitigen Warenwirtschaftssystems. Sie listen die Probleme auf, stellen den gewünschten Waren- und Datenprozess dar und schätzen Mehrkosten ab, die das veraltete Warenwirtschaftssystem verursacht. Außerdem wird zusammengetragen, wie es zu dieser schwierigen Situation gekommen ist, welche Ursachen dazu geführt haben. Die Analyse wird schriftlich festgehalten.

Anschließend werden im Führungskreis die Ziele definiert, die mit dem neuen Warenwirtschaftssystem erreicht werden sollen. Diese Ziele werden nach der „SMART-Formel" definiert:

Spezifisch: Ziele müssen präzise und eindeutig formuliert werden.
Messbar: Die Zielerreichung muss objektiv messbar sein.
Akzeptiert: Die Ziele müssen von der Belegschaft und möglichen Geschäftspartnern angenommen werden, so wichtig erscheinen, dass es sich lohnt, sich hierfür zu engagieren.
Realistisch: Die Ziele müssen tatsächlich erreichbar sein.
Terminiert: Das Projekt wird zeitlich festgelegt.

Außerdem werden Teilziele oder **Meilensteine** festgelegt wie z.B. Fertigstellung der Software, Implementierung des neuen Warenwirtschaftssystems parallel zum alten, Schulung der Mitarbeiter, Abstellen des alten Warenwirtschaftssystems.

Die Ziele werden in einem Anforderungskatalog oder **Lasten/Pflichtenheft** festgehalten. Anschließend wird der Projektvertrag mit dem Beratungsunternehmen bzw. Softwarehaus erstellt und abgeschlossen. Das Lasten- oder Pflichtenheft ist Bestandteil des Projektvertrages.

Jetzt wird überlegt, wer das Projekt leitet und wer im Projekt mitarbeitet. In unserem Fall ist Projektleiter der Leiter Vertrieb, Projektmitglieder Mitarbeiter der verschiedenen Abteilungen und des Beratungsunternehmens, insgesamt 9 Mitarbeiter. Alle Mitarbeiter bleiben Mitarbeiter ihrer Fachabteilung und arbeiten für das Projekt neben ihrer eigentlichen Funktion.

Das **Kick-off-Meeting** ist die erste Sitzung der Projektgruppe, in der die Ziele und die Bedeutung des Projektes, die Projektorganisation erläutert werden, eine grobe Zeitplanung und Meilensteine festgelegt werden, die Projektmitglieder – hier die Mitarbeiter der Trinkmann GmbH und des Beratungsunternehmens – sich kennenlernen, Regeln für die Zusammenarbeit aufstellen und Aufgaben verteilen.

Planung

Alle erforderlichen Aufgaben werden aufgelistet und zu Arbeitspaketen zusammengefasst. Auch Arbeitspakete werden schriftlich festgehalten und terminiert, es gibt jeweils einen Verantwortlichen, das erwünschte Ergebnis ist klar beschrieben. Die Arbeitspakete werden dann mit Hilfe des **Projektstrukturplans** logisch, im **Projektablaufplan** zeitlich geordnet, im **Kapazitätsplan** die notwendigen personellen und sachlichen Mittel genannt und im **Kostenplan** die Projektkosten ermittelt.

Durchführung

Während der Durchführung steuert der Projektleiter das Projekt: Der Leiter Vertrieb führt regelmäßig Teambesprechungen durch, koordiniert die Zusammenarbeit zwischen der Trinkmann GmbH und dem Beratungsunternehmen und korrigiert Planabweichungen. Außerdem motiviert er die Projektmitglieder, erkennt rechtzeitig Konflikte, löst diese und führt regelmäßig Feedback-Gespräche.

Alle Projektmitglieder sind verpflichtet, den Prozess und ihre Aufgabendurchführung im elektronischen **Projektordner** festzuhalten.

Abschluss

Zum Ende des Projektes präsentiert die Projektgruppe das Ergebnis dem Geschäftsführer, den Leitern Einkauf, Logistik und Verwaltung sowie den Teamleitern. Selbstverständlich nutzt die Projektgruppe die Gelegenheit, neben der Information die Führungskräfte für das neue Warenwirtschaftssystem zu motivieren, sie hierfür zu begeistern, die Vorteile zu erkennen. Im Anschluss nimmt der Geschäftsführer offiziell das neue Warenwirtschaftssystem ab. Dann findet noch eine Abschlussbesprechung der Projektgruppe statt, in der die Prozesse reflektiert werden. Die letzte Aufgabe des Projektleiters ist dann, den Abschlussbericht zu erstellen, der zusammen mit dem Projektordner aufbewahrt wird.

2.11 Kommunikation, Präsentations- und Moderationstechniken

2.11.1 Gesprächsführung

Mitarbeiter im Handel führen in ihrem Berufsalltag viele Gespräche: mit Kunden, mit Lieferanten, mit Kollegen und mit dem Chef. Alle Gespräche haben ähnliche Muster. Beispielhaft stellen wir hier den Gesprächsablauf am Beispiel des Mitarbeitergesprächs dar.

Die Teamleiterin Innendienst führt mit der Sachbearbeiterin „alkoholfreie Getränke, Biere" zum Ende der Probezeit ein Gespräch. Die Sachbearbeiterin hat vor gut zwei Monaten im Unternehmen begonnen. Die Teamleiterin ist mit den Leistungen sehr zufrieden.

Phasen	Verhalten der Teamleiterin
Gesprächsvorbereitung	Die Teamleiterin legt einen Termin fest für dieses Gespräch und informiert die Mitarbeiterin über den Termin und den Inhalt des Gesprächs. Dabei beruhigt sie bereits die Mitarbeiterin, dass eine Übernahme nach der Probezeit geplant ist. Dann plant die Teamleiterin die Ziele und Inhalte des Gesprächs: Beobachtungen über die Mitarbeiterin, Übernahme, Fragen an die Mitarbeiterin nach Defiziten und Mängel in der Einarbeitung, Motivation.
Eröffnungsphase	Das Gespräch findet im Büro der Teamleiterin statt; hier ist ein kleiner runder Tisch mit Stühlen, an dem beide nebeneinander sitzen können. Die Teamleiterin hat Wasser und Saft bereitgestellt, das Telefon ist umgestellt, die Bürotür geschlossen, d.h. für alle erkennbar „jetzt nicht stören". Die Teamleiterin bittet die Mitarbeiterin einen Platz zu wählen. Sie gibt ihre Freude kund, dass die Mitarbeiterin neu in das Team gekommen ist. Sie nennt das Ziel des Gesprächs: die Übernahme zum Ende der Probezeit, Feedback über die Einarbeitungszeit, möglicher Förderbedarf.

Informations-austausch	Die Teamleiterin gibt ihre Beobachtungen und Eindrücke über die neue Mitarbeiterin wieder, lobt ihre Arbeit, spricht Sachverhalte an, bei denen sie den Eindruck hatte, dass die neue Mitarbeiterin noch Hilfe braucht. Sie fragt, ob die Mitarbeiterin die Einarbeitung als ausreichend empfand, ob sie noch Hilfe braucht, ob sie sich im Unternehmen und in der Abteilung wohl fühlt, ob sie den Großteil der Kunden zwischenzeitlich kennengelernt hat, wie sie mit ihnen zurechtkommt und ob sie Unterstützung bei schwierigen Kunden braucht.
Verhandlungs- bzw. Vereinbarungsphase	Der Mitarbeiterin wird nochmals ausdrücklich mitgeteilt, dass sie nach der Probezeit in ein unbefristetes Arbeitsverhältnis übernommen wird. Es wird ein Vormittag verabredet, an dem die Teamleiterin mit der Mitarbeiterin die Kundenliste durchgehen wird und Informationen ausgetauscht werden. Außerdem nimmt die Mitarbeiterin am nächsten Seminar des wichtigsten Bierlieferanten teil.
Abschlussphase	Die Teamleiterin gibt ein kurzes positives Feedback zu dem Gespräch, drückt nochmals ihre Freude über die neu gewonnene Mitarbeiterin aus. Sie wiederholt nochmals die beiden Vereinbarungen.
Nachbereitung	Die Teamleiterin reflektiert das Gespräch, trägt den Vormittagstermin in ihren Kalender ein und die Seminarzusage auf Wiedervorlage. Die Teamleiterin Personal wird von der Übernahme informiert und gebeten, dies nochmals schriftlich der Mitarbeiterin zu bestätigen.

Die Phasen des Gesprächs können auf viele Arten von Gesprächen übertragen werden: z.B. das Kritikgespräch, das Zielvereinbarungsgespräch, das Bewerbungsgespräch, das Jahresgespräch mit Lieferanten oder mit einem wichtigen Kunden.

2.11.2 Wahrnehmung und Kommunikation

Kommunikation bedeutet Verständigung, den Austausch zwischen mehreren Partnern. Bei jeder Kommunikation tauscht man sich auf zwei Ebenen aus:
- Auf der Sachebene werden Sachinformationen übermittelt: z.B. neue Organisationsregelungen, Umsätze, Kundenreklamationen.
- Auf der Beziehungsebene werden Emotionen bewusst oder unbewusst weitergegeben, wie Freude, Dankbarkeit, Sympathie, aber auch Aggression, Enttäuschung oder Resignation.

2 Führung, Personalmanagement, Kommunikation und Kooperation

Unabhängig von der Art des Gesprächs muss es das Bestreben der Führungskraft sein, den Gesprächspartner, besonders den Mitarbeiter, zu motivieren, und das ist nur möglich, wenn auf der Beziehungsebene auch positive Gefühle gezeigt werden wie z.B. Humor, Zufriedenheit, Freude oder Wertschätzung. Positives Denken und positive Einstellungen übertragen sich auf den Partner und schaffen eine vertrauensvolle und angenehme Gesprächsatmosphäre.

Kommunikation bedeutet Verständigung, den Austausch zwischen mehreren Partnern.

Dabei gibt es Hilfen und Techniken, Gespräche angenehm und vertrauensvoll zu gestalten. Das folgende Beispiel zeigt eine Teamleiterin in einem Mitarbeitergespräch zum Ende der Probezeit.

Gesprächshilfen	Verhalten
Feedback	Die Teamleiterin gibt wieder, was sie auf der Sachebene und auf der Beziehungsebene gehört und aufgenommen hat. Z.B. auf der Sachebene: „Der Kunde ‚Getränkeshop' hat wiederholt nicht angemessen reklamiert" und auf der Beziehungsebene: „Es tut mir leid, dass sie sich über den Kunden ärgern mussten." Einerseits vergewissert sich die Teamleiterin, ob sie die Information richtig und vollständig aufgenommen hat, andererseits spekuliert sie nicht auf der Beziehungsebene, sondern spricht offen an, was sie vermutet.
Aktives Zuhören	Zusätzlich zum Feedback spricht die Teamleiterin die mögliche Gefühlsreaktion der Mitarbeiterin an: z.B. auf der Sachebene: „Ich habe ihre Mitteilung verlegt"; auf der Beziehungsebene: „Das bedauere ich jetzt sehr".
Ich-Botschaften	Du- oder Sie-Botschaften wie z.B. „Sie haben versucht, sich vor der Aufgabe zu drücken" tragen in sich die Gefahr, als Angriff oder Vorwurf verstanden zu werden. Wird die gleiche Aussage als Ich-Botschaft formuliert wie „Ich hatte den Eindruck, dass Sie sich vor der Aufgabe gedrückt haben", besteht die Chance, dass der Mitarbeiter hierzu Stellung nimmt und die Teamleiterin die Gründe für dieses Verhalten erfährt.
Fragetechniken	**Offene Fragen** veranlassen den Mitarbeiter, sich zu äußern und seine Wünsche, Erwartungen und Meinung darzulegen: „Welche Informationen fehlen Ihnen noch?" Bei **geschlossenen Fragen** gibt der Mitarbeiter eine kurze und knappe Antwort: „Haben wir alles besprochen oder haben Sie noch etwas offen?" Als Kontrollfrage zum Schluss eines Gesprächs oder der einzelnen Phasen sind geschlossene Fragen angebracht. **Suggestivfragen** wollen den Mitarbeiter beeinflussen wie z.B. „Meinen Sie nicht auch …" Typische Wörter in Suggestivfragen sind „doch, bestimmt, sicher, auch". Sie sollten in Mitarbeitergesprächen vermieden werden. **Alternativfragen** bieten mehrere Möglichkeiten an wie z.B. „Möchten Sie die Warenkunde-Inhalte lieber in einem Präsenzseminar vermittelt bekommen oder in einem Online-Seminar?"

2.11 Kommunikation, Präsentations- und Moderationstechniken

Kommunikation umfasst den Prozess der Informationsübermittlung. In jeder Kommunikation gibt es zwei Partner: Sender und Empfänger.

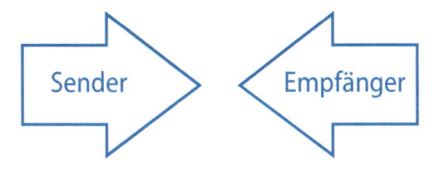

Sender → ← Empfänger

Dabei wechseln die Kommunikationspartner ständig die Rollen des Sender und des Empfängers.

Kommunikationsmittel
Wir kommunizieren mit unserer Sprache. Die **verbale Kommunikation** erfolgt im persönlichen Gespräch oder schriftlich, heute oft auch in Mails.
Die **nonverbale Kommunikation** drückt sich durch die Körpersprache aus: z.B. Mimik, Gestik, Körperhaltung wie z.B. der erhobene Zeigefinger, der fehlende Blickkontakt oder die vorgezogenen Schultern.
Nach F. Schulz von Thun enthält jede Aussage vier verschiedene Aussagebereiche:

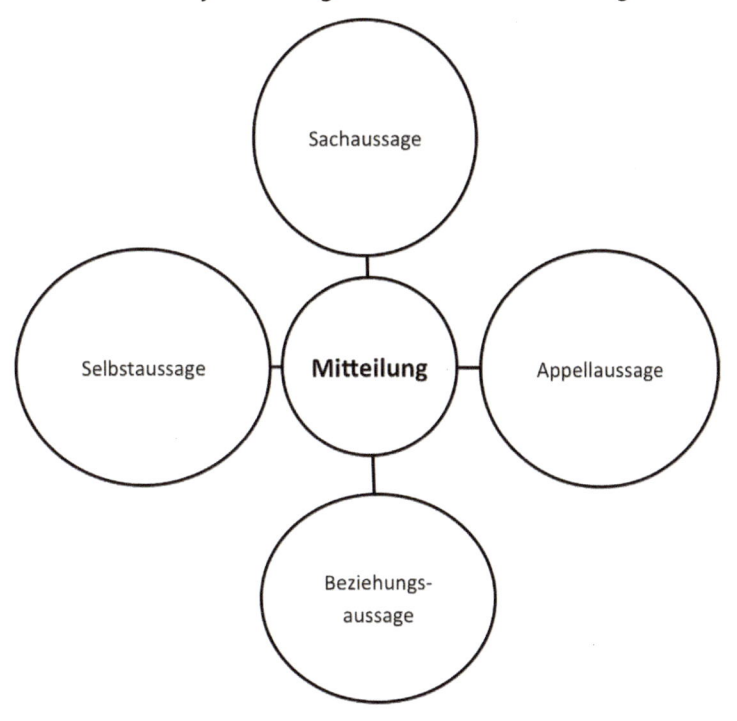

- Sachaussage
- Selbstaussage
- Mitteilung
- Appellaussage
- Beziehungsaussage

Übertragen auf die Ausgangssituation der Übernahme aus der Probezeit und der Aussage der Teamleiterin „Wir übernehmen Sie aus der Probezeit", ergeben sich nach dem Modell:

Sachaussage	Die Mitarbeiterin wird zum Ende der Probezeit in ein unbefristetes Arbeitsverhältnis übernommen.
Selbstaussage	Die Teamleiterin übermittelt mit dem Satz Angaben zu ihrer Person wie z.B. „ich freue mich hierüber" oder „das haben sie mir zu verdanken". Die Mitarbeiterin als Empfängerin deutet nun die Selbstaussage mit ihren eigenen Gedanken, Meinungen oder ggf. auch Vorurteilen. Und hier können schon die ersten Missverständnisse entstehen.
Beziehungs-aussage	Außerdem offenbart der Sender, wie er zum Empfänger steht wie z.B. „ich schätze sie als neue Mitarbeiterin" oder aber „was bleibt mir anderes übrig". Auch hier ist es wieder so, dass der Empfänger entsprechend seiner persönlichen Wertschätzung Vermutungen anstellt.
Appellaussage	Die Teamleiterin möchte mit dem Gespräch Einfluss nehmen auf die Zukunft wie z.B. „Machen Sie weiter so", aber auch möglicherweise „Passen Sie auf …"

Eine Mitteilung enthält verschiedene Aussagebereiche, die unterschiedlich gedeutet werden können – positiv oder negativ. So besteht Kommunikation aus einer Wechselbeziehung von Sender und Empfänger. Je stärker sich beide bemühen, verständlich zu sein und den anderen verstehen zu wollen, umso besser gelingt eine gute Kommunikation.

Dabei ist nötig, dass die Führungskraft Aussagen klar und präzise formuliert. Und dann müssen Mund und Körper übereinstimmende Signale senden. Wer zu einem anderen Menschen sagt „Ich mag Dich" und gleichzeitig mit dem Körper auf Distanz geht, der ist unglaubwürdig. Denn letztlich „lügt" der Körper nie – und der Gesprächspartner spürt dies!

Die Informationen müssen richtig dosiert sein, damit der Mitarbeiter nicht überfordert wird. Am Anfang eines Gesprächs nennt man das Ziel, das man erreichen möchte. Da die Führungskraft in jedem Gespräch gleichzeitig Empfänger ist, muss sie aktiv zuhören können und Feedback geben, um Fehlinterpretationen zu vermeiden.

2.11.3 Konfliktmanagement

Konflikte entstehen, wenn unterschiedliche Meinungen und Interessen aufeinander stoßen. Können Konflikte gelöst werden, bewirkt dies oft einen Wandel im Betriebsalltag, setzt Energie und Aktivitäten frei und regt die Kreativität an. Nachteilig wirken sich Konflikte nur aus, wenn sie zu Chaos und Instabilität führen. Führungskräfte sollten Konflikte als selbstverständlich im Alltag sehen und sich mit ihnen auseinandersetzen.

Konfliktarten
Intrapersonelle Konflikte trägt ein Mitarbeiter in sich selbst, verschiedene Motivationen, Erwartungshaltungen und Entscheidungszwänge treffen aufeinander.
Besonders bei intrapersonellen Konflikten besteht die Gefahr, dass der Mitarbeiter enttäuscht und frustriert wird. Dies kann dann schlimmstenfalls zur inneren Kündigung oder zu Erkrankungen führen.
Interpersonelle Konflikte bestehen im betrieblichen Alltag zwischen verschiedenen Personen, verschieden Gruppen wie z.B. Abteilungen. Ursachen sind oft ungeklärte Verantwortlichkeiten, unerfüllte Erwartungen, keine oder zu wenige Informationen bzw. Kommunikation.

Phasen eines Konflikts
Konflikte nehmen oft einen ähnlichen Verlauf:
- Erste Spannungen werden sichtbar: Mitarbeiter sprechen nur das Notwendigste miteinander, im Team ist „dicke Luft", persönliche Kontakte werden vermieden. Beobachtet die Führungskraft dieses Verhalten, sollte sie die Ursache erfragen und zur Konfliktlösung auffordern.
- Die Mitarbeiter, die im Konflikt sind, suchen jeweils Verbündete im Team, beim Betriebsrat oder anderen Stellen. Nun ist die Führungskraft in jedem Fall zur Konfliktlösung gefordert, ggf. gemeinsam mit den Stellen, die zusätzlich zu Hilfe gerufen wurden.
- Der Konflikt wird zum offenen Kampf. Soweit darf es im Betrieb nicht kommen, ansonsten muss jetzt die Führungskraft schnellstens Konfliktlösungen finden. Hilfreich ist hier jetzt ein Mediator oder Coach, der als neutraler Unbeteiligter hilft, den Konflikt zu lösen.
- Bei der letzten Stufe möchten die Gegner sich nur noch verletzen. Dies darf in einem Betrieb nicht geduldet werden, arbeitsrechtliche Maßnahmen wie Abmahnung und Kündigung sind dann möglicherweise unvermeidbar.

Konfliktlösungen
Bei der Konfliktlösung hat die Führungskraft zwei Ziele:
- Sie will bei den Konfliktbeteiligten den Willen vermitteln, den Konflikt zu lösen und
- sie möchte, dass die Beteiligten ihr Verhalten ändern.

Dabei wird es erforderlich,
- mit dem/den Konfliktverursachern zu sprechen,
- mit den Betroffenen innerhalb des Konfliktes

- und ggf. einen Berater wie z.B. Mediator hinzuziehen, der bei schwierigen Konflikten unterstützt.

Das eigentliche Konfliktgespräch läuft in gleichen Phasen wie das oben beschriebene Mitarbeitergespräch ab.

2.11.4 Moderations- und Präsentationstechniken

Der Vortrag

Wir können nicht nicht kommunizieren, wir sagen immer etwas, und zwar durch
- unsere Körperhaltung
- dadurch, wie wir den Kopf halten
- den Blickkontakt (oder den fehlenden Blickkontakt!)
- die Mimik oder Gestik
- die Art, wie wir atmen
- Lautstärke, Modulation und Stimmlage unserer Stimmer
- Störlaute (belegte Stimme!)
- Betonung und Artikulation
- Pausen („äh")
- Sprechtempo, und schließlich natürlich auch durch
- die Worte
- die Treffgenauigkeit
- den Satzbau und die Satzlänge
- die Klarheit und Logik des Inhalts

> **Wir können nicht „nicht kommunizieren!"**

Nur ein Teil dieser Äußerungen hat direkt mit dem gesprochenen Wort zu tun. Deshalb müssen wir uns auch bewusst sein, was Körperhaltung und Gesten verraten. Die Lösung liegt natürlich nicht darin, sich jetzt die Hände festzubinden…! Aber übertriebene wie auch Verlegenheitsgesten lassen uns negativ auf andere erscheinen. Auf einige Dinge kann man achten, wenn man seinen Auftritt verbessern will:
- **Vorbereitung ist (fast) alles!**
- **Atmen Sie bewusst!** Nutzen Sie das riesige Volumen Ihrer Bauchatmung! Eine kleine Übung kann hier phantastisch helfen: Legen Sie sich auf den Rücken, legen Sie die Hand auf den Bauch und atmen Sie gleichmäßig tief durch den spitz geöffneten Mund ein und aus.

Es darf ruhig pfeifen! Wenn Sie dann vor einer Gruppe stehen, denken Sie an diese Übung! Dann geht's von allein.
- **Sprechen Sie deutlich**, indem Sie die Worte weit vorn in Ihrem Mund bilden. Sie werden dann besser verstanden!
- **Lassen Sie sich Zeit bei der Rede!** Denken Sie daran: Auch Ihre Zuhörer brauchen Zeit, um den Inhalt Ihrer Worte zu verarbeiten. Und wenn Sie nachdenken, dann machen Sie ruhig eine Pause. Wir hören viel zu viele Reden, bei denen die Redner erst hinterher (oder gar nicht) ihr Gehirn einschalten. Wenn Sie sich Zeit lassen, machen Sie deutlich, dass Sie Wichtiges zu sagen haben. Am besten ohne „äh-äh" oder „ehm".
- Sehen Sie zu, dass Sie **sattelfest im Thema** sind. Manche schwören auf Stichwortzettel. Da sollten Sie keineswegs mit Papier sparen! Visualisieren Sie Ihren Vortrag, wo es möglich ist. Aber werfen Sie nicht Ihren Vortrag an die Wand. Das Bild soll ja nur illustrieren, betonen, vielleicht mit einem witzigen Bild verdeutlichen.
- Überlegen Sie vorher, wer Ihre **Zielgruppe** ist, vor der Sie sprechen. Versuchen Sie, möglichst viel über sie in Erfahrung zu bringen. Und dann zeigen Sie den Zuhörern, dass Sie sich mit Ihnen beschäftigt haben.

Die Diskussion
Hier gilt die Forderung doppelt, absolut sattelfest zu sein. Vorteilhaft ist es auch, zu überlegen, welche Argumente und Einwürfe wohl von der Gegenseite kommen könnten. Dann können Sie sich frühzeitig seine mögliche Antwort zurechtlegen. Aber da Sie nicht in einer Bundestagsdebatte sind: Behalten Sie ein Ohr dafür, dass auch an der Meinung des anderen ihre Berechtigung hat und dass sie die Diskussion voranbringen kann. Genießen Sie den Moment, in dem Sie Ihren Diskussionsgegner damit überraschen, dass Sie ihm bei einem Diskussionspunkt zustimmen!

Das Brainstorming
Dies ist eine besonders kreative Form der Kommunikation: Ein Thema wird am besten schriftlich an die Wand gepinnt und dann sind alle Teilnehmer aufgefordert, dem Moderator ihre Gedanken und Ideensplitter zuzurufen. Ein Protokollant notiert alles. Wichtig: Es gibt keine Bemerkungen oder Wertungen, allenfalls Verständnisfragen.
Daran schließt sich dann der Analyseteil an.

Die Präsentation
(Hierzu finden Sie auch eine Anleitung in Collier/Wedde, Intensivtraining Geprüfter Handelsfachwirt, weConsult-Verlag)
Wie beim Vortrag ist auch hier die intensive Vorbereitung schon die halbe Miete: Wer sind meine Zuhörer; welche Ziele haben sie und welches Ziel will ich erreichen – das sind die wichtigsten

Fragen. Es kann sinnvoll sein, den Zuhörern eine schriftliche Unterlage an die Hand zu geben. Am besten hinterher. Wird eine Powerpoint-Präsentation eingesetzt, so ist es heute üblich, diese den Teilnehmern hinterher zur Verfügung zu stellen. Dabei ist zu beachten: Weniger ist oft mehr. Auf ein Chart gehört ausschließlich ein Text in großem Format – unter Schriftgrad 32 sollte es nicht sein, dafür wenig Text. Vorsicht mit der farblichen Unterlegung eines Textes! Der ist immer schlechter zu lesen als ein Text auf weißem Hintergrund. Das gilt ebenso für PowerPoint wie für vorbereitete Folien.

Grundregel einer Powerpoint-Präsentation: Weniger ist oft mehr!
Wenige Zeilen auf jedem Chart – Schriftgröße mindestens 32 Pkt.

Ein paar Worte zum Aufbau einer Präsentation:
Wie in jedem Deutschaufsatz in der Schule gilt immer noch: Einleitung – Hauptteil – Schluss. Die Präsentation startet mit der Nennung von Anlass, Ziel der Präsentation und der sachlichen Unterpunkte.
Tafel oder Flipchart sind immer noch hervorragend zur Visualisierung geeignet. Vor allem auch deshalb, weil hier ein Gedanken lebendig entwickelt werden kann. Und es kann keine technischen Probleme geben.

Die Moderation
Eine Moderation ist eine Form der Kommunikation in einer Gruppe, die sich besonders gut zur Problemlösung einsetzen lässt. Die Person des Moderators ist hierbei besonders wichtig. Er nämlich ist nicht Beteiligter in diesem Prozess. Er gibt nur das Procedere vor. Seine Aufgabe besteht darin, all die guten Ideen, die in der Gruppe vorhanden sind, zu entdecken, die in der Gruppe entstehende eigene Dynamik zu stärken und die Gruppe zu konkreten, nachprüfbaren Ergebnissen zu bringen. Bei der **Metaplan-Methode** wird auf Pinnwänden mit Moderationskarten, Stiften und Nadeln gearbeitet.
Der entscheidende Ausgangspunkt ist die sorgfältig vorbereitete und durchdachte Themenabfrage. Zu dem gestellten Thema haben alle Teilnehmer die Möglichkeit, ihre Gedanken zu sagen, auch der Stille, der Verschreckte oder der Ängstliche, der sich sonst niemals traut, etwas zu sagen. Anschließend werden die Karten zu Themengebieten geordnet, von allen mit Punkten in ihrer Bedeutung bewertet und dann in Kleingruppen bearbeitet.
Ziel ist es,
- in der Gruppe konkrete Maßnahmen zur Problemlösung zu beschließen, die
- dann wiederum in festgelegter Zeit von Beauftragten umzusetzen sind.

2.12 Arbeits- und Gesundheitsschutz

2.12.1 Die Gesundheit der Mitarbeiter

Es ist auch eine Aufgabe der Unternehmensleitung, die Belastung der Mitarbeiter verantwortungsbewusst zu steuern und ein gesundheitsförderndes Umfeld zu schaffen. Einiges lässt sich dafür tun, dass die Mitarbeiter bis zur Pensionierung leistungsfähig bleiben und die Krankheitsquote im Unternehmen niedrig ist. Obendrein dient der Arbeits- und Gesundheitsschutz auch dem Image des Unternehmens als guter Arbeitgeber.

Maßnahmen, mit denen das Unternehmen z.B. die Gesundheit seiner Mitarbeiter pflegen kann:
- Seminare und Aktionen durchführen, die das Wissen über die Gesundheit verbessern
- Sportkurse, Entspannungsübungen oder Kostenbeteiligungen an Fitness-Angeboten
- Problem- und Konfliktlösungstechniken fördern, um Stress abzubauen.

Die Krankenkassen veröffentlichen regelmäßig auf der Grundlage der Arbeitsunfähigkeitsbescheinigungen Statistiken über die Häufigkeit von Erkrankungen. Dabei ergeben sich als Hauptursachen Erkrankungen des Muskel-Skelett-Systems sowie Atemwegserkrankungen, an dritter Stelle folgen psychische Erkrankungen, die in den letzten Jahren stark zunehmen.

Fehlzeiten haben immer negative Auswirkungen:
- Bei Langzeiterkrankungen muss das Unternehmen zusätzliche Mitarbeiter beschäftigen.
- Bei Kurzerkrankungen müssen die Teamkollegen den Ausfall ausgleichen, Überstunden fallen an, die wiederum organisatorische Schwierigkeiten oder Mehrkosten zur Folge haben. Außerdem kann sich das Arbeitsklima verschlechtern, wenn Kollegen öfters für erkrankte Mitarbeiter einspringen müssen.

Sportprogramme können helfen, die Krankheitsquote von Rücken- und Muskelerkrankungen sowie von Herz-Kreislauf-Erkrankungen zu senken und das Wohlbefinden der Mitarbeiter während der Arbeit zu steigern. Dabei können größere Unternehmen Kurse im Haus anbieten, kleinere Unternehmen sich an Kosten von Sportstudios oder von Vereinsbeiträgen beteiligen. Manche Unternehmen bilden Sportgruppen zur Vorbereitung von Marathon- oder Halbmarathonläufen und geben Unterstützung durch einen Trainer. Heute weiß man, dass Bewegung auch gut ist zum Stressabbau – es muss nicht einmal ein Marathon sein! Außerdem sind die gemeinsame Vorbereitung und die Bewältigung eines Laufwettbewerbs förderlich für die Teambildung.

Unter **Stress** versteht man alle Reaktionen des Körpers auf übermäßig starke Belastungen. Dabei unterscheidet man Eustress und Disstress: Eustress ist eine positive Reaktion auf eine Belastung; die Konzentration nimmt zu, der Mitarbeiter ist hochmotiviert. Dagegen wird Distress als negativ empfunden, Dieser ist zumeist mit der Befürchtung verbunden, einer Belastung nicht gewachsen zu sein.

2 Führung, Personalmanagement, Kommunikation und Kooperation

Dauerbelastungssituationen führen zu körperlichen Beschwerden wie z.B. Kopfschmerzen oder Schlaflosigkeit und dies wieder zu Müdigkeit, Magen-Darm-Beschwerden oder Rückenproblemen, zu Verhaltensveränderungen wie z.B. Ängstlichkeit, schlechter Laune und vermindertem Selbstwertgefühl Dies wiederum kann sich in der Neigung äußern, Verantwortung abzuschieben, aber auch in einer zunehmenden Fehlerhäufigkeit.

Stress: Reaktion des Körpers auf übermäßig starke Belastungen.

Gute Führungskräfte beobachten, ob die Mitarbeiter den Arbeitsanforderungen gewachsen sind. Kommt es zu Mehrbelastungen in besonderen Situationen, wird mit dem Mitarbeiter besprochen, was zu schaffen ist und was liegen bleiben muss, da jedes Erzwingen von Leistungen die Gefahrbirgt, dass der Mitarbeiter erkrankt oder in seiner Leistungsfähigkeit nachlässt. Das wäre dann genau das Gegenteil von dem, was erreicht werden sollte. Regelmäßige Gespräche zwischen Führungskraft und Mitarbeiter helfen zu verhindern, dass der Mitarbeiter Probleme „in sich hineinfrisst" und es so zu gesundheitlichen Problemen kommt. Vielleicht muss der Vorgesetzte helfen, eine gute Zeitplanung zu entwickeln, um Wichtiges von Unwichtigem zu trennen. Externe Hilfe wie ein Coach können hierbei unterstützen.

Erkrankt ein Mitarbeiter in einem Jahr länger als 6 Wochen, ist der Arbeitgeber zum **betrieblichen Eingliederungsmanagement** verpflichtet, um mit dem Mitarbeiter zu klären, welche Bedingungenverändert werden müssen, so dass der Mitarbeiter an seinen Arbeitsplatz zurückkehren kann. Unterstützung erhalten beide vom Betriebsrat, vom Betriebsarzt, vom Integrationsamt bei schwerbehinderten Mitarbeitern, den Krankenkassen und der Rentenversicherung.

Bei der **Ernährungsberatung** lernen die Mitarbeiter durch eigene Beobachtung ihr Essverhalten zu erkennen, Fehler zu korrigieren und gutes und gesundes Essen zu genießen. Dies kann durch einen ausgewogenen Menüplan in der Kantine unterstützt werden.

Schulden eines Mitarbeiters führen auch zu Stress und seinen Folgen. Daher kann ein Unternehmen durchaus interessiert sein, Mitarbeiter bei ihrem Schuldenabbau zu unterstützen durch z.B. Beratung oder Gewährung von Krediten.

Früher wurden **Suchtprobleme** im Unternehmen eher totgeschwiegen. Heute raten gerade die Suchtberater dazu, das Problem zu artikulieren: Wird ein Mitarbeiter auffällig durch z.B. durch häufige Kurzfehlzeiten, oft nach dem Wochenende, durch Hinweise von Kollegen oder schlimmstenfalls von Kunden, nachlassende Arbeitsleistung oder auffälliges Verhalten, ist es wichtig, sofort mit dem Mitarbeiter das Gespräch zu führen und dabei seinen Verdacht zu äußern. Dabei sollte dem Mitarbeiter verdeutlicht werden, dass sein Verhalten nicht toleriert wird, und gleichzeitig, dass das Unternehmen ihm helfen möchte. Dazu ist es notwendig, ihn aufzufordern, Beratungsstellen aufzusuchen und Therapiemaßnahmen anzunehmen, und gleichzeitig Konsequenzen aufzuzeigen, wenn er diese Hilfen nicht in Anspruch nimmt und einer Heilung von der Sucht keine Chance gibt.

2.12.2 Vereinbarkeit von Beruf und Familie

Im Handel waren schon immer viele Frauen beschäftigt. Ebenso ist auch Teilzeitarbeit seit langem weit verbreitet. Dies ist eine Chance für die Branche und das einzelne Unternehmen, die besonderen und heute so wichtigen Möglichkeiten der Vereinbarkeit von Beruf und Familie herauszustellen. Hierzu gehören
- flexible Arbeitszeiten, die den betrieblichen Anforderungen und gleichzeitig den familiären Bedingungen entsprechen. Besonders vorteilhaft sind Arbeitszeitkonten, die für beide Seiten eine hohe Flexibilität bieten, und die Prüfung von Angeboten für „Home Office" und damit die Möglichkeit, auch am häuslichen Schreibtisch zu arbeiten.
- Kinderbetreuungsangebote, die den Arbeitszeiten im Handel entsprechen. Das Handelsunternehmen kann sich an Kita-Kosten beteiligen, Plätze in Kindergärten für ihre Mitarbeiter sichern oder als großes Unternehmen oder in Kooperation mit anderen Unternehmen einen eigenen Betriebskindergarten einrichten.
- Angebote von haushaltsnahen Dienstleistungen, durchaus auch in Kooperation mit anderen Unternehmen, wie z.B. Pflegebetreuung, Kindertagesmütter oder Reinigungsarbeiten,
- der berufliche Wiedereinstieg von Mütter und Väter nach der Elternzeit wie z.B. durch fortlaufende Kommunikation zwischen Unternehmen und Elternteil während der Elternzeit oder Seminarangebote.
- Förderung der Frauen zu Führungskräften, auch wenn sie Kinder haben und „nur" in Teilzeit zur Verfügung stehen.

2.13 Ausgewählte arbeitsrechtliche Bestimmungen

2.13.1 Grundlagen des Arbeitsrechts

Das Arbeitsrecht ist ein außerordentlich dynamisches Rechtsgebiet.
Rechtsquellen des Arbeitsrechts sind insbesondere:
- EU-Recht,
- Grundgesetz,
- Bundes-und Landesgesetze,

- Rechtsverordnungen,
- Tarifverträge,
- Betriebsvereinbarungen,
- der Einzelarbeitsvertrag.

Die Rangfolge der Rechtsquellen wird insbesondere im Arbeitsrecht durch das sogenannte Günstigkeitsprinzip und die Öffnungsklauseln durchbrochen.

> *Günstigkeitsprinzip: Regelungen, die für den Arbeitnehmer günstiger sind, sind zulässig. Öffnungsklauseln lassen Abweichungen auch nach unten zu.*

Und dann gibt es im Arbeitsrecht noch die **betriebliche Übung**. Das berühmteste Beispiel hierfür ist das Weihnachtsgeld, das ein Arbeitgeber über mindestens drei Jahre ohne Vorbehalt gezahlt hat – dann muss er es auch weiterhin zahlen!
Zu klären ist jedoch zunächst immer, ob überhaupt ein Arbeitsverhältnis vorliegt. Nur dann gelten die arbeitsrechtlichen Bestimmungen. Hierfür ist notwendig, dass ein Arbeitgeber einen Arbeitnehmer beschäftigt. Arbeitnehmer ist, wer aufgrund eines privatrechtlichen Vertrages über entgeltliche Dienste für einen anderen unselbstständig (das heißt insbesondere weisungsgebunden) tätig ist. Arbeitgeber ist, wer mindestens einen Arbeitnehmer beschäftigt. Das liest sich so einfach, doch in der Praxis ergibt sich immer wieder Streit darüber, ob jemand wirklich selbstständig ist oder durch eine sehr starke Abhängigkeit von einem Auftraggeber in Wirklichkeit "Scheinselbstständiger" ist und deshalb als Arbeitnehmer einzustufen ist.
Leitende Angestellte nehmen arbeitsrechtlich an verschiedenen Stellen eine besondere Position ein, da sie zwar grundsätzlich als Arbeitnehmer zu qualifizieren sind, aufgrund ihrer Tätigkeit jedoch dem Lager des Arbeitgebers zuzurechnen sind (vgl. hierzu § 5 Abs. 3 Satz 2 Betriebsverfassungsgesetz – BetrVG).

> *Arbeitnehmer ist, wer gegen Entgelt für einen Anderen weisungsgebunden tätig ist. Arbeitgeber ist, wer mindestens einen Arbeitnehmer beschäftigt.*

2.13.2 Auswählen und Einstellen von Mitarbeitern

Pflichten des Bewerbers und des Arbeitgebers

Sobald ein Arbeitgeber einen neuen Mitarbeiter sucht, muss er das „Allgemeine Gleichbehandlungsgesetz" – AGG – berücksichtigen. Hierbei ist es unerheblich, ob er intern oder extern sucht. Nach § 1 AGG darf kein Bewerber aus Gründen der Rasse oder wegen der ethnischen Herkunft, des Geschlechts, der Religion oder Weltanschauung, einer Behinderung, des Alters oder sexuel-

2.13 Ausgewählte arbeitsrechtliche Bestimmungen

len Identität benachteiligt werden. Das AGG setzt schon im Bewerbungsverfahren an, es gilt bei der Durchführung des Arbeitsverhältnisses und bei der Beendigung. Es ist auch auf die weiteren in § 6 AGG genannten Rechtsverhältnisse anwendbar. Schon die Stellenausschreibung darf keine Formulierungen enthalten, die auf eine Ungleichbehandlung schließen lassen könnten, wie zum Beispiel „Verkäufer gesucht" statt „Verkäufer/in gesucht" oder „junger/junge Mitarbeiter/in gesucht" statt „Mitarbeiter/in gesucht, auch für Berufsanfänger geeignet". Nach § 3 – 10 AGG ist es Ziel des Gesetzgebers, Benachteiligungen und Belästigungen, darunter auch sexuelle Belästigungen, zu verhindern. Eine Benachteiligung i. S. d. AGG liegt immer dann vor, wenn eine Person in einer vergleichbaren Situation weniger günstig behandelt wird als eine andere. Nach §§ 11 und 12 AGG ist der Arbeitgeber dazu verpflichtet, die erforderlichen vorbeugenden Maßnahmen zum Schutz vor etwaigen Benachteiligungen zu treffen. Er hat dementsprechend die Personalplanung und alle betrieblichen Prozesse laufend zu überprüfen und an die Vorgaben des AGG anzupassen.

Kommt es zu einer Benachteiligung, so hat nach § 15 Abs. 1 AGG der Arbeitgeber dem Arbeitnehmer (und ebenso dem Bewerber) den durch die Benachteiligung entstandenen Schaden zu ersetzen. Darüber hinaus steht dem Benachteiligten nach § 15 Abs. 2 Satz 2 AGG eine Entschädigung für die Verletzung der Würde zu. Sollten etwaige Vereinbarungen oder Regelungen einen Verstoß gegen das AGG enthalten, so sind diese unwirksam (vgl. § 7 Abs. 1 und 2 AGG, § 134 BGB).

Dies bedeutet, dass nur die Stellenbeschreibung und das Anforderungsprofil Grundlage der Personalgewinnung und Personalauswahl sein können. Will der Bewerber einen Anspruch nach AGG geltend machen, so hat er dies innerhalb von 2 Monaten nach Zugang der Absage schriftlich zu tun. Gut ist, wenn der Arbeitgeber für diesen Fall das Auswahlverfahren dokumentiert hat und nachweisen kann, bei welcher Anforderung der Bewerber nicht so gut war, wie der neu eingestellte Mitarbeiter.

Zu guter Letzt hat der Arbeitgeber die Pflicht, das AGG sowie die notwendigen Informationen im Betrieb auszuhängen.

Neben der Beachtung des AGG hat der Arbeitgeber jedoch noch weitere Pflichten im Auswahlverfahren:
- über den Arbeitsplatz und dessen Anforderungen und Belastungen ehrlich informieren,
- Bewerbungsunterlagen sorgfältig behandeln und aufbewahren,
- abgelehnten Bewerbern die Unterlagen wieder auszuhändigen, den Personalfragebogen zu vernichten,
- alle Informationen aus dem Auswahlverfahren vertraulich zu behandeln.

Lädt ein Arbeitgeber einen Bewerber zum Gespräch oder anderen Auswahlmethoden ein, so hat er die Kosten zu tragen; bei Initiativbewerbungen gilt dies nicht. Der Arbeitgeber kann jedoch im Einladungsschreiben die Kostenübernahme ausschließen.

Auch der Bewerber muss wahrheitsgemäß informieren. Dem Arbeitgeber stehen sowohl im Personalfragebogen als auch im persönlichen Vorstellungsgespräch diverse Fragemöglichkeiten zu; doch auch diese sind nicht unbeschränkt zulässig. Gefragt werden darf nur, was zur Bewertung des Bewerbers für die ausgeschriebene Stelle von Bedeutung ist.
Unzulässige Fragen sind zum Beispiel Fragen zu
- einer etwaigen Schwangerschaft,
- einem Kinderwunsch oder der Familienplanung
- bestehenden Krankheiten, soweit kein Arbeitsbezug besteht,
- Vorstrafen und laufenden Ermittlungsverfahren, es sei denn, dies wäre für die zu besetzende Stelle von Bedeutung,
- einer Partei- und Gewerkschaftszugehörigkeit.

Im Einzelhandel sind – auf Grund der Möglichkeit des Mitarbeiters, an den Inhalt der Kasse zu gelangen – Fragen zu Vorstrafen wie Diebstahl, Betrug und Unterschlagung zulässig.

Im Einzelhandel sind Fragen zu Vorstrafen wie für Diebstahl, Betrug und Unterschlagung zulässig.

Auf unzulässige Fragen braucht der Bewerber nicht zu antworten. Muss der Bewerber davon ausgehen, dass der Arbeitgeber aus der Verweigerung der Antwort einen negativen Schluss ziehen könnte, so ist es ihm sogar erlaubt, eine unzulässige Frage bewusst wahrheitswidrig zu beantworten.
Zulässige Fragen – wie zum Beispiel die Schwerbehinderteneigenschaft oder ein etwaig bestehendes Wettbewerbsverbot – hat der Bewerber jedoch wahrheitsgemäß zu beantworten. Beantwortet er eine zulässige Frage wahrheitswidrig, so hat der Arbeitgeber die Möglichkeit, einen Arbeitsvertrag gem. § 123 BGB wegen arglistiger Täuschung anzufechten.
Die wahrheitsgemäße Information des Arbeitgebers kann so weit gehen, dass der Bewerber einem Arbeitgeber auch ungefragt bestimmte Dinge mitteilen muss, die ihn für die Stelle, auf die er sich bewirbt, ungeeignet erscheinen lassen können.
So ist zum Beispiel eine Aids-Erkrankung zu offenbaren, wenn diese den Arbeitnehmer bei der Erbringung seiner Arbeitsleistung erheblich behindert, eine HIV-Infektion jedoch nicht zwingend; besteht bei der Erbringung der Arbeitsleistung eine Ansteckungsgefahr, wie zum Beispiel bei Heilberufen, so ist eine HIV-Infektion genau wie eine Aids-Erkrankung zu offenbaren. Ebenfalls ist eine Haftstrafe zu offenbaren, die in Kürze anzutreten ist, weil die Vollstreckung der Strafe den Arbeitnehmer an der Erbringung der Arbeitsleistung hindert.

2.13.3 Der Abschluss des Arbeitsvertrags

Formfreiheit
Der Gesetzgeber sieht für den Abschluss eines Arbeitsvertrags grundsätzlich keine Formvorschrift vor, so dass ein Arbeitsvertrag grundsätzlich mündlich, schriftlich oder konkludent abgeschlossen werden kann.
In der Praxis ist jedoch die Schriftform zu empfehlen, damit für beide Parteien im Nachgang klar geregelt ist, welche Rechte und Pflichten sich aus dem Vertragsverhältnis ergeben.
Unabhängig von dem Abschluss des Vertrags ist jedoch jeder Arbeitgeber dazu verpflichtet, einem Arbeitnehmer innerhalb von **einem Monat** nach Aufnahme der Arbeit eine unterschriebene, schriftliche Zusammenfassung der wesentlichen Vertragsbedingungen auszuhändigen, § 2 Abs. 1 Nachweisgesetz.
Die schriftliche Zusammenfassung hat mindestens zu enthalten:
- Name und Anschrift von Arbeitgeber und Arbeitnehmer
- Arbeitsort (evtl. Hinweis bei wechselnden Arbeitsstellen, Sitz des Arbeitgebers)
- Kurzbeschreibung der Arbeit
- Beginn des Arbeitsverhältnisses, evtl. vorgesehene Dauer (bei Befristung)
- Urlaubsdauer
- Kündigungsfristen
- Arbeitsentgelt (unterteilt in Grundbetrag und andere Bestandteile)
- Auszahlungsperiode
- Tages-, Wochen-, Monats- oder Jahresarbeitszeit
- Hinweis auf geltende Tarifverträge / Betriebsvereinbarungen, in denen Vertragsbedingungen geregelt sind.

Die Angaben über Urlaubsdauer, Kündigungsfristen, Arbeitsentgelt und Arbeitszeit können durch einen Hinweis auf die jeweiligen Rechtsvorschriften (z. B.: § 3 Bundesurlaubsgesetz) oder die Tarifvertragsbestimmungen erfolgen.
Jede **Änderung der Vertragsbedingungen** muss der Arbeitgeber in einem weiteren Schriftstück innerhalb eines Monats nach Wirksamwerden der Änderung niederlegen und dem Arbeitnehmer aushändigen.

Das Mindestlohngesetz
Seit dem 01.01.2015 ist branchenunabhängig bundesweit ein Mindestlohn je Arbeitsstunde vom Arbeitgeber zu zahlen. Für 2018 beträgt er 8,84 € brutto. Geringfügig Beschäftigten, für die der Arbeitgeber die Lohnnebenkosten pauschal zu tragen hat, muss er den Lohn brutto für netto mit 8,84 € auszahlen. Ab 2019 wird der Mindestlohn 9,35 € betragen. Gesetzlich ist geregelt, dass eine Kommission jährlich den Mindestlohn neu festsetzt.

Nach § 3 MiLoG ist eine Abmachung, die den Mindestlohn unterschreitet, unwirksam. Das Mindestlohngesetz schränkt also die Privatautonomie der Parteien des Arbeitsvertrags bezüglich der Höhe des Arbeitsentgelts ein.
Hiervon gibt es nur wenige Ausnahmen:
- Praktikanten, die auf Grund von gesetzlichen Regelungen ein Praktikum im Rahmen von Schule, Ausbildung oder Studium absolvieren
- Kinder und Jugendliche im Sinne des Jugendarbeitsschutzgesetzes ohne Berufsabschluss sowie Auszubildende
- Ehrenamtlich Tätige (§ 22 Abs. 3 MiLoG).
- Langzeitarbeitslose in den ersten 6 Monaten ihrer Beschäftigung

Der Mindestlohn ist unabhängig von der Qualifikation des betroffenen Arbeitnehmers zu zahlen.

Vertragsformen

Um den Personaleinsatz optimal zu planen, ist es notwendig, dass ein Unternehmen bereits in der Personalplanung – schon für die Unterrichtung des Betriebsrats – und für den Vertragsabschluss die Möglichkeiten berücksichtigt, flexibel zu bleiben. Viele Regelungen kommen auch den Mitarbeitern zugute, da sie die Möglichkeit bieten, zu individuellen oder familienfreundlichen Zeiten zu arbeiten.

Unbefristete und befristete Arbeitsverträge

Fast jede zweite Neueinstellung geschieht mit einem befristeten Vertrag. Zunächst hat der Mitarbeiter keine Sicherheit durch einen Dauerarbeitsplatz, doch gleichzeitig bietet dies die Chance, einen Dauerarbeitsplatz, möglicherweise nach einer Arbeitslosigkeit oder Nichtübernahme nach der Ausbildung, zu erhalten. Befristete Verträge enden mit Vertragsablauf, ohne dass es einer Kündigung bedarf. Deshalb muss der Arbeitgeber hier auch keine Kündigungsschutzbedingungen beachten.

Will der Arbeitgeber sich die Möglichkeit einer ordentlichen Kündigung während eines befristeten Arbeitsverhältnisses offenhalten, dann muss dies im Arbeitsvertrag ausdrücklich vereinbart sein. Nach § 14 Abs. 1 des Teilzeit- und Befristungsgesetzes – ist die Befristung eines Arbeitsvertrages zulässig, wenn sie durch einen **sachlichen Grund** gerechtfertigt ist. Für den Handel sind insbesondere die folgenden von Gesetzgeber genannten sachlichen Gründe wichtig:
- Der betriebliche Bedarf besteht nur vorübergehend. So können für einen begrenzten Zeitraum in dem Betrieb zusätzliche Arbeiten anfallen.
- Das Arbeitsverhältnis beginnt im Anschluss an die Ausbildung, unerheblich ob im eigenen oder einem anderen Unternehmen.

2.13 Ausgewählte arbeitsrechtliche Bestimmungen

- Das befristete Arbeitsverhältnis ersetzt z.B. einen erkrankten Mitarbeiter oder einen Mitarbeiter für die Elternzeit. Der Vertrag endet sodann mit der Rückkehr dieses Mitarbeiters.
- Das befristete Probearbeitsverhältnis. Arbeitnehmer und Arbeitgeber können in dieser Zeit prüfen, ob eine dauerhafte Zusammenarbeit für beide Seiten möglich ist. Im Gegensatz zur „Probezeit" endet es ebenfalls mit Fristablauf, wenn nicht zuvor die Fortsetzung vereinbart wurde.
- Der Arbeitnehmer wünscht ein befristetes Arbeitsverhältnis – wie zum Beispiel Abiturienten, die nach Abschluss der Schule bis zu Beginn des Studiums Geld verdienen wollen.

Nach § 15 Abs. 2 TzBfG endet ein zweckbefristeter Arbeitsvertrag mit Erreichen des Zwecks. Der Arbeitgeber muss jedoch mindestens zwei Wochen vor Zweckerreichung dem Arbeitnehmer schriftlich mitteilen, dass die Zweckerreichung ansteht und somit das Arbeitsverhältnis endet. Anders ist dies bei den kalenderbefristeten Arbeitsverträgen, die durch Zeitablauf enden. Arbeitgeber und Arbeitnehmer können auch befristete Verträge abschließen, die mit Zeitablauf enden, **ohne** dass es eines **sachlichen Grundes** bedarf. Eine derartige Befristung ist jedoch nur unter diesen Voraussetzungen zulässig:

- Die Befristung ist nur für die Gesamtdauer von bis zu 2 Jahren zulässig. Nach einer aktuellen Entscheidung des Bundesverfassungsgerichts darf es nicht mehr verlängert werden.
- Der Arbeitnehmer war zuvor nicht bei diesem Arbeitgeber beschäftigt. (Abweichungen sind durch Tarifvertrag möglich).

Für den Handel auch sehr interessant: Ein Arbeitgeber kann in den ersten 4 Jahren nach der Gründung seines Unternehmens Arbeitsverträge ohne Vorliegen eines sachlichen Grundes **für die Dauer von bis zu 4 Jahren** befristen, wobei auch die **mehrfache Verlängerung** zulässig ist. (Merke: Filialneueröffnungen sind keine Existenzgründung!)
Darüber hinaus besteht die Möglichkeit, einen befristeten Arbeitsvertrag ohne Vorliegen eines sachlichen Grundes abzuschließen, wenn der betroffene Arbeitnehmer bei Beginn des befristeten Arbeitsverhältnisses **das 52. Lebensjahr vollendet** hat und **unmittelbar vor Beginn mindestens 4 Monate beschäftigungslos** gewesen ist. Hier ist eine Befristung für die Dauer von **bis zu 5 Jahren** zulässig, wobei auch die mehrfache Verlängerung innerhalb der 5 Jahre in Betracht kommt.
Sämtliche Befristungen müssen schriftlich vereinbart werden. Nur so sind sie gültig!
Sollte bei dem Abschluss eines befristeten Vertrages gegen gesetzliche Vorschriften verstoßen worden sein, so gilt der Vertrag als nicht befristet. Dies kann beispielsweise der Fall sein, wenn die Schriftform nicht beachtet wurde oder der gesetzliche Befristungszeitraum überschritten wurde. Für derartige Fehler trägt der Arbeitgeber das Risiko.

Probezeit

Vom befristeten Probearbeitsverhältnis ist das Arbeitsverhältnis mit einer vorgeschalteten Probezeit zu unterscheiden. Die Vereinbarung einer Probezeit gibt beiden Parteien die Möglichkeit, festzustellen, ob sie langfristig miteinander arbeiten können und wollen oder nicht. Während dieser Zeit ist es beiden Parteien möglich, das Arbeitsverhältnis ohne Begründung zu kündigen. Gesetzlich gilt hier lediglich eine Frist von 14 Tagen, vgl. § 622 Abs. 3 BGB.

Besondere Arbeitszeitvereinbarungen
s. hierzu auch Kapitel 2.6 „Personalplanung"

Teilzeitarbeit
Teilzeitbeschäftigt ist jeder Arbeitnehmer, dessen Arbeitszeit kürzer als die betriebliche Regelarbeitszeit ist. Ein Arbeitnehmer, dessen Arbeitsverhältnis länger als 6 Monate bestanden hat, kann verlangen, dass seine vertraglich vereinbarte Arbeitszeit verringert oder erhöht wird. Der Arbeitgeber kann die Veränderung der Arbeitszeit nur ablehnen, soweit dem betriebliche Gründe entgegenstehen.
Teilzeitbeschäftigte haben grundsätzlich die gleichen Ansprüche wie Vollzeitbeschäftige. Dies gilt für den Stundenlohn, die Feiertagsvergütung, eine Entgeltfortzahlung sowie für den Urlaub. Auch die Kündigungsschutzvorschriften gelten für Vollzeitbeschäftigte ebenso wie für Teilzeitbeschäftigte, sofern nicht sachliche Gründe eine unterschiedliche Behandlung rechtfertigen.

Abrufmitarbeiter (Mitarbeiter mit kapazitätsorientierter Arbeitszeit)
Abrufmitarbeiter sind eine besonders flexibel einsetzbare Mitarbeitergruppe. Bei Ihnen wird der Umfang der Arbeitszeit nicht präzise vereinbart. Vielmehr erbringt der Arbeitnehmer seine Arbeitsleistung entsprechend dem Arbeitsanfall. Ist vertraglich nichts anderes festgelegt, so gilt eine Mindestarbeitszeit von 10 Stunden je Woche und von 3 Stunden je Tag als vereinbart. Darüber hinaus ist der Mitarbeiter mindestens 4 Tage im Voraus über seinen Arbeitseinsatz zu informieren. Geschieht dies nicht, so ist der Arbeitnehmer nicht verpflichtet, seine Arbeitsleistung zu erbringen.

Geringfügig Beschäftigte
Die Einstufung als geringfügig Beschäftigter ist nur sozialversicherungsrechtlich von Bedeutung. Geringfügig Beschäftigte sind immer teilzeitbeschäftigt und können befristete Verträge mit und ohne Sachgrund oder auch unbefristete Verträge haben. Die Vergütung für geringfügig Beschäftigte darf nicht höher als 450 € im Monat sein. Für solche Minijobs zahlen Arbeitgeber Abgaben an die „Minijob-Zentrale", das ist die Bundesknappschaft Bahn See.

Derzeit zahlen Arbeitgeber für Minijobs im gewerblichen Bereich 13% Pauschalbeitrag zur Krankenversicherung, 15% Pauschalbeitrag zur Rentenversicherung, eine einheitliche Pauschsteuer in Höhe von 2% (sofern nicht per ElStam nach der Lohnsteuerklasse des Betroffenen abgerechnet wird) sowie 1,0% Umlagen zum Ausgleich der Arbeitgeberaufwendungen bei Krankheit (Umlage U 1) sowie 0,3% Umlage für Schwangerschaft/Mutterschaft (Umlage U 2). Für Minijobber, die privat krankenversichert sind, zahlen Arbeitgeber keinen Pauschalbeitrag zur Krankenversicherung.
Der Arbeitgeber ist verpflichtet, die Mitarbeiter darauf hinzuweisen, dass sie freiwillig die Rentenversicherung auf den vollen Rentenversicherungssatz aufstocken können. Ist ein Mitarbeiter bei mehreren Arbeitgebern ausschließlich geringfügig beschäftigt, werden seine Entgelte zusammengerechnet und dürfen 450 € nicht übersteigen. Hat ein Mitarbeiter eine versicherungspflichtige Hauptbeschäftigung, so ist nur eine Nebenbeschäftigung bis 450 € sozialversicherungsfrei.
Nähere Informationen: www.minijobzentrale.de.

Bei der Trinkmann GmbH wird folgende Zusatzvereinbarung abgeschlossen:

Der Arbeitnehmer versichert, derzeit keine/folgende weitere Beschäftigungen/selbstständige Tätigkeiten auszuüben:

Arbeitgeber:

Datum der Arbeitsaufnahme:

Monat:

Bei Zusammenrechnung aller geringfügigen Beschäftigungen einschließlich dieser beträgt das Arbeitsentgelt nicht mehr als 450,00 € monatlich. Vor Aufnahme jeder weiteren entgeltlichen Tätigkeit oder deren Änderung ist der Arbeitgeber zu informieren.
Es wird ausdrücklich darauf hingewiesen, dass die Aufnahme weiterer Beschäftigungen oder deren Änderung zu einer Sozialversicherungspflicht auch dieses Arbeitsverhältnisses führen kann. Bei Verstoß gegen diese Mitteilungspflicht ist der Arbeitnehmer verpflichtet, dem Arbeitgeber eventuelle Ansprüche der Sozialversicherungsträger und des Finanzamtes zu erstatten.
Der Arbeitnehmer hat die Möglichkeit, jederzeit durch schriftliche Erklärung gegenüber dem Arbeitgeber den Versicherungsbeitrag auf den gesetzlichen Versicherungsbeitrag aufzustocken, um volle Leistungsansprüche in der Rentenversicherung zu erwerben.

Kurzfristige Beschäftigung
Wird eine Beschäftigung nicht regelmäßig ausgeübt und dauert nicht länger als 2 Monate oder 50 Arbeitstage im Jahr so ist dieses Arbeitsverhältnis nach § 8 Abs. 1 Nr. 2 SGB IV für Arbeitgeber und Arbeitnehmer sozialversicherungsfrei. Die Vergütung kann individuell nach Lohnsteuertabelle versteuert werden, es besteht jedoch auch die Möglichkeit, eine Pauschalsteuer von 25% zu entrichten.

Gleitzone
Arbeitnehmer sind in der sogenannten Gleitzone beschäftigt, wenn ihr regemäßiges monatliches Arbeitsentgelt zwischen 450,01 € und maximal 850,00 € liegt. Bei mehreren Beschäftigungen ist das insgesamt erzielte Arbeitsentgelt maßgebend. Während geringfügige Beschäftigungen mit einem Arbeitsentgelt bis zu 450 € im Monat versicherungsfrei bleiben, sind Beschäftigungen in der Gleitzone versicherungspflichtig. Allerdings hat der Arbeitnehmer nur einen reduzierten Sozialversicherungsbeitrag zu zahlen. Dieser beträgt bei einem Einkommen von 450,01 € ca. 15% des Arbeitsentgelts und steigt bei einem Arbeitsentgelt von 800 € auf den vollen Arbeitnehmerbeitrag von ca. 20% an. Der Arbeitgeber hat dagegen stets den vollen Beitragsanteil zu leisten.

Pflichten des Arbeitnehmers und des Arbeitgebers
Durch den Abschluss des Arbeitsvertrags entstehen sowohl auf Seite des Arbeitgebers als auch des Arbeitsnehmers Rechte und Pflichten.
So hat der Arbeitnehmer grundsätzlich die im Arbeitsvertrag vereinbarten Leistungen zu erbringen, der Arbeitgeber hat die vereinbarte Vergütung zu zahlen (§ 611 BGB).

Darüber hinaus bestehen noch weitere Pflichten:
Pflichten des Arbeitnehmers (§ 611 BGB, § 106 GewO, §§ 60, 74, 75 HGB):
- Arbeitspflicht: Der Arbeitnehmer muss Aufgaben, die bei seiner vertraglich vereinbarten Funktion oder Stelle anfallen, nach besten Wissen und Können ausführen. Selbstverständlich muss er die Leistung persönlich erbringen.
- Treuepflicht: Der Arbeitnehmer muss die Interessen des Arbeitgebers wahrnehmen; er darf Geschäftsgeheimnisse wie zum Beispiel Bezugsquellen, Umsätze und Gewinne, Gehälter nicht weitergeben und keine Zahlungen Dritter zu eigenem Vorteil annehmen.
- Gehorsamspflicht: Der Arbeitgeber hat innerhalb des Arbeitsverhältnisses das sogenannte Direktionsrecht. Diesen Weisungen hat der Arbeitnehmer – sofern sie sich im Rahmen des vertraglich Vereinbarten bewegen – nachzukommen.
- Wettbewerbsverbot: Sofern vertraglich vereinbart, darf der Arbeitnehmer ohne Einwilligung des Arbeitgebers keine Nebenbeschäftigung in der gleichen Branche nachgehen.

Außerdem ist es möglich, dass im Vertrag weiterhin ausdrücklich vereinbart wird, dass nach Beendigung des Arbeitsverhältnisses der Arbeitnehmer nicht unmittelbar ein Konkurrenzunternehmen eröffnen oder in einem Konkurrenzunternehmen tätig sein darf. Ein solches Wettbewerbsverbot darf für eine Dauer von bis zu 2 Jahren vereinbart werden; der bisherige Arbeitgeber hat dafür eine angemessene Entschädigung zu zahlen. Eine unangemessene Benachteiligung darf jedoch nicht entstehen.

Ausübung von Nebentätigkeiten
Grundsätzlich ist es einem Arbeitnehmer möglich, mit mehreren Arbeitgebern Arbeitsverträge abzuschließen. Häufig ist jedoch in Arbeitsverträgen eine Klausel zu finden, nach der die Ausübung einer Nebentätigkeit der Genehmigung des Arbeitgebers bedarf. Ist dies vertraglich vereinbart, so muss die Genehmigung eingeholt werden. Im Übrigen darf der Arbeitnehmer unter folgenden Voraussetzungen einer Nebentätigkeit nachgehen:
- Die Nebentätigkeit darf nicht im Wettbewerb zur Haupttätigkeit stehen.
- Die Nebentätigkeit darf die Arbeitskraft des Arbeitnehmers nicht derart beeinträchtigen, dass ihm die ordnungsgemäße Leistungserbringung im Hauptberuf nicht mehr möglich ist.
- Es darf nach Zusammenrechnung der Beschäftigungszeiten in allen Arbeitsverhältnissen kein Verstoß gegen das Arbeitszeitgesetz geben.

Pflichten des Arbeitgebers (§§ 611, 612 BGB, § 64 HGB, § 618 BGB, § 62 HGB)
- Vergütungspflicht: Der Arbeitgeber hat die Arbeitsleistung entsprechend dem Vertrag zu vergüten. Bei Krankheit muss das Arbeitsentgelt bis zu 6 Wochen weitergezahlt werden (nach Lohnfortzahlungsgesetz), das Gleiche gilt für Urlaub (Bundesurlaubsgesetz) und für gesetzliche Feiertage.
- Beschäftigungspflicht: Der Arbeitgeber hat den Arbeitnehmer entsprechend der vertraglich vereinbarten Tätigkeiten einzusetzen. Der Arbeitnehmer hat daher nicht nur die Pflicht, die Arbeitsleistung zu erbringen, der Arbeitgeber hat die Pflicht, die Arbeit tatsächlich anzunehmen.
- Fürsorgepflicht: Der Arbeitgeber hat dafür Sorge zu tragen, dass der Arbeitnehmer an seinem Arbeitsplatz nicht gesundheitlich gefährdet wird. So sind Sicherheitsvorschriften einzuhalten, technische Geräte regelmäßig zu warten, Licht und Klimatisierung nach Möglichkeit zu optimieren.

Pflichten von Ausbildendem und Auszubildenden
Für Berufsausbildungsverhältnisse gelten nach dem Berufsbildungsgesetz – BBiG – besondere Vorschriften (vgl. §§ 12 – 16 BBIG).

Nach § 12 BBiG sind in einem Ausbildungsverhältnis bestimmte Vereinbarungen nichtig, zum Beispiel
- über die Verpflichtung des Auszubildenden, für die Berufsausbildung eine Entschädigung zu zahlen,
- über etwaige Vertragsstrafen oder
- insbesondere eine Vereinbarung, die den Ausbildenden für die Zeit nach Beendigung des Berufsausbildungsverhältnisses in der Ausübung seiner beruflichen Tätigkeit beschränkt.

Nach § 21 BBiG ist das Berufsausbildungsverhältnis eine besondere Form eines befristeten Vertrags, der mit Ablauf der vereinbarten Ausbildungszeit endet. Wenn der Auszubildende **vor** Ablauf der Ausbildungszeit die Abschlussprüfung besteht, so endet das Berufsausbildungsverhältnis mit Bekanntgabe des Ergebnisses durch den Prüfungsausschuss. Für die Kündigung des Berufsausbildungsverhältnisses gelten besondere Vorschriften (§ 22 BBiG) Nach § 14 BBiG hat der Ausbilder dafür Sorge zu tragen, dass der Auszubildende am Berufsschulunterricht teilnimmt und ihn hierfür freizustellen. Er hat dem Auszubildenden die Ausbildungsmittel kostenlos zur Verfügung zu stellen.

§ 13 BBiG regelt die Pflichten des Auszubildenden während der Berufsausbildung.

Ausbilder und Auszubildender haben dafür Sorge zu tragen, dass die Kenntnisse und Fertigkeiten, sowie die charakterliche Förderung und das Bemühen, das Ausbildungsziel zu erreichen, im Vordergrund stehen.

Die Ausbildungsstätte (der Betrieb) muss nach § 27 BBiG nach Art und Einrichtung für die Berufsausbildung geeignet sein.

Die Zahl der Auszubildenden muss in einem angemessenen Verhältnis zur Zahl der Ausbildungsplätze oder zur Zahl der beschäftigten Fachkräfte stehen.

Auszubildende darf nur einstellen, wer persönlich geeignet ist. Auszubildende ausbilden darf nur, wer persönlich und fachlich geeignet ist. Nach § 29 BBIG ist persönlich nicht geeignet, wer Kinder und Jugendliche nicht beschäftigen darf oder wiederholt oder schwer gegen das BBIG oder die aufgrund des BBIG erlassenen Vorschriften und Bestimmungen verstoßen hat. Der Gesetzgeber definiert hier die persönliche Eignung negativ, indem er ausführt, wer persönlich nicht geeignet ist. Die fachliche Eignung setzt insbesondere erforderliche berufliche Fertigkeiten, Kenntnisse und Fähigkeiten sowie eine angemessene Tätigkeit in dem betroffenen Beruf voraus (§ 30 BBiG).

2.13.4 Arbeitsschutzbestimmungen

Arbeitsschutzbestimmungen sind Bestimmungen, die dem Arbeitnehmer sozialen Schutz bieten oder ihn vor Gefahren schützen sollen.
Die wichtigsten Gesetze sind:

Das Arbeitszeitgesetz
Im Arbeitszeitgesetz – ArbZG – sind die Vorschriften über maximal zulässige Arbeitszeiten, so wie der einzuhaltenden Ruhepausen festgehalten. Arbeitszeit ist die Zeit von Beginn bis zum Ende der Arbeit ohne die Ruhepausen. Die regelmäßige tägliche Arbeitszeit darf 8 Stunden nicht überschreiten, wobei eine Verlängerungsmöglichkeit auf bis zu 10 Stunden gegeben ist, wenn innerhalb von 6 Monaten oder 24 Wochen durchschnittlich 8 Stunden nicht überschritten werden. Nach § 4 ArbZG ist bei einer Arbeitszeit von mehr als 6 Stunden bis zu 9 Stunden eine Pausenzeit von 30 Minuten (auch in Abschnitten zu je 15 Minuten möglich) zu gewähren. Spätestens nach 6 Stunden muss eine Pause gewährt werden. Bei einer Arbeitszeit von mehr als 9 Stunden ist eine Pausenzeit von insgesamt 45 Minuten zu gewähren.
Grundsätzlich besteht an Sonntagen ein Beschäftigungsverbot zwischen 0:00 und 24:00 Uhr, wobei das Arbeitszeitgesetz erhebliche Ausnahmen vorsieht. Im Handelsgewerbe so zum Beispiel nach § 13 Abs. 3 Nr. 2a ArbZG an bis zu 10 Sonn- und Feiertagen im Jahr, wenn besondere Verhältnisse einen erweiterten Geschäftsbetrieb erforderlich machen. Zu beachten sind auch diverse Sonderregelungen lokaler Art, so zum Beispiel in Kur- und Erholungsorten.
Nach § 11 ArbZG müssen mindestens 15 Sonntage im Jahre beschäftigungsfrei bleiben.
Die Vorschriften zur Sonntagsöffnung werden im Übrigen durch Verordnungen der Bundesländer und Beschlüsse der Gemeinden ergänzt.

Das Bundesurlaubsgesetz
Das Bundesurlaubsgesetz – BUrlG – legt den jährlichen Mindesturlaub fest und trifft Regelungen zum Urlaubsentgelt. Nach § 3 BUrlG stehen jedem Arbeitnehmer jährlich mindestens 24 Werktage Urlaub zu. Werktage sind alle Tage außer Sonn- und gesetzlichen Feiertagen.
Nach § 5 wird der Anspruch auf Jahresurlaub anteilig berechnet, wenn dieser im laufenden Jahr nicht voll erfüllt werden kann bzw. wenn der Arbeitnehmer nicht die vollen 12 Monate bei dem Arbeitgeber tätig war. § 6 führt hierzu aus, dass sich der Urlaubsanspruch reduziert, wenn vom vorigen Arbeitgeber bereits Urlaub für das laufende Kalenderjahr gewährt worden ist. Deswegen muss der Arbeitnehmer dem neuen Arbeitgeber auch eine Urlaubsbescheinigung des vorangegangenen Arbeitgebers vorlegen. Bei der Urlaubsgewährung sind die Urlaubswünsche anderer Mitarbeiter unter Beachtung sozialer Belange ebenso wie dringende betriebliche Belange zu berücksichtigen. Wenn der Arbeitnehmer insgesamt Anspruch auf 12 Werktage im

laufenden Jahr hat, so ist der Urlaub zumindest für diesen Zeitraum zusammenhängend zu gewähren.
Wird ein Arbeitnehmer während des Urlaubs arbeitsunfähig krank, so ist diese Zeit nicht auf den Urlaub anzurechnen. Hier ist dann der Resturlaub nachträglich zu erteilen.
Nach § 13 BUrlG kann von den Regelungen des Bundesurlaubsgesetz in Tarifverträgen auch zu Ungunsten des Arbeitnehmer abgewichen werden. Hier handelt es sich um eine sogenannte Öfnungsklausel.

Das Entgeltfortzahlungsgesetz
Das Entgeltfortzahlungsgesetz – EntgFG – sichert den Arbeitnehmern während Krankheit ihren Vergütungsanspruch bis zu einer Dauer von 6 Wochen. Danach ist der Arbeitgeber von der Entgeltfortzahlungsverpflichtung befreit. Es tritt die Krankenkasse für den sogenannten Krankengeldbezug ein. Der Arbeitnehmer ist verpflichtet, dem Arbeitgeber unverzüglich die Arbeitsunfähigkeit und deren Dauer mitzuteilen. Dauert die Arbeitsunfähigkeit länger als 3 Tage, so hat der Arbeitnehmer eine Arbeitsunfähigkeitsbescheinigung vorzulegen, vgl. §§ 3, 5 EntgFG. In vielen Tarifverträgen und auch Einzelarbeitsverträgen ist jedoch vereinbart, dass die Arbeitsunfähigkeitsbescheinigung bereits ab dem 1. Tag der Krankheit vorzulegen ist.

Das Jugendarbeitsschutzgesetz
Das Jugendarbeitsschutzgesetz – JArbSchG – schützt alle Arbeitnehmer und Auszubildenden, die noch keine 18 Jahre alt sind.
Das Mindestalter für eine Beschäftigung beträgt 15 Jahre. Es gibt Ausnahmen für leichte Tätigkeiten. Die Höchstarbeitszeit für Jugendliche beträgt nach § 4 JArbSchG 8 Stunden am Tag und 40 Stunden in der Woche. Dabei wird der Berufsschulunterricht angerechnet, da der Azubi hierfür freizustellen ist, § 9 JArbSchG. Hat der Auszubildende an einem Tag in der Woche mehr als 5 Stunden Unterricht, so ist er für den ganzen Tag freizustellen. (Dies gilt nur für einen Tag in der Woche!) Jugendliche haben mehr und längere Pausen als Erwachsene; so beträgt der Pausenanspruch nach § 11 JArbSchG bei einer Arbeitszeit von mehr als 4,5 Stunden 30 Minuten und bei einer Arbeitszeit von mehr als 6 Stunden 60 Minuten. Die Ruhezeit beträgt mindestens 12 Stunden.
Eine Beschäftigung in der Zeit von 20:00 – 06:00 Uhr sowie an Sonntagen ist verboten (§ 14 und 17 JArbSchG). Im Einzelhandel dürfen die Jugendlichen zwar am Samstag beschäftigt werden, es ist jedoch eine 5 Tage-Woche sicherzustellen, wobei der freie Tag nach Möglichkeit am Montag zu geben ist, um eine Erholungsphase zu gewährleisten. Mindestens zwei Samstage im Monat sollen beschäftigungsfrei bleiben (§ 16 JArbSchG).
Darüber hinaus enthält das Gesetz in § 19 für Jugendliche besondere Urlaubsvorschriften. So beträgt der Mindesturlaubsanspruch für einen Jugendlichen, wenn er zu Beginn des Kalender-

jahres noch keine 16 Jahre alt war, 30 Tage, wenn er zu Beginn des Kalenderjahres noch keine 17 Jahre alt war, 27 Werktage und wenn er zu Beginn des Kalenderjahres noch keine 18 Jahre alt war, 25 Werktage. Maßgeblich ist jeweils das Alter zu Beginn des Kalenderjahres, nicht zum Zeitpunkt des Vertragsabschlusses.

Das Mutterschutzgesetz

Das Mutterschutzgesetz – MuSchG – sieht für Arbeitnehmerinnen während ihrer Schwangerschaft und nach der Entbindung besondere Regelungen vor. So ist nach §§ 9, 10 MuSchG eine besondere Gestaltung des Arbeitsplatzes vorzunehmen, um Leben und Gesundheit von Mutter und Kind zu schützen. Es ist für Sitzgelegenheiten zu sorgen, bei ständig sitzender Tätigkeit ist Gelegenheit zu kurzen Unterbrechungen zu geben.

§ 16 MuSchG sieht ein ärztliches Beschäftigungsverbot vor, wenn Leben oder Gesundheit von Mutter oder Kind bei Fortdauer der Beschäftigung gefährdet ist. Darüber hinaus gilt nach § 3 MuSchG eine Schutzfrist von 6 Wochen vor der Entbindung sowie von 8 Wochen, bei Früh- und Mehrlingsgeburt bis zu 12 Wochen nach der Entbindung.

Eine werdende Mutter darf keine schweren körperlichen und gesundheitsgefährdenden Arbeiten ausüben, § 11 MuSchG. Nach § 4, 5, 6 MuSchG dürfen werdende und stillende Mütter nicht mit Mehrarbeit, nicht in der Nacht zwischen 20:00 und 06:00 Uhr und nicht an Sonn- und Feiertagen beschäftigt werden.

Nach § 17 MuSchG ist die Kündigung einer Schwangeren unwirksam. Eine Ausnahme gilt nur, wenn zuvor die Zustimmung der Aufsichtsbehörde eingeholt wurde. Diese wird nur dann erteilt, wenn die Kündigung nicht in Verbindung mit der Schwangerschaft steht.

Nach § 7 MuSchG hat der Arbeitgeber die Frau für die Zeit freizustellen, die zur Durchführung der Untersuchungen im Rahmen der Leistungen der gesetzlichen Krankenversicherung bei Schwangerschaft und Mutterschaft erforderlich sind.

Ergänzt wird das Mutterschutzgesetz durch das Bundeselterngeld- und Elternzeitgesetz – BEEG -, dass den Anspruch auf Elternzeit und Elterngeld für Mütter und Väter regelt (vgl. §§ 15, 1, 2 BEEG). Der Anspruch auf Elternzeit besteht bis zur Vollendung des 3. Lebensjahres des Kindes und kann sowohl vom Vater als auch von der Mutter in Anspruch genommen werden.

Das Schwerbehindertenrecht

Das Schwerbehindertenrecht (SGB IX) dient dem Schutz von Schwerbehinderten im Arbeitsleben. Ein Mensch gilt als schwerbehindert, wenn er einen Behinderungsgrad von mindestens 50% aufweist. Menschen mit einem Behinderungsgrad von weniger als 50% aber mindestens 30% können bei der Agentur für Arbeit einen Antrag auf Gleichstellung stellen, so dass sie rechtlich einem schwerbehinderten Menschen gleichgestellt werden.

Nach § 207 SGB IX sind schwerbehinderte Menschen auf ihr Verlangen von Mehrarbeit freizustellen und haben nach § 208 SGB IX einen Anspruch auf 5 Arbeitstage zusätzlichen Urlaub je Kalenderjahr.

Nach §§ 168, 174 SGB IX haben Schwerbehinderte einen erhöhten Kündigungsschutz. Vor Ausspruch der Kündigung ist die Zustimmung des Integrationsamtes erforderlich. Arbeitgeber mit mindestens 20 Arbeitnehmern müssen 5% ihrer Arbeitsplätze mit Schwerbehinderten besetzen. Erfüllt ein Arbeitgeber diese Pflicht nicht, so hat er nach § 160 SGB IX eine Ausgleichsabgabe zu zahlen.

2.13.5 Die Abmahnung

- Eine arbeitsrechtliche Abmahnung dient dazu, den Arbeitnehmer darauf aufmerksam zu machen, dass er einen Verstoß gegen arbeitsvertragliche Verpflichtungen begangen hat. Sie soll ihm ermöglichen, sein Verhalten zu ändern, um eine Kündigung zu vermeiden. Die Abmahnung hat 3 Funktionen:
- Dokumentationsfunktion: Hier geht es um die möglichst genaue Beschreibung des beanstandeten Verhaltens.
- Hinweisfunktion: Der Mitarbeiter wird darauf hingewiesen, dass sein Verhalten einen Verstoß gegen seine Pflichten aus dem Arbeitsvertrag darstellt.
- Androhungsfunktion: Dem betroffenen Mitarbeiter werden die Konsequenzen aufgezeigt, mit denen er rechnen muss, wenn er das unerwünschte Verhalten weiterhin beibehält – i.d.R. wird dies die Kündigung sein.

Martin Wielers, Mitarbeiter im Fachmarkt, kam im letzten Monat häufig zu spät. Der Teamleiter führte mit ihm ein Gespräch und Herr Wielers versprach, in Zukunft pünktlich zu sein. Doch nach drei Wochen begann wieder der Schlendrian und Herr Wielers musste abgemahnt werden:

Sehr geehrter Herr Wielers,
leider sehen wir uns gezwungen, Sie aus folgenden Gründen abzumahnen:

Am Montag, dem ...war als Arbeitsbeginn 9.00 Uhr vereinbart, Sie kamen erst um 9.20; am Donnerstag war Arbeitsbeginn um 11.00, Sie kamen um 11.20 und am darauf folgenden Dienstag war der Arbeitsbeginn um 9.00, sie waren jedoch erst um 9.30 im Laden.
Wir bitten Sie eindringlich, zum vereinbarten Arbeitsbeginn pünktlich im Markt zu sein, so dass es zu keinen Engpässen in der Personalbesetzung kommt.

> Sollten Sie in Zukunft nicht pünktlich Ihre Arbeit aufnehmen, sind wir gezwungen, das Arbeitsverhältnis mit Ihnen zu beenden.
>
> Mit freundlichen Grüßen
>
> Max Hülsmann, Teamleiter

2.13.6. Die Beendigung von Arbeitsverhältnissen

Es gibt verschiedene Möglichkeiten, wie ein Arbeitsverhältnis enden kann:

Die Kündigung
Nach § 623 BGB muss eine Kündigung grundsätzlich schriftlich erfolgen.
Die Kündigung ist eine einseitige, empfangsbedürftige Willenserklärung. Anders, als es landläufig zuweilen heißt, muss eine Kündigung angenommen werden. Aber der Zugang ist beweissicher zu dokumentieren.

Die Kündigung ist eine einseitige, empfangsbedürftige Willenserklärung.

Ist in dem Betrieb, ein Betriebsrat vorhanden, so ist dieser vor jeder Kündigung anzuhören. Im Rahmen der Anhörung muss der Arbeitgeber die Kündigung begründen. Der Betriebsrat hat bei einer ordentlichen Kündigung nun 7 Tage Zeit, seine Stellungnahme abzugeben. Bei einer außerordentlichen Kündigung muss er dies unverzüglich, spätestens jedoch innerhalb von 3 Tagen tun. Er kann der Kündigung zustimmen oder er kann der Kündigung widersprechen. Er kann aber auch keine Stellungnahme abgeben – dies gilt dann nach Ablauf der oben genannten Frist als Zustimmung –. Da der Betriebsrat bei der Kündigung lediglich ein Mitwirkungsrecht hat, kann der Arbeitgeber trotz eines Widerspruchs des Betriebsrats die Kündigung aussprechen. In diesem Falle hat der Arbeitgeber dem Arbeitnehmer mit der Kündigung eine Abschrift der Stellungnahme des Betriebsrats zuzuleiten.

Antrag zur Kündigung von Herrn Knipper an den Betriebsrat

An den Betriebsrat
z. Hd. des Betriebsratsvorsitzenden Linus Wolpert
Zum 31. Mai 20.. beabsichtigen wir folgende Kündigung auszusprechen:
Knipper, Hans-Joachim
ledig, geb. am 26.07.1989
59348 Lüdinghausen, Bachstr. 5
beschäftigt im Fachmarkt Lüdinghausen als Vollzeit-Verkaufsmitarbeiter seit 01. April 20..
Kündigungsfrist 4 Wochen zum Monatsende.
Kündigungsgründe: Der Fachmarkt Lüdinghausen wird zum 30. April 20.. geschlossen.
Wir beantragen, der Kündigung aus betriebsbedingten Gründen zuzustimmen.

15. März 20.., Teamleiter Fachmärkte, Max Hülsmann

Es gibt verschiedene Kündigungsarten, durch die ein Arbeitsverhältnis beendet werden kann. Als **ordentliche Kündigung** wird hierbei die fristgerechte Kündigung bezeichnet, also eine Kündigung, die die Fristen des BGB (§ 626) des Tarif- oder Arbeitsvertrages einhält.

Mitarbeiter Torsten Toben ist seit vier Jahren bei der Trinkmann GmbH beschäftigt. Es kann ihm jeweils zum Monatsende mit Frist von einem Monat gekündigt werden.

Der Mitarbeiter Matthias Wenning ist seit 18 Monaten im Unternehmen beschäftigt. Für ihn gilt die Kündigungsfrist von 4 Wochen, z.B. kann ihm am 18.01. zum 15.02., alternativ am 31.01. zum 28.02. gekündigt werden.

Frau Veronika Althoff ist noch in der Probezeit, ihr kann mit einer Frist von 14 Tagen gekündigt werden, z.B. am 10.06. zum 24.06.

Daneben gibt es die **außerordentliche Kündigung**. Dies ist eine fristlose Kündigung aus wichtigem Grund. (§ 626 BGB)
Eine außerordentliche Kündigung ist nur dann möglich, wenn es dem Kündigenden nicht zumutbar ist, die Kündigungsfrist abzuwarten.
Gründe hierfür können u.a. sein:
- Diebstahl oder Unterschlagung
- Manipulationen der Arbeitszeiterfassung
- Tätlichkeiten gegenüber dem Arbeitgeber oder Arbeitnehmer

Eine außerordentliche Kündigung ist nur innerhalb von 2 Wochen möglich, nachdem der Arbeitgeber Kenntnis von den Tatsachen erlangt hat, die die Kündigung begründen.
Für einen Arbeitnehmer können z.B. fehlende Gehaltszahlungen über einen längeren Zeitraum Grund für eine außerordentliche Kündigung sein.

Die **Änderungskündigung** ist eine Unterform der ordentlichen Kündigung. Eine solche liegt vor, wenn der Arbeitgeber dem Arbeitnehmer das Arbeitsverhältnis kündigt und ihm gleichzeitig die Fortsetzung des Arbeitsverhältnisses zu geänderten Arbeitsbedingungen anbietet. Dies kann z.B. ein anderer, eventuell geringer entlohnter Arbeitsplatz oder die Kürzung der Arbeitszeit sein.
Der Arbeitnehmer hat nun 3 Möglichkeiten:
- Er kann das neue Angebot annehmen.
- Er kann das Angebot unter Vorbehalt annehmen und trotzdem gegen die Kündigung klagen.
- Er kann das Angebot ausschlagen und gegebenenfalls gegen die Kündigung klagen.

Sonderkündigungsschutz
Bevor der Arbeitgeber eine ordentliche Kündigung ausspricht, sollte er prüfen, ob für den Arbeitnehmer ein Sonderkündigungsschutz vorliegt. Im Folgenden sind die verschiedenen Gruppen aufgeführt, für die besondere Schutzvorschriften gelten.

Schwangere Arbeitnehmerinnen:
Nach § 9 Abs. 1 MuSchG ist die Kündigung einer schwangeren Mitarbeiterin und bis zum Ablauf von 4 Monaten nach der Entbindung unzulässig. Dies gilt, wenn dem Arbeitgeber zum Zeitpunkt des Ausspruches der Kündigung die Schwangerschaft oder Entbindung bekannt war oder ihm innerhalb von 2 Wochen nach Zugang der Kündigung nachträglich mitgeteilt wird. Eine Ausnahme gilt nach § 9 Abs. 3 MuSchG dann, wenn die Kündigung aus wichtigem Grund erfolgt, der nicht mit der Schwangerschaft in Verbindung steht. Hier muss der Arbeitgeber vor Aussprechen der Kündigung die Zustimmung der für den Arbeitsschutz jeweils zuständigen Behörde einholen.

> Antrag der Trinkmann GmbH zur Kündigung einer schwangeren Mitarbeiterin:
>
> An die
> Bezirksregierung Münster
> Domplatz 1 – 3
> 48143 Münster
> Ordentliche Kündigung von Frau Melanie Peters, wohnhaft in Marl, Recklinghauser Str. 3, geboren am 12.03.1981
> Die Mitarbeiterin wurde am 01.03…..als Verkaufsmitarbeiterin eingestellt. Sie ist schwanger, der Geburtstermin wird voraussichtlich am 10. Januar ….sein. Wir bitten um die Zustimmung zu Kündigung.
> Begründung:
> Zu den Aufgaben von Frau Peters gehören die Beratung des Kunden sowie das Kassieren des Kaufbetrages. Seit ca. 2 Monaten stellen wir immer wieder Kassendifferenzen in dem Fachmarkt fest, in dem Frau Peters beschäftigt ist. Am 12. Oktober .. kassierte Frau Peters einen Betrag von 69,80 €. Sie legte die erhaltenen 50 und 20€ – Scheine neben die Kasse, ohne den Betrag einzubuchen, und ließ sie dann in ihrer Tasche verschwinden. Der Marktleiter, Herr Volker Sauer, beobachtete dies und stellte danach fest, dass der Betrag nicht gebucht war. Im anschließenden Gespräch gestand Frau Peters den Diebstahl.
> Das Vertrauensverhältnis zu Frau Peters ist derart gestört, dass eine Weiterbeschäftigung nicht denkbar ist. Die Zustimmung des Betriebsrats ist beigefügt. Wir bitten um Zustimmung zur a.o. Kündigung. Für weitere Rückfragen wenden Sie sich bitte an unsere Teamleiterin Personal, Frau Sigrid Rottmann, Tel. ……….
>
> Mit freundlichen Grüßen, Geschäftsführer, Trinkmann GmbH

Eltern während der Elternzeit:
Nach § 18 Abs. 1 BEEG ist eine arbeitgeberseitige Kündigung in dieser Zeit nicht möglich. Auch hier kann jedoch aus wichtigem Grund bei der für Arbeitsschutz zuständigen Behörde die Zustimmung beantragt werden. Der Kündigungsschutz gilt ab Beantragung der Elternzeit.

Schwerbehinderte Menschen:
Nach § 85 SGB IX hat der Arbeitgeber vor Aussprechen der Kündigung eines schwerbehinderten Arbeitnehmers die Zustimmung des Integrationsamtes einzuholen. Die Kündigung eines Arbeitnehmers, der noch nicht länger als 6 Monate beschäftigt ist, ist jedoch zustimmungsfrei.

2.13 Ausgewählte arbeitsrechtliche Bestimmungen

Betriebsratsmitglieder:
Nach § 15 Abs. 1 KSchG ist die ordentliche Kündigung eines Betriebsratsmitgliedes während seiner Amtszeit und bis zum Ablauf von einem Jahr nach Ausscheiden aus dem Betriebsrat unzulässig. Für eine außerordentliche Kündigung eines Betriebsratsmitgliedes muss die Zustimmung des übrigen Betriebsrats vorliegen. Gleiches gilt für Mitglieder der Jugend- und Auszubildendenvertretung sowie nach § 96 Abs. 3 SGB IX für den Vertrauensmann der Schwerbehinderten.

Auszubildende:
Nach der Probezeit ist die ordentliche Kündigung von Auszubildenden nur aus wichtigem Grund möglich, vgl. § 22 Abs. 2 BBiG. Die Kündigung muss begründet werden.

Das Kündigungsschutzgesetz
Eine Kündigung ist nur dann wirksam, wenn sie gem. § 1 KSchG sozial gerechtfertigt ist. Dies ist nur dann der Fall, wenn sie personenbedingt, verhaltensbedingt oder betriebsbedingt ist.
Eine **personenbedingte Kündigung** liegt vor, wenn der Grund für die Kündigung in der Person des Arbeitnehmers liegt. Beispiele hierfür sind:
- Ein Außendienstmitarbeiter verliert seinen Führerschein; die Arbeits- bzw. Aufenthaltserlaubnis eines Mitarbeiters läuft aus.
- Massiv abnehmende und nicht mehr ausreichende Leistungsfähigkeit
- Häufige oder langandauernde Krankheit (auch Alkohol- oder Drogensucht)

Eine **verhaltensbedingte Kündigung** liegt vor, wenn der betroffene Arbeitnehmer gegen seine vertraglichen Pflichten verstoßen hat. Bevor der Arbeitgeber eine verhaltensbedingte Kündigung ausspricht, muss er den Arbeitnehmer in der Regel abgemahnt haben. Gründe für eine verhaltensbedingte Kündigung können z.B. sein:
- Beleidigung des Vorgesetzten oder von Kunden
- Verschuldete Schlechtleistung
- Alkoholgenuss während der Arbeitszeit
- Dauernde Unpünktlichkeit

Bei einer **betriebsbedingten Kündigung** liegen betriebliche Gründe vor. Dies können z.B. ein starker Umsatzrückgang, Schließung von Filialen oder von Abteilungen sein. Der Arbeitgeber muss auch prüfen, ob der Arbeitnehmer an einem anderen Arbeitsplatz oder in einem anderen Betrieb des Unternehmens weiter beschäftigt werden kann, aber auch, ob eine Weiterbeschäftigung des Arbeitnehmers nach Umschulungs- oder Fortbildungsmaßnahmen in Frage kommt.

> Die Trinkmann GmbH beschließt, die Buchhaltung künftig durch einen Steuerberater erledigen zu lassen. Damit fallen Arbeitsplätze in diesem Bereich weg.

Bevor der Arbeitgeber die Kündigung ausspricht, muss er sorgfältig prüfen, ob die Kündigung nicht z.B. durch die Umsetzung des Mitarbeiters auf einen anderen Arbeitsplatz oder durch Maßnahmen wie Kurzarbeit oder das Auslaufen von befristeten Verträgen anderer Beschäftigten vermieden werden kann. Kommt es trotzdem zu einer Kündigung, so muss der Arbeitgeber soziale Gesichtspunkte berücksichtigen, wenn zwischen mehreren Arbeitnehmern ausgewählt werden muss. Soziale Gesichtspunkte sind das Alter, die Betriebszugehörigkeit oder bestehende Unterhaltspflichten.

Ein Fachmarkt der Trinkmann GmbH in einer weit entlegenen Stadt muss aus logistischen Gründen geschlossen werden. Daher wird dem Mitarbeiter Max Knipper betriebsbedingt gekündigt.

> Sehr geehrter Herr Knipper,
> wir kündigen das mit Ihnen bestehende Arbeitsverhältnis fristgerecht zum 31. Mai 20.. aus betrieblichen Gründen. Die Filiale wird zum 30. April geschlossen.
> Zur Aufrechterhaltung ungekürzter Ansprüche auf Arbeitslosengeld sind Sie verpflichtet, sich unverzüglich persönlich bei der Agentur für Arbeit arbeitssuchend zu melden. Weiterhin sind Sie verpflichtet, aktiv nach einem neuen Arbeitsplatz zu suchen.
>
> Mit freundlichen Grüßen, Teamleiter Personal

Wann gilt das Kündigungsschutzgesetz?
Nach §§ 1, 23 KSchG gilt das Gesetz für ein Arbeitsverhältnis, wenn es länger als 6 Monate bestanden hat und der Betrieb mehr als 10 Arbeitnehmer beschäftigt. Bei der Feststellung der Zahl der beschäftigten Arbeitnehmer sind Auszubildende nicht zu berücksichtigen, teilzeitbeschäftigte Arbeitnehmer mit einer regelmäßigen wöchentlichen Arbeitszeit von nicht mehr als 20 Stunden mit 0,5 und nicht mehr als 30 Stunden mit 0,75.

Die Kündigungsschutzklage
Wenn ein Arbeitnehmer geltend machen will, dass eine Kündigung sozial ungerechtfertigt ist, so muss er nach innerhalb von 3 Wochen nach Zugang der schriftlichen Kündigung Klage beim Arbeitsgericht einreichen. Es kommt dann zunächst zu einer sogenannten Güteverhandlung vor dem Vorsitzenden. Diese dient dazu, den Parteien die Möglichkeit zu einer gütlichen Einigung

2.13 Ausgewählte arbeitsrechtliche Bestimmungen

zu geben. Können beide Seiten sich nicht einigen, so kommt es zu einer Streitverhandlung vor der Kammer des Arbeitsgerichts.
Hat der Arbeitnehmer Klage eingereicht und der Betriebsrat der Kündigung widersprochen, so kann der Arbeitnehmer nach § 102 Abs. 5 BetrVG verlangen, dass er bis zur Urteilsverkündigung, also auch über die Kündigungsfrist hinaus weiter beschäftigt wird.

Sonstige Beendigungsmöglichkiten

Der Aufhebungsvertrag
Arbeitgeber und Arbeitnehmer könne sich einvernehmlich darauf verständigen, dass das Arbeitsverhältnis beendet wird, ohne dass es einer Kündigung bedarf. Hier sind keine Fristen zu beachten. Aber vorsichtig: Ein Arbeitnehmer, der ein Arbeitsverhältnis einvernehmlich mit dem Arbeitsgeber ohne Einhaltung einer Frist beendet, muss mit einer Sperre durch die Agentur für Arbeit rechnen!
Sowohl außergerichtlich als auch gerichtlich können die Parteien in einem Vergleich das Arbeitsverhältnis beenden. Dies geschieht in der Regel dann, wenn sich beide Parteien nicht ganz sicher sind, wie wohl das Gericht entscheiden wird. Dann will man gern das Risiko eines Urteils vermeiden. Ein solcher Vergleich ist noch „bis zur letzten Minute" vor einem Urteil des Arbeitsgerichts möglich.

Auflösung des Arbeitsverhältnisses durch Urteil
Gem. § 9 Abs. 1 KSchG kann auf Antrag einer der Parteien das zuständige Arbeitsgericht das Arbeitsverhältnis durch Urteil auflösen.

Tod des Arbeitnehmers
Der Tod des Arbeitnehmers beendet das Arbeitsverhältnis ebenfalls, nicht jedoch der Tod des Arbeitgebers!

Renteneintritt
Der bloße Renteneintritt beendigt ein Arbeitsverhältnis nicht automatisch. Allerdings sehen die meistens Arbeitsverträge wie auch Tarifverträge Regelungen vor, nach denen das Arbeitsverhältnis durch Renteneintritt beendigt wird.

2.13.7 Das Arbeitszeugnis

Nach § 109 Abs. 1 Gewerbeordnung – GewO – hat jeder Arbeitnehmer bei Beendigung des Beschäftigungsverhältnisses Anspruch auf ein schriftliches Zeugnis. Gleiches gilt für Auszubildende nach § 16 Abs. 1 BBiG

Zeugnisarten

Ein **Zwischenzeugnis** erhält der Arbeitnehmer während des laufenden Beschäftigungsverhältnisses wie z.B. bei Betriebsübernahmen durch einen neuen Arbeitgeber oder Versetzung des Arbeitnehmers. Zum Ende des Arbeitsverhältnisses erhält der Arbeitnehmer das Zeugnis. Ein **einfaches Zeugnis** enthält die Angaben zur die Dauer und Art der Beschäftigung. Das **qualifizierte Zeugnis** beurteilt darüber hinaus die Leistungen und das Verhalten. Grundsätzlich kann der Arbeitnehmer oder Auszubildende zwischen dem einfachen und qualifizierten Zeugnis wählen.

Ein Zeugnis soll den Arbeitnehmer nicht in seinem zukünftigen Werdegang belasten. Deshalb soll es **wohlwollend** formuliert sein. Andererseits soll es aber auch zukünftigen Arbeitgebern eine Orientierung geben und muss deshalb wahr sein.

In den letzten Jahren hat sich – nicht zuletzt unter dem Einfluss der Rechtsprechung – eine eigene „Zeugnissprache" entwickelt. Dazu gehört auch die „Nicht-Aussage", wenn zu einer Leistungskategorie oder zum Verhalten bewusst keine Angaben gemacht werden. Fehlt z.B. bei einem Mitarbeiter in Vertrauensposition das Wort „ehrlich" im Zeugnis, so lässt dies tief schließen!

Beispiele für die Zeugnissprache:

- Er/sie hat die ihm/ihr übertragenen Aufgaben stets zu unserer vollsten Zufriedenheit erledigt = sehr gut (Auch wenn das Wort „vollsten" sprachlicher Unsinn ist!)
- stets zu unserer vollen Zufriedenheit erledigt = gut
- zu unserer vollen Zufriedenheit erledigt = voll befriedigend
- immer zu unserer Zufriedenheit erledigt = befriedigend
- zu unserer Zufriedenheit erledigt = ausreichend
- im Großen und Ganzen zu unserer Zufriedenheit erledigt = mangelhaft
- Sein Verhalten gegenüber Vorgesetzten, Kollegen und Kunden war stets vorbildlich = sehr gut
- Vorbildlich = gut
- stets einwandfrei = vollbefriedigend
- war einwandfrei = befriedigend
- war ohne Tadel = ausreichend
- gab zu keiner Klage Anlass = mangelhaft

2.13 Ausgewählte arbeitsrechtliche Bestimmungen

Wer einem hervorragenden Mitarbeiter die berufliche Zukunft ebnen will, der sollte dies sinnvollerweise durch eine individuelle Formulierung ausdrücken und sich nicht in eine Schablonenbeurteilung pressen lassen!

Bei der Trinkmann GmbH ist Frau Dwersteg ausgeschieden. Sie hatte aus persönlichen Gründen gekündigt, um ihrem Mann nach Mannheim zu folgen.

Zeugnis, 30. April 20..
Frau Lisa Dwersteg, geborene Mecker, geboren am 06.12.19.., war vom 01.08.19.. bis 30.04.20.. in unserem Unternehmen tätig. Wir sind ein Großhandels- und Einzelhandelsunternehmen. Im Großhandel sind wir ein leistungsstarker Partner für Gastronomie und Getränkemärkte in Westdeutschland, außerdem führen wir acht Getränkefachmärkte.
Zunächst absolvierte Frau Dwersteg ihre Ausbildung zur Kauffrau im Großhandel. Sie legte am 13.07.20.. ihre Prüfung vor der Industrie- und Handelskammer Nord Westfalen mit „Gut" ab.
Aufgrund ihrer guten Leistungen in der Ausbildung übernahmen wir Frau Dwersteg als Sachbearbeiterin im Verkauf. Frau Dwersteg bearbeitete die eingehenden Aufträge eines Großkunden. Sie pflegte ständig Kontakte zu unserem Kunden und klärte Rückfragen in Zusammenarbeit mit unserem Außendienstmitarbeiter. Außerdem bearbeitete sie Reklamationen und wickelte diese selbstständig oder in Zusammenarbeit mit ihrem Vorgesetzten ab. Sie erstellte Untersuchungen über unsere Marktposition sowie die Vertriebsergebnisse und erstellte den jährlichen Bericht der Vertriebsabteilung in Zusammenarbeit mit dem Außendienst und dem Geschäftsführer.
Frau Dwersteg erfüllte die vielfältigen Aufgaben mit großer Sorgfalt, einem hohen Maß an Einsatzbereitschaft und mit einer erkennbaren Freude an ihrer Arbeit. Sie arbeitete stets verantwortungsbewusst, selbstständig und korrekt. Ihr Vorgesetzter und ihre Kollegen schätzten die angenehme Zusammenarbeit mit ihr. Frau Dwersteg war stets freundlich, höflich, zuvorkommend und hilfsbereit gegenüber unseren Kunden. Wir schätzen sie als ehrliche, zuverlässige und loyale Mitarbeiterin.
Frau Dwersteg scheidet am 30.04.20.. auf eigenen Wunsch aus dem Unternehmen aus, da sie mit ihrer Familie an einen anderen Wohnort verzieht. Wir bedanken uns für ihr Engagement für unser Unternehmen und wünschen ihr alles Gute für ihre persönliche und berufliche Zukunft.

Trinkmann, Geschäftsführer

2.13.8 Das Betriebsverfassungsrecht

Aufgabe des Betriebsverfassungsgesetzes ist es, dass die Interessen der Arbeitnehmer im Betrieb gegenüber dem Arbeitgeber vertreten werden. Nach § 2 Abs. 1 BetrVG arbeiten Arbeitgeber und Betriebsrat unter Beachtung der geltenden Tarifverträge vertrauensvoll zum Wohl der Arbeitnehmer und des Betriebs zusammen.

Gem. § 1 Abs. 2 BetrVG werden in Betrieben mit in der Regel mindestens fünf ständig wahlberechtigten Arbeitnehmern, von denen drei wählbar sind, Betriebsräte gewählt. Leitende Angestellte sind keine Arbeitnehmer im Sinne des BetrVG. Die Wahlen des Betriebsrats finden in der Zeit vom 01.03. bis 31.05. statt. Die Amtszeit des Betriebsrats beträgt vier Jahre. Der Arbeitgeber hat die Mitglieder für die Betriebsratsarbeit freizustellen und die Kosten wie zum Beispiel Büroräumlichkeiten, Büroausstattung, Fortbildung, Telekommunikation zu tragen. Sind in einem Betrieb mehr als 200 Arbeitnehmer beschäftigt, so ist nach § 38 Abs. 1 BetrVG mindestens ein Betriebsratsmitglied vollständig von der Arbeit freizustellen. Die Anzahl steigt mit steigender Arbeitnehmerzahl. Freistellung heißt, dass der betreffende Mitarbeiter ausschließlich für den Betriebsrat tätig ist und die arbeitsvertragliche Tätigkeit ruht.

Weitere Organe des Betriebsverfassungsgesetzes sind

- Die **Betriebsversammlung** nach § 43 BetrVG: Sie wird in der Regel vierteljährlich vom Betriebsrat einberufen und findet in der Arbeitszeit statt. Der Arbeitgeber ist einzuladen, einmal jährlich gibt er einen Bericht über die wirtschaftliche Entwicklung des Betriebes und wichtige Entscheidungen im Personalmanagement.
- Die **Jugend- und Auszubildendenvertretung** gem. § 60 BetrVG: In Betrieben, in denen regelmäßig mindestens 5 Arbeitnehmer beschäftigt sind, die das 18. Lebensjahr noch nicht vollendet haben, oder Auszubildende, die noch nicht 25 Jahre alt sind, wird eine Jugend- und Auszubildendenvertretung gewählt. Sie vertritt die Belange der jugendlichen Arbeitnehmer und Auszubildenden.
- Die **Einigungsstelle**: Nach § 76 Abs. 1 BetrVG ist zur Beilegung von Meinungsverschiedenheiten zwischen Arbeitgeber und Betriebsrat bei Bedarf eine Einigungsstelle zu bilden. In den gesetzlich vorgesehenen Fällen ersetzt ihre Entscheidung die Einigung zwischen Arbeitgeber und Betriebsrat. Die Einigungsstelle ist paritätisch mit Besetzern der Arbeitnehmer- und Arbeitgeberseite sowie einem unparteiischen Vorsitzenden besetzt.
- Der **Wirtschaftsausschuss**: Nach § 106 BetrVG wird in allen Unternehmen mit in der Regel mehr als 100 ständig beschäftigten Arbeitnehmern ein Wirtschaftsausschuss gebildet. Er hat die Aufgabe, wirtschaftliche Angelegenheiten mit dem Unternehmer zu beraten und den Betriebsrat in wirtschaftlichen Belangen zu unterrichten.
- Die **Schwerbehindertenvertretung**: Die Schwerbehindertenvertretung vertritt die Belange der schwerbehinderten Mitarbeiter.

2.13 Ausgewählte arbeitsrechtliche Bestimmungen

Beteiligungsrechte des Betriebsrats

Ist in einem Betrieb ein Betriebsrat vorhanden, so hat dieser sehr wesentliche Rechte: Wenn der Betriebsrat ein Mitwirkungsrecht hat, so ist er vom Arbeitgeber rechtzeitig zu informieren. Der Arbeitgeber kann jedoch dennoch abweichend von der Meinung des Betriebsrats beschließen. Anders ist dies bei der Mitbestimmung: Liegt ein Mitbestimmungsrecht vor, so benötigt der Arbeitgeber die Zustimmung des Betriebsrats. Beispiele für mitwirkungspflichtige Maßnahmen sind insbesondere die Personalplanung und die Einstellung von Mitarbeitern. Können Arbeitgeber und Betriebsrat bei einem mitbestimmungspflichtigen Vorhaben nicht zu einer gemeinsamen Entscheidung kommen, so hat der Gesetzgeber die Möglichkeit festgelegt, eine Einigungsstelle anzurufen, die aus einer gleichen Zahl von Arbeitgeber- und Arbeitnehmervertretern gebildet wird. Den Vorsitz führt ein Unparteiischer
Auch bei der Einstellung von Mitarbeitern hat der Betriebsrat ein Mitbestimmungsrecht. Stimmt er einer Einstellung nicht zu, dann kann der Arbeitgeber das Arbeitsgericht anrufen.

Herr Trinkmann will einen neuen Filialleiter einstellen und legt die Unterlagen dem Betriebsrat vor. Dieser verweigert die Zustimmung, weil er der Meinung ist, die Stelle sei nicht ordnungsgemäß gemäß § 93 BetrVerfG ausgeschrieben worden.

Trinkmann beantragt nunmehr beim zuständigen Arbeitsgericht, die Zustimmung des Betriebsrats zu ersetzen.

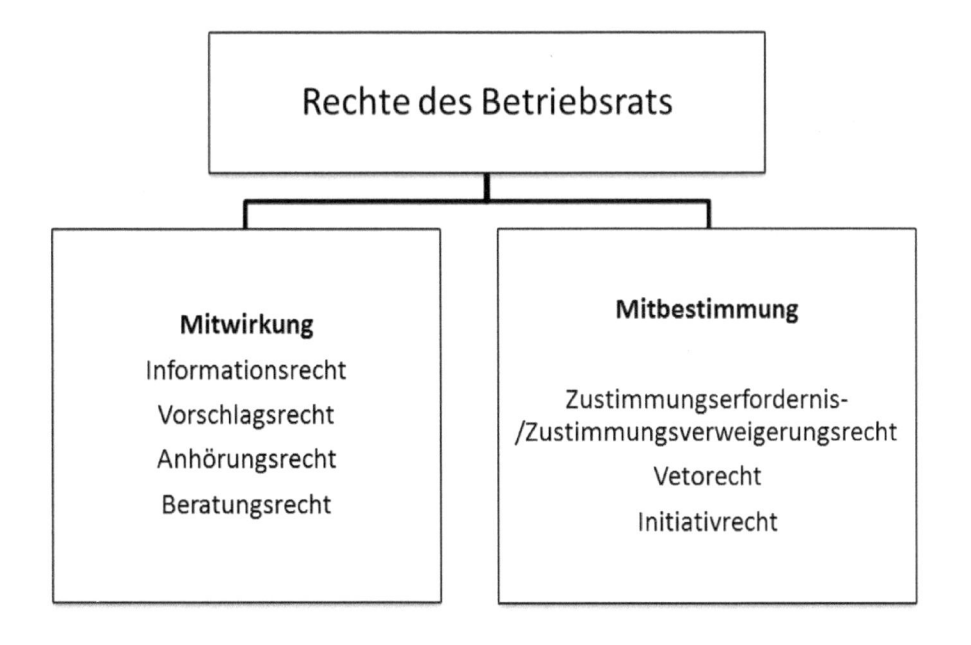

```
                    Rechte des Betriebsrats
                    ┌───────────┴───────────┐
                Mitwirkung              Mitbestimmung

            Informationsrecht      Zustimmungserfordernis-
            Vorschlagsrecht        /Zustimmungsverweigerungsrecht
            Anhörungsrecht         Vetorecht
            Beratungsrecht         Initiativrecht
```

Betriebsvereinbarungen
In allgemeinen Angelegenheiten, die der Mitbestimmung unterliegen, haben Arbeitgeber und Betriebsrat die Möglichkeit nach § 77 Abs. 2 BetrVG eine Betriebsvereinbarung zu schließen. Arbeitsentgelte und sonstige Arbeitsbedingungen, die durch Tarifvertrag geregelt sind oder üblicherweise geregelt werden, können jedoch nicht Gegenstand einer Betriebsvereinbarung sein.

Zwischen Geschäftsführer und Betriebsrat der Trinkmann GmbH wurden durch Betriebsvereinbarung folgende Grundsätze der Urlaubsgewährung festgelegt:

In allen Abteilungen und Fachmärkten sind durch Auslage beim Leiter bis spätestens Ende Februar Urlaubswünsche im Urlaubsplan einzutragen. Der Urlaub ist grundsätzlich zusammenhängend zu nehmen. Auch bei dringenden betrieblichen oder persönlichen Gründen muss mindestens die Hälfte des Urlaubsanspruchs zusammenhängend genommen werden. Die Urlaubspläne werden bis spätestens 31. März vom Fachleiter genehmigt und veröffentlicht. Der Urlaubswunsch des Mitarbeiters ist dann bindend und kann nur noch durch besonders dringende unvorhersehbare betriebliche Gründe verändert werden.
Zeitliche Lage: Die zeitliche Lage des Urlaubs bestimmt sich nach den betrieblichen Erfordernissen. Die Urlaubswünsche des Mitarbeiters sind zu berücksichtigen, sofern dringende betriebliche Belange oder Urlaubswünsche anderer Arbeitnehmer, die unter sozialen Gesichtspunkten Vorrang haben, oder gesetzliche Wartezeiten dem nicht entgegenstehen.
Vorrang-Regelung: Mitarbeiter mit schulpflichtigen Kindern haben während der Schulferien grundsätzlich Vorrang. Wer mindestens die Hälfte des Jahresurlaubs im Winter in den Monaten Januar bis März nimmt, erhält einen Arbeitstag Urlaub mehr.
Erkrankung während des Urlaubs: Erkrankt der Arbeitnehmer während des Urlaubs und besteht die Erkrankung nicht fort, so hat der Arbeitnehmer die Arbeit zu dem vor dem Urlaub festgelegten Zeitpunkt wieder aufzunehmen. Eine Verlängerung des Urlaubs um die Tage der Arbeitsunfähigkeit ist nur mit ausdrücklicher Zustimmung des Leiters des Bereichs möglich.
Auszubildende: Auszubildende erhalten ihren Jahresurlaub während der Berufsschulferien.
Inkrafttreten und Kündigung: Diese Betriebsvereinbarung gilt ab 01.01.20xx. Sie kann von beiden Seiten unter Einhaltung einer Frist von 6 Monaten zum Jahresende, erstmals zum 31.12. 20xx gekündigt werden.

Datum, Betriebsrat, Geschäftsführer

2.13.9 Das Tarifrecht

Nach § 2 Abs. 1 TVG können Tarifverträge zwischen Gewerkschaften, einzelnen Arbeitgebern sowie Arbeitgeberverbänden abgeschlossen werden. Nach § 3 Abs. 1 TVG besteht eine Bindung an den Tarifvertrag zunächst nur dann, wenn der Arbeitnehmer Mitglied einer tarifvertragsschließenden Gewerkschaft und der Arbeitgeber Mitglied des entsprechenden Arbeitgeberverbandes ist oder der Arbeitgeber den Tarifvertrag selbst mit abgeschlossen hat. Die Arbeitsvertragsparteien können auch im Arbeitsvertrag den Tarifvertrag für anwendbar erklären. Schließlich kann das Bundesministerium für Arbeit und Soziales einen Tarifvertrag unter bestimmten Voraussetzungen (§ 5 TVG) für allgemeinverbindlich erklären. Dann gilt er für alle Arbeitsverhältnisse einer bestimmten Branche.

Beispiele für Tarifverträge
- Gehalts- und Lohntarifverträge legen die Entgelte fest,
- Manteltarifverträge enthalten Regelungen über Arbeitszeit, Urlaub und andere Rahmenbedingungen des Arbeitsverhältnisses,
- Tarifverträge über Sonderzahlungen regeln, Urlaubs- und Weihnachtsgeld,
- Tarifverträge über vermögenswirksames Sparen legen die Höhe des Arbeitgeberzuschusses fest.

Die Trinkmann GmbH ist Mitglied des Arbeitgeberverbandes und daher liegen die tariflichen Bestimmungen die Arbeitsbedingungen fest, teilweise großzügiger als die nicht tarifgebundenen Mitbewerber dies gewähren. Doch was zunächst als Kostennachteil erscheint, bietet dem Unternehmen Vorteile:

- Die Gehaltsstrukturen sind übersichtlich und transparent, die tariflichen Vergütungen gelten für alle Mitarbeiter, Einzelgespräche über Gehälter müssen nicht geführt werden.
- Die Tarifverträge gelten ein oder auch mehrere Jahre. Für diesen Zeitraum sind die Personalkosten plan- und berechenbar.
- Dem Image als Arbeitgeber dient die Tarifgebundenheit, externe Bewerber können sich eine Übersicht zu der Bezahlung verschaffen und haben für die Zukunft Sicherheit.

Tarifverträge haben im Wesentlichen drei Funktionen:
Zum einen die **Schutzfunktion**, das heißt, die Verträge sollen den Arbeitnehmer davor schützen, dass sie bei der Festlegung von Arbeitsbedingungen vom Arbeitgeber übervorteilt werden. Sie sollen mithin für eine Chancengleichheit zwischen Arbeitgeber- und Arbeitnehmerseite sorgen.

Des Weiteren die **Ordnungsfunktion**, was bedeutet, dass Tarifverträge zu einer Standardisierung der Arbeitsverträge führen. Ein wesentlicher Vorteil ist damit, dass er in der Regel eine Gleichbehandlung der Arbeitnehmer sicherstellt.
Schließlich hat er eine **Friedensfunktion**: Während der Laufzeit eines Tarifs sind Arbeitskämpfe unzulässig.

2.14 Aufgaben zur Selbstkontrolle

2.14.1 Führung, Personalmanagement. Kommunikation und Kooperation

Aufgabe 1
Der Teamleiter „Fachmärkte" hört über einen Marktleiter, dass dieser im autoritären Führungsstil den Markt leitet. Dies entspricht nicht dem Leitbild der Trinkmann GmbH.
a) Erläutern Sie vier Möglichkeiten des Marktleiters zu überprüfen, ob der Laden autoritär geführt wird.
b) Der Verdacht bestätigt sich, dass sich der Marktleiter nicht entsprechend des Leitbildes der Trinkmann GmbH verhält. Erläutern Sie drei Verhaltensmaßnahmen, die dem kooperativen Führungsstil entsprechen.

Aufgabe 2
Der Teamleiter Fachmärkte kommt häufig später als angemeldet in die Fachmärkte, schafft seine Arbeit nicht wie geplant und kann erst spät in den Feierabend gehen. Er fühlt sich oft gehetzt. Deshalb möchte er gern seine Zeitplanung optimieren.
Nennen Sie vier mögliche Zeitdiebe und beschreiben Sie jeweils eine Maßnahme, wie der Teamleiter diese vermeiden kann.

Aufgabe 3
Arbeitgeber müssen mit ihrem Unternehmensnamen bekannt werden und eine Wertschätzung auf dem Arbeitsmarkt erzielen, um den Herausforderungen der Zukunft zu entsprechen. Bei der Trinkmann GmbH hat man dies erkannt und richtet eine Projektgruppe ein „Employer Branding".
a) Erläutern Sie „Employer Branding".
b) Erläutern Sie jeweils eine Maßnahme der Trinkmann GmbH innerhalb von „Employer Branding", die auf Jugendliche, auf Frauen und auf Migranten ausgerichtet ist.

Aufgabe 4
Bei der Trinkmann GmbH wird überlegt, den Auszubildenden für einen Monat einen Fachmarkt zu überlassen. Es wären dann in diesem Zeitraum nur Auszubildende in diesem Fachmarkt tätig, die auch alle Aufgaben und Positionen besetzen würden.
a) Erläutern Sie drei Ziele, die die Trinkmann GmbH damit verfolgt.
b) Nennen Sie drei Kosten, die dem Unternehmen mit dieser Aktion zusätzlich entstehen.
c) Erläutern Sie drei Kriterien, nach denen Sie als Ausbilder die Auszubildenden aussuchen, die an dieser Aktion teilnehmen dürfen.

Aufgabe 5

Bei der Trinkmann GmbH wurde bisher der Vorschlag der IHK der Sachlichen und Zeitlichen Gliederung übernommen. Jetzt möchte Trinkmann einen individuellen Ausbildungsplan entwickeln.

a) Beschreiben Sie sechs Schritte von der Erstellung bis zur Einführung eines betrieblichen Ausbildungsplanes.
b) Erläutern Sie das Beteiligungsrecht des Betriebsrates bei der Erstellung des Ausbildungsplanes.

Aufgabe 6

Steffi Stetskamp ist Auszubildende im 1. Halbjahr des 3. Ausbildungsjahres. Sie ist immer sehr modisch angezogen, manchmal sehr stark geschminkt, ihre Haare sind blond und lang, manchmal trägt sie sie offen, meistens hochgesteckt. Sie ist sehr freundlich, immer gut drauf, selbstsicher und redet viel.

Mit den Kunden kommt sie sehr gut zurecht. Sie ist sehr geduldig, sehr freundlich und zugewandt. Sie erkennt schnell die Wünsche und Bedürfnisse der Kunden, zeigt die richtigen Artikel und informiert entsprechend der Motive der Kunden. Doch bei Kunden, die auf den Preis schauen, verliert sie auch schon einmal die Lust und fängt andere Tätigkeiten an.

Frau Stetskamps Warenkenntnisse sind sehr gut. Manchmal versäumt sie es, sich nach dem Freizeit-/Berufsschultag über die neuen Wareneingänge zu erkundigen.

Sie verabschiedet die Kunden sehr nett, ist sehr hilfsbereit, hilft beim Einladen ins Auto, packt Geschenke sehr schön ein und weist auf Zusatzartikel hin.

Die Vordrucke im Unternehmen sind ihr alle bekannt, im Ausfüllen ist sie nicht sehr sorgfältig, so dass es hier schon Pannen, Nachfragen und Irrtümer gegeben hat.

Frau Stetskamp betreut das Lager Weine und Schaumweine: Warenpflege macht sie nicht so gern. Sie muss von ihrer Teamleiterin Frau Leineweber oft dazu angehalten werden. Gern kümmert sie sich um neue Ware, hat gute Ideen für die Präsentation und erstellt selbstständig Deko- und Aktionsflächen. Ihr Reservelager sieht nicht gut aus, wenn es nicht ständig von Frau Leineweber kontrolliert wird; sie versäumt auch öfters, morgens nachzusortieren. Um die Sauberkeit in der Abteilung kümmert sie sich nur auf Druck der Kollegen oder von Frau Leineweber.

Mit den Kollegen in der Filiale kommt Frau Stetskamp gut zurecht, sie ist hilfsbereit und freundlich. Bei Konflikten hilft sie oft durch ihre Offenheit, Probleme zu benennen und zu bereinigen. Sie hat eine sehr gute Beziehung zu allen Azubis im Unternehmen, auch in den anderen Filialen. Da sie sehr gute Noten in der Schule hat, hilft sie schwächeren Azubis bei der Vorbereitung auf Arbeiten.

Frau Stetskamp ist ungefähr 2x die Woche morgens ca. 10 Minuten zu spät, auch überzieht sie schon einmal ihre Mittagspause um 5 Minuten.

2.14 Aufgaben zur Selbstkontrolle

Frau Stetskamps Umsätze sind sehr gut.
Frau Stetskamp erstellt für ihre Teamleiterin alle EDV-Auswertungen.

a) Herr Trinkmann bittet Frau Leineweber, eine Beurteilung zu erstellen. Beschreiben Sie die mögliche Planung und Vorgehensweise.
b) Erstellen Sie eine Beurteilung für Frau Stetskamp.
c) Beschreiben Sie das Beurteilungsgespräch, das Frau Leineweber mit Frau Stetskamp führen wird.

Beurteilungsbogen

	1	2	3	4	5	6
Warenkenntnisse						
Sortimentskenntnisse						
Gesprächsführung						
Organisation						
Warenpräsentation						
Aufrichtigkeit, Offenheit						
Hilfsbereitschaft						
Auftreten						
Kontaktfähigkeit						
Teamfähigkeit						
Loyalität						
Integrität						
Weiterbildungsbereitschaft, Zielstrebigkeit						
Zuverlässigkeit, Sorgfalt, Pflichtbewusstsein						
Motivation, Engagement						
Belastbarkeit, Stressstabilität						
Eigeninitiative						

Aufgabe 7
In der Zentrale der Trinkmann GmbH sind z. Z. 25 Mitarbeiter beschäftigt. Die Planung für das Folgejahr erfordert 26,5 Mitarbeiter. Im Folgejahr sind folgende Veränderungen zu berücksichtigen:
- 2 Mitarbeiter gehen in Ruhestand
- 1 Auszubildender soll unbefristet übernommen werden
- Die befristeten Verträge von 2 Mitarbeitern laufen aus
- Für 1 Mitarbeiterin ist die Elternzeit beendet
- Es liegt ein Arbeitsvertrag für eine Neueinstellung vor
- Aufgrund von Erfahrungswerten beträgt die Kündigungsquote 2%

Auszubildende während der Ausbildung werden mit dem Faktor 0,5 geführt.
Ermitteln Sie den Netto-Bedarf.

Aufgabe 8
Susanne Fehmer ist seit 3 Monaten bei der Trinkmann GmbH in einem Fachmarkt als Fachmarktleiterin tätig. Sie hat zunächst einen befristeten Vertrag über 24 Monate mit der Aussicht auf einen unbefristeten Vertrag. Immer deutlicher registriert der Teamleiter Fachmärkte Spannungen zwischen Frau Fehmer und ihren Mitarbeitern.
a) Beschreiben Sie drei mögliche Ursachen für diese Spannungen.
b) Erläutern Sie drei Methoden der Personalentwicklung, die geeignet sind, Frau Fehmer bei der Führung ihrer Mitarbeiter zu unterstützen, und dies möglichst schnell.

Aufgabe 9
Errechnen Sie die Soll-Jahres-Arbeitszeit von Frau Lena Fehmer, Mitarbeiterin in der Zentrale. Die Bedingungen nach dem Tarifvertrag sind
- 38,5 Stunden/Woche
- 30 Arbeitstage Urlaub
- 10 Feiertage, die auf Arbeitstage fallen, in dem Kalenderjahr.

Frau Seiler hat eine Arbeitszeit lt. Zeiterfassung von 1430 Stunden. Beschreiben Sie drei Prüfmöglichkeiten, die Sie einsetzen können, um die Ist-Arbeitszeit zu analysieren.

Aufgabe 10
Die Trinkmann GmbH ist tarifgebunden.
a) Erläutern Sie die Tarifbindung eines Unternehmens.
b) Erläutern Sie jeweils zwei Vorteile und zwei Nachteile der Tarifbindung.

2.14 Aufgaben zur Selbstkontrolle

Aufgabe 11
Sie sind Teamleiterin der Vertriebsabteilung Innendienst der Trinkmann GmbH. Ihre Mitarbeiterin Frau John, Sachbearbeiterin für Liköre und Spirituosen, ist häufig krank. Die Kollegen reden über mögliche Krankheitsursachen und werden zusehends unwilliger, die Arbeit von Frau John zu übernehmen. Nun ist sie wieder seit vier Tagen krank und Sie wollen mit ihr ein Gespräch führen, sobald Frau John wieder gesund ist.
a) Erläutern Sie drei Ziele, die sie mit dem Gespräch verfolgen.
b) Beschreiben Sie drei Aspekte, die Sie in dem Gespräch ansprechen werden.
c) Beschreiben Sie, wie Sie den Ablauf des Gesprächs planen.

Aufgabe 12
Der Teamleiter Einkauf bei der Trinkmann GmbH ist unzufrieden mit den Teamgesprächen. Er vermisst die Beteiligung aller Mitarbeiter und Diskussionen, die konstruktiven und kreativen Beiträge von seinen Mitarbeitern. Daher möchte er versuchen, mit Hilfe der Moderationstechnik die nächste Teambesprechung zu führen.
a) Nennen Sie drei mögliche Themenstellungen, die geeignet sind, mit Hilfe der Moderationstechnik zu bearbeitet werden.
b) Nennen Sie vier Arbeitsmittel, die Sie im Besprechungsraum bereitstellen müssen.
c) Beschreiben Sie die Phasen des Moderationsprozesses am Beispiel eines in a) genannten Themas.

Aufgabe 13
Bei der Trinkmann GmbH nimmt die Anzahl der Mitarbeiter zu, die Elternzeit beantragen. Dies liegt einmal daran, dass die Anzahl der Mitarbeiterinnen, die schwanger werden, zunimmt. Zusätzlich nehmen immer mehr männliche Mitarbeiter Elternzeit in Anspruch.
So hat sich die Vereinbarkeit von Beruf und Familie zu einem wichtigen Thema der Personalpolitik entwickelt.
a) Erläutern Sie drei Ziele, die Unternehmen verfolgen, wenn Sie die Mitarbeiter bei der Vereinbarkeit von Beruf und Familie unterstützen.
b) Beschreiben Sie drei Möglichkeiten, Mitarbeitern bei der Kinderbetreuung zu helfen.

Lösungen

Aufgabe 1

a) Überprüfungsmöglichkeiten z.B.
- Der Teamleiter beobachtet sehr kritisch das Verhalten des Marktleiters in Gesprächen mit ihm: Lässt der Marktleiter ihn das Gesagte beenden oder wird er öfters im Satz unterbrochen? Mit welcher Wertschätzung spricht der Marktleiter von seinen Mitarbeitern, Bittet der Marktleiter bei Entscheidungen um Zeit für die Antwort, um sich mit seinen Mitarbeitern zu besprechen?
- Der Teamleiter führt ein Teamgespräch mit allen Mitarbeitern und dem Marktleiter über ein Thema, das alle bewegt wie z.B. einen geplanten Umbau des Marktes. Dabei beobachtet er, ob sich die Mitarbeiter beteiligen oder ob nur der Marktleiter Vorschläge unterbreitet. Wie ist die Atmosphäre? Ist sie offen oder still und gedrückt?
- Der Teamleiter überprüft Personalkennziffern des Marktes wie z.B. die Fluktuation und die Krankheitsquote und vergleicht diese mit den anderen Märkten.
- Der Teamleiter sucht immer wieder das Gespräch mit den Mitarbeitern, erkundigt sich über ihre Erfahrungen, über Probleme im Markt oder einfach über ihr Befinden. Dabei kann er sich ein Bild machen, ob die Mitarbeiter informiert sind, ob sie geübt sind, über ihre Erfahrungen zu sprechen und Vorschläge für Verbesserungen zu unterbreiten.
- Der Teamleiter führt ein Kritikgespräch mit dem Marktleiter und äußert seinen Verdacht, dass dieser nicht entsprechend dem Leitbild führt.

b) Verhaltensweisen z.B.
- Der Teamleiter führt regelmäßig Teambesprechungen durch. Themen sind z.B. zukünftige Maßnahmen im Fachmarkt, Unstimmigkeiten im Team. Dabei erfragt er die Meinung der Mitarbeiter und führt gemeinsame Entscheidungen herbei. Sollte die Teamentscheidung von der Durchführung abweichen, begründet er dies.
- Der Teamleiter führt regelmäßig Mitarbeitergespräche durch, fragt nach dem Befinden, gibt Hilfestellung, fördert bei Defiziten, ermittelt bei Konflikten.
- Der Teamleiter delegiert Aufgaben. Er vertraut seinen Mitarbeitern, unterstützt sie ggf. bei der Aufgabenstellung, fragt nach, kontrolliert, verbunden mit Lob und Anerkennung.
- Der Teamleiter informiert regelmäßig über z.B. Sortimentsneuheiten, Veränderungen im Sortiment, organisatorische Regelungen und motiviert, das Neue anzunehmen und einzusetzen.

Aufgabe 2

Zeitdiebe z.B.	Maßnahmen z.B.
Fehlende Zielsetzungen	Der Teamleiter macht sich Monats-, Wochen- und Tagespläne, in denen zunächst die Ziele festgelegt werden, dann plant er die notwendigen Aktivitäten hierzu und dann die vorgesehenen Zeiten. Notfalls müssen Ziele und Aktivitäten verschoben werden.
Fehlende Pufferzeiten	Für einen Teamleiter kommt es immer wieder zu unvorhersehbaren Gesprächen, Telefonaten und Arbeiten. So sollte der Teamleiter von vornherein nach seinen eigenen Erfahrungswerten Zeiten einplanen, die für solche unerwarteten Situationen verwendet werden können.
Unstrukturierte, lange Gespräche	Der Teamleiter bereitet jedes Gespräch vor, legt die Ziele und die Tagesordnung fest, von der er seine Gesprächspartner vorher informiert und um Vorbereitung bittet. Im Gespräch hält er sich an die Tagesordnung. Er kann auch er seine Filialleiter in die Planung und Vorbereitung zu diesen Gesprächen mit einbeziehen.
Unnötiger Schriftverkehr	Gemeinsam mit seinem Vorgesetzten, dem Verkaufsleiter, und seinen Kollegen wird festgelegt, wer mit wem kommuniziert und worüber jemand informiert werden muss. Für regelmäßige Informationen werden standardisierte Meldungen entwickelt.

Aufgabe 3

a) Employer Branding kennzeichnet den Aufbau bzw. die Pflege eines Unternehmens als Arbeitgebermarke. Dabei werden Leistungen des Unternehmens gegenüber den jetzigen Mitarbeitern gewährt und für die Zukunft zugesichert. Hiermit möchte sich das Unternehmen von Mitbewerbern auf dem Arbeitsmarkt abheben.

b) z.B.

- Jugendliche: Die Trinkmann GmbH wirbt um Praktikumsplätze in den Schulen. Dabei gestaltet die Trinkmann GmbH die Zeit des Praktikums, führt den Praktikanten mit Hilfe von einem Plan durch das Praktikum und kontrolliert, ob auch alle Inhalte vermittelt werden. Der Ausbilder führt während des Praktikums Gespräche mit dem Praktikanten sowie mit dem betreuenden Lehrer. Die wichtigsten Informationen über das Unternehmen und den Praktikumsplatz erhält der Praktikant in einer Informationsmappe. Nach dem Praktikum wird der Kontakt zum Praktikanten gehalten wie z.B. durch Zusendung von zielgruppentsprechenden Werbungen, mit einem Newsletter mit Informationen über die Branche, den Beruf, die Ausbildung und das Unternehmen sowie Bewerbungstipps zum Bewerbungszeitpunkt. Außerdem wird den Lehrern angeboten, ein Praktikum im Unternehmen in den verschiedenen Bereich zu absolvieren.

- **Frauen:** Die Vereinbarkeit von Beruf und Familie wird besonders herausgestellt: Jede Art von Teilzeitarbeit ist für alle Arbeitnehmer möglich – Flexibilität hinsichtlich der Stundenzahl, der Organisation. Mitarbeiter in der Elternzeit können innerhalb des gesetzlichen Rahmens arbeiten, sie erhalten laufend Informationen zu ihrem Arbeitsplatz. Monatlich findet ein Elterntag statt, an dem die Mitarbeiterkinder von einer qualifizierten Mitarbeiterin betreut werden, und so ein ungestörter Kommunikationsaustausch stattfinden kann. Außerdem werden allen Mitarbeitern gleichermaßen – ob Voll- oder Teilzeit – während und nach der Elternzeit Personalentwicklungsmaßnahmen angeboten.
- **Migranten:** Die Trinkmann GmbH ist offen gegenüber Bewerbern mit Migrationshintergrund. Deshalb sind mit dem „Bildungszentrum des Handels" Verträge geschlossen, dass die Auszubildenden Unterstützung erhalten, um ihre Deutschkenntnisse und schulische Inhalte zu verbessern. Es ist der Ehrgeiz der Trinkmann GmbH, die Auszubildenden trotz nicht so guter Schulabschlüsse zu guten Prüfungsergebnissen zu führen und nach der Ausbildung zu übernehmen. Im Einzelfall werden in Zusammenarbeit mit der Agentur für Arbeit „ausbildungsbegleitende Hilfen" genutzt. Der Migrationshintergrund wird als Bereicherung gesehen, um den Kundenkreis zu erweitern, Beratung und Service zu verbessern. Auszubildende und Mitarbeiter mit ausländischer Muttersprache erhalten Namensschilder, die auf die Sprachkenntnisse hinweisen. Sie werden ermuntert, mit den Kunden in ihrer Muttersprache die Kundengespräche zu führen.

Aufgabe 4
a) Die Firma Trinkmann kann mit der Maßnahme folgende Ziele verfolgen:
- Wertschätzung und Vertrauen gegenüber den Auszubildenden aussprechen, um sie zu motivieren und an das Unternehmen zu binden,
- Potenziale der Auszubildenden erkennen, um sie nach der Ausbildung richtig einzusetzen, sie zu fördern und ggf. in den Förderkreis aufzunehmen,
- dem Kunden die Ausbildungsleistung des Unternehmens, aber auch der Auszubildenden zu zeigen, um Anerkennung und Lob zu erhalten,
- das Image des Unternehmens als Ausbildungsbetrieb zu stärken, um auch in Zukunft ausreichend Auszubildende einstellen zu können.

b) Reisekosten und Spesen für die Auszubildenden; Reisekosten und Spesen für die Stammbelegschaft der Märkte, die anderweitig eingesetzt werden; möglicherweise Umsatzverluste durch Fehler der Auszubildenden; Schulungskosten für die Auszubildenden zur Vorbereitung der Aktion.

c) Kriterien für die Auswahl der Teilnehmer:
- Art der Ausbildung: Nur Auszubildende „Kaufmann/Kauffrau" nehmen an der Aktion teil.

- Ausbildungsjahr: Nur Auszubildende im 3. Ausbildungsjahr aller Ausbildungsberufe nehmen an der Aktion teil, da hier die notwendigen Kenntnisse und Erfahrungen für die komplette Besetzung eines Marktes vorhanden sein dürften.
- Beurteilungen: Es werden die Auszubildenden mit den besten Beurteilungen gewählt, um Anreize im Unternehmen zu geben, Auszubildende für ihre gute Arbeit zu belohnen und Risiken zu vermeiden bei der Führung der Märkte
- Ergebnisse der Zwischenprüfung: Hier steht die Belohnung der guten Ergebnisse im Vordergrund. Außerdem werden die Auszubildenden im 1. und 2. Ausbildungsjahr zu guten Ergebnissen motiviert.
- Vorschläge der Märkte und des Großhandels: Hier wird den jeweiligen Bereichen als Ausbildungsstätte besondere Wertschätzung gezeigt. Außerdem werden die Bereiche sehr sorgfältig prüfen, wen sie vorschlagen, da mit dem Vorschlag Erfolg, aber auch Misserfolg und Blamage verbunden sein kann.

Aufgabe 5
a) Schritte z.B.
- Kenntnisse und Fertigkeiten entsprechend des Ausbildungsrahmenplans und den betrieblichen Erfordernissen festlegen
- Betriebsrat beteiligen
- Lernorte festlegen
- Dauer festlegen
- Ausbildungsbeauftragte benennen, ggf. schulen
- Ausbildungsplan veröffentlichen

b) Mitbestimmung nach § 98 BetrVG

Aufgabe 6
a) Frau Leineweber prüft zunächst den Ausbildungsplan, um festzustellen, welche Kenntnisse und Fähigkeiten Frau Stetskamp zu diesem Zeitpunkt der Ausbildungen besitzen sollte. Außerdem prüft sie, ob sie Frau Stetskamp nach der Ausbildung gerne in ihrem Team hätte. Sie beobachtet nun Frau Stetskamp in einem Zeitraum von ca. vier Wochen, macht sich Notizen ähnlich der Beschreibung in der Aufgabe, hält den Anlass bzw. die Situation und das Datum der Beobachtung fest, um Frau Stetskamp im Gespräch ihre Beurteilung mit Beispielen belegen zu können.
Zum Ende des Beobachtungszeitraums nimmt sie sich ca. eine Stunde Zeit ohne Störungen und erstellt die Beurteilung.

b) z.B.
Beurteilungsbogen

	1	2	3	4	5	6
Warenkenntnisse	x					
Sortimentskenntnisse		x				
Gesprächsführung		x				
Organisation					x	
Warenpräsentation	x					
Aufrichtigkeit, Offenheit		x				
Hilfsbereitschaft		x				
Auftreten		x				
Kontaktfähigkeit	x					
Teamfähigkeit			x			
Loyalität						
Integrität						
Weiterbildungsbereitschaft, Zielstrebigkeit			x			
Zuverlässigkeit, Sorgfalt, Pflichtbewusstsein					x	
Motivation, Engagement			x			
Belastbarkeit, Stressstabilität						
Eigeninitiative			x			

Die Merkmale Belastbarkeit, Loyalität und Integrität konnten aus den vorgegebenen Beobachtungspunkten nicht beurteilt werden.

c) Das Beurteilungsgespräch.
Frau Leineweber bittet Frau Stetskamp, Platz zu nehmen, und informiert sie vom Auftrag des Chefs, sie zu beurteilen.
Nun gehen Frau Leineweber und Frau Stetskamp gemeinsam die Beurteilung durch: Frau Leineweber beginnt mit den positiven Fähigkeiten von Frau Stetskamp wie z.B. ihrer Warenkenntnisse, ihrem Geschick für die Warenpräsentation und ihrer Kontaktfähigkeit. Sie lobt Frau Stetskamp, dass sie dem Auszubildenden im 2. Ausbildungsjahr in ihrer Freizeit geholfen hat, sich auf die Zwischenprüfung vorzubereiten, und informiert sie von der guten Bewertung. Dann erläutert sie die gut bzw. befriedigend bewerteten Fähigkeiten. Zum Schluss geht

sie auf die mangelhaft beurteilten Merkmale Organisation und Zuverlässigkeit ein. Sie beschreibt die Folgen aus dieser mangelnden Sorgfalt wie z.B. Fehlverkäufe durch mangelnde Nachsortierung; Kundenverärgerung, weil Telefonnummern oder Termine nicht lesbar oder nicht eingetragen waren; Verärgerung der Kollegen durch das Überziehen der Pausen.

Sie fasst zusammen, dass die vielen Fähigkeiten für eine Übernahme nach der Ausbildung sprechen. Doch Organisation und Zuverlässigkeit müssen sich in nächster Zeit entscheidend verbessern, damit die Auszubildende such wirklich übernommen wird.

Um Frau Stetskamp zu fördern, wird Frau Leineweber in den nächsten vier Wochen jeden Morgen mit ihr festlegen, welche Pflichten an diesem Tag erfüllt werden müssen. Abends wird dann kontrolliert, in wie weit die „to-do-Liste" abgearbeitet wurde. Nach den vier Wochen wird die gemeinsame Aufgabenplanung nur noch montags für die Woche durchgeführt, um Frau Stetskamp in die Eigenständigkeit zu führen.

Zum Ende des Gesprächs dankt Frau Leineweber für das Gespräch, nennt nochmals die positiven Eigenschaften und drückt ihre Zuversicht aus, dass Frau Stetskamp ihre Nachlässigkeit verbessern wird und dann nichts mehr einer Übernahme im Weg steht.

Aufgabe 7

Ist-Personalbedarf	25
+ Zugänge	Auszubildender zusätzlich 0,5 Rückkehr aus der Elternzeit 1,0 Neueinstellung 1,0 **Gesamt 2,5**
- Abgänge	Ruhestand 2,0 Befristete Verträge 2,0 Kündigungsquote 2% von 25 0,5 **Gesamt 4,5**
= Ist-Personalbedarf am Beginn des Planungszeitraumes	23
- Soll-Personal/Brutto-Personalbedarf	26,5
= Netto-Personalbedarf	3,5

Aufgabe 8

a) Mögliche Ursachen z.B.
- Nichtberücksichtigung von potenziellen Bewerbern aus dem Team,
- normaler Machtkampf zwischen Mitarbeitern und neuer Chefin zu Beginn der Zusammenarbeit,
- Anpassungskonflikte der Teamleiterin an Unternehmenskultur und Betriebsklima,
- abwartende Haltung der Mitarbeiter auf Grund des befristeten Vertrags.

b) Methoden z.B.
- Coaching: Frau Fehmer erhält Unterstützung durch einen Coach, möglichst ein externen Mitarbeiter, der sie berät, die Ursachen der Spannungen zu erkennen und Verhaltensmöglichkeiten zu entwickeln, diese Spannungen abzubauen. Coaching bedeutet Hilfe zur Selbsthilfe. Diese Methode kann rasch eingesetzt werden, ist jedoch mit Kosten verbunden.
- Mentoring: Frau Fehmer erhält für ca. 6 – 9 Monate eine/n erfahrene/n Kollegin/Kollegen zur Seite, die/der berät und unterstützt durch Gespräche, durch Beobachtung und Feedback. Auch diese Methode kann schnell eingesetzt werden, der Mentor muss jedoch Zeit für diese Aufgabe aufbringen neben der eigenen betrieblichen Aufgabe.
- Begleitung durch den Teamleiter: Der Teamleiter nimmt sich für die nächsten Monate viel Zeit für Frau Fehmer, klärt in den Gesprächen mögliche Ursachen der Spannungen, gibt Hilfestellung, unterstützt Frau Fehmer, führt gemeinsam mit ihr Teamgespräche, gibt Feedback aufgrund seiner Beobachtungen. Auch diese Methode kann sehr rasch eingesetzt werden. Dabei muss vermieden werden, dass durch die Zuwendung durch den Teamleiter der Eindruck aufkommt, dass Frau Fehmer „Nachhilfe" braucht und sie so in ihrer Führungsrolle noch mehr geschwächt wird.
- Führungsseminare intern bzw. extern, in denen Frau Fehmer Führungsmittel kennen lernt und übt, diese einzusetzen mit Hilfe von z.B. Rollenspielen und Fallsituationen. Diese Maßnahme kann je nach Angebot schnell oder nicht so schnell eingesetzt werden, sie ist mit Kosten verbunden.

Aufgabe 9

a)
52 Wochen x 38,5 Stunden =	2002 Stunden	
abzüglich Urlaub 6 x 38,5 Stunden =	231 Stunden	30 Arbeitstage = 6 Wochen
abzüglich Feiertage 2 x 38,5 =	77 Stunden	10 Feiertage = 2 Wochen
Soll-Arbeitszeit	1694 Stunden	

b) z.B.
- Krankheitstage überprüfen, mit den durchschnittlichen Krankheitstagen im Unternehmen, in der Branche vergleichen.
- Hat Frau Seiler eine Fortbildung besucht, die die Fehltage verursacht haben?
- Gibt es Gründe für Sonderurlaub wie z.B. Pflege von Angehörigen, unbezahlte Freistellungen?

Aufgabe 10
a) Tarifbindung: Die Trinkmann GmbH gehört dem Handelsverband(Arbeitgeberverband) an. Dieser hat mit der Gewerkschaft Verdi Tarifverträge abgeschlossen, die dann für die Mitglieder verbindlich sind. Die tariflichen Bedingungen sind Mindeststandards, die die Trinkmann GmbH nicht unterschreiten darf. Die Gestaltung von besseren Bedingungen wie z.B. höhere oder zusätzliche Vergütungen, geringere Arbeitszeiten oder mehr Urlaub ist möglich.
b) Vorteile:
- Die Vergütungsstrukturen sind transparent und für die Mitarbeiter einsehbar und nachvollziehbar.
- Die Trinkmann GmbH muss nicht mit jedem Mitarbeiter einzeln die Vertragsbedingungen verhandeln.
- Das Unternehmen hat für die Laufzeit der jeweiligen Tarifverträge Planungssicherheit.

Nachteile:
- Tarifliche Strukturen müssen nicht auf den betrieblichen Aufbau passen. So kann es Funktionen geben, die im Tarifvertrag nicht verankert sind, bzw. eine andere Bedeutung haben.
- Mitarbeiter fühlen sich in ihrer individuellen Leistung nicht ausreichend wertgeschätzt.
- Auch in Unternehmenskrisen ist das Unternehmen an die Bedingungen gebunden und kann nicht entsprechend der Finanzsituation Kürzungen vornehmen.

Aufgabe 11
a) Ziele, die mit dem Gespräch verfolgt werden:
- Gegenseitiges Vertrauen stärken: Teamleiterin erfährt ggf. die Ursache der häufigen Erkrankungen bzw. gewinnt den Eindruck, dass Frau John auch wirklich krank ist, und Frau John erkennt, dass sie unterstützt und Hilfe angeboten wird
- Möglicherweise auch das Gegenteil: Frau John erkennt, dass sie sich nicht leichtfertig krank melden kann.
- Hilfen entwickeln, dass die Krankheitstage abnehmen wie z.B. bei Rückenleiden neuer Schreibtisch, besserer Bildschirm.

- Finden von Anhaltspunkten, um die Kollegen zu motivieren, auch in Zukunft ggf. einzuspringen.

b) Planung des Gesprächsablaufs.
- Krankenquote von Frau John im Vergleich zu der Krankenquote in der Abteilung, Krankheitstage im lfd. Jahr.
- Folgen der Krankheitstage wie z.B. Überstunden und Arbeitsbelastung der Kollegen, wechselnde Ansprechpartner der Kunden, Umsatzrückgang, Lohnfortzahlung.
- möglicherweise Fehlzeitenmuster aufdecken wie z.B. nach dem Wochenende, vor dem Wochenende.
- Änderung der Frist zur Einreichung der Arbeitsunfähigkeitsbescheinigung.

c) z.B.
- Eröffnungsphase: Fragen nach dem Wohlbefinden, Neues erzählen aus der Abteilung
- Informationsaustausch: Zielvorstellung des Gesprächs mitteilen, Vertrauen geben, dass Gespräch nicht unter Druck setzen soll, sondern Hilfe bedeutet
- Verhandlungsphase: möglicherweise Ursachen für die Krankheitstage klären, Folgen der Krankheitstage beschreiben im Arbeitsablauf, bei den Kollegen, bei den Kunden, gemeinsam Maßnahmen und Hilfestellungen entwickeln, um Gesundheitszustand zu verbessern, möglicherweise erste arbeitsrechtliche Maßnahmen andeuten wie z.B. Verkürzung der Vorlagefrist der Krankmeldung
- Abschlussphase: Dank für das Gespräch ausdrücken

Aufgabe 12
a) z.B. Veränderung von Aufgabenverteilung, Lösung von Konflikten, mittelfristige Ziele der Abteilung, Reduzierung der Anzahl von Lieferanten, Berücksichtigung von Wünschen der Märkte
b) Pinnwände mit Papier, Stifte in verschiedenen Farben, Moderationskarten, Pinnnadeln, Klebestift, Klebepunkte
c) Phasen am Beispiel des Themas „Lieferantenreduzierung":

Phasen	Bearbeitung des Themas
Themeneinstieg	Der Teamleiter stellt die Ist-Situation dar: Anzahl der Lieferanten; Übersicht nach A-, B- und C-Lieferanten; Auftragsvolumen pro Lieferant; Lagerumschlagshäufigkeit pro Lieferant; Kosten, die durch die Anzahl der Lieferanten verursacht werden.
Themenerhebung	Der Teamleiter stellt Leitfragen: Welche Chancen und welche Risiken sehen Sie durch die Lieferantenreduzierung? Die Mitarbeiter beschriften die Karten: gelb für Chancen, grün für Risiken, kurz gefasst mit nicht mehr als drei Worten. Während die Mitarbeiter die Karten beschriften, sammelt der Teamleiter bereits die ersten Karten ein und stapelt sie ohne Ordnung. Das sichert die Anonymität.

Themen-bewertung	Der Teamleiter sortiert jetzt alle Karten nach Themenblöcken wie z.B. bei Chancen „bessere Konditionen, intensiverer und persönlicher Kontakt, Realisierung von besonderen Wünschen" und bei Risiken „Verlust der Tiefe oder Breite im Sortiment, Aufgabe von langjährigen Beziehungen, Ärger mit den Kunden, da Wünsche nicht mehr erfüllt werden können". Der Aspekt jeder Karte wird laut genannt, auch bei Mehrfachnennungen, die Karten werden nach Themenblöcken auf die Pinnwände geklebt, die Themenblöcke werden visuell durch Einkreisen hervorgehoben. Die Mitarbeiter entscheiden sich jetzt für jeweils zwei Themenblöcke Chancen und Risiken, indem sie an die Pinnwand gehen und Klebepunkte vergeben. Jeder Mitarbeiter kann mit 5 Klebepunkten bewerten.
Themen-bearbeitung	Die jeweils zwei Themenblöcke Chancen und Risiken werden jetzt im Team besprochen, um daraus eine Vorgehensweise abzuleiten, nach welchen Aspekten auf Lieferanten verzichtet werden kann. Der Teamleiter strukturiert die Diskussion, hält wesentliche Punkte zur Vorgehensweise auf dem Flipchart fest und achtet auf die Diskussion ausschließlich der ausgewählten Themenblöcke.
Maßnahmenerar-beitung	Der Leiter Einkauf, die Teamleiterin „Wein, Schaumweine" und die Sachbearbeiterin „Bier" erarbeiten auf Grundlage der Diskussion eine Checkliste, die Leitlinie werden soll, Lieferanten zu streichen. Diese Checkliste wird dem Team in vier Wochen präsentiert und soll dann anschließend von allen verabschiedet werden.
Abschluss	Der Teamleiter macht eine Abschlussrunde: Konnten die Teilnehme ihre Wünsche und Erwartungen einbringen? Er selbst gibt ein persönliches Feedback zu dem Tag und dankt für das Engagement.

Aufgabe 13

a) Erläuterungen wie z.B.
- Qualifizierte und gut ausgebildete Mitarbeiter müssen nicht während der Familienphase pausieren, sondern stehen weiterhin dem Unternehmen zur Verfügung.
- Bereits jetzt ist die Nachfrage der Trinkmann GmbH am Arbeitsmarkt größer als das ausreichend qualifizierte Angebot, so dass das Unternehmen gezwungen ist, seine Mitarbeiter zu binden und zu halten.
- Zusätzlich können durch die Angebote Mitarbeiter gewonnen werden, die sich bei Unternehmen ohne solche Angebote nicht bewerben.
- Familiengerechte Angebote dienen der Stärkung des Images als Arbeitgeber.

b) Beschreibung von z.B.
- Die Trinkmann GmbH zahlt den Eltern einen Zuschuss zu den Kosten des Kindergartens, der Kita, der Tagesmutter oder übernimmt vollständig die Kosten.
- Das Unternehmen reserviert und finanziert Plätze in einer Kita, diese Plätze stehen nur Kindern von Mitarbeitern zur Verfügung.

- Die Trinkmann GmbH beschäftigt eine Tagesmutter, die die Kinder der Mitarbeiter in Betriebsräumen betreut.
- Die Trinkmann GmbH richtet ein Kinderzimmer ein mit Kinderbett, Spielecke und einem vollständig eingerichtetem Arbeitsplatz, so dass Mitarbeiter ihre kranken Kinder mitbringen und sie während der Arbeit betreuen können.

2.14.2 Arbeitsrecht

Aufgabe 1
Erläutern Sie die Begriffe Günstigkeitsprinzip und Öffnungsklausel.

Aufgabe 2
Definieren Sie den Begriff des Arbeitgebers.

Aufgabe 3
Erläutern Sie kurz, warum die so genannten leitenden Angestellten im Arbeitsrecht eine besondere Position einnehmen.

Aufgabe 4
Erläutern Sie Sinn und Zweck des allgemeinen Gleichbehandlungsgesetzes.

Aufgabe 5
Womit muss ein Bewerber rechnen, wenn er auf eine zulässige Frage des Arbeitgebers im Bewerbungsgespräch bewusst falsch antwortet?

Aufgabe 6
Welche Voraussetzungen gelten, wenn ein Arbeitsvertrag ohne sachlichen Grund befristet werden soll?

Aufgabe 7
Wie lange darf die Probezeit in einem Arbeitsverhältnis vereinbart werden; wie verhält es sich bei Ausbildungsverhältnissen?

Aufgabe 8
Stellen Sie kurz die Pausenzeiten für Erwachsene und Jugendliche dar.

2.14 Aufgaben zur Selbstkontrolle

Aufgabe 9
Stellen Sie kurz die sogenannten Mutterschutzfristen nach Mutterschutzgesetz dar.

Aufgabe 10
Wie hoch ist der gesetzliche Mindesturlaubsanspruch für Schwerbehinderte?

Aufgabe 11
Erläutern Sie die Funktionen einer Abmahnung.

Aufgabe 12
Erläutern Sie den Unterschied zwischen einer ordentlichen und einer außerordentlichen Kündigung.

Aufgabe 13
Stellen Sie kurz dar, unter welchen Voraussetzungen ein Betriebsrat gegründet werden kann.

Lösungen:

Aufgabe 1
Das Günstigkeitsprinzip bedeutet, dass eine rangniedrigere Rechtsquelle dann wirksam ist, wenn sie für den Arbeitnehmer eine günstigere Regelung vorsieht. (z.B ein höherer Urlaub als im Bundesurlaubsgesetz). Öffnungsklauseln lassen auch für den Arbeitnehmer ungünstigere Regelungen durch rangniedrigere Rechtsquellen zu, wenn die höherrangige Rechtsquelle dies ausdrücklich bestimmt. So z.B. in § 622 IV BGB: „Von den Absätzen 1 bis 3 abweichende Regelungen können durch Tarifvertrag vereinbart werden."

Aufgabe 2
Arbeitgeber ist, wer mindestens einen Arbeitnehmer beschäftigt.

Aufgabe 3
Leitende Angestellte gelten zwar arbeitsrechtlich als Arbeitnehmer. Sie nehmen jedoch auch Aufgaben des Arbeitgebers wahr. Dies wird insbesondere im Betriebsverfassungsgesetz deutlich. Nach § 5 Abs. 3 BetrVG fallen leitende Angestellte nicht unter dieses Gesetz.

2 Führung, Personalmanagement, Kommunikation und Kooperation

Aufgabe 4
Nach § 1 AGG ist Ziel des Gesetzes, Benachteiligungen aus Gründen der Rasse oder wegen der ethnischen Herkunft, des Geschlechts, der Religion oder Weltanschauung, einer Behinderung, des Alters oder der sexuellen Identität zu verhindern oder zu beseitigen.

Aufgabe 5
Dies hat zur Folge, dass der Arbeitsvertrag gemäß § 123 BGB wegen arglistiger Täuschung angefochten werden kann.

Aufgabe 6
Nach § 14 Abs. 2 TzBfG ist eine Befristung ohne sachlichen Grund für eine maximale Dauer von zwei Jahren möglich. Darüber hinaus darf zuvor kein Beschäftigungsverhältnis mit demselben Arbeitgeber bestanden haben.

Aufgabe 7
Die Probezeit eines Arbeitsverhältnisses beträgt nach § 622 Abs. 3 BGB in Bezug auf die 14-tägige Kündigungsfrist maximal 6 Monate. Bei einem Ausbildungsverhältnis regelt dies § 20 BBiG. Die Probezeit soll mindestens einen Monat und darf maximal 4 Monate betragen.

Aufgabe 8
Für Erwachsene gilt das Arbeitszeitgesetz. Nach § 4 ArbZG muss bei einer Arbeitszeit von mehr als 6 Std. bis zu 9 Std. eine Pausenzeit von 30 Minuten gewährt werden. Bei einer Arbeitszeit von mehr als 9 Std. ist eine Pausenzeit von insgesamt 45 Minuten zu gewähren.
Für Jugendliche gilt das Jugendarbeitsschutzgesetz. Nach § 11 ist bei einer Arbeitszeit von mehr als 4,5 Std. eine Pause von 30 Minuten und bei einer Arbeitszeit von mehr als 6 Std. eine Pause von 60 Min zu gewähren.

Aufgabe 9
Nach § 3 Abs. 1 MuSchG beträgt die Schutzfrist vor der Entbindung 6 Wochen, nach § 6 Abs. 1 MuSchG beträgt die Schutzfrist nach der Entbindung mindestens 8 Wochen, bei Früh- und Mehrlingsgeburten bis zu 12 Wochen.

Aufgabe 10
Schwerbehinderte haben neben dem „normalen" gesetzlichen Mindesturlaubsanspruch nach dem Bundesurlaubsgesetz einen Anspruch auf einen Zusatzurlaub nach § 125 SGB IX von 5 Tagen. Mithin haben Schwerbehinderte einen Mindesturlaubsanspruch von 29 Werktagen.

2.14 Aufgaben zur Selbstkontrolle

Aufgabe 11
Eine Abmahnung hat grundsätzlich 3 Funktionen. Dies sind die Dokumentationsfunktion, die Hinweisfunktion sowie die Androhungsfunktion.

Aufgabe 12
Die ordentliche Kündigung ist eine Kündigung unter Einhaltung einer Frist nach BGB (§ 622 BGB), Tarifvertrag oder Arbeitsvertrag. Die außerordentliche Kündigung ist eine fristlose Kündigung aus wichtigem Grund (§ 626 BGB).

Aufgabe 13
Nach § 1 Abs. 1 BetrVG wird in Betrieben mit in der Regel mindestens 5 wahlberechtigten Arbeitnehmern (§ 7 BetrVG) von denen mindestens 3 wählbar sind (§ 8 BetrVG) ein Betriebsrat gewählt.

3. Handelsmarketing

Im Handlungsbereich „Handelsmarketing" soll der Handelsfachwirt die Fähigkeit nachweisen, systematisch und entscheidungsorientiert Marktbeobachtungen und -analysen durchzuführen sowie auf veränderte Bedingungen auf nationalen Absatzmärkten reagieren zu können. Weiter soll er Maßnahmen zur Kundenbindung und -gewinnung erarbeiten und umsetzen können. Dabei soll er Marketingmaßnahmen des Handels zielorientiert einsetzen, die Ergebnisse überprüfen, notwendige Veränderungsprozesse einleiten sowie wettbewerbsrechtliche Regelungen berücksichtigen.

3.1 Marketing: Vom Markt her denken

In engerer Sicht handelt es sich bei Marketing um die Planung, Gestaltung und Kontrolle der absatzpolitischen Instrumente eines Unternehmens. In erweiterter Form wird Marketing als eine marktorientierte Unternehmenspolitik aufgefasst, wobei es insbesondere darum geht, die Erfordernisse des Absatzmarktes ausdrücklich und systematisch in allen Funktionsbereichen der Betriebe zu berücksichtigen. Im Mittelpunkt stehen Konzeption und Durchführung marktbezogener Aktivitäten eines Anbieters gegenüber aktuellen und potenziellen Nachfragern seiner Leistungen. Marketing bedeutet einerseits Anpassung an die Erwartungen und Bedürfnisse der Kunden, andererseits aber auch Impulsgebung und Gestaltung des Marktes mit neuen Sortimenten, Betriebsformen oder Systemen im Handel. Auch der marktgerechten Gestaltung der Beziehungen zu den Lieferanten kommt hier große Bedeutung zu.
(Nach: Institut für Handelsforschung (IfH), Katalog E zur handels- und absatzwirtschaftlichen Forschung, 5. Ausgabe)

Marketing ist eine unternehmerische Denkweise, die den Markt in den Mittelpunkt aller Überlegungen stellt und sich auf alle Maßnahmen zur Marktbildung sowie Marktbeeinflussung bezieht.

„Vom Markt her denken", kundenorientiert handeln, sind heute allgemeine Forderungen, die für alle Wirtschaftsbereiche gelten. Sogar die öffentlichen Verwaltungen werden umstrukturiert, so dass ihre Serviceleistungen bürgernäher angeboten werden können. Umso wichtiger ist es für ein Handelsunternehmen, den Kunden in den Mittelpunkt seines Denkens und Agierens zu stellen und seine Entscheidungen davon abhängig zu machen, ob der Kunde hieraus Vorteile hat. Nur dann wird er sich zum Kauf entscheiden.

3.1 Marketing: Vom Markt her denken

Marketing orientiert sich am Beschaffungs- und Absatzmarkt, In diesem Teil werden die Marketingaktivitäten eines Handelsunternehmens auf dem Absatzmarkt dargestellt.
Handelsmarketing umfasst das für den Handel spezifische Marketing.
Die Instrumente des Marketings im Handel sind
- Standortpolitik
- Sortimentspolitik
- Preispolitik
- Servicepolitik
- Distributionspolitik
- Kommunikationspolitik.

Das Instrument der Sortimentspolitik ist besonders wichtig im Handel, in der Industrie steht dagegen das Instrument der Produktpolitik im Vordergrund. Dort geht es vor allem darum, das Produkt in seinen Eigenschaften zu verändern oder neu zu gestalten. Bei der Sortimentspolitik steht dagegen im Vordergrund, aus der Vielzahl der auf dem Markt angebotenen Artikel die richtige Auswahl zu treffen.

Auch die Service- und die Kommunikationspolitik bedürfen anderer Gestaltungsalternativen als in der Industrie, ganz besonders im Einzelhandel und im Abholgroßhandel. Hier sind spezielle Schwerpunkte neben der Werbung die Verkaufsförderung, die Warenpräsentation und die Verkaufsraumgestaltung.

Als ganzes Instrument abhängig von der Art der Ware, ob Konsum- oder Produktionsgut, steht im Handel meist das Handelsunternehmen im Mittelpunkt aller Marketinganstrengungen – im Gegensatz zur Industrie, bei der vorwiegend das einzelne Produkt in den Vordergrund gestellt wird.

Die Marketing-Instrumente werden nicht einzeln eingesetzt, sondern im Marketing-Mix miteinander kombiniert und aufeinander abgestimmt.

In der Fachliteratur werden Marktforschung, Planung, Gestaltung und Kontrolle des Marketings mit Hilfe des Marketing-Kreislaufs dargestellt (siehe Abbildung folgende Seite).

3. Handelsmarketing

```
                    Marktforschung
        
Marketing-Kontrolle                    Marketing-Ziel


  Marketing-Durchführung      Marketing-Planung
      mit Hilfe des           mit Hilfe der Instrumente
      Marketing-Mixes           • Standortpolitik
                                • Sortimentspolitik
                                • Servicepolitik
                                • Kontrahierungspolitik
                                • Kommunikationspolitik
                                • Distributionspolitik
```

Marketingkreislauf

3.2 Handelsrelevante Entwicklungen

3.2.1 Entwicklung vom Verkäufer- zum Käufermarkt

Die Stellung des Marketings spiegelt in vielen Fällen die Entwicklung des Marktes nach dem 2. Weltkrieg wieder. Nach dem Krieg stand der Wiederaufbau des zerstörten Deutschlands im Vordergrund. Die Nachfrage nach Gütern aller Art war so groß, dass die Industrie die starke

Nachfrage nicht befriedigen konnte, da die Produktionsstätten erst wieder aufgebaut werden mussten. Diese Situation entspricht einem Verkäufermarkt. Ein Verkäufermarkt ist gekennzeichnet von einem begrenzten Angebot und einer großen Nachfrage. Der Verkäufer ist in der stärkeren Position und bestimmt, mit wem er zu welchen Konditionen Geschäfte abwickelt.

In den 1960er Jahren hatte die Industrie ihre Produktion wieder aufgebaut, nun entwickelte sich der Absatz zum Engpass für das große Angebot der Industrie. Für den Erfolg der Hersteller war ausschlaggebend, ob sie in das Sortiment des Handels aufgenommen wurden. Daher bauten sie ihre Verkaufsorganisation aus, um die Auftragsvergabe zu forcieren.
So ergab sich in den 1970er Jahren ein Überangebot im Handel. Um den Kunden musste geworben werden, die Unternehmen hatten sich auf die Wünsche der Kunden einzustellen. Der Verkäufermarkt der Nachkriegszeit hatte sich zu einem Käufermarkt entwickelt.

Der Käufermarkt ist gekennzeichnet von einem großen Angebot, das die Nachfrage übersteigt. Der Käufer wird von vielen Konkurrenten umworben. Auf den Absatzmärkten, auf denen ein starker Verdrängungswettbewerb stattfindet, wird mit allen Mitteln um den Käufer gekämpft, denn Mehrumsatz ist nur zu erzielen, wenn es gelingt, den Mitbewerbern Marktanteile abzuringen.
In den 1980er Jahren wurde der Verdrängungswettbewerb zwischen den Unternehmen immer stärker. Die angebotene Ware gab es im Überfluss und der Kunde konnte zwischen vielen Anbietern und Marken wählen. Außerdem konnte er durch Verhandeln und Kaufzurückhaltung auf die Marktbedingungen einwirken.
Seit der Jahrtausendwende kam noch hinzu, dass viele Märkte gesättigt sind: Eigentlich muss der Kunde dort nur Ersatz kaufen. Hier müssen die Handelsunternehmen zusammen mit der Industrie versuchen, neue Bedürfnisse zu wecken und Trends anzustoßen.

Umfeldentwicklungen
In den letzten Jahren nehmen auf den Erfolg eines Unternehmens immer mehr Umfeldfaktoren Einfluss wie z.B. die Ökologie, politische, technische oder gesellschaftliche Entwicklungen. Nur Unternehmen, denen es gelingt, sich kurzfristig diesen Entwicklungen anzupassen, werden in Zukunft am Markt erfolgreich sein.

Gesellschaftlich-soziale Trends
Abzusehen ist, dass in Deutschland die Bevölkerungszahl sinkt und sich der Anteil der älteren Bevölkerung erhöht. Das hat selbstverständlich quantitative und qualitative Auswirkungen auf die Nachfrage beim Handel. Gleichzeitig sinkt auch die Personenzahl je Haushalt – die Ein- und Zweipersonenhaushalte nehmen zu.

3. Handelsmarketing

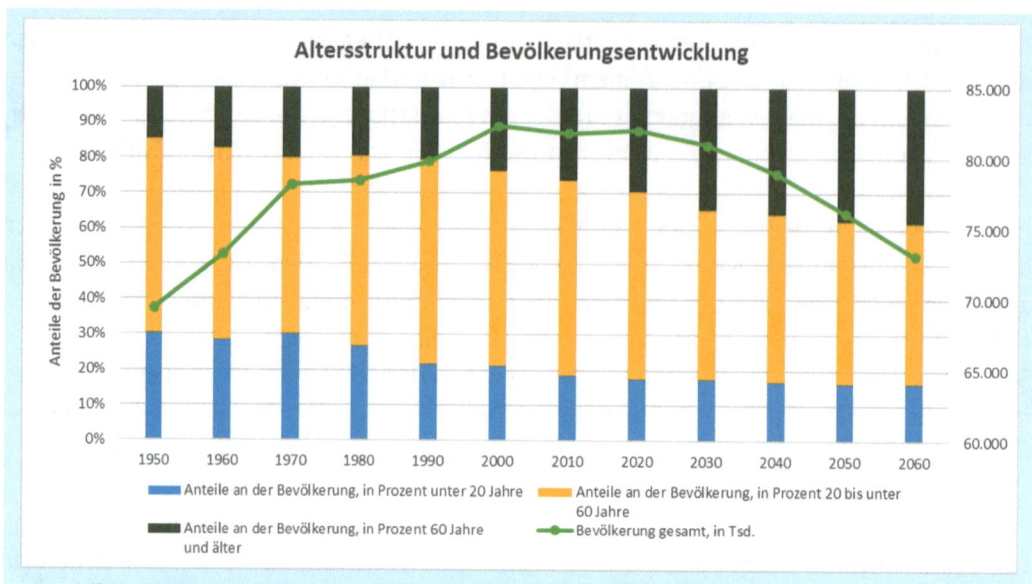

Altersstruktur und Bevölkerungsentwicklung

[Diagramm: gestapeltes Säulendiagramm mit Altersanteilen (unter 20 Jahre, 20 bis unter 60 Jahre, 60 Jahre und älter) für die Jahre 1950 bis 2060, linke Y-Achse: Anteile der Bevölkerung in % (0–100 %), rechte Y-Achse: Bevölkerung gesamt in Tsd. (60.000–85.000), grüne Linie zeigt Gesamtbevölkerung]

Bevölkerungsentwicklung und Altersstruktur (Bevölkerung (grüne Linie) in absoluten Zahlen, Anteile der Altersgruppen in Prozent, 1960 bis 2060*)

*Annahmen: 1. Durchschnittliche jährliche Geburtenrate von 1,4 Kindern je Frau bei einem steigenden durchschnittlichen Alter der Frau bei der Geburt des Kindes. 2. Anstieg der Lebenserwartung um 7 bzw. 6 Jahre (Männer/Frauen) 3. Wanderungssaldo 2014 und 2015: + 500.000 Personen. Bis 2021 sinkt der jährliche Wanderungssaldo auf 200.000 Personen pro Jahr und verstetigt sich auf diesem Niveau. Wanderungssaldo im Zeitraum 2014 bis 2060: +10.750.000 Personen.(eigene Darstellung, Quelle: Statistisches Bundesamt: Lange Reihen: Bevölkerung nach Altersgruppen, 13. Koordinierte Bevölkerungsvorausberechnung: Bevölkerung Deutschlands bis 2060)

Veränderungen sind auch in der Einkommensverteilung zu beobachten. Im unteren und oberen Segment verzeichnen wir Zuwächse, während der mittlere Bereich kleiner wird.

Technologische Trends

Ca. 80 % der Deutschen nutzen das Internet, sei es über den heimischen Computer oder das Smartphone. So ist es für die Anbieter unbedingt erforderlich, mindestens eine Homepage mit der Unternehmensvorstellung inklusive Ansprechpartner mit Telefonnummern und Mailadressen, Adresse mit Anfahrtsskizze und Sortimentsbestandteilen zu pflegen, um wettbewerbsfähig zu sein. Vorteile bieten sich, wenn z.B. die aktuelle Werbung online geschaltet ist.

3.2 Handelsrelevante Entwicklungen

Das passiert in einer Minute im Internet

- 72 Stunden neues Videomaterial hochgeladen bei YouTube
- 204 Millionen verschickte E-Mails
- Über 4 Millionen Suchanfragen bei Google
- 100.000 Freundschaftsanfragen bei facebook
- 13,8 Millionen ausgehende WhatsApp-Nachrichten
- 277.000 gesendete Tweets
- 23.300 Stunden Gesprächszeit bei Skype
- 41.667 hochgeladene Fotos bei Instagram
- 48.000 App-Downloads aus dem App Store
- 6 neue Wikipedia-Artikel

ComputerBild.de – Quellen: Inside Faceboook, Instagram, SocialTimes, WhatsApp, Wikipedia – statista

Auf der Anbieterseite führt die Einführung von RFID zu Optimierungsprozessen bei der Beschaffung, aber auch beim Absatz. So sind Kosteneinsparungen beim Einsatz von SB-Kassen absehbar und wahrscheinlich werden die Inventurdifferenzen auch sinken, wenn es zum flächendeckenden Einsatz von RFID kommt.

Die Lebenszyklen der Produkte verkürzen sich stark, besonders im Kommunikationssektor, was die Hersteller zwingt, in immer kürzeren Abständen neue Features in ihre Geräte einzubinden, um das Interesse der Verbraucher zu erregen.

Zu einer großen Veränderung wird es auch durch die Einführung von 3D-Druckern kommen, wenn diese in der Lage sind, Handelswaren wie z.B. individuellen Modeschmuck preiswert herzustellen.

Ökonomische Trends im Handel

Von 2014 bis 2017 stiegen die Reallöhne in Deutschland wieder, da die Lohnsteigerungen nicht mehr von der Inflationsrate „aufgefressen" wurden. Das hat auch zu einer Belebung der Konsumausgaben geführt. Durch das niedrige Zinsniveau wird diese Ausgabebereitschaft noch gefördert. Allerdings profitierte von dieser „Kauflaune" hauptsächlich der Dienstleistungssektor und weniger der Handel. Auch zukünftig sind keine starken Wachstumsraten zu erwarten, da die Aufwendungen der privaten Haushalte für die Altersvorsorge und im Gesundheitsbereich steigen werden. Seit 2018 steigt jedoch die Inflationsrate wieder an.

3. Handelsmarketing

Verteilung der Konsumausgaben privater Haushalte in Deutschland im Jahr 2017 vs. 1991 nach Verwendungszweck

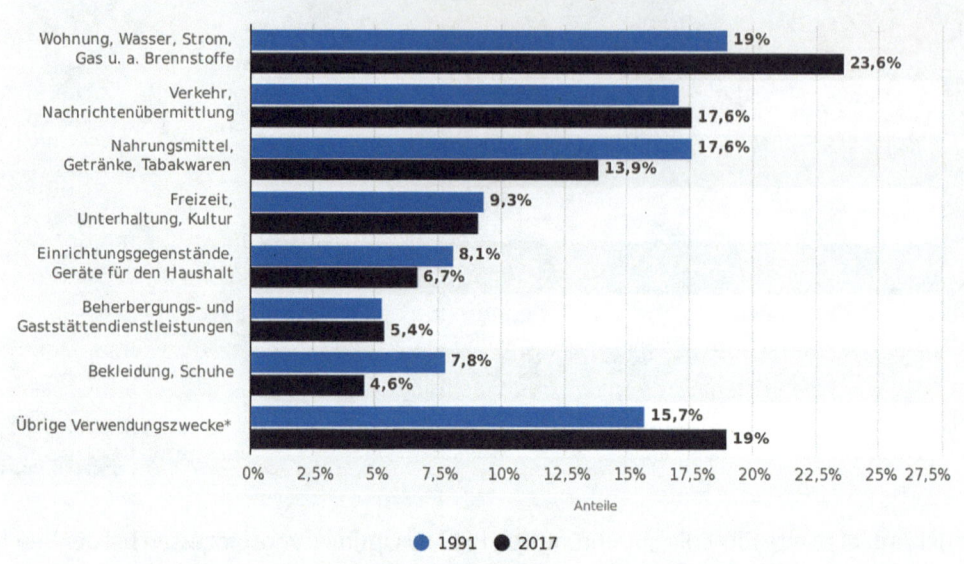

Verwendungszweck	1991	2017
Wohnung, Wasser, Strom, Gas u. a. Brennstoffe	19%	23,6%
Verkehr, Nachrichtenübermittlung	—	17,6%
Nahrungsmittel, Getränke, Tabakwaren	17,6%	13,9%
Freizeit, Unterhaltung, Kultur	9,3%	—
Einrichtungsgegenstände, Geräte für den Haushalt	8,1%	6,7%
Beherbergungs- und Gaststättendienstleistungen	—	5,4%
Bekleidung, Schuhe	7,8%	4,6%
Übrige Verwendungszwecke*	15,7%	19%

Umsatz im Einzelhandel im engeren Sinne in Deutschland in den Jahren 2000 bis 2017 (in Milliarden Euro)

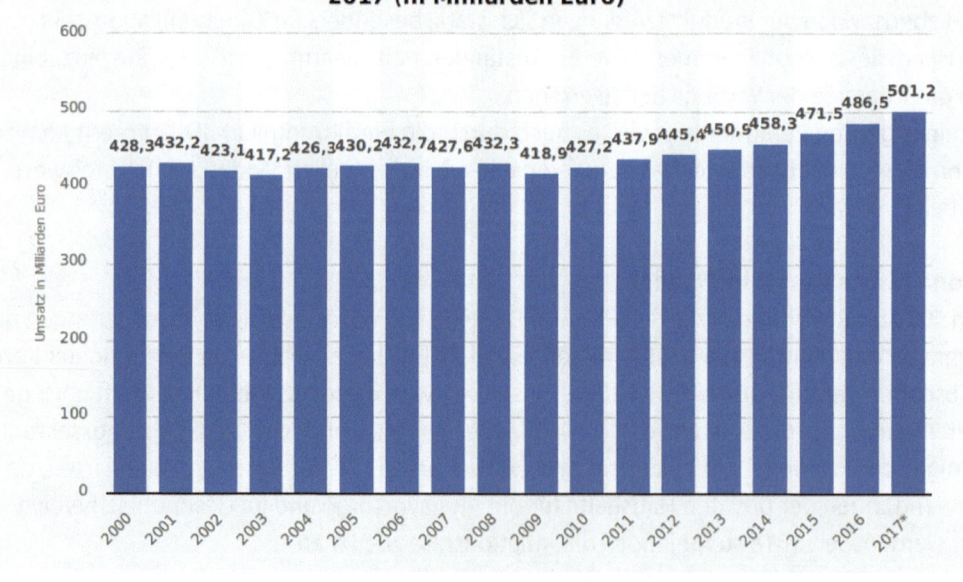

Jahr	Umsatz
2000	428,3
2001	432,2
2002	423,1
2003	417,2
2004	426,3
2005	430,2
2006	432,7
2007	427,6
2008	432,3
2009	418,9
2010	427,2
2011	437,9
2012	445,4
2013	450,9
2014	458,3
2015	471,5
2016	486,5
2017*	501,2

Quelle für beide Grafiken: Statistisches Bundesamt © Statista

Den Handelsumsatz beim institutionellen Handel beeinträchtigt auch die Vertikalisierung der Industrie. Durch die Eröffnung eigener Filialen oder Onlineshops hat sie sich vielfach zu Mitbewerbern des klassischen Einzelhandels entwickelt.

Politisch-rechtliche Entwicklungen
Der Verbraucherschutz steht auf der Agenda der europäischen Gemeinschaft. So gibt es Gesetze, die Inhalts- und Herkunftsangaben bei Produkten vorschreiben und den Datenschutz forcieren.
Die EU ging gegen Google vor, um die Ausnutzung der Vormachtstellung im Suchmaschinenbereich und der damit verbundenen Bevorzugung der Platzierung der eigenen Angebote zu reduzieren. Aktuell werden Maßnahmen zur Eindämmung des Plastikverbrauchs geplant.
Die Ansiedlung vom Großflächen auf der grünen Wiese war in den letzten zwanzig Jahren der Trend, was zu einem starken Wachstum der Fachmärkte geführt hat. Inzwischen steuert die Landesplanung der Bundesländer eher gegen diese Entwicklung. Denn die Verantwortlichen der Stadt- und Landesplanung haben gemerkt, dass Fachmarktzentren mit innenstadtbezogenem Sortiment die Innenstädte schwächen. Um weitere Leerstände in den Citylagen zu vermeiden, definieren die Städte und Gemeinden in Einzelhandels- und Zentrenkonzepten die Sortimente, die nur in den Innenstädten geführt werden dürfen. Auf der „grünen Wiese" dürfen diese Sortimente wie z.B. Bekleidung, Glas, Porzellan, Lederwaren dann nur noch in begrenztem Umfang geführt werden.

Ökologie und Nachhaltigkeit
Viele Verbraucher stellen heute höhere Anforderungen an Unternehmen als früher, denn die Medien berichten häufig über „Fehlverhalten" einzelner Unternehmen und es steht auch über das Internet eine Informationsmöglichkeit zur Verfügung. 2000 wurde von den Vereinten Nationen das Netzwerk Global Compact gegründet. Die Mitgliedsfirmen verpflichten sich zur Übernahme sozialer Verantwortung speziell im Bereich Menschenrechte, Arbeitsnormen und Umweltschutz. In großen Unternehmen gibt es bereits eine eigene Abteilung für Corporate Social Responsibility (CSR).
Fair Trade und Nachhaltigkeit sind also nicht nur Modewörter, sondern fordern das Handeln der Anbieter durch die Verbraucher. Unter Fair Trade wird der wertschätzende Umgang mit den Lieferanten verstanden und Nachhaltigkeit steht für Ressourcenschonung im Hinblick auf die Zukunft.

3. Handelsmarketing

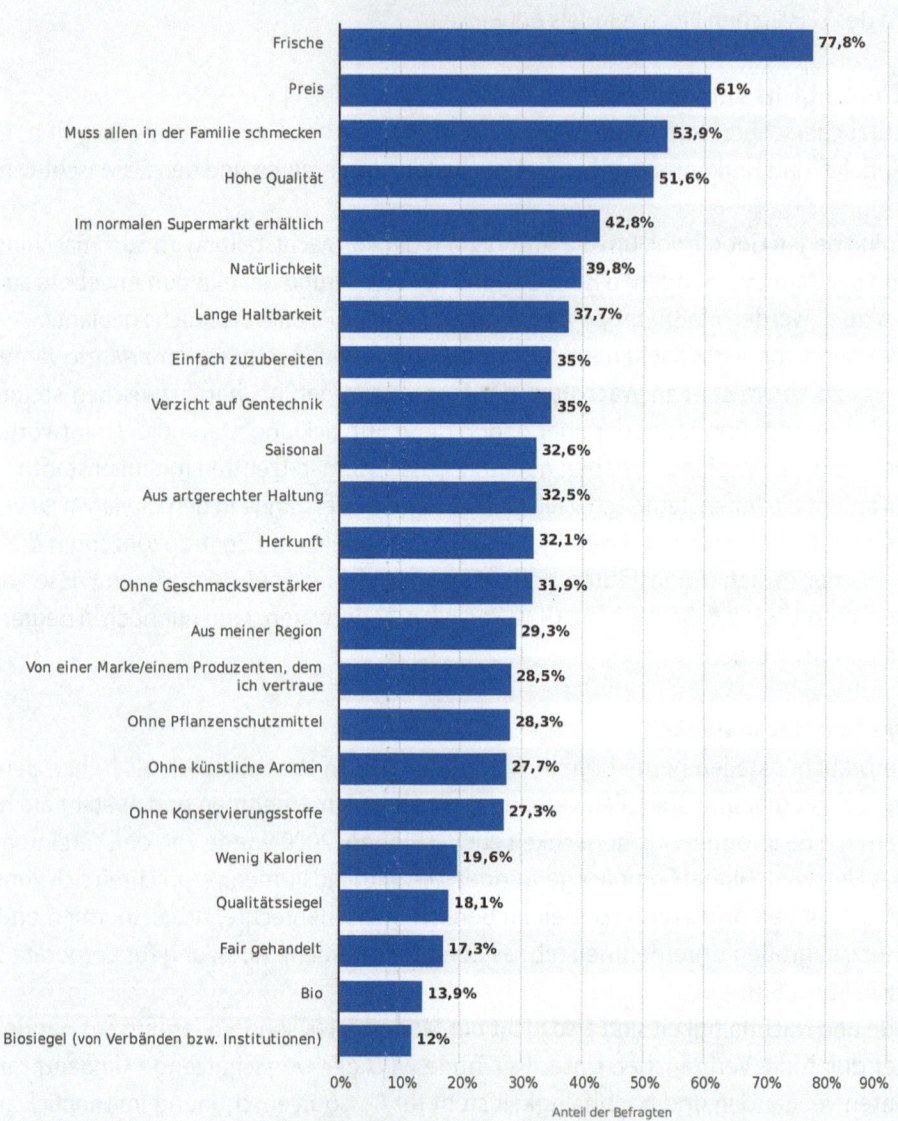

Wie häufig achten Sie bei der Auswahl von Lebensmitteln auf folgende Eigenschaften?*

Eigenschaft	Anteil der Befragten
Frische	77,8%
Preis	61%
Muss allen in der Familie schmecken	53,9%
Hohe Qualität	51,6%
Im normalen Supermarkt erhältlich	42,8%
Natürlichkeit	39,8%
Lange Haltbarkeit	37,7%
Einfach zuzubereiten	35%
Verzicht auf Gentechnik	35%
Saisonal	32,6%
Aus artgerechter Haltung	32,5%
Herkunft	32,1%
Ohne Geschmacksverstärker	31,9%
Aus meiner Region	29,3%
Von einer Marke/einem Produzenten, dem ich vertraue	28,5%
Ohne Pflanzenschutzmittel	28,3%
Ohne künstliche Aromen	27,7%
Ohne Konservierungsstoffe	27,3%
Wenig Kalorien	19,6%
Qualitätssiegel	18,1%
Fair gehandelt	17,3%
Bio	13,9%
Biosiegel (von Verbänden bzw. Institutionen)	12%

Quelle
Statista-Umfrage
© Statista 2018

Weitere Informationen:
Deutschland; Statista; 23. bis 27. Juni 2017; 1.045 Befragte; 18-65 Jahre; Deutschsprachige Wohnbevölkerung, Onliner, Haushaltsführende (überwiegend oder allein zuständig für den täglichen Einkauf sowie für das Kochen)

3.2 Handelsrelevante Entwicklungen

Unter „Consumerismus" als Trend wird die bewusste Kritik breiterer Verbraucherschichten an Missständen in der Güter- und Dienstleistungsversorgung verstanden. Im Mittelpunkt stehen die Kritik am unternehmerischen Marktverhalten und die Forderungen nach verstärktem Schutz von Konsumenten und natürlicher Umwelt. Angestrebt wird die Verbraucheraufklärung (Produkttests) und -erziehung (mithilfe der Medien z.B. bei der Ernährung) sowie Erwirkung gesetzlicher Maßnahmen im Hinblick auf Gesundheit und Sicherheit (Waschmittel, Arzneimittel, Zigaretten) des Verbrauchers. Die genannten Entwicklungen führten zur Bildung verschiedener Interessenorganisationen, die auf der politischen Ebene für diese Ziele eintreten.
Besonders die Lebensmittelmarken haben durch Skandale mit Etikettenschwindel, Verfahren des Bundeskartellamtes im Hinblick auf Preisabsprachen und auch Filme über Tierhaltung und Produktion stark an Sympathie verloren. So ist die Regionalität der Produkte vielfach zu einem Qualitätsindikator für die Käufer geworden. Besonders kleine Händler können sich durch Produkte aus dieser Kategorie einen Wettbewerbsvorteil verschaffen (s. nebenstehende Tabelle).

3.2.2 Stakeholder des Handelsbetriebs und ihre Erwartungen

Nicht nur die Kunden stehen im Blickfeld des Handels. Ein gutes Image ist genauso wichtig bei den Lieferanten, den Medien, den Verbänden, Behörden, Investoren und den Mitarbeitern, um geschäftlich erfolgreich agieren zu können. Gerade hochwertige Markenhersteller beliefern ausschließlich Partner, die zum eigenen Unternehmensauftritt passen. Ist ein Unternehmen negativ in das Blickfeld der Medien geraten, bleibt es weiterhin stark unter Beobachtung. Jetzige und auch potenzielle Mitarbeiter betrachten das Handeln eines Unternehmens, das dann zur Mitarbeiterbindung und auch Mitarbeitergewinnung genutzt werden kann.

3.2.3 Die Dynamik der Betriebsformen des Handels

Betriebsformen (Betriebstypen) des Einzelhandels im institutionellen Sinne sind insbesondere durch Branche, Sortiment, Preisniveau, Bedienungsform, Fläche (Geschäftsfläche, Verkaufsfläche), Standort und Filialisierung (Filialunternehmung) gekennzeichnet.

3. Handelsmarketing

Die bekanntesten Betriebsformen sind im

Groß- und Außenhandel	Einzelhandel
Sortimentsgroßhandel	Fachgeschäft
Spezialgroßhandel	Spezialgeschäft
Rack Jobber	Boutique
Aufkaufhandel	Fachmarkt
Absatzgroßhandel	Warenhaus
Produktionsverbindungshandel	Kaufhaus
Zustellgroßhandel	Gemischtwarengeschäft
Abholgroßhandel	Supermarkt
Cash-and-Carry-Unternehmen	Verbrauchermarkt
Versandgroßhandel	Selbstbedienungswarenhaus
Konsumgütergroßhandel	Convenience Store
Produktionsgütergroßhandel	Diskontgeschäft (Discounter)
Export-, Import- und Transitgroßhandel	Fachdiskonter
	Partiediskonter
	Duty-Free-Shop

Als Betriebsformen des Handels werden Unternehmen zusammengefasst, die in ähnlicher Form ihr Geschäft betreiben.

„Handel ist Wandel" ist eine alte Weisheit, die sich bei der Entwicklung der Betriebsformen besonders bewahrheitet. Angelehnt an den Produktlebenszyklus spricht man vom „Wheel of retailing" *(siehe Abbildung nächste Seite)*, dem Gesetz von der Dynamik der Betriebsformen. Neue Betriebsformen kommen auf den Markt, der Umsatzanteil steigt wie z.B. in den letzten 20 Jahren bei den Fachdiscountern, dann verlangsamt sich das Wachstum bis zur Stagnation auf hohem Niveau bis es zur Degeneration einer Betriebsform kommt. Den Verschleiß einer Betriebsform nennt man auch store erosion. Dies betraf nach dem Aufstieg der Supermärkte und Verbrauchermärkte ab Ende der 1960er Jahre die „Tante-Emma-Läden". Gingen die Eigentümer von Gemischtwarengeschäften in Rente, so fanden sich keine Nachfolger für das Geschäft. Außerdem wurde diese Betriebsform von keiner der Verbundgruppen wie z.B. Edeka oder Rewe mehr unterstützt, da die Abnahmemengen zu klein waren.

3.2 Handelsrelevante Entwicklungen

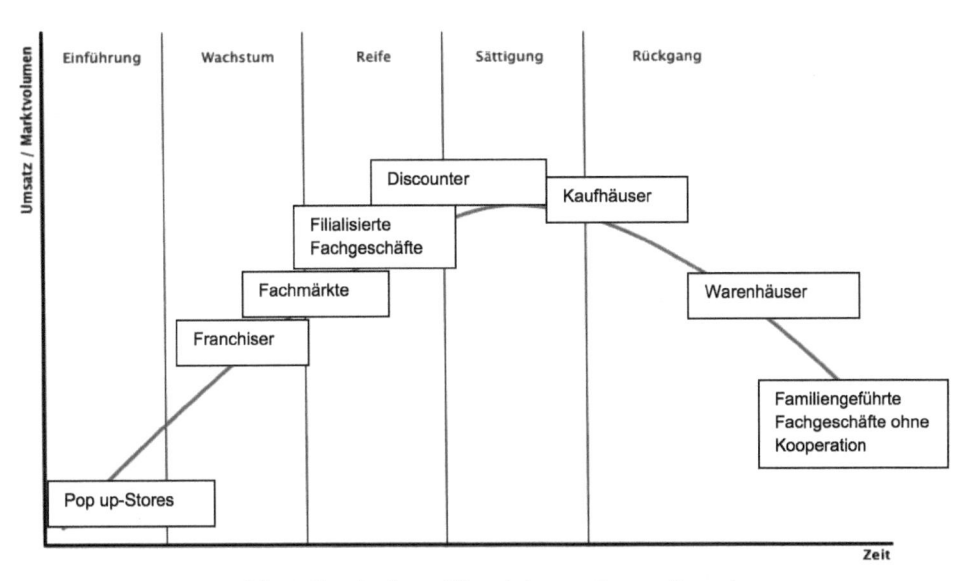

Abb.: Wheel of retailing (eigene Darstellung)

Probleme haben auch die kleinen, nicht filialisierten Fachgeschäfte, die meist familiengeführt sind. Eine geringe Eigenkapitaldecke, teilweise nicht dem heutigen Trend angepasste Laden- und Sortimentsgestaltung sowie fehlende Nachfolgemöglichkeiten führen vielfach zur Betriebsaufgabe. Erfolgreich am Markt behaupten sich jedoch die filialisierten Fach- und Spezialgeschäfte.

Andere Betriebsformen verlieren an Bedeutung, wie z.B. die Warenhäuser. „Alles unter einem Dach" schätzten die Kunden seit den 1990er Jahren nicht mehr. Für viele Waren besuchen sie lieber die Fachmarktzentren, bei denen sie mit dem Auto vor die Tür fahren können und den Eindruck haben, die Waren preiswerter zu erhalten. Große Warenhausunternehmen sind in Insolvenz gegangen, wie z.B. Hertie oder Karstadt. Fachleute sehen nur eine Chance für diese Betriebsform, wenn sie es schafft, das Erlebnis in den Mittelpunkt zu stellen. In jedem Fall müssen die Warenhäuser weiterhin die Sortimente bereinigen und in den verbleibenden Abteilungen ein tiefes Angebot im mittleren bis gehobenen Preisniveau präsentieren. In manchen Fällen kann es die Attraktivität steigern, wenn Flächen von starken Lieferanten bewirtschaftet werden. Doch dabei besteht die Gefahr, das eigene Profil zu schwächen – ein Fehler, der bereits in der Vergangenheit gemacht wurde. Andererseits sind die Warenhäuser für unsere Innenstädte von großer Bedeutung und es wäre ein Verlust, wenn diese Betriebsform nicht erhalten bliebe.

Die Grenzen zwischen Versandhandel, stationärem Handel und E-Commerce verschwimmen immer mehr. Stationäre Betriebsformen bieten ihre Ware auch über das Internet an, klassische Versender verkaufen herkömmlich und über das Internet an den gleichen Kunden und erfolgreiche Anbieter wie z.B. Amazon bauen ihre Sortimente aus, die sie bislang ausschließlich über das Internet verkaufen. Die neuen Bereiche des Versands verzeichnen hohe Zuwächse im Gegensatz zu den großen traditionellen Sortimentsversendern, deren Umsätze rückläufig sind; der große Versender Quelle konnte sich nicht auf diese neuen Entwicklungen einstellen und musste aufgeben.

Das folgende Diagramm zeigt, wie sich allein zwischen den Jahren 2000 und 2016 die Gewichte der einzelnen Betriebsformen verschoben haben:

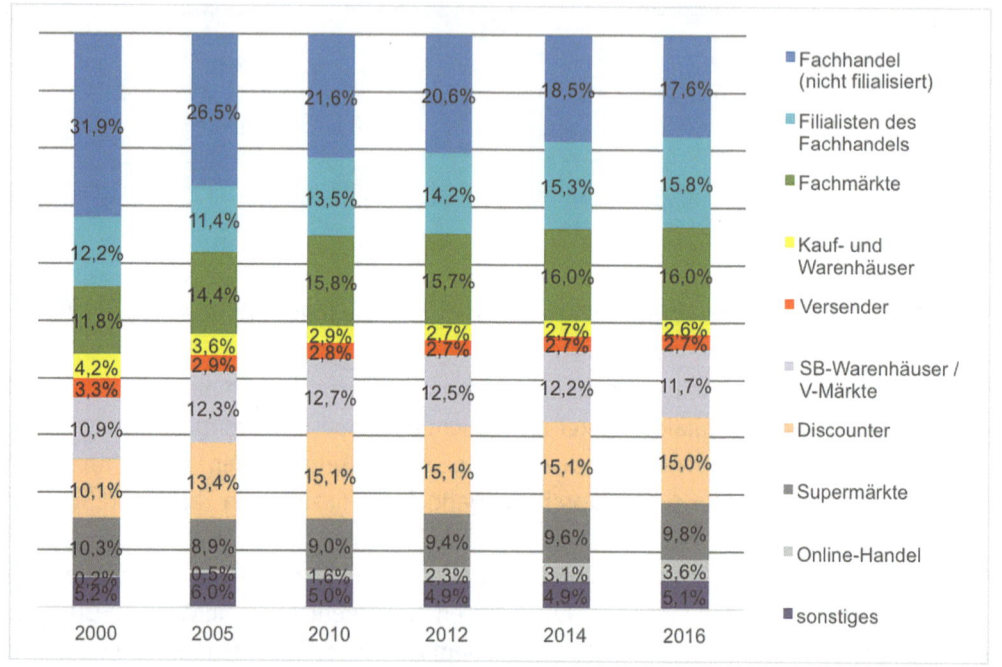

Marktanteilsentwicklung nach Betriebsformen; Quelle: IFH Retail Consultants

Doch es gibt auch Betriebsformen, die sehr stark an Bedeutung gewonnen haben:
Die Städte und Gemeinden haben in der Vergangenheit ihre Bedenken gegenüber Fachmärkten aufgegeben und entlang von Ausfallstraßen oder in eigens ausgewiesenen Zentren auf der „grünen Wiese" diese Betriebsform genehmigt. Dies führte zu Umsatzzuwächsen bei diesem Betriebstyp. Ihr Marktanteil wird in der Zukunft weiter zunehmen.
Schlechte konjunkturelle Phasen in Verbindung mit Arbeitslosigkeit begünstigten bei den Kunden die Betriebsformen mit niedrigem Preisniveau, ganz besonders die Discounter. Hierdurch verloren die Supermärkte mit Vollsortiment, zumal die Discounter mittlerweile ein Frische-Angebot mit Gemüse, Fleisch und Wurst aufweisen und so als flächendeckender Nahversorger präsent sind. Auch jetzt in günstigerer konjunktureller Lage profitieren die Discounter von ihrer Kundengewinnung und haben ihr Sortiment angepasst. Champagner und Delikatessen gehö-

ren mittlerweile zum Stammsortiment, das dann besonders zu Feiertagen noch einmal im gehobenen Bereich speziell ergänzt wird.

Bei der jüngeren Generation gehört Shopping heute zur Freizeitgestaltung. Nutznießer sind davon vor allem die Shoppingcenter, die mittlerweile die 1a-Lagen in den Citys der Großstädte, in denen vornehmlich die Warenhäuser und die Filialbetriebe vertreten sind, erobern. In vielen Städten entstanden innerstädtische Einkaufszentren, während es keine großen Neubauten auf der grünen Wiese mehr gibt, allenfalls noch Erweiterungen bestehender Einkaufscenter.

Für die Zukunft wird angenommen, dass Betriebsformen im Umfeld von „Convenience" weiterhin gewinnen werden, wie z.B. Tankshops und Bahnhofsgeschäfte mit erweiterten Öffnungszeiten sowie Home Shopping über das Fernsehen bzw. Internet. Die Umsätze steigen in diesem Segment sehr stark.

Neue erfolgreiche Unternehmen oder Unternehmenskonzepte setzen sich am Markt durch, die in die bestehenden Betriebsformen nicht einzuordnen sind:

- Primark erobert gerade den deutschen Markt und spricht speziell die junge Zielgruppe mit einem sehr modischen und preiswerten Angebot an. Eine 1b- oder sogar c-Lage reicht völlig aus, um stark frequentiert zu werden.
- Eine ebenso erfolgreiche Leitidee haben die Conceptstores: Hier wird das Sortiment an einer sehr spezifisch definierten Zielgruppe ausgerichtet wie z.B. dem Designliebhaber, dem Sammler von Marken, die es schon immer gab. Oft umfasst das Sortiment Mode, Schuhe, Bücher/CDs, Wohnaccessoires und Kosmetik.
- Neu auf dem Markt sind Pop-up-Stores, die übergangsweise leer stehende Immobilien nutzen und dort meist ohne große Investitionen in die Ladenausstattung preiswerte Ware verkaufen oder ein völlig neues Konzept testen.

PRESSEMITTEILUNG

„THE INSPIRATION STORE": METRO GROUP, EBAY UND PAYPAL STELLEN EINKAUFSERLEBNIS DER ZUKUNFT VOR

Bremen, 22. Oktober 2014 – Ob online, stationär oder mobil: Die METRO GROUP, eBay und PayPal testen ab heute ein neues Omnichannel-Konzept, in dem alle Verkaufskanäle miteinander vernetzt werden. Bis Mitte Januar 2015 können Kunden und Händler im so genannten „The Inspiration Store" im modernisierten und erweiterten Einkaufszentrum Weserpark in Bremen diese neue Form des Handels erleben, wie die drei Unternehmen am Mittwoch in Bremen bekannt gaben. Im Vordergrund des Pilotprojektes steht, wie sich die Vorteile des stationären Handels, des Online-Handels und des mobilen Handels miteinander verbinden lassen und wie innovative Bezahlmöglichkeiten den Einkauf in der Praxis erleichtern. Zahlrei-

3. Handelsmarketing

che eBay-Händler und die METRO GROUP Vertriebsmarken Media Markt, Real und Galeria Kaufhof tragen zum zweiwöchentlich wechselnden Sortiment des „The Inspiration Store" bei.

Herzstück des von der METRO GROUP, ihrer Immobilientochter METRO PROPERTIES, eBay und PayPal ins Leben gerufenen Projekts „The Inspiration Store" sind rund 200 Quadratmeter Verkaufsfläche, die Händlern und Konsumenten bis Mitte Januar 2015 ein neuartiges, zukunftsorientiertes Einkaufserlebnis bietet. Im „The Inspiration Store" kommen verschiedene erprobte Technologien unterschiedlicher Hersteller und Dienstleister in neuer Kombination zum Einsatz: Die Kunden können aus einem zweiwöchentlich wechselnden Produktsortiment verschiedener Händler wählen. Maßgeblich für die wechselnde Sortimentsgestaltung ist ein saisonaler Kalender, der sich an bestimmten Leitthemen wie „Schönes zu Hause", „Geschenkideen zur Weihnachtszeit" oder „Pflege und Wellness" orientiert. Aus Produktvorschlägen der teilnehmenden Händler wird für jedes Thema ein attraktives Sortiment mit je rund 400 Artikeln zusammengestellt. Der Kunde kauft die Produkte wahlweise direkt im Geschäft, über digitale Displays im und vor dem Geschäft, online via Computer, Smartphone oder Tablet bei www.ebay.de/rpp/pr/the-inspiration-store oder www.the-inspiration-store.de. Flexibel entscheiden kann der Käufer auch, wie er die gekaufte Ware bezahlen und erhalten möchte. So können Einkäufe nicht nur mit konventionellen Bezahlmöglichkeiten, sondern auch mobil bezahlt werden. Dies funktioniert über die PayPal-App und die Funktion ‚Einchecken mit PayPal' oder der PayPal QRShopping-App. Die Ware kann entweder nach Hause geliefert oder vor Ort im Geschäft abgeholt werden.

Das hinter „The Inspiration Store" stehende Konzept unterstützt stationäre Händler dabei, ihre Waren über Online- und mobile Kanäle verfügbar zu machen, während reine Online-Händler gleichzeitig einen stationären Auftritt erhalten. Zahlreiche eBay-Händler und die Vertriebsmarken Media Markt, Real und Galeria Kaufhof der METRO GROUP werden ihre Produkte im „The Inspiration Store" anbieten.

> Die beteiligten Unternehmen bringen ihre jeweiligen Stärken in das Projekt ein: eBay und PayPal stellen ihre langjährigen Erfahrungen im Bereich Online-Handel und -Bezahlung sowie ihre Technologien zur Verfügung, die stationäre Händler dabei unterstützen, ihre Waren auch über Online- und mobile Kanäle verfügbar zu machen. Der Düsseldorfer Handelskonzern METRO GROUP mit seinen bekannten Vertriebsmarken steuert seine umfangreiche Erfahrung mit dem stationären Handel und ganzheitlichen Multichannel-Ansätzen, seine Warenkompetenz sowie seine umfassende Expertise auf dem Gebiet von Handelsimmobilien zum Projekt bei. Ziel des dreimonatigen Piloten ist es, Erfahrungen im Bereich des über alle Kanäle vernetzten Handels zu sammeln. Danach sollen die Erfahrungen aus dem Projekt ausgewertet werden. Ein dauerhafter stationärer Auftritt ist nicht geplant.
> …. Auch von großem Interesse ist die Zusammenarbeit auf dem Gebiet der Gebrauchtgerätevermarktung zwischen der METRO Beteiligung flip4new und eBay.
>
> *Quelle: eBay*

Die beispielhaft genannten Faktoren zeigen, dass in der Zukunft die niedrigpreisigen Betriebsformen und die Betriebsformen mit Erlebnischarakter, also die eher höherpreisigen Typen, gewinnen werden. Einbußen wird weiterhin das mittlere Segment zu verzeichnen haben.

Die Betriebsformen des Großhandels haben Bestand. Die Absatzinstrumente bleiben erhalten, werden lediglich modifiziert mit deutlicher Erweiterung der Serviceleistungen, so dass die Betriebsform mit ihren Merkmalen bleibt. Der Großhandel ist überwiegend mittelständisch geprägt. Unter Umsatzrückgängen leidet momentan der Sortimentsgroßhandel, da die Abnehmerstruktur sich zu den Großformen des Einzelhandels verändert hat, die den Großhandel ausschaltet und direkt beim Hersteller die Ware bezieht und auch auf die Handelsmarken nicht angewiesen ist, da sie eigene vertreibt.

Die **Konzentration** im Handel setzt sich weiter fort. Große Unternehmen werden durch Expansion, Übernahmen und Fusionen immer größer, manches unternehmergeführte Einzelunternehmen sieht keine Zukunft und gibt auf. Doch es gibt auch große, inhabergeführte Geschäfte, die ihre lokale Marktposition behaupten oder sogar noch ausbauen konnten. Sie nutzen die Vorteile der besseren Beratung und des persönlichen Kundenkontakts.

Hersteller und Großhandel verkaufen inzwischen ihre Ware auch direkt über das Internet an den Endverbraucher. Sie werden aber oft auch vom Handel gebeten, vor allem von Waren- und Kaufhäusern, Verkaufsflächen selbst zu bewirtschaften. **Franchise-Systeme** setzen sich durch, bei denen der Hersteller oder Großhändler Franchisegeber und der Einzelhändler Franchisenehmer wird. Im Lebensmittelhandel expandiert das Handwerk, vor allem Bäckereien, bei denen das Geschäft des Handels im Vordergrund steht und nicht mehr die handwerkliche Produktion. Oft werden Fertigprodukte gekauft, die lediglich vor Ort noch aufgebacken werden oder Handelsware, die in eigenen Shops verkauft wird.

Andererseits betätigen sich Handelsunternehmen in der Produktion: Sie unterhalten Designabteilungen, die Produkte als Handelsmarken entwickeln, und lassen bei den Herstellern, oft in Osteuropa bzw. Asien, unter ihrer Aufsicht und Anleitung die Ware anfertigen. Ist die Firma „ESPRIT" ein Hersteller, ein Groß- oder Einzelhändler? Eine Zuordnung ist fast nicht mehr möglich. Das Unternehmen selbst bezeichnet sich als „wholesaler" – als Großhändler.

3.2.4 Entwicklungen und Perspektiven der Kooperationen

Formen der Kooperation
Die Konzentration im Handel erfordert, dass kleine und mittelständische Unternehmen ihre Marktposition verbessern und mit Partnern zusammenarbeiten. Dies gilt für den Großhandel und Einzelhandel gleichermaßen.
Bei den **horizontalen** Kooperationen arbeiten Unternehmen der gleichen Handelsstufe zusammen – Großhändler mit Großhändler oder Einzelhändler mit Einzelhändler. Oft wollen die Partner ihre Marktstellung gegenüber den Lieferanten durch gemeinsames Auftreten stärken. Typische Formen sind der Einkaufsverband, das Einkaufskontor oder die Einkaufsgenossenschaft. Eine weitere Möglichkeit der Zusammenarbeit bieten Erfa-Gruppen und Werbegemeinschaften.
In **vertikalen** Kooperationen oder Allianzen arbeiten Partner unterschiedlicher Handelsstufen zusammen. Dabei gibt es eine Vielzahl von Formen:

- Vertragshändler – oft im Großhandel bzw. Autohandel – vertreiben ausschließlich Ware eines Herstellers. Vertraglich wird dem Händler zugesichert, von dem Markenzeichen des Herstellers Gebrauch machen zu dürfen; häufig wird ihm Gebietsschutz gewährt.
- Der Einkaufsverband oder die Verbundgruppe können auch eine vertikale Kooperation bilden aus einem Großhändler, der ähnliche Aufgaben wie eine Zentrale in einem Filialunternehmen übernimmt, und einer Vielzahl von Einzelhändlern.
- Der Rack Jobber übernimmt wichtige Funktionen des Einzelhändlers. Ähnlich arbeiten Depotsysteme und Concessions, bei denen der Hersteller diese Funktionen übernimmt, wie z.B. Disposition der Ware, Warenpflege, Lagerhaltung, Präsentation, Bestandsüberwachung.
- Beim Rack Jobber handelt es sich meist um die Vermietung von Warenträgern, bei Depotsystemen, Concessions und Shops-in-the-shop um die Vermietung von Flächen.
- Franchisesysteme nehmen im Großhandel und noch stärker im Einzelhandel zu: Der Hersteller oder Großhändler als Franchise-Geber räumt den Partnern aus Groß- und Einzelhandel das Recht ein, sein Marketing-Konzept zu verwenden. Als Gegenleistung garantiert der Franchise-Nehmer die Warenabnahme und führt eine Provision ab.
- Beim Electronic Data Interchange EDI tauschen die Partner der gesamten Wertschöpfungskette Daten aus, um Logistikkosten zu senken und die Warenverfügbarkeit zu erhöhen.

3.2 Handelsrelevante Entwicklungen

Bei den **lateralen** oder **diagonalen** Kooperationen arbeiten Unternehmen verschiedener Branchen zusammen. Eine Form dieser Kooperationsmöglichkeit sind die City-Marketing-Gesellschaften, die das Ziel verfolgen, die Stadt und ihr Image, ihre Attraktivität und Anziehungskraft zu verbessern. Im Rahmen von Outsourcing ist aber auch ein Café oder eine kleine Bar in einem Einzelhandelsbetrieb denkbar. In der Mall von SB-Warenhäusern mieten sich Reinigungen oder Reisebüros ein.

Urerzeugung
z.B. Hopfen-, Weinanbau
Brunnenbetriebe

Industrie
z.B. Brauerei, Brennereien
Getränkeindustrie

Vertikale Kooperationen
z.B. Franchise, Vertragshändler

Großhandel

Horizontale Kooperation
z.B. Einkaufskontor, Einkaufsverband

Vertikale Kooperationen
z.B. Franchise, Vertragshändler, Shop-in-the-shop

Vertikale Kooperationen
z.B. freiwillige Kette, Rack-Jobber, Franchise

Einzelhandel

Horizontale Kooperationen
z.B. Einkaufsverband, Werbegemeinschaft

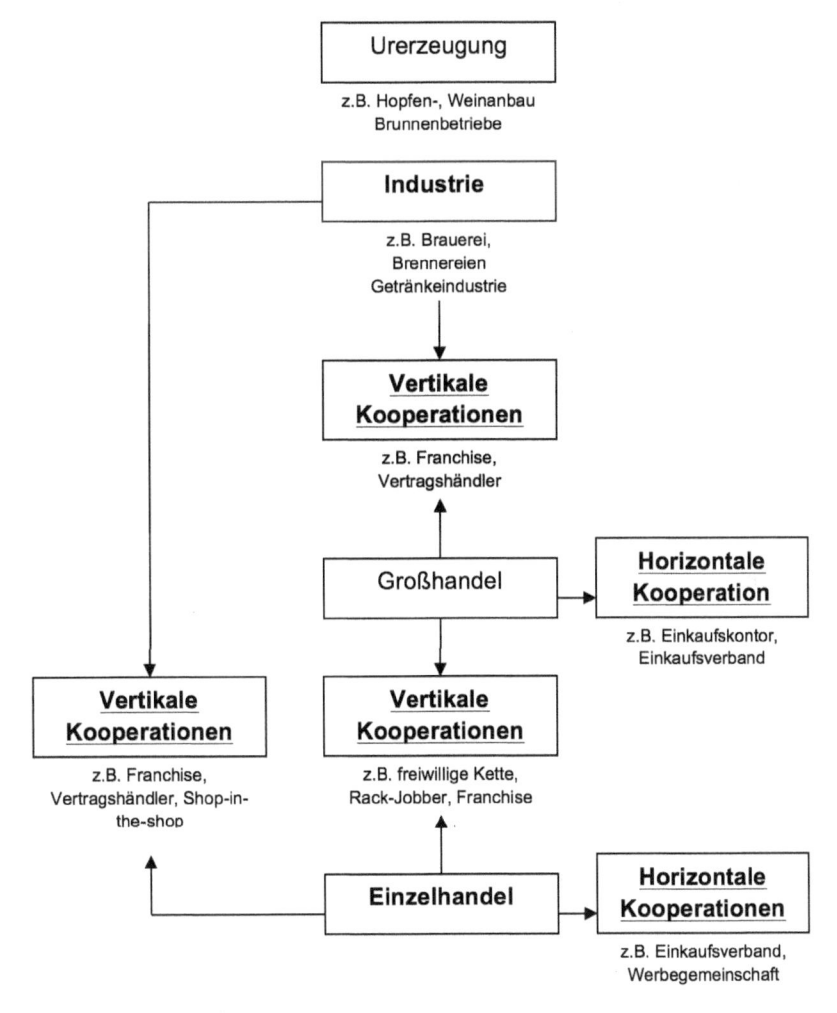

Abb. : Formen der Kooperation

Ziele der Kooperation

Früher war das vorrangige Ziel von Kooperationen die **Verbesserung der Einkaufsbedingungen**. Dies gilt heute zwar auch noch, zusätzlich aber haben sich ergänzende Leistungen herausgebildet, die sowohl im Marketing als auch in der internen Organisation das Handelsunternehmen stärken.

Einkaufskooperationen werden von Unternehmen jeder Unternehmensgröße eingegangen: Kleine und mittelständische Unternehmen des Groß- und Einzelhandels schließen sich zu vertikalen und horizontalen Einkaufskooperationen zusammen, doch auch Großunternehmen suchen die Partnerschaft. Dabei sollen Beschaffungsmengen gebündelt werden, um bessere Konditionen zu erhalten. Für den Partner einer starken Kooperation werden günstige Geschäftsbedingungen möglich, die die Rechte bei Warenmängeln und Lieferungsverzug stärken und Kosten reduzieren. Außerdem werden internationale Beschaffungsquellen zugänglich, die für den Einzelnen durch die Risiken und Kosten des Außenhandels trotz der niedrigen Beschaffungspreise nicht rentabel wären.

Für kleine und mittelständische Handelsunternehmen kann es schwierig sein, starken **Herstellermarken**, die im Fokus des Kunden stehen, ausreichend Gewicht im Sortiment zu geben, denn Lieferungsbeschränkungen der Industrie erschweren nicht selten den Bezug. Hier sichert der Einkaufsverband oder die Vertragspartnerschaft diese Bezugsquelle.

Wichtige Herstellermarken bieten immer stärker **Vertriebskonzepte** an, die auf ihren Werbeauftritt abgestimmt sind, der Kundenzielgruppe entsprechen und als Systemangebot Kosten der Ladengestaltung und Warenpräsentation senken. Dies gilt vor allem für vertikale Partnerschaften wie Franchise und Concessions, bei denen der Lieferant die Verkaufsfläche des Handelsunternehmens bewirtschaftet. Die Risiken des Absatzes werden geteilt: Das Handelsunternehmen kann bei Absatzschwierigkeiten großzügig retournieren, der Hersteller beteiligt sich an Preisreduzierungen. Dabei optimieren sich oft die Verkaufskennziffern, da Lieferant und Handelsunternehmen in der Warenwirtschaft vernetzt sind, der Lieferant sofort Absatzmöglichkeiten und -risiken erkennen und schnell reagieren kann. Reibungen innerhalb der gesamten Wertschöpfungskette werden sehr schnell offenkundig und können abgestellt werden. Außerdem hat sich erwiesen, dass der Erfolg mittelständischer und kleinerer Handelsunternehmen vom Engagement und persönlichen Einsatz des Unternehmers abhängig ist. So können auch sie expandieren, da wichtige Aufgaben vom Lieferanten zuverlässig und effizient übernommen werden.

Neben den Herstellermarken gewinnen die **Handelsmarken** immer mehr an Bedeutung. Sie schaffen Profil im Sortiment, geben kalkulatorische Freiheiten und sind ein wichtiges Absatzinstrument, um den Kunden an das Unternehmen zu binden. Nur durch horizontale oder vertikale Partnerschaften ist die Entwicklung von Handelsmarken für kleine und mittelständische Unternehmen möglich.

Die Einkaufsverbände machen oft – egal ob horizontal oder vertikal gegliedert – ihren Mitgliedern **Finanzierungsangebote**. Sie übernehmen die Zentralregulierung, so dass alle Rechnungen der Lieferanten zentral von der Einkaufskooperation beglichen und später den Mitgliedern belastet werden. Damit übernimmt der Einkaufsverband das Risiko für Forderungsausfälle. Dies macht auch für marktstarke Lieferanten das Geschäft mit vielen kleinen und mittleren Handelsunternehmen interessant.

Weitere Serviceangebote von Einkaufskooperationen, Großhändlern und der Industrie gegenüber dem Einzelhandel sind die **Betriebsberatung**, **Betriebsvergleiche** und **Logistik- und Informationskonzepte**.

Die Trinkmann GmbH erwägt ihre Expansion durch ein Franchise-Angebot zu beschleunigen. Dabei ist geplant, im engeren Umkreis die Fachmärkte in eigener Regie zu führen, im weiteren Absatzgebiet jedoch Franchise-Partner zu gewinnen, die die Fachmärkte als selbstständige Unternehmer führen. Die Trinkmann GmbH übernimmt die Beschaffung von Wasser, Bier, Säften und Limonaden, stellt die Geschäftsausstattung, übernimmt die Werbung und bietet Mitarbeiter-Schulungen und Betriebsberatungen an. Die Franchise-Nehmer konzentrieren sich auf die Kunden- und Mitarbeiterbetreuung. Dabei lässt die Trinkmann GmbH den Märkten unternehmerische Freiheiten im Sortiment: Weine, Spirituosen und Ergänzungssortimente können von der Trinkmann GmbH bezogen oder in Eigenregie entsprechend den Anforderungen des Standortes beschafft werden.

Dadurch reduziert sich das unternehmerische Risiko für beide Partner: Der Franchise-Nehmer übernimmt die niedrigeren Kosten der Geschäftsausstattung von ca. 40.000 Euro, zahlt eine Einstiegsgebühr von 8.000 Euro und eine Umsatzprovision von 5%.

Die Trinkmann GmbH stellt ihr in der Praxis bewährtes Konzept der Getränkemärkte zur Verfügung, sichert den Absatz des Großhandels, erhöht den Bekanntheitsgrad der Märkte und vielleicht später auch einer Handelsmarke und optimiert die Kosten der Zentrale.

Was macht Kooperationen erfolgreich?
Geht ein Handelsunternehmen Kooperationen ein, so müssen alle Mitglieder dieser Zusammenarbeit Ziele verfolgen, die nur gemeinsam erreicht werden können. Oft steht die Marke der Verbundgruppe im Mittelpunkt, die gemeinsam am Markt durchgesetzt werden soll. Viele Partner treten im gleichen Erscheinungsbild auf. Dies ist für die rasche Durchsetzung der Marke von großer Bedeutung. Alle partizipieren so gleichermaßen von ihrem Engagement. Nicht selten wird den Partnern ein differenziertes Angebot unterbreitet, so dass das Handelsunternehmen zwischen verschiedenen Sortimentsbausteinen und Leistungspaketen wählen kann.

Ein elektronischer Datenaustausch ist heute unerlässlich, um die Sortiments- und Preisentscheidungen auf beiden Seiten schnell und effizient treffen zu können.
Immer wieder scheitern Kooperationen an dem Konflikt zwischen Selbstständigkeitswahrung und -aufgabe. Nur die Bereitschaft der Handelsunternehmen, auf einen Teil der unternehmerischen Eigenständigkeit zu verzichten, sichert das Erreichen des gesetzten Zieles. Dabei sollte bei den Mitgliedern darauf geachtet werden, dass Konflikte, widersprüchliche Interessen und regionale Überschneidungen nicht zu groß sind.

Soviel Freiheit für den einzelnen Kooperationspartner wie möglich, nicht mehr Bindung als nötig.

Horizontale Kooperationen sind Kartelle: Unternehmen auf der gleichen Handelsstufe verpflichten sich zu gemeinsamen Handeln in bestimmten Bereichen – z.B. dem Einkauf – mit der Folge, den Wettbewerb zu beschränken. Oft treten die Mitglieder nicht mehr selbst am Markt auf, sondern die Verbundgruppe übernimmt die Verhandlung mit den Lieferanten. Grundsätzlich sind Kartelle verboten, doch der Gesetzgeber hat Ausnahmen geregelt. Zu diesen Ausnahmen gehören die Mittelstandskartelle. Dem Gesetzgeber ist hier wichtig, den Mittelstand zu stärken und ihm am Markt eine Position zu geben, die es ermöglicht, gegenüber den großen Handelsunternehmen bestehen zu können. Daher müssen Einkaufskooperationen lediglich angemeldet werden.

3.3 Markt-/Zielgruppenanalysen und Marketingstrategien

Aus den Marktanalysen gewinnt das Handelsunternehmen alle Erkenntnisse, die notwendig sind, um Entscheidungen für eine bestimmte Marketingstrategie zu treffen bzw. individuelle Marketingstrategien zu entwickeln und zu kontrollieren. Ausgewertet werden die Marktgrößen (Potenzial, Volumen usw.), die Daten der Mitbewerber sowie die Struktur der Nachfrager mit ihren Bedürfnissen.

3.3.1 Daten zur Beschreibung von Märkten

Marktanalyse
Bei der Analyse der Marktsituation wird die Aufteilung eines relevanten jeweiligen Gesamtmarkts nach **Marktanteilen** betrachtet. Das Handelsunternehmen kann Aufschluss über die momentane Marktsituation, die Stellung von Produkten oder die Position des eigenen Unter-

3.3 Markt-/Zielgruppenanalysen und Marketingstrategien

nehmens oder anderer Unternehmen auf dem Markt gewinnen. Neben den jeweiligen Anteilen am Markt sind **Absatz- bzw. Marktvolumen** und **Absatz- bzw. Marktpotenziale** zu erkennen.

- **Marktpotenzial:** Das Marktpotenzial zeigt die maximal mögliche Aufnahmefähigkeit eines Marktes auf. Diese ergibt sich z.B. aus der Zahl der potenziellen Kunden oder dem Grad der Marktsättigung. Eine Erhöhung des Marktpotenzials wird z.B. durch Erschließung neuer Kundenzielgruppen, die Zunahme der Kaufkraft oder durch eine Umverteilung der Bedarfsart erzielt.
- **Marktvolumen:** Das Marktvolumen gibt die realisierte oder prognostizierte Absatzmenge einer Branche oder Warengruppe an.
- **Absatzpotenzial:** Das Absatzpotenzial zeigt das individuelle Potenzial eines Unternehmens, also den Anteil des Unternehmens am Marktpotenzial an.
- **Absatzvolumen:** Das Absatzvolumen ist die individuelle Absatzmenge eines Unternehmens, ausgedrückt in Euro oder Stück.
- **Marktanteil:** Der Marktanteil ist der prozentuale Anteil des Absatzvolumens am Marktvolumen.
- **Relativer Marktanteil:** Der relative Marktanteil ist das Verhältnis des Marktanteils des eigenen Unternehmens zum Marktanteil des größten Wettbewerbers.
- **Marktsättigungsgrad:** Der Marktsättigungsgrad drückt den prozentualen Anteil des Marktvolumens am Marktpotenzial aus.

Kundenanalyse

Im Rahmen der Kundenanalyse wird anhand von Daten aus Befragungen und Beobachtungen festgestellt, welche Zielgruppen tatsächlich angesprochen werden. Der Vergleich der vorliegenden Daten mit denen des Zielgruppenprofils aus der Marktsegmentierungsstrategie kann eine Bestätigung bringen oder es können sich Abweichungen ergeben. Ein sehr gutes Hilfsmittel stellen die Kundenkartensysteme der Handelsunternehmen dar, über die gleichfalls das Kaufverhalten der Kunden festgestellt und ausgewertet werden kann. Je mehr Informationen über die Kunden vorliegen, desto intensiver und genauer kann das Unternehmen mit Marketingmaßnahmen zur Steigerung von Kundenbindung und Kundenzufriedenheit reagieren. Die Analyse kann zu einer verstärkten Bearbeitung der Kernzielgruppe führen, oder es werden aus den abweichenden Ergebnissen neue Zielgruppen in die Marketingstrategie eingebunden bzw. es werden neue Strategien für diese Zielgruppen entwickelt.

Die Mitarbeiter in den Getränkefachmärkten der Trinkmann GmbH bitten bei jedem Kassiervorgang die Kunden um die Angabe ihrer Postleitzahl. Die Analyse der Daten ergibt eine Übereinstimmung mit den für die aktuelle Werbeaktion festgelegten Streugebieten für die Verteilung der Handzettel und die Schaltung der Werbeinserate in den Anzeigenblättern.

Distributionsanalyse

Die Distributionsanalyse liefert dem Handelsunternehmen wichtige Informationen, um Entscheidungen über die Absatzwege zu treffen. So können neue Vertriebswege gefunden, die bisherigen ausgebaut oder an veränderte Gegebenheiten angepasst werden. Es werden bei der Analyse generell alle Distributionsmöglichkeiten betrachtet, welche vom Produzenten bis hin zum Endverbraucher bestehen. Das Handelsunternehmen kann sich für einen einzelnen Absatzkanal oder für eine Kombination verschiedener Möglichkeiten, die „Multichannel-Distribution", entscheiden. Über die jeweiligen Absatzkanäle sollen mögliche Kunden akquiriert und mit Waren versorgt werden.

Bei den klassischen Vertriebswegen, wie z.B. dem stationären, oder dem ambulanten Handel und modernen Vertriebswegen, wie dem Internet werden bei der Analyse z.B. folgende Aspekte beurteilt:

- **Mitbewerber:** Welche Vertriebsstrategien nutzen die Mitbewerber? Die Erkenntnisse darüber können zu der Entscheidung führen, neue Absatzwege zu beschreiten. Die Konsequenz kann aber auch sein, den Absatzweg beizubehalten und sich mit verschiedenen absatzpolitischen Maßnahmen von den Mitbewerbern abzuheben.
- **Zusammensetzung, Art und Anzahl der Kunden:** Welche Kunden nutzen den Vertriebsweg: Endverbraucher oder Gewerbetreibende?
- **Besonderheiten der vom Handelsbetrieb angebotenen Waren:** Untersuchung von warenspezifischen Aspekten, wie z.B. Erklärungsbedürftigkeit, Verderblichkeit, Gewicht etc.
- **Kosten des Vertriebskanals:** Analyse der Einstiegskosten sowie der laufenden Kosten
- **Mögliche Serviceleistungen zur Verkaufsunterstützung:** Welche zusätzlichen Dienste, z.B. Reparatur, Verpackung, Lieferung, qualitative Aufbereitung von Waren, sind eventuell erforderlich, um den optimalen Absatz zu gewährleisten?

Der Geschäftsführer der Trinkmann GmbH beschließt, die Expansion der Getränkefachmärkte über das Franchising zu betreiben. Die Entscheidung ist nach der Auswertung und Beurteilung umfangreichen Materials vom Deutschen Franchise-Verband, aktuellen Vertriebsstatistiken, aus Fachzeitschriften und Informationsmaterial von diversen Fachtagungen gefallen.

Wettbewerbsanalyse

Bei der Analyse der Wettbewerbssituation stehen die Mitbewerber des Handelsunternehmens im Mittelpunkt der Betrachtung. Hierbei wird festgestellt und ausgewertet, welche Unternehmen als Mitbewerber in Betracht kommen, ihr Erscheinungsbild in der Öffentlichkeit und ihre Marketingstrategien. Bei der Analyse muss nach direkten, indirekten, tatsächlichen und potenziellen Mitbewerbern unterschieden werden. Grundsätzliche Ziele der Analyse sind der Ausbau bzw. die Sicherung der Wettbewerbsposition. Das Handelsunternehmen stellt die eigenen Stär-

3.3 Markt-/Zielgruppenanalysen und Marketingstrategien

ken und Schwächen denen der Mitbewerber gegenüber und zieht daraus Konsequenzen für die künftigen Marketingstrategien.
Untersuchungs- bzw. Beurteilungskriterien der Wettbewerbsanalyse sind:
- Anzahl der Filialen
- Größe der Verkaufsfläche
- Anzahl der Mitarbeiter
- Qualifikation der Mitarbeiter
- Preislagen
- Sortimentspolitik
- Intensität und Rhythmus von Werbemaßnahmen

Die Teamleiter der Fachmärkte der Trinkmann GmbH sind aufgefordert, regelmäßig, einmal im Monat einen Bericht anzufertigen, in dem sie die Aktionen der Mitbewerber dokumentieren, die jeweils angebotenen Produkte, die Aktionspreise sowie die Aufmachung des Werbematerials. Diese Berichte werden gesammelt und jeweils pro Halbjahr vom Vertriebsleiter ausgewertet.

Umfeldanalyse
Bei der Umfeldanalyse werden die Rahmenbedingungen betrachtet, die auf die Handelsunternehmen von außen Einfluss nehmen. Zu analysieren sind dabei sowohl die derzeitige Ausprägung als auch die Entwicklung bestimmter Faktoren. Es handelt sich dabei um Faktoren, die von einzelnen Handelsunternehmen selbst nicht beeinflusst werden können, aber zu verändertem Verhalten auf der Kunden-, Mitbewerber- sowie Lieferantenseite führen. Ziel der Umfeldanalyse ist die Aufdeckung von externen Aspekten, die Chancen oder Risiken für ein Handelsunternehmen darstellen oder darstellen können.
Faktoren bzw. Bedingungen, die bei der Umfeldanalyse betrachtet werden, sind:
- **Rechtliche Bedingungen:** Hier werden Veränderungen hinsichtlich der Gesetzeslage analysiert, die auf ein Handelsunternehmen einwirken wie z.B. Zwangspfandregelung, Mindestlohn, Verbraucherschutzauflagen, Liberalisierung des Ladenschlussgesetzes, Einschränkung der Plastikverpackungen etc.
- **Volkswirtschaftliche Bedingungen:** Die Entwicklung des Bruttoinlandsprodukts, die Veränderung der Verbraucherpreise, die Entwicklung der Kaufkraft innerhalb der Volkswirtschaft, der Zinsen sowie anderer Konjunkturindikatoren sind für den Erfolg eines Handelsunternehmens von Bedeutung und müssen daher genau verfolgt werden.
- **Demografische Bedingungen:** Zu den demografischen Gegebenheiten gehören besonders die Entwicklung der Bevölkerung in den verschiedenen Altersklassen wie auch die Entwicklung der Haushaltsgröße.

- **Sozio-kulturelle Bedingungen:** Wertesysteme, auch das Konsumverhalten, die Sparneigung, Lebensstile (z.B. das Gesundheitsbewusstsein) und das Freizeitverhalten verändern sich. Sie haben Auswirkungen auf den Einzelhandelsumsatz und damit auf den Erfolg des Unternehmens.
- **Ökologische Bedingungen:** Umweltbewusstsein, Recyclingverhalten und der Umgang mit den Ressourcen unterliegen Veränderungen. Kunden wie auch Produzenten reagieren teilweise sehr drastisch auf ökologische Aspekte.
- **Technologische Bedingungen:** Der technische Fortschritt schreitet in der heutigen Zeit immer schneller voran, so dass auch hier das Handelsunternehmen die Bedingungen genau analysieren muss, um entsprechend darauf reagieren zu können. Von besonderer Bedeutung sind für den Handel in diesem Zusammenhang die Innovationen auf dem Sektor der Informations- und Kommunikationstechniken. Durch die technologischen Entwicklungen entstehen neue Einsatz- und Anwendungsgebiete.

3.3.2 Aufgaben und Methoden der Marktforschung

Die Marktforschung umfasst die geplante und systematische Beschaffung, Analyse, Aufbereitung und Interpretation sowohl interner als auch externer Informationen. Die Sammlung und Aufbereitung der Daten erfolgt gemäß wissenschaftlicher, systematischer Vorgehensweisen.

Marktforschung: Systematische Aufbereitung von Informationen über den Markt mit Hilfe wissenschaftlicher Methoden

Werden Daten eher sporadisch und unsystematisch erhoben, wird dies als Markterkundung bezeichnet. Die Ergebnisse der Marktforschung stellen die Grundlage zur Entwicklung von Marketingstrategien dar. Je gründlicher die Datenerhebung ist, desto wirkungsvoller sind die zielgerichtete Auswahl und der Einsatz der absatzpolitischen Instrumente.

Objekte der Marktforschung sind z.B.:
- das eigene Unternehmen
- potenzielle und tatsächliche Kunden
- Mitbewerber
- Volkswirtschaftliche Rahmenbedingungen
- Standort des Unternehmens.

3.3 Markt-/Zielgruppenanalysen und Marketingstrategien

Je nach Ziel der Erhebung von Daten wird zwischen der **quantitativen und qualitativen Marktforschung** unterschieden. Ziel der quantitativen Marktforschung ist die Erhebung von numerischen Daten bezüglich des Marktes, wie z.B. Marktvolumen, Marktanteile, Umsatz je Kunde. Das Ziel der qualitativen Marktforschung ist z.B., Meinungen der Kunden zum Handelsunternehmen, Erwartungen an Produkte oder auch Motive für bestimmte Verhaltensweisen zu ermitteln.

Aufgaben der Marktforschung
- **Innovationsfunktion:** Neue Märkte und Marktlücken werden aufgespürt, um für ein Unternehmen neue Chancen zu erschließen.
- **Entscheidungsverbesserungsfunktion:** Durch umfangreiche Informationen wird die Entscheidungsfindung qualitativ verbessert. Sachverhalte können präziser und objektiver formuliert werden.
- **Strukturierungsfunktion:** Teilentscheidungen und einzelne Marketingaktivitäten können optimaler aufeinander abgestimmt werden.
- **Selektionsfunktion:** Aus einer Vielzahl von Marktdaten werden diejenigen herausgefiltert und aufbereitet, die für einen Entscheidungsprozess relevant und notwendig sind.
- **Frühwarnfunktion:** Risiken können vorzeitige erkannt und in Bezug auf die Planung und Steuerung von Marketingaktivitäten abgeschätzt werden.
- **Prognosefunktion:** Veränderungen im Umfeld eines Unternehmens werden wahrgenommen und die Auswirkungen auf die Zukunft eingeschätzt.

Im Hinblick auf die zeitlichen Dimensionen bei der Datenerhebung werden die Arten der Marktforschung unterschieden.
- **Marktanalyse:** Die Marktanalyse ist eine einmalige Untersuchung des Marktes. Es handelt sich um eine statische Betrachtung, vergleichbar mit einer Momentaufnahme, einem Foto.

Ein Makler bietet der Trinkmann GmbH ein Objekt für eine Fachmarktfiliale an: Das Unternehmen analysiert die Konkurrenz am Standort anhand vorliegender Daten zur Entscheidungsvorbereitung.

- **Marktbeobachtung:** Die Marktbeobachtung ist eine fortlaufende Untersuchung der Entwicklung des Marktes. Es handelt sich um eine dynamische Betrachtung, bei der Veränderungen im Zeitablauf erkennbar werden, vergleichbar mit einem Film.

Die Mitarbeiter der Fachmärkte der Trinkmann GmbH führen monatlich Konkurrenzgänge durch, um z.B. Veränderungen im Sortimentsaufbau, Verkaufsförderungsaktionen und Werbung der Mitbewerber zu dokumentieren. Die angefertigten Berichte werden an den Teamleiter Fachmärkte zur Auswertung weitergeleitet.

- **Marktprognose:** Die Marktprognose ergibt sich aus der Verarbeitung der Erkenntnisse der Marktanalyse und der Marktbeobachtung und stellt eine Vorhersage der zukünftigen Entwicklung dar.

Die Fachzeitschrift des Hotel- und Gaststättenverbandes veröffentlicht eine in Auftrag gegebene Studie, die vorhersagt, dass die Anzahl der Gastronomiebetriebe, die noch gezapftes Exportbier anbieten, weiter abnimmt.

Um die marktrelevanten Daten zu sammeln, bedient sich die Marktforschung der Methoden der **Primärforschung** und der **Sekundärforschung**.

```
                    Methoden der Marktforschung
                    ┌──────────────┴──────────────┐
              Primärforschung              Sekundärforschung
              „field research"                „desk research"
        ┌────┬────┬────┐                      ┌──────┴──────┐
   Befragung Beobachtung Test Experiment  Innerbetriebliche Außerbetriebliche
                │                              Daten           Daten
              Panel
```

Sekundärforschung (desk research)
Bei der Sekundärforschung wird auf bereits vorhandenes Datenmaterial, innerbetrieblicher bzw. außerbetrieblicher Art, zurückgegriffen. Dieses Verfahren ist preiswert und kann schnell durchgeführt werden. Dabei sind die außerbetrieblichen Daten nicht immer genau auf die Fragestellung bezogen, es handelt sich oft um allgemeine Daten, die auch nicht immer aktuell sind. Es ergibt sich nicht zwangsläufig ein Wissensvorsprung, da die externen Daten auch von den Mitbewerbern genutzt werden können.

3.3 Markt-/Zielgruppenanalysen und Marketingstrategien

Beispiele innerbetrieblicher Daten
- Umsatzstatistiken
- Kassendaten
- Daten aus dem Warenwirtschaftssystem
- Verkaufsberichte der Außendienstmitarbeiter
- Schriftwechsel mit Kunden
- Kundenstatistiken
- Reklamationsstatistiken
- Daten aus der Kostenrechnung

Beispiele außerbetrieblicher Daten
- Veröffentlichungen der statistischen Ämter
- Marktforschungsinstitute wie GfK, A.C. Nielsen
- Veröffentlichungen der Verbände, IHK
- Veröffentlichungen in Fachzeitschriften, Fachbüchern, örtlicher Presse
- Geschäftsberichte von Lieferanten, Kunden, Mitbewerbern
- allgemeine Daten aus dem Internet
- Strukturdaten von Stadtverwaltungen, Gemeinden

Primärforschung (field research)
Bei der Primärforschung werden Daten unmittelbar für eine konkrete absatzpolitische Fragestellung mit Hilfe von **Befragung, Beobachtung, Test/Experiment** oder **Panel** neu erhoben. Diese Methode nimmt jedoch viel Zeit in Anspruch und verursacht hohe Kosten. Dafür kann die Datenerhebung sehr genau auf die Fragestellung des Handelsunternehmens, auf die Zielgruppe oder auf den Zeitraum abgestimmt werden. So erhält das Unternehmen maßgeschneiderte, aktuelle Informationen. Die jeweiligen methodischen Vorgehensweisen richten sich an verschiedene Personengruppen, wie z.B. tatsächliche oder potenzielle Kunden, Handelsunternehmungen und Hersteller.

Statistisch besteht die Möglichkeit, die Daten über eine Vollerhebung oder eine Teilerhebung zu gewinnen. Vollerhebung bedeutet, dass z.B. für eine Befragung alle Personen einer Grundgesamtheit erfasst werden. Bei einer Teilerhebung wird nur ein für die Grundgesamtheit repräsentativer Personenkreis befragt. Die Auswahl der Personen kann z.B. nach folgenden Verfahren erfolgen:

- Zufallsauswahlverfahren, auch als Random-Verfahren bezeichnet: Hier wird z.B. per Zufallsgenerator eine Stichprobe aus einer Kundendatei ausgewählt. Jeder Kunde aus der Datei hat bei dieser Vorgehensweise die gleiche Chance, ausgewählt zu werden.
- Quotenauswahlverfahren: Hier erfolgt eine bewusste Auswahl von Personen aus der Grundgesamtheit anhand bestimmter Merkmale wie z.B. Alter, Geschlecht, Einkommen. Der Anteil der jeweiligen Merkmale der Stichprobe soll der Anteilsverteilung der Grundgesamtheit entsprechen.
- Konzentrationsauswahlverfahren: Hier konzentriert man sich auf die bestimmende Zielgruppe und ignoriert die anderen Mitglieder. Beispielsweise befragt der Großhandel nur die fünf umsatzstärksten Kunden und nicht die „Gelegenheitsbesteller".

3.3.3 Befragung

Die häufigste Untersuchungsmethode ist die schriftliche Befragung mit Hilfe von **Fragebögen**. Um eine ausreichende Rücklaufquote zu erhalten, werden sie oft mit Anreizen wie z.B. Gutscheinen oder Gewinnspielen verbunden.

Vorteile	Nachteile
Fragebögen verursachen niedrige Kosten. Befragter bearbeitet den Fragebogen anonym und ist daher ehrlicher. Es können viele Personen befragt werden.	Die Rücklaufquote ist gering. Es kann nicht geprüft werden, ob der Befragte die Frage richtig verstanden hat. Es kann auch nicht zuverlässig festgestellt werden, wer wirklich den Fragebogen ausgefüllt hat.

Eine weitere Möglichkeit in der Anwendung bieten **mündliche Befragungen**.

Vorteile	Nachteile
Das Unternehmen kann geschulte Interviewer einsetzen. Interviewer kann komplexe Fragen stellen. Der Interviewte kann nachfragen, ihm können Erläuterungen gegeben werden.	Es ist eine sehr zeitaufwendige Methode. Die Methode verursacht hohe Kosten. Die Interviewten können durch die Atmosphäre beeinflusst werden.

Das Handelsunternehmen kann auch eine **telefonische Befragung** durchführen.

Vorteile	Nachteile
Es ist eine sehr schnelle Erhebungsmethode. Sie verursacht niedrige Kosten.	Viele Konsumenten sind nicht aufgeschlossen gegenüber telefonischen Interviews. Es können nur wenige, kurze Fragen gestellt werden.

Handelsunternehmen, die per Internet verkaufen oder eine stark frequentierte Homepage führen, können eine **Befragung auf elektronischem Weg/Online-Befragung** durchführen. Hier haben wir es mit einer anderen Form der schriftlichen Befragung zu tun.

Vorteile	Nachteile
Keine Druck-, Porto- und Personalkosten für Befragung. Eine sehr schnelle Erhebungsmethode. Erhebung und Auswertung in einem Schritt.	Geringe Rücklaufquote, da Mailflut zu geringer Antwortbereitschaft führt. Nur Bestandskundenbefragung möglich.

3.3 Markt-/Zielgruppenanalysen und Marketingstrategien

Zu beachten ist bei einer Befragung der Aufbau des Fragebogens mit Hilfe der verschiedenen Fragetechniken:

- Direkte Befragung mit offenen oder geschlossenen Fragen
- indirekte Befragung
- Assoziationstest
- Satzergänzungstest
- Polaritätenprofil und
- Zuordnungstest.

> Der Großhandelsbereich der Trinkmann GmbH möchte eine Befragung zur Bewertung des Sortiments und der angebotenen Serviceleistungen bei der Gastronomie durchführen und hat dazu folgenden Fragebogen entwickelt, der per Post mit einem Anschreiben an die Kunden verschickt wird.
>
> Bitte senden Sie uns diesen Fragebogen innerhalb von einer Woche zurück.
>
> Welche Sortimentsbereiche sind Ihnen besonders wichtig? ....
>
> Welche Warenbereiche fehlen Ihnen in unserem Sortiment? ....
>
> Erreichen unsere Lieferungen Sie immer pünktlich?   ja ☐   nein ☐
>
> Die Telefonhotline bei der Trinkmann GmbH ist ....
>
> Herr A sagt: „Kulanz und eine hohe Servicebereitschaft sind mir am wichtigsten."
>
> Frau B sagt: „ Letztendlich bestimmt doch immer der Preis unser Verhalten."
>
> Wem stimmen Sie eher zu: Herrn A ☐   oder Frau B ☐ ?
>
> Wenn ich an die Zusammenarbeit mit der Firma Trinkmann GmbH denke, fällt mir sofort folgendes Schlagwort ein:...
>
> Bitte kreuzen Sie die zutreffenden Aussagen an:
>
> | | ☺ | 😐 | ☹ | |
> |---|---|---|---|---|
> | **Produktneueinführung** | schnell | | | spät |
> | **Warenangebot** | umfassend | | | zu knapp |
> | **Preislagen** | angemessen | | | zu teuer |
> | **Mitarbeiterqualifikation** | Sehr gut | | | unzureichend |
>
> Folgende Serviceangebote sind mir/uns wichtig:
>
> Lieferservice ☐   Hotline ☐
>
> Sonderbestellungen ☐   Weinberatung ☐
>
> Lange Öffnungszeiten ☐   Kommissionskäufe ☐
>
> Vielen Dank für Ihre Mühe.

3.3.4 Beobachtung

Die Beobachtung untersucht Verhaltensweisen, ohne dass dieses den beobachteten Personen bekannt ist. Wichtige Anwendungsgebiete sind z.B. die Frequenzmessung im Geschäft, die Beobachtung des Kundenverhaltens mit der Kamera (Kundenlaufstudie), die Beobachtung der Mitarbeiter durch Testkäufer (Mystery-Shopping) und die Beobachtung der Mitbewerber durch den Besuch in den Geschäftsräumen und das Festhalten der Eindrücke über z.B. Sortiment, Preise, Platzierungen und Kundenfrequenz in einem Konkurrenzbericht.

3.3.5 Test/Experiment

Im Handel beziehen sich Tests oder Experimente meist auf Sortiments-, Platzierungs-, Ladenausstattungs-, Beleuchtungs-, Beschilderungsveränderungen, die Preisgestaltung und die Wirkung von Werbung und Verkaufsförderung. Beim Test/Experiment wird versucht, durch Veränderung eines Merkmals oder auch mehrerer Merkmale die Auswirkungen auf das Kundenverhalten aus diesen Veränderungen aufzuzeigen.
Für die Hersteller ist ein Testmarkt wie Haßloch interessant, um neue Produkte unter realen Bedingungen zu testen. Mit Hilfe der GfK werden alle Einkäufe im erweiterten Lebensmittelsektor von Testkunden erfasst, die nicht wissen, welche neuen Produkte nur in Haßloch zu kaufen sind. Sie erhalten extra geschaltete Werbung zu den neuen Produkten über das Fernsehen und eine kostenlos verteilte TV-Zeitschrift. Für die Hersteller sind die Erkenntnisse aus Haßloch wichtig, um Absatzmengen zu bestimmen und Preisempfindlichkeiten zu erkennen.
Man unterscheidet Labor- (unter künstlichen Bedingungen) und Feldexperimente (in der realen Welt z.B. direkt im Verkaufsraum). In den Läden werden Blickrichtungen der Konsumenten aufgezeigt, im Labor in Bonn testen Markenhersteller die Werbewirkung von neuen Spots an Probanden, deren Hirnaktivitäten im Computertomographen gemessen werden.

3.3.6 Panel

Beim Panel werden ausgewählte Personen oder Handelsunternehmen über einen längeren Zeitraum über bestimmte Sachverhalte wiederholt befragt und beobachtet. Im **Handelspanel** werden z.B. Absatzmengen oder Umsätze, Einkaufsmengen, Lagerbestände, Werbe- und Verkaufsförderungsmaßnahmen des Handels abgefragt. Handelspanels können als Einzelhandels- bzw. Großhandelspanels durchgeführt werden. Das bekannteste Marktforschungsunternehmen, das regelmäßig Einzelhandelspanels durchführt, ist die A.C. Nielsen GmbH, die z.B. alle

zwei Monate bei den umsatzstärksten Lebensmittel-Einzelhandelsunternehmen die Lagerbestände von Konsumgütern zu Einstands- und Verkaufspreisen sowie deren Einkaufsmengen und Bezugsquellen ermittelt. Bei derartigen Panels werden repräsentativ ausgewählte Verbraucher gebeten, bei ihren Einkäufen Marken, Packungsgrößen, Menge, Preis und Einkaufsstätte zu erfassen. Die Auftraggeber erhalten so z.B. Informationen über den Anteil der Handelsausgaben an den Gesamtausgaben der privaten Haushalte, den Anteil von Branchen, von Herstellermarken und Handelsmarken und über
die Beliebtheit von Betriebsformen in den einzelnen Branchen.
Die einzelnen Nielsengebiete umfassen:
- **Nielsen I:** Bremen, Hamburg, Niedersachsen, Schleswig-Holstein
- **Nielsen II:** Nordrhein-Westfalen
- **Nielsen III a:** Hessen, Rheinland-Pfalz, Saarland
- **Nielsen III b:** Baden-Württemberg
- **Nielsen IV:** Bayern
- **Nielsen V + VI:** Berlin, Brandenburg, Mecklenburg-Vorpommern, Sachsen-Anhalt
- **Nielsen VII:** Sachsen, Thüringen

Auf Dauer kann es bei Panelerhebungen zu Problemen in der Aussagefähigkeit kommen. Es können **Paneleffekte** eintreten, wie z.B. bewusste Verhaltensveränderungen der Haushalte bei den Einkäufen, die Verringerung von Spontankäufen, nachlässige und unvollständige Erfassung von Einkäufen sowie das bewusste Overreporting oder Underreporting. Im ersten Falle gibt der Haushalt aus Prestigegründen vielleicht den hochwertigen Markenartikel an (tatsächlich hat er nur den einfachen Discounterartikel gekauft). Im zweiten Fall ist es umgekehrt: Der Haushalt gibt eingekaufte Artikel aus Scham nicht an. Ein weiteres Problem stellt die **Panelsterblichkeit** dar; Haushalte steigen aus Mangel an Zeit oder Interesse aus oder versterben. Mit diesen Problemen ist ebenfalls bei Handelspanels in entsprechender Form zu rechnen. Eine **Panelrotation**, also ein regelmäßiger prozentualer Austausch von Haushalten innerhalb des Erhebungszeitraumes, kann diesen Problemen entgegenwirken. Diese ist auch nötig, um der **Panelerstarrung** vorzubeugen, d.h. die Panelhaushalte verändern sich z.B. durch den Auszug der Kinder oder Trennungen, so dass die repräsentative Zusammensetzung nicht mehr gegeben ist.

3.3.7 Situation des Unternehmens auf den Märkten

Um erfolgreich auf dem Markt agieren zu können, ist eine sorgfältige Marktanalyse nötig. Hierbei helfen die Instrumente Portfolio-Analyse, SWOT-Analyse, Stärken-Schwächen-Profil und ABC-Analyse.

Portfolio-Analyse

Anhand der von der Boston Consulting Group (BCG) entwickelten Matrix werden das Marktwachstum und der relative Marktanteil einer Warengruppe oder Strategischen Geschäftseinheit (SGE) in einem Koordinatensystem verdeutlicht. Es handelt sich um eine rein statische Darstellung der Marktsituation. Das Portfolio besteht aus vier Feldern, die als „Fragezeichen" („Question Marks"), "Sterne („Stars"), „Milchkühe" (Cash Cows") und „Arme Hunde" (Poor dogs") definiert sind. Die zu analysierenden Warengruppen werden in der Matrix als Kreise mit unterschiedlichen Größen entsprechend ihrem Umsatzanteil dargestellt.

Die Portfolioanalyse wird als Auswertungsmethode der Zusammensetzung des Sortiments eines Handelsunternehmens genutzt. Sie dient als Basis für die Entwicklung von absatzpolitischen Maßnahmen im Rahmen von Normstrategien.

Probleme bei der Erstellung einer Portfolioanalyse ergeben sich aus der Ermittlung der relativen Marktanteile und des Marktwachstums für die jeweiligen Artikel/ Warengruppen dar, da diese Werte lediglich auf Schätzungen oder Informationen aus Veröffentlichungen beruhen.

Für die jeweiligen strategischen Geschäftseinheiten wird aus dem vorliegenden Zahlenmaterial das Wachstum errechnet. In der Matrix dient als horizontale Trennlinie das Wachstum in der Branche bzw. des BIPs. Für die Berechnung des relativen Marktanteils dividiert man den eigenen Umsatz bzw. Marktanteil durch die jeweiligen Werte des stärksten Mitbewerbers. Die vertikale Trennlinie bildet immer die 1.

	niedriger rel. Marktanteil in %	hoher rel. Marktanteil in %
hohes Marktwachstum in %	„Fragezeichen/Question Marks" Produkte mit (noch) niedrigem Marktanteil, aber hohen Wachstumsraten **Normstrategien:** beobachten und ggf. fördern	„Sterne/Stars" Produkte mit bereits hohen Marktanteilen und zugleich hohen Wachstumsraten **Normstrategien:** Fördern = investieren
niedriges Marktwachstum in %	„Arme Hunde/Poor Dogs" Produkte mit niedrigem Marktanteil und niedrigen Wachstumsraten **Normstrategien:** aus dem Markt nehmen = eliminieren	„Milchkühe/Cash Cows" Produkte mit hohem Marktanteilen, aber bereits niedrigen Wachstumsraten **Normstrategien:** Position halten; „melken"

Portfolio Matrix

3.3 Markt-/Zielgruppenanalysen und Marketingstrategien

Der Trinkmann GmbH liegt für ihre strategischen Geschäftseinheiten folgende Portfolio-Matrix zur Beurteilung vor. Der Getränkemarkt stagniert bundesweit in der Umsatzentwicklung.

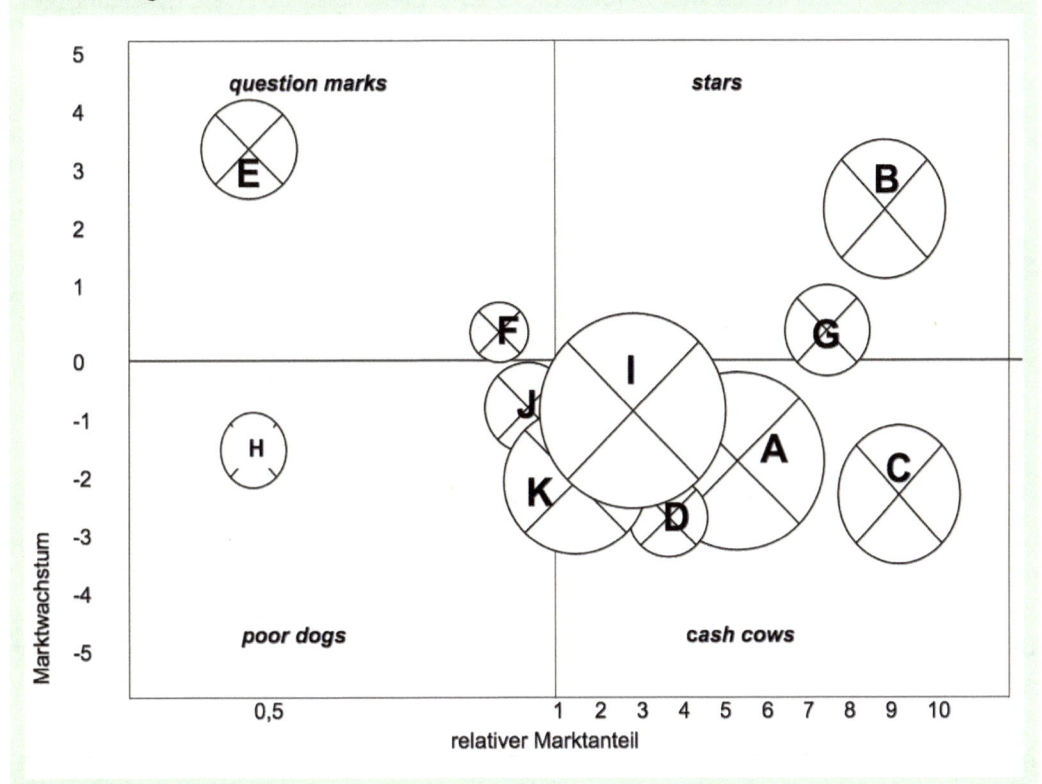

A = klassische Pilsbiere
B = Spezialbiere
C = Wein
D = Sekt
E = Schaumwein-Mixgetränke
F = Whiskey
G = Schnäpse
H = sonst. Spirituosen
I = Mineralwasser
J = Säfte
K = Limonaden

Die Auswertung und Beurteilung ergibt folgende Positionierung und Handlungshinweise:

Fragezeichen	**Schaumwein-Mixgetränke und Whiskey:** Diese Warengruppen sollten gut beobachtet werden. Die Geschäftsleitung schätzt die Entwicklungschancen positiv ein. Daher wird in Expansionswerbung investiert; einzelne Artikel werden durch Verkaufsförderung am POS forciert.
Sterne	**Spezialbiere:** Diese Warengruppe birgt großes Erfolgspotenzial. Daher wird diese Warengruppe durch zusätzliche Varianten ausgebaut und mit Hilfe von expansiven Werbeaktivitäten weiter gefördert. **Schnäpse:** Hier verzeichnen besonders die hochwertigen Obstbrände ein Wachstum, während klassische Kornbrände eher rückläufig sind.
Milchkühe	**Klassische Pilsbiere, Wein, Sekt, Limonaden und Mineralwasser:** Hier wird versucht, die Position so lange es geht, z.B. durch Erhaltungswerbung, zu halten. Es wird eine Strategie der Abschöpfung verfolgt.
Arme Hunde	**Sonstige Spirituosen und Säfte:** Die Warengruppen werden genauer analysiert und eventuell in der Tiefe gestrafft.

Die SWOT-Analyse

Die **SWOT**(**S**trengths-**W**eaknesses, **O**pportunities-**T**hreats)-Analyse besteht aus der Kombination einer Stärken/Schwächen-Analyse, die **interne** Gegebenheiten des Unternehmens (Standorte, Mitarbeiter, Finanzkraft, technische Ausstattung, Sortimente und Serviceleistungen, …) im Verhältnis zu den Mitbewerbern darstellt. Diese Erkenntnisse werden bewertet und in die entsprechenden Felder eingetragen. Bei der Chancen/Risiken-Analyse, welche das **externe** Umfeld (konjunkturelle Lage, Konkurrenzsituation, demografische Entwicklung, …) beleuchtet und auf der Darstellung von Prognosen beruht, werden die Fakten ebenfalls in die entsprechenden Felder eingetragen. Im dritten Schritt folgt die Planung der Handlungsstrategien.

		Interne Analyse	
		Stärken (**S**trengths)	Schwächen (**W**eaknesses)
Externe Analyse	Chancen (**O**pportunities)	S-O-Strategie = Stärken ausbauen	W-O-Strategie = Schwächen abbauen
	Risiken (**T**hreats)	S-T-Strategie = Risiken vorbeugen	W-T-Strategie = meiden

SWOT-Matrix

Aus der SWOT-Matrix ergeben sich folgende Konsequenzen:

Stärken/Chancen
Stärken des Unternehmens treffen hier auf Chancen, die auf dem Markt zu erkennen sind. Die Stärken sollten Schwerpunkte innerhalb der Marketingstrategie sein, um die guten Gegebenheiten zu nutzen und die eigenen Möglichkeiten auszuschöpfen.

Stärken/Risiken
Das Unternehmen muss hier versuchen, seine Stärken zu nutzen, um die Marktposition zu sichern und Verschlechterungen vorzubeugen.

Schwächen/Chancen
Hier müssen die Schwächen schnell abgestellt werden, um gegenüber den Mitbewerbern aufzuholen und die Chancen des Marktes nutzen zu können.

Schwächen/Risiken
Das Unternehmen muss prüfen, ob es sich hier nicht vom Markt zurückziehen sollte, um Gefahren abzuwehren.

Scoring-Verfahren (Punktbewertungsverfahren)
Im Scoring-Verfahren werden Entscheidungsfaktoren bestimmt und ihre prozentuale Gewichtung festgelegt. Danach erfolgt die Ist-Aufnahme mit der Vergabe von Bewertungspunkten. Die Bewertungspunkte werden mit dem jeweiligen Gewichtungsfaktor multipliziert. *Im Kapitel 3.4.4 Standortmarketing finden Sie ein Beispiel, um Standorte zu bewerten.* Eine weitere Einsatzmöglichkeit ist die Bewertung von Kunden im Großhandel.

3.3.8 Marketingstrategien

Marketingstrategien legen den grundlegenden Handlungsrahmen für alle künftigen Marketingaktivitäten zum Erreichen der Marketingziele fest. Damit haben sie einen mittel- bis langfristigen Charakter. Ansatzpunkte für die strategische Ausrichtung können die angebotenen Produkte, der Preis, die Kommunikation, die Zielgruppe und oder die Mitbewerber sein. Es entstehen individuelle Handlungskonzepte, in denen die Instrumente des Marketing-Mix ausgewählt, kombiniert und in Bezug auf die Strategieorientierung aufeinander abgestimmt werden. So wird der grundsätzliche Handlungsrahmen für ein Unternehmen gebildet.

3. Handelsmarketing

```
                    ┌─────────────────────┐
                    │ Marketingstrategien │
                    └─────────────────────┘
           ┌───────────────┼───────────────┐
┌──────────────────┐ ┌──────────────────┐ ┌──────────────────┐
│  Wettbewerbs-    │ │   Wachstums-     │ │     Markt-       │
│   strategien     │ │   strategien     │ │ segmentierungs-  │
│   nach Porter    │ │   nach Ansoff    │ │   strategien     │
└──────────────────┘ └──────────────────┘ └──────────────────┘
```

Die unterschiedlichen Marketingstrategien werden in die Basisentscheidung einer Unternehmenspolitik bzw. -philosophie eingebunden. Es können dabei mehrere Vorgehensweisen ineinander greifen oder parallel verfolgt werden. Durch die Einbindung verschiedener Strategien in ein Gesamtkonzept kann ein Handelsunternehmen flexibler und individueller agieren und den Handlungsradius ausbauen bzw. sichern. Durch das Controlling sollen die Zielvorgaben und Maßnahmen der jeweiligen Strategien überwacht werden, um bei Abweichungen schnellst möglich reagieren zu können.

Bei den Marktbearbeitungsstrategien wird oft auf die Darstellungen der Produkt-Markt-Matrix nach **H.I. Ansoff** und die Wettbewerbsstrategien nach **M.E. Porter** Bezug genommen.

- **Ansoff** unterscheidet nach alten und neuen Märkten. Als Märkte werden Zielgruppen bzw. Regionen definiert, zwischen denen eine Auswahl getroffen werden kann, um diese durch bestimmte strategische Vorgehensweisen mit den Produkten des Unternehmens zu bearbeiten. Die Verwendung des Schemas nach Ansoff, welches eher produktionsorientiert ist, macht für die Handelssituation eine Anpassung an die Gegebenheiten des Handels notwendig.
- **Porter** bezieht sich in seinen Basisstrategien ebenfalls auf die Marktsegmentierung als Grundlage für die Marktbearbeitung und ergänzt dies durch die Strategie der Kostenführerschaft, welche einer Vorgehensweise ähnlich jener der Discounter gleichkommt und die Strategie der Differenzierung, welche die Einmaligkeit auf einem Gebiet bzw. in einer Region anstrebt. Bei der Unterscheidung der Marketingstrategien entspricht diese Vorgehensweise den **Wettbewerbstrategien**.

Marketingstrategie nach Ansoff

Bei den meisten Unternehmen steht die Ausweitung und Sicherung der Marktanteile im Vordergrund. Dieses eher industriebezogene Schema von Ansoff kann aber gerade durch die Entwicklung von Handelsmarken auch im Handel angewendet werden.

3.3 Markt-/Zielgruppenanalysen und Marketingstrategien

Produkte/Leistungen \ Märkte	bestehende	neue
Bestehende	**Marktdurchdringung** Marktbesetzung Verdrängung	**Marktentwicklung** Internationalisierung Marktsegmentierung
Neue	**Produktentwicklung** Produktinnovation Produktdifferenzierung Produktvariation	**Diversifikation** horizontal vertikal lateral

Produkt-Markt-Matrix nach Ansoff

Im Rahmen der Wachstumsstrategien kann zum einen als Ziel die **Marktdurchdringung** angestrebt werden. Durch Verstärkung der Marketingaktivitäten wie die Intensivierung der Verkaufsförderungs- und Werbeaktivitäten soll für die im Sortiment vorhandenen Produkte eine intensivere Durchdringung auf dem vorhandenen Markt erreicht werden. Das kann ebenfalls durch Preisaktionen oder die Übernahme von Konkurrenten erfolgen.

Vorhandene Produkte können auch im Rahmen der **Strategie der Marktentwicklung** auf neuen Märkten positioniert werden. Hier kann z.B. auf die Ergebnisse der Distributionsanalyse zurückgegriffen werden. Durch die Nutzung von neuen, zusätzlichen Vertriebswegen werden neue Zielgruppen akquiriert. Es kann eine Ausweitung des Absatzes des Sortiments auf regionale, nationale oder internationale Märkte erfolgen.

Kürzere Produktlebenszyklen und Innovationsintervalle führen auf bestehenden Märkten immer häufiger zu neuen Produkten. Die **Strategie der Produktentwicklung** entsteht aus der generellen Sättigung der Absatzmärkte in fast allen Branchen. Auch im Hinblick auf immer differenziertere Kundenwünschen sind die Handelsunternehmen gezwungen, laufend Innovationen oder verbesserte Produkte ins Sortiment aufzunehmen. Oft entscheiden sich Handelsunternehmen, selbst Marken zu entwickeln. Diese Handelsmarken sollen Alternativen zu Herstellermarken darstellen.

Eine besondere Variante innerhalb der Produktstrategien stellt die **Diversifikation** dar. Hier sollen neue Produkte, welche branchenfremd sind, bzw. Dienstleistungsangebote in das Leistungsprogramm aufgenommen werden, um neue Märkte zu erschließen. In der Literatur wird oft darauf hingewiesen, dass die Diversifikation im sinnvollen Zusammenhang mit der Basisstrategie des Unternehmens stehen soll. Diversifikation dient einerseits der Risikostreuung, Andererseits stellt sie auch deshalb ein Risiko dar, weil in der Regel das Unternehmen noch nicht über das notwendige Know-how des neuen Marktes verfügt.

Die Diversifikation kann horizontal = auf der gleichen Wirtschaftsstufe mit artverwandten Leistungen, vertikal = Vorstufen- oder Nachstufenintegration oder auch lateral = keine branchenübliche Beziehung zwischen den Geschäftätigkeiten erfolgen.

Wettbewerbsstrategie nach Porter
Ansatzpunkt für diese strategischen Vorgehensweisen ist die Konkurrenzsituation auf dem Absatzmarkt des Handelsunternehmens. Es soll ein Wettbewerbsvorteil gegenüber der Konkurrenz geschaffen und eine langfristige Sicherung dieser Vorteile angestrebt werden.

		Strategischer Vorteil	
		Einzigartigkeit	Kostenvorsprung
Strategisches Zielobjekt	Branchenweit	**Differenzierung**	**Kostenführerschaft**
	Beschränkung auf ein Segment	**Nischenstrategie**	

Grundlegende Wettbewerbsstrategien nach Porter

Das Handelsunternehmen kann über eine Senkung der eigenen Kostensituation Vorteile erzielen, in diesem Falle wird die **Strategie der Kostenführerschaft** verfolgt. Große Beschaffungsvolumina und Ausschöpfung der Vertragsspielräume bei den Preisverhandlungen mit den Lieferanten sowie Einsparungen bei den Leistungsfaktoren Raum und Mitarbeiter können dazu beitragen, Einstandspreise und Kosten zu senken. Durch ständige Kostenkontrolle in allen Leistungsbereichen des Handelsbetriebes werden Rationalisierungsreserven aufgespürt und mit entsprechenden Maßnahmen realisiert.

Ein Wettbewerbsvorteil kann über die **Strategie der Differenzierung** erlangt werden. Dabei ist das Handelsunternehmen bestrebt, sich durch spezielle Leistungen und Maßnahmen von den Mitbewerbern abzuheben. Mit der Aufnahme besonders hochwertiger, exklusiver Produkte, einem ausgeprägten, qualitativ hochwertigen Serviceangebot sowie einer aufwendigen Präsentation im visuellen Marketing wird eine Einzigartigkeit (Unique Selling Proposition – USP) angestrebt.

Im Rahmen einer **Nischen- bzw. Konzentrationsstrategie** bezieht sich das Handelsunternehmen im Wesentlichen auf ein oder wenige Marktsegmente und/oder bestimmte Angebote. Oft wird diese Strategie von kleinen Unternehmen verfolgt. Sie füllen mit ihrem Sortiment eine Nische aus, die von großen Unternehmen vernachlässigt wird.

Die Trinkmann GmbH wurde als Handelsunternehmung im Großhandels- und Einzelhandelsbereich angesiedelt. In den jeweiligen Handelsbereichen wurde die Entscheidung für eine **Fachorientierung innerhalb der Lebensmittelbranche** getroffen, so entstanden zum einen der Getränkezustellgroßhandel und die Filialorganisation der Getränkefachmärkte. Die Entscheidung für diese Betriebsformen ist anhand einer Markt- und Wettbewerbsanalyse gefallen, aus der hervorging, dass im Vergleich zu anderen Bereichen und Betriebsformen der Lebensmittelbranche bei Getränken noch erhebliches Marktpotenzial besteht. Bei der Ausgestaltung der jeweiligen Betriebsformen wurde in erster Linie die Strategie der **Differenzierung von Mitbewerbern** verfolgt. Besonders die angebotenen Dienstleistungen der Trinkmann GmbH werden von den Kunden sehr geschätzt.

Im Vertrieb ist der Getränkegroßhandel der Trinkmann GmbH unter anderem in die Außendienst-Abteilungen Gastronomie und Kantinen gegliedert. Auf Grund dieser Aufteilung kann im Rahmen der Kommunikationsstrategien durch die Teamleiter sehr **zielgruppenbezogen** vorgegangen werden.

Bei der Gestaltung des Sortiments der Trinkmann GmbH wird im Rahmen der **Produktstrategien** darauf geachtet, dass das Sortiment um jeweils aktuelle **Produktinnovationen** ergänzt wird, durch die neue Kunden gewonnen bzw. Stammkunden gehalten werden sollen.

3.3.9 Marktsegmentierung

Die Absatzsituation der Handelsunternehmen ist durch eine Vielzahl unterschiedlichster Kundengruppen mit teilweise sehr individuellen Ausprägungen gekennzeichnet. Mit einer Marketingstrategie allein können nicht alle Kunden gleichermaßen angesprochen und erreicht werden. Unternehmen entschließen sich daher oft, die einzelnen Zielgruppen mit unterschiedlichen, auf die jeweiligen Belange des Segments abgestimmten Marketingstrategien zu erreichen. Hier können z.B. geografische, demografische und psychografische Segmentierungskriterien Ansatzpunkte für strategische Vorgehensweisen bieten. Im Rahmen der Vorgehensweise kann das Unternehmen entscheiden, ob alle Zielgruppen angesprochen werden sollen oder eine Konzentration auf eine oder wenige Zielgruppen erfolgen soll.

Immer stärker tendieren heute Handelsunternehmen zu einem zielgruppenbezogenen Marketing, als dass sie versuchen, auf undifferenzierten Massenmärkten generell alle Kunden des Absatzmarktes zu erreichen. Massenmärkte sind unüberschaubar. Fehlentscheidungen, Zielverfehlungen und Koordinationsfehler in der Marketingstrategie eines Unternehmens sind häufig die Konsequenz. Denn die Kunden, die sich in Bezug auf Alter, Familienstand, Einkommen, Kaufgewohnheiten, Prestigebewusstsein und andere Merkmale unterscheiden, können nicht durch eine einheitliche Marketingstrategie gleichzeitig angesprochen werden. Der Absatzmarkt eines

Handelsbetriebes kann nicht als eine homogene Einheit beschrieben werden, er setzt sich vielmehr aus einer Vielzahl unterschiedlicher Personengruppen mit individuellen Merkmalen und Verhaltensweisen zusammen. Um eine zielgruppenspezifische Marketingstrategie mit individueller Ansprache zu entwickeln, ist es daher notwendig, den Gesamtmarkt anhand bestimmter Kriterien und Kennzeichen in klar abgegrenzte Gruppen – Marktsegmente – einzuteilen. Das Marktsegment ist in sich homogen. Je homogener eine Zielgruppe ist, desto höher ist der Grad an Übereinstimmung zwischen dem Marketingkonzept und den Ansprüchen der tatsächlichen oder potenziellen Kunden. Durch eine genaue Marktsegmentierung ist es dem Handelsbetrieb somit möglich, einen auf individuelle Belange abgestimmten Marketing-Mix zu entwickeln und in Teilbereichen, wie z.B. der Werbung, eine noch spezifischere Möglichkeit der Ansprache zu schaffen.

Ziele der Bildung von Marktsegmenten sind:
- Erstellung eines optimalen Marketing-Mix mit Hilfe der gezielt eingesetzten absatzpolitischen Instrumente
- bessere Vergleichsmöglichkeit mit Konkurrenzunternehmen
- klare Abgrenzung von Mitbewerbern
- Schaffung von Wettbewerbsvorteilen
- differenzierte Beobachtung und Prognose der Marktentwicklung
- Erkennung von spezifischen Kundenbedürfnissen und deren Befriedigung

Marktsegmentierungskriterien

Die Bildung homogener Zielgruppen als Marktsegmente erfolgt anhand bestimmter Kriterien und Kennzeichen. Aus den einzelnen Kennzeichen werden somit Marktsegmente mit gemeinsamen Merkmalen gebildet, die einer optimalen Marktbearbeitung zur Verfügung stehen. Im Marketing ist im Allgemeinen eine Segmentierung in **geografischer**, **soziodemografischer** und **psychografischer** Hinsicht üblich.

geografisch	sozioökonomisch	psychografisch
■ Stadt-/Landbevölkerung	■ Staatsangehörigkeit	■ Wertvorstellungen
■ Bundesländer	■ Alter	■ Erwartungen gegenüber Produkten
■ lokale / regionale Gebiete	■ Geschlecht	
■ nationale/internationale Gebiete etc.	■ Familienstand	■ Einstellungen gegenüber Produkten
	■ Anzahl der Kinder	
	■ Schulbildung	■ Lebensgewohnheiten
	■ Beruf	■ Kaufgewohnheiten
	■ Einkommen	■ Charaktereigenschaften
	■ Wohnverhältnisse etc.	■ Interessen etc.

3.3 Markt-/Zielgruppenanalysen und Marketingstrategien

Für die Fachmärkte der Trinkmann GmbH ist unter anderem die Zielgruppe der 16-25 jährigen, ledigen, männlichen und weiblichen Personen definiert. Es handelt sich hierbei um Schüler, Studenten, Auszubildende sowie Berufsanfänger mit geringem Einkommen, im Elternhaus im lokalen Umfeld lebend, aber mit hoher Kaufkraft. Die Veranstaltung von Partys, Treffen mit Freunden und Vereinsfeste liefern die Kaufmotive.

Für die Fachmärkte der Trinkmann GmbH ist zum Sommeranfang eine spezielle Werbeaktion vorgesehen, Anlass sollen die Schulabschlussfeiern sein. Anhand der bekannten Informationen aus dem Zielgruppenprofil wird die Aktion unter dem Motto: „Schule aus? …mach ne´ Party draus!" geplant. Es wird ein Sortiment aus Bier-Mix-Getränken, spanischem Sekt, alkoholfreien Getränken, Knabberartikeln und Partydekorationsartikeln aus den mittleren Preislagen zusammengestellt. Die Aktion soll zeitgleich in allen Fachmarktfilialen der Trinkmann GmbH stattfinden. Im Rahmen der Werbung werden Handzettel vor den Schulen verteilt und nach Absprache mit der Schulleitung Plakate in den Schulen aufgehängt. Die Handzettel und Plakate sind auffällig gestaltet und mit jugendlicher Ansprache versehen, ferner wird auf den Verleih von Bierzeltgarnituren und den Anlieferungsservice hingewiesen. Zur Absatzunterstützung werden die Aktionsartikel unter Angabe des Mottos und entsprechender Dekoration auf einer Sonderfläche in den Fachmärkten platziert und präsentiert.

Ein zweites Fallbeispiel:

Aus der Kundendatei der Sortimentsgroßhandlung der Trinkmann GmbH werden zielgruppenbezogene Daten über die vom Unternehmen belieferten Kantinen entnommen. Über persönlich abgefasste Werbebriefe bzw. über E-Mails werden diese Kantinenkunden dann angesprochen. In Bezug zu den bisher nachgefragten Produkten werden individuelle Angebote unterbreitet, ebenso wird bei allen Kantinenkunden ein Sonderangebot eines neuen Mineralwassers in 0,5-l-Mehrwegflaschen in einem Sondergebinde von je 24 Flaschen unterbreitet. Zur Verkaufsunterstützung werden spezielle Gläser der Brunnengesellschaft kostenlos angeboten.

Eine weitere Einteilung der Kundentypen wurde Ende der 90er Jahre von Dr. Hans-Georg Häusel entwickelt. Er entwickelte die **Limbic Types**. Nach Forschungsergebnissen im Neuromarketing sind Kaufentscheidungen der Kunden durch Persönlichkeitsunterschiede begründet. Sie ergeben sich aus der unterschiedlichen Ausprägung der Emotionen und Kaufmotive der Konsumenten. In Bezug auf das Kaufverhalten von Menschen wurde festgestellt, dass Kaufentscheidungen grundsätzlich emotional begründet sind. Es werden drei Haupt-Emotionssysteme unterschieden, die das menschliche Denken und Handeln beeinflussen. Diese sind:

Balance: Sicherheit, Stabilität, Ordnung
Dominanz: Macht, Status, Durchsetzung
Stimulanz: Neugier, Erlebnishunger, Belohnung

Hieraus ergeben sich Mischtypen, was zu einer weiteren Einteilung von Kundentypen führte. Die „Gruppe Nymphenburg Consult AG" hat aus den drei Basis-Aspekten 7 Kundentypen entwickelt.

Harmonisierer	geprägt durch Familie, Fürsorge und Harmonie
Offene	geprägt durch Genuss, Phantasie und Offenheit
Hedonisten	geprägt durch Neugier, Spaß und Kreativität
Abenteurer	geprägt durch Impulsivität, Risikofreude und Autonomie
Performer	geprägt durch Erfolg, Zielstrebigkeit und Status
Disziplinierte	geprägt durch Vernunft, Disziplin, Präzision
Traditionalisten	geprägt durch Ordnung, Bescheidenheit und Konstanz

Besonders bei der Ladengestaltung und den Aktionen muss diese Kundentypologie beachtet werden.

3.4 Einsetzen von Marketinginstrumenten

Im Gegensatz zu den Kunden des Einzelhandels sind die Kunden des Großhandels selbst Profis, die ihren Markt und die Ansprüche, die sie an ihre Marktpartner stellen, sehr genau kennen. Außerdem bestehen Kunden-Lieferanten-Beziehungen auf Großhandelsseite meist über lange Zeit hinweg, so dass die Kunden eines Großhandels dessen Leistungsvermögen sehr genau kennen. Der Einsatz der Instrumente des Marketing-Mix unterscheidet sich oft deutlich.

	Einzelhandel	Großhandel
Kundengruppe	Endverbraucher	Wiederverkäufer und gewerbliche Kunden
Bekanntheit der Kunden	Nur Stammkunden und Kundenkarteninhaber sind bekannt.	Jeder Kunde ist registriert und bekannt.
Preisauszeichnung	Brutto-Verkaufspreise	Netto-Verkaufspreise
Preisverhalten/ Kalkulation	Fast jeder Kunde zahlt den gleichen Preis. Ausnahme: Vorteile für Kundenkarteninhaber	oft individuelle Kalkulation
Werbung	über Massenmedien	Fachzeitschriften und direct mailing
Standorte	kundenorientiert	verkehrsorientiert
Vertriebswege	stationärer Handel, Versandhandel	oft über Außendienstmitarbeiter, Internet, Messen, z.T. auch stationär

3.4 Einsetzen von Marketinginstrumenten

3.4.1 Marketinginstrumente des Handelsbetriebs

Wie bereits im ersten Kapitel erwähnt, setzt der Handel die klassischen vier (Sortimentspolitik, Preispolitik, Distributionspolitik und Kommunikationspolitik) bzw. sechs Instrumente (ergänzt um Service- und Standortpolitik) des Marketing-Mix ein, um das gesetzte Ziel zu erreichen. Der Einsatz der einzelnen Instrumente muss inhaltlich, zeitlich und quantitativ optimal aufeinander abgestimmt sein.
Mehr über den Marketing-Mix am Beispiel der Betriebsformen im Einzelhandel entnehmen Sie der Tabelle auf Seite 364 bis 366.

Verkaufskonzepte im Einzelhandel

Den größten Umsatzanteil hat der stationäre Handel, die Ware wird im Ladengeschäft zum Kauf angeboten. Dabei werden folgende Verkaufsformen unterschieden:

Bedienung	Der Kunde hat keinen direkten Zugang zur Ware, Ware ist in Theken, Schränken, meist hinter Glas präsentiert; Ware wird vom Verkäufer vorgelegt, zusammengestellt; Kunde und Verkäufer führen ein Verkaufsgespräch; die Qualifizierung des Verkäufers kann über den Verkaufserfolg entscheiden. Das Unternehmen hat hohe Personalkosten. Geeignet bei erklärungsbedürftigen und beratungsbedürftigen Waren; bei wertintensiven und dadurch diebstahlsgefährdeten Waren; bei Waren, die individuell portioniert werden müssen; bei Waren, die aus Sicherheitsgründen nicht frei zugänglich sein dürfen.
Vorwahl	Der Kunde hat zu der Ware freien Zugang, kann sich informieren, die Ware in die Hand nehmen und prüfen; der Kunde kann bei Bedarf die Hilfe des Verkäufers in Anspruch nehmen oder wird vom Verkäufer angesprochen, sobald er sich intensiv mit der Ware beschäftigt. Geeignet bei allen Waren, die nicht vor dem direkten Zugriff des Kunden geschützt werden müssen.
Selbstbedienung	Der Kunde hat freien Zugang zur Ware, die selbstbedienungsgerecht verpackt ist; der Kunde entnimmt dem Warenträger die Ware, prüft diese und bringt sie selbst zur Kasse; Beratung nur auf Wunsch des Kunden bzw. nicht vorgesehen. Geeignet bei Ware des täglichen Bedarfs, bei Waren, die nicht erklärungsbedürftig sind und nicht vor dem direkten Zugriff des Kunden geschützt werden müssen.

Marketing-Mix am Beispiel der Betriebsformen im Einzelhandel

Betriebsform	Standort	Sortimentssteuerung	Servicepolitik	Verkaufskonzepte	Preispolitik	Werbung und Verkaufsförderung
Fachgeschäft	City-Lage, Geschäftszentren, EKZ, Wohngebiete	**bestimmendes Instrument**: in jedem Fall tiefes Sortiment; Kern-, Rand- und Spitzensortiment; Schwerpunkt in den Preislagen Mitte bis oben; hoher Anteil an **Markenartikeln**	**wichtiges Instrument**, auf das Sortiment abgestimmt	Bedienung oder Vorwahl; E-Commerce	passive oder aktive Preispolitik	Verkaufsförderung bestimmend: hochwertige Geschäftsausstattung, Warenpräsentation, Schaufenster und Deko-Flächen, Events und Aktionen PR: persönliche Repräsentanz durch den Unternehmer, die Geschäftsleitung wichtig
Kaufhaus	City-Lage und EKZ, außer bei Möbeln, EKZ	**bestimmendes Instrument**: in einer oder mehreren Branchen breites und tiefes Sortiment; Kern-, Rand-, Spitzen- und Neuheitensortiment; Preislagen unten bis exklusiv; hoher Anteil an Markenartikeln, **Handelsmarken**	viele Serviceleistungen auf das Sortiment abgestimmt, Kundenkarte	Bedienung und Vorwahl; E-Commerce	aktive Preispolitik, Sonderangebote	Werbemittel: Anzeige und Beilage; **Verkaufsförderung** bestimmendes Instrument, das Erlebnisorientierung unterstützt, Events und Aktionen; PR durch Geschäftsleitung und Mitgliedschaften in Vereinen; regionales Sponsoring, Corporate Identity
Fachmarkt	„Grüne Wiese" oder Gewerbezentren, EKZ	in einer oder mehreren Branchen breites und tiefes Sortiment; ständige Präsenz des Kernsortiments wichtig, oft bedarfs-, bedürfnis- oder zielgruppenorientiert; hoher Anteil von **Marken- und Handelsmarken**	viele Serviceleistungen auf das Sortiment abgestimmt	Selbstbedienung und Vorwahl; Electronic Commerce	**wichtige Instrumente**: aktive oder aggressive Preispolitik; **Sonderangebote und Dauerniedrigpreise** Preisdifferenzierung, Rabattpolitik	wichtige Instrumente, auf die Preispolitik abgestimmt; wichtige Werbemittel sind **Anzeige und Beilage**; Verkaufsförderung **Platzierung** und Aktionen; Sponsoring von Sportlern und Sportveranstaltungen, Corporate Identity

3.4 Einsetzen von Marketinginstrumenten

Betriebsform	Standort	Sortimentssteuerung	Servicepolitik	Verkaufskonzepte	Preispolitik	Werbung und Verkaufsförderung
Warenhaus	1a-City-Lage	**bestimmendes Instrument**: innerhalb vieler Branchen breites und oft tiefes Sortiment; Kern-, Rand-, Saison-, Neuheiten-, oft auch Spitzen- und Ramschsortiment; Preislagenschwerpunkt Mitte, hoher Anteil an **Markenartikeln und Handelsmarken**	auf das Sortiment abgestimmt, Gastronomie, Reisebüro, Geldautomaten	Bedienung, Vorwahl und Selbstbedienung; hohe Investitionen in E-Commerce	aktive Preispolitik, Sonderangebote, Preisdifferenzierung; **Rabattpolitik mit der Kundenkarte**	alle Instrumente der Kommunikationspolitik sind **wichtig** und werden eingesetzt
SB-Warenhaus	„Grüne Wiese" und Gewerbezentren	ca. 60% Food-Anteil; breites und im Food-Bereich tiefes Sortiment; Kernsortiment bestimmend; im Food-Bereich hoher Anteil von **Markenartikeln, Handelsmarken**, auch No-Name-Artikel	nicht von Bedeutung	Bedienung, Vorwahl, vorwiegend Selbstbedienung	**bedeutendes Instrument**: aktive oder aggressive Preispolitik; nur Rückwärts- und Mischkalkulation; wichtig sind **Preisschwellen**, die Auswahl von **Schlüsselartikeln, Sonderangebote** und **Dauerniedrigst-preise**, auch unter Einstandspreisen	Werbung und Verkaufsförderung auf die Preispolitik abgestimmt
Verbrauchermarkt	wie SB-Warenhaus, auch in Geschäftszentren und Wohngebieten	höherer Food-Anteil als im SB-Warenhaus, ansonsten wie SB-Warenhaus		wie SB-Warenhaus	wie SB-Warenhaus	wie SB-Warenhaus

3. Handelsmarketing

Betriebsform	Standort	Sortimentssteuerung	Servicepolitik	Verkaufskonzepte	Preispolitik	Werbung und Verkaufsförderung
Supermarkt	Wohngebiete	hoher Food-Anteil, hier breites und tiefes Sortiment; Kern-, Randsortiment; großes Angebot von **Frische-Artikeln**	auf Kunden abgestimmt	Vorwiegend Selbstbedienung	passive oder aktive Preispolitik; **Sonderangebote**	wichtige Werbemittel sind Anzeigen, Handzettel
Discounter	Geschäftszentren, Wohngebiete, neu auch Innenstadtlagen	**Lagerumschlagshäufigkeit** entscheidender Faktor, Markenartikel als **Sonderangebote**, Handelsmarken zu **Dauerniedrigpreisen**, No-name-Artikel und Me-too-Artikel	Instrument wird nicht eingesetzt außer großzügiger Umtausch, Bezahlung mit EC-Karte	Selbstbedienung	**bestimmendes Instrument**: aggressive Preispolitik, Rückwärtskalkulation; besonders wichtig **Preisschwellen, Dauerniedrigpreise** und **Sonderangebote**; auch unter Einstandspreisen E-Commerce	wichtigstes Werbemittel: **Anzeigen** immer am gleichen Wochentag, Beilage in der Verbraucherzeitung, Vorankündigung der nächsten Werbung
Fachdiscounter	Geschäftszentren, Wohngebiete	wie Discounter, Schwerpunkt auf **Nonfood-Sortimente**, wie Textilien, Haushaltsbedarf	wie Discounter	wie Discounter	wie Discounter	wie Discounter, z.T. auch TV-Werbung
Convenience Store	Tankstellenshops, Kioske und Bahnhofsmärkte	breites Sortiment, Artikel des täglichen Bedarfs	Gastronomischer Service, keine Ladenschlusszeiten	Selbstbedienung	passive Preispolitik, hohes Preisniveau	kein wichtiges Instrument

Die Wahl der Verkaufsform beeinflusst sehr stark die Personalkosten: Bei Textilfachgeschäften kann der Anteil der Personalkosten am Bruttoumsatz bis zu 20% betragen, bei den erfolgreichen Discountern wird angenommen, dass dieser Anteil bei ca. 2,5 % – 4% liegt. Daraus ist zu entnehmen, dass die Wahl der Verkaufsform von der Betriebsform und vom Sortiment abhängt.

In den Fachmärkten der Trinkmann GmbH werden nichtalkoholische Getränke und Biere in Selbstbedienung angeboten, Weine und in Vorwahl und die hochwertigen Whiskeys in Bedienung. Durch die Warenpräsentation soll die Bedienungsform verdeutlicht werden: Nichtalkoholische Getränke und Biere in Kästen, die gestapelt sind; Weine in Regalen und Gondeln mit Herkunfts- und Artikelkennzeichnung sowie Informationen zu den Artikel wie z.B. bei Weinen Rebsorte, Herkunft und Lage, Geschmack, Präsentiervorschläge; Whiskey in einer Glasvitrine in der Nähe zur Kasse.

Die Deutschen sind „Weltmeister" bei den Versandhandelsumsätzen, der Marktanteil des Versandhandels im Einzelhandel beträgt über 6%. Dabei wird besonders gern über das Internet geordert, mehr als die Hälfte der Versandkunden ordern inzwischen online. Insgesamt wird der Online-Handel deutlich zunehmen und vieles spricht dafür, dass es auch in den nächsten Jahren so weiter gehen wird. Inzwischen informieren sich fast zwei Drittel der Verbraucher vor ihrem Kauf im Netz über die gewünschten Artikel. Ebenfalls zwei Drittel aber kaufen danach im stationären Handel. Fast ein Viertel der Käufer springt dabei zwischen den verschiedenen Absatzmöglichkeiten hin und her („**Channel-Hopping**").
Auch die Geschäfte mit **Teleshopping** entwickeln sich positiv, via Fernsehen werden rund 1,3 Milliarden Euro umgesetzt. Neben vielen Verkaufsspots bei verschiedenen Privatsendern präsentieren drei Shoppingsender ihre Waren über Kabel oder Satellit direkt ins Wohnzimmer der potenziellen Käufer, und das täglich nahezu rund um die Uhr. Marktführer ist QVC – Quality, Value und Convenience – mit deutlichem Abstand vor HSE24 und RTL Shop.
Die Shoppingsender haben eine treue Gemeinde von Stammkunden. Um auch bei neuen Zuschauern Vertrauen zu schaffen, werden regelmäßig zufriedene Kunden übers Telefon in die Verkaufssendungen eingeblendet, die begeistert erzählen, wie zufrieden sie sind. Auch die Shoppingsender sind alle Multi-Channel-Händler, alle Waren werden im Online-Shop gezeigt und können dort auch bestellt werden.

3. Handelsmarketing

Neben den Shoppingsendern gibt es noch weitere Angebote im Fernsehen:

DTRV, DRTV-Commercials – Direct Response Television –	Während die Shoppingsender ihre Waren nahezu rund um die Uhr live anbieten, entsprechen die Angebote hier den Werbespots. Sie unterscheiden sich von der klassischen Werbung durch die eingeblendete Telefonnummer, über die die Zuschauer bestellen können.
TV-Auktionen	Was sich im Internet nicht richtig durchsetzen konnte, scheint hier zu funktionieren. 1-2-3.tv veranstaltet bis zu 300 Preissturz-Auktionen täglich via Fernsehen und Internet. Zu Beginn wird der Artikel, meist Restposten, Lagerüberbestände oder Überproduktionen, vorgestellt, die verfügbare Anzahl und der Startpreis genannt. Dann fällt der Preis in gleichmäßigen Zeitintervallen. Die Auktion ist beendet, wenn alle verfügbaren Produkte verkauft sind. Der letzte Preis gilt für alle Käufer. Geboten wird per Telefon. Mittlerweile gibt es auch die klassische „1-Euro-Auktion", bei der der Höchstbietende gewinnt. Der Auktionssender hält die Kosten niedrig. Es werden wenige Mitarbeiter beschäftigt (nur 20% gemessen an QVC), es gibt kein Callcenter und kaum Lagerhaltung.

Verkaufskonzepte im Großhandel

Zunächst wird im Großhandel entschieden, ob der Vertrieb als **Lager-**, **Zustell-** oder **Streckengeschäft** betrieben wird, oft entscheidet man sich für eine Kombination der Verkaufskonzepte. Beim Streckengeschäft wird die georderte Ware direkt vom Lieferanten zum Kunden des Großhändlers befördert. Dies ist in jedem Fall sinnvoll, wenn der Kunde in der Nähe des Lieferanten seinen Gewerbesitz hat. Weitere Kostenaspekte können sein, dass Ware mit hoher Lagerumschlagshäufigkeit als Lagerware angeboten wird, hingegen Artikel, die selten nachgefragt werden und so mit einem Lagerrisiko verbunden sind, als Streckengeschäft abgewickelt werden. Einige Großhandelsunternehmen entscheiden sich jedoch gerade bei umschlagstarken Artikel zum Streckenhandel, um die Kosten der Logistik wie z.B. Warenannahme, Einlagerung, Lagerpflege, Kommissionierung und Transport zu sparen. Dabei muss das Risiko berücksichtigt werden, dass die Bindung des Kunden zum Großhändler abnimmt und der Kunde sich entscheiden könnte, direkt beim Vorlieferanten die Ware zu beziehen.
Bei den Verkaufskonzepten wird zwischen **Zustell-** und **Abholgroßhandel** entschieden. Viele Kriterien der Absatzinstrumente des Einzelhandels treffen auch für den Abholgroßhandel zu, zumal sich manchmal der Abholgroßhandel auch dem Endverbraucher zuwendet.

3.4 Einsetzen von Marketinginstrumenten

Reisender oder Handelsvertreter
Das Großhandelsunternehmen hat zwei Möglichkeiten, seinen Außendienst zu organisieren. Er kann eigene Angestellte (**Reisende**) einsetzen. Das hat durchaus seine Vorteile, z.B.
- enge Bindung an das Unternehmen,
- es können klare Vorgaben, z.B. hinsichtlich Arbeitszeit und Tourenplanung gemacht werden,
- es können Berichte verlangt werden,

Nachteil ist vor allem, dass für den Reisenden fixe Kosten anfallen. Denn sein Gehalt muss auch dann bezahlt werden, wenn er keine oder nur gering Umsätze macht.
Im Gegensatz zum eigenen Außendienst ist der **Handelsvertreter** ein selbstständiger Kaufmann, der im Namen und auf Rechnung des Großhändlers Geschäfte abwickelt. Hierfür erhält er eine Umsatzprovision. Der Handelsvertreter kann ein einzelnes Unternehmen vertreten, er kann jedoch auch mehrere Auftraggeber haben. Für das Unternehmen liegt der wesentliche Vorteil darin, dass die Provision nur anfällt, wenn der Handelsvertreter Umsatze erbringt. Die Kosten haben also variablen Charakter.

Immer wieder neu überlegt die Trinkmann GmbH, ob sie weiterhin Handelsvertreter im Großhandelsgeschäft einsetzen oder eigene Außendienstmitarbeiter einstellen soll. Der Handelsvertreter Herr Holtermann erzielt einen Jahresumsatz von 1,4 Mio. € und erhält eine Provision von 9 %. Würde das Unternehmen einen festen Außendienstmitarbeiter einstellen, so müsste mit Jahrespersonalkosten von ca. 60.000 € gerechnet werden zuzüglich einer Provision von 2 Prozent.
Daraus ergibt sich folgende Vergleichsrechnung:

$$60.000 + 0{,}2x = 0{,}09x$$
$$60.000 = 0{,}09x - 0{,}02x$$
$$60.000 = 0{,}07x$$
$$\frac{60.000}{0{,}07} = x = 857.143$$

Bei einem Umsatz von ca. 857.143 € sind die Kosten des Einsatzes eines Handelsvertreters sowie eines Reisenden/Außendienstmitarbeiters gleich. Bei dem jetzigen erzielten Umsatz von Herrn Holtermann wäre der Einsatz eines eigenen Mitarbeiters günstiger. Und trotzdem ist bisher entschieden worden, weiterhin Herrn Holtermann einzusetzen: Er hat hervorragende Kenntnisse und Beziehungen in der Branche, ist bekannt und beliebt und gibt viele Informationen der Kunden an die Trinkmann GmbH weiter. Es ist fraglich, ob ein neuer Mitarbeiter diese Umsätze erzielen könnte. Hinzu kommt, dass es bei den Kunden Unsicherheit und Vertrauensverlust gäbe, wenn die Trinkmann GmbH nicht mehr mit Herrn Holtermann zusammenarbeiten würde.

3. Handelsmarketing

Der **Agent** vermittelt Kaufabschlüsse oder schließt die Geschäfte wie ein Handelsvertreter ab. Seine Vergütung erfolgt auch in Form einer Provision auf die von ihm vermittelten oder getätigten Umsätze. Der Großhändler nutzt die Branchen- und Marktkenntnisse des Agenten sowie sein Engagement, seine Eigeniniative bei der Kundenakquisition. Agenturen arbeiten oft ausschließlich für den Großhändler, sie haben keine weiteren Auftraggeber. Besonders im Außenhandel schätzt der Großhandel die Zusammenarbeit mit Agenten, die über genaue Kenntnisse der Märkte der jeweiligen Länder verfügen.

Bei **Auktionen** lässt der Großhandel durch ein Auktionshaus die Ware versteigern. Dabei nutzt der Großhandel die Akquirierung der Kunden durch das Aktionshaus.

Der **Kommissionär** wickelt im Gegensatz zum Handelsvertreter die Geschäfte im eigenen Namen auf Rechnung des Großhändlers ab. Dabei bleibt das Absatzrisiko beim Großhändler, da der Kommissionär das Recht hat, die nicht verkaufte Ware nach Ablauf einer vereinbarten Frist wieder zurückzugeben. Für die Tätigkeit erhält der Kommissionär eine Provision. Der Kommissionär kann dem Großhandel Absatzmöglichkeiten erschließen, die dem Großhandel nicht zugänglich sind oder mit hohen Vertriebskosten verbunden wären, da eine große Anzahl von Kunden betreut werden müsste.

Der Großhändler kann **Franchisegeber** werden und sein Marketing-Konzept – z.B. Sortiment, Service, Preisgestaltung, Werbung, Verkaufsförderung, Corporate Identity – dem **Franchisenehmer**, einem selbstständigen Kaufmann, der ein oder mehrere Einzelhandelsunternehmen führt, zur Verfügung stellen. Der Franchise-Nehmer zahlt für die Nutzung in der Regel ein Entgelt und sichert meist zu, ausschließlich die Ware des Franchise-Gebers zu führen. Dabei nutzt der Großhandel das Engagement des selbstständigen Kaufmanns und sichert eine schnelle Marktdurchdringung. Im heutigen Handel tritt oft ein Hersteller als Franchisegeber auf. Auch Einzelhändler können ihr Vertriebskonzept über Franchising multiplizieren.

> Die Marco Trinkmann GmbH plant mittelfristig, als Franchise-Geber für Getränkefachmärkte aufzutreten. Dies sichert den Absatz im Großhandel. Außerdem wird das erfolgreiche Marketingkonzept der Fachmärkte gegen Entgelt zur Verfügung gestellt.

Franchisesysteme im Handel sind z.B.
- Quick-Schuh (Schuhhandel)
- Obi, Hammer (Heimwerker-Fachmärkte)
- BACKFACTORY GmbH, Backwerk, Mr. Baker
- PC-Spezialist Franchise AG (IT-Handel)

3.4 Einsetzen von Marketinginstrumenten

- Portas Deutschland GmbH & Co KG (Renovierung im Wohn- und Außenbereich)
- Fressnapf (Europas größte Fachhandelskette rund ums Tier)
- BABY1ONE
- GS Getränke-Schnellkauf, Hol'ab, Dursty (Getränkemärkte)

Als **Rack Jobber** betreut der Großhandel die Sortimente im Einzelhandel. Dabei wird vom Großhandel die Ware eingekauft, angeliefert, auf die Warenträger einsortiert, mit Preisen versehen soweit notwendig, ferner werden Sortimentsveränderungen durchgeführt. Das Absatzrisiko trägt der Großhandel. Er nutzt die guten Absatzmöglichkeiten des Einzelhandels, der Einzelhändler erhält für das Inkasso und die Bereitstellung der Flächen eine umsatzabhängige Provision.

Messen bieten ein umfassendes Angebot einer oder mehrerer Branchen an. Sie finden regelmäßig zum gleichen Zeitpunkt am gleichen Messestandort statt. Der Zugang zu den Messen ist oft nur Fachbesuchern gestattet. Der Großhändler hat hier die Möglichkeit, sein Sortiment bisherigen und neuen Kunden zu zeigen, vorzuführen, prüfen zu lassen. Doch die Kosten für einen Messeauftritt sind hoch, so dass sich dies für den Großhändler nur lohnt, wenn er auf der Messe oder unmittelbar danach entsprechend Aufträge erhält. Der Messestand muss nach den Regeln des visuellen Marketings aufgebaut sein und personell (Fachberatung und Catering) ausreichend besetzt sein. Prospektmaterial/Visitenkarten und Giveaways sollen in ausreichender Anzahl bereitgestellt werden.

Die Trinkmann GmbH prüft regelmäßig, ob das Unternehmen bei der „Anuga", der wichtigsten Lebensmittel Messe Europas in Köln, vertreten sein soll. Die Anuga verzeichnet fast 7.000 Anbieter und über 160.000 Besucher. Hier die Kostenaufstellung für einen kleinen Stand von ca. 50 qm:
- Standfläche ohne Standbau   ca. 10.000 €
- anteilige Energiekosten   300 €
- Katalogeintrag   200 €

Erfahrungsgemäß machen diese ca. 10.500 € nur 20 % der Gesamtkosten aus, 40 % kommen für den Standbau dazu und 40 % werden für Standbetriebskosten ausgegeben wie z.B. Telefon, Bewirtungskosten, Reinigungskosten sowie Reise- und Personalkosten für die Standmitarbeiter.

Auf dem **Großmarkt** vertreibt der Spezialgroßhandel vor allem leicht verderbliche Ware wie Obst und Gemüse, Blumen, Fisch an Einzelhändler und gewerbliche Großabnehmer wie z.B. Gastronomie, Krankenhäuser.

3.4.2 Einfluss der Marketingstrategien des Produktionsbetriebs auf den Handelsbetrieb

Zwischen den Marketingansätzen der Industrie und des Handels kann es in allen Marketingbereichen zu Zielkonflikten kommen. Der Hersteller verfolgt die Produktpolitik mit Produktinnovationen, die z.T. mit hohen Kosten für Forschung und Entwicklung verbunden sind. Bei Me-too-Produkten ist der rechtliche Schutz der Originale zu beachten, die teilweise durch Patente und als Gebrauchs- oder Geschmacksmuster geschützt sind. Für den Hersteller ist der Aufbau eines Produkt- oder Markenimages wichtig, während der Handel sein Ziel im Aufbau eines Sortimentsimages und der Listung von Handelsmarken zusätzlich zu den Herstellermarken verfolgt.

Bei der Preispolitik empfiehlt der Hersteller häufig die unverbindlichen Verkaufspreise. Der Handel wünscht sich dagegen Kalkulationsfreiheit. Bei den preisstrategischen Vorgehensweisen trifft das Handelsunternehmen grundsätzlich die Entscheidung über das Preisniveau, die Preispolitik, ob passiv, aktiv oder aggressiv.

Die Preisstrategien der Hersteller werden ebenfalls im Rahmen der Kontrahierungspolitik neben den Konditionen festgelegt. Bei der Neueinführung von Produkten kann gemäß einer Skimmingstrategie oder einer Penetrationsstrategie vorgegangen werden. Bei der Skimmingstrategie (= Abschöpfungsstrategie) steigt das Unternehmen mit einem hohen Preis ein und schöpft Gewinne ab. Im Lauf der Zeit wird der Preis auf Grund auftretender Mitbewerber neu bestimmt, z.B. sukzessive abgesenkt. Die Penetrationsstrategie arbeitet mit niedrigen Einstiegspreisen, um von Anfang an eine große Kundenzahl zum Kauf zu bewegen; auf diese Art soll eine schnelle Marktdurchdringung erfolgen. Dann wird der Preis langsam angehoben. Bei der Premiumpreisstrategie (= Hochpreisstrategie) werden für die qualitativ herausragenden Produkte permanent hohe Preise gefordert im Gegensatz zur Niedrigpreisstrategie (= Low-Price-Strategie), bei der Massenartikel zu günstigen Preisen angeboten werden.

Die Trinkmann GmbH erhält über die Lebensmittel-Fachzeitschrift die Information, dass ein Markenbierhersteller im Monat Mai eine große Werbekampagne für Maibock in vielen Zeitschriften und im TV starten wird. Der Außendienstmitarbeiter der Brauerei hat der Trinkmann GmbH beim letzten Besuch diese Kampagne auch schon angekündigt und die Bereitstellung von Displaymaterial in Aussicht gestellt.

3.4 Einsetzen von Marketinginstrumenten

Die folgende Grafik gibt Ihnen einen Überblick über die Distributionspolitik der Hersteller:

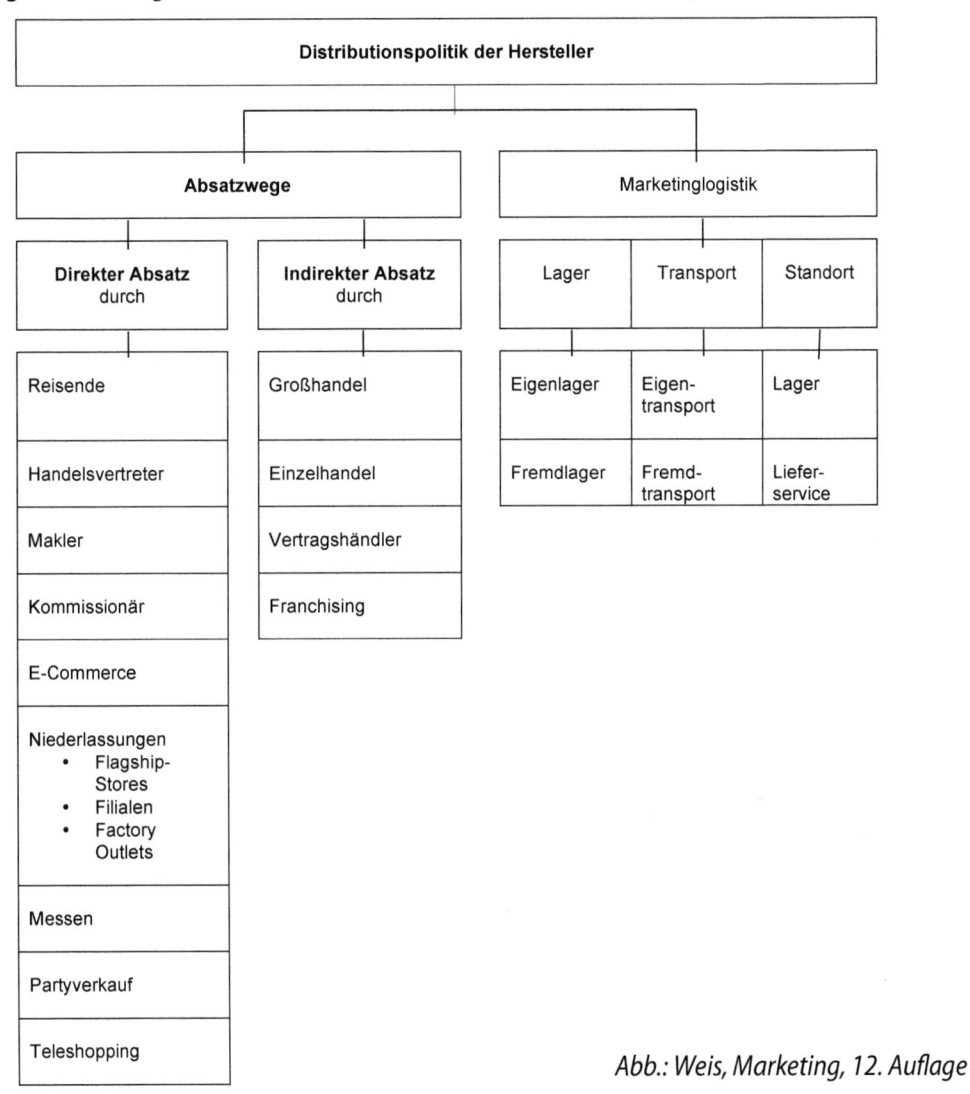

Distributionspolitik der Hersteller					
Absatzwege		**Marketinglogistik**			
Direkter Absatz durch	**Indirekter Absatz** durch	Lager	Transport		Standort
Reisende	Großhandel	Eigenlager	Eigentransport		Lager
Handelsvertreter	Einzelhandel	Fremdlager	Fremdtransport		Lieferservice
Makler	Vertragshändler				
Kommissionär	Franchising				
E-Commerce					
Niederlassungen • Flagship-Stores • Filialen • Factory Outlets					
Messen					
Partyverkauf					
Teleshopping					

Abb.: Weis, Marketing, 12. Auflage

Der Hersteller hat bei den Kommunikationsstrategien die Möglichkeit des Push- oder Pull-Marketings für seine Produkte. Beim Push-Marketing richtet er seine Marketingaktivitäten auf den Handel aus, um Anreize für eine Listung seiner Produkte zu geben. Beim Pull-Marketing richtet er sich mit seinen Aktivitäten an die Konsumenten, die dann durch ihre Nachfrage beim Handel, der Nein-Verkäufe vermeiden will, die Produkte in die Regale des Handels ziehen. Zumeist kombiniert der Hersteller diese beiden Strategien.

3.4.3 Positionierung und Profilierung

Der Erfolg eines Unternehmens im Wettbewerb des Käufermarktes ist auch stark von der Unverwechselbarkeit abhängig. So ist die **Corporate Identity** ein wichtiges Instrument der Unternehmensführung. Grundlage der Corporate Identity ist das Unternehmensleitbild. Zunächst werden im Leitbild die Ziele des Unternehmens dargestellt und Visionen entwickelt. Daraus leiten sich Wertvorstellungen ab, die das Verhalten der Mitarbeiter gegenüber Kunden, Geschäftspartnern, Aktionären und nicht zuletzt untereinander bestimmen. Die Vorstellungen sind so allgemein gehalten, dass sie über einen langen Zeitraum und für alle Unternehmensbereiche gelten. Sie dürfen jedoch nicht zu oberflächlich und so offen formuliert werden, dass sie zu Phrasen werden. Zu den Haupt-Unterpunkten der CI gehören:
- Corporate Design
- Corporate Behavior
- Corporate Communication

Corporate Design:
Ein Unternehmen hat unverwechselbare Merkmale, an denen der Kunde das Geschäft intuitiv erkennen kann: Das können äußere Merkmale sein wie z.B. Farben, Logoform, Ladeneinrichtung, Dienstkleidung für die Mitarbeiter.

Corporate Communication:
Das sind die Art der Kommunikation der Mitarbeiter und die Gestaltung der Kommunikation zwischen Handelsunternehmen und Kunden. Hierzu gehören die Medienwahl und z.B. Slogans.

Corporate Behavior
Sie drückt das Verhalten eines Unternehmens z.B. im Hinblick auf die Kulanz gegenüber Kunden und den Führungsstil gegenüber den Mitarbeitern aus.
Corporate Identity bietet die Möglichkeit für Kunden und selbstverständlich auch Mitarbeiter, sich mit dem Handelsunternehmen zu identifizieren.

> **Unternehmensleitbild der Trinkmann GmbH**
>
> Die Trinkmann GmbH ist ein in Nordrhein-Westfalen im Groß- und Einzelhandel tätiges Handelsunternehmen. Wir wollen breite Schichten der Bevölkerung mit Getränken versorgen. Durch die Erschließung neuer Standorte und die Einrichtung neuer Vertriebstypen wollen wir weiter wachsen.

Unsere Mitarbeiter sind unser wertvollstes Kapital. Wir bekennen uns zur Wertschätzung jedes einzelnen Mitarbeiters. Deshalb wollen wir
- persönliche Leistung anerkennen und fördern,
- eine leistungsgerechte Vergütung gewähren,
- Mitarbeiter unterstützen, ihre Talente nutzen und weiterentwickeln,
- uns gegenseitig informieren, unsere Meinungen austauschen,
- sachliche und faire Kritik zulassen.

Wir wollen dem Kunden den Getränkeeinkauf so bequem wie möglich machen. Gleichzeitig wollen wir uns geändertem Kundenverhalten frühzeitig anpassen. Attraktive und konkurrenzfähige Preise sowie die kompetente und freundliche Beratung unserer Mitarbeiter sind unsere stärkste Waffe gegenüber unseren Mitbewerbern.

Wir legen Wert auf eine vertrauensvolle Zusammenarbeit mit unseren Lieferanten. Ehrlichkeit und Loyalität liegen unseren Verhandlungen zugrunde. Dabei streben wir durch leistungsfähige Kooperationen zusätzliche Einkaufsvorteile an.

Wir akzeptieren die Verantwortung, die wir als Unternehmen gegenüber dem Staat und der Gesellschaft haben und beziehen diese in unser Handeln ein. Dabei verstehen wir den Umweltschutz als wichtige und nachhaltige Aufgabe.

Angemessene Gewinne sind die Voraussetzung für die Sicherung des Unternehmens und der Arbeitsplätze. Daher streben wir ein kontinuierliches Wachstum von Umsatz und Gewinn an.

3.4.4 Standortmarketing

Die Wahl des richtigen Standorts kann für ein Handelsunternehmen überlebenswichtig sein. Es ist eine sehr langfristige Entscheidung, die wegen der üblicherweise langen Laufzeiten der Mietverträge oder der getätigten Investition in eine Immobilie nur schwer revidiert werden kann.

Standortwahl und Standortfaktoren

Im Absatzgroßhandel und im Einzelhandel sind die Konsequenzen einer Standortentscheidung besonders gravierend, da der Standort innerhalb des Marketing-Mixes als Absatzinstrument dient und die anderen Instrumente hierauf ausgerichtet werden.

In Filialunternehmen werden die Standortbestimmungen besonders kompliziert: Die einzelnen Standorte müssen unter logistischen Aspekten abgestimmt werden; die Objekte müssen ähnlich zugeschnitten sein, um ein einheitliches Verkaufskonzept in allen Filialen darstellen zu können. Außerdem sollen die Filialen nicht in Konkurrenz zueinander stehen – eine Anforderung, die freilich heute bei zunehmender Verdichtung von Filialnetzen immer schwerer zu erfüllen ist.

Das Wachstum des Filialunternehmens ist von der Sicherung neuer Standorte sehr stark abhängig, nur so ist eine Expansion möglich. Dabei sind mögliche Entwicklungen der Sortiments- und Preispolitik sowie der Verkaufsförderung zu berücksichtigen, wenn die Objekte auch langfristig erfolgreich arbeiten sollen.

Einige Städte und Kommunen haben in den letzten Jahren die Bedeutung des Einzelhandels für das Erscheinungsbild der Innenstädte erkannt. Das bekannteste Beispiel ist wohl das Kaufhaus des Westens, eine touristische Attraktion für die Berlin-Besucher aus aller Welt, die in allen Reiseführern aufgelistet ist.

Doch neben dem Standort in der Innenstadt ist auch ein Einzelhandelsbesatz in den Wohngebieten wichtig. Besondere Aufmerksamkeit verlangt der Standort „Grüne Wiese". Von großflächigem Einzelhandel an einem solchen Standort können schädliche Einflüsse auf die Innenstadt und die wohnungsnahe Versorgung ausgehen. Hier gibt es neben planerischen und nutzungsrechtlichen Fragen oft Konflikte zwischen den Gemeinden einer Region. Sie werden wie Handelsunternehmen zu Konkurrenten.

Standortwahl im Großhandel
Beim Zustellgroßhandel und Versandhandel sind für den Standort vielfach ausschlaggebend die günstigen Verkehrsanbindungen: Sie wählen einen Standort in der Nähe von Autobahnanschlüssen, von Bundesstraßen und bei Außenhandelsunternehmen in Grenzgebieten oder in der Nähe von Flug- oder Seehäfen. In einigen Branchen kann der Gleisanschluss der Immobilie von Vorteil sein sowie die Entfernung zu Lieferanten und Kunden.

Das Handelsunternehmen prüft die Kosten der Immobilie, die bauliche Aufteilung, den Zustand und mögliche Erweiterungsmöglichkeiten in der Zukunft. Im Zustellgroßhandel kann nur rationell und mit niedrigen Kosten gearbeitet werden, wenn der Warenfluss auf einer Ebene abgewickelt wird. Dies erfordert viel Lagerfläche und ein entsprechend großes Grundstück. Dabei ist die Lage innerhalb eines Gewerbegebietes von nicht so großer Bedeutung, vorausgesetzt, dass der Betrieb gut erreichbar ist. Um niedrige Miet- bzw. Anschaffungskosten zu erzielen, wird meist ein Standort in Gewerbegebieten, am Stadtrand, in jedem Fall außerhalb von Ballungsgebieten gewählt.

Besondere Methoden der Standortwahl werden nicht angewandt, da die Auswahlkriterien überschaubar und berechenbar sind.

Standortwahl im Einzelhandel und Abholgroßhandel
Die Standortfaktoren im Abholgroßhandel sowie im Einzelhandel sind in der Regel ausschließlich absatzorientiert. Dabei spielen eine wichtige Rolle:

Größe und Reichweite des Einzugsgebiets

Die Größe und Reichweite des Einzugsgebiets ist im Einzelhandel abhängig von der Betriebsform. Besonders Supermärkte und Lebensmitteldiscounter suchen die unmittelbare Nähe zum Kunden. Sie dienen der Nahversorgung, ihre Kunden kommen teilweise zu Fuß oder mit dem Rad. Die Standorte liegen hier in Wohngebieten oder in der Nähe.

In anderen Betriebsformen ist weniger die Nähe als vielmehr die Erreichbarkeit des Standorts von großer Bedeutung. Ist der Kauf der Ware mit einem Transportaufwand verbunden, z.B. Möbel, Bau- und Heimwerkerbedarf, Elektrogroßgeräte, so sind wichtige Faktoren des Standorts der Weg des potenziellen Kunden von seinem Wohnort, der verbundene Zeitaufwand für die Hin- und Rückfahrt und das Angebot an Parkplätzen. Bei den Betrieben auf der „Grünen Wiese" und dem Abholgroßhandel ist daher die Anbindung an überörtliche Straßen wie z.B. Autobahnen und Bundesstraßen wichtig. Bei den Betrieben in Citylagen ist die Nähe zu den Hauptverkehrsachsen ebenso entscheidend wie die vorhandenen Stellplätze in der Nähe des Standorts, ein gutes Parkleitsystem und die Nähe zu öffentlichen Verkehrsmitteln. Gerade in den großen Ballungsgebieten wie München, Hamburg, Frankfurt oder Berlin erreicht ein erheblicher Anteil der Kunden den Einzelhandel mit Bahn oder Bus.

So ist das mögliche Einzugsgebiet eines Standorts schwierig zu bestimmen. Das Handelsunternehmen kann auf Erfahrungswerte anderer Standorte oder anderer Unternehmen zurückgreifen, welche Wegezeit der Kunde bei einem bestimmten Sortiment bereit ist zu akzeptieren. Selbstverständlich können Befragungen am möglichen Standort durchgeführt werden, um den Wohnsitz der Kunden zu erfahren. Dabei ist Voraussetzung, dass es sich um einen Standort handelt, an dem schon Konkurrenzbetriebe bestehen. Die BBE-Handelsberatung, der Handelsverband oder auch die IHK und weitere spezialisierte Forschungsunternehmen können zu den Einzugsbereichen von Standorten Daten liefern.

Kaufkraft im Einzugsgebiet und Umsatzpotenzial

Die **Kaufkraft** einer Region wird durch das verfügbare Einkommen der privaten Haushalte gebildet. Grundlage hierfür sind die bei den Finanzämtern vorliegenden, anonymisierten Lohnsteuerkarten und Einkommensteuererklärungen, nicht einbezogen werden die Lohn- und Einkommensteuer und die Sozialabgaben. Zusätzlich erfasst werden die staatlichen Transferleistungen wie Kindergeld, Wohngeld, Arbeitslosengeld, Hartz IV, Renten und BAföG; ebenso werden berücksichtigt die Entnahmen aus Ersparnissen und aufgenommene Kredite abzüglich der Bildung von Ersparnissen und der Tilgung von Schulden.

Üblicherweise erfolgt die Darstellung von Kaufkraftkennziffern eines Standorts oder einer Region als
- Relativzahlen in Prozent- oder Promille-Anteilen der Kaufkraft des gesamten Bundesgebiets
- Indexzahl, die auf den Pro Kopf Durchschnitt der gesamten Bundesrepublik bezogen ist; der Bundesdurchschnitt beträgt 100. Dadurch ist zu erkennen, ob der Standort über oder unter dem Bundesdurchschnitt liegt
- absoluter Betrag für die Gesamtbevölkerung oder als Pro-Kopf-Wert in €.

Neben der Kaufkraft ist für die Errechnung des möglichen Umsatzvolumens eines Standorts die **Zentralität** bzw. Kaufkraftbindung zu berücksichtigen. Da nicht alle Bewohner eines Standorts auch alle ihre Einkäufe an diesem Standort tätigen, andererseits das Einzugsgebiet auch Käufer aus anderen Regionen anzieht, werden diese Ab- und Zuwanderungen bei der Kennziffer „Zentralität" berücksichtigt. Die Zentralität gibt an, ob es einem Standort gelingt, über die örtliche Kaufkraft hinaus Umsatz zu tätigen. Entsprechen die Umsätze eines Standorts der örtlichen Kaufkraft, so beträgt die Zentralität 100; bei Kennziffern über 100 hat der Ort einen saldierten Kaufkraftzufluss, bei Kennziffern unter 100 findet ein Kaufkraftabfluss statt. Diesem Ort gelingt es nicht einmal, die am Ort vorhandene Kaufkraft zu binden.

Die folgende Tabelle sowie das Schaubild zur regionalen Kaufkraft wurden uns freundlicherweise von der Firma MB Research Michael Bauer, 90429 Nürnberg, zur Verfügung gestellt. MB Research gibt u.a. jährlich aktualisierte Kaufkrafttabellen für Städte, Landkreise und andere regionale Untergliederungen heraus. Die regionalen Daten werden bis in die Einheiten der kreisfreien Städte und Landkreise herausgegeben; ein Handelsunternehmen kann sie aber auch für kleinere Orte kaufen. Ähnliche Tabellen gibt die GfK Nürnberg heraus.

3.4 Einsetzen von Marketinginstrumenten

Einzelhandelsrelevante Kaufkraft 2018 in Deutschland

Bundesland (Gebietsstand 1.1.2018)	Bevölkerung Datenstand 1.1.2017		Bevölkerung Projektion 2018 Jahresdurchschnitt		Haushalte Projektion 2018 Jahresdurchschnitt	Einzelhandelsrelevante Kaufkraft 2018		Euro pro Kopf	Kaufkraft-Index D = 100
	Anzahl	Promille-anteil	Anzahl	Promille-anteil	Anzahl	in Mio. Euro	Promille-anteil		
Schleswig-Holstein	2.881.926	34,921	2.893.692	34,922	1.447.159	20.270,60	35,332	7.005	101,2
Hamburg	1.810.438	21,938	1.828.025	22,061	986.685	13.712,92	23,902	7.501	108,3
Niedersachsen	7.945.685	96,280	7.965.826	96,134	3.935.606	54.756,53	95,442	6.874	99,3
Bremen	678.753	8,225	682.515	8,237	365.487	4.516,23	7,872	6.617	95,6
Nordrhein-Westfalen	17.894.969	216,839	17.942.174	216,531	8.770.368	123.810,48	215,804	6.901	99,7
Hessen	6.213.088	75,286	6.246.578	75,386	3.039.153	44.616,81	77,768	7.143	103,2
Rheinland-Pfalz	4.066.053	49,270	4.076.890	49,201	1.952.133	27.899,82	48,630	6.843	98,8
Baden-Württemberg	10.951.893	132,708	11.020.957	133,004	5.215.512	79.786,39	139,069	7.240	104,6
Bayern	12.930.751	156,686	13.016.676	157,089	6.324.493	95.686,29	166,783	7.351	106,2
Saarland	996.651	12,077	995.789	12,017	497.381	6.543,51	11,405	6.571	94,9
Berlin	3.574.830	43,317	3.616.972	43,651	2.011.610	24.162,34	42,115	6.680	96,5
Brandenburg	2.494.648	30,228	2.499.723	30,167	1.252.349	16.102,08	28,066	6.442	93,0
Mecklenburg-Vorpommern	1.610.674	19,517	1.610.300	19,434	835.620	9.828,26	17,131	6.103	88,2
Sachsen	4.081.783	49,460	4.084.493	49,293	2.172.770	25.215,19	43,951	6.173	89,2
Sachsen-Anhalt	2.236.252	27,097	2.227.625	26,884	1.180.922	13.618,32	23,737	6.113	88,3
Thüringen	2.158.128	26,151	2.153.553	25,990	1.111.648	13.191,20	22,993	6.125	88,5
Deutschland	**82.526.522**	**1.000,000**	**82.861.788**	**1.000,000**	**41.098.896**	**573.716,97**	**1.000,000**	**6.924**	**100,0**

© Michael Bauer Research GmbH, Nürnberg, 2018

3. Handelsmarketing

MB-Research
Internationale Marktdaten

Einzelhandelsrelevante Kaufkraft 2018 in Deutschland

Definition: **Kaufkraft** bezeichnet das verfügbare Einkommen (Einkommen ohne Steuern und Sozialversicherungsbeiträge, inkl. empfangene Transferleistungen) der Bevölkerung einer Region.

Bei der **einzelhandelsrelevanten Kaufkraft** werden dagegen nur die Einkommensbestandteile berücksichtigt, die für Ausgaben im Einzelhandel (inklusive Internet- und Versandhandel) zur Verfügung stehen.

Bei der Ermittlung der Kaufkraftkennziffern werden dementsprechend die folgenden Komponenten berücksichtigt:

- Nettoeinkommen aus den amtlichen Lohn- und Einkommensteuerstatistiken
- sonstige Erwerbseinkommen
- Renten und Pensionen
- Arbeitslosengeld und –hilfe
- Kindergeld
- Sozialhilfe
- BAFöG (ohne Darlehen)
- Wohngeld

Das Verhältnis zwischen Ausgaben im Einzelhandel und Einkommen, sowie zahlreichen weiteren demografischen und geografischen Variablen kann aus der amtlichen Einkommens- und Verbrauchsstichprobe (EVS) entnommen werden.

Die Einkommens- und Verbrauchsstichprobe (EVS) ist repräsentativ für Deutschland und mit 55 100 Teilnehmern (Anzahl der Haushaltsbücher mit verwertbaren Angaben am Ende der Berichtsperiode) die größte freiwillige Haushaltsbefragung dieser Art in Europa.
Die EVS liefert repräsentative, tief gegliederte und qualitativ belastbare Ergebnisse. Sowohl die Statistischen Landesämter als auch das Statistische Bundesamt führen mehrstufig und komplex angelegte Qualitätskontrollen durch.

Mit Hilfe von Regionaldaten zu Einkommensklassen und soziodemografischen Kategorien wird die einzelhandelsrelevante Kaufkraft ermittelt.

Alle **Kaufkraftkennziffern** werden als **Prognosewerte** für das Jahr ihrer Ermittlung ermittelt. Voraussetzungen sind **Fortschreibungen** der Einkommensdaten anhand von volkswirtschaftlichen Prognosen und regionalstatistischen Indikatoren sowie der **Bevölkerungsdaten** anhand von Prognosen zu Bevölkerungsbewegungen (Geburten, Sterbefälle, Zuzüge, Fortzüge).

Kaufkraftkennziffern sind für den Vertrieb aller Produkte und Dienstleistungen eine geeignete Plangröße, deren Nachfrage zu einem Großteil vom Einkommen der Verbraucher abhängig ist. Der Absatz von Verbrauchsgütern, langlebigen Konsumgütern, persönlichen Dienstleistungen, Immobilien ist unmittelbar abhängig von der Höhe der Kaufkraft, daher werden Kaufkraftkennziffern von Konsumgüterherstellern, Einzelhandel, Banken, Versicherungen, Sparkassen und anderen endverbraucherorientierten Dienstleistern zur regionalen Potenzialermittlung eingesetzt.

Somit lassen sich für Vertriebsorganisationen oder Filialnetze

- Regionale Absatzchancen quantifizieren
- Gebiete nach Stärken und Schwächen bewerten
- Unausgeschöpfte Potenziale lokalisieren
- Marketing-Aktivitäten lokal fokussieren
- Realistische Planziele formulieren

3.4 Einsetzen von Marketinginstrumenten

MB-Research
Internationale Marktdaten

In der vorliegenden Ausgabe 2018 ist speziell Folgendes zu beachten:

Als eine wichtige Berechnungsgrundlage für die Ermittlung des Einzelhandelsvolumens in Deutschland steht jährlich, wenngleich mit einem gewissen Time Lag, die „Jahresstatistik im Handel" des Statistischen Bundesamtes zur Verfügung. Mit Erweiterung der Stichprobengröße dieser Erhebung sind die Werte der Jahresstatistik signifikant gestiegen (von 2013 auf das derzeit neueste verfügbare Jahr 2015 um insgesamt 12%). Daher hat Michael Bauer Research GmbH in der vorliegenden Studie die Gesamtmarktannahmen erheblich erhöht.

Weiterhin haben wir, den Konventionen der meisten Marktteilnehmer folgend, – wie auch unser Partner CIMA – nunmehr die Umsätze der Apotheken auf das Segment Selbstmedikation/Ergänzungssortiment (also ohne Arzneimittelverordnungsvolumen GKV, PKV und Sonstige) beschränkt.

Die Datei MBR-EHKaufkraft_2018_*.xlsx besteht aus folgenden Arbeitsblättern (je nach Umfang Ihrer Bestellung):

- Bundesländer
- Gemeinden
- Kreise (Stadt- und Landkreise)
- Regierungsbezirke / Regionen
- IHK-Bezirke
- 1-stellige Postleitgebiete
- 2-stellige Postleitgebiete
- 5-stellige flächenbezogene Postleitgebiete

Folgende Variablen sind in der Datei enthalten:

- Schlüssel (amtlicher Gebietsschlüssel)
- Name (des Gebietes)
- Bevölkerung
  - Datenstand 1.1.2017
    - Anzahl
    - Promilleanteil (des Gebiets von Deutschland insgesamt)
  - Prognose 2018 Jahresdurchschnitt
    - Anzahl
    - Promilleanteil (des Gebiets von Deutschland insgesamt)
- Haushalte
  - Prognose 2018 Jahresdurchschnitt
    - Anzahl
- Einzelhandelsrelevante Kaufkraft 2018
    - in Mio. Euro (des Gebiets insgesamt)
    - Promilleanteil (des Gebiets von Deutschland insgesamt)
    - Euro pro Kopf (und Jahr)
    - EH-Kaufkraft-Index D=100 (bezogen auf den pro Kopf Durchschnitt von Deutschland im Jahr)

Der amtliche Gebietsschlüssel ist folgendermaßen aufgebaut:

Die ersten beiden Stellen bezeichnen das Bundesland (z.B. 09 = Bayern), die ersten drei Stellen den Regierungsbezirk (z.B. 095 = Mittelfranken), die ersten fünf Stellen den Kreis (z.B. 09574 = Nürnberger Land), alle acht Stellen die Gemeinde (z.B. 09574138 = Lauf a. d. Pegnitz).

Ihre Rückfragen beantworten wir gerne:

Michael Bauer Research GmbH
Fürther Straße 27
D-90429 Nürnberg
Tel.: 0049 - 911 - 28 707 062
www.mb-research.de
email: christiane.betzner@mb-research.de

3. Handelsmarketing

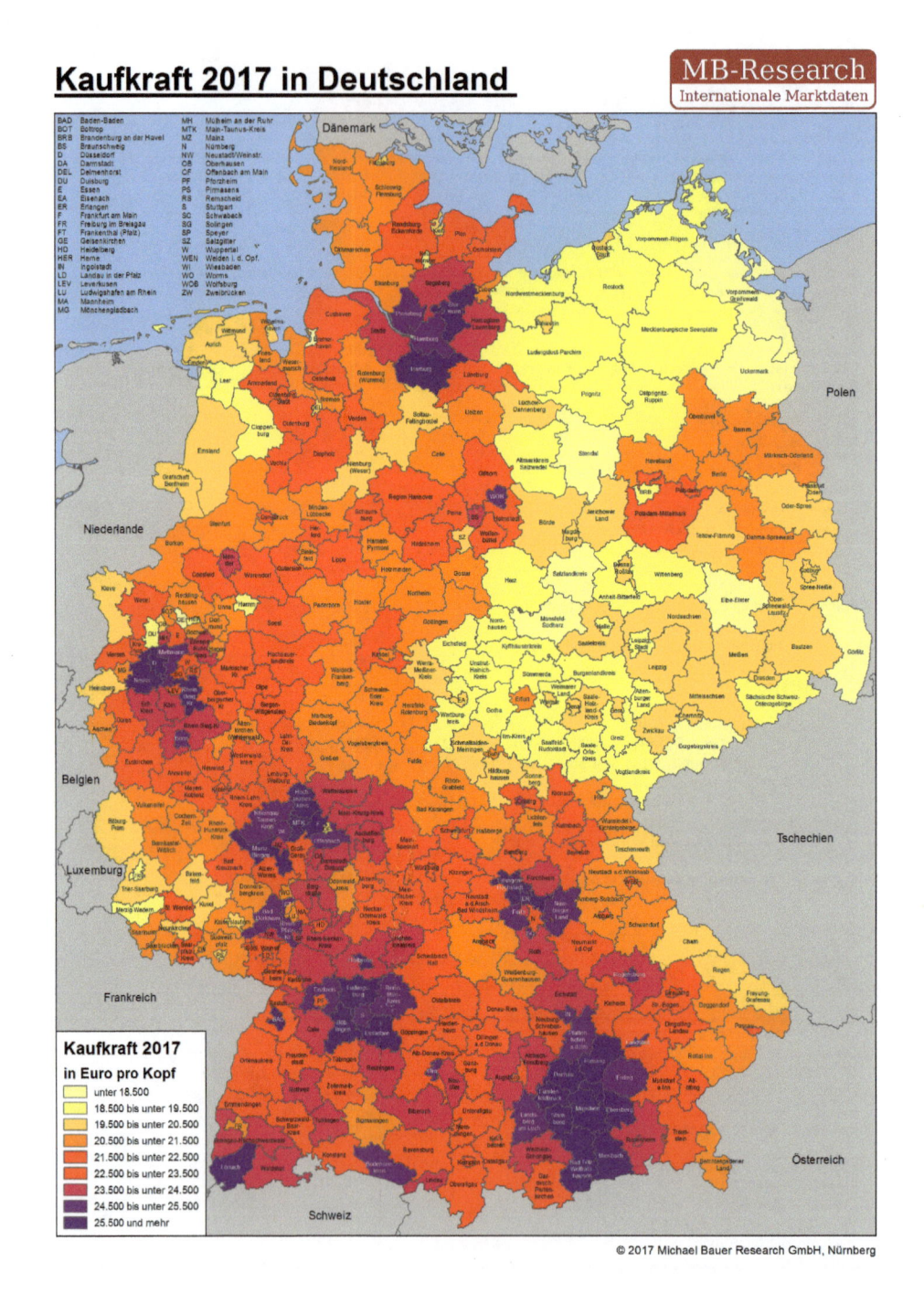

Kaufkraft 2017 in Deutschland

3.4 Einsetzen von Marketinginstrumenten

Mit den Kennziffern Kaufkraft, Konsumausgaben nach Verwendungszwecken und Zentralität kann das Handelsunternehmen das Umsatzpotenzial eines Standorts ermitteln:
- Einzugsgebiet festlegen
- Kaufkraftvolumen in Euro ermitteln
- Mit Hilfe der Konsumausgaben nach Verwendungszweck das Kaufkraftvolumen für das Sortiment ermitteln
- Mit der Kennziffer Zentralität berichtigen

Die Trinkmann GmbH möchte gern expandieren und untersucht die Standorte O und S. An beiden Standorten wäre es möglich, im Zentrum der Städte Ladenlokale anzumieten, die gut mit dem Auto erreichbar und bei denen ausreichend Parkplätze vorhanden wären. Im Rahmen der Standortanalyse legt das Unternehmen das Einzugsgebiet mit den Stadtgrenzen fest.

Vom Handelsverband erhält die Trinkmann GmbH folgende Kennziffern:

Stadt	Einzelhandelsrelevante Kaufkraft in Mio. EURO	Einzelhandelsrelevante Kaufkraftkennziffer	Zentralitätskennziffer
O	61,0	101,0	75,7
S	108,5	102,9	59,0

Daraus ergibt sich ein gesamtes Umsatzpotenzial für
O von 46,2 Mio. EURO
S von 64,0 Mio. EURO.
Vom Statistischen Bundesamt erhält das Unternehmen die Information, dass 15% der Konsumausgaben für Nahrungsmittel und Getränke ausgegeben werden. Dies ergibt ein Umsatzpotenzial für
O von 6,9 Mio. EUR
S von 9,6 Mio. EURO.
Der Fachverband gibt den Anteil von Getränken innerhalb der Konsumausgaben für Nahrungsmittel und Getränke, der in Getränkefachmärkten ausgegeben wird, mit 5,1% an. Daraus resultiert für
O ein endgültiges Umsatzpotenzial von 351.900 EURO
S von 486.600 EURO.

Aus diesen Zahlen muss die Trinkmann GmbH schlussfolgern, dass O und S von der Expansionsliste zu streichen sind: Die Jahresumsatzleistung der Fachmärkte der Trinkmann GmbH sollte mindestens bei 500.000 Euro liegen. Vor-Ort-Recherchen werden hier unnötig.

Zahl, Größe, Entfernung und Attraktivität vergleichbarer Mitbewerber
Die Konkurrenzsituation ist meist nur durch Vor-Ort-Recherchen zu beurteilen. Dabei ist es von der Betriebsform abhängig, ob die Nähe zur Konkurrenz gesucht wird oder eine Alleinstellung erforderlich ist. Betriebsformen wie z.B. der Supermarkt oder der Lebensmitteldiscounter, bei denen der Kunde seinen alltäglichen Bedarf deckt, bevorzugen einen Standort innerhalb eines Wohngebietes, in dem das Handelsunternehmen einziger Anbieter ist. Nicht selten sucht inzwischen der Supermarkt die Nachbarschaft des Discounters zur Steigerung der Attraktivität des Standorts. Noch mehr suchen die Betriebsformen in der Citylage, wie z.B. das Fachgeschäft, die Nähe zu anderen Unternehmen unterschiedlicher, aber auch gleicher Branchen. Sie erwarten von dieser Ballung von Einzelhandel – der **Agglomeration** – eine hohe Passantendichte, die wiederum die eigene Kundenfrequenz sichert.

Bei der Berechnung des verbleibenden Umsatzpotenzials für das Unternehmen kann anhand von Kennziffern der bereits von der Konkurrenz abgeschöpfte Umsatz geschätzt werden. Hilfreich ist hierbei z.B. die Flächenleistung: Die Verkaufsfläche der Mitbewerber wird geschätzt und mit dem branchenüblichen Umsatz/qm multipliziert. Weitere Kennziffern können die Pro-Kopf-Leistung, die Miete und der durchschnittliche Anteil der Miete am Umsatz sein. Liegen aktuelle Einzelhandels-Gutachten der Städte und Gemeinden vor, so kann auf diese Zahlen zurückgegriffen werden.

Eine besondere Form der Agglomeration ist das **Einkaufscenter**. In Deutschland herrscht ein wahrer Center-Boom und das Ende dieses Booms ist nicht in Sicht. Experten sagen, dass die Einkaufscenter die Rolle der Warenhäuser übernehmen werden. Ein professioneller Center-Betreiber – die größten sind die ECE Projektmanagement GmbH & Co KG, die mfi AG und die Deutsche Euroshop AG – errichtet das Center und sucht die Mieter aus. Dabei wird auf einen ausgewogenen Mix von verschiedenen Anbietern geachtet. Es gibt Magnetmieter, die die Frequenz im Center sichern, wie z. B. H & M, Zara, New Yorker, C & A, Media Markt und Saturn, und eine Vielzahl von kleinen und mittleren Geschäften, die Sortimente vieler Branchen und Preislagen abdecken. Ergänzt wird das Angebot durch Gastronomie und Dienstleistungsunternehmen wie z.B. Apotheken und Arztpraxen. Die Mieten sind sehr unterschiedlich in ihrer Höhe, je nach Attraktivität, Sortiment und der Rolle innerhalb der Angebotsvielfalt, so dass es auch möglich wird, Sortimente anzubieten, die normalerweise in diesen Lagen nicht kalkulierbar wären. Selbstverständlich bietet ein Center viele günstige Parkplätze in der oberen Ebene oder im Tiefgeschoss, so dass der Kunde sehr kurze Wege zu den Geschäften hat und auch Ware einkaufen kann, die in Innenstadtlage in der Fußgängerzone nicht mehr angeboten werden, da der Transport zu aufwendig für den Kunden wäre. Immer wieder finden Aktionen in den Centern statt. Schon im Mietvertrag sind die Mieter in der Regel verpflichtet, einer Werbegemeinschaft beizutreten und dafür einen Beitrag zu zahlen.

Entwicklung der Anzahl der Shopping-Center in Deutschland 1965 bis 2017

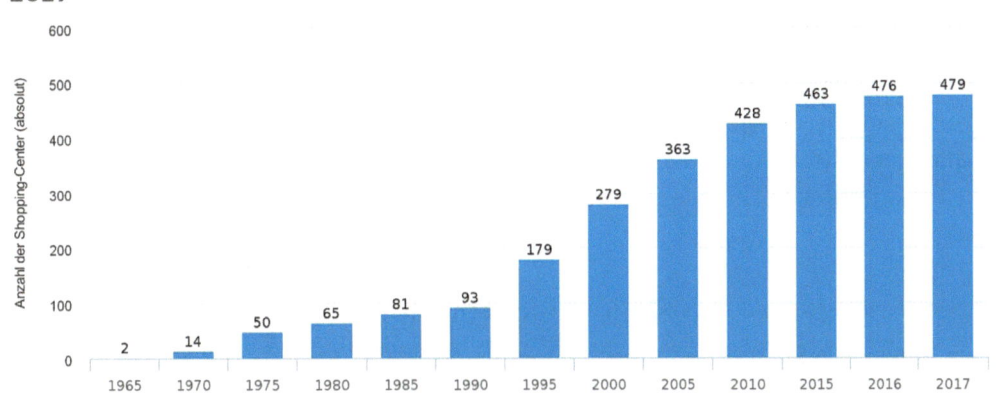

Jahr	Anzahl
1965	2
1970	14
1975	50
1980	65
1985	81
1990	93
1995	179
2000	279
2005	363
2010	428
2015	463
2016	476
2017	479

Quelle: EHI Retail Institute

Eignung des Objekts

Die Größe und der Zuschnitt der Immobilie sind von der Betriebsform bzw. vom Sortiment abhängig. Bei der Größe des Objekts werden die angebotene Verkaufsfläche und die Lagerfläche mit dem eigenen Bedarf abgestimmt. Die Raumhöhe sollte nicht zu niedrig sein für die Betriebsformen, bei denen die Warenpräsentation als Absatzinstrument eingesetzt wird. Andererseits erhöhen hohe Räume die Energiekosten, die genau so intensiv geprüft werden müssen wie die eigentlichen Mietkosten. Verwinkelte Räume mit Säulen verhindern einen Überblick, erschweren eine Kundenführung und erfordern mehr Personal. Betriebsformen wie Fach- oder Verbrauchermärkte entscheiden sich ausschließlich für ebenerdige Immobilien; Betriebsformen mit hohem Flächenbedarf in Citylagen müssen mehrgeschossige Liegenschaften wählen.

Ein ebenerdiger barrierefreier Zugang zum Geschäft ist heute Grundbedingung. Bei Betriebsformen wie z.B. dem Fachgeschäft oder Kaufhaus muss der Zuschnitt der Schaufenster geprüft werden. In allen Betriebsformen muss eine schnelle Warenbelieferung möglich sein; In Citylagen werden zusätzlich die Lieferzeiten berücksichtigt. Im Absatzgroßhandel und vor allem bei den Betriebsformen Fachmarkt und SB-Warenhaus, muss die direkte Anfahrbarkeit geprüft werden. Die Lage an einer Bundesstraße, Autobahnabfahrt oder Ausfallstraße ist von großem Vorteil. Bei Handelsunternehmen mit großem Einzugsgebiet und hoher Kundenfrequenz ist die Abwicklung des ab- und zufahrenden Verkehrs ein wichtiger Prüffaktor. Außerdem muss bei diesen Betriebsformen auch ausreichend Parkraum zur Verfügung stehen.

Die Baunutzungsverordnung und die Landesentwicklungsprogramme vieler Bundesländer erfordern für Immobilien ab 1200 qm Geschossfläche (das entspricht ca. 800 m² Verkaufsfläche)

3. Handelsmarketing

ein spezielles Genehmigungsverfahren. Dabei prüft die Regierung wie auch die betreffende Gemeinde, ob die Sortimente des Handelsunternehmens für dieses Gebiet verträglich sind, bzw. in Randlagen oder auf der „grünen Wiese", ob die Sortimente die Existenz der City oder auch jene benachbarter Orte bedrohen. Weiterhin prüft die Regierung, ob ein solches Projekt die Versorgung der Bevölkerung im Einzugsbereich gefährdet.

Anhand einer Checkliste wird in vielen Handelsunternehmen geprüft, ob die Immobilie den Anforderungen entspricht. Alle Faktoren gleichzeitig werden innerhalb des Scoring-Verfahren bewertet:

Prüfen der Leiter Vertrieb oder der Teamleiter Fachmärkte der Trinkmann GmbH neue Standorte, so untersuchen sie diese Orte mit Hilfe des folgenden Scoring-Verfahrens; hier am Beispiel für den Standort Borken, eine Kreisstadt im westlichen Münsterland:

Entscheidungsfaktor	Gewichtung	Ist-Situation am Standort Borken		Punktzahl für Standort Borken
Größe und Reichweite des Einzugsgebietes Zentralität Anbindung an Bundesstraße, Ausfallstraße	10 %	106,6 an der B 67	6	60
Umsatzpotenzial Kaufkraft Kaufkraftkennziffer Zentralität Umsatzpotenzial regionale Verkaufsziffern Motorisierungsgrad Arbeitslosigkeit	20 %	211,9 Mio. EURO 98,9 106,6 210,8 Mio. EURO aktuell nicht vorhanden 67,3 % 7,9 %	5	100
Mitbewerber Anzahl der Fachmärkte Angebot der Supermärkte Angebot der Verbrauchermärkte Angebot der SB-Warenhäuser Geschätzter Umsatz der Fachmärkte verbleibendes Umsatzpotenzial Vorteile des Trinkmann-Marktes	30 %	2: GF, Trinkkiste Edeka-Sortiment Real: breit, bei nichtalkoholischen Getränken tief nicht vorhanden 6.000 EURO 1,1 Mio. EURO tieferes Sortiment bei Wein, Spirituosen; Warenpräsentation übersichtlicher, ansprechender	5	150
Zwischenergebnis				310

Objekt	30 %			
Größe mindestens 850 qm Zuschnitt Erweiterungsmöglichkeiten Zufahrt Parkplätze mindestens 20 Nachbargeschäfte übliche Ladenöffnungszeiten Miete Nebenkosten % zum Planumsatz ggf. Umbaukosten				
Gesetzliche Auflagen Baunutzungsverordnung Baugenehmigung	10 %	keine Beschränkungen zu erwarten		
	100 %			

Gepunktet wird in diesem Scoring-Verfahren mit
- Sehr gut   6 Punkte
- Gut   5 Punkte
- Befriedigend   4 Punkte
- Ausreichend   3 Punkte
- Mangelhaft   2 Punkte
- Ungenügend   1 Punkt

Schon bei der Standortprüfung anhand des Zwischenergebnisses ist für die Trinkmann GmbH zu erkennen, dass dieser Standort interessant ist für eine Expansion. Herr Trinkmann entscheidet, dass der Teamleiter Fachmärkte den Immobilienmarkt laufend begutachtet und ein Borkener Makler einen Auftrag erhält. Die Immobilie sollte mindestens eine Fläche von 850 qm und eine Höhe von 4 m haben. Unbedingtes Muss ist eine ebenerdige Verkaufsfläche mit elektronischen Schiebtüren am Eingang und ein Minimum von 20 Parkplätzen direkt vor der Tür.

Für jedes Immobilienangebot wird das Scoring-Verfahren vervollständigt und anhand des Ergebnisses entschieden, ob die Offerte weiter verfolgt wird. Hierfür wären mindestens 450 Punkte notwendig.

Die Attraktivität von Standorten ändert sich

Betriebsformen wie z.B. das Fachgeschäft, das Waren- und das Kaufhaus bevorzugen die Innenstädte. Durch die starken Passantenströme ist die Gruppe der Gelegenheits- und Impulskäufer groß, die Frequenz ist gesichert. Dienstleistungszentren wie z.B. die Stadtverwaltung, Ärztezentren, gastronomische Angebote oder Umsteigebahnhöfe des öffentlichen Nahverkehrs verstärken dies noch. Daher nehmen die Makler in Citylagen eine Einstufung des Standortes nach Passantendichte vor.

> *Top 1A-Lage: 90% bis 100% der Gesamt-Passantenfrequenz der City – meist in der Fußgängerzone*
> *A-Lage: 60% bis 90% – oft innerhalb der Fußgängerzone*
> *B-Lage: 40% bis 60% – schließt meist direkt an eine A-Lage an*
> *C-Lage: weniger als 40%*

Aber nicht nur quantitative Merkmale definieren heute die Lage, sondern auch qualitative Aspekte. Gängig ist hier die Unterscheidung zwischen konsumiger und hochwertiger Lage. Die konsumige Lage definiert sich durch absolut höchste Fußgängerfrequenz. Hier finden sich vorwiegend Geschäfte in Mittelpreislagen. Die hochwertige Lage glänzt weniger durch besonders hohe frequenzen als vielmehr Geschäfte im hochwertigen Genre – die wiederum spezielle Kundenkreise mit hoher Kaufkraft anziehen.

Die höchsten Einzelhandelsmieten werden mit großem Abstand in München gezahlt. In die Höhe getrieben werden die Mieten von nationalen und internationalen Filialisten, die nach wie vor in die hochfrequentierten Straßen der Großstädte drängen.

Spitzenmieten im Einzelhandel in den Big 10		
Stadt (Straße)	2. Hj. 2017	2. Hj. 2016
München (Kaufingerstraße-Marienplatz)	360	360
Berlin (Tauentzienstraße)	330	350
Frankfurt/Main (Zeil)	310	310
Düsseldorf (Königsallee)	290	290
Hamburg (Spitalerstraße)	280	280
Stuttgart (Königstraße)	270	270
Köln (Schildergasse)	260	255
Hannover (Georgstraße)	190	200
Nürnberg (Ludwigsplatz-Hefnersplatz-Karolinenstraße)	160	160
Leipzig (Petersstraße/Grimmaische Straße)	120	120

Spitzenmiete in Euro/m²/Monat bei Neuvermietung, 100 m² ebenerdige Verkaufsfläche mit 6 m Front

Spitzenmieten 2016/2017; Quelle: JLL, Einzelhandelsmarktüberblick, Januar 2018

Standorte können sich im Laufe der Zeit aber auch verändern. Dies kann z.B. der Fall sein, wenn ein großer Frequenzbringer an einem Standort schließt oder sich die Zusammensetzung der Bevölkerung verändert und nicht mehr zum angebotenen Sortiment passt. Diese Veränderung wird als Standortverschleiß bezeichnet. Auch fehlende Erweiterungsmöglichkeiten bei einer nötigen Sortimentsexpansion können dazu führen, dass ein Standort für ein Unternehmen nicht mehr lukrativ ist.

3.4.5 Standortkooperationen

Die Konzentration des Handels auf 1A-Lagen der großen Städte sowie die Expansion auf der „grünen Wiese" führen zu Leerständen in Nebenstraßen oder in Kleinstädten. Räumungsverkäufe, Geschäfte mit kleinpreisigen Angeboten mit schlichter oder schriller Warenpräsentation verringern die Attraktivität der Stadt, die Leerstände nehmen noch zu. Die Ministerien der Bundesländer, die Städte und Gemeinde sowie der Handel haben erkannt, dass dieser Missstand aufgehalten werden muss. Dabei werden zwei Modelle gefördert. Im ersten Modell arbeiten Stadt und Handel in einer öffentlich-privaten Kooperation auf freiwilliger Basis in einer **Immobilien- und Standortgemeinschaft** zusammen. Bei dem anderen Modell können Immobilienbesitzer zur Kooperation gezwungen werden: In Hamburg als erstem Bundesland hat der Gesetzgeber den Weg frei gemacht für einen **Business Improvement District (BID)**. Schließen sich mindestens 15 % der Eigentümer nach Zahl und Fläche einer Straße, eines Quartiers zusammen und erstellen einen Maßnahmenkatalog, so muss dieser realisiert werden, wenn ihn nicht mindestens ein Drittel der Eigentümer ablehnen.
Inzwischen haben weitere Bundesländer mit eigenen Gesetzen den Weg für BIDs frei gemacht. Die Bedingungen für die Einrichtung eines BIDs sind Ländersache, deshalb sind sie auch unterschiedlich.
Beide Kooperationsformen haben gleiche Ziele:
- Investitionen in den Standort wie z.B. Werbung, Beleuchtungskonzepte, Sauberkeit, Sicherheit, Fahrbahn- und Bürgersteigumbauten, Bepflanzungen
- Leerständemanagement wie Betreuung durch ein Maklerbüro, Staffelmieten wie in einem Einkaufszentrum und ggf. auch Rückbau von Flächen
- Stadtmarketing wie z.B. Eventplanung, Tourismusangebote

Die Bundesländer können die Kooperationen in den Innenstädten noch unterstützen, indem sie die Ansiedlung auf der grünen Wiese erschweren. Nordrhein-Westfalen will die Zulassung von Geschäften mit mehr als 1200 qm nur noch in Stadtzentren genehmigen, lediglich Möbel-, Garten- und Baumärkte dürfen im Umland eröffnen. Bei der Ansiedlung von Einkaufszentren müssen sich die Kommunen untereinander abstimmen, bevor eine Genehmigung erteilt wird. Ein weiteres „CentrO Oberhausen" wäre dann wohl nicht mehr möglich.

3.4.6 Preispolitik

Im Einzelhandel positioniert sich ein Teil der Betriebsformen ausschließlich über den Preis wie z.B. die Discounter. Andere Betriebsformen sind auf diesen Preiskampf eingegangen und verwässerten dadurch ihr Profil. Für ein Fachgeschäft kann dies existenzbedrohend sein. Die große Zahl der Fachgeschäfte, Waren- und Kaufhäuser konzentrieren sich heute auf die ihnen eigentümlichen absatzpolitischen Instrumente wie Sortiment, Verkaufsförderung und Service.

Formen und Einflussfaktoren der Preispolitik
Da im Gegensatz zur Industrie im Handel für eine Vielzahl von Artikeln der Preis bestimmt werden muss, ist der Handel gezwungen, grundsätzliche Richtlinien für die Preisfestsetzung zu entwickeln. Neben der **Verkaufspreis**- bzw. Angebotspreisfestsetzung entscheidet der Handel über die **Rabattgewährung**, über **Absatzfinanzierung** und im Großhandel über **Liefer- und Zahlungsbedingungen**. Diese Instrumente werden zusammengefasst zur **Kontrahierungspolitik**. Mit Hilfe der Kontrahierungspolitik soll der Gewinn gesichert bzw. gesteigert und das Image geschärft werden – bei den Discountern das wichtigste Instrument zur Profilierung. Da durch die Marktforschung bekannt ist, dass der Kunde sehr intensiv auf Preise reagiert, ist die Preispolitik ein bedeutendes Instrument, um sich von der Konkurrenz abzuheben. Außerdem kann eine gute Preispolitik Liquidität gewährleisten und vor Veralterung und Verderb der Ware schützen.
Die wichtigsten **Einflussfaktoren** auf die Kontrahierungspolitik sind die Kosten des Unternehmens in Abhängigkeit von der Betriebsform und dem Sortiment, der Kunde mit seinen möglichen Preisvorstellungen und die Konkurrenz mit ihrer Preisgestaltung.
Wird die Preispolitik an der Konkurrenz ausgerichtet, so werden verschiedene Möglichkeiten unterschieden:
- **Orientierung am Branchenpreis (passive** Preispolitik)**:** Das Handelsunternehmen übernimmt die empfohlenen Verkaufspreise der Hersteller und erstellt nicht einmal eigene Preisauszeichnungsetiketten.
- **Offensive oder aktive Preispolitik:** Das Handelsunternehmen bestimmt seine Preispolitik nach eigenen strategischen Erwägungen. Die Preispolitik ist hier nicht das wichtigste Instrument innerhalb des Marketing-Mixes, anderen Instrumenten wird eine größere Bedeutung zuerkannt. Im Sortiment finden sich Hersteller- und Handelsmarken. Der Handel arbeitet mit Preisdifferenzierungen und geht auf Mitbewerberaktionen ein.

- **Preisführerschaft bzw. aggressive Preispolitik:** Das Handelsunternehmen möchte seine Marktposition verbessern oder die Führung ausbauen, die Mitbewerber sollen durch die Preispolitik verdrängt werden. Hier ist die Preispolitik das wichtigste Absatzinstrument. Diese Preisführerschaft wird unter den Discountern ausgekämpft, oft auch zum Nachteil anderer Betriebsformen wie z.B. dem Supermarkt. Preisführerschaft setzt aber auch Kostenführerschaft voraus.

Preisverfahren

Grundsätzlich ist das Handelsunternehmen frei bei der Preisgestaltung seines Sortiments. Nur bei Verlagserzeugnissen lässt der Gesetzgeber eine Preisbindung zu. Hier legt der Hersteller den Preis fest, zu dem der Handel die Bücher, Zeitungen und Zeitschriften abgibt. Eine Preisbindung findet sich aber auch bei Tabakwaren und Arzneimitteln.

Kostenorientierte Preisbildung oder Vorwärtskalkulation, progressive Preisbildung

Mit Hilfe des Kalkulationsaufschlags oder mit Hilfe des **Kalkulationsfaktors** wird der Bruttoverkaufspreis schnell und direkt ermittelt.

Artikel Mirabellenwasser Edel 0,7 l

Großhandel		Fachmarkt	
Einstandspreis	8,74	Einstandspreis	15,14
+ 66,9 % Handlungskosten		+ 66,9 % Handlungskosten	
Selbstkosten	14,59	Selbstkosten	25,27
+ 3,8 % Gewinn		+ 3,8 % Gewinn	
Barverkaufspreis	15,14	Nettoverkaufspreis	26,23
+ 2 % Skonto		+ 19 % Mehrwertsteuer	
Zielverkaufspreis	15,44	**Bruttoverkaufspreis**	31,21
+ 3 % Kundenrabatt		Der Artikel wird innerhalb des Preisgefüges mit **34,90 Euro** ausgezeichnet, daraus ergibt sich ein neuer **Nettoverkaufspreis** von **29,33 Euro.**	
Listenverkaufspreis	15,93		

$$\frac{(15{,}93 - 8{,}74) \cdot 100}{8{,}74} = 82{,}27\,\%$$

Der Kalkulationsaufschlag beträgt 82,27 %.

$$\frac{(34{,}90 - 15{,}14) \cdot 100}{15{,}14} = 130{,}52\,\%$$

Der Kalkulationsaufschlag beträgt 130,52 %.

$$15{,}93 : 8{,}74 = 1{,}8227$$

Der Kalkulationsfaktor beträgt 1,8227.

$$34{,}90 : 15{,}14 = 2{,}3052$$

Der Kalkulationsfaktor beträgt 2,3052.

Dieses Kalkulationsverfahren ist eher der adaptiven Preispolitik zuzuordnen. Daher ist es geeignet für Spezialprodukte und Exklusivartikel, vielleicht noch verbunden mit Serviceleistungen. Ihr Nachteil ist, dass nur die Kosten, nicht aber der Markt und die Mitbewerber berücksichtigt werden.

Marktorientierte Preisbildung oder Rückwärtskalkulation, retrograde Preisbildung

In vielen Branchen ist der Markt ein Käufermarkt. Das Angebot übersteigt die Nachfrage, Kunden sind in der stärkeren Position. Sie prüfen Angebote sehr kritisch und vergleichen die Preise. Durch die neuen Kommunikationstechniken erhöht sich die Transparenz des Marktes, so dass die Konkurrenz unter den Anbietern noch verschärft wird. Sobald die angebotenen Artikel vergleichbar sind mit denen der Konkurrenz, muss sich das Handelsunternehmen an den Preisen des Marktführers bzw. der wichtigsten Mitbewerber orientieren.

Die marktorientierte Preisbildung geht daher vom Netto- oder Bruttoverkaufspreis aus und ermittelt den Bezugspreis, zu dem die Ware am Markt beschafft werden muss. Ist die Ware nicht zu dem errechneten Bezugspreis zu beschaffen, muss geprüft werden, ob auf die Ware verzichtet wird oder ob die Handlungskosten reduziert werden können.

$$\frac{(15{,}93 - 8{,}74) \cdot 100}{15{,}93} = 45{,}13\,\%$$

Die Handelsspanne beträgt 15,13 %.

$$\frac{(29{,}33 - 15{,}14) \cdot 100}{29{,}33} = 48{,}38\,\%$$

Die Handelsspanne beträgt 48,38 %.

Der Vertrieb hat Zweifel, ob der Artikel zu dem Preis von 34,90 Euro an den Endverbraucher verkauft werden kann, denn 30,00 Euro ist nach seiner Erfahrung eine Preisschwelle, auch für hochwertige Obstwässer. Das bedeutet für die Beschaffung bei gleich bleibender Kostensituation und Gewinnerwartung:

Einstandspreis	**14,50**
+ 66,9 % Handlungskosten	
Selbstkosten	24,21
+ 3,8 % Gewinn	
Nettoverkaufspreis	25,13
+ 19 % Mehrwertsteuer	
Bruttoverkaufspreis	**29,90**

Der Einkauf muss nun versuchen, mit dem Lieferanten nachzuverhandeln oder eine neue Bezugsquelle zu suchen, die diesen Premiumartikel zum Einstandspreis von höchstens 14,50 € in der gewünschten Qualität anbietet.

Mischkalkulation
Alle Handelsunternehmen, die ein vergleichbares Sortiment anbieten, kalkulieren innerhalb einer Warengruppe oder Artikelgruppe mit unterschiedlichen Spannen. Sie planen lediglich die durchschnittliche Kalkulation der Waren- oder Artikelgruppen.
Bei **Ausgleichsnehmern** wird mit niedrigen Spannen gearbeitet – z.B. bei Sonderangeboten, Niedrigstpreisen oder Artikeln, die im Preisbewusstsein des Kunden besonders verankert sind. Diese Artikel werden teilweise unter den Selbstkosten angeboten. Grundsätzlich erlaubt die Rechtsprechung sogar, Ware unter dem Einstandspreis anzubieten. Unzulässig ist es dagegen, wenn ein marktstarkes Unternehmen systematisch Waren unter Einstandspreis anbietet, um damit Mitbewerber vom Markt zu verdrängen.
Andere Artikel, deren Preise für den Kunden nicht so leicht zu vergleichen sind, werden höher kalkuliert und dienen als **Ausgleichsgeber**.
Bei der Kalkulation von Konsum-Markenartikeln – vor allem im Food-Bereich – sind die Marktforschungsunternehmen behilflich. Sie veröffentlichen fortlaufend Höchst- und Niedrigstpreise, Durchschnittspreise und die jeweilige Nachfrage nach vielen Artikeln. Sie untersuchen auch die **Preiselastizität** der Artikel. Dabei wird geprüft, wie sich die Nachfrage der Konsumenten bei Preisänderungen entwickelt. Reagiert die Nachfrage unelastisch auf Preisänderungen, so dienen diese Artikel als Ausgleichsgeber, denn Preiserhöhungen bewirken hier keine massiven Absatzrückgänge. Bei Artikeln des täglichen Bedarfs reagiert die Nachfrage des Konsumenten eher elastisch, bei Preiserhöhungen muss mit Absatzrückgang gerechnet werden.

Preispolitische Entscheidungsalternativen

In den Betriebsformen des Einzelhandels, bei denen die Preispolitik ein wichtiges Absatzinstrument ist, und im Absatzgroßhandel legt das Unternehmen wichtige Eckpunkte der Preisoptik fest: Es werden **Preislinien** gebildet, denen alle Artikel im Sortiment zugeordnet werden. Dadurch wird das Sortiment in der Preisaussage transparenter für den Kunden. Dabei nimmt der Handel in Kauf, dass die Kalkulationsgestaltung eingeschränkt wird und die Anpassung seiner Preise an die der Konkurrenz schwieriger wird. Auch kann es problematisch sein, Markenartikel, deren Preis der Kunde präzise kennt, innerhalb dieser Preislinien zuzuordnen.

Preislinie der Fachmärkte der Trinkmann-GmbH bei der Warengruppe Bier Artikelgruppe Pils für den Kasten 20x0,5:

4,99	5,99	6,99	7,99	8,88	9,99	10,49	11,49	12,49

Bei der Bildung der Preislinien müssen die Preisschwellen beachtet werden, ab denen ein Preis erreicht wird, bei dem der Kunde auf den Kauf verzichtet. Außerdem wird innerhalb der Preisoptik festgelegt, wie und in welchem Maß der Preis in der Werbung und der Verkaufsförderung kommuniziert wird.

Im Einzelhandel könnten Sonderangebote mit **Mondpreisen** ausgezeichnet werden: Das Unternehmen versieht die Auszeichnung mit einem ursprünglichen und einem reduzierten Preis, hat jedoch die Ware zu dem ursprünglichen Preis nie angeboten, sondern schon als Angebot vom Lieferanten bezogen. Der Kunde hat den Eindruck eines besonders günstigen Angebots. Diese Art von Auszeichnung ist wettbewerbsrechtlich nicht zulässig. Es handelt sich dabei um einen Fall der irreführenden Werbung, der gegen § 5 des Gesetzes gegen den unlauteren Wettbewerb verstößt. Bei Markenartikeln ist es dem Einzelhändler jedoch erlaubt, seinen Preis dem empfohlenen Preis des Lieferanten gegenüberzustellen.

Der Kunde konzentriert sein Preisbewusstsein oft auf nur wenige Artikel. Meist sind es Artikel, die er laufend benötigt. Die Marktforschungsunternehmen helfen den Handelsunternehmen, die **Schlüssel- bzw. Leitartikel** zu erkennen. Sie werden niedrig kalkuliert, sind Ausgleichsnehmer und prägen so günstig die Preisoptik des Unternehmens. Diese Artikel eignen sich auch als **Dauerniedrigpreisangebote** (everyday-low-price EDLP).

In vielen Betriebsformen werden ständig Artikel als **Sonderangebote** (high-low-price) offeriert. Ihre Preise gelten nur kurzfristig, sie sind in dieser Zeit immer Ausgleichsnehmer, es sei denn, der Lieferant unterstützt das Angebot durch Rabatte oder andere Zuschüsse. Mit Sonderangeboten möchte das Handelsunternehmen neue Kunden gewinnen und die Kunden zu mehr Umsatz anregen.

Dabei muss das Unternehmen bedenken, ob durch Dauerniedrigpreis oder Sonderangebote das Preisimage im gewünschten Maß gefördert wird. Bei Herstellermarken muss berücksichtigt werden, dass das Ansehen bei den Lieferanten leiden und Konsequenzen für den Einkauf nach sich ziehen könnte. Außerdem muss immer geprüft werden, wie sich Sonderangebote und Dauerniedrigpreise auf den Absatz anderer Artikel auswirken. Stets ist also die Gesamtsituation der Warengruppe zu beachten.

Lockvogelangebote haben die gleiche Funktion wie Sonderangebote, dabei hat der Einzelhändler diese nur in geringer Anzahl vorrätig. Er hofft, den Kunden, sobald dieser in seinem Laden mit ihm in Kontakt getreten ist, zum Kauf anderer Artikel bewegen zu können. Um eine Irreführung des Kunden zu verhindern, gibt das UWG heute vor, dass der Kaufmann einen Vorrat für mindestens zwei Tage bereithalten muss, wenn er ein Sonderangebot herausstellt.

Oft bietet der Handel einen Artikel zu unterschiedlichen Preisen an. Hier wird das Instrument der **Preisdifferenzierung** eingesetzt. Dabei kann differenziert werden nach Regionen, Zeit, Menge, Personen, Vertriebskanälen oder Produkten.

Regionen:	An den Standorten R und H erzielen die Fachmärkte eine niedrigere Durchschnittkalkulation als in G; mit Hilfe von Preisaktionen soll die Marktposition verbessert werden.
Zeit:	Ende Januar wird im Groß- und Einzelhandel der Artikel „Glühwein" zu reduzierten Preisen abgegeben.
Menge:	Der Pächter von 10 Großkantinen in der Region erhält bessere Konditionen und Rabatte als die Trinkhalle in B.
Personen:	Die Fachmärkte der Trinkmann GmbH gewähren den Kunden, die eine Bonuskarte besitzen, einen Rabatt von 3%.
Vertriebskanal:	Angebotspreis im Großhandel und Nettoverkaufspreis im Einzelhandel sind unterschiedlich, werden im jeweiligen Bereich kalkuliert.
Produkte:	Von der Brauerei „Brau und Trink" führt die Trinkmann GmbH das gleiche Pils in drei verschiedenen Abfüllungen mit jeweils unterschiedlichen Marken, zu verschiedenen Kundenpreisen.

Eine besondere Form der Preisdifferenzierung stellen im Großhandel die Preisstellungssysteme dar: Beim **Nettopreissystem** steht der Abgabepreis fest; dieser ist grundsätzlich ohne Abzug zu zahlen, beim **Bruttopreissystem** gewährt der Großhändler noch Rabatte, die sich meist nach der abgenommenen Menge richten.

Dem Einzelhandel ist gesetzlich vorgeschrieben, die Verkaufspreise als **Bruttopreise** anzugeben. Dabei ist hier gemeint, dass der Verkaufspreis alle Preisbestandteile einschließlich der Mehrwertsteuer enthalten muss. Wird die Ware im Internet dem Endverbraucher angeboten,

3. Handelsmarketing

so muss ausdrücklich angegeben werden, dass die Umsatzsteuer enthalten ist und ob zusätzliche Liefer-/Versandkosten anfallen.

Beim Kauf von Handys ist es heute selbstverständlich, dass Paketpreise angeboten werden – **Preis-Bundling**, **Packaging** oder **Preisbündelung**. Der Kunde erhält in jedem Fall den Eindruck von Kostenersparnis, und bei notwendigen Zusatzartikeln spart er die Zeit der zusätzlichen Beschaffung.

> Dies macht sich auch Trinkmann zu eigen, indem ein Partypaket mit 2 Kisten Bier, einer Kiste Limonade und vier Tüten Chips für 15 Euro angeboten wird.

3.5 Die Gestaltung des Sortiments

3.5.1 Ziele und Aufgaben der Sortimentspolitik

Die Sortimentspolitik eines Handelsbetriebs umfasst alle Maßnahmen zur Planung, Realisierung und Kontrolle des Sortiments. Dabei ist das Ziel des Handels, die richtige Ware zum richtigen Zeitpunkt in ausreichender Menge zur Verfügung zu haben. Die Bildung des Sortiments aus der Vielfalt der Möglichkeiten ist eine Kernaufgabe des Handelsunternehmens. Dabei muss das Sortiment auf die Zielgruppe/n des Unternehmens abgestimmt sein, den eigenen Möglichkeiten gerecht werden und Gewinn versprechen.

Sortimentspolitische Maßnahmen können sich auf verschiedene Bereiche beziehen, auf die Warenarten, die Warenbereiche, die Artikelgruppen, Artikel oder Sorten; sie können auf eine Ausweitung des Sortiments (Sortimentsexpansion), seine Variation (Sortimentsvariation) oder seine Einengung (Sortimentskontraktion) zielen, wodurch Sortimentsbreite, -tiefe und –niveau festgelegt werden. Dabei können die Entscheidungen der Sortimentspolitik **langfristige** strategische Entscheidungen sein, die bei der Gründung des Unternehmens getroffen werden und dann nur noch modifiziert werden sollten. Die Breite und die Tiefe eines Sortiments können **mittelfristig** verändert werden und **kurzfristig** bzw. täglich können als Folge der Sortimentskontrolle einzelne Artikel neu aufgenommen bzw. herausgenommen werden.

Mit Hilfe der Sortimentspolitik möchte das Unternehmen durch die richtige Auswahl des Warenangebotes die größtmögliche Anziehungskraft auf die Kunden ausüben. Die Ziele der Sortimentspolitik sind natürlich den Zielen des Unternehmens unterstellt. Die Sortimentspolitik eignet sich besonders gut,

- den Umsatz und seinen Ertrag sicherzustellen und zu optimieren.
- bei den Kunden Nachfrage zu wecken oder zu verstärken, zu Impulskäufen anzuregen.

3.5 Die Gestaltung des Sortiments

- sich von den Mitbewerbern abzuheben, das eigenständiges Profil zu stärken und damit sein Image auf- und auszubauen, um die Mitbewerber zu verdrängen und den eigenen Marktanteil zu erhöhen.

Einflussfaktoren der Sortimentsbildung
Innerbetriebliche Faktoren
Die **Branche** bzw. die **Betriebsform** bestimmt das Sortiment in der Breite, in der Tiefe und im Niveau.

Die Trinkmann GmbH führt als Sortimentsgroßhandel ein breites und in den umsatzstarken Warengruppen ein tiefes Sortiment: Insgesamt führt das Unternehmen 4000 verschiedene Artikel; allein bei Bier werden 450 verschiedene Sorten in der Flasche bzw. im Fass geführt, bei Mineralwasser 100 diverse Wassersorten.

Die **Kostensituation** des Unternehmens bzw. der mögliche Einfluss des Sortiments auf die Kosten entscheiden über das Sortiment. Hierbei wird die Höhe der zu erzielenden Kalkulation geprüft, in Abhängigkeit von der Kundenstruktur und der Konkurrenzsituation sowie der Einfluss auf andere Kosten, wie z.B. die Personalkosten. Je tiefer das Sortiment und je beratungsbedürftiger die Ware ist, umso fachkundiger und qualifizierter müssen die Mitarbeiter sein, umso mehr Mitarbeiter muss das Unternehmen bereitstellen, um den Kunden zu beraten. Auch der Flächenbedarf kann vom Sortiment abhängen und dem Unternehmen Grenzen aufzeigen.
Die **finanzielle Situation** bzw. die **Liquidität** des Unternehmens steuert ebenso das Sortiment. In jedem Fall gilt dies bei den kurzfristigen Entscheidungen, oft zum Bedauern des Vertriebs. Dieser sieht Umsatzchancen, deren Realisierung jedoch nicht möglich ist, weil Kontokorrentkredite ausgeschöpft sind und es keine Möglichkeiten gibt, die Beschaffung zu finanzieren. Manchmal ist dies nur zu Zinsen möglich, die nicht im Verhältnis zu den Umsatz- und Ertragschancen stehen. Viele Handelsunternehmen beschränken die Ausgaben der Beschaffung und somit auch des Sortiments mit Hilfe des Limits, das wertmäßig die Höchstsumme für eine Periode festlegt, die für das Sortiment investiert werden darf.

Außerbetriebliche Faktoren
- Mit Hilfe des Warenwirtschaftssystems versucht der Handel, die **Wünsche** und **Erwartungen** der **Kunden** zu ermitteln. Dabei können Absatzveränderungen im bereits vorhandenen Sortiment erkannt und frühzeitig Trends bemerkt werden. Von Vorteil ist es für das Unternehmen, wenn persönliche Daten über die Kunden vorhanden sind: Alter, Geschlecht, Familienstand, Beruf usw. im Einzelhandel; Unternehmensgröße, Marktaktivitäten, Betriebsform usw. im Großhandel. Im Einzelhandel kann das Unternehmen diese Daten über die

3. Handelsmarketing

Kundenkarte erhalten, die jeden Kauf registriert, so dass Vorlieben der Kunden abzulesen sind. Messen, Fachzeitschriften und Marktforschungsunternehmen ergänzen die Informationsmöglichkeiten, die demografische Entwicklung, den Wertewandel bei den Kunden und die Entwicklung einzelner Bedürfnisbereiche zu erkennen.

- Der erfahrungsgemäße Verlauf einer **Saison**, das Wetter trotz seiner Unbestimmtheit und **besondere Ereignisse** müssen in die Sortimentsplanung einfließen.

> Die Trinkmann GmbH hat die Fußballweltmeisterschaft bei der Sortimentsplanung 2018 einbezogen. Die Dispositionsmengen für Bier und Mineralwasser wurden im Groß- und Einzelhandel sehr stark erhöht. Dabei mussten die Lagerkapazitäten berücksichtigt werden. Zum Glück war es möglich, auf dem Nachbargrundstück der Zentrale ein zusätzliches Lager für Mai/Juni anzumieten. Außerdem wurden bereits 2017 mit den Lieferanten die Dispositionsmengen besprochen und über Abruf- und Sukzessivaufträge verhandelt. Leider konnten keine Kommissionsaufträge aus dem Einzelhandel angenommen werden, da die Lagerkapazitäten trotz Zumietung nicht ausreichen würden. Mit einem Logistikpartner wurden Verträge abgeschlossen, um im Mai/Juni zusätzliche Transportmöglichkeiten zu haben.

- **Lieferanten** bieten Anreize für den Einkauf, um wiederum ihre Marketingstrategie zu verdeutlichen und umzusetzen. Dazu gehören eigene Herstellerwerbung und Verkaufsaktionen sowie Werbekostenzuschüsse, die die Nachfrage bei den Kunden verstärken sollen.
- Staatliche Maßnahmen und **rechtliche Bestimmungen** können auf das Sortiment Einfluss nehmen.

> Seit 01.05.2006 muss jeder Laden für alle Einwegbehälter-Arten, die er selbst im Sortiment hat, Pfand auszahlen.
>
> Mancher träumte von der Rückkehr der Dose. Der Absatz des Blechs war mit Einführung des Dosenpfandes 2003 drastisch eingebrochen: Statt einst 7,5 Milliarden Dosen wurden 2005 nur noch 500 Millionen Dosen pro Jahr aufgerissen. Auch bei der Trinkmann GmbH hatte im Großhandel die Dose einen geringen Anteil im Getränkesortiment, in den Fachmärkten wurden keine Dosen geführt. Eine schwierige Sortimentsentscheidung, ob die Dose wieder in das Sortiment als wichtige Sorte bei Bier und Limonaden aufgenommen werden soll. Wenn eine einzige Dose im Regal der Fachmärkte steht, müssen alle Dosen zurückgenommen werden. Daher entschied das Unternehmen, bei der bisherigen Sortimentsgewichtung zu bleiben. Sämtliche Typen von Flaschen und Dosen – auch der Konkurrenz – annehmen, lagern und abrechnen? Ein teures Spiel. Ein einziger Rücknahmeautomat kostet allein 15.000 €.

3.5 Die Gestaltung des Sortiments

- Abhängig von der Branche und Betriebsform erfordern technische **Neuerungen**, Produktentwicklungen und Erfindungen die Aufnahme der Artikel in das Sortiment.
- Eine sorgfältige **Konkurrenzanalyse** ergibt Stärken und Schwächen des eigenen Betriebes, die ausgebaut bzw. abgestellt werden müssen. Außerdem können sich aus der Konkurrenzuntersuchung Angebotslücken am Standort bzw. auf dem Absatzmarkt ergeben, so dass es sich lohnt zu prüfen, ob das Unternehmen durch Sortimentserweiterung diese Lücken schließen möchte.

Gestaltungsvarianten innerhalb der Sortimentspolitik
Die Gestaltung des grundsätzlichen, gesamten Sortiments gehört zu den langfristigen, strategischen Entscheidungen, die abhängig sind von der Betriebsform und den Kundenzielgruppen. Mögliche Gestaltungsvarianten sind:

Sortimentsdimension
Bei der Sortimentsdimension legt das Unternehmen die Breite und Tiefe des Warenangebots fest: Bei der Entscheidung über die Breite bestimmt das Unternehmen, wie viele Warengruppen und Warenbereiche es führen will, bei der Sortimentstiefe wird festgelegt, wie viele Artikel innerhalb einer Warengruppe geführt werden. Diese Entscheidungen sind eng verzahnt mit der Entscheidung über die Betriebsform.

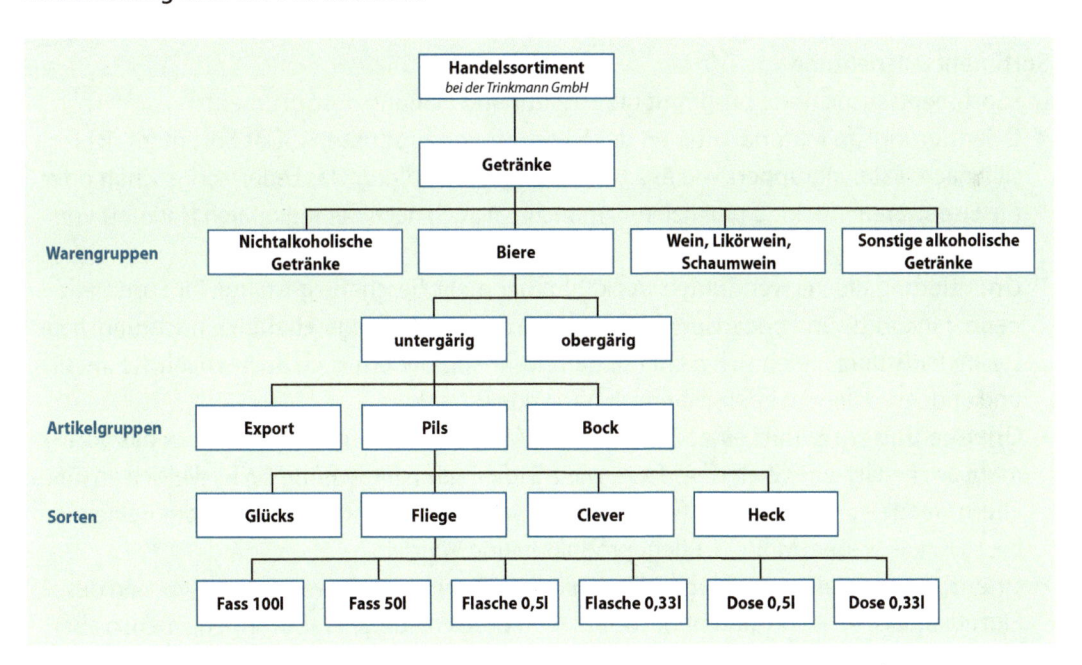

```
                    Handelssortiment
                   bei der Trinkmann GmbH
                           |
                        Getränke
        ┌──────────────────┼──────────────────┬──────────────────┐
Warengruppen:
   Nichtalkoholische     Biere         Wein, Likörwein,    Sonstige alkoholische
      Getränke                           Schaumwein              Getränke
                           |
                  ┌────────┴────────┐
               untergärig        obergärig
                           |
Artikelgruppen:
      Export            Pils              Bock
                           |
Sorten:
      Glücks           Fliege           Clever            Heck
                           |
   Fass 100l   Fass 50l   Flasche 0,5l   Flasche 0,33l   Dose 0,5l   Dose 0,33l
```

In neuerer Zeit ist die „Sortimentspyramide" in Kritik geraten, da sie sich auf warenbezogene Merkmale bezieht, die dem Endverbraucher oft fremd sind. Daher wird aktuell gefordert, dass Artikel zu Sortimentseinheiten nach Vorstellungen der Kunden zusammengefasst werden, den **Categories**. Die Zusammenfassung zu Categories spiegelt sich außer in der Sortimentsplanung auch bei der Werbung, der Verkaufsförderung und beim Visual Merchandising wieder.

> Bei der Bildung der Category „Bier" gehören neben den verschiedensten Biersorten z.B. beim Weißbier Salzbrezeln in unterschiedlicher Ausführung, Weißbiergläser und Zubehör wie z.B. Servietten, Papiertischtücher und Fähnchen mit dem bayrischen Rautenmuster dazu. Ergänzt wird das Sortiment noch durch eingepackte Wurstsnacks.

Sortimentsniveau

Das Sortimentsniveau legt die Art der Ware vor allem in ihren Anteilen innerhalb der Preisgruppen fest. Meist werden fünf Preisgruppen definiert: billig, unten, Mitte, oben, exklusiv. Bei der Sortimentsplanung wird bestimmt, wie viele Artikel mengen- und wertmäßig innerhalb der einzelnen Preisgruppen geführt werden. Dabei ist bei Saisonartikeln zu berücksichtigen, dass in die unteren Preisgruppen hinein reduziert wird. Auch das Sortimentsniveau ist von der Betriebsform abhängig, daneben von der Zielgruppe und den Beschaffungsmöglichkeiten des Unternehmens.

Sortimentsausrichtung

Die Sortimentsausrichtung bestimmt die Struktur und Planung des Sortiments:

- **Orientierung am Material oder an der Herkunft von Produkten**   Das Sortiment richtet sich nach Materialgruppen, wie es z.B. die Holzgroßhandlung, das Lederfachgeschäft oder die Eisenwarenhandlung praktizieren; manchmal auch nach der regionalen Herkunft von Waren („Kolonialwarenhandlung").
- **Orientierung am Verwendungszweck**   Immer mehr Geschäfte gestalten ihr Sortiment heute hinkunfts- und bedarfsorientiert. So wurden aus Möbelgeschäften Einrichtungshäuser, im Badstudio finden sich nicht nur Badewannen, sondern auch Badtextilien, Kosmetika und andere zu diesem Erlebnisbereich passende Produkte.
- **Orientierung am Bedarf einer Zielgruppe**   Ähnlich wie oben richtet sich hier das Sortiment am Bedarf einer Zielgruppe aus, wie z.B. die Fachmärkte „BABY ONE", die sich an junge Eltern wenden und alle Artikel führen, die für Babys gebraucht werden, von der Bekleidung bis zu Kinderwagen, Möbeln, Pflegeprodukten und Windeln.
- **Orientierung an einer Preislage**   Dies gilt für die preisaggressiven Betriebsformen des Einzelhandels, deren Sortiment bestimmt wird durch niedrige Preisgruppen, ebenso aber auch für Geschäfte mit hochpreisigen Luxussortimenten (z.B. „Edelboutique")

3.5 Die Gestaltung des Sortiments

Sortimentsdynamik
Ein Unternehmen sollte grundsätzlich entscheiden, wie aufgeschlossen es gegenüber neuen Produktentwicklungen ist. Dabei ist diese Entscheidung weitgehend von der Zielgruppe abhängig. Auch das Sortimentsniveau kann die Dynamik bestimmen. Eine **progressive** Ausrichtung erfordert die schnelle Aufnahme von Produktinnovationen in das Sortiment, auch wenn diese mit großem Absatzrisiko verbunden sind. **Adaptive** Sortimente enthalten Produktneuerungen, wenn der Trend bereits zu erkennen ist, dagegen sind **konservative** Sortimente statisch und feststehend. Der schnelle Wechsel von Sortimenten gehört heute auch zur Sortimentsdynamik. Es gibt Betriebstypen, die kein festes Angebot mehr führen; je nach Warenthemen wird die Ware in festen Rhythmen ausgetauscht. Eine Sortimentspyramide kann für diese Betriebstypen nicht aufgestellt werden, denn innerhalb eines Themas wird dem Kunden eine Vielzahl von Artikeln aus den verschiedensten Waren- und Artikelgruppen angeboten – und dieses nur für einen kurzen Zeitraum. Die Kunden begrüßen diese ständigen Umstellungen und sind neugierig auf die nächste Themenstellung.

3.5.2 Sortimentskontrolle und sortimentspolitische Maßnahmen

Bei der täglichen **Präsenzkontrolle** wird im Handel überprüft, ob die Ware aufgefüllt ist oder nachbestellt werden muss. In regelmäßigen Abständen wird im Rahmen von Konkurrenzbeobachtungen das eigene Sortiment mit dem Angebot der Mitbewerber verglichen. Einmal jährlich wird gesetzlich die komplette Aufnahme des Sortiments bei der Inventur gefordert.
Im Rahmen der **Leistungskontrolle** werden die Renner-Penner-Listen, die Abverkaufsquoten nach Warengruppen, Herstellern, Farben, Formen etc. überprüft. Wichtig für den Handel ist bei der Sortimentskontrolle der Lagerumschlag, der Vergleich der Eingangs- mit der Verkaufskalkulation und die Handelsspanne.
Bei der Sortimentskontrolle kann sich als Ergebnis ein **Überlager** verursacht durch Schleicher und Penner zeigen, das bereinigt werden muss, oder ein **Unterlager** mit Nein- und Fehlverkäufen. Hier ist über eine Sortimentsergänzung bzw. eine Erhöhung der Bestellmengen zu entscheiden. Ein Überlager ist betriebswirtschaftlich riskoreich, da die Kapitalbindung zu hoch ist, die Ware veraltet ist und es eventuell zu Schwund und Verderb kommen kann. Das Unterlager führt zur Kundenunzufriedenheit und eventuell zur Kundenabwanderung.

Da das Sortiment in vielen Betriebsformen ein wichtiges oder sogar das wichtigste Absatzinstrument ist, muss das Handelsunternehmen schnell auf Marktveränderungen reagieren können. Unter Marktveränderungen kann man z.B. verstehen:
- Der Kunde verändert seinen Bedarf oder seine Einstellung zu Produkten.
- Technische Neuerungen werden angeboten, von den Lieferanten beworben und in den Medien vorgestellt.
- Die Mitbewerber führen Sortimentsveränderungen durch, neue Mitbewerber kommen auf den Markt.

Sortimentspolitische Maßnahmen können auf jeder Ebene der Sortimentsstruktur vorgenommen werden:
- **Sortimentsexpansion** Das vorhandene Sortiment wird ausgeweitet. Diese Maßnahme kann sich auf die Aufnahme neuer Artikel innerhalb einer Artikelgruppe – die **Differenzierung/Sortimentsvertiefung** – bzw. neuer artverwandter Warengruppen – **Sortimentserweiterung** – beziehen oder auf die Aufnahme völlig neuer branchenfremder Warenbereiche – die **Diversifikation**.
- **Sortimentskontraktion** Bei der Schrumpfung bzw. Verringerung des Sortiments können sich die Maßnahmen ebenso auf die Breite oder Tiefe beziehen: Bei der **Bereinigung** wird die Tiefe des Sortiments, bei der **Eliminierung** die Breite verringert.
- **Sortimentsvariation** Das Sortiment wird in seiner Struktur verändert, die Anteile der Artikel, Artikel- oder Warengruppen verschieben sich. Bei der **Innovation** ersetzen Neuerungen veraltete Artikel. Es kann aber auch einzelnen Sortimentsteilen mit Hilfe weiterer Absatzinstrumente eine größere Bedeutung im Sortiment gegeben werden.
Oft geht es hier auch um Veränderungen der Anteile von Herstellermarken, Handelsmarken und no-label-Ware (Gattungsware) sowie um Veränderungen im Sortiments- oder Preisniveau.

Die sortimentspolitischen Maßnahmen werden am stärksten beeinflusst von der Betriebsform. Hier liegen meist die Grenzen für eine Veränderung von Tiefe oder Breite.
Werden im Hinblick auf das Niveau Veränderungen vorgenommen, spricht man bei der Niveauanhebung von **Trading up** und bei der -absenkung von **Trading down**. Diese Maßnahmen lassen sich aber nicht nur der Sortimentspolitik zuordnen, sondern umfassen die komplette Neuausrichtung eines Geschäfts. Beim Trading up wird in höherwertige Geschäftsausstattung investiert, der Herstellermarkenanteil erhöht, die Dekoration aufwendiger, der Servicebereich ausgeweitet und das Personal geschult. Diese Maßnahmen sollen das Image eines Geschäfts verbessern und für eine Umsatzsteigerung sorgen.

Trading down wird angewendet, wenn die Kaufkraft der Kunden nachlässt und das Unternehmen Kundenverluste vermeiden will. Das Spitzensortiment wird bereinigt und der Anteil der Handelsmarken wird erhöht. Renovierungsmaßnahmen werden verschoben und nur noch zwingend notwendige Schulungen finden statt. Wenn möglich wird der Selbstbedienungsanteil erhöht.

3.5.3 Markenpolitik

Die folgende notwendige sortimentsstrategische Entscheidung muss jedes Handelsunternehmen treffen: Welche Rolle sollen Markenartikel (auch Hersteller- oder Industriemarken genannt) und Eigenmarken (auch Handelsmarken genannt) spielen? Möglich ist auch eine Mischung, wobei dann das jeweilige Verhältnis festgelegt wird.

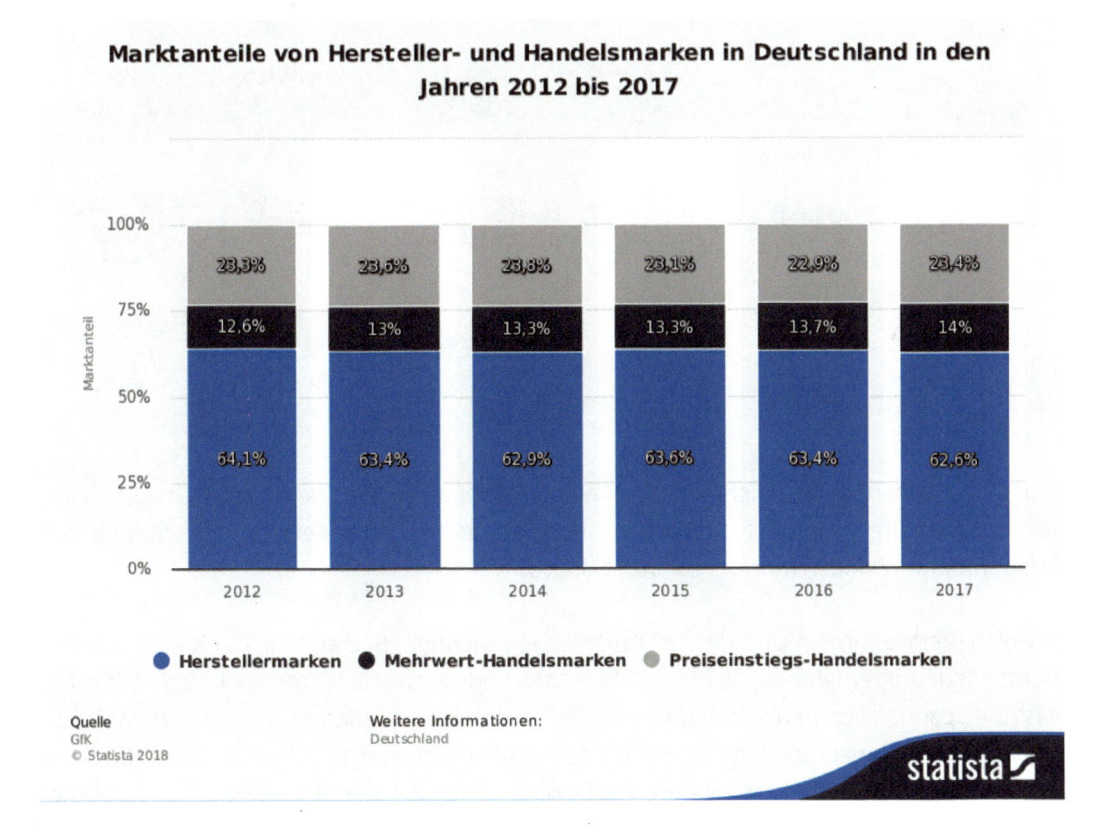

Marktanteile von Hersteller- und Handelsmarken in Deutschland in den Jahren 2012 bis 2017

Jahr	Herstellermarken	Mehrwert-Handelsmarken	Preiseinstiegs-Handelsmarken
2012	64,1%	12,6%	23,3%
2013	63,4%	13%	23,6%
2014	62,9%	13,3%	23,8%
2015	63,6%	13,3%	23,1%
2016	63,4%	13,7%	22,9%
2017	62,6%	14%	23,4%

Quelle: GfK © Statista 2018
Weitere Informationen: Deutschland

3. Handelsmarketing

Herstellermarken sind Waren- oder Firmenkennzeichen, mit denen ein Industrieunternehmen seine Ware versieht. Sie weisen einen hohen Bekanntheitsgrad auf, werden in gleichbleibender Qualität angeboten, die dem Kunden bekannt ist, sind überall erhältlich und werden vom Hersteller beworben.

Legt ein Einzelhandelsunternehmen, eine Verbundgruppe oder ein Franchisesystem fest, Artikel selbst zu markieren, handelt es sich um eine **Handelsmarke**, verwendet werden auch die Begriffe **Eigenmarke**, **Exklusivmarke** oder **Store Brand**.

In vielen Betriebsformen sind Herstellermarken ein wichtiger Bestandteil: Der Kunde erwartet sie im Handelsunternehmen, sie fördern das Image und vermitteln Vertrauen. Dabei ist es oft so, dass die Spannen von den Lieferanten empfohlen werden und niedrig sind. Außerdem ist das Handelsunternehmen bei den Preisen mit denen der Mitbewerber vergleichbar, so dass auch hierdurch die Preisgestaltung eingeschränkt wird. Oft ist das mittelständische Unternehmen auch in einer Bittstellerposition gegenüber den Markenherstellern, da es von der Betriebsform her unerlässlich ist, die Herstellermarke zu führen. Der Markenhersteller bestimmt Preise und

3.5 Die Gestaltung des Sortiments

Konditionen, erwartet besondere Aktionen und Verkaufsförderungsmaßnahmen und verstärkt diese Anforderungen mit Andeutungen, die Geschäftsbeziehung eventuell einschränken oder gar aufgeben zu wollen. Häufig können kleine Einzelhändler die Mindestabnahmemenge nicht erfüllen.

Um diese stark Einfluss nehmende Beziehung zu lockern, schufen die großen Handelsunternehmen die Handelsmarken. Mit diesen sind sie frei in der Preisgestaltung und können so den Rohertrag verbessern. Außerdem schafft das exklusive Angebot eine Möglichkeit zur Profilierung gegenüber den Mitbewerbern. Die Kunden werden gebunden, da die Ware nur in diesem Handelsunternehmen erhältlich ist. Außerdem erhofft das Handelsunternehmen, dass gute Erfahrungen mit der Handelsmarke auf das gesamte Angebot des Handelsunternehmens übertragen werden. Obendrein stärkt das Führen von Handelsmarken die Verhandlungsposition gegenüber Lieferanten, die Herstellermarken führen. Der Lieferant weiß, dass es Alternativen zu seinen Produkten gibt, und wird so kompromissbereiter gegenüber Forderungen bezüglich besserer Konditionen, Serviceleistungen oder Retouren.

Bei der Aufnahme von Handelsmarken muss das Unternehmen abwägen, ob alle Funktionen, die normalerweise der Lieferant übernimmt, auch selbst ausgeführt werden können: Marktanalyse, Produktentwicklung und –design, ständige Lieferfähigkeit, Markteinführung, Werbung usw. Große Handelsunternehmen können dieses leisten, die Kosten stehen im angemessenen Verhältnis zu den Absatzmengen. Kleinere und mittelständische Handelsunternehmen können auf die Handelsmarken der Kooperationspartner zurückgreifen, die den damit verbundenen Aufwand übernehmen. Allerdings kann das Unternehmen dann nicht ganz so gut die Chance nutzen, über die Handelsmarke eine eigenständige Profilierung zu entwickeln.

Mit **klassischen Handelsmarken** möchte das Handelsunternehmen den Kunden in Leistung und Qualität überzeugen; dieser soll Herstellermarke und Handelsmarke vergleichen und dann auf Grund des Preis/Leistungsverhältnisses die Handelsmarke kaufen. **Gattungsmarken**, auch **No-name** oder **Generika** genannt, haben eine betont einfache Verpackung und schlichte Gestaltung, sie werden in den niedrigen Preislagen als Einstiegspreislage angeboten. Bei **Premiummarken** handelt es sich um Artikel mit hoher Qualität und in der Regel mit hohem Preis. Sie dienen der Sortimentsprofilierung und der Stärkung des Images. Positiv für das Handelsunternehmen ist die positive Bewertung der Handelsmarke bei Vergleichstests der Stiftung Warentest, die dann veröffentlicht wird.

3. Handelsmarketing

Bei der Wahl Ihrer Einkaufsstätte, welche Rolle spielt für Sie persönlich das Angebot an Handelsmarken?

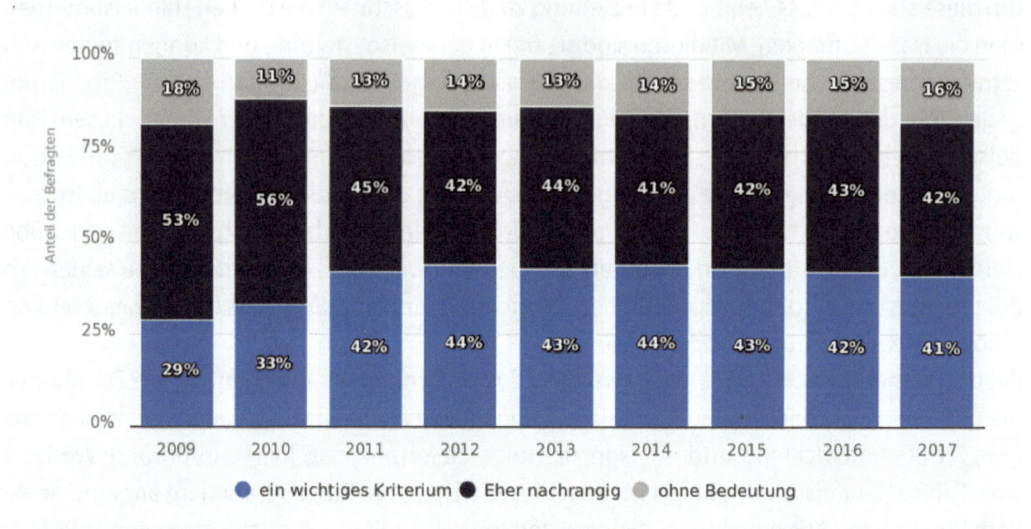

Jahr	ein wichtiges Kriterium	Eher nachrangig	ohne Bedeutung
2009	29%	53%	18%
2010	33%	56%	11%
2011	42%	45%	13%
2012	44%	42%	14%
2013	43%	44%	13%
2014	44%	41%	14%
2015	43%	42%	15%
2016	42%	43%	15%
2017	41%	42%	16%

Quellen: LZ; MetrixLab; Ipsos
© Statista 2018

Weitere Informationen:
Deutschland; 2009 bis 2017 (2017: KW 12-13); 1.000 Befragte (2017); ab 18 Jahre; Haushaltsführende

Ein Trend speziell im Lebensmittelsektor ist die Dachmarkenstrategie, d.h. dass die Handelsmarken unter dem Namen des Händlers angeboten werden, wie EDEKA, Rewe feine Welt etc., und nicht mehr unter Phantasienamen. So entsteht eine noch größere Händlerbindung.
Voraussetzung für den Erfolg von Handelsmarken ist das gute Qualitätsmanagement, denn eine Rückrufaktion ist meist mit einem großen Imageschaden für das Handelsunternehmen verbunden.

3.5.4 Der Produktlebenszyklus

Wissenschaftlicher Fortschritt, technische Weiterentwicklungen, Modeveränderungen, Geschmackswandel und Sättigung des Marktes sind wichtige Kriterien für das Wecken von Bedürfnissen und Bedarf. Viele Artikel im Sortiment haben nur eine begrenzte Lebensdauer. Der Erfolg eines Artikels von der Markteinführung bis zu seinem Ausscheiden aus dem Markt wird durch den **Produktlebenszyklus** veranschaulicht:

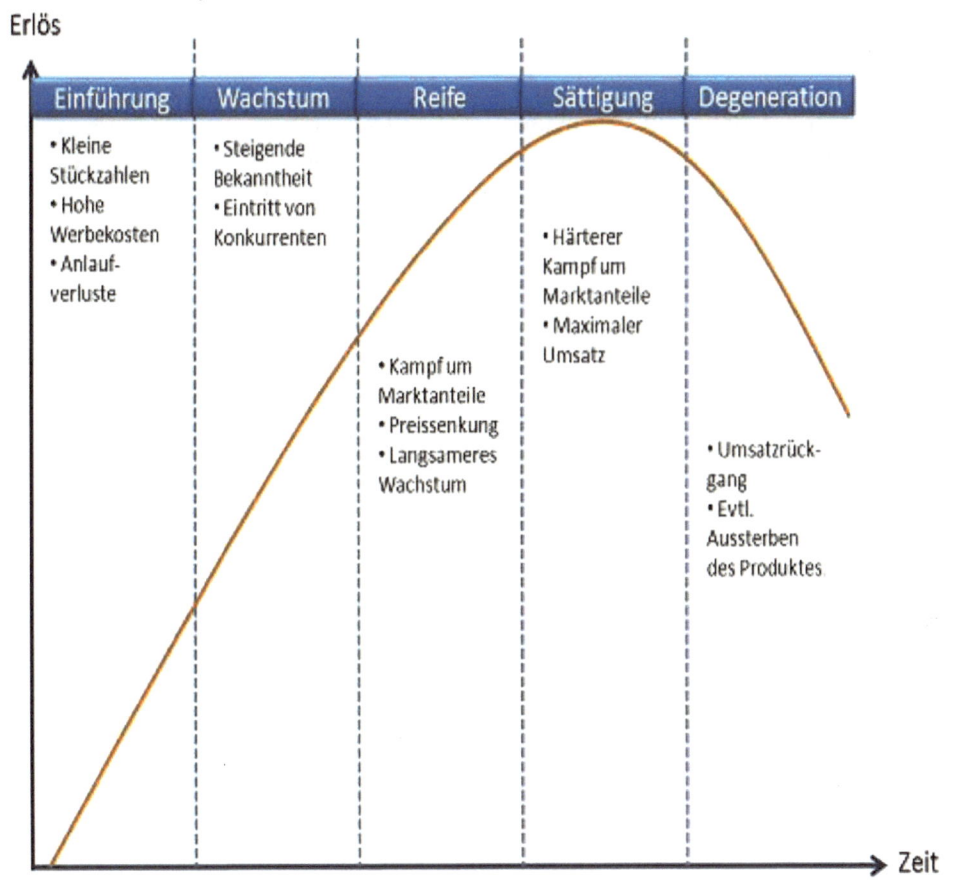

Einführung	Wachstum	Reife	Sättigung	Degeneration
• Kleine Stückzahlen • Hohe Werbekosten • Anlaufverluste	• Steigende Bekanntheit • Eintritt von Konkurrenten	• Kampf um Marktanteile • Preissenkung • Langsameres Wachstum	• Härterer Kampf um Marktanteile • Maximaler Umsatz	• Umsatzrückgang • Evtl. Aussterben des Produktes

Der Grundgedanke beim Produktlebenszyklus ist, dass alle Artikel im Laufe des Zeitraums, in dem sie am Markt sind, dieselben Phasen durchlaufen. Daher wird hier beispielhaft am Beispiel eines Artikels aufgezeigt, welche sortiments- und preispolitischen Instrumente eingesetzt werden, um Umsatz- und Gewinnchancen innerhalb der Phasen zu nutzen und den Artikel dann auch rechtzeitig aus dem Sortiment zu nehmen, um Verluste zu vermeiden oder einen Relaunch einzuleiten, um den Artikel neu zu beleben.

Mixgetränk aus Bier und Whiskey des Herstellers „Brau und Trink"

Einführungsphase
Die Einführungsphase beginnt mit der Einführung des Artikels in den Handel und endet mit der Erreichung der Gewinnschwelle. Die Umsätze des Artikels steigen langsam.
Sortimentspolitik: Der Artikel wird als Markenartikel und als Neuheit in das Sortiment aufgenommen, er wird zunächst nur in 0,33 l Flaschen geführt.
Preispolitik: Der Artikel wird in der oberen Preislage angeboten. Trotzdem ist für den Hersteller noch kein Gewinn zu verzeichnen, da die Entwicklungskosten für das Produkt erst noch gedeckt werden müssen und die Neueinführung im Bereich Werbung und Verkaufsförderung hohe Kosten verursacht. Für die Trinkmann GmbH sind auch in dieser Phase schon Gewinne möglich, wenn das Produkt von den Kunden angenommen wird, denn es ist mit dem üblichen Zuschlagssatz kalkuliert worden.

Wachstumsphase
In der Wachstumsphase nimmt der Bekanntheitsgrad des Artikels zu, er kann sich langsam am Markt durchsetzen. Der Umsatz wächst jetzt schneller, der Artikel erwirtschaftet Gewinn. Doch die Mitbewerber führen jetzt auch den Artikel, erste „me-too-artikel" (Nachahmungen auf ähnlichem oder niedrigerem Niveau) werden angeboten.
Sortimentspolitik: Der Bekanntheitsgrad des Artikels wächst, die Kunden fragen den Artikel nach. Er wird jetzt in der Sortierung 0,33 l- und 0,5 l- Flasche für Gastronomie und Handel geführt. Außer der Brauerei „Brau und Trink" wird die Ware jetzt auch von zwei anderen Brauereien hergestellt, die dem mittleren Preisbereich zuzurechnen sind.
Preispolitik: Mit der Brauerei „Brau und Trink" wird von der Trinkmann GmbH über den Einstandspreis nachverhandelt. Dadurch wird es möglich, den Artikel zeitweise preiswerter anzubieten und trotzdem eine befriedigende Handelsspanne zu erzielen.

Reifephase
In der Reifephase kommt es zwar noch zu einer Umsatzerhöhung, die Wachstumsraten des Umsatzes und des Gewinns gehen aber zurück. Die Preispolitik wird zum wichtigsten Instrument. Alle Mitwerber bieten den Artikel an, der Wettbewerb wird verschärft, die Preise sinken.
Preispolitik: Sie wird das wichtigste Instrument. Der Artikel wird zu Sonderpreisen angeboten, die Kunden erhalten verschiedene Rabatte. Die Umsätze mit diesem Artikel wachsen noch, aber nicht mehr mit den Steigerungsraten wie in der Vergangenheit, die Lagerumschlagshäufigkeit steigt.

Sättigungsphase
Die Nachfrage nach dem Artikel stagniert, der Umsatz hat seinen Höhepunkt überschritten und beginnt zu sinken. Preiskämpfe drücken auf den Gewinn; er nimmt ständig ab.
Preispolitik: Der Artikel wird weiterhin stark nachgefragt, jedoch ist er nur noch zu Sonderpreisen zu verkaufen.

Rückgangs- oder Degenerationsphase
Diese Phase beschließt den Lebenszyklus eines Produktes. Die Kunden fragen diesen Artikel nicht mehr nach.
Sortimentspolitik: Die Sortimentskontrolle wird regelmäßig durchgeführt und anhand der Lagerkennziffern, der Handelsspanne und des Deckungsbeitrags geprüft, ob der Artikel noch geführt werden soll. Hier könnte der Produzent prüfen, ob z.B. mit einer Produktvariation ein **Relaunch** möglich ist, der den Absatz des Produktes nach oben bringt, oder ob das Produkt eliminiert werden soll.

3.6 Verkaufsförderung und Servicepolitik

Verkaufsförderung
Die Verkaufsförderung, auch als **Sales Promotion** bezeichnet, wird in Verbindung mit anderen Marketinginstrumenten eingesetzt, um diese zu unterstützen. Besonders geeignet ist die Verkaufsförderung zur Verstärkung der Sortimentspolitik, der Preispolitik und der Werbung. Im Gegensatz zur Werbung sind die Kaufanreize eher kurzfristig und finden unmittelbar am Verkaufsort statt, in der Fachsprache auch als **Point of Sale (PoS)** oder Point of Purchase (PoP) bezeichnet.
Der Handel kann seine Waren an die Kunden nur verkaufen, wenn diese die Leistungen des Unternehmens sowie das Handelsunternehmen an sich kennen. Bei der Bestimmung der Kommunikationsstrategien kommt es darauf an, welche Ziele angestrebt werden, z.B. Bekanntmachen des Sortiments, Erhöhen des Bekanntheitsgrades des Unternehmens oder die Schaffung eines positiven Unternehmensimages. Dadurch ist generell auch die Botschaft, die kommuniziert werden soll, bestimmt. Es wird zielgruppenbezogen festgelegt, was, wie, wann und in welcher Form kommuniziert werden soll. Die unterschiedlichen Kommunikationsstrategien sind Teil des Kommunikations- Mix aus Werbungs-, Verkaufsförderungs- und Public Relations- Maßnahmen.

Ziele der Verkaufsförderung

Der Handel will den Umsatz oder den Absatz bestimmter Artikel bzw. Artikelgruppen innerhalb des Sortiments steigern. Die Finanzierung, teilweise auch die Umsetzung dieser Maßnahmen kann von der Industrie erfolgen.

- Der Kunde soll mit Hilfe der Warenpräsentation zu Impulskäufen und durch Verbundplatzierung zum Kauf von Ergänzungsartikeln angeregt werden.
- Durch die Warenplatzierung, die Warenpräsentation sowie im Fachhandel noch mit Hilfe von Schaufenstergestaltung, Aktionen und Events sollen neue Kunden gewonnen werden.
- Durch eine ansprechende und übersichtliche Präsentation des Sortimentes, individuelle Beratung und Serviceleistungen soll eine Kundenbindung an das Handelsunternehmen erzielt werden.
- Da Handelsmarken immer stärker an Bedeutung gewinnen, kann mit den Maßnahmen der Verkaufsförderung nicht nur ihr Absatz sondern auch der Bekanntheitsgrad gesteigert werden. Gleichzeitig kann sich das Unternehmen von seinen Mitbewerbern unterscheiden und profilieren.
- Durch die generell angestrebte Umsatzsteigerung wird auch die Lagerumschlagshäufigkeit erhöht und die Ertragssituation verbessert.
- Gerade für die Einführung neuer Produkte eignet sich die Verkaufsförderung besonders gut.

Ein Teil der Ziele entspricht den Absichten des Visual Merchandisings, daher gibt es die Meinung, dass Visual Merchandising ein Teil von Verkaufsförderung ist. Und auch Verkaufsförderung ist oft schwierig von der Werbung zu unterscheiden: Die Wirkungen der Verkaufsförderung sind stets von kurzfristiger Dauer, bei der Werbung können sie auch längerfristig ausgerichtet sein.

3.6.1 Maßnahmen der Verkaufsförderung im Distributionsprozess

Die Zielgruppen von Maßnahmen der Verkaufsförderung sind, ausgehend
- von der Industrie: die Vertriebsmitarbeiter der Industrie, die Groß- und Einzelhandelsbetriebe, weiterverarbeitende Betriebe und Großverbraucher,
- vom Großhandel: die Mitarbeiter des Großhandels, Einzelhandelsbetriebe, weiterverarbeitende Betriebe und Großverbraucher,
- vom Einzelhandel: die Mitarbeiter des Einzelhandels und die Endverbraucher.

Die Maßnahmen der Verkaufsförderung werden gestaltet, finanziert und teilweise auch durchgeführt
- vom Hersteller in den Verkaufsräumen des Groß- und Einzelhandels,
- vom Großhandel in den eigenen Verkaufsräumen sowie denen des Einzelhandels, auf Messen oder durch Außendienstmitarbeiter,

3.6 Verkaufsförderung und Servicepolitik

- vom Einzelhandel in dessen Verkaufsräumen.

Verkaufsförderungsaktionen in den verschiedenen Stufen des Distributionsprozesses
Die Maßnahmen und Aktionen der Verkaufsförderung können an unterschiedliche Adressaten gerichtet sein, die sich auf den verschiedenen Stufen des Distributionsprozesses befinden. Es wird nach **Außendienst-**, **Händler-** und **Verbraucherpromotion** unterschieden.

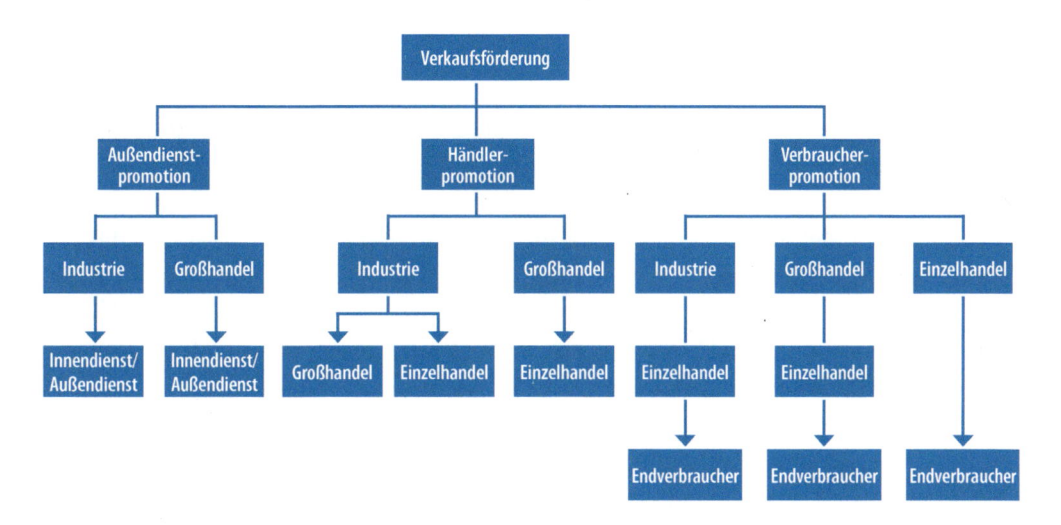

```
                          Verkaufsförderung
          ┌───────────────────┼───────────────────┐
   Außendienst-           Händler-          Verbraucher-
    promotion            promotion            promotion
    ┌────┴────┐         ┌────┴────┐      ┌──────┼──────┐
 Industrie Großhandel Industrie Großhandel Industrie Großhandel Einzelhandel
    │         │       ┌──┴──┐      │         │         │         │
Innendienst/ Innendienst/ Großhandel Einzelhandel Einzelhandel Einzelhandel Einzelhandel
Außendienst  Außendienst                                       │         │         │
                                                         Endverbraucher Endverbraucher Endverbraucher
```

Außendienstpromotion/Staff Promotion wird beim Hersteller und Großhandel eingesetzt, um den Verkauf durch den Innendienst sowie Außendienst zu forcieren: Der Groß- und Einzelhandel soll die Produkte des Lieferanten in sein Sortiment aufnehmen, beständig führen bzw. in höheren Stückzahlen kaufen.
Maßnahmen sind z.B.:
- Die eigenen Mitarbeiter werden geschult, um ihre Kenntnisse über z.B. die Produkte, das Sortiment, den Absatzmarkt zu verbessern. Ebenso werden Trainings durchgeführt, um ihr Verhalten gegenüber den Kunden zu optimieren und ihr Verhandlungsgeschick zu steigern.

> Die Trinkmann GmbH veranstaltet für die Sachbearbeiter Innendienst sowie den Außendienst zweimal pro Jahr ein dreitägiges Verkaufstrainingsseminar mit einer Personalentwicklerin und führt in den Filialen regelmäßige Warenkundeschulungen durch.

- Die Verkaufsmitarbeiter verfügen zur Unterstützung ihrer Verkaufsgespräche über Kataloge, Prospekte, Muster, Proben, Kollektionen etc.

3. Handelsmarketing

- Die Vergütung der Verkaufsmitarbeiter wird leistungsbezogen, vom jeweils erzielten Umsatz abhängig, gestaltet.
- Verkaufswettbewerbe sollen die Verkaufsmitarbeiter motivieren. Einzelne Mitarbeiter oder alle Mitarbeiter einer Filiale erhalten Geld- oder Sachprämien.

Händlerpromotion/Trade Promotion/Dealer Promotion richtet sich vom Hersteller an den Groß- und Einzelhandel bzw. vom Großhandel an den Einzelhandel, die Gastronomie oder andere Großabnehmer.
Maßnahmen sind z.B.:

- Hersteller bzw. Großhändler zahlen Regalmieten, Prämien bei Aufnahme in das Sortiment oder gewähren Einführungsrabatte.

> Für die Neuaufnahme der Produktpalette der Brauerei „Hopfengilde" erhält die Trinkmann GmbH eine einmalige Prämie.

- Hersteller bzw. Großhandel beteiligen sich an den Kosten des Einzelhandels für Werbung und Verkaufsförderungsmaßnahmen.
- Die Kunden der Hersteller bzw. Großhändler werden regelmäßig von einem Merchandiser besucht, der bei der Warenpräsentation und Platzierung berät. Sie stellen Dekorationsmaterial und Displays zur Verfügung, um ihr Sortiment besonders herauszustellen und im Handel einheitlich darzubieten. Einerseits ist diese Unterstützung für den Handel förderlich und steigert den Umsatz, andererseits profiliert sich der Handel mit dem Namen des Herstellers. Daher muss der Handel abwägen, ob die Abhängigkeit gegenüber dem Lieferanten nicht zu groß ist und dadurch das eigene Erscheinungsbild zu sehr manipuliert wird.

> Die Merchandiser der „Gebietswinzergenossenschaft Franken" besuchen regelmäßig die Fachmarktfilialen der Trinkmann GmbH, dabei führen sie für ihre Produkte die Regalpflege durch, dekorieren gemäß der Jahreszeiten das zur Verfügung gestellte Weinregal, legen neues Prospektmaterial aus und geben den Filialmitarbeitern Informationen über Neuerungen in ihrem Weinsortiment.

- Der Lieferant schult die Mitarbeiter des Handels, gibt die Möglichkeit der Betriebsbesichtigung oder der Verkostung, sodass sich die Beratung im Handel verbessert.
- Der Lieferant schreibt Wettbewerbe aus und belohnt die umsatzstärksten Mitarbeiter des Handels mit Incentives.

3.6 Verkaufsförderung und Servicepolitik

In den Fachmärkten der Trinkmann GmbH werden Saisonaktionen durchgeführt. Die Mitarbeiter der Filiale mit dem jeweils höchsten Umsatz erhalten eine Aktionsprämie.

Verbraucherpromotion/Consumer Promotion ist der auf den Endverbraucher ausgerichtete Bereich der Verkaufsförderungsmaßnahmen.
Verbraucherpromotion kann vom **Lieferanten** durchgeführt werden:
- An Kunden werden kostenlose Warenproben oder Werbegeschenke verteilt.
- Die Kunden können die Ware kosten, ausprobieren oder in Gebrauch nehmen und werden von Mitarbeitern des Lieferanten – Propagandisten – beraten.

In den meisten Betriebsformen ist die Verbraucherpromotion ein wichtiges Instrument des Marketings, das auch vom **Einzelhändler** selbst durchgeführt wird, um seine eigene Zielsetzung zu verfolgen, das gesamte Sortiment und nicht nur bestimmte Artikel oder Artikelgruppen zu fördern und sein Unternehmen mit seinem Namen zu profilieren.
Maßnahmen sind z.B.:
- Das Sortiment wird durch Maßnahmen des Visual Merchandisings wie z.B. Dekorationsflächen, Ladengestaltung, Ladeneinrichtung, Musikuntermalung etc. erlebnisorientiert präsentiert.

Das Wein- und Schaumweinsortiment wird in den Fachmarktfilialen der Trinkmann GmbH in speziellen Holzregalen angeboten, diese sind mit Weinlaubgirlanden dekoriert. Das Angebot des Monats wird auf einem alten, aufgesägten Weinfass präsentiert, die Kunden können den Wein probieren.

- Das Handelsunternehmen führt regelmäßig Aktionen und Events durch, wie z.B. Festtagsaktionen, Motto-Wochen.
- Der Warenplatzierung innerhalb des Visual Merchandisings wird ein besonderer Stellenwert gegeben; Ertragsstarke Artikel werden in verkaufsstarken Zonen angeboten. Außerdem wird der Absatz durch Zweit- und Sonderplatzierungen forciert. Dabei wird der Kunde gezielt mit Hilfe der Laufwegführung durch den Verkaufsraum geleitet.

Die niedrig kalkulierte Artikelgruppe „Tafelwasser" wird im hinteren Bereich der Filialen platziert. Da aus der betriebsinternen Kundenstatistik hervorgeht, dass jeder zweite Kunde bei seinem Einkauf eine Kiste Tafelwasser kauft, wird durch diese Platzierung und die Anordnung der anderen Regale der Kundenlauf beeinflusst.

- Die Kunden werden kompetent beraten. Und zu Zusatz- und Ergänzungskäufen angeregt.
- Sonderangebote werden besonders herausgestellt; der Kunde wird durch Displays, Plakate oder Durchsagen darauf aufmerksam gemacht.
- Instore-Medien wie z.B. Ladenfunk, Shop-TV, Videos und Infoboards am Einkaufswagen schaffen eine absatzfördernde Atmosphäre.

Alle verkaufsfördernden Maßnahmen, die der Großhandel und die Industrie gegenüber den Handelskunden einsetzen, sind **Push-Maßnahmen**: Die Industrie und der Großhandel versuchen unmittelbar den Einzelhandel zu gewinnen, die Listung ihrer Sortimente beizubehalten, zu erhöhen oder neu in das Sortiment aufgenommen zu werden.

Außerdem können die Industrie und der Großhandel sich auch unmittelbar an den Verbraucher wenden – z.B. mit Verkostungen durch eigene Mitarbeiter, den Propagandisten -, um die Nachfrage beim Endkunden zu forcieren und hiermit Druck auszuüben, dass der Handel das Produkt in sein Sortiment aufnimmt bzw. die Auftragsmengen erhöht. Dies sind **Pull-Maßnahmen**.

3.6.2 Serviceangebote und Betriebsform

Servicepolitik
Die Gestaltung der Servicepolitik gehört zu den langfristigen Entscheidungen eines Unternehmens. Sie kann im Laufe der Zeit modifiziert werden, doch radikale Veränderungen ziehen meist Umsatz- und Kundenverluste nach sich. Leider können sich einmal gemachte (schlechte) Erfahrungen auch beim Kunden hartnäckig halten, so dass das Handelsunternehmen beachten muss, dass die Qualität aller Serviceangebote gleich bleibt und im Zusammenhang mit dem Sortimentsniveau zu gestalten ist. Gleichzeitig muss das Anspruchsniveau des Kunden berücksichtigt werden; im Einzelhandel steht dies in direkter Abhängigkeit von der Betriebsform: Im Fachgeschäft erwartet der Kunde Service, beim Discounter wäre er verunsichert, denn hier will er nur die Ware kaufen und diese zum günstigsten Preis.

Serviceleistungen dienen der Profilierung gegenüber den Mitbewerbern, ihr Ausmaß wird daher durch deren Serviceangebot beeinflusst. Außerdem kann mit Serviceleistungen ein langfristiger Imagegewinn erzielt werden, dessen Wirkung aber erst zeitverzögert eintritt, so dass der Erfolg nur schwer zu messen ist.

Mit Serviceleistungen gelingt dem Handel, die Kundenbeziehung zu intensivieren, im Großhandel noch stärker als im Einzelhandel. Durch persönliche Dienstleistungen für den Kunden dokumentiert das Unternehmen Kundenorientierung, die auf andere Absatzinstrumente wie z.B. Sortiment und Preise ausstrahlt. Der Kunde schätzt den Kontakt, wird an das Handelsunternehmen gebunden. Durch Referenzlisten kann dies im Großhandel noch zusätzlich bei der

3.6 Verkaufsförderung und Servicepolitik

Akquirierung von neuen Kunden genutzt werden. Hier sind die bisherigen Kunden aufgeführt und dienen als Beleg für Kundenzufriedenheit und gute Kommunikation. Selbstverständlich müssen die Kunden ihre Genehmigung geben, auf der Referenzliste genannt zu werden.

Serviceleistungen können als eigenständiges Absatzinstrument eingesetzt und vermarktet werden; oft werden sie als Ergänzung und Verstärkung der Ware angeboten. Man unterscheidet bei den Serviceleistungen neben dem Kriterium kaufmännische und technische Dienstleistungen:
- den Zusammenhang mit dem Sortiment: warenabhängige und warenunabhängige Dienstleistungen
- den Zeitpunkt der Erbringung: pre sales, at sales und after sales
- die Berechnung für die Kunden: kostenlos, kostendeckend oder gewinnbringend

Für das Dienstleistungsangebot werden die gleichen Absatzinstrumente eingesetzt wie beim Sortiment, die wichtigsten sind das persönliche Verkaufsgespräch, die Verkaufsförderung und Werbung.
Serviceangebote sind z.B.
- **Finanzierungsmöglichkeiten** im Handel mit langfristigen Gütern (z.B. Auto-, Möbel-, Elektronik- aber auch im Versandhandel). Oft werden sie mit externen Partnern angeboten, um das Ausfallrisiko zu minimieren.
- **Liefer- und Aufbauservice** bei großen oder sperrigen Gütern wie Möbeln. Bei Elektrogroßgeräten gehört die Entsorgung von Altgeräten dazu.
- **Reparaturdienste und Dienstleistungen**, die nicht selbstverständlich sind wie z.B. Leihgeräte. Erfüllt das Handelsunternehmen die Reparaturdienste noch mit Schnelligkeit, Zuverlässigkeit und Freundlichkeit, so ist dies heute ein großer Vorteil gegenüber Mitbewerbern.
- **gastronomische Angebote** vom Wasserspender, Kaffeebar bis zum Restaurant mit einem Komplettangebot an Speisen und Getränken für den ganzen Tag.

> Eine treue Runde trifft sich morgens um neun Uhr im Hanauer Ikea-Möbelhaus – nicht um einzukaufen, sondern um preiswert zu frühstücken und in lockerer Umgebung ein Schwätzchen zu halten. Von Montag bis Samstag, sommers wie winters. Seit der schwedische Möbelkonzern 1997 eine Filiale im Hanauer Industriegebiet eröffnet hat, kommt Rentner Herbert L. zum Frühstück hierher. Und er ist mehr als pünktlich. Lange bevor das Ikea-Restaurant um neun Uhr öffnet, steht Herbert schon draußen parat, um „unseren Tisch" zu ergattern.
> Die Frühstückenden sind meist zu acht. Acht Rentnerinnen und Rentner. Manche sind wie Herbert jeden Tag dabei, andere kommen „nur" an zwei, drei Morgen der Woche. Stets sitzen sie strategisch günstig in der Nähe der Kaffeebar, um sich die Becher aufzufüllen. Auf einigen

steht: „Kaffee umsonst bis …". Diesen Rabatt gewährt Ikea Inhabern der „Family-Card". Der Becher wird zu Hause gespült und am nächsten Morgen blitzeblank wieder mitgebracht.
Ein paar Tische weiter, direkt an dem Eckfenster, von dem aus man einen guten Rundblick hat, sitzt eine weitere Gruppe. Sie sind meistens zu siebt, ebenfalls Rentnerinnen und Rentner, die sich das „schwedische Frühstück" für 2,00 € schmecken lassen: zwei Brötchen, Butter, Wurst, Käse, Marmelade und sogar Räucherlachs. Dazu Kaffee, so viel man will. „Das ist nicht nur billig, sondern auch lecker", sagt Rentnerin Ingrid K.

Dass die Preise so günstig sind, ist für die Frühstücker nur „ein angenehmer Nebeneffekt". Sie treffen sich hier, weil sie die Atmosphäre mögen, die „weniger langweilig" sei als in einem normalen Café in der Innenstadt, wo allein das Parken mindestens einen € pro Stunde kostet. Manch einer ist schon „ein klein wenig süchtig" – nicht nur nach dem Frühstück, sondern nach dem Zusammensein, nach Ungezwungenheit inmitten von Gästen unterschiedlichen Alters, inmitten von Familien mit Kindern, nach dem „Gewusel" und sogar nach der Selbstbedienung, die „alles weniger steif" macht.
Sie alle könnten es sich leisten, mehr zu bezahlen. „Für uns ist Ikea keine Sozialstation" sagt Rentnerin Anne R. „Aber es ist einfach schön, sich hier zu treffen. Andere haben einen Stammtisch im Restaurant und spielen Karten, wir gehen eben bei Ikea frühstücken." Wenn einer fehlt, greift im positiven Sinne „die soziale Kontrolle" – wie in einer guten Nachbarschaft, die sofort reagiert, „wenn einer morgens die Rollläden nicht zu gewohnten Zeit hochzieht".

Quelle: Tanja Kokoska, Frankfurter Rundschau online

Im Gegensatz zu den Serviceprodukten, die als Ergänzung oder Verstärkung des Sortiments angeboten werden, können Serviceleistungen als eigenständiges Angebot durchaus gewinnbringend sein. Momentan entstehen in ländlichen Gebieten Nachbarschaftsmärkte, deren Erträge aus dem Einzelhandel allein nicht ausreichen würden. So bieten die Geschäfte noch
- Postagentur/Paketdienst
- Bankautomat/-schalter
- Versicherungsagentur
- Lotto/Toto-Annahmestelle
- Handykarten
- Annahmedienste für Fotoarbeiten, Schuhreparaturen, Reinigung und Apotheken
- Copy-Shop
- Gastronomie/Catering an.

3.6 Verkaufsförderung und Servicepolitik

Die Trinkmann GmbH bietet ihren Kunden im Großhandel z.Z. an:
- Lagerung der Kundenware durch Abrufaufträge
- Transport der Ware, Berechnung abhängig von den Lieferbedingungen
- Kreditierung: Zahlungsziel 3 Monate, 4% Skonto bei Zahlung innerhalb 14 Tagen, 2 % Skonto innerhalb 4 Wochen
- Regelmäßiger Besuch durch den Außendienst
- Regelmäßige Schulung der Kundenmitarbeiter
- Infobriefe über neue Produkte
- Betriebswirtschaftliche Beratung der Gastronomie

Nach der Preisangabenverordnung besteht im Einzelhandel für alle wesentlichen Leistungen die Preisangabepflicht. Anzugeben sind Preise oder Verrechnungssätze wie z.B. Stunden- oder Kilometersätze einschließlich der Umsatzsteuer. Preisverzeichnisse sind in den Geschäftsräumen und Schaufenstern anzubringen. Sie müssen nur ausgelegt und nicht angebracht werden, falls ein Anbringen wegen des Umfangs unzumutbar ist.

Einige Serviceangebote sind auch gesetzlich geregelt wie z.B. die Rücknahme von Verpackungen oder Batterien sowie eine Kundentoilette, wenn ein Gastronomieangebot mit Sitzmöglichkeiten besteht.

3.6.3 Instrumente des Customer Relationship Management (CRM)

Customer Relationship Management (CRM) oder **Kundenbeziehungsmanagement** umfasst alle Maßnahmen des Handelsunternehmens, die dazu dienen, den Kunden besser kennen zu lernen, Daten über ihn zu sammeln, diese zu bewerten und mit Hilfe eines gezielten Einsatzes der geeigneten Absatzinstrumente den Kunden an das Unternehmen zu binden. Dabei werden alle kundenbezogenen Vorgänge aus allen Unternehmensbereichen wie z.B. dem Marketing, dem Vertrieb, dem Kundenservice zusammengefasst und optimiert. Dadurch soll der Umsatz und Ertrag mit dem Kunden gesteigert werden. Außerdem kann sich durch eine gute Kundenorientierung das Handelsunternehmen von den Mitbewerbern abheben.

CRM ist ein ganzheitlicher Ansatz zur Unternehmensführung, der nicht das Produkt sondern den Kunden in den Mittelpunkt stellt. Es strebt eine permanente Verbesserung der Kundenprozesse mit Hilfe einer Database. Mit der Umsatzstagnation Anfang der 1990er Jahre gewann CRM in den Jahren erheblich an Bedeutung.

Früher war es möglich, dass im serviceorientierten Handel der Mitarbeiter seine Kunden genau kannte, mit seinen Vorlieben und Interessen sowie seiner wirtschaftlichen und gesellschaftlichen Situation. Diese besondere Nähe und Vertrautheit zum Kunden war der Wettbewerbsvorteil gegenüber den großen Handelsunternehmen, bei denen der Kunde in der Anonymität blieb. Das ist heute nicht mehr so. Mit Hilfe von CRM können auch große Unternehmen detaillierte Kenntnisse über ihre Kunden erhalten und sie ganz individuell ansprechen. Daher ist es auch für den mittelständischen Handel wichtig, neben der direkten persönlichen Betreuung seiner Kunden ein professionelles Customer-Relationship Management zu pflegen.

Wichtig bei CRM ist es, den Kunden kennen zu lernen. Der Verkäufer muss wissen, wie der Kunde „tickt", um auf ihn eingehen zu können. Daher muss das Unternehmen zunächst Daten über die Kunden sammeln. Stammdaten sind Name, Anschrift, Telefon und E-Mail, Geburtsdatum, Familienstand usw. Bewegungsdaten können sich auf die Art der Kontakte beziehen wie z.B. Vertriebs- bzw. Verkaufsmitarbeiter, persönlicher Verkauf oder telefonisch, per Mail, B-2-C und auf die eigentlichen Kaufdaten wie Artikel, Umsatzsumme, Kaufdatum, Marken, Bonität, Zahlungsweise, Reklamationen usw. Im Einzelhandel werden diese Daten oft über die Kundenkarte gesammelt. Unabhängig von der Datenerhebung ist es wichtig, dass das Unternehmen datenschutzrechtliche Bestimmungen beachtet, vor allem gegenüber dem Endverbraucher. Dies verlangt der Gesetzgeber, darüber hinaus könnte durch Nichtbefolgung das Verhältnis zwischen Kunden und Unternehmen nachteilig belastet werden.

Die Kundendaten werden dann analysiert, Kundenprofile entstehen. Diese dienen der Marktsegmentierung: So können Zielgruppen festgelegt werden, für die ein spezieller Marketing-Mix entwickelt wird. Kommunikationsmöglichkeiten mit den Kunden werden verstärkt, reduziert oder neu aufgenommen wie z.B. Nachfassaktionen, Beschwerdemanagement, Direct-Mail-Aktionen, Kundenclubs. Dem Kunden wird jetzt ein auf ihn abgestimmtes Leistungspaket angeboten, das seinen Wünschen und Erwartungen entspricht.

Im Großhandelssektor ist auch möglich, eine Kundenbewertung zu erstellen, die dann als ABC-Analyse oder als Kundenportfolio dargestellt werden kann.

Marketing-Mix für die Kunden der Fachmärkte: 16 – 25 Jahre, ledig, männlich und weiblich, Schüler, Studenten, Auszubildende, Berufsanfänger, geringes Einkommen, doch Geld zur Verfügung, da noch im Elternhaus gewohnt wird; Einkäufe beziehen sich auf Party-Einladungen, Treffen mit Freunden, Vereinsfeste

Sortiment	Bier-Mix-Getränke, Sekt-Mixgetränke wie Hugo, Kunststoff- bzw. Pappgeschirr, Salzgebäck und Süßigkeiten, Partydekoration, Holzkohle
Preis	mittleres Preisniveau
Werbemittel	der Jahreszeit entsprechend: z.B. zu den Abiturfeiern werden **Handzettel** verteilt in möglichen Feier-Lokalitäten, vor Schulen, am „Schwarzen Brett" Direct-Mail vor Vereinsfesten, besondere Geburtstage wie z.B. 18., Gewährung eines Sonderrabatts von 3%
Verkaufsförderung	Platzierung zu diesen Zeiten auf Sonderfläche bedarfsorientiert
Service	Bier-Mix-Getränke und Sekt-Mixgetränke immer gekühlt vorrätig Bierzeltgarnituren, Bistrotische zum Leihen Anlieferung zu Selbstkosten Partyhotline von Freitag 20.00 bis Samstag 24.00: Lieferung von Getränken, in Kooperation mit einem Metzger Grillfleisch, Salzgebäck, Kostenberechnung nach Entfernungskilometer, ertragsorientiert kalkuliert

3.6.4 Beschwerdemanagement

Fast alle Unternehmen und deren Mitarbeiter scheuen bzw. hassen sogar Beschwerden. Mitarbeiter im Kundenkontakt fürchten oft Situationen, in denen sie von aufgebrachten Kunden beschimpft werden. Mitarbeiter fühlen sich häufig kritisiert und angegriffen. Leider sind ihre Reaktionen sehr oft dementsprechend abweisend und wenig kundenorientiert.
Was sind Beschwerden? Beschwerden sind Artikulationen der Unzufriedenheit. Eine Leistung ist nicht so ausgefallen wie vereinbart oder auch gewünscht und erwartet. Beschwerden werden entweder verbal oder schriftlich geäußert. Beschwerdeführer können Kunden, Mitarbeiter im Namen ihrer Unternehmen, Institutionen oder auch Dritte sein, die vom „Unzufriedenen" beauftragt wurden.
Innerhalb der Beschwerden haben auch die Reklamationen ihren Platz. Reklamationen sind Beanstandungen nach dem Kauf, mit denen Kunden rechtliche Forderungen verbinden, die sie

gegebenenfalls auch juristisch durchsetzen. Das trifft z.B. zu, wenn einer Ware die zugesagten Eigenschaften fehlen, ein Urlaubshotel nicht über die im Katalog beschriebenen Einrichtungen verfügt oder das ausgelieferte Sofa Beschädigungen aufweist.

In den Unternehmen gibt es viele falsche Vorstellungen davon, was auf Beschwerden zutrifft. Oft wird geglaubt, dass wenige Beschwerden bedeuten, dass die Kunden zufrieden sind. Diese Annahme ist meistens falsch, da sich nur ein ganz kleiner Prozentsatz unzufriedener Kunden überhaupt beschwert. Und die Gefahr besteht, dass unzufriedene Kunden ihre Ärgernisse vielen Bekannten erzählen, die dadurch einen schlechten Eindruck von diesem Unternehmen erhalten. Unternehmen arbeiten manchmal sogar daran die Beschwerden zu minimieren. Das ist aber ein falscher Ansatz, denn diese Unternehmen sollten ihren Focus bevorzugt darauf legen, die Kunden zufrieden zu stellen. Auch betrachten Mitarbeiter Kunden, die sich beschweren als Feind bzw. Gegner. So behandeln sie den Kunden dann auch. Dieser Blickwinkel ist falsch, denn Kunden, die sich beschweren haben i.d.R. ein Interesse am Unternehmen und sollten als Partner gesehen werden.

Ziele und Aufgaben des Beschwerdemanagements
Das Hauptziel eines jeden Beschwerdemanagements ist eine möglichst hohe Beschwerdezufriedenheit zu erreichen. Beschwerdezufriedenheit kann erreicht werden, wenn die Beschwerden schnell, unbürokratisch und kulant bearbeitet werden und der Kunde mit der Lösung zufrieden ist. Diese Kunden werden, bis auf einen kleinen Prozentsatz, weiter bei diesem Unternehmen Kunde sein und die Kundenbindung wird sogar noch verstärkt. Man spricht hier vom Beschwerdeparadoxon. Kunden die unzufrieden sind mit Ihrer Beschwerdeabwicklung werden zu fast 50 % von diesem Unternehmen abwandern.

Besonders wichtig im Rahmen des Beschwerdemanagements sind folgende Punkte:
- Schnelle und einfache Möglichkeit sich zu beschweren
- Freundlichkeit, Verständnis des Mitarbeiters, der die Beschwerde bearbeitet
- Zuverlässigkeit in Bezug auf die Einhaltung der Zusagen
- Schnelligkeit, mit der auf Beschwerden reagiert und das Problem gelöst wird
- Fairness des Angebotes zur Wiedergutmachung

Ausgehend von dem oben genannten Hauptziel der Beschwerdezufriedenheit ergeben sich Unterziele. Dazu gehört, dass sich das Unternehmen über die Beschwerde mit einer kunden-orientierten Unternehmensstrategie präsentieren möchte. Über die Beschwerdebearbeitung soll die Kundenbindung gehalten bzw. gestärkt werden. Verhinderung der Abwanderung unzufriedener Kunden soll erreicht werden, um Umsatz- und auch Imageverluste zu vermeiden. Natürlich sollen auch zusätzliche Kosten vermieden werden, die durch die Beschwerde verursacht werden könnten.

Arten des Beschwerdemanagements

Ein Beschwerdemanagement kann zentral oder dezentral organisiert sein.

Bei einem **zentralen Beschwerdemanagement** werden die Beschwerden an einer zentralen Anlaufstelle im Unternehmen bearbeitet. Dieses ermöglicht den Einsatz von speziell geschultem Personal und die leichtere Koordination der Bearbeitung (z. B. Hotline, Homepage).

Bei einem **dezentralen Beschwerdemanagement** können die Mitarbeiter in jeder Filiale die Beschwerde direkt entgegennehmen und sofort reagieren. Das Problem kann häufig sofort gelöst werden und es kann eine direkte persönliche Bindung zum Kunden aufgebaut werden. Allerdings ist bei dieser Vorgehensweise eine ausführliche Schulung aller Mitarbeiter, die im Kundenkontakt stehen, erforderlich, damit kundenorientierte Verhaltensweisen professionell eingesetzt werden können.

Der Beschwerdemanagementprozess

Beim Beschwerdemanagement wird zwischen direktem und indirektem Managementprozess unterschieden:

Das **direkte Beschwerdemanagement** umfasst alle Maßnahmen, die bei einer Beschwerde direkt den Kunden betreffen. Die Prozesse werden vom Kunden wahrgenommen und haben Einfluss auf die Kundenzufriedenheit.

Das **indirekte Beschwerdemanagement** kann von den Kunden nicht wahrgenommen werden und betrifft sie nur indirekt. Hier finden die Prozesse hinter den Kulissen statt und dienen der Auswertung von Beschwerden, Gewinnung von Erkenntnissen und Festlegung von Maßnahmen, die die Beschwerdegründe beseitigen.

1. Beschwerdestimulierung: Unzufriedene Kunden sollen dazu veranlasst werden, sich zu beschweren. Damit sie es auch wirklich tun, sollte ihnen die Kontaktaufnahme so einfach wie möglich gemacht werden. Dazu müssen die geeigneten Beschwerdewege ausgesucht werden, die es dem Kunden in der jeweiligen Situation schnell und unproblematisch ermöglichen, ihre Beschwerde anzubringen. Beschwerdewege können sein:

- Mitarbeiter erfragen im direkten Gespräch die Zufriedenheit des Kunden bzw. der Kunde wendet sich mit seiner Beschwerde von sich aus an den Mitarbeiter im persönlichen Gespräch.
- Nutzung des schriftlichen Beschwerdeweges: Der Kunde schreibt das Unternehmen an und äußert seine Beschwerde. Erleichtern kann ihm das ein Unternehmen durch die Ausgabe von vorgedruckten Meinungskarten und durch die zur Verfügung Stellung von Kummerkästen an auffälligen Standorten.
- Einrichtung von kostenlosen Hotlines: Diese ermöglichen es dem Kunden, schnell und ohne großen Aufwand Kontakt zum Unternehmen aufzunehmen.

- Ermöglichung der Beschwerdeführung über das Internet: Zunehmend gibt es die Möglichkeit für die Kunden, ihre Beschwerden per E-Mail zu äußern. Immer häufiger richten Unternehmen eine Online-Beschwerdeplattform ein, die auf Facebook, Twitter oder auf YouTube etabliert wurde.
- Durchführung von Kundenforen: Um generelle Probleme und Beschwerden aufzuarbeiten, bieten sich Kundenforen an. Hier bietet sich die Möglichkeit eines intensiven Austauschs.

2. Beschwerdeannahme: Für Kunden, die sich beim Unternehmen beschweren, stellt der erste Kontakt bei der Äußerung ihrer Beschwerde oft ein entscheidendes Erlebnis dar. Je nachdem ob sie Verständnis und Einfühlungsvermögen oder aber auf Gleichgültigkeit und Ablehnung stoßen, wird entweder ihre Unzufriedenheit abgebaut oder noch erheblich erhöht.

Wenn Kunden, die mit einem Produkt oder einer Dienstleistung unzufrieden sind, sich mit einer Beschwerde an das Unternehmen wenden, hat dieses im Rahmen der Beschwerdeannahme zwei wesentliche Aufgaben zu lösen:

- Organisation des Beschwerdeeingangs: Dabei sind klare Verantwortungsstrukturen festzulegen, unter anderem ist zu entscheiden, ob ein dezentrales oder zentrales Beschwerdemanagement eingerichtet wird. Die Mitarbeiter, die im Kundenkontakt Beschwerden entgegennehmen, sollten entsprechend geschult sein.
- Verhalten der Mitarbeiter bei Beschwerden: Um später eine Beschwerdezufriedenheit zu erreichen, ist ein passendes Verhalten bei der Beschwerdeannahme entscheidend. Dazu sollten im Unternehmen Verhaltensrichtlinien festgelegt sein. Der Mitarbeiter sollte folgende Punkte einhalten:
  1. Freundlich und höflich im Umgang mit dem Kunden agieren.
  2. Dem Kunden zeigen, dass er ernst genommen wird und der Mitarbeiter Verständnis für seine Beschwerde hat.
  3. Falls möglich, sollte die Beschwerde sofort bearbeitet und eine Lösung angeboten werden, oder die Beschwerde sollte umgehend weitergeleitet werden.
  4. Bei nicht sofortiger Lösung des Problems sollte dem Kunden ein Termin genannt werden, bis wann die Beschwerde bearbeitet ist.
  5. Zusagen sollten unbedingt eingehalten werden.
- Erfassung der Beschwerdeinformation: Sämtliche in den Beschwerden enthaltenen relevanten Informationen über die Kundenunzufriedenheit sind zu erfassen. Damit kann eine schnelle und unkomplizierte Bearbeitung des Beschwerdefalls und eine effektive Weiterverarbeitung dieser Informationen durchgeführt werden. Wichtig dabei sind die vollständige Erfassung und die Schnelligkeit der Erfassung.

3. Beschwerdebearbeitung: Zur Beschwerdebearbeitung gehören alle Maßnahmen, die innerhalb des Unternehmens ergriffen werden, um eine Beschwerde zu bearbeiten. Die Bearbeitungsschritte sollten intern festgelegt sein, damit Beschwerden schnell und umfassend bearbeitet werden können.

4. Beschwerdereaktion: Unter Beschwerdereaktion werden alle Aktivitäten zusammengefasst, die der Kunde während der Beschwerdeabwicklung wahrnimmt und die sich deshalb unmittelbar auf seine Beschwerdezufriedenheit auswirken. Dazu gehört der grundsätzliche unmittelbare Umgang mit Beschwerdeführern, die realistische Problemlösung/Wiedergutmachungsleistung sowie die gesamte Kommunikation mit dem Kunden während der Beschwerdebearbeitung und deren zeitliche Ausgestaltung.
Als grundsätzliche Lösungsmöglichkeiten stehen drei Gruppen von Maßnahmen zur Verfügung: **finanzielle**, **materielle** oder **immaterielle** Reaktionen. Finanzielle Reaktionen können sein, dass dem Kunden der Kaufpreis erstattet wird, er erhält einen Preisnachlass oder bekommt Schadenersatz.
Materielle Lösungen können der Umtausch, die Reparatur, ein anderes Produkt oder auch ein Geschenk sein. Immaterielle Aktivitäten beziehen sich auf Entschuldigungen, Erklärungen und Informationen.
Der **direkte Beschwerdemanagementprozess** ist mit der Beschwerdereaktion zum Kunden hin erst einmal abgeschlossen. Jetzt setzt der **indirekte Beschwerdemanagementprozess** mit Auswertung, Controlling, Reporting und Informationsnutzung ein. Diese Arbeiten sollen dem Unternehmen dabei helfen Erkenntnisse darüber zu gewinnen welche Beschwerden, in welchen Mengen und mit welchen Auswirkungen stattgefunden haben. Aus diesen Erkenntnissen kann das Unternehmen Maßnahmen ableiten um Gründe für Beschweren auszuschalten und damit die Kundenzufriedenheit zu erhöhen.

5. Beschwerdeauswertung: Diese Maßnahmen werden ohne direkten Kundenkontakt durchgeführt. Hier geht es darum, die Informationen, die in den negativen Kundenäußerungen stecken, systematisch auszuwerten. In den Beschwerden äußert sich die „Stimme des Kunden" über von ihm wahrgenommene Mängel von Produkten, Dienstleistungen und Prozessen. Je präziser und konsequenter die Beschwerdeauswertung erfolgt, desto besser kann das Beschwerdemanagement Übersichten und Statistiken erstellen, die bei Entscheidungen zur Reduzierung der Beschwerdegründe bzw. zur Beschwerdeprävention als Basis dienen. In Bezug auf die Auswertungsformen kann grundsätzlich zwischen einer quantitativen (Häufigkeit einer Beschwerde) und einer qualitativen (Art der Beschwerde) Auswertung der Beschwerdeinformation unterschieden werden.

6. Beschwerdecontrolling: Der Aufgabenbereich des Beschwerdemanagement-Controllings umfasst drei Bereiche:
- **Evidenz-Controlling:** Hier wird ermittelt, inwieweit das Beschwerdemanagement in der Lage ist, die Unzufriedenheit der Kunden des Unternehmens aufzudecken. Dabei sollen sowohl artikulierte, aber nicht registrierte, als auch nicht artikulierte Beschwerden ermittelt werden.
- **Aufgaben-Controlling:** Hier wird überwacht, inwieweit die Aufgaben des Beschwerdemanagements wahrgenommen werden. Es werden Qualitätsfaktoren und –standards formuliert. Die Einhaltung dieser Vorgaben wird permanent überprüft und Prozesse verbessert.
- **Kosten-Nutzen-Controlling:** Aufgabe ist es hier, die Kosten gegen den Nutzen eines Beschwerdemanagementsystems abzuschätzen. Es werden die anfallenden Kosten der Beschwerden ermittelt. Dagegen wird dann der Nutzen ermittelt, der durch das Beschwerdemanagement erzielt wurde.

7. Beschwerdereporting: Das Beschwerdereporting betrifft die regelmäßige Berichterstattung über Beschwerden an interne Kunden (Geschäftsleitung, Qualitätssicherung, Marketing, etc.) durch das Beschwerdemanagement. Neben dieser Berichterstattung gehört es auch zum Aufgabenbereich des Beschwerdereporting, auf Anforderung interner Kunden Sonderauswertungen vorzunehmen sowie sämtliche beschwerderelevante Informationen so bereitzustellen, dass berechtigte interne Kunden einen unmittelbaren Zugriff darauf haben bzw. eigene Auswertungen durchführen können.

8. Beschwerdeinformationsnutzung: Das Ziel des Beschwerdemanagements liegt darin, das Qualitätsmanagement zu unterstützen, indem es die Nutzung der erfassten Beschwerdeinformationen für Verbesserungsmaßnahmen ermöglicht. Auf diese Weise soll das zukünftige Auftreten von Kundenproblemen vermieden und Kundenbindung durch Kundenzufriedenheit realisiert werden. Maßnahmen zur Reduzierung von Beschwerdegründen sind:
- Mitarbeiterschulungen, um den kundenorientierten Umgang der Mitarbeiter mit den Kunden zu stärken
- Optimierung der Prozesse im Unternehmen
- Steigerung der Qualität in Bezug auf Produkte und Dienstleistungen.
- Sicherstellung der Qualität der Serviceleistungen und weitere Maßnahmen, die Qualität der angebotenen Leistungen betreffen.

Kontrolle der Wirtschaftlichkeit des Beschwerdemanagements

Die Einführung eines professionellen Beschwerdemanagements erfordert Investitionen. Kosten entstehen bei der Gestaltung der Beschwerdestimulation, der Beschwerdeannahme, der Be-

schwerdebearbeitung, der der Beschwerdereaktion und der Beschwerdekontrolle. Das Unternehmen möchte wissen, in wie weit sich diese Investitionen gelohnt haben.
Den Kosten des Beschwerdemanagements werden dem Nutzen gegenübergestellt, der durch ein professionelles Beschwerdemanagement erzielt wird. Der Nutzen ist nur teilweise quantitativ zu bestimmen. Dieses ist möglich, wenn durch die Optimierung der Abläufe und Steigerung der Kundenzufriedenheit die Kosten gesenkt werden können. Qualitativer Nutzen ergibt sich, wenn die Kunden nicht abwandern, sondern dem Unternehmen treu bleiben, wenn die Kunden das Unternehmen weiterempfehlen und/oder die Kunden eine positive Einstellung zum Kunden haben.
Übersteigen die Kosten den Nutzen des Beschwerdemanagement, müssen Kosten gesenkt werden. Dabei liegt die Schwierigkeit darin, die Kundenzufriedenheit trotz der Einsparungen nicht aus den Augen zu verlieren.

3.7 Verkaufsflächengestaltung, Warenpräsentation und Visual Merchandising

Visual Merchandising umfasst das Gestalten von Verkaufsflächen und die Warenpräsentation. Es leitet sich – genauso wie die weiteren Kommunikationsinstrumente Werbung, Verkaufsförderung und Public Relations – aus der Corporate Identity-Strategie ab.
Das Corporate Design bestimmt das Visual Merchandising, aus dem nun viele Details für die Laden- und Verkaufsflächengestaltung entwickelt werden. Außerdem steuert Visual Merchandising das Zusammenspiel zwischen Ladenbau, Werbung und Verkaufsförderung. In einem Gesamtkonzept werden die Flächenaufteilung, die Platzierung des einzelnen Artikels bzw. der Artikelgruppen, die Auswahl und Bestückung der Warenträger, die Gestaltung der Schaufenster und Dekozonen bzw. Aktionsflächen festgelegt. Dabei ist es unerlässlich, dass Einkauf, Warenwirtschaft und Visual Merchandiser eng zusammenarbeiten. Visual Merchandising soll nicht nur verschönern, sondern die betriebswirtschaftlichen Ziele des Handelsunternehmen unterstützen.
Vor allem in den erlebnisorientierten Betriebsformen ist Visual Merchandising von großer Bedeutung. Mit einem modernen Ladenbild will der Handel sich von der **Konkurrenz abheben** und eine authentischen Darstellung seines Unternehmens als „Marke" präsentieren. Der Kunde soll zu **Mehreinkäufen** animiert werden durch viele Kaufanregungen und eine zielgruppengerechte Atmosphäre.
In preisorientierten Betriebsformen wird dem Kunden eine **schnelle Orientierung** angeboten, die gesuchte Ware soll zügig auffindbar sein, um ihn an das Geschäft zu binden und zukünftige Käufe zu sichern. Außerdem wird die Ware so präsentiert und möglicherweise noch zusätzliche

Informationen am Warenträger gegeben, dass die Ware sich von selbst verkauft, eine Beratung durch den Mitarbeiter überflüssig wird.

Visual Merchandising wird in erster Linie auf die Kundenzielgruppe des Handelsunternehmens und das Sortiment ausgerichtet. Doch gleichzeitig will das Unternehmen sich von den Mitbewerbern abheben, der Kunde soll unbewusst sofort bei Eintritt wissen, in welchem Unternehmen er ist. Ist das Sortiment auf Herstellermarken ausgerichtet, so nehmen auch die Lieferanten mit ihren Anforderungen an die Präsentation Einfluss auf die visuellen Leitlinien.

Zum Teil stellen sich Hersteller in ihren imagefördernden Flagshipstores (Brandlands) wie z.B. Nivea oder Ritter Sport als Marke mit ihrem Wunschbild in den Köpfen der Konsumenten dar. Hier erfolgt eine komplette Darstellung aller Produkte in einer Markenerlebniswelt. Das CI-Konzept ist optimal umgesetzt. Bei Ritter Sport in Berlin hat der Kunde die Möglichkeit, seine eigene Schokolade zu kreieren.

3.7.1 Verkaufsflächengestaltung

Das Schaufenster

In den Betriebsformen Fachgeschäft, Kaufhaus und Warenhaus bekommt der Kunde bereits auf der Fußgängerzone im Vorbeigehen einen ersten Eindruck über den Laden. Im Schaufenster wird ein Thema dargestellt wie z.B. eine Marke, Innovationen und Neuigkeiten im Sortiment oder ein Anlass wie z.B. Schulanfang, Abiturfeier, Ferien und Reisen. Wird der Kunde von diesem Thema inspiriert und betritt den Laden, so muss dieses Thema wie ein roter Faden in der Verkaufsförderung, im Warenaufbau wieder aufgenommen werden. Dabei ist auch hier die Abstimmung mit Einkauf und Warenwirtschaft wichtig, damit auch ausreichende Mengen der gezeigten Ware vorrätig sind.

Der Eingangsbereich

Der Eingangsbereich sollte offen und einladend gestaltet sein, sodass der Kunde einen ersten Blick ins Innere werfen kann; keine Warenständer oder überladende Dekoration versperren ihm den Zugang. Figuren am Rand oder sparsam aufgebaute Aktionsware nehmen das Thema des Schaufensters wieder auf.

> **Kontraste setzen**
> Wer von der Flut an dunklen Farben früherer Jahre genug hat, dem sei gesagt: Neben Braun und Schwarz fallen die hellen Töne wieder stärker ins Gewicht. Vor allem weiße Flächen und Crème, teilweise auch helle Hölzer. „Es ist ein deutlicher Trend zu Weiß zu erkennen – gerne kombiniert mit Aluminium und transparenten Materialien" erklärt Reinhard Peneder,

Marketingleiter von Umdasch Shop-Concept. Allerdings nicht ausschließlich. Auch Gegensätze sind gefragt wie z.B. helle Hölzer wie Eiche oder Lärche in Verbindung mit kontrastreicher Farbigkeit.

Anke Geilen, TextilWirtschaft

Kundenleitsystem

Kein Mitarbeiter steht heute am Eingang und empfängt den Kunden, um ihn seinen Wünschen entsprechend zu der Ware zu führen, auch nicht mehr in beratungsintensiven Betriebsformen. Viele Kunden würden dies außerdem als aufdringlich empfinden, sie möchten erst einmal alleine sich umschauen. Daher gibt es heute Kundenleitsysteme, die durch den Verkaufsraum führen. Mit Kundenleitsystemen soll erreicht werden, dass der Kunde sich weitgehend selbstständig im Geschäft zurechtfindet, seine gewünschte Ware findet und gleichzeitig viele zusätzliche Kaufimpulse erhält.

Die wichtigsten Erkenntnisse beim Kundenlauf sind z.B.:
- Kunden bevorzugen die Außengänge eines Ladens, halten sich rechts und laufen überwiegend entgegen dem Uhrzeigersinn; deshalb muss der Kunde mit Hilfe des Kundenleitsystems auch in die Mitte geführt werden.
- Kunden folgen dem Geschwindigkeitsrhythmus schnell – langsam – schnell. So wird versucht, in diesem Rhythmus die Platzierung, die Flächenaufteilung von Ware und Dekorations- und Aktionsfläche zu gestalten.
- Kunden vermeiden Kehrtwendungen und sparen die Ladenecken aus. Kundenleitsysteme führen den Kunden klug und behutsam durch den Laden einschließlich der Ecken und Rückwände. Dabei wird der Kundenlauf im Fußboden farblich als Loop markiert. Zusätzlich wird der Loop durch die Beleuchtung hervorgehoben. Dabei wird häufig ein Richtungswechsel vorgesehen, um den Gang zu aktivieren.

In großen Häusern ist es wichtig, dass der Kunde Wegweiser unmittelbar am Eingang sowie innerhalb der einzelnen Stockwerke an den Rolltreppen, Fahrstühlen und Aufgängen vorfindet. Mit auffälligen Displays, die den Sortimentsteil oder eine Bedarfssituation der Ware zeigen, werden die Hinweise visualisiert.

Bildung und Anordnung von Platzierungseinheiten

Innerhalb des Visual Merchandising werden Kriterien bestimmt, welche Ware gemeinsam präsentiert oder angeboten wird. Es gibt die unterschiedlichsten Prioritäten:
- nach Categories, die sich am Endverbraucher ausrichten, wie z.B. der Gartenbereich in einem Baumarkt,
- nach Farben bzw. durch Kombination von Farben wie z.B. bei textilen Sortimenten,

- materialorientiert wie bei Artikeln des täglichen Bedarfs, die für den Kunden schnell auffindbar sein sollen,
- nach Preislagen wie z.B. die Exklusivetage oder die Schnäppchenecke,
- nach Herstellern oder Marken wie z.B. die shop-in-the-shops in den Kauf- und Warenhäusern.

> Bei Trinkmann wird immer neu diskutiert, wie die Weine präsentiert werden sollen. Zurzeit hat das Herkunftsland die erste Priorität, innerhalb des Herkunftslandes wird zwischen Rot-, Rosé- und Weißweinen unterschieden und dann nach Rebsorten. Dabei werden Rebsorten vertikal zusammengefasst. Auf Preislagen wird in der Regalwand keine Rücksicht genommen, bei jedem Herkunftsland gibt es jedoch einen kleinen Sondertisch als Preisangebot. Die Flaschen im Regal werden liegend angeboten, um die Fachkompetenz zu unterstreichen, eine Flasche vor dem Regal in einem Ständer steht aufrecht zur Orientierung, versehen mit wichtigen Informationen wie der Rebsorte, die Geschmacksrichtung, Vorschläge für passende Gerichte und der Preis. Sonderangebote werden immer stehend präsentiert.

Wichtig bei der Platzierung ist es, dass der Kunde sie intuitiv erfassen kann und eine Orientierung möglich ist. Dabei muss immer abgewogen werden zwischen kurzen Wegen für den Kunden, die bequem und zeitsparend sind, und Verlängerung der Verweildauer, die zu zusätzlichen Käufen anregt.

Entscheidungen über Zuteilung von Flächen- und Regalkapazitäten

Den einzelnen Sortimentsteilen, Waren- bzw. Artikelgruppen oder Categories wird ein Anteil der Gesamtverkaufsfläche zugeordnet und entschieden, ob sie in verkaufsstarken oder -schwachen Zonen angeboten werden. Diese Entscheidungen werden aus den Schwerpunkten der Sortimentspolitik und Kennziffern der Warenwirtschaft abgeleitet.

Rückwände

Die hinteren Zonen eines Geschäftes sind oft verkaufsschwache Zonen. Die Gestaltung der Rückwände sollten die Kunden anziehen und Warenthemen schon von weitem gut erkennbar machen. Mittelraum und Rückwände harmonieren in den gezeigten Warenthemen und in den Höhen der Warenträger, so dass der Durchblick zu den Rückwänden gewahrt wird. Waren werden mit Imagefotos kombiniert, um die Ware im Gebrauch zu zeigen. Im Gesamtaufbau ist das Arenaprinzip zu berücksichtigen.

3.7.2 Planung der Warenpräsentation

Mit Hilfe der Einkaufsatmosphäre soll der Kunde Freude haben, im Geschäft zu sein und zu verweilen. Er soll zu Zusatz- und Impulskäufen angeregt werden. Dabei sollten möglichst alle Sinne angesprochen werden. Wesentliche Elemente zur Gestaltung der Einkaufsatmosphäre sind:
- die Auswahl und Anordnung von Warenträgern sowie Dekorationsmitteln im Einklang mit dem Sortiment und Sortimentsniveau
- die Schaffung von Erlebniswelten wie z.B. der Wanderbereich in einem Sportfachmarkt mit einer künstlichen Landschaft zum Ausprobieren der Schuhe auf weichem oder hartem Untergrund
- der Einsatz von Farben in Abstimmung mit der Ware und Trend folgend. Dabei sollte die Hausfarbe immer mit einfließen
- die Beleuchtung, die Farben natürlich wiedergeben soll und gleichzeitig Akzente setzt und Spannung erzeugt
- Hintergrundmusik, im Einklang mit der Zielgruppe
- evtl. Düfte, die eine positive Stimmung erzeugen oder sich direkt auf das Sortiment beziehen
- Verweilzonen wie Kaffeebar, Sitzecken.

3.7.3 Zusammenarbeit mit internen und externen Partnern

Ein Handelsunternehmen kann ein eigenes Konzept entwickeln. In den großen Handelsunternehmen legen eigene Abteilungen in Zusammenarbeit mit dem Einkauf zentral fest, wie und auf welchen Warenträgern die Ware präsentiert wird. In Showrooms wird die Präsentation fotografiert, so dass die Filialen die Präsentation im Verkauf nachvollziehen können. Unterstützt werden sie noch zusätzlich von Visual Merchandisern, die die Filialen regelmäßig besuchen und weitere Tipps zur Umsetzung geben. Kleine Handelsunternehmen können Hilfe bei Agenturen und Ladenbauern erhalten, die heute ein umfangreiches Servicepaket von der Architektur über den Ladenbau, Warenträger und Präsentation anbieten. Gehört das Unternehmen einer Verbundgruppe an, so erhält es durch die Kooperation Unterstützung, vor allem bei der Präsentation von Handelsmarken.

Im Einzelhandel können auch hersteller-, franchise- oder großhandelsspezifische Programme übernommen werden. Übernimmt das Handelsunternehmen z.B. durch Bereitstellung von Flächen für shops-in-the-shop lieferantenspezifische Richtlinien, so besteht eine große Gefahr, dass das Handelsunternehmen sein eigenes Profil verliert und zu einer Anhäufung von unterschiedlichen Ladenkonzepten wird.

3.8 Die Werbekonzeption

Werbung – im Sinne der Absatzwerbung – strebt an, potenzielle Kunden in ihren Kaufentscheidungen zu beeinflussen. Sie bedient sich dabei verschiedener Kommunikationsinstrumente. Es soll der Absatz beschleunigt und der Umsatz erhöht werden, außerdem sollen beim Kunden Bedürfnisse geweckt und auf seine Kaufgewohnheiten Einfluss genommen werden.
Angelehnt an den Marketing-Kreislauf lässt sich der Werbekreislauf so darstellen:

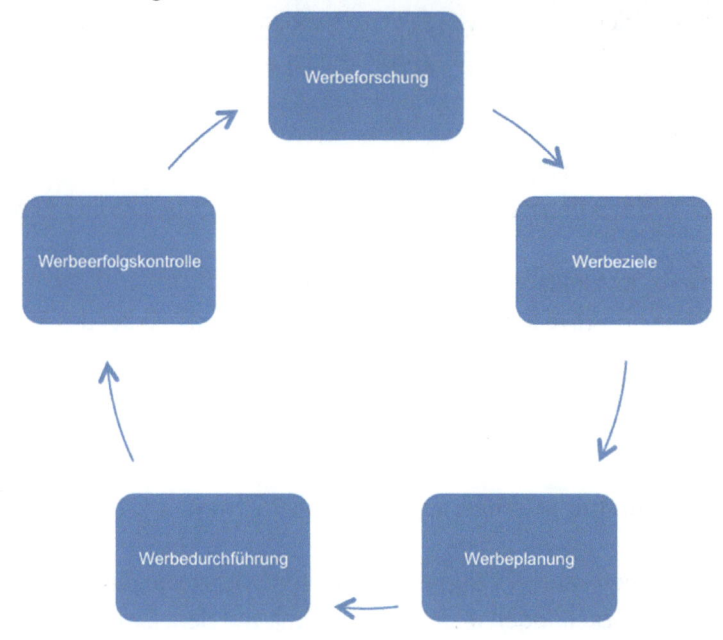

```
           Werbeforschung
          ↗              ↘
Werbeerfolgskontrolle     Werbeziele
          ↑              ↓
     Werbedurchführung ← Werbeplanung
```

3.8.1 Werbeforschung

Im Rahmen der Werbeforschung untersuchen die Unternehmen die allgemeinen Rahmenbedingungen für Werbung, wie die maßgeblichen gesetzlichen Vorschriften, die Kosten für die einzelnen Werbeträger, die Nutzungshäufigkeit der Medien durch die Empfänger und die Einstellung der Empfänger gegenüber den einzelnen Medien. Außerdem werden das Werbeverhalten der Mitbewerber und die eigene in der Vergangenheit durchgeführte Werbung analysiert.
So gibt die nachfolgende Statistik Auskunft über die Beliebtheit von verschiedenen Werbeformen.

3.8 Die Werbekonzeption

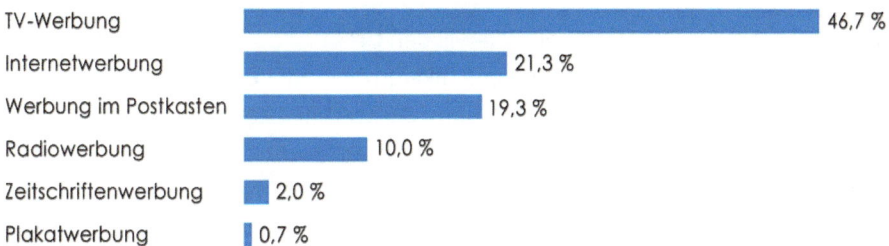

■ Welche Form der Werbung nervt Sie am meisten?

- TV-Werbung: 46,7 %
- Internetwerbung: 21,3 %
- Werbung im Postkasten: 19,3 %
- Radiowerbung: 10,0 %
- Zeitschriftenwerbung: 2,0 %
- Plakatwerbung: 0,7 %

■ Und welche Form gefällt Ihnen besten?

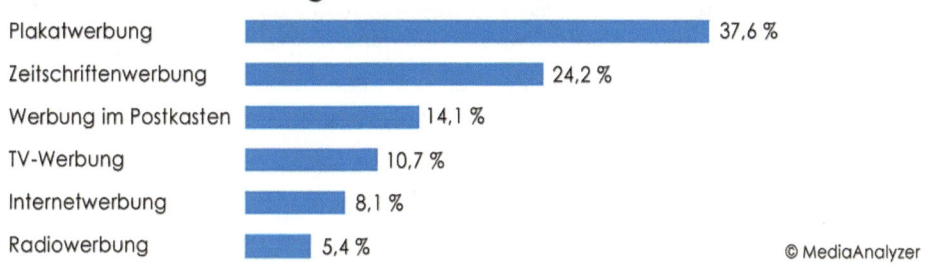

- Plakatwerbung: 37,6 %
- Zeitschriftenwerbung: 24,2 %
- Werbung im Postkasten: 14,1 %
- TV-Werbung: 10,7 %
- Internetwerbung: 8,1 %
- Radiowerbung: 5,4 %

© MediaAnalyzer

3.8.2 Werbeziele

Die Werbeziele können, angelehnt an den Produktlebenszyklus, wie folgt strukturiert werden:

Einführungswerbung	Das Unternehmen eröffnet eine neue Filiale, nimmt eine Warengruppe in das Sortiment auf oder stellt neue Artikel vor. Bei den Kunden sollen Bedürfnisse geweckt werden, neue Kunden sollen gewonnen werden.
Expansionswerbung	Der Marktanteil des Unternehmens, der Filiale oder einzelner Warengruppen soll erhöht werden. Das Handelsunternehmen möchte Kunden der Konkurrenz gewinnen oder einen Mehrverbrauch generieren.
Stabilisierungswerbung	Die Werbung soll die Werbung der Konkurrenz abwehren und die eigene Marktposition festigen/erhalten.
Erinnerungswerbung	Das Unternehmen will sich und sein Sortiment bei den Kunden in Erinnerung bringen, die Kunden binden oder gegebenenfalls wieder zurückgewinnen.

Die Werbung kann ökonomische oder vorökonomische Ziele anstreben, wie die folgende Tabelle beispielhaft zeigt:

ökonomische Ziele	Das Unternehmen will den Umsatz bzw. den Absatz des gesamten Sortimentes, einer Artikelgruppe oder eines Artikels steigern. Unter Berücksichtigung der Werbekosten soll die Ertragslage des Unternehmens direkt verbessert werden.
vorökonomische Ziele	Die vorrangige Zielsetzung liegt in der Steigerung des Bekanntheitsgrades einer Unternehmung, der Schaffung und Verbesserung des Unternehmensimages.

Eine exakte Formulierung des Werbeziels ist notwendig, wobei der Inhalt eine messbare Größe (das Ausmaß) sowie ein Zeitbezug zur Zielerreichung genau bestimmt werden sollten. Eine präzise Zielformulierung erleichtert eine spätere Werbeerfolgskontrolle erheblich. („Wer nicht weiß, wo er hin will, darf sich nicht wundern, dass er nie ankommt".)

3.8.3 Die Werbeplanung

In kleinen und mittelständischen Handelsunternehmen wird die Werbung in der Regel von Werbeagenturen gestaltet; in großen Handelsunternehmen kann dies in der eigenen Werbeabteilung durchgeführt werden. Teile der Werbeaktivitäten können auch fremd vergeben werden, wie z.B. die Erstellung von Zeitungsbeilagen. Vor der Durchführung der Werbung ist jedoch in jedem Fall ein Werbeplan zu erstellen. Durch die optimale Werbeplanung unter Beachtung der Informationen aus der Werbeforschung soll ein entsprechender Werbeerfolg sichergestellt werden.

Die grundlegenden **Inhalte eines Werbeplanes** sind:
- Festlegung der konkreten Werbeziele
- Bestimmung des Werbeetats
- Zielgruppenbestimmung
- Festlegung der Werbebotschaft
- Festlegung des Streugebietes
- Mediaplanung: Auswahl von Werbemittel und Werbeträger
- Bestimmung der Streuzeit und Streudichte

Im **Werbeetat** werden die generelle Höhe und die zeitliche Verteilung der finanziellen Mittel bestimmt. Hier gibt es verschiedene Methoden, vor allem wird sich der Etat nach dem Ziel ausrichten. In der Praxis wird auch ein gewisser Prozentsatz vom Umsatz aus der Vergangenheit,

3.8 Die Werbekonzeption

vom Planumsatz oder aus Betriebsvergleichen zugrunde gelegt. Die wirtschaftliche Situation des Unternehmens wird eine Grenze darstellen. Eine Orientierung an dem direkten Mitbewerber ist auch eine Möglichkeit der Planung. Problematisch ist allerdings, dass nur Vergangenheitswerte geschätzt werden können, die Planung für die kommende Periode jedoch völlig unvorhersehbar ist.

Die **Werbebotschaft** legt fest, ob das ganze Unternehmen, bestimmte Warengruppen oder einzelne Artikel beworben werden sollen. Wichtig sind dabei im Hinblick auf die Copy-Strategie
- der Consumer Benefit = das Nutzenversprechen,
- Reason Why = die Begründung für das Nutzenversprechen und
- Tonality = der Grundton der Werbung. Der Sprachgebrauch z.B. "Geiz ist geil." oder „Wir lieben Lebensmittel." muss auf die Zielgruppe abgestimmt sein. So hat man vor einiger Zeit festgestellt, dass viele Konsumenten englische Slogans ablehnen. Die werbetreibende Wirtschaft hat sich zum Teil sehr schnell hierauf eingestellt.

Die **Zielgruppenbestimmung** ergibt sich aus der Markt- und Zielgruppensegmentierung, die vom werbenden Unternehmen vorgenommen wurde.

Das **Streugebiet** für die Werbung ergibt sich in der Regel aus der räumlichen Reichweite des Absatzgebiets eines Handelsunternehmens. Diese wird häufig nicht mit der Reichweite der wichtigsten Werbeträger übereinstimmen.

Die **Mediaplanung / Mediaselektion** beinhaltet die Auswahl, die Kombination und die Abstimmung von Werbemittel und Werbeträger unter Berücksichtigung des Etats, der Zielgruppe und des Streugebietes. Es wird der Weg bestimmt, auf welchem die Werbebotschaft kommuniziert werden soll.

Mit der **Streuzeit** wird bestimmt, wann (Zeitpunkt) und mit der Streudichte in welcher Häufigkeit (Intervalle) die Werbung verbreitet werden soll.

Mediaselektion – die richtigen Werbeträger auswählen
Der Werbeträger (Medium) überbringt die Werbebotschaft an den Empfänger. Die Auswahl des geeigneten Werbeträgers erfolgt in zwei Schritten:
1. **Intermediaselektion:** Dies betrifft die Bestimmung der Mediengattung (Printmedium, TV, Radio, Kino, Außenwerbung etc.).
2. **Intramediaselektion:** Hier wird eine bestimmte Variante des Werbeträgers nach Titel, Format, Institution und der genaue Werbeträger innerhalb der Mediengattung (regionale Tages-

3. Handelsmarketing

zeitung, bestimmter Fernseh-, Radiosender, die Plakatwand an bestimmten Stellen, die bestimmte Buslinie etc.) festgelegt.

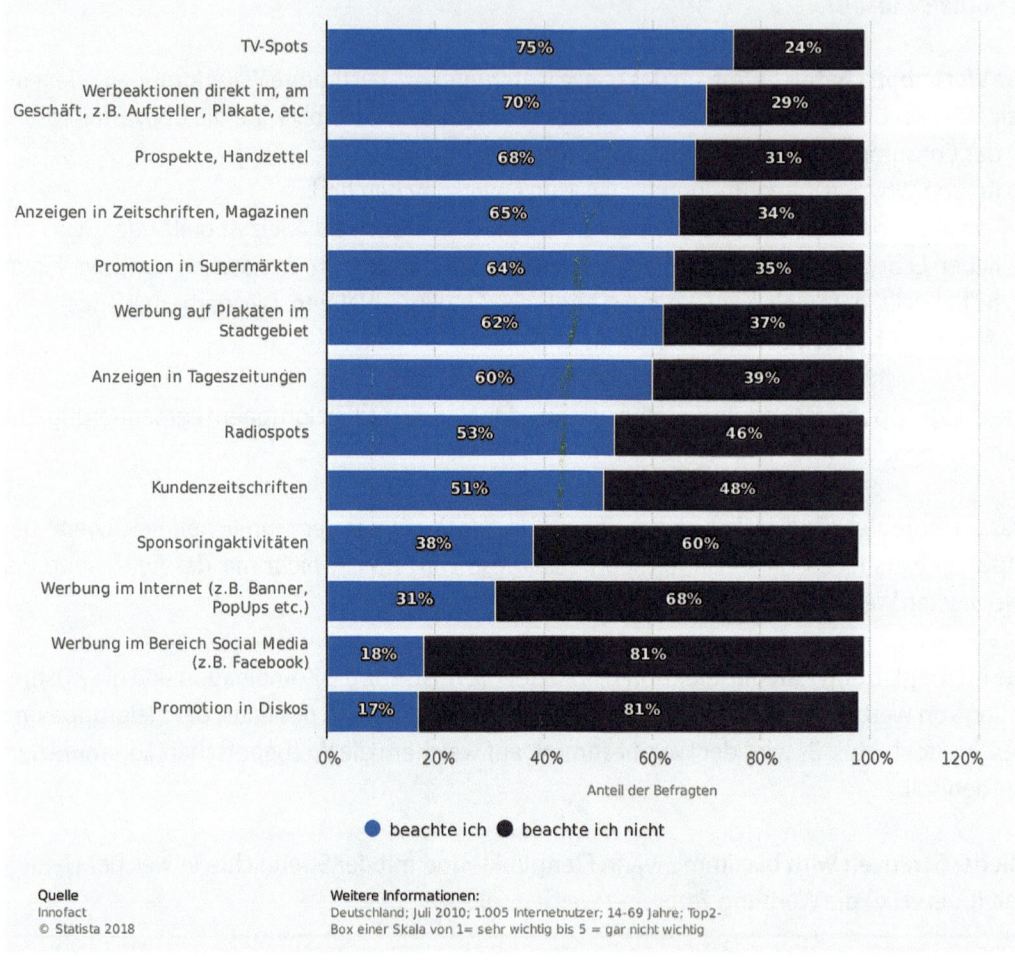

Welche der folgenden Werbe- und Kommunikationsmaßnahmen beachten Sie, welche beachten Sie eher weniger?

Werbemaßnahme	beachte ich	beachte ich nicht
TV-Spots	75%	24%
Werbeaktionen direkt im, am Geschäft, z.B. Aufsteller, Plakate, etc.	70%	29%
Prospekte, Handzettel	68%	31%
Anzeigen in Zeitschriften, Magazinen	65%	34%
Promotion in Supermärkten	64%	35%
Werbung auf Plakaten im Stadtgebiet	62%	37%
Anzeigen in Tageszeitungen	60%	39%
Radiospots	53%	46%
Kundenzeitschriften	51%	48%
Sponsoringaktivitäten	38%	60%
Werbung im Internet (z.B. Banner, PopUps etc.)	31%	68%
Werbung im Bereich Social Media (z.B. Facebook)	18%	81%
Promotion in Diskos	17%	81%

Anteil der Befragten

Quelle: Innofact © Statista 2018
Weitere Informationen: Deutschland; Juli 2010; 1.005 Internetnutzer; 14-69 Jahre; Top2-Box einer Skala von 1= sehr wichtig bis 5 = gar nicht wichtig

Das **Werbemittel** ist die konkrete, sinnlich wahrnehmbare Erscheinungsform der Werbung. Beispiele ausgewählter Werbemittel in Kombination zum **Werbeträger** sind:

Handzettel
können über Postwurfsendung, Verteilerkolonnen oder durch das Unternehmen selbst verteilt werden. Sie verursachen geringe Kosten, sind kurzfristig und flexibel einsetzbar und das Streu-

gebiet ist exakt zu bestimmen. Besonders geeignet für Sonderangebote, Aktionen oder zur Eröffnung von Filialen.

Plakate
können an Litfasssäulen werben, auf großflächigen Plakatwänden an frequentierten Stellen oder als City-Light-Poster in Wartehäuschen an Bushaltestellen oder an Ampelkreuzungen viel befahrener Straßen. Sie haben eine überdurchschnittliche Reichweite und ihr Streugebiet kann genau bestimmt werden. Die Produktionskosten können hoch sein, die Belegungskosten sind eher niedrig. Da diese Form der Werbung immer stärker eingesetzt wird, muss das Handelsunternehmen lange vorher die Schaltflächen disponieren.

Spots im Fernsehen
waren früher für kleine und mittelständische Unternehmen eher ungebräuchlich, da diese sie zumeist nur ein kleines Absatzgebiet haben und damit der Streuverlust zu hoch wäre. Inzwischen hat sich dies durch das große Netz der Privatsender durchaus geändert. Es bleiben allerdings die relativ hohen Produktionskosten für einen guten Spot.

Spots im Hörfunk
Seit die Lokalsender an Bedeutung gewonnen haben, wird der Hörfunk auch für den regionalen Einzelhandel immer wichtiger. Voraussetzung ist, dass das Sendegebiet mit dem Einzugsgebiet des Handelsunternehmens identisch ist. Der Hörfunk ist ein präsentes Medium; die Kunden hören zu Hause, im Auto und am Arbeitsplatz Radio. Die Produktionskosten eines Spots sind nicht hoch und die Schaltkosten können im Vergleich zu einer Anzeige wesentlich geringer sein. Hierbei muss jedoch beachtet werden, dass die Anzeige oft die ganze Konzentration des Lesers hat, das Radio wird meist im Hintergrund neben anderen Tätigkeiten gehört, so dass es notwendig ist, den Spot ganz oder teilweise immer wieder zu senden. Dabei können Zielgruppen eingegrenzt werden, abhängig davon, zu welcher Tageszeit und vor bzw. während welcher Sendung der Spot geschaltet wird. Zunehmend kann auch durch die Auswahl des Senders die Zielgruppe besonders angesprochen werden.

Spots im Kino
sind besonders gut geeignet für junge Leute und Jugendliche, da diese häufig ins Kino gehen. Der Zuschauer kann sich dieser Werbung kaum entziehen. Bei Spots sind die Produktionskosten hoch, das Handelsunternehmen steht in Konkurrenz zu den großen Markenherstellern, für die Kino- und Fernsehspots zu den wichtigsten Werbemaßnahmen gehören. Setzt das Handelsunternehmen digitale Bilder ein, sind die Produktionskosten gering. Die Schaltkosten sind nicht hoch.

Anzeigen in Fachzeitschriften, Zeitungen und Zeitschriften

Der Großhandel kann in Fachzeitschriften werben, der Einzelhandel entscheidet sich stärker für die Tageszeitung. Bei beiden Trägern ist die Anzahl an Abonnenten sehr hoch, die Auflagenhöhe ist bekannt und oft werden die Zeitungen/Zeitschriften von mehreren Personen gelesen. Die Leser haben ein Vertrauensverhältnis zu ihrer Zeitung oder Zeitschrift, das dem werbenden Unternehmen auch zugutekommt. Das Unternehmen kann sich relativ kurzfristig für diese Werbung entscheiden.

Allerdings haben die Zeitungen gerade bei jüngeren Zielgruppen mit Auflagenverlusten zu kämpfen, so dass sie für die Ansprache junger Zielgruppen an Gewicht verlieren.

Für den Einzelhandel sind die Anzeigenblätter noch von Bedeutung, die regelmäßig unaufgefordert und unentgeltlich an möglichst alle Haushalte eines Gebietes verteilt werden.

Publikumszeitschriften, wie z.B. der Spiegel oder Stern können als Werbeträger nur von großen Handelsbetrieben eingesetzt werden, die im gesamten Bundesgebiet vertreten sind, ansonsten wären die Streuverluste zu hoch.

Werbung in den neuen Medien

Das Internet bietet sowohl stationär als auch mobil über die Smartphone-Nutzung eine Vielzahl an Werbemöglichkeiten. Wie im nächsten Kapitel Direktwerbung beschrieben, können an die Interessierten Werbemails oder Newsletter versendet werden.

An die Allgemeinheit gerichtet, aber dennoch gefiltert, ist Werbung über die sozialen Netzwerke wie Facebook, Twitter oder Instagram möglich. Beim Aufruf von Internetseiten durch Nutzer können Werbebanner, Interstitials (Unterbrecherwerbung), Pop-ups und Links auf die eigene Homepage gezielt platziert werden. Der Eintrag in Suchmaschinen ist nötig, um als Unternehmen auch gefunden zu werden. Für eine gute Platzierung muss das Unternehmen jedoch zahlen.

Auswahlkriterien für die Bestimmung der Werbeträger sind:
- Kosten
- Reichweite (quantitative und qualitative)
- Darstellungsmöglichkeit der Werbebotschaft (wenn man optische Reize aussenden will, muss der Werbeträger diese transportieren können)
- Belegbarkeit, zeitlich und regional
- Zielgruppenaffinität (erreicht der Werbeträger die angestrebte Zielgruppe?)
- Image (ist die Ware hochwertig, dann sollte es auch der Werbeträger sein)

Ein entscheidendes Kriterium bei der Werbeträgerauswahl sind die Kosten – Kosten der Produktion des Werbemittels als auch die jeweiligen Kosten der Werbeschaltung. Die Berechnung der

3.8 Die Werbekonzeption

Kosten von Anzeigen erfolgt aufgrund der Anzeigenformate oder mit Hilfe des Millimeterpreises.

Im Intra-Media-Vergleich stellt der **Tausenderpreis** eine weitere Mess- und Entscheidungsgröße dar. Hierbei wird zum Ausdruck gebracht, was es kostet, zu 1000 Personen einen Werbekontakt herzustellen. Somit ist die Möglichkeit gegeben, verschiedene Werbemittel und/oder Werbeträger mit ebenso unterschiedlichen Preisen und/oder Auflagen miteinander zu vergleichen. Werden z.B. alle Leser einer Zeitschrift berücksichtigt, liegt eine ungewichtete Berechnung vor. Soll der Tausenderpreis nur auf eine bestimmte Zielgruppe innerhalb der Leserschaft bezogen werden, wird dies als gewichtet bezeichnet. Für einen Laufshop beispielsweise ist es wichtig, wie viele Läufer aus seinem Einzugsgebiet er mit einer Werbung erreicht – oder wieviel ihn 1.000 Kontakte mit Läufern kosten.

$$\text{Tausenderpreis} = \frac{\text{Preis je Schaltung} \times 1.000}{\text{Auflage}}$$

Beispiel für die Berechnung eines Tausender-Auflagen-Preises:
Eine Zeitschrift A, die eine Auflage von 100.000 Exemplaren im Monat erreicht, hat einen Seitenpreis von 1.540,00 EUR. Die Alternative ist die Zeitschrift B mit einer Auflage von 1.500.000 Exemplaren und einem Seitenpreis von 20.450,00 EUR. Die Werbeabteilung errechnet den Tausenderpreis, um das Kosten-Leistungs-Verhältnis zu ermitteln.

$$\text{Zeitschrift A} = \frac{1.540{,}00 \text{ EUR} \times 1.000}{100.000}$$
$$= 15{,}40 \text{ EUR je 1.000 Exemplare}$$

$$\text{Zeitschrift B} = \frac{20.450{,}00 \text{ EUR} \times 1.000}{1.500.000}$$
$$= 13{,}62 \text{ EUR je 1.000 Exemplare}$$

Um tausend Personen durch die Schaltung einer Anzeige zu erreichen, ist die Zeitschrift B der Zeitschrift A vorzuziehen, obwohl diese auf den ersten Blick einen günstigeren Seitenpreis aufweist.

3. Handelsmarketing

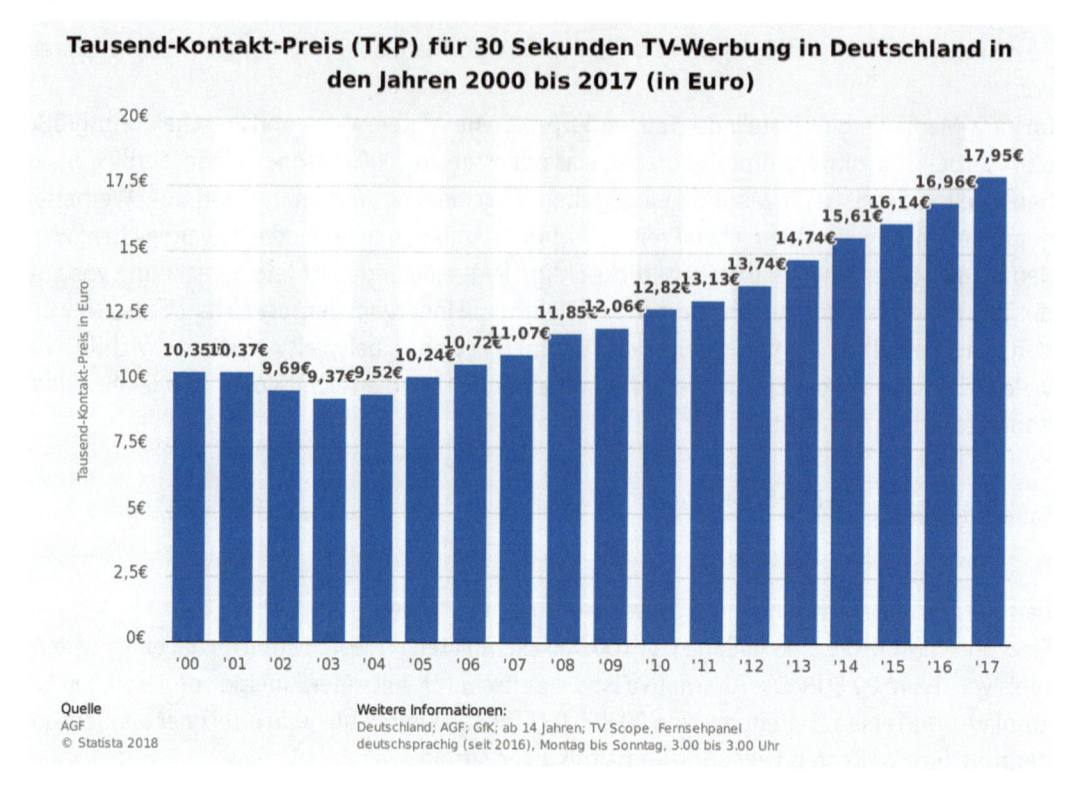

Tausend-Kontakt-Preis (TKP) für 30 Sekunden TV-Werbung in Deutschland in den Jahren 2000 bis 2017 (in Euro)

Jahr	TKP
'00	10,35 €
'01	10,37 €
'02	9,69 €
'03	9,37 €
'04	9,52 €
'05	10,24 €
'06	10,72 €
'07	11,07 €
'08	11,85 €
'09	12,06 €
'10	12,82 €
'11	13,13 €
'12	13,74 €
'13	14,74 €
'14	15,61 €
'15	16,14 €
'16	16,96 €
'17	17,95 €

Quelle: AGF
© Statista 2018

Weitere Informationen:
Deutschland; AGF; GfK; ab 14 Jahren; TV Scope, Fernsehpanel deutschsprachig (seit 2016), Montag bis Sonntag, 3.00 bis 3.00 Uhr

Besonders bei der Intramediaselektion ist die **Reichweite** ein wichtiges und oft entscheidendes Kriterium für einen bestimmten Werbeträger. Ziel der Auswahl ist es, denjenigen Werbeträger herauszufiltern, der für einen Handelsbetrieb geeignet ist, die festgelegte Zielgruppe am besten zu erreichen. Bei der Reichweite handelt es sich um eine Kontaktmesszahl von Werbeträgern mit definierten Zielpersonen.

Die Reichweite kann beschrieben und dargestellt werden als:
- **Räumliche Reichweite:** Sie beschreibt das Streugebiet, welches vom Werbeträger abgedeckt wird.
- **Quantitative Reichweite:** Sie gibt Aufschluss darüber, wie viele Personen innerhalb einer gewissen Streuzeit durch den Werbeträger erreicht werden.
- **Qualitative Reichweite:** Sie zeigt, in wieweit ein Werbeträger eine bestimmte Zielgruppe, die durch die Werbung angesprochen werden soll, tatsächlich auch erreicht.

Bei der Streuung z.B. einer Anzeige in einem oder mehreren Werbeträgern, hier am Beispiel Zeitung, ergeben sich folgende Unterscheidungen:

3.8 Die Werbekonzeption

- Die **Nettoreichweite** gibt die Anzahl der Personen an, die bei einmaliger Schaltung in einer Zeitung mit einer Anzeige Kontakt haben.
- Die **Bruttoreichweite** gibt die Zahl der Kontakte an. Wenn ein Leser z.B. eine Wochenzeitung mehrmals zur Hand nimmt, beträgt die Bruttoreichweite ein Mehrfaches der Nettoreichweite.
- Die **kumulierte Reichweite** gibt Auskunft über die Gesamtzahl der Kontakte, wenn eine Anzeige mehrmals in einer Zeitung geschaltet wird.

Hilfe für die Mediaselektion bieten unter anderem die Markt- bzw. Mediastudien verschiedener Institute wie z.B. der Informationsgemeinschaft zur Feststellung der Verbreitung von Werbeträgern e.V. (IVW), der Media-Analyse AG.Ma, Media-Micro-Census oder des Instituts für Demoskopie Allensbach. Aus den Studien können die Reichweiten, Kontakthäufigkeit und -verteilung auf der Basis Werbeträger- und auch Werbemittelkontakte verschiedener Medien wie z.B. regionale und überregionale Tageszeitungen, Publikumszeitschriften, Fernsehsender, Kino, Nahverkehrsmittel entnommen werden. Ebenso können direkt von Verlagen, Verkehrsbetrieben, Fernseh- und Hörfunksendern Informationen bezogen werden.

Werbegrundsätze

Das werbetreibende Unternehmen muss für seine Werbung Grundsätze beachten, damit die Werbung rechtlich nicht angreifbar ist und ökonomisch ein Erfolg wird. Folgende Grundsätze finden hier Anwendung:

- **Grundsatz der Wahrheit:** in der Werbung dürfen keine Unwahrheiten über Produkteigenschaften, Preise etc. verbreitet werden.
- **Grundsatz der Klarheit:** die Empfänger der Werbebotschaft müssen diese schnell decodieren können, das heißt die Nachricht verstehen.
- **Grundsatz der Wirksamkeit:** Wer nicht die Aufmerksamkeit des Umworbenen (des „Werbesubjekts") erreicht, der hat schon verloren. Aber ebenso verpufft eine Werbung, wenn sie den Umworbenen nicht zum Handeln bringt. Die AIDA-Formel fasst die Ziele in griffiger Weise zusammen.

  ATTENTION   Aufmerksamkeit erregen
  INTEREST   Interesse wecken.
  DESIRE   Besitzwünsche wecken.
  ACTION   Handeln: die beworbenen Artikel kaufen.

- **Grundsatz der Wirtschaftlichkeit:** Erst einmal muss sich ein Unternehmen bei der Etatfestlegung an den eigenen Möglichkeiten orientieren und außerdem muss der Aufwand in einem sinnvollen Verhältnis zum Ertrag stehen (s. Werbeerfolgskontrolle).

- **Grundsatz der Einheitlichkeit:** Hier sind wieder die Elemente der Corporate identity zu beachten, d.h. die schnelle Wiedererkennbarkeit und Verbindung mit dem Unternehmen.
- **Grundsatz der Nichtdiskriminierung:** Auch wenn in der Werbung der Spruch gilt „Sex sells!", so ist auch das AGG zu beachten, das verbietet, Menschen als Sexobjekte darzustellen.

3.8.4 Werbeerfolgskontrolle

Im Anschluss an eine Werbeaktion ist es erforderlich, eine Erfolgskontrolle durchzuführen. Es soll festgestellt werden, ob sich die beabsichtigte Wirkung, der Werbeerfolg, eingestellt hat und sich somit auch der Einsatz der Werbung generell, sowie insbesondere der Werbemedien und der finanziellen Mittel, gelohnt hat. Die Wirkung der Werbeaktion ist dabei nicht immer leicht zu messen und zeitlich abzugrenzen, da verschiedene Faktoren aus dem Umfeld Einfluss nehmen können, so z.B. die Mitbewerber und deren Aktionen, die saisonalen Gegebenheiten, die Wetterlage, die allgemeine Wirtschaftslage etc.

Schon in der Planungsphase der Werbung sollte festgelegt werden wie und mit welchen Methoden im Anschluss an die Werbemaßnahme die Werbeerfolgskontrolle durchzuführen ist.

Die Art und Weise der Kontrolle orientiert sich in erster Linie an der grundlegenden Zielsetzung der Werbung, es kann somit in **vorökonomische und ökonomische Werbeerfolgskontrolle** unterschieden werden.

Vorökonomische Werbeerfolgskontrolle
Hierbei ist die Vorgehensweise an rein kommunikativen Zielen orientiert wie z.B. der Steigerung des Bekanntheitsgrades oder der Verbesserung des Unternehmensimages. Eine Messung sowie Darstellung des Erfolgs in Geldeinheiten ist also vorerst nicht möglich. Der Erfolg der Aktivitäten lässt sich in der Regel recht einfach ermitteln, z.B. durch Befragungen, Beobachtungen oder Kundenfrequenzmessungen.

Ökonomische Werbeerfolgskontrolle
Der Erfolg der Werbung wird gemäß der Zielsetzung, die wirtschaftliche Situation des Unternehmens direkt zu verbessern, anhand von Kennzahlen gemessen und dargestellt, wie z.B. Umsatzsteigerung, erzielter Deckungsbeitrag, Vergrößerung des Marktanteils usw.

Methoden der Werbeerfolgskontrolle
- Feststellung der Umsatzentwicklung des Handelsunternehmens oder speziell der beworbenen Artikel bzw. Warengruppen anhand der Werte aus dem WWS durch Vorher-Nachher-Vergleiche.

3.8 Die Werbekonzeption

- Berechnung des Durchschnittsumsatzes pro Kunde (Durchschnittsbon) anhand der Werte aus dem Kassensystem,
- Auswertung der kurzfristigen Erfolgsrechnung, artikel- oder warengruppenbezogen. Hierbei erfolgt eine Analyse anhand genau erfasster Artikel- oder Warengruppenumsätze bzw. einzelner Deckungsbeiträge aus dem WWS.
- Messung der Kundenfrequenz mit Hilfe von Zählmechanismen wie Lichtschranken oder Handzählgeräten, die eine Erfassung der potenziellen Kundenzahlen beim Betreten des Ladenlokals ermöglichen, oder anhand der nummerierten Kassenbons.
- Ermittlung und Vergleich der Marktanteile in einer Branche, in einem Warenbereich vor und nach der Werbung
- Durchführung von Befragungen am POS. Hier kann z.B. durch direkte Befragungen der Kunden nach dem Einkauf festgestellt werden, ob sie aufgrund der Werbung die Einkäufe getätigt haben.
- Nutzung der „BuBaW-Methode" (Bestellung unter Bezugnahme auf Werbemittel). Hierbei wird z.B. ein Werbemittel mit einem Coupon oder Bestellformular versehen, eventuell zusätzlich mit einer Kennung der entsprechenden Aktion. Somit kann direkt festgestellt werden, ob der Kauf durch die Werbeaktion angestoßen wurde. Eine andere Variante dieses Verfahrens sieht lediglich die Erfassung der Kundenanfragen bezogen auf beworbene Artikel oder Warengruppen einer Werbekampagne vor, wenn im Geschäft nach den umworbenen Waren gesucht wird. Diese Vorgehensweise ermöglicht, den Erfolg der Werbung in Bezug zu den Werbekosten und den erzielten zusätzlichen Deckungsbeiträgen zu messen. Es handelt sich um eine relativ genaue Methode mit geringem Kostenaufwand, die sich leicht umsetzen lässt.
- Ermittlung der Wirtschaftlichkeit anhand der Kosten einer Werbeaktion und des Umsatzzuwachses.

Die Berechnung erfolgt mit dieser Formel:

$$\text{Werberendite} = \frac{\text{Umsatzsteigerung} \times 100}{\text{Werbekosten}}$$

Trinkmann schaltet eine Anzeige für einen neuen Sportdrink zu einem Sonderpreis von 9,80 € pro 6-er Pack. Die Kosten für Gestaltung und Schaltung betragen 10.000 €.

Es gehen 5.000 Bestellungen ein, der Gesamtumsatz hieraus beträgt 49.000 €.
Der Deckungsbeitrag beträgt 3 € pro Pack, insgesamt also 15.000 €.
Der Werbeerfolg beträgt also 5.000 €

Im Anschluss an eine Werbeerfolgskontrolle sollten die Ergebnisse genau analysiert und hinterfragt werden, um dadurch die Möglichkeit zu erschließen, den Einsatz der Werbemedien und finanziellen Mittel zu optimieren. So wird bei Verfehlung des angestrebten Werbeziels die Frage beantwortet werden müssen: Was kann bei der nächsten Werbeaktion verbessert oder verändert werden? Somit stellt die Kontrolle auch immer die Grundlage für Entscheidungen über die künftigen Werbeaktionen dar.

3.8.5 Werbekooperationen

Bei der Werbekooperation arbeiten rechtlich und wirtschaftlich selbstständige Unternehmen zusammen, häufig wird der Begriff Kollektivwerbung dafür verwendet. Die Kooperation kann in horizontaler und in vertikaler Form erfolgen.

Horizontale Werbekooperation

Die Fachmarktfiliale der Trinkmann GmbH in Herne befindet sich in einem Einkaufszentrum, alle dort ansässigen Einzelhandelsbetriebe sind Mitglied einer Werbegemeinschaft. Diese schaltet jeweils am Monatsanfang eine Zeitungsanzeige, um auf das Einkaufszentrum hinzuweisen.

Vertikale Werbekooperation

Als Großhändler unterstützt die Trinkmann GmbH regelmäßig mit Werbekostenzuschüssen und vorgefertigtem Anzeigenlayout sowie Plakatentwürfen ihre Kunden, in erster Linie die Wiederverkäufer.

In direktem Bezug zur Werbung wird die Kooperation der werbenden Unternehmen auch anhand der jeweiligen Firmennennung bei den Werbeaktivitäten in **Sammelwerbung** und **Gemeinschaftswerbung** unterschieden.

Sammelwerbung

Trinkmann beteiligt sich als Mieter an der Anzeigenwerbung für das Einkaufszentrum in H. Hier werden alle beteiligten Unternehmen namentlich genannt und es erscheint ihr jeweiliges Firmenlogo.

Gemeinschaftswerbung

Die Vereinigung der deutschen Bierbrauer führt eine Werbeaktion durch, wobei in Fernsehspots und Zeitungsanzeigen auf das deutsche Reinheitsgebot und die damit verbundene Qualität der deutschen Biersorten hingewiesen wird. Die einzelnen Brauereien werden nicht genannt.

Durch die Kooperation der Unternehmen kann eine effizientere Werbung erfolgen. So kann sich eher die Beauftragung einer Werbeagentur lohnen, die professionell eine Werbeaktion plant und die Durchführung begleitet. Auch der Einsatz von kostenaufwendigeren Werbemedien kann durch die Kooperation ermöglicht werden. Das Hauptargument für die Kooperation ist in jedem Fall eine günstigere Kostensituation für die entsprechenden Partner bei den gemeinsamen Werbeaktivitäten. Die Werbepartner profitieren aber auch gegenseitig von ihrer jeweiligen Stellung am Markt und dem damit verbundenen Image, welches sich auf alle Beteiligten auswirkt. Ebenso kann sich durch die Zusammenarbeit die Position am Markt stärken und festigen.

3.8.6 Direktwerbung

Bei der Direktwerbung findet eine direkte Ansprache des Werbesubjekts statt. Sie steht im Gegensatz zur Massenumwerbung, die als anonym bezeichnet werden kann. In den letzten Jahren ist ein enormer Zuwachs der Direktwerbung zu erkennen, dies liegt unter anderem auch an den immer weiter verbreiteten Kommunikationsmedien Internet und Mobiltelefon. Es handelt sich um eine sehr effiziente Art der Werbung, da mit Hilfe der Zielgruppendaten eine präzise Ansprache ermöglicht wird und somit Streuverluste minimiert werden können. Dies wirkt sich positiv auf den Werbeetat des werbenden Unternehmens aus. Es kann eine optimale Werbeerfolgskontrolle und eventuell auch eine verbesserte Nachfasswerbung durchgeführt werden.
Electronic Mails über das Internet, so genannte UCE (Unsolicited Commercial E-Mail), sowie gedruckte Werbemittel wie z.B. Prospekte und individuell verfasste Werbebriefe werden dem Kunden unaufgefordert zugeschickt. Im Groß- und Versandhandel sind die Daten der Kunden bekannt und in der Kundendatei festgehalten. Im Einzelhandel hingegen wird meist anonym an den Kunden verkauft, so dass die Daten zunächst erst einmal gesammelt werden müssen, um den Kunden gezielt anschreiben zu können. Diese Daten können persönlich durch den Verkäufer aufgrund des Verkaufsgesprächs gesammelt werden. Ebenso gelangt das Unternehmen durch schriftliche Befragungen mit angeschlossenem Preisausschreiben oder Ausgabe von Kundenkarten an zielgruppenbezogene Daten. Kundenkarten stellen dabei eine sehr gute Möglich-

keit dar, persönliche Daten wie z.B. die Art der Einkäufe, bevorzugte Preislagen, besonders gefragte Hersteller, Größen usw. zu erfahren.
Viele Kunden abonnieren auch, falls angeboten, einen vom Unternehmen angebotenen Newsletter, der in regelmäßigen Abständen verschickt wird. Zu beachten ist allerdings, dass aus rechtlichen Gründen auf jedem Newsletter ein Button zum Abbestellen vorhanden sein muss, um dem Vorwurf der unzumutbaren Belästigung zu entgehen.

> Der Teamleiter Außendienst der Trinkmann GmbH schreibt die Kunden sowie mögliche neue Kunden regelmäßig an und informieren über Neuigkeiten im Sortiment und individuelle Serviceleistungen, einige Kunden werden telefonisch oder auch per E-Mail über aktuelle Angebote informiert.

3.8.7 Sonderformen der Werbung

Product-Placement
Hier platziert das Unternehmen Produkte oder den Firmennamen in Filmen oder Fernsehsendungen, z.B. kaufen die Darsteller Autos bei einem Autohändler einer Marke oder fahren diese Autos, sie kaufen in Unternehmen ein oder tragen Kleidung einer Marke, deren Logo deutlich zu erkennen ist. Früher galt in den öffentlich-rechtlichen Fernsehsendern solch eine Herausstellung als unzulässige Schleichwerbung.
Nach einer Richtlinie der EU ist Product-Placement in Fernsehsendungen grundsätzlich zulässig. Solche Sendungen sind zu Beginn und zum Schluss zu kennzeichnen; außerdem ist festgelegt, dass bei den betreffenden Bildern ein Hinweis einzublenden ist. Ausgenommen vom Product-Placement sind Nachrichtensendungen und Sendungen für Kinder.
Vorteil von Product-Placement ist, dass das Produkt in einer „realen Umgebung" gezeigt wird. Der Zuschauer sieht in entspannter Atmosphäre zu, erkennt nicht die Werbeabsicht und in Folge der Identifikation mit den Darstellern werden Wünsche und Kauflust geweckt. Wenn also im Film James Bond eine bestimmte Automarke fährt, überträgt sich das Image des Hauptdarstellers auch auf dieses Auto und macht es begehrenswert.

Virales Marketing
Beim viralen Marketing nutzt ein Unternehmen gezielt die Mund zu Mund-Propaganda im Internet mit ungewöhnlichen Werbefilmen, die einen deutlichen Unterhaltungswert aufzeigen und speziell von der jungen Zielgruppe im Netz weiterempfohlen werden.

3.8 Die Werbekonzeption

Virales Marketing – Werbung wie ein Grippevirus
Witzige Werbespots laufen nicht mehr im Fernsehen, sondern im Internet. Das Video „Supergeil" von Edeka ist ein Paradebeispiel des viralen Marketings. Doch profitieren wirklich alle Beteiligten von solch einer Produktion?

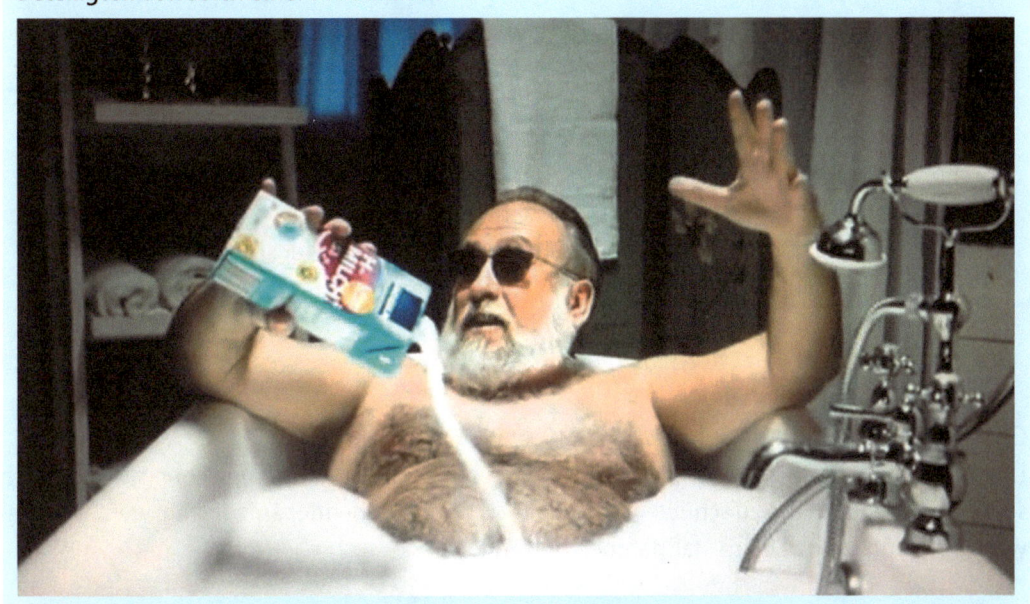

„Supergeil": Das Video von Edeka hat inzwischen mehr als 8 Millionen Aufrufe im Internet

Wenn Jean-Remy von Matt wissen will, ob ein Werbespot gut ist, dann fragt er seine Söhne. 18 und 19 Jahre alt, immerzu online, sie sind seine schärfsten Kritiker. Was der Chefkreative der Hamburger Agentur Jung von Matt voller Stolz nach Hause bringt, finden die Söhne, nun ja, „ganz okay". Nur an eine Ausnahme kann sich von Matt in der jüngeren Vergangenheit erinnern: Den Werbespot für Edeka fand der Nachwuchs „gut". In diesem Moment wusste von Matt: Das Ding wird laufen.
Und es lief. Ende Februar poppte „Supergeil" zum ersten Mal im Internetkanal YouTube auf, seitdem haben sich acht Millionen Menschen angeschaut, wie der Berliner Künstler Friedrich Liechtenstein zu Zeilen wie „Super-Uschi, Super-Muschi, Super-Sushi, supergeil" durch Supermarktregale und Wohnzimmer schwoft. In den Download-Charts der Musikdienste stand die „Edeka-Version" des Liedes – anders als das Original – an vielen Tagen unter den Top 100.
Es ist ein Paradebeispiel des viralen Marketings, bei dem sich Werbebotschaften im Internet so schnell und so großflächig verteilen wie ein Grippevirus im Winter. Einen niedrigen sechsstelligen Betrag hat „Supergeil" in der Herstellung gekostet – ein Schnäppchen, gemessen daran, dass ein gut gemachter TV-Spot schnell mit einer halben Million Euro zu Buche schlägt.

3. Handelsmarketing

Welchen Gegenwert die vielen Artikel haben, die Blogger und Journalisten in aller Welt darüber geschrieben haben, rechnen die Werber gerade noch aus. Die ersten Schätzungen laufen auf einen zweistelligen Millionenbetrag hinaus.

Kein Wunder, dass Werbeagenturen wie Jung von Matt derzeit gefühlt wenig anderes machen, als Viren in die virtuelle Welt zu setzen. Der traditionelle Presseabend der Hamburger kam in diesem Jahr jedenfalls wie eine YouTube-Klickstatistik daher. Das „Trojan Mailing" für den Paketdienst DHL, bei dem die Werber an DHL-Konkurrenten wie UPS Pakete in schwarzer Thermofolie übergaben, die sich später beim Ausliefern in ein gelb-rotes „DHL is faster" (zu Deutsch: DHL ist schneller) verfärbte: 5 Millionen Klicks. Der Film für Mercedes mit dem Huhn, das seinen Kopf stets gerade hält, ganz gleich, was mit seinem Körper passiert: 12 Millionen Abrufe. Erst jetzt, nach dem Erfolg im Netz, kommt das Huhn auch ins Fernsehen. Minimale Kosten, maximale Wirkung: Auf den ersten Blick zahlen sich die „Virals" sowohl für Unternehmen als auch für Agenturen aus.

Gekürzt aus der Frankfurter Allgemeinen Zeitung vom 03.05.2015

Guerilla Marketing
Durch die Informationsflut, der die Menschen heute ausgesetzt sind, versuchen sie sich durch selektive Wahrnehmung zu schützen. Um daher als Werbetreibender aufzufallen, werden ungewöhnliche und spektakuläre Maßnahmen gewählt.

Influencer Marketing
Beim Influencer Marketing werden gezielt Meinungsmacher, z.B. Prominente, Blogger oder Youtuber für Kommunikationszwecke eingesetzt. Diese Influencer genießen bei ihrer Zielgruppe ein großes Vertrauen. Ziel ist es, auf Grundlage des Vertrauens zu den Influencern, die Wertigkeit und Glaubwürdigkeit der eigenen Markenbotschaft zu erhöhen. Auf Youtube werden z.B. gekaufte Produkte, oder aber auch von Unternehmen zugeschickte Produkte, von den Meinungsmachern vorgestellt und positiv besprochen. Sie können daher ihre Follower beeinflussen. Besonders wirksam ist Influencer Marketing bei der Zielgruppe der Jugendlichen. Eingesetzt wird es besonders in den Themenbereichen Mode, Gaming, Beauty und Musik.

3.9 Öffentlichkeitsarbeit

Öffentlichkeitsarbeit oder Public Relations hat das Ziel, für das Handelsunternehmen um Vertrauen zu werben, Verständnis, Akzeptanz und Glaubwürdigkeit in der Öffentlichkeit zu schaffen und den Bekanntheitsgrad des Unternehmens im positiven Sinn zu steigern.
Voraussetzungen für erfolgreiche Public Relations sind Offenheit und Ehrlichkeit. Wer mit der Öffentlichkeitsarbeit kurzfristig den Absatz ankurbeln oder einen Unternehmensfehler wie z.B. einen Umweltverstoß kaschieren will, wird mittelfristig keinen Erfolg haben. Nur wer eine faire und offene Informationspolitik betreibt, kann auch in Krisenfällen mit einer fairen Berichterstattung rechnen.

3.9.1 Zielgruppen der Öffentlichkeitsarbeit

Ziele und Zielgruppen der Public Relations
Zielgruppen sind zunächst Kunden, die unmittelbar mit dem Unternehmen Kontakt haben und von denen eine starke Abhängigkeit besteht. Weitere Zielgruppen sind Partner, die ebenfalls für das Unternehmen eine besondere Bedeutung haben. Lieferanten, Vermieter, Mitbewerber, Banken, Investoren, Aktionäre, Stadt bzw. Gemeinde, Nachbarn usw. Außerdem wendet sich Public Relations an Multiplikatoren, die das Meinungsbild in der Öffentlichkeit gestalten wie z.B. die Medien, Interessengruppen wie z.B. die Gewerkschaft, Verbraucherorganisationen und Politiker. Schließlich aber sind es auch die eigenen Mitarbeiter, an die sich die Öffentlichkeitsarbeit richten muss. Denn sie sind auch „Botschafter" des Unternehmens gegenüber Dritten. So stellt eine verantwortungsbewusste Mitarbeiterführung auch eine gute Maßnahme der Werbung um öffentliches Vertrauen dar – und umgekehrt. Darüber hinaus wird das Sponsoring im Allgemeinen dem Bereich der Public Relations zugeordnet.

3.9.2 Kommunikationsinstrumente der PR

Pressearbeit
Gerade mittelständische Unternehmen mit regionalem Kundenkreis müssen die Chance nutzen, trotz eines eingeschränkten Werbebudgets den Bekanntheitsgrad zu steigern. Dabei ist bei den Kunden meist die redaktionelle Erwähnung in den Medien glaubwürdiger als jede Anzeige. Hierfür ist es notwendig, den Kontakt zu den Lokalredakteuren zu suchen und ihnen Pressemitteilungen zukommen zu lassen, die keine verblümten Werbeanzeigen sind, sondern informative Texte für den Zeitungsleser enthalten. Anlässe für Pressemitteilungen können sein: Firmenjubiläum, Ladenumbau, Eröffnungen neuer Filialen oder Abteilungen, Spenden, Kunstausstellungen in den Geschäftsräumen, sehr gute Prüfungsergebnisse der Auszubildenden, Begrüßung der neuen Auszubildenden oder auch außergewöhnliche Verkaufsaktionen. Zusätzlich können bei bedeutenden Ereignissen Pressegespräche stattfinden.
Pressemitteilungen in überregionalen Zeitungen oder Fachzeitschriften wenden sich außer an die Kunden noch an Lieferanten und bei Großunternehmen an Aktionäre. Große Handelsunternehmen bieten auf ihrer Website einen Link für Journalisten an, unter dem weitere Informationen bereitstehen.

Lobbying
Durch persönliches Engagement der Unternehmer, des Vorstands bzw. der Geschäftsleitung in Verbänden, auf Fachtagungen als Redner, in der Politik und in Werbegemeinschaften lassen sich Vertrauen und Glaubwürdigkeit gewinnen und der Kontakt zu Multiplikatoren verbessern. Öffentlichkeitsarbeit für den Handel wird auch in den Verbänden geleistet, wie z.B. im Handelsverband Deutschland e.V. (HDE) oder dem Bundesverband des Deutschen Groß- und Außenhandels e.V. (BGA). Hier werden die Interessen des Handels gegenüber der breiten Öffentlichkeit vertreten, z.B. mit Pressearbeit, Veröffentlichung von Zahlen und Statistiken oder der Politikberatung bei Gesetzesvorhaben wie auch bei der Umsetzung von Gesetzen in der Alltagspraxis. Ihre Presseportale werden von den Journalisten gern zur Recherche genutzt.

Kundenzeitschrift
Die Anzahl der Kundenzeitschriften wird auf 3.600 geschätzt, von der „Apotheken Umschau" als auflagenstarker Zeitung bis zum Weihnachtskatalog. Dabei können sich Kundenzeitschriften an den Endverbraucher richten, wie im Einzelhandel, und an den Geschäftskunden, wie im Großhandel. Die Kundenzeitschrift kann vom Unternehmen allein herausgegeben werden oder in Kooperation mit anderen Unternehmen einer Branche, eines Einkaufszentrums, der Einkaufskooperation oder dem Franchisegeber. Kundenzeitungen sind Service oder Zugabe zum Kauf.

Mit erfolgreichen Kundenzeitschriften, die regelmäßig und in kurzen Abständen erscheinen, kann der Kunde an das Unternehmen gebunden werden. Inhalte der Kundenzeitschriften sind:
- Warenkunde, Vorstellung neuer Artikel, Vorschläge für deren Verwendung wie z.B. Kochrezepte, Heimwerkertipps, Kombinationsvorschläge bei Oberbekleidung, Testberichte
- Neuigkeiten aus dem Unternehmen
- Eventkalender
- Journalistische Berichte entsprechend den Neigungen der Zielgruppe
- Preisrätsel
- Leserbriefe
- Fernsehprogramm
- Anzeigen der Lieferanten

Die eigenen Mitarbeiter sind eine besonders wichtige Zielgruppe für Public Relations. Ihre Aussagen gegenüber Dritten über das eigene Unternehmen gelten als glaubwürdig, denn „die müssen es ja wissen". Identifikation mit dem Unternehmen, Zufriedenheit und Motivation sind deshalb auch ein Ziel der PR. Zufriedene Mitarbeiter treten entspannt und aufgeschlossen gegenüber den Kunden auf. Diese wiederum spüren ein positives Betriebsklima. Instrumente sind z.B.
- Betriebliches Vorschlagswesen, Quality Circles, Betriebssport, Auszeichnungen und Incentives für Mitarbeiter wie z.B. für prüfungsbeste Auszubildende, für umsatzstärkste Mitarbeiter
- Hauseigene Medien wie Mitarbeiterzeitschriften, Mitarbeiterbriefe, schwarzes Brett, Hausmessen, Intranet, Firmendokumentationen für neue Mitarbeiter
- Jede Art von Information wie Betriebsversammlungen, regelmäßige Mitarbeiterbesprechungen, Betriebsfeste und –ausflüge, Weiterbildungsprogramme
- Persönliche Aufmerksamkeit und Wertschätzung durch Geschenke zum Geburtstag, Hochzeit, Jubiläumsfeiern, Verabschiedungen bei Pensionierungen

3.9.3 PR im Krisenfall

Immer wieder berichteten die Medien – oft in spektakulärer Aufmachung – über Ereignisse im Handel: z.B. Manipulation am Verfalldatum, Rückrufaktion von Produkten, schlechte Arbeitsbedingungen und Datenmissbrauch bei einzelnen Unternehmen. Diese Berichterstattung kann dem Ruf eines Unternehmens über einen langen Zeitraum erheblichen Schaden zufügen. Unter großem Aufwand muss nun in der Zukunft mühsam das Vertrauen der Kunden wieder zurück gewonnen werden. Dabei ist es oft unerheblich, ob die Berichterstattung der Wahrheit entspricht. Richtigstellungen werden nicht in dem Maß wahrgenommen wie die Erstveröffentlichung. Außerdem denkt der Kunde oft: „Etwas ist bestimmt daran …". Deshalb ist es wichtig, dass ein Handelsunternehmen ein Konzept entwickelt, wie es in Krisensituationen reagiert. Solche imageschädigenden Berichte können auch kleine und mittlere Unternehmen treffen wie z.B. Nachrichten über Kündigungen, über Baumaßnahmen, die nicht die Akzeptanz der Bürger finden.

Daher ist es grundsätzlich wichtig für jedes Unternehmen, mit Pressevertretern einen regelmäßigen offenen Kontakt zu pflegen, ihre Redakteure zu kennen und mit ihnen in Verbindung zu stehen. Telefonate, Gespräche, Treffen auf Tagungen, Verbandssitzungen, Messen, ein aktuelles Presseportal auf der Homepage und Pressegespräche bzw. Pressemitteilungen sind Instrumente hierzu. Diese Beziehungen müssen auf Vertrauen basieren, die Pressevertreter dürfen nicht den Eindruck gewinnen, dass sie zu Werbezwecken missbraucht werden.

Innerhalb eines Workshops oder einer Projektgruppe sollten in einem Unternehmen potenzielle Krisensituationen aus allen Bereichen des Handelsunternehmens durchdacht werden. Hier eine kleine Auswahl von möglichen Überlegungen:

- Wie sind die Einkaufsaufträge mit ausländischen Lieferanten gestaltet? Verpflichten wir unsere Lieferanten zur Einhaltung von sozialen und ökologischen Standards? Sind Kontrollen in ausreichendem Maß möglich?
- Gibt es Artikel im Sortiment, die möglicherweise gesundheitliche Risiken nach sich ziehen können?
- Sind Maßnahmen geplant, die in der Öffentlichkeit der Stadt, der Gemeinde den Widerstand herausfordern, wie z.B. Erweiterungen, Veränderungen der Fassade, Grundstückskäufe oder -verkäufe?
- Gibt das persönliche Umfeld und Verhalten der Geschäftsleitung Anlass für Gerüchte, wie z.B. Ehekrisen, Schulden, Unfälle mit Personenschaden, Steuervergehen?
- Ist das Unternehmen in einer momentanen „Schieflage" und kann kein Skonto in Anspruch nehmen, kann es Zahlungsziele eventuell nicht einhalten?
- Sind innerhalb der Personalplanung Maßnahmen geplant, die zu arbeitsrechtlichen Auseinandersetzungen führen können?

Dabei ist schon zu erkennen, dass im Unternehmen eine offene Kommunikation zwischen Führungskräften und Mitarbeitern vorhanden sein muss, um diese möglichen Krisensituationen bereits im Vorfeld zu spüren. Für alle möglichen kritischen Situationen werden Maßnahmen festgelegt, die ergriffen werden müssen z.B. gegenüber der Presse, Vertretern der Politik und Verwaltung, den Kunden und Lieferanten. Die Maßnahmen werden in einem Krisenhandbuch festgehalten, Internetseiten und Pressemitteilungen werden vorbereitet.

Im Krisenfall muss das vorhandene Material der aktuellen Situation schnell angepasst werden. Die Geschäftsleitung kann sich darauf konzentrieren, gegenüber der Öffentlichkeit und den Mitarbeitern Stellung zu beziehen. Dabei ist eine rückhaltlose offene Informationspolitik immer von Vorteil. Sie fällt umso weniger schwer, je sorgfältiger zuvor der dauerhafte Kontakt gepflegt wurde.

Nach der Krise muss das Unternehmen diese Problemsituation als Chance nutzen. Die in der Vergangenheit geplanten Maßnahmen des Krisenmanagements, die nur geschätzt werden konnten, werden jetzt aus den Erfahrungen heraus korrigiert. Vielleicht gibt es Erkenntnisse, wie sich in Zukunft ähnliche Probleme vermeiden lassen. Sollte ein Vertrauensverlust stattgefunden haben, so müssen schnell Maßnahmen zur Wiedergewinnung eingeleitet werden.

3.9.4 Sonderinstrumente der Kommunikationspolitik

Sponsoring
Das Handelsunternehmen unterstützt mit Geld- und/oder Sachmitteln Personen und Organisationen. Dafür erwartet es die Nennung seines Namens auf Plakaten, Programmen, auf der Kleidung oder Ausrüstung. Wichtig ist dabei, dass die gesponserte Organisation bzw. Person ein positives Ansehen in der Öffentlichkeit besitzt, von dem profitiert werden kann. Doch hier liegt auch das Risiko des Sponsorings: Verliert der Gesponserte an Ansehen durch Verhaltensfehler oder außergewöhnliche Ereignisse, so wird der Vertrauensverlust auf den Sponsor übertragen. Meist möchte das Handelsunternehmen den Namen des Unternehmens als Marke bekannt machen, den Bekanntheitsgrad steigern oder seinen Namen als Marke durch den Gesponserten erlebbar machen. Besonders wichtig ist daher Sponsoring für jene Betriebsformen, die ihre Ware innerhalb von Erlebniswelten präsentieren.

Sponsoring wird von den Handelsunternehmen in den Bereichen Sport, Kunst, Wissenschaft, Umwelt und Medien eingesetzt.

Das **Sportsponsoring** ist die älteste und meist verbreitete Form des Sponsorings. Gesponsert werden Sportler, Teams oder Veranstaltungen. Die Wahl der Sportart muss auf die Kundenzielgruppe/n abgestimmt werden. Große Handelsunternehmen können bedeutende Sportveranstaltungen wie z.B. Olympische Spiele oder Weltmeisterschaften unterstützen. Dabei profitieren sie von der flächendeckenden Medien-Berichterstattung und dem positiven Image der Sportveranstaltung. Olympische Spiele und Fußballwelt- und -europameisterschaften haben sich in der Vergangenheit immer wieder zu Festen entwickelt, bei denen nicht nur die sportlichen Leistungen im Vordergrund standen, sondern ebenso sympathische Sportler, kleine menschliche Ereignisse, von denen in den Medien ausführlich berichtet wird. Werte wie Fairness, Leistungswille und Dynamik können auf den Sponsor übertragen werden. Auch Massensportveranstaltungen wie die großen Marathonläufe (z.B. der real-Berlin-Marathon) sind ohne Sponsoren heute undenkbar.

Auch kleine Unternehmen können sich im Sportsponsoring engagieren: z.B. durch die Organisation eines Turniers oder eine Unterstützung der Jugendmannschaft des örtlichen Sportvereins.

Beim **Sponsoring von Kultur, Wissenschaft, Ökologie und Sozialem** steht die Verstärkung des Images im Vordergrund: Gesellschaftspolitisches Engagement soll das Ansehen des Unternehmens verstärken. Gerade hier aber ist es entscheidend, dass das Unternehmen auch in seinem täglichen Geschäft dem Anspruch an Glaubwürdigkeit generell gerecht wird.

Beim **Kultursponsoring** fördern Unternehmen einzelne Künstler, Theater, Filme oder Musikveranstaltungen. Auch hier ist wichtig, dass die Art des Kultursponsorings mit der Kundenzielgruppe harmoniert und das Unternehmen auch die künstlerische Auseinandersetzung mit dem Gesponserten sucht.

Sozialsponsoring nimmt zu: Das Unternehmen möchte sich sozialverantwortlich darstellen, und zeigen, dass es seine gesellschaftliche Rolle bewusst wahrnimmt. Mittlerweile gibt es Agenturen, die die Unternehmen mit Stiftungen, Vereinen und Projekten zusammenführt.

Beim **Mediensponsoring** fördert das Handelsunternehmen Medienangebote wie z.B. Fernsehübertragungen, Serien, Radiobeiträge oder Internetangebote. Als Gegenleistung wird vor und nach der Sendung das Logo des Unternehmens eingeblendet, der Name des Unternehmens genannt. Hier ist die Erwartung auf Steigerung des Bekanntheitsgrades am stärksten. Diese Art des Sponsorings hat auch zugleich die größte Nähe zur Werbung.

3.9.5 Eventmarketing

Beim Eventmarketing kann ein Hersteller, die Werbegemeinschaft eines Einkaufscenters/einer Stadt oder ein Handelsunternehmen Veranstalter sein. Besonders die Kinder freuen sich, wenn der aus der Werbung bekannte Coca-Cola-Truck zu ihnen in die Stadt kommt. Auf dem Parkplatz vor einem Einkaufscenter ist eine Beachbar mit Liegestühlen auf dem Sand und sommerlicher Musikbeschallung aufgebaut oder im Winter eine Eislauffläche.

Spektakulärer mag es z.B. die Firma Red Bull, die regelmäßig mit nicht unumstrittenen Events für Aufsehen sorgt.

3.10 E-Commerce

Innerhalb des Marketings ist E-Commerce dem Bereich der Distributionspolitik zuzuordnen. Grundidee ist, dass Käufer und Verkäufer von Waren und Dienstleistungen über das Internet kommunizieren und Geschäfte abschließen können. Je nach den Teilnehmern des Geschäftsprozesses lassen sich folgende Modelle unterscheiden:

C2C = Consumer-to-Consumer Hier verkaufen Konsumenten untereinander, z.B. über Auktionsplätze wie Ebay.

B2C = Business-to-Consumer Hier verkaufen Unternehmen ihre Waren bzw. Dienstleistungen an die Konsumenten, z.B. über Online-Shops.

B2B = Business-to-Business Hier gehen Unternehmen mit anderen Unternehmen eine elektronische Geschäftsbeziehung ein.

3.10.1 Strategische Geschäftsmodelle im E-Commerce

Online-Kunden schätzen die große Auswahl von Waren, die guten Möglichkeiten des schnellen Preisvergleichs und die sofortige Information über die Warenverfügbarkeit. Nachteilig empfinden die Kunden, dass sie die Qualität der Ware nicht überprüfen können und unsicher sind über Garantieleistungen und Kulanz sowie über den Zahlungsvorgang. Daher haben schon viele Kunden entschieden, dass sie „sowohl als auch" **stationär und online** einkaufen. Bei jedem fünften Kauf nutzen die Kunden vorher die Informationsquelle Internet. Dabei haben die Seiten des Handels die größte Bedeutung bei der Vorab-Information, gefolgt von den Seiten der Hersteller und dem Marktplatz E-Bay. Durch die immer größere Fülle von Angeboten werden in Zukunft Preisvergleichs- und Verbraucherplattformen noch zunehmen. So wird es für den traditionellen Handel (Groß- und Einzelhandel) immer wichtiger, einen Online-Shop als zusätzlichen Vertriebs- und Kommunikationskanal zu führen. Es ist davon auszugehen, dass die Kunden **Multi-Channel-Anbieter** bevorzugen:

- Sie informieren sich vorab über den Online-Shop und kaufen dann im Ladengeschäft oder bestellen per Email und lassen sich die Ware nach Hause oder in das ausgewählte Ladengeschäft liefern (Click & collect).
- Sie informieren sich zunächst im Ladengeschäft, schauen die Ware an, lassen sich beraten, prüfen die Angebote der Mitbewerber und bestellen dann zu Hause online.
- Damit wird aus dem Nebeneinander der Nutzung mehrerer Kanäle eine bewusste Kombination bei dem gleichen Anbieter (Cross-Channeling).

Sind bei einem Unternehmen Online- und Offline-Vertriebs- und auch Kommunikationswege nahtlos nutzbar, handelt es sich um Seamless Commerce oder Omnichannelling. Das heißt, die Kunden können sich in einer App informieren, im Shop testen, online bestellen und die Ware dann zur Abholstation schicken lassen, bei Fragen den Live-Chat der Website nutzen.

Besonders der Einzelhandel muss dabei die Entscheidung treffen, ob der stationäre Handel und der Onlinehandel in ihrem Auftritt gegenüber den Kunden als Integrationsstrategie oder als Separationsstrategie wahrgenommen und genutzt werden können.

Separationsstrategie

heißt, dass die beiden Kanäle völlig autark voneinander auftreten. So können unterschiedliche Zielgruppen angesprochen werden. Die einzelnen Vertriebswege sind so voneinander getrennt, dass sich Verantwortlichkeiten und Erfolge diesen Wegen direkt zuordnen lassen. Es ist auch möglich, für einzelne Bereiche das Outsourcing zu nutzen. Allerdings besteht auch eine Konkurrenzsituation zwischen diesen Kanälen. Zu bevorzugen ist diese Strategie mit unterschiedlicher Preisgestaltung, dann jedoch mit unterschiedlichen Shopnamen, so dass eine Zuordnung für die Kunden nicht so leicht möglich ist.

3.10 E-Commerce

Würden Sie die folgenden Produkte lieber im Online- und Versandhandel oder lieber im klassischen Einzelhandel kaufen?

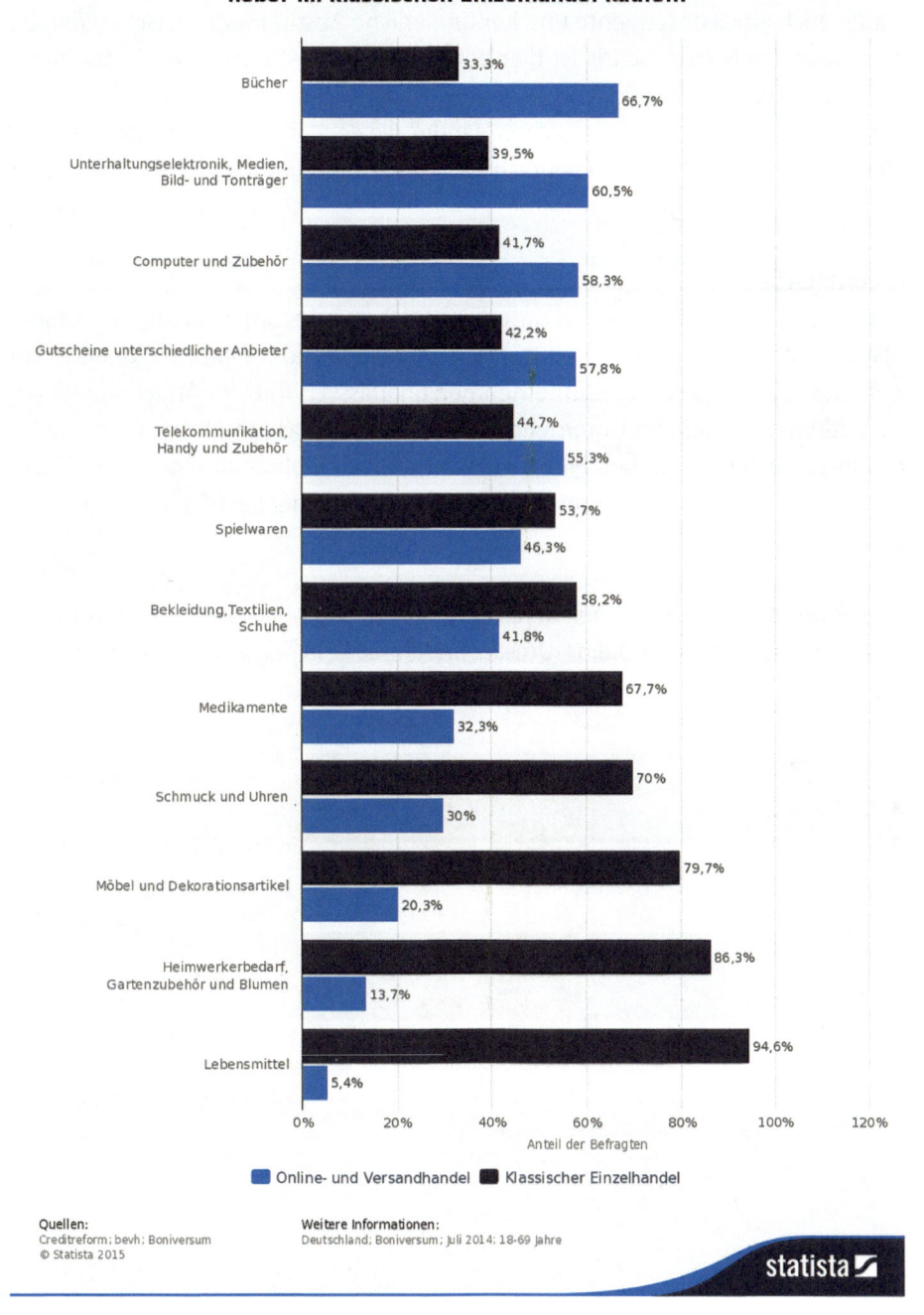

Produkt	Online- und Versandhandel	Klassischer Einzelhandel
Bücher	66,7%	33,3%
Unterhaltungselektronik, Medien, Bild- und Tonträger	60,5%	39,5%
Computer und Zubehör	58,3%	41,7%
Gutscheine unterschiedlicher Anbieter	57,8%	42,2%
Telekommunikation, Handy und Zubehör	55,3%	44,7%
Spielwaren	46,3%	53,7%
Bekleidung, Textilien, Schuhe	41,8%	58,2%
Medikamente	32,3%	67,7%
Schmuck und Uhren	30%	70%
Möbel und Dekorationsartikel	20,3%	79,7%
Heimwerkerbedarf, Gartenzubehör und Blumen	13,7%	86,3%
Lebensmittel	5,4%	94,6%

Anteil der Befragten

Quellen:
Creditreform; bevh; Boniversum
© Statista 2015

Weitere Informationen:
Deutschland; Boniversum; Juli 2014; 18-69 Jahre

3. Handelsmarketing

Integrationsstrategie
heißt, dass die beiden Kanäle miteinander verknüpft werden. Das schafft Synergieeffekte, bedeutet aber auch eine konsequente und kontinuierliche Abstimmung zwischen den Kanälen. Neben der Kommunikationspolitik ist hier besonders die Leistungsfähigkeit des integrierten Warenwirtschaftssystem wichtig. Von Bedeutung sind hier auch unterschiedliche Rechtsvorschriften im Versandhandel und stationären Handel, die den Mitarbeitern bekannt sein müssen. Für die Kunden ist dieses Verfahren deutlich serviceorientierter und daher flexibler, so kann ein positives Einkaufserlebnis gefördert werden.

Mobile Commerce
ist die Abwicklung von Transaktionen unter Einbeziehung des Smartphones oder Tablets. Mit den entsprechenden Apps kann der Nutzer sich über die QR-Codes Informationen suchen.
Es scheint, dass es für viele Handelsunternehmen unerlässlich wird, ihr Angebot online zu offerieren; trotzdem muss sich das Unternehmen auch über die Risiken klar werden. Die Internetpräsenz führt zu einer sehr hohen Preistransparenz, die den ohnehin schon starken Druck vor allem auf die beratungsintensiven Betriebsformen verstärkt. Hier besteht häufig auch das Problem des „Beratungsklaus".

Je höher der Umsatz in den einzelnen Bereichen, desto intensiver ist hier der Wettbewerb. Diese Übersicht zeigt den anteiligen Online-Umsatz im Jahr 2017 in den einzelnen Bereichen:

Die Top 10 Warengruppen im Onlinehandel
Brutto-E-Commerce-Umsatz in Deutschland 2017 (in Mio. Euro)*

Warengruppe	Umsatz
Bekleidung	11.760
Elektronikartikel & Telekommunikation	9.879
Computer/Zubehör/Spiele/Software**	4.448
Schuhe	3.835
Haushaltswaren & -geräte	3.813
Möbel, Lampen & Dekoration	3.764
Bücher/Ebooks/Hörbücher	3.407
Hobby & Freizeitartikel	2.823
Bild- & Tonträger/Video & Music Downloads	2.328
DIY & Blumen	1.848

eCommerce-Umsatz insgesamt **58,5 Mrd. Euro**

Wachstum ggü. Vorjahr **+10,9%**

* ohne Privat-Käufe auf Online-Marktplätzen
** inkl. Downloads
Quelle: bevh

statista

Kundenorientierte Prozesse lassen sich im Online-Shop nach der Vorkauf-, Kauf- und Nachkaufphase gliedern. In der Vorkaufphase sollen potenzielle Kunden angelockt werden, um ihnen das Warenangebot zu präsentieren. Wichtig in dieser Phase sind die Produktsuche und das Finden des Produktes. Die Kaufphase beinhaltet die Produktauswahl und Platzierung im Warenkorb. Erst mit der Betätigung des Bestell-Buttons ist der Kauf erfolgt. Die Bezahlung kann ebenfalls in dieser Transaktion über die Eingabe der Kreditkartendaten erfolgen. In der Nachkaufphase wird der Kunde über den Lieferstatus informiert. Weiter gehören hierzu die Retourenabwicklung und die Kundenbewertung. In allen drei Phasen muss der Kunde positiv begleitet sowie seine Bequemlichkeit gefördert werden.

3.10.2 E-Commerce-Strategie

Auch im Onlinehandel stellt das Sortiment das wichtigste Instrument dar. Die Angebotsvielfalt ist fast unbeschränkt, da keine Verkaufsfläche für die Präsentation nötig ist. Auch muss die Ware nicht zwingend physisch im Lager des Handels vorhanden sein, wenn der Hersteller die Ware als Streckengeschäft an den Kunden liefert. Bei immateriellen Gütern kann das Handelsunternehmen Download-Dateien zur Verfügung stellen, die der Kunde auf seinem Rechner nutzen kann wie z.B. Fotobearbeitungssoftware, Musik- oder Bücherdownloads. So entfällt komplett der Versand. Hier ist außerdem problemlos das Angebot einer Testversion oder das Probehören/-lesen möglich.

Der **Preis** spielt im Onlinehandel eine noch größere Rolle als im stationären Handel, da der Kunde die Möglichkeit eines schnellen und umfassenden Preisvergleichs hat. Unterstützt wird er hierbei von diversen Preissuchmaschinen wie „guenstiger.de" oder „preisvergleich.de". Gerade im Internet erwartet der Kunde Preisvorteile. Zum Teil schließen sich Konsumenten zum Group-Buying zusammen, um dann durch größere Absatzmengen den Preis zu drücken.

Diesem hohen Preisdruck versuchen die Anbieter durch angebotene **Serviceleistungen** zu entgehen. So bieten sie Geschenkverpackungen und den Versand an eine Fremdadresse an. Eine großzügige Retourenabwicklung trägt ebenso zur Kundenzufriedenheit bei. Auch das Angebot verschiedener Zahlungsmöglichkeiten bietet Vorteile in den Augen der Kunden. Sowohl die auch gesetzlich mögliche Retoure als auch der Rechnungskauf sind für den Anbieter mit hohen Kosten verbunden. Den Nachteil der fehlenden Beratung versuchen sie durch einen FAQ-Bereich (FAQ – frequently asked questions, häufig gestellte Fragen) oder das Einstellen von Videos mit Bedienungsanleitung bei Elektrogräten auszugleichen. Auch eine gut erreichbare Hotline trägt zur Kundenzufriedenheit bei.

Die Kommunikationspolitik bietet den Anbietern im Internet viele Möglichkeiten, wie auch schon im Kapitel Werbung dargestellt. Die Website ist die Visitenkarte des Unternehmens. Hier erhält der Kunde seine ersten Informationen zum Sortiment, zum Unternehmen, eine Anfahrtsskizze. Außerdem hat er die Möglichkeiten, über die Web-Site Kontakt aufzunehmen. Wichtig ist, dass hier sehr schnell reagiert wird und der Kunde innerhalb kürzester Zeit Antwort erhält.

3.10.3 Customer-Relationship-Management im E-Commerce

eCRM-Systeme dienen generell der Integration sowie der Analyse und Darstellung von Kundendaten sowie dem Einsatz solcher Kundendaten zum Zwecke der Gestaltung von Kundenbindungsmaßnahmen über unterschiedliche Kommunikationskanäle. Ein durch den Einsatz von Informationstechnologie gestütztes Kundenbeziehungsmanagement zielt auf eine individualisierte Kundenbindung als entscheidender Erfolgsfaktor von Unternehmen in Zeiten des Hyperwettbewerbs. Im Mittelpunkt stehen dabei das One-to-one Marketing, sprich von der Zielgruppe zur Zielperson, die Identifikation langfristig profitabler Geschäftsbeziehungen, z.B. durch die Ermittlung des Customer (Lifetime) Value.

Unternehmenserfolg und Kundenzufriedenheit können nicht getrennt voneinander betrachtet werden. Die Identifikation langfristig profitabler Geschäftsbeziehungen (Customer Value) und die gezielte Sammlung und Auswertung von kundenbezogenen Daten im Rahmen eines Database Marketings sind Ziele des elektronischen Kundenbeziehungsmanagements. Veranschaulicht man sich die weltweit stark steigenden Zahlen der Internetnutzer, so unterstreicht auch dies die Bedeutung eines Managements von Kundenbeziehungen auf der Basis von Informationstechnologie.

Hemmungen von Teilnehmern an Online-Märkten, die überwunden werden wollen, beziehen sich hauptsächlich auf
- Fehlende Wahrnehmbarkeit der Produkte
- Fehlende Ansprechpartner
- Unsicherheit bzgl. Risiko (Betrug)
- Bedenken beim Datenschutz
- Benutzbarkeit der Internetplattform
- generelle Eignung des Produkts zum Onlinekauf
- Umtauschproblematik
- Lieferkosten

Man unterscheidet drei Prozessstufen:

Identifizierung (Kunden anhand von Merkmalen und Präferenzen erkennen)
Online lassen sich Kunden generell via Server-Log-Dateien und Cookies erkennbar machen. Allerdings sind diese Verfahren nicht konsistent in ihrer Anwendbarkeit und lassen sich umgehen. Und nicht jeder Besucher eines Onlineshops gehört zu dessen registriertem Kundenkreis. eCRM muss dieses Problem berücksichtigen, es unterscheidet Onlineaktivitäten von konventionellen Marktteilnahmen. Schließlich können Kunden in diesem Rahmen prinzipiell als „Black Box" gesehen werden, deren Inneres nicht erkennbar ist. Verschiedene Anreize und Umwelteinflüsse können jedoch konkrete Reaktionen bei Kunden auslösen. Das Erkennen solcher Zusammenhänge und das Beschreiben von Kunden anhand von sozioökonomischen, demographischen, verhaltensorientierten und persönlichen Merkmalen gehört ebenfalls zu den Aufgaben von eCRM und ermöglicht die Erstellung von gezielten Angeboten, Marketingkampagnen und anderen Maßnahmen.

Differenzierung (Kundenbewertung auf der Basis von Analysen)
Kunden lassen sich auf vielfältige Weisen differenzieren. Entscheidungsträger nutzen dazu Informationssysteme, die Daten in Data-Warehouse-Systemen bereitstellen und mit entsprechenden Applikationen verbinden.

Personalisierung (Kundenspezifische Maßnahmen)
Das Anpassen und Zuschneiden von aus den vorangegangenen Phasen herausgearbeiteten Erkenntnissen in konkrete Maßnahmen ist Aufgabe der Personalisierung. Kundenspezifische Unternehmensaktivitäten finden dabei ihren Einsatz in den Bereichen Marketing, Vertrieb und Service.
Viele Prozesse, die bisher zeitaufwendig manuell bearbeitet wurden, lassen sich mit Unterstützung durch Informationstechnologien automatisieren. So kann zum Beispiel ein Angebot, das ein Kunde über ein Konfigurationswerkzeug im Internet anfordert, automatisch erstellt, versandt und zum Nachfassen mit einem Termin zur Wiedervorlage vorgemerkt werden. Grundsätzlich können alle in elektronischen Medien anfallenden Daten automatisch gespeichert werden (unter Beachtung der rechtlichen Vorschriften). Beim Besuch einer Website können so Daten über das Verhalten des Kunden gesammelt und zum Aufbau eines Kundenprofils genutzt werden. Diese werden dann außerdem automatisch mit bestehenden Daten synchronisiert.

Die Personalisierung von Informationen und Angeboten wird durch Informationstechnologien wesentlich erleichtert, weil sie nur einmal konzipiert und umgesetzt werden muss und dann ohne weiteren größeren Aufwand durchgeführt werden kann. Dabei kann die Individualisierung so umgesetzt werden, dass ihre Qualität mit jedem weiteren Kundenkontakt automatisch erhöht wird, bezeichnet als Learning Relationship. Die Beziehung zum Unternehmen wird dabei immer enger und die Bindung des Kunden erhöht.

Mit elektronischen Medien lassen sich klassisch aufwendige Prozesse mit hohem Benutzerkomfort umsetzen. Ein Konfigurator für maßgeschneiderte Kundenlösungen erlaubt beispielsweise den Vergleich verschiedener Lösungen, der sonst von Hand erstellt werden müsste. Mit der Vereinfachung dieser Prozesse kann einerseits Mehrwert für den Kunden geschaffen werden, andererseits können Aufgaben des Unternehmens zum Kunden verschoben werden.

Die meisten genannten Vorteile führen außer zur Schaffung von Mehrwert für den Kunden auch zu einer deutlichen Kosteneinsparung bei den verbundenen Prozessen. Besonders Integration und Automatisierung haben hierfür ein großes Potenzial. Im Einzelfall können dabei Einsparungen von bis zu 80 Prozent der Prozess-Bearbeitungszeit erreicht werden.

3.10.4 Vertriebswege im E-Commerce

Traut sich ein Handelsunternehmen nicht zu, allein ein Online-Angebot anzubieten oder sucht es weitere Absatzwege im Internet, kann es sich einer virtuellen Plattform anschließen, auf der Käufer und Verkäufer Waren und Dienstleistungen austauschen können. Diese sogenannten Online-Marktplätze wie amazon.de, eBay.de und andere bieten den Vorteil, dass sich das Unternehmen weder eine eigene Online-Präsenz noch einen kompletten Logistikprozess aufbauen muss. Die zu verkaufenden Artikel sind lediglich mit einem Tool auf die vorhandene Plattform hochzuladen. Häufig übernimmt der Plattformbetreiber sowohl die Kommunikation als auch die Abrechnung mit dem Kunden. Der Versand kann selbst übernommen werden oder an den Plattformbetreiber übertragen werden.

Elektronische Marktplätze lassen sich folgendermaßen unterscheiden:

Vertikale Marktplätze
sind branchenspezifisch, vergleichbar mit einem Sortimentsgroßhandel bzw. mit einem Fachgeschäft oder Kaufhaus.

Horizontale Marktplätze
hingegen sind branchenübergreifend, vergleichbar mit einem Shopping Center, z.B. amazon.de. Neben den genannten elektronischen Marktplätzen gibt es noch Plattformen für Auktionen und Versteigerungen wie z.B. eBay oder solche mit variablen Werten, wie eine Börse.

Der nächste Schritt könnte der Aufbau eines eigenen Shops bei z.B. eBay sein. Die interessierten Unternehmen werden von eBay bei der Konfiguration des Shops sowie bei der Verwaltung von Angeboten und Verkäufen unterstützt. Dieser Shop verfügt bereits über eine individuelle Internetadresse, das eigene Logo und eigene Farbgestaltung. Für die Bewerbung und Optimierung des Shops ist der Betreiber des Shops selbst verantwortlich. Vergleichbare Angebote werden von Online-Shopping-Mall-Betreibern angeboten. So findet man bei yatego.com bereits mehr als 10.000 gewerbliche Händler mit ihren Angeboten.

Der Schritt zu einem eigenen Online-Shop, der selbstständig betrieben wird, ist mit hohen Investitionen verbunden und rechnet sich wahrscheinlich erst nach einer längeren Anlaufphase. Die größten Herausforderungen finden sich hier in den Bereichen Information, Waren- und Finanzlogistik. Die klassischen Katalogversandhändler sind hier in diesem Prozess im deutlichen Vorteil zum stationären Handel, der jetzt auch diesen Vertriebsweg nutzen möchte. Unterstützung können sich die Händler bei externen Dienstleistern holen.

3.10.5 E-Commerce-Marketinginstrumente

Es ist im Internet ungleich schwerer, über ein Angebot „zu stolpern", wenn man nicht gezielt danach sucht. Deshalb sind die Bereiche Corporate Website, Online-Werbung, Suchmaschinen-Optimierung, E-Mail-Marketing, Social Media und Online-PR Grundlage für die erfolgreiche Gestaltung des E-Commerce.

Suchmaschinen, die das Auffinden von Online-Inhalten anbieten, werden nach zwei Konzepten unterschieden: **SEO** = Search-Engine-Optimization und **SEA** = Search-Engine-Advertising. Unter Suchmaschinen-Optimierung versteht man alle Maßnahmen, die darauf abzielen, das eigene Angebot auf den ersten Plätzen der Trefferlisten erscheinen zu lassen. Die in Deutschland am häufigsten genutzte Suchmaschine kommt vom Anbieter Google. So konzentriert man sich bei der Suchmaschinenoptimierung hauptsächlich auf die Funktionsweise dieses Anbieters. Allerdings gewinnen auch andere Suchmaschinen Marktanteile hinzu.

Suchmaschine	Desktop-Suche	Mobile Suche
Google	85,78%	98,39%
Bing	10,33%	0,35%
Yahoo	1,83%	0,77%
Andere	2,06%	0,49%

(Quelle: https://seo-summary.de/suchmaschinen/; abgerufen am 20.04.2018)

In den Suchmaschinen erfolgt das Ranking auf den Trefferlisten anhand eines Algorithmus. Für den unternehmerischen Erfolg ist eine Platzierung auf der ersten Seite erstrebenswert, denn die

Interessenten scrollen sich nicht bis auf Seite 15 durch. So müssen bei der Gestaltung der Web-Präsenz wichtige Suchbegriffe (Key-Words) in den eigenen Auftritt eingepflegt werden. Wichtig ist auch, dass relevante Inhalte auf anderen Plattformen mit einem entsprechenden Link z.B. auf youTube oder Internetseiten von Werbegemeinschaften und Verbänden als Backlinks auftauchen, die je nach Anzahl zum „Aufstieg" im Ranking der Liste führen.
Bei der Suchmaschinenwerbung (SEA) tauchen gegen Bezahlung bei der Eingabe bestimmter Suchwörter die Anbieter auf den ersten Seiten auf. Dieses Verfahren nennt sich Keyword-advertising.

Soziale Netzwerke, Blogs und Foren gehören zu der nahezu unüberschaubaren Vielfalt des **Social Media**. Je nach Zielsetzung, Branche, und Social-Media-Strategie nutzt ein Unternehmen diese Kanäle. Sie fördern den Austausch zwischen vielen Nutzern mit den gleichen Interessen. Sie geben Wertungen zu Unternehmen, Produkten oder Serviceleistungen ab und machen sich auf Neuigkeiten aufmerksam.

Beim **Affiliate Marketing** werden Werbeflächen auf Websites von Partnerunternehmen eingebunden, um Internetnutzer auf das eigene Angebot aufmerksam zu machen. Für diese Seitennutzung wird vertraglich eine Provision auf Basis von Klicks oder Transaktionen festgelegt. Das Ziel ist die Ausdehnung der Reichweite im Internet, um neue Kunden zu gewinnen.

Geotargeting steht für die Optimierung der Zielgruppenansprache. Ausgangspunkt bildet hierbei die IP-Adresse des Internetnutzers bzw. des eingesetzten Rechners. So kann die Werbung standortbezogen auf bestimmte Nutzer zugeschnitten werden. Eine Segmentierung ist nach Städten, Regionen oder Ländern möglich.

3.10.6 Besondere Controllinginstrumente des E-Commerce

Grundsätzlich wird wie immer beim Controlling darauf geachtet, wie effektiv und effizient die verschiedenen Online-Maßnahmen waren.
Beim Online-Marketing nutzt der Anbieter Analytic-Systeme, die verschiedene Kennzahlen liefern. Zu den wesentlichen Kennzahlen neben dem Umsatz in Euro und der durchschnittlichen Warenkorbhöhe gehören:
- Die **Conversion Rate** als Ausdruck für das Verhältnis der Käufer zu den Besuchern eines Shops,
- der **Traffic**, der die absolute Anzahl der Besucher des Shops auflistet.

- Die **Bounce Rate** gibt den relativen Anteil der Besucher an, die direkt auf der Startseite wieder abspringen
- Die **Besucherquellen** zeichnen auf, wo die Besucher herkommen. So ist die AdWord-Auswahl und die Suchmaschinenoptimierung zu kontrollieren.
- Die **Topseller**-Auswertung ist für den Händler im Rahmen der Sortimentsoptimierung interessant.
- **Kaufprozessabbrüche** sind besonders ärgerlich, deshalb gilt es herauszufinden, auf welcher Kaufstufe der Kunde den Prozess abbricht. So kann z.B. der Bezahlprozess optimiert werden, wenn dort die meisten Abbrüche erfolgen.

3.11 Märkte und Marktstrategien

3.11.1 Einige nützliche volkswirtschaftliche Grundbegriffe

Man muss sich vielleicht nicht unbedingt für volkswirtschaftliche Fragen interessieren. Aber sie zu ignorieren ist heutzutage nicht mehr möglich: kaum eine Nachrichtensendung ohne Meldungen über Währungsfragen, Konjunkturentwicklung, Arbeitsmarktdaten. Die Erwartungen der Kunden hinsichtlich der wirtschaftlichen Entwicklung beeinflusst unmittelbar ihre Ausgabebereitschaft, Wechselkurs des Euro und Staatsverschuldung sind tägliche Gesprächsthemen. Und wer im Handel arbeitet, ist schon von Berufs wegen immer mit gesamtwirtschaftlichen Zusammenhängen konfrontiert. Kaufen und verkaufen sind ja nicht in erster Linie rechtliche Vorgänge. Sie ergeben sich vielmehr aus „Angebot" und „Nachfrage", zwei ganz zentralen volkswirtschaftlichen Begriffen.

Bedürfnisse und ihre Befriedigung
Nachfrage entsteht dadurch, dass Menschen Bedürfnisse haben. Bedürfnislosigkeit mag ein religiöses Lebensideal sein – aber in der Wirklichkeit handeln Menschen nun einmal anders. Freilich: nicht alles, was Menschen gerne hätten, lässt sich auch kaufen. Viele grundlegende Bedürfnisse haben mit der Welt der Waren nichts zu tun. Richtet sich das Bedürfnis jedoch auf etwas, was man kaufen kann, dann sprechen wir von Bedarf. Diesen Bedarf seiner Kunden zu kennen ist nicht nur im Handel unverzichtbar. Denn sobald der Bedarf da ist, kann daraus jederzeit eine konkrete Nachfrage werden: das entsprechende Gut wird gekauft. Und das setzt wiederum voraus, dass es auch im Angebot ist.

Von freien, wirtschaftlichen und anderen Gütern

Was aber sind Güter? Niemand wird bereit sein, Geld für etwas auszugeben, was in beliebigen Mengen zu haben ist, beispielsweise wie Sand in der Sahara. Solche Güter nennt man „freie Güter". Das bedeutet aber keineswegs, dass Sand immer ein freies Gut ist. In einem schneereichen Winter kann er in unseren Breiten durchaus knapp werden, wie wir schon feststellen mussten. Und da wir nicht in der Sahara leben, wird Sand bei uns angeboten und nachgefragt, also gekauft. Sand kann also auch ein knappes Gut sein. Es zu beschaffen ist nicht ohne Aufwand möglich. Und in der Volkswirtschaft interessieren nur die Güter, die als knappe Mittel zur Befriedigung von Bedürfnissen dienen. Zu welcher Art von Gütern etwas gehört, hängt damit keineswegs von seiner äußeren Gestalt ab; es kommt vielmehr darauf an, wie es eingesetzt wird.

Wer sich ein kleines Auto zulegt, um damit an freien Wochenenden ein wenig die Luft zu verpesten, der hat ein Konsumgut erworben. Das gleiche Auto mit einem Schild auf dem Dach „Pizza-Express" und entsprechend eingesetzt ist ein Investitionsgut! Der Unterschied: Im ersten Fall spielt das Auto für das Wirtschaftsleben keine Rolle mehr, es wird privat verwendet und verschwindet aus dem Wirtschaftskreislauf. Im zweiten Fall dagegen dient es dem Erbringen einer wirtschaftlichen Leistung, dem „gewerblichen" Einsatz und bleibt dadurch im Wirtschaftskreislauf. Dass es nur darauf ankommt, wie ein Gut eingesetzt wird, gilt auch für andere Begriffspaare. Wer genug verdient und gerne gut isst, wird ein saftiges Steak und Bratkartoffeln als Güter schätzen, die sich ideal ergänzen; sie sind zueinander komplementär. Als jedoch vor 100 Jahren bei einer Hungersnot im ohnehin schon armen Irland die einzige Fleischmahlzeit des Jahres auch noch gestrichen werden musste, waren Kartoffeln dafür der Ersatz. Es hängt also von der Verwendung ab, ob Güter sich ergänzen oder gegenseitig ersetzen, „komplementär" oder „substitutiv" sind. Und auch bei einem weiteren Begriffspaar müssen wir uns von landläufigen Vorstellungen verabschieden: superiore und inferiore Güter sind nicht aus sich selbst heraus höherwertig oder minderwertig. Weil sie jeden Tag Lachs zu essen bekamen, traten vor langer Zeit einmal Hafenarbeiter in einen Proteststreik. Und war Hering vor 50 Jahren noch ein „Arme-Leute-Essen", so merkt man heute spätestens an der Kasse, dass sich das geändert hat. Dagegen waren Salz und erst recht exotische Gewürze, heute in jedem Supermarkt für wenig Geld zu kaufen, früher ein teures Luxusgut. Und noch etwas folgt daraus, wenn wir Güter als Mittel zur Befriedigung von Bedürfnissen definieren: sie müssen nicht materiell existieren. Die Befriedigung des Bedürfnisses nach einem gepflegten Haarschnitt ist zumindest bei Herrenfriseuren im Gegenteil sogar damit verbunden, dass man Materielles verliert. Kurzum: auch Dienstleistungen sind Güter, aber eben „immaterielle".

Das ökonomische Prinzip: Viel Ertrag mit wenig Aufwand
Nicht nur Güter sind knapp, sondern auch die Mittel, um Güter herzustellen oder zu erwerben. Deshalb versuchen die Menschen, wenn sie sich vernünftig, „rational", verhalten, für ihre knappen Mittel möglichst viel zu bekommen. Das bedeutet umgekehrt, wenn man eine ganz bestimmte Menge an Gütern benötigt, dafür möglichst wenig bezahlen zu wollen. Dieses Streben nach einem optimalen Verhältnis zwischen aufgewendeten Mitteln und dafür erhaltenem Ertrag nennt man das ökonomische Prinzip. Es gilt generell im Wirtschaftsleben und ist auf allen betriebswirtschaftlichen Feldern ein zentrales Entscheidungskriterium. Immer wenn es mehrere Alternativen gibt, sei es für die Lösung eines Problems oder die Herstellung eines Produkts, ist diejenige Alternative zu wählen, die bei gleichem Resultat weniger kostet. Dabei steht eine der beiden Seiten – Mittel oder der angestrebte Ertrag – im Vorhinein fest.

Der Handelsfachwirte-Kurs bereitet seine Abschlussfeier vor. Unter den Teilnehmern wurden 180,- € eingesammelt. Damit soll eine maximale Menge an Getränken gekauft werden (Maximalprinzip). Der Kurssprecher schlägt vor, doch lieber von der voraussichtlich benötigten Getränkemenge auszugehen und diese möglichst günstig zu beschaffen (Minimalprinzip).

Maximal- und Minimalprinzip sind also keineswegs Gegensätze, sondern zwei Seiten der gleichen Medaille, die ökonomisches Prinzip heißt.

3.11.2 Produktionsfaktoren und volkswirtschaftliche Gesamtrechnung

Damit überhaupt Güter hergestellt werden können, müssen verschiedene Faktoren zusammen kommen: Es müssen Menschen arbeiten, sie brauchen dafür ein Stück Boden bzw. Rohstoffe und sie benutzen dabei Hilfsmittel. Das entspricht den drei Produktionsfaktoren
- **Arbeit** = alle zur Verfügung stehenden Arbeitskräfte
- **Boden** = alle von Natur aus vorhandenen Ressourcen, also nicht nur Boden im engeren Sinne und Landwirtschaft, sondern auch Rohstoffe und Energiequellen
- **Kapital** = der gesamte Bestand an Produktionsmitteln, der zur Wertschöpfung eingesetzt wird.

Alles, was durch das Zusammenwirken dieser Produktionsfaktoren an Werten in einem bestimmten Zeitraum geschaffen wird und über den Markt geht, kann in einer volkswirtschaftlichen Gesamtrechnung erfasst werden.

Das Bruttoinlandsprodukt

Das Bruttoinlandsprodukt ist die Summe aller Wertschöpfungen, die in einer Volkswirtschaft in einer Periode geschaffen werden. Es stellt sich uns in drei Formen dar:

Die erste Form ist die **Entstehungsrechnung**. Wir fragen also: Wo wird es erwirtschaftet? Das kann in den drei Sektoren, in die man eine Volkswirtschaft üblicherweise aufteilt, geschehen. Die Urproduktion (der primäre Sektor), die Weiterverarbeitung (der sekundäre Sektor) und den Bereich von Handel und Dienstleistungen (den tertiären Sektor).

Die zweite Form ist die **Verteilungsrechnung**. Hier stellen wir uns die Frage: Wer bekommt nun diese Wertschöpfung? Die Antwort: Sie wird auf die beteiligten Produktionsfaktoren als Lohn für Arbeit, Miete und Pacht für Boden und Zins und Gewinn für Kapital verteilt.

Schließlich gibt uns die **Verwendungsrechnung** eine Antwort auf die Frage, wie diese Faktoreinkommen verwendet werden. Die Einkommensempfänger verwenden die so erzielten Faktoreinkommen für ihre Konsumausgaben, der verbleibende Rest ist Ersparnis.

Diese Ersparnis wiederum wird gebraucht, um Investitionen zu finanzieren. Damit haben wir also drei Betrachtungsweisen der Wertschöpfung: die Entstehung-, Verteilungs- und Verwendungsrechnung.

Bruttoinlandsprodukt: Summe aller Wertschöpfungen einer Volkswirtschaft in einer Periode – 2017 waren es 3,26 Billionen Euro.

Die auf den ersten Blick verwirrende Vielfalt von Fachausdrücken rund um das Inlandsprodukt lässt sich durch Betrachten der verschiedenen Wortbestandteile leichter erklärbar machen. Am Anfang steht immer „Brutto" oder „Netto". Wenn die gesamte Wertschöpfung bei der Entstehungsrechnung dadurch ermittelt wird, dass man alles zu Marktpreisen addiert, dann ist in dieser Summe auch etwas enthalten, was gar nicht wirklich in dem betrachteten Zeitraum an Wert geschaffen worden ist: die verwendeten Produktionsmittel (Maschinen) haben durch den Einsatz an Wert verloren und müssen irgendwann ersetzt werden. Innerbetrieblich wird das durch Abschreibungen berücksichtigt. Wird auch für die gesamte Volkswirtschaft dieser Wertverlust des Kapitalstocks berücksichtigt, dann ergibt sich aus dem ursprünglich ermittelten Brutto- ein Netto-Wert. Der zweite Wortbestandteil gibt an, was bei der Zählung berücksichtigt wurde: die gesamte Wertschöpfung in einem bestimmten geographischen, meist politisch definierten Gebiet ergibt das Inlandsprodukt. Zählen wir jedoch auch dazu, was Deutsche (Inländer) an Einkommen im Ausland erzielt haben, ziehen dafür ab, was Ausländer im Inland zur Wertschöpfung beigetragen haben, so haben wir statt einer geographischen eine auf Personen abgestellte Abgrenzung, also ein „Inländerprodukt". Dies wurde lange Zeit Sozialprodukt genannt, heißt inzwischen aufgrund internationaler Abkommen jedoch „Nationaleinkommen". Nun bleiben nur noch zwei wichtige Korrekturen übrig. Wenn wir alles zu Marktpreisen erfasst haben, so ist ja darin auch die Mehrwertsteuer enthalten. Die stellt aber keine Wertschöpfung dar; die Erhöhung der Mehrwertsteuer von 16 auf 19 % beispielsweise hat ja keine um drei Prozentpunkte höhere Wertschöpfung bewirkt. Wir haben also zunächst ein Ergebnis zu Marktpreisen; rechnen wir den Anteil des Staates aus diesem Marktpreis heraus, indem wir die Mehrwertsteuer abziehen, dafür eventuell gezahlte Subventionen drauf schlagen, so ergibt sich das Produkt zu den tatsächlichen Faktorkosten.

   Bruttoinlandsprodukt zu Marktpreisen
- Abschreibungen
= Nettoinlandsprodukt zu Marktpreisen

- Gütersteuern (indirekte Steuern)
+ Gütersubventionen (Subventionen)
= Nettoinlandsprodukt zu Faktorkosten

- Einkommen der Ausländer im Inland
+ Einkommen der Inländer im Ausland
= Volkseinkommen (Nettonationaleinkommen zu Faktorkosten)

Bleibt noch die letzte Korrektur, die jeder aus eigener Erfahrung kennt: der Vergleich eines aktuellen Gehaltszettels mit einem älteren zeigt auf dem Papier einen höheren Auszahlungsbetrag. Das ist der Nominallohn. Wie viel wir aber tatsächlich dafür mehr kaufen konnten, ist wegen der Preissteigerungen eine andere Frage. Wenn wir diese Entwertung berücksichtigen, also vergleichen, was wir real dafür kaufen können, dann haben wir den Reallohn. So auch beim Sozialprodukt: wird zum Beispiel eine Schätzung über das Wachstum der Wirtschaft abgegeben, so beziehen die angegebenen Zahlen sich auf das „reale Bruttoinlandprodukt", denn eine Inflation hat ja nicht die Werte erhöht.

„Reales Bruttoinlandsprodukt" bedeutet also:
- real = preisbereinigt
- brutto = Abschreibungen nicht berücksichtigt
- Sozialprodukt = in den geographischen Grenzen ermittelt.

Aussagen über die Wirtschaftskraft und das wirtschaftliche Wachstum einzelner Regionen und Länder treffen zu können, ist eines der wichtigsten Anwendungen der Daten aus der volkswirtschaftlichen Gesamtrechnung. Nur so können Konjunkturprogramme zum richtigen Zeitpunkt, Fördermaßnahmen an den richtigen Orten eingesetzt werden. Aber auch ganz praktische Entscheidungen wie die Menge der Euro-Münzen, die jedes beteiligte Land prägen darf, werden auf dieser Grundlage getroffen. Wichtig sind ebenfalls die Daten über Entwicklung und Verteilung der Einkommen. Grundlage ist dann hier natürlich nicht das Bruttoinlandsprodukt, das ja geographisch abgegrenzt ermittelt wurde, sondern das, was die Menschen an Faktoreinkommen erzielt haben, also das „Netto-Inländerprodukt zu Faktorkosten" (= Volkseinkommen). Die Einkommen entstehen zunächst über den Markt durch die Entlohnung der Produktionsfaktoren (funktionale Einkommensverteilung) die privaten Haushalte erzielen jedoch Einkommen nicht nur aus Arbeit, sondern auch aus Vermietungen (Boden) und Anlagen (Kapital). So ergibt sich das Einkommen der Privathaushalte aus verschiedenen Quellen als personelle Einkommensverteilung. Und schließlich wird die ursprünglich über den Markt entstandene (primäre) Verteilung durch den Staat korrigiert. Durch die Einnahmen von Steuern, die Ausgaben für soziale Leistungen wird umverteilt und ergibt sich aus der primären die tatsächliche (sekundäre) Einkommensverteilung.

Bei all den Berechnungsmethoden und Begriffen darf man dennoch nicht übersehen, welche Grenzen für die Aussagen aus der volkswirtschaftlichen Gesamtrechnung gesetzt sind. Sie ergeben sich daraus, dass eben nur gezählt werden kann, was über den Markt gegangen ist. Aber das Wohlbefinden der Menschen hängt nicht nur ab vom materiellen Wohlstand, also nicht nur von dem, was ge- und verkauft werden kann. Und selbst das wird nicht vollständig abgebildet: Schwarzarbeit, Nachbarschaftshilfe, Hausfrauenarbeit gehen nun einmal nicht über den Markt, sind also nicht in den amtlichen Statistiken enthalten.

3.11.3 Auswirkungen von Markt- und Preismechanismen auf die Marktstrategie des Unternehmens

Die Bestimmungsgrößen Angebot und Nachfrage
Wir kaufen ein im Getränkemarkt und auf dem Gemüsemarkt, legen Geld an auf dem Kapitalmarkt, suchen Arbeit auf dem Arbeitsmarkt – und Vergnügen auf dem Jahrmarkt. Wir leben wahrhaftig in einer „Marktwirtschaft". Die genannten Beispiele unterscheiden sich vor allem nach der Art der Güter, die gehandelt werden. Weiter können Märkte unterschieden werden nach ihrer geographischen Ausstrahlung zum Beispiel in regionale oder nationale Märkte und schließlich den „Weltmarkt". Aber ein Markt muss nicht an einer bestimmten räumlichen Stelle vorhanden sein. Wenn über Datenleitungen Produkte und Dienstleistungen ausgetauscht wer-

3.11 Märkte und Marktstrategien

den, dann ist auch das ein Markt. Markt ist jeder „Ort", an dem Angebot und Nachfrage aufeinander treffen. Dabei unterstellen wir, dass beide Seiten, die Anbieter ebenso wie die Nachfrager, sich rational verhalten, das heißt im Sinne des ökonomischen Prinzips: Die Anbieter wollen einen möglichst hohen Gewinn durch den Verkauf erzielen, die Nachfrager einen möglichst hohen Nutzen. Also werden die Anbieter umso mehr verkaufen, je höher der Preis ist, den sie erzielen können. Für die graphische Darstellung wird auch hier der positive Quadrant des Koordinatensystems verwendet, also der Teil, in dem beide Wertereihen, Preise und Mengen, „positiv" (größer als Null) sind. Die Antwort auf die Frage, welcher Wert welcher Achse zugeordnet wird, lässt sich mit einer „Eselsbrücke" leicht merken: was steigt sind die Preise. Also werden die Preise auf der nach oben zeigenden Ordinate, die Mengen auf der horizontal verlaufenden Abszisse eingetragen. Damit ergibt sich für die Angebotsfunktion ein Verlauf, der genau so aussieht wie auf dieser Zeichnung:

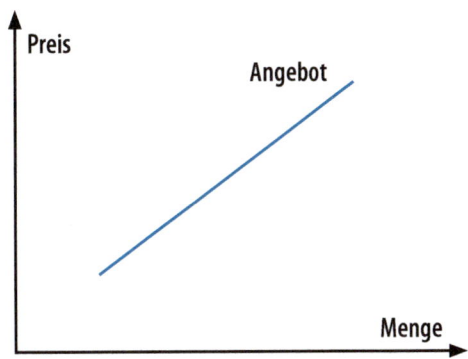

Jeder Punkt auf dieser Linie bedeutet (wie überhaupt jeder Punkt in diesem System) eine ganz bestimmte Preis-Mengen-Kombination. Der Verlauf von – bildlich gesprochen – links unten nach rechts oben ergibt sich aus dem beschriebenen „rationalen" Verhalten der Anbieter in Abhängigkeit vom Preis. Sicher gibt es noch andere Einflussgrößen dafür, wie viel die Anbieter bei welchem Preis zu verkaufen bereit und in der Lage sind: so bedeutet sie ja auch, dass bei steigenden Preisen neue Anbieter auf den Markt treten, die zu höheren Kosten produzieren. Das aber ändert nichts an dem beschriebenen Verlauf der Linie. Wenn nun durch eine technische Revolution die Produktionskosten allgemein sinken, so würde sich die Kurve nach rechts verschieben: Zum gleichen Stückpreis würden die Anbieter dann eine größere Menge anbieten. Übrigens ist die manchmal anzutreffende Darstellung, bei der diese Linie bis auf die Preis- oder Mengenachse durchgezogen wird, ohne Sinn. In der Realität wird bei jedem knappen Gut zwangsläufig schon vorher ein Punkt erreicht, ab dem es kein Angebot mehr geben kann. Höchste Zeit, dass wir uns jetzt unseren Kunden, den Nachfragern zuwenden. Bei ihnen bedeutet „Rationales Verhalten", dass sie bei höheren Preisen weniger kaufen können oder wollen. Die

Linie verläuft also genau entgegengesetzt von links oben nach rechts unten: je höher der Preis, desto geringer die nachgefragte Menge.

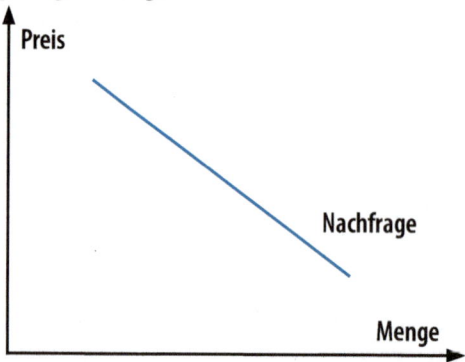

Auch bei den Nachfragern spielen über den Preis hinaus andere Faktoren eine Rolle, ganz besonders natürlich das für die Nachfrage zur Verfügung stehende Einkommen. Bei einem höheren Einkommen kann man sich bei gleichem Preis mehr leisten als vorher. Also gilt auch hier wie bei der Angebotsfunktion: Die ganze Linie verschiebt sich nach rechts, aber da der Zusammenhang zwischen Preis und Menge unverändert bleibt, ändert sich sonst nichts an der Linie. Sie stellt dar, wie stark sich die nachgefragte Menge bei verschiedenen Preisen unterscheidet.

Das Phänomen des vollkommenen Marktes
Für jeden, der etwas verkaufen will, ist es eine wichtige und schwierige Frage, was die Nachfrager wohl machen werden, wenn er den Preis etwas höher oder niedriger ansetzt, wie stark also der Mengenunterschied in Folge eines Preisunterschiedes ausfällt. Um diese Wirkung von Preisänderungen auf die nachgefragte Menge untersuchen zu können, müssen alle anderen Einflüsse auf die Zahlungsbereitschaft ausgeschaltet werden. Es soll ja nicht mehr gekauft oder ein höherer Preis akzeptiert werden, weil vielleicht die Verpackung attraktiver wirkt. Wir wollen nicht wissen, ob die Kunden für die Brötchen mehr bezahlen, wenn wir ein paar Körner in den Teig geben. Wir wollen nur wissen, wie viel sie mehr oder weniger kaufen, wenn wir den Preis senken oder erhöhen. Deshalb
- betrachten wir nur die Nachfrage nach gleichartigen **(homogenen)** Gütern.
- Es bezahlt auch kein Nachfrager mehr, weil ihm vielleicht der eine Anbieter näher liegt oder sympathischer ist als der andere. Die Nachfrager haben bei dieser Betrachtung keine persönlichen Vorlieben (**keine Präferenzen**) für bestimmte Anbieter oder Angebote.
- Es bezahlt auch keiner nur aus Versehen mehr, weil er das günstigere Angebot nicht kennt; der Markt ist also **transparent**, jeder Nachfrager kennt alle Angebote.

- Auch soll die Untersuchung nicht dadurch beeinträchtigt werden, dass vielleicht eine höhere nachgefragte Menge noch gar nicht zur Verfügung steht; wir tun deshalb so, als gäbe es **keine zeitlichen Verzögerungen** in der Anpassung.
- Und schließlich unterstellen wir, dass der **Markt** nicht geschlossen, sondern uneingeschränkt für den Zutritt weiterer Anbieter **offen** ist.

Wenn alle diese Voraussetzungen erfüllt sind, dann sprechen wir von einem vollkommenen Markt.

Fassen wir also noch einmal zusammen, was den vollkommenen Markt ausmacht:

Rationales Verhalten	Anbieter und Nachfrager streben ein optimales Verhältnis zwischen Aufwand und Ertrag an
Keine Präferenzen	Nachfrager haben keine Vorlieben für einen bestimmten Anbieter, weil er ihnen persönlich lieber ist, räumlich näher liegt oder zeitlich schneller ist.
Homogenität der Güter	Alle Güter sind absolut gleich beschaffen
Transparenz	Alle Nachfrager kennen alle Angebote
Keine zeitliche Verzögerung	Jede je nach Preis nachgefragte Menge ist sofort im Angebot
Wettbewerb	Kein einzelner Anbieter oder Nachfrager kann den Markt durch sein Verhalten beeinflussen; es besteht freier Marktzutritt für jeden

Wir neigen dazu, „Vollkommenheit" als etwas Erstrebenswertes anzusehen. Aber bei dem Begriff „vollkommener Markt" ist mit „vollkommen" keine Wertung verbunden. Es bedeutet einfach, dass die genannten Voraussetzungen zu 100% erfüllt sind. Warum zum Beispiel sollte etwa ein einzelner Anbieter danach streben, dass die Nachfrager – seine potenziellen Kunden! – die Angebote aller Konkurrenten auch kennen? Der „vollkommene Markt" ist ein theoretisches Modell, in dem es einzig und allein um den Zusammenhang zwischen Preisen und Mengen geht. Aber in der Realität kommen dem beispielsweise Devisenmarkt und Aktienmarkt sehr nahe.

Die Preisbildung

Anbieter und Nachfrager haben auf dem Markt auf den ersten Blick anscheinend nur gegensätzliche Interessen. Aber sie haben auch das gemeinsame Interesse, ja gemeinsam den Zwang, zu einer Übereinstimmung kommen zu müssen: die einen, weil sie ohne den Verkauf ihrer Güter wirtschaftlich nicht weiter existieren können, die anderen, weil sie die Güter für die Befriedigung ihrer Bedürfnisse brauchen. Die Anbieter werden also bei zu hohen Preisvorstellungen die Preise senken müssen, um Käufer zu finden. Die Nachfrager mit zu niedrigen Preisvorstellungen werden bereit sein müssen, mehr zu bezahlen, wenn sie nicht leer ausgehen wollen. So nähern sich also in diesem Modell des vollkommenen Marktes beide Seiten einander an, bis ihre Pläne in Übereinstimmung sind:

So wird der **Gleichgewichtspunkt** bei jenem Preis erreicht, bei dem die Nachfrager genau so viel kaufen wollen, wie angeboten wird.

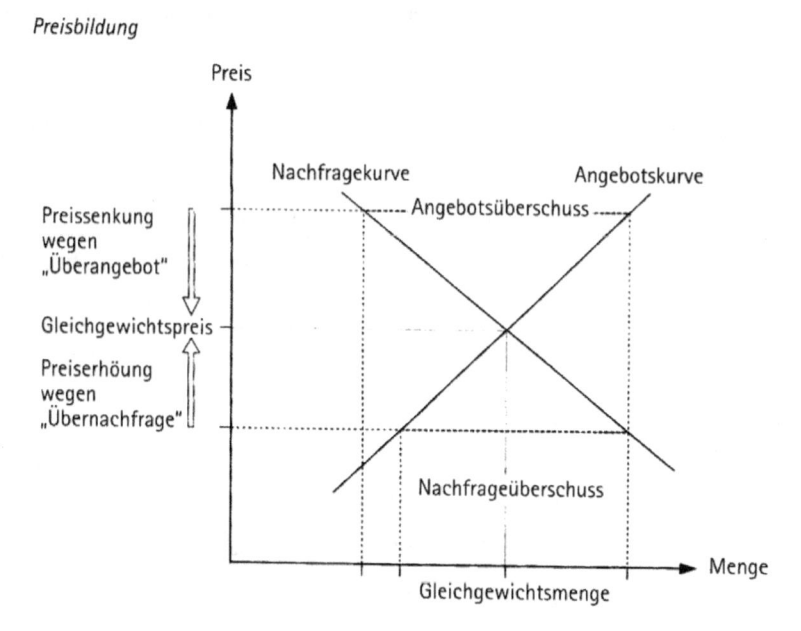

Preisbildung

Oberhalb des Gleichgewichtspreises ist die angebotene Menge größer als die nachgefragte – es liegt ein Angebotsüberhang vor. Und bei jedem Preis unterhalb des Gleichgewichtspreises ist es umgekehrt – hier besteht also ein Nachfrageüberhang.

Aber natürlich haben nicht alle Anbieter die gleiche Kostensituation, und nicht alle Nachfrager haben die gleiche Preisvorstellung. Die Anbieter, die günstiger produzieren und auch unter diesem Gleichgewichtspreis verkaufen könnten, erzielen einen extra Gewinn (Produzentenrente). Und die Nachfrager, die auch mehr als den Gleichgewichtspreis zu zahlen bereit und in der Lage gewesen wären, erzielen in Höhe dieser Differenz eine Konsumentenrente.

Die Elastizität der Nachfrage

Wie stark reagieren die Nachfrager auf eine Änderung des Preises? Bei dem rationalen Verhalten, das wir unterstellt haben, kaufen sie mehr, wenn es preiswerter, weniger wenn es teurer wird. Bei der Betrachtung, wie stark sich die nachgefragte Menge ändert, gibt es genau drei Möglichkeiten:
1. Sie ändert sich stärker als der Preis (elastisch). – Ein (zugegebenermaßen konstruiertes) Beispiel: Der Preis für eine Flasche Kräuterlikör wird von 9.80 auf 10,29 € angehoben; das ist eine

Preiserhöhung um 5%. Es werden daraufhin statt bisher 180 Flaschen im Monat nur noch 162 verkauft; das ist ein Rückgang der Verkaufsmenge um 10%.
2. Sie verändert sich weniger als der Preis (unelastisch). – Beispiel: Alle Discounter erhöhen den Preis für ein Kilo Zucker von 0,65 auf 0,85 €; das ist eine Preiserhöhung um 25%. Die verkaufte Menge an Zucker geht aber nur um 5% zurück.
3. Sie verändert sich genauso wie der Preis. (neutral)

Wenn wir zwei verschiedene „Situationen" auf der Linie, die das Nachfrageverhalten darstellt, betrachten, dann vergleichen wir zwei Punkte auf dieser Linie. Jeder dieser Punkte steht für eine bestimmte Kombination aus Preis und Menge. Jede Verschiebung auf der Linie von einem Punkt zu einem andern setzt sich also aus zwei Bewegungen zusammen: einer Preisänderung und einer Mengenänderung. Diese beiden Linien sehen Sie wie ein kleines Dreieck auf den drei beispielhaften Nachfragekurven. Ist die Linie der Preisänderung länger als die der Mengenänderung bedeutet das: Der Preis hat sich stärker verändert als die Menge. In der Graphik ist die Linie dann steiler. Inhaltlich bedeutet es: eine Preiserhöhung führt nur zu einem schwächeren Rückgang der Nachfrage, eine Preissenkung nur zu einem schwächeren Anstieg. Ist die Linie der Preisänderung dagegen kürzer als die der Mengenänderung, dann hat der Preis sich weniger verändert als die Menge. In der Graphik ist die Linie dann flacher. Inhaltlich bedeutet es: Eine Preisänderung führt zu einer stärkeren Änderung der Nachfrage.

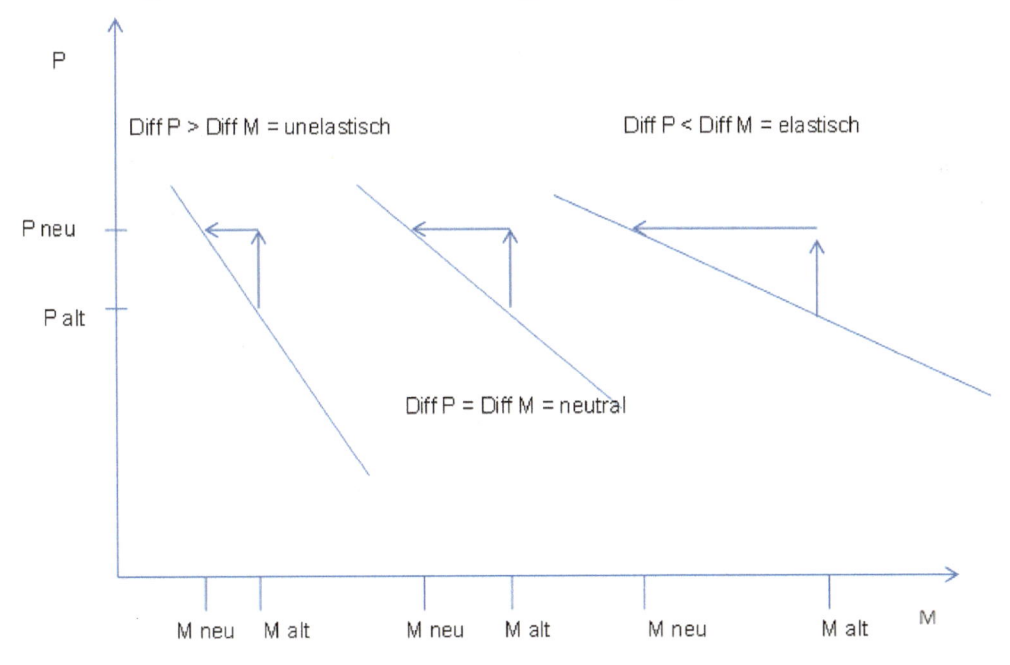

Und was ist aus Sicht des Anbieters der günstigere Fall? Im Zweifelsfall derjenige, bei dem sein Umsatz wächst – und der ist ja nichts anderes als das Produkt aus Preis und Menge. Erhöht er den Preis, so hofft er also auf eine unelastische Nachfrage, senkt er den Preis, dann führt nur eine stärkere Zunahme der Absatzmenge, also eine elastische Nachfrage zu einem größeren Umsatz. Wie er dabei mit seinen Kosten klarkommt, ist freilich eine andere Frage.

Bei der unelastischen Nachfrage ist auch der Grenzfall denkbar, dass sich zumindest in einer begrenzten Preisspanne die nachgefragte Menge überhaupt nicht verändert. Das wäre dann eine total unelastische oder starre Nachfrage. Das ist keineswegs nur Theorie: kaum jemand würde zu salzarmer Ernährung übergehen, wenn das Pfund Salz ein paar Cent mehr kosten würde; und schon gar nicht würde man sich wegen einer Preissenkung freudig selbst die Suppe versalzen. Ebenfalls nicht nur denkbar, sondern gelegentlich auf dem Markt festzustellen ist noch ein anderer, ganz verrückter Effekt: steigende Nachfrage bei steigendem Preis! Das klingt nicht nur unvernünftig, das ist es vielleicht auch – insofern liegt dann auch kein „vollkommener Markt" mehr im Sinne der oben genannten Definition vor, die rationales Verhalten nach dem ökonomischen Prinzip voraussetzt. Man kennt diesen Snob-Effekt bei Luxusgütern, vor allem bei Markenartikeln, die gerade wegen ihres hohen Preises mit sozialem Prestige verbunden sind.

Marktformen

Wenn wir im Handel die Endverbraucher als Kunden haben, stehen uns im Normalfall damit als Nachfrager sehr viele gegenüber. Auch wenn wir vielleicht jeden einzelnen persönlich kennen, wird doch keiner allein durch sein Nachfrageverhalten Einfluss auf unsere Preisbildung haben. Und umgekehrt: gibt es auf einem Markt sehr viele Anbieter, kann kein einzelner mit seinem Verhalten erkennbar den Preis beeinflussen, der sich auf dem Markt als Gleichgewichtspreis einstellt. Diese im Sinne des Wettbewerbs willkommene Situation einer vollständigen Konkurrenz auf beiden Seiten des Marktes nennt man ein Polypol. Gibt es dagegen nur einen Anbieter oder Nachfrager, so haben wir ein Angebots- bzw. Nachfragemonopol. Das bedeutet jedoch keineswegs, dass ein Monopolist sich einen Markt nach seinen Wünschen formen kann. Mit der Reaktion der Nachfrager auf Preisänderungen muss auch der Anbieter leben, der keinen Konkurrenten hat. Und wenn es um besonders wichtige oder unverzichtbare Güter geht, unterliegt er vielleicht zudem einer staatlichen Missbrauchsaufsicht.

Häufiger ist der Fall, dass es ein Oligopol, einige wenige Anbieter gibt. Diese Abgrenzung zum Monopol ist einfach. Wann aber sind es nicht mehr einige sondern viele im Sinne des beschriebenen Polypols? Das ist keine Frage einer bestimmten Anzahl. Während das Polypol dadurch gekennzeichnet ist, dass kein einzelner das Marktgeschehen erkennbar beeinflussen kann, so ist ein Oligopol dann gegeben, wenn das Marktverhalten eines Anbieters oder Nachfragers für die anderen eine Rolle spielt. Betrachten wir es von der Angebotsseite: wenn eine Tankstellen-

kette den Preis senkt, merken die anderen Tankstellen in einem bestimmten Umkreis das sofort an ihrem Umsatz. In dieser Situation gibt es genau drei Möglichkeiten:
- Erstens: Man ignoriert die anderen
- Zweitens: Man versucht die anderen durch Kampfpreise vom Markt zu verdrängen
- Drittens: Man kooperiert mit den anderen. Sicher ist die Versuchung groß, wenn die Anbieter sich alle gegenseitig kennen, sich über Preise zu verständigen. Das ist jedoch nach dem Kartellrecht streng verboten und kann teuer werden.

Der Vorwurf wog schwer: Drei Jahre lang hielten die drei führenden Waschmittelproduzenten Europas, Procter & Gamble, Unilever und Henkel, die Preise durch Absprachen künstlich hoch. Nun bekommen zwei Konzerne von der EU-Kommission dafür die Quittung. Die Wettbewerbshüter verhängten eine Geldbuße in Höhe von insgesamt 315 Millionen Euro.
Die höchste Strafe entfällt auf Procter & Gamble (Ariel, Lenor) mit 211 Millionen Euro, Unilever (Coral) muss 104 Millionen Euro überweisen. Beiden Firmen wurde die Strafe ermäßigt, weil sie geständig waren und der Kommission bei der Aufklärung des Falls halfen.
Glimpflich kam der Düsseldorfer Konzern Henkel (Persil, Weißer Riese) davon. Ihm erließ die EU-Behörde die Strafe, weil er Europas Wettbewerbshüter über das Kartell informiert hatte. Drei Jahre lang hatte sich Henkel laut Kommission an den verbotenen Absprachen beteiligt. Im Jahr 2008 packte der Konzern dann aber aus und legte die Praktiken des Kartells offen.
Die Strafen gehören nun zu den 20 höchsten, die die EU-Kommission je verhängt hat. Unrühmlicher Spitzenreiter ist der französische Industriekonzern Saint-Gobain. Dieser musste 2008 knapp 900 Millionen Euro zahlen. Der deutsche Energieriese E.on wurde 2009 wegen der Beteiligung an einem Gaskartell zur bislang zweithöchsten Strafe verurteilt und musste rund 550 Millionen Euro zahlen.

Spiegel online, 13.04.2011

Häufiger ist die Struktur bei einem Angebots-Oligopol so, dass ein Marktführer existiert, an dem sich die anderen orientieren, wie z.B. ARAL und Shell bei den Tankstellen, Media-Markt / Saturn bei Elektronik-Märkten.

Die anderen werden folgen: An den Aldi-Preisen orientieren sich erfahrungsgemäß auch alle anderen Supermärkte in den unteren Preisklassen mit ihren Eigenmarken. Damit ist nach Experteneinschätzungen eine neue Preisrunde für den süßen Rohstoff Zucker eingeläutet. Discount-Experte Matthias Queck geht davon aus, dass nach Aldi nun die anderen großen Lebensmittelhändler in den kommenden Tagen nachziehen werden. „Die Konkurrenz wartet nur darauf", sagte er mit Verweis auf stark gestiegene Rohstoffpreise.

ARD 4.10.2011

3. Handelsmarketing

Markt und Wettbewerb

Für das Bestehen gesetzlicher Regelungen, die das Einschränken oder gar Ausschalten des Wettbewerbs verhindern sollen, gibt es aber über den Schutz der Verbraucher hinaus einen sehr triftigen Grund: wir leben in einer **Markt**-Wirtschaft. Sie heißt deshalb so, weil der Markt die Koordination der Handlungen aller Marktteilnehmer herbeiführt.

Die Alternative wäre eine Planwirtschaft, auch „Zentralverwaltungswirtschaft" genannt, weil hier eine „Zentrale" in Form des Staates festlegt, wer was in welcher Menge produzieren soll. Die Erfahrung hat gezeigt, dass ein solches System viel zu unflexibel ist und immer wieder zu Engpässen und Mängeln führt. Hinzu kommen die Begleiterscheinungen im politischen Bereich mit Beschneidung der persönlichen Freiheiten weit über die unmittelbar wirtschaftlichen Entscheidungen hinaus. Welche Güter verlangt werden, erfahren die Hersteller in einer Marktwirtschaft über den Markt. Dass dort investiert wird, wo Kapazitäten auch gebraucht werden, steuert der Markt. Dass technischer Fortschritt und rationellere Verfahren eingesetzt werden und sich durchsetzen, erzwingt der Markt. Kurzum: unser Wirtschaftssystem kann nur funktionieren, wenn der Wettbewerb auf dem Markt stattfindet. Deshalb hat das Bundeskartellamt als oberster Wächter über die Einhaltung der gesetzlichen Vorschriften zum Schutz des Wettbewerbs die Möglichkeit, Zusammenschlüsse von Unternehmen entweder ganz zu verbieten oder nur unter bestimmten Auflagen zu genehmigen. Maßgebend dafür ist, dass auch nicht in einzelnen Regionen eine marktbeherrschende Stellung entsteht. Deshalb ist nicht jede Absprache zwischen Unternehmen verboten. Einigen sich beispielsweise die Unternehmen einer Branche auf gemeinsame technische Standards (Normenkartell) oder übereinstimmende Allgemeine Geschäftsbedingungen (Konditionenkartell), muss das beim Kartellamt nur angemeldet werden. Dadurch wird ja auch der Wettbewerb nicht eingeschränkt.

Im Poker um den geplanten Zusammenschluss der beiden Discounter Plus und Netto macht das Bundeskartellamt den beteiligten Unternehmen strenge Auflagen. Nach Informationen der Süddeutschen Zeitung muss Plus 370 der bundesweit 2900 Läden verkaufen. Zudem dürfen die Muttergesellschaften der Discounter, Edeka und Tengelmann, anders als von ihnen geplant, nicht gemeinsam einkaufen.
Edeka, der größte deutsche Lebensmittelhändler, hatte sich im November vergangenen Jahres mit dem Familienunternehmen Tengelmann als Eigentümer der Plus-Gruppe darauf verständigt, die eigene Discount-Kette Netto mit Plus in eine Gemeinschaftsfirma einzubringen. Das fusionierte Unternehmen würde mit mehr als 4000 Läden in Deutschland über ein ähnlich dichtes Filialnetz wie Marktführer Aldi verfügen. Nach intensiver Prüfung war das Kartellamt Anfang April zu dem Schluss gekommen, dass ein solches Bündnis den Wettbewerb an zahlreichen Standorten einschränkt. Auch die Absicht der beiden Lebensmittelhändler, künf-

3.11 Märkte und Marktstrategien

tig gemeinsam einzukaufen, sah die Behörde sehr kritisch. Sie befürchtete, dass die Firmen ihre Einkaufsmacht einsetzen würden, um Lieferanten zu Preiszugeständnissen zu bewegen.

SZ; 4.6.2008

Aber manchmal ist es auch der Staat selbst, der den Markt-Preis-Mechanismus außer Kraft setzt, nämlich dann, wenn er Mindest- oder Höchstpreise vorschreibt. Von einem Mindestpreis, der höher liegt als der Preis, der sich auf dem Markt eingestellt hat, profitieren die Anbieter. Wenn der Staat also einen Mindestpreis für ein Produkt garantiert, dann um die Produzenten zu fördern oder zu schützen. Beispiele dafür finden sich vor allem auf dem Agrar-Markt. Wie sich ein solcher Mindestpreis zwangsläufig auswirkt, lässt sich ebenfalls in der nun schon vertrauten Grafik zeigen.

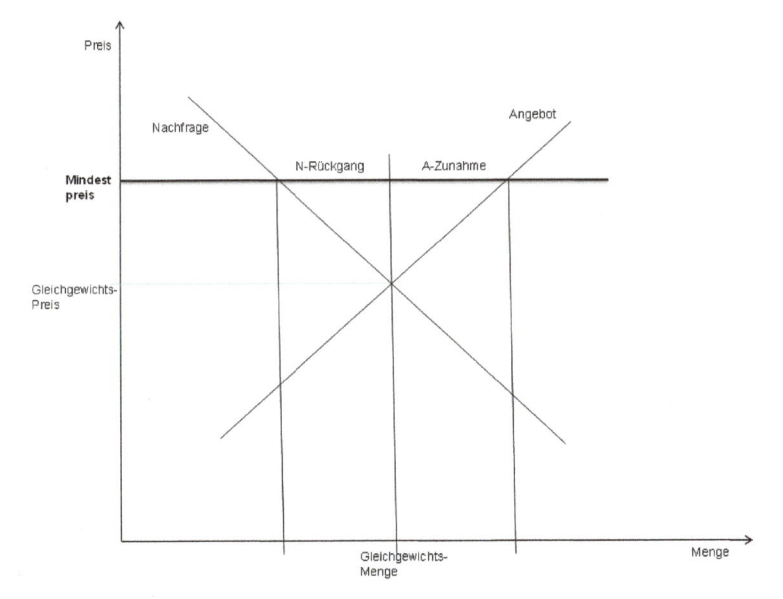

Das Angebot nimmt zu. Am Beispiel eines Agrarprodukts lässt sich auch leicht nachvollziehen, dass bei einem höheren Preis beispielsweise brach liegende Flächen wieder rentabel werden können. Gleichzeitig geht die Nachfrage zurück. Beide Effekte zusammen ergeben einen Angebotsüberhang.

Hat der Staat aber diesen Mindestpreis garantiert, muss er konsequenterweise die Überschussmenge auch zu dem erhöhten Preis abkaufen. Diese Kosten inklusive der für Lagerung oder Vernichtung trägt dann der Steuerzahler. Auf Dauer lässt sich das nur schwer finanzieren. Vor allem aber verhindert es eben die steuernden Wirkungen des Marktes, in diesem Fall unter anderem die, dass die Produktionsfaktoren zur Herstellung derjenigen Güter eingesetzt werden, für die auch wirklich eine Nachfrage besteht.

3.11.4 Konjunktur und Wachstum

Wellenbewegungen der Wirtschaft
Wie die monatliche Berechnung des realen Bruttoinlandsproduktes zeigt, wächst die Wirtschaft zwar insgesamt, sie wächst jedoch nicht gleichmäßig. Vielmehr schwankt diese Entwicklung in einem wiederkehrenden Zyklus von etwa 4-6 Jahren. Früher ließ sich dieser Rhythmus aus den Daten klarer erkennen als heute, wo staatliche Eingriffe und weltwirtschaftliche Verflechtung vieles modifizieren und überlagern.

Das ändert aber nichts daran, dass diese Schwankungen bestehen und wirken. Gemessen wird am realen Inlandsprodukt, und je nach dessen Entwicklung unterscheiden wir die Phasen Aufschwung, Hoch, Abschwung und Tief. Die Abschwungphase wird auch als „Rezession", die Phase des Tiefs als „Depression" bezeichnet; das kann jedoch zu Missverständnissen führen, weil in der Umgangssprache manchmal unter Rezession ein Tief, unter Depression ein besonders schweres Tief verstanden wird.

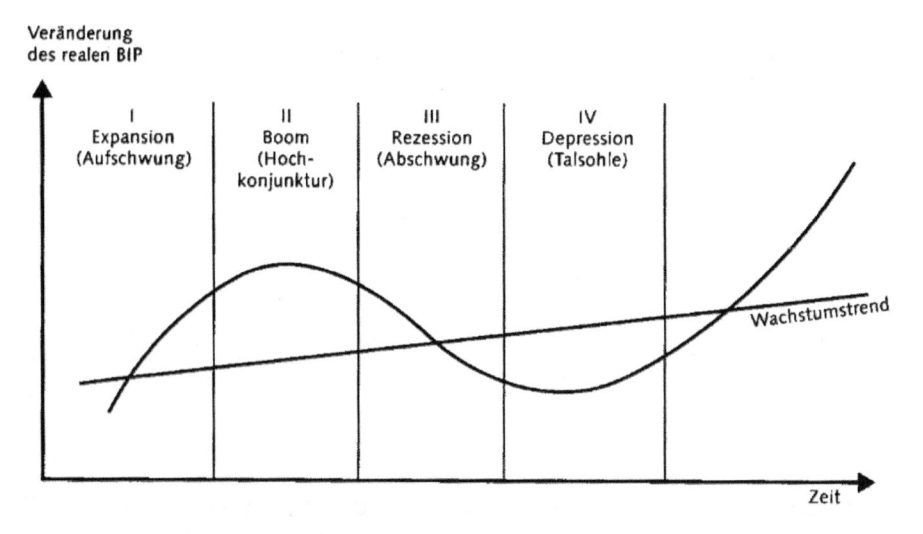

In welcher Phase wir uns befinden, hängt von der Entwicklung des Bruttoinlandsprodukts ab. Dessen Daten kennen wir zwangsläufig immer nur rückblickend. Frühzeitig zu erkennen, welche Entwicklung vor uns liegt, ist aber nicht nur für den Zeitpunkt staatlicher Konjunkturprogramme bedeutungsvoll; auch die Unternehmen müssen sich in ihren Investitionsplänen darauf einstellen. Deshalb sind frühe Anzeichen für die Entwicklung der Konjunktur so wichtig. Zu diesen Indikatoren gehören Daten wie die Entwicklung des Auftragseingangs, insbesondere in der Investitionsgüterindustrie. Dem in Deutschland am meist beachteten Indikator liegen aber nicht harte Fakten, sondern Erwartungen und Vermutungen zu Grunde. Der IFO-Index ermittelt die Erwartungen von Entscheidungsträgern in der Wirtschaft. Seine Aussagekraft beruht aber nicht etwa darauf, dass dieser Personenkreis über die besten analytischen Fähigkeiten zur wirtschaftlichen Prognose verfügt. Es handelt sich eher um eine sich selbst erfüllende Prophezeiung: Wenn die Entscheidungsträger der Meinung sind, dass es mit der Wirtschaft aufwärts geht, werden Sie auch bereit sein zu investieren, eventuell zusätzliches Personal einzustellen. Kurz: weil sie es so erwarten, werden sie Entscheidungen treffen, die dazu führen, dass es tatsächlich aufwärtsgeht – und möglicherweise auch umgekehrt.

Das „Magische Viereck"

Ein stetiges Wachstum wäre der Idealzustand. Ihn anzustreben sind in Deutschland Bund und Länder sogar durch Gesetz verpflichtet. Das in der ersten größeren Rezession nach dem Zweiten Weltkrieg 1966/67 verabschiedete Stabilitätsgesetz kennt aber noch drei weitere Ziele: Vollbeschäftigung, Preisstabilität und außenwirtschaftliches Gleichgewicht. Zusammen mit dem Ziel des Wirtschaftswachstums bilden sie das so genannte magische Viereck. Die Bezeichnung als magisch soll zum Ausdruck bringen, dass wohl nur ein Zauberer alle vier Ziele gleichzeitig verfolgen und erreichen könnte. Die nähere Betrachtung der anderen drei Ziele wird uns zeigen, warum das so ist.

Geldwert und Inflation

Geld hat viele Funktionen. In Geldeinheiten werden die Preise aller Güter ausgedrückt. Damit lassen sich dann also die Werte der Güter vergleichen. Wir rechnen in Geldeinheiten, und wir können das Geld auch aufheben, damit also einen Wert, den wir bekommen haben, für einen späteren Zeitpunkt aufbewahren. Hauptzweck von Geld aber ist einfach, es auszugeben, es für welche Güter auch immer einzutauschen. Und wie viel das Geld wert ist, hängt eben davon ab, wie viele Güter wir dafür bekommen. Wenn dieser Geldwert sinkt, wir also für die gleiche Menge an Geldeinheiten weniger Güter bekommen, ist das gleichbedeutend damit, dass eine bestimmte Gütermenge mehr kostet, also deren Preisniveau steigt. Eine solche Geldentwertung nennen wir Inflation. Dieses Wort hat gerade in Deutschland eine angsteinflößende Bedeutung. Sowohl nach dem Ersten als auch nach dem Zweiten Weltkrieg wurden durch Inflation die Geldvermögen der Menschen vernichtet. Das waren freilich auch Preissteigerungsraten, bei denen das Geld täglich rapide an Kaufkraft verlor. Bei einer solchen galoppierenden Inflation ist das Vertrauen in Geld als Zahlungsmittel dahin. Weil es wegen des schnellen Wertverfalls keiner mehr haben will, kann es seine Aufgabe als allgemeines Tauschmittel gar nicht mehr erfüllen. Es bilden sich stattdessen Ersatzwährungen. Entweder dienen dafür leicht tauschbare und allgemein begehrte Güter wie nach dem Zweiten Weltkrieg Zigaretten, oder es wird nur noch die Währung eines anderen Landes akzeptiert, in dem der Geldwert stabil ist, wie zum Beispiel nach dem Zerfall Jugoslawiens dort D-Mark, US-Dollar und Schweizer Franken. Eine schleichende

Geldentwertung dagegen gefährdet die Wirtschaft nicht. Gerade aus Sicht des Handels ist sie sogar eher zu begrüßen als der umgekehrte Fall einer Deflation, also eines steigenden Geldwertes. Könnten die Menschen damit rechnen, für ihr Geld morgen mehr als heute und übermorgen mehr als morgen kaufen zu können, würden sie viele Kaufentscheidungen wohl auf überübermorgen verschieben. Eine schleichende Inflation hat dagegen eine mild anregende Wirkung auf die Ausgabenbereitschaft der Menschen. Wie hoch die Inflation genau ist, wird über einen „Warenkorb" ermittelt. Auf der Grundlage von Haushaltsbüchern, in denen alle Ausgaben festgehalten wurden, legt das Statistische Bundesamt einen Warenkorb fest, der genau das enthält, was ein durchschnittlicher 4-Personen-Haushalt in einem Jahr kauft. Die prozentuale Veränderung der Geldmenge, die für eben diesen Warenkorb bezahlt werden muss, ergibt die Inflationsrate. Das ist zugegeben schon deshalb ungenau, weil sich in der Realität stetig ändert, wofür die Menschen wie viel Geld ausgeben. Aber nur so ist ein Vergleich statistisch möglich. Den Veränderungen in den Konsumgewohnheiten wird dadurch Rechnung getragen, dass alle 5 Jahre der Warenkorb neu definiert und eine neue Indexreihe gebildet wird.

Die Europäische Zentralbank (EZB)
Das Stabilitätsgesetz verpflichtet im magischen Viereck Bund und Länder darauf, mit ihren Maßnahmen das Ziel einer Stabilität des Preisniveaus zu verfolgen. Oberste Hüterin dieser Stabilität ist aber vor allem die Europäische Zentralbank (EZB) mit Sitz in Frankfurt am Main. Sie soll zwar ihrerseits die Wirkungen ihrer Maßnahmen auf Wachstum und Vollbeschäftigung berücksichtigen, ist aber in erster Linie diesem Ziel der Stabilität des Euro pflichtet und dabei von Weisungen der Regierungen unabhängig. Warum diese Unabhängigkeit so wichtig ist, ergibt sich schon aus der Wirkung von Inflation: da sie Geldvermögen entwertet, profitieren neben den Inhabern von Sachwerten von der Inflation vor allem diejenigen, die das Gegenteil von Geldvermögen haben: Schulden. Größter Schuldner aber sind die Staaten selbst.
Die EZB hat sich selbst zum Ziel gesetzt, die Inflationsrate im Euro-Raum nicht über 2 % steigen zu lassen. Da das Preisniveau ja vom Verhältnis zwischen Geldmenge und Gütermenge abhängt, muss also die EZB versuchen, das Wachstum der Geldmenge am Wachstum der Gütermenge zu orientieren. Für diese Steuerung der Geldmenge stehen ihr freilich nur indirekt wirkende Instrumente zur Verfügung. Etwa zu glauben, es würde schon genügen, einfach weniger Geldscheine zu drucken und Geldmünzen zu prägen, ist schon deshalb ein Irrtum, weil dieses Bargeld nicht einmal ein Siebtel der gesamten Geldmenge ausmacht. Der weitaus größte Teil der Geldmenge besteht aus dem, was auf den Konten der Unternehmen, Privathaushalten, öffentlichen Einrichtungen bei den Geschäftsbanken liegt. Und volkswirtschaftlich gesehen zählt eben auch nur das als Geld, was in der Verfügungsgewalt außerhalb des Bankensektors liegt. Denn nur das steht ja auch als Kaufkraft der Güterwelt gegenüber. Die Geldmenge wächst, wenn von den Geschäftsbanken mehr Kredite an Nichtbanken vergeben werden. Steuern lässt sich damit die

Geldmenge nur über Maßnahmen, die dieses Volumen der Kreditvergabe beeinflussen. Man möchte, wenn man das recht überlegt, nicht unbedingt in der Haut der EZB stecken (wenn Sie denn eine Haut hätte): sie kann ja niemanden zwingen, mehr oder weniger Kredite zu beantragen, und sie kann die Geschäftsbanken nicht zwingen, mehr oder weniger Kreditanträge zu genehmigen. Was sie indirekt (über die **Mindestreserve**) beeinflussen kann, ist das Gesamtvolumen der Kreditvergabe, die den Geschäftsbanken möglich ist, und vor allem über die Zinsen, die sie von den Geschäftsbanken verlangt. Dies sind wiederum deren Finanzierungskosten, die sie als Zinsen ihrerseits für Kredite wieder hereinholen.

Instrument	Laufzeit	Zins
Mindestreserve	unbefristet	EZB an Banken (2%)
Mengentender	1 Woche	Festlegung EZB (**Leitzins**)
Zinstender	1 Woche	Festlegung EZB Mindestzins (**Leitzins**); Gebote Banken
Refinanzierungsgeschäfte	3 Monate	Festlegung EZB
Spitzenrefinanzierungsfazilität	Täglich	Festlegung EZB > Leitzins
„klassische" Offenmarktpolitik	Keine	Keiner

Die Mindestreserve ist ein bestimmter Prozentsatz (von 2%) der Summe aller Einlagen, den die Geschäftsbanken bei der jeweiligen nationalen Zentralbank hinterlegen müssen. Diese Einlage wird sogar verzinst. Je höher der Mindestreservesatz, desto geringer der Kreditspielraum für die Banken – verändert wurde er bisher jedoch von der EZB noch nie. Er wird nicht als Instrument der Geldmengensteuerung eingesetzt.

Zinsen verlangt die EZB von den Geschäftsbanken für verschiedene Arten von Finanzierungsgeschäften, die sich nach Häufigkeit und Laufzeit unterscheiden. Rund 70 % dieser Geschäfte entfallen auf den **Haupttender**, bei dem wöchentlich und mit einer Laufzeit von einer Woche den Geschäftsbanken Zentralbankgeld zur Verfügung gestellt wird. Wegen seiner überragenden Bedeutung wird der Zinssatz bei diesem Instrument auch als Leitzins bezeichnet. Die EZB kann entweder zu diesem festgesetzten Leitzins den Geschäftsbanken im Verhältnis ihrer Gebote Zentralbankgeld zuteilen (**Mengentender**) oder ihn nur als Mindestzinssatz festlegen, und es den Geschäftsbanken selbst überlassen, in einer Art Auktion für die Zuteilung von Zentralbankgeld höhere Zinssätze anzubieten (**Zinstender**). Die EZB nimmt auf die enorme Wirkung von Veränderungen dieses Leitzinses für die Geld- und Kapitalmärkte Rücksicht, indem sie solche Veränderungen nur sehr behutsam und nach mehr oder weniger deutlicher Vorankündigung vornimmt.

Herr Trinkmann plant, das Netz seiner Getränkemärkte kräftig zu erweitern. Seine Assistentin, die Handelsfachwirtin Sonja Huber, hat ihm hierfür einen Kapitalbedarf von 2 Millionen € errechnet. Bevor er ein Gespräch mit seiner Hausbank führt, informiert er sich auf Anraten von Frau Huber in den großen Tageszeitungen über die Entwicklung des Kapitalmarkts. Dort liest er, dass die EZB gerade den Leitzins gesenkt habe. Es werde angenommen, dass der Zins auf mittlere Sicht nicht weiter nach unten gehen werde. Trinkmann wird in seinem Bankgespräch in dieser Erwartung bestätigt und schließt einen Darlehensvertrag mit der Bank auf 10 Jahre ab. Damit hat er sich auf die Dauer, in der die Investition ihren Return in Investment erarbeitet (ROI), einen festen günstigen Zins gesichert.

Geringere Signalwirkung haben dagegen die Geschäfte, die entweder längerfristig der Basisversorgung des Geschäftsbankensektors mit Liquidität dienen, oder umgekehrt Instrumente der Feinsteuerung bei kurzfristig schwankendem Bedarf sind. Die langfristige Versorgung erfolgt über Refinanzierungsgeschäfte mit mehreren Monaten Laufzeit. Kurzfristig, sozusagen über Nacht, können sich die Geschäftsbanken unbegrenzt Liquidität über die **Spitzenrefinanzierungsfazilität** besorgen. Dieser Zinssatz ist natürlich deutlich höher als der Leitzins. Auf dem Geldmarkt spielt er jedoch durchaus eine Rolle: wirtschaftlich gibt es für die Banken nämlich keinen Grund, auf die Einlagen von Sparkonten einen höheren Zins zu bezahlen.
Zur Feinsteuerung der Geldmenge haben Zentralbanken generell auch noch eine andere Möglichkeit: sie können als normaler Marktteilnehmer auf dem Markt aktiv werden und Edelmetalle oder Wertpapiere kaufen. Bei dieser klassischen **Offenmarktpolitik** erhöht sich die Liquidität der Geschäftsbanken, wenn die Zentralbank kauft und verringert sich, wenn sie verkauft. Und je höher die Liquidität, desto größer der Spielraum für die Vergabe von Krediten, je umfangreicher die Kreditvergabe, desto größer die Geldmenge.

Arbeitsmarkt und Vollbeschäftigung
Der Teil der Bevölkerung, der entweder erwerbstätig ist oder gemäß Meldung bei der Agentur für Arbeit erwerbstätig sein möchte, stellt die Erwerbsbevölkerung dar. Der Anteil aller registrierten Arbeitslosen an diese Erwerbsbevölkerung wiederum ist die Arbeitslosenquote. An ihr wird gemessen, ob das Ziel der Vollbeschäftigung des Stabilitätsgesetzes erreicht ist. Auf den ersten Blick scheint das einfach zu sein: Solange die Arbeitslosenquote nicht bei Null liegt, gäbe es – rein rechnerisch – keine Vollbeschäftigung. Vollbeschäftigung gilt jedoch schon als erreicht, wenn die Arbeitslosenquote unter 3% bis 4 % liegt. Diese Bescheidenheit liegt daran, dass es außerhalb der durch Schwankungen verursachten Arbeitslosigkeit noch eine Reihe anderer Gründe geben kann. So führen technologische Änderungen immer wieder dazu, dass menschliche Arbeit ersetzt wird bzw. eine andere Qualifikation erforderlich wird.
Die Struktur unserer Wirtschaft ist in stetem Wandel begriffen. In manchen Fällen, vielleicht noch verstärkt über Konkurrenz aus anderen Ländern, führt dies dazu, dass ganze Branchen nicht mehr wettbewerbsfähig arbeiten können. Eine solche Strukturkrise ist ebenfalls unvermeidlich mit einer zumindest vorübergehend höheren Arbeitslosigkeit verbunden. Weiterhin

gibt es saisonale Schwankungen wie etwa den Rückgang der Beschäftigung in der Bauindustrie im Winter, oder auch einfach persönliche Gründe bei einzelnen Arbeitnehmern, wie zum Beispiel die Mehlstauballergie bei einem Bäcker.

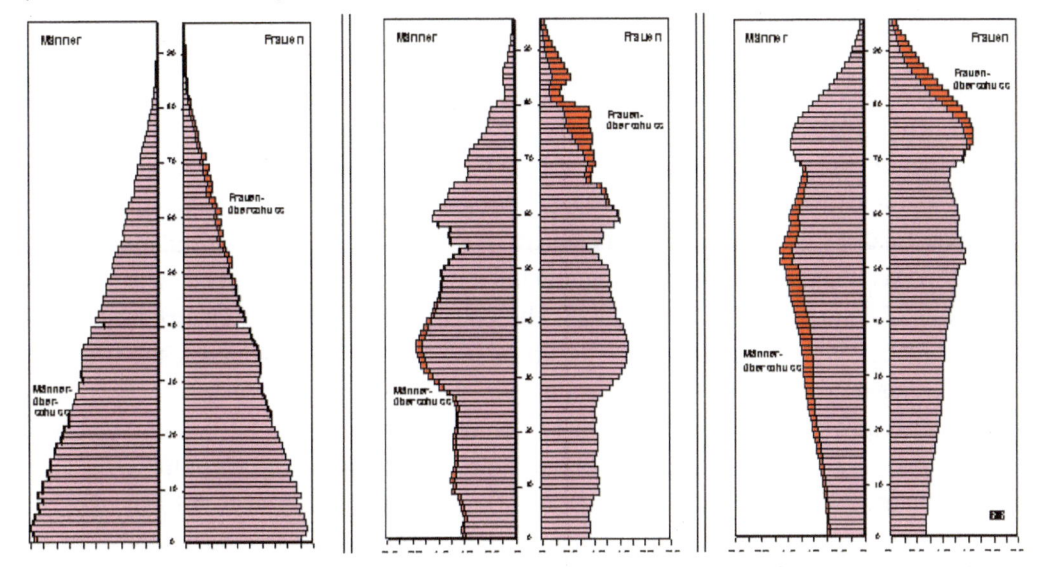

Altersaufbau der Bevölkerung in Deutschland 1910, 1998 und 2050 (Prognose).
Quelle: Statistisches Bundesamt

Auch die altersmäßige Zusammensetzung der Bevölkerung bleibt nicht gleich. Dieser demographische Wandel (siehe Schaubild) kann dazu führen, dass über die durch Renteneintritt frei werden Arbeitsplätze hinaus weitere geschaffen werden, um alle Schulabgänger beschäftigen zu können. Diese Entwicklung hat sich freilich bereits gedreht und wird sich in den kommenden Jahren noch verschärfen: Viele Menschen aus geburtenstarken Jahrgängen gehen in Rente, weniger junge Menschen aus geburtenschwachen Jahrgängen rücken ins Erwerbsleben nach. Die demographischen Ursachen führen also zu einem Rückgang der Arbeitslosigkeit, ja eventuell sogar zu einem Mangel an Arbeitskräften wie vor 50 Jahren.

Das „Magische" am Viereck – am Beispiel der nachfrageorientierten Wirtschaftspolitik

Als das Stabilitätsgesetz 1967 in Kraft trat, verband sich das mit der Vorstellung einer „anti-zyklischen" Konjunkturpolitik des Staates. Bund und Länder sollten im Sinne des anzustrebenden gleichmäßigen Wachstums gegen die Schwankungen um diesen „Wachstumspfad" angehen. Dahinter stand die Skepsis, dass die Marktwirtschaft nicht immer ohne weiteres den Weg aus der Talsohle zu einem neuen Aufschwung findet, oder dass zumindest die sozialen Folgen eines länger anhaltenden Tiefs nicht akzeptabel sind. Und da es in der Depression an Nachfrage fehlt, soll der Staat diese beleben – sei es, dass er selbst als Nachfrager auftritt, also Aufträge vergibt, oder sei es, dass er Nachfrage fördert, wie beispielsweise mit der Abwrackprämie geschehen. Diese Art von Konjunkturpolitik wird deshalb auch „nachfrage-orientiert" genannt. Die Belebung der Nachfrage führt zu höherer Produktion, die wiederum weitere Nachfrage – letzten Endes auch nach Arbeitskräften – nach sich zieht. Maßnahmen zu Gunsten des Wachstums kommen also auch dem Ziel der Vollbeschäftigung entgegen. Zu den beiden anderen Zielen ergeben sich jedoch Konflikte. Die zusätzliche Nachfrage kann auch zu steigenden Preisen führen. Ein Überschuss in der Leistungsbilanz stellt nicht nur eine Verletzung des Ziels „Außenwirtschaftliches Gleichgewicht" dar. Weil durch die höheren Exporte gleichzeitig die Gütermenge ab- und die Geldmenge zunimmt, bringt er auch das Risiko einer importierten Inflation mit sich. Umgekehrt: Maßnahmen zur Bekämpfung der Inflation verteuern Kredite, erschweren folglich Investitionen, bremsen das Wachstum; Maßnahmen zur Reduzierung des Exportüberschusses lassen die Produktion der Exportindustrie zurückgehen, sie gefährden damit das Wachstum und in der Folge auch Arbeitsplätze.

Ein weiteres Problem bei allen Versuchen, den Konjunkturverlauf zu beeinflussen, ist die Wahl des richtigen Zeitpunktes. Kommt die Maßnahme zu früh oder zu spät, verpufft sie vielleicht ohne andauernde Wirkung. Deshalb sind die dargestellten Indikatoren so wichtig. Der Grad der Zielerreichung im „Magischen Viereck" selbst taugt dafür nicht. Die Wirkungen beispielsweise eines einsetzenden Aufschwungs machen sich nur mit zeitlicher Verzögerung bemerkbar. Erst wenn Kurzarbeit abgebaut ist und der weitere Aufschwung für gesichert gehalten wird, werden neue Arbeitsplätze geschaffen. Und für Preiserhöhungen gibt es auf Märkten, die sich gerade erst wieder erholen, nicht nur wenig Spielraum; die mit der Produktionsausdehnung verbesserte Kapazitätsauslastung sorgt über niedrigere Stückkosten dafür, dass die Unternehmen keinem Kostendruck ausgesetzt sind. Der stellt sich wiederum im Hoch mit der Ausweitung der Kapazitäten ein und trägt dazu bei, dass mit beginnendem Abschwung keineswegs auch gleich die Preise wieder stabiler werden. Die Entwicklungen auf dem Arbeitsmarkt und beim Preisniveau folgen also dem Wirtschaftswachstum mit zeitlicher Verzögerung.

	Konjunktur: Phasen			
	Am Anfang des Aufschwungs	Hochpunkt	Am Anfang des Abschwungs	Tiefpunkt
Kapazitätsauslastung	niedrig	steigend	hoch	sinkend
Preise	niedrig	steigend	hoch	stagnierend
Löhne	niedrig	steigend	hoch	stagnierend
Zinsen	niedrig	steigend	hoch	sinkend
Gewinne	niedrig	steigend	hoch	sinkend
Produktion	niedrig	steigend	hoch	sinkend
Arbeitslose	hoch	sinkend	niedrig	steigend

3.11.5 Auswirkungen der Globalisierung

Spiegelbild unserer außenwirtschaftlichen Beziehungen: Die Zahlungsbilanz
Die wirtschaftlichen Verflechtungen mit dem Ausland sind in den letzten Jahrzehnten enorm gestiegen. Innerhalb Europas ist ein Binnenmarkt entstanden, bei dem die Bezeichnung als „Ausland" im Grunde nur noch rechtliche aber keine wirtschaftliche Bedeutung hat. Aber auch darüber hinaus hat die weltweite Arbeitsteilung erheblich zugenommen. Für ein exportorientiertes Land wie Deutschland gilt das in besonderem Maße. Ziel im Stabilitätsgesetz ist es jedoch keineswegs, Export-Weltmeister zu werden. Vielmehr spricht das Gesetz von einem „außenwirtschaftlichen Gleichgewicht". Mit „Gleichgewicht" ist gemeint, dass alle Ein- und Ausfuhren (Im- und Exporte) wertmäßig übereinstimmen sollten. Dazu müssen zuerst einmal alle wirtschaftlichen Transaktionen mit dem Ausland erfasst werden. Das geschieht in der Zahlungsbilanz. Die ist freilich wie jede Bilanz insgesamt immer im Gleichgewicht. Gemessen wird das „außenwirtschaftliche Gleichgewicht" nur an demjenigen Teil der Zahlungsbilanz, der im Wesentlichen den Wert der Güterströme erfasst: der Leistungsbilanz. Sie besteht ihrerseits aus vier Teilbilanzen, in denen unter anderem die Ein- und Ausfuhr materieller Güter (Handelsbilanz) und immaterieller Güter (Dienstleistungsbilanz) erfasst sind.
Die Handelsbilanz enthält also die Werte der Ausfuhren beispielsweise von deutschen Autos und Maschinen, der Einfuhren von Rohstoffen und Produkten aus aller Welt. Sie ist für Deutschland stark „positiv" – was wiederum keine Wertung bedeutet, sondern lediglich zum Ausdruck bringt, dass der Saldo Exportwerte minus Importwerte einen Überschuss aufweist. Anders bei der Dienstleistungsbilanz: Hier ist der Saldo Deutschlands negativ; der Wert der Einfuhren übersteigt den der Ausfuhren. Zur Begründung wird oft auf den Fremdenverkehr verwiesen: Urlaubsreisen von Deutschen ins Ausland stellen trotz des „Transports" ins Ausland keinen Export dar, sondern durch die Inanspruchnahme ausländischer Dienstleistungen einen Import. Entscheidend für die Frage, ob ein Export oder Import vorliegt, ist immer der Zahlungsstrom, der dem Güterstrom entgegengesetzt verläuft.. Fließt das Geld vom Inländer zum Ausländer, so liegt ein Import vor – und umgekehrt. Und dass Urlaub einen Abfluss von Geld bedeutet, kann jeder Urlauber bestätigen. Aber in der Dienstleistungsbilanz schlagen sich auch noch andere Dienstleistungsimporte nieder, die direkt mit der Handelsbilanz zusammenhängen: Transporte und Versicherungen für die deutschen Exporte durch ausländische Spediteure und Versicherer.

Der Wechselkurs
Für den Saldo der Leistungsbilanz, ob also der Wert der Exporte oder der Importe grösser ist, spielt auch der Außenwert der eigenen Währung eine große Rolle. Die Aus- und Einfuhren werden wertmäßig in Euro erfasst. Der Exporteur wird jedoch von seinen Kunden außerhalb der EURO-Zone in deren jeweiliger Währung oder in US-Dollar bezahlt. Die Importeure wiederum

erhalten die Rechnungen für die Einfuhren insbesondere von Rohstoffen meist in US-Dollar. Damit hat jede Änderung des Austauschverhältnisses zwischen € und $ auch Konsequenzen für die Einnahmen der Exporteure und die Ausgaben der Importeure. Steigt der Außenwert des €, dann erhält man beim Tausch mehr $ für €; umgekehrt muss man mehr $ für einen € bezahlen. Das ist gut für den, der € hat und $ braucht, also den deutschen Importeur – und dazu gehört auch der deutsche Tourist, der in die $-Zone reist. Es ist ungünstig für den deutschen Exporteur, der umgekehrt für seine Exporte $ bekommen hat und € braucht, wenn der Kaufvertrag auf $-Basis abgeschlossen wurde. Deshalb kommt es immer wieder vor, dass stark exportorientierte Länder versuchen, den Kurs ihrer Währung möglichst niedrig zu halten.

Ein Fallbeispiel (aus dem Jahr 2011 – aktuelle Fallbeispiele finden Sie derzeit zuhauf in den Tageszeitungen!):
Der US-Senat geht im Währungsstreit mit China auf Konfrontationskurs. Weil die Volksrepublik den Yuan künstlich billig hält, hat die Kongresskammer eine Reihe von Strafmaßnahmen beschlossen – so sollen chinesische Waren mit Extra-Zöllen belegt werden… Der Gesetzentwurf sieht unter anderem vor, Zusatzzölle auf Produkte aus China zu erlassen, weil Peking seine Landeswährung Yuan künstlich verbillige und so seinen Export ankurbele. Chinesische Produkte würden dadurch im Vergleich zu ähnlichen US-Gütern um fast ein Drittel günstiger, sagen die Befürworter der Strafzölle im US-Senat. Das schade der US-Wirtschaft und koste Arbeitsplätze.
Spiegel online, 12.10.2011

Ohne solche Eingriffe in den Devisenmarkt, auf dem sich das Austauschverhältnis zwischen den Währungen wie auf jedem funktionierenden Markt durch Angebot und Nachfrage bildet, hat dieser Marktmechanismus eine ausgleichende Wirkung: Wird mehr in den $-Raum exportiert als von dort importiert wird, dann werden auf dem Devisenmarkt auch mehr $ als € angeboten bzw. mehr € als $ nachgefragt. Damit steigt der Preis des €, die Exporteure erhalten nach dem Umtausch weniger €. Sie müssen, um das auszugleichen, die Preise in $ erhöhen, was zu geringerer Nachfrage nach ihren Produkten führt. Bei der Frage, wie sich ein steigender €-Kurs auswirkt, darf man aber nicht nur die Wirkung auf den Export sehen. Auch die Exportindustrie profitiert auf der Kostenseite von einem starken €, der zu niedrigeren Preisen für Rohstoffe und viele importierte Teile führt. Für den Handel bietet ein starker € die Möglichkeit, Produkte aus dem Ausland vergleichsweise günstig zu beziehen.

Euro-Raum und Binnenmarkt
Die Europäische Union (EU) wird oft voreilig gleichgesetzt mit der gemeinsamen Währung des EURO. Die Wirklichkeit ist jedoch komplizierter. Die EU ist ein Staatenbund, dem 27 Länder angehören. Er beinhaltet weit mehr als Regelungen zu Wirtschaft und Währung. Diese machen als

„Europäische Wirtschafts- und Währungsunion" (EWWU) nur einen Teil des Staatenbundes aus. Ziel der EWWU war und ist zwar eine gemeinsame Währung, eingeführt haben diese aber bisher erst 17 Staaten. Das hat unterschiedliche Gründe. Großbritannien und Dänemark hatten von Anfang an nicht vor, dieser EURO-Zone beizutreten. Schweden lehnt auf Grund einer entsprechenden Volksabstimmung die EURO-Einführung ab. Die anderen Länder streben zwar die Einführung des EURO an, aber dem muss eine Phase von zwei Jahren vorausgehen, in denen die Währung bereits an den EURO gekoppelt ist. Diese Kopplung besteht 2012 nur in Lettland und Litauen. Hinzu kommen weitere Bedingungen, die als „Konvergenzkriterien" bezeichnet werden. Bekannt sind hier vor allem die Regelungen zur Verschuldung, nach denen der staatliche Schuldenstand nicht mehr als 60%, die jährliche Nettoneuverschuldung nicht mehr als 3% des Bruttoinlandsprodukts ausmachen darf.

Ein „Binnenmarkt" ist erst dann wirklich gegeben, wenn es keinerlei Unterschiede mehr für den Marktzugang zwischen allen beteiligten Staaten gibt. Die dem noch entgegen stehenden nationalen Regelungen zu beseitigen ist das erklärte Ziel. Zusammenfassend wird dies als die „vier Freiheiten" bezeichnet:

- freier Warenverkehr durch den Wegfall der Grenzkontrollen, die Harmonisierung der Normen und den weitgehenden Abbau von technischen Handelsbeschränkungen,
- freier Dienstleistungshandel durch die Beseitigung von bürokratischen Hemmnissen wie Zulassungsbeschränkungen oder -voraussetzungen,
- freier Personenverkehr nicht nur für Reisen, sondern als Niederlassungs- und Beschäftigungsfreiheit der EU-Bürger,
- freier Kapitalverkehr durch Freizügigkeit der Geld- und Kapitalbewegungen.

Globalisierung
Wirtschaftliche Verflechtungen gibt es nicht nur im Rahmen der Europäischen Union. Das heute viel gebrauchte Wort der Globalisierung bedeutet, dass sich Waren- und Dienstleistungsströme ebenso wie Kapital und Information mit großer Geschwindigkeit über die Grenzen bewegen.

3.11.6 Der Marketing-Mix: Gebündelte Marketingaktivitäten

Ein Handelsunternehmen wird meist mehrere Marketinginstrumente gleichzeitig einsetzen. Oft steht ein Marketinginstrument im Vordergrund, abhängig z.B. von der Branche, der Betriebsform, der Konkurrenz und den Kundenzielgruppen. Dieses Instrument bestimmt dann den Gebrauch von weiteren Instrumenten, die unterstützend und verstärkend wirken sollen. Dieser gleichzeitige und koordinierte Einsatz von Marketinginstrumenten wird als Marketing-Mix bezeichnet. Mehrere absatzpolitische Instrumente werden ausgewählt und ihre Kombination koordiniert, die finanziellen Ressourcen im Marketingbudget aufgeteilt.

Die konkrete Kombination der absatzpolitischen Instrumente ist im Folgenden am Beispiel der Trinkmann GmbH dargestellt:

Marketing-Mix der Trinkmann GmbH

	Sortimentsgroßhandel	**Fachmärkte**
Allgemeine Zielsetzung	Marktführerschaft ausbauen Franchise-Geber werden, um Kundenbindung zu verstärken und Umsätze zu sichern	Marktführerschaft an allen Standorten erreichen mittelfristig 20 Fachmärkte Bekanntheitsgrad in der Region steigern
Standortpolitik		in einem Radius von 50 km um die Zentrale in Versorgungszentren, mindestens 850 qm und 20 Parkplätze
Sortimentspolitik **wichtigstes Instrument**, das andere Instrumente bestimmt	innerhalb aller Warengruppen tiefes Sortiment in allen Preislagen; **Markenartikel, Neuheitensortiment** von Bedeutung, langfristig Aufbau einer Handelsmarke	innerhalb der Warengruppen alkoholfreie Getränke, Bier tiefes Sortiment in allen Preislagen; in den Warengruppen Wein, Schaumwein, Whisky, Liköre eher flaches Sortiment, je nach Trend auch tief, Schnäpse und Branntweine stets tief **Kernsortiment**: Getränke **Randsortiment**: Salzgebäck, Süßigkeiten, Gläser, Dekoartikel **Saisonsortiment**: z.B. zu Weihnachten Glühwein **Neuheitensortiment** von Bedeutung, material- und herkunftsorientiert, zu Aktionen bedarfsorientiert, **Markenartikel** hoher Anteil
Servicepolitik Im Großhandel neben der Sortimentspolitik ein **wichtiges Instrument**, auch im Einzelhandel von Bedeutung	Produktinformationen, Schulung für die Mitarbeiter der Kunden, Verkostungen, Kommissionierung, Transport, 24-Stunden-Lieferservice; Kundenbesuche, Incentives für die Gastronomen, Maklerdienste, Verpachtungen, Beratung der Gastronomie und Kantinenpächter, Organisation von Events	Verkostungen, Lieferservice entgeltlich; Verleihen von Zapfanlagen, Gläsern, Festzeltgarnituren entgeltlich; Kommissionsware unentgeltlich; Akzeptanz von Karten-Zahlung

Preispolitik im Einzelhandel neben der Sortimentspolitik das **wichtigste Instrument**	aktive Preispolitik, Preisdifferenzierung nach Kunden, Konditionenpolitik Chefsache	**aktive Preispolitik** hochpreisiger in den Warengruppe Wein, Sekt, Spirituosen bei Bier wöchentlich aggressive Werbeangebote **Preislinien, Schlüssel-** und **Leitartikel**; im Eingangsbereich und vor dem Markt **Sonderangebote**; regionale Preisdifferenzierung nach Mitbewerbersituation
Kommunikationspolitik zur Unterstützung der wichtigen Instrumente	Werbemittel enthalten immer eine Aussage zum Sortiment oder/und Service, Etat ist aufgeteilt in Werbung, Sponsoring und Verkaufsförderung; branchenüblicher Etat: Außendienstpromotion, Unterstützung der Kunden durch Händlerpromotion, bei PR Mittelpunkt der Geschäftsführer Marco Trinkmann selbst durch sein Engagement in Verbänden, Vereinen und Politik, durch Kontakte zu den wichtigsten Partnern der Gastronomie und des Handels, zur Presse und Vertretern der Stadt	Preis und Sortiment werden mit Handzetteln, in Anzeigen in Verbraucherzeitungen beworben, in der Verkaufsförderung hervorgehoben; höherer Etat als branchenüblich, um die Marktposition zu verbessern; Verbraucherpromotion: Einsatz von Propagandisten, Laufweggestaltung, Platzierung wichtig; Aktionen und Events; am Kassenbereich und vor dem Fachmarkt Sonderangebotszone
Verkaufskonzepte	persönliche Betreuung der Kunden durch Innen- und Außendienst; nur direkte Absatzwege; Franchise-Angebote geplant; B2B im Aufbau, um schnellste Auftragsabwicklung zu gewährleisten	grundsätzlich Selbstbedienung, bei Weinen, Spirituosen Vorwahl; Online-Shop im Aufbau

3.11.7 Controlling der Marketingaktivitäten

Planungs- und Kontrollsysteme innerhalb einer Unternehmung
In einem Handelsunternehmen hat das Controlling des Marketingbereichs eine besondere Bedeutung. Der Bereich ist beteiligt an der Entwicklung und Modifizierung von Strategien sowie ander Abstimmung über Planzahlen, bei der Kontrolle der Plandaten der Vergangenheit im Soll-Ist-Vergleich und bei der Analyse von Abweichungen. Das Controlling sammelt interne und externe Daten der Marktforschungsunternehmen, die es auswertet und aufbereitet. Die Auswertungen sind oft schwierig, da es häufig um nichtökonomische Daten geht.

Strategisches Marketingcontrolling

Beim strategischen Marketingcontrolling werden interne und externe Daten ausgewertet, um rechtzeitig Veränderungen im Unternehmen sowie auf dem Absatzmarkt zu erkennen. Zusätzlich hat das Controlling die Aufgabe, die einzelnen Absatzinstrumente zu koordinieren. Folgende Methoden und Instrumente werden eingesetzt:

Produktlebenszyklus

Jeder Artikel bzw. Artikelgruppe durchläuft die gleichen Phasen. Innerhalb des Controllings wird die Phasenentwicklung rechtzeitig erkannt, um notwendige Maßnahmen für den Artikel zu ergreifen. Dabei werden die Marketinginstrumente Sortiments-, Preis- und Kommunikationspolitik aufeinander abgestimmt. Die Phasen des Produktlebenszyklus sind im Kapitel Sortimentssteuerung dargestellt.

Portfolio-Methode

Im Gegensatz zum Produktlebenszyklus geht es nicht um die Betrachtung eines einzelnen Artikels oder einer Artikelgruppe, sondern alle Warengruppen (SGE genannt = strategische Geschäftseinheiten) des Sortiments werden hinsichtlich ihrer Ertrags- und Wachstumschancen untersucht: Zunächst wird festgelegt, welche Faktoren das Unternehmen hinsichtlich des Sortiments untersuchen möchte. Meistens beschränkt sich das Controlling auf zwei Faktoren wie z.B. den Marktanteil und die Wachstumschancen am Markt. Diese Faktoren werden dann in einer zweidimensionalen Matrix aufgestellt. Durch die Beurteilung ergeben sich vier verschiedene Cluster, aus denen sich Handlungsanleitungen ableiten lassen. Die genauere Darstellung finden Sie im Kapitel Marktanalyse.

Balanced Scorecard

Balanced Scorecard ist ein Soll-Ist-Vergleich bezüglich der Visionen und Strategien des Unternehmens. Das Besondere dieser Methode ist, dass die Überprüfung aus der Perspektive
- des Finanzwesens mit Hilfe von Kennziffern wie z.B. Gewinn, Rentabilität, Produktivität,
- der Kunden wie z.B. der Kundenzufriedenheit, Reklamationsquote, Kundentreue,
- der internen Ziele wie z.B. festgelegter Marketingziele,
- der Mitarbeiter wie z.B. Fluktuation, Betriebsklima

erfolgt. Hier werden also quantitative und qualitative Perspektiven gleichermaßen berücksichtigt.

Operatives Marketingcontrolling

Hauptaufgaben des operativen Controllings sind u.a.
- die kurzfristige Marketingplanung

- die laufende Kontrolle der Aktivitäten im Marketing und ggf. die Entscheidung über Korrekturmaßnahmen.

Zeitliche Durchführung des Controlling
- **Parallelkontrollen**
  Hierunter wird die begleitende Analyse einer laufenden Marketingmaßnahme verstanden. Dabei wird der Erfolg der Maßnahme gemessen und evtl. notwendige Anpassungen werden daraus abgeleitet.
- **Ex-Post-Kontrollen**
  Hierbei werden die Analysen erst nach Abschluss einer Marketingmaßnahme durchgeführt. Auf Basis der Vergangenheit wird der Erfolg bewertet und Handlungsempfehlungen für zukünftige Maßnahmen gegeben.

Controlling für ausgewählte Marketingbereiche
siehe Tabelle auf der folgenden Seite.
Alle Instrumente und Kennziffern, die im Kapitel Werbung bei der Werbeerfolgskontrolle vorgestellt wurden, sind ebenso für die Verkaufsförderung, für das visuelle Marketing und für Public Relations zu verwenden. Oft wird das Controlling bei der Frage der außerökonomischen Erfolge durch Ergebnisse der Marktforschungsinstitute unterstützt.

Controlling für ausgewählte Marketingbereiche

Marketingbereich	Controllinginstrumente und Kennziffern
Standortcontrolling Beim Standortcontrolling wird eines der wichtigen Instrumente des Marketings bewertet und analysiert. Neben dem Ort, der Straße oder der Immobilie kann auch eine Region bzw. ein Bundesland untersucht werden. Interne Kennziffern werden durch Untersuchungen der Marktforschungsinstitute wie GfK und Prognos, der Verbände, Kammern und Städte und Gemeinden ergänzt.	**Scoringverfahren** (im Kapitel Standortmarketing vorgestellt) **Marktpotenzial:** maximale Aufnahmefähigkeit des Marktes für einen Artikel, eine Artikelgruppe, eine Warengruppe oder eine Branche an einem Standort; Zahl der potenziellen Kunden • Kaufkraft **Marktvolumen:** realisierter Absatz bzw. Umsatz eines Standortes **Marktanteil:** Absatzvolumen eines Unternehmens im Verhältnis zum Marktvolumen $$\frac{\text{Umsatz} \cdot 100}{\text{Marktvolumen}}$$ **Flächenleistung:** $$\frac{\text{Umsatz}}{\text{Gesamtfläche}}$$ oder $$\frac{\text{Umsatz}}{\text{Verkaufsfläche}}$$
Sortimentscontrolling Beim Sortimentscontrolling sollen die Risiken eines zu großen bzw. eines zu kleinen Sortiments minimiert und die Gestaltung des Sortiments in Bezug auf die Zielgruppe/n optimiert werden.	**Präsenzkontrollen:** Die Bestände des Sortiments werden regelmäßig bewertet. Außerdem werden Artikel, die der Kunde nachfragt und die nicht geführt werden, festgehalten und die Aufnahme in das Sortiment geprüft. **Leistungskontrollen:** z.B. ■ Renner/Pennerlisten ■ Abverkaufsquoten nach verschiedenen Kriterien ■ Handelsspanne ■ Deckungsbeitragsrechnung ■ Lagerumschlagshäufigkeit ■ Preisnachlassquote/Abschriftenquote
Controlling der Kommunikationspolitik	

3.12. Grundlagen des Wettbewerbsrechts
Im Rahmenplan unter 3.7 und 3.9, aber auch unter 7.3 angesprochen.

3.12.1 Die Ziele des Wettbewerbsrechts

Das Wettbewerbsrecht ist ein Bestandteil unserer Sozialen Marktwirtschaft. Es dient der Erhaltung eines funktionsfähigen Wettbewerbs.
Die Werbung ändert sich jeden Tag. Deshalb kann das Wettbewerbsrecht niemals alle möglichen Fälle darstellen. Das Wettbewerbsrecht und seine Nebengebiete sind zwar durch gesetzliche Neuregelungen in den letzten Jahren konkretisiert und detailliert worden, im Wesentlichen wird jedoch dieses Rechtsgebiet von der Rechtsprechung geprägt – denn jeder Fall ist anders.
Das Marketing ist einem Motor vergleichbar, der ein Unternehmen nach vorn zieht. Hier sind Zeit Kreativität und Tempo gefragt, um die jeweilige Zielgruppe zu gewinnen. Zu beachten ist jedoch immer, dass das, was dem Kreativen hierzu einfällt, auch vor dem Auge des Gesetzes und der Rechtsprechung Bestand hat. Der Gesetzgeber hat hier insbesondere mit dem Gesetz gegen Wettbewerbsbeschränkungen – GWB – (auch als Kartellrecht bekannt) und dem Gesetz gegen den unlauteren Wettbewerb – UWG – Rahmenbedingungen geschaffen, die von jedermann einzuhalten sind.
Das UWG soll dafür sorgen, dass ein fairer Wettbewerb besteht und der Verbraucher nicht getäuscht wird. Es dient dem Schutz der Mitbewerber, der Verbraucher sowie der sonstigen Marktteilnehmer vor unlauterem Wettbewerb. Gleichzeitig schützt es das Interesse der Allgemeinheit an einem unverfälschten Wettbewerb.
Wir wollen uns hier auf einige ausgewählte Bereiche konzentrieren, die für die betriebliche Praxis von Bedeutung sind.

> *Das UWG dient dem Schutz der Mitbewerber, der Verbraucher sowie der sonstigen Marktteilnehmer vor unlauterem Wettbewerb.*

3.12.2 Welche Bereiche regelt das UWG

In den §§ 3 – 7 UWG sind gezielte verbraucherschützende Regelungen enthalten. Die Rechtsprechung stellt dabei auf die Sicht eines „durchschnittlich informierten, aufmerksamen und verständigen Verbrauchers" ab. Allerdings kann auch der sogenannte „flüchtige Verbraucher" schützenswert sein, wenn es im Einzelfall um eine Werbung geht, die der Verbraucher nur flüchtig wahrnimmt – so der Bundesgerichtshof.

§ 3 UWG enthält das Verbot unlauterer geschäftlicher Handlungen. Was in jedem Falle unzulässig ist, ergibt sich aus dem Anhang zu § 3 III UWG. § 4 UWG beschäftigt sich mit dem Verbot der Nachahmung von Waren oder Dienstleistungen eines Mitbewerbers, § 4a UWG mit dem Verbot der aggressiven geschäftlichen Handlung, §§ 5, 5a UWG mit dem Verbot der irreführenden Handlungen, der Verschleierung von Verkaufsförderungen; es folgen in § 6 die Gebote zur vergleichenden Werbung und in § 7 das Verbot der unzumutbaren Belästigung.

Die Generalklausel des Wettbewerbsrechts im § 3 UWG

§ 3 UWG wird als die sogenannte „Generalklausel" bezeichnet. Generalklausel bedeutet, dass die Vorschrift derart weit gefasst ist, dass alle wettbewerbswidrigen Verhaltensweisen unter diesen Paragraphen fallen können. Der Jurist nennt dies auch „Auffangtatbestand". Wenn andere Spezialvorschriften nicht weiterhelfen, hat die Rechtsprechung die Möglichkeit, § 3 heranzuziehen. Da dieser Paragraph so wichtig ist, wollen wir ihn hier einmal vollständig darstellen:

§ 3 – Verbot unlauterer geschäftlicher Handlungen

(1) Unlautere geschäftliche Handlungen sind unzulässig.
(2) Geschäftliche Handlungen, die sich an Verbraucher richten oder diese erreichen, sind unlauter, wenn sie nicht der unternehmerischen Sorgfalt entsprechen und dazu geeignet sind, das wirtschaftliche Verhalten des Verbrauchers wesentlich zu beeinflussen.
(3) Die im Anhang dieses Gesetzes aufgeführten geschäftlichen Handlungen gegenüber Verbrauchern sind stets unzulässig.
(4) Bei der Beurteilung von geschäftlichen Handlungen gegenüber Verbrauchern ist auf den durchschnittlichen Verbraucher oder, wenn sich die geschäftliche Handlung an eine bestimmte Gruppe von Verbrauchern wendet, auf ein durchschnittliches Mitglied dieser Gruppe abzustellen. Geschäftliche Handlungen, die für den Unternehmer vorhersehbar das wirtschaftliche Verhalten nur einer eindeutig identifizierbaren Gruppe von Verbrauchern wesentlich beeinflussen, die auf Grund von geistigen oder körperlichen Beeinträchtigungen, Alter oder Leichtgläubigkeit im Hinblick auf diese geschäftlichen Handlungen oder die diesen zugrunde liegenden Waren oder Dienstleistungen besonders schutzbedürftig sind, sind aus der Sicht eines durchschnittlichen Mitglieds dieser Gruppe zu beurteilen.

Die erste Frage, die sich schon stellt, ist: Was bedeutet „unlauter"?
Der Duden gibt als Bedeutung für den Begriff „unlauter" die Erklärung: Nicht ehrlich, nicht fair, nicht legitim. Als Synonyme werden genannt: Heuchlerisch, hinterhältig, unaufrichtig, unecht, unehrlich, verstellt, vorgegaukelt, vorgespiegelt, vorgetäuscht usw. Der Gesetzgeber beschreibt es in § 3 II UWG, vgl. oben.

3.12. Grundlagen des Wettbewerbsrechts

Das „Grundgesetz des Wettbewerbsrechts!"
Unlauter handelt, wer einer gesetzlichen Vorschrift zuwider handelt, die auch dazu bestimmt ist, im Interesse der Marktteilnehmer das Marktverhalten zu regeln, wenn der Verstoß geeignet ist, die Interessen von Verbrauchern, sonstigen Marktteilnehmern oder Mitbewerbern spürbar zu beeinträchtigen, vgl. § 3a UWG.

Die Rechtsprechung hat es so formuliert: Unlauter ist alles, was dem anständigen Verhalten in der Wirtschaft widerspricht.

„Unlauter ist alles, was dem anständigen Verhalten in der Wirtschaft widerspricht".

Das UWG beschränkt sich jedoch ausdrücklich auf ein Handeln zu Zwecken des (wirtschaftlichen) Wettbewerbs, ein Handeln also, dass vor allem den Absatz oder auch die Beschaffung von Gütern fördern soll. Das Verhalten eines Marktteilnehmers soll also nicht dazu führen, dass eine der oben genannten geschützten Gruppen einen Schaden durch die unlautere Verhaltensweise eines Werbenden erleidet.

Hier einige Beispiele zur Generalklausel – § 3 UWG –:
Voranzustellen ist, dass der Gesetzgeber im Anhang zu § 3 Abs. 3 eine sogenannte „schwarze Liste" geschaffen hat, die nicht weniger als 30 Tatbestände enthält, die in jedem Falle als unlauter einzustufen sind. Die Liste ist jedoch nicht abschließend. Da es sich teilweise um sehr spezielle Tatbestände handelt, soll an dieser Stelle auf eine detaillierte Wiedergabe verzichtet werden. Interessenten finden sie im Gesetz (abgedruckt auch in „Gesetzestexte für Fachwirte und andere Weiterbildungsprüfungen", im gleichen Verlag, jährlich aktualisiert.)

- Die Verwendung von Qualitätszeichen ohne die erforderliche Genehmigung
- Die unwahre Angabe, eine Handlung sei von einer staatlichen Stelle genehmigt worden (z.B. „Staatlich genehmigte Auktion!")
- Lockvogelangebote – wenn die Ware nicht mindestens für zwei Tage bevorratet ist.
- Die unwahre Angabe, eine Ware sei nur für einen ganz kurzen Zeitraum verfügbar, um den Verbraucher unter Druck zu setzen
- Die redaktionelle Schleichwerbung
- Schneeballsysteme
- Die unwahre Angabe, der Unternehmer werde demnächst sein Geschäft aufgeben
- Die unwahre Angabe, der Verbraucher habe bereits einen Preis gewonnen. (In diesem Falle spricht übrigens das BGB dem Verbraucher ein Recht an diesem Preis zu!)
- Die Übermittlung von Werbematerial unter Beifügung einer Zahlungsaufforderung, wenn damit der Eindruck erweckt wird, die Ware sei bestellt worden.

Und nun einige konkrete Beispiele aus der Praxis:
Der Bundesgerichtshof hat in einem Urteil entschieden, dass eine unzureichende Aufklärung über eine unzulängliche Bevorratung unlauter ist. So klagte die Verbraucherzentrale Nordrhein-Westfalen gegen ein Filialunternehmen. Hintergrund war eine Zeitungsanzeige, in der unter anderem für das Produkt „Kerrygold Original Irische Butter" mit der Angabe „23% billiger! ... –, 99 €" geworben wurde. Zwar stand in der Fußzeile der Anzeige der Hinweis: „*Dieser Artikel kann aufgrund begrenzter Vorratsmenge bereits am ersten Angebotstag ausverkauft sein". Allerdings war an der Produktabbildung der Butter kein Sternchenhinweis – anders als bei anderen in der Anzeige beworbenen Produkten. Der betroffene Artikel war am betreffenden Tag gegen Mittag in zwei Filialen in dem Gebiet, auf das sich die Werbung bezog, nicht mehr erhältlich. Der BGH sah darin einen Verstoß gegen das UWG. Der Verbraucher sei nicht ausreichend darüber aufgeklärt worden, dass die beworbene Ware nur begrenzt vorrätig sei, § 3 III UWG, Nr. 5 Anhang zu § 3 III, § 5a III UWG.

Geschützt werden sollen durch diese Regelung auch Kinder und Jugendliche oder ältere Menschen und Zielgruppen. So hatte der BGH im sogenannten „Klingelton-Fall" folgende Entscheidung getroffen: In einer Zeitschrift, die als Zielgruppe insbesondere Jugendliche hatte, wurde für den Klingelton „Schnuffel – Ich habe Dich lieb" geworben mit: „Klingelton runterladen – 1,98 € pro Minute". Nicht angegeben waren die voraussichtlichen Gesamtkosten für das Herunterladen des Klingeltons, wobei der Download ca. 2-3 Minuten dauerte. Der BGH sah bei einer sogenannten zielgruppengesteuerten Werbung einen Verstoß gegen § 4 Nr. 2 UWG (alte Fassung) heute § 3 IV UWG.

Noch extremer das folgende Beispiel:
Ein Kaufmann wirbt mit einem extrem günstigen Angebot für einen Fernseher. Tatsächlich aber hat er gar keinen Fernseher dieses Typs auf Lager.
Die Folge: Die Verbraucher stürmen seinen Laden, dass Geschäft seiner Mitbewerber bleibt leer. Kunden ziehen frustriert wieder nach Hause oder lassen sich dazu überreden, ein anderes, vielleicht sogar teureres Gerät mitzunehmen. Hier liegt ein unzulässiges Verhalten im Sinne eines sogenannten „Lockvogelangebotes" vor. Die Verbraucher wurden in die Irre geführt und der Mitbewerber erlitt einen Wettbewerbsnachteil..

Der Mitbewerberschutz in § 4 UWG
Nach § 4 Nr. 1 und 2 UWG handelt insbesondere unlauter, wer die Kennzeichen, Waren, Dienstleistungen, Tätigkeiten oder persönlichen oder geschäftlichen Verhältnisse eines Mitbewerbers herabsetzt oder verunglimpft, sowie über ihn Tatsachen behauptet oder verbreitet, die geeignet sind, den Mitbewerber zu schädigen, sofern die Tatsachen nicht erweislich wahr sind.
So ist es unzulässig, Berufskollegen als Pfuscher zu bezeichnen, ein Mitbewerberprodukt als z.B. „Mist des Monats" herabzuwürdigen, oder einen Konkurrenzsender als „Schmuddelsender" dar-

zustellen. Auch die wahrheitswidrige Behauptung „hinter vorgehaltener Hand" gegenüber einem Lieferanten, dass der Mitbewerber kurz vor der Insolvenz steht, woraufhin der Lieferant die Geschäftsbeziehung zu diesem Mitbewerber einstellt, ist selbstverständlich unzulässig.

Unlauter handelt, wer Mitbewerber herabsetzt oder verunglimpft.

Nach § 4 Nr. 3 UWG handelt auch unlauter, wer Waren oder Dienstleistungen anbietet, die eine Nachahmung der Waren oder Dienstleistungen eines Mitbewerbers sind, wenn er
- die Kunden über die betriebliche Herkunft täuscht,
- die Wertschätzung der nachgeahmten Ware oder Dienstleistung ausnutzt oder beeinträchtigt oder
- die für die Nachahmung erforderlichen Kenntnisse unredlich erlangt hat.

Geschützt wird mit dem § 4 Nr. 3 UWG die Leistung an sich. Verboten ist die Nachahmung, also das Anhängen an die Leistung eines Mitbewerbers.
Dies lag z.B. vor, als ein Hersteller eine Uhr anbot, die äußerlich genau wie eine echte Rolex aussah und sie mit dem Namen „Bolex" kennzeichnete. Dies ist unzulässig. Unabhängig davon läuft ein Unternehmer, der sich derart verhält, Gefahr, zusätzlich gegen das Markenschutzrecht eines Mitbewerbers zu verstoßen. Hierzu an anderer Stelle mehr.
Anders entschied ein Gericht die Klage des Lebensmittelkonzerns Dr. Oetker, Hersteller des Puddings „Paula", gegen den Lebensmitteldiscounter Aldi Süd, der einen Kinderpudding „Flecki" auf den Markt brachte und sich offensichtlich in der Gestaltung an den bekannten Markenartikel anlehnte. In diesem Fall sah das Gericht zwischen den beiden Artikeln keine große Ähnlichkeit und hielt eine Verwechslungsgefahr, die ein Verkaufsverbot begründet hätte, nicht für gegeben.

Unlauter handelt, wer Waren oder Dienstleistungen eines Mitbewerbers nachahmt.

Nach § 4 Nr. 4 UWG handelt insbesondere unlauter, wer Mitbewerber gezielt behindert.
Erlaubt ist das Unterbieten der Preise im Wettbewerb. Dagegen sind Preisabsprachen kartellrechtlich (GWB) verboten. Eine Behinderung stellt auch das Überkleben von Plakaten des Mitbewerbers oder das gezielte Abfangen von Kunden, die das Geschäft des Mitbewerbers betreten wollen, dar.

Unlauter handelt, wer Mitbewerber gezielt behindert.

Aggressive geschäftliche Handlungen gegen Verbraucher
§ 4a UWG gibt Beispiele für unlautere geschäftliche Handlungen.

3. Handelsmarketing

§ 4a I UWG: Unlauter handelt, wer eine **aggressive geschäftliche Handlung** vornimmt, die geeignet ist, den Verbraucher oder sonstigen Marktteilnehmer zu einer geschäftlichen Entscheidung zu veranlassen, die dieser andernfalls nicht getroffen hätte. Eine geschäftliche Handlung ist aggressiv, wenn sie im konkreten Fall unter Berücksichtigung aller Umstände geeignet ist, die Entscheidungsfreiheit des Verbrauchers oder sonstigen Marktteilnehmers erheblich zu beeinträchtigen durch
1. Belästigung,
2. Nötigung einschließlich der Anwendung körperlicher Gewalt oder
3. unzulässige Beeinflussung.
Eine unzulässige Beeinflussung liegt vor, wenn der Unternehmer eine Machtposition gegenüber dem Verbraucher oder sonstigen Marktteilnehmer zur Ausübung von Druck, auch ohne Anwendung oder Androhung von körperlicher Gewalt, in einer Weise ausnutzt, die die Fähigkeit des Verbrauchers oder sonstigen Marktteilnehmers zu einer informierten Entscheidung wesentlich einschränkt.

Unlauter handelt, wer geschäftliche Handlungen vornimmt, die geeignet sind, die Entscheidungsfreiheit der Verbraucher durch Belästigung, Nötigung oder durch unzulässige Beeinflussung erheblich zu beeinträchtigen.

Solch ein Fall liegt z.B. vor, wenn ein Zeitungswerber auf der Straße Passanten anspricht und sie am Weitergehen hindert, bis sie einen Vertrag unterschrieben haben. Oder wenn bei einer „Kaffeefahrt" die Rückreise solange verschoben wird, bis der erwartete Umsatz gemacht wird oder Teilnehmer einer Kaffeefahrt, die nicht kaufwillig sind als Schmarotzer bezeichnet werden.

Wer andere in die Irre führt ... § 5 UWG

Nach § 5 Abs. 1 UWG handelt unlauter, wer eine irreführende geschäftliche Handlung vornimmt, die geeignet ist, den Verbraucher oder sonstigen Marktteilnehmer zu einer geschäftlichen Entscheidung zu veranlassen, die er andernfalls nicht getroffen hätte. Irreführend ist die Handlung dann, wenn sie unwahre Angaben oder sonstige zur Täuschung geeignete Angaben enthält.
Irreführung – das bedeutet übrigens nicht zwangsläufig, dass nur unwahre Angaben verboten sind. Auch Aussagen, die wahr sind, können irreführend sein:
Ein Hersteller von Fernsehern wirbt beispielsweise mit der Angabe „72 cm Bildröhre". Tatsächlich misst die Diagonale der vollständigen Bildröhre 72 cm, der Kunde jedoch erwartet, dass der **sichtbare Teil** der Bildröhre 72 cm beträgt.

Unlauter handelt, wer irreführend handelt.

Einige besondere Fälle irreführender Werbung hat das UWG aufgeführt:
- Irreführung über die Vorratsmenge
- Wer mit einem besonders günstigen Sonderangebot wirbt, rechnet natürlich damit, dass seine Kunden darauf abfahren! Deshalb muss er auch einen erhöhten Warenvorrat bereithalten. Zwei Tage muss dieser im Regelfall reichen, sonst liegt ein unzulässiges Lockvogelangebot vor.
- Irreführung über die Herstellungsart: Auch die hat ja für einen Kunden große Bedeutung. Wer eine handwerklich gefertigte Ware sucht, der fühlt sich getäuscht, wenn sich das Produkt als industrielle Massenware aus Fernost herausstellt.
- Irreführung über Beschaffenheit, den Ursprung oder die Bezugsquelle: Kunstseide als Seide anzupreisen ist ebenso unlauter wie das Angebot „Doppelter Steinhäger", der vor lauter Schwäche seiner 30% kaum aus der Flasche kommt. Manchmal verbindet der Verbraucher auch mit einer Herkunftsbezeichnung eine besondere Qualitätsvorstellung. Und deshalb darf Herr X. aus Frankfurt das von ihm hergestellte Marzipan nicht als Lübecker Marzipan verkaufen.
- Wer seine Produkte mit der Aussage „Direkt vom Hersteller" unter die Leute bringt, der muss auch selbst Hersteller sein. Denn mit dieser Werbeaussage verbindet sich die Vorstellung beim Verbraucher, das Produkt möglicherweise besonders preisgünstig erwerben zu können.
- Und wer in einer Kleinanzeige seine Kaufmannseigenschaft versteckt und unter Chiffre wirbt, erweckt damit den Eindruck, er würde als Privatmann ein besonderes Schnäppchen anbieten.
- Irreführende Umweltwerbung: Wie oft wurde der Begriff „Bio" schon strapaziert. Er darf tatsächlich – ebenso wie öko, naturrein, umweltschonend usw. – nur dann gebraucht werden, wenn Eigenschaft und Herstellung auch der Umweltbeschaffenheit entsprechen, die der Verbraucher erwartet. Umweltzeichen enthalten i.d.R. anerkannte Anforderungen, die das Produkt selbstverständlich erfüllen muss. Wenn nicht, liegt eine Irreführung und damit ein Verstoß gegen § 5 UWG vor.
- Irreführung über den Verkaufsanlass: Die Ankündigung eines „Räumungsverkaufs wegen Geschäftsaufgabe ist unzulässig, wenn hinterher das Geschäft munter weiter betrieben wird.
- Irreführung über den Preis: Unabhängig von der Preisangabenverordnung, auf die gleich noch eingegangen werden soll, ist der Preis für den Kunden ein wichtiger Faktor. Unzulässig sind sogenannte **Mondpreise**: Kaufmann Müller hat für einen Fernsehsessel in den letzten Monaten immer 399 € verlangt. Weil er weiß, dass Preisgegenüberstellungen immer wirken, malt er ein Preisschild: „Fernsehsessel: bisher 499,– Jetzt nur 399,–"

- Im Übrigen ist eine Preisgegenüberstellung mit dem eigenen, vorher verlangten Preis durchaus zulässig, nur wahr muss sie eben sein. Und das bedeutet, dass Ihr eigener, höherer Preis auch über einen längeren Zeitraum hindurch bestanden haben muss. Zulässig ist auch die Gegenüberstellung mit einer unverbindlichen Preisempfehlung des Herstellers (UVP). Ja, und sogar gegenüber den Mitbewerberpreisen darf man seine eigenen Preise herausstellen – nur Vorsicht! Denn damit provozieren Sie den Mitbewerber natürlich, und das kann schnell in einen unerfreulichen Preiskampf ausarten. Auch müssen Sie sicherstellen, dass zum Zeitpunkt ihrer Werbung die Preise auch noch aktuell und somit wahr sind.
- Irreführung über Titel, Auszeichnungen oder Größe und Bedeutung: Jetzt sind wir fast beim Thema „Schönheitswettbewerb" angelangt. Dass die Aussagen, mit denen Sie sich schmücken, wahr sein müssen, ergibt sich schon aus dem vorher Gesagten. Bei der Werbung mit der eigenen Größe kommt hinzu, dass derjenige, der sich als „Der Größte" bezeichnet, in allen objektiven Punkten wie Verkaufsfläche, Umsatz, Zahl der Mitarbeiter usw. einen wesentlichen und dauerhaften Vorsprung vor seinen Mitbewerbern nachweisen muss.

Unlauter handelt auch, wer unwahre Angaben über den Anlass des Verkaufs wie das Vorhandensein eines besonderen Preisvorteils, den Preis oder die Art und Weise, in der er berechnet wird, oder die Bedingungen, unter denen die Ware geliefert oder die Dienstleistung erbracht wird macht oder diese Angaben sonstige zur Täuschung geeignete Angaben enthält.
Ein Beispiel: Ein Händler wirbt mit einem Rabatt von 20%. Dieser gilt jedoch tatsächlich erst ab einem Einkaufswert von 100,00 €. Diese Bedingung für den Rabatt muss der Werbende auch bereits in der Anzeige selbst klar und deutlich hervorheben und angeben. Wer eine Sonderaktion zeitlich begrenzt, muss auch das Enddatum nennen (sogenannte Freizeichnungsklauseln).

Blickfangwerbung
Im Marketing haben Sie gelernt, wie wichtig z.B. in einer Anzeige ein packender Blickfang ist. Aber das kann auch ins Auge gehen:
So warb ein Optikerfachgeschäft mit einer Anzeige, in der die Angabe „über 50 %" groß herausgestellt war. Für den flüchtigen Leser blieb jedoch offen, worauf sich die Prozentzahl bezog. Die angesprochenen Verkehrskreise bringen eine solche Werbung eines Optikers in erster Linie mit Komplettbrillen in Verbindung. In diesem Fall bezogen sich die „50 %" jedoch lediglich auf Sonnengläser aus Kunststoff, nicht aber auch auf Brillengestelle – also ein Verstoß gegen das UWG, so das Oberlandesgericht Köln.

Und jetzt kommt noch ein besonders interessanter Fall:

Irreführung durch Werbung mit Selbstverständlichkeiten
Wieder ein Beispiel:
Autohändler Huber wirbt für seine Autos mit: „Zwei Jahre Garantie!"
Die Irreführung liegt in diesem Falle darin, dass für jedes Produkt, das ein Letztverbraucher erwirbt, eine gesetzliche Gewährleistung von 2 Jahren gilt.
Die Werbung von Huber aber soll den Eindruck erwecken, als würde er etwas ganz Besonderes bieten – und darin liegt die Irreführung! Ähnliches z.B. auch im Fernabsatz, wenn jemand schreibt: „Ihr Vorteil bei uns: 14 Tage Widerrufsrecht"
Irreführend kann auch eine Werbung sein, wenn sie Tatsachen verschweigt. Der Gesetzgeber spricht hier von **„Irreführung durch Unterlassen"**. Dies betrifft auch Fälle, in denen ein Unternehmer auf seiner Website im Internet bestimmte, vorgeschriebene Angaben über sein Unternehmen unterlässt.

Grundsätzlich sind dem Verbraucher diejenigen Informationen zu geben, die für seine geschäftliche Entscheidung notwendig sind. So müssen z.B. auch Teilnahmebedingungen von Preisausschreiben oder Gewinnspielen klar und eindeutig sein. Sollten durch die Inanspruchnahme eines etwaigen Gewinns zusätzliche Kosten entstehen, so ist auch dies klar und eindeutig hervorzuheben. Die Teilnahme selbst muss in jedem Falle kostenlos sein. Ist ein Geldeinsatz zu leisten, so handelt es sich nicht um ein Gewinnspiel, sondern um ein öffentliches Glücksspiel, das nicht nur wettbewerbswidrig, sondern auch strafbar ist.

Preisausschreiben oder Gewinnspiele müssen kostenlos sein, die Teilnahmebedingungen sind klar und eindeutig anzugeben.

Werbung muss überhaupt als solche erkennbar sein. Eine unterschwellige Werbung ist also grundsätzlich verboten. Davon wird gesprochen, wenn das Bewusstsein die Werbung überhaupt nicht wahrnimmt, sondern die Information lediglich das Unterbewusstsein anspricht.

§ 5a VI UWG betrifft auch die so genannte Schleichwerbung, so z. B. das Gewinnen von Adressen, wenn der Angesprochene von einer objektiven Information ausgeht, ohne zu erkennen, dass eine wirtschaftliche Absicht des Sammelnden gegeben ist. Im Übrigen denken wir natürlich u.a. auch an Werbung in Printmedien, die im Kleid eines redaktionellen Beitrags daherkommt – und jüngst auch an die Rolle der Influencer, die zumeist im Kleid des unabhängigen Fans daherkommen …

Die Preisangabenverordnung und das UWG

Die Preisangabenverordnung – PAngVO – ist ebenfalls wettbewerbsrechtlich relevant. Ihr Zweck ist es, den Verbraucher vor einer irreführenden Preisgestaltung von Unternehmern zu schützen. Danach müssen bei allen Preisangeboten von Waren oder Dienstleistungen, die sich nicht ausschließlich an Unternehmer, sondern (zumindest) auch an Verbraucher richten, Bruttopreise als Endpreise angegeben werden. Es ist also der vom Verbraucher zu zahlende Endpreis inklusive aller Steuern und Zuschläge anzugeben.

Nach § 2 Abs. 1 Preisangabenverordnung haben Anbieter, die Letztverbrauchern „Waren in Fertigpackungen, offenen Packungen oder als Verkaufseinheiten ohne Umhüllung nach Gewicht, Volumen, Länge oder Fläche anbieten" ihre Ware nicht nur mit dem Verkaufs-, sondern auch mit dem Grundpreis auszuzeichnen. Dies bedeutet, dass bei Getränken der Literpreis, bei Fliesen der Quadratmeterpreis und bei vielen Produkten der Preis je 100g oder je kg anzugeben ist. Die Angabe des Grundpreises soll dem Verbraucher den Preisvergleich erleichtern..

Verstößt ein Unternehmer gegen die Preisangabenverordnung, so liegt damit auch ein Verstoß gegen § 5 UWG vor. Denn wenn ein Unternehmer den Preis nur mit dem Hinweis angibt: „zuzüglich Umsatzsteuer", so ist dies nicht nur ein Verstoß gegen die Preisangabenverordnung. Diese Preisangabe führt den Verbraucher auch in die Irre. Denn er wird kaum im Kopf den Bruttopreis ausrechnen können. Grundlage seines Preisvergleichs ist vielmehr der sichtbare Preis.

Die vergleichende Werbung – § 6 UWG

Eine vergleichende Werbung ist dann zulässig, wenn tatsächlich objektive Kriterien verglichen werden oder Mitbewerber im Rahmen einer vergleichenden Werbung nicht über das erforderliche Maß hinaus diskreditiert werden, also ihr Ruf nicht über das Maß hinaus beeinträchtigt wird.

Derzeit wird regelmäßig noch mit den sogenannten „indirekt vergleichenden Werbungen" gearbeitet. Dies insbesondere über sogenannte „Stiftung-Warentest-Ergebnisse". Hier vergleicht sich derjenige, der auf derartige Testergebnisse Bezug nimmt, über das Testergebnis mit den anderen Mitbewerbern, die ebenfalls getestet worden sind.

In diesen Fällen ist grundsätzlich anzugeben, wann der Test durchgeführt wurde und wo der Verbraucher die einzelnen Kriterien und Inhalte des Tests nachvollziehen kann.

So ist es z.B. unzulässig, mit der Aussage: „Stiftung Warentest: Gut!" zu werben, hierbei aber zu verschweigen, dass von 10 Herstellern 7 die Note „sehr gut" bekommen haben. Der Kunde erhält hier einen falschen Eindruck. Es liegt sowohl ein Verstoß gegen § 6 UWG, als auch gegen § 5 und 5 a UWG vor, weil durch die vergleichende Werbung der Verbraucher aufgrund eines Verschweigens in die Irre geführt wird.

Nicht jeder aber, der sich verunglimpft fühlt, kann auf die Unterstützung der Richter hoffen. So klagte der Müsliriegelherstellers Corny gegen diese Kindercountry Werbung:

„Hätten wir Kindercountry so staubtrocken wie Müsliriegel gemacht, sollten Büros besser im Freien liegen."

Corny hält einen Marktanteil an Müsliriegeln von ca. 85%. Durch die Werbung sei, so argumentierten seine Anwälte, die „Gattung Müsliriegel" und somit auch Corny nach § 6 Abs. 2 Nr. 5 UWG über das Maß hinaus verunglimpft worden.

Der Bundesgerichtshof sah das anders. Er führte aus, dass es sich bei dem „staubenden Müsliriegel" um eine satirische Darstellung handele, die nicht dazu geeignet sei, die Gattung Müsliriegel über das vertretbare Maß hinaus zu verunglimpfen. Es handele sich um eine satirische Übersteigerung, die auch als solche verstanden werde.

Die belästigende Werbung – § 7 UWG

Nach § 7 Abs. 1 UWG ist eine geschäftliche Handlung, durch die ein Marktteilnehmer in unzumutbarer Weise belästigt wird, unzulässig. Dies gilt insbesondere für Werbung, obwohl erkennbar ist, dass der angesprochene Marktteilnehmer diese Werbung nicht wünscht.

§ 7 UWG: Eine geschäftliche Handlung, durch die ein Marktteilnehmer in unzumutbarer Weise belästigt wird, ist unzulässig.

Eine geschäftliche Handlung, durch die ein Marktteilnehmer in unzumutbarer Weise belästigt wird, ist unzulässig

Viele Getränkemärkte werben mit Prospekten, die von Austrägern in den Briefkasten geworfen werden. So auch die Firma Trinkmann. Dummerweise sind inzwischen an vielen Briefkästen Hinweise wie „Keine Werbung" angebracht. Die Austräger nehmen zumeist diese Hinweise nicht zur Kenntnis. Am letzten Wochenende hat Trinkmann wieder einen besonders schönen Prospekt in den Gebieten um seine Märkte herum verteilen lassen. Aber nicht nur viele Kunden werden auf die Werbung aufmerksam. Schon am Montag erhält Trinkmann ein Fax der Verbraucherzentrale, die ihn auffordert, das Einwerfen von Prospekten in solche Briefkästen zu unterlassen und darüber eine strafbewehrte Unterlassungserklärung abzugeben. Verunsichert ruft der Werbeleiter gleich beim Handelsverband an. Der Jurist empfiehlt ihm dringend, die Unterlassungserklärung sofort zu unterschreiben. Denn das Einwerfen von Werbung in einen Briefkasten trotz eines Verbotsaufklebers sei als belästigende Werbung unzulässig. Das falle alles unter den § 7, genauso wie das direkte und aufdringliche Ansprechen auf der Straße und das Zusenden unbestellter Ware.

Besonders lästig: Die **Telefonwerbung gegenüber Privatpersonen**. Nur dann, wenn der Verbraucher vorher ausdrücklich sein Einverständnis erklärt hat, ist eine Telefonwerbung zulässig. Das gleiche gilt für unverlangte Telefax-, aber auch Email- und SMS Werbung. Hierbei ist zu beachten, dass nicht nur ein Verstoß gegen das UWG sondern auch gegen das Telemediengesetz – TMG – vorliegt. Doch eine Ausnahme gibt es von diesem Grundsatz: Wenn der Unternehmer im Zusammenhang mit einem Verkauf eine elektronische Adresse erhalten hat, darf er sie für seine eigene Direktwerbung nutzen – es sei denn, der Kunde hätte dem ausdrücklich widersprochen. Auf diese Möglichkeit des Widerspruchs muss der Kaufmann freilich den Verbraucher bei der Erhebung der Adresse klar und deutlich hinweisen.

Eine Werbung ist aber auch dann unzulässig, wenn die Identität des Absenders verschleiert oder unterdrückt wird. Denn der Adressat der Werbung muss jederzeit die Möglichkeit haben, die Einstellung der Werbung zu verlangen.

3.12.3 Rechtsfolgen eines Verstoßes

Ansprüche gegen den Werbenden
Nach § 8 Abs. 3 UWG können Verstöße gegen das UWG
- von betroffenen Mitbewerbern (gleicher Branche)
- von rechtsfähigen Verbänden zur Förderung gewerblicher oder selbstständiger beruflicher Interessen, wie z.B. dem Handelsverband
- von qualifizierten Einrichtungen, die in die hierfür vorgesehene Liste von Einrichtungen aufgenommen wurden (z.B. Wettbewerbszentrale, Verbraucherverbände)
- sowie den Industrie-und Handelskammern bzw. den Handwerkskammern geltend gemacht werden.

Der einzelne Verbraucher kann keine Ansprüche nach UWG geltend machen. Der Verbraucher kann sich aber an die Verbraucherzentralen wenden, die ihrerseits anspruchsberechtigt sind. Liegt ein Verstoß vor, so muss der rechtswidrig Werbende damit rechnen, dass gegen ihn
- ein **Beseitigungsanspruch** nach § 8 Abs. 1 UWG
- ein **Unterlassungsanspruch** nach § 8 Abs. 1 UWG
- ein **Schadensersatzanspruch** nach § 9 UWG
- sowie gegebenenfalls ein **Anspruch auf Gewinnabschöpfung** nach § 10 UWG geltend gemacht wird.

Der Beseitigungsanspruch bedeutet, dass das rechtswidrige Verhalten zu beseitigen ist. Ein aufgehängtes Plakat ist zu entfernen. Der Unterlassungsanspruch dagegen ist in die Zukunft gerichtet: Der Werbende – der „Wettbewerbsstörer" – ist verpflichtet, in Zukunft das rechtswidrige Verhalten zu unterlassen, das Plakat also nicht erneut aufzuhängen. Ist dem Mitbewerber durch die rechtswidrige Werbung ein Schaden entstanden, so kann er einen Schadensersatzanspruch geltend gemacht werden. In der Praxis ist jedoch in der Regel die Bezifferung hier sehr problematisch. Mit dem Schadensersatzanspruch geht ein sogenannter Auskunftsanspruch einher, da ohne die Auskunft des Mitbewerbers, der rechtswidrig geworben hat, in der Regel eine Geltendmachung von Ansprüchen nicht möglich ist. Dies gilt insbesondere auch für den Anspruch auf Gewinnabschöpfung, was bedeutet, dass der Gewinn, den der Werbende durch die rechtswidrige Werbung erlangt hat, abgeschöpft wird und an den Staat geht.

Im Rahmen des Schadensersatzanspruches können im Übrigen auch die Rechtsanwaltskosten geltend gemacht werden, die für die Abmahnung entstanden sind.

Das wettbewerbsrechtliche Verfahren

Wer rechtswidrig wirbt, muss damit rechnen, dass gegen ihn die oben genannten Ansprüche geltend gemacht werden. Das Verfahren wird beginnt mit der sogenannten **wettbewerbsrechtlichen Abmahnung**.

Die Abmahnung hat zu enthalten
- den Namen des Anspruchsstellers,
- das angegriffene Verhalten, das so genau wie möglich bezeichnet sein soll,
- eine rechtliche Würdigung, also die Darstellung warum ein rechtswidriges Verhalten vorliegt,
- sowie die Aufforderung zur Abgabe einer strafbewehrten Unterlassungserklärung
- gefolgt von der Androhung von gerichtlichen Schritten.

Eine **strafbewehrte Unterlassungserklärung** ist juristisch betrachtet ein Vertrag, in dem sich der rechtswidrig Werbende dazu verpflichtet, das rechtswidrige Verhalten in Zukunft zu unterlassen und dem Vertragspartner eine Vertragsstrafe für den Fall der Zuwiderhandlung verspricht. Die Vertragsstrafe dient dazu, den Abgemahnten dazu anzuhalten, in Zukunft nicht mehr rechtswidrig zu werben. Dies entspricht dem Sinn und Zweck von § 1 UWG. Deshalb wird die Vertragsstrafe zumeist recht hoch angesetzt, selten unter 20.000 €.

Gibt der rechtswidrig Werbende die strafbewehrte Unterlassungs- und Verpflichtungserklärung nicht ab, so kann gegen ihn ein einstweiliges Verfügungsverfahren eingeleitet werden. Hierbei handelt es sich um eine Art „Schnellverfahren" in dem das Gericht nur nach den Vortrag des Antragsstellers entscheidet, ob ein rechtswidriges Verhalten vorliegt, und dieses sodann verbietet. Im Übrigen verjähren nach § 11 Abs. 1 UWG die Ansprüche aus §§ 8, 9 und 12 Abs. 1 S. 2 in 6 Monaten. Für die anderen Ansprüche gelten längere Verjährungsfristen, die sich aus dem Gesetz ergeben.

Straf- und Bußgeldvorschriften
Es gibt Fälle, in denen Wettbewerbsverstöße sogar strafbar sind. Dies gilt insbesondere für
- besonders schwere Irreführung
- progressive Kundenwerbung (wie z. B. die sogenannten „Schneeballsysteme")
- Verrat von Geschäfts- oder Betriebsgeheimnissen
- Verwertung von anvertrauten Vorlagen
- Verleitung zum Verrat

3.12.4 Das Marken- und Kennzeichenrecht

In der heutigen Gesellschaft hat die Marke eine erhebliche wirtschaftliche Funktion für das Marketing von Produkten und Dienstleistungen.
Die Marke ist die Herkunftsbezeichnung. Sie kennzeichnet ein Produkt als aus einem Unternehmen stammend und unterscheidet es von Produkten anderer Unternehmen.
Geschützt werden soll vor Verwechslungsgefahr. Das Markenschutzrecht betrifft hierbei insbesondere gewerblich genutzte Kennzeichen. Ein Rechtsschutz entsteht grundsätzlich durch Eintragung ins das Markenregister, § 4 MarkenG.
Markenschutzfähig sind nach § 3 MarkenG alle Zeichen, insbesondere Wörter einschließlich Personennamen, Abbildungen, Buchstaben, Zahlen, Hörzeichen, dreidimensionale Gestaltungen einschließlich der Form einer Ware oder ihrer Verpackung sowie sonstige Aufmachungen einschließlich Farben und Farbzusammenstellungen, die geeignet sind, Waren oder Dienstleistungen eines Unternehmens von denjenigen anderer Unternehmen zu unterscheiden.
Als Beispiel seien genannt die Farbkombination bei Tankstellen, Hausnummern wie z. B. 4711, die Tonfolge von T-Com oder auch das Logo „VW im Kreis".
Nach § 6 MarkenG kommt es für die Entstehung des Markenschutzes grundsätzlich auf die Priorität an, was im Ergebnis nichts anderes bedeutet als: „Wer zuerst kommt, malt zuerst".
Die Verwendung eines Markenzeichens durch einen Dritten ist ausgeschlossen. Geschützt wird aber auch schon die sogenannte Verwechslungs- oder Verwässerungsgefahr. Schon das Anlehnen an die Marke ist zu unterlassen, wenn die Gefahr besteht, dass der Verbraucher sie mit der ursprünglichen Marke verwechselt. Die Verwechslungsgefahr ist natürlich bei Produkten mit ähnlicher Verwendung oder Zielgruppe besonders groß.
Bei bekannten Marken ist auch die sogenannte Verwässerungsgefahr geschützt. So ist die Marke Coca Cola z. B. nicht nur im Bereich von Getränken, sondern auch im Bereich von Sportartikeln geschützt und darf auch dort nicht verwendet werden. Die Allianz Versicherung hatte gegenüber der Band „Die Allianz" geltend gemacht, dieser Name suggeriere irgendeinen Zusammenhang mit der Unternehmensgruppe Allianz, und deshalb bestünde eine Verwässe-

rungsgefahr. Die Band musste daraufhin ihren Namen aufgeben und wurde zur „Band ohne Namen"!

Die Rechtsfolge bei einem Verstoß
Im Markenschutzrecht gelten die gleichen Rechtsfolgen, wie im Wettbewerbsrecht. Denn genau betrachtet ist das Markenschutzrecht ein Nebengebiet des gewerblichen Rechtsschutzes und somit auch zum Wettbewerbsrecht gehörig. Hänge ich mich als Mitbewerber an einen Marke an und täusche somit über ihre Herkunft, so führe ich den Verbraucher gleichzeitig in die Irre, so dass wiederum ein Wettbewerbsverstoß gegeben ist.

3.12.5 Das Urheberrecht

Gem. § 1 UrhG werden die Urheber von Werken der Literatur, Wissenschaft und Kunst nach Maßgabe des Urheberrechtsgesetzes geschützt.
Nach § 11 UrhG schützt das Urheberrecht den Urheber in seinen geistigen und persönlichen Beziehungen zum Werk und der Nutzung des Werkes. Dies hat zur Folge, dass sich die Urheberschaft nach Deutschen Recht grundsätzlich allein aus dem Schöpfungsakt ergibt. Urheber ist man also durch die Schöpfung von Gesetzes wegen. Dies bedeutet auch, dass ein „Copyright-Hinweis" an sich nicht erforderlich ist.
Allerdings ist § 10 UrhG zu berücksichtigen, nach dem eine Vermutung der Urheber- oder Rechtsinhaberschaft für denjenigen besteht, der auf Vervielfältigungsstücken eines erschienenen Werks als Urheber ausgewiesen ist. Für den tatsächlichen Urheber, der eventuell zunächst einen Urheberrechtshinweis nicht angebracht hat, bedeutet dies, dass er seine Urheberrechtsinhaberschaft beweisen müsste, was häufig nur unter großen Schwierigkeiten möglich ist. Deshalb ist ein Urheberrechtshinweis dringend zu empfehlen.

Die Übertragung von Urheberrechten
Da das Urheberrecht allein durch den Schöpfungsakt eines Werks entsteht, ergibt sich, dass es zwar vererblich ist, jedoch nicht übertragen werden kann. Die sogenannten Nutzungsrechte (Lizenzrechte) dagegen schon. Es ist Sache des Urhebers zu entscheiden, wem er welche Nutzungsrechte überträgt. So kann er einzelne oder alle Nutzungsarten, einfache oder ausschließliche Nutzungsrechte übertragen und diese nach Wunsch räumlich, zeitlich und inhaltlich begrenzen. Selbst die Übertragung von unbekannten Nutzungsarten für die Zukunft ist zulässig.

3. Handelsmarketing

Dauer der Urheberrechte

Nach § 64 UrhG erlischt das Urheberrecht grundsätzlich 70 Jahre nach Tod des Urhebers, bei sogenannten Miturhebern und Filmwerken beginnt die Frist 70 Jahre nach dem Tod des längstlebenden Miturhebers. Gleiches gilt für Musikkompositionen. Bei anonymen Werken beginnt die Frist 70 Jahre nach der Veröffentlichung.

Der Urheber darf selbst entscheiden, wie sein Werk genutzt oder verbreitet wird. So ist es selbstverständlich unzulässig, Bilder die urheberrechtlich geschützt sind, für die eigene Internetpräsenz zu verwenden, ohne hierfür die notwendigen Lizenzen eingeholt zu haben.

> Die Trinkmann GmbH möchte für ihre neue Internetpräsenz Fotos zur Präsentation verwenden, die zuvor bereits in einem Katalog des Unternehmens erschienenen war. Der Katalog und die Fotos wurden ursprünglich von einem anderen Unternehmen speziell für den Katalog erstellt.
>
> In diesem Fall ist die Trinkmann GmbH nicht berechtigt, die Fotos für ihre Internetpräsenz zu verwenden. Die Freigabe des ursprünglichen Urhebers bezog sich voraussichtlich nur auf den Katalog und nicht auf die Internetpräsenz. Es ist also eine neue Lizenz einzuholen.

Die Rechtsfolgen bei einem Verstoß

Gem. den §§ 97 ff. UrhG hat der Urheber gegen den Verletzter zunächst einen Anspruch auf Beseitigung sowie Unterlassung und Schadensersatz. Auch das Urheberrechtsgesetz ist hinsichtlich der Rechtsfolgen dem Wettbewerbsrecht sehr ähnlich. Wer sich rechtswidrig verhält, hat den Zustand zu beseitigen, das rechtswidrige Verhalten in Zukunft zu unterlassen und natürlich Schadensersatz zu leisten. Darüber hinaus bestehen im Urheberrechtsgesetz Ansprüche auf Vernichtung bzw. Überlassung der Vervielfältigungsstücke sowie ein Anspruch auf Überlassung der Vorrichtungen mit denen die Urheberrechtsverletzung begangen wurde, z. B. Computer oder DVD-Brenner.

Strafrechtliche Rechtsfolgen

Nach §§ 106 ff. UrhG wird die unerlaubte Verwertung urheberrechtlich geschützter Werke, das unerlaubte Anbringen einer Urheberbezeichnung, die unerlaubten Eingriffe in verwandte Schutzrechte des Urheberrechts mit bis zu 3 Jahren Freiheitsstrafe je Einzelfall, bei gewerbsmäßiger Verwertung sogar mit bis zu 5 Jahren je Einzelfall bestraft.

3.12.6 Das Kartellrecht

Das Kartellrecht ist ein Teil des Wettbewerbsrechts. Maßgeblich ist insbesondere das Gesetz gegen Wettbewerbsbeschränkungen – GWB -. Sinn und Zweck ist es, Wettbewerbsbeschränkende Vereinbarungen sowie den Missbrauch marktbeherrschender Stellungen zu verbieten und Marktbeherrschende Stellungen (Monopole) zu vermeiden sowie Unternehmenszusammenschlüsse auf das Entstehen einer (rechtswidrigen) marktbeherrschenden Stellung zu überprüfen. Das Kartellrecht betrifft jedes Unternehmen, wobei insbesondere große Unternehmen durch ihre Handlungen Gefahr laufen, gegen des GWB zu verstoßen.

Das Verbot wettbewerbsbeschränkender Vereinbarungen
Gemäß § 1 GWB sind Vereinbarungen zwischen Unternehmen, Beschlüsse von Unternehmensvereinigungen und aufeinander abgestimmte Verhaltensweisen, die eine Verhinderung, Einschränkung oder Verfälschung des Wettbewerbs bezwecken oder bewirken, verboten. Von dieser Regelung sind insbesondere Unternehmen gleicher Wirtschaftsstufe betroffen. Ihnen ist untersagt ist z.B. Preisabsprachen miteinander zu treffen (sogenannte Preiskartelle). Eine solche Absprache stellt ein grundsätzlich verbotenes Kartell dar. Ausgenommen hiervon sind nur freiwillige Vereinbarungen, die zur Förderung des technischen oder wirtschaftlichen Fortschritts beitragen (§ 2) und dann die sogenannten Mittelstandskartelle für kleinere Unternehmen, die ihre Wettbewerbsfähigkeit steigern. Wenn Sie also eine Anzeige der Edeka- oder Rewe-Kaufleute sehen, dann haben Sie genau solch ein Mittelstandskartell vor Augen. Schutzgut ist also immer der Erhalt des Wettbewerbs.

Die Ausnutzung einer marktbeherrschenden Stellung
Nach §§ 18–21 GBB handeln Unternehmen dann kartellrechtswidrig, wenn sie ihre Marktstellung auf missbräuchliche Art und Weise ausnutzen. Hat ein Unternehmen eine marktbeherrschende Stellung (hiervon wird nach deutschem Recht in der Regel ausgegangen, wenn das Unternehmen einen Marktanteil von mindestens einem Drittel hat), so unterliegt es engeren Bestimmungen als kleine Unternehmen. So kann das Ausnutzen einer marktbeherrschenden Stellung vorliegen, wenn ein marktbeherrschendes Unternehmen sich weigert, einen bestimmten Kunden zu beliefern. Immer wieder diskutiert wird der „Verkauf unter Einstandspreis". Aus wettbewerbsrechtlicher Sicht gilt ein gelegentlicher Verkauf unter Einstandspreis als unbedenklich. Verkauft jedoch ein marktbeherrschendes Unternehmen nicht nur gelegentlich sondern systematisch Ware unter dem Einstandspreis, um einen Mitbewerber hierdurch systematisch zu vernichten, so ist dies rechtswidrig.

Die Fusionskontrolle

In den §§ 35 ff. GWW ist die so genannte Zusammenschlusskontrolle geregelt. Wenn Unternehmen, die eine bestimmte Größe überschreiten, sich zusammenschließen wollen, müssen sie dies beim Bundeskartellamt anmelden.

Das Bundeskartellamt

Das Bundeskartellamt ist die zuständige Aufsichtsbehörde, die die Einhaltung des GWB und der einschlägigen europäischen Rechtsnormen (innerhalb Deutschlands) kontrolliert. So kann das Bundeskartellamt einen Zusammenschluss von Unternehmen verhindern, wenn hierdurch die Entstehung eines Monopols drohen würde. Auch kann die Kartellbehörde unter bestimmten Voraussetzungen den durch die Kartellbildung erzielten Gewinn abschöpfen und empfindliche Bußgelder gegen Unternehmen verhängen, die sich kartellrechtswidrig verhalten. Daneben haben Mitbewerber und sonstige von dem Kartellrechtverstoß betroffene Marktbeteiligte einen Anspruch auf Beseitigung und Unterlassung. Derjenige, dem durch ein rechtswidriges Verhalten ein Schaden entstanden ist, hat einen Anspruch auf Schadensersatz. Dies kennen Sie ja bereits aus dem Wettbewerbs-, dem Urheber- und dem Markenschutzrecht.

3.12.7 Bundesdatenschutzgesetz (BDSG) und Datenschutzgrundverordnung (DSGVO)

Der Schutz von Daten bekommt im Zeitalter der fortschreitenden Informationstechnologien eine immer größere Bedeutung. Allein die Datenschutzverstöße der sozialen Netzwerke insbesondere bei Facebook und die damit einhergehenden öffentlichen Diskussionen machen dies deutlich. Art. 2 des Grundgesetzes – die freie Entfaltung der Persönlichkeit – gibt jeder natürlichen Person die Entscheidungsbefugnis darüber, was mit ihren personenbezogenen Daten geschehen darf und was nicht. Grundsätzlich darf jeder einzelne darüber entscheiden ob überhaupt personenbezogene Daten erfasst werden, welche Daten erfasst werden und ob diese an Dritte übermittelt werden dürfen.

§ 1 I BDSG lautet:
(1) Dieses Gesetz gilt für die Verarbeitung personenbezogener Daten durch
  1. öffentliche Stellen des Bundes,
  2. öffentliche Stellen der Länder, soweit der Datenschutz nicht durch Landesgesetz geregelt ist und soweit sie
     a) Bundesrecht ausführen oder
     b) als Organe der Rechtspflege tätig werden und es sich nicht um Verwaltungsangelegenheiten handelt.

Für nichtöffentliche Stellen gilt dieses Gesetz für die ganz oder teilweise automatisierte Verarbeitung personenbezogener Daten sowie die nicht automatisierte Verarbeitung personenbezogener Daten, die in einem Dateisystem gespeichert sind oder gespeichert werden sollen, es sei denn, die Verarbeitung durch natürliche Personen erfolgt zur Ausübung ausschließlich persönlicher oder familiärer Tätigkeiten. Also sind bereits der Gesangverein oder die freiwillige Feuerwehr von diesen Vorschriften betroffen!
Die einzelnen weiteren Definitionen sind in §§ 2 und 3 BDSG geregelt.

Das Bundesdatenschutzgesetz verbietet die Erhebung, Speicherung und Verarbeitung von Daten des Betroffenen, wenn dieser hierzu keine Einwilligung erteilt hat. Allerdings gibt es hiervon Ausnahmefälle: Der Hauptausnahmefall ist, wenn der Verarbeitende ein berechtigtes Interesse an der Verarbeitung (und somit auch an der Erhebung und Speicherung) der Daten hat.
So zählen schon die Verwendung von Cookies auf Internetseiten, die Verwendung von Analyse-Tools auf Internetseiten oder in Online-Shops sowie natürlich die Erhebung von Daten zur Versendung eines Newsletters hierzu.
Wenn der Kunde über die Datenerhebung und Verwendung ausdrücklich informiert wurde und seine Einwilligung erteilt hat, so ist grundsätzlich die Nutzung der Daten zulässig. Allerdings nur für diesen Zweck, für den der Kunde die Einwilligung erteilt hat. Dieser Grundsatz nennt sich „Zweckbindung". Hat der Kunde also eine E-Mail-Adresse zum Zwecke der Kaufvertragsabwicklung herausgegeben, so darf diese nicht ohne weiteres für unzulässige Werbung verwendet werden.
Eine Verwendung für die Durchführung des Vertrags, wie z.B. das Verschicken der Ware und somit die Mitteilung der Adressdaten an den Transporteur, ist selbstverständlich zulässig.

Wenn Daten zu schützen sind, dann ergibt sich hieraus auch, dass diese zu sichern sind. Bei der Datensicherheit geht es um technische Maßnahmen, die den Datenschutz gewährleisten sollen. Die Europäische Union hat eine Verordnung verabschiedet, die mit Wirkung zum 25.05.2018 in allen Mitgliedstaaten der EU Gültigkeit erlangt hat. Es handelt sich hierbei um die so genannte Datenschutzgrundverordnung (DSGVO).
Es hat auch schon zuvor eine Datenschutzgrundverordnung gegeben, jedoch sieht die neue Fassung die Möglichkeit der Verhängung von erheblichen Bußgeldern und Überprüfungsmöglichkeiten für die jeweiligen Aufsichtsbehörden vor. Sie hatte auch direkte Auswirkung auf das Bundesdatenschutzgesetz. Dieses wurde dementsprechend angepasst.
Sinn und Zweck ist es insbesondere, dass die Unternehmen auch sich selbst hinterfragen sollen, ob die von Ihnen erhobenen Daten überhaupt notwendig und ausreichend geschützt und gesichert werden. Unter bestimmten Voraussetzungen, insbesondere bei größeren Unternehmen, ist in betrieblicher Datenschutzbeauftragter zu ernennen.

Obendrein hat der Gesetzgeber erhebliche Protokollierungspflichten eingeführt, die dazu dienen sollen, der Datenschutzbehörde möglichst schnell einen Überblick zu verschaffen, ob das Unternehmen die Grundzüge des Datenschutzrechts einhält.

So ist von jedem Unternehmen zu protokollieren, ob

- die Daten, die erhoben worden sind, für den jeweiligen Zweck auch benötigt werden (so genannte Datenminimierung)
- ob die Daten, die verarbeitet werden, auch vollständig und richtig sind
- ob die Daten überhaupt noch verwendet werden dürfen oder eine gesetzliche Löschfrist eingreift, so dass diese Daten bereits hätten gelöscht werden müssen
- ob die Daten tatsächlich für den Zweck erhoben wurden, für den sie genutzt werden (Zweckbindung, s.o.)
- ob eine Einwilligung des Betroffenen vorliegt oder eine andere gesetzliche Regelung die Nutzung erlaubt.

Wenn ein Verstoß gegen das BDSG oder die DSGVO vorliegt, haben Betroffene die nachfolgenden Rechte:

- Recht auf Auskunft (Art. 15 DSGVO),
- Recht auf Berichtigung oder Löschung (Art. 16, 17 DSGVO),
- Recht auf Einschränkung der Verarbeitung (Art. 18 DSGVO),
- Recht auf Widerspruch gegen die Verarbeitung ((Art. 7 Abs. 3 DSGVO),
- Recht auf Datenübertragbarkeit (Art. 20 DSGVO).

Zudem besteht gemäß Art. 77 DSGVO das Recht, sich bei einer Datenschutz-Aufsichtsbehörde über die Verarbeitung der personenbezogenen Daten zu beschweren.

Darüber hinaus hat ein Betroffener, dem auf Grund eines Datenschutzverstoßes ein Schaden entsteht, einen Anspruch auf Schadensersatz nach § 83 BDSG.

Zuständig für die Überwachung des Datenschutzes ist der oder die jeweilige Datenschutzbeauftragte (vergleiche §§ 9, 19 BDSG).

Darüber hinaus kann ein Verstoß gegen die DSGVO oder das BDSG auch einen Verstoß gegen das Wettbewerbsrecht (OWiG) bedeuten, wenn sich der Mitbewerber durch den Datenschutzverstoß einen rechtswidrigen Vorteil gegenüber einem anderen Mitbewerber verschafft. Dies kann z.B. das Versenden von Werbemails an Kunden sein, wenn eine dementsprechende Einverständniserklärung nicht vorliegt.

3.13 Aufgaben zur Selbstkontrolle

3.13.1 Handelsmarketing einschließlich Volkswirtschaftslehre

Aufgabe 1
Was versteht man unter dem Marketingmix?

Aufgabe 2
Marketing hat in der heutigen Zeit in Deutschland eine andere Qualität und Intensität als nach dem Zweiten Weltkrieg. Erläutern sie drei Gründe, die in der heutigen Zeit den Einsatz von Marketing erforderlich machen.

Aufgabe 3
Korporationen können in vertikaler horizontaler und lateraler Form eingegangen werden. Unterscheiden sie diese Formen und nennen Sie ein Beispiel.

Aufgabe 4
Fairtrade und nachhaltiges Handeln werden von den Kunden eines Unternehmens heute selbstverständlich gefordert. Grenzen Sie die beiden Begriffe voneinander ab.

Aufgabe 5
Grenzen Sie Marktbeobachtung, Marktanalyse und Marktprognose voneinander ab.

Aufgabe 6
Erläutern Sie den Begriff der Sekundärforschung und stellen Sie Vor- und Nachteile gegenüber.

Aufgabe 7
Erläutern Sie die Aufgabe einer Umfeldanalyse und stellen Sie dar, welche unternehmensexternen Faktoren dabei untersucht werden.

Aufgabe 8
a) die Marktsegmentierung hat in der Marktforschung eine große Bedeutung. Welche Vorteile verbinden sich damit?
b) Ältere Kunden haben an Geschäfte spezielle Anforderungen. Erläutern Sie drei davon und legen Sie dar, wie ein Einzelhändler darauf reagieren kann.

Aufgabe 9
Preispolitische Entscheidungen sind im Einzelhandel relativ schnell realisierbar und können so den Abverkauf direkt beeinflussen.
a) Erklären Sie den Begriff Differenzierung anhand von drei Beispielen
b) Beschreiben Sie die drei Formen der Preisbildung: kostenorientiert, nachfrageorientiert und wettbewerbsorientiert.

Aufgabe 10
Bei der Existenzgründung müssen viele Vor- und Nachteile berücksichtigt und abgewogen werden. Einige Gründer wagen den Sprung in die Selbstständigkeit mit der Möglichkeit des Franchising.
a) Erklären Sie, was unter Franchising zu verstehen ist.
b) Beim Franchising gibt es Vor- und Nachteile für den Franchisenehmer. Erläutern sie je zwei.

Aufgabe 11f
Im Rahmen der Sortimentspolitik spielt auch das Serviceangebot eines Handelsbetriebs eine große Rolle.
a) Stellen Sie dar, welche möglichen Gründe für die Ausweitung des Serviceangebots in der heutigen Handelssituation liegen können.
b) Unterscheiden Sie warenabhängige und warenunabhängige Serviceleistungen mit je drei Beispielen.

Aufgabe 12
Ein Baumarkt will die Kundenwünsche in Bezug auf die Verkaufsraumgestaltung umsetzen. Erläutern Sie drei Kundenwünsche und beschreiben Sie eine dazugehörige Maßnahme zur Erfüllung dieser Wünsche.

Aufgabe 13
Als Mitarbeiter der Controllingabteilung eines Großhandelsunternehmens wollen Sie die Kundenbeziehungen untersuchen. Erläutern Sie zwei Kennzahlen, die auf Probleme hinweisen können.

Aufgabe 14
Heute werden im Handel neben den klassischen Absatzwegen über den stationären Handel oft Transaktionen über elektronische Medien durchgeführt. Nennen Sie je vier Chancen und Risiken, die mit der Warendistribution über elektronische Medien für den Einzelhandel verbunden sein können.

3.13 Aufgaben zur Selbstkontrolle

Aufgabe 15
Listen Sie drei Kosten auf, die Ihnen durch die Errichtung eines Internetshops entstehen.

Aufgabe 16
In der Presse wird berichtet, dass ein Einzelhandelsbetrieb, der in Indien bei einem Zulieferer Textilien fertigen lässt, unmenschliche Arbeitsbedingungen toleriert und sich auf Kosten der meist weiblichen Mitarbeiter bereichert. Welche Maßnahmen empfehlen Sie dem Einzelhandelsunternehmen, um den Imageschaden zu begrenzen?

Aufgabe 17
Im Rahmen der Mediaselektion ist eine Entscheidung hinsichtlich der Werbeträger zu treffen.
a) Unterscheiden Sie die beiden Formen der Mediaselektion.
b) Begründen Sie anhand von zwei Aspekten, weshalb eine Mediamixstrategie sinnvoller ist, als nur ein Medium zu Werbezwecken einzusetzen.
c) Beschreiben Sie vier Kriterien, die Sie für die Media-Wahl berücksichtigen.

Aufgabe 18
Ein Blumengroßhandel plant eine Werbeaktion für den Valentinstag. Erstellen Sie einen kompletten Werbeplan für diesen Anlass.
Welche Werbeträger bieten sich in diesem Fall besonders an? Begründen Sie ihre Auswahl.

Aufgabe 19
Ein Kosmetikhersteller arbeitet mit einem erfolgreichen Radrennfahrer in der Werbung zusammen. Regelmäßig werden auf allen Kanälen Werbespots ausgestrahlt.
a) Erläutern Sie zwei Vorteile, die sich der Hersteller von dieser Zusammenarbeit verspricht.
b) Begründen Sie anhand von vier Argumenten, weshalb die geplante Wirkung nicht eintritt bzw. diese Werbekampagne sogar schädlich für das Unternehmen sein kann.

Aufgabe 20
Das Stabilitätsgesetz von 1967 nennt vier Zielsetzungen der staatlichen Wirtschaftspolitik. Erläutern Sie diese Ziele und geben Sie die jeweilige Zahl für die Zielerreichung an.

Aufgabe 21
Erläutern Sie die Zielsetzung der antizyklischen Fiskalpolitik.

3. Handelsmarketing

Aufgabe 22
In einer marktwirtschaftlichen Grundordnung ist der Markt der Ort der Preisbildung. Der Gleichgewichtspreis ist das Ergebnis der Abstimmung von Angebot und Nachfrage.
Beschreiben Sie drei Funktionen des Marktpreises.

Aufgabe 23
Der Preis, der sich am Markt bildet, ist für private Haushalte oft das wichtigste Entscheidungskriterium, ob und wie viele Konsumgüter nachgefragt werden.
a) Nennen Sie sechs Bedingungen eines vollkommenen Marktes.
b) Beschreiben Sie anhand von zwei Beispielen, wie der Einzelhandel gegen den vollkommenen Markt arbeitet.
c) Erläutern Sie die Bedeutung der Produzentenrente und stellen Sie dar, wie diese für den Einzelhandelsbetrieb erzielt werden kann.

Lösungen

Aufgabe 1
Unter dem Marketingmix versteht man den zeitlich und inhaltlich optimal aufeinander abgestimmten Einsatz der Marketinginstrumente Sortimentspolitik, Preispolitik, Distributionspolitik und Kommunikationspolitik, um das gesetzte Marketingziel zu erreichen.

Aufgabe 2
Der heutige Käufermarkt ist durch einen Angebotsüberschuss gekennzeichnet. Alle Anstrengungen der Anbieter müssen sich an den Wünschen der Kunden orientieren. Der ausgeprägte Wettbewerb unter den Anbietern erfordert ein Abheben des eigenen Angebots vom Angebot der Mitbewerber.
Bei der Bevölkerung herrscht in vielen Konsumbereichen ein hoher Sättigungsgrad, so dass durch die Anbieter erst ein Einkaufwunsch erzeugt werden muss.

Aufgabe 3
Bei der vertikalen Kooperation arbeiten Unternehmen der gleichen Branche, aber unterschiedlicher Handels-/Wirtschaftsstufen zusammen, zum Beispiel Franchisesysteme, Rack Jobber, Shop in Shop Systeme.
Wenn innerhalb der Absatzkette Unternehmen der gleichen Handelsstufe kooperieren, so spricht man von der horizontalen Kooperation Beispiele hierfür sind Einkaufsverbände, Werbegemeinschaften oder auch Shop in Shopsysteme (Händler bei einem anderen Händler).

Laterale Kooperationen findet man bei Stadtmarketinggesellschaften oder Shop in Shopsystemen mit Dienstleistern vor. Hierbei arbeiten Unternehmen unterschiedlicher Branchen/Wirtschaftsstufen zusammen.

Aufgabe 4
Fair Trade beschreibt eine respektvolle und gerechte Handelsbeziehung zwischen zwei Unternehmen. Sie gründet sich auf einem transparenten und fairen Umgang miteinander.
Bei der Nachhaltigkeit fokussiert man sich auf ressourcen- und umweltschonende Maßnahmen.

Aufgabe 5
Die Marktbeobachtung ist eine Betrachtung des Marktes über einen längeren Zeitraum. So können Trends erkannt werden. Die Marktanalyse ist eine Zeitpunktbetrachtung des Marktes. Problematisch für die Aussagekraft ist die Wahl des richtigen Zeitpunkts, zum Beispiel Kundenfrequenzmessung in der Fußgängerzone im Dezember oder Januar. Die Marktprognose ist eine Zukunftseinschätzung anhand der Informationen aus der Marktanalyse und Marktbeobachtung.

Aufgabe 6
Bei der Sekundärforschung werden vorhandene Daten aus internen oder externen Quellen genutzt. Vorteile der Sekundärforschung sind die kostengünstige Beschaffungsmöglichkeit der Daten verbunden mit einem geringen Zeitaufwand. Als Nachteile gelten vor allem die zu allgemeinen Aussagen der vorhandenen Daten und das Alter der Daten. Bei den externen Daten hat das Unternehmen keinen Wissensvorsprung gegenüber den Mitbewerbern, da auch diese Zugang zu diesen Daten haben.

Aufgabe 7
im Rahmen der Umfeldanalyse analysiert man unternehmensexterne Faktoren, welche für die Entwicklung des Unternehmens von Bedeutung sind. Das Unternehmen kann diese Faktoren nicht selbst beeinflussen, sondern nur darauf reagieren. Externe Chancen und Risiken sollen ermittelt werden.
Untersucht werden demographische Veränderungen wie zum Beispiel Veränderungen der Altersstruktur, Lebensstile und Haushaltsgrößen. Ein weiteres Untersuchungsgebiet sind rechtliche Veränderungen wie zum Beispiel Veränderungen im Wettbewerbsrecht oder Verbraucherschutzauflagen. Im Rahmen der volkswirtschaftlichen Betrachtung interessieren die Einkommensverteilung, das Verhalten der Haushalte oder die Änderung der Lebenshaltungskosten.

Aufgabe 8

a) Durch die Segmentierung wird die Prognose der Marktentwicklung in diesem Sektor erleichtert. Durch den gezielten Einsatz der jeweiligen Marketinginstrumente wird die Zielgruppe effizienter angesprochen so können Wettbewerbsvorteile erzielt werden. Die Bedürfnisse der Zielgruppe können besser befriedigt werden.

b) Die Sinnesorgane werden im Alter schwächer, so dass diese Zielgruppe gut lesbare Schilder und eine übersichtliche Warenpräsentation bevorzugt. Bei nachlassender körperlicher Kraft werden Sitzmöglichkeiten im Geschäft geschätzt. Da teilweise nur wenige soziale Kontakte vorhanden sind, muss das Personal freundlich und wertschätzend mit dieser Zielgruppe umgehen. Durch Lebenserfahrung legen die Senioren Wert auf Qualität und weniger auf kurzfristige modische Trends. Ein ausreichendes Markenangebot ist daher Erfolg versprechend.

Aufgabe 9

a) Ein Anbieter bietet gleiche Güter zu unterschiedlichen Preisen an. Möglich ist eine räumliche Preisdifferenzierung – das heißt, ein Gut ist auf einer Nordseeinsel teurer als auf dem Festland.
Bei der zeitlichen Preisdifferenzierung wird das unterschiedliche Nachfrageverhalten zum Beispiel nach der Tageszeit berücksichtigt (Happy hour in der Bar am frühen Abend).
Bei der quantitativen Preisreduzierung wird die Familienpackung meist günstiger angeboten als die Singlepackung.
Bei der persönlichen Preisdifferenzierung zahlen zum Beispiel Kundenkarteninhaber einen günstigeren Preis.

b) Eine kostenorientierte Preisbildung kennzeichnet die Zuschlagskalkulation zur Deckung der Kosten und der Erzielung des gewünschten Gewinns. Sie ist heute jedoch fast nur noch bei einer Monopolstellung möglich. Die nachfrageorientierte Preisbildung orientiert sich an der Zahlungsbereitschaft der Kunden. Ziel des Unternehmens ist die Abschöpfung der Konsumentenrente. Bei der wettbewerbsorientierten Preisbildung bildet der Preis des Mitbewerbers bzw. des Marktführers die Basis. Es besteht die Möglichkeit der Anpassung, des Unter- oder Überbietens je nach Zielsetzung des Unternehmens.

Aufgabe 10

a) Franchising bedeutet die Nutzung eines fertigen Absatzkonzepts durch einen selbstständigen Kaufmann (Franchisenehmer), der dem Franchisegeber dafür eine Gebühr bezahlt.

b) Vorteile: Es sind wenige Anlaufschwierigkeiten zu befürchten, der Franchisenehmer kann sich voll auf den Verkauf fokussieren. Er erhält Beratung und Unterstützung durch den Franchisegeber, der auch die Organisation von Austauschmöglichkeiten zwischen den Franchisenehmern übernimmt.

Nachteile: Hohe Mindestabsatzmenge und detailliere Vorschriften behindern den Franchisenehmer. Es besteht eine hohe Abhängigkeit von der Unternehmensphilosophie des Franchisegebers. Eine Selbstverwirklichung im unternehmerischen Bereich ist nicht möglich.

Aufgabe 11
a) Der heutige Käufermarkt erfordert von vielen Betriebsformen Serviceleistungen, um den Kundenerwartungen gerecht zu werden und eine Abgrenzung von den Mitbewerbern zu erreichen.
b) Warenabhängige Dienstleistungen haben einen direkten Bezug zum Warenangebot, zum Beispiel Holzzuschnitt, Änderungsschneiderei, Batteriewechsel. Warenunabhängige Dienstleistungen dienen der Bequemlichkeit der Kunden und können von jedem Händler angeboten werden, zu Beispiel Sitzecken, Wasserspender, Kinderbetreuung, Toiletten.

Aufgabe 12
Eine Verringerung der Suchzeiten besonders im großflächigen Einzelhandel ist für die Kunden wichtig. Erreicht werden kann dies durch eine Category-Bildung und eventuell Mehrfachplatzierung. Kunden möchten sich auf der Fläche gut orientieren können. Hier bieten sich Orientierungshilfen wie eine gute sicht- und lesbare Beschilderung und nachvollziehbare Kundenleitsysteme an. Kunden von heute möchten nicht nur den Bedarf decken, sondern auch ein Erlebnis mit dem Einkauf verbinden. So sind Aktionsflächen, spezielle Dekoflächen und themenbezogene Verbundplatzierungen sehr beliebt.

Aufgabe 13
Eine steigende Reklamationsquote ist ein Hinweis auf die Unzufriedenheit der Kunden mit der Qualität der Produkte im Sortiment. Ein sinkender Lagerumschlag sowie ein Anstieg der Nein- bzw. Fehlverkäufe ist ein Hinweis auf die unzureichende Breite bzw. Tiefe des Sortiments.

Aufgabe 14
Chancen:
- modernes Image
- keine zeitliche und räumliche Begrenzung mehr
- einfaches Marktforschungsinstrument, da viele Kundendaten vorliegen
- kostengünstige Kommunikation, zum Beispiel Werbung und Newsletter
- Steigerung des Bekanntheitsgrads

Risiken:
- hohe Rücksendequoten
- unsicherer Zahlungseingang

- Datensicherheit und -sicherung
- fehlender Kundenkontakt
- hoher Konkurrenzdruck
- weniger Impulskäufe

Aufgabe 15
Beauftragung eines externen Dienstleisters zur Erstellung der Website und des Online-Shops
Betreuung und Pflege der Website
Kosten für Hardware
Kosten für die Suchmaschinenoptimierung
Werbeaufwand, um den Internetshop bekannt zu machen
Organisation des Warenversands (Einrichtung eines separaten Lagers und Verpackung der Ware)

Aufgabe 16
Es muss zuerst der Wahrheitsgehalt der Nachricht geprüft werden. Sollte der Bericht nicht den Tatsachen entsprechen, ist eine Gegendarstellung in der Presse möglich. Entspricht der Bericht der Wahrheit, müssen die Zustände geändert werden bzw. die Zusammenarbeit mit diesem Lieferanten beendet werden.

Aufgabe 17
a) Bei der Intermediaselektion wird der Werbeträger aus den verschiedenen Mediengattungen ausgewählt, zum Beispiel Printmedien, TV oder Radio. Bei der Intramediaselektion wird der genaue Werbeträger innerhalb der Mediengattung festgelegt, zum Beispiel eine bestimmte Zeitschrift.
b) Durch einen Medienmix können unterschiedliche Wahrnehmungskanäle der Empfänger angesprochen werden. Soll ein größeres Gebiet mit der Werbung angesprochen werden, so ist die Belegung einer regionalen Tageszeitung meist nicht ausreichend. Bei der Beurteilung des Kosten-Leistungsverhältnisses schneidet eine Medienkombination meist besser ab als die Konzentration auf ein Medium.
c) Kosten: eine Berechnungsgrundlage bietet der Tausenderkontaktpreis, der allerdings nur bei der Intramediaselektion verwendet werden kann. Aussagekräftiger ist hier meist der gewichtete TK P.
Zeit: Vordispositionszeiten für die Belegung müssen berücksichtigt werden; so ist eine Anzeige schneller umzusetzen als die Streuung eines Prospekts mit einer Zeitschrift.
Darstellbarkeit der Botschaft: Mode kann im Radio nur über den Preis beworben werden, da eine visuelle Darstellung nicht möglich ist.

Image des Mediums: das Image des gewählten Mediums muss zur beworbenen Ware und dem Anspruch des werbenden Unternehmens passen.
Zielgruppenadäquanz: Eine Werbung für eine Antifalten-Creme in einer Jugendzeitschrift ist nicht sinnvoll.

Aufgabe 18
Werbeetat festlegen
Werbebotschaft (bei diesem Beispiel das Muttertagsthema) definieren
Zielgruppe festlegen (hier die Blumeneinzelhändler im Einzugsgebiet)
Streugebiet festlegen
Streuzeit festlegen
Streudichte festlegen
Werbeträger und Werbemittel festlegen
Direct-Mails an die Einzelhändler bzw. Zusendung von Flyern und eine Anzeige in einer Fachzeitschrift für Floristen bieten sich in diesem Fall an, um die Zielgruppe genau zu erreichen und keinen Streuverlust zu haben

Aufgabe 19
a) Es wird eine Erhöhung des Bekanntheitsgrads durch die Verbindung mit einem Sympathieträger in der Werbung angestrebt. Ein Ziel ist auch die Umsatzsteigerung, da die Empfehlung durch ein Idol zu Einkäufen der Fans führt
b) Der Sportler polarisiert sehr stark, d.h., es gibt zwar viele Fans, aber auch viele Fernsehzuschauer, die diesen Prominenten nicht mögen und daher dann auch die beworbenen Produkte meiden.
Ganz schlimm ist es, wenn der Prominente in einen Skandal (zum Beispiel Dopingvorwürfe) verwickelt ist und von den Konsumenten kritisch gesehen wird.
Eventuell ist ein Prominenter für die Kunden dieser Produktlinie nicht glaubwürdig.
Das Image des Prominenten passt nicht zur Zielgruppe der Produktlinie.

Aufgabe 20
- Hoher Beschäftigungsgrad, gemessen an der Arbeitslosenquote
- Preisniveau Stabilität; die Maßzahl ist die Veränderung des Preisindices der Lebenshaltungskosten
- stetiges, angemessenes Wirtschaftswachstum; die Maßzahl ist die reale Wachstumsrate des Bruttoinlandsprodukts.
- Außenwirtschaftliches Gleichgewicht; die Maßzahl ist der Außenbeitrag.

3. Handelsmarketing

Aufgabe 21
Ziel der antizyklischen Fiskalpolitik ist es, den Konjunkturverlauf mit der staatlichen Einnahmen und Ausgaben Politik zu steuern. Antizyklisch bedeutet, dass die Mittel des Staatshaushalts dabei entgegengesetzt dem Konjunkturverlauf eingesetzt werden.

Aufgabe 22
Es wird der größtmögliche Umsatz erzielt. Der Markt wird geräumt. Angebotene und nachgefragte Menge sind im Gleichgewicht

Aufgabe 23
a) Homogenität der Güter
   keinerlei Präferenzen
   vollkommene Konkurrenz
   Punktmarkt
   Markttransparenz
   Möglichkeit unendlich schneller Reaktion

b) Der Homogenität der Güter kann der Einzelhändler durch Handelsmarken entgegenwirken. Handelsmarken werden in ihrer Qualität, Aufmachung und Preislage von Handelsunternehmen selbst bestimmt. Dadurch erfolgt eine Abgrenzung von anderen Produkten der gleichen Art. Ziel ist die Profilierung gegenüber Mitbewerbern und eine Verstärkung der Kundenbindung.
Durch besondere Mitarbeiterqualifikationen, spezielle Werbemaßnahmen und Maßnahmen der Public Relations schafft der Einzelhändler Präferenzen in personeller und zeitlicher Hinsicht gegenüber den Mitbewerbern.
Durch Übernahme von anderen Einzelhandelsunternehmen der gleichen Browser kann ein Einzelhändler seine Marktposition durch höhere Marktanteile ausbauen und somit der vollständigen Konkurrenz entgehen.

c) Die Produzentenrente ist die Rendite jener Anbieter, die Produkte zu einem Preis unterhalb des Gleichgewichtspreises anbieten könnten.

3.13.2 Wettbewerbsrecht

Aufgabe 1
Beschreiben Sie die Ziele des UWG.

Aufgabe 2
Was besagt die „Freizeichnungsklausel"?

Aufgabe 3
Ist es möglich, mit Preisnachlässen zu werben, nachdem der Einzelhändler die Preise gerade eine Woche zuvor heraufgesetzt hat? Begründen Sie Ihre Antwort.

Aufgabe 4
Welche Vorgaben macht die Preisangabenverordnung bezüglich des Endpreises gegenüber Verbrauchern?

Aufgabe 5
Was versteht man unter dem sogenannten Grundpreis?

Aufgabe 6
Sie planen, Kunden per E-Mail zu umwerben. Ihr Kollege hat da bedenken. Erläutern Sie die Rechtslage.

Aufgabe 7
Wer kann gegen einen Wettbewerbsverletzer Ansprüche geltend machen?

Aufgabe 8
Wie entsteht der Markenschutz, wo ist dies geregelt?

Aufgabe 9
Kann das Urheberrecht an andere übertragen werden?

Aufgabe 10
Wann erlischt das Urheberrecht?

3. Handelsmarketing

Lösungen

Aufgabe 1
Nach § 1 UWG ist es das Ziel, Mitbewerber, Verbraucherinnen und Verbraucher sowie die sonstigen Marktteilnehmer vor unlauteren Wettbewerb zu schützen. Gleichzeitig schützt es das Interesse der Allgemeinheit an einem unverfälschten Wettbewerb.

Aufgabe 2
Eine Freizeichnungsklausel ist eine Formulierung, mit der ein Unternehmer in seiner Werbung deutlich macht, dass ihm die Ware z.B. nur begrenzt zur Verfügung steht oder das Angebot nur in einem begrenzten Zeitraum erhältlich ist.

Aufgabe 3
Nein, dieses Verhalten ist unzulässig. § 5 UWG untersagt die sogenannte „Mondpreiswerbung". Wenn der Einzelhändler mit Preisnachlässen werben will, so müssen die genannten höheren Preise über einen längeren Zeitraum auch ernsthaft gefordert worden sein.

Aufgabe 4
Die Preisangabenverordnung schreibt fest, dass bei der Werbung gegenüber dem Endverbraucher die Bruttopreise als Endpreise angegeben werden müssen. Das ist der vom Verbraucher zu zahlende Preis inklusive aller Steuern und Zuschläge.

Aufgabe 5
Die Preisangabenverordnung schreibt vor, dass bestimmte Waren mit dem Grundpreis auszuzeichnen sind. Dies ist bei Getränken z.B. der Literpreis, bei Fliesen der Quadratmeterpreis und bei Käse der 100g bzw. Kilopreis. Die Vorschrift soll einer besseren Preisvergleichsmöglichkeit dienen.

Aufgabe 6
Kunden per E-Mail zu umwerben ist nach § 7 UWG nur dann zulässig, wenn vorher die ausdrückliche Einwilligung des Adressaten vorliegt. Ansonsten handelt es sich um eine unzumutbare Belästigung, also um Spam. Darüber hinaus stellt ein derartiges Vorgehen auch ein Verstoß gegen das Telemediengesetz – TMG

Aufgabe 7
Nach § 8 UWG können Verstöße gegen das UWG von betroffenen Mitbewerbern, von rechtsfähigen Verbänden zur Förderung gewerblicher oder selbstständiger beruflicher Interessen, wie

z.B. dem Handelsverband, von qualifizierten Einrichtungen, die in die hierfür vorgesehenen Liste von Einrichtung aufgenommen wurden, sowie den Industrie- und Handelskammern bzw. Handwerkskammern geltend gemacht werden.

Aufgabe 8
Nach § 4 MarkenG kommt es für die Entstehung des Markenschutzes grundsätzlich auf die Eintragung an.

Aufgabe 9
Nein. Grundsätzlich ist eine Übertragung des Urheberrechts nicht vorgesehen. Das Urheberrecht ist zwar vererblich, jedoch nicht übertragbar. Übertragen werden können verschiedenartige Nutzungsrechte (Lizenzrechte).

Aufgabe 10
Das Urheberrecht erlischt 70 Jahre nach Tod des Urhebers.

4. Beschaffung und Logistik

> Der angehende Handelsfachwirt soll die Fähigkeit nachweisen, beschaffungs- und logistikbezogene Aufgaben im Handel systematisch und entscheidungsorientiert zu bearbeiten, umzusetzen und kennzahlenorientiert zu steuern. Dabei sind rechtliche Vorschriften zu berücksichtigen.

Der Bereich Beschaffung, der im Handel oft auch als Einkauf bezeichnet wird, umfasst alle Arbeitsabläufe von der Planung des Einkaufs einer Ware über die Bestellung bzw. Auftragsvergabe bis zum Wareneingang. Beschafft werden müssen in einem Handelsunternehmen neben der Ware z.B. Einrichtung, Büroartikel oder Kapital; doch unter Einkauf wird nur die Beschaffung von Ware verstanden.

Die Aufgabe des Einkaufs ist, alle benötigten Waren in ausreichender Menge und gewünschter Qualität zum richtigen Zeitpunkt am richtigen Ort und zum richtigen Preis dem Verkauf zur Verfügung zu stellen. Für den Handel ist es typisch, dass die Waren, so wie sie eingekauft werden, auch wieder verkauft werden; sie müssen nicht erst hergestellt bzw. verarbeitet werden. Sie können jedoch einer handelsüblichen Manipulation unterliegen wie z.B. rösten von Kaffee, reifen von Käse, mischen und verändern von Mengeneinheiten.

Die Beschaffungspolitik eines Unternehmens legt die Grundsätze, die Leitlinien im Einkauf fest und wird weitgehend von den Unternehmenszielen bestimmt: So nimmt die Gewinnerwartung eines Unternehmens Einfluss auf den Einkauf. „Der Gewinn wird im Einkauf gemacht" lautet ein alter Kaufmannssatz. Gelingt es der Einkaufsabteilung, in den Verhandlungen mit den Lieferanten die Konditionen zu verbessern und damit die Einstandspreise zu senken, so ergeben sich bei gleichbleibender Konkurrenzsituation verbesserte Spannen. Es könnte sich jedoch ebenso aus den Unternehmenszielen ergeben, dass die reduzierten Einstandspreise genutzt werden, die Verkaufspreise zu senken, um die Marktposition zu verbessern oder auszubauen. Gleichzeitig richtet sich die Art und Weise der Verhandlungen mit den Lieferanten nach den Unternehmenszielen oder nach dem Unternehmensleitbild. Hier können Regelungen zum Umgang mit Geschäftspartnern vorgesehen sein. Sollte ein fairer Umgang im Unternehmensleitbild festgelegt sein, so setzt dies auch Grenzen bei der Härte der Verhandlungen mit den Lieferanten. Weitere Einflussfaktoren aus den Unternehmenszielen wären z.B.

- die Ansprüche an das Sortiment wie z.B. die Bedarfsorientierung, das Preisniveau, die Qualitätsvorstellungen,
- ökologische Vorgaben und soziale Standards in der Zusammenarbeit mit weltweiten Lieferanten,
- der Wille zur Kooperation mit Partnern.

Dazu kommen die speziellen Zielsetzungen der Einkaufsabteilung:

- Die Lagerkosten sollen gesenkt werden. Dies ist durch Reduzierung der Lagerdauer und Verbesserung der Lagerumschlagshäufigkeit möglich. Außerdem können mit Hilfe von Optimierungsmethoden wie z.B. der ABC-Analyse die Bearbeitungs- bzw. Personalkosten reduziert werden.
- Die Liefersicherheit oder Verkaufsbereitschaft soll gesteigert werden: Die Lieferanten werden auf Mengen- und Termintreue geprüft und in Gesprächen auf die Beseitigung von Störungen hingewiesen. Außerdem muss man sich regelmäßig über die wirtschaftliche Situation des Lieferanten vergewissern.
- Gleichzeitig kann das Ziel verfolgt werden, dass die Abhängigkeit von Lieferanten nicht zu stark wird.

Neben den Unternehmenszielen und den eigenen Zielen wird die Beschaffungspolitik sehr stark von der Vertriebspolitik bestimmt, denn der Vertrieb gibt die Art und Qualität des Artikels vor und legt mit Vorgabe des Verkaufspreises und der Handelsspanne fest, zu welchem Einstandspreis die Ware beschafft werden muss. Damit hat sich die Beschaffung in den meisten Branchen von einer beschaffungsorientierten zu einer absatzorientierten Beschaffungspolitik entwickelt, um so weit wie möglich die Bedürfnisse des Absatzmarktes zu erfüllen.

Dies entspricht auch der Strategie „Efficient Consumer Response (ECR)", die die Orientierung aller Partner der Wertschöpfungskette an die Erwartungen und Bedürfnissen des Endverbrauchers verlangt. Die Erfüllung der Konsumentenbedürfnisse muss auf möglichst effiziente Weise ausgeführt werden. Hierbei geht es nicht nur um die Beziehung zwischen Handelsunternehmen und Lieferant, sondern die gesamte Beschaffungskette vom Hersteller und seinen Zulieferern bis zum Groß- und Einzelhandel wird betrachtet.

Ebenso können externe Faktoren die Beschaffungspolitik bestimmen: Auf dem Beschaffungsmarkt geschehen Veränderungen, z.B. ausgelöst durch drohende Insolvenzen oder Fusionen. Bestehende Geschäftsbeziehungen müssen abgebrochen oder sorgfältig geprüft und rechtlich abgesichert werden. Im Außenhandel nehmen z.B. politische Entscheidungen bzw. gesetzliche und zollrechtliche Bestimmungen weitgehend Einfluss auf die Beschaffungspolitik.

4.1 Ermitteln des Bedarfs an Gütern und Dienstleistungen

Im Bereich der Beschaffung geht es um den grundsätzlichen Einkauf von Waren und Dienstleistungen. Bei der Ermittlung des Bedarfs sollen Quantität und Qualität berücksichtigt werden. Das Handelsunternehmen muss festlegen, welche Waren grundsätzlich im Sortiment geführt werden sollen. Grundlage ist dabei die Wahl der Betriebsform und Branche. Weitere interne Aspekte wie z.B. Liquidität, Lagermöglichkeiten, betriebliche Absatzstatistiken, Auswertungen

4. Beschaffung und Logistik

von Kennzahlen und externe Faktoren wie z.B. Mitbewerbersituation, Kundenwünsche, Trends, Jahreszeiten müssen berücksichtigt werden.

4.1.1 Die Analyse des Warenbedarfs

Bei der Analyse des Warenbedarfs wird festgestellt, welche Artikel in welcher Menge im Sortiment enthalten sein sollen. Instrumente wie z.B. die ABC-Analyse, die XYZ-Analyse oder auch die Portfolio-Analyse können dabei angewendet werden.

Die ABC-Analyse
Die ABC-Analyse wird generell eingesetzt, um das Wesentliche vom Unwesentlichen abzugrenzen. In der betrieblichen Praxis ist es oft so, dass relativ wenige Waren-Artikelgruppen bzw. Artikel eine große Bedeutung für ein Unternehmen haben. Deshalb werden die Waren gemäß ihrer Wertigkeit in A-, B- und C- Güter unterteilt, so erzielen oft 20% aller Artikel einer Warengruppe 80% des Umsatzes bzw. repräsentieren 20% der Artikel 80% des Einkaufswertes oder 20%der Artikel entsprechen 80% des Lagerbestandswertes. Die Aussage entspricht dem Pareto-Prinzip 80/20. Dies ist die Grundlage, um z.B. folgende Klassifizierung vorzunehmen:

Waren	Wertanteil z.B.	Mengenanteil z.B.
Waren mit hoher Bedeutung	70% bis 80%	15% bis 20%
Waren mit mittlerer Bedeutung	15% bis 20%	30% bis 35%
Waren mit geringer Bedeutung	05% bis 15%	50% bis 70%

Die Sachbearbeiter im Einkauf erstellen regelmäßig für jede Artikelgruppe eine ABC-Analyse. Dabei gehen sie in folgenden Arbeitsschritten vor:

- Formulierung des Untersuchungsauftrag, z.B. ABC-Analyse der Artikelgruppe Weizenkorn
- Feststellen des durchschnittlichen Einkaufspreises und der Verkaufsmenge der geführten Artikel
- Errechnen der Einkaufswerte (Preis x Menge)
- Ermitteln der Prozentanteile am Gesamteinkaufsvolumen
- Absteigende Sortierung nach Prozentanteilen
- Kumulierung der Prozentanteile
- Definieren der A-, B- und C-Artikel

Artikel Kornbrannt   2.850 Flaschen zu 1,75 €
Artikel Weizen   17.000 Flaschen zu 3,50 €
Artikel Korn Klar   12.000 Flaschen zu 2,50 €
Artikel Goldene Ähre   1.800 Flaschen zu 2,75 €

Der Sachbearbeiter erstellt diese ABC-Analyse:

Artikel	durchschnittlicher Einkaufspreis	Verkaufsmenge	Einkaufswert	Prozentanteil am Einkaufsvolumen	kumuliert	Klassifizierung
Weizen	3,50	17.000	59.500,00	59,84 %	59,84 %	A-Artikel
Korn klar	2,50	12.000	30.000,00	30,17 %	90,01 %	B-Artikel
Kornbrannt	1,75	2.850	4.987,50	5,02 %	95,03 %	C-Artikel
Goldene Ähre	2,75	1.800	4.950,00	4,98 %	100 %	C-Artikel
		33.650	99.437,50	100 %		

Die Disponenten im Einkauf verschaffen sich mit der ABC-Analyse einen Überblick über die wertmäßige Zusammensetzung des Sortiments und erkennen daraus, welchen Waren mit besonderen Maßnahmen der Einkaufs- und Bestellpolitik zu begegnen ist:

- Bei **A-Waren** sind häufige Bestellungen angebracht, um den Lagerbestand klein zu halten und die Lagerumschlagshäufigkeit zu erhöhen. Auch sind fortlaufende Kontrollen anhand von Lagerkennzahlen, Absatz- und Umsatzveränderungen wichtig. Bestellungen werden gemäß dem Bestellpunktverfahren erfolgen. Es ist darauf zu achten, dass die Sicherheitsbestände präzise festgelegt werden. Außerdem sollten mit den Lieferanten Verhandlungen über Verkürzung der Lieferzeit geführt werden und der Beschaffungsmarkt ggf. auf Alternativen hin untersucht werden.
- Bei **B-Waren** lassen sich sehr schwer allgemeine Regeln aufstellen. Die Vorgehensweise der Beschaffung ist von Fall zu Fall je nach Bedeutung im Sortiment vorzunehmen. Es sollte eine regelmäßige Kontrolle erfolgen, um die Disposition ggf. in Richtung A- oder C-Waren anzupassen.
- Bei **C-Waren** sollte ein einfaches, z.B. verbrauchsgesteuertes Bestellverfahren angewendet werden, Kontrollen können eingeschränkt, stichprobenartig erfolgen. Es empfiehlt sich, eine Konzentration auf wenige Lieferanten mit Rahmenverträgen; wird ECR praktiziert, kann bei Vendor-Managed Inventory (VMI) zur Anwendung kommen. *Siehe 4.3.2*

XYZ-Analyse

Bei der XYZ-Analyse werden die Artikel/Waren nach der Genauigkeit eingeschätzt, mit der ihr Bedarf vorhergesagt werden kann.

- X-Waren sind ständig im Sortiment enthalten und haben eine sehr hohe Vorhersagegenauigkeit, sie sind durch einen konstanten Bedarfsverlauf gekennzeichnet.
- Y-Artikel sind Waren, bei denen die Nachfrage z.B. von saisonalen Schwankungen abhängig ist.
- Z-Artikel sind durch einen sehr unregelmäßigen Bedarf gekennzeichnet. Sie werden ggf. nur vereinzelt z.B. für Aktionen beschafft.

Viele Unternehmen kombinieren die ABC- und XYZ-Analyse, um die Beschaffung zu optimieren. Bei Einsatz einer kombinierten Analyse sind folgende Kombinationen von besonderer Bedeutung:

- AX-Waren sind Artikel, die einen hohen Wertanteil haben und zudem gängig sind. Hier ist auf eine ständige Verkaufsbereitschaft zu achten, d.h. für das Controlling eine ständige Überprüfung der Lagerbestände und der Lieferbereitschaft der Lieferanten.
- AZ-Waren sind Artikel mit einem hohen Wertanteil, welche aber nur selten gebraucht werden. Hier achtet der Einkauf auf eine bedarfsgerechte Lieferung, möglichst zeitnah. Dadurch werden die Kapitalbindungskosten des Lagers reduziert.
- CX-Waren sind Artikel mit einem geringen Wertanteil, die sehr häufig benötigt werden und eine hohe Vorhersagegenauigkeit aufweisen. Es handelt sich oft um Massenartikel, die günstig beschafft und ständig im Sortiment verfügbar sein müssen.

Die Portfolioanalyse

Siehe auch 3.2.3 Handelsmarketing

Die Portfolioanalyse wird als Auswertungsmethode hinsichtlich der Zusammensetzung des Sortiments genutzt. Anhand einer Vier-Felder-Matrix werden das Marktwachstum und der relative Marktanteil einer Warengruppe bzw. einer strategischen Geschäftseinheit dargestellt. Sie dient nicht nur zur Entwicklung von absatzpolitischen Maßnahmen, sondern stellt vielmehr auch ein Hilfsmittel für den Einkauf dar. Auf die Entwicklung eines Portfolios wird im Handlungsbereich „Handelsmarketing" ausführlich eingegangen.

Ableitungen aus der Portfoliomatrix für die Beschaffung:

„Fragezeichen/ Question Marks" hohes Marktwachstum, geringer relativer Marktanteil	Hier handelt es sich in der Regel um Neuheiten. Die Beschaffungsmengen werden am Anfang eher klein gehalten, ggf. werden die Artikel als Kommission beschafft. Die Verkaufszahlen so wie die Marktentwicklung müssen genau verfolgt werden, um die Einkaufsmengen bei starker Nachfrage zu erhöhen oder bei geringer Nachfrage den Artikel wieder aus dem Sortiment zu nehmen.
„Sterne/ Stars" hohes Marktwachstum, hoher relativer Marktanteil	Hier haben die Artikel eine sehr gute Position. Da verstärkt absatzfördernde Maßnahmen eingesetzt werden, muss der Einkauf für den entsprechenden Warennachschub sorgen. Produktvarianten und Ergänzungsartikel werden zum Ausbau der Sortimentskompetenz beschafft.
„Milchkühe/ Cash Cows" niedriges Marktwachstum, hoher relativer Marktanteil	Der Einkauf muss auf die ständige Verfügbarkeit der Artikel achten. Mit den Lieferanten werden zur Optimierung der Kalkulation verbesserte Konditionen ausgehandelt. Zeitgleich sollte auf dem Beschaffungsmarkt nach Nachfolgeprodukten bzw. Innovationen Ausschau gehalten werden.
„Arme Hunde/ Poor Dogs" niedriges Marktwachstum, geringer relativer Marktanteil	Hier trifft die Geschäftsleitung die Entscheidung, ob die Artikel eliminiert werden oder eine Straffung erfolgen soll. Entsprechend agiert der Einkauf und listet die Artikel aus bzw. konzentriert sich auf bestimmte Lieferanten und handelt Sonderkonditionen aus.

4.1.2 Analyse des Bedarfs an Dienstleistungen

Handelsunternehmen beschaffen neben der Ware auch Dienstleistungen wie z.B.
- Reinigung der Filialen
- Kantine
- Warenaufbereitung und –verräumung auf der Verkaufsfläche
- Organisation und Durchführung von Events
- Visuelles Merchandising
- Warentransport

- Warenlagerung
- Softwareerstellung und Systembetreuung für Onlineshops
- Systembetreuung hinsichtlich der IT

Die Beschaffung wird notwendig, wenn sich das Unternehmen für Outsourcing und nicht für die Eigenleistung entschieden hat.
Kriterien wie z.B. die fixen und variablen Kosten, der Umfang der Leistungserbringung, die qualitative Ausführung, Zuverlässigkeit in Zeit und Ausführung sowie die Flexibilität sind bei der Entscheidung zu berücksichtigen. Bei der Nutzung von Ladenfunk müssen auch Nutzungsrechte wie GEMA-Gebühren beachtet werden.

Bei der Trinkmann GmbH gibt es in der letzten Zeit erhebliche Probleme mit dem Warenwirtschaftssystem. Bisher wurden diese von eigenen Mitarbeitern behoben. Für die Zukunft soll ein neues, innovatives System angeschafft werden. Das System soll auch durch einen professionellen Softwaredienstleister betreut werden, um eine reibungslose Anwendung zu garantieren und ständige Aktualisierung zu gewährleisten. Im Rahmen einer Ausschreibung soll dieser IT-Dienstleister gefunden werden.

Gegenstand der Beschaffung sind neben der Ware und Dienstleistungen auch Verpackungsmaterial, Dekoration, Investitionsgüter wie Fahrzeuge, Warenträger, EDV-Anlagen, Kassen etc.

4.1.3 Bedarfsmengenermittlung

Grundsätzlich ergibt sich die Bedarfsmenge aus der verkauften Menge eines Vergleichszeitraums wie dem Vorjahr oder Vormonat. Es wird aus dem Bedarf der Vergangenheit die zukünftige Bedarfsmenge prognostiziert. Dabei müssen Nachfrageveränderungen wie z.B. Mengenerhöhungen bei Trendartikeln oder Reduzierungen bei einer Sättigung des Marktes berücksichtigt werden. Schwierig ist die Mengenbestimmung bei neuen, innovativen Produkten. Hier können branchenbezogene Daten aus der Beschaffungsmarktforschung herangezogen werden. Die Bedarfsmenge muss nicht mit der Menge an Waren, die der Einkauf bestellt, identisch sein, Gründe dafür können z.B. sein:
- vorhandene Lagerbestände
- Aufteilung der Bedarfsmenge in saisonbedingte Teilmengen
- die Bedarfsmenge überschreitet die Höchstbestellmenge des Lieferanten
- die Bedarfsmenge unterschreitet die Mindestbestellmenge des Lieferanten

Die optimale Bestellmenge

Die Bestellung von kleinen Mengen ist mit hohen Bestellkosten verbunden, die Bestellung großer Mengen mit hohen Lagerkosten. Mit Hilfe der Andler'schen Formel

$$x_{opt} = \sqrt{\frac{200 \times \text{Jahresbedarfsmenge} \times \text{Bestellkosten}}{\text{Einstandspreis je Mengeneinheit} \times \text{Lagerhaltungskostensatz}}}$$

kann die Einkaufsabteilung die optimale Bestellmenge ermitteln. Mit zunehmender Bestellmenge sinken die Bestellkosten, weil dann weniger Verwaltungsaufwand notwendig ist. Außerdem verbessern sich die Konditionen. Mit zunehmender Bestellmenge steigen jedoch die Lagerkosten wie z.B. Miete, Kosten der Lagermitarbeiter und die Lagerzinsen. Außerdem steigt das Risiko des Verderbs, der Beschädigung oder der Veralterung.

Bei der optimalen Bestellmenge ist die Summe aus Kosten der Bestellung und Kosten der Lagerhaltung am geringsten!

Voraussetzungen für die Berechnung sind z.B. konstante Lagerhaltungskosten, gleich hohe Bestellkosten, festgelegter Jahresbedarf an Artikeln, konstante Abverkäufe. Für den Handel treffen diese Aspekte in der Praxis eher nicht zu, dennoch ist die Berechnung geeignet, um die Abhängigkeit von Bestell- und Lagerkosten deutlich zu machen und dem Einkauf eine Orientierung zu geben.

Die Trinkmann GmbH benötigt pro Jahr 6000 Biergläser des Artikels 1258 der Fa. Schluck GmbH zum Einstandspreis von 0,70 €. Der Lagerhaltungskostensatz beträgt 6%, der durchschnittliche Lagerbestand soll die Hälfte der Bestellmenge ausmachen. Die Bestellkosten je Bestellvorgang betragen 3,00 €.

Bestellmenge	Zahl der Bestellungen/Jahr	Bestellkosten	durchschnittlicher Lagerbestand		Lagerkosten	Gesamtkosten
200	30	90,00 €	100 Stück	70,00 €	4,20 €	94,20 €
400	15	45,00 €	200 Stück	140,00 €	8,40 €	53,40 €
600	10	30,00 €	300 Stück	210,00 €	12,60 €	42,60 €
800	7–8	22,50 €	400 Stück	280,00 €	16,80 €	39,30 €
1000	6	18,00 €	500 Stück	350,00 €	21,00 €	39,00 €

Die rechnerisch exakte Ermittlung der optimalen Bestellmenge kann nach der Andler'schen Formel ermittelt werden:

$$\sqrt{\frac{200 \times 6000 \times 3}{0{,}70 \times 6}} = 925{,}8$$

Die optimale Bestellmenge beträgt 926 Gläser.

Das Einkaufslimit als Planungsvorgabe
Viele Handelsunternehmen geben dem Einkauf ein Limit vor. Dieses gibt an, wie viel Geld dem Einkauf für einen bestimmten Zeitraum für die Beschaffung von Waren zur Verfügung steht. Dabei kann die Geschäftsleitung entscheiden, dass dem Einkauf zunächst nicht das gesamte Limit zur Verfügung steht. Falls z.B. die Umsätze sich nicht wie geplant entwickeln oder sich unerwartete Trends ergeben, wird eine Limitreserve zurückgehalten. Über die Limitreserve kann der Einkauf erst dann verfügen, wenn die Geschäftsleitung diese freigibt.

Vorteile der Limitvergabe	Nachteile der Limitvergabe
• genauere Planung der Beschaffung • Berücksichtigung der vorhandenen Lagerbestände • laufende Kontrolle der Beschaffung • Sicherung der Liquidität • Motivation der Einkäufer zur Optimierung der Konditionen	• Nutzen von Mengenvorteilen ist ggf. nicht möglich. • Einschränkung des Einkaufs • Eventuell wird ein nicht genutztes Limit am Ende der Saison unnötig ausgegeben.

Da das zur Verfügung stehende Limit innerhalb der Limitrechnung anhand von Plangrößen errechnet wird, ist es wichtig, die Umsatzplanung mit der realen Umsatzentwicklung laufend abzustimmen, um ggf. Kürzungen oder Erhöhungen vorzunehmen. Außerdem sollte kontrolliert werden, ob der Einkauf die vorgegebenen Limits auch einhält.
Eng mit der Mengenplanung ist die Zeitplanung verbunden. Die optimale Zeitplanung wäre gegeben, wenn die Ware zu dem Zeitpunkt geliefert wird, zu dem der Kunde die Ware verlangt – „Just-in-time". Großhandel und Einzelhandel müssen jedoch ein Lager vorhalten, da die Unternehmen nicht immer konkret wissen, wann und in welcher Menge die Kunden die Ware benötigen. Je mehr Ware der Handel vorhält, desto sicherer ist es, dass alle Kundenwünsche erfüllt werden können, die Lagerkosten sind dabei aber sehr hoch. Bei geringen Lagerbeständen ist wiederum die Gefahr sehr groß, dass nicht alle Kundenwünsche erfüllt werden. Dies kann Umsatzverluste, eventuell auch Kundenverluste und Konventionalstrafen nach sich ziehen.

Verbrauchs-und Absatzverläufe

In jedem Handelssortiment gibt es Waren-/Artikelgruppen, die durch eine unterschiedliche Absatzintensität im Jahresverlauf gekennzeichnet sind. Diese Absatzverläufe können in Form einer Kurve dargestellt werden. Die Kurve ergibt sich daraus, dass die monatlichen Absatzzahlen der Vergangenheit in ein Koordinatensystem eingetragen und miteinander verbunden werden. Dieser dargestellte Absatzverlauf kann statistisch betrachtet werden und lässt eine Prognose für den zukünftigen Bedarf hinsichtlich der Bedarfsmenge und/oder des Bedarfszeitpunktes der jeweiligen Warengruppen zu. Durch diese Methode können z.B. konstante, saisonale oder trendbeeinflusste Absatzverläufe aufgezeigt werden.

Konstanter Absatzverlauf

Bei einem konstanten Absatzverlauf können geringe Schwankungen des Warenabsatzes auftreten, langfristig betrachtet ist der Absatzverlauf jedoch gleichbleibend.

Die Artikelgruppe Fitness-Getränke ist dadurch gekennzeichnet, dass die Absatzzahlen der Filialen im Jahresverlauf pro Monat immer um die 200 Flaschen betragen. Diese Erkenntnis führt dazu, dass die Filialen der Trinkmann GmbH mit dieser Artikelgruppe in zeitlicher und mengenmäßiger Hinsicht konstant beliefert werden.

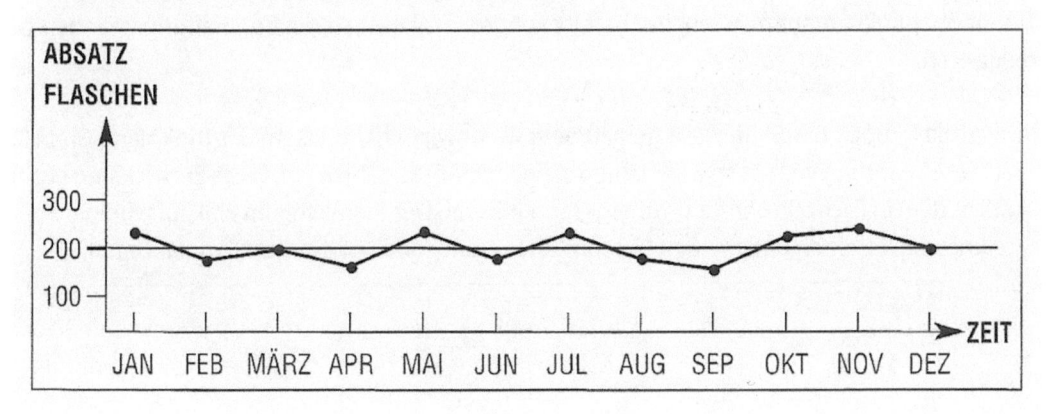

Saisonbedingter Absatzverlauf

Bei einem saisonbedingten Absatzverlauf sind zu bestimmten Zeiten im Jahresverlauf besonders hohe Absatzzahlen zu erkennen, die von den üblichen Mengen erheblich abweichen. Oft weisen die jeweils hohen Absatzzahlen eine zeitliche Kontinuität auf. Daher orientiert sich die Beschaffung an dem Saisonabsatzverlauf des Vorjahres und berücksichtigt z.B. Veränderungen des Marktes, Ferienordnung, Feiertage.

4. Beschaffung und Logistik

Die Warengruppe Mineralwasser weist in den Filialen der Trinkmann GmbH nach den Absatzzahlen der Vergangenheit einen besonderen Anstieg in den Sommermonaten auf. Da dieser Anstieg seit vielen Jahren in diesem Zeitraum relativ zuverlässig eintritt, kann bei den Lieferanten für diesen Zeitraum eine größere Warenmenge geordert werden.

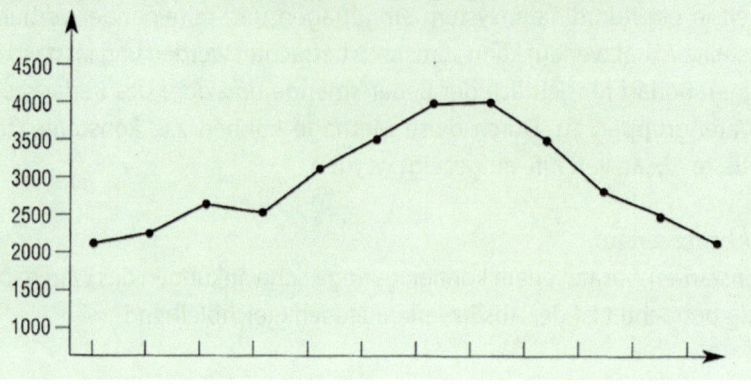

Trendbeeinflusster Absatzverlauf

Bei einem trendbeeinflussten Absatzverlauf sind trotz kurzfristiger Schwankungen steigende oder fallende Absatzverläufe zu beobachten. Die Herausforderung des Einkaufs liegt darin, den Trendhöhepunkt vorauszusehen, um bereits vor dem Höhepunkt die Beschaffungsmengen zu reduzieren.

Die Artikelgruppe Bio-Säfte weist gemäß dem Warenwirtschaftssystem der Trinkmann GmbH seit der Einführung vor knapp zwei Jahren steigende Absatzzahlen auf. Diese Entwicklung entspricht dem in Fachzeitschriften vorhergesagten Trend. Der Teamleiter im Einkauf wird die Bestellmengen erhöhen und mit den Lieferanten in neue Konditionsverhandlungen treten.

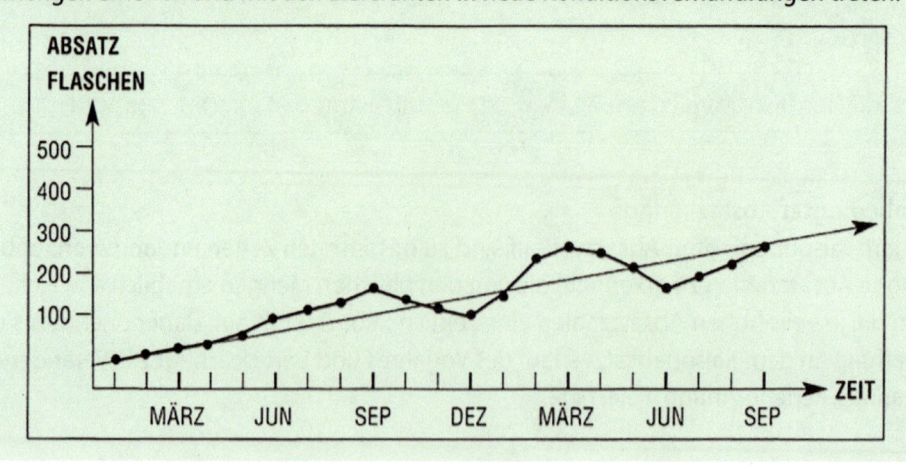

4.1 Ermitteln des Bedarfs an Gütern und Dienstleistungen

Für die Bedarfsprognosen werden statistische Mittelwertberechnungen in Form von arithmetischem Mittelwert/Durchschnitt, gleitendem Mittelwert oder gewichtetem gleitendem Mittelwert herangezogen.

Bei Neuheiten oder Modeartikeln kann auf Grund fehlender Absatzzahlen aus der Vergangenheit auf die statistische Möglichkeit der absatzorientierten Bedarfsprognose nicht zurückgegriffen werden. Für eine Bedarfsprognose ist in diesen Fällen ein qualifizierter, über sehr viel Erfahrung und Fingerspitzengefühl verfügender Einkäufer notwendig. Der Bedarf wird geschätzt, dies wird als heuristische Methode der Bedarfsermittlung bezeichnet.

Bestellverfahren
Bei der verbrauchsgesteuerten Warendisposition sollen auch die Bestellverfahren berücksichtigt werden. Hier werden zwei Varianten unterschieden:

Bestellpunktverfahren
Beim Bestellpunktverfahren lösen Absatzzahlen die Bestellung aus. Bei jedem Verkauf wird der Lagerbestand überprüft. Die Bestellung erfolgt, wenn der Lagerbestand auf den Meldebestand abgesunken ist. Der Meldebestand ist abhängig vom durchschnittlichen Tagesabsatz und der Beschaffungszeit in Tagen. Die Beschaffungszeit umfasst die Zeitspanne von der Bedarfsfeststellung bis zur Bereitstellung der Ware im Verkaufsraum/Lager. Außerdem wird ein Sicherheits- bzw. Mindestbestand, der dauerhaft vorhanden sein soll, um unvorhergesehene Ereignisse wie z.B. Lieferverzögerungen oder unverhoffte Absatzschwankungen, berücksichtigt. Die Bestelltermine sind bei diesem Verfahren variabel, die Bestellmengen sind in der Regel bei jeder Bestellung gleich hoch, der Höchstbestand soll dabei nicht überschritten werden. Der Höchstbestand wird in der Regel durch die Geschäftsleitung bestimmt, Einflussfaktoren hierfür sind z.B. Finanzmittel und Lagermöglichkeiten.

So wird der Meldebestand berechnet:

Meldebestand = (durchschnittlicher Tagesabsatz x Beschaffungszeit in Tagen) + Mindestbestand

In einer Filiale der Trinkmann GmbH werden am Tag durchschnittlich 2 Flaschen Wodka der Marke „Moskita" verkauft, die Lieferzeit beträgt 10 Tage. Der Sicherheitsbestand, der grundsätzlich nicht unterschritten werden soll, wurde mit 25 Flaschen festgelegt.
Gemäß Formel ergibt sich folgende Rechnung:
(2 Flaschen x 10 Tage) + 25 Flaschen = 45 Flaschen
Der Meldebestand beträgt 45 Flaschen. Sobald der Lagerbestand diese Menge erreicht, sollte eine Bestellung erfolgen. Der Bestellzeitpunkt wird somit durch den Meldebestand bestimmt.

Bestellrhythmusverfahren

Beim Bestellrhythmusverfahren werden periodische Zeitpunkte für die Bestellung festgelegt, z.B. zum Monatsende oder alle 14 Tage, dann werden die Lagerbestände überprüft und eine Bestellung ausgelöst. Die Bestellmengen variieren und werden zwischen dem aktuellen Lagerbestand aus der Überprüfung und dem von der Geschäftsleitung bestimmten Höchstbestand festgelegt, dabei muss der mögliche Absatz während der Beschaffungsdauer geschätzt werden. Dieses Verfahren sollte nicht bei A-Waren angewendet werden, da es anfällig für Fehlverkäufe ist.
Bedarfsmengen können auch im Rahmen des Efficient Replenishment durch Vendor-managed Inventory (VMI) bestimmt werden. Bei diesem Konzept übernimmt der Lieferant die Steuerung der Bestände seiner Produkte in den jeweiligen Filialen. Das Handelsunternehmen überträgt ihm dabei die Verantwortung, die Lagerbestände aufrecht zu erhalten und zu optimieren. Voraussetzung ist, dass der Lieferant Zugriff auf die Bestandsdaten am Point of Sale hat. *(siehe 4.4.2 Strategien des ECR)*

4.2 Beschaffungs- und Logistikprozesse

4.2.1 Organisationsformen der Beschaffung und Logistik
Siehe auch 1.3.2. Unternehmensorganisation

Ein Handelsunternehmen hat die Möglichkeit, den Einkauf zentral zu bündeln oder dezentral zu organisieren.
Beim Zentraleinkauf werden alle Beschaffungstätigkeiten zentral zusammengefasst und für das gesamte Unternehmen durchgeführt.

Vorteile des zentralen Einkaufs	Nachteile des zentralen Einkaufs
• Aufträge können auf wenige Lieferanten zentriert werden, dadurch werden bessere Konditionen erzielt, die Serviceleistungen des Lieferanten werden sich steigern. • Die Mitarbeiter im Einkauf sind nur mit der Beschaffung betraut, kennen sich auf den Beschaffungsmärkten aus und sind somit Spezialisten im jeweiligen Beschaffungsbereich. • Das Controlling wird erleichtert. • Die Mitarbeiter im Verkauf/ Vertrieb können sich auf ihre speziellen Tätigkeiten konzentrieren, sie fallen nicht durch vorbereitende Beschaffungstätigkeiten und Einkaufsreisen aus.	• Dem Einkauf fehlt der direkte Kontakt zu den Kunden, daher kann nicht so schnell auf Trends und Besonderheiten reagiert werden. • Ein individueller, auf den Standort bezogener Einkauf, ist schwierig. • Die Verwaltungsorganisation des Zentraleinkaufs kann sehr groß werden. • Der Informationsbedarf vom Einkauf zum Verkauf ist groß, es muss über die jeweiligen Artikel und Mengen, Marktveränderungen, Trends, Innovationen ständig ein Informationsaustausch stattfinden. • Oft lange Informationswege zwischen den Filialen und der Zentrale.

Bei einem dezentralen Einkauf kann jede Organisationseinheit im Unternehmen – z.B. Filiale, Abteilung – selbstständig einkaufen. Die Vor- und Nachteile aus dem zentralen Einkauf verkehren sich hierbei.

Da beide Organisationsformen Vor- und Nachteile aufweisen, entscheiden sich Handelsunternehmen oft für Mischformen:

- **Zentraleinkauf mit dezentraler Disposition:** Der Zentraleinkauf fasst Pflichtartikel und mögliche zu führende Artikel in Listen zusammen, aus diesen gelisteten Artikel können dann die Verkaufsniederlassungen/ Filialen individuell die jeweiligen Artikel auswählen und deren Einkaufsmengen festlegen. Oft werden hierbei mit den Lieferanten Rahmenverträgen abgeschlossen.
- **Zentraleinkauf und dezentraler Einkauf:** Hierbei wird das Einkaufsbudget aufgeteilt. Der größte Teil wird dem Zentraleinkauf übertragen, über 10% bis 30% können die Verkaufsniederlassungen/ Filialen verfügen, um auf regionale Besonderheiten einzugehen.
- **Einkaufsausschuss:** Die regionalen Verkaufsniederlassungen/ Filialen entsenden Verantwortliche (Leadbuyer) in den Ausschuss. Der Ausschuss trifft verbindliche Entscheidungen für das gesamte Unternehmen.

Bei den beschriebenen Organisationsformen handelt es sich um die Entscheidung hinsichtlich der Aufbauorganisation. Es werden Stellen gebildet, für die vor allem Zuständigkeiten und Entscheidungsverantwortungen festgelegt werden. Die Ablauforganisation koordiniert die internen und externen Vorgänge, um die die Arbeitsabläufe zu optimieren.

Neben der zentralen oder dezentralen Organisation muss das Unternehmen entscheiden, ob die Stellen objekt- oder funktionsorientiert gebildet werden.

- **Objektorientierte Stellenbildung:** Hier werden im Einkauf Abteilungen nach Warengruppen oder auch nach Kundengruppen oder Regionen gebildet. Jede Abteilung ist auf jeden Fall für den gesamten Einkaufsprozess der jeweiligen Objekte und ggf. gleichzeitig für den Vertrieb zuständig. Die Logistik und die verwaltenden Tätigkeiten wie Personal- und Rechnungswesen können ebenfalls zu den Aufgaben der Abteilung gehören.

Innerhalb der Strategie **ECR** müssen die Bereiche Einkauf und Verkauf in einer Verantwortung zusammengefasst werden, ebenfalls beim **Category Management**. Die Leitung der Abteilung ist für die Beschaffung der Artikel, für alle kommunikationspolitischen Maßnahmen, für die Platzierung und für die Preisgestaltung zuständig. Oft gibt es einen zuständigen Mitarbeiter mit gleichen Kompetenzen beim Lieferanten, nur dadurch wird die Zusammenarbeit innerhalb der gesamten Prozesskette möglich.

4. Beschaffung und Logistik

- **Funktionsorientierte Organisation:** Die Stellenbildung erfolgt nach Aufgaben z.B. Einkauf, Verkauf, Logistik und Verwaltung. Im Einkauf werden typische Aufgaben wie z.B. Einholung von Angeboten, Angebotsprüfung, Bestelldurchführung, Überwachung von Lieferterminen etc. ausschließlich von einer Stelle ausgeführt.

Aus dem Organigramm der Trinkmann GmbH ist zu erkennen, dass das Unternehmen funktionsorientiert strukturiert ist. Für ein mittelständisches Unternehmen wie die Trinkmann GmbH ist dies ein einfacher und überschaubarer Aufbau, die Verantwortlichkeiten sind klar geregelt und können leicht und jederzeit vom Geschäftsführer oder den Fachleitern kontrolliert werden.

Die Sachbearbeiter im Einkauf sind Spezialisten ihres Warenbereichs, leider haben sie jedoch wenig Einblick in die Realisierung des gesamten Einkaufskonzeptes. Auch können Lieferanten verschiedene Ansprechpartner haben. Dies macht die Zusammenarbeit mühsam und schwierig.
Die großen Brauereien führen heute ein großes Sortiment von Bieren und alkoholfreien Getränken. Sie sind alle objektorientiert strukturiert und haben für z.B. „Getränke der jungen Zielgruppe" einen Category Manager eingesetzt, der gegenüber der Trinkmann GmbH für den Einkauf und den Vertrieb Ansprechpartner ist. Er führt die Jahresgespräche mit dem Unternehmen, schließt die Zielvereinbarungen ab, unterstützt die Verkaufsförderung des Unternehmens, entscheidet über Werbezuschüsse, berät bei der Präsentation in den Fachmärkten und beteiligt sich am Sponsoring. Über diese Aktivitäten muss der Category Manager bei den Jahresgesprächen mit Herrn Trinkmann sprechen, bezüglich des Einkaufs mit der Einkaufsleitung und bezüglich des Vertriebs mit der Verkaufsleitung. Werden spezielle Fragestellungen behandelt, müssen die Teamleiter noch hinzugezogen werden. Dies ist für die Lieferantenseite sehr unbefriedigend und in den Jahresgesprächen wird die Trinkmann GmbH gedrängt, die Organisationsform umzustellen.

Organisation der Lagerhaltung
Bei der zentralen Lagerung werden alle Waren, mit denen ein Unternehmen handelt, an einem zentralen Standort, meistens an der Firmenzentrale, gelagert. Alle Verkaufsniederlassungen/Filialen und Kunden werden vom Zentrallager aus beliefert.

4.2 Beschaffungs- und Logistikprozesse

Vorteile der zentralen Lagerhaltung	Nachteile der zentralen Lagerhaltung
• guter Überblick über die Warenbestände • niedrigere Reservebestände führen zu geringerer Kapitalbindung. • Der Bedarf an Grundstücken und Gebäuden ist geringer. • optimale Ausnutzung der Lagereinrichtung	• hoher Grad an Abhängigkeit von der Warenversorgung des Zentrallagers • Durch Transportbedarf in die Filialen entstehen zusätzliche Kosten. • lange Transportwege durch große Distanz zu den Filialen bzw. Kunden • Dispositionsaufwand der Filialen ist größer.

Bei der dezentralen Lagerung werden die Waren an den jeweiligen Standorten der Verkaufsniederlassungen/Filialen gelagert. Die Lagerung erfolgt direkt im Verkaufsraum oder in speziellen, angrenzenden Lagerräumen. Die Vor- und Nachteile der zentralen Lagerhaltung verkehren sich hier.

Oft werden bei größeren Unternehmen zusätzlich **Regionalläger** und **Auslieferungsläger** gehalten. Das Lager kann **funktionsorientiert** oder **objektorientiert** organisiert sein.

Bei der Trinkmann GmbH finden wir eine funktionsorientierte Organisation vor. Der Logistikbereich mit Lagerung ist ein eigener Bereich, der für alle Bereiche des Einkaufs und Vertriebs tätig ist. Dies entspricht der Organisation vieler Handelsunternehmen. Auch wenn Einkauf und Verkauf objektorientiert aufgeteilt sind, ist der Logistikbereich meist ein zentraler Bereich. Bei der Trinkmann GmbH wird jährlich überprüft, ob die Logistik in eigener Regie bleibt oder einem Serviceunternehmen übergeben wird.

4.2.2 Der Beschaffungsprozess

Beim Beschaffungsprozess geht es um ineinandergreifende Maßnahmen, die dazu beitragen sollen, das bestmögliche Ergebnis hinsichtlich der Warenbeschaffung zu erreichen. Grundlegendes Ziel ist einen wesentlichen Beitrag zur Gewinnerzielung des Unternehmens zu leisten. Bereits im Einkauf von Waren werden die Weichen für den Gewinn gestellt. Es geht im Prinzip darum, die vom Kunden gewünschte Ware in bester Qualität, in optimaler Menge, zum richtigen Zeitpunkt, am richtigen Ort, zum günstigsten Preis zur Verfügung zu stellen. Die Vorgehensweise, um dieses Prinzip zu verfolgen, ist vergleichbar mit dem Marketingkreislauf und den dort aufeinander folgenden Phasen.

Zielsetzung → Marktforschung → Planung → Durchführung → Kontrolle

Anhand der folgenden Unterpunkte sollen wesentliche Aspekte eines Beschaffungsprozesses dargestellt werden.

Beschaffungsmarktforschung
Bei der Beschaffungsmarktforschung steht der Beschaffungsmarkt im Mittelpunkt; dieser soll systematisch und mit Hilfe wissenschaftlicher Methoden erkundet und analysiert werden. Die gegenwärtige Situation und die zukünftigen Entwicklungen werden untersucht. Chancen und Risiken werden aufgedeckt, Unsicherheiten bei Beschaffungsentscheidungen können so minimiert werden.

Objekte der Beschaffungsmarktforschung sind z.B.:
- **Lieferanten:** Zunächst wird erfasst, wie viele und welche Lieferanten mit welchen Marktanteilen es auf dem jeweiligen Beschaffungsmarkt gibt. Dann werden die Informationen über Warenangebot, Innovationen, Warenqualität, Produktionskapazitäten, Produktionsbedingungen, Serviceangebote, Konditionen der einzelnen Lieferanten eingeholt. Erfahrungen mit bestehenden Lieferanten werden aus internen Lieferdateien entnommen. Neue Lieferanten werden über sekundäre Quellen, wie z.B. Fachzeitschriften, Suchmaschinen im Internet, elektronische Marktplätze, branchenbezogene Lieferantenverzeichnisse und durch Primärforschung z.B. auf Fachmessen, Einkaufsreisen, Vertreterbesuche und Ausschreibungen gefunden.
- **Wettbewerbssituation:** Welches Sortiment haben sie und wo beziehen ihre Waren? Der Einkäufer kann diese Informationen z.B. auf Messen, durch Gespräche mit Lieferanten, Handelsvertretern und Kollegen aus Einkaufskooperationen erhalten. Sehr schwierig ist es allerdings, konkrete Informationen über deren Konditionen zu erlangen.

- **Preise am Beschaffungsmarkt:** Die Preise der Lieferanten werden mit Hilfe von Preislisten und Katalogen untereinander analysiert. Oft geben Lieferanten über Newsletter Preisentwicklungen aus jeweiligen Branchen bekannt. Preisentwicklungen von Rohstoffen werden an Börsen beobachtet. Die jeweilige branchenübliche Marktform hat ebenfalls Einfluss auf die Beschaffungspreise.
- **Politische und rechtliche Entwicklungen:** Im Bereich Staat und Politik werden alle Maßnahmen und Planvorhaben beobachtet, die sich wirtschaftlich auswirken können. Dies sind z.B. Veränderungen in der Steuerpolitik, Beschlüsse der EU, Freihandelsabkommen, Handelshemmnisse, Umweltschutz- und Produkthaftungsauflagen oder auch Schuldrechtsänderungen.
- **Logistik:** Waren werden heute auf Grund der Globalisierung über sehr weite Strecken transportiert. Der Einkauf muss daher die Transportmöglichkeiten, Frachtführer und Speditionen genau auf Kosten, Leistung, Qualität, Umwelteinfluss etc. prüfen.

> Die Trinkmann GmbH arbeitete bisher direkt mit Winzern in Ungarn zusammen. Durch die EU-Mitgliedschaft haben sich Erleichterungen in den Einfuhrformalitäten ergeben und die Kosten der Einkaufsreisen waren durch Billigflüge vertretbar. Außerdem hat die Einkaufs- und Teamleitung in der Zusammenarbeit mit den Winzern viel über die Anbaugebiete und Rebsorten gelernt und immer wieder Verkostungen durchgeführt, um die Qualitätsunterschiede zu erkennen und die richtigen Sorten für den Geschmack der Kunden auszusuchen. Doch jetzt hat das Einkaufsteam gute Kenntnisse und die richtigen Weine für das Sortiment gefunden. Die Winzer sind bekannt, mit denen in der Zukunft zusammengearbeitet werden soll, über mögliche Alternativen ist man informiert.
> Deshalb sucht Frau Kenzler – Teamleiterin „Wein/ Schaumwein" – einen Importeur, der die Zusammenarbeit mit den bisherigen Winzern ermöglicht, bei dem jedoch „aus einer Hand" eingekauft werden kann. Die Bearbeitungskosten können hierdurch reduziert werden und alle Kaufverträge basieren auf deutschem Recht, so dass bei Störungen die Inanspruchnahme von Gewährleistungsrechten einfacher wird. Außerdem verringern sich die Transportkosten und durch die Zentrierung aller Abnahmemengen auf einen Lieferanten verbessern sich die Konditionen.
> Bei der Suche nach dem richtigen Importeur helfen die Winzer in Ungarn, die durchaus Interesse haben, die Abnahmemengen an den Importeur zu erhöhen und die Anzahl ihrer Direktkunden zu reduzieren. Zusätzlich hilft die Recherche über spezielle Suchmaschinen im Internet.

Weitere Objekte der Marktforschung wie z.B. das Sortiment, Trends und Kunden werden meist vom Absatz/ Vertrieb untersucht. Die Erkenntnisse werden an den Einkauf weitergegeben, dort verarbeitet und für die Beschaffung genutzt. Die Methoden der Beschaffungsmarktforschung, mit denen die notwendigen Daten erhoben werden, sind identisch mit denen der Marktforschung im Handlungsbereich „Handelsmarketing".

Beschaffungskonzepte

Bei der Entwicklung von Beschaffungskonzepten sollen Kosten minimiert werden, doch gleichzeitig muss das Handelsunternehmen leistungsfähig bleiben, um dauerhaft am Markt zu bestehen und Waren zeitlich, quantitativ und qualitativ bereitstellen zu können. Die Beschaffungskonzepte werden auch als „Sourcing- Strategien" bezeichnet. Das Handelsunternehmen kann aus folgenden Möglichkeiten wählen:

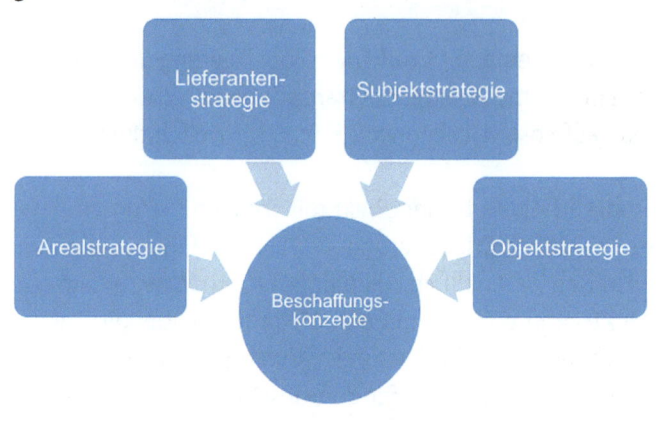

[Diagramm: Lieferantenstrategie, Subjektstrategie, Arealstrategie, Objektstrategie → Beschaffungskonzepte]

Arealstrategie nach Herkunft der Lieferanten	**Local Sourcing:** Die Waren werden aus dem direkten Umfeld des Standortes bezogen, dies gilt ebenfalls für Dienstleistungen. Dabei werden lange Transportwege vermieden und Transportkosten gesenkt, das Image „für die Region aus der Region" wird dabei gestärkt.
	Domestic Sourcing: Diese Strategie sieht die landesweite Warenbeschaffung vor. Kommunikationsprobleme und unterschiedliche Rechtsnormen werden ausgeschlossen.
	Global Sourcing: Das Handelsunternehmen tritt weltweit mit Lieferanten in Geschäftsbeziehungen. Durch die modernen Kommunikationstechnologien, den ständigen Abbau von protektionistischen Handelshemmnissen und optimierte Transportlogistik wird diese Strategie weiterhin an Bedeutung zunehmen. Die günstigen Produktionskosten stehen den Transportkosten und langen Transportwegen gegenüber. Politische und wirtschaftliche Probleme, unterschiedliche Währungen und Rechtsnormen müssen ebenfalls bedacht werden.

Lieferanten-strategie nach Anzahl der Lieferanten	**Single Sourcing:** Das Handelsunternehmen arbeitet mit einem Lieferanten zusammen. Diese Beziehung erfordert ein hohes Vertrauen. Hierbei sind ECR und Supply Chain Management möglich. Handelsunternehmen und Lieferant arbeiten eng zusammen, gestalten die gesamte Wertschöpfungskette effizient und sind in ihren Warenwirtschaftssystemen vernetzt. Die Abhängigkeit ist sehr hoch und ein Wechsel des Lieferanten ist sehr problematisch. **Dual Sourcing:** Hier arbeitet das Handelsunternehmen mit zwei Lieferanten zusammen. Die Waren werden in großen Mengen von einem Hauptlieferanten, der in der Regel die günstigsten Bezugspreise aufweist, und einem Nebenlieferanten mit einer geringeren Abnahmemenge eingekauft. Lieferausfälle können dadurch schnell überbrückt werden. **Multiple Sourcing:** Bei diesem Konzept wird ein Handelsunternehmen die gleichen Artikel oder Artikelgruppen bei mehreren Lieferanten beschaffen, die jeder Zeit austauschbar sind. Dies erhöht die Flexibilität und die Verhandlungsstärke bei der Festlegung von Konditionen.
Subjekt-strategie nach Anzahl der Besteller	**Individual Sourcing:** Das Handelsunternehmen beschafft die Waren selbstständig für sich allein. In erster Linie sind es Betriebe mit großen Abnahmemengen und somit auch meist guter Verhandlungsposition gegenüber den Lieferanten. Bei der Beschaffung von Handelsmarken eine typische Strategie. **Collective Sourcing:** Hier erfolgt die Beschaffung über/durch Kooperationen. Beschaffungsmengen mehrerer Handelsunternehmen werden zusammengefasst und bei Lieferanten zu günstigen Preisen und Konditionen eingekauft. Diese Strategie praktizieren kleinere und mittlere Handelsunternehmen.
Objekt-strategie nach der Materialkomplexität	**Unit Sourcing:** Eine Beschaffungsstrategie der Hersteller, die Einzelteile beschaffen und aufwendig zu einem Endprodukt zusammenfügen. **Modular Sourcing:** Hier werden bereits komplette Funktionseinheiten von einem Lieferanten beschafft. Der Hersteller kann diese Module dann direkt verbauen. In der Automobilindustrie werden diese Module von Zulieferern direkt in die Produktion geliefert, der Fertigungsprozess der Endmontage kann dadurch optimiert werden.

Beschaffungskonditionen

Die Beschaffungskonditionen stellen eine wichtige Grundlage für die Lieferantenbewertung und -auswahl dar. Unter Konditionen werden vereinbarte Bedingungen verstanden, unter denen Lieferanten und Händler ihre Geschäfte tätigen. Sie werden in Form von allgemeinen Geschäftsbedingungen (AGB) einseitig vom Verkäufer oder Käufer vorgegeben, zwischen den Geschäftspartnern ausgehandelt oder sie entsprechen gesetzlichen Regelungen (BGB, HGB). Bei internationalen Handelsgeschäften werden die Incoterms (International Commercial Terms) vereinbart. Diese internationalen Handelsklauseln regeln in ihren Hauptfunktionen die Transportkostenübernahme und Risikoübernahme/Gefahrübergang zwischen Verkäufer und Käufer. Arten von Konditionen sind z.B.:

- **Preisnachlässe:** z.B. Rabatte, Boni, Skonto
- **Zahlungskonditionen:** z.B. Barzahlung, Zielkauf, Anzahlung, Vorauszahlung, Ratenkauf
- **Lieferkonditionen:** z.B. Transportweg/-art, Beförderungskosten, Transportversicherung, Verpackungskosten, Lieferzeit, Lieferort
- **Sonderkonditionen:** z.B. Mindestabnahmemengen ggf. auch Höchstabnahmemengen, Werbekostenzuschüsse, Unterstützung bei der Verkaufsförderung durch z.B. Werbeplakate, Displays

Die Konditionen sind Bestandteile, die beim Angebotsvergleich berücksichtigt werden. Angebote werden von Lieferanten unaufgefordert abgegeben oder sind Reaktion auf eine Anfrage des Händlers.

Beim Vergleich vorliegender Angebote kann der Bezugspreis als Grundlage für eine Bestellentscheidung ermittelt werden, dies wird als quantitativer Angebotsvergleich bezeichnet.

- **Quantitative Aspekte** des Angebotsvergleichs sind Preis, Rabatte, Skonto, Beförderungskosten, Transportversicherung und Verpackungskosten.

Parallel zum Ergebnis wird eine qualitative Angebotsbewertung durchgeführt.

- Qualitative Aspekte der Bewertung sind z.B. Warenqualität, Lieferfähigkeit, Lieferzeit, Zuverlässigkeit, Flexibilität, Verhalten bei Reklamationen, Möglichkeit von Retouren, Werbekostenzuschüsse, Lieferantenimage.

Die Entscheidung für oder gegen ein Angebot erfolgt nach jeweiliger Zielsetzung und individueller Priorität bei der Beschaffung von Waren und auch Dienstleistungen.

Für eine Sonderaktion wurden von der Einkaufsabteilung der Trinkmann GmbH Angebote für „Grillbesteckkästen" von verschiedenen Lieferanten eingeholt. Diese werden nun gemäß den Vorgaben ausgewertet und verglichen. Benötigt werden 1000 Stück zum 01.06. des Jahres, Rechnungen werden grundsätzlich in der Skontofrist beglichen. Heute am 20.03. liegen drei Angebote von neuen Lieferanten in vergleichbarer Qualität vor.

4.2 Beschaffungs- und Logistikprozesse

	Angebot Lieferant A	Angebot Lieferant B	Angebot Lieferant C
Listenpreis je Grillbesteck	6,50 €	5,80 €	6,20 €
Rabatte	Mengenrabatt 3% bei 500 Stück 10% bei 1.000 Stück 15% bei 1.500 Stück	10% Treuerabatt für Stammkunden	5% Mengenrabatt bei Mindestabnahme von 1.000 Stück
Lieferbedingungen **Transportkosten**	Frachtfrei	frei Haus	Unfrei Fracht: 150,- € Rollgeld Anfuhr: 20,- € Rollgeld Zufuhr: 20,- €
Verpackungskosten	Im Listenpreis enthalten	Pfandverpackung	pauschal 50,- €
Lieferzeit	4 Wochen	sofort	sofort
Zahlungsbedingungen	10 Tage 3% Skonto 30 Tage netto Kasse	netto Kasse	7 Tage 2% Skonto
Sonstiges	per Fax eingegangen	per Angebotsbrief eingegangen, Mindestabnahme 500 Stück	per E-Mail eingegangen

Quantitativer Angebotsvergleich anhand der Bezugskalkulation:

	Angebot Lieferant A	Angebot Lieferant B	Angebot Lieferant C
Listenpreis für 1.000 Stück	6.500,00 €	5.800,00 €	6200,00 €
− Rabatt	650,00 €	---	310,00 €
= Zieleinkaufspreis	5.850,00 €	5.800,00 €	5890,00 €
− Skonto	175,50 €	---	117,80 €
= Bareinkaufspreis	5.674,50 €	5.800,00 €	5772,20 €
+ Rollgeld für Anfuhr	---	---	---
+ Fracht	---	---	150,00 €
+ Rollgeld für Zufuhr	20,00 €	---	20,00 €
+ Verpackungskosten	---	---	50,00 €
= Bezugspreis	**5.694,50 €**	**5.800,00 €**	**5.992,20 €**

Das Angebot von Lieferant A ist im rechnerischen Vergleich das günstigste. Die Lieferzeit passt in den Zeitrahmen; die Bestellung muss innerhalb von 24 Stunden erfolgen, da das Angebot per Fax eingegangen ist und keine Bindungsfrist vom Lieferanten gesetzt wurde – es gilt somit die gesetzliche Regelung.

Die Beschaffungsmarktsituation in den Konditionsverhandlungen

Gibt es am Beschaffungsmarkt eine große Anzahl von Anbietern, befindet sich der Händler in einer starken Verhandlungsposition. Er wird sich für den Lieferanten mit den besten Konditionen und dem günstigsten Preis entscheiden, Lieferverträge werden kurzfristig abgeschlossen. Bei Lieferausfällen kann schnell ein Alternativlieferant gefunden werden.

Befinden sich wenige Lieferanten auf dem Beschaffungsmarkt, ist dieser leicht zu überschauen. Unter den wenigen Anbietern besteht ein erhöhter Wettbewerbsdruck, der sich positiv auf Preis- und Konditionsverhandlungen auswirken kann. Der Händler wird sich in dieser Marktsituation z.B. auf einen Hauptlieferanten mit dem günstigsten Preis und besten Konditionen konzentrieren und ggf. auf einen Zweitlieferanten ein kleineres Beschaffungskontingent verteilen. Aus Gründen der Sicherung der Warenversorgung bei Ausscheiden eines Anbieters ist die Aufteilung der Bestellmengen auf mehrere Lieferanten sinnvoll.

Gibt es auf dem Beschaffungsmarkt für bestimmte Produkte auf Grund von Patenten oder für Spezialanfertigungen nur einen Anbieter, ist der Händler in einer schwachen Verhandlungsposition. Er kann nur versuchen, über langfristige Lieferverträge und ausgeprägtes partnerschaftliches Verhalten den Lieferanten für sich zu gewinnen.

Bezugsquellen und -wege

Die Bezugsquellen ergeben sich aus dem gewählten Beschaffungsweg. Hier wird zwischen direkter und indirekter Beschaffung unterschieden.

Direkter Beschaffungsweg

Der Handel kann die Waren direkt beim Hersteller kaufen. Dies können vor allem große Handelsunternehmen, die hohe Stückzahlen benötigen. Sie pflegen eine enge Beziehung zur Industrie, führen Gespräche mit der Verkaufsleitung oder den reisenden Vertretern, verhandeln über die zur Verfügung gestellten Regalflächen und erhalten hierfür bessere Konditionen, Werbezuschüsse oder Verkaufshilfen. Wenn Handelsmarkenstrategien verfolgt werden, müssen Kontakte zu Fabrikanten aufgenommen werden, dies gilt auch bei Sonderanfertigungen. Kleinen Handelsunternehmen kann es verwehrt sein, direkt beim Hersteller zu ordern, da sie nicht die geforderten Mindestabnahmemengen erreichen. Einige Produzenten arbeiten mit autorisierten Fachgroßhändlern zusammen und schließen dadurch für den Einzelhandel den direkten Einkauf bei ihnen aus.

Indirekter Beschaffungsweg

Bei der indirekten Warenbeschaffung sind Zwischenhändler/Absatzorgane zwischen dem Produzenten und dem abnehmenden Handelsunternehmen vorhanden. Diese können sein:

- **Großhandel:** Der Großhandel erstellt ein branchenbezogenes bzw. bedarfsbezogenes Sortiment von unterschiedlichen Herstellern. Durch die umfangreiche Marktkenntnis des Großhändlers kann eine gute Sortimentsberatung erfolgen. Die Ausführung der Lagerfunktion/Zeitüberbrückung ermöglicht eine hohe Lieferbereitschaft, ebenso ist durch die räumliche Nähe eine schnelle Belieferung möglich. Die Kosten für die ausgeführten Handelsfunktionen schlagen sich in seiner Kalkulation und somit auf den Verkaufspreis nieder. Kleine und mittelständische Unternehmen nutzen in erster Linie diesen Weg der Beschaffung.
- **Handelsvertreter:** Handelsvertreter sind selbstständige Kaufleute, agieren auf eigenes Risiko, sie vertreten einen oder mehrere Hersteller und vermitteln den Kauf.
- **Importeur:** Importeure bieten vor allem kleinen und mittelständischen Handelsunternehmen Waren an, die sie global beschaffen. Sie kennen sich durch die engen Kontakte zu Produzenten sehr gut auf den internationalen Beschaffungsmärkten aus. Der Händler muss sich nicht um Vorschriften und Formalitäten wie z.B. Zölle oder Einfuhrkontingente kümmern.
- **Kommissionär:** Kommissionäre sind selbstständige Kaufleute, die in eigenem Namen gewerbsmäßig Waren auf Rechnung eines Auftraggebers, in der Regel des Produzenten, anbieten. Der Auftraggeber stellt die Ware zur Verfügung, trägt das Absatzrisiko und zahlt dem Kommissionär für seine Tätigkeiten eine Provision.
- Bei der Warenbeschaffung stellen **Einkaufskooperationen** ebenfalls eine Möglichkeit dar. Gerade kleine und mittelständische Handelsunternehmen gehen mit Partnern Kooperationen ein. Bei dieser freiwillig und vertraglich geregelten Zusammenarbeit bleiben die Beteiligten wirtschaftlich und rechtlich selbstständig. Günstige Bezugspreise, verbesserte Konditionen, Zugang zu Handelsmarken, Optimierung von Transport- und Lagerlogistik, zusätzliche Serviceleistungen wie z.B. Rechnungsregulierung bei Verbundgruppen und ggf. auch die Nutzung eines gemeinsamen Marketingkonzepts bieten Vorteile. Als Nachteile können sich z.B. eine sehr enge wirtschaftliche Bindung ggf. durch Abnahmekontingente und Abstimmungsprobleme hinsichtlich der zu beschaffenden Waren ergeben.

E-Procurement
Siehe auch 3.9 E-Commerce

E-Procurement ist in elektronischen Geschäftsprozessen der Prozess der Beschaffung von Waren und Dienstleistungen auf elektronischem Weg.
B2B (Business-to-Business): Unternehmen treten mit anderen Unternehmen in Geschäftskontakt.

4. Beschaffung und Logistik

Innerhalb des Einkaufs wird immer stärker das Internet genutzt. Bereits bei der Beschaffungsmarktforschung können Informationen über das Internet eingeholt werden. Hilfreich sind die Suchmaschinen sowie die Verbände und Organisationen mit ihren elektronischen Angeboten wie z.B. die Industrie- und Handelskammern, die Außenhandelskammern und die Verbände wie der HDE mit seinen Fachverbänden.

Großhandelsunternehmen, die mit Investitionsgütern handeln, können z.B. durch Ausschreibungen über ihre Homepage nach Lieferanten suchen. Der Erstkontakt erfolgt durch den Lieferanten.

Virtuelle Marktplätze oder spezielle Plattformen bringen Lieferanten und Handelsunternehmen im Internet zusammen. Drittanbieter richten diese Plattformen ein, die meist auf Branchen oder Herkunftsländer ausgerichtet sind. Das Handelsunternehmen kann Einsicht nehmen in umfangreiche Kataloge verschiedener Hersteller, Qualität der Ware, Verfügbarkeit und Lieferzeit können unmittelbar eingesehen werden.

Elektronische Marktplätze lassen sich unterscheiden in:
- **Vertikale Marktplätze: Diese** sind branchenspezifisch, vergleichbar mit einem Sortimentsgroßhandel bzw. mit einem Fachgeschäft oder Kaufhaus z.B. www.ieQ.de ist der bundesweit größte Online-Shop für Haushalts- und Elektrowaren, der Elektrofachbetriebe als Servicepartner auf seiner Plattform integriert.
- **Horizontale Marktplätze** hingegen sind branchenübergreifend, vergleichbar mit einem Shopping Center, z.B. www.amazon.de.

Neben den genannten elektronischen Marktplätzen gibt es noch Plattformen für Auktionen/Versteigerungen wie z.B. eBay oder solche mit variablen Werten wie eine Börse.

Bei **Internet**-Auktionen wird die Ware versteigert, Internet-Börsen sind noch dynamischer in der Preisfindung; der Plattformanbieter nimmt Angebote und Nachfrage entgegen und ermittelt hierdurch fortlaufend den Preis. Auktionsformen können z.B. die englische (Vorwärtsauktion) oder die holländische (Rückwärtsauktion) sein.

Beim E-Business/E-Procurement möchte das Unternehmen die Kosten senken: Durch die hohe Transparenz des Internets ist es dem Einkauf möglich, die Preise der Lieferanten besser und schneller zu vergleichen. Aber auch die Bestellkosten werden gesenkt durch Wegfall von Papier, Schriftverkehr und mehrmaligen Prüfungen. Meist wird der Bestellvorgang verkürzt und somit auch günstiger. Außerdem kann das Unternehmen jederzeit Einsicht nehmen in den Bestellverlauf sowie in die Warenverfügbarkeit. Liefertreue, Qualität und persönliche Beziehungen spielen hier bei der Ordervergabe keine Rolle. Deshalb muss das Handelsunternehmen gut prüfen, für welche Ware der virtuelle Marktplatz genutzt werden sollte.

Nutzwertanalyse als Instrument zur Lieferantenauswahl

Hat sich das Handelsunternehmen für eine Bezugsquelle und einen Beschaffungsweg entschieden, muss nun der Lieferant bestimmt werden, mit dem eine Geschäftsbeziehung aufgenommen werden soll. Die Auswahl erfolgt anhand bestimmter Kriterien wie z.B. Einstandspreis, Bezugskosten, Lieferzeit, Zahlungskonditionen, Service, Flexibilität, räumliche Distanz, Kulanz, Lieferantenimage etc.

Um eine optimale Auswahl zu treffen und gleichermaßen quantitative und qualitative Beurteilungskriterien zu berücksichtigen bietet sich die Nutzwertanalyse als Instrument an. Hierbei wird in folgender Weise vorgegangen:

1. Bestimmung und Auflistung der Beurteilungskriterien
2. Gewichtung der Kriterien gemäß eines prozentualen Gewichtungsschlüssels bezogen auf die jeweils individuelle Bedeutung des Kriteriums
3. Bewertung der Kriterien anhand einer Skalierung z.B. von 1 bis 10; der höchste Wert steht für die beste, der kleinste für die schlechteste Bewertung
4. Ermittlung der einzelnen Nutzwerte durch Gewichtung der Beurteilungspunkte
5. Addition der gewichteten Teilwerte
6. Festlegung einer Rangfolge bezogen auf die Gesamtwerte

Die Entscheidung für einen Lieferanten erfolgt in der Regel nach dem höchsten Gesamtwert.

Der Absatz von Grillbestecken während der Sonderaktion war sehr erfolgreich, so dass sich das Unternehmen entscheidet, im Sommer dauerhaft Grillbesteckkästen zu führen. Der Sachbearbeiter erstellt folgende Nutzwertanalyse, um sich dauerhaft für einen Lieferanten zu entscheiden:

	Angebot Lieferant A	Angebot Lieferant B	Angebot Lieferant C
Listenpreis für 1.000 Stück	6.500,00 €	5.800,00 €	6200,00 €
− Rabatt	650,00 €	---	310,00 €
= Zieleinkaufspreis	5.850,00 €	5.800,00 €	5890,00 €
− Skonto	175,50 €	---	117,80 €
= Bareinkaufspreis	5.674,50 €	5.800,00 €	5772,20 €
+ Rollgeld für Anfuhr	---	---	---
+ Fracht	---	---	150,00 €
+ Rollgeld für Zufuhr	20,00 €	---	20,00 €
+ Verpackungskosten	---	---	50,00 €
= Bezugspreis	**5.694,50 €**	**5.800,00 €**	**5.992,20 €**

Gewichtung	A	Urteil	Wert	B	Urteil	Wert	C	Urteil	Wert
Einstandspreis 10	5.695	10	100	5.800	9	90	5.992	7	70
Qualität 10	gut	8	80	sehr gut	10	100	Sehr gut	10	100
Liefermenge 5	Mengenrabatt	8	40	–	–	–	Mengenrabatt	4	20
Lieferzeit 5	4 Wochen	2	10	sofort	5	25	sofort	5	25
Retouren 5	möglich	5	25	–	–	–	möglich	5	25
			255			215			240

Entscheidung: Auch in Zukunft wird die Ware bei Lieferant A bestellt.

4.2.3 Beschaffungs- und Logistikcontrolling

Lagerkennzahlen wie z.B. Lagerumschlagsgeschwindigkeit, Lagerbestände, Lagerdauer, Lagerhaltungskosten und Controllinginstrumente wie z.B. die ABC-Analyse, Portfolioanalyse, Balanced Scorecard, Nutzwertanalyse kommen beim Beschaffungs- und Logistikcontrolling zum Einsatz.

Lieferanten werden z.B. mit folgenden Kennziffern beurteilt:

Reklamationsquote: $\dfrac{\text{Reklamationswert zu Einstandspreisen} \times 100}{\text{Wareneinsatz zu Einstandspreisen}}$

$\dfrac{\text{Zahl der Reklamationen} \times 100}{\text{Gesamtzahl der Lieferungen}}$

Verzugsquote: $\dfrac{\text{Zahl der verspäteten Lieferungen} \times 100}{\text{Gesamtzahl der Lieferungen}}$

Servicegrad: $\dfrac{\text{Anzahl der erfüllten Aufträge} \times 100}{\text{Gesamtzahl der Aufträge}}$

4.3 Die Wertschöpfungskette (Supply Chain Management)

4.3.1 Supply Chain Managementsystem in betrieblichen Prozessen

Unter Supply Chain Management (SCM) wird die Erarbeitung eines kostenoptimierten Logistikkonzeptes unter Betrachtung der gesamten Wertschöpfungskette verstanden. Durch die optimale Gestaltung der Waren- und Informationsflüsse soll ein dem Kundenbedürfnis entsprechendes Sortiment bereitgestellt werden. Das SCM geht also über die in sich geschlossenen Logistikaufgaben (Warentransport, Lagerung, Kommissionierung, Warenmanipulation und -pflege) hinaus und bindet prozessübergreifende Schritte ein. Die Grundlage/Basistrategie ist hierbei:

Efficient Replenishment
Sie sorgt für die effiziente Warenversorgung und den effizienten Warennachschub. Ziel ist eine harmonisierte Logistikkette zwischen Hersteller, Lieferant und Händler. Dabei werden die Schnittstellen so ausgerichtet, dass ein möglichst reibungsloser Güter- und Informationsfluss gewährleistet ist. Hierzu gewährt der Handel dem Hersteller bzw. Lieferanten Einblick in seine Lagerdaten und Verkaufszahlen. Die gewünschte Ware soll somit jederzeit in ausreichender Menge am Verkaufsort sein. Dazu erfassen beispielsweise Scannerkassen die Verkaufsdaten am Point of Sale, die dann direkt vom Händler an den Hersteller weitergeleitet werden. Mit den Daten kann der Hersteller kurzfristig für den optimalen Nachschub sorgen. Somit werden der Kundennutzen durch die bessere Verfügbarkeit der Ware gesteigert und die Kosten durch die verbesserte Logistikkette reduziert. Das Konzept eignet sich vor allem für Sortimente, die laufend nachgefragt werden.

4.3.2 Beschaffungs- und logistikbezogene Entscheidungen

Entscheidungen hinsichtlich der Beschaffung und der Logistik werden bezogen auf Lieferantenauswahl, Sourcing Konzepte, Bezugsquellen/-wege, Transport und Lagerhaltung vom Einkauf und der Geschäftsleitung getroffen. Zur Entscheidungsfindung werden Controllinginstrumente und Kennzahlen herangezogen.

Die Geschäftsleitung der Trinkmann GmbH hat mit der Einkaufsabteilung die Entscheidung getroffen, mit einem regionalen, zertifizierten Hersteller von Obst- und Gemüsesäften enger zusammenzuarbeiten. Der Hersteller garantiert Bioqualität der verarbeiteten, auch in der Region angebauten Obst- und Gemüsesorten. Die räumliche Nähe zum Lieferanten wirkt sich günstig auf die Transportkosten aus; obendrein ist der Hersteller flexibel hinsichtlich der Lieferzeit und Liefermengen. Ein Rahmenvertrag garantiert unter anderem Rabatte und die benötigten Beschaffungsmengen. Die Geschäftsleitung verfolgt bei dieser Entscheidung nicht nur das Ziel, die Ware möglichst günstig zu beschaffen, sondern auch nichtökonomische Ziele wie z.B. Angebote von Bio-Ware aus der Region.

4.3.3 Identifikationstechnologien

Die Anzahl der im Handelssortiment enthaltenen Artikel ist sehr groß, ebenso die Anzahl der Lieferanten von denen diese Artikel bezogen werden. Um einen schnellen und reibungslosen Beschaffungsprozess zu gewährleisten finden unterschiedliche Technologien zur Artikelidentifizierung Anwendung.
Technologien sind z.B.:

- **Radio Frequency Identification (RFID)**
Hier handelt es sich um eine Technologie, bei der die Identifizierung z.B. einzelner Artikel, Verpackungseinheiten, Transporteinheiten automatisch, ohne Berührung und Sichtkontakt erfolgt. Die auf einem Transponder/ RFID-Tag gespeicherten Informationen in Form des Elektronic Produkt Code (EPC) werden automatisch gesendet und von einem speziellen Lesegerät empfangen. Das Lesegerät versorgt hierbei den Transponder über ein Radiofrequenzfeld mit der notwendigen Energie zum Senden der Daten. Die Reichweite kann mehrere Meter betragen. Die Lesegeräte werden in RFID- Portalen im Wareneingangsbereich des Lagers bzw. der Filiale und im Warenausgangsbereich des Lagers bzw. im Kassenbereich der Filiale installiert. RFID ermöglicht z.B. die Überwachung der Warenverfügbarkeit, Rückverfolgbarkeit einzelner Artikel, die Hinterlegung von Produkteigenschaften zur umfangreichen Information des Kunden, die Warensicherung, die Erfassung bei Inventuren und eine schnellere Abwicklung beim Kassiervorgang. Die Nutzung dieser Technologie ist jedoch mit hohen Investitionskosten verbunden.
- **Global Location Number (GLN)**
ist eine weltweit gültige und eindeutige Nummer zur Identifizierung von Unternehmen und deren organisatorischen Betriebseinheiten wie z.B. Niederlassungen, Filialen, Läger. Die GLN kann die teilweise umfangreichen Adressdaten von Lieferanten und Empfängern in z.B. Bestellformularen, Warenbegleitpapieren und anderen Formularen ersetzen, eine schnelle und fehlerfreie Erfassung der Adressdaten ist dadurch möglich. Die GLN ist die Voraussetzung für die Vergabe der GTIN zur eindeutigen Kennzeichnung von Artikeln.

4.3 Die Wertschöpfungskette (Supply Chain Management)

- **Global Trade Item Number(GTIN)**
eine aus 8 bzw. 13 Zahlen bestehende Artikelnummer, die international festgelegt und weltweit überschneidungsfrei ist, wird als Strichcode z.B. auf einzelnen Artikeln abgebildet. Diese Barcode- Technik erleichtert die Erfassung der Waren beim Transport, der Ein- bzw. Auslagerung, bei Inventuren so wie beim Kassiervorgang durch einfaches Scannen. Im Verkauf kann dadurch die Preisauszeichnung der einzelnen Artikel entfallen. Die Preise sind im Warenwirtschaftssystem hinterlegt. Die Neuaufnahme von Artikeln ist mit einer umfangreichen Datenerfassung verbunden. Fehler können dabei fatale Auswirkungen haben.

- **Nummer für Versandeinheiten (NVE)/Serial Shipping Container Code (SSCC)**
stellt eine Zahlenkombination, die zusätzlich als Strichcode auf Versand-/Transporteinheiten wie z.B. Containern, Paletten, Fässern, Kartons angegeben ist, dar. Jede Versandeinheit kann durch Scannen der Codierung im gesamten Transportprozess erfasst und identifiziert werden. Der Weg der Ware vom Lieferanten zum Händler lässt sich somit lückenlos nachverfolgen.

- **Quick Response Code (QR-Code)**
Der QR-Code ist ein zweidimensionaler Code in quadratischer Form, auch als Matrix Code bezeichnet. Diese Form der Codierung von Informationen bietet im Gegensatz zur Strichcodierung die Möglichkeit einer größeren Anzahl von Informationen auf geringerem Platz. Die Matrix wird mit einer Kamera und entsprechender Software erfasst und die hinterlegten Informationen können gelesen werden. Diese Form der Codierung wird auch in der Kommunikation im Bereich des Marketings eingesetzt, um den Kunden zusätzliche Informationen über Produkte z.B. deren Handhabung und Besonderheiten zu geben. Die Kunden erfassen den QR-Code mit ihrem Smartphone mit entsprechender Software.

4.3.4 Standardprozesse

Um die Prozesse z.B. im Rahmen des Efficient Consumer Response (ECR), insbesondere in der Basisstrategie Efficient Replenishment optimal zu gestalten, werden bestimmte Basiselemente/-techniken wie z.B. Cross Docking, Electronic Data Interchange (EDI), Efficient Unit Loads, Vendor-Managed Inventory (VMI) genutzt. (siehe auch 4.3.1.4)

Cross Docking
Der Grundgedanke des Cross Docking ist eine empfängerorientierte Zusammenstellung der Warensendungen ohne deren Einlagerung. Zwischenlager werden beim Cross Docking zu reinen Umschlagplätzen, in denen die Ware von verschiedenen Lieferanten angeliefert, neu kommissioniert und umgehend an die Kunden ausgeliefert wird. Durch die Empfängerorientierung

des Lieferanten kann die Ware schnell aus dem Lager des Empfängers an die Filialen weitergegeben werden. Man unterscheidet zwischen ein-, zwei-, und mehrstufigem Cross Docking:

- Im einstufigen Cross Docking kommissioniert der Lieferant die Sendung für den End-Empfänger, also beispielsweise für eine Filiale des Händlers. Dadurch kann die logistische Einheit unverändert über das Zentrallager des Händlers bzw. Warenverteilzentrum/Cross Docking Point an die Filiale weitergegeben werden. Die logistischen Einheiten sind also schon jeweils auf eine spezifische Filiale abgestimmt.
- Im zweistufigen Cross Docking kommissioniert der Lieferant die Sendungen nicht für den Endempfänger, sondern für einen Cross Docking Point, der beispielsweise ein Zentrallager des Händlers sein kann. Als Cross Docking Point wird der Anlieferungspunkt für den Lieferanten bezeichnet. Erst dort findet die endempfängerbezogene Kommissionierung statt.
- Beim mehrstufigen Cross Docking werden als Ergänzung des zweistufigen Cross Dockings weitere Prozessschritte integriert. Diese sind zusätzliche wertschöpfende Serviceleistungen wie z.B. eine Neusortierung der Ware, das Anbringen von Etiketten, oder das Bündeln und Neuverpacken verschiedener Artikel. Diese Value Added Services dienen der Veredelung der Ware.

Electronic Data Interchange (EDI)
Beim Electronic Data Interchange tauschen die Partner der gesamten Wertschöpfungskette wichtige Daten aus. Dies erfolgt in einheitlichen Strukturen und Formaten wie z.B. über EDIFACT (Electronic Data Interchange For Administraion Commerce and Transport). Es handelt sich um ein Verschlüsselungssystem, festgelegt von den Vereinten Nationen für den globalen Austausch von Daten z.B. bezogen auf Bestellungen, elektronische Warenbegleitpapiere und Rechnungen, die zwischen den Warenwirtschaftssystemen der beteiligten Handelspartner gesendet werden. Vorteile von EDI sind die direkte Weiterverarbeitung der Daten zwischen Absender und Empfänger, keine erneute manuelle Eingabe der Daten, geringere Fehleranfälligkeit, Zeitverkürzung bei der Bearbeitung sowie Kosten- und Personaleinsparungen.

Efficient Unit Loads
Mit Hilfe der Efficient Unit Loads werden kompatible Transport- und Ladeeinheiten (Unit Loads) einheitlich gestaltet, um Waren zwischen Hersteller und Empfänger möglichst wenig – am besten gar nicht – umladen und umpacken zu müssen. Waren und Sortimente werden zu logistischen, kombinierbaren Einheiten zusammengefasst, um das Handling, die Lagerung und den Transport zu erleichtern. Durch die Schaffung einheitlicher Ladungsträger und Transportverpackungen (z. B. Regale, Rollcontainer, Ladeeinheiten, Paletten, Transportgefäße, Beladungs- und Entladungshilfsmittel, Lagersysteme) sollen Transport und Lagerraum bestmöglich genutzt

werden, so dass eine durchgängig hohe Flächen- und Volumenauslastung der Kapazitäten erreicht werden kann.

4.3.5 Warenflusssteuerung

Die Steuerung des Warenflusses umfasst verschiedene Bereiche und Aspekte. Warenfluss beschreibt generell die Stationen und den Weg vom Lieferanten zu seinen Kunden, diese können Handelsunternehmen, oder das letzte Glied in der Lieferkette, die Verbraucher sein. Ziel ist ein Gleichgewicht zwischen einer hohen Warenverfügbarkeit in den Verkaufsstellen und geringen Logistikkosten.

Warenfluss beschreibt die Stationen vom Lieferanten zum Kunden

Der Händler kann die Ware z.B. vom Lieferanten an sein Zentrallager liefern lassen, dort wird die Ware angenommen, geprüft und eingelagert. Gemäß der Order aus den Filialen bzw. fester Liefermengen muss die Ware dort kommissioniert und für den Transport in die Filialen oder zum Kunden bereitgestellt werden. *Vorzüge und Nachteile einer Zentrallagerung werden im Punkt 4.6.2 -Lagerorganisation* beschrieben. Die Möglichkeiten im Rahmen des Cross Docking sind mit in die Steuerung des Warenflusses einzubeziehen, da hier erhebliche kosten- und zeitbezogene EinsparPotenziale liegen. Die Warenlieferungen können ebenfalls vom Lieferanten direkt an die Filialen/Verkaufsniederlassungen des Händlers erfolgen – „Direct Store-Delivery".

Beim **Streckengeschäft** kann die georderte Ware direkt vom Lieferanten zum Kunden des Händlers befördert werden. Dies ist in jedem Fall sinnvoll, wenn der Kunde in der Nähe des Lieferanten seinen Gewerbe-/Wohnsitz hat. Weitere Kostenaspekte können sein, dass Ware mit hoher Lagerumschlagshäufigkeit als Lagerware angeboten wird, hingegen Artikel, die selten nachgefragt werden und so mit einem Lagerrisiko verbunden sind, als Streckengeschäft abgewickelt werden. Einige Großhandelsunternehmen entscheiden sich jedoch gerade bei umschlagstarken Artikel zum Streckenhandel, um die Kosten der Logistik wie z.B. Warenannahme, Einlagerung, Lagerpflege, Kommissionierung und Transport zu sparen. Dabei muss das Risiko berücksichtigt werden, dass die Bindung des Kunden zum Großhändler abnimmt und der Kunde sich entscheiden könnte, direkt beim Vorlieferanten die Ware zu beziehen.

Ein wichtiger Aspekt bei der Warenflusssteuerung ist die eindeutige Identifizierung der Ware z.B. über Barcodes oder RFID *(siehe Identifikationstechnologien)*. Zur Weiterverarbeitung der erfassten Daten werden IT-gestützte Warenwirtschaftssysteme (WWS) eingesetzt. Mit Hilfe des WWS wird der gesamte Waren- und Datenfluss durch das Handelsunternehmen dokumentiert und kontrolliert. Arbeitsabläufe wie z.B. Angebotsverwaltung, Disposition, Bestellung, Wareneingangskontrolle, Rechnungskontrolle, Warenauslagerung, Lagerbestandsfortführung, Rechnungserstellung und Kassiervorgang können rationeller ablaufen. Ferner können warenbezogene Informationen zur Auswertung des Warenabsatzes als Grundlage für Entscheidungen hinsichtlich des Wareneinkaufs entnommen werden. Das Warenwirtschaftssystem besteht in seinem Aufbau aus einzelnen Modulen – Einkaufssystem, Wareneingangssystem, Lagerwirtschaftssystem, Warenausgangssystem, Informationssystem, denen genau definierte Aufgaben zukommen.

IT- gestützte Warenwirtschaftssysteme können in drei Arten unterteilt werden:
- **Geschlossenes WWS:** Hier wird der gesamte Warenfluss eines Handelsunternehmens im IT-System erfasst, gesteuert und kontrolliert. Die elektronische Datenverarbeitung ermöglicht eine schnelle Aufbereitung der Informationen über alle Warenbewegungen mengen- und wertmäßig vom Bestellvorgang bis hin zum Verkauf. Auch werden alle Veränderungen von Mengen und Werten direkt in das System eingegeben und stehen nach der Verarbeitung allen Abteilungen des Handelsunternehmens zur Verfügung. Ebenso werden Bestellvorschläge für die Disposition vom WWS erstellt, ggf. ist eine automatische Bestellung möglich.
- **Offenes WWS:** Hier werden nicht alle Bereiche der Warenwirtschaft – Beschaffung, Lagerung, Absatz – durch die IT erfasst. In vielen Fällen wird in kleineren Handelsunternehmen der Verkauf ausgeschlossen, da z.B. der Warenausgang in den Filialen über einfache Registrierkassen erfasst wird. Für die Lagerbestandsfortschreibung müssen dann die Daten mit großem Aufwand erfasst werden.
- **Integriertes WWS:** Hier werden Lieferanten beim Handelsunternehmen und ausgehend vom Lieferanten die Kunden in deren jeweilige Warenwirtschaftssysteme eingebunden. Der Datenaustauch erfolgt auf elektronischem Weg *(EDI – siehe Standardprozesse)* schnell und kostensparend.

Vendor-Managed Inventory (VMI)
Die Verantwortung für die Bestandsführung liegt üblicher Weise in der Hand des Handelsunternehmens. Im Rahmen des Efficient Consumer Response (ECR) wird versucht andere Wege zu gehen; VMI setzt genau dort in der Basisstrategie Efficient Replenishment an. Es handelt sich dabei um ein Konzept, bei dem die Bestandsführung vom Händler auf den Lieferanten übertragen wird. Ziel ist es, Informationen der Wertschöpfungskette an die Industrie zurückzuleiten und die Distribution somit über die Lieferanten durchführen zu lassen. Im Rahmen des VMI hat der Lieferant über Electronic Data Interchange (EDI) Zugriff auf relevante Artikelinformationen beim Händler. Bestands- und Verkaufsdaten seiner Artikel werden direkt am Point of Sale von ihm abgerufen. Die Daten werden von ihm verarbeitet und als Grundlage für Absatzprognosen

hinsichtlich Liefermengen und -zeit genutzt. Der Lieferant übernimmt die Verantwortung für die Warennachlieferung der benötigten Artikel und die Sicherung der ständigen Verkaufsbereitschaft bei optimierten Beständen.

4.4 Efficient Consumer Response (ECR), kunden- und lieferantenbezogener Waren- und Datenfluss

4.4.1 Category Management als eine Voraussetzung für ECR

Das Category Management ist ein gemeinsam von Händlern, Herstellern und Lieferanten durchgeführter Prozess, bei dem Produkt- und Servicekategorien als strategische Geschäftseinheiten geführt werden. Die Waren werden aus Konsumentensicht kategorisiert, in geeignete strategische Einheiten zusammengefasst, analysiert und optimiert. Durch Erhöhung des Kundennutzens wollen die Akteure Ergebnisverbesserungen erzielen.

Eine Category stellt dabei eine abgrenzbare und eigenständig steuerbare Gruppe von Produkten/strategische Einheiten dar, die Zielkunden als zusammengehörig oder austauschbar für die Befriedigung ihrer Bedürfnisse sehen. Für das Handelsunternehmen bedeutet Category Management, dass es seine Preispolitik, seine Verkaufskonzepte, seine Verkaufsförderung und sein Produktportfolio auf die Bedürfnisse der Verbraucher und auf die Wettbewerbssituation abstimmt. Hierbei stehen primär folgende Ziele im Fokus:

- Verbesserung der Flächenproduktivität
- stärkere Kundenbindung
- zielgruppen- und standortgerechte Sortimente
- bessere Platzierungen
- Informationsgewinnung über Käuferverhalten und Trends innerhalb der Category

Erreicht werden soll dies beispielsweise über
- ein konsumentengerechtes Sortiment
- übersichtliche Regalgestaltung und Orientierungshilfen am Regal
- Gruppierung der Artikel nach Verwendungszusammenhang
- bessere Artikelverfügbarkeit durch abgestimmte Lieferungen
- Integration von Artikelinnovationen
- Führung des Kunden im Geschäft durch gezielte Anordnung der Warengruppen

Grundlagen für den Category-Management-Prozess sind:
- Efficient Store Assortment
- Efficient Promotion
- Efficient Produkt Introduction

Hier spricht man auch von den flankierenden Aktionsfeldern/Basisstrategien des Category Managements auf der Demand Side des Efficient Consumer Response (ECR). *Diese drei Basisstrategien werden unter Punkt 4.4.2 Strategien des ECR erläutert.*

Der Category-Prozess
Die Grundlage für ein zielgerichtetes Category Management ist ein mehrstufiger Prozess.

1. Category-Definition
2. Category-Rolle
3. Category-Bewertung
4. Category-Leistungsziele
5. Category-Strategien
6. Category-Taktiken
7. Category-Planumsetzung

8. Überprüfung

1. Schritt: Category-Definition
Im ersten Prozessschritt wird eine Definition der Artikel vorgenommen, die der Zielkunde als zusammengehörig für die Befriedigung seiner Bedürfnisse ansieht. Hierbei ist die Frage zu beantworten, welche Artikel der Konsument in einem Bedarfszusammenhang sieht und in welche Segmente er diese zusammenführt. Die Zusammenführung aus Konsumentensicht kann sich von der des Händlers unterscheiden.

4.4 Efficient Consumer Response (ECR), kunden- und lieferantenbezogener Waren- und Datenfluss

Die nachfolgende Abbildung zeigt die klassische Struktur des Handelssortiments der Trinkmann GmbH:

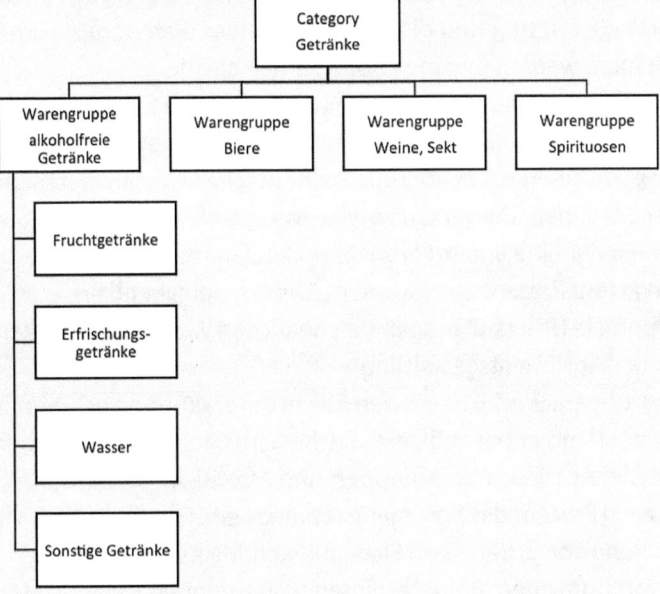

```
                        Category
                        Getränke
      ┌────────────────┬─────────┬──────────────┐
 Warengruppe      Warengruppe  Warengruppe   Warengruppe
 alkoholfreie        Biere    Weine, Sekt    Spirituosen
   Getränke
      │
      ├── Fruchtgetränke
      │
      ├── Erfrischungsgetränke
      │
      ├── Wasser
      │
      └── Sonstige Getränke
```

Die nachfolgende Abbildung zeigt das gleiche Sortiment aus Kundensicht.

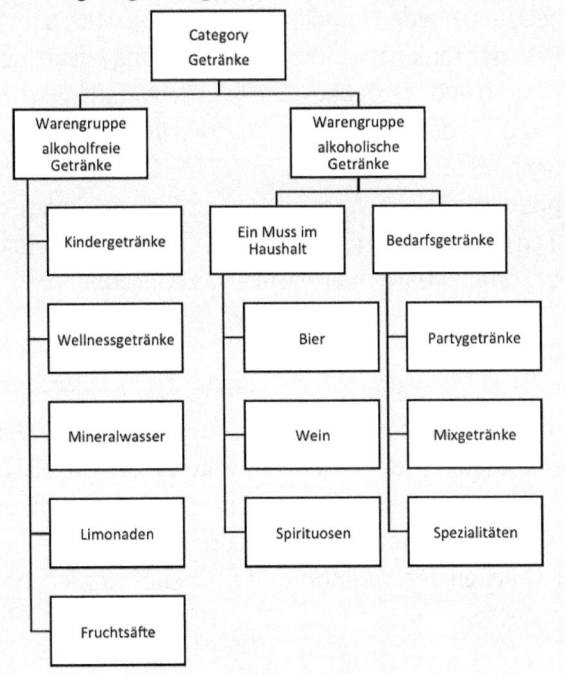

```
                    Category
                    Getränke
           ┌──────────────────┬──────────────────┐
      Warengruppe                         Warengruppe
      alkoholfreie                        alkoholische
        Getränke                            Getränke
           │                    ┌──────────────┬──────────────┐
           │              Ein Muss im                    Bedarfsgetränke
           │                Haushalt
           ├── Kindergetränke    ├── Bier          ├── Partygetränke
           ├── Wellnessgetränke  ├── Wein          ├── Mixgetränke
           ├── Mineralwasser     └── Spirituosen   └── Spezialitäten
           ├── Limonaden
           └── Fruchtsäfte
```

561

2. Schritt: Category-Rolle

Im zweiten Schritt wird den Warengruppen eine spezifische Rolle im Unternehmen zugewiesen. Die Rolle bestimmt die Priorität und die Wichtigkeit einer Warengruppe im Unternehmen. Im Category-Management werden folgende Rollen unterschieden:

- **Profilierungs-Warengruppen:** Diese Warengruppen haben für die Zielkunden eine hohe Bedeutung. Mit ihnen kann sich der Händler aus der Sicht des Konsumenten als führender Anbieter profilieren, ihnen einen überdurchschnittlichen Nutzen bieten und somit die Kundenfrequenz erhöhen. Die Verkaufspreise werden oft aggressiv gestaltet, Ergebnisgenerierung spielt nur eine untergeordnete Rolle. Der Anteil dieser Warengruppen beträgt in der Regel etwa fünf Prozent am Sortiment. Dementsprechend erhalten diese Warengruppen die optimale Unterstützung in den Bereichen Warenverfügbarkeit, Verkaufsförderung, Flächen- und Sortimentsgestaltung.
- **Pflicht-Warengruppen:** Produkte aus den Pflichtwarengruppen gehören oft zum täglichen Bedarf. Hier ist der Händler bestrebt, ein wettbewerbsfähiges, breites, aber nicht zu tiefes Sortiment anzubieten. Diese Warengruppen sind essentielle Bestandteile des Sortiments und nehmen ca. 60 Prozent des Sortimentsumfangs ein. Für den Händler tragen sie wesentlich zur Generierung von Ertrag, Cash Flow und Rendite bei.
- **Ergänzungs-Warengruppen:** Aufgabe dieser Warengruppen ist es, den Händler aus Kundensicht als umfassenden Anbieter zu präsentieren. Hier wird nur ein eingeschränktes Basissortiment angeboten, um den Kunden ein „One-Stop-Shopping" zu ermöglichen. So führen die Fachmärkte der Trinkmann GmbH als Ergänzung ein kleines Sortiment an Party-Zubehör, Süßwaren und Salzgebäck. Die Preisgestaltung liegt in der Regel über dem der Wettbewerber, da die Ergänzungs-Warengruppen im Wesentlichen die Aufgabe der Margenverbesserung haben.
- **Saison-Warengruppen:** Die Saison-Warengruppen sollen das Image des Händlers beim Zielkunden verstärken und einen erhöhten Verbrauchernutzen bieten. So führt die Trinkmann GmbH z. B. im Sommer Gartenpartyartikel und Grillzubehör.

3. Schritt: Category-Bewertung

Inhalt der Category-Bewertung ist eine Analyse der Warengruppen und Artikel durch Betrachtung der Händlerdaten (z.B. Deckungsbeiträge), Marktdaten (z.B. Marktanteile von Warengruppen) sowie Konsumentendaten (z.B. Käuferreichweite eines Artikels). Da weder der Händler noch der Hersteller/Lieferant allein über alle notwendigen Daten verfügt, ist in diesem Prozessschritt eine intensive Kooperation notwendig. Im Zuge dieser Bewertung sollen händlerindividuelle Stärken und Schwächen der Warengruppe erarbeitet werden, um Potenziale und Optimierungsansätze aufzudecken.

4. Schritt: Category-Leistungsziele

Hier werden für die Warengruppen aus den unter Schritt 3 ermittelten Ergebnissen Leistungskriterien und Leistungsziele definiert. Diese Zieldefinitionen werden in einer Scorecard festgehalten. Eine Scorecard ist ein Instrument, um Fortschritte und Ergebnisse innerhalb des Category-Management-Prozesses festzuhalten. Die folgende Tabelle zeigt eine mögliche Darstellungsform. *Siehe auch 1.4.3 Controllinginstrumente*

	Rolle	Bereich	Kennzahl	Ist-Stand '17	Ziel '19	Bemerkung	Quelle
		Scorecard zur Überprüfung der Zielvereinbarungen					
		Finanzen					
Warengruppe 1	Kern		Umsatz	200.000 €	225.000 €	exkl. MwSt	Händler
Warengruppe 2	Profil		Absatzmenge	165.000	190.000	= verk. Stücl	Händler
		Konsument					
Warengruppe 1	Kern		Bedarfsdeckung	46,2	47,1		Panel
Warengruppe 2	Profil		Einkaufshäufigkeit	2	2,5		Panel
		Produktivität					
Warengruppe 1	Kern		LUG	6,8	8,1	auf Stückbasis ermittelt	Händler
Warengruppe 2	Profil		Warenverfügbarkeit	92 %	95 %		Händler
		Markt					
Warengruppe 1	Kern		Marktanteil Menge	2,50 %	2,80 %		
Warengruppe 2	Profil		Marktanteil Menge	4 %	4,60 %		

5. Schritt: Category-Strategien

Nach Festlegung der Category-Rollen und der Leistungsziele werden die Marketing- und Beschaffungsstrategien entwickelt, mit denen die vereinbarten Ziele realisiert werden können. Die Ziele der eingesetzten Marketing-Strategien können sein:

- Frequenzsteigerung
- Steigerung des Durchschnitts-Bons
- Verteidigung/Erhöhung von Marktanteilen

- Steigerung des Gewinns
- Begeisterung der Kunden
- Imageverbesserung

Die Auswahl der Strategie ist eng an die definierte Category-Rolle gekoppelt, da einige Strategien manche Rollen nicht unterstützen: So schließt die Rolle der Pflicht-Warengruppe z. B. die Verteidigung bzw. Erhöhung der Marktanteile aus, da sich dies nicht mit der Aufgabe der Margen-Verbesserung vereinbaren lässt.

6. Schritt: Category-Taktiken

In diesem Schritt werden in Abhängigkeit der ausgewählten Strategie für jede Warengruppe Taktiken festgelegt, mit denen die Strategie umgesetzt wird. Die Taktiken ergeben die einzelnen Handlungsmaßnahmen für die Bereiche:

- Sortimentspolitik
- Preispolitik
- Verkaufsförderung
- Regalpräsentation

Wurde einer Warengruppe die Rolle „Profilierung" zugeteilt, könnte die Taktik darin bestehen, ein hohes Aktionsniveau zu erzielen und die Anzahl der Werbeanstöße zu steigern.

7. Schritt: Category-Planumsetzung

Zielsetzung in diesem Arbeitsschritt ist die sukzessive und flächendeckende Umsetzung des Prozesses. Die wesentlichen Aspekte hierbei sind:

- Erstellung des Rollout-Plans für die Umsetzung (Termine, Verantwortlichkeiten etc.)
- Berechnung der Kosten für die Umstellung
- Zusammenfassung des Geschäftsplans und Zustimmung der Geschäftsführung
- Information und Einbindung von Filialleitern und anderen Führungskräften
- ggf. Test des Konzeptes in einer Pilot-Filiale oder Durchführung des flächendeckenden Rollout
- Scorecard-Erstellung mit Vorgaben für Überprüfungstermine und Zielerreichungsquoten

8. Schritt: Category-Überprüfung

Der letzte Schritt besteht in der kontinuierlichen Überprüfung der Scorecard und in der Messung der Zielerreichung. Bei Abweichungen sind diese auf die Ursachen zu untersuchen und Korrekturen vorzunehmen.

4.4.2 Strategien des Efficient Consumer Response

Alles dreht sich um den Kunden; ohne ihn kann kein Unternehmen überleben. Aber Achtung: Kunden sind anspruchsvoll, gerade im Handel. Sie wollen ein Produkt immer vorfinden und eine vernünftige Auswahl zum richtigen Preis haben. Zudem müssen sich Hersteller, Lieferanten und Handel mit einer immer schwierigeren Handelslandschaft auseinandersetzen, die von zunehmender Unternehmenskonzentration, Marktsättigung, steigendem Kostendruck, niedriger Rentabilität sowie ständigen Veränderungen der Sortimente geprägt ist.

Diese Erkenntnis hat dazu geführt, dass Handel, Lieferanten und Hersteller dazu übergehen, miteinander zu arbeiten, um die Kundenwünsche besser, schneller und kostengünstiger zu erfüllen. Dies ist die Idee des Efficient Consumer Response (ECR). ECR wurde ursprünglich für den US-amerikanischen Lebensmittelhandel entwickelt, hat aber längst schon auch bei uns Einzug gehalten.

Efficient Consumer Response kann mit „effizienter Reaktion auf Kundenwünsche" übersetzt werden. Es handelt sich um eine Konzeption zur Optimierung der gesamten Wertschöpfungskette vom Produzenten über den Handelsbereich (Groß- und Einzelhandel) bis hin zum Endverbraucher. Es stellt einen kundenorientierten ganzheitlichen Prozess dar bei dem alle Beteiligten eng zusammenarbeiten, um die Kundenwünsche optimal erfüllen zu können.

Efficient Consumer Response: Effiziente Reaktion auf Kundenwünsche

Daraus ergeben sich jeweils zwei grundsätzliche Prinzipien und Ziele des Efficient Consumer Response:

Prinzipien des ECR	**Ziele** des ECR
• Fokus auf den Konsumentennutzen • Zusammenarbeit zwischen Handel und Industrie/Hersteller/Lieferant	• Effizienzsteigerung in der gesamten Wertschöpfungskette • Steigerung des Umsatzes durch höhere Kundenvorteile

Das bedeutet, dass zwischen Industrie/Hersteller/Lieferant, Handel und Konsument eine gemeinsame Wertschöpfungskette entsteht. Der klassische Stufenansatz mit in sich geschlossenen Bereichen wie Produktion und Lager vernetzt sich zu einem durchgängigen und offenen Prozess. Denn Experten schätzen, dass an den Schnittstellen zwischen den Beteiligten etwa 27 Prozent der Gesamtkosten entstehen.

4. Beschaffung und Logistik

Mit seinem Denkansatz dient Efficient Consumer Response der Wandlung von der klassischen Push-Versorgung zur Pull-Versorgung, deren Auslöser der Konsument mit seinen Bedürfnissen und Wünschen ist.

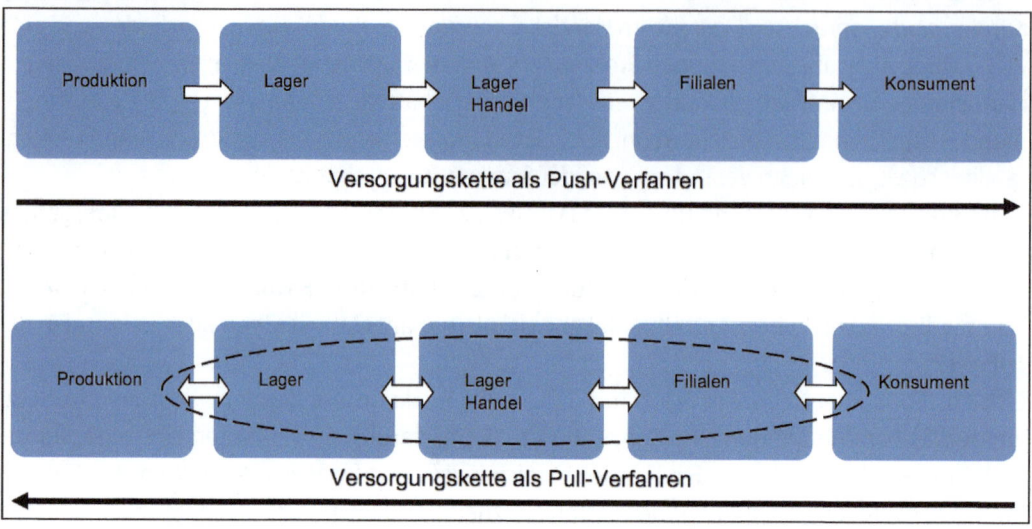

Wandlung von der klassischen Push- Versorgung zur Pull- Versorgung

Um dies zu erfüllen, sind die Schnittstellen in der Dreier-Beziehung Kunde – Handel – Hersteller zu optimieren. Dabei werden vor allem zwei Prozessstrategien verfolgt:

- **Optimierung der Supply Side (Versorgungsseite)** im Rahmen des **Supply Chain Managements**. Es befasst sich im Wesentlichen mit allen Themen, die einen effizienteren Warenfluss vom Hersteller bis zum Konsumenten garantieren. Hierzu gehören z.B. die Strategie Efficient Replenishment, die Basiselemente Cross Docking, Efficient Unit Loads.
  Darstellung des Supply Chain Management siehe auch 4.3.1
- **Optimierung der Demand Side (Nachfrageseite)** im Rahmen des **Category Managements**. Es befasst sich intensiv mit den Erwartungen der Verbraucher. Zu den Strategien gehören Efficient Product Introduction, Efficient Assortment und Efficient Promotion.

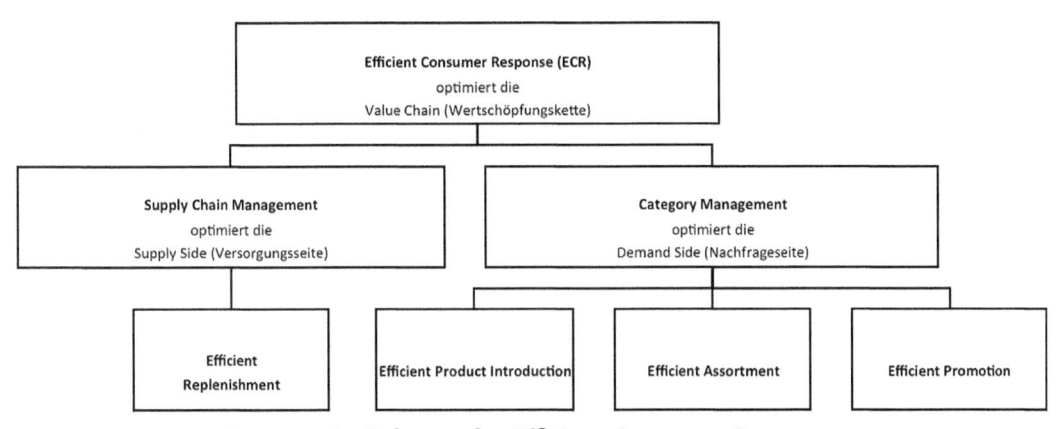

4.4 Efficient Consumer Response (ECR), kunden- und lieferantenbezogener Waren- und Datenfluss

```
                    Efficient Consumer Response (ECR)
                              optimiert die
                      Value Chain (Wertschöpfungskette)
                    ┌──────────────┴──────────────┐
            Supply Chain Management         Category Management
                  optimiert die                optimiert die
            Supply Side (Versorgungsseite)  Demand Side (Nachfrageseite)
                    │               ┌──────────────┼──────────────┐
               Efficient      Efficient Product   Efficient        Efficient
             Replenishment      Introduction      Assortment       Promotion
```

Prozesse im Rahmen des Efficient Consumer Response

Basistechnologien sind notwendige Voraussetzungen, damit ECR sinnvoll umgesetzt werden kann. Dazu gehören unter anderem Electronic Data Intercharge (EDI), Barcodes, Scannerkassen und Warenwirtschaftssysteme. In Zukunft wird in vielen Handelsunternehmen auch die RFID-Technologie (Radio Frequency Identification) für das ECR-Konzept genutzt. So werden beispielsweise Artikeldaten mit Hilfe von EDI nur einmal in das System eingegeben und dann von allen Partnern genutzt; Verkaufsdaten werden mit Hilfe der Barcodes und Scannerkassen oder durch RFID-Lesegeräte beim Wareneingang und -ausgang eingelesen und automatisch weitergegeben.

Basiselemente: EDI – Barcode – QR-Code – Scannerkassen – RFID – Cross Docking – VMI – Efficient – Unit Loads

Unter **Efficient Assortment** (Effiziente Sortimentsgestaltung) wird die Bildung eines optimalen Sortimentsportfolios verstanden, das sowohl den Nutzen für den Konsumenten, als auch die Geschäftsergebnisse des Händlers und Lieferanten verbessern soll. Die Sortimentsgestaltung erfolgt gemeinsam mit Händler und Lieferant, dessen Ziel es ist, die Warenbestands- und Flächenproduktivität zu optimieren. Dazu wird zwischen Mengen-, Profit- und Strategie-Artikeln unterschieden. Mengenartikel werden nach dem Umsatz und Profitartikel nach dem Deckungsbeitrag ausgewählt; Strategie-Artikel sind z.B. Frequenzbringer.
Notwendige Voraussetzung ist eine artikelbezogene Kostenrechnung. Ziele sind:
- Optimierung der Sortimente mit zielkundenentsprechenden Sortimentsbreiten und Sortimentstiefen
- Optimierung der Lagerbestände zur Erhöhung der Lagerumschlagshäufigkeit
- Regaloptimierung mit verkaufsgerechter Platzierung der Artikel und einem verkaufswirksamen Regalbild
- Erhöhung der Flächenproduktivität
- Standardisierung der Produktplatzierung

Efficient Promotion ist die Optimierung der Aktionsgestaltung. Auch hier steht bei der Planung und Durchführung einer Aktion der Konsument im Mittelpunkt. Efficient Promotion geht einher mit der Harmonisierung und Koordinierung der Verkaufsfördermaßnahmen zwischen Handel und Hersteller. Die beworbenen Artikel sollen mit den Bedürfnissen des Konsumenten im Einklang stehen, weniger Bedeutung hat die klassische Preisaktion. Vielmehr spielen Maßnahmen wie Exklusivität, Erlebniseinkauf am PoS, Probieraktionen usw. eine Rolle.

Ziele sind die Verbesserung der Warenpräsentation und die Schaffung einer gemeinsamen Informationsbasis durch Datenaustausch zur
- schnelleren Reaktion auf verändertes Verbraucherverhalten
- besseren Planung der Aktionen
- Optimierung der Bevorratung der Aktionsartikel.

Efficient Product Introduction bedeutet die gemeinsame Entwicklung und Einführung neuer Produkte. Ziel von Lieferant und Händler ist es, sich stärker am Konsumentenverhalten zu orientieren, um dadurch die Erfolge neuer Produkte zu sichern. So erarbeiten Hersteller und Handel vor einer Produktneueinführung ein Konzept, um die Entwicklung zu rationalisieren und um teure Flops zu vermeiden. Ziele sind:
- Optimierung der Produktentwicklung durch Zusammenführung des Knowhows von Hersteller/Lieferant (Wissen über Konsument und Märkte) und Händler (Wissen über Warengruppen und Artikel)
- Senkung der Entwicklungskosten
- Controlling der Markteinführung neuer Artikel
- Gemeinsame Durchführung von Artikeltests (z. B. Testverkäufe)
- Austausch von Abverkaufsdaten und gemeinsame Beurteilung der Markteinführung
- Senkung der Floprate.

4.5 Transport- und Entsorgungsprozesse

4.5.1 Transportprozesse

Eine der wichtigen logistischen Aufgaben ist der Transport der Ware. Waren werden heute von Handelsunternehmen nicht nur regional, sondern vielmehr global beschafft. Somit kommt den Überlegungen zum Transport der Waren eine große Bedeutung zu. Der Transport der Ware ist für Beschaffung und Absatz notwendig.

4.5 Transport- und Entsorgungsprozesse

Innerhalb der Beschaffung sind Warenschulden Holschulden; die gesetzliche Regelung sieht vor, dass der Kunde, also das Handelsunternehmen, die Kosten der Lieferung ab Übergabe an das Transportunternehmen übernehmen muss.

Trinkmann hat bei der Thiele Brauerei AG in Berchtesgaden 100 Fässer Weizenbier bestellt; dies müssen in das Lager in Gelsenkirchen transportiert werden, die Lieferung erfolgt unfrei.

Umgekehrt sind beim Absatz die Transportkosten vom Kunden zu tragen. Von der Konkurrenzsituation abhängig, im Großhandel zusätzlich von der Marktstärke des einzelnen Kunden, ist dies nicht immer durchzusetzen.

Die Trinkmann GmbH als Zustellgroßhandel transportiert die Waren unentgeltlich mit eigenen Fahrzeugen zu den jeweiligen Kunden und erhofft sich dadurch einen Wettbewerbsvorteil gegenüber anderen Lieferanten.

Die beschriebenen Beispiele sind dem externen Transport zuzuordnen, ebenso der Transport von Waren, wenn diese z.B. von einem Zentral- bzw. Regionallager zu den Verkaufsstellen befördert werden müssen.

Die Waren für die Fachmärkte der Trinkmann GmbH müssen täglich vom Zentrallager in Gelsenkirchen zu allen Filialen transportiert werden.

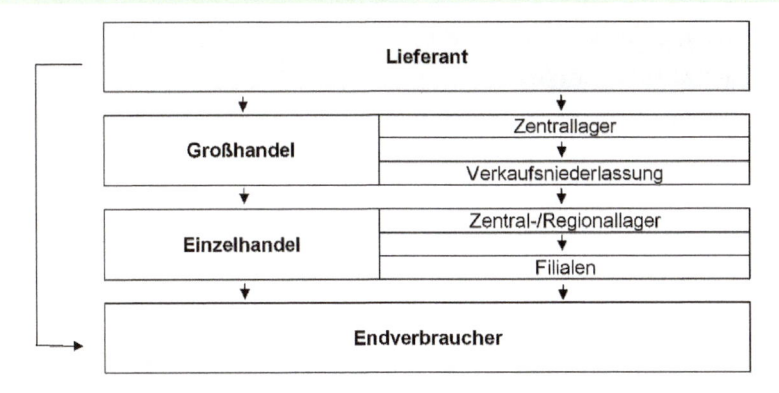

	Lieferant	
Großhandel	Zentrallager	
	Verkaufsniederlassung	
Einzelhandel	Zentral-/Regionallager	
	Filialen	
	Endverbraucher	

Dabei wird die Notwendigkeit einer schnellen Belieferung immer wichtiger. Dazu kommt, dass die Lagerhaltung in den großen Handelsunternehmen zentralisiert wurde, was wiederum ebenfalls Transport erfordert. Diese Herausforderungen haben dazu geführt, dass viele Handelsunternehmen den Transport der Waren fremd vergeben haben. Daher ist eine wichtige Entscheidung der Logistik, wer die Durchführung des Transports übernimmt.

Planung und Organisation des Warentransports

Eigen- und Fremdtransport

Die Entscheidung zwischen Eigen- und Fremdtransport ist von folgenden Kriterien abhängig:

	Eigentransport	Fremdtransport
Kostenhöhe und –struktur	Das Handelsunternehmen hat fixe und variable Kosten. In schwachen Umsatzmonaten werden die Lieferungen der Trinkmann GmbH reduziert, die Mitarbeiter des Fuhrparks sind nicht ausgelastet.	Das Handelsunternehmen hat lediglich variable Kosten, das Transportunternehmen wird nur bei Bedarf beauftragt.
Flexibilität	Auf Kundenwünsche bzw. unerwarteten eigenen Bedarf kann schnell reagiert werden.	Die Flexibilität ist abhängig von der Zusammenarbeit mit dem Transportunternehmen; in der Regel kann auch der Frachtführer schnell z. B. bei unerwarteter Nachfrage einen Transport durchführen.
Qualität	Jede Lieferung kann individuell auf den Lieferanten bzw. Kunden abgestellt werden. Die Trinkmann GmbH stimmt mit den Kunden der Gastronomie individuell die Anlieferungszeiten ab, so dass auch ein Mitarbeiter angetroffen wird, der die Ware annehmen kann, bzw. die Fahrer der Trinkmann GmbH einen Schlüssel haben, so dass die Ware auch ohne Anwesenheit des Kunden ausgeliefert werden kann.	Das Handelsunternehmen nutzt das „Knowhow" des Frachtführers, seine Professionalität. Ebenso kann davon ausgegangen werden, dass die Art der Transportmittel den neusten Standards entspricht.
Kapazität	Bei unerwarteter Auftrags- bzw. Umsatzsituation wird es für das Handelsunternehmen schwierig, alle Transporte selbst vorzunehmen. An heißen Sommertagen nimmt der eigene Transportbedarf zu, die Kunden bestellen verstärkt und die Fachmärkte der Trinkmann GmbH müssen gleichzeitig mehrmals täglich beliefert werden. Dies ist nicht mehr vom eigenen Fuhrpark zu leisten.	Das Handelsunternehmen ist unabhängig, auch eine große Nachfrage am Markt kann erfüllt werden.

Tourenplanung beim Eigentransport

Beim Eigentransport wird der Transport zu den Kunden in Touren geplant. Dabei werden Fahrten zu Kunden aus derselben Region zusammengefasst, ebenso bei kontinuierlichen Belieferungen der eigenen Filialen. Beim Eigen- und Fremdtransport wird die Tourenplanung in der Regel

4.5 Transport- und Entsorgungsprozesse

durch ein computergestütztes System vorbereitet. Berücksichtigt werden müssen so unterschiedliche Einflussfaktoren wie die Fahrzeugkapazität, Liefermengen, Wegstrecken, Fahrtzeiten, Besonderheiten wie Anlieferungszeiten, Probleme hinsichtlich der Straßenverbindungen, Straßenbedingungen etc. Ziele der Tourenplanung sind unter anderem die Senkung der Transportkosten, eine optimierte Auslastung der Lieferfahrzeuge, kurze Lieferzeiten und Qualitätssteigerung des Kundenservice.

Beteiligte am Transportprozess
Beim Fremdtransport setzt das Handelsunternehmen oft einen **Spediteur** ein. Dies ist ein Dienstleistungsunternehmen, das die Beförderung organisiert. Klassische Spediteure beauftragen dann Frachtführer, die den eigentlichen Transport durch LKW, Bahn, Binnenschiff, Hochseeschiff oder Flugzeug übernehmen. Heute beschränken sich aber immer weniger Spediteure auf die Organisation der Beförderung, sondern werden auch als **Frachtführer** tätig oder organisieren die gesamte Logistik des Handelsunternehmens vom Transport über die Lagerhaltung, Zollabwicklung bis zur Kommissionierung.

Straßenverkehr / LKW
Der LKW ist das häufigste Transportmittel, denn der LKW kann jeden Ort befahren, von Haus zu Haus befördern und dies 24 Stunden unter Berücksichtigung von Ruhezeiten der Fahrer. Gerade die großen Filialunternehmen mit einer Vielzahl von kleinen Filialen nutzen oft die Nacht, ihre Geschäfte vom Zentrallager aus zu beliefern. In Citylagen kann der LKW Anlieferungszeiten morgens und vormittags berücksichtigen, eine spätere Belieferung ist dort oft nicht mehr möglich. Innerhalb Deutschlands weist der Straßenverkehr noch die kürzesten Transportzeiten auf. Doch die Transportdauer kann sich durch Verkehrsstörungen und Witterungseinflüsse stark verlängern. Unsere Straßen sind überlastet, die Investitionen des Staates für Straßenbau halten kaum mit der Verkehrszunahme Schritt, so dass Staus und Behinderungen in Zukunft noch zunehmen werden. Auch ist der LKW in seinem Transportvolumen eingeschränkt. Dies ist vor allem für die großen Handelsunternehmen von Nachteil, bei Aktionsware müssen ganze Flotten von LKWs das Unternehmen beliefern. Deshalb geht der Trend zu immer größer werdenden Lastwagen. Neue Super-Laster mit bis zu 60 Tonnen Gesamtgewicht, 25 Metern Länge und acht Achsen sollen den drohenden Verkehrskollaps auf europäischen Straßen verhindern.
Trotz eines hohen Energieverbrauchs zählt der LKW zu den preisgünstigeren Transportmitteln. Die Frachtkosten sind abhängig von der Beförderungsstrecke, dem Gewicht der Ladung und der Güterart. In Zukunft ist zu erwarten, dass die Transportkosten auf Grund des starken Wettbewerbs unter den Speditionen und LKW-Frachtführern eher geringer werden; die rechtlichen Vorschriften innerhalb Europas werden vereinheitlicht, Grenzformalitäten fallen weg und auch ausländische Transportunternehmen können ihre Dienste anbieten.

Schienenverkehr / Bahn

Der Anteil des Transports mit der Bahn am gesamten Güterverkehrsaufkommen, hier in Deutschland vorwiegend durch die Deutsche Bahn AG, nimmt von Jahr zu Jahr ab, obwohl die Schiene eine sehr umweltfreundliche Beförderung ist. Außerdem ist der Schienenverkehr unabhängig von Staus sowie Sonn- und Feiertagsfahrverboten und nicht so anfällig gegenüber dem Wetter. Leider benutzen Güter- und Personenverkehr teilweise das gleiche Schienennetz, daher gibt es auch im Güterwagenverkehr Fahrpläne. Fast alle Warenarten können mit der Bahn transportiert werden – sperrige, schwere Ware und Massengüter – und auch für Gefahrengüter gibt es kaum Einschränkungen. Außerdem ist das Schadensrisiko durch Unfälle oder Diebstahl wesentlich geringer als auf der Straße.

Im Handel fallen in jedem Fall noch An- und Abtransporte zum/vom Bahnhof an, die den Transport verteuern und die Lieferzeiten verlängern. Daher will die Deutsche Bahn AG in Zukunft noch stärker als Gesamtlogistiker auftreten. Die Kosten beim Schienenverkehr sind abhängig vom Gewicht der Ware, von der Güterwaggonart und der Strecke. Für Gefahrengüter wird ein Aufpreis verlangt.

Schiffsverkehr / Binnenschiffe und Seeschiffe

Grundsätzlich gilt bei der Wahl des Transports durch Schiffe, dass lange Beförderungszeiten in Kauf genommen werden. Mit dem Binnenschiff werden vor allem schwere und sperrige Güter sowie Massengüter transportiert. Die Kosten sind wesentlich geringer als auf der Schiene, das Transportrisiko ist so gering wie auf der Schiene, doch zu der ohnehin schon langen Transportdauer können noch Verzögerungen durch zu niedrige oder zu hohe Wasserstände oder Eisgang auftreten.

Das Seeschiff ist wegen der günstigen Kosten das wichtigste Beförderungsmittel zwischen den Kontinenten. International standardisierte Container garantieren dabei einen problemlosen Transportprozess. Neben den langen Beförderungszeiten muss jedoch beachtet werden, dass die Ware aufwendig verpackt und gegen Schädlinge geschützt werden muss.

Beim Schiffstransport fallen immer Umladungen sowie der Transport zum und vom Hafen an. Die großen Seeschiffhäfen sind jedoch heute modernste Logistikzentren, in denen die Container ohne große Zeitverzögerung vom Schiff direkt auf die Bahn oder den LKW geladen werden.

Luftfrachttransport / Flugzeug

Verderbliche Ware wie z.B. Blumen, Obst, wertvolle Ware, Tiere und aktuelle Ware wie z.B. Zeitungen werden trotz der hohen Kosten über weite Strecken mit dem Flugzeug versendet. Die Beförderungszeiten sind sehr kurz, es ist ein zuverlässiges und sicheres Transportmittel. Oft bieten die Fluggesellschaften ein Dienstleistungspaket an, das neben dem Transport noch den An- und Abtransport sowie Verzollung und Zollabfertigung umfasst.

Neben den hohen Transportkosten spielen auch ökologische Gesichtspunkte im Hinblick auf die hohen Emissionen eine wichtige Rolle bei der Entscheidung gegen diese Transportart.

Transportnetzwerke
Nur im Direktverkehr wird ein einziges Transportmittel gewählt. In der Logistik wird oft versucht, die Vorteile der einzelnen Transportmittel miteinander zu kombinieren, unterschiedliche Transportarten werden zu einer Transportkette verbunden. Dabei wird unterschieden:
- **Gebrochener Verkehr:** Hier wird die Ware von einem Transportmittel auf das andere umgeladen.
- **Kombinierter Verkehr:** Die Ware wird im Transportbehälter – im Container, Sattelauflieger – umgeladen. Beim Huckepack-Verkehr übernimmt zunächst der LKW den Antransport zum Bahnhofsumschlagplatz, der LKW wird dann komplett auf den Güterwagen geladen, der weitere Transport läuft über die Schiene. Am Ankunftsbahnhof übernimmt wieder der LKW den Transport. Lenk- und Ruhezeiten können auf der Schiene eingehalten werden. Auch beim **Roll-on/Roll-off** oder **Ro-Ro-Verkehr** wird der An- und Abtransport auf der Straße vorgenommen, Sattelauflieger, Erntemaschinen, Mobilkrane oder Schwertransporte gehen von der Straße direkt auf das Binnenschiff bzw. Seeschiff und wieder im Ankunftshafen auf die Straße. Bei Transporten von und nach Großbritannien und Skandinavien kann die Umladung direkt auf die Fährschiffe erfolgen. Beim **Containerverkehr** werden die Container auf verschiedenen Transportwegen befördert – z.B. vom Seeschiff bis Hamburg, vom Binnenschiff bis Duisburg und dann auf dem LKW zum Zentrallager des Handelsunternehmens.

Bei allen Beförderungsarten kann das Unternehmen entscheiden, das Transportmittel im Ganzen zu beanspruchen – den LKW, den Güterzug, das Schiff oder Flugzeug – oder von einem Spediteur die Ware zusammen mit Ware anderer Unternehmen als **Sammelladung** zu transportieren. Bei der Sammelladung sammelt der Spediteur die Ware verschiedener Absender einer Region, fasst sie nach Zielgebieten zusammen und lässt sie zu einem Empfangsspediteur bringen, der die Ware wieder als Einzelsendung zu den Empfängern bringt.
Eine besondere Art der Sammelladung sind die Kurier-, Express- und Paketdienste. Kleine Sendungen werden sehr schnell und zuverlässig befördert.
- **Kurierdienst:** Dokumente, Wertsendungen und Kleinsendungen werden individuell begleitet befördert. Oft werden sie regional eingesetzt wie z.B. Stadtkuriere. Doch sie können auch international eingesetzt werden, um ein dringend benötigtes Ersatzteil schnellst möglich zu versenden.
- **Expressdienst:** Die Sendungen werden mit garantierten Lieferzeiten zugestellt.
- **Paketdienste** befördern Ware bis ca. 35 kg.

Diese Logistikdienstleister arbeiten meist gemäß dem **Hub and Spoke System**. Über ein verzweigtes Speichensystem (Spoke) werden die Transportgüter gesammelt, über regionale Depots an eine Zentralstelle/Nabe (Hub) z.B. in der Mitte eines Landesbefördert, von dort aus wieder über die Regionaldepots und das Speichensystem den Empfängern zugestellt. Durch die Bündelung der Transportgüter in regionale Einheiten in der Zentralstelle/Nabe wird der Transportprozess dabei kostenbezogen und zeitlich optimiert. In der Regel werden die Haupttransporte mittels großer LKW und die Sortierung im Hub nachts abgewickelt, sodass die Waren am nächsten Morgen über die regionalen Depots mit kleineren Auslieferungsfahrzeugen an die einzelnen Empfänger ausgeliefert werden können.

Häufig werden heute Sendungsverfolgungssysteme eingesetzt, um
- die Sendung auf Vollständigkeit zu überprüfen
- Frachtführer und Empfänger rechtzeitig z.B. über die Ankunft zu informieren
- Auftraggebern Auskunft über den momentanen Verbleib des Transportgutes zu geben

Transport- und Umschlagzeiten zu minimieren.
Eingesetzte Systeme sind z.B. der Barcode (NVE), RFID und GPS.

Interner Transport

Transportbedarf fällt nicht nur außerbetrieblich/extern an, sondern auch innerhalb eines Unternehmens/intern z.B. bei der Warenannahme, der Ein-/Auslagerung, Umlagerung und Kommissionierung im Lager und in den Filialen an. Die notwendigen Transportmittel werden dabei als Fördermittel bezeichnet, diese können z.B. in unstetige (Hubwagen, Stapler, Krane etc.) und stetige (Förderbänder, Rollbahnen, Paternoster etc.) unterschieden werden.

Transportkosten

Transportkosten fallen sowohl beim Eigen- als auch beim Fremdtransport an.

Eigentransport	Fremdtransport
• Benzinkosten • Kfz-Kosten wie Anschaffungskosten, Reparaturen • Versicherungen, Steuern • Personalkosten • Kosten der Hilfsmittel wie z.B. Fördermittel, Wartungskosten	• Transportkosten bei Transportbedarf

Neben der Kostenfeststellung prüft das Handelsunternehmen die Transportzeit pro Transportauftrag. Transportzeiten werden mit den Kosten für Transport und Lagerhaltung abgewogen. Beim Eigentransport wird der Auslastungsgrad der LKWs geprüft. Neben den Kennziffern ist

noch wichtig, ob der Transport auf die gewählte Art zuverlässig und flexibel durchgeführt wird. Transportschäden dürfen nicht auftreten.
Die Entscheidung „Make or Buy" kann anhand einer Kostenvergleichsrechnung erfolgen.

Die Geschäftsleitung der Trinkmann GmbH steht vor der Entscheidung die anfallenden Transporte der Waren in die einzelnen Fachmarktfilialen selbst oder durch eine Spedition durchführen zu lassen. Die Belieferung von 10 Filialen erfolgt momentan 10-mal im Monat, es werden dabei ca. 180.000 Kilometer pro Jahr zurückgelegt.

Bei Eigentransport würden für die Trinkmann GmbH Fixkosten in Höhe von 32.000,00 € und variable Kosten in Höhe von 0,20 € je gefahrenen Kilometer pro Jahr anfallen.
Die Spedition Wiebring veranschlagt in einem Angebot ein monatliches Fixum von 500,00 € und 0,30 € je gefahrenem Kilometer.
Berechnung des Jahresvergleichs:
Eigentransport: Fixkosten 32.000,00 € + 36.000,00 € (0,20 € x 180.000 Km)= 68.000,00 €
Fremdtransport:
            Fixkosten 6.000,00 € (500,00€ x 12)+ 54.000,00 € (30 € x 180.000 Km)= 60.000,00 €

Daraus ergibt sich, dass der Fremdtransport mit 60.000,00 € im Jahr die günstigere Variante ist.

4.5.2 Entsorgung

In einem Handelsbetrieb fallen durch den Umgang mit der Ware Abfälle wie z.B. Verpackungsmaterialien, Bügel, verdorbene Lebensmittel, unverkäufliche Ware an, die entsorgt werden müssen. Immer mehr rechtliche Vorschriften schreiben dem Handelsbetrieb vor, wie dieser die Entsorgung vornehmen muss, doch auch die Öffentlichkeit, die Kunden und letztlich auch die Mitarbeiter selbst fordern ein umweltbewusstes Handeln des Unternehmens. So können Aktivitäten im Umweltschutz zum Marketingfaktor werden. Bei den rechtlichen Vorschriften sind für den Handel vor allem das Kreislaufwirtschaftsgesetz und die Verpackungsordnung von Bedeutung.

Formen der Entsorgung
Das Gesetz regelt den Umgang mit Abfällen gemäß dem Verursacherprinzip. Die Unternehmen sind für die Vermeidung, Verwertung und die umweltverträgliche Beseitigung der Abfälle grundsätzlich selbst verantwortlich. Die Grundprinzipien des Gesetzes:

4. Beschaffung und Logistik

- Zunächst sollen Abfälle möglichst vermieden werden, z.B. sollen beim Transport Mehrwegtransportgefäße anstelle von Einwegverpackungen verwendet, Paletten getauscht und Transportverpackungen sparsam eingesetzt werden.
- Lassen sich Abfälle nicht vermeiden, sind sie in einen Verwertungskreislauf einzubringen, um die in ihnen erhalten Wertstoffe wieder zu gewinnen und neu zu verarbeiten.
- Nicht mehr nutzbare Abfälle sind sicher und umweltverträglich zu entsorgen, z.B. durch die endgültige Ablagerung auf einer Deponie oder in einer Müllverbrennungsanlage.

Meist wird im Handel nach Papier/Pappe/Karton, Verpackungen wie Aluminium, Weißblech, Kunststoffe, Verbundverpackungen und Glas, getrennt nach den Farben weiß, grün und braun, sortiert und mit Entsorgungsunternehmen zusammengearbeitet, die die sortierten Abfälle regelmäßig abholen.

In einem Handelsunternehmen können auch Sondermüll oder Sonderabfälle anfallen. Dies sind Abfallstoffe, die im Wirtschaftskreislauf keinen Wert mehr besitzen und eine Gefahr für die Gesundheit oder Umwelt darstellen. Zu Sondermüll zählen z.B. Lösemittel, Säuren, Laugen, Lacke, Altpestizide und Stoffe mit Schwermetallverunreinigungen. Der Gesetzgeber bezeichnet diese gefährlichen Abfallstoffe als besonders überwachungsbedürftige Abfallstoffe, die Entsorgung dieser Abfälle unterliegt der gesetzlichen Nachweispflicht.

Die **Verpackungsverordnung** ist für den Handel – besonders für den Einzelhandel – von besonderer Relevanz. Hier sind die Verpflichtung zur Rücknahme bzw. zur Sammlung gemäß den stofflichen Trennungsvorschriften und die Verwertung geregelt. Nach der Verpackungsordnung werden unterschieden:

Transportverpackung

Diese Verpackung dient dem Transport vom Lieferanten zum Kunden; sie erleichtert den Transport und schützt die Ware. Hersteller und Handelsunternehmen sind nach der Verpackungsverordnung verpflichtet, die Transportverpackung zurückzunehmen. Meist werden diese Verpackungen nach der Rücknahme wiederverwendet oder stofflich verwertet.

> Der Lagermitarbeiter Benedikt Guhn stellt die kommissionierten Wein- und Spirituosenkartons für die Belieferung des Hotels „Bettenburg" auf einer Palette zusammen und schweißt diese aus Sicherheitsgründen anschließend mit einer Spezialfolie für den Transport ein. Die Palette wird nach dem Transport zurückgebracht und weiterverwendet, die Folie wird ebenfalls zurückgenommen und vorschriftsmäßig entsorgt.

Umverpackung

Umverpackung ist die zusätzliche Verpackung um die Verkaufsverpackung herum, die nicht aus Gründen der Hygiene, der Haltbarkeit oder des Schutzes der Ware vor Beschädigung oder Verschmutzung für die Abgabe an den Endverbraucher erforderlich ist. Sie erleichtert den Absatz der Ware, z.B. die Selbstbedienung, oder fungiert als Werbeträger. Der Händler, der Ware in Umverpackung anbietet, ist verpflichtet, diese vor dem Verkauf an den Endverbraucher zu entfernen oder dem Endverbraucher die Möglichkeit einzuräumen, diese während des Verkaufs zurückzugeben. Hierfür muss der Händler in der Verkaufsstelle oder auf dem zur Verkaufsstelle gehörenden Gelände geeignete Sammelgefäße zur Aufnahme der Umverpackungen bereitstellen, für den Endverbraucher gut sichtbar und zugänglich. Der Händler muss ebenfalls sicherstellen, dass die Umverpackungen einer erneuten Verwendung oder einer stofflichen Verwertung zugeführt werden.

> In den Getränkefachmärkten der Trinkmann GmbH werden besonders hochwertige Weinbrände und Champagner in speziellen Kartons oder Holzkisten angeboten, auf denen zusätzliche Informationen über das jeweilige Produkt stehen und die die Exklusivität besonders hervorheben. Selbstverständlich können die Kunden auf die aufwendige Verpackung verzichten und diese im Fachmarkt lassen.

Verkaufsverpackung

Unter der Verkaufsverpackung ist die Verpackung zu verstehen, die notwendig ist, um die Ware an den Kunden zu übergeben. Sie stellt z.B. als geschlossener Behälter eine Verkaufseinheit dar, die gleichzeitig einen optimalen Transport und Aufbewahrung der Ware gewährleistet. Im Sinne der Verpackungsverordnung zählen ebenfalls so genannte Serviceverpackungen, die den Verkauf der Ware an Endverbraucher ermöglichen oder unterstützen, zu den Verkaufsverpackungen. Die Verkaufsverpackung fällt generell beim Endverbraucher an. Es besteht eine Rücknahmeverpflichtung von Seiten des Händlers, die aber entfällt, wenn z.B. durch die Teilnahme an einem System (z.B. Duales System Deutschland, „grüner Punkt") gewährleistet ist, dass die Verkaufsverpackungen beim Kunden regelmäßig durch entsprechende Unternehmen abgeholt werden.

Die Verpackungsverordnung verfolgt also zwei Ziele: Die Rücknahmepflicht verpflichtet die Wirtschaft, Verpackungen von ihren Kunden zurückzunehmen und sie dann wieder zu verwenden oder zu verwerten.

Die Verpackungsverordnung regelt neben der Rücknahmepflicht die Pfanderhebung für Erfrischungsgetränke (auch ohne Kohlensäure), Wasser, Bier und alkoholhaltige Mischgetränke in ökologisch nicht vorteilhaften Verpackungen wie Getränkedosen, Einweg-Glasflaschen und Ein-

4. Beschaffung und Logistik

weg-Plastikflaschen, erkennbar an dem DPG-Logo. Sobald ein Handelsunternehmen eine Art von Einweggetränkeverpackungen führt wie z.B. die Dose oder die PET-Flasche, ist es verpflichtet, diese Art unabhängig von der Marke, dem Kennzeichen und wo sie erworben wurde, zurückzunehmen. Damit muss der Einzelhändler auch Leergut von anderen Anbietern zurücknehmen, es sei denn, seine Verkaufsfläche liegt unter 200 qm. Auf Mehrwegflaschen werden unterschiedliche Pfandgebühren erhoben.

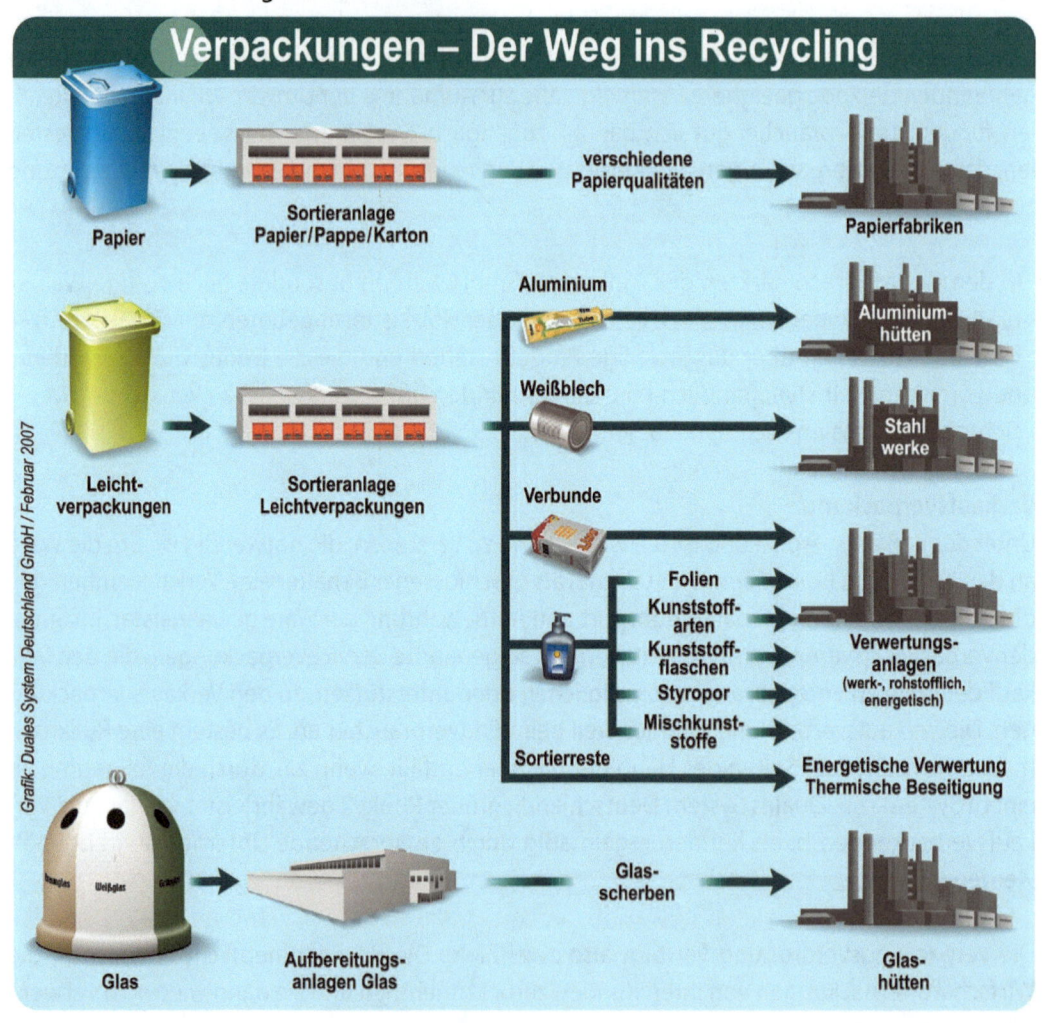

Verpackungen – Der Weg ins Recycling

- Papier → Sortieranlage Papier/Pappe/Karton → verschiedene Papierqualitäten → Papierfabriken
- Leichtverpackungen → Sortieranlage Leichtverpackungen →
  - Aluminium → Aluminiumhütten
  - Weißblech → Stahlwerke
  - Verbunde →
  - Folien, Kunststoffarten, Kunststoffflaschen, Styropor, Mischkunststoffe → Verwertungsanlagen (werk-, rohstofflich, energetisch)
  - Sortierreste → Energetische Verwertung / Thermische Beseitigung
- Glas → Aufbereitungsanlagen Glas → Glasscherben → Glashütten

Grafik: Duales System Deutschland GmbH / Februar 2007

Das Elektro- und Elektronikgerätegesetz regelt z.B. die Entsorgung von jährlich mehreren Millionen Tonnen gebrauchter Waschmaschinen, Fernseher, Computer, Kühlschränke und Kleingeräte. Die Verbraucher dürfen ihre Elektrogeräte nicht mehr in den Haus- oder Sperrmüll geben, sondern müssen diese im Wertstoffhof abgeben oder abholen lassen, ohne dass dem Verbraucher hierbei Kosten entstehen. Die Geräte tragen eine Kennzeichnung für die separate Sammlung – eine durchgestrichene Abfalltonne. Für die separate Sammlung müssen sich die Hersteller und Importeure von Elektrogeräten beim Elektro-Altgeräte-Register (EAR) eintragen lassen, denn sie finanzieren den Abtransport der Altgeräte bei den Städten und Gemeinden gemäß ihrem Anteil, mit dem sie Neugeräte auf den Markt bringen.

4.6 Lagerprozesse

4.6.1 Entscheidung für die Lagerhaltung

Natürlich wünscht sich jedes Handelsunternehmen – genauso wie die Industrie – eine „Just-in-time"-Belieferung ohne kostenintensive Lagerhaltung. Die spezifischen Funktionen des Handels wie z.B. die Zeitüberbrückung, Raumüberbrückung, Vordisposition, Kreditfunktion und auch die Warenfunktion bringen es aber gerade mit sich, dass es die besondere Aufgabe des Handels ist, ein Lager zu vorzuhalten. Die Entscheidungen über den Lagerstandort, die Lagergröße und die Lagertechnik sind mit erheblichen Investitionen verbunden und gelten für einen langfristigen Zeitraum. Deshalb haben sie einen strategischen Charakter.
Lagerfunktionen sind z.B.:

Ausgleichsfunktion
Einkauf und Absatz der Ware sind im Handel in vielen Branchen nicht zeitgleich durchzuführen. Aus diesem Grund muss ein Lager geführt werden. Im Einzelhandel sowie im absatzorientierten Großhandel dient das Verkaufslager zusätzlich als wichtiges Absatzinstrument innerhalb der Verkaufsförderung. Auch mengenmäßig können innerhalb der Beschaffung Schwierigkeiten auftreten; Mindestabnahmemengen zwingen das kleinere Handelsunternehmen dazu, Stückzahlen abzunehmen, die den eigentlichen Bedarf übersteigen.

Sicherungsfunktion
Im Einkauf kann es zu Lieferverzögerungen kommen; z.B. können Lieferanten ausfallen oder Streiks halten die LKWs auf. Der Absatz ist noch schwerer zu bestimmen. Zur Sicherung der Verkaufsbereitschaft führen die Handelsunternehmen deshalb in den meisten Branchen ein Lager.

Spekulationsfunktion
Erwartete Preis- oder Devisenerhöhungen können das Handelsunternehmen veranlassen, über den Bedarf hinaus Ware einzukaufen.

4.6.2 Lagerorganisation

Jedes Handelsunternehmen ist bemüht, die Lagerungsprozesse so kurz wie möglich zu gestalten. Folgende **Anforderungen** werden an das Lager gestellt:
- Die Bevorratung sollte ausreichend sein, um die Kundenwünsche jederzeit erfüllen zu können.
- Im Großhandel sollen den Kunden kurze Lieferzeiten angeboten werden können.
- Die Kosten des Lagers müssen minimiert werden.
- Die Aufteilung des Lagers soll so wenige Warenbewegungen wie möglich gewährleisten.
- Das Lager muss die Ware vor Beschädigung, Diebstahl, Verderb usw. schützen.

Lagersicherheit

Im Lager müssen gesetzliche Sicherheitsanforderungen erfüllt werden. Die Gefahrstoffverordnung dient dem Schutz vor einer Gefährdung der Gesundheit und der Sicherheit im Umgang mit Gefahrstoffen. Ebenso soll die Umwelt vor Schäden bewahrt werden. Die sachgerechte Einlagerung von z.B. Gasflaschen, Spraydosen, Chemikalien und insbesondere Feuerwerkskörpern muss unter strengen Sicherheitsvorschriften erfolgen, da diese bei unsachgemäßem Umgang und Lagerhaltung Explosionen oder Brände auslösen bzw. beschleunigen können. Rauchmeldeanlagen, Feuerlöscher, Sprinkleranlagen etc. müssen installiert sein, um den Brandschutz im Lager und den Verkaufsräumen zu gewährleisten. Arbeitsschutz und Unfallverhütungsvorschriften müssen eingehalten werden, dafür sind entsprechende Verantwortliche zu beauftragen und ständig zu schulen. Ferner müssen auch die Lagereinrichtung und Hilfsmittel bestimmten Sicherheitsstandards, z.B. bezogen auf Standsicherheit und maximale Nutzlast, entsprechen. Die Arbeitsstättenverordnung enthält ebenfalls Vorgaben und Regelungen über Rettungswege, Fluchttüren, Lärmschutz, Belüftung, Beleuchtung etc.
Das Lager kann **funktionsorientiert** oder **objektorientiert** organisiert sein.

> Bei der Trinkmann GmbH finden wir eine funktionsorientierte Organisation vor. Der Logistikbereich mit Lagerung ist ein eigener Bereich, der für alle Bereiche des Einkaufs und Vertriebs tätig ist. Dies entspricht der Organisation vieler Handelsunternehmen. Auch wenn Einkauf und Verkauf objektorientiert aufgeteilt sind, ist der Logistikbereich meist ein zentraler Bereich. Bei der Trinkmann GmbH wird jährlich überprüft, ob die Logistik in eigener Regie bleibt oder einem Serviceunternehmen übergeben wird.

Lagerarten/ -typen
Die Lagerarten lassen sich wie folgt unterscheiden:

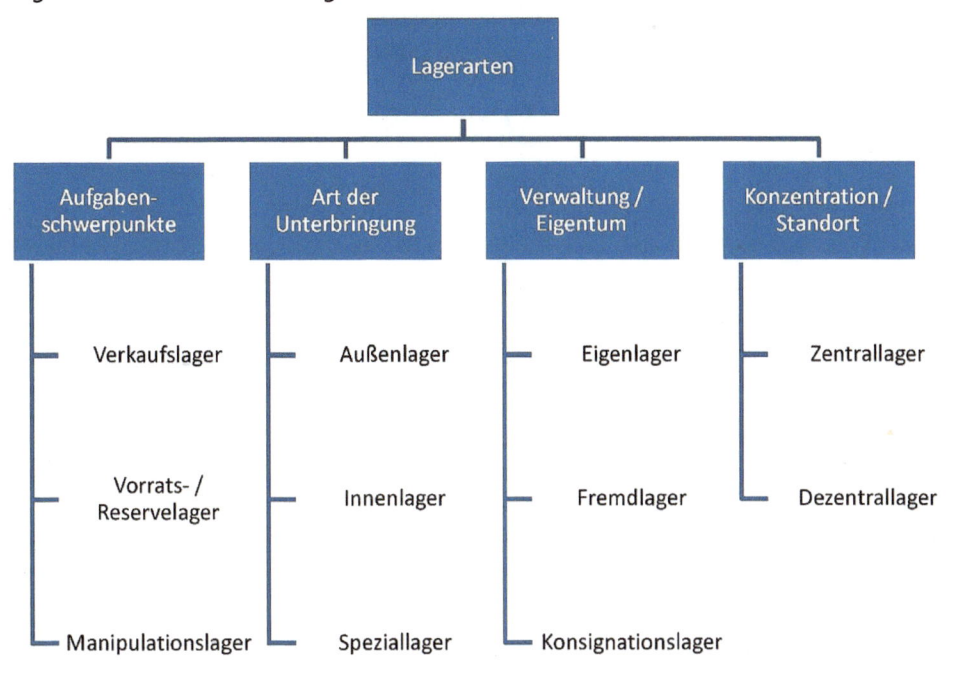

```
                        Lagerarten
    ┌───────────────┬───────────────┬───────────────┐
 Aufgaben-       Art der       Verwaltung /   Konzentration /
 schwerpunkte   Unterbringung   Eigentum        Standort

 Verkaufslager   Außenlager     Eigenlager     Zentrallager

 Vorrats- /      Innenlager     Fremdlager     Dezentrallager
 Reservelager

 Manipulationslager  Speziallager  Konsignationslager
```

Aufgabenschwerpunkte
Zum **Verkaufslager** gehören die Verkaufsräume, in denen die Waren des Abholgroßhandels und des Einzelhandels präsentiert werden. Es dient neben der Lagerung als wichtiges Absatzinstrument.

> Die Zentrale der Trinkmann GmbH führt kein Verkaufslager; dagegen führen die Fachmärkte der Trinkmann GmbH große Verkaufslager und nur kleine Vorrats-/Reservelager. Die Filialen in Gelsenkirchen City und Essen-Vogelheim verfügen aus baulichen Gegebenheiten ausschließlich über ein Verkaufslager, alle angelieferten Waren müssen direkt in den Verkauf gebracht und dort einsortiert werden.

Die **Vorrats-/Reservelager** dienen der Sicherung der Lieferfähigkeit und Verkaufsbereitschaft. Im Handlager, das sich in unmittelbarer Nähe zum Verkaufsraum befindet, werden Waren gelagert, die für das schnelle Auffüllen im Verkaufsraum benötigt werden.

> Die Lagerfläche der Trinkmann GmbH dient zum größten Teil als Vorratslager, sechs der acht Getränkefachmärkte verfügen über kleine, an den Verkaufsraum direkt angrenzende Lagerräume. Hier werden in erster Linie die Waren gelagert, die als Randsortiment geführt und schnell nachgefüllt werden müssen wie z.B. Salzgebäck und Süßwaren.

Im **Manipulationslager** werden die Waren für den Verkauf aufbereitet: Hier wird die Ware den Wünschen des Kunden angepasst, für ihn verwertbar gemacht. Die Erstellung einer marktgerechten Qualität und Quantität steht im Vordergrund der Tätigkeiten, dabei werden die Grundstoffe der Ware nicht verändert: z. B. werden die Waren sortiert, gereinigt, gemischt, veredelt, verpackt, ausgezeichnet. Ebenfalls der Warenmanipulation zuzurechnen ist die Pflege der gelagerten Waren.

Die Bedeutung und der Umfang der Warenmanipulation sind von der Marketingstrategie des jeweiligen Betriebes abhängig. Die Manipulation dient der Vorbereitung des Verkaufs und kann Teil der Servicepolitik sein, wenn die Ware auf den speziellen Kundenwunsch hin verändert oder auch um Komponenten ergänzt wird.

Die Warenmanipulation hat im Großhandel einen weitaus größeren Umfang und mehr Bedeutung als im Einzelhandel. Die Verpflichtung zur Manipulation kann Bestandteil des Kaufvertrags sein, ohne die Aufbereitung wie z.B. Vorverpacken, Auszeichnen, Mischen, Sortieren ist oft ein Kaufabschluss gar nicht möglich. Für den Kunden bedeutet das Arbeits-, Zeit- und Kostenersparnis. Der Großhandel übernimmt also ausgegliederte Aufgaben des Einzelhandels oder der Gastronomie und verschafft sich damit eine gute Kundenbindung.

Art der Unterbringung

- Im **Außenlager** werden witterungsunabhängige Waren im Freien gelagert. Diese auch als offenes Lager bezeichneten Flächen werden aus Sicherheitsgründen meist mit Zäunen versehen. Sind diese Flächen zusätzlich überdacht, spricht man von halboffenen Lagern, in der Praxis oft als Kalthallen bezeichnet.
- Beim **Innenlager** wird die Ware in Gebäuden oder Hallen gelagert. Diese geschlossenen Lager bieten einen optimalen Schutz, eine große Sicherheit und gute Kontrollmöglichkeiten der eingelagerten Ware.
- **Speziallager** werden eingerichtet, wenn die Ware einen besonderen Schutz benötigt, warenspezifische Anforderungen erfüllt werden müssen oder gesetzliche Vorschriften über die Lagerung bestehen.

> Die zu den Zapfanlagen gehörenden Kohlensäureflaschen müssen aus Sicherheitsgründen in einem besonders gesicherten und klimatisierten Raum gelagert werden.

4.6 Lagerprozesse

Verwaltung/Eigentum

- Das **Eigenlager** führt das Handelsunternehmen selbst: Es verfügt über geeignete Flächen sowie Räumlichkeiten und verwaltet diese auch selbst.
- Bei einem **Fremdlager** wird die Lagerhaltung auf ein Dienstleistungsunternehmen wie z. B. Speditionen übertragen. Das geschieht in den meisten Fällen aus Kostengründen oder wenn die Lagerhaltung eine besondere Ausstattung erfordert. Handelsunternehmen nutzen die Fremdlager auch, um zeitlich begrenzt größere Warenpartien unterzubringen.

Da bei der Lagerung des Wein- und Schaumweinsortimentes besondere Anforderungen an die Lagertemperatur bestehen, diese aber im eigenen Lager nicht erfüllt werden können, hat die Trinkmann GmbH geeignete Lagerräumlichkeiten angemietet.

- Eine Besonderheit des Fremdlagers stellt das **Konsignationslager** dar: Der Lieferant stellt in den Räumlichkeiten des Kunden Ware zur Verfügung. Die dort gelagerte Ware ist Eigentum des Lieferanten. Sie kann nach Bedarf vom Kunden entnommen werden. Die Abrechnung erfolgt je nach Vereinbarung z.B. monatlich oder quartalsmäßig. Diese Lagerart hat für den Kunden dann einen großen Vorteil, wenn die genaue Absatzmenge nicht abzuschätzen ist, aber die Ware ständig zur Verfügung stehen soll.

In einem kleinen Lagerraum in einem Bildungszentrum stellt die Trinkmann GmbH eine Auswahl an alkoholfreien Getränken, Bier und Wein zur Verfügung. Diese können dann bei Bedarf von der zuständigen Mitarbeiterin des Bildungszentrums aus dem Lager entnommen und in der hauseigenen Cafeteria verkauft werden. Das Lager wird ständig auf einem bestimmten Bestand gehalten, die entnommenen Waren werden monatlich mit dem Bildungszentrum abgerechnet.

Lagerstandort

Wenn der Handelsbetrieb über einen absatzorientierten Standort verfügt – im Einzelhandel die Regel – der mit hohen Mietkosten verbunden ist, wird man auf eine umfangreiche Lagerhaltung direkt am Verkaufsort verzichten und stattdessen Lagerräume am Stadtrand oder im Gewerbegebiet nutzen. Neben den Kosten für die Räumlichkeiten müssen vor allem Großhandels- und Filialunternehmen für ihre Zentral- und Regionalläger auf eine gute **Verkehrsanbindung** achten, möglichst in der Nähe eine Autobahnabfahrt, einer Bundesstraße oder nach Branchen abhängig direkt im Hafengebiet, nah am Flughafen oder auch mit Gleisanschluss.
Die **Anfuhrmöglichkeiten** für LKWs sollten gut sein, Warenannahme und Betriebshof müssen Manövrierraum bieten, so dass gleichzeitige Be- und Auslieferung möglich sind, die Toreinfahrten müssen ausreichend groß sein.

4. Beschaffung und Logistik

Die **Kapazitäten** des Lagerraums sollten ausreichend sein, um die Übersichtlichkeit zu gewährleisten, etwaigen gesetzlichen Bestimmungen zu entsprechen und Erweiterungsmöglichkeiten zu bieten.

Im Einzelhandel muss die **Nähe zum Absatzort** gegeben sein; auch im Großhandel – von Branche und Absatzgebiet abhängig – kann diese eine Entscheidungsgrundlage sein.

Zentrale / dezentrale Lagerhaltung

In einem **Zentrallager** werden die gesamten Waren eines Handelsbetriebes zusammengefasst und an einem Ort gelagert.

Wenn ein Handelsunternehmen **Regionallager** unterhält oder die Ware direkt in den Verkaufsniederlassungen oder Filialen lagert, wird die Ware **dezentral** gelagert.

Vorteile zentraler Lagerhaltung	Vorteile dezentraler Lagerhaltung
• Der gesamte Warenbestand ist konzentriert an einem Ort. • Die zentrale Erfassung ermöglicht eine bessere Kontrolle • In der Gesamtbetrachtung ergeben sich geringere Lagerbestände und dadurch eine geringere Kapitalbindung. • Es kann eine höherwertige technische Lagerausstattung eingesetzt werden. • Die Lagerkapazitäten können besser genutzt werden. • Raum- und Verwaltungskosten sind niedriger.	• Die Transportwege zum Kunden sind kürzer. • Dadurch ergeben sich kürzere Lieferzeiten und niedrige Transportkosten. • Die vom Kunden gewünschte Ware ist sofort verfügbar.

Lagergröße

Die Lagergröße des Handelsunternehmens ist von vielen Faktoren abhängig:

- Ein Handelsunternehmen mit vielen Filialen benötigt größere Lagerräumlichkeiten als ein Handelsunternehmen mit geringerer **Betriebsgröße**.
- Die **Art des Betriebes** ist entscheidend für die Lagergröße: Ein Großhandelsunternehmen verfügt oft über größere Lagerfläche als ein Einzelhandelsunternehmen.
- Bestehende **Nachfrageschwankungen** müssen Einfluss auf die Größe des jeweiligen Lagers nehmen.
- Waren mit einer geringen **Umschlagshäufigkeit** benötigen eine größere Lagerfläche als Ware mit einer hohen Lagerumschlagshäufigkeit.
- Für ein breites und tiefes Warensortiment wird ein größeres Lager benötigt als für ein flaches, somit ist die **Warentypologie** ein wichtiger Einflussfaktor.

- Bestehen für Artikel hohe **Mindestbestellmengen**, ist ein größerer Lagerraum notwendig.
- Bei Waren mit einer kurzen **Lieferfrist** kann das Lager von geringerer Größe sein.
- Bei Waren mit starken **Preisschwankungen** empfiehlt sich aus Gründen der Spekulation ein größeres Lager.

Lagersteuerung und -verwaltung
Die Lagerarbeiten lassen sich grundsätzlich in drei Teilbereiche aufteilen.
- Zur **Einlagerung** gehören die Warenannahme, die Zuordnung der Ware z.B. nach A-, B- oder C-Artikeln sowie die Zuweisung eines Lagerplatzes. In größeren Handelsunternehmen findet die Zuweisung durch das Warenwirtschaftssystem statt. Nach der Zuweisung erfolgt der Transport der Ware zu dem vorgesehenen Platz.
Der Wareneingangskontrolle kommt bei der Einlagerung eine besondere Bedeutung zu. Jede Lieferung wird zunächst vor Annahme geprüft: Auf Empfängeranschrift, Absender, Art und Zahl der angelieferten Einheiten und den Zustand der Versandverpackung oder der unverpackten Ware. Bei einer unbeanstandeten Prüfung wird dem Anlieferer die ordnungsgemäße Übergabe bestätigt, bei Falschlieferungen wird die Ware zurückgegeben, unvollständige Lieferungen oder Beschädigungen der Verpackung bzw. der unverpackten Ware werden auf den Transportpapieren vermerkt und vom Anlieferer bestätigt.
Nach HGB § 377 muss der Kaufmann die Ware unverzüglich nach Wareneingang auf Mängel prüfen. Daher wird die Ware unverzüglich ausgepackt, nach Artikeln sortiert und Art, Menge und Beschaffenheit mit Lieferschein, Rechnung und Auftrag verglichen. Mängel werden schriftlich festgehalten. Der Einkauf zeigt die Mängel innerhalb der gesetzlichen bzw. vertraglichen Fristen beim Lieferanten an.
Sind Qualität, Funktionsfähigkeit, chemische Zusammensetzung oder physikalische Eigenschaften der Ware nicht sofort erkennbar, wird eine sorgfältige Qualitätsprüfung von Fachleuten vorgenommen, ggf. in Prüflaboren. Große Handelsunternehmen führen eine eigene Qualitätskontrolle durch. Dies verzögert natürlich die Auslieferung an die Filialen. Daher gehen marktstarke Unternehmen dazu über, die Wareneingangskontrolle zurück an den Lieferanten zu delegieren, meist sind diese Lieferanten ISO-zertifiziert, so dass Prüfabläufe garantiert werden.
- Die **Lagerung** der Ware gewährleistet eine hohe Verkaufs- und Lieferfähigkeit, verursacht jedoch auch hohe Kosten. Daher wird der Warenbestand ständig kontrolliert. Die Ergebnisse werden mit Lagerkennziffern verglichen.
- Vor der **Auslagerung** wird zunächst geprüft, ob die Ware in ausreichender Menge vorrätig ist. Dann wird die Ware kommissioniert, zum Versandplatz gebracht und zur Verladung bereitgestellt. Im Großhandel findet wie beim Wareneingang eine sorgfältige Ausgangskontrolle statt. Die Artikel werden nach Art, Menge und Beschaffenheit geprüft, Artikel-

nummer und Menge mit den Angaben auf den Warenbegleitpapieren verglichen. Bei Auslieferung an ein Transportunternehmen oder an den Kunden direkt lässt sich der Mitarbeiter den Erhalt bestätigen, die bestätigte Kopie wird an den Verkauf weitergeleitet.

Lagerordnungssysteme
Die Lagerordnung gewährleistet die Übersichtlichkeit der Warenlagerung und die optimale Ausnutzung der zur Verfügung stehenden Lagerfläche, ein schnelles Einordnen und Entnehmen sowie die Kontrolle der eingelagerten Waren. Anhand der jeweiligen Lagerumschlagshäufigkeit der Ware ergibt sich die Zugriffshäufigkeit auf die einzelnen Artikel, die ebenfalls bei der Entscheidung über die Art der Lagerordnung mit einbezogen wird.

Systematische Lagerordnung/Festplatzsystem
Bei der systematischen Lagerordnung bekommt jeder Artikel entsprechend dem Lagerplan einen festen Lagerplatz zugewiesen. Die Artikel werden mit einer Kennzeichnung versehen, mit deren Hilfe sie dann in einen bestimmten Gang in einer festgelegten Zone auf einem reservierten Regalplatz eingeordnet werden. Die Kriterien der Zuweisung können z.B. die Zugehörigkeit zu einer bestimmten Warengruppe, das Gewicht, das Volumen, das Material oder die Lagerumschlagshäufigkeit des Artikels sein. Die ABC-Analyse kann dabei als wichtiges Hilfsmittel herangezogen werden.

Vorteile des Festplatzsystems	Nachteile des Festplatzsystems
▪ Das Lager ist jederzeit ohne IT übersichtlich und zugänglich. ▪ Lagerwege sind kurz, da oft benötigte Ware in vorderen Regalplätzen eingelagert wird. ▪ Die Lagerposition der Ware ist generell bekannt.	▪ Die Lagerflächen können bei großen Wareneingangsmengen nicht ausreichen. ▪ Lagerplätze bleiben oft ungenutzt. ▪ Hoher Flächenbedarf, da für alle Waren ein Lagerplatz vorgehalten werden muss.

Chaotische Lagerhaltung / Freiplatzsystem
Dieses System sieht keine festen, reservierten Lagerplätze vor. Die eintreffenden Waren werden auf jeweils freien Lagerplätzen untergebracht mit Hilfe eines IT-gestützten Lagersystems.

Vorteile des Freiplatzsystems	Nachteile des Freiplatzsystems
▪ Die Lagerfläche wird optimal genutzt. ▪ Der Platzbedarf kann grundsätzlich gesenkt werden. ▪ Geringere Flächenkosten, da die Lagerung oft in vollautomatischen Hochregalen erfolgt.	▪ Ohne IT ist diese Lagerordnung so gut wie nicht möglich. ▪ Bei Ausfall der IT ist das Auffinden der Artikel nahezu unmöglich. ▪ Hohe Investitionskosten in IT und elektronische Lagersysteme.

Lagereinrichtung
Die Lagereinrichtung und -gestaltung ist abhängig von der Art, der Beschaffenheit und der Menge der zu lagernden Ware.

Allgemeine Anforderungen:
- Es sollte ausreichender Platz für die Entnahme, den Transport und eventuelle Manipulation der Ware zur Verfügung stehen.
- Kurze Lagerwege gewährleisten einen reibungslosen und schnellen Zugriff auf die Ware.
- Eine artgemäße Lagerung in Bezug auf die besonderen Erfordernisse der einzulagernden Waren, insbesondere im Hinblick auf z.B. Wärme, Kälte, Feuchtigkeit, Trockenheit, Licht, Ungeziefer, ist bei der Einrichtung zu berücksichtigen.
- Die gesetzlichen Vorschriften bezüglich der Lagerung bestimmter Waren wie z.B. Pflanzenschutzmittel, Lösungsmittel müssen beachtet werden.
- Die Einhaltung der Brandschutz- und Unfallverhütungsvorschriften muss gewährleistet sein.
- Bezogen auf Einbruch und Diebstahl müssen Sicherheitsvorkehrungen getroffen werden.

Zur Lagereinrichtung zählen Einrichtungsgegenstände wie z.B.
- **Regale** in verschiedenen Formen: Durchlaufregale, Kompaktregale, Paternosterregale, Fachregale, Hochregale, Palettenregale etc.
- **Verlade- und Beförderungsmittel**, die dem innerbetrieblichen Transport der Ware dienen: Flurfördermittel wie z.B. Stapler, Karren, Hubwagen, Aufzüge, Krane, Stetigförderer wie z.B. Wandertische, Rollenbahnen, Kettenförderer
- **Packmittel** wie z.B. Paletten mit und ohne Aufsetzbügel, Gitterboxen, Container, Collicos, Kästen, Kartons
- **Zähl-, Wiege- und Messgeräte**

Kommissionierungssysteme

Kommissionieren ist das Zusammenstellen von Kundenaufträgen, das Verpacken der Ware und die Bereitstellung für den Transport.

> Vom Tagungshotel Gerber liegt eine Bestellung von 3 Fässern Wittichenauer Pils, 8 Kisten alkoholfreiem Bier, 10 Kisten Sekt der Marke Fürst Schaumgut und diversen Spirituosen vor. Gemäß dem Kommissionierbeleg stellt der Lagermitarbeiter Egon Willig den Auftrag auf einer Palette zusammen, führt eine gründliche Warenausgangskontrolle durch und schweißt die Palette aus Sicherheits- und Diebstahlsgründen für den Transport ein. Der Beleg wird an den Verkauf weitergeleitet, die Palette steht zum Abtransport durch den Frachtführer Theustrans bereit.

Im Großhandel ist das Kommissionieren mit hohen Kosten verbunden. Daher muss ein geeignetes Verfahren gewählt werden:

Beim **statischen** Kommissionieren oder **„Mann-zur-Ware"** geht der Kommissionierer zur Ware und sortiert diese im Regal ab. Die Kommmissionierleistung ist gering, daher ist es für kleine Unternehmen mit geringen Abgabemengen geeignet, die nicht hohe Investitionen im Lager tätigen wollen. Beim **dynamischen** Kommissionieren bzw. **„Ware-zum-Mann"** erfolgt die Entnahme der Ware computergesteuert, automatische Regalförderzeuge oder Bediengeräte nehmen die Ware aus dem Regal und bringen sie zu dem Kommissionierer. Diese Art ist mit umfangreichen Investitionen in das Warenwirtschaftssystem und die Fördergeräte verbunden, hohe Kommissionsleistungen sind jedoch nur so zu leisten.

Beim **einstufigen** Kommissionieren wird jeder Auftrag einzeln ausgeführt, beim **mehrstufigen** Verfahren werden die Artikel für mehre Aufträge absortiert, um die Artikel dann an einem Sammelplatz wieder nach Aufträgen zu trennen.

Beim **seriellen Kommissionieren** werden die Positionen des Auftrags/der Aufträge nacheinander abgearbeitet. Beim **parallelen Kommissionieren** wird/werden der Kundenauftrag/die Aufträge in mehrere Teile zerlegt entsprechend der Aufteilung des Lagers, denn das Lager ist in Zonen parzelliert. Für jede Zone ist ein Mitarbeiter verantwortlich, der innerhalb seiner Zone die Ware zusammenstellt. Am Ende werden die Teilaufträge wieder zusammengeführt und zu einer Kundensendung für den Warenausgang bereitgestellt. Bei dieser Art der Kommissionierung ist das Risiko höher, dass Zuordnungsfehler unterlaufen und der Kunde Falschlieferungen erhält bzw. Ware fehlt; die Kosten sind jedoch wesentlich geringer als beim seriellen Kommissionieren.

Bei der **Pick-Pack**-Kommissionierung wird neben dem Kommissionieren das Volumen des Auftrags ermittelt, die richtige Größe des Versandkartons gewählt und die Ware gleich beim Kommissionieren in den Versandkatalog gelegt.

4.6 Lagerprozesse

Dynamisches mehrstufiges Kommissionieren ist meist nur vollautomatisch mit Hilfe der IT möglich. Dies ist eine sehr schnelle Art der Kommissionierung mit einer sehr geringen Fehlerquote. Es erfordert jedoch eine hohe Investition für die IT, möglicherweise für Roboter und Kommissionsautomaten. Bei IT-Ausfall ist ein Kommissionieren nicht möglich. Bei der chaotischen Lagerhaltung ist nur diese Art der Kommissionierung durchführbar.

Im Abholgroßhandel ist die Aufgabe des Kommissionierens an den Kunden übertragen, der Kunde sucht die Ware selbst aus und stellt sie zusammen. Im Einzelhandel wird die Kommissionierung in vielen Betriebsformen ebenfalls vom Kunden selbst vorgenommen. Waren- und Kaufhäuser führen Sammelkassen, an denen alle Warenkäufe des Kunden aus den verschiedenen Abteilungen zusammengetragen und verpackt oder zugestellt werden kann. Der Kunde bezahlt in einem Gesamtbetrag. Außerdem besteht in Einzelhandelsunternehmen die Möglichkeit der telefonischen, schriftlichen oder elektronischen Bestellung, dann wird eine Kommissionierung notwendig.

Im Versand-/Onlinehandel ist die Kommissionierung eine der wichtigsten Aufgaben der Logistik: Unzählige Sendungen müssen täglich sorgfältig zusammengestellt werden, um die Kundenzufriedenheit zu gewährleisten, die Schnelligkeit der Lieferung sicherzustellen und dabei die Kosten zu minimieren.

In Filialunternehmen des Handels wird auch im internen Warenverkehr kommissioniert: Die Filiallieferungen werden gesammelt, verpackt und für den Transport bereitgestellt. In einigen Unternehmen besteht noch zusätzlich die Möglichkeit der Lagerung für die Filialen, da diese aus Kostengründen nicht mehr über Reservelagerflächen verfügen. Für Handelsunternehmen mit einer hohen Anzahl von Filialen und einem Sortiment mit Artikeln des täglichen Bedarfs erfordert dies eine sehr diffizile Organisation, die deshalb oft an ein Logistikunternehmen vergeben wird. Die Kommissionierung im Versandhandel und in großen Filialunternehmen bedient sich der gleichen Methoden wie der Großhandel.

4.6.3 Wirtschaftlichkeit der Lagerhaltung

Die Bevorratung von Waren verursacht erhebliche Kosten. Jeder Handelsbetrieb ist daher bemüht, die gelagerte Warenmenge und die Lagerdauer so gering wie möglich zu halten.

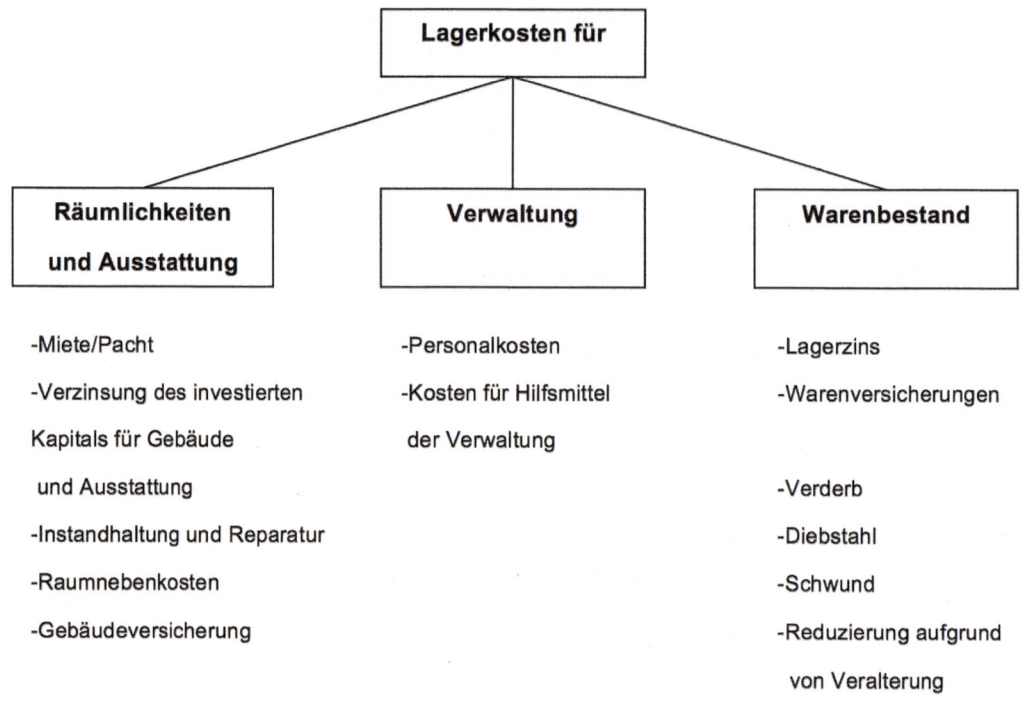

```
                    Lagerkosten für
         ┌──────────────┼──────────────┐
   Räumlichkeiten    Verwaltung    Warenbestand
  und Ausstattung
```

- Miete/Pacht
- Verzinsung des investierten Kapitals für Gebäude und Ausstattung
- Instandhaltung und Reparatur
- Raumnebenkosten
- Gebäudeversicherung

- Personalkosten
- Kosten für Hilfsmittel der Verwaltung

- Lagerzins
- Warenversicherungen
- Verderb
- Diebstahl
- Schwund
- Reduzierung aufgrund von Veralterung

Die Lagerkosten können nach fixen und variablen Kosten unterschieden werden. Die Kosten, die nicht von der Menge der gelagerten Ware abhängig sind, sind die **fixen Lagerkosten**, hierzu gehören z.B. Miete, Abschreibungen, Raumnebenkosten, Löhne und Gehälter für die fest angestellten Lagermitarbeiter. **Variable Lagerkosten** sind die Kosten, die von der Menge der gelagerten Ware abhängig sind wie z.B. Kosten auf Grund von Beschädigung oder Verderb der Ware, Zinskosten für das in Ware gebundene Kapital.

Aus den Lagerkosten ergibt sich der **Lagerkostensatz**. Der Lagerkostensatz ermittelt den prozentualen Anteil der Lagerkosten am Wert des durchschnittlichen Lagerbestands; der **Lagerhaltungskostensatz** berücksichtigt noch zusätzlich die **Lagerzinsen**.

Lagerkostensatz = prozentualer Anteil der Lagerkosten am Wert des durchschnittlichen Lagerbestands.

4.6 Lagerprozesse

Lagerkostensatz: $\dfrac{\text{Lagerkosten} \cdot 100}{\text{durchschnittlicher Lagerbestand zu Einstandspreisen}}$

Lagerzinsen: $\dfrac{\text{Lagerzinssatz \% } \cdot \text{ durchschnittlicher Lagerbestand (€)}}{100}$

Lagerhaltungskostensatz: $\dfrac{(\text{Lagerkosten} + \text{Lagerzinsen}) \cdot 100}{\text{durchschnittlicher Lagerbestand zu Einstandspreisen}}$

Für die Warengruppe „Prosecco" betragen
- der durchschnittliche Lagerbestand   11.875,00 €,
- die Lagerkosten   1.068,75 €
- die durchschnittliche Lagerdauer   45 Tage,
- der durchschnittliche Bankenzinssatz   8,5 %.

Zunächst wird der Lagerkostensatz ermittelt:

$$\dfrac{1.068,75 \cdot 100}{11.875} = 9\,\%$$

Der Lagerkostensatz kann mit Branchenzahlen verglichen werden, um zu erkennen, ob die Lagerung optimiert werden muss.
Zur Ermittlung des Lagerhaltungskostensatzes müssen zunächst die Lagerzinsen ermittelt werden.
Der Lagerzinssatz ergibt sich aus der Formel

$$\dfrac{\text{durchschnittlicher Bankzinssatz} \cdot \text{durchschnittliche Lagerdauer}}{360} = \dfrac{8,5 \cdot 45}{360} = 1,0625\,\%$$

Die Lagerzinsen ergeben sich aus der Formel:

$$\dfrac{\text{durchschnittlicher Lagerbestand} \cdot \text{Lagerzinssatz}}{100} = \dfrac{11.875 \cdot 1,0625}{100} = 126,17$$

Daraus ergibt sich ein Lagerhaltungskostensatz von:

$$\dfrac{(1.068,75 + 126,17)}{11.875} = 10,06\,\%$$

Der Lagerhaltungskostensatz kann nun mit Branchenwerten verglichen und beurteilt werden.

Um fixe Lagerkosten einzusparen, kann das Handelsunternehmen z.B. nicht benötigte Lagerräumlichkeiten an andere Unternehmungen vermieten oder im Bedarfsfall vorübergehend Fremdlager bei Logistikunternehmen einrichten.

Um variable Kosten einzusparen, sollte der Handelsbetrieb die Warenmengen im Lager so gering wie möglich halten. Lagerkennzahlen wie z.B. die Lagerumschlagshäufigkeit der Ware und der Lagerkostenhaltungssatz sind dabei wichtige Kennziffern. Die Auswahl von zuverlässigen Lieferanten mit kurzen Lieferfristen hilft ebenfalls, die variablen Kosten zu minimieren.

Die Kontrolle, bezogen auf die Menge und den Wert der Ware, erstreckt sich vom Wareneingang, der Bestandsführung bis zum Warenausgang. Die Erfassung der neu eingegangenen Ware, Quantitäts- und Qualitätskontrollen, die Überwachung der Abläufe bezüglich der Lagerarbeiten und die Kontrolle anhand der Lagerkennzahlen sind häufig der Lagerverwaltung als Aufgaben zugeordnet. Wareneingangsbücher, Lagerkarteien der Lagerverwaltung, Lagerfachkarten und die Inventuren sind die gebräuchlichsten Hilfsmittel, die in einem Handelsbetrieb zur Lagerkontrolle eingesetzt werden.

Kennziffern aus dem Lager – Logistikcontrolling

Kennzahlen sind Messzahlen, die zu einem bestimmten Zeitpunkt regelmäßig ermittelt werden. Ist ein Warenwirtschaftssystem vorhanden, so können die wichtigsten Kennziffern jederzeit abgerufen werden. Im Folgenden sind relative Messzahlen erläutert, bei denen verschiedene Werte in Verhältnis gesetzt werden. Im Controlling werden diese Kennziffern für den Soll-Ist-Vergleich wie auch für den Vergleich mit Branchenwerten eingesetzt. Solche Branchenwerte erhält das Handelsunternehmen durch den Fachverband, von der Kooperation oder aus Veröffentlichungen der Fachzeitschriften.

Die Lagerkennziffern geben Hinweise auf Kosteneinsparungsmöglichkeiten und Kapitalbindung, da diese als branchenbezogene Vergleichszahlen veröffentlicht werden.

Der **durchschnittliche Lagerbestand** bestimmt die Warenmenge, die innerhalb einer bestimmten Periode durchschnittlich gelagert oder bevorratet wird. Die Berechnung kann sowohl mengen- als auch wertmäßig erfolgen. Bei der wertmäßigen Berechnung ist der Bestand zu Einstandspreisen zu bewerten.	$\dfrac{\text{Jahresanfangsbestand} + \text{Jahresendbestand}}{2}$ oder $\dfrac{\text{Jahresanfangsbestand} + 12 \text{ Monatsendbestände}}{13}$ Die zweite Formel ergibt einen genaueren Wert, da Mengenschwankungen im Jahresverlauf berücksichtigt werden.

Bei der Marco Trinkmann GmbH ergeben sich am Jahresende für den Artikel Kräuterbitter „Leone" zum Einstandspreis von 4,00 € folgende Bestände:

Bestand Artikel Leone	Menge	Wert
Inventurbestand am 01.01.	350	1.400,00 €
31.01.	200	800,00 €
28.02.	280	1.120,00 €
31.03.	260	1.040,00 €
30.04.	300	1.200,00 €
31.05.	320	1.280,00 €
30.06.	280	1.120,00 €
31.07.	260	1.040,00 €
31.08.	260	1.040,00 €
30.09.	290	1.160,00 €
31.10.	310	1.240,00 €
30.11.	300	1.200,00 €
Inventurbestand 31.12.	230	920,00 €

Einfache Berechnung:

$$\frac{350+230}{2}=290 \text{ Flaschen} \qquad \frac{1.400+920}{2}=1.160 \text{ €}$$

Werden mehrere Bestände – wie hier z.B. die 12 Monatsendbestände – berücksichtigt, ergibt dies einen wesentlich genaueren Wert.

$$\frac{350+3.290}{13}=280 \text{ Flaschen} \qquad \frac{1.400+13.160}{13}=1.120 \text{ €}$$

Lagerumschlagshäufigkeit	$\dfrac{\text{Wareneinsatz zu Einstandspreisen}}{\text{durchschnittlicher Lagerbestand zu Einstandspreisen}}$

Aus dem Warenwirtschaftssystem ergibt sich für den Artikel Kräuterbitter „Leone" ein Jahreseinsatz von 8.640,00 €. Geteilt durch den durchschnittlichen Lagerbestand errechnet sich, dass der Lagerbestand übers Jahr 7,71 Mal umgeschlagen wurde:

$$\frac{8.640}{1.120}=7,71$$

4. Beschaffung und Logistik

Mit der **durchschnittlichen Lagerdauer** wird der Zeitraum zwischen Wareneingang und -ausgang ermittelt. So wird die zunächst noch abstrakte Kennziffer Lagerumschlagshäufigkeit eine greifbare Größe.	$\dfrac{360}{\text{Lagerumschlagshäufigkeit}}$

$$\dfrac{360}{7{,}71} = 46{,}69 = 47 \text{ Tage}$$

Mit Hilfe des **Lagerzinssatzes** bzw. der **Lagerzinsen** werden die Zinskosten berechnet, die durch die Kapitalbindung in die Ware entstehen. Die Kapitalbindung wird in der Praxis oft als totes Kapital bezeichnet, da das investierte Kapital bei den Geschäftsbanken zinsbringend hätte angelegt oder für neue notwendige Investitionen hätte eingesetzt werden können.

Lagerzinssatz	$\dfrac{\text{Jahreszinssatz der Banken} \cdot \text{durchschnittliche Lagerdauer}}{360}$
Lagerzinsen	$\dfrac{\text{durchschnittlicher Lagerbestand zu Einstandspreisen} \cdot \text{Lagerzinssatz}}{100}$

Für den Artikel Kräuterbitter „Leone" ergeben sich bei einem üblichen Jahreszinssatz der Banken von 6 %:

$$\dfrac{6 \cdot 47}{360} = 0{,}78\,\% \text{ Lagerzinssatz}$$

$$\dfrac{1.120 \cdot 0{,}78}{100} = 8{,}74\,€ \text{ Lagerzinsen}$$

Die **Lagerreichweite** gibt an, wie lange der durchschnittliche Lagerbestand bei einem durchschnittlichen Absatz ausreicht.	$\dfrac{\text{durchschnittlicher Lagerbestand (Stück)}}{\text{durchschnittliche Absatzmenge}}$ oder $\dfrac{\text{durchschnittlicher Lagerbestand zu Einstandspreisen}}{\text{durchschnittlicher Umsatz zu Einstandspreisen}}$

Das Warenwirtschaftssystem gibt an, dass mit dem Artikel Kräuterbitter „Leone" ein durchschnittlicher täglicher Umsatz von 25,71 € erzielt wird. Daraus ergibt sich folgende Lagerreichweite:

$$\dfrac{1.120}{25{,}71} = 43{,}56 = 44 \text{ Tage}$$

Flächennutzungsgrad	$\dfrac{\text{genutzte Lagerfläche} \times 100}{\text{verfügbare Lagerfläche}}$
Einsatzgrad der Transportmittel	$\dfrac{\text{Einsatzzeit} \times 100}{\text{Arbeitszeit}}$

Die Kennziffern des Beschaffungscontrollings können ebenso als Kennziffern der Logistik eingesetzt werden, um die eigene Leistungsfähigkeit zu überprüfen. Beim Servicegrad muss beachtet werden, dass dieser auch Grenzen hat, denn ein 100%iger Servicegrad hätte extrem hohe Logistikkosten zur Folge. Perfektion hat eben ihren Preis! So wird meist ein Grad von ca. 90 – 95% angestrebt.
Durch eine Kostenvergleichsrechnung kann ermittelt werden, ob sich für die Lagerung der Waren ein Eigenlager oder ein Fremdlagerung lohnt.

Die Geschäftsleitung der Trinkmann GmbH erwägt die Eigenlagerung größerer Verpackungseinheiten einzustellen und die Lagerhaltung an ein externes Lagerlogistikunternehmen auszugliedern.

Folgende Werte liegen für einen Kostenvergleich vor:
die durchschnittliche Menge an Verpackungseinheiten beträgt 85.000 Stück pro Jahr
Fixkosten des Eigenlagers 114.000,00 € im Jahr
variable Lagerkosten pro Verpackungseinheit 0,96 €
das Unternehmen J. Kenzler Logistik KG bietet die Einlagerung für 2,10 € pro Verpackungseinheit an.
Berechnung im Vergleich:
Eigenlagerung: Fixkosten 114.000,00 € + 81.600,00 € (0,96 € x 85.000 Verpackungseinheiten)
= **195.600,00 €**
Fremdlagerung: Variable Kosten pro Verpackungseinheit 2,10 € x 85.000 Verpackungseinheiten
= **178.500,00 €**

Hieraus ergibt sich, dass die Fremdlagerung durch das Logistikunternehmen mit 178.500,00 € im Jahr die günstigere Variante ist.

Lagerbestandsrechnung und Lagerverbrauchsrechnung
Lagerbestands- und Lagerverbrauchsrechnungen unterstützen die Planung und Kontrolle der Lagerbestände sowie die Optimierung des Warenflusses von der Ein- bis zur Auslagerung.

Fortschreibungsmethode

Mit Hilfe der Fortschreibungsmethode oder Skontrationsmethode werden alle Warenbewegungen fortlaufend festgehalten:

Anfangsbestand + Zugänge – Abgänge = Endbestand

Im Zentrallager der Trinkmann GmbH werden in elektronischer Form artikelbezogene Lagerkarteien geführt. Das bedeutet, dass alle Warenzugänge und Warenausgänge fortlaufend gemäß der Eingangs- und Ausgangsbelege erfasst werden und somit immer die aktuellen Sollbestände erkennbar sind.

LAGERKARTEI
Lagerbereich A-4, Regal-Nr. 2
Artikel-Nr.: 456
Artikelbezeichnung: Tomatensaft „Tomapur", 0,5 l Tetrapack
Meldebestand: 200
Höchstbestand: 560

Datum	Warenzugang in Stück/Tetrapack	Warenausgang in Stück/Tetrapack	Bestand in Stück/Tetrapack
01.01.			320
04.01.		120	200
10.01.	360		560
20.01.		280	280
24.01.		120	160
28.01.	360		520
31.01.		220	300
04.02.		120	180
12.02.	360		540
18.02.		240	300

Somit ist zu jeder Zeit ein Zugriff auf die jeweils aktuellen Sollbestände des Lagers möglich.

Befundsrechnung

Mit der Befundsrechnung oder Bestandsdifferenzrechnung, auch als Inventurmethode bekannt, werden die Warenzugänge und Warenabgänge nicht laufend erfasst, der Warenbestand ergibt sich erst am Ende einer Rechnungsperiode durch die Berücksichtigung des Anfangsbestandes gemäß der Vorjahresinventur, der neuen Inventur am Ende der Rechnungsperiode und der im Laufe des Jahres erfolgten Zugänge entsprechend der Wareneingangserfassung.

Anfangsbestand + Zugänge – Endbestand = Wareneinsatz

Barbara Berkemüller, Mitarbeiterin der Buchhaltungsabteilung der Trinkmann GmbH, ermittelt am Anfang des neuen Geschäftsjahres den Wareneinsatz des Artikels dänischer Magenbitter „Vesterö" für das vergangene Geschäftsjahr.

Artikel- Nr. 355 Dänischer Magenbitter „Vesterö" Einstandspreis à 0,7l 2,20 €	Menge in Flaschen à 0,7l	Wert zu Einstandspreisen in Euro
Jahresanfangsbestand laut Inventur	450	990,00 €
+ Warenzugänge des laufenden Jahres gemäß der Lieferscheine	+ 1650	+ 3.630,00 €
– Endbestand laut Inventur	– 550	– 1.210,00 €
= Wareneinsatz	= 1550	= 3.410,00 €

Inventurverfahren

Jeder Kaufmann ist gemäß § 240 HGB verpflichtet, am Beginn seiner Handelstätigkeit und am Ende eines jeweiligen Geschäftsjahres eine Inventur durchzuführen und ein Inventar zu erstellen. Aus dem Vergleich des Soll-Bestands anhand der Lagerkartei oder des Warenwirtschaftssystems und dem Ist-Bestand nach der Inventur ergibt sich die Inventurdifferenz. Die Inventurdifferenz wird in ihrer Gesamthöhe und in den einzelnen Warengruppen mit den Vorjahreswerten und Branchenwerten verglichen, in einem Großunternehmen innerhalb der Filialen. Weicht der Wert erheblich vom Durchschnitt ab, so muss die Ursache gefunden werden. Mögliche Gründe sind z. B.:
- Die Wareneingangskontrollen sind nicht sorgfältig, die Ware wird nicht korrekt erfasst, Warenrücksendungen nicht festgehalten.
- Preisänderungen und -nachlässe werden nicht berücksichtigt, Privatentnahmen werden nicht erfasst.
- In Filialunternehmen werden Umlagerungen nicht gebucht, Niederlassungen falsch beliefert.
- Im Einzelhandel wird geschätzt, dass der größte Anteil der Inventurdifferenz durch Diebstahl von Kunden, Mitarbeitern und Lieferanten verursacht wird.

Das HGB §§ 240, 241 sieht verschiedene Inventurverfahren vor, aus denen der Kaufmann das für sein Unternehmen geeignete Verfahren auswählen kann.

Stichtagsinventur
Die körperliche Bestandsaufnahme erfolgt am Bilanzstichtag bzw. bis zu 10 Tage davor oder danach. Durch Wertfortschreibung oder Wertrückrechnung werden die Bestandsveränderungen jeweils berücksichtigt. Die Durchführung einer solchen Inventur ist in vielen Unternehmen auf Grund des Umfanges der Inventurtätigkeit nur außerhalb der Geschäftszeiten möglich.

Stichprobeninventur
Bei der Aufstellung des Inventars darf der Bestand der Vermögensgegenstände nach Art, Menge und Wert auch mit Hilfe anerkannter mathematisch-statistischer Methoden anhand von Stichproben ermittelt werden. Das Verfahren muss den Grundsätzen ordnungsgemäßer Buchführung entsprechen. Der Aussagewert des auf diese Weise erstellten Inventars muss dem Aussagewert eines auf Grund einer körperlichen Bestandsaufnahme aufgestellten Inventars gleichkommen. Bei der Stichprobeninventur handelt es sich um eine kosten- und zeitsparende Inventurmöglichkeit, vor allem für Massenwaren.

Permanente Inventur
Voraussetzung für dieses Inventurverfahren ist eine ordnungsgemäße Lagerbuchführung. So werden z.B. mit Hilfe eines IT-gestützten Warenwirtschaftssystems Warenzu- und -abgänge fortlaufend erfasst. Dieser buchmäßige Bestand (Sollbestand) wird zum Bilanzstichtag als Istbestand angesehen. Aus steuerrechtlichen Gründen kann jedoch nicht auf eine körperliche Bestandsaufnahme verzichtet werden; diese kann allerdings zu einem beliebigen Zeitpunkt oder auf mehrere Zeitpunkte verteilt, also als Teilinventuren, im Laufe des Geschäftsjahres durchgeführt werden. Somit ist sichergestellt, dass zumindest einmal im Geschäftsjahr eine Abstimmung mit den tatsächlichen Beständen des Lagers und ggf. eine Korrektur der Sollbestände erfolgt. Mit Hilfe der ABC-Analyse kann festgelegt werden, welche Waren häufiger und welche weniger häufig nachzuprüfen sind.

Verlegte Inventur
Die Inventurbestände werden zu einem Zeitpunkt innerhalb der letzten drei Monate vor oder der ersten zwei Monate nach Abschluss des Geschäftsjahres körperlich festgestellt. Durch Anwendung eines den Grundsätzen ordnungsgemäßer Buchführung entsprechenden Fortschreibungs- oder Rückrechnungsverfahrens muss gesichert sein, dass der am Ende des Geschäftsjahres vorhandene Bestand der Vermögensgegenstände für diesen Zeitpunkt ordnungsgemäß

bewertet wurde. Bei dieser Methode erfolgt lediglich eine Verschiebung des Arbeitsaufwandes der körperlichen Bestandsaufnahme.

Bewertungsansätze und -verfahren
Nach der Inventur werden die Lagerbestände bewertet, meist zu dem Wert, zu dem sie beschafft wurden. Ist jedoch ein Artikel in seiner Gesamtmenge in der Inventur erfasst und zu unterschiedlichen Einstandspreisen bezogen worden – der Listenpreis hat sich z.B. im Laufe des Jahres geändert, die Konditionen sind neu abgeschlossen worden – muss das Handelsunternehmen entscheiden, zu welchem Einstandspreis die Lagerbestände bewertet werden. Dabei muss es neben handelsrechtlichen auch steuerrechtliche Bestimmungen beachten:
- **Einzelbewertung** Die Ware muss nach Artikel, Einstandspreisen und Zugängen separat gelagert und erfasst werden.
- **Sammelbewertung** Wird die Ware bzw. der Artikel nicht getrennt gelagert, da sie gleichwertig sind, aber getrennt erfasst, ist eine Sammelbewertung zulässig. Sind Einstandspreis und Tageswert unterschiedlich, ist der niedrigere Wert nach dem Niederstwertprinzip anzusetzen.
- **Durchschnittsbewertung** Bei der **einmaligen Durchschnittsbewertung** zum Bilanzstichtag wird der Durchschnittspreis aus dem Anfangsbestand und den Zugängen einer Periode ermittelt (gewogenes arithmetisches Mittel). Mit diesem Durchschnittspreis werden der Wareneinsatz und der Endbestand bewertet.

Artikel Nr. 409	Menge in Stück (Flaschen)	Einstandspreis pro Stück in €	Gesamtwert in €
Anfangsbestand am 01.01.	450	4,00	1.800,-
Warenzugang am 04.01.	500	4,50	2.250,-
Warenzugang am 14.03.	300	5,50	1.650,-
Warenzugang am 10.07.	450	5,90	2.655,-
Warenzugang am 12.10.	400	6,50	2.600,-
	= 2100		= 10.955,-

Durchschnittspreis: $\frac{\text{Gesamtwert}}{\text{Gesamtmenge}} = 10.955{,}- : 2100 = 5{,}22\,€$

Bei einem angenommenen Endbestand am 31.12. von 550 Flaschen wird dieser – unter der Voraussetzung, dass der Tageswert nicht niedriger ist – mit einem Gesamtwert von 2.871,- € (550 x 5,22 €) als Inventurwert angesetzt.

Permanente Durchschnittsbewertung

Eine weitere Möglichkeit der Durchschnittsbewertung stellt die permanente Durchschnittsbewertung dar (gleitender Durchschnittswert). Bei dieser permanenten Bewertung wird nach jedem Zugang der Durchschnittspreis ermittelt.

Artikel Nr. 409	Menge in Stück (Flaschen)	Einstandspreis pro Stück in €	Gesamtwert in €
Anfangsbestand	450	4,00	1.800,-
Warenzugang	+ 500	4,50	+ 2.250,-
Bestand	950	**4,26**	4.050,-
Warenausgang	− 550	4,26	− 2.343,-
Bestand	400	**4,27**	1.707,-
Warenzugang	+ 300	5,50	+ 1.650,-
Bestand	700	**4,80**	3.357,-
Warenausgang	− 450	4,80	− 2.158,07-
Bestand	250	**4,80**	1.198,93
Warenzugang	+ 450	5,90	+ 2.655,-
Bestand	700	**5,51**	3.853,93
Warenausgang	− 550	5,50	− 3.025,-
Bestand	150	**5,53**	828,93
Warenzugang	+ 400	6,50	+ 2600,-
Endbestand	= 550	**6,23**	= 3.428,93

Nach jedem Warenzugang wird der neue Durchschnittspreis errechnet. Dieser ist dann die Grundlage für den Bestand und den Warenausgang.

Der Endbestand am 31.12. von 550 Flaschen wird mit einem Gesamtwert von 3.428,93 € als Inventurwert angesetzt – unter der Voraussetzung, dass der Tageswert nicht niedriger ist.

Verbrauchsfolgeverfahren

Handelsrechtlich sind auch Bewertungsverfahren zulässig, die eine bestimmte Verbrauchsfolge der Waren unterstellen:

Lifo- Methode (last in, first out)

Bei dieser Bewertungsmethode wird unterstellt, dass die zuletzt beschafften Waren zuerst veräußert werden. Das Verfahren bietet sich besonders bei Waren an, die durch ständige Preissteigerung gekennzeichnet sind. Der vorhandene Endbestand wird mit einem niedrigeren Anschaffungswert am Bilanzstichtag angesetzt, als er tatsächlich ist. Der Wareneinsatz hingegen wird mit den letzten, höheren Anschaffungspreisen bewertet. Daraus ergibt sich, dass der ausgewiesene Gewinn bei steigenden Preisen niedriger ist als bei der Durchschnittswertberechnung.

> Der angenommene Endbestand zum 31.12. soll wie in den vorangegangenen Beispielen 550 Flaschen betragen, er wird mit dem Wert des Anfangsbestandes und der ersten Lieferung berechnet:
>
> | 450 Flaschen | Anfangsbestand | 01.01. zu je 4,00 € | = 1.800,00 € |
> |---|---|---|---|
> | 100 Flaschen | Warenzugang | 04.01. zu je 4,50 € | = 450,00 € |
> | 550 Flaschen | Endbestand | 31.12. | = 2.250,00 € |
>
> Aus dem Beispiel der Bewertung des Endbestandes vom 31.12. von 550 Flaschen nach der Lifo- Methode ergibt sich ein Wert von 2.250,00 € für den Artikel 409.

Fifo- Methode (first in, first out)

Hier wird angenommen, dass die zuerst beschafften Waren als erstes veräußert werden. Der zu bewertende Bestand am Bilanzstichtag setzt sich also aus den zuletzt beschafften Waren und deren Anschaffungswert zusammen. Geht man von einer Preissteigerung in der zurückliegenden Periode aus, wird somit ein höherer Gewinn und umgekehrt bei fallenden Beschaffungspreisen ein niedriger Gewinn ausgewiesen.

> Der Endbestand wird anhand der letzten Lieferungen berechnet:
>
> | 400 Flaschen | Warenzugang | 12.10. à 6,50 € | = 2.600,00 € |
> |---|---|---|---|
> | 150 Flaschen | Warenzugang | 10.07. à 5,90 € | = 885,00 € |
> | 550 Flaschen | Endbestand | 31.12. | = 3.485,00 € |
>
> Aus dem Beispiel der Bewertung des Endbestandes am 31.12. von 550 Flaschen nach der Fifo- Methode ergibt sich ein Wert von 3.485,00 € für den Artikel.

4.7 Kaufrecht und Erfüllungsstörungen

4.7.1 Kaufvertragsrecht

In der Regel richten sich alle Anstrengungen eines Unternehmers im Marketing darauf, den Kunden zum „Zugreifen", also dem Abschluss eines Kaufvertrags zu bewegen. Grundsätzlich gelten auch für das Verhältnis des Unternehmers zu seinen Lieferanten die Grundsätze des Kaufvertragsrechts. Jedoch gibt es einige Unterschiede zwischen Verträgen mit Endverbrauchern und Verträgen zwischen Kaufleuten. Auch diese Besonderheiten sollen hier behandelt werden.

Rechtsquellen
Bei jeder Frage, ob z.B. jemand von einem Anderen ein bestimmtes Verhalten oder eine Zahlung oder Lieferung verlangen kann, ist die Frage nach der Rechtsquelle zu stellen. Ohne Rechtsquelle gibt es kein Recht. Diese Rechtsquellen stehen in einer ganz bestimmten Rangfolge: Europäisches Recht, Grundgesetz, Bundesgesetze, Landesgesetze, Rechtsverordnungen, Satzungen, Verträge. Dies bedeutet, dass nachrangiges Recht nicht gegen höherrangiges Recht verstoßen darf. So darf zum Beispiel ein Vertrag nicht gegen ein Gesetz verstoßen – er wäre sonst nichtig, vgl. § 134 BGB. Nichtigkeit bedeutet, dass das Rechtsgeschäft und seine Rechtsfolgen von Anfang an unwirksam sind.

Ein Vertrag, der gegen ein Gesetz verstößt, ist nichtig! Er ist von Anfang an unwirksam!

Die Grundlage von Verträgen
Rechtsfähigkeit
Natürliche Personen sind die Menschen, juristische Personen sind insbesondere die Gesellschaft mit beschränkter Haftung (GmbH) sowie die Aktiengesellschaft (AG). Alle natürlichen und juristischen Personen – Rechtssubjekte – sind rechtsfähig. Rechtsfähigkeit bedeutet, die Fähigkeit Träger von Rechten und Pflichten zu sein. Rechtsobjekte dagegen sind insbesondere Sachen, Rechte und Forderungen, welche selbst nicht rechtsfähig sind, sondern über welche Rechtsgeschäfte abgeschlossen werden.

Nach unserer Rechtsordnung gilt der Grundsatz der Vertragsfreiheit (auch Privatautonomie genannt).

4.7 Kaufrecht und Erfüllungsstörungen

Vertragsfreiheit bedeutet

Abschlussfreiheit:
Jeder ist frei in seiner Entscheidung, ob und mit wem er einen Vertrag abschließt. Die Abschlussfreiheit kann in Einzelfällen eingeschränkt sein; so zum Beispiel bei Unternehmen, die zu 100% staatlich und solche, die für die Grundversorgung der Bürger zuständig sind. Gemeint sind hiermit zum Beispiel die Stadtwerke, welche die Trinkwasserversorgung sicherstellen.

Inhaltsfreiheit:
Die Parteien sind grundsätzlich frei in der Entscheidung, mit welchem Inhalt sie den Vertrag abschließen. Grenzen der Inhaltsfreiheit sind Gesetzesverstoß, Sittenwidrigkeit und Wucher. Ein Rechtsgeschäft gilt dann als sittenwidrig, wenn es gegen die guten Sitten verstößt, wenn es – so formulierten es Gerichte – gegen das „Anstandsgefühl aller billig und gerecht Denkenden" verstößt. Wann das freilich der Fall ist, stellen im Einzelfall die Gerichte fest. Von Wucher ist auszugehen, wenn bei einem Rechtsgeschäft Preis und Gegenleistung in einem krassen Missverhältnis stehen und bei Abschluss die Unerfahrenheit des Geschäftspartners oder gar eine Zwangslage des Betroffenen ausgenutzt wurde. Würde ein Vertrag eine solche Regelung enthalten, so wäre er nichtig. Das Rechtsgeschäft wird so behandelt, als hätte es nie existiert.

Fallbeispiel: Kunde M schließt mit dem Straßenhändler S einen Kaufvertrag über 100 Packungen eines Viagra-Nachahmerpräparats zum „Superpreis". Ein solcher Vertrag ist nichtig; damit sind auch die üblichen aus einem Kaufvertrag entstehenden Pflichten für Käufer und Verkäufer nicht einklagbar.

Allerdings sind nicht alle Kaufverträge, die gegen ein gesetzliches Verbot verstoßen, nichtig.

Fallbeispiel: Kaufmann Müller verkauft am Sonntag entgegen den Ladenschlussbestimmungen einen Schrank. Dieser Kaufvertrag bleibt gültig. Dieses gesetzliche Verbot soll nicht den Kunden schützen, sondern den Mitbewerber und die Arbeitnehmer.

Neben der Vertragsfreiheit gilt auch der Grundsatz der **Formfreiheit**. Das bedeutet, dass es den Parteien grundsätzlich freisteht, einen Vertrag mündlich, schriftlich oder auch konkludent zu schließen. Konkludent bedeutet, dass der Wille des Handelnden durch schlüssiges Verhalten deutlich wird. Legt z.B. im Supermarkt der Kunde eine Ware auf den Kassentisch, so zeigt er damit der Kassiererin, dass er die Ware kaufen möchte. Von der Formfreiheit gibt es dann Abweichungen, wenn der Gesetzgeber eine Form ausdrücklich vorsieht. Dies nennt man dann **Formzwang**.

4. Beschaffung und Logistik

Der Gesetzgeber kennt im Wesentlichen vier verschiedene Formzwänge:
- **Textform:** Dem entsprechen zum Beispiel bereits Email und SMS.
- **Schriftform:** Hier ist eine eigenhändige Unterschrift auf dem Dokument notwendig.
- **Öffentliche Beglaubigung:** Bei dieser muss die Erklärung schriftlich abgefasst und die Unterschrift des Erklärenden von einem Notar beglaubigt werden.
- **Notarielle Beurkundung:** Hier sind sowohl der Inhalt als auch die Unterschriften der Beteiligten Parteien vom Notar zu beurkunden.

So schreibt der Gesetzgeber zum Beispiel für den Grundstückskaufvertrag die notarielle Beurkundung als Form vor, vgl. § 311b BGB. Hier würde es also nicht ausreichen, wenn die Vertragsparteien einen Grundstückskaufvertrag nur schriftlich abschließen. Hier läge ein Formverstoß vor. Der Vertrag wäre nichtig. Insbesondere im Arbeitsrecht schreibt der Gesetzgeber vor, dass eine Kündigung schriftlich zu erfolgen hat, § 623 BGB. Eine mündlich ausgesprochene Kündigung ist ebenfalls unwirksam.

Wie kommt ein Vertrag zustande?

Ein Vertrag kommt grundsätzlich durch zwei korrespondierende Willenserklärungen, Angebot und Annahme, zustande.

Eine Willenserklärung hat hierbei drei Bestandteile: Den Handlungswillen, den Rechtsbindungswillen und den Geschäftswillen.

Wer eine Willenserklärung abgibt, muss sich also bewusst sein, dass er überhaupt handelt (Handlungswille: jemandem, der im Schlaf redet, fehlt der Handlungswille). Weiterhin muss ihm bewusst sein, dass er sich mit der Handlung rechtlich bindet. Zu guter Letzt muss ein Geschäftswille vorliegen, ein bestimmtes Rechtsgeschäft (z.B. einen Kaufvertrag) abschließen zu wollen. Daher muss sich ein Angebot immer an eine bestimmte Person richten. Die wesentlichen Vertragsinhalte wie Preis und Bezeichnung der Ware müssen in dem Angebot enthalten sein. Die Annahmeerklärung muss sich wiederum inhaltlich auf das Angebot beziehen. Eine vom Angebot inhaltlich abweichende „Annahme" gilt daher als Ablehnung mit der gleichzeitigen Unterbreitung eines neuen Angebots.

> Die Brauerei Lausitz unterbreitet der Fa. Trinkmann das Angebot über 200 Kästen Pils zum Preis von 6,80 € pro Kasten. Der Einkäufer bestellt daraufhin unter Bezugnahme auf das Angebot 200 Kästen Pils zum Preis von 5,80 €. Hier ist kein Vertrag zustande gekommen. Sollte die Brauerei jedoch bereit sein, das Bier für 5,80 € zu liefern, wird der Vertrag mit ihrer Auftragsbestätigung (= Annahme) rechtswirksam.

Schaufensterauslagen, die mit einem Preis gekennzeichnet sind, genauso wie die Ware im Regal sind juristisch gesehen keine Angebote. Der Kunde wird lediglich eingeladen, ein Kaufangebot

4.7 Kaufrecht und Erfüllungsstörungen

abzugeben. Aber Vorsicht: Fragt der Kunde beim Verkäufer an, was die Ware kostet, so gilt die Aussage des Verkäufers als Willenserklärung (Angebot), so dass bei Annahme des Kunden schon zu diesem Zeitpunkt ein Vertrag zu Stande kommt.

Wie lange ist ein Angebot gültig?
Unter Anwesenden kann eine Annahme nur sofort erfolgen (vgl. § 147 Abs. 1 BGB). Unter Abwesenden kann das Angebot solange angenommen werden, wie unter gewöhnlichen Umständen mit einer Annahme gerechnet werden kann. Es sind also die übliche Beförderungszeit, eine Überlegungszeit von 24 Stunden, eine Bearbeitungszeit und die Rückbeförderungszeit zu berücksichtigen. In der Praxis ist es sinnvoll und üblich, derartige Angebote zu befristen („wir halten uns an dieses Angebot bis zum ... gebunden").

> **Es ist sinnvoll, Angebote zu befristen**
> **(„wir halten uns an dieses Angebot bis zum ... gebunden")**

Schweigen und Auftragsbestätigung
Schweigen bedeutet grundsätzlich juristisch gar nichts. Allerdings macht der Gesetzgeber unter bestimmten Voraussetzungen hiervon eine Ausnahme. Das sogenannte kaufmännische Bestätigungsschreiben ist ein Handelsbrauch, der inzwischen allgemein anerkannt ist. Das kaufmännische Bestätigungsschreiben setzt voraus, dass auf beiden Seiten Kaufleute handeln. Im Anschluss an eine mündliche Vereinbarung bestätigt ein Kaufmann dem anderen diese Vereinbarung. In diesem Fall hat der Empfänger den Inhalt des Schreibens unverzüglich zu prüfen, und für den Fall, dass der dargestellte Inhalt seiner Meinung nach von dem tatsächlichen Inhalt abweicht, unverzüglich zu widersprechen. Widerspricht er nicht, so gilt das als vereinbart, was in dem kaufmännischen Bestätigungsschreiben stand. Der Begriff „unverzüglich" bedeutet juristisch: (§ 121 BGB) „ohne schuldhaftes Zögern".

> Bisher hatte die Brauerei der Firma Trinkmann GmbH kein Skonto gewähren wollen. In den Verhandlungen wurde dann ein Skonto von 3% vereinbart. Trinkmann schickt jetzt dem Hersteller ein Bestätigungsschreiben: „... Bestätige die Vereinbarung über 3% Skonto".
>
> Schweigt der Hersteller auf dieses Bestätigungsschreiben, so gilt dies unter Kaufleuten als Zustimmung und mithin als vereinbart.

„Unverzüglich" bedeutet juristisch: „ohne schuldhaftes Zögern".

4. Beschaffung und Logistik

Die Option

Eine weitere Besonderheit im Vertragsrecht ist die „Option". Sie ermächtigt einen der Vertragspartner allein, durch einseitige Willenserklärung einen Vertrag festzusetzen. In Mietverträgen kommt sie häufig vor.

> Die Trinkmann GmbH hat vom Vermieter ein Ladenlokal auf 10 Jahre angemietet. Im Vertrag wird ihr eine Option auf weitere 5 Jahre eingeräumt. Nach 10 Jahren kann die Trinkmann GmbH also einseitig entscheiden, ob sie den Mietvertrag zu den gleichen Bedingungen verlängern will oder nicht. Dies ist für sie auf jeden Fall vorteilhaft: denn haben sich die Mieten an diesem Standort bis dahin deutlich erhöht, kann sie den Vorteil für sich nutzen. Hat sich das Mietniveau aber zum Beispiel gesenkt, dann wird sie die Option nicht wahrnehmen und stattdessen mit dem Vermieter neu verhandeln oder sich ein neues Objekt suchen.

Allerdings ist zu berücksichtigen, dass hier nicht einseitig ein Vertrag abgeschlossen wird. Vielmehr haben sich die beiden Vertragspartner bereits bei Abschluss des Vertrags auf die Option geeinigt.

Rechtsgeschäfte von Minderjährigen

Der Gesetzgeber unterscheidet zwischen Geschäftsunfähigkeit, beschränkter Geschäftsfähigkeit und Geschäftsfähigkeit. Minderjährige bis zum vollendeten 7. Lebensjahr sind **geschäftsunfähig** und können daher keine Willenserklärungen abgeben. und wirksame Verträge abschließen. Gleiches gilt für den Fall, dass einer volljährigen Person z.B aufgrund einer Krankheit die Geschäftsfähigkeit aberkannt wurde. Geschäftsunfähigkeit bedeutet, dass der Betroffene keine Willenserklärung abgeben kann. Ein Geschäftsunfähiger benötigt hierzu einen gesetzlichen Vertreter. (Eltern oder Betreuer).

> **Fallbeispiel:** Der sechsjährige Fritz kauft von seinem angesparten Taschengeld den neuen Harry Potter Roman. Einige Zeit später kommt wutentbrannt der Vater und will das Geld zurück. Er ist im Recht! Denn dieser Vertrag war von Anfang an nichtig.

Personen, die das 7, jedoch noch nicht das 18. Lebensjahr vollendet haben, sind **beschränkt geschäftsfähig**. Beschränkt Geschäftsfähige können entweder mit der Einwilligung der gesetzlichen Vertreter einen wirksamen Vertrag abschließen. Der gesetzliche Vertreter kann aber auch das bereits abgeschlossene Rechtsgeschäft nachträglich genehmigen. . Ein Rechtsgeschäft, das ein beschränkt Geschäftsfähiger ohne Genehmigung abgeschlossen hat, bleibt schwebend unwirksam, solange es nicht der gesetzliche Vertreter genehmigt.

Ein beschränkt Geschäftsfähiger kann darüber hinaus einen wirksamen Vertrag abschließen, wenn er den Vertrag **mit Mitteln erfüllt, die ihm zur freien Verfügung überlassen worden sind** (vgl. § 110 BGB, „Taschengeldparagraph"). Und er darf Rechtsgeschäfte abschließen, die lediglich rechtliche Vorteile enthalten. Bei einem Verpflichtungsgeschäft ist dies jedoch regelmäßig nicht der Fall, da sich der beschränkt Geschäftsfähige hier zu einer Leistung verpflichtet. Rechtlich vorteilhaft wäre zum Beispiel eine Schenkung, wenn der beschränkt Geschäftsfähige der Beschenkte ist.

Der Begriff des rechtlichen Vorteils ist nicht mit dem des wirtschaftlichen Vorteils zu verwechseln: Die Eigentümerposition an sich, also Eigentümer von etwas zu sein, ist ein rechtlicher Vorteil. Dies liegt daran, dass der Begriff des Eigentums ein reiner Rechtsbegriff ist und der Eigentümer das Recht hat, mit der Sache verfahren zu können, wie er will. Er hat das Recht, über die Sache zu verfügen wie er will, also die rechtliche Sachherrschaft.

Ein Kaufvertrag über einen Gegenstand im Wert von 50.000 € für einen Kaufpreis in Höhe von 5,00 € ist demnach auf den ersten Blick ein wirtschaftlicher Vorteil. Rechtlich betrachtet ist der Käufer jedoch auf Grund des Vertrages eine Verpflichtung eingegangen, 5,00 € zu bezahlen. Dies ist, rechtlich gesehen, ein Nachteil, weil die rechtliche Position (Eigentum) zur Zahlung der 5,00 € verpflichtet.

Die Auslegung von Willenserklärungen

Nach § 133 BGB ist bei der Auslegung einer Willenserklärung der wirkliche Wille zu erforschen und nicht an dem buchstäblichen Sinne des Ausdrucks zu haften. Ist eine Willenserklärung also fehlerhaft oder nicht eindeutig, so ist sie auszulegen. Empfangsbedürftige Willenserklärungen werden aus Sicht eines verständigen Empfängers ausgelegt.

Auch ein Kaufangebot oder eine Kündigung sind empfangsbedürftige Willenserklärungen.

Allgemeine Geschäftsbedingungen

Nach § 305 BGB sind allgemeine Geschäftsbedingungen (AGB) Vertragsbedingungen, die eine Vertragspartei der anderen Vertragspartei bei Abschluss eines Vertrages vorgibt. Solche AGB's sind also für eine Vielzahl von Verträgen vorformuliert. Im Ergebnis bedeutet dies, dass es im Rechtsverhältnis zwischen Verkäufer und Käufer eine Vielzahl von Regelungen gibt, die in allen Verträgen gleich sein sollen. So zum Beispiel die Bedingungen für den Gerichtsstand des Verkäufers, die Zahlungsbedingungen, eine eventuelle Skontierung oder auch Garantieansprüche, die über die gesetzliche Gewährleistung hinausgehen – um nur einige Beispiele zu nennen. Da ist es natürlich einfach und sinnvoll, solche Inhalte in allgemeinen Geschäftsbedingungen festzuhalten. Diese werden jedoch nur dann Inhalt des Vertrages, wenn der Vertragspartner ausdrücklich auf die AGB hingewiesen hat und der anderen Vertragspartei die Möglichkeit gegeben hat, in zumutbarer Weise den Inhalt zur Kenntnis zu nehmen. Ein Aushang ist hierbei in der

Regel nur dann zulässig, wenn die Art des Geschäftes dies rechtfertigt – so zum Beispiel bei den sogenannten Massengeschäften wie Parkhäusern, öffentlichen Verkehrsmitteln und eben auch im Einzelhandel durch einen Plakataushang über der Kassentheke.

Einzelabsprachen zwischen den Vertragsparteien haben grundsätzlich Vorrang vor den allgemeinen Geschäftsbedingungen haben. Allgemeine Geschäftsbedingungen sind unwirksam, wenn sie den Vertragspartner entgegen den Geboten von Treu und Glauben unangemessen benachteiligen oder wenn sie überraschende oder mehrdeutige Klauseln enthalten, mit denen der Vertragspartner nicht zu rechnen brauchte.

Stehen jedoch auf beiden Seiten des Vertrages Unternehmer (vgl. § 14 BGB), so gelten im AGB-Recht Besonderheiten. So kann es ausreichen, dass der Verwender in einem kaufmännischen Bestätigungsschreiben auf die Einbeziehung seiner AGB hingewiesen und der andere Teil dem nicht widersprochen hat. In laufenden Geschäftsbeziehungen muss nicht jedes Mal erneut auf die Anwendung der AGB hingewiesen werden. Nach der Rechtsprechung reicht selbst eine Branchenüblichkeit aus.

Rechtsfolgen des Kaufvertrags

Gem. § 433 Abs. 1 BGB ist der Verkäufer einer Sache verpflichtet, dem Käufer die Sache zu übergeben und das Eigentum an der Sache zu verschaffen. Nach § 433 Abs. 2 BGB ist der Käufer verpflichtet, dem Verkäufer den vereinbarten Kaufpreis zu zahlen und die gekaufte Sache abzunehmen.

Genau betrachtet verbergen sich also hinter einem Kaufvertrag verschiedene Bestandteile.

Der Kaufvertrag selbst, der durch mindestens zwei übereinstimmende Willenserklärungen zustande kommt, wird als sogenanntes Verpflichtungsgeschäft bezeichnet. Denn wenn Verkäufer Johannes Glaab seinem Kunden Trinkmann per Handschlag oder schriftlich 100 Fässer Wittichenauer Pils verkauft hat, so ist tatsächlich noch nichts weiter passiert.

Jetzt haben beide Pflichten aus dem Kaufvertrag:

Verkäufer Glaab hat die Pflicht,
- dem Käufer Trinkmann die Fässer zu übergeben und
- ihm das Eigentum daran zu verschaffen.

Käufer Trinkmann hat wiederum die Pflicht,
- die Fässer anzunehmen und
- den vereinbarten Kaufpreis zu zahlen, also dem Verkäufer den vereinbarten Kaufpreis anzubieten

Der Verkäufer Glaab hat sodann wiederum die Verpflichtung, den angebotenen Kaufpreis auch anzunehmen.

Da die Parteien also zunächst nur Verpflichtungen eingegangen sind, spricht man von einem Verpflichtungsgeschäft. Werden diese Verpflichtungen nunmehr tatsächlich erfüllt (also Übereignung von Ware und Geld) so wird dies als Erfüllungsgeschäft bezeichnet.

Im Ergebnis werden für den Abschluss und die Erfüllung eines Kaufvertrages daher mindestens sechs korrespondierende Willenserklärungen benötigt:
1. Angebot auf Abschluss eines Kaufvertrags
2. Annahme des vorangegangenen Angebots
3. Angebot auf Übertragung von Besitz und Eigentum
4. Annahme des Angebots auf Übertragung von Besitz und Eigentum
5. Angebot auf Übertragung von Besitz und Eigentum des Kaufpreises
6. Annahme des Angebots auf Übertragung von Besitz und Eigentum des Kaufpreises

Durch die Willenserklärungen 1. und 2. kommt der Kaufvertrag und damit das Verpflichtungsgeschäft zustande. Die Willenserklärungen 3. und 4. (und natürlich die tatsächliche Übergabe) bedeuten die Erfüllung der Übertragung von Besitz und Eigentum an der Kaufsache. Durch die Willenserklärungen 5. und 6. (und natürlich tatsächlicher Übergabe) wird der Kaufpreis tatsächlich bezahlt.

4.7.2 Die Anfechtung

Gem. § 119 Abs. 1 BGB kann derjenige, der bei Abgabe einer Willenserklärung über deren Inhalt im Irrtum war oder eine Klärung diesen Inhalts überhaupt nicht abgeben wollte, dann die Erklärung anfechten, wenn anzunehmen ist, dass er bei Kenntnis der Sachlage und bei verständiger Würdigung des Falles die Willenserklärung nicht abgegeben hätte.
Die Anfechtung ist daher ein besonderer Weg, mit dem ein Vertrag in seinem Bestand in Frage gestellt wird. Angefochten wird nicht der Vertrag selbst, sondern die eigene Willenserklärung. Die Anfechtung ist eine einseitige empfangsbedürftige Willenserklärung, durch deren Zugang der Vertrag als von Anfang an nichtig anzusehen ist.
Der Gesetzgeber legt jedoch gleichzeitig auch die Gründe fest, wegen derer eine Anfechtung erfolgen kann; andere Gründe berechtigen nicht zur Anfechtung:

Anfechtung wegen Irrtums
- **Erklärungsirrtum** (§ 119 Abs. 1, 2 Alt. BGB): Der Erklärende wollte das, was er sagt, gar nicht sagen. Es handelt sich hierbei um einen Irrtum bei der Willensäußerung, also wenn sich der Betroffene zum Beispiel verspricht oder verschreibt.

Ein Beispiel: A will bei B per Fax 50 Stehtische bestellen. Er verschreibt sich und auf dem Fax findet sich die Zahl 500 wieder.

- **Inhaltsirrtum** (§ 119 Abs. 1, 1 Alt. BGB): Der Erklärende weiß, was er sagt, er verbindet mit dem was er sagt jedoch einen anderen Sinn. Der Irrtum beruht auf der Erklärungsbedeutung. Beispiel hierfür sind die irrtümliche Verwendung von Massen, Währungen und Typen.
- **Eigenschaftsirrtum** (§ 119 Abs. 2 BGB): Der Erklärende hat eine falsche Vorstellung von der betreffenden Person oder Sache.
  Ein Beispiel: Kunsthändler K verkauft eine vermeintliche Kopie eines berühmten Gemäldes. Hinterher stellt sich heraus, dass es das Original war.

Die Anfechtung muss unverzüglich erfolgen, nachdem der Anfechtende von dem Anfechtungsgrund erfahren hat (vgl. § 121 BGB). Zu berücksichtigen ist jedoch, dass derjenige, der seine Willenserklärung angefochten hat, dem anderen Vertragspartner den Schaden ersetzen muss, den dieser dadurch erlitten hat, dass er auf die Wirksamkeit des Vertrages vertraut hat. Das Vertragsverhältnis wird rückabgewickelt, daneben ist also Schadensersatz zu leisten.

Anfechtung wegen arglistiger Täuschung und wegen Drohung
Eine arglistige Täuschung liegt dann vor, wenn durch die Vorspiegelung falscher Tatsachen (oder das Verschweigen der Wahrheit, in dem Wissen, dass der Andere einem Irrtum unterliegt) der andere Vertragspartner zu einer Willenserklärung bewogen wurde.

Fallbeispiel: Gustav Schlawiner verkauft sein Cabrio an Karl Frisch. Auf die Frage, ob der Wagen unfallfrei sei, antwortet Schlawiner wahrheitswidrig, dass das Fahrzeug tip top in Ordnung ist und keine Unfälle hatte. Zwei Wochen zuvor hatte Schlawiner noch selbst Unfallschäden „optisch optimiert", damit diese nicht mehr sichtbar sind. Karl kann den Kaufvertrag anfechten. Darüber hinaus kann er Schadensersatz für seine geleisteten Aufwendungen verlangen. Er könnte aber auch auf Kosten des anderen den Mangel beseitigen lassen, der diesen Mangel arglistig verschwiegen hat.

Eine widerrechtliche Drohung bedeutet die Ankündigung eines empfindlichen Übels für den Fall, dass der Bedrohte eine Willenserklärung nicht abgibt. Die Drohung ist widerrechtlich, wenn das angedrohte Übel gegen ein Gesetz, einen Vertrag oder gegen die guten Sitten verstößt.

Fallbeispiel: Sammler D möchte sehr gern von Künstler K ein bestimmtes Bild kaufen. K aber, der D überhaupt nicht ausstehen kann, hat dies schon mehrfach verweigert. Zufällig erfährt D, dass K Steuern in erheblichem Umfang hinterzogen hat. D begibt sich zu K und fragt erneut nach dem Bild mit der Bemerkung, es könnte ja ein Brief zum Finanzamt gehen. Dann hätte K die nächsten Jahre ohnehin keine Gelegenheit mehr, sein tolles Bild anzusehen. Daraufhin verkauft ihm K das Bild.

Die „Drohung" eines Unternehmers, einen säumigen Zahler zu verklagen, wenn dieser nicht innerhalb einer bestimmten Frist zahlen wird, ist dagegen zulässig. Es handelt sich hierbei nicht um die Drohung mit einem empfindlichen Übel, da diese Maßnahme vom Gesetzgeber ausdrücklich als rechtlich zulässiges Mittel angesehen wird.

Bei den Anfechtungsgründen der arglistigen Täuschung und der widerrechtlichen Drohung (§ 123 BGB)hat der Getäuschte/Bedrohte insgesamt 10 Jahre Zeit, die Anfechtung vorzunehmen. Ab Kenntnis des Grundes, dass eine Täuschung oder Drohung vorgelegen hat, hat der Betroffene nur noch ein Jahr Zeit (vgl. § 124 BGB). In diesen Fällen hat selbstverständlich der Anfechtende keinen Schadensersatz zu leisten. Vielmehr trifft die Schadensersatzpflicht denjenigen, der getäuscht oder bedroht hat.

4.7.3 Fernabsatzverträge und außerhalb von Geschäftsräumen geschlossene Verträge

Mehr und mehr Geschäfte kommen inzwischen über das Internet zustande. Für alle Geschäfte zwischen einem Unternehmer und einem Verbraucher die über Email, Telefon, Fax, Brief oder Telemediendienste zustande kommen, wie auch bei Geschäften, die ein Unternehmer außerhalb seiner Geschäftsräume mit einem Verbraucher abschließt, gelten besondere Vorschriften:
Widerrufsrecht
Kommt ein Vertrag unter den vorgenannten Bedingungen zustande, so steht dem Verbraucher ein Widerrufsrecht zu. Dann ist der Vertrag ist rückabzuwickeln und so zu behandeln, als wäre er nicht zustande gekommen. Die Widerrufsfrist beträgt 14 Tage. Die Frist beginnt grundsätzlich mit Vertragsschluss, nachdem der Unternehmer den Verbraucher mindestens in Textform von seinem Widerrufsrecht unterrichtet hat und der Verbraucher die Ware erhalten hat.
Notwendig ist, dass der Verbraucher seine Widerrufserklärung rechtzeitig absendet. Für die Erklärung des Verbrauchers gibt es ein gesetzlich vorgeschriebenes Widerrufsformular, das der Verbraucher zwar nicht verwenden muss. Der Unternehmer muss es jedoch zur Verfügung stellen. Dies soll bewirken, dass der Verbraucher seinen Widerruf möglichst einfach erklären kann, ohne sich darüber Gedanken machen zu müssen, ob seine Erklärung ausreichend ist. Dass Muster des Widerrufsformulars ist innerhalb der gesamten EU einheitlich gestaltet. Dies soll insbesondere beim heute üblichen grenzüberschreitenden Handel den Widerruf für den Verbraucher vereinfachen.
Der Gesetzgeber hat die Widerrufsbelehrung direkt in das Gesetz mitaufgenommen:

Anlage 1 (zu Artikel 246a BGB EinfG)

Muster für die Widerrufsbelehrung bei außerhalb von Geschäftsräumen geschlossenen Verträgen und bei Fernabsatzverträgen mit Ausnahme von Verträgen über Finanzdienstleistungen

---

Widerrufsbelehrung

Widerrufsrecht

Sie haben das Recht, binnen vierzehn Tagen ohne Angabe von Gründen diesen Vertrag zu widerrufen. Die Widerrufsfrist beträgt vierzehn Tage ab dem Tag (1). Um Ihr Widerrufsrecht auszuüben, müssen Sie uns (2) mittels einer eindeutigen Erklärung (z.B. ein mit der Post versandter Brief, Telefax oder E-Mail) über Ihren Entschluss, diesen Vertrag zu widerrufen, informieren. Sie können dafür das beigefügte Muster-Widerrufsformular verwenden, das jedoch nicht vorgeschrieben ist. (3) Zur Wahrung der Widerrufsfrist reicht es aus, dass Sie die Mitteilung über die Ausübung des Widerrufsrechts vor Ablauf der Widerrufsfrist absenden.

Folgen des Widerrufs

Wenn Sie diesen Vertrag widerrufen, haben wir Ihnen alle Zahlungen, die wir von Ihnen erhalten haben, einschließlich der Lieferkosten (mit Ausnahme der zusätzlichen Kosten, die sich daraus ergeben, dass Sie eine andere Art der Lieferung als die von uns angebotene, günstigste Standardlieferung gewählt haben), unverzüglich und spätestens binnen vierzehn Tagen ab dem Tag zurückzuzahlen, an dem die Mitteilung über Ihren Widerruf dieses Vertrags bei uns eingegangen ist. Für diese Rückzahlung verwenden wir dasselbe Zahlungsmittel, das Sie bei der ursprünglichen Transaktion eingesetzt haben, es sei denn, mit Ihnen wurde ausdrücklich etwas anderes vereinbart; in keinem Fall werden Ihnen wegen dieser Rückzahlung Entgelte berechnet.

(4)

(5)

(6)

Gestaltungshinweise:

(1) Fügen Sie einen der folgenden in Anführungszeichen gesetzten Textbausteine ein:

a) im Falle eines Dienstleistungsvertrags oder eines Vertrags über die Lieferung von Wasser, Gas oder Strom, wenn sie nicht in einem begrenzten Volumen oder in einer bestimmten

Menge zum Verkauf angeboten werden, von Fernwärme oder von digitalen Inhalten, die nicht auf einem körperlichen Datenträger geliefert werden: „des Vertragsabschlusses.";

b) im Falle eines Kaufvertrags:„, an dem Sie oder ein von Ihnen benannter Dritter, der nicht der Beförderer ist, die Waren in Besitz genommen haben bzw. hat."; c) im Falle eines Vertrags über mehrere Waren, die der Verbraucher im Rahmen einer einheitlichen Bestellung bestellt hat und die getrennt geliefert werden:„, an dem Sie oder ein von Ihnen benannter Dritter, der nicht der Beförderer ist, die letzte Ware in Besitz genommen haben bzw. hat.";

d) im Falle eines Vertrags über die Lieferung einer Ware in mehreren Teilsendungen oder Stücken:„, an dem Sie oder ein von Ihnen benannter Dritter, der nicht der Beförderer ist, die letzte Teilsendung oder das letzte Stück in Besitz genommen haben bzw. hat."

e) im Falle eines Vertrags zur regelmäßigen Lieferung von Waren über einen festgelegten Zeitraum hinweg:„, an dem Sie oder ein von Ihnen benannter Dritter, der nicht der Beförderer ist, die erste Ware in Besitz genommen haben bzw. hat."

(2) Fügen Sie Ihren Namen, Ihre Anschrift und, soweit verfügbar, Ihre Telefonnummer, Telefaxnummer und E-Mail-Adresse ein.

(3) Wenn Sie dem Verbraucher die Wahl einräumen, die Information über seinen Widerruf des Vertrags auf Ihrer Webseite elektronisch auszufüllen und zu übermitteln, fügen Sie Folgendes ein: „Sie können das Muster-Widerrufsformular oder eine andere eindeutige Erklärung auch auf unserer Webseite [Internet-Adresse einfügen] elektronisch ausfüllen und übermitteln. Machen Sie von dieser Möglichkeit Gebrauch, so werden wir Ihnen unverzüglich (z. B. per E-Mail) eine Bestätigung über den Eingang eines solchen Widerrufs übermitteln."

(4) Im Falle von Kaufverträgen, in denen Sie nicht angeboten haben, im Fall des Widerrufs die Waren selbst abzuholen, fügen Sie Folgendes ein: „Wir können die Rückzahlung verweigern, bis wir die Waren wieder zurückerhalten haben oder bis Sie den Nachweis erbracht haben, dass Sie die Waren zurückgesandt haben, je nachdem, welches der frühere Zeitpunkt ist."

(5) Wenn der Verbraucher Waren im Zusammenhang mit dem Vertrag erhalten hat:

a) Fügen Sie ein: „Wir holen die Waren ab." oder „Sie haben die Waren unverzüglich und in jedem Fall spätestens binnen vierzehn Tagen ab dem Tag, an dem Sie uns über den Widerruf dieses Vertrags unterrichten, an … uns oder an [hier sind gegebenenfalls der Name und die

Anschrift der von Ihnen zur Entgegennahme der Waren ermächtigten Person einzufügen] zurückzusenden oder zu übergeben. Die Frist ist gewahrt, wenn Sie die Waren vor Ablauf der Frist von vierzehn Tagen absenden."

b) Fügen Sie ein:

„Wir tragen die Kosten der Rücksendung der Waren.";

„Sie tragen die unmittelbaren Kosten der Rücksendung der Waren.";

Wenn Sie bei einem Fernabsatzvertrag nicht anbieten, die Kosten der Rücksendung der Waren zu tragen und die Waren aufgrund ihrer Beschaffenheit nicht normal mit der Post zurückgesandt werden können: „Sie tragen die unmittelbaren Kosten der Rücksendung der Waren in Höhe von … EUR [Betrag einfügen].", oder wenn die Kosten vernünftigerweise nicht im Voraus berechnet werden können: „Sie tragen die unmittelbaren Kosten der Rücksendung der Waren. Die Kosten werden auf höchstens etwa … EUR [Betrag einfügen] geschätzt."

oder

wenn die Waren bei einem außerhalb von Geschäftsräumen geschlossenen Vertrag aufgrund ihrer Beschaffenheit nicht normal mit der Post zurückgesandt werden können und zum Zeitpunkt des Vertragsschlusses zur Wohnung des Verbrauchers geliefert worden sind: „Wir holen die Waren auf unsere Kosten ab." und

c) Fügen Sie ein: „Sie müssen für einen etwaigen Wertverlust der Waren nur aufkommen, wenn dieser Wertverlust auf einen zur Prüfung der Beschaffenheit, Eigenschaften und Funktionsweise der Waren nicht notwendigen Umgang mit ihnen zurückzuführen ist."

(6) Im Falle eines Vertrags zur Erbringung von Dienstleistungen oder der Lieferung von Wasser, Gas oder Strom, wenn sie nicht in einem begrenzten Volumen oder in einer bestimmten Menge zum Verkauf angeboten werden, oder von Fernwärme fügen Sie Folgendes ein: „Haben Sie verlangt, dass die Dienstleistungen oder Lieferung von Wasser/Gas/Strom/Fernwärme [Unzutreffendes streichen] während der Widerrufsfrist beginnen soll, so haben Sie uns einen angemessenen Betrag zu zahlen, der dem Anteil der bis zu dem Zeitpunkt, zu dem Sie uns von der Ausübung des Widerrufsrechts hinsichtlich dieses Vertrags unterrichten, bereits erbrachten Dienstleistungen im Vergleich zum Gesamtumfang der im Vertrag vorgesehenen Dienstleistungen entspricht."

Nachfolgend ist das Musterwiderrufsformular abgedruckt, das vom Unternehmer zur Verfügung gestellt werden muss. Der Verbraucher ist jedoch nicht an diese Form gebunden.

Anlage 2 (zu Artikel 246a § 1 Absatz 2 Satz 1 Nummer 1 und § 2 Absatz 2 Nummer 2)
Muster für das Widerrufsformular

Muster-Widerrufsformular
(Wenn Sie den Vertrag widerrufen wollen, dann füllen Sie bitte dieses Formular aus und senden Sie es zurück.)
An [hier ist der Name, die Anschrift und gegebenenfalls die Telefaxnummer und E-Mail-Adresse des Unternehmers durch den Unternehmer einzufügen]:
Hiermit widerrufe(n) ich/wir (*) den von mir/uns (*) abgeschlossenen Vertrag über den Kauf der folgenden Waren (*)/die Erbringung der folgenden Dienstleistung (*)
Bestellt am (*)/erhalten am (*)
Name des/der Verbraucher(s)
Anschrift des/der Verbraucher(s)
Unterschrift des/der Verbraucher(s) (nur bei Mitteilung auf Papier)
Datum

(*) Unzutreffendes streichen.

Im Bemühen, die Widerrufsbelehrung wasserfest zu machen, hat sie der Gesetzgeber inzwischen so verkompliziert, dass kaum noch jemand durchblickt....

Die Kosten der Rücksendung sind seit dem 13.6.2014 grundsätzlich vom Verbraucher zu tragen. Selbstverständlich ist es dem Unternehmer weiterhin möglich, die Kosten zu übernehmen.

Rechtsfolgen des Widerrufs
Mit dem Widerruf wird der Vertrag unwirksam. Hat der Kunde eine Ware nicht bestimmungsgemäß genutzt, so kann der Unternehmer hierfür nur dann einen Wertersatz fordern, wenn er den Verbraucher ausdrücklich darauf hingewiesen hat. Eine bestimmungsgemäße Benutzung insbesondere jedoch die Prüfung der Ware bezüglich Zweckmäßigkeit und Qualität darf dem Verbraucher keine Kosten hervorrufen.

Fallbeispiel: Die Kundin K kauft ein Paar modische High Heels. Hiermit absolviert sie eine Wanderung im Gebirge. Anschließend schickt sie die Schuhe an den Versender zurück. Dieser verlangt von ihr einen Wertersatz. Der ist hier zweifellos berechtigt: Um High Heels auszuprobieren, besteigt man keine Berge!

Ausnahme vom Widerrufsrecht
In bestimmten Fällen gilt das Widerrufsrecht nicht. So bei Verträgen zu Lieferung von Waren, die eindeutig nach den persönlichen Wünschen des Kunden angefertigt werden.

> **Fallbeispiel:** Der Verbraucher bestellt einen maßgefertigten Anzug, indem er seine Konfektionsmaße übermittelt. Auch dann, wenn die bestellte Ton- oder Videoaufnahme oder Computersoftware in einer versiegelten Packung übersandt wurde und die Versiegelung nach der Lieferung entfernt wurde, besteht kein Widerrufsrecht mehr. Weitere Ausnahmen ergeben sich direkt aus dem Gesetz.

4.7.4 Erfüllungsstörungen

Aus dem Kaufvertrag sind beide Parteien Verpflichtungen eingegangen, die erfüllt werden müssen. Dies erfolgt im sogenannten Erfüllungsgeschäft. Grundsätzlich muss eine Partei, die sich zu etwas verpflichtet hat, diese Verpflichtung erbringen. Hierbei können nun aber Störungen auftreten. Wurde ein Vertrag zunächst erfüllt, jedoch nachträglich festgestellt, dass die gelieferte Ware fehlerhaft ist, so hat der Käufer Gewährleistungsansprüche gegebenenfalls auch Ansprüche aus Garantie. Mit diesen Themenfeldern wollen wir uns etwas näher beschäftigten.

Der Verzug
Werden die wechselseitigen Verpflichtungen eines Kaufvertrages von den Parteien nicht rechtzeitig oder nicht vollständig erbracht, so nennt man dies Verzug. Den Verzug gibt es zum einen in der Form des sogenannten Schuldnerverzuges. Schuldnerverzug bedeutet, dass die Leistung durch den Schuldner nicht, nicht vollständig oder verspätet erbracht wird; so zum Beispiel eine verspätete Lieferung oder eine verspätete Zahlung.
Der Schuldner gerät in Verzug, wenn er die geschuldete Leistung nicht rechtzeitig erbringt, obwohl sie fällig und möglich ist und er nicht durch einen Umstand an der Leistungserbringung gehindert ist, den er nicht zu vertreten hat (Verschulden).
Demgegenüber gibt es auch den sogenannten Gläubigerverzug.
Der Gläubigerverzug (auch Annahmeverzug genannt) liegt vor, wenn die Leistung nicht angenommen wird.
Bei einem **Termingeschäft** erfolgt die Lieferung zu einem nach dem Kalender bestimmten Termin oder innerhalb einer vereinbarten Frist. Das **Fixgeschäft** ist entweder genau nach Datum und Uhrzeit vereinbart. Es kann aber auch aus der Art und Weise des Geschäfts erkennbar sein, dass die Leistungserbringung nur zu diesem Zeitpunkt sinnvoll ist.

Die Trinkmann GmbH ordert bei der Wittichenauer Brauerei für das große Volksfest in H., das an einem bestimmten Juli-Wochenende stattfindet, 100 Fässer Festbier.
Wenn in diesem Falle nicht die Lieferung rechtzeitig vor dem Volksfest erfolgen würde, wäre die Lieferung für den Käufer uninteressant.

Manchmal legen die Parteien den Leistungszeitpunkt noch nicht genau fest. Lieferanten arbeiten gern mit dieser Methode, wenn sie noch nicht abschätzen können, wann sie selbst beliefert werden.
Der Schuldner der Leistung gerät in Verzug, wenn er trotz Fälligkeit auf eine Mahnung des Gläubigers nicht leistet. Ausnahme: Bei Termingeschäften und Fixgeschäften ist keine Mahnung notwendig, sofern dies im Vertrag vereinbart worden war.
Ist also die Fälligkeit laut Vertrag eingetreten, so sollte der Gläubiger der Leistung den Schuldner mit Fristsetzung mahnen.
Wenn der Schuldner in Verzug ist, hat der Gläubiger die Möglichkeit,
- vom Vertrag zurückzutreten,
- Schadensersatz sowie
- Aufwendungsersatz geltend zu machen.

Auch der Käufer kann in Verzug kommen:
Vor allem dann, wenn er seine Verpflichtung zur Zahlung nicht erfüllt. In einem solchen Fall spricht man von dem sogenannten Schuldnerverzug in der Form des Zahlungsverzugs. Im Ergebnis gilt das Gleiche wie beim Lieferverzug.
Leistet der Schuldner trotz Möglichkeit und Fälligkeit der Forderung, sowie nach Mahnung – sofern diese nicht entbehrlich ist – nicht, so kommt er in Verzug. Die Rechte sind die gleichen, wie zuvor dargestellt. Bei Geldschulden legt der Gesetzgeber darüber hinaus noch fest, dass Verzugszinsen in Rechnung gestellt werden dürfen. Diese liegen regelmäßig bei 5 Prozentpunkten über dem Basiszinssatz der Europäischen Zentralbank (§ 288 I BGB). Ist ein Verbraucher an dem Geschäft nicht beteiligt, so sind es 9 Prozentpunkte über dem Basiszinssatz der Europäischen Zentralbank (§ 288 II BGB).

Unmögliches kann man nicht verlangen ...
Stellen Sie sich folgendes vor: Ein Kunsthändler verkauft einem Kunden ein Bild von Paul Klee, das er selbst auf einer Versteigerung erworben hat. Auf dem Transport vom Auktionsort zum Kunsthändler wird das Transportfahrzeug in einen Unfall verwickelt und das Bild unwiederbringlich zerstört. Unser Kunsthändler kann also beim besten Willen dieses einmalige Stück nicht mehr liefern. Es liegt zwar immer noch ein wirksamer Kaufvertrag vor, der Schuldner wird jedoch von seiner vertraglichen Leistung frei. Er muss jedoch seinem Kunden den Schaden ersetzen.

Annahmeverzug

Nimmt der Gläubiger die vom Schuldner angebotene Leistung trotz Angebot zur richtigen Zeit am richtigen Ort – und gegebenenfalls nach Fristsetzung – nicht an, so kommt er in den sogenannten Annahmeverzug.

Nach § 287 BGB geht das Risiko mit Eintritt des Verzugs auf den Käufer über. Darüber hinaus hat er die Aufwendungen für erfolglose Anlieferungsversuche zu tragen.

Auch hier kann der Gläubiger die Erfüllung des Vertrages sowie Schadensersatz verlangen. Ab dem Zeitpunkt, in dem Verzug eingetreten ist, hat er diese Rechte:

- Rücktritt vom Vertrag,
- Schadensersatz,
- hinzu kommen in diesem Fall die Möglichkeit, die Sache zu hinterlegen (vgl. §§ 372 ff. BGB), die Sache freihändig zu verkaufen (vgl. § 385 BGB, § 373 Abs. 2 HGB) oder die Sache im Rahmen eines Selbsthilfeverkaufs bzw. Notverkaufs (letzteres bei verderblicher Ware) zu veräußern.

Erfüllungsort ist der Ort, an dem die jeweilige Verpflichtung aus dem Vertrag zu erfüllen ist. Haben die Parteien sich vertraglich nicht auf einen bestimmten Ort geeinigt, so kennt der Gesetzgeber die Holschuld, die Bringschuld und die Schickschuld. Warenschulden sind sogenannte Holschulden, das bedeutet, dass der Käufer die Ware beim Verkäufer abzuholen hat.

Bei den Bringschulden verhält es sich genau umgekehrt. Hier hat der Verkäufer dem Käufer die Ware nach Hause bzw. an den Sitz seines Unternehmens zu bringen. Bei den sogenannten Schickschulden ist der Verkäufer verpflichtet, die Ware ordnungsgemäß zu verpacken und an den Transporteur zu übergeben. Er ist verpflichtet, die Ware zu schicken. Es kommt darauf an, was die Parteien vereinbart haben oder um was für eine Art von Geschäft es sich handelt.

Bei der Bestellung von Ware in einem Online-Shop ist ohne weiteres davon auszugehen, dass es sich um eine Schickschuld handelt, da üblicherweise die Ware in diesen Fällen an den Kunden zu schicken ist. Abweichungen müssten vereinbart werden.

4.7.5 Mängelhaftung (Gewährleistungsansprüche)

Wurde der Vertrag zunächst erfüllt, so kann sich nachträglich herausstellen, dass die übergebene Ware mangelhaft ist. Ein Mangel liegt immer dann vor, wenn eine Abweichung der Ist – von der Sollbeschaffenheit vorliegt, z.B. wenn

- die Sache nicht die vertraglich vereinbarte Beschaffenheit hat (z. B. der DVD-Player, der auch MP3-CDs lesen soll, liest zwar DVDs, aber eben keine MP3-CDs)

4.7 Kaufrecht und Erfüllungsstörungen

- die Sache sich nicht für die nach dem Vertrag vorausgesetzte Verwendung eignet (z.B. ein Handwerker kauft ausdrücklich für schwere Einsätze eine Bohrmaschine, die tatsächlich nur eine Heimwerkerqualität aufweist)
- die Sache sich für die gewöhnliche Verwendung nicht eignet und nicht die übliche Beschaffenheit aufweist, die der Kunde erwarten kann (z. B. der gekaufte Spaten knickt beim Gebrauch in einem Lehmboden um)
- eine andere Sache geliefert wurde (Falschlieferung)
- eine zu geringe Menge geliefert wurde
- Werbeaussagen über die Sache nicht zutreffen. (Hierbei kommt es nicht darauf an, ob z. B. ein Einzelhändler selbst oder ein anderer für eine Ware geworben hat.)
- die Montageanleitung fehlerhaft ist, so dass ein Kunde z. B. ein Möbelstück falsch zusammengebaut hat („IKEA-Klausel")

Rechte des Käufers bei Vorliegen eines Mangels

Liegt ein Mangel vor, so hat der Käufer zunächst einen Anspruch auf Nacherfüllung. Die Nacherfüllung untergliedert sich in die Begriffe der Nachbesserung oder der Neulieferung.

Nachbesserung bedeutet die Beseitigung des Mangels (z.B. durch Reparatur). Neulieferung bedeutet den Austausch der mangelhaften Sache durch eine neue mangelfreie Sache. Sämtliche Kosten, die in Verbindung mit der Nacherfüllung entstehen, muss der Verkäufer tragen.

Die Neulieferung im Sinne des Gewährleistungsrechts ist nicht zu verwechseln mit dem Umtausch einer mangelfreien Ware. Umtausch kann entweder beim Kauf vereinbart werden oder es handelt sich hierbei um eine Kulanzleistung.

Neulieferung wegen Mangel ist nicht mit Umtausch zu verwechseln!

Das Wahlrecht zwischen Nachbesserung oder Neulieferung liegt beim Käufer! Der Verkäufer kann jedoch die vom Käufer gewählte Art der Nacherfüllung verweigern, wenn sie nur mit unverhältnismäßigen Kosten möglich oder unzumutbar ist.

Herr Trinkmann hat sich privat bei Autohändler Vollgas ein neues Cabrio gekauft. Nach 100 Km stellt sich heraus, dass die Lichtmaschine defekt ist. Trinkmann verlangt die Lieferung eines neuen Fahrzeugs. Hier ist klar davon auszugehen, dass Vollgas die gewählte Nacherfüllungsart ablehnen darf. Die Nachbesserung im Sinne des Austauschs der Lichtmaschine ist vollkommen ausreichend und zumutbar.

Nach einem zweiten erfolglosen Versuch gilt jedoch die Nachbesserung als fehlgeschlagen. Dies bedeutet, dass der Käufer nunmehr vom Kaufvertrag zurücktreten, Schadensersatz geltend machen oder nach seiner Wahl Minderung des Kaufpreises verlangen kann. Gleiches gilt, wenn der Verkäufer der Nacherfüllung nicht innerhalb einer gesetzten Frist nachgekommen ist (wobei die Frist natürlich angemessen sein muss) oder der Verkäufer die Nacherfüllung endgültig verweigert hat.

Der Anspruch auf Mängelhaftung (Gewährleistung) besteht grundsätzlich 2 Jahre. Bei Kaufverträgen zwischen Unternehmern kann die Frist für die Mängelhaftung verkürzt werden. Bei Käuferverträgen zwischen einem Unternehmer und einem Endverbraucher kann die Frist für die Mängelhaftung nur für Gebrauchtware auf 1 Jahr verkürzt werden.

Dabei geht es jedoch immer um die Frage, ob die Sache **zum Zeitpunkt der Übergabe** mangelhaft war. Beim sogenannten Verbrauchsgüterkauf, also wenn ein Unternehmer Ware an einen Verbraucher verkauft, wird in den ersten 6 Monaten nach Übergabe der Sache zu Gunsten des Käufers vermutet, dass der Mangel bei Übergabe bereits vorhanden gewesen ist. Das bedeutet, dass in den ersten 6 Monaten seit Übergabe der Verkäufer beweisen müsste, dass zum Zeitpunkt der Übergabe kein Mangel vorgelegen hat. Nach Ablauf der 6 Monate – für die restlichen 1 ½ Jahre – müsste der Käufer beweisen, dass zum Zeitpunkt der Übergabe ein Mangel bereits vorhanden oder in der Sache angelegt war. Gelingt ihm dies nicht, kann er seine Gewährleistungsansprüche nicht durchsetzen.

Bei Kaufverträgen zwischen Kaufleuten gilt insbesondere, dass der Kaufmann eine Sache unverzüglich (also ohne schuldhaftes Zögern) zu untersuchen hat und bei Vorliegen eines offensichtlichen Mangels unverzüglich rügen muss. Bei Vorliegen eines versteckten Mangels muss er dann unverzüglich rügen, wenn ihm der Mangel offenbar wird. Kommt er dieser Verpflichtung nicht nach, so gilt die Ware als genehmigt und mithin mangelfrei. Er kann dann keine Gewährleistungsansprüche mehr geltend machen.

Garantie und Mängelhaftung

Die Begriffe Mängelhaftung und Garantie sind rechtlich genommen komplett voneinander zu trennen. Die Mängelhaftung ist das, was der Verkäufer aufgrund gesetzlicher Vorschriften (vgl. oben) dem Käufer bei Lieferung einer mangelhaften Sache gewähren muss.

Die Garantie ist ein eigenständiger Vertrag, der sowohl vom Verkäufer als auch von Dritten, wie z. B. dem Hersteller, im Rahmen einer sogenannten Herstellergarantie gegeben werden kann, aber nicht muss. Eine Garantieerklärung kann sehr viel weiter gehen als die gesetzlichen Ansprüche.

4.7 Kaufrecht und Erfüllungsstörungen

Produkthaftung

Neben den Gewährleistungsansprüchen oder Garantieansprüchen gibt es die Produkthaftung. Die Produkthaftung beschäftigt sich insbesondere mit der Problematik, dass ein in Verkehr gebrachtes Produkt durch seine Mangelhaftigkeit Schäden an Personen oder anderen Gegenständen hervorruft.

Fallbeispiel: Der neuerworbene Fernseher, der bestimmungsgemäß als Flachbildschirm an eine Wand gehängt wurde, explodiert bei der Inbetriebnahme. Der Käufer wird durch umherfliegende Splitter verletzt. Die Wand des Käufers muss instandgesetzt werden.

Nach dem Produkthaftungsgesetz haftet der Hersteller für derartige Fehler des in Verkehr gebrachten Produkts. Wer Ware aus Nicht-EU-Ländern importiert, haftet gleich dem Hersteller. Und wenn Trinkmann unter seinem Namen eine Handelsmarke in Verkehr bringt, haftet er auch als Hersteller nach dem Produkthaftungsgesetz,

4.7.6 Die Verjährung

Sie kennen das: Wer weiß nach Jahren noch so genau, wie es eigentlich war? Was war mit dem Mangel einer Sache? Was hat man bei einem Vertrag eigentlich genau gewollt? Aus diesem Grund hat der Gesetzgeber Verjährungsfristen eingeführt. Verjährung bedeutet, dass nach ihrem Eintritt der Schuldner berechtigt ist, die geschuldete Leistung zu verweigern. Gleichermaßen legt das Gesetz jedoch auch fest, dass dasjenige, was auf einen verjährten Anspruch geleistet wurde, nicht zurückgefordert werden kann. Denn der Anspruch besteht dem Grunde nach. Er soll nach dem Willen des Gesetzgebers nur nicht mehr geltend gemacht werden können. Nach § 195 BGB beträgt die regelmäßige Verjährung 3 Jahre. Sie beginnt mit dem Ende des Jahres zu laufen, in dem der Anspruch entstanden ist.

Fallbeispiel: A schließt mit B am 01.03. einen Kaufvertrag ab. Die Leistungen sind sofort fällig. Die dreijährige Verjährungsfrist beginnt also mit Ablauf des 31.12. und endet somit drei Jahre später am 31.12. um 24:00 Uhr.

Neben der regelmäßigen Verjährung nach § 195 BGB gibt es noch diverse andere Verjährungsregelungen. Die Verjährung von Gewährleistungsansprüchen beträgt z. B. zwei Jahre (s.o.). Schadensersatzansprüche, die auf der Verletzung des Lebens, des Körpers, der Gesundheit oder der Freiheit beruhen, verjähren ohne Rücksicht auf ihre Entstehung und die Kenntnis oder grobfahrlässige Unkenntnis in 30 Jahren von der Begehung der Handlung, der Pflichtverletzung oder dem sonstigen den schadenauslösenden Ereignis an. Gewährleistungsansprüche in einem Bauwerk verjähren nach 5 Jahren.

Hemmung und Neubeginn der Verjährung

Wird die Verjährung gehemmt, so bedeutet dies nach § 204 BGB, dass der Fristablauf zunächst angehalten wird. Nach Wegfall des Grundes läuft die restliche Frist weiter. Dies kann passieren, wenn Verhandlungen über den Anspruch geführt werden oder wenn zum Beispiel die Klage beim Gericht eingereicht wurde. Bei Rücknahme der Klage würde die Verjährung weiterlaufen. Die Verjährung von Gewährleistungsansprüchen ist z. B. gehemmt, solange der Verkäufer einen Nacherfüllungsversuch unternimmt. Ist der gekaufte DVD-Player also 6 Wochen zur Reparatur, so ist in diesen 6 Wochen die Verjährung des Gewährleistungsanspruches gehemmt.

Neubeginn der Verjährung heißt, dass die Verjährungsfrist nochmals von vorne und in voller Länge zu laufen beginnt. Dies passiert z. B., wenn der Schuldner den Anspruch durch Abschlagszahlung, Zinszahlung, Sicherheitsleistung oder in anderer Weise anerkennt, vgl. § 212 Abs. 1 BGB.

4.8 Aufgaben zur Selbstkontrolle

4.8.1 Beschaffung und Logistik

Aufgabe 1
Ein Großhandelsunternehmen möchte den Servicegrad erhöhen.
a) Erläutern Sie, was unter dem Begriff Servicegrad zu verstehen und wie er zu ermitteln ist.
b) Beschreiben Sie vier Möglichkeiten, den Servicegrad zu erhöhen.

Aufgabe 2 Bezugsquellen / Lieferantenauswahl
Für den Warenbezug stehen dem Handelsbetrieb verschiedene Beschaffungswege zur Verfügung.
a) Erläutern Sie drei Kriterien für die Beurteilung und Auswahl möglicher Beschaffungswege.
b) Wählen Sie zwei mögliche Beschaffungswege aus und stellen Sie jeweils die Vorzüge heraus.

Aufgabe 3 Beschaffungsmarktforschung
Bei der Warenbeschaffung spielt die Beschaffungsmarktforschung eine wichtige Rolle.
a) Erklären Sie, was unter Beschaffungsmarktforschung zu verstehen ist, und nennen Sie drei konkrete Ziele, die dabei verfolgt werden.
b) Gehen Sie beispielhaft auf die Bedeutung der Beschaffungsmarktanalyse und Beschaffungsmarktbeobachtung ein.

Aufgabe 4 Bezugsquellen / Lieferantenauswahl
Für den Warenbezug stehen dem Handelsbetrieb verschiedene Beschaffungswege zur Verfügung.
a) Erläutern Sie drei Kriterien für die Beurteilung und Auswahl möglicher Beschaffungswege.
b) Wählen Sie zwei mögliche Beschaffungswege aus und stellen Sie jeweils die Vorzüge heraus.

Aufgabe 5 Bedarfsermittlung, optimale Bestellmenge
Die Revision einer Großhandlung stellt fest, dass einige Artikel des Sortiments sehr häufig bestellt wurden. Die Revision will nun mit Hilfe der Andler'schen Formel die Bestellmengen überprüfen.
a) Erläutern Sie den Begriff „Optimale Bestellmenge".
b) Beschreiben Sie vier Voraussetzungen für die Anwendung der Andler'schen Formel.
c) Ermitteln Sie die optimale Bestellmenge für folgenden Artikel:

Jahresbedarf	24.000 Stück
Einstandspreis	1,20 €
Kosten je Bestellung	30,00 €
Marktüblicher Zinssatz	7%
Lagerkostensatz	13%

Aufgabe 6 Lagerkennziffern
Aus der Lagerdatei der Getränkegroßhandlung Fass GmbH gehen folgende Werte hervor:
Lagerdatei
Artikel-Nr.   348
Artikelbezeichnung   Himbeergeist „Edelbeerli" 0,7l Flasche
Meldebestand   160
Höchstbestand   550

Datum	Warenzugang	Warenabgang	Bestand
01.01.			320
12.01.	210		530
02.02.		30	500
01.03.		120	380
28.03.		200	180
04.04.	280		460
01.05.		80	380
30.05.			380
18.06.		140	240
03.07.		60	180
31.07.			180
02.09.	180		360
01.10.		160	200
02.11.		40	160
16.11.	320		480
02.12.		180	300
12.12.	200		500
21.12.		160	340
31.12.			340

a) Ermitteln Sie den durchschnittlichen Lagerbestand in Flaschen.
b) Errechnen Sie die durchschnittliche Kapitalbindung bei einem Einstandspreis von 8,00 €.
c) Stellen Sie die Umschlagshäufigkeit fest.
d) Welcher Lagerzins ergibt sich bei einem angenommenen Jahreszinssatz der Banken von 10 %?

Aufgabe 7 Lagerordnungssysteme
Bei der Lagerorganisation stehen verschiedene Lagerordnungssysteme zur Verfügung. Beschreiben Sie anhand von jeweils zwei Vorteilen die chaotische Lagerhaltung und die Festplatzlagerung.

Aufgabe 8 Supply Chain Management

Handelsunternehmen und Lieferanten kommunizieren teilweise papierlos per Electronic Data Interchange – EDI.
a) Beschreiben Sie drei Vorteile, die sich durch EDI ergeben.
b) In diesem Zusammenhang steht die Zukunftsherausforderung für Handel und Lieferanten „Supply Chain Management". Erläutern Sie diesen Begriff.

Aufgabe 9 Lagerwirtschaft
Eine Großhandlung überprüft die Eigenlagerung im Vergleich zur Fremdlagerung. Für die Eigenlagerung liefert das Rechnungswesen folgende Zahlen:

kalkulatorische langfristige Lagermiete	40.000,00 €
fixe Lagerkosten	29.000,00 €
Abschreibung auf Lagereinrichtung	15.000,00 €
variable Lagerkosten je Stück	0,76 €

Ein Logistikunternehmen bietet die Einlagerung für 1,80 € je Stück an.
a) Ermitteln Sie, welche Form der Lagerhaltung bei einer durchschnittlichen Lagermenge von 68.000 Stück pro Jahr vorteilhafter wäre.
b) Ermitteln Sie, bei welchem durchschnittlichen Lagerbestand pro Jahr die kritische Lagermenge liegt.

4. Beschaffung und Logistik

Lösungen:

Aufgabe 1

a) Servicegrad misst den Anteil der termingerecht ausgeführten Aufträge.

$$\frac{\text{termingerecht ausgeführte Aufträge} \cdot 100}{\text{Zahl der Gesamtaufträge}}$$

b) z.B.
- Optimierung der Lagerbestände durch geeignete Bestellverfahren
- Lieferanten wählen, die „just-in-time" liefern können, Abrufaufträge erteilen
- ABC-Analyse anwenden, auf A-Artikel konzentrieren und Servicegrad sichern
- Absatzmarktforschung verbessern, um Umsatz und Absatz und danach Lagerbestände gezielter zu planen
- EDI mit wichtigen Kunden einführen, um Nachfrage stets zu beobachten und rechtzeitig zu reagieren
- EDI mit Lieferanten vereinbaren, um deren Lieferfähigkeit zu sichern

Aufgabe 2

a) z.B.
- Die Beschaffungsmenge und die damit z. B. verbundene Mindestabnahme sowie Mindermengenzuschläge. Kleinere Handelsbetriebe beschaffen deshalb eher über den indirekten Weg.
- Zuschüsse zu Werbekosten und Verkaufsförderungshilfen sind Faktoren, die oft zu einer Entscheidung zu Gunsten der direkten Beschaffung führen.
- Die Produktauswahl ist ein Kriterium, das im Besonderen kleinere Handelsbetriebe zu einer indirekten Beschaffung führt, da hier bei den Bezugsquellen ein breites oder auch tiefes Sortiment zu finden ist.

b) Die indirekte Beschaffung z.B. über einen Großhändler bietet den Vorteil, dass geringe Mengen beschafft werden können, wobei der Großhändler auch in den meisten Fällen die Lieferbereitschaft garantiert. Der Großhändler bietet in der Regel auch Sortimentsergänzungen sowie Beratung in Bezug auf Neuheiten an.

Die Warenbeschaffung beim Hersteller ist ein Beispiel für die direkte Beschaffung. Hier hat derjenige Handelsbetrieb den Vorteil, der Waren in größerer Menge benötigt, da hier in Bezug zur Menge günstige Preise und Konditionen gewährt werden. Oft bieten die Hersteller zur Einführung ihrer Produkte Werbekostenzuschüsse und Verkaufsförderungshilfen an.

Aufgabe 3

a) Unter der Beschaffungsmarktforschung ist die systematische Erhebung von Informationen mit Hilfe der Methoden und Arten der Marktforschung sowie deren Auswertung zu verstehen, die den Beschaffungsmarkt für den Händler überschaubar machen.
Ziele der Beschaffungsmarktforschung sind z.B.:
- grundsätzlich die Ermittlung von Bezugsquellen
- Herausfinden des günstigsten und leistungsfähigsten Lieferanten
- Aufspüren von neuen Produkten

b) Durch die Beschaffungsmarktanalyse werden z.B. zu einem bestimmten Zeitpunkt die Anzahl der Lieferanten, deren Marktanteil sowie deren Preise und Lieferkonditionen festgestellt. Es handelt sich um eine Momentaufnahme.
Mit Hilfe der Beschaffungsmarktbeobachtung sollen Veränderungen auf den Beschaffungsmärkten wie z.B. allgemeine Preisveränderungen, Veränderungen der Konditionen der Lieferanten festgestellt werden. Es handelt sich um eine Zeitraumbetrachtung.

Aufgabe 4

a) z.B.
- Die Beschaffungsmenge und die damit z. B. verbundene Mindestabnahme sowie Mindermengenzuschläge. Kleinere Handelsbetriebe beschaffen deshalb eher über den indirekten Weg.
- Zuschüsse zu Werbekosten und Verkaufsförderungshilfen sind Faktoren, die oft zu einer Entscheidung zu Gunsten der direkten Beschaffung führen.
- Die Produktauswahl ist ein Kriterium, das im Besonderen kleinere Handelsbetriebe zu einer indirekten Beschaffung führt, da hier bei den Bezugsquellen ein breites oder auch tiefes Sortiment zu finden ist.

b) Die indirekte Beschaffung z.B. über einen Großhändler bietet den Vorteil, dass geringe Mengen beschafft werden können, wobei der Großhändler auch in den meisten Fällen die Lieferbereitschaft garantiert. Der Großhändler bietet in der Regel auch Sortimentsergänzungen sowie Beratung in Bezug auf Neuheiten an.
Die Warenbeschaffung beim Hersteller ist ein Beispiel für die direkte Beschaffung. Hier hat derjenige Handelsbetrieb den Vorteil, der Waren in größerer Menge benötigt, da hier in Bezug zur Menge günstige Preise und Konditionen gewährt werden. Oft bieten die Hersteller zur Einführung ihrer Produkte Werbekostenzuschüsse und Verkaufsförderungshilfen an.

Aufgabe 5

a) Die Verkaufsbereitschaft ist gesichert, Bestell- und Lagerkosten sind so gering wie möglich.
b) Innerhalb einer Zeitperiode müssen

- Bedarfsmengen gleichbleibend sein
- Einstandspreise sich nicht ändern
- Zinssätze unverändert bleiben
- Lieferzeiten unverzüglich und zuverlässig sein

c) $\sqrt{\dfrac{200 \times 24.000 \times 30}{1,20 \times 13}}$

Aufgabe 6

a) $\dfrac{320 + 500 + 380 + 180 + 380 + 380 + 180 + 180 + 360 + 200 + 160 + 300 + 340}{13} = 297$

b) $297 \cdot 8,00 = 2.376,00 \,€$

c) Wareneinsatz = Anfangsbestand + Zugänge – Abgänge
 = 320 + 1190 – 1170 = 340 Flaschen

$\dfrac{340}{297} = 1,14$

d) Lagerdauer = $\dfrac{360}{1,14} = 316$ Tage

$\dfrac{316 \cdot 10}{360} = 8,78\,\%$

Aufgabe 7

Bei der chaotischen Lagerhaltung gibt es für die Waren keine festen Lagerplätze, die Waren werden auf den jeweils freien Flächen untergebracht. Die Vorteile liegen in der besseren, optimalen Ausnutzung der Lagerfläche, es ergibt sich ebenfalls eine Platzersparnis, da keine Lagerfläche für bestimmte Waren vorgehalten werden muss.

Die Festplatzlagerung sieht für jede Ware einen für sie bestimmten Lagerplatz vor. Die Vorteile liegen generell in der Übersichtlichkeit der Warenanordnung, bei der Einlagerung der Waren wird ebenfalls die Entnahmehäufigkeit berücksichtigt, so ergeben sich in der Regel kurze Lagerwege.

Aufgabe 8

a) z.B.
- Kostenreduzierung durch Einsparungen, z.B. von Material-, Personalkosten
- Schnellere Erstellung, Bearbeitung und Kontrolle der Auftragsbearbeitung

4.8 Aufgaben zur Selbstkontrolle

- Optimierung der Sortimente durch ständigen Informationsaustausch zwischen Handel und Lieferanten
- Verkürzung der Beschaffungszeit
- Steigerung der Lagerumschlagshäufigkeit

b) Optimierung der Absatzkette eines Artikels oder des Sortimentes von der Stufe der Urerzeugung bis zur Verteilung durch den Handel.

Aufgabe 9

a) **Eigenlagerung:** fixe Kosten   84.000,00 €
   Variable Kosten   51.680,00 €
   Gesamtkosten   **135.680,00 €**
   Fremdlagerung   **122.400,00 €**

b) $84.000 + 0{,}76\,x = 1{,}80\,x$

   $84.000 = 1{,}80\,x - 0{,}76\,x$

   $84.000 = 1{,}04\,x$

   $x = \dfrac{84.000}{1{,}04} = 80.769\ \text{Stück}$

4.8.2 Kaufrecht und Erfüllungsstörungen

Aufgabe 1
Nennen Sie zwei Verzugsarten.

Aufgabe 2
Unter welchen Voraussetzungen gerät eine Person in den Schuldnerverzug?

Aufgabe 3
Unterscheiden Sie zwischen den Begriffen „Termingeschäft" und „Fixgeschäft".

Aufgabe 4
Welche Rechte hat der Gläubiger nach erfolgloser Fristsetzung?

Aufgabe 5
Unter welchen Voraussetzungen gerät eine Person in den Annahmeverzug?

Aufgabe 6
Erläutern Sie die Begriffe Gewährleistung und Garantie.

Aufgabe 7
Was versteht man unter dem Begriff der Verjährung? Erläutern Sie ihn kurz.

Aufgabe 8
Unterscheiden Sie die Begriffe „Hemmung" und „Neubeginn" der Verjährung.

Lösungen

Aufgabe 1
Es gibt zum einen den Schuldnerverzug in Form des Lieferverzugs und des Zahlungsverzuges sowie den Gläubigerverzug in Form des Annahmeverzuges.

Aufgabe 2
Der Schuldner gerät in Verzug, wenn er die geschuldete Leistung nicht rechtzeitig erbringt, obwohl sie möglich ist und er nicht durch einen Umstand an der Leistungserbringung gehindert ist, den er nicht zu vertreten hat.

4.8 Aufgaben zur Selbstkontrolle

Aufgabe 3
Termingeschäfte sind Geschäfte, deren Fälligkeit nach dem Kalender bestimmbar ist. Das so genannte Fixgeschäft ist entweder genau nach Datum und Uhrzeit vereinbart oder es ist aus der Art und Weise des Geschäftes für beide Parteien erkennbar, dass die Leistungserbringung nur zu diesem Zeitpunkt Sinn macht. Ein nicht genau bestimmbarer Termin ist dann gegeben, wenn die Parteien den Leistungszeitpunkt noch nicht festgelegt haben.

Aufgabe 4
Nach Ablauf einer gesetzten Frist kann der Gläubiger Erfüllung und Schadensersatz verlangen sowie vom Vertrag zurücktreten und den weitergehenden Schadensersatz und Aufwendungsersatz verlangen.

Aufgabe 5
Eine Person gerät in Annahmeverzug, wenn sie trotz Angebots des Gläubigers zur richtigen Zeit am richtigen Ort – und gegebenenfalls erfolgloser Fristsetzung – die Ware nicht annimmt.

Aufgabe 6
Die Gewährleistung ist das, was der Verkäufer dem Käufer gesetzlich gewähren muss, wenn er dem Käufer eine mangelhafte Sache geliefert. Die Garantie ist ein eigenständiger Vertrag, der sowohl mit dem Verkäufer aber auch mit Dritten wie z.B. insbesondere den Hersteller abgeschlossen werden kann. Die Rechte aus der Garantie ergeben sich aus dem Garantievertrag.

Aufgabe 7
Verjährung bedeutet, dass ein Anspruch nach einem gewissen Zeitablauf nicht mehr geltend gemacht werden kann. Der Schuldner ist sodann berechtigt, die geschuldete Leistung zu verweigern.

Aufgabe 8
Liegt eine Hemmung der Verjährung vor, so wird der Fristablauf zunächst angehalten. Nach Wegfall des Grundes läuft die Frist weiter. Beim Neubeginn beginnt die Verjährungsfrist komplett von vorn.

5. Vertriebssteuerung

Im Handlungsbereich „Vertriebssteuerung" soll die Fähigkeit nachgewiesen werden, absatzbezogene Aufgaben kundenorientiert zu planen, zu analysieren und kennzahlenorientiert zu steuern. Dies beinhaltet insbesondere das Category Management und das Kundenbindungsmanagement. Vertriebsmaßnahmen im Spannungsfeld zwischen Unternehmens-, Umsatz- und Ertragszielen soll der Handelsfachwirt erfolgsorientiert entwickeln und umsetzen können. Dabei sind rechtliche Vorschriften zu berücksichtigen.

Im Wahlpflichtfach Vertriebssteuerung werden alle bisher erworbenen Kenntnisse aus den Handlungsbereichen Handelsmarketing, Beschaffung und Logistik benötigt, um sie hier anwendungsbezogen und handlungsorientiert einzusetzen. Aber gerade auch die betriebswirtschaftlichen Handlungsfertigkeiten und die grundlegenden personalwirtschaftlichen Aspekte finden hier Anwendung. Ohne eine aktuelle Einschätzung der volkswirtschaftlichen Lage (Kauflaune der privaten Verbraucher, Verbraucherindex, aktuelle konjunkturelle Lage, Konjunkturbarometer wie der Ifo-Index, Zinsniveau usw.) kann eine Vertriebssteuerung nicht marktgerecht stattfinden. Hier finden alle Handlungsbereiche Anwendung und tragen Ihren Teil zu einer erfolgreichen Vertriebssteuerung bei. Genauso wenig, wie Marketing gleich Werbung ist, ist Vertriebssteuerung die Vertiefung von Handelsmarketing. In diesem Fach muss der Prüfungsteilnehmer in der Lage sein, eine Transferleistung über alle Handlungsbereiche erbringen zu können.

5.1 Vertriebsstrategien

5.1.1 Entwicklung einer Vertriebsstrategie

Bevor ein Handelsunternehmen, sei es Einzelhandel oder Großhandel, Entscheidungskriterien für die eigene Vertriebsstrategie festlegen kann, müssen Unternehmensziele bestimmt werden. Aus den Zielen lassen sich dann anhand ausgewählter Entscheidungskriterien Marketingstrategien ableiten.
Diese Unternehmensziele können für einen Discounter zum Beispiel wie folgt aussehen:

5.1 Vertriebsstrategien

Unternehmensziele	
strategisch	Marktanteilsführer
Ökonomische Ziele	
operativ	Gewinnmaximierung, Kostenminimierung
Marketingziele	
Strategisch	Langfristige flächendeckende Versorgung mit niedrigpreisigen Lebensmitteln des täglichen Bedarf in Europa
Taktisch	Sicherung der Standorte in Deutschland
Operativ	Werbeziele mit wöchentlichen Aktionswaren

Grundlage für die Ermittlung dieser Strategien ist eine umfassende Marktanalyse, d. h., die Analyse der Marktsituation, die Kundenanalyse, Distributionsanalyse und Umfeldanalyse. Hieraus ergeben sich bereits Entscheidungskriterien für die Vorauswahl bestimmter Vertriebsstrategien.

Ökonomische Kriterien:
- Angestrebter Marktanteil
- Umsatzentwicklung
- Gewinnentwicklung
- Entwicklung der Finanzkraft

Innerbetriebliche Kriterien:
- Fachliche Qualifikation der Mitarbeiter
- Größe des Handelsunternehmens
- Standort

Sozioökonomische und psychografische Kriterien (Anzahl und Struktur der Abnehmer):
- Aktuelle Kunden
- Potenzielle Kunden

Absatzwegespezifische Kriterien:
- Individuelle Besonderheiten der zu vermarktenden Produkte
- Umfang und Art des Verkaufsprogramms
- Konkurrenzsituation (Absatzwege)

Umfeldspezifische Kriterien:
- Volkswirtschaft
- Bevölkerungsentwicklung
- Ökologie
- Technik
- Politik
- Recht
- Kultur
- Soziales

Planungsinstrumente wie die SWOT-Analyse und die Portfolioanalyse können als Situationsbeschreibung der aktuellen Marktteilnahme und Marktpräsenz eines Handelsunternehmens herangezogen werden, um daraus Strategien abzuleiten. Je nach dem Ergebnis dieser Analysen kommt man dazu, bestimmte Vertriebsstrategien für den zu bearbeitenden Markt zu entwickeln (vgl. Kapitel Handelsmarketing).

Dabei kann man sich an der Produkt-Markt-Matrix von Ansoff orientieren:
- Marktdurchdringung
- Sortimentsentwicklung
- Marktentwicklung
- Diversifikation

Die Wettbewerbsmatrix von Porter bietet eine gute Hilfe, um seine Marktbearbeitungsstrategie zu entwickeln:
- Qualitätsführerschaft
- Aggressive Preisstrategie
- Niedrigpreisstrategie
- Nischenstrategie

Schließlich kann separat die Strategie der Internationalisierung geprüft werden.

Die folgende Tabelle zeigt, welche Kriterien zu beachten sind, wenn ein Unternehmen eine der Strategien entwickeln will. In der Spalte 1 ist hier beispielhaft eingetragen, wie eine Geschäftsführung die Auswirkungen oder auch die Voraussetzungen für diese Strategie einschätzt. Zum Beispiel erwartet man mit der Strategie der Marktentwicklung eine Zunahme von Umsatz und Marktanteil; die gute Qualität der Mitarbeiter oder auch die Finanzkraft begünstigen diese Strategie.

Strategie: Kriterien:	Markt- entwicklung	Sortiments- entwicklung	Diversi- fikation	Qualitäts- führer	Aggressiver Preisführer
Marktanteil	↑				
Umsatz	↑				
Gewinn	↑				
Finanzkraft	Gut				
Qualität der Mitarbeiter	Gut				
Größe des Unternehmens	Mittelständisch				
Standort	Schlecht				
Kunden	Potenzial vorhanden				
Umfeld z. B. Politik	Stabil				
Umfeld Konkurrenz	Hoch				

Zusammenhang Entscheidungskriterien und Auswahl einer Strategie

Den ausgewählten Strategien können dann bestimmte Betriebsformen des Einzelhandels zugeordnet werden. Die Nischenstrategie ist beispielsweise typisch für ein Spezialgeschäft.
Bei gesellschaftsorientierten Strategien und Entscheidungskriterien könnte der Schwerpunkt z. B. auf einer Öko-Marketingstrategie (viele Supermärkte beziehen heute auch ökologisch orientierte Sortimente ein) oder Sozio-Marketingstrategie liegen.

5.1.2 Das Key Account Management

Anfang der 1970er Jahre hat sich in den USA das Key Account Management (dt. Schlüsselkunden-Management) etabliert, weil immer weniger Kunden immer mehr Umsatz erwirtschafteten und immer mehr Macht auf sich zogen. Es handelt sich dabei um eine im Rahmen eines kundengruppenspezifischen Marketings entwickelte Form der Aufbauorganisation innerhalb eines Unternehmens, bei der die einzelnen Unternehmenssparten nicht nach Produkten, Sortimenten oder Regionen, sondern nach Einzelkunden oder Kundengruppen gegliedert sind. Dadurch soll mehr Kundennähe erreicht werden.
Mit der zunehmenden Konzentration im deutschen Einzelhandel und der damit verbundenen Entstehung großer Nachfragemacht gewann auch hier das KAM an Bedeutung. Entscheidungskompetenzen wurden von dezentralen Bereichen in Zentralen verlagert. Das Qualifikationsniveau der Entscheider hat sich dadurch ebenfalls verändert.
Mit der Implementierung eines Key Account Systems versuchen Großhandelsunternehmen, solche besonders wichtigen Schlüsselkunden besser zu betreuen. Als Erstes stellt sich die Frage,

5. Vertriebssteuerung

wie ein Großhandelsunternehmen die Differenzierung nach „normalen" und Schlüsselkunden überhaupt vornehmen will. Welche Entscheidungskriterien kann nun ein Großhändler auswählen, um Key Accounts zu bestimmen?

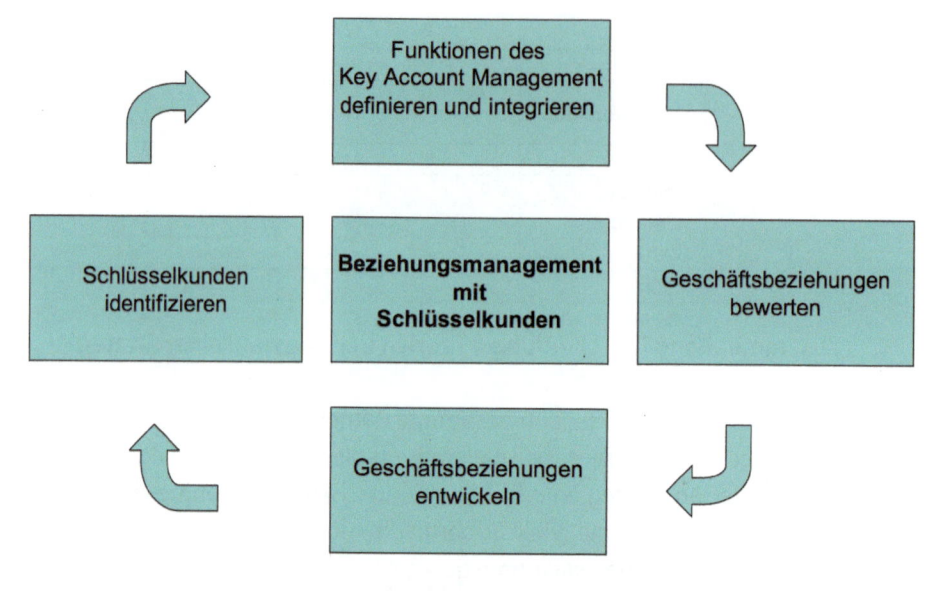

Key Account Management
© Akademie für Welthandel AG, Wolfram Peine 2015

Großkunden:
Eine übliche Einteilung der Kunden ist eine in A-Kunden, B-Kunden und C-Kunden. *(Auf die ABC-Analyse wurde bereits im Kapitel Handelsmarketing eingegangen).* Die A-Kunden, die eine hohe Wichtigkeit haben, weil sie einen hohen Umsatz erzielen, würden dann typischerweise jeweils einem Key Account Manager zugeordnet, der Verhandlungs- und Koordinationspartner ist. Wenn ein Großhändler einen Kunden hat, der einen enormen Anteil des Umsatzes abdeckt, ist das Unternehmen von diesem stark abhängig. Das geschäftspolitische Risiko steigt. Insofern ist es sinnvoll, eine Person speziell für diese Art Kunde zur Verfügung zu stellen, damit gewährleistet ist, dass die Abwicklung der Aufträge optimal läuft.

Entwicklungskunden:
Bei den Entwicklungskunden handelt es sich um Kunden, bei denen der Großhändler vermutet, dass sie zukünftig einen höheren Anteil am Umsatz ausmachen werden. Insofern werden sie vorausschauend unter langfristigen Gesichtspunkten aufgebaut.

Wachstumskunden:
Beim Wachstumskunden ist nicht nur das Potenzial zu höheren Umsätzen erkennbar, sondern das Wachstum ist tatsächlich stetig vorhanden.

Kunden mit hohem Deckungsbeitrag:
Ein weiteres Entscheidungskriterium, Kunden nach Key Accounts einzuteilen, ist ein hoher Deckungsbeitrag oder ein hohes Deckungsbeitragspotenzial des Kunden.

Kundendeckungsbeitrag
Umsatzerlöse
- Erlösminderungen
= **Nettoerlöse**
- variable Herstellkosten
= **Kundendeckungsbeitrag I**
- auftragsbezogene variable Vertriebskosten
= **Kundendeckungsbeitrag II**
- indirekte kundenbezogene variable Vertriebskosten
= **Kundendeckungsbeitrag III**
- Einzelkosten des Kunden
= **Kundendeckungsbeitrag IV**
- Einzelkosten der Kundengruppe
= **Kundendeckungsbeitrag V**

Kunden mit Marktbedeutung:
Dabei handelt es sich um Kunden mit einem hohen Umsatz, wenn diese am Markt entsprechenden Einfluss ausüben.

Prestigeführer:
Hat ein Einzelhändler ein besonders positives Image, ist er sozusagen Prestigeträger, so kann dies auf den eigenen Großhändler positiv ausstrahlen (Irradiationseffekt)

Meinungsbildner:
Es kommt vor, dass es Einzelhändler gibt, die in ihrer Branche als „Wortführer" tätig sind, ohne einen hohen Umsatz zu haben. Wenn der kommunikative Einfluss so hoch ist, erweist es sich mitunter als sinnvoll, diesen Kunden als Schlüsselkunden zu betrachten.

Knowhow-Träger:
Bei diesen Key Accounts ist ein spezielles Wissen auf einem bestimmten Gebiet vorhanden, die Zusammenarbeit eines Key Account Managers mit dieser Art Einzelhändler kann auch hier für den Großhandel nützlich sein.

Steigbügelhalter:
Hierbei handelt es sich um Kunden, die eine Vorreiterrolle in der Einführung und Umsetzung einer bestimmten Technologie oder Dienstleistung durchführen. Die Zusammenarbeit mit diesen ist ebenfalls nicht nur interessant, sondern wichtig. So könnte beispielsweise ein Einzelhändler Selbstscannerkassen einführen.

Komplexe Kunden:
Organisation und Entscheidungsprozesse des Kunden sind so umfangreich, dass ein Spezialist diesen betreuen muss, natürlich in der Regel nur, wenn auch ein entsprechender Umsatz dahinter steht.

Angstkunden:
Bei Angstkunden handelt es sich um Kunden, die im Einkauf durchaus in der Branche „Angst" verbreiten, weil sie es verstehen, Konkurrenzlieferanten untereinander auszuspielen und widersprüchliche Aussagen insbesondere über Beschaffungspreise und Konditionen zu verbreiten.

Entscheidungsmultiplikatoren:
Zum Teil gibt es Einkaufsverbände oder andere Informationseinrichtungen, Testinstitute u. Ä., die einer besonderen Aufmerksamkeit bedürfen, da sie als Verbreiter von Informationen nützlich sein können.

Kundenwunsch:
Schließlich kann es natürlich der Wunsch eines Einzelhändlers selbst sein, einen Sonderstatus einnehmen zu wollen und lediglich einen Ansprechpartner beim Großhandel zu haben, da es ihm aufwendig erscheint, mit vielen zu sprechen.

Die Ziele des KAM sehen dann so aus:
- Intensivierung des Kundenkontaktes
- Pflege des Kunden und damit langfristige Kundenbindung
- Individuelles Eingehen auf kundenspezifische Bedürfnisse
- Bündelung der Koordinationsaktivitäten (dadurch dass nur ein Ansprechpartner Informationen kanalisiert)

5.1 Vertriebsstrategien

- Verbesserung der Position gegenüber Wettbewerbern
- Verkaufsziele besser kontrollieren zu können.

Die Festlegung als Schlüsselkunde erfolgt in der Praxis nach qualitativen und quantitativen Aspekten.

Im Allgemeinen lässt sich feststellen, dass durch persönliche Key Account Manager die Erträge besser sind, als wenn lediglich eine Standardlösung angeboten wird. Wie eine Stellenbeschreibung im Detail für ein KAM aussehen könnte, zeigt die folgende Tabelle.

Stellenbezeichnung	Key Account Manager für den Einzelhändler XY
Stellenkompetenz	■ Fachkompetenz ■ persönliche Kompetenz ■ Methodenwissen ■ unternehmerisches Denken ■ warengruppenspezifisches Denken (nach Aufgabe)
Stellenaufgaben	■ Sammeln kundenrelevanter Informationen ■ Durchleuchten der Kundenorganisation ■ Führen von Kundengesprächen ■ Vermittlung zwischen Regionen und Hersteller ■ Abbau von Zielkonflikten ■ ständige Kontrolle des KAM-Konzeptes, ob Einzelhändler noch Kunde von morgen ist ■ Betreuung des Einzelhändlers vor Ort, z. B. Durchführung von Promotionsaktionen
Stellenverantwortung	■ Absatzplanung des Einzelhändlers ■ Planung individueller Marketingstrategien des EH
Voraussetzungen	■ BWL-Kenntnisse, z. B. Abschluss Handelsfachwirt ■ Verhandlungsgeschick ■ interkulturelle Kompetenz
Stellenziel	langfristige Kundenbindung und Kundenzufriedenheit
Stelleneinordnung	anderen KAMs gleich geordnet, Vertriebsassistenten übergeordnet, Vertriebsleiter untergeordnet
Stellenvertretung	KAMs vertreten sich gegenseitig

Der Key Account Manager selbst muss im Prinzip ein Multitalent sein: Auf der einen Seite muss er die interne Organisation seines Großhandelsbetriebes, auf der anderen Seite muss er auch die Organisation des Schlüsselkunden gut kennen.

5. Vertriebssteuerung

Key Account Manager
© Akademie für Welthandel AG, Wolfram Peine 2015

- Kontrollfunktion
- Kundenwünsche Bearbeiten und intern koordinieren
- Kundenkontakt sichern und pflegen
- Verhandlungs- und Koordinationspartner für Schlüsselkunden
- Verkaufsziele kontrollieren
- Planungs- und Promotionsfunktion
- Warengruppenmanagement
- Entwicklung kundenspezifischer Marketingkonzepte

5.1.3 Vertriebsstrategie-Konzepte

Franchising als Vertriebsstrategie
Unter Franchising versteht man die Form einer vertikalen Kooperation, bei der ein Franchisegeber aufgrund individualvertraglicher Vereinbarungen einem rechtlich selbstständig bleibenden Franchisenehmer gegen Entgelt das Recht einräumt, genau bestimmte Sachgüter oder Dienstleistungen unter Verwendung des Namens, Warenzeichens, der Ausstattung und sonstiger Schutzrechte des Franchisegebers unter Beachtung des entwickelten Absatzsystems auf eigene Rechnung an Endkonsumenten abzusetzen *(s. auch Handelsmarketing)*.

5.1 Vertriebsstrategien

Man kann hier drei Arten von Franchise-Systemen unterscheiden:
- **Produktionsfranchising**, d. h., der Franchisenehmer stellt nach Vorgaben des Franchisegebers Waren her, die er unter dem Warenzeichen des Franchisegebers verkauft.
- **Vertriebsfranchising**, d. h., der Franchisenehmer setzt vom Franchisegeber bezogene Waren ab.
- **Dienstleistungsfranchising**, d. h. das Erbringen standardisierter Dienstleistungen.

Um auf einige strategisch-konzeptionelle Aspekte einzugehen, stellt man sich bei der Wahl der Vertriebsstrategie einige mögliche Fragen hinsichtlich der eigenen Situation:
- Gibt es für die Geschäftsidee ein langfristiges Marktpotenzial?
- Befriedigen die angebotenen Waren einen regelmäßig anfallenden Bedarf?
- Bietet das Konzept besondere Wettbewerbsvorteile gegenüber Konkurrenten?
- Ist die Erfolgsformel übertragbar?
- In welcher Phase (z. B. nach dem Lebenszykluskonzept) befindet sich die Branche?
- Wie viele erfolgreiche Franchisenehmer gibt es bereits und seit wann ist das Konzept auf dem Markt?

Multi-Channel-Strategie
Diese Vertriebsstrategie beinhaltet die Nutzung mehrerer Absatzkanäle. Es ist also eine gleichzeitige parallele Nutzung verschiedener Absatzwege gemeint. Zielsetzung ist es, verschiedene Zielgruppen auf verschiedenen Absatzwegen anzusprechen. Die Kanäle sind dabei miteinander verknüpft, um positive Wechselbeziehungen zu bewirken. Multi-Channel ist also der Vertrieb von Waren unter einem Markennamen über mehrere stationäre und nicht stationäre Vertriebswege an den Endverbraucher. Drei Kriterien lassen sich aus Kundensicht für die erfolgreiche Umsetzung von Multi-Channel-Strategien ableiten:
- Der Auftritt der Marke in verschiedenen Kanälen sollte durchaus nach einheitlichen Gestaltungsprinzipien, also unter einer Corporate Identity erfolgen.
- Innerhalb eines Kanals ist jeweils auf den anderen Kanal hinzuweisen.
- Kunden müssen Absatzwege kombiniert nutzen können, also beispielsweise: Vorinformation im Internet auf der Website, anschließender Ankauf im Geschäft oder umgekehrt, persönliche Vorführung im Geschäft und anschließende Bestellung im Internet.

Bei der Einführung einer Multi-Channel-Strategie sind unter Umständen bestimmte Effekte zu berücksichtigen:
- Kannibalisierungseffekt des Online-Umsatzes: Der online-Umsatz geht zu Lasten des stationären Umsatzes
- Mehrumsatz durch Online-Handel

5. Vertriebssteuerung

- Kaufanbahnung des stationären Umsatzes durch Online-Auftritt
- Image-Effekte
- Erhöhung der Kundenzufriedenheit
- Preisvergleich mit Mitbewerbern

Fallbeispiel: Zwei typische Multi-Channel-Strategen, Conrad Electronics und Tchibo, sollen im Folgenden kurz vorgestellt werden.
Conrad Electronics wirbt auf Werbe-Handzetteln aktiv mit den verschiedenen Absatzwegen:
- -Filiale
- -Internet
- -Katalog

Conrad Electronics betreibt 30 Filialen in Europa. Conrad versendet außerdem 7,2 Millionen Technikpakete jährlich in über 150 Länder.
Ein zweites klassisches Beispiel ist Tchibo. Der Kaffeeröster betreibt inzwischen rund 700 Verkaufsstellen und einen Webshop. Neben den Filialen ist Tchibo flächendeckend mit Depots bei Partnerbetrieben in Supermärkten, Bäckereien und Lottoannahmestellen vertreten.
Gute Voraussetzungen für Multi-Channel-Systeme bringen vertikale Systeme mit, wo beispielsweise der Händler selbst produziert oder die Produktion in Auftrag gibt (Ikea, H&M).

Erfolg versprechend für die Zukunft sind sicher letztlich Systeme, die den Bedürfnissen des Kunden gerecht werden und verschiedene Absatzwege anbieten. Eine Abstimmung der verschiedenen Wege ist notwendig. So ist es nicht nur kostengünstiger, sondern auch transparenter für den Kunden, wenn ein vertriebswegeübergreifendes Angebot für alle Kanäle mit der Möglichkeit besteht, Bestellungen aufgeben zu können, Beschwerden loszuwerden oder Retouren anzubieten, Lieferungen vorzunehmen oder Kundenkarten zu kreieren.
Die Vertriebsstrategie soll auch **Kundenzufriedenheit** schaffen und fördern. Eine Möglichkeit hierfür stellt das USP dar. **U**nique **S**elling **P**roposition kann mit dem Begriff **Alleinstellungsmerkmal** übersetzt werden. Es bezeichnet im Handelsmarketing und der Verkaufspsychologie diejenige Eigenschaft eines Produkts, Sortiments oder Geschäfts, durch die sich ein Angebot deutlich vom Wettbewerb abhebt. Solch ein Kriterium kann beispielsweise der Preis, der Service oder die Qualität sein.
Ein Discounter beispielsweise kann die Preisführerschaft im Markt anstreben und als Alleinstellungsmerkmal den Preis herausstellen.
Im **Produktlebenszyklus** (PLZ) zeigt sich, dass das Alleinstellungsmerkmal nur in den ersten beiden Phasen auf ungesättigten Märkten sehr gut funktioniert. Die Werbung als Neuheit ist ausreichend, um den Konsumenten zu gewinnen. Im Laufe des Zyklus verändert sich dies jedoch, weil zunehmend Konkurrenz auftritt. In der Degenerationsphase verbleibt dann als Al-

leinstellungsmerkmal nur der Preis. Wenn es also einem Handelsbetrieb gelingt, seinen Vertriebsweg über ein Alleinstellungsmerkmal langfristig positiv so aufzustellen, dass damit Kunden gebunden werden, ist das Ziel erreicht.

Eine weitere Möglichkeit einer Kundenbindungsstrategie ist die zielgruppenspezifische Ansprache. Wenn ein Handelsunternehmen je nach Zielgruppe unterschiedliche Vertriebswege anbietet, ist ebenfalls ein Weg in Richtung strategischer Kundenbindung getan.

5.1.4 Customer Relationship Management (CRM) als Marketinginstrument

Gesättigte Märkte und die zunehmende Verschärfung des Wettbewerbs haben dazu geführt, dass das Kundenbeziehungsmanagement, Customer Relationship Management (CRM) immer bedeutender wurde. CRM beschreibt eine Managementphilosophie, die darauf ausgerichtet ist, langfristige, gewinnorientierte Kundenbeziehungen zu gestalten, dauerhafte Kundenbeziehungen aufzubauen und zu pflegen und eine hohe Kundenkonstanz zu erzielen. CRM geht über die reine Kundenbindung hinaus und bezeichnet im Prinzip den gesamten Prozess der Kundenbindung in einigen aufeinanderfolgenden Schritten die aber auch als Einzelmaßnahmen wirksam sein können:

CRM: Langfristige, gewinnorientierte Kundenbeziehungen gestalten!

Zielsetzung
Das Kundenbindungsziel wird nach Inhalt, zeitlichem Bezug und Ausmaß festgelegt.
Ein Beispiel:
- Unser Ziel ist eine steigende Kauffrequenz und Ladenloyalität mit höherer Preisbereitschaft (Inhalt)
- im nächsten Jahr (zeitlicher Bezug)
- bei 30 Prozent (Ausmaß) der Kunden im Alter von 29 bis 38 Jahre, wohnhaft in mittelgroßen Städten.

Kundenorientierung und Produktqualität
Ausrichten an den Bedürfnissen und Wünschen des Kunden unter Beachtung der Kaufkraft

Kundenzufriedenheit und Kundenwert
Nach dem Gebrauch oder Verbrauch des Produkts wird sich der Kunde fragen, ob er zufrieden war oder nicht. Es entsteht eine mögliche Kundenbindung, weil der Kunde zufrieden war und

wiederkommt. Es entsteht ein Kundenwert, d. h., der Grad der Kundenbindung und die Gewinnhöhe können den Kundenwert zum Ausdruck bringen.
Das Unternehmensziel ist erreicht (= CRM).

Der Kundenwert wird durch unterschiedliche Verfahren ermittelt Zum Beispiel kann man sämtliche Ausgaben des Kunden (i. d. R. der Umsatz) für einen bestimmten Zeitraum nehmen und die Aufwendungen gegenüberstellen (Kosten für Beratung, Verwaltung etc.). Eine andere Methode zur Ermittlung des Kundenwert bedient sich der **ABC-Analyse**, oder man erstellt ein **Kundenportfolio** *(siehe untenKapitel 5.1.8, Tabelle „Lifestyle-Typen und Sortimentsstrategie")*.

Kundenclub (z. B. Wein) mit Kundenkarte für die Kunden der Fachmärkte: mittleres Alter in gesicherter Position – ab ca. 35 Jahren, ledig, männlich und weiblich – gehobenes Einkommen, Geld zur Verfügung Einkäufe beziehen sich auf Party-Einladungen und gesellige Abende mit Gleichgesinnten, Treffen mit Freunden, Geburtstage und Jubiläen.

Sortiment	Wein, Sekt und Champagner, Gläser und gehobene Dekorationsartikel
Preis	höheres Preisniveau
Kundenansprache	Befragung direkt an der Kasse zur Teilnahme am Kundenclub mit Kundenkarte eventuell oder Direkt Mail vor Festtagen.
Verkaufsförderung	bedarfsorientiert mit Weinabenden mit Verkostung und Vorstellung von Anbaugebieten, Warenpräsentationen und Cocktailseminare von Lieferanten
Service	Fachkundige Beratung und Planung von privaten Feiern. Anlieferung zu Selbstkosten, Kostenberechnung nach Entfernungskilometer, ertragsorientiert kalkuliert
After Sale Befragung	Direkte Kundenansprache bei Nutzung der Kundenkarte und Auswertung der Umsatzdaten

Daraus, CRM als Marketinginstrument einzusetzen, hat sich ein ganzheitlicher Ansatz entwickelt, der drei Bereiche des Unternehmens einbezieht: das **Personal**, die **Technik** und die **Organisationsstruktur**. Auf diese drei Elemente soll im Folgenden näher eingegangen werden:

Mitarbeiter- und Kundenorientierung
Zufriedene Mitarbeiter sind die Grundvoraussetzung für eine erfolgreiche Kundenorientierung. Viele Unternehmen integrieren diesen Gedanken in ihre Unternehmensphilosophie oder in ihr Leitbild. Allein die Tatsache, dass Unternehmen die Mitarbeiter- und Kundenorientierung in ihr

Leitbild aufnehmen, bedeutet nicht per se, dass dies unweigerlich zum Erfolg führt. Ein Leitbild ist erfolgreich, wenn es gelebt wird. Wie ist die persönliche Leistungsbereitschaft des einzelnen Mitarbeiters im Handelsunternehmen zu beurteilen? Fördern die Führungskräfte ein kundenorientiertes Verhalten? Findet eine entsprechende Kundenfreundlichkeit des Mitarbeiters Lob und Anerkennung beim Vorgesetzten? Eine Möglichkeit, Mitarbeiter zu motivieren, ist die Einführung kundenorientierter Vergütungssysteme. Diese sind allerdings nicht ganz unumstritten, da sie oft ökonomische Messgrößen wie Umsatz oder Gewinn als Basis haben. Dies könnte dazu führen, dass Mitarbeiter ihre Kundenorientierung nur noch an ertragsstarken Kunden ausrichten und andere Kunden vernachlässigen oder das Verhältnis Mitarbeiternutzen und Kundennutzen in einem ungesunden Verhältnis steht. Außerdem ist die quantitative Messung auf einen kurzfristigen Erfolg gerichtet. CRM zielt aber gerade auf eine langfristige Orientierung ab. Deshalb gibt es Forderungen danach, qualitative Größen als Grundlage zu nehmen: Etabliert hat sich als qualitative Messgröße die Kundenzufriedenheit als Schlüsselfaktor für die Leistung des Mitarbeiters. Bedingungen für die Einführung eines solchen Systems sind die:

- Zurechenbarkeit der Kundenzufriedenheitswerte auf organisatorische Einheiten,
- Beeinflussbarkeit, d. h., der Mitarbeiter muss Einfluss auf die Kundenzufriedenheit nehmen können,
- Motivationswirkung, d. h., der Mitarbeiter muss einen entsprechenden Anreiz verspüren,
- Flexibilität, d. h., das Vergütungssystem muss sich Änderungen im Unternehmen flexibel anpassen können,
- Transparenz, d.h., dass für die Mitarbeiter klar sein muss, wie das Vergütungssystem funktioniert,
- Akzeptanz, d.h., dass alle Beteiligten mit dem System einverstanden sind.

Auch bei der Personalbeschaffung und -auswahl kann das Augenmerk auf solche Mitarbeiter gelegt werden, die sehr kundenorientiert sind. Weiterhin können im Rahmen von Personalbeurteilungen beim Arbeitsverhalten kundenorientierte Gesichtspunkte berücksichtigt werden. Nicht ohne Grund legt eine moderne Personalentwicklung von Unternehmen besonderen Wert auf kundenorientierte Schulungsmaßnahmen. Nicht zuletzt stellt sich die Flexibilität des einzelnen Mitarbeiters im Umgang mit dem Kunden als entscheidender Erfolgsfaktor heraus. Die meisten Mitarbeiter wollen gern eigenverantwortlich handeln.

Die Aufdeckung ungeahnter Potenziale von Mitarbeitern (Wissensmanagement) ist wichtig. Kreativität und Planungs- und Organisationsvermögen, Entscheidungsbereitschaft und Selbstvertrauen sind Bestandteile persönlicher Anforderungen an heutige Mitarbeiter.

Technik und Kundenorientierung

Bei kleinen Einzelhandelsbetrieben dürfte das Kundenbeziehungsmanagement aus dem Erinnerungsvermögen des Ladeninhabers und seiner Mitarbeiter bestehen. So wird der Kunde persönlich mit Namen begrüßt und ein persönliches Gespräch geführt. Mit zunehmender Kundenfrequenz und steigenden Kundenzahlen wird für große Handelsunternehmen die persönliche Kundenansprache natürlich zunehmend schwieriger. Man verliert leicht den Überblick und ist auf Hilfsmittel angewiesen. Wichtig ist es dabei, die Kunden zu identifizieren, diese Informationen zu speichern und die getätigten Einkäufe zu erfassen.

Wenn der Kunde einen grundsätzlichen Nutzen darin sieht, dass die Daten vertraulich aufgenommen werden, dann wird er diese auch herausgeben. Sinnvollerweise setzt man eine entsprechende EDV Software dazu ein. Mit entsprechenden Kenntnissen kann man sich nach bestimmten Kriterien sein IT System passend zusammenstellen.

Mit dem Einsatz bestimmter Schlüsseltechnologien wie Data-Warehousing und Data-Mining können Informationen im Handel gezielt ausgewertet werden. Bei Data-Warehouse handelt sich um spezielle Datenbanken, mit denen aus alten und aktuellen Daten Kundeninformationen gefiltert werden.

Data-Mining dient zur Kundenanalyse. Zum einen können statistische Verfahren Zielgruppen identifizieren und entsprechende Segmente bilden und diese dann zum Beispiel durch direkte Kommunikationsmöglichkeiten ansprechen. Zum anderen wird Data-Mining anhand spezifischer vorgegebener Informationen zur Berechnung von Kaufwahrscheinlichkeiten herangezogen.

Organisationsstruktur und Kundenorientierung
In den vergangenen Jahren haben sich verschiedene moderne Aufbauorganisationen etabliert, die einer Kundenorientierung Rechnung tragen. Die Gestaltung der Aufbauorganisation richtet sich nach den Grundsätzen der:
- Flexibilität: Sie muss sich mühelos an Veränderungen im Zeitablauf anpassen,
- Transparenz: Sie muss für die Mitarbeiter klar und nachvollziehbar sein,
- Wirtschaftlichkeit: Sie muss nach dem ökonomischen Prinzip gestaltet sein,
- Dauerhaftigkeit (Kontinuität):. Sie muss über einen längeren Zeitraum gelten und darf nicht ständig geändert werden und nicht zuletzt der Kundenorientierung.

Funktionale Abgrenzungen, Formalismen, Mehrfachunterstellungen und zu starke Spezialisierungen sind danach in einer kundenorientierten Organisation eher zu vermeiden. Traditionelle linien- und hierarchisch orientierte Leitungssysteme wie das Einlinien- und Mehrliniensystem werden in der Aufbauorganisation abgelöst durch teamorientierte und projektorientierte Organisationsformen.

Um zu ermitteln, welche Zielgruppe in den Bereich des Kundenbindungsmanagement fällt, kann auch auf die Portfolioanalyse *(vgl. Handelsmarketing)* zurückgegriffen werden. Als Messgröße dienen der Kundenwert und das Ertragspotenzial.

Entsprechend der Produktumsätze kann man verschiedene Arten von Kunden unterscheiden.

Fragezeichenkunden

Sie zeichnen sich durch ein hohes Ertragspotenzial aus mit einem zurzeit niedrigen Kundenwert. Bei dieser Zielgruppe kann es sich um Personen handeln, die heute über wenig Einkommen verfügen, jung sind, vielleicht noch in der Ausbildung und sich später möglicherweise durch Veränderung der Arbeit oder der Haushaltsgröße in Richtung Starkunden entwickeln könnten.

Starkunden

Diese sind geprägt durch hohes Ertragspotenzial und einen hohen Kundenwert. Hier gilt es in jedem Fall eine langfristige Kundenbindung aufrechtzuerhalten.

Selektionskunden

Sie fallen durch ein niedriges Ertragspotenzial und einen niedrigen Kundenwert auf. Hierbei handelt es sich also um eine Zielgruppe, bei der in Zukunft voraussichtlich wenige Veränderungen eintreten werden, beispielsweise die Rentner.

Ertragskunden

Das sind Kunden, die einen hohen Kundenwert haben, aber ein niedriges Ertragspotenzial aufweisen. Hier wird es sich um gut verdienende Personen handeln, bei denen voraussichtlich zukünftig kaum Änderungen eintreten werden. Auch hier ist eine langfristige Kundenbindung anzustreben.

Als Beurteilungskriterien für die einzelnen Portfolioquadranten können
- das verfügbare Einkommen (nicht immer messbar),
- die Dauer der Kundenbeziehung,
- der bisher getätigte Umsatz und
- die Möglichkeit einer Zusammenarbeit mit dem Kunden genannt werden.

5.1.5 Formen der Kundenbindung

Kundenbindung kann auf sehr unterschiedliche Weise erreicht werden.

Emotionale Kundenbindung:
Emotion (lateinisch = Bewegung, Erregung) ist ein Prozess, der durch geistige Bewertung zum Beispiel eines Handelsgeschäftes ausgelöst wird und das subjektive Gefühlserleben anspricht und gegebenenfalls mit einer Veränderung der Verhaltensbereitschaft einhergeht. Emotionen

lassen sich in angenehme Gefühle (Freude) und unangenehme Gefühle (Ärger) einteilen. Wenn es einem Handelsgeschäft beispielsweise mit dem Instrument des Visual Merchandising gelingt, angenehme Emotionen beim Kunden hervorzurufen und der Kunde eine hohe Zufriedenheit spürt, wird sich der Kunde bei der nächsten Wahl der Einkaufsstätte wieder für das gleiche Geschäft entscheiden. Dies kann beispielsweise bereits mit der freundlichen Begrüßung und Verabschiedung der Kassierer beginnen.

Ökonomische Kundenbindung:
Eine ökonomische Kundenbindung liegt dann vor, wenn der Kunde subjektiv wahrnehmbare wirtschaftliche Vorteile in der Geschäftsbeziehung sieht. Beispielsweise sammelt der Kunde Bonuspunkte und hat nach einer gewissen Zeit einen ökonomischen Vorteil. Würde er in ein anderes Geschäft gehen, entfiele dieser Vorteil.

Vertragliche Kundenbindung:
Hier ist der Kunde durch seine Unterschrift über einen längeren Zeitraum gegenüber dem Geschäft verpflichtet, „treu" zu sein. Dies könnte der Fall sein, wenn der Kunde einen Wartungsvertrag oder einen Handyvertrag über einen bestimmten Zeitraum abschließt oder wenn er eine Zeitung abonniert hat.

Technisch-funktionale Kundenbindung:
Die technisch-funktionale Kundenbindung ist dadurch gekennzeichnet, dass der Kunde in der Folge des ursprünglichen Erstgeschäftes weitere Folgegeschäfte zu tätigen hat. So hat der Kunde ein neues Soundsystem mit Boxen in einem Fachgeschäft gekauft und benötigt noch entsprechende Kabel. Die besorgt er dann in demselben Fachgeschäft. Danach stellt der Kunde vielleicht fest, dass er einen neuen Receiver benötigt, weil der alte Receiver nicht zum neuen Soundsystem passt. Später stellt der Kunde fest, dass er einen neuen Fernseher braucht, weil er ebenfalls damit digitale Soundmöglichkeiten befriedigt haben will usw.

Als Kundenbindungsinstrumente kann man im Prinzip die gesamte Palette des Marketing-Mix heranziehen. Im Handel wird man sich häufig auf den Bereich des Service schwerpunktmäßig einlassen, weil hier das größte Potenzial an Strategien zur Abhebung von der Konkurrenz besteht (Beratung vor dem Kauf, Probenutzung, Einkaufswagen, Parkplätze usw.).

Kundenbindung: Emotional – Ökonomisch – Vertraglich – Technisch-funktional

Typische Kundenbindungsinstrumente im Handel:

Kundenbindungsinstrument	Kurzbeschreibung
Kundenzeitschriften	Unentgeltlich periodisch erscheinende Publikationen vom Handel für Kunden
Kundenkarten	Karten mit vielfältigen Funktionen: Kredit, Bonus, Rabatt, Zusatznutzen, Versicherung u. a. Payback-Karten. Sie dienen zur Informationsgewinnung und zum individuellen Dialog, Beispiele: Cumulus von Migros, Supercard von Coop, Ikea-Family-Karte
Kundenclubs	Mitgliedschaft in einer Art „Verein", zur Stärkung emotionaler Bindung, Beispiel Ikea-Family-Club
Bonusprogramme	Vorteile in Form von Naturalrabatten, Sach- oder Geldprämien, Beispiel Bonuskarte beim Bäcker: bei Kauf von 10 Broten eins gratis
Events	Inszenierungen und Kontrolle von Veranstaltungen oder Ereignissen für spezielle Zielgruppen (REWE Family Day)
Coupons	Gedruckte oder elektronische Bezugsberechtigungen, die bei Einlösen einen geldwerten Vorteil versprechen und Verhaltensänderungen beim Verbraucher bewirken sollen (Internetshop)
Beschwerdemanagement	Aktives Wiederherstellen der Kundenzufriedenheit kann zu besonders starker Kundenbindung führen
Kundenforen	Austausch von Kunden untereinander z. B. im Internet
Servicenummern	Angebot bestimmter Telefonnummern und Hotlines zur Beantwortung von Fragen: 0180, 0190, ...
Kundenkredite	Angebot von Ratenzahlungen
Messeeinladungen	Zusenden einer Eintrittskarte oder Ermäßigung, Verkostung u. Ä.

Aus der Tabelle wird deutlich, dass es sich dabei jeweils um Maßnahmen handelt, die verschiedene Instrumente des Marketings anbelangen können und eine optimale Abstimmung (Mix) ebenfalls notwendig machen.

5.1.6 Phasen in Managementprozessen

Managementprozesse durchlaufen folgende Phasen:

Zielbildung:
Die Zielbildung umfasst handelsbezogene Ziele (ökonomische Ziele wie Umsatzsteigerung, Marktanteilserweiterung), Beschaffungsziele (z. B. bessere Konditionen) und Absatzziele (z. B. Kundenbindung).

Problemerkenntnis:
So kann ein Soll-Ist-Vergleich verschiedener Kennzahlen ergeben, dass zwischen den gewünschten Zielen und der tatsächlichen Ausführung eine Differenz vorhanden ist.

Analyse:
Bei der Analyse wird man versuchen, Ursachen für die Abweichungen zwischen gewünschtem Soll und tatsächlichem Ist herauszufinden. So könnten sowohl ein verändertes Konsumverhalten als auch Werbeaktionen der Konkurrenz, Gesetzesänderungen oder noch andere Einflussfaktoren zu einem geringeren Umsatz im Einzelhandel geführt haben.

Planung, Die Suche nach Alternativen und Bewertung:
Hier wird das Handelsunternehmen überlegen, mit welchen Marketingstrategien der gewünschte Umsatz erreicht werden kann (Planung). Dies könnte z. B. eine Diversifikationsstrategie sein. Häufig wird man in diesem Zusammenhang verschiedene Strategiepläne als Alternativen erarbeiten (Alternativensuche) und diese hinsichtlich z. B. ihrer Kosten und ihres Erfolges bewerten.

Entscheidung:
In der Entscheidungsphase legt man eine Alternative fest.

Durchführung:
Jetzt wird die Maßnahme realisiert.

Steuerung und Kontrolle:
Nach der Durchführung wird überprüft, ob es zu der oben genannten Zielsetzung Abweichungen gibt.

Wie ein Sortiment also langfristig auszusehen hat, ist abhängig davon, wie ein solcher Planungsprozess inhaltlich ausgestaltet ist. Letztlich wird der Kunde darüber entscheiden, wie sich das Sortiment zusammensetzt und wie erfolgreich ein Handelsbetrieb auf Bedürfnisse eingehen kann.

5.1.7 Sortimentsstrategien unter dem Aspekt der Hersteller- und Händlerinteressen

In den letzten Jahren hat sich der Begriff des Warengruppenmanagement oder Category Management verbreitet. Der Begriff etablierte sich Anfang der 90er Jahre und beinhaltet die Strukturierung des Sortiments in einem Einzelhandelsgeschäft nach Warengruppen. Dabei handelt es sich insbesondere um eine Zusammenarbeit zwischen Herstellern und Händlern, deren wesentliches Merkmal darin besteht, Warengruppen als strategische Geschäftsfeldeinheiten zu sehen (SGEs). Das Besondere daran ist die Zuordnung von Produkten zu bestimmten Warengruppen und zwar aus der Sicht des Kunden. Im Prinzip könnte der Hersteller auf die Anforderungen des Handels reagieren und Warengruppen so zusammenfassen, wie es der Handel wünscht.

Aber aus Sicht des Herstellers gibt es eigene Aspekte zu berücksichtigen:
- Umfeld des eigenen Produktes so gestalten, dass es besser verkauft wird
- Regalfläche, die zur Verfügung gestellt wird, sollte möglichst groß sein
- Aufmerksamkeitsgrad, den das Produkt aufgrund der Platzierung im Umfeld erhält
- Stellenwert, den der Handel dem Produkt zuweist
- Beurteilung des Verbrauchers im Vergleich zu den platzierten Konkurrenzprodukten

Insbesondere bei neuen Produkten ist die Zuordnung für den Hersteller von entscheidender Bedeutung. Dies setzt eine positive Bereitschaft zur Unterstützung beim Handel voraus und die Möglichkeit der Identifikation beim Verbraucher.

5.1.8. Sortimentsstrategien unter dem Aspekt der Kundengewinnung und Kundenbindung

Sortimente an den Bedürfnissen des Kunden auszurichten ist wohl die wichtigste Planungsgröße. Was hilft es mir als Einzelhändler, noch so vermeintlich gute Sortimente anzubieten, wenn der Kauf ausbleibt? Im Bereich Handelsmarketing wurde bereits auf die Auswahl möglicher Sortimentsstrategien eingegangen:
- Sortimentserweiterung (ähnliche Produkte aufnehmen, Varianten anbieten),
- Sortimentsveränderung (Austausch einzelner Artikel),

5. Vertriebssteuerung

- Sortimentsstraffung (Sortimentstiefe reduzieren) und dazu neu
- Sortimentsinnovation, d. h. völlig neue Produkte in das Sortiment aufnehmen.

Grundlage der Sortimentsstrategieausrichtung ist die Erforschung der Zielgruppen. Wenn das Handelsunternehmen eine Marktanalyse über heutige und potenzielle Zielgruppen vorgenommen hat, kann man die Sortimentsstrategien für die Zukunft darauf ausrichten. Möglich ist, ein **Kundenportfolio** zu erstellen. So kann man sich verschiedene Lifestyle-Typen, d. h. Käufertypologien vorstellen. Ihnen könnte man bestimmte Sortimente bieten und so konkret auf ihre Erwartungen eingehen. Letztlich wird das Kaufverhalten von Konsumenten durch eine Vielzahl von Faktoren beeinflusst. Als wesentliche Bestimmungsfaktoren werden **psychische Determinanten** wie Emotionen, Bedürfnisse, Einstellungen, Denken und Wahrnehmung und **soziale Determinanten** (soziale Schicht, Gruppe, Familie) genannt. Je nachdem, um welches Kaufobjekt es sich handelt, wirken verschiedene Variablen in einem komplexen Kaufentscheidungsprozess zusammen. Häufig wird in der Praxis gefragt, warum überhaupt eine Zielgruppeneinteilung vorzunehmen sei. Es solle dem Handel doch egal sein, wer sein Produkt kauft, Hauptsache, er mache einen entsprechenden Umsatz. Mit der Kenntnis der Zielgruppen hat ein (Handels-)Unternehmen letztlich aber die Möglichkeit, diese ganz spezifisch anzusprechen und auf deren Bedürfnisse einzugehen. Einem Impulskäufer muss im Regelfalle keine intensive Beratung auferlegt werden. Ein Rationalkäufer hingegen verlangt nach weiteren Informationsbroschüren. Ein Intensivverwender benötigt größere Verpackungseinheiten. Ein Gewohnheitskäufer reagiert auf Preisänderungen unempfänglich.

Fallbeispiele: Im Handel gibt es einige Beispiele für Unternehmen, die eine spezielle Zielgruppenansprache vornehmen. So hat das 1943 in Schweden gegründete Unternehmen IKEA bei seinem Eintritt in den deutschen Markt auf das Segment des jüngeren Käufers seinen Schwerpunkt gesetzt. Marketingspezifische Maßnahmen unterstreichen dieses: preispolitische Aktivitäten, werbepolitische Maßnahmen, Sortimentsaufbau. Weltweit hatte Ikea 2013 einen Umsatz in Höhe von 27,9 MRD Euro; das erworbene Image ist familienfreundlich und nach außen fair.

Weitere Beispiele:
- Aldi (Lebensmittel): preis- und convenience-orientierte Kunden aller Schichten
- Deichmann (Schuhe): preisbewusste Käufer von Damen-, Herren- und Kinderschuhen
- Hennes und Mauritz (Bekleidung): preis- und modeorientierte Käufer von Damen-, Herren- und Kinderkleidung, überwiegend Young Fashion und Business Kleidung

In den letzten Jahren hat sich eine Klassifizierung nach sogenannten **Lifestyletypen** herausgebildet. Eine Einteilung wird nach Kotler/Bliemel (Marketing Management) in acht Gruppen vorgenommen:

Vier Gruppen mit größeren persönlichen Ressourcen:
- **Verwirklicher (Actualizers):** erfolgreich, gebildet, aktiv, „Pack-es-an-Leute". Einkäufe spiegeln oft einen kultivierten Geschmack für relativ hochwertige Nischenprodukte wider.
- **Erfüllte (Fulfills):** reif, zufriedengestellt, sorgenfrei, reflektiv. Favorisieren Dauerhaftigkeit, Funktionalität und Wert von Produkten.
- **Erreicher (Achiever):** erfolgreich, karriere- und arbeitsorientiert. Bevorzugt etablierte Prestigeprodukte, die Erfolge gegenüber ihren Bezugsgruppen demonstrieren.
- **Erleber (Experiencers):** jung, lebendig, enthusiastisch, impulsiv rebellierend. Geben einen relativ hohen Anteil ihres Einkommens für Kleidung, Fast Food, Musik, Kino und Video aus.

Vier Gruppen mit wenigen persönlichen Ressourcen:
- **Gefestigte (Believers):** konservativ, konventionell und traditionell. Favorisieren bekannte Produkte und etablierte Marken.
- **Aufstreber (Strivers):** unbestimmt, ihrer selbst nicht sicher, nach Bestätigung suchend, in ihren Mitteln eingeschränkt. Bevorzugen modische Produkte, die die Produkte der wohlhabenden Personen nachahmen.
- **Selbermacher (Makers):** praktisch, selbstversorgend, traditionell, familienorientiert. Favorisieren Produkte, die praktisch und funktional sind wie z. B. Werkzeuge, Nutzfahrzeuge.
- **Überlebensbemühte (Struggler):** ältlich, resigniert, passiv, besorgt, in ihren Mitteln eingeschränkt. Vorsichtige Konsumenten, bleiben bei ihren bevorzugten Marken.

Interessant für die Festlegung der Sortimentsstrategie ist insofern die Zusammensetzung eines Kaufs, hieraus kann das Unternehmen Rückschlüsse ziehen, wie sich das Sortiment zusammensetzen soll. Entsprechend können daraus die oben genannten Sortimentsstrategien abgeleitet werden.
So könnte eine Sortimentsstraffung vorgenommen werden, wenn nur bestimmte Artikel nachgefragt und gekauft werden. Eine Sortimentserweiterung oder Innovation bietet sich zum Beispiel auch an, wenn Kunden nach bestimmten Artikeln fragen. Eine Sortimentsänderung könnte erfolgen, wenn zurückgehende Umsätze in bestimmten Produktbereichen zu beobachten sind.

5. Vertriebssteuerung

Die oben erwähnten Lifestyle-Typen könnten mit ganz bestimmten Sortimenten bedient werden. Eine mögliche Idee dazu gibt die folgende Tabelle:

Lifestyle-Typen	Sortimentsstrategie
Verwirklicher	hochwertige Nischenprodukte
Erfüllte	qualitativ hochwertige Produkte
Erreicher	Image-/Prestigeprodukte
Erleber	Impulsartikel
Gefestigte	bekannte Markenartikel
Aufstreber	modische Produkte
Selbermacher	funktionsorientierte Produkte
Überlebensbemühte	günstige, bekannte Artikel

An dieser Stelle sollte aus der Verhaltensforschung das sogenannte SOR-Modell vorgestellt werden. Mit diesem Modell können Motivations- und Entscheidungsprozesse erklärt werden.

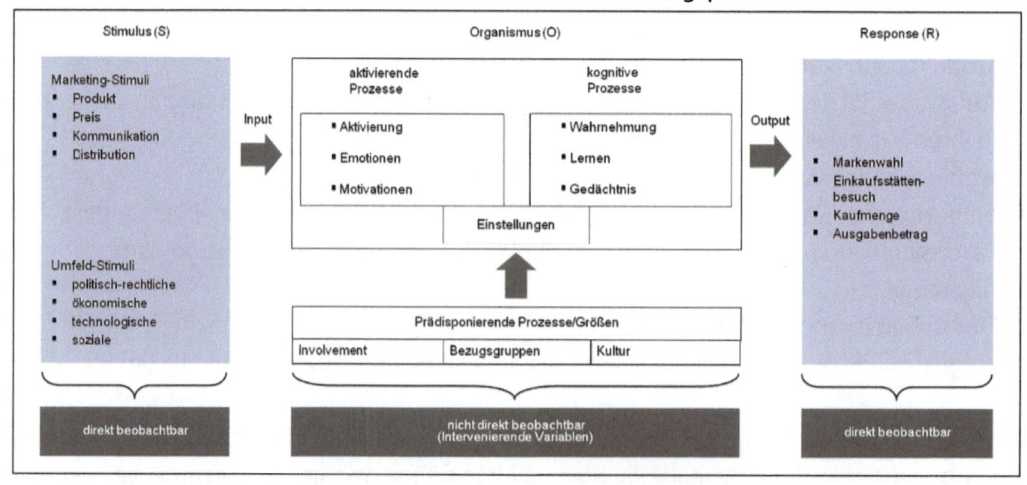

SOR-Modell für den Einzelhandel bezogen auf die Sortimentsstrategie
http://wirtschaftslexikon.gabler.de/Archiv/9811/kaeufer-und-konsumentenverhalten-v10.html

S steht für Stimulus oder Reizauslöser

Reizauslöser für den Konsumenten, eine bestimmte Einkaufsstätte im Einzelhandel aufzusuchen, könnte außerhalb der Einkaufsstätte u. a. ein Werbeprospekt als Beilage in der Zeitung, ein Fernsehspot oder auch das Ladengeschäft selbst sein. Welche Reizauslöser kann es innerhalb der Einkaufsstätte geben?

Ohne Zweifel sind es u. a. die folgenden:
- Atmosphäre
- Licht
- Farben
- Musik
- Aufbau des Geschäftes
- Sonderaufsteller
- Erlebnisorientierung
- In Bezug auf die Sortimente:
- Gestaltung der Regale
- Platzierung der Produkte

O steht für Organismus
Organismus bedeutet, dass der Reiz eine bestimmte Aktivierung in der Psyche des Konsumenten auslöst – dies können Emotionen wie Freude oder Ärger sein. Dies kann auch bedeuten, dass der Kunde eine bestimmte Einstellung gewinnt oder bestimmte Erwartungen in Bezug auf konkrete Sortimentszusammensetzungen entwickelt. Es entstehen Motive (Beweggründe, etwas zu kaufen oder nicht zu kaufen) und Emotionen. Dieser Teil ist am schwierigsten messbar, da er sich im Innern des Konsumenten abspielt (und das ist eine „Black Box"!). So entwickeln sich sogenannte kognitive (gedankliche) Prozesse, die zu Dissonanzen, d. h. Störgefühlen führen können, oder aber Kognitionen, die nach Harmonie streben und im nächsten Schritt zu einer Handlung führen Kognitive Dissonanzen (gedankliche Störgefühle) entstehen durch selektive Wahrnehmung. Die sind insbesondere dann folgenreich, wenn sie nach dem Kauf entstehen (Kaufkater). Allerdings ist heutzutage fast überall die Möglichkeit des unbegründeten Umtausches gegeben, sodass letztlich die kognitive Dissonanz so auch abgebaut werden kann.

R steht für Response oder tatsächliche Reaktion
Die Reaktion des Konsumentenverhaltens wiederum ist messbar, zum Beispiel in Form:
- des tatsächlichen Kaufs
- der Anzahl der gekauften Produkte
- der Arten der gekauften Produkte
- der Verweildauer im Geschäft
- des Wiederkaufs
- der Häufigkeit eines Einkaufs

5.2 Flächenoptimierung

5.2.1 Flächenarten

Man kann drei Flächenarten in einem Geschäft unterscheiden:
- **Warenfläche**, das ist die Fläche zur Präsentation der Waren auf Warenträgern (Regalen, Raumeinrichtung)
- **Kundenfläche:** Fläche für den Kundenlauf, d. h., Wege, Eingänge, Treppen
- **Übrige Verkaufsfläche:** Kassenzonen, Kabinen zur Anprobe, Umtauschtheke, Information

Im Rahmen der Raumanordnung beschäftigt sich der Kaufmann mit der Frage, wie ein Geschäft aufgebaut wird. Dabei muss beispielsweise die Frage beantwortet werden, wie die Regale anzuordnen sind. Man unterscheidet zwei Prinzipien:

Zwangslauf
Beim Zwangslauf ist dem Kunden durch die Anordnung der Regale der Weg im Geschäft vorgeschrieben.

Individuallauf
Beim Individuallauf kann der Kunde selbst frei über den Weg entscheiden.

Weiterhin geht es um die **Warenplatzierung**. Man beschäftigt sich dabei mit Fragen, wo einzelne Artikel in welcher Menge platziert werden (Space Management).

Eine optimale Flächengestaltung wird grundsätzlich durch verschiedene Faktoren beeinflusst:
- **Rechtliche Bestimmungen:** Geschossanzahl, Verkaufsfläche, Sortiment, bauliche Nutzungsbestimmungen, Parkflächen, notwendige Ausstattungselemente, Sicherheit wie Fluchtwege, Sicherheitseinrichtungen
- **Ökonomische Kriterien:** Aufteilung und Anordnung der Räume
- **Lieferanten:** Bestehen vertragliche Verpflichtungen, die Waren in einer bestimmten Form zu präsentieren?
- **Konkurrenten:** sich abheben von der Konkurrenz oder anpassen an die Konkurrenz
- **Kunden:** Berücksichtigung verschiedener Kaufverhaltenstypen (s. Life-Style-Typen)
- **Produkte:** z. B. physikalische Eigenschaften von Produkten wie Temperatur (gefrorene Ware)
- **Personal:** Überschaubarkeit und Verständlichkeit des Verkaufsangebots für Kunden

5.2 Flächenoptimierung

Eine Optimierung der Fläche zielt darauf ab,
- die Suchzeiten für Kunden zu verringern (dem dienen Kategorienbildung und Zweitplatzierung),
- eine verbesserte Orientierung in der Einkaufsstätte zu bewirken,
- Impulskäufe anzuregen und eine Erhöhung des durchschnittlichen Kassenbons zu erreichen,
- Verbundkäufe zu initiieren (Category Management Verbundplatzierung von Artikeln trägt dazu bei),
- Plankäufe zu unterstützen (beispielsweise durch Orientierungshilfen und Hinweise),
- Informationsentlastung,
- Unsicherheit bei der Kaufentscheidung zu reduzieren (beispielsweise durch eine Reduktion von substituierbaren Artikeln),
- letztlich die Kundenzufriedenheit zu erhöhen und
- eine Erlebnisorientierung zu vermitteln (durch Musik, Farben, Gestaltung der Einrichtung, Beratung, Kompetenz).

5.2.2 Kundenlaufstudien

Kundenlaufstudien gehören im Rahmen der Marktforschung zur Methode der Beobachtung. Hierbei werden Verhaltensweisen von Personen innerhalb einer Einkaufsstätte erfasst. Es gibt dazu einige Erfahrungsregeln:
- Kunden bevorzugen die Außengänge eines Geschäftes.
- Sie halten sich eher rechts auf.
- Sie laufen in der Regel entgegen dem Uhrzeigersinn, sodass die Ladenmitte oft gemieden wird.
- Kunden bewegen sich mit einer bestimmten Geschwindigkeit: Der Gang durch das Geschäft ist zunächst schnell, dann langsam und zum Schluss wieder schnell.
- Kehrtwendungen und Ladenecken werden gemieden.
- Meist blicken Kunden innerhalb einer Einkaufsstätte eher nach rechts und greifen auch eher nach rechts.
- Etagen werden seltener aufgesucht, je weiter sie von der Eingangsebene entfernt sind.
- Die Regalhöhe beeinflusst markant das Kaufverhalten: Ein Artikel in Augenhöhe wird hundertmal verkauft, ein Artikel in Brusthöhe nur siebzig Mal, in Fußhöhe lediglich dreißig Mal.

Hieraus ergeben sich natürlich wichtige Rückschlüsse für die Optimierung von Verkaufsflächen. So stehen Artikel des täglich notwendigen Bedarfs in der Regel in Fußhöhe (Butter, Milch, Mehl).

Aus den Kundenlaufstudien lassen sich eine Reihe von Empfehlungen für die **Verkaufsflächengestaltung** ableiten. Bei **Verbundplatzierungen** werden Artikel mit komplementären, sich ergänzenden Artikeln miteinander platziert. Der Kunde soll damit entlastet und zu Impulskäufen angeregt werden.

Eine **Mehrfachplatzierung** bedeutet, an verschiedenen Standorten innerhalb einer Einkaufsstätte das Produkt wiederholt zu platzieren. Motiv kann sein, dass es sich um eine Sonderangebotsaktion handelt. Es kann aber auch sein, dass Suchzeiten der Kunden verkürzt werden sollen oder dass eine eindeutige Abgrenzung nicht immer von allen Kunden in gleicher Weise vorgenommen wird (zum Beispiel Grieß: bei Babynahrung, im Suppenbereich und bei Backwaren).

Die Platzierung von Impulsartikeln kann sowohl in Form einer Mehrfachplatzierung als auch einer Wechselplatzierung vorgenommen werden, d. h., im Zeitablauf verändert man ständig die Standorte dieser Artikel. Verkaufsfördernde Displays unterstützen ebenfalls Impulsartikel, zum Beispiel durch:

Verkaufsdisplays („stumme Verkäufer"), **Präsentationsdisplays** (für Informationsmaterial) und **Dauerdisplays** (Regale oder Regaleinbauten vom Hersteller – insbesondere auch die sogenannten Rack Jobber Systeme des Regalgroßhändlers, d. h., Bestückung und Pflege usw. seitens des Großhändlers). Bevorzugte Standorte für Displays sind Kassenzonen, Bedienungszonen und die Gangmitte an Hauptgängen.

5.2.3 Bonanalyse

Die Bonanalyse ist der quantitative Teil einer Warenkorbanalyse, bei dem Informationen aus dem Kassenbon des Kunden ausgewertet werden.
- Wie hoch sind die durchschnittlichen Ausgaben pro Kauf und Kunde?
- Welche Artikel werden im Verbund gekauft?

Die Bonanalysen dienen natürlich letztlich der Flächenoptimierung. Bonanalysen werden schätzungsweise lediglich von ca. 60 Prozent der Einzelhändler überhaupt durchgeführt. Die Potenziale für die Auswertung von Kundendaten sind somit noch nicht ausgeschöpft, obwohl im Regelfall die technischen Möglichkeiten durch Scanning und Warenwirtschaftssysteme bereits gegeben sind. Die sogenannten „Renner- und Pennerlisten" sind bekannter, spiegeln aber letztlich einen Teil der Bonanalyse wieder.

5.2 Flächenoptimierung

5.2.4 Gestaltung der Einkaufsatmosphäre

Mit Hilfe der Einkaufsatmosphäre soll der Kunde Freude haben, im Geschäft zu sein, und verweilen. Er soll zu Zusatz- und Impulskäufen angeregt werden. Dabei sollen möglichst alle Sinne angesprochen werden. Wesentliche Elemente zur Gestaltung der Einkaufsatmosphäre sind:

- die Auswahl und Anordnung von Warenträgern sowie Dekorationsmitteln im Einklang mit dem Sortiment und Sortimentsniveau,
- der Einsatz von Farben in Abstimmung mit der Ware und Trend folgend. Dabei sollte die Hausfarbe immer mit einfließen,
- die Beleuchtung, die Farben natürlich wiedergeben soll und gleichzeitig Akzente setzt und Spannung erzeugt,
- Hintergrundmusik, im Einklang mit der Zielgruppe,
- evtl. Düfte – künstlich oder durch Blumen,
- Verweilzonen wie Kaffeebar, Sitzecken.

Konsequenzen für das Visual Merchandising

Bei der Zuteilung der Verkaufsfläche einzelner Artikel und deren Optimierung geben letztlich verschiedene Kennzahlen wie beispielsweise die Flächenleistung, eine Hilfe. Sie ermittelt den Umsatz eines Artikels pro Periode dividiert durch die beanspruchte Fläche in Quadratmetern. Aus den oben genannten Grundlagen lassen sich zusammenfassend folgende Empfehlungen nennen:

Qualitativ hochwertige und verkaufsstarke Zonen sind:
- die Hauptwege im Geschäft
- Verkaufsflächen, die rechts vom Kundenstrom liegen,
- Gangkreuzungen,
- Kassenzonen,
- Zonen an der Treppe oder am Aufzug

Als verkaufsschwache Zonen gelten hingegen:
- alle Mittelgänge,
- Verkaufsflächen, die links vom Kundenstrom liegen,
- Eintrittszonen des Geschäftes, da sie schnell passiert werden,
- Sackgassen im Verkaufsraum,
- Räume hinter Kassen,
- höhere und tiefer gelegene Etagen, die weiter vom Eingang entfernt sind.

Artikel, die gefördert werden sollen, werden in die Sichtzone gelegt. Suchartikel sind in die Bückzone zu verbannen. Billige Artikel mit niedriger Qualität sind unten zu platzieren. Teure und hochwertige Artikel sind im oberen Teil zu platzieren.

An den Kassenzonen empfehlen sich wenige angeordnete Artikel, die den Kunden in seiner Entscheidung nicht überfordern und zu Impulskäufen bewegen können.

Zusammenarbeit im Bereich des Visual Merchandising
Ein Handelsunternehmen kann ein eigenes Konzept entwickeln. In den großen Handelsunternehmen legen eigene Abteilungen in Zusammenarbeit mit dem Einkauf zentral fest, wie und auf welchen Warenträgern die Ware präsentiert wird. In Showrooms auf Musterungsmessen oder Produktvorstellungen wird die Präsentation fotografiert, so dass die Filialen die Präsentation der Ware im eigenen Verkauf nachvollziehen können. Unterstützt werden sie noch zusätzlich von Visual Merchandiser, die die Filialen regelmäßig besuchen und weitere Tipps zur Umsetzung geben. Kleine Handelsunternehmen können Hilfe bei Agenturen und Ladenbauern erhalten, die heute ein umfangreiches Servicepaket von der Architektur über den Ladenbau, Warenträger und Präsentation anbieten. Gehört das Unternehmen einer Verbundgruppe an, so erhält es durch die Kooperation Unterstützung, vor allem bei der Präsentation von Handelsmarken.

Im Einzelhandel können auch hersteller-, franchise- oder großhandelsspezifische Programme übernommen werden. Übernimmt das Handelsunternehmen z.B. durch Bereitstellung von Flächen für **shops-in-the-shop** lieferantenspezifische Richtlinien, so besteht eine große Gefahr, dass das Handelsunternehmen sein eigenes Profil verliert und zu einer Anhäufung von unterschiedlichen Ladenkonzepten wird.

5.3 Kundenbedürfnisse und Kundenverhalten

5.3.1 Auswirkungen von Kundenbedürfnissen und Kundenverhalten auf die Beschaffungsprozesse

Das Beschwerdemanagement als Instrument zur Steigerung der Kundenzufriedenheit
Für jedes Unternehmen spielt die Kundenzufriedenheit eine entscheidende Rolle. Gerade mit einem aktiven Beschwerdemanagement lassen sich die Kunden langfristig halten, Schwächen beheben und Vertrauen aufbauen. Unternehmen sollten jede Kundenkritik als Chance nutzen. In den meisten Fällen sind Beschwerden von Kunden zunächst negativ: Ein Kunde ist unzufrieden, weil beispielsweise ein Produkt Mängel aufweist, die Rechnung oder Preisauszeichnung fehlerhaft sind, die Lieferung zu spät erfolgte, der Verkäufer unfreundlich war oder das Produkt

nicht den Erwartungen entspricht. Oft gibt es Beschwerden, die Mitarbeiter nicht melden, weil sie selbst negativ davon betroffen sind". Dies ist zwar menschlich – aber so gehen wertvolle Informationen für das Qualitätsmanagement verloren. Genau solche Beschwerden eröffnen dem Unternehmen die Möglichkeit, die Zufriedenheit des Kunden zu steigern und die Kundenbeziehung zu festigen. Kundenbeschwerden sind ein Hinweis darauf, wo Verbesserungspotenziale vorhanden sind. Beschwerdemanagement bedeutet nicht nur, das akute Problem des Kunden zu lösen und den Fehler wiedergutmachen. Es bietet vielmehr die Chance, den Kunden durch eine besonders schnelle und besonders gute Leistung an das Unternehmen zu binden. Oftmals dauert die Bearbeitung von Beschwerden in der Wahrnehmung der Kunden noch zu lange. Demnach spielt die Qualität des Umgangs mit Beschwerden für die Kunden eine wichtigere Rolle für ihre Kundenbindung als etwa das Preis-Leistungs-Verhältnis, die Angebotsvielfalt oder die Attraktivität des Standorts. Fortschrittliche Unternehmen fordern ihre Kunden daher sogar zu Beschwerden auf. Denn sie wissen um den besonderen Wert der „verborgenen" Informationen aus der Kritik der Kunden für die Verbesserung ihrer Kundenorientierung.

Instrumente, die vor allem im Dienstleistungsbereich zum Einsatz kommen, sind Servicehotlines oder Adressen, an die sich Kunden mit ihren Anliegen wenden können. Es sollte auf jeden Fall genügend Wege geben, auf denen der Kunde mit dem Unternehmen in Kontakt treten kann. Diese Kontaktmöglichkeiten müssen deutlich aufgezeigt werden, ohne dass der Kunde erst umständlich danach suchen muss. Moderne Kunden sind informiert und emanzipiert. Das Internet liefert Informationen über Produkte und Preise. Mit Smartphones werden selbst im Laden noch die Angebote verglichen. Zudem geben die Sozialen Netzwerke im Internet Kunden die Möglichkeit, ihren Unmut direkt zu äußern – und die Internetgemeinde hört zu. Der Umgang mit einer Kundenbeschwerde kann sich mit diesem Hintergrund schnell zum Krisenfall auswachsen. Die Nachricht über ein unprofessionell durchgeführtes Beschwerdemanagement verbreitet sich auf Onlineplattformen in Windeseile, wird schließlich von anderen potenziellen Kunden aufgegriffen und damit zum handfesten Imageschaden.

Schlechtes Beschwerdemanagement verbreitet sich online rasend schnell!

Die Category-Management-Strategie
Category Management ist ein gemeinsamer Prozess zwischen Handel und Hersteller, um durch die Erhöhung des Kundennutzens bessere Ergebnisse zu erzielen. Zur Umsetzung des Category Management Gedankens werden oft warengruppenspezifische Projekte initiiert.

Category Management und Efficient Consumer Response
Category Management ist das „Herzstück" des **Efficient Consumer Response (deutsch: effiziente Konsumentenresonanz)**. ECR betrachtet eine ganzheitliche Wertschöpfungskette, vom

Hersteller über den Handel bis zum Endverbraucher, mit dem Ziel, die Wünsche und den Bedarf des Endverbrauchers zu ermitteln und bestmöglich zu befriedigen. Die vier Säulen des Category Management sind die Basisstrategien des Efficient Consumer Response:

Efficient Assortment (effiziente Sortimentsgestaltung): Dabei geht es um die Gestaltung eines optimalen, in seiner Zusammensetzung und Struktur am Verbraucherbedarf ausgerichteten Sortiments. Zielsetzung ist es, die Flächen zu optimieren und die Umschlagsgeschwindigkeit zu erhöhen. Als Maßnahmen werden kontinuierlich die Zusammenstellung und Präsentation der Warengruppen verbessert. Das geschieht kooperativ zwischen Hersteller (Know-how der Marktforschung und des Marketing) und dem Händler (Flächen- und Sortiments-Know-how). Voraussetzung für den Erfolg einer kunden- und renditeorientierten Sortimentsgestaltung ist die funktionsübergreifende und prozessorientierte Organisation und die Aufhebung der funktionalen Trennung von Einkauf, Verkauf, Logistik und Marketing im Handel und der Industrie.

Efficient Replenishment (effiziente Warenversorgung): Dies bedeutet die Zeit- und Kostenoptimierung des Bestellwesens, die Just-in-Time-Logistik, Es sollen geringere Warenverluste durch Beschädigung erfolgen und die Bestände gering gehalten werden.
Statt zweier getrennter Planungsprozesse (Produktionsmengenplanung beim Hersteller einerseits und Bestellmengenplanung beim Händler andererseits) gibt es eine gemeinsame Bedarfsplanung: Die Lagerdaten des Händlers werden dem Hersteller gemeldet und der Hersteller bestellt und liefert an den Handel. Es handelt sich dabei also um einen kontinuierlichen nachfragegesteuerten Warennachschub zwischen Herstellerlager und Einkaufsstätte. Als Maßnahmen finden
- eine automatische Disposition,
- eine synchronisierte Produktion und Auslieferung und
- eine Just-in-Time-Belieferung statt.
- Außerdem erfolgt eine Bestandsreduktion und der Warenumschlag wird erhöht.

Voraussetzung ist die Codierung der Artikel (mit EAN= Europäische Artikelnummerierung) und ein geschlossenes, scanning geschütztes Warenwirtschaftssystem.

Efficient Product Introduction (effiziente Produkteinführung): Hier geht es um die Optimierung von Produktneueinführungen. Kundennahe Informationen sollen mit in die Produktentwicklung einbezogen werden. Ziel ist es, die Erfolgsrate bei Neuprodukten zu steigern und das Floprisiko zu minimieren und damit Forschungs- und Entwicklungskosten zu senken.
Als Maßnahmen werden die folgenden zwischen Hersteller und Händler ergriffen:
- gemeinsame Bestimmung der optimalen Verpackungs- und Palettengrößen,
- enge Abstimmung von Einführungsprogrammen,

- enge Kooperation bei Produktentwicklungen und Prüfung einer kooperativen Handelsmarkenführung.

Voraussetzung dafür sind der Aufbau eines Marketing-Controllings, elektronische Marketingprogramme und ein vertrauensvoller Umgang mit sensiblen Daten durch Hersteller und Händler.

Efficient Promotion (effiziente Absatzförderung): Hierbei geht es um die Gestaltung besserer umfassender Verkaufsförderungsaktionen und eine schnelle Reaktion auf das veränderte Konsumentenverhalten. Des Weiteren sollen der Aufwand bei Kommunikationswegen verringert und Werbemaßnahmen entsprechend organisiert und kontrolliert werden. Zielsetzung ist es, Kosten für Absatz fördernde Maßnahmen zu reduzieren und Ware schneller besser verfügbar zu machen. Als Maßnahme ist eine volle Warenverfügbarkeit zu Aktionsbeginn wünschenswert. Die Reduzierung des Handlingaufwandes durch Verringerung von Aktionsverpackungen und ein verbessertes Wissen über die Effizienz von Aktionen werden ebenfalls angestrebt. Voraussetzungen sind die Ermittlung und Aufdeckung prozessorientierter Kosten von Aktionen (Verwaltung, Lager, Transport).

Efficient Assortiment, Promotion und Product Introduction sind marketingorientierte Bestandteile im Bereich des Category Management, beim Efficient Replenishment jedoch steht das Supply Chain Management als logistischer Bestandteil im Mittelpunkt.

Supply Chain Management
SCM heißt wörtlich übersetzt Lieferkette oder logistische Kette oder auch Wertschöpfungskette. SCM bezeichnet ein unternehmensübergreifendes virtuelles Netzwerk, das als gesamtheitlich zu betrachtendes System spezifische Güter hervorbringt. SCM zielt ab auf die Integration aller Unternehmensaktivitäten von der Rohstoffbehandlung bis zum Verkauf an den Endkunden in einem nahtlosen Prozess. Man spricht auch von Versorgungskettenmanagement oder Lieferkettenmanagement. Je nachdem wie die Marktmacht verteilt ist, spricht man heutzutage von Beschaffer- oder Lieferantensystemen.
Logistik und SCM werden oft fälschlicherweise gleichgesetzt. SCM bezieht nicht nur die Logistik des Unternehmens, sondern alle anderen betriebswirtschaftlichen Bereiche wie Marketing, Controlling und Unternehmensführung mit ein.

Charakteristische Merkmale der SCM-Systeme sind:
- die Optimierung der innerbetrieblichen Logistikketten auf externe Partner
- die Flexibilisierung der Leistungserstellung in Bezug auf Nachfrageschwankungen
- Erhöhung der Transparenz der Wertschöpfungsstufen

Folgende **Zielsetzungen** werden mit SCM-Systemen verfolgt:
- Kundenzufriedenheit durch bedarfsorientierte Lieferung und daraus resultierend
- Kundenbindung
- schnellere Anpassung an Märkte
- Senkung der Lagerbestände
- Verkürzung der Lieferzeiten
- Kosteneinsparungspotenziale aufgrund von Optimierungsprozessen
- Qualitätsvorteile

Als frühes SCM-System kann das in den 80er-Jahren aufgekommene Just-in-time-Prinzip genannt werden. Was speziell die Technologieumsetzung anbelangt bei der Optimierung der B2C-Verwirklichung, sei an dieser Stelle auf das Data-Mining und Data-Warehouse hingewiesen. Data-Warehouse ist eine zentrale Datensammlung, meist Datenbank, deren Daten sich aus unterschiedlichen Quellen zusammensetzen. Das elektronische Beschaffungsmanagement hat enorme Vorteile für den Handel. So werden Prozesskosten eingespart, der Bearbeitungsvorgang geht wesentlich schneller, da auf einen Postversand verzichtet werden kann, und die schriftliche Dokumentation in Form von Papier kann entfallen. Übertragungsfehler werden durch mehrmaliges Übertragen von Bestellungen vermieden. Die Verfügbarkeit der Ware kann sofort ermittelt werden. In der Regel werden Rechnungs- und Rabattsysteme auch in das elektronische Management einbezogen.

Rolle des Category Managements im Unternehmen
Die Rolle des Category Managements im Unternehmen bezieht sich auf die Beschreibung des gewünschten Zustands, der mit jeder Category erreicht werden soll. Hierunter werden im Folgenden auch die Ziele mit einbezogen, die ein Händler und Hersteller mit der Einteilung in Kategorien genauer verfolgt.
Letztlich geht es darum,
- die Kundenzufriedenheit zu erhöhen,
- Umsatzzuwächse dieser Kategorien zu verzeichnen,
- Zweit- und Drittmarken zu reduzieren,
- standortspezifische Sortimente zu entwickeln,
- Marktanteile der jeweils eigenen Marken zu steigern,
- die Vertriebslinie zu profilieren.

Insgesamt gibt es keine wesentlichen Abweichungen in den Zielbeziehungen zwischen Herstellern und Händlern. Konflikte treten eher erst in der Umsetzung der Ziele auf, wenn bestimmte

5.3 Kundenbedürfnisse und Kundenverhalten

Maßnahmen ergriffen werden. Außerdem treten Konflikte auf, die die Aufteilung der Kosten in einem Category Management Projekt anbelangen.

Natürlich sollte sich die Bildung von Warengruppen an den Bedürfnissen, Wünschen und Erwartungen des Kunden ausrichten, um eine hohe Kundenbindung zu erreichen. Diese Bedürfnisse können sich durchaus im Zeitablauf ändern. Das jeweilige Kundenbedürfnis definiert sich also über ein für ihn optimales Sortiment, das durch verschiedene Faktoren bestimmt wird:

- die Zusammensetzung des Sortiments
- dessen Platzierung (Position im Regal)
- Verkaufspreise (Dauerniedrigpreise, regionale Unterschiede)
- die aktive Vermarktung durch VKF-Maßnahmen und Umsetzung am Verkaufsort (Point of Sale (POS))

Die folgende Abbildung verdeutlicht, in welchen Prozessschritten das Category Management verläuft.

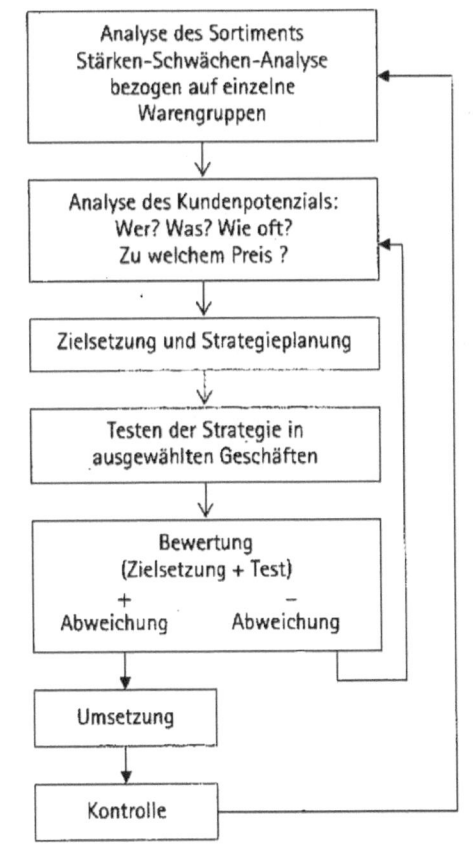

```
┌─────────────────────────┐
│  Analyse des Sortiments │
│ Stärken-Schwächen-Analyse│ ◄───┐
│   bezogen auf einzelne  │     │
│      Warengruppen       │     │
└───────────┬─────────────┘     │
            ▼                   │
┌─────────────────────────┐     │
│Analyse des Kundenpotenzials:│  │
│   Wer? Was? Wie oft?    │ ◄───┤
│    Zu welchem Preis ?   │     │
└───────────┬─────────────┘     │
            ▼                   │
┌─────────────────────────┐     │
│Zielsetzung und Strategieplanung│
└───────────┬─────────────┘     │
            ▼                   │
┌─────────────────────────┐     │
│   Testen der Strategie in│    │
│  ausgewählten Geschäften│     │
└───────────┬─────────────┘     │
            ▼                   │
┌─────────────────────────┐     │
│       Bewertung         │     │
│   (Zielsetzung + Test)  │     │
│     +           −       │     │
│ Abweichung   Abweichung │─────┘
└───────────┬─────────────┘
            ▼
┌─────────────────────────┐
│       Umsetzung         │
└───────────┬─────────────┘
            ▼
┌─────────────────────────┐
│       Kontrolle         │
└─────────────────────────┘
```

Prozess des Category Managements

Zunächst muss die Warengruppe selbst analysiert werden. Dabei ist wichtig zu wissen, welches Sortiment mit welchem Preisniveau, welcher Werbung und Platzierung in den einzelnen Handelsgeschäften welchen Umsatzanteil ausmacht. Dies wird mit verschiedenen Warengruppen verglichen.

Der Prozess des Category Managements im Unternehmen
Um erfolgreiche Kategorien im Handel zusammenzusetzen, ist es unerlässlich, auf Daten von Kunden zurückzugreifen. Man unterscheidet die soziodemografischen Daten und die Kaufverhaltensdaten. So ist es wichtig zu analysieren, welche Kunden, wie oft (häufig, wenig, nie), zu welchem Preis ein bestimmtes Produkt/eine bestimmte Kategorie im eigenen Handelsgeschäft oder beim Wettbewerb kaufen.
Zum einen lassen sich dazu Konsumentenpanels (Panel = Befragung über einen längeren Zeitraum) heranziehen. Dies ist dann allerdings in der Regel nicht auf eine Einkaufsstätte bezogen. Zum anderen verfügt der Handel seinerseits über wichtige Scannerdaten, die ihm Aufschluss über die genannten Aspekte geben können. Beim Kassiervorgang beispielsweise wird der Preis der Ware durch das Einscannen ermittelt. Gleichzeitig werden die Artikelidentifikationsnummern (GTIN, EAN-Code) erfasst und gespeichert. EAN steht für International Article Number (früher European Article Number) und ist eine Produktkennzeichnung für Handelsartikel. Die EAN ist eine Zahl, bestehend aus 13 oder 8 Ziffern, die zentral verwaltet und an Hersteller auf Antrag vergeben wird. Die EAN wird in der Regel als maschinenlesbarer Strichcode auf die Verpackung aufgedruckt und kann von Laserscannern decodiert werden. Probleme treten beispielsweise auf, wenn Produkte verschiedener Geschmacksrichtungen nur einmal beim Kassiervorgang eingescannt werden, dadurch werden die Daten über Kundenbedürfnisse verfälscht.

> Bei der Bildung der Category „Eistee" gehören neben den verschiedensten Eisteesorten z.B. Pfirsich, Kirsch oder Lemmon dazu. Stellt der Kunde Eistees verschiedener Geschmacksrichtungen derselben Gebinde zum Kauf zusammen, müssen diese auch einzeln an der Kasse gescannt werden. Ansonsten ist eine Sorte laut Warenwirtschaftssystem schneller verkauft als es tatsächlich der Fall ist. Häufig wird dieser Fehler bei Jogurt und Tierdosenfutter begangen.

Diese Scannerdaten bilden die Grundlage für die Ermittlung der Kundenbedürfnisse. Händlereigene Warenwirtschaftssysteme und auch Marktforschungsinstitute werten diese aus und stellen sie wiederum Händlern und Herstellern zur Verfügung. Nicht im **Handelspanel** erfasst werden Discounter und Fachgeschäfte sowie Wochenmärkte und Versandhändler. Bei **Konsumentenpanels** werden die Einkaufsstätten mit erfasst.
Um Aussagen über das Kaufverhalten der Konsumenten machen zu können, ist es sinnvoll, Scannerdaten anonymisiert unter einem Pseudonym zu erfassen, dann kann man über einen

5.3 Kundenbedürfnisse und Kundenverhalten

Zeitablauf Daten analysieren. Im Versandhandel sind diese Bestelldaten zwangsweise personalisiert. Wenn der Kunde verschiedene Lieferadressen hat oder wenn verschiedene Kundennummern für eine Person existieren, ergeben sich Interpretationsprobleme.
Kundenkartenprogramme im Handel liefern ebenfalls personalisierte Kundendaten. Diese können allerdings auch unvollständig sein, da der Kunde nicht immer mit der Kundenkarte bezahlt. Da weder der Zugang noch die Teilnahme an einem Kundenkartenprogramm kontrolliert werden kann, stellen diese Daten kein repräsentatives Material dar.
Bei der Analyse der Kundenbedürfnisse wird stillschweigend davon ausgegangen, dass die Bedürfnisse des Kunden sich in den tatsächlichen Käufen widerspiegeln. Dies ist natürlich nicht ganz richtig. Der Kunde kann nur das kaufen, was er auch im Handel findet, d. h., neben den tatsächlichen oben genannten quantitativen Daten müssten darüber hinaus auch z. B. Befragungen stattfinden, die qualitative Daten des Konsumenten ermitteln. Diese betreffen dann Konsumenteneinstellungen, Erwartungen, Motive u. ä.

Strategien für die Category

Warengruppen als strategische Geschäftseinheiten zu betrachten, ist ein Ansatzpunkt, um die Zusammenarbeit zwischen Herstellern und Händlern zu verbessern, Einkaufs- und Verkaufsfunktionen sollen dabei verschmolzen werden. Eine Warengruppe soll so zusammengesetzt werden, dass sie sich an den Kundenbedürfnissen orientiert. Dabei können trotzdem auch anbieterbezogene Kriterien einbezogen werden.

Hier als Beispiel:
„Rund um das Haar", dies kann Produkte aus der Coloration (Färben), des Stylings (Haarspray, Haargel), der Pflege (Shampoo, Spülung, Kur), darüber hinaus auch Kämme, Bürsten, Haarföhn und noch weitere Artikel enthalten.
Nach der Erfahrung, dass die Hersteller- und Markenorientierung an Bedeutung eher abnimmt und die Kundenorientierung eher zunimmt wurden einige Voraussetzungen zur erfolgreichen Umsetzung strategischer Geschäftsfeldeinheiten entwickelt:

- Eine Category oder Warengruppe muss aus klar zugeordneten Produkten und Zielgruppen bestehen. Dies kann im Einzelnen bedeuten, dass Produkte teilweise verschiedenen Kategorien zuzuordnen sind, da sie mehrere Bedürfnisse befriedigen. Marktbearbeitung, Platzierung und Werbung müssen dann danach ausgerichtet werden.
- Eine Category muss sich hinsichtlich der Kundenbedürfnisse von anderen Categorys unterscheiden. Dies ist jedoch praktisch schwierig, weil Warengruppen voneinander abhängig sind und nicht völlig losgelöst gesehen werden können.

- Für jede Category müssen eigenständige Maßnahmen geplant werden (bedarfsorientierte Warengruppenzusammenfassung, z. B. Gartenbedarf, oder erlebnisorientierte Zusammenfassung, z. B. Grillabend, oder zielgruppenorientiert: „alles für Familien").
- Eine Category muss einen eigenständigen Beitrag zum Unternehmenserfolg erbringen. Dies ist aufgrund der häufig praktisch nicht eindeutig zurechenbaren Category nicht immer durchzuführen.

Das Fazit ist, dass Category Management die Zusammenstellung von Warengruppen darstellt, die sich an den Kundenbedürfnissen ausrichtet. Sie ist in erster Linie eine Aufgabe des Händlers.

Konkrete Strategien und Maßnahmen für ein Category Management:

Sortimentsgestaltung
Dies betrifft die Sortimentsveränderung beispielsweise hinsichtlich der Steigerung der Sortimentstiefe; entsprechend der ausgesuchten Warengruppenrolle kann eine vollständige, breite, zeitgerechte oder begrenzte Auswahl des Sortiments sinnvoll sein.

Preisgestaltung
Hierbei kann es sich zum Beispiel um temporäre Preisreduktionen oder tiefere reguläre Preise handeln. Je nach Warengruppenrolle kann es auch möglich sein, die Preisführerschaft zu übernehmen, mit dem Wettbewerb übereinstimmen, geringe Abweichungen vom Wettbewerb vorzunehmen oder innerhalb einer Abweichungsbandbreite von z. B. x % zu liegen.

Neuproduktentwicklung
Dies kann einerseits ein eigenes starkes Handelsmarkenprogramm sein, andererseits aber auch die Unterstützung des Herstellers für die Optimierung von Produkteinführungen bedeuten.

Verkaufsfördernde Aktionen
Dabei kann es sich z. B. um gezielte Displayaktivitäten handeln. Je nach Warengruppenrolle kann man ein hohes, durchschnittliches, saisonales oder niedriges Aktivitätenniveau anstreben. Man kann mehrere Werbeträger mit hoher Frequenz implementieren oder ausgewählte Werbeträger zeitgerecht zum Einsatz bringen.

Warenpräsentation
Die Lage der Warengruppe kann optimal, durchschnittlich, gut positioniert im Laden sein oder eine kleine verfügbare Fläche im Laden ansprechen. Positiv damit einhergehen die Kundenfrequenz und die Flächenzuordnung.

5.3 Kundenbedürfnisse und Kundenverhalten

Category Management in der Kooperation
Grundsätzlich sind verschiedene Konstellationen der Kooperation denkbar. So können sowohl Händler und Hersteller wie auch Hersteller untereinander und Händler untereinander zusammenarbeiten. Die grundsätzliche Auswahl der Kooperationspartner ist eine strategische Entscheidung. Der Erfolg der Zusammenarbeit ist abhängig von der Vorerfahrung (Pionierwissen und Kompetenz) der Partner, der Bereitschaft, in die Kooperation zu investieren (in Vorleistung zu gehen), Vertrauen herauszubilden und Aufgeschlossenheit für ein Projekt zu zeigen, Pioniergeist zu zeigen, Interesse an neuen Technologien zu haben und Prozesse auf beiden Seiten zu stärken). Darüber hinaus sind Prozesse organisatorisch abzusichern und in Abteilungen zu implementieren. Letztlich führen die Maßnahmen zu geringeren Transaktionskosten und zu einer Stärkung der Wettbewerbsfähigkeit. Wenn ein Hersteller von einem Händler Aufgaben des Category Management übernimmt, wird er der Category Captain genannt. Allerdings ist es in der Praxis oft so, dass der Händler über die Gestaltung der Warengruppe entscheidet und der Hersteller lediglich Vorschläge entwickelt. Der Category Captain entwickelt also ein Konzept, aus welchen Artikeln sich welche Warengruppe zusammensetzen und wie sie vermarktet werden soll.

5.3.2 Ergebniskontrolle

Nach jeder Marketingaktivität ist natürlich die Frage besonders spannend, ob sie sich für das Unternehmen gelohnt hat. Diese Kennzahlen sind deshalb zu überprüfen:

- **Käuferreichweite** einer Category, d. h., Anzahl der Haushalte, die mindestens einmal in der Periode Artikel einer Category gekauft haben, an der gesamten Zahl der Haushalte
- **Wiederkaufrate**, d. h., Anteil der Haushalte, die innerhalb einer Periode mindestens einmal, zweimal, dreimal, … Artikel aus einer Category in der ausgewählten Vertriebslinie gekauft haben, an einer Grundgesamtheit von Käufern
- **Einkaufshäufigkeit**, d. h., Häufigkeit, mit der ein Haushalt Artikel aus einer Category innerhalb einer Periode einkauft
- **Durchschnittsausgaben pro Haushalt**, d. h., durchschnittliche Ausgaben eines Haushaltes innerhalb einer Category innerhalb einer Periode
- **Bedarfsdeckungsrate**, d. h., Anteil der Categoryausgaben der Haushalte, die in der betrachteten Category einkaufen, an den Gesamtausgaben der Haushalte in einem Geschäft oder einer Vertriebslinie
- **Marktabdeckung** oder **Marktanteil**, d. h., Anteil des Marktvolumens, den ein Anbieter auf sich zieht
- **Marktvolumen**, d. h., Umsatz zu Verkaufspreisen, den alle Anbieter im definierten Markt innerhalb einer Periode erzielen

- **Stammkäuferanteil**, d. h., Anteil der Käufer in einer Category, für die ein Geschäft oder eine Vertriebslinie die bevorzugte Einkaufsstätte ist

Neben diesen konsumentenbezogenen Kennzahlen können ebenfalls die **klassischen Kennzahlen** zur Beurteilung und Überprüfung der Vorteilhaftigkeit von Warengruppen / Categorys herangezogen werden. Dies sind **Umsatz**, **Handelsspanne**, **Umschlagshäufigkeit**, **Rentabilität** und **Deckungsbeitrag**. Ergibt eine Kontrolle und Überprüfung Abweichungen von den ursprünglich gesetzten Zielen, so sind entsprechende Anpassungen und Veränderungen in der Zukunft vorzunehmen und der Prozess beginnt von neuem.

5.3.3 Stärken und Schwächen des Category Managements

Category-Management ist ein Weg, dichter an den Kunden heranzukommen. Um es zu bewerten, sollte man sich ebenso mit seinen Stärken wie auch seinen Schwächen befassen.

Stärken:
- Category Management erfasst sämtliche ökonomische Messgrößen.
- Es führt häufig zur Umsatzsteigerung und Gewinnmaximierung.
- Es führt zu einem verbesserten Image.
- Es führt letztlich zu einer erhöhten Kundenzufriedenheit.
- Es werden Transportkosten reduziert.
- Es findet eine effizientere Warenversorgung statt.
- Informationswege sind optimiert durch die Zusammenarbeit.
- Es sind schnelle Kundenreaktionen möglich.
- Insgesamt kann also besser geplant werden.
- Es führt zu einem Informationsvorsprung vor dem Wettbewerber.
- Die durchschnittliche Lagerdauer von Waren in der Wertschöpfungskette (Lager des Herstellers – zum Zentrallager des Händlers – zum Einzelhändler/POS) verringert sich nach Einführung des ECR.

Schwächen:
- Die vollständige Umstrukturierung verläuft häufig nicht ohne Ängste bei beiden Partnern.
- Angefangene Projekte scheitern mitunter wegen ungenügender Kommunikation und mangelnden Vertrauens.
- Nicht selten fühlt sich ein Partner benachteiligt, dadurch sinkt die Kooperationsbereitschaft.
- Eine transparente Arbeit muss stattfinden, dies ist oft nicht gewünscht.
- Der Kostenaufwand ist zunächst hoch.

5.3 Kundenbedürfnisse und Kundenverhalten

- Vorhandene Systeme müssen umgestellt werden, was ebenfalls mit Kosten verbunden ist.

Ausblick:
Viele Unternehmen setzen Category Management ein, aber nicht richtig. Mit den richtigen Schulungen oder Beratungsunternehmen könnte sich dies schnell ändern. Category Management unterstützt die Ziele des Handels wie auch des Kunden. Efficient Consumer Response und Category Management können im realen Handel wie auch im Internet eingesetzt werden. Konsumenten kaufen immer mehr über das Internet, dies birgt ein großes Potenzial für Category Management. Und: Die Kosten der Umstellung haben sich bei richtigem Einsatz bereits innerhalb kurzer Zeit amortisiert!

Steuerung mit Kennzahlen
Kennzahlen sind Messzahlen, die zu einem bestimmten Zeitpunkt regelmäßig ermittelt werden. Ist ein Warenwirtschaftssystem vorhanden, so können die wichtigsten Kennziffern jederzeit abgerufen werden. Im Folgenden sind relative Messzahlen erläutert, bei denen verschiedene Werte in Verhältnis gesetzt werden. Kennziffern werden im Controlling im Soll-Ist-Vergleich eingesetzt sowie verglichen mit Branchenwerten. Durchschnittliche Branchenwerte erhält das Handelsunternehmen durch den Fachverband, von der Kooperation oder aus Veröffentlichungen der Fachzeitschriften.

Kennziffern aus dem Vertriebscontrolling
Kundenumsätze, -struktur und Erträge können mit folgenden Kennziffern beurteilt werden:

Kundenstruktur: $\dfrac{\text{Anzahl der Kunden mit Kriterium X}}{\text{Gesamtanzahl der Kunden}}$

Kundenstruktur Umsatz in %: $\dfrac{\text{Umsatz der Kundengruppe X}}{\text{Gesamte Umsatzerlöse}}$

Reklamationsquote: $\dfrac{\text{Reklamationswert zu Einstandspreisen} \cdot 100}{\text{Wareneinsatz}}$

$\dfrac{\text{Zahl der Reklamationen} \cdot 100}{\text{Gesamtzahl der Aufträge}}$

Servicegrad: $\dfrac{\text{Anzahl der erfüllten Aufträge} \cdot 100}{\text{Gesamtzahl der Aufträge}}$

5.4 Preis- und Konditionenpolitik

Der Preis ist die monetäre Gegenleistung für die vom Handel angebotenen Waren und Leistungen. Preispolitik beinhaltet alle Maßnahmen, die ein Unternehmen zur Festlegung, Gestaltung und Präsentation von Preisen anwendet, um bestimmte Marketingziele zu erreichen. Die Konditionenpolitik bezieht sich auf weitere Details der Liefer- und Zahlungsbedingungen.

5.4.1 Verhältnis von strategischer und operativer Preispolitik im Handel

Um das Verhältnis von strategischer und operativer Preispolitik beschreiben zu können, soll kurz auf die Wahrnehmung von Preisen beim Kunden eingegangen werden. Der Konsument nimmt ein Handelsgeschäft in der Regel mit einem bestimmten Preisimage wahr. Unter Preisimage versteht man das Bild, das sich der Kunde vom Preisniveau eines Handelsbetriebs macht. Dieses Preisimage ist ein Gesamteindruck des Kunden. Ein Konsument ist in der Regel nicht in der Lage, differenziert einzelne Artikel in ihren Preislagen zu erfassen. Er entscheidet vielmehr so, dass er Preisgünstigkeit in Bezug auf alle Artikel feststellt und bei Preiswürdigkeit die angebotenen Leistungen des Handelsunternehmens mit einbezieht. Dies hat zur Folge, dass sich der Handel in der preispolitischen Grundausrichtung seiner Preislagen strategisch, d. h., langfristig zu entscheiden hat. Betriebsformen wie beispielsweise Discounter orientieren sich langfristig daran, niedrige Preise anzubieten. Die alltägliche Umsetzung in der Sonderangebotspolitik, die Gestaltung des einzelnen Preises und der Preisoptik ist dann eine eher operative, d. h., kurzfristige Entscheidung.

5.4 Preis- und Konditionenpolitik

```
Einkaufspreis der Ware (Herstellerabgabepreis)

+ Bezugskosten (Beschaffungskostenlieferung)
= Einstandspreis

+ Handlungskosten (Betriebskosten)
= Selbstkosten der Ware im Einzelhandel
+ Gewinn

= Nettoeinstandspreis der Ware
+ Mehrwertsteuer

= Bruttoverkaufspreis der Ware im Einzelhandel
  (Endverbraucherpreis)
```

Handlungskosten + Gewinn = Handelsspanne

```
  Lagerkosten
+ Werbungskosten (Prospekte, Anzeigen)
+ Kosten der Angebotserstellung
+ Raumkosten (Verkaufsfläche)
+ Verwaltungskosten
+ Steuern

= Handlungskosten
```

Kostenkalkulation des Preises im Einzelhandel

Grundsätzlich hat ein Handelsunternehmen darüber hinaus die Möglichkeit, sich zu entscheiden, dass der Preis in einer anderen Weise festgelegt wird.

Bei der **kostenorientierten Preisfestsetzung** ergibt sich der Preis im Handel dadurch, dass die Selbstkosten eines Produkts als Grundlage genommen werden und ein Gewinnaufschlag dazugerechnet wird. Im Detail könnte eine kostenorientierte Gestaltung des Preises wie in obiger Abbildung aussehen.

Die **nachfrage- oder verbraucherorientierte Preisbildung** bezieht die Kenntnisse über das Konsumentenverhalten in die Preiskalkulation ein. Wenn ein Handelsunternehmen also ein Marktsegment mit Artikeln bedient, das bereit ist, einen entsprechend hohen Preis zu entrichten, wäre es für ein Unternehmen unklug, einen niedrigeren Preis zu verlangen. Umgekehrt hat sich eine Reihe von Handelsmarken entwickelt, die günstiger als Markenwaren angeboten werden, da es in den letzten Jahren ein zunehmendes Marktsegment an preisbewussten Konsumenten gibt.

Die **konkurrenzorientierte Preiskalkulation** bezieht die Maßnahmen der Konkurrenz in die Kalkulation ein. So hat ein Handelsunternehmen theoretisch die Möglichkeit, wenn es die Preise der Konkurrenz beobachtet, die Preise genauso, niedriger oder bewusst höher zu gestalten.
Als typisches Beispiel wird in diesem Zusammenhang immer wieder die Mineralölbranche genannt. So ist es in der einen Woche mal der eine Anbieter, der die Ölpreise zuerst steigen lässt, in der nächsten Woche ist es ein anderer. Häufig werden gar damit preispolitische Absprachen unterstellt (das wäre ein verbotenes Preiskartell). Bislang ist der Nachweis hier jedoch nie gelungen. Bei der konkurrenzorientierten Preiskalkulation ist grundsätzlich natürlich die Marktstellung zu berücksichtigen: Handelt es sich um ein Monopol, Oligopol oder Polypol.

Herstellerorientierte Preisfestsetzung bedeutet, dass der Händler seine Preise in der Höhe der „unverbindlichen Preisempfehlung" des Herstellers festlegt. In Deutschland herrscht ein Verbot der vertikalen Preisbindung vor (§1 GWB)), d. h. es ist untersagt, nachfolgenden Absatzstufen vorzuschreiben, welchen Preis sie von ihren Kunden zu nehmen haben – eine Ausnahme gilt für Druckereierzeugnisse, Saatgut, Zigaretten und Pharmazeutika. Voraussetzung ist, dass es sich um eine Markenware handelt, die mit gleichartigen Waren im Wettbewerb steht. Eine Marke ist ein Erzeugnis, das durch eine Markierung und Gewähr zumindest gleichbleibender Qualität gekennzeichnet ist. Der empfohlene Preis darf ausdrücklich nur als unverbindlich bezeichnet werden. Es darf kein wirtschaftlicher Druck ausgeübt werden, den Preis tatsächlich durchzusetzen. Die Durchsetzungsfähigkeit der empfohlenen Preisempfehlung hängt letztlich natürlich ganz stark von der jeweiligen Marktmacht ab.

Fazit:
In der Praxis orientiert man sich oft an allen vier Kalkulationsmethoden. Wie sich ein Unternehmen grundsätzlich ausrichtet und kalkuliert, könnte dann auch eher dem strategischen Bereich zugeordnet werden. Im Übrigen sind rechtliche Restriktionen bei der Preisfestsetzung zu beachten. Nach §20 Absatz 4 GWB gilt: Unternehmen mit einer gegenüber kleinen und mittleren Wettbewerbern überlegenen Marktmacht dürfen diese nicht dazu ausnutzen, diese Wettbewerber unmittelbar oder mittelbar unbillig zu behindern. Eine unbillige Behinderung liegt vor, wenn ein Unternehmen Waren nicht nur gelegentlich unter Einstandspreis anbietet, es sei denn, es ist sachlich gerechtfertigt.
In der Praxis stellt sich hier nicht selten die Frage: Was ist eigentlich der Einstandspreis?
Der kann von Händler zu Händler sehr verschieden sein. Wenn nun ein Händler das Preisimage strategisch festgelegt und sich für eine Kalkulationsgrundlage entschieden hat, trifft der Handel weitere Entscheidungen über den Einsatz wichtiger, kurz- und langfristiger Preisinstrumente. Auf diese Preisstrategien wird im folgenden Kapitel näher eingegangen.

5.4.2 Preispolitische Strategien

In der Praxis unterscheidet man eine Reihe verschiedener praxisorientierter Preisstrategien. Einen Überblick gibt die folgende Tabelle.

Hochpreisstrategie	hochpreisige Markenartikel
Niedrigpreisstrategie	Handelsmarken
Türöffnungsstrategie	Aktions-Einführungswaren
Abschöpfungsstrategie	Technisch im Trend liegende Artikel (Smartphones, Tablets etc.)
Preisdifferenzierungsstrategie	Personell, zeitlich, räumlich, mengenmäßig, verwendungs-, gestaltungsbezogen
Psychologische Preisgestaltung	0,99 Euro, Drei Pizzen für 4,79 statt Einzelpreis 1,59 Euro
Mischkalkulation	über gewinn- und verlustbringende Artikel über komplementäre Artikel über Zeit und Ort

Die einzelnen Strategien sollen nun genauer vorgestellt werden. Die ersten vier Strategien (Hochpreis-, Niedrigpreis-, Abschöpfungs- und Türöffnungsstrategie) beziehen sich auf den gesamten Produktlebenszyklus und sind insofern auch langfristig angelegt:

Premium- oder Prämienpreisstrategie oder auch Hochpreisstrategie
Sie besagt, dass dauerhaft ein hoher Preis für das Produkt verlangt wird. Im Regelfall handelt es sich dabei um Waren, die qualitativ hochwertig sind, oder um Waren, mit denen zusammen zusätzliche Leistungen geboten werden und die damit einen hohen Servicegrad aufweisen.

Niedrigpreisstrategie
Die Niedrigpreisstrategie oder auch Promotionpreisstrategie besagt, dass dauerhaft mit einem niedrigen Preis gearbeitet wird. Man will damit auch die Konkurrenz verdrängen, verhindern, dass neue Marktteilnehmer in den Markt eindringen und man will sich ein bestimmtes Preisimage schaffen (Beispiel Discounter). Der Preis ist das wesentliche Werbeargument. Diese Strategie wird auch „Every day low price" (EDLP) genannt. Sie soll beim Verbraucher Vertrauen und Sicherheit schaffen.

Skimming-Preisstrategie oder Abschöpfungsstrategie

Diese Strategie wird speziell bei der Einführung eines Produkts und vor allem bei neuen technischen Produkten angewendet. Zu Beginn wird ein hoher Preis angesetzt, um möglichst schnell die Forschungs- und Entwicklungskosten abzudecken. Im Zeitablauf wird der Preis dann gesenkt. Hier werden besonders innovationsfreudige, risikofreudige Kunden angesprochen, die z. B. neuen technischen Produkten gegenüber sehr aufgeschlossen sind (Computer, Kameras, Musikgeräte). Diese Konsumenten reagieren preisunempfindlich. Der Anbieter wiederum schafft sich dadurch einen Preisspielraum. Wenn im Zeitablauf Wettbewerber auf den Markt drängen, wird der Preis gesenkt, um dem aufkommenden Konkurrenzdruck Stand zu halten. In der Regel handelt es sich um Waren, die einer relativ schnellen Veralterung unterliegen.

Penetrationsstrategie oder auch Türöffnungsstrategie

Zu Beginn der Produkteinführung setzt man einen sehr niedrigen Preis fest, um große Absatzmengen zu erzielen, Massenmärkte zu erschließen und potenzielle Konkurrenten von vornherein abzuschrecken. Im Zeitablauf wird der Preis dann angehoben. Genau das ist freilich nicht leicht. Deshalb wird speziell im Einzelhandel bei der Einführung von Produkten auch mit Worten wie „Aktionspreis", „Einführungspreis" geworben, damit der Kunde weiß, dass sich der Preis im Zeitablauf erhöht. Oft ist diese Strategie für Anbieter nicht unproblematisch, weil die Amortisationsdauer der Investitionen für das neue Produkt relativ lang ist. Außerdem assoziiert der Konsument nach wie vor häufig mit einem niedrigen Preis eine auch eher niedrige Qualität. Weiterhin ist der preispolitische Spielraum sehr gering, wenn Marktwiderstände auftauchen. Trotzdem könnten beispielsweise Kapazitäten gut genutzt und ausgelastet werden (beim Hersteller in der Produktion, beim Händler in der Fläche).

Kompensationsstrategie oder Mischkalkulation

Bei der Mischkalkulation nimmt der Handel eine Kompensation, d. h., einen Ausgleich von verlust- und gewinnbringenden Waren vor. Außerdem kann eine Kompensation über verschiedene Filialen oder Standorte stattfinden sowie zur Verlustreduktion von Komplementärgütern genutzt werden. Wenn beispielsweise ein Tennisschläger sehr günstig angeboten wird ist das Zubehör wie Tennisbälle oder die Schlägerhülle entsprechend teurer.

Schließlich kann auch ein Ausgleich von Sonderangebotsartikeln gegenüber „normalpreisigen" Artikeln vorgenommen werden (typische Kompensation des Handels im Rahmen der Sonderangebotspolitik). Oftmals werden ganz spezielle Artikel für die Sonderangebotspreispolitik ausgewählt. Es handelt sich dabei um die sogenannten Schlüsselartikel, d. h. Artikel, auf deren Preise Kunden besonders achten und Wert legen. Aus den Preisen dieser Produkte leiten sie oft die übrigen Preise ab und es wird damit assoziiert, dass es sich um eine günstige Einkaufsstätte handelt. Der Handel erhofft sich natürlich, dass die Bequemlichkeit des Kunden dazu führt, auch andere notwendige Produkte in demselben Geschäft zu kaufen. Da sehr viele Handelsbetriebe dieser Strategie nachgehen, gibt es naturgemäß auch eine Zielgruppe der sogenannten „Schnäppchenjäger", die keine Zeit und Beschaffungskosten scheuen, um in allen Geschäften lediglich die Sonderangebote zu kaufen oder gar in großen Mengen zu horten („Hamsterkäufe"). Wenn dieses Phänomen entsteht, hat sich die Sonderangebotspolitik im Rahmen der Mischkalkulation eher abgenutzt.

Psychologische Preisgestaltung
Die psychologische Preisgestaltung soll Preise günstiger erscheinen lassen, als sie wirklich sind. Hier kann man einige Überlegungen anstellen, die sich auf die Wirkung von runden und gebrochenen Preisen beziehen. So gibt es typische Preise im Handel, die unter „runden" Preisen liegen (99 Cent). Dann sind oft Preisschwellen zu beobachten, über die ein Produkt lange nicht gelangt. Ein gebrochener Preis kann auch den Eindruck einer „spitzen", sehr genauen Kalkulation erwecken.
Außerdem gibt es die Strategie, den Eindruck zu erwecken, es handele sich um einen vermeintlich günstigeren Preis, wenn eine größere Menge gekauft wird (vermeintliches Gewähren von Rabatten bei Multipacks). Konsumenten sind bequem und reduzieren ihre Kaufentscheidung auf Schlüsselbotschaften: Wenn es einen Dreierpack gibt, erwartet der Kunde, hier sei die Ware in jedem Falle günstiger als das Einzelstück. Eine weitere psychologische Preisgestaltung bedeuten abfallende Preise, bei der der Preis vermeintlich viel günstiger wirkt (9.875,– Euro).

5.4.3 Preisdifferenzierung

Sie bedeutet, dass ein bestimmtes Produkt zu unterschiedlichen Preisen angeboten wird. Man will damit ein größtmögliches Marktpotenzial ausschöpfen. Kriterien sind Zeit, Raum, Person, Verwendungszweck, Menge und Gestaltung.
- **Zeitliche Preisdifferenzierung**
  Hierbei handelt es sich um Preisschwankungen im Zeitablauf. So könnte sich ein Handelsbetrieb bewusst dafür entscheiden, Eis im Winter günstiger zu verkaufen als im Sommer, um daraus ein „Ganzjahresprodukt" zu machen und die Nachfrage zu steigern. Der Zeitraum kann sich auch auf Stunden beziehen (Tag und Nacht, Beispiel ist der Strompreis).
- **Räumliche Preisdifferenzierung**
  Wenn ein Handelsbetrieb verschiedene Standorte hat, verlangt er dort jeweils unterschiedliche Preise. Dies kann abhängig sein von der vor Ort befindlichen Kundenstruktur, es kann auch an der (fehlenden) Konkurrenz an einzelnen Standorten liegen oder der geografischen Lage (Ausland, Berge) mit anderen Transportkosten.

- **Personelle Preisdifferenzierung**
  Bei der personellen Preisdifferenzierung werden je nach der Person des Nachfragers unterschiedliche Preise gefordert. Besondere Bedeutung erlangt diese Strategie in Zusammenhang mit der Zugehörigkeit zu bestimmten sozialen Gruppen sowie in Form von altersbezogenen Preisunterschieden (Beispiel Studentenpreise, Seniorenpreise, Kinderpreise, Inhaber von Kundenkarten).
- **Verwendungsbezogene Preisdifferenzierung**
  Je nach Art der Verwendung werden unterschiedliche Preise gefordert. So hat destilliertes Wasser für Bügeleisen einen anderen Preis als dasselbe destillierte Wasser in der Autozubehörabteilung für die Autobatterien.
- **Mengenbezogene Preisdifferenzierung**
  Je nach Umfang der Nachfragemenge werden unterschiedliche Preise gefordert. Im Prinzip handelt es sich um einen Mengenrabatt.

Insbesondere die Preisdifferenzierung und die psychologische Preisgestaltung sind Preisstrategien, die relativ kurz- bis mittelfristig angelegt und umgesetzt werden können.

5.4.4 Konditionenpolitik

Ziele und Aufgaben der Konditionenpolitik
Ziel der Konditionenpolitik ist, die Nachfrage zu steigern. Sie will eine zusätzliche Attraktivität gegenüber dem Wettbewerb anzubieten. Preis- und Konditionenpolitik sind nicht losgelöst voneinander anzuwenden. Insgesamt hat sich ein Handelsunternehmen an den Marketingzielen zu orientieren und diese mit den einzelnen Marketinginstrumenten zu verwirklichen. Wenn sich ein Handelsunternehmen für bestimmte preispolitische Strategien entschieden hat, ist zu überlegen, welche Konditionen dazu passen.

Instrumente der Konditionenpolitik
Die Instrumente der Konditionenpolitik sehen wie folgt aus:
- Rabattpolitik
- Lieferpolitik
- Zahlungsbedingungen
- Kreditpolitik

Auf die einzelnen Bereiche soll im Folgenden näher eingegangen werden.

Rabattpolitik

Darunter versteht man die Gesamtheit von Entscheidungen, die den zielorientierten Einsatz von Preisnachlässen nach sich ziehen, die sich auf einen vorher festgelegten Preis beziehen. In der Regel sind Rabatte an bestimmte Leistungen des Konsumenten geknüpft.

- **Funktionsrabatte**
  Funktionsrabatte können vom Hersteller an den Großhandel oder an den Einzelhandel für die Übernahme bestimmter Funktionen gegeben werden. Der Hersteller will sicherstellen, dass der Handel diese Funktionen weiterhin übernimmt. Bei den Funktionen handelt es sich um die folgenden Handelsfunktionen: räumliche Überbrückung, zeitliche Überbrückung, Quantitätsfunktion, Qualitätsfunktion, Werbefunktion. Zu den Funktionsrabatten gehören auch die Barzahlungsrabatte und Skonto. In der Handelspraxis unterscheidet man eine Vielzahl von Funktionsrabatten wie Schaufensterrabatt, Werbevergütungsrabatt, Platzierungsrabatt, um nur einige zu nennen.

- **Mengenrabatte**
  Mengenrabatte beziehen sich auf die Abnahme größerer Mengen. Dabei kann es ähnlich wie beim Funktionsrabatt auch Bar- oder Naturalrabatte (unentgeltliche Abgabe von Waren) geben.
  Für die Berechnung des Mengenrabatts gibt es außerdem die Möglichkeit, die Anzahl der Aufträge oder die Summe der Aufträge als Grundlage zu wählen. Bezieht man die Berechnung auf ein ganzes Jahr, kann man auch von einem Bonus sprechen. Die Zielsetzung, die sich dahinter verbirgt, ist, den Kunden langfristig an sein Geschäft zu binden, eine Einkaufsstättentreue zu erreichen und Aufträge auszuweiten. Dazu hat sich in den letzten Jahren auch der Begriff Treuerabatt gebildet

- **Zeitrabatte**
  Sie kann man weiter unterteilen in:
  - *Einführungsrabatte*, d. h., man will frühzeitig bei der Einführung eines neuen Produkte Kunden gewinnen,
  - *Vorausbestellungsrabatte*, d. h., hier sollen saisonale Schwankungen und umsatzstarke und – schwache Zeiten ausgeglichen werden,
  - *Auslaufrabatte*, hier sollen möglichst schnell die Lager abgebaut werden.
    Normalerweise ist einem Handelsunternehmen daran gelegen, den Preis zu erzielen, den es kalkuliert hat, und es stellt sich die Frage, warum überhaupt Rabatte notwendig sind. Das Ziel kann eben nicht darin bestehen, möglichst viele Formen von Rabatten zu gewähren. Letztlich soll eine Rabattstrategie sinnvoll für bestimmte Zielgruppen erarbeitet werden, um Kunden zu gewinnen und langfristig an sich zu binden. Wenn Rabatte dies erreichen, sind sie zweckmäßig. Soll aber die Anwendung von Rabatten dazu führen,

einen Vernichtungswettbewerb zu betreiben, dann wäre eine solche Strategie ökonomisch sinnlos.

Lieferpolitik
Die Lieferpolitik beschäftigt sich mit den Modalitäten der Lieferung einer Ware. In der Regel ist es so, dass der Konsument den Einzelhandelsbetrieb aufsucht und eigentlich weniger von Lieferpolitik gesprochen werden müsste. In der Praxis geschieht es jedoch immer öfter, dass auch Einzelhandelsbetriebe Waren zum Kunden liefern. Der Versandhandel hat sich ohnehin mit Lieferbedingungen auseinander zu setzen. Das gilt auch für den Großhandel, der Einzelhändler und andere Unternehmen beliefert.
Die Lieferpolitik beinhaltet vielfältige Aspekte:

Lieferbereitschaft und Lieferzeit
Die Lieferbereitschaft beinhaltet die grundsätzliche Möglichkeit einer Lieferung, die Lieferzeit bezieht sich auf den festgesetzten Termin der Lieferung. Gerade die Lieferzeit ist in einem schnelllebigen Zeitalter für Konsumenten hoch interessant geworden und stellt sich in der Praxis häufig auch als Wettbewerbsfaktor heraus. Welcher Konsument möchte heute schon noch gern sieben Tage auf die Lieferung einer Versandware warten, wenn es andere Versandhändler gibt, die Waren innerhalb von vierundzwanzig Stunden liefern können? Oftmals erhält daher der Lieferant den Auftrag, der schneller liefern kann.

Die Lieferart
Die Lieferart bezieht sich auf die Wahl des Transportmittels. So kommen beispielsweise Schiff, PKW, LKW, Flugzeug, Eisenbahn, private Paketdienste und Post als Verkehrsträger in Frage. Je nachdem, um welche Entfernung es sich handelt, wie empfindlich die Ware ist, wie schnell die Ware am Ort sein soll und wie hoch die Kosten für den Transport sind, wird man sich für unterschiedliche Lieferarten entscheiden. Außerdem muss der Unternehmer entscheiden, ob er einen Eigentransport vornimmt oder jemand Fremdes transportieren lässt. Handelsunternehmen, die international tätig sind, haben internationale Lieferbedingungen zu berücksichtigen, die sogenannten Incoterms. Mehr hierzu in den Handlungsbereichen Handelslogistik und Außenhandel.

Zahlungsbedingungen
Im Rahmen der Gestaltung der Zahlungsbedingungen wird die Art und Weise der Zahlung einer gekauften Ware festgelegt. Als Zahlungsarten kann man beispielsweise Barzahlung, EC-Karte, Kreditkarte, Rechnung, Vorauszahlung und Zahlung nach Erhalt der Ware unterscheiden.

Kreditpolitik

Für bestimmte Kaufabschlüsse sind möglicherweise auch Sicherheiten in Form von Eigentumsvorbehalten, Bürgschaften, Sicherungsübereignungen und Ähnlichem erforderlich, also beispielsweise die Aushändigung des Fahrzeugbriefes erst nach Erhalt des Geldes.

Ziel der Kreditpolitik ist es, denjenigen Zielgruppen, denen es zurzeit an Kaufkraft mangelt, trotzdem die sofortige Erfüllung ihrer Kaufwünsche zu ermöglichen und damit den Absatz zu steigern. Dies geschieht im Rahmen von zinslosen Ratenkäufen besonders in der Branche der Medienprodukte. Dies geschieht heute zumeist in Zusammenarbeit mit einer Bank.

5.4.5 Überwachung und Kontrolle des Preis- und Konditionensystems

In den vorangegangenen Ausführungen wurde deutlich, dass das Ziel der Preis- und Konditionenpolitik darin liegt, die Nachfrage zu steigern. Die langfristige Gewinnoptimierung ist letztlich das vorherrschende ökonomische Ziel eines jeden Unternehmens. Ökonomische Ziele insgesamt beziehen sich auf ökonomische Messgrößen wie Menge, Umsatz, Gewinn, Anzahl vorhandener und neuer Kunden, Kaufhäufigkeit, Liquidität.

Ein Unternehmen kann nur seine Systeme überwachen und kontrollieren, wenn es entsprechende Ziele aufgestellt hat. Dies bedeutet, dass der Handel die Erreichung der jeweils formulierten Ziele überprüfen muss. Ist ein Ziel nicht erreicht, muss nach den Ursachen geforscht und gegebenenfalls eine Anpassung vorgenommen werden.

Die vier klassischen praxisorientierten Preisstrategien, Hochpreispolitik, Niedrigpreispolitik, Abschöpfungsstrategie und Türöffnungsstrategie, die im Zeitablauf eines Produktlebenszyklus zu sehen sind, können dahingehend geprüft werden, ob sich die Erwartungen hinsichtlich der angebotenen Qualität mit der tatsächlich abgesetzten Menge erfolgreich gedeckt haben.

Bei der Mischkalkulation ist zu überprüfen, ob tatsächlich in der Summe ein Überschuss erzielt worden ist und ob die richtigen Kompensationsartikel ausgewählt wurden.

Die Psychologische Preisgestaltung kann dadurch geprüft werden, dass Absatzmengen vor und nach der neuen Preisfestsetzung miteinander verglichen werden. Man könnte auch an verschiedenen Standorten mit verschiedenen Preisstrategien arbeiten und die Ergebnisse dann vergleichen. Insgesamt ist zu beobachten, dass die Bereitschaft von Konsumenten zurückgeht, Produkte zu einem Normalpreis zu kaufen.

Auch die Preisdifferenzierung kann im Zeitvergleich nachgeprüft werden. Der Erfolg von Rabatten kann dadurch kontrolliert werden, dass Umsatzeffekte vor, während und nach einer Rabattaktion gemessen werden.

Eine Änderung der Liefer-, und Zahlungsbedingungen kann hinsichtlich ihrer jeweils gewählten Strategie überprüft werden. So könnten beispielsweise folgende Fragen geprüft werden:

- Wie reagieren die Kunden auf das Ratenangebot?
- Wie viele Kunden nehmen es wahr?
- Wird der Konsum von Medienprodukten nachhaltig gesteigert, wenn Ratenkredite geboten werden?
- Was ist zu tun, wenn die Geldzurückgarantie überproportional genutzt wird?
- Was kann der Versandhandel tun, wenn er feststellt, dass die Rücksendequote sich erhöht?
- Wenn häufig Beschwerden vorliegen über die zu lange Lieferdauer, ist zu prüfen, wie das logistische System verändert werden kann um eine höhere Lieferbereitschaft zu erreichen.

Rückgabe- und Umtauschrechte, Gewährleistung:
Gewährleistung heißt, dass der Verkäufer gesetzlich dafür einstehen muss, dass die verkaufte Ware frei von Mängeln ist. Die gesetzliche Gewährleistung beträgt seit dem 1.1.2002 nach §437 BGB 24 Monate, davor waren es lediglich 6 Monate. Der Kunde kann nunmehr seine Rechte bei Lieferung eines mangelhaften Gerätes zwei Jahre lang geltend machen. In den ersten sechs Monaten wird vermutet, dass der Gegenstand schon bei Auslieferung defekt war oder einen Mangel aufwies; reklamiert ein Kunde später als sechs Monate nach dem Kauf, dreht sich die Beweislast um und der Kunde muss beweisen, dass das Gerät schon bei Übergabe einen Mangel aufwies. Dies ist oft schwer durchzuführen, deshalb gab es in der Praxis bisher nur wenige Fälle, wo nach sechs Monaten die Gewährleistung in Anspruch genommen wurde. Der Kunde ist hier auf die Kulanz des Händlers angewiesen und an dieser Stelle setzt ein Marketinginstrument im Rahmen der Lieferpolitik ein. Unter Kulanz versteht man die Übernahme eines Mängelschadens seitens des Händlers, ohne rechtlich dazu verpflichtet zu sein (Rückgabe).

Eine Garantie ist ebenfalls eine zusätzliche freiwillige Leistung eines Händlers und/oder Herstellers, sofern der Händler die „Herstellergarantie" an den Kunden weitergibt – wozu der Händler aber nicht verpflichtet ist. Über das gesetzliche Maß hinausgehende Garantien gibt es heutzutage sehr vielfältige, im Folgenden einige Beispiele hierzu:

- **Kassengarantie**, bei Wartezeit von mehr als fünf Minuten an der Kasse gibt es fünf Euro.
- **Umtauschgarantie**, bei Nichtgefallen des Produktes gibt es innerhalb von zwei Wochen das Geld zurück.
- **Tiefpreisgarantie**, wenn man innerhalb von 14 Tagen das gleiche Produkt bei gleicher Leistung in der Region günstiger sieht, wird der Differenzbetrag erstattet oder man nimmt das Geld zurück – dies hat aus Händlersicht noch den enormen Vorteil, dass der Konsument die Marktbeobachtung übernimmt.

Letztlich sind die drei letztgenannten Garantien nichts anderes als Kundengewinnungs- und Kundenbindungsinstrumente.

5.5 Aufgaben zur Selbstkontrolle

Aufgabe 1. Preispolitik
Ein Einzelhandelsunternehmen hat die Möglichkeit, seine Preise wettbewerbs-, kosten- oder nachfrageorientiert zu gestalten.
a) Erklären Sie diese grundsätzlichen preispolitischen Verfahren.
b) Nennen Sie fünf Absatz fördernde Maßnahmen des Einzelhandels, die sich aus der Preispolitik ableiten.

Aufgabe 2 Verkaufsförderung/Visual Merchandising
Die Ladengestaltung spielt im Rahmen des Visual Merchandisings eine wichtige Rolle. Für die Planung werden oft Kundenlaufstudien erstellt. Beschreiben sie, was unter einer Kundenlaufstudie zu verstehen ist und nennen Sie drei Erkenntnisse, die daraus gewonnen werden können.

Aufgabe 3 Controlling
In einem Filialunternehmen mit vielen Filialen weisen Filiale A, B und C folgende Kennzahlen auf:

	Umsatz netto	Flächenleistung	Pro-Kopf-Leistung
durchschnittliche Ergebnisse aller Filialen	2.542.000,00	9.593,00	293.000,00
Filiale A	2.835.000,00	8.146,00	368.000,00
Filiale B	2.546.000,00	9.498,00	295.000,00
Filiale C	2.465.000,00	9.622,00	257.000,00

a) Analysieren Sie die vorliegenden Zahlen.
b) Erläutern Sie eine Handlungsempfehlung für Filiale A, um die Ergebnisse zu verbessern.

Aufgabe 4 Key Account Management
Im Rahmen einer kundenorientierten Vertriebsorganisation sind häufig Key Account Manager anzutreffen.
a) Was versteht man unter Key-Accounts?
b) Welche Ziele erfolgt ein Unternehmen mit dem Einsatz von Key-Account-Managern?
c) Welche Funktionen haben Key-Account-Manager zu erfüllen?

Aufgabe 5 Marketingziele
In Ihrem Unternehmen wird von Führungskräften und der Belegschaft der mangelhafte Einsatz der marketingpolitischen Instrumente kritisiert. Ein Kritikpunkt bezieht sich auf die unzureichende Zielbestimmung im Bereich Marketing. Formulieren Sie fünf mögliche Marketingziele.

5. Vertriebssteuerung

Aufgabe 6 Marktsegmentierung
Ihr Unternehmen beabsichtigt, ein neues Produkt aus dem Bereich Süßwaren auf einem bestehenden Markt einzuführen. Bei diesem Produkt soll es sich um ein Bio-Produkt handeln. Als Marketingleiter erhalten Sie die Aufgabe, eine Marktsegmentierung vorzunehmen. Erläutern Sie den Begriff Marktsegmentierung und wenden Sie eine solche auf den vorliegenden Fall an.

Aufgabe 7 Marktforschung
Sie beabsichtigen vor der Einführung eines neuen Produkts geeignete Marktforschungsaktivitäten einzusetzen. Beschreiben Sie den Begriff Marktforschung und erläutern Sie die primäre sowie sekundäre Marktforschung.

Aufgabe 8 Wachstumsstrategien
Erläutern Sie die so genannten Wachstumsstrategien nach Ansoff. Verdeutlichen Sie die Strategie an einem konkreten Beispiel.

Aufgabe 9 Produktdifferenzierung, Diversifikation
In Ihrem Unternehmen hat eine umfangreiche Marktforschung ergeben, dass im Rahmen der Produktpolitik eine Produktdifferenzierung sowie eine Diversifikation möglicherweise zu einer Umsatzsteigerung führen können. Beschreiben Sie beide Begriffe und geben Sie hierzu jeweils ein konkretes Praxisbeispiel.

Aufgabe 10 Servicepolitik
In Ihrem Unternehmen wird darüber diskutiert, die Servicepolitik zu optimieren.
a) Beschreiben Sie drei Gründe, die für eine Verbesserung des Service Politik sprechen.
b) Erläutern Sie beispielhaft vier Maßnahmen, die man im Rahmen der Servicepolitik ergreifen kann.

Aufgabe 11 Preisdifferenzierung
Nennen Sie 3 Arten der Preisdifferenzierung.

Aufgabe 12 Preisgestaltung
Aufgrund rückläufiger Umsätze wollen Sie geeignete Maßnahmen der Preispolitik ergreifen. Vor diesem Hintergrund diskutieren Sie die kostenorientierte Preisgestaltung und zum anderen die konkurrenzorientierte Preisgestaltung. Beschreiben Sie beide genannten Strategien.

5.5 Aufgaben zur Selbstkontrolle

Aufgabe 13 Preisstrategien
Aufgrund des verstärkten Wettbewerbsdrucks entscheiden Sie sich dafür, die Preisgestaltung Ihrer Produkte zu optimieren.
a) Erläutern Sie drei Faktoren, die Sie bei der Preisgestaltung zu beachten haben.
b) Beschreiben Sie beispielhaft drei verschiedene Preisstrategien, die ein Unternehmen einsetzen können.
c) Erläutern Sie den direkten und indirekten Preisnachlass.

Aufgabe 14 Werbeplan
Sie möchten ein neues Haushaltsgerät auf dem Markt etablieren. Zu diesem Zweck entscheiden Sie sich dafür, geeignete Werbemaßnahmen zu ergreifen. Zuvor möchten Sie einen Werbeplan erstellen. Erstellen Sie einen Werbeplan mit fünf Planungsinhalten.

Aufgabe 15 Grundsätze der Werbung
In einer Teamsitzung werden diverse Werbeaktivitäten kontrovers diskutiert. Der Marketingleiter kritisiert die aus seiner Sicht zu aggressive Werbung sowie teure Werbung und gibt die Grundsätze der Werbung zu bedenken. Nennen Sie vier Grundsätze der Werbung.

Aufgabe 16 Verkaufsförderung
Erläutern Sie den Begriff Verkaufsförderung und beschreiben Sie beispielhaft vier Maßnahmen.

Aufgabe 17 Sponsoring
In Ihrem Unternehmen wird die Anwendung eines Sportsponsorings diskutiert. Beschreiben Sie den Begriff Sponsoring und nennen Sie jeweils drei vor Nachteile des Sportsponsorings.

Aufgabe 18 Vertriebscontrolling
Im Rahmen des Vertriebscontrollings kann die Controlling-Abteilung mit diversen Schwierigkeiten konfrontiert werden. Erläutern Sie Sie vier mögliche Schwierigkeiten.

Aufgabe 19
Die Geschäftsführer einer vegetarischen Fastfood Kette überlegen, einen Franchisevertrag mit Ihrem Unternehmen abzuschließen. Beschreiben Sie den Begriff Franchise und nennen Sie je zwei Vor- und Nachteile, die sich für einen Franchisegeber ergeben können.

Aufgabe 20
Um die Marktbedingungen zu überwachen und zu regulieren, greift häufig das Wettbewerbsrecht ein. Beschreiben Sie zwei Gesetze, die das Wettbewerbsrecht regeln.

5. Vertriebssteuerung

Lösungen:

Aufgabe 1

a) wettbewerbsorientiert: Preise werden abhängig von der Preisgestaltung der Mitbewerber festgelegt, Nachfrage- und Kostensituation bleiben weitgehend unberücksichtigt. Gefahr eines Verdrängungswettbewerbs.
kostenorientiert: Die Verkaufskalkulation bestimmt den Preis, Mitbewerber und Nachfrage bleiben hierbei unberücksichtigt. Bei Alleinstellung bzw. auf Verkäufermärkten möglich.
nachfrageorientiert: Die Preisbereitschaft des Kunden bestimmt den Preis. Bei schwacher Konkurrenzsituation oder gleichem Konkurrenzverhalten möglich, z.B. Zubehör für technische Geräte.

b) z.B.
Rabatt
Zugaben
Coupons
Ratenzahlung, Kreditkauf
Kundenkarte mit Bonus-/Zahlungsfunktion
Kreditkartenzahlung
Inzahlungnahme von Altgeräten

Aufgabe 2:
Die Kundenlaufstudie ist als Multimomentaufnahme eine Form der primären Marktforschung. Es wird beobachtet, welchen Weg der Kunde durch den Laden geht, wie lange er sich in den Abteilungen aufhält und wo er sich im Besonderen der Ware zuwendet.
Erkenntnisse: z.B.
- Verweildauer in den Abteilungen bzw. Warengruppen
- Feststellen der gut bzw. schlecht frequentierten Bereiche der Verkaufsfläche
- Erkenntnisse über die allgemeine Kundenorientierung in Bezug auf die Warenplatzierung und Warenpräsentation

Aufgabe 3

a) Filiale A übersteigt den durchschnittlichen Umsatz um 12%, Filiale C verfehlt den durchschnittlichen Umsatz um 3%.
Bei der Flächenleistung verfehlt Filiale A den durchschnittlichen Wert um 15% trotz des guten Umsatzes, die anderen Filialen erreichen die durchschnittlichen Werte.
Bei der Pro-Kopf-Leistung erreicht Filiale A ein um 26% besseres Ergebnis, die Filiale C erreicht die durchschnittliche PKL um 12% nicht.

b) Filiale A muss ihre Flächenleistung korrigieren durch z.B. Untervermietung, durch weitere Umsatzsteigerungen mit Hilfe von Sortimentserweiterungen.

Aufgabe 4
a) Key-Accounts sind Schüsselkunden, die aufgrund ihrer Wichtigkeit für das Unternehmen einer besonderen Betreuung bedürfen, da bei Verlust ein oder mehrerer Großkunden die Existenz des Unternehmens gefährdet sein kann.
b) Verbesserung der Geschäftsbeziehungen durch regelmäßige Information und Kommunikation sowie intensivere Kontakte zum Kunden
Minimierung des zwischen- und innerbetrieblichen Koordinationsaufwand
Verbesserung der Marktstellung im Vergleich zum Wettbewerber
Stärkung der vertikalen Marktposition
c) Informationsfunktion
Planung- und Promotionsfunktion
Koordinations- und Diplomatenfunktion
Kontrollfunktion

Aufgabe 5
Marketingziele können sein:
- Unser Ziel ist es, stets die Kundenzufriedenheit zu erhöhen.
- Wir möchten unseren Bekanntheitsgrad erhöhen und ein einheitliches Corporate Identity schaffen.
- Unser Ziel besteht darin, in neue Marktsegmente vorzudringen.
- Wir beabsichtigen, unsere Marktanteile zu erhöhen.
- Unser Ziel ist es, fortwährend unsere marketingpolitischen Instrumentarien zu verbessern.

Aufgabe 6
Unter einer Marktsegmentierung versteht man die Aufteilung eines Gesamtmarktes in Teilmärkte nach bestimmten Kriterien, die in sozio-ökonomische sowie psychographische Kriterien gegliedert werden können. Hinsichtlich der sozio-ökonomischen Kriterien legt man Alter, Geschlecht, Einkommen sowie den Beruf zugrunde. Im vorliegenden Fall sollen Personen aller Altersrichtungen, Männer als auch Frauen angesprochen werden. Es wird kein Fokus auf eine bestimmte Berufsrichtung gelegt, wobei Personen des mittleren bis gehobenen Einkommens in die Marktsegmentierung einbezogen werden können. Vor dem Hintergrund psychographischer Kriterien bezieht sich das Unternehmen auf gesundheitsbewusste Personen sowie auf Personen, die einen großen Wert auf Qualität und Nachhaltigkeit legen.

Aufgabe 7

Unter Marktforschung versteht man das systematische Sammeln und Auswerten von marketingspezifischen Informationen zu einem bestimmten Marketingziel.

Im Rahmen der Primärforschung (Feldforschung) werden erstmals neue Informationen erhoben. Dies kann durch Befragungen, Interviews, Tests, Beobachtungen sowie Panels erfolgen. Bei der Sekundärforschung (Tischforschung) sind bereits Informationen vorhanden. Diese Informationen ergeben sich zum Beispiel aus dem Internet, aus Betriebszahlen oder Fachzeitschriften.

Aufgabe 8

Die Ansoff-Matrix unterscheidet zwei Achsen; die Markt- und die Produktachse. Beide Achsen unterscheiden die Merkmale aktuell und neu. Aus der Kombination dieser Achsen resultieren die möglichen Wachstumsstrategien.

Marktdurchdringungsstrategie

Hiermit soll versucht werden, im gegenwärtigen Markt mit dem aktuellen Produktprogramm über eine Erhöhung des Marktanteils höhere Umsätze zu erzielen (z. B. durch intensive Kommunikationspolitik und durch aggressive Preispolitik). Die Risiken, aber auch die Chancen sind gering. Allerdings kann es zu einem ruinösen Verdrängungswettbewerb kommen. Problematisch kann diese Strategie auch sein, wenn der Markt weitgehend gesättigt ist. Beispiel: Ein Unternehmen, das bereits auf dem Markt Smartphones verkauft, möchte den Marktanteil dadurch verbessern, indem eine umfangreiche Werbekampagne durchgeführt wird.

Marktentwicklungsstrategie

Mit unveränderten Produkten soll auf neuen Märkten Fuß gefasst werden. Angesichts fehlender Produktentwicklungskosten erscheint dies kostengünstiger (wenige Risiken). Fraglich ist jedoch, ob neue Gesamtmärkte erschlossen werden können. Im Übrigen kommen Markterschließungskosten auf das Unternehmen zu. Beispiel: Ein Anbieter von IT-Komponenten hat sich auf dem deutschen Markt bereits etabliert, möchte jedoch zusätzlich den osteuropäischen Markt erschließen. Aus diesem Grunde erfolgen umfangreiche Marketingmaßnahmen auf dem neuen Markt.

Produktentwicklungsstrategie

Bei dieser Strategie versucht man in gegenwärtigen Märkten mit neuen Produkten (z.B. Produktinnovationen, Produktvarianten) höhere Umsätze zu erzielen. Es werden neue Marktsegmente im aktuellen Gesamtmarkt angesprochen. Wegen der Entwicklungs- und Markteinführungskosten sind zwar Risiken gegeben, allerdings bieten sich auch Chancen, um eine strategische Lücke zu schließen. Beispiel: Ein Softwareunternehmen entschließt sich, eine neue Software im Bereich Software Sicherheit zu entwickeln und auf dem Markt zu bringen.

5.5 Aufgaben zur Selbstkontrolle

Diversifikationsstrategie
Sofern sämtliche Strategien ins Leere laufen, kommt die Diversifikationsstrategie zum Zuge, bei der neue Produkte auf neue Märkte gehen. Wesentlich ist, dass neue Gesamtmärkte bedient werden, nicht lediglich neue Marktsegmente. Hinsichtlich des Aufwandes und der Kosten birgt diese Strategie die höchsten Risiken. Beispiel: Ein bekanntes Automobilunternehmen beabsichtigt, in ein neues Marktsegment vorzudringen und zukünftig elektrobetriebene Fahrräder anzubieten.

Aufgabe 9
Bei einer Produktdifferenzierung handelt es sich um die Erweiterung bzw. Ergänzung eines bestehenden Produktes durch Veränderung der Farbe, des Designs, der technischen oder sonstigen Ausstattung. Beispiel: Ausgehend von einer Zielgruppenbestimmung kann ein Anbieter für Haushaltswaren die Haushaltsgeräte im Hinblick auf Ausstattung und Größe den Wünschen des potenziellen Kunden anpassen (zum Beispiel Singlehaushalt oder Gastronom).
Eine Diversifikation ist dann gegeben, wenn das Unternehmen das Produkt bzw. Sortiment auf neue Produkte und oder neue Märkte ausweitet. Beispiel: der Anbieter von Haushaltswaren nimmt eine Diversifikation dergestalt vor, dass er neue Haushaltswaren in sein Sortimentsprogramm aufnimmt (das Unternehmen verkauft neben Mikrowellen jetzt auch Öfen).

Aufgabe 10
Für eine Verbesserung der Servicepolitik spricht u. a. die bestehende Wettbewerbssituation. In einem umkämpften Wettbewerb kann die Servicepolitik dazu führen, dass das Unternehmen einen Wettbewerbsvorteil erlangt. Ferner kann dieses marketingpolitische Instrumentarium zu einer Imageverbesserung führen und damit die Kundenbindung steigern. Zudem kann man durch servicepolitische Leistungen den Kundenanforderungen stärker Rechnung tragen.
Folgende vier Maßnahmen können im Rahmen der Servicepolitik ergriffen werden:
- Beratung
- Hotline
- Garantieverlängerung
- Kundendienst

Aufgabe 11
Arten der Preisdifferenzierung:
- räumliche Preisdifferenzierung
- personelle Preisdifferenzierung
- zeitliche Preisdifferenzierung.

Aufgabe 12
Bei der kostenorientierten Preisgestaltung steht die Kostensituation des Betriebs im Vordergrund. Um die Kostensituation hinreichend beurteilen zu können, kann sich das Unternehmen der Vollkostenrechnung oder der Teilkostenrechnung bedienen. Es wird die Frage gestellt, welche Kosten bei dem Unternehmen anfallen, um auf dieser Grundlage einen angemessenen Preis zu bestimmen. Zu diesen Kosten gehören z. B. Materialkosten, Personalkosten, Betriebsmittelkosten etc.

Die konkurrenzorientierte Preisgestaltung orientiert sich am Preis der Mitbewerber. Dies ist insbesondere dann der Fall, wenn es eine Vielzahl von Konkurrenzunternehmen auf dem Markt gibt. Anpassung an die Preisgestaltung der Konkurrenz meint nicht automatisch, dass die gleichen Preise angeboten werden. Es kann auch sein, dass das Unternehmen ausgehend von einem Marktpreis die Preise unter- oder überbietet.

Aufgabe 13
a) Faktoren, die bei der Preisgestaltung zu beachten sind:
   Betriebskosten
   Wettbewerbssituation
   Nachfragesituation
   Qualität
   Trends
b) Hinsichtlich der Preisstrategien kann sich das Unternehmen für eine Hochpreisstrategie, für eine Marktpreisstrategie oder für eine Niedrigpreisstrategie entscheiden. Die Hochpreisstrategie wird bei sogenannten Luxusgütern eingesetzt. Der hohe Preis stellt für das Produkt einen unverwechselbaren Bestandteil dar und hebt die Exklusivität des Produktes hervor (Snob-Effekt). Die Marktpreisstrategie ist dadurch gekennzeichnet, dass eine Orientierung der Preise nach der allgemeinen Nachfrage auf dem Markt erfolgt. Es wird demnach die Frage gestellt, wie hoch der durchschnittliche Preis ist, den der Nachfrager bereit ist, anzunehmen. Im Rahmen der Niedrigpreisstrategie werden die Produkte mit geringen Preisen angeboten. Dies kann vielfältige Gründe haben. Zum einen kann es sich um Produkte geringerer Qualität handeln, zum anderen kann das Unternehmen vor dem Hintergrund einer Penetrationsstrategie das Ziel verfolgen, die Marktanteile zu erhöhen.
c) Von einem direkten Preisnachlass spricht man, wenn der kalkulierte Verkaufspreis reduziert wird. Ein indirekter Preisnachlass ist gegeben, wenn zwar die Höhe des kalkulierten Verkaufspreises gleich bleibt, dem Kunden aber zusätzliche Vergünstigungen eingeräumt werden (z. B. verlängerte Gewährleistungsfristen).

Aufgabe 14
Ein Werbeplan kann folgende Planungsinhalte umfassen:
- Bestimmung des Werbebudgets
- Festlegung des Werbeobjekts (welches Produkt soll beworben werden?)
- Definition der Werbemittel sowie der Werbeträger (z.B. Fernsehspot)
- Bestimmung der Zielgruppe (z.B. Singlehaushalt)
- Werbebotschaft (welche Aussage soll vermittelt werden?)
- Festlegung des Streugebiets (z.B. Deutschland)

Aufgabe 15
Vier Grundsätze der Werbung:
- Werbewahrheit (diese Aussage muss der Wahrheit entsprechen)
- Werbeklarheit (der Aussage muss deutlich und leicht verständlich sowie leicht einprägsam sein)
- Werbewirksamkeit (Werbemittel sowie Werbeträger sind optimal einzusetzen)
- Werbewirtschaftlichkeit (die Werbekosten müssen in angemessener Relation zum Ziel stehen)

Aufgabe 16
Unter der Verkaufsförderung versteht man alle Maßnahmen, die geeignet sind die Werbeaktivitäten zu unterstützen und den Absatz zu erhöhen. Folgende verkaufsfördernde Maßnahmen sind denkbar:
- Produktvorführungen
- Serviceleistungen
- Rabatte und Nachlässe
- Messen
- Verkaufsschulungen

Aufgabe 17
Beim Sponsoring stellt der Sponsor dem Gesponserten Geld und/oder Sachmittel zur Verfügung. Im Gegenzug setzt der Gesponserte Namen und oder Zeichen (zum Beispiel Logo) des Sponsors in der Öffentlichkeit ein.
Folgende Vorteile können sich ergeben:
- Steigerung des Bekanntheitsgrades
- neue Zielgruppen können gewonnen werden
- gezielte Positionierung am Markt
- Imagesteigerung

Aufgabe 18
Es können folgende Schwierigkeiten entstehen:
- Das Vertriebscontrolling erhält nur unzureichende Informationen.
- Trends und unvorhersehbare Ereignisse können Entscheidungen und Prognosen nachhaltig beeinflussen.
- Es besteht mangelnde Akzeptanz bei der Linie.
- Plötzliche Bedarfsänderungen sowie die Wettbewerbssituation können die Arbeit im Vertriebscontrolling stark beeinflussen.

Aufgabe 19
Bei einem Franchise in beträgt der Franchisegeber dem Franchisenehmer das Konzept seiner Produkte oder Dienstleistungen. Dabei kann er Warenzeichen oder Ausstattungen und die Marke übertragen. Im Gegenzug entrichtet der Franchisenehmer eine entsprechende Franchisegebühr an den Franchisegeber. Folgende vor und Nachteile können sich für den Franchisegeber ergeben:

Vorteile
- Möglichkeit der Marktexpansion
- Steigerung des Bekanntheitsgrades
- Verbesserung der Distribution

Nachteile
- Umsatz ist abhängig von der Aktivität des Franchisenehmer
- Bei Fehlverhalten des Franchisenehmers kann es zu einem Imageverlust kommen
- Die Flexibilität wird eingeschränkt

Aufgabe 20
Zum einen ist das GWB (Kartellgesetz) zu nennen, das verhindern soll, dass der Wettbewerb an sich gefährdet wird und unzulässige Absprachen (Kartelle) und Konzentrationen entstehen. Zum anderen greift das UWG (Gesetz gegen den unlauteren Wettbewerb), das vor unfairen Verhaltensweisen der Marktteilnehmer schützt.

6. Handelslogistik

Der Handelsfachwirt soll hier die Fähigkeit nachweisen, Logistikprozesse zu planen, zu analysieren und mit Hilfe von Kennzahlen zu steuern. Zudem soll er in der Lage sein, im Spannungsfeld zwischen Unternehmenszielen, Kosten- und Ertragszielen Entscheidungen zu treffen und sie zu begründen.

6.1 Planen, Steuern, Kontrollieren und Optimieren der Logistikkette

6.1.1 Abläufe in der Logistikkette

Der Begriff Logistik wird in der Praxis vielfältig verwendet. Die Logistik hat in jedem Handelsunternehmen eine zentrale Funktion. Innerhalb der Logistik werden alle innerbetrieblichen und außerbetrieblichen Material-, Waren-, Geld- und Informationsströme abgebildet. Hauptaufgabe ist es,
- die benötigten Güter und Informationen
- in der passenden Menge
- am zutreffenden Ort
- in der geforderten Qualität
- zum vereinbarten Zeitpunkt
- zu den richtigen Kosten

zur Verfügung zu stellen.

Um diese Ziele zu erreichen, wird die Logistik in einzelne Teilbereiche untergliedert, von denen in der untenstehenden Grafik die wichtigsten abgebildet sind. Diese Teilbereiche werden im folgenden Kapitel behandelt.

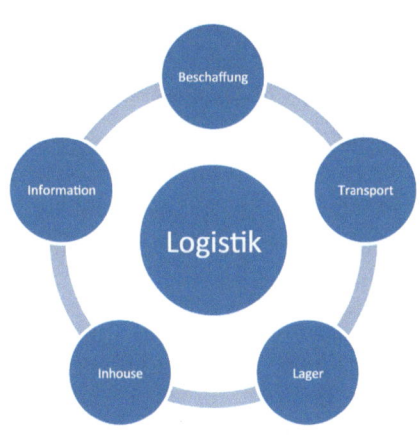

6. Handelslogistik

In vielen Handelsunternehmen wird die Handelslogistik als ein eigener Managementprozess angesehen und bewertet, durch den alle nötigen Aktivitäten eines Unternehmens in einer Prozesskette verbunden sind. Diese Prozesskette wird auch **Logistikkette** (Supply Chain) genannt.

Güterstrom

Güterstrom

Rohstoffe → Lieferanten → Unternehmen → Vertriebsnetzwerk → Endkunde

Geldstrom

Informationsfluss

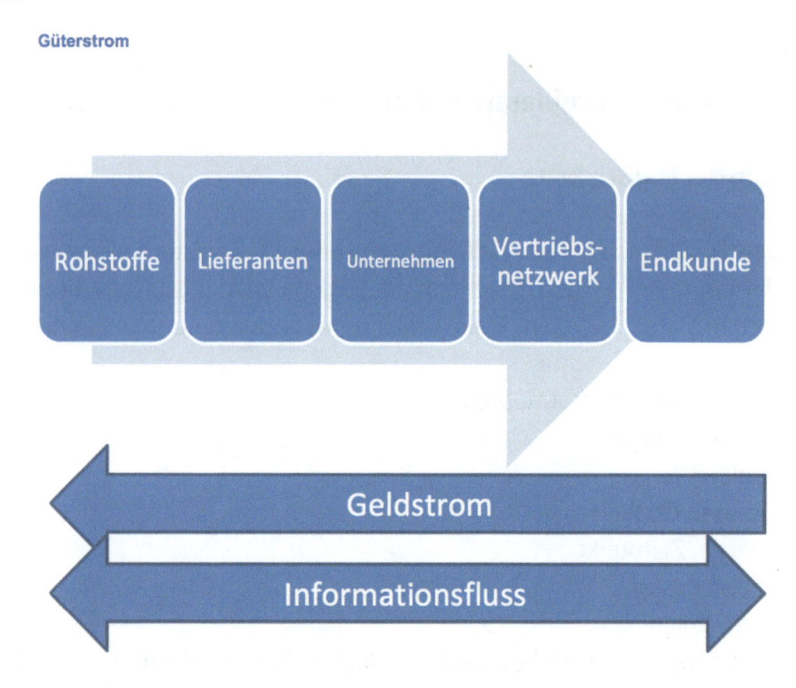

Die Logistikkette erstreckt sich vom Lieferanten auf der Beschaffungsseite bis zum Kunden auf der Vertriebsseite. Im Zentrum steht das eigene Handelsunternehmen. Der gesamte Prozess ist eine Zusammenfassung einzelner Teilprozesse, durch die sichergestellt werden soll, dass bei möglichst effizienten Durchlauf die Verfügbarkeit der Produkte des Handelsunternehmens am POS (Point of Sale) maximiert wird.

Die Optimierung der Logistikkette ist eine zentrale Zielsetzung eines Handelsunternehmens und wird im Kapitel 6.1.3. beschrieben. Diese Optimierung kann nachfrageorientiert, wenn die Logistikkette von Kunden aus betrachtet wird, oder versorgungsorientiert, wenn Sie vom Lieferanten aus betrachtet wird, geschehen.

Warum hat die Handelslogistik in einem Unternehmen so große Bedeutung?

In einer globalisierten Welt ist die Beschaffung von Produkten zu einem komplexen Thema geworden. Aber auch auf Kundenseite ist nicht nur die dauerhafte Verfügbarkeit der Produkte die einzige Zielsetzung, sondern gerade auf Absatzseite wünscht sich der Kunde immer individuellere Lösungen für seine Wünsche und Probleme. Ein modernes und zukunftsorientiert aufgestelltes Handelsunternehmen kann sich heutzutage nicht nur auf einen Absatzkanal verlassen, sondern muss potenzielle und bekannte Kunden auf mehreren Kanälen ansprechen (Multichannel). Eine leistungsfähige Logistik ist dabei eine notwendige Basis für den Handel, der mehrere Absatzkanäle nutzt, aber auch ein Instrument, um sich vom Wettbewerb abzuheben. Kennzeichen für die hochentwickelte Logistik eines Handelsunternehmens können kostengünstige Angebotspreise und kurze Lieferzeiten sein.

6.1.2 Beschaffungslogistik

Im Einkauf liegt der Gewinn. Diesen Grundsatz verfolgen in Handelsunternehmen nicht nur die Einkäufer, sondern auch die Logistiker. Während der Einkäufer sich grundsätzlich um die Einkaufspreise kümmert, hat der Logistiker das Ziel, alle Neben-Aufgaben so abzuwickeln, dass die daraus entstehenden Zusatzkosten dem oben genannten Grundsatz nicht entgegenstehen. Bereits bei der Lieferantenauswahl sollte der Einkauf die Logistik in die Verhandlungen einbeziehen.

Der Auswahlprozess setzt sich aus Bewertung und eigentlicher Auswahl zusammen. Bereits in der Bewertung der einzelnen potenziellen Lieferanten sollte berücksichtigt werden, welche Beschaffungs- bzw. Lieferwege notwendig werden. Diese Erkenntnis kann deutliche Kostenersparnisse bringen oder im Negativfall zu Zusatzkosten führen. In einer **Nutzwertanalyse** zur Bewertung von Lieferanten beispielsweise könnten folgende Kriterien entscheidend bzw. von größerer Bedeutung sein:

- Entfernung
- Konditionen
- Termineinhaltung
- Möglichkeit zu Just-in-Time-Lieferungen

Die Beschaffungslogistik soll somit die optimale und zeitgerechte Zulieferung und Beschaffung von benötigten Gütern, Materialien, Handelswaren, usw. sicherstellen.

6. Handelslogistik

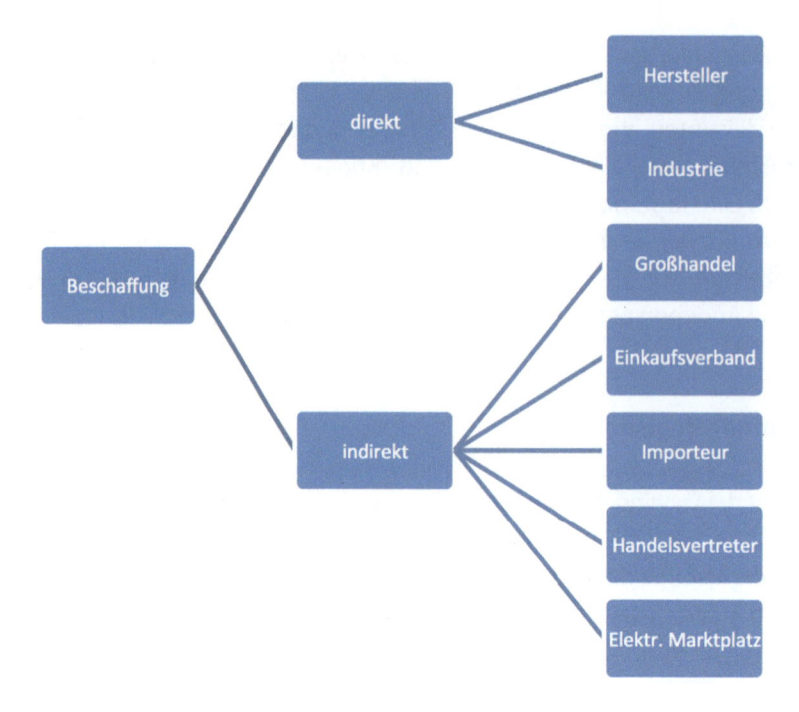

```
Beschaffung ─┬─ direkt ─────┬─ Hersteller
             │              └─ Industrie
             │
             └─ indirekt ───┬─ Großhandel
                            ├─ Einkaufsverband
                            ├─ Importeur
                            ├─ Handelsvertreter
                            └─ Elektr. Marktplatz
```

Der Handel kann den direkten Beschaffungsweg nutzen, indem direkt beim Hersteller die Ware gekauft wird. Große Handelsunternehmen bauen Beziehungen zur Industrie auf und pflegen diese langfristigen Geschäftsbeziehungen dauerhaft. Der Grund sind die benötigten hohen Stückzahlen und großen Bedarfsmengen. Gespräche werden mit der Verkaufsleitung oder den Vertretern geführt. Zentraler Bestandteil vieler Verhandlungen sind die Flächenzusicherungen, Im Gegenzug werden bessere Konditionen, Werbezuschüsse oder Verkaufsförderungshilfen gewährt. Kleine Handelsunternehmen können oftmals nur den indirekten Beschaffungsweg nutzen, da es Ihnen verwehrt sein kann, direkt beim Hersteller zu ordern, falls Mindestbestellmengen nicht erreicht werden. Auch die Beschaffungszeiten können, verglichen mit dem Großhandel, der die Ware auf Lager bereithält, lang sein.

Je kleiner die Zahl der Lieferanten ist, umso stärker steigt das jeweilige Einkaufsvolumen. Mit dem größeren Einkaufsvolumen reduzieren sich die Beschaffungskosten, indem niedrigere Einkaufspreise, bessere Konditionen und geringere Bestell- und Bezugskosten vereinbart werden. Aus diesen Gründen entwickeln große Handelsunternehmen das Ziel, die Lieferantenanzahl zu beschränken und sich auf wenige leistungsfähige Lieferanten zu konzentrieren.

Dennoch ist eine geringe Anzahl Lieferanten nicht nur vorteilhaft. Während eine geringe Lieferantenanzahl dazu beiträgt, dass das Handelsunternehmen sich stärker und profilierter mit einzelnen Marken präsentieren kann, ist die Abhängigkeit des Handels von einzelnen Lieferanten umso höher. Außerdem besteht die Gefahr, dass der Einkauf Trends und Veränderungen gar nicht oder zu spät erkennt, weil die Marktübersicht fehlt, um rechtzeitig auf Neuerungen reagieren zu können.

Eine gute Möglichkeit für mittelständische und kleine Einzelhandelsbetriebe ist es, beim Großhandel einzukaufen: Großhandelssortimente sind breit, außerdem bietet der Großhandel eine Beratungsleistung über Neuerungen, aktuelle Produkte und Veränderungen an. Da der Großhandel ein Lager vorhält und das Lagerrisiko übernimmt, ist die Lieferzeit für den Einzelhandel meist sehr gering. Bei kleinen Mengen ist in vielen Fällen die Bestellung beim Großhandel die einzige Möglichkeit für den Einzelhandel, Ware zu beschaffen.

In Verbundgruppen, Einkaufsverbänden oder -kontoren organisieren sich heutzutage mittelständische Unternehmen und Kleinbetriebe aus vielen Branchen: Sie binden sich mit einem großen Teil ihres Einkaufs an die Verbundgruppe und beziehen ihre Ware hierüber. Das hat viele Vorteile: Nur so ist es ihnen möglich, Einstandspreise wie die großen Filialisten zu erzielen, den Einkauf von Spezialisten durchführen zu lassen und Handelsmarken einzuführen. Außerdem kann die Verbundgruppe die Rechnungsregulierung und gegen eine Delkredereg ebühr die Haftung für die Einkäufe ihrer Mitglieder übernehmen. Dadurch werden Risiken minimiert und zusätzlich Verwaltungskosten gespart, wobei die Bonität kleinerer Unternehmen steigt. Die Kooperationsbereitschaft ist nicht auf kleinere und mittlere Betriebe beschränkt. Auch die Großunternehmen kooperieren, um Einkaufsmengen zu bündeln. Das geschieht immer dann, wenn das Bestellvolumen für den einzelnen Großbetrieb bereits so groß ist, dass damit alleine keine weiteren Bezugs- und Beschaffungskosten gesenkt werden können. Der nächste Schritt muss dann sein, die eigenen Mengen noch weiter zu erhöhen, was durch die Kooperation mit anderen Unternehmen erreicht werden kann.

Für die direkten Beschaffungswege gibt es 3 Varianten:
- Direktgeschäft
- Streckengeschäft
- Vermittlungsgeschäft

Da beim **Direktgeschäft** der Warenfluss auf direktem Wege zwischen Lieferant und Abnehmer erfolgt, ist dieser Beschaffungsweg meist der schnellste und auch kostengünstigste, und die Bezahlung erfolgt ebenfalls direkt an den Lieferanten.
Beim **Streckengeschäft** wird die Ware ebenfalls direkt vom Lieferanten an den Abnehmer geliefert. Beim Vertrag und der Bezahlung aber ist der Großhandel dazwischengeschaltet. Der

direkte Warenfluss zwischen Lieferant und Handel bewirkt eine schnelle Lieferung, höhere Kosten entstehen durch die Zwischenstufe Großhandel.

Das **Vermittlungsgeschäft** nutzt der Handel meist nur dann, wenn es sich um große Einkaufsprojekte von A-Artikeln handelt. Der Vermittler stellt dazu eine Geschäftsbeziehung zwischen Lieferant und Handelsunternehmen her. Diese Vermittlungsdienstleistung erhöht natürlich die Einkaufskosten, aber ansonsten werden alle Vorteile eines Direktgeschäfts zwischen Lieferant und Abnehmer genutzt.

Beim indirekten Beschaffungsweg ist in allen Fällen ein Zwischenhändler dazwischengeschaltet, diese Funktion übernimmt oftmals der klassische Großhandel. Der Warenfluss und die gesamte Kommunikation laufen über den Weg des Zwischenhändlers. Grundsätzlich ist der indirekte Beschaffungsweg teurer als der direkte Beschaffungsweg.

Heutzutage übernimmt der Großhandel weitere Funktionen, die über die Aufgabe des Kaufs der Ware beim Hersteller und deren Lagerung hinausgehen. Die Handelswaren können bereits beim Großhandel kommissioniert und so für eine bedarfsgerechte Anlieferung im Handel bereitgestellt werden. Unternehmensübergreifend werden somit Prozesse optimiert und Just-in-time-Anlieferungen sind möglich. Diese Tatsache gilt sowohl für Lieferungen in das Lager des Handels als auch für direkte Lieferungen in die Filialen eines Handelsunternehmens. Eine zeitlich und mengenmäßig genau gesteuerte Anlieferung kann grundlegend im Vertragsverhältnis zwischen Lieferant und Handel vereinbart werden, um Prozesse zu optimieren. Der größte Vorteil hierbei ist, dass zwischen Lieferant und Handel ein Vertrauensverhältnis aufgebaut wird und die Lagerkosten und Bestandskosten gesenkt werden. Gemeinsam mit dem Lieferanten kann das Handelsunternehmen Schwachstellen im Auftragsdurchlauf aufzeigen und anschließend beseitigen.

Die Abhängigkeit von einem oder mehreren Lieferanten, mit denen der Handel das Konzept der Just-in-time-Anlieferungen verfolgt und weiterentwickelt, ist das größte Risiko für ein Handelsunternehmen. Außerdem wirken häufigere Lieferungen und Transporte mit kleineren Mengen kostensteigernd. Auch die Umwelt wird dadurch stärker belastet.

6.1.3 Transportlogistik

Hauptaufgabe der Transportlogistik ist es, den Transport der Handelswaren optimal zu gestalten. Hierbei ist es wichtig, geeignete Transportmittel und Wege auszuwählen, aber auch die Beladung, möglicherweise eine zusätzliche Umladung und eine Entladung so zu planen und durchzuführen, dass der gesamte Prozess möglichst kosteneffizient abgebildet werden kann.

6.1 Planen, Steuern, Kontrollieren und Optimieren der Logistikkette

Innerhalb der **Beschaffung** sind Warenschulden Holschulden; die gesetzliche Regelung sieht vor, dass der Kunde, also das Handelsunternehmen, die Kosten der Lieferung ab Übergabe an das Transportunternehmen übernehmen muss.

Die bei der Huber Brauerei AG in Augsburg bestellten 100 Fässer Weizenbier müssen in das Lager in Gelsenkirchen transportiert werden.

Umgekehrt sind beim **Absatz** die Transportkosten vom Kunden zu tragen. Von der Konkurrenzsituation abhängig, im Großhandel noch von der Marktstärke des einzelnen Kunden, ist dies nicht immer durchzusetzen.

Die Trinkmann GmbH als Zustellgroßhandel transportiert die Waren zum Kunden.

Die beschriebenen Beispiele sind dem **externen Transport** zuzuordnen; beim **internen Transport** wird die Ware innerhalb des Unternehmens befördert.

Die Waren für die Fachmärkte der Trinkmann GmbH müssen täglich vom Zentrallager in Gelsenkirchen zu allen Filialen transportiert werden.

Aus der folgenden Grafik lassen sich die einzelnen Transportprozesse sehr schön ablesen:

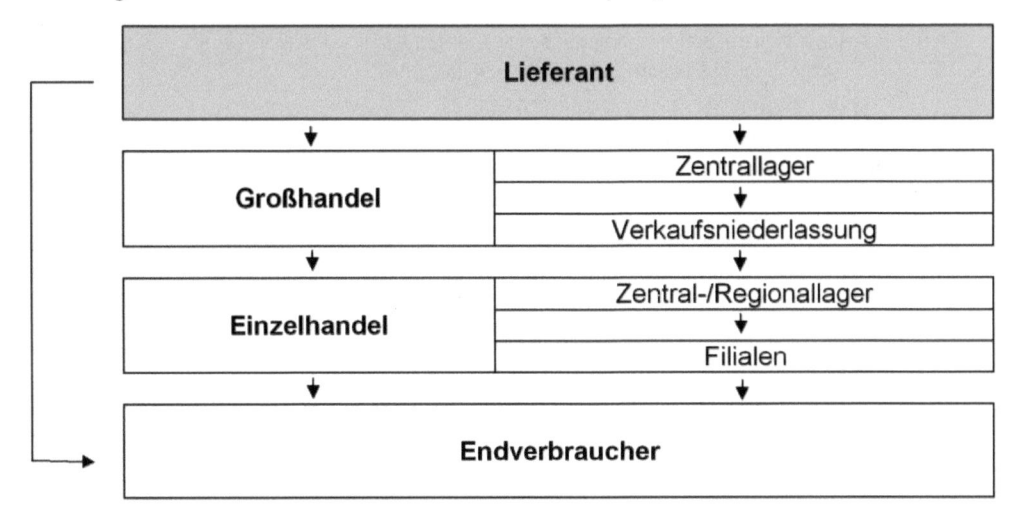

Lieferant	
Großhandel	Zentrallager
	Verkaufsniederlassung
Einzelhandel	Zentral-/Regionallager
	Filialen
Endverbraucher	

Dabei wird die Notwendigkeit einer schnellen Belieferung immer wichtiger für die Handelsunternehmen. Dazu kommt, dass die Lagerhaltung in den großen Handelsunternehmen zentralisiert wurde, was wiederum innerbetrieblichen Transport erfordert. Diese Herausforderungen haben dazu geführt, dass viele Handelsunternehmen den Transport der Waren fremd vergeben haben. Daher ist eine wichtige Entscheidung der Logistik, wer die Durchführung des Transports übernimmt.

Eigen- und Fremdtransport
Die Entscheidung zwischen Eigen- und Fremdtransport ist von folgenden Kriterien abhängig

	Eigentransport	Fremdtransport
Kostenhöhe und -struktur	Das Handelsunternehmen hat fixe und variable Kosten. In schwachen Umsatzmonaten werden die Lieferungen der Trinkmann GmbH intern und extern reduziert; die Mitarbeiter des Fuhrparks sind nicht ausgelastet.	Das Handelsunternehmen hat lediglich variable Kosten, das Transportunternehmen wird nur bei Bedarf beauftragt.
Flexibilität	Auf Kundenwünsche bzw. unerwarteten eigenen Bedarf kann schnell reagiert werden.	Die Flexibilität ist abhängig von der Zusammenarbeit mit dem Transportunternehmen; in der Regel kann der Frachtführer schnell den Transport durchführen, auch bei unerwarteter Nachfrage.
Qualität	Jede Lieferung kann individuell auf den Lieferanten bzw. Kunden abgestellt werden. Die Trinkmann GmbH stimmt mit den Kunden der Gastronomie individuell die Anlieferungszeiten ab, so dass auch ein Mitarbeiter angetroffen wird, der die Ware annehmen kann, bzw. die Fahrer der Trinkmann GmbH einen Schlüssel haben, so dass die Ware auch ohne Anwesenheit des Kunden ausgeliefert werden kann.	Das Handelsunternehmen nutzt das „Know how" des Frachtführers, seine Professionalität.
Kapazität	Bei unerwarteter Auftrags- bzw. Umsatzsituation wird es für das Handelsunternehmen schwierig, alle Transporte selbst vorzunehmen. An heißen Sommertagen nimmt der eigene Transportbedarf zu, die Kunden bestellen verstärkt und die Fachmärkte der Trinkmann GmbH müssen gleichzeitig mehrmals täglich beliefert werden. Dies ist nicht mehr vom eigenen Fuhrpark zu leisten.	Das Handelsunternehmen ist unabhängig, auch eine große Nachfrage am Markt kann erfüllt werden.

Beim Eigentransport handelt es sich meist um **Werkverkehr**, das Unternehmen befördert zu eigenen Zwecken. Der Werkverkehr ist erlaubnisfrei und es bestehen Versicherungserleichterungen gegenüber dem Güterkraftverkehr. Daher hat der Gesetzgeber hierzu Kriterien definiert:

- Die beförderte Ware muss Eigentum des Unternehmens oder von ihm gekauft worden sein.
- Die Beförderung muss eine Anlieferung der Ware zum Unternehmen oder ein Versand vom Unternehmen sein.
- Das verwendete Kraftfahrzeug muss von eigenem Personal geführt werden.

Beim Eigentransport kann der Transport zu den Kunden in Touren erfolgen. Dabei werden immer wiederkehrende Fahrten zu Kunden derselben Region zusammengefasst. Im Eigentransport kann, im Fremdtransport wird heute immer die **Tourenplanung** durch ein computergestütztes Warenwirtschaftssystem vorbereitet. Die Transportkosten werden hierdurch gesenkt und die Lieferzeiten verkürzt.

Beteiligte

Beim Fremdtransport setzt das Handelsunternehmen oft einen **Spediteur** ein. Dies ist ein Dienstleistungsunternehmen, das die Beförderung organisiert. Klassische Spediteure, HGB-Spediteure oder „Schreibtisch"-Spediteure beauftragen dann **Frachtführer**, die den eigentlichen Transport durch LKW, Eisenbahn, Binnenschiff, Seeschiff oder Flugzeug übernehmen. Heute beschränken sich aber immer weniger Spediteure auf die Organisation der Beförderung, sondern werden auch als Frachtführer tätig oder organisieren die gesamte Logistik des Handelsunternehmens vom Transport – intern und extern – über die Lagerhaltung, Zollabwicklung bis zur Kommissionierung.

Transportwege, –mittel und –arten

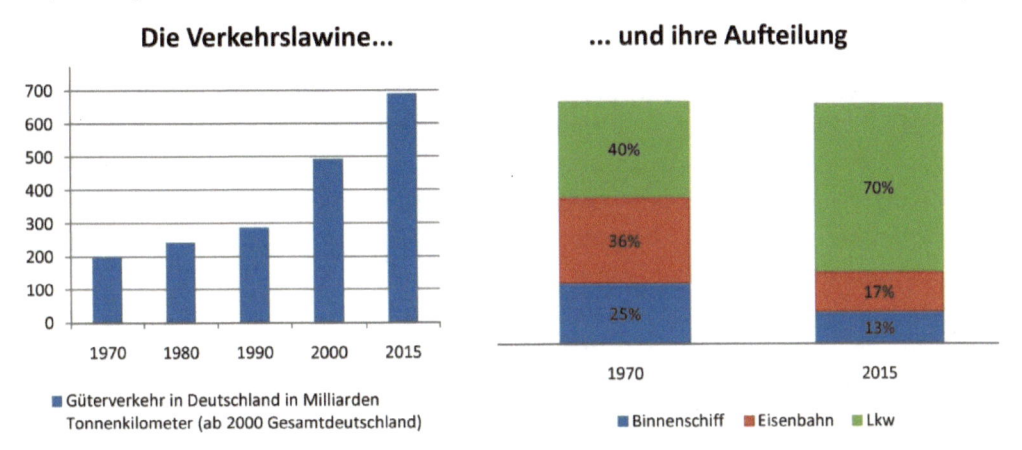

Die Verkehrslawine...

Jahr	Güterverkehr in Deutschland in Milliarden Tonnenkilometer (ab 2000 Gesamtdeutschland)
1970	200
1980	245
1990	290
2000	495
2015	695

... und ihre Aufteilung

	1970	2015
Lkw	40%	70%
Eisenbahn	36%	17%
Binnenschiff	25%	13%

Straßenverkehr und LKW

Der LKW ist das häufigste Transportmittel, denn der LKW kann jeden Ort befahren, von Haus zu Haus befördern und dies 24 Stunden. Gerade die großen Filialunternehmen mit einer Vielzahl von kleinen Filialen nutzen oft die Nacht, ihre Geschäfte vom Zentrallager aus zu beliefern. In Citylagen kann der LKW Anlieferungszeiten morgens und vormittags berücksichtigen, eine spätere Belieferung ist dort oft nicht mehr möglich. Innerhalb Deutschlands weist der Straßenverkehr noch die kürzesten Transportzeiten auf.

Doch die Transportdauer kann sich durch Verkehrsstörungen und Witterungseinflüsse stark verlängern. Unsere Straßen sind überlastet, die Investitionen des Staates für Straßenbau halten kaum mit der Verkehrszunahme Schritt, so dass Staus und Behinderungen in Zukunft noch zunehmen werden. Auch ist der LKW in seinem Transportvolumen eingeschränkt. Dies ist vor allem für die großen Handelsunternehmen von Nachteil, bei Aktionsware müssen ganze Flotten von LKWs das Unternehmen beliefern. Deshalb geht der Trend zu immer größer werdenden Lastwagen. Neue Super-Laster mit bis zu 60 Tonnen Gesamtgewicht, 25,25 Metern Länge und acht Achsen sollen den drohenden Verkehrskollaps auf europäischen Straßen verhindern.

Trotz eines hohen Energieverbrauchs zählt der LKW zu den preisgünstigeren Transportmitteln. Die Frachtkosten sind abhängig von der Beförderungsstrecke, dem Gewicht der Ladung und der Güterart mit ihren Handlingkosten. In Zukunft ist zu erwarten, dass die Transportkosten trotz steigender Ölpreise eher niedriger werden; die rechtlichen Vorschriften innerhalb Europas werden vereinheitlicht, Grenzformalitäten fallen weg und auch ausländische Transportunternehmen können ihre Dienste anbieten.

Schienenverkehr und Eisenbahn

Der Anteil des Transports mit der Eisenbahn am gesamten Güterverkehrsaufkommen, hier in Deutschland vorwiegend durch die Deutsche Bahn AG, nimmt von Jahr zu Jahr ab, obwohl die Schiene eine sehr umweltfreundliche Beförderung ist. Außerdem ist der Schienenverkehr unabhängig von Staus sowie Sonn- und Feiertagsfahrverboten und nicht so anfällig gegenüber dem Wetter. Leider benutzen Güter- und Personenverkehr teilweise das gleiche Schienennetz, so dass es auch im Güterwagenverkehr Fahrpläne gibt. Fast alle Warenarten können mit der Bahn transportiert werden – sperrige, schwere Ware und Massengüter – und auch für Gefahrengüter gibt es kaum Einschränkungen. Außerdem ist das Schadensrisiko durch Unfälle oder Diebstahl wesentlich geringer als auf der Straße.

Im Handel fallen in jedem Fall noch An- und Abtransporte zum/vom Bahnhof an, die den Transport verteuern und die Lieferzeiten verlängern. Daher will die Deutsche Bahn AG in Zukunft noch stärker als Gesamtlogistiker auftreten, Kooperationen mit Spediteuren und Frachtführern sind bereits vereinbart.

Die Kosten beim Schienenverkehr sind abhängig vom Gewicht der Ware, von der Güterwaggonart und der Strecke. Für Gefahrengüter wird ein Aufpreis verlangt.

Schifffahrt mit Binnenschiff und Seeschiff

Grundsätzlich gilt bei der Wahl des Transports durch Schiffe, dass lange Beförderungszeiten in Kauf genommen werden.

Mit dem Binnenschiff werden vor allem schwere und sperrige Güter und Massengüter transportiert. Die Kosten sind wesentlich geringer als auf der Schiene, das Transportrisiko ist so gering wie auf der Schiene, doch zu der ohnehin schon langen Transportdauer können noch Verzögerungen durch zu niedrige oder zu hohe Wasserstände oder Eisgang auftreten.

Das Seeschiff ist wegen der günstigen Kosten das wichtigste Beförderungsmittel zwischen den Kontinenten. Neben den langen Beförderungszeiten muss noch beachtet werden, dass die Ware aufwendig verpackt und gegen Schädlinge geschützt werden muss.

Beim Schiff fallen immer Umladungen an sowie der An- bzw. Abtransport zum/vom Hafen. Die großen Seeschiffhäfen sind jedoch heute modernste Logistikzentren, in denen die Container ohne große Zeitverzögerung vom Schiff direkt auf die Bahn oder den LKW geladen werden.

Im Seeschiffsverkehr bzw. Außenhandel sind die **Incoterms** von besonderer Bedeutung *(siehe auch 6.2.3)*. Sie sind international standardisierte Handelsbräuche, die die Rechte und Pflichten von Verkäufer und Käufer regeln. Die Incoterms gelten nicht automatisch, sie müssen ausdrücklich vereinbart werden. Durch die Incoterms werden geregelt:

- Warenlieferung und –zahlung
- Besorgung von Lizenzen, Genehmigungen, Erledigung von Formalitäten, Beschaffung aller Dokumente
- Beförderungs- und Versicherungsvertrag
- Lieferung und Abnahme
- Gefahrenübergang
- Kostenübergang und –teilung
- Benachrichtigungspflichten des Verkäufers und Käufers
- Liefernachweis und Transportdokumente
- Prüfung, Verpackung, Kennzeichnung

Luftfrachttransport mit dem Flugzeug

Verderbliche Ware wie z.B. Blumen, Obst, wertvolle Ware, Tiere, aktuelle Ware wie z.B. Zeitungen werden trotz der hohen Kosten über weite Strecken mit dem Flugzeug versendet. Die Beförderungszeiten sind sehr kurz, es ist ein zuverlässiges und sicheres Transportmittel. Oft bieten die Fluggesellschaften ein Dienstleistungspaket an, das neben dem Transport noch den An- und Abtransport sowie Verzollung und Zollabfertigung umfasst. Auch im Luftverkehr gibt es neue Transportriesen: Der Riesen-Airbus kann bis zu 150 Tonnen über 10400 km befördern.

Transportnetzwerke

Nur im Direktverkehr wird ein einziges Transportmittel gewählt. In der Logistik wird oft versucht, die Vorteile der einzelnen Transportmittel miteinander zu kombinieren, unterschiedliche Transportarten werden zu einer **Transportkette** verbunden. Dabei wird unterschieden:

- **Gebrochener Verkehr:** Hier wird die **Ware** von einem Transportmittel auf das andere umgeladen.
- **Kombinierter Verkehr:** Die **Ware** wird im **Transportbehälter** – im Container, Sattelauflieger – umgeladen. Beim Huckepack-Verkehr übernimmt zunächst der LKW den Antransport zum Bahnhof/Umschlagplatz, der LKW wird dann komplett auf den Güterwagen geladen, der weitere Transport läuft über die Schiene. Am Ankunftsbahnhof übernimmt wieder der LKW den Transport. Lenk- und Ruhezeiten können auf der Schiene eingehalten werden.
  Auch beim **Roll-on/Roll-off** oder **Ro-Ro-Verkehr** wird der An- und Abtransport auf der Straße vorgenommen, Sattelauflieger mit Traktoren, Erntemaschinen, Mobilkränen oder Schwertransporten gehen von der Straße direkt auf das Binnenschiff und wieder im Ankunftshafen auf die Straße. Bei Transporten von und nach Großbritannien und Skandinavien kann die Umladung direkt auf die Fährschiffe erfolgen. Beim **Containerverkehr** werden die Container auf verschiedenen Transportwegen befördert z.B. vom Seeschiff bis Hamburg, vom Binnenschiff bis Duisburg und dann auf dem LKW zum Zentrallager des Handelsunternehmens in Essen.

Beim kombinierten Verkehr kann es zu erheblichen Haftungsproblemen kommen, da die unterschiedlichen Beförderungsarten verschiedene Vertragsbedingungen vorsehen.

Bei allen Beförderungsarten kann das Unternehmen entscheiden, das Transportmittel im Ganzen zu beanspruchen – den LKW, den Güterzug, das Schiff oder Flugzeug – oder von einem Spediteur die Ware zusammen mit Ware anderer Unternehmen als **Sammelladung** zu transportieren. Bei der Sammelladung sammelt der Spediteur die Ware verschiedener Absender einer Region, fasst sie nach Zielgebieten zusammen und lässt sie zu einem Empfangsspediteur bringen, der die Ware wieder als Einzelsendung zu den Empfängern bringt.

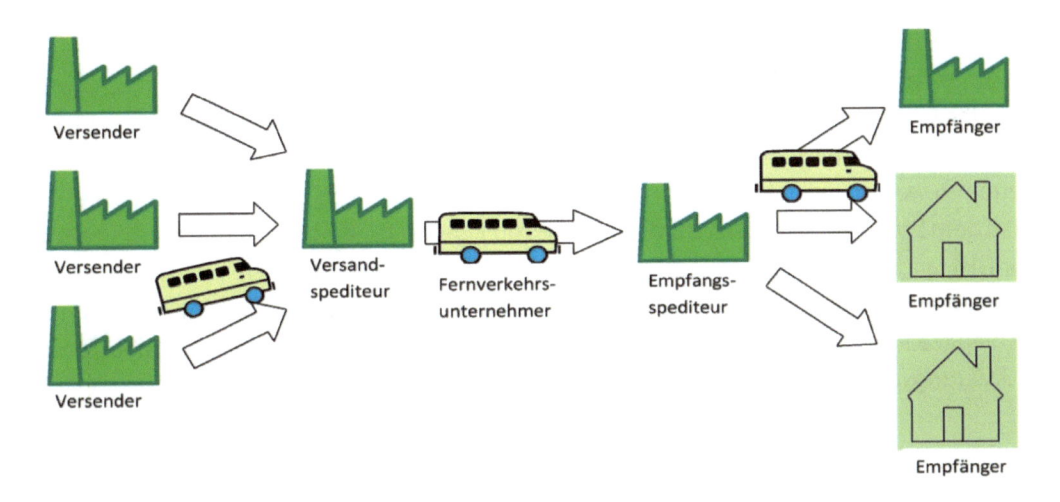

Transportnetzwerke

Eine besondere Art der Sammelladung sind die Kurier-, Express- und Paketdienste (sogenannte KEP-Dienste). Kleine Sendungen werden sehr schnell und zuverlässig befördert.
- **Kurierdienst:** Dokumente, Wertsendungen und Kleinsendungen werden individuell begleitet befördert. Oft werden sie regional eingesetzt wie z.B. Stadtkuriere. Doch sie können auch international eingesetzt werden, um ein dringend benötigtes Ersatzteil schnellst möglich zu versenden.
- **Expressdienst:** Die Sendungen werden mit garantierten Lieferzeiten zugestellt.
- **Paketdienst:** Sie befördern Ware bis ca. 35 kg.

Häufig werden heute Sendungsverfolgungssysteme (Barcode / RFID) eingesetzt, um
- die Sendung auf Vollständigkeit zu überprüfen
- Frachtführer und Empfänger rechtzeitig zu informieren
- Auftraggebern Auskunft zu geben
- Transport- und Umschlagzeiten zu minimieren.

6.1.4. Lagerlogistik

In einem Handelsunternehmen bildet die Lagerlogistik einen weiteren großen Themenbereich. Die Lagerlogistik ist von zentraler Bedeutung, da sie für das Unternehmen einen sehr großen Kostenblock darstellt. Innerhalb der Logistikkette hat die Lagerlogistik einen großen Stellenwert. Viele innerbetriebliche Prozesse werden durch eine effiziente Lagerlogistik abgebildet,

6. Handelslogistik

hier gilt der Grundsatz, die internen Prozesse stetig und dauerhaft zu optimieren, um ein hohes Maß an Wirtschaftlichkeit zu erreichen. Als Ergebnisse entsteht eine höhere Spanne für das Handelsunternehmen.

Um eine wirtschaftliche Lagerlogistik betreiben zu können, bedarf es einer optimalen Planung und eine effiziente Lagerung der Produkte. Es müssen teilweise strategische Entscheidungen getroffen werden, wie beispielsweise die Wahl des Lagerstandorts oder der Automatisierungsgrad dem Lager selbst. Auch die Entscheidung, ob Eigenlagerung oder Fremdlagerung genutzt wird, ist langfristig ausgelegt, muss aber immer wieder überprüft werden.

Eher kurzfristige oder mittelfristige Maßnahmen und Entscheidungen betreffen die Kommissionierarten und -methoden, das Flächenmanagement, die Lagereinrichtung oder den Zentralisierungsgrad.

Funktionen der Lagerhaltung

Ausgleichsfunktionen der Lagerlogistik:
- räumlich
- zeitlich
- quantitativ
- qualitativ

Räumliche Ausgleichsfunktion:
Ein klassisches Vorratslager soll es den Handelsunternehmen ermöglichen, Produkte, die an einem andern Ort produziert worden sind, zwischenzulagern und später an den Nachfrageort zu liefern. Im Handel ist es häufig so, dass nur ein Ausstellung- oder Musterlager betrieben wird, und die Vorratsfunktion vom Hersteller abgebildet wird. Bestellungen werden über Streckengeschäft an den Kunden ausgeliefert.

Zeitliche Ausgleichsfunktion:
Immer dann, wenn sich die Zeitpunkte von Produktion und Nachfrage Unterscheiden, muss die Lagerhaltung diesen Zeiträumen glätten. Bei Saisonartikeln oder Produkten aus der Landwirtschaft findet keine stetige und gleichmäßige Produktion statt, das Handelsunternehmen muss diese Produkte lagern, bis die Nachfrage dafür entsteht.

Quantitative Ausgleichsfunktion:
Hersteller sind daran interessiert, größere Mengen zu produzieren. Dadurch werden die Kapazitäten optimal ausgelastet und die fixen Kosten auf größere Stückzahlen umgelegt. Der Handel profitiert von diesen geringeren Kosten und kauft ebenfalls größere Stückzahlen ein, obwohl sich die kurzfristige Nachfrage auf viel geringere Mengen bezieht.

Qualitative Ausgleichsfunktion:
Hier stehen die jeweiligen Wünsche und Bedürfnisse des Kunden im Vordergrund. Der Hersteller bietet verschiedene Produkte an, aus denen der Handel verschiedene Sortimente zusammenstellt. Diese Sortimente sollen die Attraktivität für den Kunden erhöhen. Auch ein Mischen oder Abfüllen verschiedener Produkte fällt unter diese Funktion.

Zusammenfassend lässt sich über die Ausgleichsfunktionen sagen, dass Einkauf und Absatz der Ware im Handel in vielen Branchen nicht zeitgleich durchzuführen ist. Aus diesem Grund muss ein Lager geführt werden. Im Einzelhandel sowie im Absatzhandel dient das Verkaufslager zusätzlich als wichtiges Absatzinstrument innerhalb der Verkaufsförderung. Auch mengenmäßig können innerhalb der Beschaffung Schwierigkeiten auftreten; Mindestabnahmemengen zwingen das kleinere Handelsunternehmen dazu, Stückzahlen abzunehmen, die den eigentlichen Bedarf übersteigen.

Weitere Funktionen:

Sicherheitsfunktion	• Überbrückung von Versorgungsengpässen • Bevorratung von Rohstoffen
Qualitätsfunktion	• Qualitätssteigernde (lange) Lagerdauer • v.a. Wein, Holz, Gewürze
Spekulationsfunktion	• Bevorratung wegen zu erwartenden Preissteigerungen • Rohstoffe, Gold, Kupfer

6. Handelslogistik

Sowohl auf der Beschaffungs- wie auch auf der Absatzseite sind exakte Zeiten nicht zu berechnen: Im Einkauf kann es zu Lieferverzögerungen kommen; z.B. können Lieferanten durch Insolvenz ausfallen, Streiks in Südeuropa halten die LKWs auf. Auf der Verkaufsseite ist der Absatz noch schwerer zu bestimmen. Zur Sicherung einer ständigen Verkaufsbereitschaft führen die Handelsunternehmen in den meisten Branchen ein Lager. Zu erwartende Preis- und Devisenkurserhöhungen können das Handelsunternehmen veranlassen, über den Bedarf hinaus Ware einzukaufen.

Die Lagerorganisation

Die Lagerung der Ware trägt nicht zur Wertschöpfung bei. Daher ist jedes Handelsunternehmen bemüht, die Lagerungsprozesse so kurz wie möglich zu gestalten. Die Lagerung der Ware ist nicht erwünscht, doch unumgänglich, im Einzelhandel noch stärker als im Großhandel. Folgende Anforderungen werden an das Lager gestellt:

- Die Bevorratung sollte ausreichend sein, um die Kundenwünsche jederzeit erfüllen zu können.
- Im Großhandel sollen den Kunden kurze Lieferzeiten angeboten werden können.
- Die Kosten des Lagers müssen minimiert werden.
- Die Aufteilung des Lagers soll so wenige Warenbewegungen wie möglich gewährleisten.
- Das Lager muss die Ware vor Beschädigung, Diebstahl, Verderb usw. schützen.

Die Lagerorganisation entscheidet über folgende Problemstellungen:
- **Festlegung der Zuständigkeiten und Aufgaben.**
- Das Lager kann **funktionsorientiert** oder **objektorientiert** organisiert sein.

Bei der Trinkmann GmbH finden wir eine funktionsorientierte Organisation vor. Der Logistikbereich mit Lagerung ist ein eigener Bereich, der für alle Bereiche des Einkaufs und Vertriebs tätig ist. Dies entspricht der Organisation vieler Handelsunternehmen. Auch wenn Einkauf und Verkauf objektorientiert aufgeteilt sind, ist der Logistikbereich meist ein zentraler Bereich. Bei der Trinkmann GmbH wird jährlich überprüft, ob die Logistik in eigener Regie bleibt oder einem Serviceunternehmen übergeben wird.

Lagerarten

Die Lagerarten lassen sich wie folgt unterscheiden:

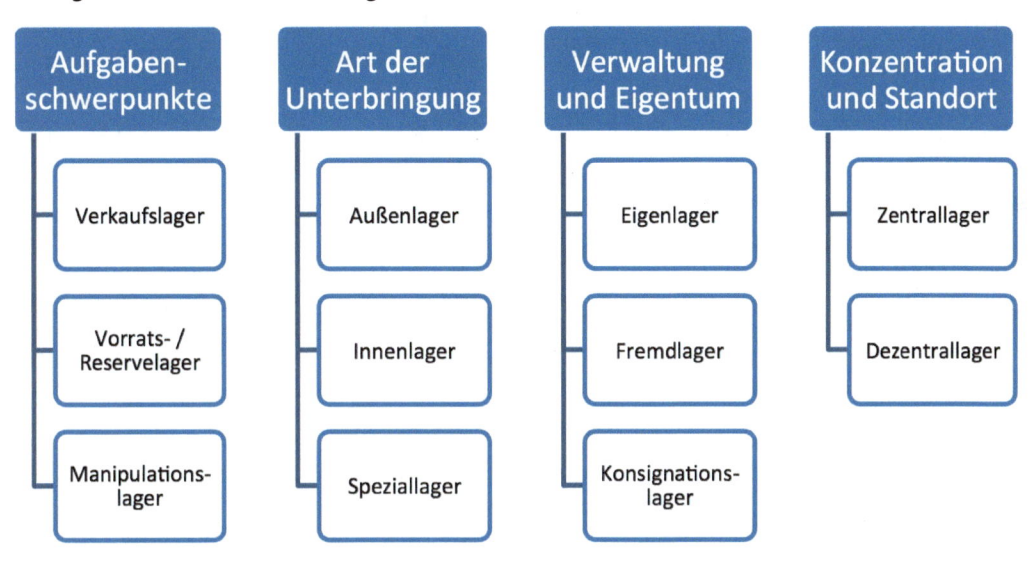

Aufgaben-schwerpunkte	Art der Unterbringung	Verwaltung und Eigentum	Konzentration und Standort
Verkaufslager	Außenlager	Eigenlager	Zentrallager
Vorrats-/Reservelager	Innenlager	Fremdlager	Dezentrallager
Manipulationslager	Speziallager	Konsignationslager	

Zum **Verkaufslager** gehören die Verkaufsräume, in denen die Waren des Abholgroßhandels und des Einzelhandels dem Kunden angeboten werden und zugänglich sind. Es dient neben der Lagerung als wichtiges Absatzinstrument.

> Die Zentrale der Trinkmann GmbH hält kein Verkaufslager; dagegen führen die Fachmärkte der Trinkmann GmbH große Verkaufslager und nur kleine Vorrats-/Reservelager. Die Filialen in Gelsenkirchen City und Essen-Vogelheim verfügen aus baulichen Gegebenheiten ausschließlich über ein Verkaufslager, alle angelieferten Waren müssen direkt in den Verkauf gebracht und dort einsortiert werden.

Die **Vorrats-/Reservelager** dienen der Sicherung der Lieferfähigkeit und Verkaufsbereitschaft. Im Handlager, das sich in unmittelbarer Nähe zum Verkaufsraum befindet, werden Waren gelagert, die für das schnelle Auffüllen im Verkaufsraum benötigt werden.

> Die Lagerfläche der Trinkmann GmbH dient zum größten Teil als Vorratslager, sechs der acht Getränkefachmärkte verfügen über kleine, an den Verkaufsraum direkt angrenzende Lagerräume. Hier werden in erster Linie die Waren gelagert, die als Randsortiment geführt und schnell nachgefüllt werden müssen wie z.B. Salzgebäck und Süßwaren.

Im **Manipulationslager** werden die Waren für den Verkauf geeignet gemacht wie z.B. durch Veränderung oder Verbesserung der Ware sowie Herstellung der Verkaufsfähigkeit.
Nach der Art der Unterbringung lassen sich unterscheiden:
- Im **Außenlager** werden witterungsunabhängige Waren im Freien gelagert. Diese auch als offenes Lager bezeichneten Flächen werden aus Sicherheitsgründen meist mit Zäunen versehen. Sind diese Flächen zusätzlich überdacht, spricht man von halboffenen Lagern, in der Praxis oft als Kalthallen bezeichnet.
- Beim **Innenlager** wird die Ware in Gebäuden oder Hallen gelagert. Diese geschlossenen Lager bieten einen optimalen Schutz, eine große Sicherheit und gute Kontrollmöglichkeiten der eingelagerten Ware.
- **Speziallager** werden eingerichtet, wenn die Ware einen besonderen Schutz benötigt, warenspezifische Anforderungen erfüllt werden müssen oder gesetzliche Vorschriften über die Lagerung bestehen.

> Die zu den Zapfanlagen gehörenden Kohlensäureflaschen müssen aus Sicherheitsgründen in einem besonders gesicherten und klimatisierten Raum gelagert werden.

Bei der Frage der **Verwaltung oder des Eigentums** des Lagers lässt sich unterscheiden:
- Das **Eigenlager** führt das Handelsunternehmen selbst: Es verfügt über geeignete Flächen sowie Räumlichkeiten und verwaltet diese auch selbst.
- Bei einem **Fremdlager** wird die Lagerhaltung auf ein Dienstleistungsunternehmen wie z. B. Speditionen oder Logistiker übertragen. Das geschieht in den meisten Fällen aus Kostengründen oder wenn die Lagerhaltung eine besondere Ausstattung erfordert. Handelsunternehmen nutzen die Fremdlager auch, um zeitlich begrenzt größere Warenpartien unterzubringen.

> Da bei der Lagerung des Wein- und Schaumweinsortimentes besondere Anforderungen an die Lagertemperatur bestehen, diese aber im eigenen Lager nicht erfüllt werden können, hat die Trinkmann GmbH geeignete Lagerräumlichkeiten angemietet.

Eine Besonderheit des Fremdlagers stellt das **Konsignationslager** dar: Der Lieferant stellt in den Räumlichkeiten des Kunden Ware zur Verfügung. Die dort gelagerte Ware ist Eigentum des Lieferanten und kann nach Bedarf vom Kunden entnommen werden. Die Abrechnung erfolgt je nach Vereinbarung z.B. monatlich oder quartalsmäßig. Diese Lagerart hat für den Kunden einen großen Vorteil, wenn genaue Absatzmenge und -zeitpunkt der Ware nicht abzuschätzen sind, aber die Ware ständig zur Verfügung stehen sollte.

In einem kleinen Lagerraum in einem Bildungszentrum stellt die Trinkmann GmbH eine Auswahl an alkoholfreien Getränken, Bier, Wein und Spirituosen zur Verfügung. Diese können dann bei Bedarf von der zuständigen Mitarbeiterin des Bildungszentrums aus dem Lager entnommen und im dort eingerichteten Kiosk und in der hauseigenen Schankwirtschaft verkauft werden. Das Lager wird ständig auf einem bestimmten Bestand gehalten, die entnommenen Waren werden monatlich mit dem Bildungszentrum abgerechnet.

Lagerstandort
Sobald der Handelsbetrieb über einen absatzorientierten Standort verfügt – im Einzelhandel die Regel –, der mit hohen Kosten verbunden ist, wird auf eine umfangreiche Lagerhaltung direkt am Verkaufsort in den meisten Fällen verzichtet und Lagerräume am Stadtrand oder im Gewerbegebiet genutzt.

Neben der Kosten für die Räumlichkeiten muss vor allem der Großhandel bzw. Zentral- und Regionalläger eine gute **Verkehrsanbindung** beachten, möglichst in der Nähe eine Autobahnabfahrt, einer Bundesstraße oder nach Branchen abhängig direkt im Hafengebiet, nah am Flughafen, mit Gleisanschluss gelegen.

Die **Anfuhrmöglichkeiten** für LKWs sollten gut sein, Warenannahme und Betriebshof müssen Manövrierraum bieten, so dass gleichzeitige Be- und Auslieferung möglich sind, die Toreinfahrten müssen ausreichend groß sein.

Die **Kapazitäten** des Lagerraums sollten ausreichend sein, um die Übersichtlichkeit zu gewährleisten, den gesetzlichen Bestimmungen – soweit vorhanden – zu entsprechen und bei expandierenden Unternehmen Erweiterungsmöglichkeiten zu bieten.

Im Einzelhandel muss die **Nähe zum Absatzort** gegeben sein; auch im Großhandel – von Branche und Absatzgebiet abhängig – kann dies eine Entscheidungsgrundlage sein.

Zentrale und dezentrale Lagerhaltung
In einem Zentrallager werden die gesamten Waren eines Handelsbetriebes zusammengefasst und an einem Ort gelagert.

Wenn ein Handelsunternehmen Regionallager unterhält oder die Ware direkt in den Verkaufsniederlassungen oder Filialen lagert, wird die Ware dezentral gelagert.

Vorteile zentraler Lagerhaltung	Vorteile dezentraler Lagerhaltung
■ Der gesamte Warenbestand ist konzentriert an einem Ort. ■ Die zentrale Erfassung ermöglicht eine leichte Feststellung der Lagerbestände und dadurch auch eine bessere Kontrolle ■ In der Gesamtbetrachtung ergeben sich geringere Lager- und Reservebestände und dadurch eine geringere Kapitalbindung. ■ Es kann eine höherwertige technische Lagerausstattung eingesetzt werden. ■ Die Lagerkapazitäten können besser und effektiver genutzt werden. ■ Raum- und Verwaltungskosten sind niedriger.	■ Die Transportwege zum Kunden sind kürzer. ■ Dadurch werden geringere Lieferzeiten und niedrige Transportkosten möglich. ■ Die vom Kunden gewünschte Ware ist sofort verfügbar.

Lagergröße
Die Lagergröße des Handelsunternehmens ist von vielen Faktoren abhängig:
- Ein Handelsunternehmen mit vielen Filialen benötigt größere Lagerräumlichkeiten als ein Handelsunternehmen mit geringerer **Betriebsgröße**.
- Die **Art des Betriebes** ist entscheidend für die Lagergröße: Ein Großhandelsunternehmen verfügt oft über größere Lagerfläche als ein Einzelhandelsunternehmen.
- Bestehende **Nachfrageschwankungen** müssen Einfluss auf die Größe des jeweiligen Lagers nehmen.
- Waren mit einer geringen **Umschlagshäufigkeit** benötigen eine größere Lagerfläche als Ware mit einer hohen Lagerumschlagshäufigkeit.
- Für ein breites und tiefes Warensortiment wird ein größeres Lager benötigt als für ein flaches, somit ist die **Warentypologie** ein wichtiger Einflussfaktor.
- Bestehen für Artikel hohe **Mindestbestellmengen**, ist ein größerer Lagerraum notwendig.
- Bei Waren mit einer kurzen **Lieferfrist** kann das Lager von geringerer Größe sein.
- Bei Waren mit starken **Preisschwankungen** empfiehlt sich aus spekulatorischen Gründen ein größeres Lager.

6.1.5 Inhouse-Logistik

Lagersteuerung und -verwaltung
Die Lagerarbeiten lassen sich grundsätzlich in drei Teilbereiche aufteilen.
Zur **Einlagerung** gehören die Warenannahme, die Identifizierung bzw. Zuordnung der Ware z.B. nach A-, B- oder C-Artikel, um einen Lagerplatz bestimmen zu können, sowie die Zuweisung eines Lagerplatzes. In mittelständischen und großen Handelsunternehmen findet die Zuweisung durch das Warenwirtschaftssystem statt. Nach der Zuweisung erfolgt der Transport der Ware zu dem vorgesehenen Platz.
Die **Lagerung** der Ware gewährleistet eine hohe Verkaufs- und Lieferfähigkeit, verursacht jedoch auch hohe Kosten. Daher wird der Warenbestand ständig mit Hilfe der Lagerkennziffern überprüft und kontrolliert.
Bei der **Auslagerung** wird zunächst geprüft, ob die Ware in ausreichender Menge vorrätig ist. Dann wird die Ware kommissioniert, zum Versandplatz gebracht und zur Verladung bereitgestellt.

Lagerordnungssysteme
Die Lagerordnung gewährleistet die Übersichtlichkeit der Warenlagerung und die optimale Ausnutzung der zur Verfügung stehenden Lagerfläche, ein schnelles Einordnen und Entnehmen sowie die Kontrolle der eingelagerten Waren. Anhand der jeweiligen Lagerumschlagshäufigkeit der Ware ergibt sich die Zugriffshäufigkeit auf die einzelnen Artikel, die ebenfalls bei der Entscheidung über die Art der Lagerordnung mit einbezogen wird.

Lagerarten

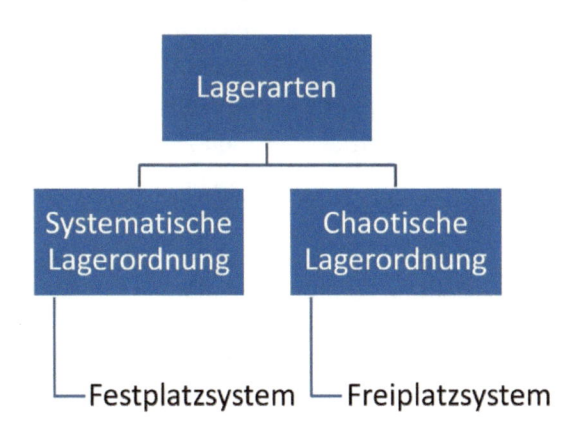

```
                    Lagerarten
                   /          \
        Systematische        Chaotische
        Lagerordnung         Lagerordnung
              |                   |
        Festplatzsystem     Freiplatzsystem
```

Systematische Lagerordnung/Festplatzsystem

Bei der systematischen Lagerordnung bekommt jeder Artikel gemäß dem Lagerplan einen festen Lagerplatz zugewiesen. Die Artikel werden mit einer Kennzeichnung versehen, mit deren Hilfe sie dann in einen bestimmten Gang in einer festgelegten Zone auf einem reservierten Regalplatz eingeordnet werden. Die Kriterien der Zuweisung können z.B. die Zugehörigkeit zu einer bestimmten Warengruppe, das Gewicht, das Volumen, das Material oder die Lagerumschlagshäufigkeit des Artikels sein. Die ABC-Analyse kann dabei als wichtiges Hilfsmittel herangezogen werden.

Vorteile des Festplatzsystems	Nachteile des Festplatzsystems
■ Das Lager ist jederzeit ohne IT übersichtlich und zugänglich. ■ Lagerwege sind kurz, da oft benötigte Ware in vorderen Regalplätzen eingelagert wird. ■ Die Lagerposition der Ware ist generell bekannt.	■ Die Lagerflächen können bei großen Wareneingangsmengen nicht ausreichen. ■ Lagerplätze bleiben oft ungenutzt. ■ Hoher Flächenbedarf, da für alle Waren ein Lagerplatz vorgehalten werden muss.

Chaotische Lagerhaltung/Freiplatzsystem

Dieses System sieht keine festen, reservierten Lagerplätze vor. Die eintreffenden Waren werden auf jeweils freien Lagerplätzen untergebracht mit Hilfe eines EDV-gestützten Lagersystems.

Vorteile des Freiplatzsystems	Nachteile des Freiplatzsystems
■ Die Lagerfläche wird optimal genutzt. ■ Der Platzbedarf kann grundsätzlich gesenkt werden. ■ Geringere Flächenkosten, da die Lagerung oft in vollautomatischen Hochregalen erfolgt.	■ Ohne IT ist diese Lagerordnung so gut wie nicht möglich. ■ Bei Ausfall der IT ist das Auffinden der Artikel nahezu unmöglich. ■ Hohe Investitionskosten in IT und elektronische Lagersysteme.

Lagereinrichtung

Die Lagereinrichtung und -gestaltung ist abhängig von der Art, der Beschaffenheit und der Menge der zu lagernden Ware. Allgemeine Anforderungen sind:
- Es sollte **ausreichender Platz** für die Entnahme, den Transport und eventuelle Manipulation der Ware zur Verfügung stehen.
- **Kurze Lagerwege** gewährleisten einen reibungslosen und schnellen Zugriff auf die Ware.

- Eine **artgemäße Lagerung** in Bezug auf die besonderen Erfordernisse der einzulagernden Waren, insbesondere im Hinblick auf z.B. Wärme, Kälte, Feuchtigkeit, Trockenheit, Licht, Ungeziefer, ist bei der Einrichtung zu berücksichtigen.
- Die **gesetzlichen Vorschriften** bezüglich der Lagerung bestimmter Waren wie z.B. Pflanzenschutzmittel, Lösungsmittel müssen beachtet werden.
- Die **Einhaltung der Brandschutz- und Unfallverhütungsvorschriften** muss gewährleistet sein.
- Bezogen auf **Einbruch und Diebstahl** müssen **Sicherheitsvorkehrungen** getroffen werden.

Zur Lagereinrichtung zählen Einrichtungsgegenstände wie z.B.

- **Regale** in verschiedenen Formen: Durchlaufregale, Compactregale, Paternosterregale, Fachregale, Hochregale, Palettenregale etc.
- **Verlade- und Beförderungsmittel**, die dem innerbetrieblichen Transport der Ware dienen: Flurfördermittel wie z.B. Stapler, Karren, Hubwagen, Aufzüge, Kräne, Stetigförderer wie z.B. Wandertische, Rollenbahnen, Kettenförderer
- **Packmittel** wie z.B. Paletten mit und ohne Aufsetzbügel, Gitterboxen, Container, Collicos, Kästen, Kartons
- **Zähl-**, **Wiege-** und **Messgeräte**

Wareneingangskontrolle
Neben den eigentlichen Lageraufgaben wird im Lager die Wareneingangskontrolle durchgeführt. Jede Lieferung wird zunächst vor Annahme geprüft auf Empfängeranschrift, Absender, Art und Zahl der angelieferten Einheiten und den Zustand der Versandverpackung oder der unverpackten Ware. Bei einer unbeanstandeten Prüfung wird dem Anlieferer die ordnungsgemäße Übergabe bestätigt, bei Falschlieferungen wird die Ware zurückgegeben, unvollständige Lieferungen oder Beschädigungen der Verpackung bzw. der unverpackten Ware werden auf den Transportpapieren vermerkt und vom Anlieferer bestätigt.
Nach HGB § 377 muss der Kaufmann die Ware unverzüglich nach Wareneingang auf Mängel prüfen. Die Ware wird unverzüglich ausgepackt, nach Artikeln sortiert und Art, Menge und Beschaffenheit mit Lieferschein, Rechnung und Auftrag verglichen. Mängel werden schriftlich festgehalten. Der Einkauf zeigt die Mängel innerhalb der gesetzlichen bzw. vertraglichen Fristen beim Lieferanten an.
Sind Qualität, Funktionsfähigkeit, chemische Zusammensetzung oder physikalische Eigenschaften der Ware nicht sofort erkennbar, wird eine sorgfältige Qualitätsprüfung von Fachleuten vorgenommen, ggf. in Prüflaboren. Große Handelsunternehmen führen eine eigene Qualitätskontrolle durch. Dabei ist zu bedenken, dass diese den Warenfluss, die Auslieferung an die Filialen verzögert. Daher gehen marktstarke Unternehmen dazu über, die Wareneingangskontrolle

an den Lieferanten rückzudelegieren. Meist sind diese Lieferanten ISO-zertifiziert, so dass Prüfabläufe garantiert werden.

Warenmanipulation

Hier wird die Ware den Wünschen des Kunden angepasst, für ihn verwertbar. Die Erstellung einer marktgerechten Qualität und Quantität steht im Vordergrund der Tätigkeiten, dabei werden die Grundstoffe der Ware nicht verändert: Z. B. werden die Waren sortiert, gereinigt, gemischt, veredelt, verpackt, ausgezeichnet. Ebenfalls der Warenmanipulation zuzurechnen ist die Pflege der gelagerten Waren.

Die Bedeutung und der Umfang der Warenmanipulation sind von der Marketingstrategie des jeweiligen Betriebes abhängig. Die Manipulation dient einerseits der Vorbereitung des Verkaufs, d.h. die Ware wird standardgemäß, den allgemeinen Kundenwünschen entsprechend manipuliert. Andererseits kann die Warenmanipulation ein Teil der Servicepolitik sein, wobei die Manipulation der Ware auf den speziellen Kundenwunsch hin durchgeführt wird.

> Barbara Berkemüller, Mitarbeiterin der Trinkmann GmbH in C-Stadt, stellt für den Kunden Oliver Guhn ein Sortiment unterschiedlichster Biere der Region mit entsprechenden Gläsern zusammen und verpackt diese in einer Holzkiste als Geschenk.

Die Warenmanipulation hat im Großhandel einen weitaus größeren Umfang und mehr Bedeutung als im Einzelhandel. Die Verpflichtung zur Manipulation kann Bestandteil des Kaufvertrages sein, ohne die Aufbereitung wie z.B. vorverpacken, auszeichnen, mischen, sortieren wäre ein Kaufabschluss nicht möglich. Für den Kunden bedeutet das Arbeits-, Zeit- und Kostenersparnis. Der Großhandel übernimmt also ausgegliederte Aufgaben des Einzelhandels oder der Gastronomie und verschafft sich damit eine gute Kundenbindung.

Kommissionierung

Kommissionieren ist das Zusammenstellen von Kundenaufträgen, das Verpacken der Ware und die Bereitstellung für den Transport.

> Vom Tagungshotel Gerber liegt eine Bestellung von 3 Fässern Gelsener Kirchbier, 8 Kisten alkoholfreies Bier, 10 Kisten Sekt der Marke Fürst Schaumgut und diversen Spirituosen vor. Gemäß des Kommissionierbelegs stellt der Lagermitarbeiter Egon Willig den Auftrag auf einer Palette zusammen, führt eine gründliche Warenausgangskontrolle durch und schweißt die Palette aus Sicherheits- und Diebstahlsgründen für den Transport ein. Der Beleg wird an den Verkauf weitergeleitet, die Palette steht zum Abtransport durch den Frachtführer Theustrans bereit.

Im Großhandel ist das Kommissionieren mit hohen Kosten verbunden. Daher muss ein geeignetes Verfahren gewählt werden:

Beim **statischen** Kommissionieren oder „**Mann-zur-Ware**" geht der Kommissionierer zur Ware und sortiert diese im Regal ab. Die Kommissionierleistung ist gering, daher ist es für kleine Unternehmen mit geringen Abgabemengen geeignet, die nicht hohe Investitionen im Lager tätigen wollen. Beim **dynamischen** Kommissionieren bzw. „**Ware-zum-Mann**" erfolgt die Entnahme der Ware computergesteuert, automatische Regalförderzeuge oder Bediengeräte nehmen die Ware aus dem Regal und bringen sie zu dem Kommissionierer. Diese Art ist mit umfangreichen Investitionen in das Warenwirtschaftssystem und die Fördergeräte verbunden, hohe Kommissionsleistungen sind jedoch nur so zu leisten.

Beim **einstufigen** Kommissionieren wird jeder Auftrag einzeln ausgeführt, beim **mehrstufigen** Verfahren werden die Artikel für mehre Aufträge absortiert, um die Artikel dann an einem Sammelplatz wieder nach Aufträgen zu trennen.

Beim **seriellen Kommissionieren** werden die Positionen des Auftrags/der Aufträge nacheinander abgearbeitet. Beim **parallelen Kommissionieren** wird der Kundenauftrag in mehrere Teile zerlegt entsprechend der Aufteilung des Lagers, denn das Lager ist in Zonen parzelliert. Für jede Zone ist ein Mitarbeiter verantwortlich, der innerhalb seiner Zone die Ware zusammenstellt. Am Ende werden die Teilaufträge wieder zusammengeführt und zu einer Kundensendung für den Warenausgang bereitgestellt. Bei dieser Art der Kommissionierung ist das Risiko höher, dass Zuordnungsfehler unterlaufen und der Kunde Falschlieferungen erhält bzw. Ware fehlt; die Kosten sind jedoch wesentlich geringer als beim seriellen Kommissionieren.

Bei der **Pick-Pack-Kommissionierung** wird neben dem Kommissionieren das Volumen des Auftrags ermittelt, die richtige Größe des Versandkartons gewählt und die Ware in den Versandkatalog gelegt.

Dynamisches und mehrstufiges Kommissionieren ist meist nur **vollautomatisch** mit Hilfe der EDV möglich. Dies ist eine sehr schnelle Art der Kommissionierung mit einer sehr geringen Fehlerquote. Es erfordert jedoch eine hohe Investition für die EDV, möglicherweise für Roboter und Kommissionsautomaten. Bei EDV-Ausfall ist ein Kommissionieren nicht möglich. Bei der chaotischen Lagerhaltung ist nur eine automatische Kommissionierung durchführbar.

Im Abholgroßhandel ist die Aufgabe des Kommissionierens an den Kunden übertragen, der Kunde sucht die Ware selbst aus und stellt sie zusammen. Im Einzelhandel wird die Kommissionierung in vielen Betriebsformen ebenfalls vom Kunden selbst vorgenommen. Waren- und Kaufhäuser führen Sammelkassen, an denen alle Warenkäufe des Kunden aus den verschiedenen Abteilungen zusammengetragen und verpackt oder zugestellt werden. Der Kunde bezahlt in einem Gesamtbetrag. Außerdem besteht in Einzelhandelsunternehmen die Möglichkeit der telefonischen, schriftlichen oder elektronischen Bestellung, dann wird eine Kommissionierung notwendig.

Im Versandhandel ist die Kommissionierung eine der wichtigsten Aufgaben der Logistik: Unzählige Sendungen müssen täglich sorgfältig zusammengestellt werden, um die Kundenzufriedenheit zu gewährleisten, die Schnelligkeit der Lieferung sicherzustellen und dabei die Kosten zu minimieren.

In Filialunternehmen des Handels wird auch im internen Warenverkehr kommissioniert: Die Filiallieferungen werden gesammelt, verpackt und für den Transport bereitgestellt. In einigen Unternehmen besteht noch zusätzlich die Möglichkeit der Lagerung für die Filialen, da diese aus Kostengründen nicht mehr über Reservelagerflächen verfügen. Für Handelsunternehmen mit einer hohen Anzahl von Filialen und einem Sortiment mit Artikeln des täglichen Bedarfs erfordert dies eine sehr diffizile Organisation, die deshalb oft an ein Logistikunternehmen vergeben wird. Die Kommissionierung im Versandhandel und in großen Filialunternehmen bedient sich der gleichen Methoden wie der Großhandel.

Warenausgangskontrolle
In den meisten Betriebsformen des Einzelhandels wird die Ware nach dem Verkauf am Packtisch, an der Kasse auf Art, Menge und Beschaffenheit geprüft.
Im Großhandel findet wie beim Wareneingang eine sorgfältige Ausgangskontrolle statt. Die Artikel werden nach Art, Menge und Beschaffenheit geprüft, Artikelnummer und Menge mit den Angaben auf den Warenbegleitpapieren verglichen. Bei Auslieferung an ein Transportunternehmen oder an den Kunden direkt lässt sich der Mitarbeiter den Erhalt bestätigen, die bestätigte Kopie wird an den Verkauf weitergeleitet.

6.1.6 Informationslogistik

Für Handelsunternehmen ist es wichtig, immer zu wissen, wo sich eine Ware gerade befindet. Die Informationslogistik eines Handelsunternehmens begleitet sozusagen den gesamten Warenfluss bzw. die komplette Logistikkette. Alle gewonnenen Informationen können entlang der logistischen Kette dazu beitragen, dass optimal geplant und gesteuert wird.
Die Informationslogistik ist also dafür verantwortlich, dass die richtigen Informationen zur richtigen Zeit, am richtigen Ort, im richtigen Format bzw. der richtigen Qualität und dem richtigen

Empfänger bereitgestellt werden. Nur so wird sichergestellt, dass alle Elemente der logistischen Kette untereinander reibungslos funktionieren können. Die vorhandenen Kommunikationswege müssen genau definiert sein und eingehalten werden. Früher wurden alle Informationen in Papierform übertragen, heutzutage werden computergestützte Informationssysteme genutzt. Der elektronische Datenaustausch an den Schnittstellen, an denen Informationen zwischen den einzelnen Prozessen weitergegeben werden sollen, erfolgt nach dem EDI-System (Electronic Data Interchange). EDI nutzt als Infrastruktur die Rechner, Server und die Telekommunikationsnetze der beteiligten Handelspartner. Der Nachrichtenaustausch wird eingeteilt in den Austausch von Dokumenten, Produktdaten und Handelsdaten. Je nachdem, an welcher Stelle in der logistischen Kette man sich befindet, kann es zu branchenspezifischen Lösungen kommen. Als Basis dient ein europäischer Standard, genannt Edifact.

EDI wird unterstützt durch einige Technologien, die prinzipiell alle Elemente der logistischen Kette vom Hersteller bis zum Endkunden nutzen könnten.

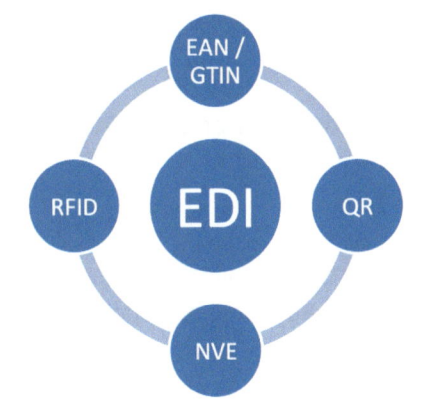

EAN / GTIN
Umgangssprachlich auch Barcode genannt, wird bei dieser Technologie eine Zahl in einen Strichcode umgewandelt, womit sehr viele Informationen sehr einfach gespeichert werden können. Artikel werden sehr schnell identifiziert, was beispielsweise den Kassiervorgang im Einzelhandel beschleunigt oder eine sehr einfache Erfassung innerhalb der Inventur ermöglicht.

QR (Quick Response)
Dieser Code ist zweidimensional. Für Endkunden ist dieser Code viel interessanter, weil hierbei mit einem Smartphone zukünftig nicht nur der Kassiervorgang leichter wird, sondern gleichzeitig auch Informationen über das Produkt oder den Hersteller geliefert werden können. So könnten beispielsweise im Wareneingang über diesen Code schnelle zusätzliche Informationen zu einem Produkt eingeholt werden.

NVE (Nummer der Versandeinheit)
Die Nummer der Versandeinheit sichert einen lückenlosen Versandweg, bietet schnelle Informationen über den Verbleib der Ware und kann den Endkunden Informationen über den möglichen Liefertermin geben. Bei großen Paketdienstleistern ist die Sendungsverfolgung im Internet per NVE aktuell schon Standard, dieser zusätzliche Service wird von Kunden mittlerweile erwartet.

RFID (Radio Frequency Identification)
Ein Chip sendet aktiv Daten und Informationen, die in der näheren Umgebung ausgelesen werden können. Diese Chips können an der Kasse genutzt werden, werden als Diebstahlschutz verwendet, oder unterstützen bei der Inventurerfassung, Sie haben aber entlang der logistischen Kette eine besondere Bedeutung, wenn die beteiligten Partner die Informationen des Chips durch zusätzliche Speicherung schrittweise erweitern. Dieser Technologie gehört die Zukunft, aber heute sind die Investitionen in die technische Ausstattung noch sehr hoch.

6.2 Aushandeln von Vertragskonditionen und Vergabe von Aufträgen

6.2.1 Verhandlungsstrategien

In vielen Handelsunternehmen legt die Geschäftsführung die Verhandlungsstrategie fest. Hierbei handelt es sich um Vorgaben, wie Angebote eingeholt werden. Es wird festgelegt, dass beispielsweise immer drei Angebote vorliegen müssen, bevor es zu einer Entscheidung kommen kann.
Liegen nun mehrere Angebote vor, kann der Entscheider das günstigste Angebot wählen. Oder aber er nutzt eine Strategie, bei der ein Anbieter versuchen kann, sein ursprüngliches Angebot nochmal zu reduzieren, um damit alle Wettbewerber zu unterbieten. Dies nennt man Last Call. Diese Möglichkeit bietet der Entscheider oftmals nur seinem A-Lieferanten an, mit dem eine langjährige Geschäftsbeziehung besteht. Angewendet wird diese Strategie sowohl im Einkauf, als auch im Versand. Es ist also völlig egal, ob ein Handelsunternehmen mit dieser Strategie die Preise für die eigenen Produkte oder aber für benötige Dienstleistungen reduzieren will. Die Gefahr besteht darin, dass nicht mehr alle Anbieter ein Angebot abgeben, weil bekannt ist, dass ein Anbieter alle anderen Preisen nochmal unterbieten kann.
Des Weiteren gibt es die Möglichkeit von **Ausschreibungen**. Eine Vorauswahl von möglichen Vertragspartnern wird getroffen. Da die Ausschreibung vergleichbar sein sollte, müssen sich die Vertreter des Handelsunternehmens darauf einigen, welche Eigenschaften eines Produkts oder einer Dienstleistung als Basis angesehen werden, und welche Optionen zusätzlich möglich sind.

6.2 Aushandeln von Vertragskonditionen und Vergabe von Aufträgen

Nachdem die Teilnehmer der Ausschreibung ihre Angebote abgegeben haben, werden diese bewertet. Dies erfolgt häufig mittels einer Nutzwertanalyse. Die besten zwei Teilnehmer werden zu Verhandlungen eingeladen. Hierbei werden nun die genauen Vertragskonditionen ausgehandelt. Vielleicht ist es möglich, die ausgeschriebenen Mengen zu erhöhen, um bessere Rabatte zu bekommen.

Eine weitere Strategie kann es sein, nur ein einziges Angebot einzuholen. Hier hat der Entscheider die schwierigste Verhandlungsbasis, da er keine aktuellen Vergleichsangebote des Wettbewerbers nutzt. Trotzdem kann er verhandeln, in dem er Angebote aus der Vergangenheit nutzt, die er in einer Datenbank gespeichert hat. In so einer Situation ist es wichtig, dass der Entscheider seine schwache Verhandlungsposition durch genaue Marktkenntnisse ausgleichen kann. Nicht nur genaue Marktkenntnisse sind hilfreich, die eigene schwache Verhandlungsposition zu verbessern, sondern auch das Wissen um die Situation und die Ziele des Anbieters kann bei der Wahl der geeigneten Strategie hilfreich und vielleicht entscheidend sein. Sind die Kapazitäten des Anbieters nicht ausgelastet, kann man in einer Verhandlung viele Argumente vorbringen, die das Preisniveau von vorneherein senken können. Das Handelsunternehmen kann darauf abzielen, einen Vertrag abzuschließen, in dem ein Preis festgelegt wird, der auf dem Niveau der kurzfristigen Preisuntergrenze des Herstellers liegt. Die variablen Kosten werden also gedeckt und das Handelsunternehmen leistet nur einen kleinen Beitrag zur Deckung der fixen Kosten.

6.2.2 Verhandlungsführung

Wenn es zu einer Verhandlung kommt, stehen sich zwei Parteien gegenüber. Unterschiedliche Ziele werden verfolgt, am Schluss der Verhandlung muss ein Kompromiss stehen. Dieser Kompromiss sollte das Ziel der Parteien sein. Eine Verhandlung ist von vorneherein gescheitert, wie eine der beteiligten Parteien dieses Ziel nicht ernsthaft verfolgt. Ein Kompromiss setzt voraus, dass den Beteiligen bewusst ist, ihre Ziele nicht komplett durchsetzen zu können. Dem Teilnehmer der Verhandlung sollte somit klar sein, wie das Maximalziel aussieht. Der Spielraum, inwieweit man von dem Maximalziel abrücken kann, sollte vor der Verhandlung festgelegt werden. Grundsätzlich gelten in der Verhandlung die Regeln einer Gesprächsführung. Nach einer kurzen Einführungsphase mit Themen, die möglicherweise gar nicht zur eigentlichen Verhandlungen gehören, wird eine angenehme Gesprächsatmosphäre geschaffen. Anschließend kann es sinnvoll sein, die eigenen Ziele zu formulieren. Diese Vorgehensweise findet häufig Anwendung, wenn sich beide Gesprächspartner der Verhandlung schon lange kennen. Hier ist über einen langen Zeitraum eine Vertrauensbasis entstanden, die dazu führt, dass die gegnerischen Ziele nicht sofort als unrealistisch abgetan werden, bevor sie mit Argumenten untermauert werden konnten. In der Vorbereitung auf eine Verhandlung sollte man als Teilnehmer für seine eigenen

Argumente begründen können, warum sie für das eigene Ziele entscheidend sind. Genauso sollte man sich von den Argumenten und Begründungen des Gesprächspartners nicht überraschen lassen. Im Vorfeld ist es wichtig, möglichst viele Informationen über die Ziele des Verhandlungspartners zusammen.

In einer Verhandlung gewinnt nicht die Partei, die die besten Argumente hat, sondern die, die mit der Argumentation und den Begründungen am meisten überzeugen konnte. Außerdem sollte es idealerweise in einer Verhandlung keinen Sieger und Verlierer geben. Ganz im Gegenteil, für eine langfristige Geschäftsbeziehung ist es notwendig, dass beide Parteien das Gefühl haben, ihre Ziele zumindest teilweise erreicht zu haben.

Viel wichtiger ist die Gesprächsführung in der Verhandlung selbst. Dies kann der Teilnehmer erreichen, indem er seinem Gesprächspartner immer die erste Argumentation überlässt und selbst seine Gegenargumente darauf erwidert. Unkritischen Argumenten kann er Recht geben, während Gründe, die den eigenen Zielen entgegenstehen, diskutiert werden müssen. In jedem Fall entscheidet er selbst über die weitere Vorgehensweise, womit er die Verhandlungsführung bestimmt.

In einer Verhandlung sollte es keine Sieger und Verlierer geben!

6.2.3 Auftragsvergabe

Incoterms

In der heutigen Handelslandschaft kaufen und verkaufen die Unternehmen ihre Produkte weltweit. Dabei ist es nötig, dass die Unternehmen bei Auftragsvergaben sehr viel Zeit in die Ausgestaltung der Verträge investieren.

Die Vertragsinhalte werden natürlich weitgehend sehr individuell gestaltet. Einige grundlegende Regelungen aber, genannt Incoterms, legen fest, welche Rechte und Pflichten Käufer und Verkäufer haben.

Im Einzelnen handelt es sich um die Pflichten des Verkäufers und des Käufers bei der Lieferung.
- Kosten- und Gefahrenübergang der Ware
- Prüfpflichten, Verpackung
- Lizenzen, Genehmigungen, Sicherheitsfreigaben
- Abschluss von Beförderungs- und Versicherungsverträgen

Incoterms sind also keine Gesetze, müssen aber Bestandteil des Kaufvertrags werden und möglichst genau formuliert sein. Dazu gibt es aktuell 11 Klauseln:
- EXW Ex Works   (...named place)
- FCA Free Carrier   (...named place)

6.2 Aushandeln von Vertragskonditionen und Vergabe von Aufträgen

- FAS Free Alongside Ship (…named port of shipment)
- FOB Free On Board (…named port of shipment)
- CFR Cost and Freight (…named port of destination)
- CIF Cost, Insurance and Freight (…named port of destination)
- CPT Carriage Paid to (…named place of destination)
- CIP Carriage + Insurance Paid to (…named place of destination)
- DAT Delivered At Terminal (…named terminal of destination)
- DAP Delivered At Place (…named place of destination)
- DDP Delivered Duty Paid (…named place of destination)

Diese Klauseln lassen sich in vier Hauptgruppen unterteilen:
- **E-Klauseln** Verkäufer stellt die Ware i.d.R. auf dem eigenen Betriebsgelände zur Verfügung
- **F-Klauseln** Verkäufer übergibt die Ware einem vom Käufer benannten Frachtführer.
- **C-Klauseln** Verkäufer schließt Beförderungsvertrag auf eigene Kosten ab, ohne die Haftung für Verlust oder Beschädigung der Ware zu übernehmen.
- **D-Klauseln** Verkäufer trägt alle Kosten und Gefahren an der Ware bis Ankunft der Ware am Bestimmungsort.

Pflichten des Verkäufers nehmen von der E- über F- und C- bis zur D-Gruppe zu, die Verantwortung des Käufers reduziert sich entsprechend.
Alle C-Klauseln nennt man auch 2-Punkt-Klauseln, da der Kosten- und Gefahrenübergang an zwei unterschiedlichen Orten stattfindet.
Da der Transport bei jedem Handelsgeschäft ein wichtiger Bestandteil der Auftragsvergabe ist, lassen sich die Klauseln auch noch folgendermaßen unterteilen:

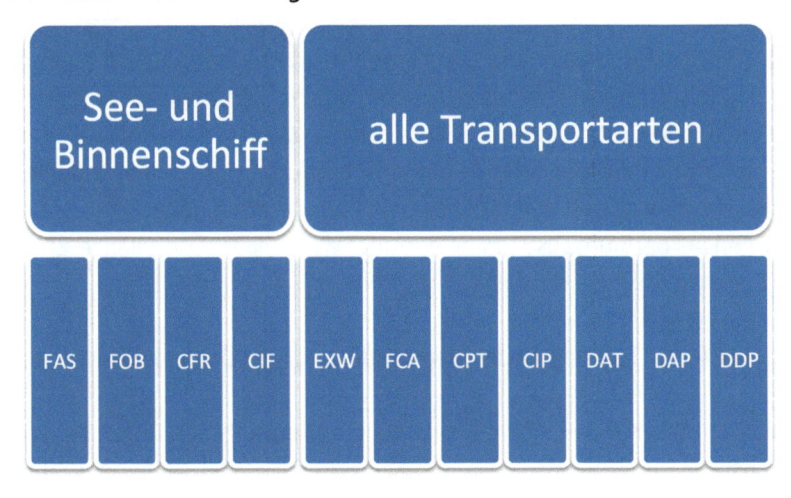

See- und Binnenschiff				alle Transportarten					
FAS	FOB	CFR	CIF	EXW	FCA	CPT	CIP	DAT	DAP	DDP

6. Handelslogistik

Compliance

Handelsunternehmen stehen heutzutage in einem ständigen Wettbewerb mit anderen Unternehmen. Diese anderen Unternehmen können auf eine Stufe mit dem Handelsunternehmen stehen, wie z.B. Großhandel oder Einzelhandel, es kann sich aber beispielsweise auch um Hersteller handeln. Egal wie sich der Wettbewerb gestaltet, um am Markt bestehen zu können, müssen Handelsunternehmen Wettbewerbsvorteile erzielen können.

Viele Unternehmen haben sich trotz harten Wettbewerbs einigen grundlegenden Regeln verschrieben. Die Einhaltung dieser Regeln, von Gesetzen und Richtlinien, nennt man Compliance. Compliance-Maßnahmen im Unternehmen wirken strategisch, die Ziele sind Risikominimierung, Effizienzsteigerung und Effektivitätssteigerung.

Compliance - Ziele		
Risikominimierung	**Effizienzsteigerung**	**Effektivitätssteigerung**
geringere Ressourcenbelastung	verbesserte interne Prozesse	Ersetzen von manuellen Kontrollen durch automatisierte Kontrollen im Prozeß
verbesserte Transparenz	weniger Kontrollen	
	=> Produktivitätssteigerung und Kostenreduzierung	=> Erhöhung der Wettbewerbsfähigkeit
=> Imagesteigerung !		

Jede Auftragsvergabe durch das Handelsunternehmen darf also den Compliance-Zielen nicht widersprechen. Preisabsprachen mit den Wettbewerbern kommen in der Praxis leider häufig vor, auch wenn sie die Compliance-Regeln verletzen. Diese oder ähnliche Verstöße werden durch Bußgelder, Strafzahlungen oder Gewinnabschöpfungen geahndet. Jeder Verstoß bedeutet für die Volkswirtschaft einen hohen Schaden. Durch die oben genannten Strafen sollen Handelsunternehmen bei der Auftragsvergabe ermutigt werden, die Compliance-Ziele einzuhalten.

6.3 Umsetzen der Transportsteuerung und von logistischen Lösungen

Alles dreht sich um den Kunden; ohne ihn kann kein Unternehmen überleben. Aber Achtung: Kunden sind anspruchsvoll, gerade im Handel. Sie wollen ein Produkt immer vorfinden und eine

6.3 Umsetzen der Transportsteuerung und von logistischen Lösungen

vernünftige Auswahl zum richtigen Preis haben. Zudem müssen sich Hersteller, Lieferanten und Handel mit einer immer schwierigeren Handelslandschaft auseinandersetzen, die von zunehmender Unternehmenskonzentration, Marktsättigung, steigendem Kostendruck, niedrigen Rentabilitäten sowie ständigen Veränderungen der Sortimente geprägt ist.

Diese Erkenntnis hat dazu geführt, dass Handel, Lieferanten und Hersteller dazu übergehen, miteinander zu arbeiten, um die Kundenwünsche besser, schneller und kostengünstiger zu erfüllen. Dies ist die Idee des **Efficient Consumer Response (ECR)**. ECR wurde ursprünglich für den US-amerikanischen Lebensmittelhandel entwickelt, hat aber längst schon auch bei uns Einzug gehalten.

> **Efficient Consumer Response heißt übersetzt „effiziente Reaktion auf die Kundennachfrage".** ECR ist ein Konzept zur Optimierung der gesamten Wertschöpfungskette vom Hersteller über den Händler bis zum Verbraucher. Es stellt eine kundenorientierte und ganzheitliche Betrachtungsweise dar, in der alle Beteiligten zusammenarbeiten, um gemeinsam Prozesse effizienter zu gestalten. Ausgangspunkt ist immer der Konsument, dessen Bedürfnisse besser erfüllt werden sollen.

Daraus folgen zwei grundsätzliche Prinzipien und zwei grundsätzliche Ziele des Efficient Consumer Response:

Prinzipien des ECR:
- Fokus auf den Konsumentennutzen
- Zusammenarbeit zwischen Handel und Industrie/Hersteller/Lieferant

Ziele des ECR:
- Effizienzsteigerung in der gesamten Wertschöpfungskette
- Steigerung des Umsatzes durch höhere Kundenvorteile

> *Efficient Consumer Response bedeutet Optimierung der gesamten Wertschöpfungskette.*

Das bedeutet, dass zwischen Industrie/Hersteller/Lieferant, Handel und Konsument eine gemeinsame Wertschöpfungskette entsteht. Der klassische Stufenansatz mit in sich geschlossenen Bereichen wie Produktion und Lager vernetzt sich zu einem durchgängigen und offenen Prozess. Denn Experten schätzen, dass an den Schnittstellen zwischen den Beteiligten etwa 27 Prozent der Gesamtkosten entstehen.

Mit seinem Denkansatz dient Efficient Consumer Response der Wandlung von der klassischen Push-Versorgung zur Pull-Versorgung, deren Auslöser der Konsument mit seinen Bedürfnissen und Wünschen ist.

6. Handelslogistik

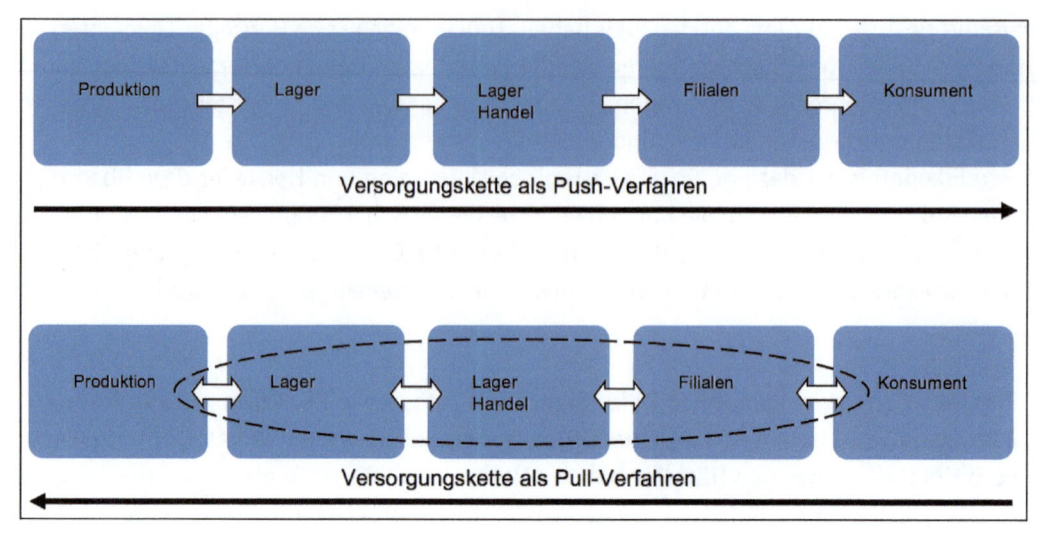

Wandlung von der klassischen Push-Versorgung zur Pull-Versorgung

Um dies zu erfüllen, sind die Schnittstellen in der Dreier-Beziehung Kunde – Handel – Hersteller zu optimieren. Dabei werden vor allem zwei Prozessstrategien verfolgt:
- Optimierung der Supply Side (Versorgungsseite) im Rahmen des **Supply Chain Managements**: Es befasst sich im Wesentlichen mit allen Themen, die einen effizienteren Warenfluss vom Hersteller bis zum Konsumenten garantieren. Hierzu gehören Instrumente wie Cross Docking, Efficient Replenishment und Efficient Unit Loads.
- Optimierung der Demand Side (Nachfrageseite) im Rahmen des **Category Managements**: Es befasst sich intensiv mit den Erwartungen der Verbraucher. Zu den Strategien gehören Efficient Product Introduction, Efficient Assortment und Efficient Promotion.

Basistechnologien sind notwendige Voraussetzungen, damit ECR sinnvoll umgesetzt werden kann. Dazu gehören unter anderem Electronic Data Intercharge (EDI), Barcodes, Scannerkassen und Warenwirtschaftssysteme. Mittlerweile wird auch die **RFID-Technologie** (Radio-Frequency Identification) für das **ECR**-Konzept genutzt. So werden beispielsweise Güterdaten mit Hilfe von EDI nur einmal in das System eingegeben und dann von allen Partnern genutzt; Verkaufsdaten werden mit Hilfe der Barcodes und Scannerkassen einmalig beim Verkaufsvorgang eingelesen und automatisch weitergegeben.

6.3 Umsetzen der Transportsteuerung und von logistischen Lösungen

```
                    ┌─────────────────────────────────────────┐
                    │   Efficient Consumer Response (ECR)     │
                    │ optimiert die Value Chain (Wertschöpfungskette) │
                    └─────────────────────────────────────────┘
                           │                         │
         ┌─────────────────┴──────┐       ┌──────────┴──────────┐
         │  Supply Chain Management│       │  Category Management │
         │ optimiert die Supply Side│       │ optimiert die Demand Side│
         │    (Versorgungsseite)   │       │   (Nachfrageseite)  │
         └─────────────────────────┘       └─────────────────────┘
```

| Efficient Replenishment | Cross Docking | Efficient Unit Loads | Efficient Product Introduction | Efficient Assortment | Efficient Promotion |

Basiselemente: Electronic Data Interchange (EDI) – Barcode – Scannerkassen

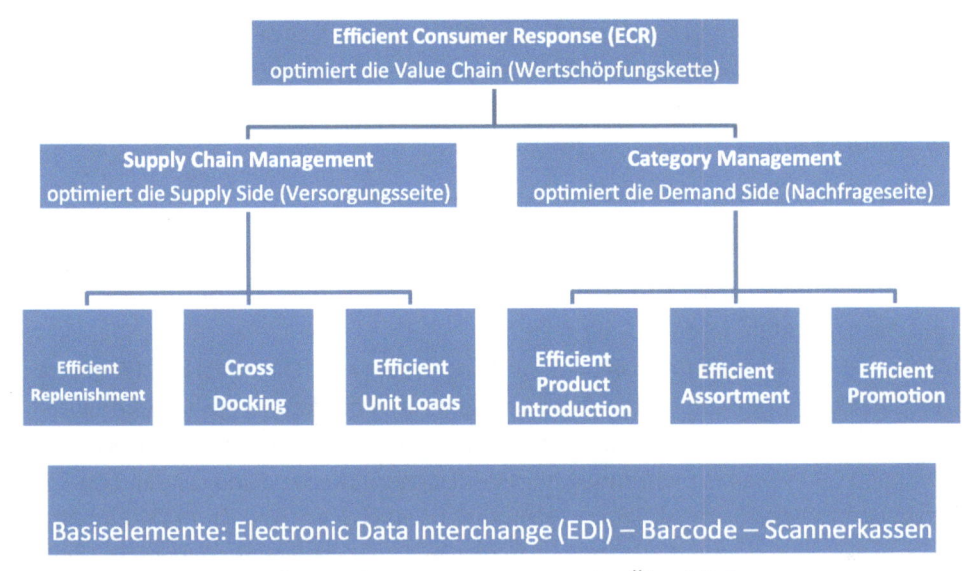

Efficient Consumer Response im Überblick

Supply Chain Management

Unter Supply Chain Management (SCM) wird die Erarbeitung eines kostenoptimierten Logistikkonzeptes unter Betrachtung der gesamten Wertschöpfungskette verstanden. Durch die optimale Gestaltung der Waren- und Informationsflüsse soll ein dem Kundenbedürfnis entsprechendes Sortiment bereitgestellt werden. Das SCM geht also über die in sich geschlossenen Logistikaufgaben (Warentransport, Lagerung, Kommissionierung, Warenmanipulation und -pflege) hinaus und bindet prozessübergreifende Schritte ein.

Strategien des Supply Chain Managements

Efficient Replenishment

Es sorgt für die effiziente Warenversorgung und den effizienten Warennachschub. Ziel ist eine harmonisierte Logistikkette zwischen Hersteller, Lieferant und Händler. Dabei werden die Schnittstellen so ausgerichtet, dass ein möglichst reibungsloser Güter- und Informationsfluss gewährleistet ist. Hierzu gewährt der Handel dem Hersteller bzw. Lieferanten Einblick in seine Lagerdaten und Abverkaufszahlen. Die gewünschte Ware soll somit jederzeit in ausreichender Menge am Verkaufsort sein. Dazu erfassen beispielsweise Scannerkassen die Verkaufsdaten am Point of Sale, die dann direkt an den Hersteller weitergeleitet werden. Mit den Daten kann der Hersteller kurzfristig für den optimalen Nachschub sorgen.

Somit werden der Kundennutzen durch die bessere Verfügbarkeit der Ware gesteigert und die Kosten durch die verbesserte Logistikkette reduziert. Das Konzept eignet sich vor allem für Sortimente, die gleichmäßig verkauft werden, bei Saisonartikel ist Efficient Replenishment nur schwierig einzubeziehen.

Cross Docking

Der Grundgedanke des Cross Docking ist eine empfängerorientierte Zusammenstellung der Warensendungen ohne deren Einlagerung. Zwischenlager werden beim Cross Docking zu reinen Umschlagspunkten, in denen die Ware von verschiedenen Lieferanten angeliefert, neu kommissioniert und umgehend an die Kunden ausgeliefert wird. Durch die Empfängerorientierung des Lieferanten kann die Ware schnell aus dem Lager des Empfängers an die Filialen weitergegeben werden. Man unterscheidet zwischen ein- und zweistufigem Cross Docking.

Im einstufigen Cross Docking kommissioniert der Lieferant die Sendung für den End-Empfänger, also beispielsweise für eine Filiale des Händlers. Dadurch kann die logistische Einheit unverändert über das Zentrallager des Händlers an die Filialen weitergegeben werden. Die logistischen Einheiten sind also schon jeweils auf eine spezifische Filiale abgestimmt.

Im zweistufigen Cross Docking kommissioniert der Lieferant die Sendungen nicht für den End-Empfänger, sondern für einen Cross Docking Point, der beispielsweise ein Zentrallager des Händlers sein kann. Als Cross Docking Point wird der Anlieferungspunkt für den Lieferanten bezeichnet. Erst dort findet die endempfängerbezogene Kommissionierung statt.

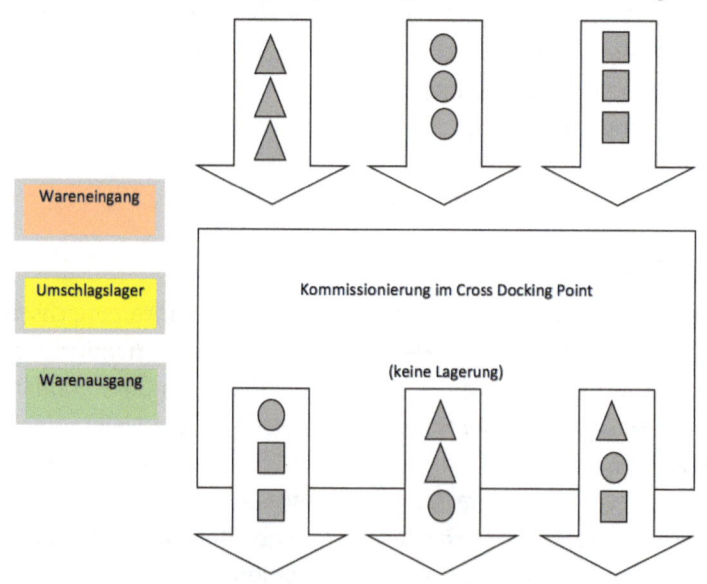

Cross Docking Point als Umschlagspunkt

6.3 Umsetzen der Transportsteuerung und von logistischen Lösungen

Efficient Unit Loads (EUL)
Mit den Efficient Unit Loads geht es um die einheitliche Gestaltung kompatibler Transport- und Ladeeinheiten (Unit Loads), um Waren zwischen Hersteller und Empfänger möglichst wenig – am besten gar nicht – umladen und umzupacken zu müssen. Waren und Sortimente werden zu logistischen, kompatiblen Einheiten zusammengefasst, um das Handling, die Lagerung und den Transport zu erleichtern. Durch die Schaffung einheitlicher Ladungsträger und Transportverpackungen (z. B. Regale, Rollcontainer, Ladeeinheiten, Paletten, Transportgefäße, Beladungs- und Entladungshilfsmittel, Lagersysteme) sollen Transport und Lagerraum bestmöglich genutzt werden, so dass eine durchgängig hohe Flächen- und Volumenauslastung der Kapazitäten erreicht werden kann.

Besonders problematisch für ein Handelsunternehmen sind die Lagerung und der Transport von so genannten Gefahrenstoffen. Der Gesetzgeber versteht unter gefährlichen Gütern Stoffe und Gegenstände, von denen Gefahren für die öffentliche Sicherheit oder Ordnung, für Leben und Gesundheit von Menschen sowie für Tiere ausgehen können. Der Umgang mit derartigen Stoffen ist in der **Gefahrstoffverordnung (GefStoffV)** geregelt, die Beförderung im **Gesetz über die Beförderung gefährlicher Güter**. Das Handelsunternehmen hat dem Spediteur bzw. Frachtführer rechtzeitig schriftlich oder in sonst lesbarer Form die Art der Gefahr und, soweit erforderlich, zu ergreifende Vorsichtsmaßnahmen mitzuteilen.

Das **ADR** (Accord européen relativ au transport international des marchandises dangereuses par route), ein europäisches Übereinkommen über die internationale Beförderung gefährlicher Güter, regelt, welche gefährlichen Güter zur Beförderung zugelassen sind und nennt die Bedingungen. Darin sind die gefährlichen Stoffe nach ihren grundlegenden Eigenschaften und ihren Hauptgefahren in Gefahrklassen zusammengefasst:

Gefahrklasse	Bezeichnung	Beispiele
1	Explosive Stoffe und Gegenstände mit Explosivstoff	Feuerwerkskörper, Munition
2	Gase	Propan, Sauerstoff, Spraydosen
3	Entzündbare flüssige Stoffe	Benzin, Äthylalkohol, Heizöl
4.1	Entzündbare feste Stoffe, selbstzersetzliche Stoffe	Zündhölzer, Filmzelluloid
4.2	Selbstentzündliche Stoffe	Weißer Phosphor
4.3	Stoffe, die in Berührung mit Wasser entzündliche Gase entwickeln	Calciumcarbid
5.1	Entzündend (oxidierend) wirkende Stoffe	Ammoniumnitrathaltige Düngemittel
5.2	Organische Peroxide	Kunststoffkleber
6.1	Giftige Stoffe	Pestizide

6. Handelslogistik

6.4 Bewerten von logistischen Investitionen

6.4.1 Kosten der Lagerhaltung

Die Bevorratung von Waren verursacht erhebliche Kosten. Jeder Handelsbetrieb ist daher bemüht, die gelagerte Warenmenge und die Lagerdauer so gering wie möglich zu halten.

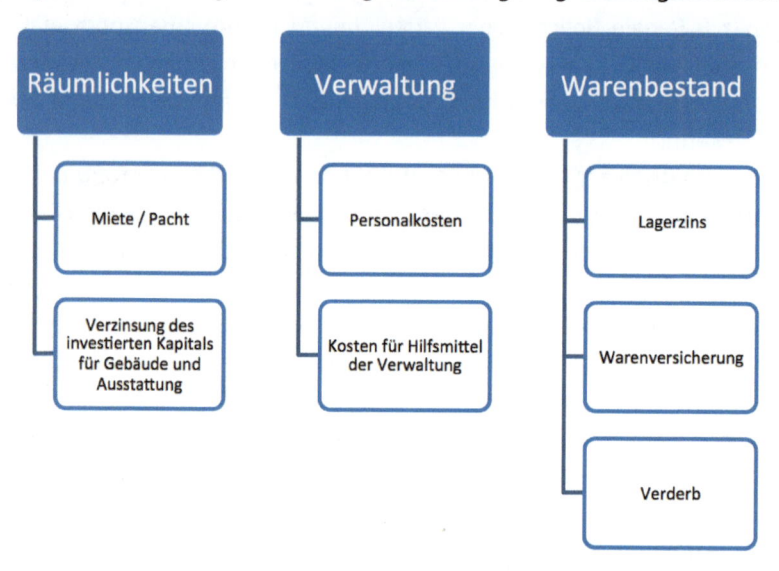

Räumlichkeiten
- Miete / Pacht
- Verzinsung des investierten Kapitals für Gebäude und Ausstattung

Verwaltung
- Personalkosten
- Kosten für Hilfsmittel der Verwaltung

Warenbestand
- Lagerzins
- Warenversicherung
- Verderb

Die Lagerkosten können nach fixen und variablen Kosten unterschieden werden. Die Kosten, die nicht von der Menge der gelagerten Ware abhängig sind, sind die fixen Lagerkosten, hierzu gehören z.B. Miete, Abschreibungen, Raumnebenkosten, Löhne und Gehälter für die fest angestellten Lagermitarbeiter. Variable Lagerkosten sind die Kosten, die von der Menge der gelagerten Ware abhängig sind wie z.B. Kosten auf Grund von Beschädigung oder Verderb der Ware, Zinskosten für das in Ware gebundene Kapital.

Aus den Lagerkosten ergibt sich der Lagerkostensatz. Der Lagerkostensatz ermittelt den prozentualen Anteil der Lagerkosten am Wert des durchschnittlichen Lagerbestands; der Lagerhaltungskostensatz berücksichtigt noch zusätzlich die Lagerzinsen.

Für die Warengruppe „Prosecco" betragen
- der durchschnittliche Lagerbestand   11.875,00 €,
- die Lagerkosten   1.068,75 €
- die durchschnittliche Lagerdauer   45 Tage,
- der durchschnittliche Bankenzinssatz   8,5 %.

Zunächst wird der Lagerkostensatz ermittelt:

$$\frac{1.068{,}75 \cdot 100}{11.875} = 9\%$$

Der Lagerkostensatz kann mit Branchenzahlen verglichen werden, um zu erkennen, ob die Lagerung optimiert werden muss.

Zur Ermittlung des Lagerhaltungskostensatzes müssen zunächst die Lagerzinsen ermittelt werden.
Der Lagerzinssatz ergibt sich aus der Formel

$$\frac{\text{durchschnittlicher Bankzinssatz} \cdot \text{durchschnittliche Lagerdauer}}{360} = \frac{8{,}5 \cdot 45}{360} = 1{,}0625\%$$

Die Lagerzinsen ergeben sich aus der Formel:

$$\frac{\text{durchschnittlicher Lagerbestand} \cdot \text{Lagerzinssatz}}{100} = \frac{11.875 \cdot 1{,}0625}{100} = 126{,}17$$

Daraus ergibt sich ein Lagerhaltungskostensatz von:

$$\frac{(1.068{,}75 + 126{,}17)}{11.875} = 10{,}06\%$$

Der Lagerhaltungskostensatz kann nun mit Branchenwerten verglichen und beurteilt werden.

Um fixe Lagerkosten einzusparen, kann das Handelsunternehmen z.B. nicht benötigte Lagerräumlichkeiten an andere Unternehmungen vermieten oder im Bedarfsfall vorübergehend Fremdlager bei Logistikunternehmen einrichten. Dadurch können die eigene Lagerkapazität und insbesondere die fixen Lagerkosten gering gehalten werden.
Um variable Kosten einzusparen, sollte der Handelsbetrieb die Warenmengen im Lager so gering wie möglich halten. Lagerkennzahlen wie z.B. die Lagerumschlagshäufigkeit der Ware und der Lagerkostenhaltungssatz sind dabei wichtige Kennziffern. Die Auswahl von zuverlässigen Lieferanten mit kurzen Lieferfristen wirkt sich ebenfalls auf die Minimierung der variablen Kosten aus.
Die Kontrolle, bezogen auf die Menge und den Wert der Ware, erstreckt sich vom Wareneingang, der Bestandsführung bis zum Warenausgang. Die Erfassung der neu eingegangenen Ware, Quantitäts- und Qualitätskontrolle, die Überwachung der Abläufe bezüglich der Lagerarbeiten und die Kontrolle anhand der Lagerkennzahlen sind häufig der Lagerverwaltung als Aufgaben

zugeordnet. Wareneingangsbücher, Lagerkarteien der Lagerverwaltung, Lagerfachkarten und die Inventuren sind die gebräuchlichsten Hilfsmittel, die in einem Handelsbetrieb zur Lagerkontrolle eingesetzt werden. Die meisten Handelsbetriebe verfügen über EDV-gestützte Warenwirtschaftssysteme, die für eine erheblich schnellere und einfachere Kontrolle des Lagers eingesetzt werden können.

6.4.2 Logistikcontrolling

Kennziffern aus dem Lagercontrolling

Im Logistikbereich werden die eigenen Leistungen analysiert, um ihre Wirksamkeit zu überprüfen, Kosten und Kapazitätsauslastungen auszuwerten. Insbesondere die Lagerkennziffern geben Hinweise auf Kosteneinsparungsmöglichkeiten und Kapitalbindung, da diese als branchenbezogene Vergleichszahlen veröffentlicht werden.

Der **durchschnittliche Lagerbestand** bestimmt die Warenmenge, die innerhalb einer bestimmten Periode durchschnittlich gelagert oder bevorratet wird. Die Berechnung kann sowohl mengen- als auch wertmäßig erfolgen. Bei der wertmäßigen Berechnung ist der Bestand zu Einstandspreisen zu bewerten.	$\dfrac{\text{Jahresanfangsbestand} + \text{Jahresendbestand}}{2}$ oder $\dfrac{\text{Jahresanfangsbestand} + \text{12 Monatsendbestände}}{13}$ Die zweite Formel ergibt einen genaueren Wert, da Mengenschwankungen im Jahresverlauf berücksichtigt werden.

Bei der Marco Trinkmann GmbH ergeben sich am Jahresende für den Artikel Kräuterbitter „Leone" zum Einstandspreis von 4,00 € folgende Bestände:

Bestand Artikel Leone	Menge	Wert
Inventurbestand am 01.01.	350	1.400,00 €
31.01.	200	800,00 €
28.02.	280	1.120,00 €
31.03.	260	1.040,00 €
30.04.	300	1.200,00 €
31.05.	320	1.280,00 €
30.06.	280	1.120,00 €

6.4 Bewerten von logistischen Investitionen

31.07.	260	1.040,00 €
31.08.	260	1.040,00 €
30.09.	290	1.160,00 €
31.10.	310	1.240,00 €
30.11.	300	1.200,00 €
Inventurbestand 31.12.	230	920,00 €

Einfache Berechnung:

$$\frac{350+230}{2} = 290 \text{ Flaschen} \qquad \frac{1.400+920}{2} = 1.160 \text{ €}$$

Werden mehrere Bestände – wie hier z.B. die 12 Monatsendbestände – berücksichtigt, ergibt dies einen wesentlich genaueren Wert.

$$\frac{350+3.290}{13} = 280 \text{ Flaschen} \qquad \frac{1.400+13.160}{13} = 1.120 \text{ €}$$

Die Trinkmann GmbH richtet ihre Vorrats- und Lagerkapazitätsplanung also auf 290 Flaschen im Durchschnitt aus, kann aber einen niedrigeren Wert ansetzen, wenn bei genauerer Betrachtung alle Monatsendbestände herangezogen werden. Der benötigte Kapitalbedarf sinkt dabei um ca. 3,4%.

Der Unterschied in beiden Berechnungsmethoden ist relativ niedrig, wenn die einzelnen Monatsendbestände nur wenig schwanken. Sind die Ausschläge aber größer (möglicherweise bedingt durch saisonale Schwankungen), ist das Ergebnis differenzierter zu betrachten. In diesem Fall kann der durchschnittliche Lagerbestand zwar höher oder niedriger ausfallen, trotzdem erscheint der Wert irreführend, wenn beispielsweise mit einem einzigen Monatsendbestand ein sehr hoher Spitzenwert erzielt wird (Wasserpistolen im Juli, Skimützen im Januar), und das durchschnittliche Gesamtbild eines Jahres diesen Umstand kaum widerspiegelt. Mit beiden Berechnungsmethoden lässt sich ein guter Überblick über die Lagerbestände darstellen, dennoch ist es unumgänglich, sich für eine detailliertere Übersicht und Planung die Monatsbestände einzeln anzusehen, wenn Engpässe in der Warenversorgung vermieden werden sollen.

6. Handelslogistik

Die **Lagerumschlagshäufigkeit**, in der Praxis auch als Lagerumschlagsgeschwindigkeit – LUG – bezeichnet, zeigt, wie oft der durchschnittliche Lagerbestand in einer Periode verkauft bzw. erneuert wird. Die Kennziffer kann für einen Artikel, eine Warengruppe, eine Abteilung oder für das gesamte Sortiment ermittelt werden. Um einen einheitlichen zwischenbetrieblichen Vergleich zu ermöglichen, wird die wertmäßige Berechnung zu Einstandspreisen durchgeführt. Grundsätzlich strebt das Handelsunternehmen eine hohe Lagerumschlagshäufigkeit an, weil dies viele positive Folgen hat: ■ Verbesserung der Wirtschaftlichkeit und Rentabilität ■ Erhöhung der Liquidität ■ Senkung des Kapitalbedarfs ■ Senkung der Lagerkosten	$\dfrac{\text{Wareneinsatz zu Einstandspreisen}}{\text{durchschnittlicher Lagerbestand}}$

Aus dem Warenwirtschaftssystem ergibt sich für den Artikel Kräuterbitter „Leone" ein Jahreseinsatz von 8.640,00 €. Geteilt durch den durchschnittlichen Lagerbestand errechnet sich:

$$\frac{8.640}{1.120} = 7,71$$

Das Lager schlägt sich also fast 8x im Jahr um.

Mit der **durchschnittlichen Lagerdauer** wird der Zeitraum zwischen Wareneingang und -ausgang ermittelt. So wird die zunächst noch abstrakte Kennziffer Lagerumschlagshäufigkeit eine greifbare Größe.	$\dfrac{360}{\text{Lagerumschlagshäufigkeit}}$

$$\frac{360}{7,71} = 46,69 = 47 \text{ Tage}$$

Das heißt, die Warenbestände werden auf der Lagerfläche ca. 47 Tage lagern. Diese Information ist wichtig, damit die Trinkmann GmbH Zahlungsziele mit Lieferanten und Kunden, aber auch Finanzierungskosten einschätzen kann.

6.4 Bewerten von logistischen Investitionen

Mit Hilfe des **Lagerzinssatzes** werden die Zinskosten berechnet, die durch die Kapitalbindung in die Ware entstehen. Die Kapitalbindung wird in der Praxis oft als totes Kapital bezeichnet, da das investierte Kapital bei den Geschäftsbanken zinsbringend hätte angelegt oder für neue notwendige Investitionen hätte eingesetzt werden können.	
Lagerzinssatz	$\dfrac{\text{Jahreszinssatz der Banken} \cdot \text{durchschnittliche Lagerdauer}}{360}$
Lagerzinsen	$\dfrac{\text{durchschnittlicher Lagerbestand zu Einstandspreisen} \cdot \text{Lagerzinssatz}}{100}$

Für den Artikel Kräuterbitter „Leone" ergeben sich bei einem üblichen Jahreszinssatz der Banken von 6 %:

$$\frac{6 \cdot 47}{360} = 0{,}78\,\% \text{ Lagerzinssatz}$$

$$\frac{1.120 \cdot 0{,}78}{100} = 8{,}74\,€ \text{ Lagerzinsen}$$

Der langjährige Mittelwert für Bankzinsen liegt bei ca. 6 %, aktuell sind die Zinsen aber deutlich niedriger. Auch wenn der Artikel „Leone" 47 Tage lagert und damit das in die Ware eingesetzte Kapital in diesem Zeitraum als „totes Kapital" bezeichnet wird, wäre die Alternative (beispielsweise eine verzinste Bankanlage) nicht besonders attraktiv. So kann in Niedrigzinsphasen die Investition in einen etwas höheren Lagerbestand sinnvoll sein, wenn damit ein höherer Lieferbereitschaftsgrad und geringere Fehlmengenkosten erreicht werden.

Die **Lagerreichweite** gibt an, wie lange der durchschnittliche Lagerbestand bei einem durchschnittlichen Absatz ausreicht.	$\dfrac{\text{durchschnittlicher Lagerbestand (Stück)}}{\text{durchschnittliche Absatzmenge}}$ oder $\dfrac{\text{durchschnittlicher Lagerbestand zu Einstandspreisen}}{\text{durchschnittlicher Umsatz zu Einstandspreisen}}$

Das Warenwirtschaftssystem gibt an, dass mit dem Artikel Kräuterbitter „Leone" ein durchschnittlicher täglicher Umsatz von 25,71 € erzielt wird. Daraus ergibt sich folgende Lagerreichweite:

$$\frac{1.120}{25{,}71} = 43{,}56 = 44 \text{ Tage}$$

Bei einer durchschnittlichen Reichweite von 44 Tagen kann die Trinkmann GmbH genau bestimmen, bis zu welchem Zeitpunkt spätestens beim Lieferanten nachbestellt werden muss, um keine Lieferengpässe erwarten zu müssen. Dabei müssen u.a. Produktions-, Transport- und Prüfzeiten berücksichtigt werden. Im Falle von Waren, die beispielsweise einem Reifeprozess (Käse, Kaffee, Wein) unterliegen, müssen weitere Lager- oder Veredelungszeiten eingerechnet werden, bevor die Ware für den Verkauf verfügbar ist, was wiederum für die Planung der Beschaffungszeiten entscheidend ist.

Flächennutzungsgrad	$\dfrac{\text{genutzte Lagerfläche} \times 100}{\text{verfügbare Lagerfläche}}$
Einsatzgrad der Transportmittel	$\dfrac{\text{Einsatzzeit} \times 100}{\text{Arbeitszeit}}$

Die Kennziffern des Beschaffungscontrollings können ebenso als Kennziffern der Logistik eingesetzt werden, um die eigene Leistungsfähigkeit zu überprüfen. Beim Servicegrad muss beachtet werden, dass dieser auch Grenzen hat, denn ein 100%iger Servicegrad hätte extrem hohe Logistikkosten zur Folge. Perfektion hat eben ihren Preis! So wird meist ein Grad von ca. 90 – 95% angestrebt.

6.5 Aufgaben zur Selbstkontrolle

Aufgabe 1
Nennen Sie die Hauptaufgaben der Logistik.

Aufgabe 2
Erläutern Sie den Begriff „Logistikkette".

Aufgabe 3
Erläutern Sie die Vor-/Nachteile der direkten gegenüber der indirekten Beschaffung.

Aufgabe 4
Wer sind die Beteiligten in der Transportlogistik?

Aufgabe 5
Wie lauten die 4 Hauptfunktionen der Lagerhaltung?

Aufgabe 6
Beschreiben Sie den Zusammenhang zwischen Informationslogistik und EDI.

Aufgabe 7
Nennen Sie die vier Technologien, die „EDI" unterstützen.

Aufgabe 8
Erläutern Sie den Begriff „Compliance" und begründen Sie, warum Compliance in Unternehmen heutzutage eine viel höhere Bedeutung als früher hat.

Lösungen

Aufgabe 1
Es sollen die benötigten Güter und Informationen in der passenden Menge, am zutreffenden Ort, in der geforderten Qualität, zum vereinbarten Zeitpunkt und zu den richtigen Kosten zur Verfügung gestellt werden.

6. Handelslogistik

Aufgabe 2
Die Logistikkette erstreckt sich vom Lieferanten auf der Beschaffungsseite bis zum Kunden auf der Vertriebsseite. Im Zentrum steht das eigene Handelsunternehmen. Der gesamte Prozess ist eine Zusammenfassung einzelner Teilprozesse, durch die sichergestellt werden soll, dass bei möglichst effizienten Durchlauf die Verfügbarkeit der Produkte des Handelsunternehmens am POS (Point of Sale) maximiert wird. Innerhalb der Logistikkette werden alle innerbetrieblichen und außerbetrieblichen Material-, Waren-, Geld- und Informationsströme abgebildet und optimiert.

Aufgabe 3
Je größer das Handelsunternehmen ist, desto leichter lassen sich Beziehungen zur Industrie aufbauen und langfristige Geschäftsbeziehungen pflegen. Die Gründe sind die benötigten hohen Stückzahlen und großen Bedarfsmengen. Gespräche werden mit der Verkaufsleitung oder den Vertretern geführt. Zentraler Bestandteil vieler Verhandlungen sind die Flächenzusicherungen, Im Gegenzug werden bessere Konditionen, Werbezuschüsse oder Verkaufsförderungshilfen gewährt, die nur über direkte Beschaffungswege realisiert werden können. Kleinen Handelsunternehmen ist der direkte Beschaffungsweg oftmals verwehrt, sie können nur den indirekten Beschaffungsweg nutzen, wenn eine direkte Order beim Hersteller unmöglich ist, falls Mindestbestellmengen nicht erreicht werden. Auch die Beschaffungszeiten können, verglichen mit dem Großhandel, der die Ware auf Lager bereithält, lang sein.

Aufgabe 4
Das Handelsunternehmen setzt beim Transport der Handelswaren einen Spediteur ein. Dies ist ein Dienstleistungsunternehmen, das die Beförderung organisiert. Klassische Spediteure beauftragen dann sogenannte Frachtführer, die den eigentlichen Transport durch LKW, Eisenbahn, Binnenschiff, Seeschiff oder Flugzeug übernehmen. Heute beschränken sich aber immer weniger Spediteure auf die Organisation der Beförderung, sondern werden auch als Frachtführer tätig oder organisieren die gesamte Logistik des Handelsunternehmens vom Transport – intern und extern – über die Lagerhaltung, Zollabwicklung bis zur Kommissionierung.

Aufgabe 5
Räumliche Ausgleichsfunktion, zeitliche Ausgleichsfunktion, quantitative Ausgleichsfunktion, qualitative Ausgleichsfunktion

Aufgabe 6
Die Informationslogistik sorgt dafür, dass die richtigen Informationen zur richtigen Zeit, am richtigen Ort, im richtigen Format bzw. der richtigen Qualität und dem richtigen Empfänger bereit-

gestellt werden. Nur so wird sichergestellt, dass alle Elemente der logistischen Kette (Supply Chain) untereinander reibungslos funktionieren können. Während früher alle Informationen in Papierform übertragen wurden, werden heutzutage computergestützte Informationssysteme genutzt. Der elektronische Datenaustausch an den Schnittstellen, an denen Informationen zwischen den einzelnen Prozessen weitergegeben werden sollen, erfolgt nach einem System, welches EDI (Electronic Data Interchange) genannt wird.

EDI nutzt als Infrastruktur die Rechner, Server und die Telekommunikationsnetze der beteiligten Handelspartner. Der Nachrichtenaustausch wird eingeteilt in den Austausch von Dokumenten, Produktdaten und Handelsdaten.

Aufgabe 7
NVE / SSCC, EAN / GTIN, QR, RFID

Aufgabe 8
Trotz harten Wettbewerbs haben sich viele Unternehmen einigen grundlegenden Regeln verschrieben. Die Einhaltung dieser Regeln, von Gesetzen und Richtlinien, nennt man Compliance. Compliance-Maßnahmen im Unternehmen wirken strategisch, die Ziele sind Risikominimierung, Effizienzsteigerung und Effektivitätssteigerung. Diese Maßnahmen müssen oftmals in eine bestehende Unternehmenskultur integriert und dann von den Mitarbeitern gelebt werden. Der Wettbewerb wird von den Handelsunternehmen heutzutage nicht nur intensiver, sondern auch dauerhaft geführt. Egal wie sich der Wettbewerb gestaltet, um am Markt bestehen zu können, müssen Handelsunternehmen Wettbewerbsvorteile erzielen können und ständig Innovationen bieten.

7. Einkauf

Der angehende Handelsfachwirt soll hier die Fähigkeit nachweisen, nationale und internationale Beschaffungsmärkte systematisch beobachten und beurteilen, kennzahlenorientiert Einkaufsprozesse steuern, Einkaufsentscheidungen treffen sowie Einkaufsvorgänge abwickeln zu können. Er soll nachweisen, dass er Lieferantenbeziehungen gestalten, Einkaufsverhandlungen führen und Verträge erfolgsorientiert abschließen kann. Rechtliche Vorschriften, Complianceregeln, Aspekte der Nachhaltigkeit und außenwirtschaftliche Entwicklungen hat er zu berücksichtigen.

7.1. Entwickeln von Einkaufstrategien

7.1.1. Der Einkauf im Zusammenspiel mit Verkauf und Lager

„Im Einkauf liegt der Gewinn." Dieses schon altbekannte Zitat gewinnt in der heutigen Zeit immer mehr an Bedeutung. Eine Abwandlung zu diesem Zitat lautet „Geiz ist geil" und ist deutlich bekannter und aktueller. Beide Aussagen haben das gleiche Ziel: Der Einkäufer will nur so viel bezahlen wie zwingend nötig, um entweder seine Spanne zu erhöhen oder mit niedrigeren Marktpreisen Wettbewerbsvorteile zu erzielen.

Der Einkauf verfolgt weitere zentrale unternehmenspolitische Ziele, wie beispielsweise die ständige Versorgungssicherheit, die dauerhafte Gewährleistung allgemeiner Qualitätsstandards und das Ausnutzen sich bietender Möglichkeiten zur Senkung der Kosten im Unternehmen. Alle diese Punkte tragen dazu bei, die Rentabilität und Unabhängigkeit des Unternehmens sicherzustellen.

Neben dem Verkauf und dem Lager ist der Einkauf eine der tragenden Säulen des Handelsunternehmens. Einkauf, Verkauf und Lager stehen untereinander und miteinander in Beziehung. Keine der drei Abteilungen kann eigene Ziele selbstständig verfolgen und erreichen, ohne die anderen Abteilungen zu beeinflussen. Diese Wechselbeziehungen nennt man **antinomische Beziehungen** (rote Pfeile im Schaubild rechts oben).

7.1. Entwickeln von Einkaufstrategien

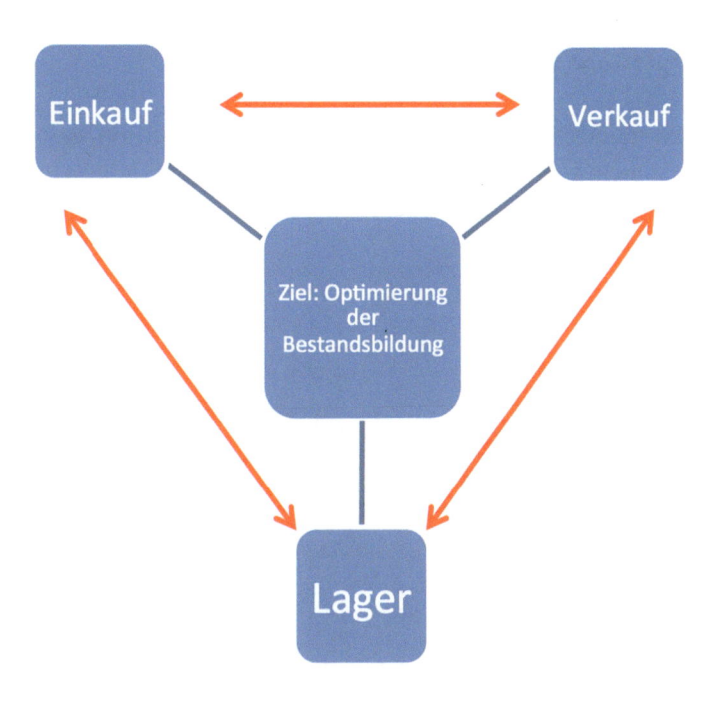

[Diagramm: Einkauf ↔ Verkauf, beide verbunden mit Lager; in der Mitte "Ziel: Optimierung der Bestandsbildung"]

Ziel des Einkaufs: Minimale Beschaffungs- und Bestellkosten
Ziel des Vertriebs: Hohe Verfügbarkeit und breite Sortimente
Ziel des Lagers: Minimale Bestände und geringe Kapitalbindung

Der Kunde kann aus vielen Produkten vieler Unternehmen wählen. Er kann alle Handelsunternehmen und deren Produkte in diversen Online Shops miteinander vergleichen und seine Auswahl treffen. Die Kunden erwarten Produkte mit gleichbleibender Qualität zu immer günstigeren Preisen. Dies macht es den Handelsunternehmen immer schwieriger, am Markt mit den eigenen Produkten zu bestehen. Während also höhere Verkaufspreise für vergleichbare Produkte nur noch schwer durchzusetzen sind, liegt die Aufgabe des Einkaufs darin, möglichst kostenoptimale Einkaufspreise zu erzielen, um den Unternehmenserfolg zu sichern.
Dies entspricht auch der Strategie „**Efficient Consumer Response (ECR)**", die die Orientierung aller Partner der Wertschöpfungskette an die Erwartungen und Bedürfnissen des Endverbrauchers verlangt. Die Erfüllung der Konsumentenbedürfnisse muss auf möglichst effiziente Weise ausgeführt werden. Neu ist, dass hierbei nicht nur die Beziehung zwischen Handelsunternehmen und Lieferant, sondern die gesamte Beschaffungskette vom Hersteller und seinen Zulieferern bis zum Groß- und Einzelhandel betrachtet wird.

7. Einkauf

7.1.2. Beschaffungsstrategien

In der Praxis wird der Begriff Beschaffung häufig synonym als Sourcing verwendet. Es ergeben sich verschiedene **Sourcingstrategien**, unterteilbar in 3 Gruppen:

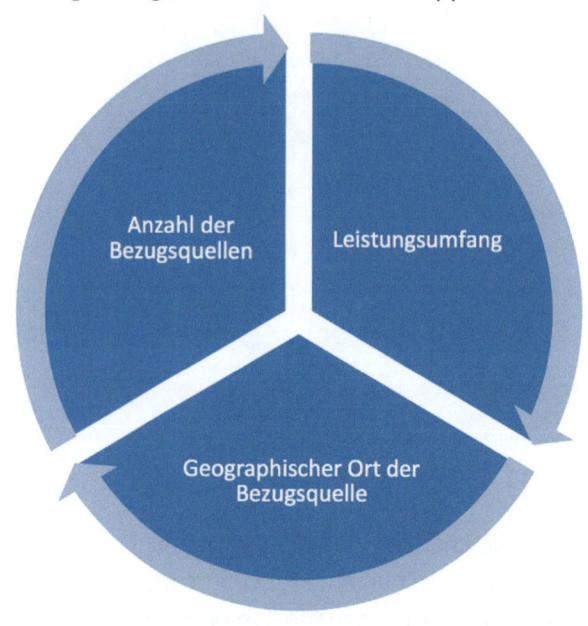

- Anzahl der Bezugsquellen
- Leistungsumfang
- Geographischer Ort der Bezugsquelle

Einzelquellenbeschaffung (Single Sourcing)
Beschaffung der Produkte oder Artikel von einem einzigen Anbieter.
Vorteile:
- Erzielung günstiger Einkaufspreise durch große Abnahmemengen
- Vermeidung von Lieferengpässen durch gemeinsame Planung
- Langfristige Zusammenarbeit zwischen Hersteller und Handel
- Abschluss von Rahmenverträgen ist möglich
- Hoher Servicegrad, Kulanzregelungen

Nachteile:
- Abhängigkeit von einem Lieferanten
- Lieferschwierigkeiten bei einem Produktionsausfall
- Verteuerung der Produkte durch fehlende Konkurrenz
- Unkenntnis über Qualitätsdefizite wegen fehlender Alternativen

Doppelquellenbeschaffung (Dual Sourcing)
Beschaffung der Produkte oder Artikel von zwei Anbietern

Vorteile:
- Absicherung gegen Ausfall oder Kapazitätsüberlastung eines Lieferanten
- Aufbau einer langfristigen Geschäftsbeziehung
- Günstige Einkaufspreise aufgrund großer Abnahmemengen
- Konkurrenz zu unserem Vorteil durch günstige Preise

Nachteile:
- Starke Abhängigkeit von zwei Lieferanten
- Gefahr der Absprache von beiden Lieferanten untereinander
- Keine Beachtung von weiteren günstigeren Marktangeboten
- Gefahr wachsender Opportunitätskosten durch Auslassen vorhandener Möglichkeiten

Mehrquellenbeschaffung (Multiple Sourcing)
Beschaffung der Produkte und Artikel bei vielen Anbietern

Vorteile:
- Durch Preisvergleich Ausnutzung des günstigsten Marktpreises
- Der Anbieter -Wettbewerb verhindert höhere Preise
- Ausgleich von möglichen Lieferschwierigkeiten
- Keine Abhängigkeiten von einem Lieferanten

Nachteile:
- Hoher Informationsbedarf, hohe Investitionskosten durch Marktforschung
- Sinnvoll nur für austauschbare Produkte
- Hoher Kommunikationsaufwand für den Einkauf
- Geringen Abnahmemengen führen zu schlechteren Konditionen
- Hoher Zeitaufwand durch Vielfalt

Modulbeschaffung (Modular Sourcing)
Beschaffung von fertigen Baugruppen, denen eine Stückliste aus mehreren Einzelteilen zugrunde liegt. Im Handel selten, kommt eher in der Automobilindustrie vor

Vorteile:
- Konzentration auf Kernkompetenzen
- Lieferantenreduzierung
- Nutzung des Spezialwissens des Lieferanten
- Qualitätssicherung

Nachteile:
- Hohe Abhängigkeit
- Keine Eigenentwicklung mehr
- Unternehmensübergreifende Qualitätskontrolle

Lokalbeschaffung (Local Sourcing) Regionale Beschaffung
Vorteile:
- Kürzere Transportwege und – Zeiten
- Geringere Transportkosten
- Geringeres Ausfallrisiko, daher Just-in-Time (JIT) und Just-in-Sequence (JIS) sehr gut umsetzbar
- Umweltfreundlich im Vergleich zur Beschaffung auf den Weltmärkten
- Positives Image durch Unterstützung lokaler Anbieter und Hersteller

Nachteile:
- Höhere Preise
- Beschränkung von Ressourcen und Kapazitäten
- Berücksichtigung der Interessen der lokalen Bevölkerung

Globalbeschaffung (Global Sourcing) Weltweite Beschaffung
- Vorteile:
- Keine Beschränkung von Ressourcen und Kapazitäten
- Keine Abhängigkeit von wenigen Lieferanten
- Beschaffung von Ressourcen, die im eigenen Land nicht verfügbar sind
- Wettbewerb für Lieferanten aus dem Inland
- Spezialisierung der Beschaffungsmärkte

Nachteile:
- Ständige Marktbeobachtung
- Hohe Transportkosten, Wechselkursschwankungen, Zölle, Lieferzeiten
- Währungsrisiken
- Imageprobleme durch schlechte Arbeitsbedingungen in Entwicklungsländern
- Krieg & Terror
- Moderne Logistikkonzepte (JIT, JIS) nur schwer realisierbar

Wie schon erwähnt, sollen bei der Entwicklung von Beschaffungskonzepten Kosten minimiert werden, doch gleichzeitig muss das Handelsunternehmen leistungsfähig bleiben, um dauerhaft am Markt präsent zu sein und die Ware bereitstellen zu können. Abhängig von den Produkten des Unternehmens können somit die Strategien nach **Lieferantenanzahl** oder **Lieferantendistanz** unterschieden werden:

Bei **Multiple Sourcing** arbeitet das Unternehmen bei dem einzelnen Artikel oder Artikelgruppe mit mehreren Lieferanten zusammen, die austauschbar sind. Dies erhöht die Flexibilität im Einkauf und verschafft Verhandlungsstärke bei der Bestimmung der Konditionen. Beim **Single Sourcing** arbeitet das Unternehmen mit einem Lieferanten zusammen. Hier ist dann auch Supply Chain Management möglich, Handel und Lieferanten arbeiten eng zusammen, gestalten die gesamte Wertschöpfungskette effizient und sind in ihren Warenwirtschaftssystemen vernetzt.

Bei **Local Sourcing** befinden sich die Lieferanten in unmittelbarer Nähe des eigenen Standorts. Dabei werden lange Transportwege vermieden und Frachtkosten gesenkt. Meist ist die Entscheidung vom Sortiment abhängig, denkbar wäre es bei verderblichen Lebensmitteln oder voluminösen Gütern wie Baustoffe. Das Gegenteil ist **Global Sourcing**, dessen Beschaffungsmarkt weltweit genutzt wird. Entscheidend sind hier die Beschaffungskosten, die durch niedrige Lohn-, Energie und Rohstoffpreise in fernen Kontinenten wesentlich niedriger sind als im EU-Bereich. Große Handelsunternehmen sind in der Lage, weltweite Bezugsquellen zu nutzen. Doch auch für diese Unternehmen sind Aufwand und Risiken sehr hoch. Aus diesem Grund hat sich die Karstadt AG vor Jahren entschieden, das gesamte Importgeschäft auf einen Partner in Hongkong – Li & Fung – zu übertragen. Umso schwieriger ist es für kleine und mittelständische Handelsunternehmen; meist wird hier das Importgeschäft durch die Kooperation abgewickelt.

Welche Strategie ist nun die richtige?

Ein Unternehmen, das mit neuen Produkten den Markt erobern will, wird wohl eher eine Single-Sourcing-Strategie wählen, um mit den Lieferanten gemeinsame Innovationen voranzutreiben. Ein Unternehmen, das mit bereits bestehenden Produkten am Markt handelt, wird im Preiskampf bestehen müssen und daher eher eine weltweite Beschaffungsstrategie wählen. Aber es gibt auch Ausnahmen:

Immer dann, wenn es zu teuer oder zu zeitaufwendig ist, auf Lieferanten zurückzugreifen, die im Ausland ihre Produkte herstellen, ist es sinnvoll, auf regionale Anbieter (=Local Sourcing) auszuweichen. Dies kann auch zu einem Wettbewerbsvorteil führen, denn die Menschen achten als potenzielle Kunden auf die Herkunft der Produkte. Unternehmen, die mit Frische-Produkten handeln, bedienen sich dieser Strategie, da in diesem Produktsegment viele Kunden regionale Produkte bevorzugen.

Zusammenfassend lässt sich sagen: Es gibt keine absolut richtige oder falsche Strategie. Ein Unternehmen sollte sich zwar auf eine Strategie festlegen, aber so flexibel sein, dass ein Wechsel in eine andere Strategie zeitweise oder dauerhaft möglich ist.

7. Einkauf

Fallbeispiel: Warum China?

Die sportliche Outdoor-Jacke aus einfachem Polyester-Stoff mit Teilfutter und drei, vier Zippern könnte bei Aldi oder im Kaufhof oder auch mit einem schicken Label und ein bisschen Funktion im Fachhandel hängen. Sie könnte bei Aldi für 14,90 €, bei Kaufhof für 39,90 € und mit einem Label im Sportswear-Store für 129 € verkauft werden.

Wie teuer wird sie eingekauft? Wie viel kostet die Produktion dieser Outdoor-Jacke in Osteuropa, in Fernost und in der Türkei? Für Deutschland wollte Dietmar Stiel, der sich mit seiner Beratungsfirma Seco Sector Consulting auf Auslandsproduktion in Osteuropa und Asien spezialisiert hat, die Kosten gar nicht kalkulieren. „Da lachen sich ja alle tot. Da produziert ja kein Mensch mehr."

Deutschland	**20,25 €**	**Rumänien**	**13,00 €**
Lohnkosten pro Stück	13,50 €	Lohnkosten pro Stück	6,40 €
(0,30 € pro Minute bei ca. 45 Minuten Produktionszeit)		(0,08 € pro Minute bei 80 Minuten Produktionszeit)	
Materialkosten pro Stück	6 €	Materialkosten pro Stück	5,80 €
(wenn Material vor Ort verfügbar)		(wenn Material vor Ort verfügbar)	
Mindestmenge	250 Teile	Mindestmenge	1000 Teile
Lieferzeit	5 Tage	Lieferzeit	25 Tage
Transportkosten pro Stück ca.	0,75 €	Transportkosten pro Stück ca.	0,80 €
Türkei	**12,60 €**	**China**	**7,90 €**
Lohnkosten pro Stück	6,60 €	Lohnkosten pro Stück	2,80 €
(0,12 € pro Minute bei ca. 55 Minuten Produktionszeit)		(0,04 € pro Minute bei ca. 70 Minuten Produktionszeit)	
Materialkosten pro Stück	5,20 €	Materialkosten pro Stück	3,80 €
(wenn Material vor Ort verfügbar)		(wenn Material vor Ort verfügbar)	
Mindestmenge	1000 Teile	Mindestmenge	5000 Teile
Lieferzeit	20 Tage	Lieferzeit 60 Tage	(Seefracht)
Transportkosten pro Stück ca.	0,80 €	Transportkosten pro Stück ca.	0,50 €
		Zoll (12,2 %)	0,80 €

Quelle: Kirsten Reinhold TW, SECO Sector Consulting, Eschborn; Thiel Lifestyle Logistik + Services, Hongkong

7.1.3. Beschaffungspolitik

Neben der Auswahl einer geeigneten Beschaffungsstrategie ist es wichtig, den Einkauf als Element einer ganzheitlichen Beschaffungspolitik zu sehen.
Der Bereich Beschaffung bzw. Einkauf umfasst alle Arbeitsabläufe von der Planung des Einkaufs einer Ware über die Bestellung bzw. Auftragsvergabe bis zum Wareneingang. Beschafft werden müssen in einem Handelsunternehmen neben der Ware z.B. auch Mitarbeiter, Einrichtung, Büroartikel, Verpackungsmaterial, Tarnsportdienstleistung oder Kapital („Beschaffung im weiteren Sinne"); doch unter Einkauf wird nur die Beschaffung von Ware verstanden („Beschaffung im engeren Sinne").
Die Aufgabe der Beschaffung ist, alle benötigten Waren in ausreichender Menge und gewünschter Qualität zum richtigen Zeitpunkt am richtigen Ort und zum richtigen Preis dem Verkauf bzw. Vertrieb zur Verfügung zu stellen. Für den Handel ist es typisch, dass die Ware so wie sie eingekauft auch wieder verkauft wird. Sie kann jedoch einer handelsüblichen Manipulation unterliegen. Das bedeutet einerseits, dass einzelne Waren miteinander kombiniert werden, um dem Kunden durch angebotene Sortimente einen Mehrwert zu bieten, und andererseits, dass durch Veredelungsmaßnahmen wie z.B. das Rösten von Kaffee, oder das Reifen von Käse, Wein oder Whiskey das Produkt selbst eine höhere Qualität erlangt.

Die Beschaffungspolitik eines Unternehmens legt die Grundsätze, die Leitlinien im Einkauf fest und wird weitgehend von den Unternehmenszielen bestimmt: So nimmt die Gewinnerwartung eines Unternehmens Einfluss auf die Einkaufsabteilung. Gelingt es der Einkaufsabteilung, in den Verhandlungen mit den Lieferanten die Konditionen zu verbessern und damit die Einstandspreise zu senken, so ergeben sich bei gleich bleibender Konkurrenzsituation verbesserte Spannen. Es könnte sich jedoch ebenso aus den Unternehmenszielen ergeben, dass die reduzierten Einstandspreise genutzt werden, die Verkaufs- bzw. Angebotspreise zu senken, um die Marktposition zu verbessern oder auszubauen. Gleichzeitig richtet sich die Art und Weise der Verhandlungen mit den Lieferanten nach den Unternehmenszielen oder nach dem Unternehmensleitbild. Hier können Regelungen zum Umgang mit Geschäftspartnern vorgesehen sein. Sollte ein fairer Umgang im Unternehmensleitbild festgelegt sein, so setzt dies auch Grenzen bei der Härte der Verhandlungen mit den Lieferanten. Weitere Einflussfaktoren aus den Unternehmenszielen wären z.B.

- die Ansprüche an das Sortiment wie z.B. die Bedarfsorientierung, das Preisniveau, die Qualitätsvorstellungen,
- ökologische Vorgaben und soziale Standards in der Zusammenarbeit mit weltweiten Lieferanten,
- der Wille zur Kooperation mit Partnern oder die Unabhängig- und Eigenständigkeit.

7. Einkauf

Dazu kommen die speziellen Zielsetzungen der Einkaufsabteilung:
- Die Kosten des Einkaufs sollen gesenkt werden. Dies ist durch Reduzierung der Lagerdauer und Verbesserung der Lagerumschlagshäufigkeit möglich. Außerdem können mit Hilfe von Optimierungsmethoden wie z.B. der ABC-Analyse die Bearbeitungs- bzw. Personalkosten reduziert werden.
- Die Liefer- bzw. Lagersicherheit oder Verkaufsbereitschaft soll gesteigert werden: Die Lieferanten werden auf Mengen- und Termintreue geprüft und in Gesprächen auf die Beseitigung von Störungen hingewiesen. Außerdem muss sich der Einkauf vergewissern, ob der Lieferant solide ist und die Geschäftsbeziehung langfristiger Natur ist.
- Gleichzeitig kann das Ziel verfolgt werden, dass die Abhängigkeit von einem oder mehreren Lieferanten nicht zu stark wird.

Neben den Unternehmenszielen und den eigenen Zielen wird die Beschaffungspolitik z. Z. sehr stark von der Vertriebspolitik bestimmt, denn der Vertrieb gibt die Art und Qualität des Artikels vor und legt mit Vorgabe des Verkaufspreises und der Handelsspanne fest, zu welchem Einstandspreis die Ware beschafft werden muss. Damit hat sich die Beschaffung in den meisten Branchen von einer beschaffungsorientierten zu einer absatzorientierten Beschaffungspolitik entwickelt, um so weit wie möglich die Bedürfnisse des Absatzmarktes zu erfüllen.

Ebenso können externe Faktoren die Beschaffungspolitik bestimmen: Auf dem Beschaffungsmarkt geschehen Veränderungen, z.B. ausgelöst durch drohende Insolvenzen oder Fusionen. Bestehende Geschäftsbeziehungen müssen abgebrochen oder sorgfältig geprüft und rechtlich abgesichert werden. Im Außenhandel nehmen politische Entscheidungen bzw. gesetzliche und zollrechtliche Bestimmungen weitgehend Einfluss auf die Beschaffungspolitik.

Ziele der Beschaffungspolitik der Trinkmann GmbH für das lfd. Geschäftsjahr:
- **Kennziffern:**
  Handelsspanne 23,5 %
  Lagerumschlagshäufigkeit 8,5
- **Zusammenarbeit mit den Lieferanten:**
  Die Anzahl der Lieferanten bei Wein, Likörwein, Schaumwein und Spirituosen muss weiterhin verkleinert werden. Dabei müssen Kundenwünsche weiterhin erfüllt werden können.
  Die zehn wareneinsatzstärksten Lieferanten werden von Herrn Trinkmann zu Jahresgesprächen empfangen. Dabei werden gemeinsame Zielvereinbarungen getroffen und im lfd. Geschäftsjahr verfolgt.
  Mit Hilfe des Warenwirtschaftssystems werden Lieferanten fortlaufend bewertet nach Umsatzanteil,

> erzielter Handelsspanne,
> Anteil von Valuta am Gesamt-Wareneinsatz,
> erzielter Lagerumschlagshäufigkeit,
> Abverkaufsquote,
> Retourenquote,
> Lieferungsverzugsquote.
> Die Teamleiter überprüfen regelmäßig die Kennziffern. Bei unbefriedigenden Ergebnissen ergreifen Teamleiter gemeinsam mit der Einkaufsleiterin Maßnahmen.
> EDI wird im Sortiment alkoholfreie Getränke und Bier ausgebaut.
> Die direkte Beschaffung von Weinen aus Übersee, Australien und Südafrika soll mittelfristig zugunsten der indirekten Beschaffung aufgegeben werden.
> - **Kooperationen:**
> Die Kooperation mit überregionalen Getränkegroßhändlern wird verstärkt. Eine Handelsmarke für Säfte wird weiterhin angestrebt.

7.1.4. Beschaffungsprinzipien

Das oberste Ziel im Handel ist der hohe Lieferbereitschaftsgrad. Dazu ist es wichtig, relativ große Mengen zu beschaffen, was zu einer hohen Kapitalbindung führt. Hohe Zins- und Lagerkosten sind die logische Folge. Diese Kosten steigen ab einem Lieferbereitschaftsgrad von ca. 70% stark exponentiell an. Ein Lieferbereitschaftsgrad von 100% ist in der Theorie zwar erwünscht, aber in der Praxis viel zu teuer, kaum finanzierbar und daher eine eher unrealistische Zielsetzung. Angestrebt werden im Handel ca. 90–95%. Außerdem kann es passieren, dass die Lagerwaren überaltern.
Aber es gibt auch Vorteile: die großen Bestellmengen bieten Kostenvorteile und es kann auf einen günstigen Zeitpunkt gewartet werden, um die Bestellung auszulösen.
Hierbei handelt es sich um das Prinzip der **Vorratsbeschaffung**. Sie ist im Handel die gängige Praxis. Als Alternative gibt es die **Einzelbeschaffung** im Bedarfsfall. Dieses Prinzip ist im Handel eher die Ausnahme. Die geringe Kapitalbindung und kurze Lagerdauer der Produkte sind vorteilhaft, während die stetige Lieferbereitschaft als Hauptkriterium des Handels nicht gewährleistet ist. Bei der Wahl der Vorrats- oder Einzelbeschaffung ist es für ein Handelsunternehmen wichtig, den genauen Beschaffungszeitpunkt zu kennen.
Das Handelsunternehmen kann in großen Zeitabständen ordern, es führt hohe Lagerbestände des Artikels, um bei geringem Arbeitsaufwand und günstigen Konditionen eine Versorgungssicherheit zu garantieren. Dies ist vor allem ratsam bei C-Artikeln. Sind Lieferant und Handels-

7. Einkauf

unternehmen durch EDI verbunden, so findet eine elektronische Auftragsabstimmung statt. Bei der Einzelbeschaffung wird nur im Bedarfsfall gekauft, dies wird bei z.B. Extrabestellungen oder -Anfertigungen in Anspruch genommen.

In Produktionsunternehmen gibt es auch noch die Beschaffung „Just-in-Time" (und weiterentwickelt zur Beschaffung „Just-in-Sequence"), wobei hier Sicherheitsbestände auf ein Minimum reduziert werden. Der Einkauf orientiert sich an der Fertigung oder dem geplanten Absatz und bestellt nur die Mengen, die dafür in der richtigen Reihenfolge (="Sequence") benötigt werden. Dieses Prinzip ist für den Handel normalerweise zu teuer, da die zeitlich genau gesteuerte Anlieferung mit hohen Kosten des Lieferanten verbunden ist. Der Lieferant wird diese Kosten auf den Handel umlegen, was dem sprichwörtlichen „Im Einkauf liegt der Gewinn" widerspricht.

7.1.5. Qualitätsstrategie im Einkauf

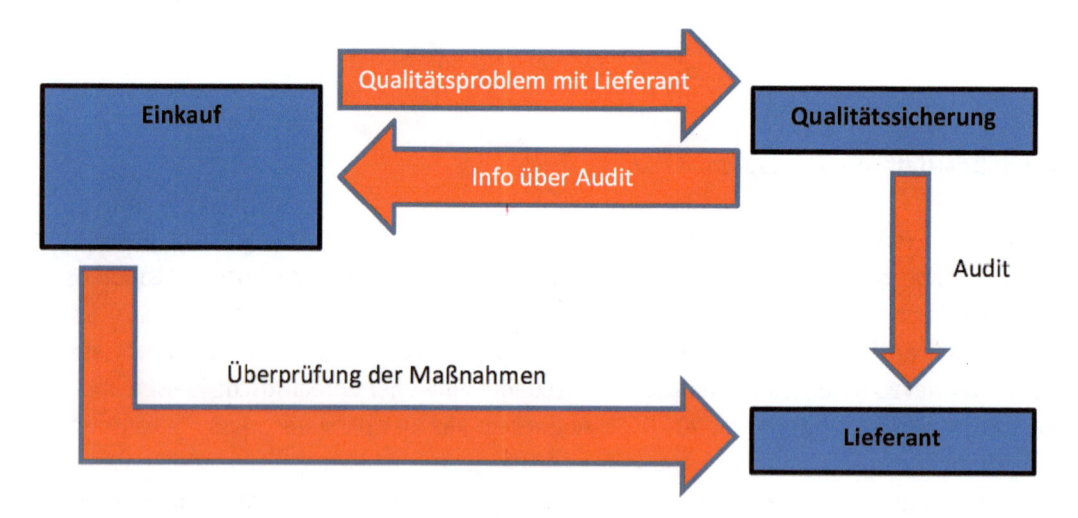

Ein Großteil aller Qualitätsprobleme wird durch externe Lieferanten verursacht. Viele Unternehmen legen ihren Fokus auf eine interne Qualitätssicherung. Der Lieferant wird als Verursacher von Qualitätsproblemen häufig übersehen. Wenn ein Problem entdeckt wurde, dann gewinnen Schuldzuweisungen die Oberhand, und die Kommunikation zwischen Einkauf und Lieferant wird intransparent und endet häufig im Chaos.

Diese Situation muss verhindert werden. Der Einkauf ist nicht nur verantwortlich für die Auswahl der Lieferanten, sondern auch für die Qualität seiner Artikel und Produkte. Nichts ist teurer, als wenn im Wareneingang Fehler festgestellt werden, die durch mindere Produktqualität verursacht worden sind.

Sicherheitsbestände werden reduziert, Umsatzeinbußen sind die Folge, die Reklamationsquote erhöht sich. Der Einkauf muss im Vorfeld mit den Lieferanten Rahmenbedingungen vereinbaren und eine gemeinsame langfristige Qualitätsstrategie aufbauen.

Am Anfang steht die Analyse der Produktqualität. Danach sollten klar messbare Qualitätsziele festgelegt werden; die Einführung eines Bonus-Malus-Systems kann sinnvoll sein. Dabei werden beispielsweise überprüfbare Maß- oder Gewichtstoleranzen vereinbart, die bei stetiger Einhaltung zu einer Bonuszahlung an den Lieferanten führen. Bei Nichteinhaltung dieser Toleranzen wiederum leistet der Lieferant einen Ausgleich für mindere Qualität. Einkauf und Lieferant legen gemeinsame Maßnahmen fest, die verhindern sollen, dass es zu Qualitätsproblemen kommt.

Heutzutage ist es üblich, vor Auftragserteilung ein Lieferanten-Audit durchzuführen. Diese Audits sollen nicht nur die Produktqualität stetig sichern, sondern sollen auch den Ansprüchen der Kunden gerecht werden. Viele Kunden achten heute beim Kauf auf Nachhaltigkeit nicht nur in der Herstellung von Produkten, sondern auch auf nachhaltigen Umgang mit Ressourcen. Der Handel bindet mit einem nachhaltigen Handeln Kunden an das eigene Unternehmen und die eigenen Produkte.

Für eine neutrale Bewertung der wirtschaftlichen und organisatorischen Leistungsfähigkeit eines Lieferanten gibt es Zertifizierungen. Es gibt verschiedene ISO DIN EN-Normen, die für den Handel wichtigsten lauten:

- ISO 9000 Qualitätsmanagementsysteme – Grundlagen und Begriffe
- ISO 9001 Qualitätsmanagementsysteme – Anforderungen
- ISO 9004 Qualitätsmanagementsysteme – Leitfaden zur Leistungsverbesserung

Die Zertifizierung ist kein einmaliger Prozess, sie wird regelmäßig wiederholt. Damit soll erreicht werden, dass beim Lieferanten ein stetiger Verbesserungsprozess (KVP) stattfindet, der vom Einkauf überprüft werden kann.

7.1.6. Organisationsformen des Einkaufs

Ein Handelsunternehmen hat die Möglichkeit, die Einkaufstätigkeiten zentral zu bündeln oder dezentral zu organisieren: Bei einem Zentraleinkauf werden alle Tätigkeiten zentral zusammengefasst und für das gesamte Unternehmen durchgeführt. Bei einem dezentralen Einkauf darf jede Einheit im Unternehmen – z.B. Abteilung, Filiale – selbstständig einkaufen.

Vorteile des zentralen Einkaufs	Nachteile des zentralen Einkaufs
■ Aufträge können auf wenige Lieferanten zentriert werden, dadurch werden bessere Konditionen erzielt, die Serviceleistungen des Lieferanten werden sich steigern. ■ Die Mitarbeiter im Einkauf sind nur mit der Beschaffung beschäftigt, kennen sich auf dem Beschaffungsmarkt aus, sie sind Spezialisten. ■ Die Mitarbeiter im Verkauf können sich auf den Verkauf/Vertrieb konzentrieren, sie fallen nicht durch Einkaufsreisen und vorbereitende Tätigkeiten aus. ■ Das Controlling wird erleichtert.	■ Dem Einkauf fehlt der direkte Kontakt zum Kunden; daher kann nicht so schnell auf Trends und Besonderheiten reagiert werden. ■ Ein individueller Einkauf, auf den Standort bezogen, ist schwierig. ■ Der Verwaltungsapparat Zentrale kann sehr groß werden, die Gefahr des „Wasserkopfes" ist gegeben. ■ Der Informationsbedarf vom Einkauf zum Verkauf ist groß, es muss über Einkaufsartikel und -mengen, Marktveränderungen, Trends, Neuigkeiten ständig unterrichtet werden.

Da beide Organisationsformen Vor- und Nachteile aufweisen, entscheiden sich Handelsunternehmen oft für Mischformen:

■ **Zentraler Einkauf mit dezentraler Disposition:** Der Zentraleinkauf fasst mögliche zu führende Artikel in Listen zusammen, innerhalb dieser gelisteten Artikel können die Verkaufsniederlassungen/Filialen Artikel und deren Menge festlegen.
■ **Zentraler Einkauf und dezentraler Einkauf:** Das Einkaufsbudget wird aufgeteilt: Über den größeren Teil verfügt der zentrale Einkauf, über z.B. 10% bis 30% können die Verkaufsniederlassungen verfügen, um auf regionale Besonderheiten einzugehen.
■ **Einkaufsausschuss:** Die regionalen Einheiten entsenden einen Vertreter in den Einkaufsausschuss, der Ausschuss trifft verbindliche Einkaufsentscheidungen für das Unternehmen. Der Ausschuss kann moderiert oder geleitet werden von einem Zentraleinkäufer.
■ Jeder Filialleiter übernimmt die **Patenschaft** einer Warengruppe und ist in den Einkauf dieser Warengruppe eingebunden.

7.1.7. Einkaufskooperationen und strategische Partnerschaften

Gehört das Handelsunternehmen einer **Einkaufskooperation** an, wählt es eine Mischform des Einkaufs; einen Teil des Einkaufsbudgets überlässt es der Einkaufskooperation. Dabei ist es unterschiedlich geregelt, wie weit sich das Unternehmen gegenüber der Gruppe verpflichten muss. Rechtlich ist ein Zwang zur Warenabnahme bei der Verbundgruppe unzulässig. Dies

7.1. Entwickeln von Einkaufstrategien

sichert einerseits die Selbstständigkeit des Händlers, schränkt jedoch auch die Handlungsfähigkeit und Schlagkraft des Verbandes gegenüber den konkurrierenden Großunternehmen ein. Gerade mittelständische Unternehmen entscheiden sich für eine Einkaufskooperation, um konkurrenzfähige Artikel zu führen, interessante Einstiegspreislagen anzubieten, günstige Einkaufskonditionen zu erhalten und Handelsmarken zu präsentieren. Dabei kann das Unternehmen sich zu der Mitgliedschaft in einer der großen Einkaufskooperationen entscheiden, daneben gibt es noch kleinere Kooperationen, die sich um einen Großhändler, einen Importeur oder einen umsatzstarken Einzelhändler bilden. Dabei ist wichtig, dass die Mitglieder homogen sind, einer Betriebsform angehören, ähnliche Sortimente führen und annähernd gleiche Umsatzzahlen erreichen.

800 Verbundgruppen im Einzelhandel

Hier einige Beispiele:	Mitglieder
BETTENRING eG, 70794 Filderstadt	235
BICO Zweirad Marketing GmbH, 33415 Verl	550
Büroring Gemeinschaft deutscher Büro-Organisationsfirmen eG, 42781 Haan	355
SOENNECKEN eG, 51491 Overath	545
EDEKA ZENTRALE AG & Co KG, 22297 Hamburg	4500
REWE Group, 50668 Köln	3900*
EK/servicegroup eG, 33605 Bielefeld	2200
ElectronicPartner GmbH,, 40472 Düsseldorf	5037
EURONICS Deutschland eG, 71254 Ditzungen	1952*
Expert AG, 30855 Langenhagen	220*
GARANT SCHUH + MODE AG, 40217 Düsseldorf	3400
GARANT-Möbel-Holding AG, 33378 Rheda-Wiedenbrück	3000*
MZE-Möbel-Zentral-Einkauf GmbH, 85375 Neufahrn	530
Hagebau Handelsgesellschaft für Baustoffe mbH & Co.KG, 29614 Soltau	260
HolzLand GmbH, 40479 Düsseldorf	240
Idee + spiel Fördergemeinschaft Spielwaren GmbH & Co.KG, 31135 Hildesheim	1000
INTERSPORT Deutschland eG, 74078 Heilbronn	1000
KATAG AG	370*
Neuform Vereinigung Deutscher Reformhäuser eG	1031*
VEDES AG, Nürnberg	1400*

*Quelle: Verbundgruppe & Kooperation 2010, Deutscher Fachverlag;   *geschätzte Werte*

Existenzgründer im Handel können sich auch für den Anschluss an ein Franchiseunternehmen entschließen. Dann sind sie häufig bei der Beschaffung auf einen Lieferanten – den Franchisegeber – festgelegt, der das Sortiment bestimmt. Die Organisation ist zu vergleichen mit einem Zentraleinkauf innerhalb eines Filialunternehmens.

Eine Weiterführung oder Variante der Einkaufskooperation ist die strategische Partnerschaft, auch strategische Allianz genannt. Ziel ist es, durch die langfristig orientierte Zusammenarbeit die Wirtschaftlichkeit aller Partner zu erhöhen. Starke Lieferanten können Preise und Konditionen weitgehend selbst bestimmen. Das gemeinsame Auftreten am Beschaffungsmarkt bewirkt, dass die Partner einer Allianz eine bessere Verhandlungsposition gegenüber diesen starken Lieferanten besitzen. Günstigere Beschaffungspreise, optimale Lieferbedingungen und verbesserte Zahlungskonditionen sind daraus entstehende Vorteile.

7.1.8. E-Business in der Beschaffung

Innerhalb des Einkaufs wird immer stärker das Internet genutzt. Bereits bei der Beschaffungsmarktforschung können Informationen über das Internet eingeholt werden. Hilfreich sind die Suchmaschinen sowie die Verbände und Organisationen mit ihren elektronischen Angeboten wie z.B. die Industrie- und Handelskammern, die Außenhandelskammern, die Verbände wie der HDE mit seinen Fachverbänden und der BGA. Großhandelsunternehmen, die mit Investitionsgütern handeln, können über ihre Homepage nach Lieferanten suchen. Dabei erfolgt der Erstkontakt durch den Lieferanten.

E-Procurement
Dies bezeichnete früher die Unterstützung des operativen Einkaufs auf elektronischem Weg. Beispielsweise wurden Kataloge elektronisch zur Verfügung gestellt. Aus diesen Anfängen entwickelte sich die strategische elektronische Beschaffung, genannt e-Sourcing, die mit Hilfe komplexer Softwarelösungen Lieferanten und Abnehmer auf direktem Wege oder auf Marktplätzen miteinander verknüpft. Der schnelle und fehlerfreie Daten- und Informationsaustausch untereinander erzwingt Kommunikation über gemeinsame und einheitliche EDI-Schnittstellen. Im Gegensatz dazu ist XML moderner und flexibler, weil individuell anpassbar, und der Datenaustausch erfolgt über transparent strukturierte Textdateien.

Virtuelle Marktplätze
Diese Plattformen bringen Lieferanten und Handelsunternehmen im Internet zusammen. Drittanbieter richten diese Plattformen ein, die meist auf Branchen oder Herkunftsländer ausgerichtet sind. Das Handelsunternehmen kann Einsicht nehmen in umfangreiche Kataloge verschie-

dener Hersteller. Informationen über Eigenschaften der Ware, Verfügbarkeit und Lieferzeit können unmittelbar eingesehen werden. Bei Internet-Auktionen wird die Ware versteigert, Internet-Börsen sind noch dynamischer in der Preisfindung; der Plattformanbieter nimmt Angebote und Nachfrage entgegen und ermittelt hierdurch fortlaufend den Preis.

Beim E-Procurement möchte das Unternehmen die Kosten senken: Durch die hohe Transparenz des Internets ist es dem Einkauf möglich, die Preise der Lieferanten besser und schneller zu vergleichen, bei Auktionen und Versteigerungen wird der Preisvergleich sogar überflüssig. Aber auch die Bestellkosten werden gesenkt durch Wegfall von Papier, Schriftverkehr und mehrmaligen Prüfungen. Meist wird der Bestellvorgang verkürzt und damit auch günstiger. Außerdem kann das Unternehmen jederzeit Einsicht nehmen in den Bestellungsverlauf sowie in die Warenverfügbarkeit.

Liefertreue, Qualität und persönliche Beziehungen spielen hier bei der Ordervergabe keine Rolle. Deshalb muss das Handelsunternehmen gut prüfen, für welche Ware der virtuelle Marktplatz genutzt werden sollte.

Bei der Nutzung des Internets und öffentlicher Marktplätze ist der Sicherheitsaspekt ein wichtiger Gesichtspunkt. Die Daten des Einkäufer und des Lieferanten müssen sicher sein und müssen vertraulich behandelt werden. Hier helfen verschlüsselte Übertragungen und die Vergabe von Zugriffsrechten. Nur ausgewählte Mitarbeiter können auf bestimmte Daten zugreifen. Um verbindliche Rechtsgeschäfte abwickeln zu können, ist es zwingend notwendig, für die Entscheider im Einkauf und auf Seite des Lieferanten Kennwörter zu vergeben, die es ermöglichen, beiderseitige Absichtserklärungen zu bestätigen. In den letzten Jahren hat sich das System der digitalen Signatur durchgesetzt. Moderne Warenwirtschaftssysteme bieten sowohl auf Lieferantenseite als auch auf Beschaffungsseite entsprechende Schnittstellen an.

7.2. Sortimentsstrategie, Hersteller- und Handelsmarken

7.2.1. Sortimentsstrategie

Das Zusammenwirken aller Maßnahmen, die sich auf die Sortimente des Unternehmens beziehen, nennt man Sortimentspolitik. Diese besitzt eigene Ziele und Aufgaben.
Die Sortimentspolitik eines Handelsbetriebes umfasst alle Maßnahmen zur Planung, Realisierung und Kontrolle des Sortiments. Die Bildung des Sortiments aus der Vielfalt der Möglichkeiten ist eine Kernaufgabe des Handelsunternehmens. Dabei muss das Sortiment auf die Zielgruppe/n des Unternehmens abgestimmt sein, den eigenen Möglichkeiten gerecht werden und Gewinn versprechen.

Sortimentspolitische Maßnahmen können sich auf verschiedene Bereiche beziehen, auf die Warenbereiche, die Artikelgruppen, Artikel oder Sorten; sie können auf eine Ausweitung des Sortiments (Sortimentsexpansion), seine Variation (Sortimentsvariation) oder seine Einengung (Sortimentskontraktion) zielen, wodurch Sortimentsbreite, -tiefe und –niveau festgelegt werden. Dabei können die Entscheidungen der Sortimentspolitik **langfristige** strategische Entscheidungen sein, die bei der Gründung des Unternehmens getroffen werden und dann nur noch modifiziert werden sollten. Die Breite und die Tiefe eines Sortiments können **mittelfristig** verändert werden und **kurzfristig** bzw. täglich können als Folge der Sortimentskontrolle einzelne Artikel neu aufgenommen bzw. herausgenommen werden.

Mit Hilfe der Sortimentspolitik möchte das Unternehmen durch die richtige Auswahl des Warenangebotes die größtmögliche Anziehungskraft auf die Kunden ausüben. Die **Ziele** der Sortimentspolitik sind natürlich den Zielen des Unternehmens unterstellt. Die Sortimentspolitik eignet sich besonders gut,

- den Umsatz und seinen Ertrag sicherzustellen und zu optimieren,
- bei den Kunden Nachfrage zu wecken oder zu verstärken, zu Impulskäufen anzuregen,
- sich von den Mitbewerbern abzuheben, das eigenständiges Profil zu stärken, um die Mitbewerber zu verdrängen und den eigenen Marktanteil zu erhöhen.

In einem Handelsunternehmen werden die Sortimente normalerweise vom Vertrieb zusammengestellt. Über die Artikelanzahl und die Breite und Tiefe des Sortiments entscheidet in der Regel der Vertrieb, je nach Organisationsform und Stellung der Abteilung Einkauf im Unternehmen kann der Einkäufer wenig oder erheblichen Einfluss auf die Entscheidung ausüben. Darüber hinaus gibt es innerbetriebliche und außerbetriebliche Einflussfaktoren bei der Sortimentsbildung, die der Einkäufer beachten muss.

Innerbetriebliche Faktoren
Die **Branche** bzw. die **Betriebsform** bestimmen das Sortiment in der Breite, in der Tiefe und im Niveau.

> Die Trinkmann GmbH führt als Sortimentsgroßhandel ein breites und in den umsatzstarken Warengruppen ein tiefes Sortiment: Insgesamt führt das Unternehmen 4000 verschiedene Artikel; allein bei Bier werden 450 verschiedene Sorten in der Flasche bzw. im Fass geführt, bei Mineralwasser 100 diverse Wassersorten.

Die **Kostensituation** des Unternehmens bzw. der mögliche Einfluss des Sortiments auf die Kosten entscheiden über das Sortiment. Hierbei werden die Höhe der zu erzielenden Kalkulation geprüft, in Abhängigkeit von der Kundenstruktur und der Konkurrenzsituation sowie der

7.2. Sortimentsstrategie, Hersteller- und Handelsmarken

Einfluss auf andere Kosten wie z.B. die Personalkosten. Je tiefer das Sortiment wird und je beratungsbedürftiger die Ware ist, umso fachkundiger und qualifizierter müssen die Mitarbeiter sein, umso mehr muss das Unternehmen bereitstellen, um den Kunden zu beraten. Auch der Flächenbedarf kann vom Sortiment abhängen und dem Unternehmen Grenzen aufzeigen.

Die **finanzielle Situation** bzw. die **Liquidität** des Unternehmens steuern ebenso das Sortiment. In jedem Fall gilt dies bei den kurzfristigen Entscheidungen, oft zum Bedauern des Vertriebs. Dieser sieht Umsatzchancen, deren Realisierung jedoch nicht möglich ist, weil Kontokorrentkredite ausgeschöpft sind und es keine Möglichkeiten gibt, die Beschaffung zu finanzieren. Manchmal ist dies nur zu Zinsen möglich, die nicht im Verhältnis zu den Umsatz- und Ertragschancen stehen. Viele Handelsunternehmen beschränken die Ausgaben der Beschaffung und somit auch des Sortiments mit Hilfe des Limits, das wertmäßig die Höchstsumme für eine Periode festlegt, die für das Sortiment investiert werden darf.

Außerbetriebliche Faktoren
- Mit Hilfe des Warenwirtschaftssystems versucht der Handel, die **Wünsche und Erwartungen der Kunden** zu ermitteln. Dabei können Absatzveränderungen im bereits vorhandenen Sortiment erkannt und frühzeitig Trends bemerkt werden. Von Vorteil ist es für das Unternehmen, wenn persönliche Daten über die Kunden vorhanden sind: Alter, Geschlecht, Familienstand, Beruf usw. im Einzelhandel; Unternehmensgröße, Marktaktivitäten, Betriebsform usw. im Großhandel. Im Einzelhandel kann das Unternehmen diese Daten über die Kundenkarte erhalten, die jeden Kauf registriert, sodass Vorlieben der Kunden abzulesen sind. Messen, Fachzeitschriften und Marktforschungsunternehmen ergänzen die Informationsmöglichkeiten, die demografische Entwicklung, den Wertewandel bei den Kunden und die Entwicklung einzelner Bedürfnisbereiche zu erkennen.
- Der erfahrungsgemäße Verlauf einer Saison, das Wetter trotz seiner Unbestimmtheit und besondere Ereignisse müssen in die Sortimentsplanung einfließen.

Die Trinkmann GmbH hat die Fußballweltmeisterschaft bei der Sortimentsplanung einbezogen. Die Dispositionsmengen für Bier und Mineralwasser wurden im Groß- und Einzelhandel sehr stark erhöht. Dabei mussten die Lagerkapazitäten geplant werden. Zum Glück war es möglich, auf dem Nachbargrundstück der Zentrale ein zusätzliches Lager für Mai/Juni anzumieten. Außerdem wurden bereits im Vorjahr mit den Lieferanten die Dispositionsmengen besprochen und über Abruf- und Sukzessivaufträge verhandelt. Leider konnten keine Kommissionsaufträge aus dem Einzelhandel angenommen werden, da die Lagerkapazitäten trotz Zumietung nicht ausreichen würden. Mit einem Logistikpartner wurden Verträge abgeschlossen, um im Mai/Juni zusätzliche Transportmöglichkeiten zu haben.

7. Einkauf

- **Lieferanten** bieten Anreize für den Einkauf, um wiederum ihre Marketingstrategie umzusetzen. Dazu gehören eigene Herstellerwerbung und Verkaufsaktionen sowie Werbungszuschüsse, die die Nachfrage bei den Kunden verstärken.
- Auch staatliche Maßnahmen und **rechtliche Bestimmungen** können auf das Sortiment Einfluss nehmen:

> Seit 01.05.2006 muss jeder Laden für alle Einwegbehälter-Arten, die er selbst im Sortiment hat, Pfand auszahlen.
>
> Mancher träumte von der Rückkehr der Dose. Der Absatz des Blechs war mit Einführung des Dosenpfandes 2003 drastisch eingebrochen: Statt einst 7,5 Milliarden Dosen wurden 2005 nur noch 500 Millionen Dosen im Jahr aufgerissen. Auch bei der Trinkmann GmbH hatte im Großhandel die Dose einen geringen Anteil im Getränkesortiment, in den Fachmärkten wurden keine Dosen geführt. Eine schwierige Sortimentsentscheidung, ob die Dose wieder in das Sortiment als wichtige Sorte bei Bier und Limonaden aufgenommen werden soll. Aber wenn eine einzige Dose im Regal der Fachmärkte steht, müssen alle Dosen zurückgenommen werden. Daher entschied das Unternehmen, bei der bisherigen Sortimentsgewichtung zu bleiben. Sämtliche Typen von Flaschen und Dosen – auch der Konkurrenz – annehmen, lagern und abrechnen? Ein teures Spiel. Ein einziger Rücknahmeautomat kostet allein 15.000 €.

- Abhängig von der Branche und Betriebsform erfordern technische **Neuerungen**, Produktentwicklungen und Erfindungen die Aufnahme der Artikel in das Sortiment.
- Eine sorgfältige **Konkurrenzanalyse** ergibt Stärken und Schwächen des eigenen Betriebes, die ausgebaut bzw. abgestellt werden müssen. Außerdem können sich aus der Konkurrenzuntersuchung Angebotslücken am Standort bzw. auf dem Absatzmarkt ergeben, so dass es sich lohnt zu prüfen, ob das Unternehmen durch Sortimentserweiterung diese Lücken schließen möchte.

Die Gestaltung des grundsätzlichen Kernsortiments gehört zu den langfristigen, strategischen Entscheidungen, die abhängig sind von der Betriebsform und den Kundenzielgruppen. Mögliche Gestaltungsvarianten sind:

Sortimentsdimension

Bei der Sortimentsdimension legt das Unternehmen die Breite und Tiefe des Warenangebots fest: Bei der Entscheidung über die Breite bestimmt das Unternehmen, wie viele Warengruppen und Warenbereiche es führen will, bei der Sortimentstiefe wird festgelegt, wie viele Artikel

7.2. Sortimentsstrategie, Hersteller- und Handelsmarken

innerhalb einer Warengruppe geführt werden. Diese Entscheidungen sind eng verzahnt mit der Entscheidung über die Betriebsform.

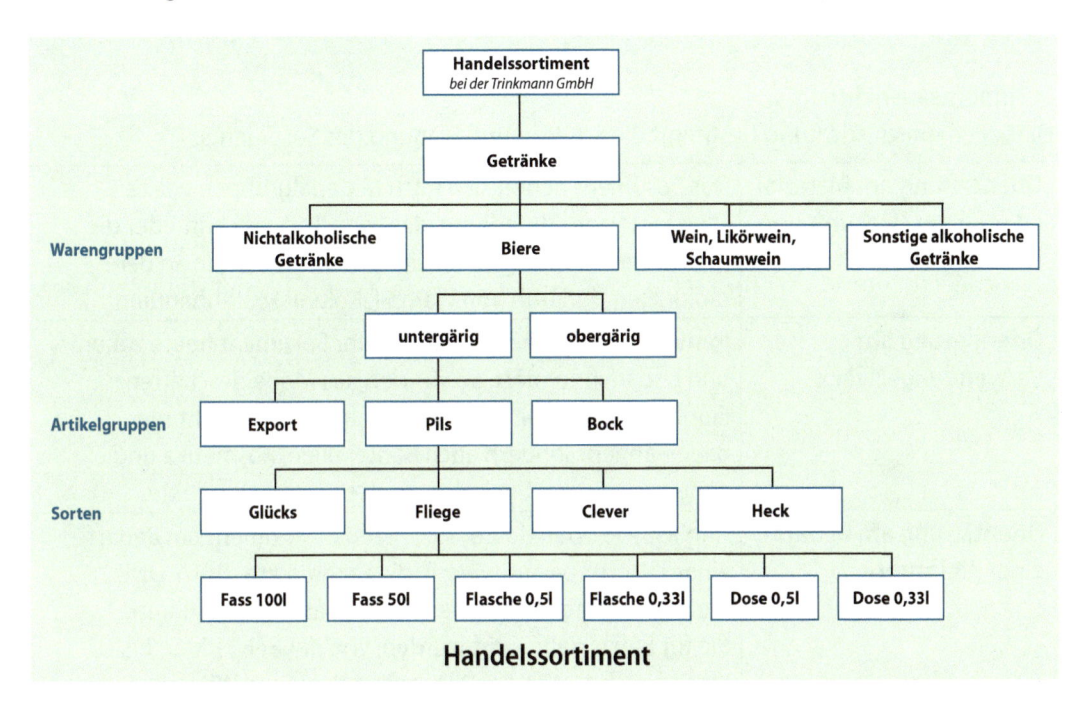

```
                    Handelssortiment
                   bei der Trinkmann GmbH
                           |
                        Getränke
        _____|_____
        |              |              |              |
Warengruppen  Nichtalkoholische  Biere    Wein, Likörwein,  Sonstige alkoholische
              Getränke                    Schaumwein         Getränke
                           _____|_____
                           |               |
                       untergärig       obergärig
                   _____|_____
                   |       |       |
Artikelgruppen  Export   Pils    Bock
                   _____|_____
                   |     |     |     |
Sorten         Glücks Fliege Clever Heck
              ____|____|____|____|____|____|____
              |    |    |    |    |    |    |
          Fass 100l Fass 50l Flasche 0,5l Flasche 0,33l Dose 0,5l Dose 0,33l
```

Handelssortiment

In neuerer Zeit ist die „Sortimentspyramide" in Kritik geraten, da sie sich auf warenbezogene Merkmale bezieht, die dem Endverbraucher oft fremd sind. Daher wird aktuell gefordert, dass Artikel zu Sortimentseinheiten nach Vorstellungen der Kunden zusammengefasst werden, den Categories. Die Zusammenfassung zu Kategorien spiegelt sich außer in der Sortimentsplanung auch bei der Werbung, der Verkaufsförderung und beim Visual Merchandising wieder.

Bei der Bildung der Category „Bier" gehören neben den verschiedensten Biersorten z.B. beim Weißbier Salzbrezeln in unterschiedlicher Ausführung, Weißbiergläser und Zubehör wie z.B. Servietten, Papiertischtücher und Fähnchen mit dem bayrischen Rautenmuster dazu. Ergänzt wird das Sortiment noch durch eingepackte Wurstsnacks.

Sortimentsniveau

Das Sortimentsniveau legt die Art der Ware vor allem in ihren Anteilen innerhalb der Preisgruppen fest. Meist werden fünf Preisgruppen definiert: billig, unten, Mitte, oben, exklusiv. Bei der Sortimentsplanung wird bestimmt, wie viele Artikel mengen- und wertmäßig innerhalb der einzelnen Preisgruppen geführt werden. Dabei ist bei Saisonartikeln zu berücksichtigen, dass in die unteren Preisgruppen hinein reduziert wird. Auch das Sortimentsniveau ist von der Betriebsform abhängig, daneben von der Zielgruppe und den Beschaffungsmöglichkeiten des Unternehmens.

Sortimentsausrichtung
Die Sortimentsausrichtung bestimmt die Struktur und Planung des Sortiments:

Orientierung am Material oder an der Herkunft von Produkten	Das Sortiment richtet sich nach Materialgruppen wie es z.B. die Holzgroßhandlung, das Lederfachgeschäft oder die Eisenwarenhandlung praktiziert; manchmal auch an der regionalen Herkunft von Waren („Kolonialwarenhandlung").
Orientierung am Verwendungszweck	Immer mehr Geschäfte gestalten ihr Sortiment heute zukunfts- und bedarfsorientiert. So wurden aus Möbelgeschäften Einrichtungshäuser, im Badstudio finden sich nicht nur Badewannen, sondern auch Badtextilien, Kosmetika und andere zu diesem Erlebnisbereich passende Produkte.
Orientierung am Bedarf einer Zielgruppe	Ähnlich wie oben richtet sich hier das Sortiment am Bedarf einer Zielgruppe aus wie z.B. die Fachmärkte „BABY ONE", die sich an junge Eltern wenden und alle Artikel führen, die für Babys gebraucht werden, von der Bekleidung bis zu Kinderwagen, Möbeln, Pflegeprodukten und Windeln.
Orientierung an einer Preislage	Dies gilt für die preisaggressiven Betriebsformen des Einzelhandels, deren Sortiment bestimmt wird durch niedrige Preisgruppen, ebenso aber auch für Geschäfte mit hochpreisigen Luxussortimenten (z.B. „Edelboutique")

Sortimentsdynamik
Ein Unternehmen sollte grundsätzlich aufgeschlossen gegenüber neuen Produktentwicklungen sein. Dabei ist diese Entscheidung weitgehend von der Zielgruppe abhängig.
Auch das Sortimentsniveau kann die Dynamik bestimmen. Eine **progressive** Ausrichtung erfordert die schnelle Aufnahme von Produktinnovationen in das Sortiment, auch wenn sie mit großem Absatzrisiko verbunden sind. **Adaptive** Sortimente enthalten Produktneuerungen, wenn der Trend bereits zu erkennen ist, dagegen sind **konservative** Sortimente statisch und feststehend. Der schnelle Wechsel von Sortimenten gehört heute auch zur Sortimentsdynamik. Es gibt Betriebstypen, die kein festes Angebot mehr führen; je nach Warenthemen wird die Ware in festen Rhythmen ausgetauscht. Eine Sortimentspyramide kann für diese Betriebstypen nicht aufgestellt werden, denn innerhalb dieses Themas wird dem Kunden eine Vielzahl von Artikeln

7.2. Sortimentsstrategie, Hersteller- und Handelsmarken

aus den verschiedensten Waren- und Artikelgruppen angeboten – und dieses nur für einen kurzen Zeitraum. Die Kunden begrüßen diese ständigen Umstellungen und sind neugierig auf die nächste Themenstellung.

Der Einkauf kann die Sortimentspolitik unterstützen, indem er eigene Maßnahmen ergreift und Einkaufstrategien entwickelt. Eine Möglichkeit besteht darin, eine Sortimentsdifferenzierungsstrategie zu verfolgen, um sich vom Wettbewerber abzuheben. Wenn sich das Sortiment des Unternehmens durch den Preis differenzieren soll, dann hat der Einkäufer die Aufgabe, immer den günstigsten Lieferanten zu wählen. Die Artikel werden dann weltweit beschafft. Ständige Preisverhandlungen und regelmäßige Angebotsvergleiche gehören dazu. Umgekehrt wäre es möglich, sowohl das Preisniveau, als auch die Qualität des Produkts zu erhöhen. Diese Vorgehensweise nennt man **Trading up**. Hier hat der Einkäufer sehr großen Einfluss auf die Handelsspanne, gleichbleibende oder sogar sinkende Einkaufspreise beeinflussen diese Spanne positiv, während der höhere Preis natürlich das Kaufverhalten der Kunden nicht entscheidend verändern darf. In dieser Situation sollte der Einkauf langfristige Geschäftsbeziehung mit wenigen Lieferanten anstreben, die die höhere Produktqualität auch liefern können, damit der Kunde zufrieden gestellt wird. Soll das Leistungsniveau oder die Qualität des Produkts oder des Sortiments verringert werden, dann spricht man vom **Trading down**. Normalerweise folgt daraus eine Preissenkung, was höhere Umsätze erahnen lässt. Diese Vorgehensweise erhöht den Druck auf den Einkauf auf zweierlei Weise:

1. Um die Handelsspanne sicherzustellen, müssen die Preise beim Lieferanten gesenkt werden. Dies kann der Einkäufer erreichen, indem er beispielsweise einer Einkaufskooperation beitritt, um potenziellen und aktuellen Lieferanten mit größerer Marktmacht gegenüberzutreten. Um die Bestell- und Abnahmemengen bei den Lieferanten zu erhöhen, wird in der Praxis häufig die Anzahl der Lieferanten reduziert. Das führt dazu, dass der Einkäufer seinerseits Preisreduzierungen bei den Lieferanten anstreben kann.

2. Um dem Vertrieb schneller mehr Ware zur Verfügung stellen zu können, wird der Einkauf sich dafür entscheiden, nicht nur weniger Lieferanten direkt zu beauftragen, sondern auch Lieferanten einzubeziehen, die ihren Standort in der Nähe haben.

7.2.2. Herstellermarken

Herstellermarken sind Waren- oder Firmenkennzeichen, mit denen ein Industrieunternehmen seine Ware versieht. Der Endverbraucher meint meist nicht das Kennzeichen an sich, sondern den Artikel. Sie weisen einen hohen Bekanntheitsgrad auf, werden in gleich bleibender Qualität angeboten, die dem Kunden bekannt ist, sind überall erhältlich und werden vom Hersteller beworben.

Legt ein Einzelhandelsunternehmen, eine Verbundgruppe oder ein Franchisesystem fest, Artikel selbst zu markieren, handelt es sich um eine **Handelsmarke**, verwendet werden auch die Begriffe **Eigenmarke**, **Exklusivmarke** oder **Store Brand**.

In vielen Betriebsformen sind Herstellermarken ein wichtiger Bestandteil: Der Kunde erwartet sie im Handelsunternehmen, sie fördern das Image und vermitteln Vertrauen. Dabei ist es oft so, dass die Spannen von den Lieferanten empfohlen werden. Außerdem ist das Handelsunternehmen bei den Preisen mit denen der Mitbewerber vergleichbar, so dass auch hierdurch die Preisgestaltung eingeschränkt wird. Oft befindet sich das mittelständische Unternehmen auch in der „Bittsteller"-Position gegenüber den Markenherstellern, da es von der Betriebsform her unerlässlich ist, die Herstellermarke zu führen. Der Markenhersteller bestimmt Preis und Konditionen, erwartet besondere Aktionen und Verkaufsförderungsmaßnahmen und verstärkt diese Anforderungen mit Andeutungen, die Geschäftsbeziehung eventuell einschränken oder gar aufgeben zu wollen.

Um diese stark Einfluss nehmende Beziehung zu lockern, schufen die großen Handelsunternehmen die Handelsmarken. Mit diesen sind sie frei in der Preisgestaltung und können so den Rohertrag verbessern. Außerdem schafft das exklusive Angebot eine Möglichkeit zur Profilierung gegenüber den Mitbewerbern. Die Kunden werden gebunden, da die Ware nur in diesem Handelsunternehmen erhältlich ist. Außerdem erhofft das Handelsunternehmen, dass gute Erfahrungen mit der Handelsmarke auf das gesamte Angebot des Handelsunternehmens übertragen werden. Obendrein stärkt das Führen von Handelsmarken die Verhandlungsposition gegenüber Lieferanten, die Herstellermarken führen. Der Lieferant weiß, dass es Alternativen zu seinen Produkten gibt, und wird so kompromissbereiter gegenüber Forderungen bezüglich besserer Konditionen, Service oder Retouren.

7.2.3. Handelsmarken/Eigenmarken

Bei der Aufnahme von Handelsmarken muss das Unternehmen abwägen, ob alle Funktionen, die normalerweise der Lieferant übernimmt, auch selbst ausgeführt werden können: Marktanalyse, Produktentwicklung und -design, ständige Lieferfähigkeit, Markteinführung, Werbung usw. Große Handelsunternehmen können dieses leisten, die Kosten stehen im angemessenen Verhältnis zu den Absatzmengen. Kleinere und mittelständische Handelsunternehmen können auf die Handelsmarken der Kooperationspartner zurückgreifen, die den damit verbundenen Aufwand übernehmen. Allerdings kann das Unternehmen dann nicht ganz so gut die Chance nutzen, über die Handelsmarke eine eigenständige Profilierung zu entwickeln.

> **Exkurs: Bitterer Streit um süße Hasen**
> Köln Ein sitzender Schoko-Osterhase in Blau mit einem roten Bändchen hat zu einem juristischen Streit zwischen den Discountern Lidl und Norma geführt. Lidl klagte vor der Wettbewerbskammer des Landgerichts in Köln gegen seinen Mitbewerber.
> Der Grund: Der Norma-Hase sehe dem seit Jahren auf dem Markt befindlichen Lidl-Häschen zum Verwechseln ähnlich. Die Richter schlugen einen Vergleich vor. Norma dürfe die Hasen in diesem Jahr noch verkaufen, müsse sie im nächsten Jahr aber verändern, erklärte gestern eine Gerichtssprecherin.
> Zuvor mussten die Richter eine ganze Galerie von Steh- und Sitzhasen auf „wettbewerbliche Eigenarten" inspizieren. Dabei stellte sich heraus, dass der 200 Gramm schwere sitzende Norma-Hase auf grasgrünem Untergrund, der erst in dieser Saison auf den Markt kam, dem Lidl-Hasen sehr ähnlich sieht (AZ: 310231/06).
>
> Quelle: dpa 8.4.*2006*

Mit **klassischen Handelsmarken** möchte das Handelsunternehmen den Kunden in Leistung und Qualität überzeugen; dieser soll Herstellermarke und Handelsmarke vergleichen und dann auf Grund des Preis/Leistungsverhältnisses die Handelsmarke kaufen. **Gattungsmarken**, auch **No-name** oder **Generika** genannt, haben eine betont einfache Verpackung und schlichte Gestaltung, sie werden in den niedrigen Preislagen als Einstiegspreislage angeboten. Bei **Premiummarken** handelt es sich um Artikel mit hoher Qualität und in der Regel mit hohem Preis. Sie dienen der Sortimentsprofilierung und der Stärkung des Images. Welchen Anteil Handelsmarken beispielsweise im Lebensmittelhandel in Europa haben, zeigt die Tabelle auf der folgenden Seite.

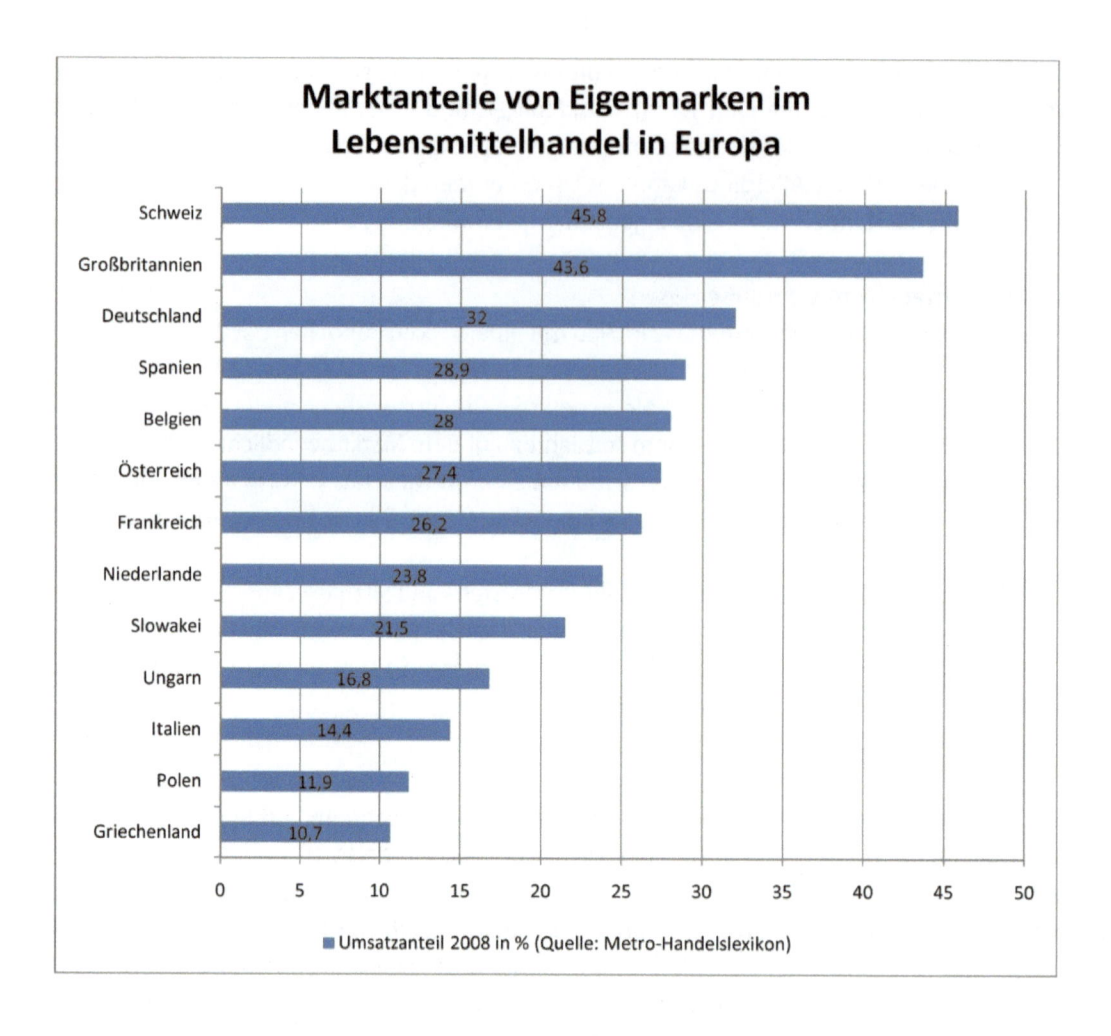

7. Einkauf

Marktanteile von Eigenmarken im Lebensmittelhandel in Europa

Land	Umsatzanteil 2008 in %
Schweiz	45,8
Großbritannien	43,6
Deutschland	32
Spanien	28,9
Belgien	28
Österreich	27,4
Frankreich	26,2
Niederlande	23,8
Slowakei	21,5
Ungarn	16,8
Italien	14,4
Polen	11,9
Griechenland	10,7

Umsatzanteil 2008 in % (Quelle: Metro-Handelslexikon)

7.3. Auswählen von Lieferanten und Beschaffungswegen

7.3.1. Beschaffungsmarktforschung

Früher wurde der Erforschung der Beschaffungsmärkte wenig Beachtung geschenkt. Doch heute wissen zumindest die großen Handelsunternehmen, dass nur durch systematische Erkundung und Analyse ein Überblick über die Einkaufsmärkte möglich wird, gegenwärtige und zukünftige Entwicklungen vorauszusehen sind und Risiken kalkulierbar werden. Das Ziel ist selbstverständlich, die günstigsten und auf Dauer leistungsfähigsten Bezugsquellen zu ermitteln.
Durch den Abbau von Zollhemmnissen und vor allem durch das Internet haben sich die Beschaffungsmärkte ständig ausgeweitet. Doch gerade Auslandsmärkte bergen große Risiken z.B. durch verschiedene Kommunikationskulturen oder unterschiedliche Rechtssysteme.

Die Trinkmann GmbH arbeitete bisher direkt mit Winzern in Ungarn zusammen. Zollformalitäten wurden durch die EU-Mitgliedschaft erleichtert und die Reisekosten waren durch die Billigflüge zu vertreten. Außerdem hat die Einkaufs- und Teamleitung in der Zusammenarbeit mit den Winzern viel gelernt über die Anbaugebiete und Rebsorten und immer wieder verkostet, um die Unterschiede zu erkennen und die richtigen Sorten für den Geschmack der Kunden auszusuchen. Doch jetzt hat das Einkaufsteam gute Kenntnisse und die richtigen Weine im Sortiment gewählt. Die Winzer sind bekannt, mit denen in der Zukunft zusammengearbeitet werden soll, über mögliche Alternativen ist man informiert.

Nun sucht die Teamleitung einen Importeur, der die Zusammenarbeit mit den bisherigen Winzern ermöglicht, bei dem jedoch „aus einer Hand" eingekauft werden kann. Die Bearbeitungskosten können hierdurch reduziert werden und alle Kaufverträge basieren auf deutschem Recht, so dass bei Störungen die Inanspruchnahme von Gewährleistungsrechten einfacher wird. Außerdem verringern sich die Transportkosten und durch die Zentrierung aller Abnahmemengen auf einen Lieferanten verbessern sich die Konditionen.

Bei der Suche nach dem richtigen Importeur helfen die Winzer in Ungarn, die durchaus Interesse haben, die Abnahmemengen an den Importeur zu erhöhen und die Anzahl ihrer Direktkunden zu reduzieren.

Die Beschaffungsmärkte unterliegen ständigen Veränderungen. Dabei besteht oft ein Zusammenhang mit den Absatzmärkten. Die gewaltigen Konzentrationsbewegungen im Handel, und hier vor allem im Lebensmittelbereich, haben auch Einfluss auf die Beschaffungsmärkte genommen. Die Kunden/Endverbraucher wurden in ihrer Marktmacht gegenüber der Industrie immer stärker. Um nicht in zu starke Abhängigkeit zu geraten und die gefragten Abnahmemengen zu sichern, fusionierten auch die Hersteller, die Konzentrationstendenzen wiederholten sich auf dem Beschaffungsmarkt.

> Die Trinkmann GmbH arbeitet heute nur noch mit drei Brauereien zusammen und bietet trotzdem ihren Kunden ein tiefes Sortiment. Abnahmemengen werden zusammengefasst und die Handlungskosten reduziert. Doch trotzdem wünscht sich das Unternehmen eine größere Anzahl von möglichen Lieferanten. Gerade für ein mittelständisches Unternehmen ist die Marktposition gegenüber den großen Brauereien nicht günstig. Das Unternehmen gehört zu den unbedeutenden Kunden im Vergleich zu den großen Handelsunternehmen. Deshalb möchte die Trinkmann GmbH die Kooperation mit anderen Getränkegroßhandlungen verstärken, um die Verhandlungsposition zu verbessern.

7.3.2. Zielobjekte der Beschaffungsmarktforschung

Lieferanten
- Zunächst wird erfasst, wie viele Lieferanten und damit automatisch welche Lieferanten gewünschte Artikel, Artikelgruppen oder Warengruppen anbieten. Dann werden die notwendigen Informationen über den einzelnen Lieferanten eingeholt:
- allgemeine Unternehmensdaten wie z.B. Rechtsform, Eigentumsverhältnisse,
- Größe und Umsatzentwicklung der letzten Jahre;
- Informationen über die Ware wie z.B. Qualität, Produktionskapazitäten, Zuverlässigkeit;
- Konditionen und Zahlungsbedingungen sowie
- Serviceangebote wie z.B. Extrabestellungen, Reparaturen, Reklamationsprüfungen, Qualitätsmanagement;
- Erfahrungen mit dem Lieferanten aus der Vergangenheit wie z.B. Verhandlungskultur, Retourenquote und deren Abwicklung, Gesprächspartner, Belieferung der Konkurrenz.

Diese Informationen sammelt das Unternehmen im Kontakt mit den Lieferanten, bei unbekannten Lieferanten auf Messen, durch Veröffentlichungen in Fachzeitschriften, durch Präsentationen oder Berichte der Kooperation oder Kollegen.

Konkurrenz
Das Unternehmen prüft, bei wem die Mitbewerber ihre Ware beziehen. Dies ist im Einzelhandel durch Konkurrenzanalysen vor Ort möglich. Ansonsten versucht der Handel, diese Informationen auch bei Messen zu erhalten, im Gespräch mit Lieferanten oder Handelsvertretern und mit

Kollegen. Noch schwieriger ist herauszufinden, welche Konditionen den Mitbewerbern gewährt werden; vielleicht ist es möglich, mit Hilfe des Angebotspreises auf einen möglichen Einstandspreis zu schließen, um diesen mit dem eigenen zu vergleichen.

Preise
Die Preise der Lieferanten werden untereinander analysiert mit Hilfe von Angebotsvergleichen, Preisentwicklungen werden durchleuchtet, Zahlungsfristen, Fracht- sowie Verpackungskosten geprüft.

Politische und rechtliche Entwicklungen
Im Bereich Staat und Politik werden alle Maßnahmen und Planvorhaben beobachtet, die sich wirtschaftlich auswirken. Dies sind vor allem: Steuerpolitik, EU-Politik wie z.B. Harmonisierungsbestrebungen der Märkte, Ost-Erweiterung, Einführung von Handelsbeschränkungen gegenüber dem asiatischen oder amerikanischen Markt, Umweltschutz- und Produkthaftungsauflagen oder auch Schuldrechtsänderungen.

Objekte der Marktforschung wie z.B. das Sortiment und die Kunden werden meist vom Absatz untersucht. Die Erkenntnisse werden selbstverständlich im Einkauf verarbeitet.
Die Methoden der Marktforschung sind identisch mit den Methoden der Marktforschung im Handelsmarketing.

7.3.3. Vorgehensweise in der Beschaffungsmarktforschung

Analyse:
Die wichtigen Einflussfaktoren (siehe oben) werden einmalig oder in bestimmten Intervallen ermittelt.
Beobachtung:
Auch ein Lieferantenmarkt entwickelt oder verändert sich. Auf Basis der Analyse muss immer ständig beobachtet werden, ob sich für die Geschäftsbeziehung relevante Änderungen ergeben.
Prognose:
Als Folge der Analyse und Beobachtung wird versucht vorherzusehen, wie sich der Markt in der Zukunft darstellen wird. Ziel ist eine langfristige Lieferantenbeziehung.

Primär-/Sekundärforschung
Als weitere wichtige Begriffe sind hier die primäre und sekundäre Forschung zu nennen. Unter Primärforschung versteht man eine Methode der Marktforschung, bei der die Daten aktuell und direkt das Entscheidungsproblem betreffend erhoben werden. Unter Sekundärforschung versteht man eine Methode der Marktforschung, bei der auf bereits vorhandenes Datenmaterial zurückgegriffen wird. Es wird auf das Entscheidungsproblem nicht direkt zugeschnitten, sondern dafür nur neu aufbereitet. Während die Informationen schnell verfügbar sind und diese Vorgehensweise relativ kostengünstig ist, könnte es sein, dass diese Informationen veraltet sind oder nur teilweise zum Problem passen. Auch der Wettbewerb könnten diese frei zugänglichen Informationen für seine Zwecke genutzt.

Daher könnten aktuelle Informationen aus der Primärforschung dem Unternehmen einen Wettbewerbsvorsprung bieten, da die Informationen exklusiv für das eigene Unternehmen erhoben werden. Nachteilig sind der hohen Zeitaufwand und die relativ hohen Kosten.

Je höher der Kosten- und Zeitdruck, desto eher wird ein Unternehmen auf sekundäre Daten und Informationen zurückgreifen. In einer globalisierten Welt, in der es für viele Unternehmen praktisch keine Einschränkung gibt, welche Bezugsquellen man wählt, ist die Sekundärforschung ein gängiges Mittel.

7.3.4. Auswahl von Lieferanten und Beschaffungswegen

Nach Analyse des Beschaffungsmarkt und der stetigen Beobachtung des Marktes und der Lieferanten muss es zu einer Entscheidung kommen, welche Lieferanten und Beschaffungswege für das Unternehmen sinnvoll sind. Diese Aufgabe ist Teil des Lieferantenmanagements. Unmittelbar vor der Auswahl des oder der Lieferanten wird mittels einer Lieferantenbewertung *(siehe 7.5.)* der beste Lieferant ausgesucht.

Eine gut funktionierende Schnittstelle zwischen Einkauf und Lieferant wird im Handel immer mehr zu einem Erfolgsfaktor. Höchste Qualität zu günstigen Preisen, hohe Verfügbarkeit und kurze Lieferzeiten, dazu noch Flexibilität, das alles sind Anforderungen, der Einkauf an den Lieferanten stellt. Kann der Lieferant die Anforderungen nicht erfüllen, nimmt die gesamte Wertschöpfungskette Schaden. Die Leistungsfähigkeit des Lieferanten ist deshalb von größter Bedeutung.

Lieferantenmanagement

Lieferantenmanagement

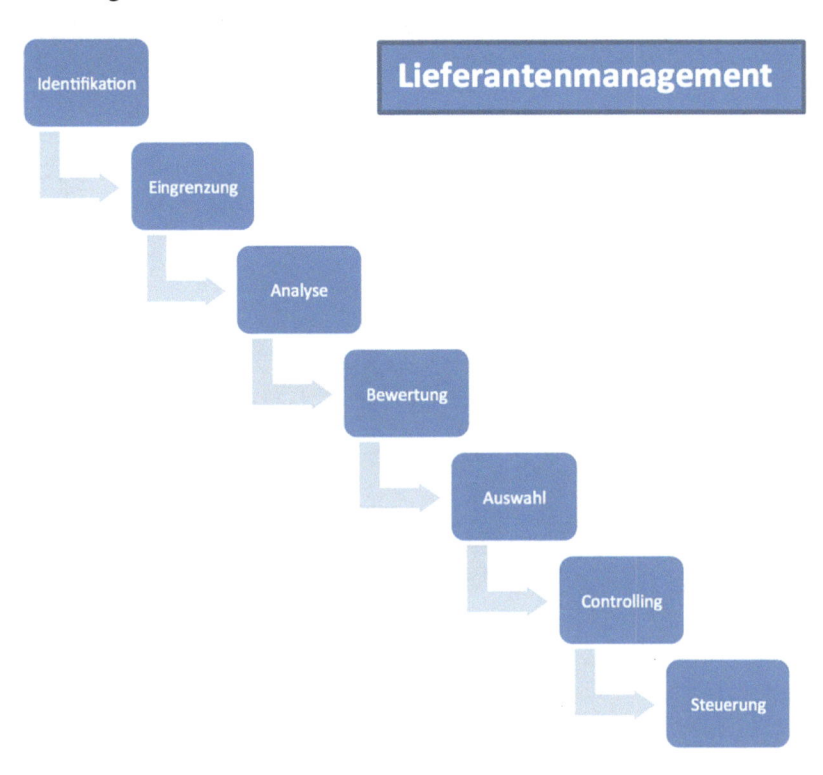

- Identifikation
- Eingrenzung
- Analyse
- Bewertung
- Auswahl
- Controlling
- Steuerung

Ein funktionierendes **Lieferantenmanagement** ist relativ aufwendig, aber es lohnt sich. Kosten für Lagerhaltung, zusätzliche Prüfungen im Wareneingang, Reklamationen und Nachbesserungen oder sogar Rückrufaktionen werden durch eine optimale Lieferantenauswahl reduziert oder ausgeschlossen. Außerdem kann der Einkauf die guten Lieferanten identifizieren, zu denen möglicherweise in der Zukunft Aufgaben ausgelagert werden können. Es muss das Ziel sein, langfristig mit dem Lieferanten zusammenzuarbeiten. Im Idealfall arbeiten beide Parteien so eng miteinander zusammen, dass entlang der gesamten Supply Chain Kosten reduziert werden können.

Lieferanten, die ein ähnliches Wertesystem, haben wie das eigene Unternehmen, können das Image des Handelsunternehmens steigern. Der Kunde, der im Handel kauft, will sich ganz sicher sein, dass ein Textillieferant beispielsweise nicht auf Kinderarbeit sitzt. Umgekehrt könnte also ein Unternehmen seine Produkte nie bei einem Lieferanten beschaffen, wenn den Einkauf Kenntnis davon hat, dass gegen solche Werte verstoßen wird.

7. Einkauf

Nach Auswahl der geeigneten Lieferanten stellt sich die Frage, welche Beschaffungswege günstig und sinnvoll sind. Allgemein unterscheidet man zwischen der direkten und indirekten Beschaffung.

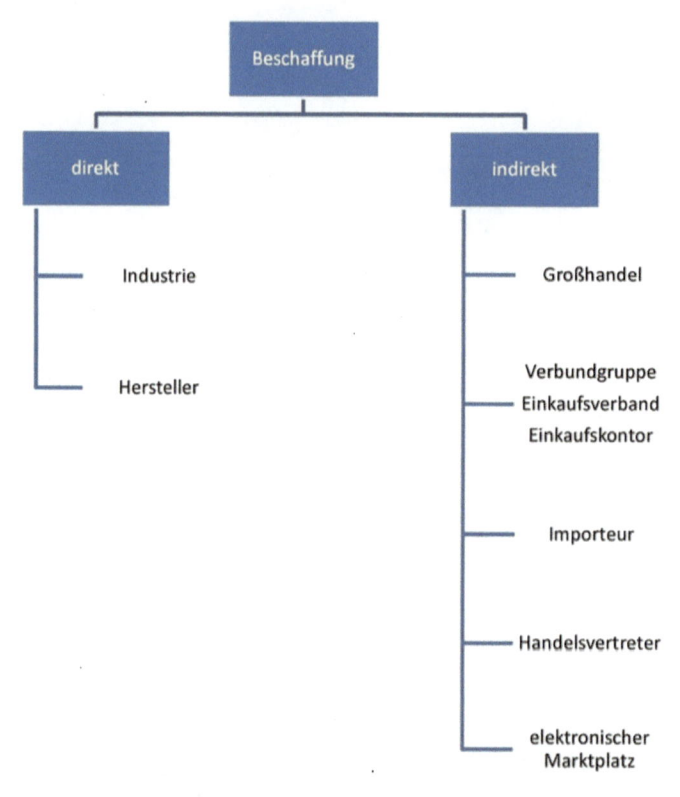

```
                    Beschaffung
                   /           \
                direkt         indirekt
                  |               |
              Industrie        Großhandel
                  |
              Hersteller       Verbundgruppe
                               Einkaufsverband
                               Einkaufskontor

                                 Importeur

                               Handelsvertreter

                               elektronischer
                               Marktplatz
```

Der Handel kann direkt beim **Hersteller** die Ware kaufen. Dies können vor allem große Handelsunternehmen, die hohe Stückzahlen benötigen. Sie pflegen eine enge Beziehung zur Industrie, führen Gespräche mit der Verkaufsleitung oder den Vertretern, verhandeln über Regalflächen und erhalten hierfür bessere Konditionen, Werbezuschüsse oder Verkaufsförderungshilfen. Kleinen Handelsunternehmen kann es verwehrt sein, direkt beim Hersteller zu ordern, da sie nicht die Mindestbestellmenge erreichen. Auch die Beschaffungszeiten können lang sein verglichen mit dem Großhandel, der die Ware bereithält.

Heute achten die großen Handelsunternehmen sehr stark darauf, die Lieferantenanzahl zu beschränken. Da bei weniger Lieferanten das jeweilige Einkaufsvolumen größer wird, reduzieren sich die Beschaffungskosten durch niedrigere Einkaufspreise, bessere Konditionen und geringere Bestell- und Bezugskosten. Auch kann eine geringere Anzahl von Lieferanten dazu beitragen, dass das Handelsunternehmen sich stärker und profilierter mit einzelnen Marken darstellen kann. Doch je geringer die Anzahl der Lieferanten ist, umso höher ist die Abhängigkeit des Handels von den einzelnen Lieferanten. Außerdem besteht die Gefahr, dass dem Einkauf die Marktübersicht fehlt, um rechtzeitig Neuerungen, Trends und Veränderungen zu erkennen und darauf reagieren zu können.

Der Einzelhandel kann beim Großhandel einkaufen. Dies ist vor allem eine gute Möglichkeit für den mittelständischen und kleinen Betrieb: Der Großhandel bietet ihm ein Sortiment an und berät über Neuerungen, aktuelle Produkte und Veränderungen. Meist kann der Einzelhandel die Ware sehr schnell erhalten, da der Großhandel ein Lager vorhält und das Lagerrisiko übernimmt. Die Bestellung von kleinen Mengen ist meist nur beim Großhandel möglich.

Mittelständische Unternehmen und Kleinbetriebe müssen heute in vielen Branchen einer Verbundgruppe, einem Einkaufsverband oder -kontor angehören: Sie binden sich mit einem Teil ihres Einkaufs an die Verbundgruppe und beziehen ihre Ware hierüber. Nur so ist es ihnen möglich, Einstandspreise wie die großen Filialisten zu erzielen, den Einkauf von Spezialisten durchführen zu lassen und Handelsmarken einzuführen. Die Verbundgruppe kann die Rechnungsregulierung übernehmen und gegen eine Delkrederegebühr die Haftung für die Einkäufe ihrer Mitglieder übernehmen. Diese Vorgehensweise spart Verwaltungskosten und gibt den kleinen Unternehmen Bonität. Hierbei ist die Höhe der Delkrederegebühr zu beachten, die für die Unternehmen eine Art „Sicherheitsgebühr" darstellt, um bei Folgen eines Leistungsausfalls das Risiko für alle beteiligten Partner zu minimieren.

Doch auch die Großunternehmen kooperieren, um Einkaufsmengen zu bündeln:

Fallbeispiel: Rewe stärkt seine Einkaufsmacht
Deutschlands zweitgrößter Lebensmittelhändler Rewe verbündet sich zur Stärkung der Einkaufsmacht mit vier großen europäischen Handelsunternehmen. Für bestimmte Produkte solle künftig gemeinsam mit Herstellern verhandelt werden. Coop (Schweiz), Conrad (Italien), Colruyt (Belgien), E.Leclerc (Frankreich) und Rewe kommen mit rund 17.200 Geschäften auf einen gemeinsamen Umsatz von 96 Milliarden €. Der gemeinsame Marktanteil beträgt zehn Prozent.
Quelle: dpa

Bei der Beschaffung im Ausland können die Filialisten oder Großunternehmen direkt bei den Herstellern kaufen. Erreichen sie jedoch nicht Mengen, die den Aufwand der Auslandsreisen rechtfertigen, oder kennen die Einkäufer sich nicht gut genug auf dem fremden Beschaffungsmarkt aus, ist es besser – genauso wie für kleinere Handelsunternehmen – die Ware über einen Agenten oder beim Importeur zu beziehen.

Egal für welche Beschaffungswege in Kombination mit einer geeigneten Beschaffungsstrategie *(siehe 7.1.2.)* sich das Unternehmen entschieden hat, die Lieferdauer kann sehr unterschiedlich sein. Bezieht das Handelsunternehmen seine Produkte von einem lokalen Hersteller aus der Region, sind die Bestellzeiten und Lieferzeiten sehr kurz. Die Sicherheitsbestände können gering bleiben, möglicherweise werden viele Produkte erst nach Kundenbestellung beim Lieferanten in Auftrag gegeben. Steht in einem Unternehmen die globale Beschaffung im Vordergrund müssen deutlich längere Lieferzeiten berücksichtigt werden. Abhilfe könnte die klassische Großhandelsfunktion bieten, der Großhandel hält große Mengen benötigter Artikel auf Lager, die das Handelsunternehmen dort bestellt. Hierbei wird die Lieferdauer natürlich deutlich verkürzt. In allen Fällen muss sich das Unternehmen aber sehr genau über den Beschaffungsbedarf und den Beschaffungszeitpunkt im Klaren sein.

Grundsätzlich ergibt sich die Bedarfsmenge aus der verkauften Menge des Vergleichszeitraums wie z.B. Vorjahr, Vormonat. Es wird aus dem Bedarf der Vergangenheit die zukünftige Menge prognostiziert. Dabei müssen Nachfrageveränderungen berücksichtigt werden wie z.B. Mengenerhöhungen bei Trendartikeln, Reduzierungen bei einer Sättigung am Markt. Schwierig ist, die Menge bei neuen Artikeln zu bestimmen, Branchendaten oder Vergleiche mit ähnlichen Produkten können helfen.

Die Menge, die der Einkauf dann bestellt, muss nicht identisch sein mit der Bedarfsmenge, und zwar aus unterschiedlichen Gründen, z.B.:

- Es sind noch Lagerbestände vorrätig: Bedarfsmenge – Lagerbestände = Beschaffungsmenge.
- Die Bedarfsmenge wird in kleinere Bestellmengen aufgeteilt.
- Die Bedarfsmenge unterschreitet die Mindestbestellmenge oder überschreitet die Höchstbestellmenge.
- Bei Bestellung von kleinen Mengen sind die Kosten hoch. Daher errechnet die Einkaufsabteilung die optimale Bestellmenge mit Hilfe der Andler'schen Formel.

$$x_{opt} = \sqrt{\frac{200 \times \text{Jahresbedarfsmenge} \times \text{Bestellkosten}}{\text{Einstandspreis je Mengeneinheit} \times \text{Lagerhaltungskostensatz}}}$$

Mit zunehmender Bestellmenge sinken die Bestellkosten, weil dann weniger Verwaltungsaufwand notwendig ist. Außerdem werden die Konditionen besser. Doch mit zunehmender Bestellmenge steigen auch die Lagerkosten wie z.B. Kosten der Lagermitarbeiter, Miete, Lagerzins. Außerdem nimmt das Risiko des Verfalls, der Beschädigung oder Veralterung zu.

Viele Handelsunternehmen geben dem Einkauf ein Limit vor. Das Limit gibt an, wie viel Geld dem Einkauf für einen Zeitraum – z.B. Monat, Saison, Halbjahr – zur Verfügung steht. Dabei kann die Geschäftsleitung entscheiden, dass dem Einkauf zunächst nicht das gesamte Limit zur Verfügung steht, sondern eine Limitreserve zurückgehalten wird, falls z.B. die Umsätze sich nicht so entwickeln, wie dies geplant ist, sich unerwartet Trendartikel ergeben. Über diese Limitreserve darf der Einkauf erst dann verfügen, wenn die Geschäftsleitung diese freigibt.

Vorteile einer Limitvergabe
- genauere Planung der Beschaffung
- Berücksichtigung der vorhandenen Lagerbestände
- laufende Kontrolle der Beschaffung
- Sicherung der Liquidität

Nachteile einer Limitvergabe
- Nutzen von Mengenvorteilen ggf. nicht möglich
- Einschränkung des Einkaufs
- Restgeld wird zum Ende der Saison evtl. unbedingt ausgegeben

Da das zur Verfügung stehende Limit innerhalb der **Limitrechnung** mit Plangrößen errechnet wird, ist es wichtig, die Umsatzplanung mit der realen Umsatzentwicklung laufend abzustimmen, um das Limit ggf. zu kürzen oder zu erhöhen. Außerdem sollte kontrolliert werden, ob der Einkauf die vorgegebenen Limitwerte auch einhält.
Eng mit der Mengenplanung ist die Zeitplanung verbunden. Die optimale Zeitplanung wäre gegeben, wenn die Ware zu dem Zeitpunkt geliefert wird, zu dem der Kunde die Ware verlangt – Just-in-Time. Dies kann im Großhandel möglich sein, doch oft muss auch der Großhandel wie der Einzelhandel grundsätzlich ein Lager vorhalten, da die Unternehmen nicht wissen, wann der Kunde die Ware benötigt. Je mehr Ware der Handel vorhält, umso sicherer ist es, dass alle Kundenwünsche erfüllt werden können, doch die Lagerkosten sind dabei sehr hoch. Bei geringen Lagerbeständen ist wiederum die Gefahr sehr groß, dass Kundenwünsche nicht erfüllt werden, und dies kann im schlimmsten Fall zu Kundenverlusten führen. Häufiger sind aber Umsatzverluste, vielleicht sogar Konventionalstrafen. Konventionalstrafen gehören zu den Vertragsstrafen, bei denen zwischen Vertragsparteien genau geregelt wird, welche festgelegte Geldsumme (seltener: Sachleistungen) ein Vertragspartner dem anderen verpflichtet ist zu zahlen, falls eine gemeinsam bestimmte Vereinbarung nicht eingehalten wird.
In jedem Handelssortiment gibt es Waren-/Artikelgruppen, die durch eine unterschiedliche Absatzintensität im Jahresverlauf gekennzeichnet sind. Diese Absatzverläufe können in Form einer Kurve dargestellt werden. Die Kurve ergibt sich daraus, dass die monatlichen Absatzzahlen der Vergangenheit in ein Koordinatensystem eingetragen und miteinander verbunden werden. Dieser dargestellte Absatzverlauf kann statistisch betrachtet werden und lässt eine Prognose für den zukünftigen Bedarf hinsichtlich der Bedarfsmenge und/ oder des Bedarfszeitpunktes der jeweiligen Waren-/Artikelgruppe zu. Durch diese Methode können Waren-/Artikelgruppen erkannt werden, die durch einen

- **konstanten,**
- **saison-** oder
- **trendbeeinflussten**

Absatzverlauf gekennzeichnet sind.

7. Einkauf

Konstanter Absatzverlauf

Bei einem konstanten Absatzverlauf können geringe Absatzschwankungen auftreten, langfristig betrachtet ist der Verlauf jedoch gleich bleibend.

> Die Artikelgruppe Fitness-Getränke ist dadurch gekennzeichnet, dass die Absatzzahlen der Filialen im Jahresverlauf pro Monat um 200 Flaschen betragen. Diese Erkenntnis führt dazu, dass die Filialen der Trinkmann GmbH mit dieser Artikelgruppe in zeitlicher und mengenmäßiger Hinsicht konstant beliefert werden können.

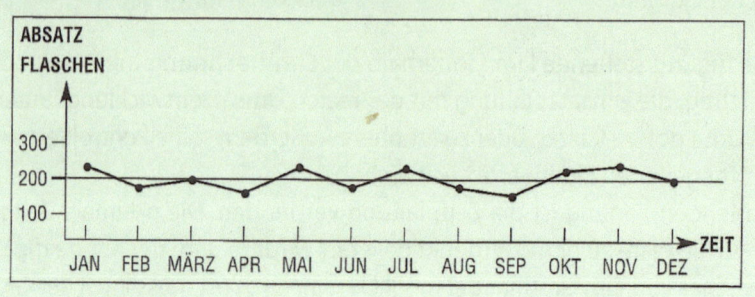

Saisonbedingter Absatzverlauf

Bei einem saisonbedingten Absatzverlauf sind zu bestimmten Zeiten im Jahresverlauf besonders hohe Absatzzahlen zu erkennen, die von den üblichen Mengen erheblich abweichen. Oft weisen die jeweils hohen Absatzzahlen eine zeitliche Kontinuität auf. Daher orientiert sich die Beschaffung an dem Saisonabsatzverlauf des Vorjahres und berücksichtigt z.B. Veränderungen des Marktes, Ferienordnung, Feiertage.

> Die Warengruppe Mineralwasser weist in den Filialen der Trinkmann GmbH nach den Absatzzahlen der Vergangenheit einen besonderen Anstieg in den Sommermonaten auf. Da dieser Anstieg seit vielen Jahren in diesem Zeitraum relativ zuverlässig eintritt, kann bei den Lieferanten für diesen Zeitraum eine größere Warenmenge vorgeordert werden.

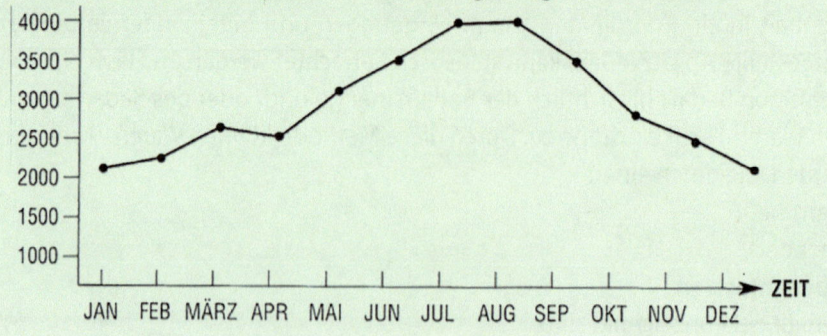

Trendbeeinflusster Absatzverlauf

Bei einem trendbeeinflussten Absatzverlauf sind trotz kurzfristiger Schwankungen steigende oder fallende Absatzverläufe zu beobachten. Die Kunst des Einkaufs liegt darin, den Trendhöhepunkt vorauszusehen, um bereits vor dem Saisonhöhepunkt die Beschaffungsmengen zu reduzieren.

> Die Artikelgruppe Ökosäfte weist gemäß des Warenwirtschaftssystems der Trinkmann GmbH seit der Einführung vor nicht ganz zwei Jahren steigende Absatzzahlen auf. Diese Entwicklung entspricht dem vorhergesagten Trend in den Fachzeitschriften. Die Teamleiterin im Einkauf wird die Bestellmengen erhöhen und gleichzeitig mit den Lieferanten in neue Konditionsverhandlungen treten.

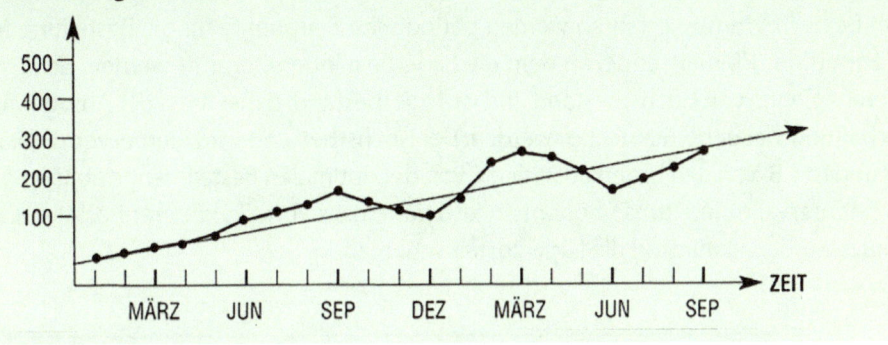

Bei Neuheiten oder Modeartikeln kann aufgrund fehlender Absatzzahlen aus der Vergangenheit auf die statistische Möglichkeit der absatzorientierten Bedarfsprognose nicht zurückgegriffen werden. Für die Bedarfsprognosen bezüglich der Neuheiten bedarf es eines qualifizierten, über sehr viel Erfahrung und Fingerspitzengefühl verfügenden Einkäufers.

Bestellpunktverfahren

Auch beim Bestellpunktverfahren lösen Zahlen des Absatzes die Bestellung aus. Bei jedem Verkauf wird der Lagerbestand überprüft. Die Bestellung erfolgt, wenn der Lagerbestand auf den Meldebestand abgesunken ist. Der Meldebestand ist abhängig vom Tagesabsatz und der Beschaffungszeit. Die Beschaffungszeit umfasst die Zeitspanne von der Bedarfsfeststellung bis zur Bereitstellung im Verkaufslager. Außerdem berücksichtigt der Meldebestand einen Sicherheits- bzw. Mindestbestand, der dauernd vorhanden sein soll, um z.B. unerwartete Kundennachfragen zu erfüllen, um Lieferverzögerungen auszugleichen, um Verderb zu berücksichtigen.

> *Meldebestand =*
> *Durchschnittlicher Tagesbedarf x Beschaffungsdauer + Mindestbestand*

7. Einkauf

Der Fachmarkt der Trinkmann GmbH in A-Stadt verkauft am Tag durchschnittlich 2 Flaschen Wodka der Marke „Moskita", die Lieferzeit beträgt 10 Tage. Der Sicherheitsbestand, der grundsätzlich nicht unterschritten werden soll, wurde mit 25 Stück festgelegt.

Meldebestand =
(Durchschnittlicher Tagesbedarf · Beschaffungsdauer) + Mindestbestand
(2 · 10) + 25 = 45
Der Meldebestand beträgt 45 Stück. Sobald der Lagerbestand diese Menge erreicht, wird bestellt, der Bestellzeitpunkt wird also durch den Meldebestand bestimmt.

Bestellrhythmusverfahren
Beim Bestellrhythmusverfahren werden periodische Zeitpunkte für die Bestellung festgelegt, z.B. zum Ultimo/Monatsende, an dem die Lagerbestände überprüft werden. Bestellt wird die Differenzmenge von Höchstbestand und Ist-Lagerbestand, dabei muss der Absatz während der Beschaffungsdauer berücksichtigt werden. Der Höchstbestand wird hierbei vom Einkauf festgelegt und ist z.B. von den Lagerkapazitäten, von der optimalen Bestellmenge abhängig. Je kürzer die Zeitintervalle sind, umso höher ist die Gefahr, dass Vorteile höherer Bestellmengen nicht genutzt werden, dafür sind die Lagerkosten sehr niedrig.

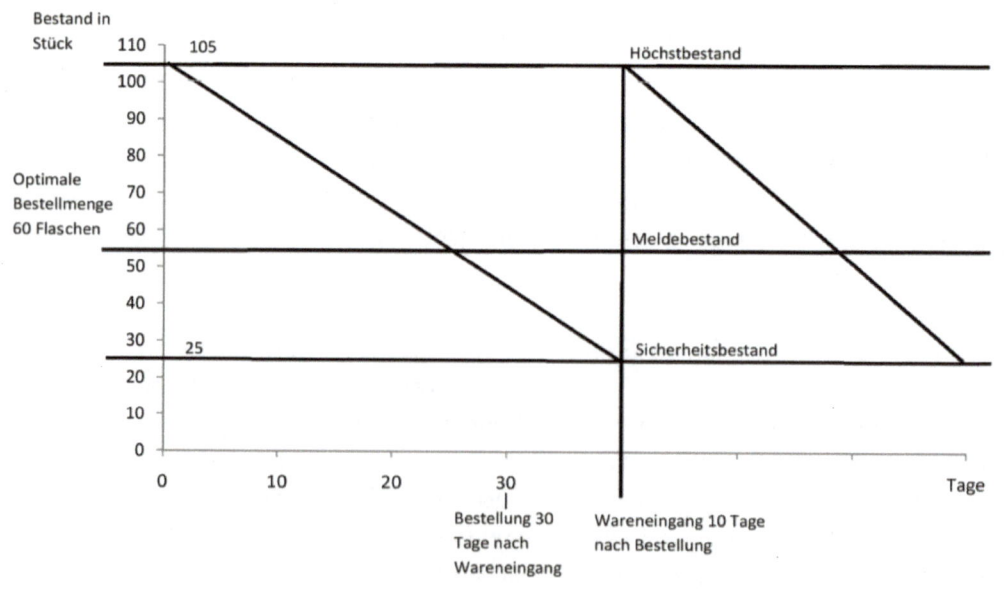

Bei einem **automatischen Bestellverfahren** erstellt das Warenwirtschaftssystem bei Erreichen des Meldebestandes bzw. an den Terminen des Bestellrhythmusverfahrens eine Bestellung;

beim **Bestellvorschlagssystem** zeigt das Warenwirtschaftssystem an, dass eine Bestellung erfolgen soll, und der Einkauf entscheidet, ob diese ausgeführt wird. Bei **EDI** (Electronic Data Interchange) überprüft der Lieferant den Meldebestand und veranlasst eine Lieferung.

7.4. Verhandlungsstrategien

7.4.1. Wissen ist Macht

Eine Verhandlung zwischen Einkäufer und Verkäufer ist nichts anderes als eine Situation oder ein Gespräch, in denen zwei völlig verschiedene Interessen aufeinander stoßen. Ein Einkäufer kann mit unterschiedlichen Strategien in eine Verhandlung gehen. Ein Einkäufer, der perfekt vorbereitet eine Verhandlung führt, ist immer im Vorteil gegenüber seinem Gesprächspartner. In einer Verhandlung wird sich derjenige durchsetzen, der strategisch vorgeht, aber auch im richtigen Moment Chancen entdeckt, die Verhandlung für sich zu entscheiden. Dabei muss er versuchen, mögliche Risiken und Fallen geschickt zu umgehen.
Die geeignete Strategie ist entscheidend; das persönliche Talent, eine Verhandlung zu führen, ist dagegen eher zweitrangig. Zugegeben – es müssen natürlich gewisse kommunikative Fähigkeiten vorhanden sein.
Neben einer sinnvollen Strategie ist der Grundsatz „Wissen ist Macht" von entscheidender Bedeutung. Nur ein Einkäufer, der sich im Vorfeld einen Wissensvorsprung angeeignet hat und das Thema der Verhandlung umfassend erfasst hat, kann aus vielen möglichen Strategien die richtige auswählen. Außerdem ist damit die Gesprächsführung gesichert. Aber Vorsicht: der Gesprächspartner in der Verhandlung hat sich bestimmt genauso sorgfältig vorbereitet wie der Einkäufer selbst.

7.4.2. Vorbereitung und Zielsetzung

Ziele: In der Vorbereitung auf eine Verhandlung geht es wie oben beschrieben darum, einen Wissensvorsprung zu erlangen. Des Weiteren ist die eigene Zielsetzung ein entscheidender Aspekt. Der Einkäufer muss ein realistisches und erreichbares Ziel formulieren. In einer Einkaufsverhandlung steht meist der Preis im Vordergrund, aber es können auch beispielsweise Qualitäts- oder Terminziele vereinbart werden.
Für den Einkäufer ist es wichtig, dass er einen Grundsatz nicht aus den Augen verliert: Am Ende der Verhandlung muss ein Kompromiss stehen, den sowohl der Einkäufer als auch der Verkäufer mittragen können. Für eine langfristige Geschäftsbeziehung ist es nicht sinnvoll, wenn der

Einkäufer alle seine Positionen durchsetzen konnte und der Verkäufer zähneknirschend zustimmen musste.

Wenn das Ziel klar formuliert wurde, ist es sinnvoll, einige Argumente, die der Zielerreichung dienen, schriftlich festzuhalten und sie sich damit für die Verhandlung zurechtzulegen. Der Einkäufer muss wissen, wo er Zugeständnisse machen kann. Umgekehrt wird es Ziele geben, die er erreichen muss. Vielleicht gibt es beim Preis und der Qualität keinen Spielraum, aber die Lieferzeit ist verhandelbar.

Falls Entscheidungs- oder Verhandlungsspielräume erkennbar sind, bedeutet das, dass Zugeständnisse grundsätzlich möglich sind, d.h. der Einkäufer sollte sich bei Preis, Qualität und Liefertermin bewusst sein, welche Ober- und Untergrenzen akzeptiert werden können bzw. nicht über- oder unterschritten werden dürfen.

Gesprächspartner: Der Einkäufer sollte versuchen, seinen Verhandlungspartner einzuschätzen. Dazu ist es wichtig, sein Geschlecht und Alter zu kennen. Welche Funktion hat er im Unternehmen? Hat er schon mal mit dem Einkäufer oder einer anderen Abteilung verhandelt?

Lieferant: Vor Verhandlungsbeginn muss bekannt sein, welche Märkte der Lieferant bedient, wie seine Umsatzsituation ist, ob unsere Wettbewerber beliefert werden, welche Produkte angeboten werden, usw. Genauso wichtig ist es, zu prognostizieren, welche Ziele der Lieferant in der Verhandlung verfolgt, welche Zugeständnisse von seiner Seite aus möglich sind, und welche Argumente der Lieferant anführen wird.

Am Ende der Vorbereitungsphase sind die eigenen Ziele klar formuliert, die Gegenseite wurde analysiert und deren Verhandlungsziele prognostiziert.

7.4.3. Strategien in der Verhandlung

Nach Abschluss der Vorbereitung kann sich der Einkäufer für eine der folgenden in der Praxis gängigen Strategien entscheiden.

Strategie der sogenannten „Little Steps"
Es gibt so umfangreiche Verhandlungen, dass weder Einkäufer noch Verkäufer sich im Gesamtergebnis durchsetzen können. Oftmals werden aber kleine Teilergebnisse erzielt, mit denen beide Parteien leben können. Einmal gewinnt der Einkäufer, ein anderes Mal der Verkäufer. Dies ist eine geeignete Methode, um zu verhindern, dass beide Parteien auseinandergehen, ohne ein Ergebnis erzielt zu haben.

7.4. Verhandlungsstrategien

Problemlösungsstrategie
Im Mittelpunkt steht hierbei ein Problem oder eine Anforderung, die beide Verhandlungspartner gemeinsam lösen müssen. Es geht hauptsächlich darum, als ein gemeinsames Ziel eine Leistung zu formulieren und Verantwortlichkeiten festzulegen. Meist teilen sich beide Gesprächspartner den Aufwand um dieses Ziel zu erreichen. Es ist eine offene und transparente Strategie, mit der häufig schnelle Einigung erzielt wird.

Defensive Strategie
Diese Strategie soll sozusagen das Schlimmste verhindern. Der Einkäufer wird sie nur anwenden, wenn er sich in der Verhandlung einem mächtigen Gesprächspartner gegenübersieht und es fast aussichtslos erscheint, seine eigenen Positionen durchzusetzen. Es gilt abzuwägen, ob es wert ist, alle eigenen Positionen aufzugeben, um möglicherweise einen besonderen Artikel im Sortiment aufzunehmen, der diese defensive Strategie rechtfertigt.

Offensive Strategie
Ein Einkäufer mit starker Markt- und Verhandlungsmacht kann offensiv Forderungen stellen, die sich an der Obergrenze des Verhandlungsspielraums befinden. Damit wird ein schwächerer Lieferant in die Defensive gedrängt, der Lieferant soll somit von vornherein auf seine Minimalforderungen begrenzt werden. Genauso lässt sich eine schwache Verhandlungsposition in eine starke Position umkehren, wenn der Gesprächspartner sich schlecht auf die Verhandlung vorbereitet hat.

Win-Win-Strategie
Vor ca. 30 Jahren hat sich diese Strategie (Harvard-Strategie) entwickelt. Sie basiert auf der Problemlösungsstrategie, bei der es darum geht, dass beide Parteien einer Verhandlung gemeinsam eine Lösung des Problems finden. Das weitergeführte Ziel ist ein gemeinsamer Konsens, oder noch besser eine Win-Win-Situation für Ein- und Verkäufer. Wenn beide Verhandlungspartner diese Strategie verfolgen, werden Sach- und Beziehungsebene getrennt. Beide Seiten haben Verständnis für die Argumente und Interessen des Gegenüber. Auf diese Weise wird ein Kompromiss leichter gefunden.

Es gibt keine richtige oder falsche Strategie. Je nach Situation für den Einkäufer oder auch für den Verkäufer können unterschiedliche Strategien geeignet sein. Während die Problemlösungsstrategie nicht immer anwendbar ist, sollte das Ziel für den Einkäufer auch bei überlegener Verhandlungsposition immer in einer Win-Win – Strategie liegen. Meist verhandelt der Einkäufer eines Handelsunternehmens nicht nur ein einziges Mal mit dem Lieferanten, beide Parteien sehen sich wieder. Dann ist der vergangene faire Umgang beiderseits eine willkommene

7. Einkauf

Möglichkeit, Zusatzleistungen wie beispielsweise kürzere Lieferzeiten oder andere Serviceleistungen „mitzunehmen".

7.5. Lieferantenbewertungen

7.5.1. Einbindung in das Lieferantenmanagement

„Ohne Bewertung keine Auswahl"

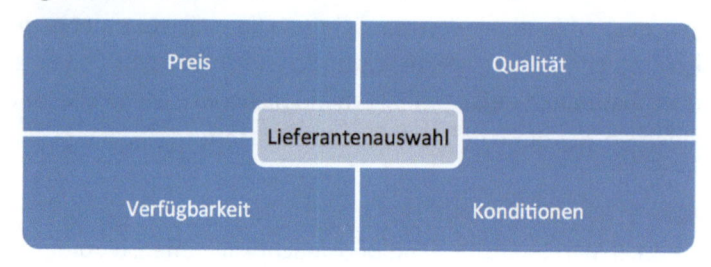

[Diagramm: Preis | Qualität | Verfügbarkeit | Konditionen – Lieferantenauswahl]

Die Bewertung von Lieferanten dient der Auswahl geeigneter Lieferanten und ist eingebunden in das Lieferantenmanagement. Ziel ist es, dass der Einkäufer die für das Unternehmen am besten geeigneten Lieferanten herausfindet.
Am Anfang steht die Identifizierung möglicher Lieferanten, danach wird – falls nötig – eine Vorauswahl getroffen, da die Anzahl möglicher Lieferanten sehr groß sein kann. Die verbleibenden Lieferanten werden genau analysiert.
Wenn der Einkauf neue Lieferantenmärkte erschließen will, ist die einmalige **Lieferantenbewertung** natürlich sinnvoll. Aber grundsätzlich sollte der Einkäufer auch seine bestehenden Lieferanten regelmäßig bewerten. Im Laufe der Zeit und langjähriger Geschäftsbeziehung können sich die Potenziale bestehender Lieferanten deutlich verändern.

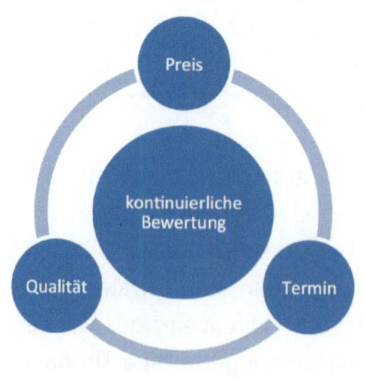

[Diagramm: kontinuierliche Bewertung – Preis, Qualität, Termin]

7.5.2. Nutzwertanalyse

Es gibt verschiedene Möglichkeiten, Lieferanten zu bewerten. Eine gängige Grundlage zur Lieferantenbewertung ist die Auswahl und Festlegung bestimmter Kriterien, die aufgrund der Lieferantenanalyse definiert werden konnten. Ziel ist es, die gesamte Leistungsfähigkeit eines oder mehrerer Lieferanten transparent und vergleichbar darzustellen. Diese Leistungsfähigkeit setzt sich eben aus verschiedenen Kriterien zusammen, kaum ein Lieferanten wir in allen Kriterien die Bestnoten bekommen. Die durchschnittliche Bewertung ist entscheidend.

Die Nutzwertanalyse – das verbreitetste Instrument zur Lieferantenbewertung!

In der Praxis werden folgende Kriterien häufig verwendet:
Image, Zuverlässigkeit, Standort, Entfernung, Flexibilität, Kommunikationsfähigkeit, Kooperationsfähigkeit, Qualität, Preise, Konditionen, Liefertreue, Zahlungsbedingungen, Innovationsfähigkeit

Die daraus entstehende Tabelle könnte folgendermaßen aussehen:

		Bewertung Punkte 1 – 10					
Kriterien	Gewichtung	Lief A	Punkte x Gewichtung	Lief B	Punkte x Gewichtung	Lief C	Punkte x Gewichtung
Entfernung							
Flexibilität							
Image	0,1	5	0,5	5	0,5	10	1
Innovationsfähigkeit							
Kommunikationsfähigkeit							
Konditionen							
Kooperationsfähigkeit							
Liefertreue							
Preise	0,5	9	4,5	5	2,5	4	2
Qualität	0,2	10	2	6	1,2	4	0,8
Standort							
Zahlungsbedingungen							
Zuverlässigkeit							

In der Spalte Gewichtung kann der Einkäufer bestimmte Kriterien priorisieren, die für das Handelsunternehmen entscheidend sind. Zu beachten ist hierbei, dass die Summe aller Gewichtungen 100% bzw. 1 nie übersteigt. Nun können die Lieferanten ABC beispielsweise mit Punkten von eins bis zehn bewertet werden, wobei in unserem Beispiel der Wert 10 der beste und 1 der schlechteste Wert ist.

7.5.3. Einteilung der Kriterien

Kriterien zur Beurteilung der wirtschaftlichen Lage
- Ertragslage
- Image
- Intensität bei Forschung und Entwicklung
- Kapitalbasis
- Kostenstruktur
- Marktstellung
- Organisation
- Qualität der Mitarbeiter
- Qualität des Managements
- Rechtsform

Kriterien zur Beurteilung der grundsätzlichen Eignung
- Anlieferungsmöglichkeiten
- EDI – Abstimmung
- Entfernung zum Abnehmer
- Flexibilität
- Garantie
- gemeinsame Investitionen
- gemeinsame Produktionsplanung/-steuerung
- Just-in-Time – Anbindung
- Kulanz
- Recycling/Entsorgung/Rückgabe
- Service

Kriterien zur Beurteilung im Hinblick auf die Produkte/Artikel
- Lieferbedingungen
- Liefertermine
- Preis
- Qualität
- Zahlungsbedingungen

7.5.4. Handlungsalternativen

Eine Nutzwertanalyse ist für den Einkäufer eine wertvolle Entscheidungshilfe. Dennoch muss der Einkäufer nun eine Entscheidung selbst treffen. Hier kommt es häufig zu sogenannten subjektiven Entscheidungen, der Einkäufer verlässt sich sozusagen auf sein Bauchgefühl. Immer dann, wenn mehrere oder alle Lieferanten in einem vergleichbaren Bewertungsbereich liegen, dann kann das trotz aller gewichteter Kriterien dazu führen, dass der Einkäufer nicht den objektiv geeignetsten Lieferanten favorisiert. Meist wählt der Einkäufer dann den Lieferanten aus, mit dem er schon seit langer Zeit zusammenarbeitet.

Möglicherweise führt die Lieferantenbewertung dazu, dass zwar der „beste" Lieferant Hauptlieferant bleibt, aber der „zweitbeste" Lieferant aufgebaut werden kann. Es gibt verschiedene Gründe, warum ein Einkäufer eines Handelsunternehmens diese Vorgehensweise wählt. Ein Grund kann sein, dass beim bisherigen einzigen Lieferanten in der Zukunft Engpässe drohen. Dann macht es natürlich Sinn, dass der Einkäufer frühzeitig einen weiteren Lieferanten in seine Anfragen mit einbezieht. Ziel könnte aber auch ein Sicherheitsaspekt sein, wenn, begründet durch höheres Auftragsvolumen, ein Strategiewechsel von Single Sourcing zu Dual Sourcing vollzogen werden soll.

In jedem Fall kann das Ergebnis einer Lieferantenbewertung zwischen Einkäufer und Lieferant diskutiert werden, was das gegenseitige Vertrauensverhältnis erhöht. Der TOP-Lieferant kann intern an den Kriterien arbeiten, in denen er schlechter abgeschnitten hat, um seine Gesamtnote noch zu verbessern, die Lieferanten aus dem Mittelfeld der Bewertung kann der kluge Einkäufer dahingehend motivieren, dass er transparent darstellt, an welchen Punkten Sie noch arbeiten müssen, um mit dem bisherigen Lieferanten in den Wettbewerb treten zu können.

Außer der Nutzwertanalyse gibt es noch weitere Bewertungsmöglichkeiten:

Wie die Nutzwertanalyse können Lieferanten nach weiteren sogenannten qualitativen Verfahren bewertet werden. Die Checklisten-Methode oder die Portfolio-Methode, aber auch einfache Noten- und Punktesysteme finden in der Praxis häufige Anwendung. Bei den quantitativen Verfahren wird sehr oft das Kennzahlen-Verfahren eingesetzt. Dabei werden einzelne Kriterien wie Termintreue, Servicegrad, Angebotsanzahl, usw. Ins Verhältnis zur maximal möglichen erreichbaren Leistung gesetzt. Die daraus abgeleiteten Kennzahlen machen alle Lieferanten miteinander vergleichbar.

7. Einkauf

7.6 Aufgaben zur Selbstkontrolle

Aufgabe 1
Erläutern Sie den Begriff „antinomische Beziehungen", auch an einem Beispiel.

Aufgabe 2
Welche Vor-/Nachteile sind beim Vergleich von Local Sourcing und Global Sourcing erkennbar?

Aufgabe 3
Erläutern Sie die Funktion und Bedeutung von Einkaufskooperationen.

Aufgabe 4
Beschreiben Sie, welche Auswirkungen „Trading up" bzw. „Trading down" auf den Einkauf eines Handelsbetriebs hat.

Aufgabe 5
Worin liegt der Unterschied zwischen einem konstanten und einem saison-/trendbeeinflussten Absatzverlauf?

Aufgabe 6
Beschreiben Sie das Bestellpunkt- und das Bestellrhythmusverfahren

Aufgabe 7
Erläutern Sie fünf Verhandlungsstrategien, die in der Praxis häufig vorkommen.

Aufgabe 8
Beschreiben Sie den Ablauf einer Nutzwertanalyse.

Lösungen

Aufgabe 1
Neben dem Verkauf und dem Lager ist der Einkauf eine der tragenden Säulen des Handelsunternehmens. Einkauf, Verkauf und Lager stehen untereinander und miteinander in Beziehung. Keine der drei Abteilungen kann eigene Ziele selbstständig verfolgen und erreichen, ohne die anderen Abteilungen zu beeinflussen. Diese Wechselbeziehungen nennt man antinomische Beziehungen.

Beispiel:
- Ziel des Einkaufs: Minimale Beschaffungs- und Bestellkosten
- Ziel des Vertriebs: Hohe Verfügbarkeit und breite Sortimente
- Ziel des Lagers: Minimale Bestände und geringe Kapitalbindung

Aufgabe 2
Local Sourcing Vorteile:
- Kürzere Transportwege und -zeiten
- Geringere Transportkosten
- Geringeres Ausfallrisiko, daher Just-in-Time (JIT) und Just-in-Sequence (JIS) sehr gut umsetzbar
- Umweltfreundlich im Vergleich zur Beschaffung auf den Weltmärkten
- Positives Image durch Unterstützung lokaler Anbieter und Hersteller

Local Sourcing Nachteile:
- Höhere Preise
- Beschränkung von Ressourcen und Kapazitäten
- Berücksichtigung der Interessen der lokalen Bevölkerung

Global Sourcing Vorteile:
- Keine Beschränkung von Ressourcen und Kapazitäten
- Keine Abhängigkeit von wenigen Lieferanten
- Beschaffung von Ressourcen, die im eigenen Land nicht verfügbar sind
- Wettbewerb für Lieferanten aus dem Inland
- Spezialisierung der Beschaffungsmärkte

Global Sourcing Nachteile:
- Ständige Marktbeobachtung
- Hohe Transportkosten, Wechselkursschwankungen, Zölle, Lieferzeiten
- Währungsrisiken
- Imageprobleme durch schlechte Arbeitsbedingungen in Entwicklungsländern
- Krieg & Terror
- Moderne Logistikkonzepte (JIT, JIS) nur schwer realisierbar

Aufgabe 3
Handelsunternehmen, die in einer Einkaufskooperation organisiert sind, verfolgen eine Mischform des Einkaufs; einen Teil des Einkaufsbudgets überlässt das Handelsunternehmen der

7. Einkauf

Einkaufskooperation. Dabei ist es unterschiedlich geregelt, wie weit sich das Unternehmen gegenüber der Gruppe verpflichten muss. Rechtlich ist ein Zwang zur Warenabnahme bei der Verbundgruppe unzulässig. Dies sichert einerseits die Selbstständigkeit des Händlers, schränkt jedoch auch die Handlungsfähigkeit und Schlagkraft des Verbandes gegenüber den konkurrierenden Großunternehmen ein.

Mittelständische Unternehmen entscheiden sich häufig für eine Einkaufskooperation, um konkurrenzfähige Artikel zu führen, interessante Einstiegspreislagen anzubieten, günstige Einkaufskonditionen zu erhalten und Handelsmarken zu präsentieren. Dabei kann das Unternehmen sich zu der Mitgliedschaft in einer der großen Einkaufskooperationen entscheiden, daneben gibt es noch kleinere Kooperationen, die sich um einen Großhändler, einen Importeur oder einen umsatzstarken Einzelhändler bilden. Dabei ist wichtig, dass die Mitglieder homogen sind, einer Betriebsform angehören, ähnliche Sortimente führen und annähernd gleiche Umsatzzahlen erreichen.

Aufgabe 4
Die Vorgehensweise, sowohl das Preisniveau, als auch die Qualität des Produkts zu erhöhen, nennt man Trading up. Hier hat der Einkäufer sehr großen Einfluss auf die Handelsspanne, gleichbleibende oder sogar sinkende Einkaufspreise beeinflussen diese Spanne positiv, während der höhere Preis natürlich das Kaufverhalten der Kunden nicht entscheidend verändern darf. In dieser Situation sollte der Einkauf langfristige Geschäftsbeziehung mit wenigen Lieferanten anstreben, die die höhere Produktqualität auch liefern können, damit der Kunde zufrieden gestellt wird. Soll das Leistungsniveau oder die Qualität des Produkts oder des Sortiments verringert werden, dann spricht man vom Trading down. Normalerweise folgt daraus eine Preissenkung, was höhere Umsätze erahnen lässt.

Aufgabe 5
Bei einem konstanten Absatzverlauf können geringe Absatzschwankungen auftreten, langfristig betrachtet ist der Verlauf jedoch gleich bleibend, während ein saisonbedingter Absatzverlauf zu bestimmten Zeiten des Jahres durch besonders hohe Absatzzahlen gekennzeichnet ist, die von den üblichen Mengen erheblich abweichen. Oft weisen die jeweils hohen Absatzzahlen eine zeitliche Kontinuität auf. Daher orientiert sich die Beschaffung an dem Saisonabsatzverlauf des Vorjahres und berücksichtigt z.B. Veränderungen des Marktes, Ferienordnung, Feiertage. Bei einem trendbeeinflussten Absatzverlauf sind trotz kurzfristiger Schwankungen steigende oder fallende Absatzverläufe zu beobachten. Die Kunst des Einkaufs liegt darin, den Trendhöhepunkt vorauszusehen, um bereits vor dem Saisonhöhepunkt die Beschaffungsmengen zu reduzieren.

Aufgabe 6
Beim Bestellpunktverfahren lösen Absatzzahlen die Bestellung aus. Bei jedem Verkauf wird der Lagerbestand überprüft. Die Bestellung erfolgt, wenn der Lagerbestand auf den Meldebestand abgesunken ist. Der Meldebestand ist abhängig vom Tagesabsatz und der Beschaffungszeit. Die Beschaffungszeit umfasst die Zeitspanne von der Bedarfsfeststellung bis zur Bereitstellung im Verkaufslager. Außerdem berücksichtigt der Meldebestand einen Sicherheits- bzw. Mindestbestand, der dauernd vorhanden sein soll, um z.B. unerwartete Kundennachfragen zu erfüllen, um Lieferverzögerungen auszugleichen, um Verderb zu berücksichtigen.

Beim Bestellrhythmusverfahren werden periodische Zeitpunkte für die Bestellung festgelegt, z.B. zum Ultimo/Monatsende, an dem die Lagerbestände überprüft werden. Bestellt wird die Differenzmenge von Höchstbestand und Ist-Lagerbestand, dabei muss der voraussichtliche Absatz während der Beschaffungsdauer berücksichtigt werden. Der Höchstbestand wird hierbei vom Einkauf festgelegt und ist z.B. von den Lagerkapazitäten, von der optimalen Bestellmenge abhängig. Je kürzer die Zeitintervalle sind, umso höher ist die Gefahr, dass Vorteile höherer Bestellmengen nicht genutzt werden, dafür sind die Lagerkosten sehr niedrig

Aufgabe 7
Strategie der sogenannten „Little Steps"
Es gibt so umfangreiche Verhandlungen, dass weder Einkäufer noch Verkäufer sich im Gesamtergebnis durchsetzen können. Oftmals werden aber kleine Teilergebnisse erzielt, mit denen beide Parteien leben können. Einmal gewinnt der Einkäufer, ein anderes Mal der Verkäufer. Dies ist eine geeignete Methode, um zu verhindern, dass beide Parteien auseinandergehen, ohne ein Ergebnis erzielt zu haben.

Problemlösungsstrategie
Im Mittelpunkt steht hierbei ein Problem oder eine Anforderung, die beide Verhandlungspartner gemeinsam lösen müssen. Es geht hauptsächlich darum, als ein gemeinsames Ziel eine Leistung zu formulieren und Verantwortlichkeiten festzulegen. Meist teilen sich beide Gesprächspartner den Aufwand um dieses Ziel zu erreichen. Es ist eine offene und transparente Strategie, mit der häufig schnelle Einigung erzielt wird.

Defensive Strategie
Diese Strategie soll sozusagen das Schlimmste verhindern. Der Einkäufer wird sie nur anwenden, wenn er sich in der Verhandlung einem mächtigen Gesprächspartner gegenübersieht und es fast aussichtslos erscheint, seine eigenen Positionen durchzusetzen. Es gilt abzuwägen, ob es wert ist, alle eigenen Positionen aufzugeben, um möglicherweise einen besonderen Artikel im Sortiment aufzunehmen, der diese defensive Strategie rechtfertigt.

Offensive Strategie

Ein Einkäufer mit starker Markt- und Verhandlungsmacht kann offensiv Forderungen stellen, die sich an der Obergrenze des Verhandlungsspielraums befinden. Damit wird ein schwächerer Lieferant in die Defensive gedrängt, der Lieferant soll somit von vornherein auf seine Minimalforderungen begrenzt werden. Genauso lässt sich eine schwache Verhandlungsposition in eine starke Position umkehren, wenn der Gesprächspartner sich schlecht auf die Verhandlung vorbereitet hat.

Win-Win-Strategie

Vor ca. 30 Jahren hat sich diese Strategie (Harvard-Strategie) entwickelt. Sie basiert auf der Problemlösungsstrategie, bei der es darum geht, dass beide Parteien einer Verhandlung gemeinsam eine Lösung des Problems finden. Das weitergeführte Ziel ist ein gemeinsamer Konsens, oder noch besser eine Win-Win-Situation für Ein- und Verkäufer. Wenn beide Verhandlungspartner diese Strategie verfolgen, werden Sach- und Beziehungsebene getrennt. Beide Seiten haben Verständnis für die Argumente und Interessen des Gegenüber. Auf diese Weise wird ein Kompromiss leichter gefunden.

Aufgabe 8

Grundlage einer Nutzwertanalyse ist die Auswahl und Festlegung bestimmter Kriterien, die aufgrund der Lieferantenanalyse definiert werden konnten. Daraus entsteht eine Tabelle, in der Kriterien in Bezug zu den Lieferanten gesetzt und bewertet werden. Je nach Wichtigkeit oder Bedeutung werden einzelne Kriterien mit einem Faktor unterschiedlich gewichtet und somit priorisiert. Aufsummiert entsteht für jeden Lieferanten ein aus allen Teilergebnissen bestehendes Gesamtergebnis und für alle Lieferanten daraus eine Rangliste.

8. Außenhandel

Der DIHK-Rahmenplan verlangt von Ihnen, dass Sie Außenhandelsgeschäfte einleiten, die Unterstützungsstrukturen nutzen und den Aufbau von Auslandsniederlassungen prüfen können.

8.1 Anbahnung von Außenhandelsgeschäften

In diesem Kapitel befassen wir uns mit dem Waren-, Dienstleistungs- und Kapitalverkehr Deutschlands mit den Mitgliedstaaten der EU, sowie den übrigen Ländern der Welt – den sogenannten Drittländern.
Außenhandelsgeschäfte im engeren Sinne sind der Export und Import von Waren sowie der Transithandel. Diese drei Bereiche nennt man auch die Grundformen des Außenhandels.
Export ist die grenzüberschreitende Bereitstellung von Waren und Leistungen. Findet diese innerhalb der EU statt, so spricht man zolltechnisch nur von Versand, erfolgt die Lieferung in ein Land außerhalb der E,U spricht man zolltechnisch von Ausfuhr. Die Durchführung dieser Außenhandelsgeschäfte kann entweder als

- direkter Export, d. h. der Hersteller = Exporteur nimmt keinen Absatzmittler in Deutschland für dieses Geschäft in Anspruch, oder als
- indirekter Export, d. h. der deutsche Hersteller verkauft seine Produkte und Leistungen über einen in Deutschland ansässigen Exporthändler ins Ausland, erfolgen.

Direkter Export: Export ohne Absatzmittler
Indirekter Export: Export über inländischen Exporthändler

Direkter Export: Die Trinkmann GmbH hat einen ersten Auftrag aus Kasachstan über Hefeweißbier in Fässern erhalten.
Indirekter Export: Die Holi Handels GmbH hat aufgrund der guten Beziehungen ihres Geschäftsführers zu saudi-arabischen Importeuren einen Auftrag für regelmäßige Lieferungen von Rinder- und Geflügelfrischfleisch erhalten. Sie beauftragt die Württembergische Schlachthof AG mit der Ausfuhr dieses Fleisches nach Saudi-Arabien.

Import ist der grenzüberschreitende Bezug von Waren und wirtschaftlichen Leistungen. Erfolgt dieser aus Ländern der EU, so spricht man zolltechnisch von Eingang, erfolgt der Bezug aus Drittländern, so spricht man von Einfuhr.
Auch hier ist die Durchführung wieder möglich als

- direkter Import, d. h. die in Deutschland ansässige Firma importiert direkt Waren oder Leistungen aus dem Ausland, oder
- indirekter Import, d. h. ein Unternehmen mit Sitz in Deutschland kauft ausländische Waren über einen Importhändler mit Sitz in Deutschland.

Als Transithandelsgeschäfte bezeichnet man Dreiecksgeschäfte, die über zwei Staatsgrenzen abgewickelt werden. Man unterscheidet

- aktiven Transithandel: Streckengeschäfte, wenn der Transithändler seinen Sitz in Deutschland hat, und
- passiven Transithandel: Streckengeschäfte, wenn der Transithändler seinen Sitz im Ausland hat und das Unternehmen mit Sitz in Deutschland entweder als Exporteur oder als Importeur der Waren fungiert.

Als Sonderformen des Außenhandels bezeichnet man

- **Direktinvestitionen,** von in Deutschland ansässigen Unternehmen im Ausland, als auch von ausländischen Unternehmen in Deutschland – Gründung einer Niederlassung, Gründung eines Unternehmens, Kauf eines Unternehmens oder Beteiligung an einem Unternehmen.
- **aktiven und passiven Veredelungsverkehr:** Als Veredelung bezeichnet man die Bearbeitung, Verarbeitung oder Ausbesserung von Waren.
  Aktive Veredelung liegt vor, wenn Waren aus einem Drittland in Deutschland veredelt werden und dann wieder aus der EU exportiert werden (es fallen keine Zollabgaben an).
  Als passive Veredelung bezeichnet man die Lieferung von Halbfertigwaren in ein Drittland, die dann nach Veredelung zu Fertigwaren wieder in die EU importiert werden (es wird der sog. Differenzzoll erhoben).
- **Großanlagengeschäfte** (erfolgen i.d.R. über internationale Ausschreibungen), Beispiel: Erweiterung des Flughafens in Dubai.
- **Kooperationen** im Ausland. Diese sind horizontal = innerhalb der gleichen Branche, vertikal = mit vor- oder nachgelagerten Branchen oder diagonal/lateral = mit unterschiedlichsten Branchen möglich.
- **Lizenzverträge** mit dem Ausland als internationale Verwertung von Schutzrechten (Patente, Geschmacks- und Gebrauchsmuster, Marken- und Warenzeichen usw.) oder auch **Franchiseverträge** als internationale Verwertung einer Marketingkonzeption mit **sehr** enger Bindung zwischen Franchisegeber und Franchisenehmer.
- **Kompensationsgeschäfte** sind Warentauschgeschäfte, bei denen kein gegenseitiger Transfer von Geldbeträgen zwischen den beiden beteiligten Ländern stattfindet.

8.1.1 Formen und Motive für außenwirtschaftliche Aktivitäten

Formen dieser außenwirtschaftlichen Aktivitäten sind i.d.R.:
- Global Selling – global marketing = weltweiter Absatz der eigenen Erzeugnisse
- Global Sourcing = globale Beschaffungsstrategie, also weltweiter Einkauf.
- Global Outsourcing = Suche nach dem kostengünstigsten Produktionsstandort in der Welt.

Weltweiter Absatz, weltweite Beschaffung oder weltweite Produktion können Triebfeder der Außenwirtschaft sein!

Im Einzelnen stellen sich die Motive für Im- und Export so dar:

Absatzorientierte Motive:
- Umsatzausweitung
- Marktentwicklung
- Erhöhung der weltweiten Marktanteile
- Stärkung der Marktmacht
- Verbesserung von Deckungsbeitrag und Gewinn
- Risikoverteilung durch größeren Abnehmerkreis

Beschaffungs- und kostenorientierte Motive:
- Verlagerung lohnintensiver Arbeiten in Billiglohnländer
- Beschaffung preiswerter Güter aus dem Ausland
- Umgehung kostenintensiver Umweltschutzauflagen

Besondere Motive für das Importgeschäft:
- Agrarprodukte, die bei uns nicht gedeihen
- Beschaffung ausländischer Spezialitäten
- Deckung des Bedarfs fehlender Rohstoffe

8.1.2 Bestimmungsfaktoren für die Auswahl von Auslandsmärkten

Zunächst wird man die Kriterien festlegen, nach denen die Auswahl der Auslandsmärkte erfolgen soll. Diese sollten eine Beurteilung der Markt- und Länder-Risiken sowie Marktchancen ermöglichen.

Als nächsten Schritt wird man Maßnahmen zusammenstellen, mit denen man Kundenkontakte in den ausgewählten Ländern herstellen kann.

8.1.3 Länderauswahl

Die Basis der Länderauswahl für die Auslandsaktivitäten eines Unternehmens sind die Marketingziele und die daraus entwickelte Auslands-Marketingstrategie. Die Auswahlverfahren, die in der Praxis eingesetzt werden, erfordern

- beim **Vorauswahlverfahren** die Bestimmungsgrößen festzulegen, die als Mindestvoraussetzung für eine weitergehende Prüfung der Länderauswahl erfüllt sein müssen. Dies können z. B. sein:
    - stabile politische Verhältnisse,
    - konvertierbare (= frei tauschbare) Währung
    - Büro einer Auslandshandelskammer usw.
- beim **Punktbewertungsverfahren** werden dann weitergehende Auswahlkriterien festgelegt, die dann eine konkrete Empfehlung für die Bearbeitung dieses ausländischen Marktes möglich machen.

Weitere Kriterien können z. B. sein:
- Bevölkerungszahl
- Veränderung des realen BIP der letzten drei Jahre
- Pro-Kopf-Einkommen
- Welche Mengen unserer Strategischen Geschäftseinheiten importiert das Land insgesamt, welche aus Deutschland?
- übliche Handelsmargen in unserer Branche
- Infrastruktur (Ausstattung der Häfen, Flughäfen, Telekommunikation usw.)

Diese Kriterien werden nun gewichtet (Summe z. B. 100 %) und dann mit Punkten bewertet – z. B. 10 Punkte = sehr attraktiv, 5 Punkte = durchschnittlich, 0 Punkte = Markteintritt nicht empfehlenswert. Danach wird die Punktzahl mit der Gewichtung multipliziert und dann die Gesamtpunktzahl je Auslandsmarkt ermittelt.

8.1 Anbahnung von Außenhandelsgeschäften

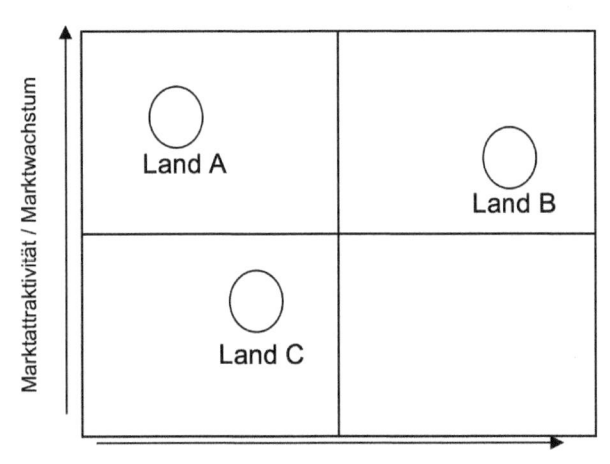

Diagramm: Marktattraktivität / Marktwachstum (y-Achse) vs. Risikopotenzial / Wettbewerbssituation (x-Achse) mit Land A (oben links), Land B (oben rechts) und Land C (unten links).

Bei großen Auslandsmärkten wie den USA, China oder Brasilien ist eine Marktsegmentierung notwendig. Dabei kann jeder Markt gesondert nach den klassischen Segmentierungskriterien – geographisch, demographisch, psychographisch oder verhaltensorientiert – eingeteilt werden. Marktforschungsinstitute haben länderübergreifende Segmentierungskriterien geschaffen, die möglichst homogene Marktsegmente finden lassen.

Auswahl von Lieferanten
Die internationale Verflechtung der deutschen Wirtschaft mit den Weltmärkten erfordert auch bei der Beschaffung von Rohstoffen und Halbfertig- und Fertigerzeugnissen eine sorgfältige Importmarktforschung zur weltweiten Auswahl von Lieferanten. Die Ausweitung des Einkaufs auf alle wichtigen Weltmärkte wird dadurch erleichtert, dass protektionistische Maßnahmen in der sehr liberalen deutschen Wirtschaftspolitik so gut wie keine Rolle spielen. Außerdem fördert die EU die Zusammenarbeit mit vielen Ländern durch sog. Präferenzabkommen *(siehe Kapitel 4)*.
Die Auswahl des richtigen Lieferanten wird von unseren Beschaffungszielen bestimmt. Wichtige Informationsbereiche für eine erfolgreiche Importmarktforschung sind:
- Rohstoffvorkommen und Warenangebot des Lieferlandes,
- Wettbewerbssituation am Markt des Lieferlandes,
- Transportwege und Entfernungen, Kosten der Transportmittel,
- Einflussfaktoren auf die Importpreise,
- Rechtliche und zollrechtliche Rahmenbedingungen der beteiligten Länder.

Je unterschiedlicher die Kulturen und je größer die Entfernung zwischen Lieferant und Kunden sind, umso größer wird das Geschäftsrisiko. *Der Bereich der Außenhandelsrisiken und insbesondere der Länderrisiken wird in Kapitel 8.3 behandelt.*

8.2 Quellen zur Beratung und Unterstützung im Außenhandel

8.2.1 Öffentlich-rechtliche Einrichtungen

Die **Industrie- und Handelskammern** (IHK'n) nehmen als öffentlich-rechtliche Körperschaften das Gesamtinteresse der ihnen zugehörigen Unternehmen gegenüber Politik, Verwaltung und Öffentlichkeit wahr. Sie führen auch Zoll- und Außenhandelsseminare durch.
Der **Deutsche Industrie- und Handelskammertag** (DIHK) übernimmt als IHK – Dachorganisation die Interessenvertretung der deutschen Wirtschaft gegenüber der Bundespolitik und den europäischen Institutionen.
Die **Deutschen Auslandshandelskammern** (AHK'n) fördern an 120 Standorten in 80 Ländern weltweit die außenwirtschaftlichen Beziehungen der deutschen Wirtschaft. Das Dienstleistungsangebot reicht von Marktinformationen bis hin zur individualisierten Markteinstiegsberatung und der Erarbeitung entsprechender Strategien:
Zusätzlich bieten alle AHK'n standortspezifische Dienstleistungen an. AHK'n erbringen ihre Dienstleistungen auf Wunsch auch länderübergreifend im Verbund.
Statistisches Bundesamt Deutschland: Im Jahr 2017 wurden von Deutschland Waren im Wert von 1.279 Milliarden Euro ausgeführt und Waren im Wert von 1.035 Milliarden Euro eingeführt. Der Außenhandelssaldo erreichte einen Überschuss von 244 Milliarden Euro.
Die Außenhandelsergebnisse werden vom Statistischen Bundesamt monatlich veröffentlicht. Statistische Daten über den Außenhandel finden Sie zusätzlich über die Vereinten Nationen oder die Organisation for Economic Cooperation and Development (OECD).
Germany Trade and Invest: Die Germany Trade & Invest ist die Gesellschaft der Bundesrepublik Deutschland für Außenwirtschaft und Standortmarketing für Deutschland. Die Gesellschaft vermarktet den Wirtschafts- und Technologiestandort Deutschland im Ausland, informiert und berät deutsche Unternehmen über Auslandsmärkte und begleitet ausländische Unternehmen bei der Ansiedlung in Deutschland.
Internetportale der GTAI sind z. B. Trade und Invest.

8.2.2 Verbände und andere private Institutionen

AUMA – Ausstellungs- und Messe-Ausschuss der deutschen Wirtschaft
Zum Ausstellungs- und Messeausschuss der deutschen Wirtschaft e. V. (AUMA) zählen die Spitzenverbände der Deutschen Industrie, des Handwerks und der Agrarwirtschaft sowie der Deutsche Industrie- und Handelskammertag.
Als Spitzenverband der deutschen Messebranche richtet er seine Tätigkeit darauf aus, dass

- Messen für die ausstellende und besuchende Wirtschaft ein leistungsfähiges Marketinginstrument sind,
- der Messeplatz Deutschland mit seinen internationalen Veranstaltungen weltweit an der Spitze steht,
- Messen deutscher Veranstalter im Ausland führend sind,
- ein internationaler Messekalender veröffentlicht wird und
- dass Unternehmen Check-Listen (Messe-Nutzen-Check) für die Vorbereitung, Durchführung und Nachbereitung von Messen anfordern können (www.auma.de).

Bundesverband des Deutschen Groß- und Außenhandels
Der Bundesverband des Deutschen Groß- und Außenhandel (BGA) besteht aus Unternehmen der Bereiche Produktionsverbindungshandel, Konsumgütergroßhandel, Großhandel mit Ernährungs- und Agrargütern, sowie Außenhandel. Der Verband vertritt etwa 120 000 Unternehmen.

8.2.3 Förderprogramme der EU

Der Europäische Binnenmarkt soll den freien Verkehr von Waren, Dienstleistungen, Personen und Kapital innerhalb der Gemeinschaft der Mitgliedstaaten sicherstellen. Investitions- oder Finanzierungshilfen der EU sind aber die Ausnahme. Sie dienen z. B.
- der Bekämpfung der Arbeitslosigkeit durch den Europäischen Sozialfonds,
- der Behebung regionaler Unterschiede innerhalb der EU durch den Fonds für regionale Entwicklung (EFRE).

8.2.4 Aufbau von Niederlassungen

Die Gründung einer Auslandsniederlassung stellt eine Direktinvestition im Ausland dar und dient der Schaffung von engeren Kontakten zu den ausländischen Kunden bzw. Lieferanten. Die Motive für die Gründung einer solchen Niederlassung kann man in vier Kategorien einteilen:
- Absatzorientierte Motive wie Absatzmarkterschließung, Kundennähe,
- Beschaffungsorientierte Motive wie sicherer Rohstoffbezug, Technologiezugang,
- Kostenorientierte Motive wie billigere Arbeitskräfte, günstigere Produktionskosten, niedrigere Steuerbelastung,
- Umweltorientierte Motive wie vorteilhafte rechtliche Rahmenbedingungen.

8. Außenhandel

Fallbeispiel: Der Cash & Carry Konzern XY AG entsendet seinen langjährigen Mitarbeiter F. Müller als Delegierten nach Rio de Janeiro, Brasilien, um die Gründung einer Vertriebsgesellschaft vorzubereiten und alle dazu notwendigen Informationen für eine Investitionsentscheidung zu sammeln, die später (bei Bedarf) zu einer Cash & Carry Supermarktkette ausgebaut werden kann.

Vorteile einer solchen Direktinvestition im Ausland können sein:
- Präsenz am Absatz-/Beschaffungsmarkt
- Verbesserung der Wettbewerbsfähigkeit
- Umgehung von Handelshemmnissen
- Steueranreize des Auslands und ähnliches mehr.

Als Nachteile kann man nennen:
- Hoher Kapitalbedarf
- Langfristige Kapitalbindung
- Politische Risiken im Investitionsland
- Schwierigkeit der Beschaffung qualifizierten Personals im Ausland

8.3 Außenhandelsrisiken und Maßnahmen zur Risikominderung

Wirtschaftliche Tätigkeiten im Außenhandel sind immer mit besonderen Risiken verbunden. Sie gehen über die auch im Inland bestehenden Risiken wie das Marktrisiko, das Preisrisiko und das allgemeine Unternehmerrisiko hinaus.

Im Außenhandel wird (in Anlehnung an Jahrmann) zwischen folgenden Risiken unterschieden:

8.3.1 Kunden- und länderspezifische Risiken im Auslandsgeschäft

Kundenspezifische Risiken

a. Das Zahlungsrisiko: Dieses Risiko ist die Gefahr, durch Zahlungsunfähigkeit oder wegen Zahlungsunwilligkeit des ausländischen Kunden eine Exportforderung ganz oder teilweise zu verlieren.

Absicherungsmöglichkeiten sind:
- Vorauszahlung (evtl. abgesichert durch eine Vorauszahlungsbankgarantie = advance payment guarantee)
- Nachnahme oder COD-Verfahren (COD = cash on delivery)
- Zahlungsgarantie der Bank des Käufers

- Dokumenten-Inkasso (nur bei Schiffstransport)
- Dokumenten-Akkreditiv
- Private Kreditversicherung
- Euler-Hermes-Deckung durch Staatsbürgschaft bzw. Staatsgarantie

b. Das Fabrikationsrisiko: Dieses Risiko bezeichnet die Gefahr, dass der ausländische Kunde einen fest erteilten Auftrag willkürlich storniert oder die vertragsgemäß gelieferten Waren nicht annimmt. Absicherungsmöglichkeiten können sein:
- Vorauszahlung
- Anzahlung
- Dokumenten-Akkreditiv
- Euler-Hermes-Deckung

Länderspezifische Risiken

Die länderspezifischen Risiken beschreiben die Unsicherheiten, die in der politischen Situation oder in staatlichen Aktivitäten des Käuferlandes begründet sind.

a. Die politischen Risiken im engeren Sinn: Darunter versteht man die Risiken Krieg, Revolution, Unruhen, Streik, Terror, Piraterie und dadurch verursachte staatliche Eingriffe in den Außenhandel.

b. Das Transfer-, Moratorium- und Konvertierungsrisiko:
- **Transferrisiko:** Die vom ausländischen Käufer in seiner Landeswährung bei seiner Bank eingezahlten Beträge dürfen vorübergehend nicht ins Ausland transferiert werden.
- **Konvertierungsrisiko:** Die inländische Währung des zahlungspflichtigen Landes kann nicht mehr in ausländische Devisen umgetauscht werden.
- **Moratoriumsrisiko:** Ein Importland erklärt sich für vorübergehend zahlungsunfähig und bittet um zeitweilige Zahlungsstundung.

In all diesen Fällen erhält der Exporteur keine Zahlung. Absicherungsmöglichkeiten für a. und b.:
- Vorauskasse
- Bestätigtes Dokumenten-Akkreditiv
- Euler-Hermes-Deckung (Absicherung des Zahlungs- und Fabrikationsrisikos deckt zugleich auch alle politischen Risiken)

8.3.2 Sonstige Risiken

Das Währungsrisiko
Als Währungsrisiko bezeichnet man die Verlustmöglichkeit bei Vertragsabschluss in ausländischer Währung
- für den Exporteur durch steigende Devisenkurse der Vertragswährung zum EURO im Zeitraum zwischen Abgabe eines bindenden Angebots und Zahlungseingang oder
- für den Importeur durch fallende Devisenkurse der Vertragswährung zum EURO im Zeitraum zwischen fester Bestellung und Zahlungstermin eintreten können.

Absicherungsmöglichkeiten:
- Vertragsabschluss in EURO
- Devisentermingeschäft
- Devisenoptionsgeschäft
- Diskontierung von Fremdwährungswechseln
- Euler-Hermes-Deckung, bei Laufzeiten von mehr als 2 Jahren.

Das Transportrisiko
Hierunter versteht man das Risiko, dass die Waren während des Transports beschädigt werden, verderben oder verloren gehen. Außerdem besteht das Risiko der Lieferverzögerung und der Lieferung an einen falschen Ort. Absicherungsmöglichkeiten sind:
- Vertragsabschluss einer Transportversicherung nach deutschem Recht (ADS, ADB) oder nach englischem Recht (Institute Cargo Clauses A, B, C) als Einzelpolice oder eines Rahmenvertrages mit einer Generalpolice
- Wahl einer entsprechenden Incoterms 2010:
  EXW innerhalb der EU oder FCA für Drittlands Export als Exporteur; DAP oder DDP als Importeur.

Risiken aus unterschiedlichen Rechtsnormen der Vertragspartner
Im Welthandel unterscheidet man verschiedene Rechtskreise. So gibt es z. B. den deutschen Rechtskreis (Deutschland, Österreich, Schweiz, Griechenland, Türkei), den romanischen Rechtskreis (Frankreich, Italien, Spanien, Belgien, Südamerika), den angelsächsischen Rechtskreis (Großbritannien, USA und alle ehemaligen Commonwealth-Länder) oder einen skandinavischen Rechtskreis (Norwegen, Dänemark, Schweden, Finnland, Island). Zwischen diesen Rechtskreisen bestehen zum Teil erhebliche Unterschiede im zivilen Schuldrecht und Handelsrecht, die bei Streitigkeiten aus einem internationalen Kaufvertrag zu besonderen Risiken führen können.

8.3 Außenhandelsrisiken und Maßnahmen zur Risikominderung

Um solche Rechtsprobleme zu vermeiden, werden in internationalen Kaufverträgen häufig Schiedsgerichtsklauseln vereinbart. Seit 1980 besteht das UN-Übereinkommen über internationale Warenkaufverträge. Viele Länder haben dieses internationale Kaufrecht bereits ratifiziert – so auch Deutschland. Das UN-Kaufrecht ist damit ein Teil der deutschen Rechtsordnung (wie auch in Österreich, der Schweiz, Spanien und vielen anderen Staaten der Welt).

Fallbeispiel: Die Trinkmann GmbH und ein Unternehmen mit Sitz in Spanien schließen einen Kaufvertrag über eine Belieferung mit verschiedenen Biersorten und vereinbaren deutsches Recht. – Sie müssen aber nun das UN-Kaufrecht ausdrücklich ausschließen, denn dieses gilt automatisch, wenn die Handelspartner ihren Sitz in Ländern haben, die dieses internationale Kaufrecht ratifiziert haben.

8.3.3 Die Risikoprüfung

Die Bonitätsprüfung des Auslandskunden
Im Rahmen des Risikomanagements ist vor jeder vertraglichen Bindung mit neuen Auslandskunden deren fachliche Eignung als Geschäftspartner sowie deren Kreditwürdigkeit zu prüfen. Dies geschieht i.d.R. durch das Einholen von Auskünften. Wie umfangreich möglichst objektive Informationen gesammelt werden, hängt natürlich vom Volumen der geplanten Geschäftsabschlüsse ab.

Fallbeispiel: Die Trinkmann GmbH hat auf der Anuga in Köln einen ersten Kontakt zur japanischen Fa. N. Inc., Osaka aufbauen können und erwartet in Kürze den ersten konkreten Auftrag. Der Leiter des Exportbereichs Asien übermittelt der Geschäftsleitung, dass er in folgenden Quellen Informationen über das Unternehmen sammeln wird:
- Internet-Website des Unternehmens
- Befragung von Referenzen anderer Geschäftspartner in Deutschland
- Selbstauskunft der Fa. N. über Umsatzentwicklung, Personalentwicklung u.ä.m.
- Information der Auskunftei D&B Deutschland (www.dnbgermany.de)

Nach Vorliegen dieser Informationen wird ein Bonitätsbericht für die Geschäftsleitung erstellt.

Prüfung länderspezifischer Risiken
Das länderspezifische politische Risiko stellt im Außenhandel einen bedeutenden Unsicherheitsfaktor dar und bedarf daher einer genauen Analyse. Die dazu erstellten Country Ratings untersuchen quantitative und qualitative Kriterien aus den Bereichen Wirtschaft, Recht, Soziales

und Kriterien zur Beurteilung der politischen Situation des Landes. Beispiele sind die „Institutional Investors Country Credit Ratings, New York" und der „BERI-Index erstellt vom Business Environment Risk Intelligence S.A.; Washington.".

8.3.4 Risikopolitische Maßnahmen (Risk Management)

Risk Management gehört bei der zunehmenden Beschleunigung der wirtschaftlichen Veränderungen zu den Grundlagen der Entscheidungsfindung.

Bei Außenhandelsgeschäften kann man trennen in
Maßnahmen der Risikovermeidung: So könnte die Geschäftsleitung festlegen, dass Verträge mit dem Ausland nur auf der Basis deutschen Rechts abgeschlossen werden dürfen; dass als Lieferbedingung bei Geschäften innerhalb der EU nur die Incoterms 2010 EXW = Ex Works = ab Werk (benannter Abgangsort) und bei Exportgeschäften mit Drittländern nur die Incoterms 2010 FAC = Free Carrier = frei Frachtführer (benannter Verladeort) akzeptiert werden dürfen oder dass alle Drittlandsgeschäfte nur auf der Basis eines unwiderruflichen, evtl. bestätigten Dokumenten-Akkreditivs abgeschlossen werden dürfen.

Maßnahmen zur Risikogestaltung können eingeteilt werden (in Anlehnung an Jahrmann S. 292) in:
- Risikoumverteilung: z. B. Abschluss entsprechender Versicherungen.
- Risikoverminderung z. B. Festlegung einer Zahlungsobergrenze bei Garantien.
- Risikokompensation z. B. durch Hedging. (Finanzgeschäft zur Absicherung einer Transaktion gegen Finanzrisiken wie Preis- oder Wechselkurs-Schwankungen)

8.3.5 Ausfuhrkreditversicherung des Bundes

Die mit Exportgeschäften verbundenen Ausfuhrrisiken können deutsche Exporteure sowie deutsche und ausländische Finanzinstitute durch die Exportkreditgarantien des Bundes (sog. Hermesdeckungen der Euler-Hermes-Kreditversicherungs AG) absichern. Die staatlichen Ausfuhrgewährleistungen werden gewährt in Form von
- Ausfuhrbürgschaften (Versicherung von Exportgeschäften deutscher Unternehmer mit staatlichen Abnehmern im Ausland) und
- Ausfuhrgarantien (Versicherung von Exportgeschäften mit privaten Abnehmern deutscher Exporteure).

8.3.6 Private Kreditversicherung

Vor dem Risiko, dass ein deutscher Exporteur unangemessenen Schaden erleidet, wenn ein ausländischer Kunde nicht bezahlt, schützt eine private Export-Versicherung.

Spezielle rechtliche Aspekte für den Außenhandel:

8.3.7 Außenwirtschaftsgesetz und Außenwirtschaftsverordnung

Allgemeines

Das Außenwirtschaftsgesetz (AWG) und die Außenwirtschaftsverordnung (AWV) bilden die rechtlichen Grundlagen der deutschen Außenwirtschaft. Sie sind jedoch den entsprechenden EU-Bestimmungen, besonders im Bereich des Zollrechts, untergeordnet.

Das AWG steht, wie die gesamte Rechtsordnung Deutschlands, unter dem Gesichtspunkt der Freiheit und bestätigt insbesondere in § 1 die Liberalitätsregeln von WTO und EU. Beschränkungen sind im Außenwirtschaftsverkehr Deutschlands nur möglich, wenn dies zum Schutz nationaler Belange oder im Rahmen wichtiger gemeinschaftlicher oder internationaler Aufgaben unbedingt erforderlich wird.

Das Wirtschaftsgebiet gemäß AWG entspricht grundsätzlich dem deutschen Hoheitsgebiet. Als Gemeinschaftsgebiet wird das Zollgebiet der Europäischen Union bezeichnet.

Im Außenwirtschaftsgesetz werden als Rahmengesetz die Grundsätze aufgeführt, unter denen sich der freie Außenhandel zu vollziehen hat, sowie unter welchen konkreten Voraussetzungen eine Beschränkung dieser Freiheit vorgenommen werden darf. In der Außenwirtschaftsverordnung werden die Zollverfahren reglementiert.

Die Zuständigkeitsverordnung bestimmt, wer Einfuhr- oder Ausfuhr Genehmigungen zu erteilen berechtigt ist, und wie das Verfahren abläuft. Zuständig können sein:
- das Bundesamt für Wirtschaft und Ausfuhrkontrolle (BAFA)
- die Bundesanstalt für Landwirtschaft und Ernährung (BLE).

8.3.8 Beschränkungsmöglichkeiten

Das Außenwirtschaftsrecht berücksichtigt als nationales Recht alle von der EU für den Außenwirtschaftsverkehr geschaffenen Verordnungen. Weil aber das Gemeinschaftsrecht noch keine einheitlichen Vorschriften für das Genehmigungs- und Überwachungsverfahren sowie keine Bußgelder für die Ahndung von Zuwiderhandlungen kennt und nicht alle Schutzmaßnahmen gemeinschaftsweit harmonisiert oder festgeschrieben sind, können im politischen Bereich (insbesondere aus Sicherheits- und außenpolitischen Interessen) sowie im Dienstleistungs- und Kapitalverkehr nationale Schutzmaßnahmen ergriffen werden.

Generelle Beschränkungsmöglichkeiten
Das Außenwirtschaftsrecht trennt in generelle und spezielle Beschränkungsmöglichkeiten:
- Generelle Beschränkungsmöglichkeit zur Erfüllung zwischen staatlicher Vereinbarungen (§ 5 AWG)
- Generelle Beschränkungsmöglichkeit zur Abwehr schädigender Einwirkungen aus fremden Wirtschaftsgebieten (§ 6 AWG)
- Generelle Beschränkungsmöglichkeit zum Schutze der nationalen Sicherheit (§ 7 AWG)
- Generelle Beschränkungsmöglichkeit zum Schutze auswärtiger Interessen (§ 7 AWG)

Fallbeispiele: Importbeschränkung von bestimmten Waren aus Taiwan, wenn sonst die bilaterale Abnahmeverpflichtung im Rahmen eines Handelsvertrages/-abkommens nicht voll erfüllt werden kann, ohne ein Marktungleichgewicht hervorzurufen.

Exportverbot von Waffen und sonstigem Kriegsgerät oder bestimmter Technologien und Anlagen zur Herstellung von Kriegsgerät in Nicht-NATO-Länder.

8.3.9 Meldepflichten gemäß EG-Verordnungen: Intrastat Meldung; Meldepflichten gemäß UStG: Zusammenfassende Meldung

Der Zahlungsverkehr der Bundesrepublik Deutschland und des gesamten Euro-Raumes ist ohne Beschränkungen oder behördliche Genehmigungen möglich. Es bestehen jedoch statistische Meldevorschriften: Sie betreffen die **ein- und ausgehenden Zahlungen im Außenwirtschaftsverkehr nach §§ 59 ff. AWV** sowie bestimmte Auslandsforderungen und -verbindlichkeiten. Sie dienen der Erstellung der Zahlungsbilanz der Bundesrepublik Deutschland und der Europäischen Währungsunion. Die statistischen Meldungen sind an die Deutsche Bundesbank zu senden.

Die Meldepflicht besteht für Gebietsansässige – natürliche und juristische Personen mit gewöhnlichem Aufenthalt, Wohnsitz oder Sitz in der Bundesrepublik Deutschland: Sie haben Zahlungen von mehr als 12.500 Euro oder Gegenwert zu melden, die sie von Gebietsfremden oder für deren Rechnung von Gebietsansässigen entgegennehmen (eingehende Zahlungen) oder an Gebietsfremde oder für deren Rechnung an Gebietsansässige leisten (ausgehende Zahlungen).

Ausgenommen von der Meldepflicht sind Ausfuhrerlöse und Zahlungen für Wareneinfuhren aus Drittländern sowie die Auszahlung und Rückzahlung von Krediten und Einlagen mit einer vereinbarten Laufzeit bis zu 12 Monaten.

Die Warenlieferungen innerhalb der Europäischen Union unterliegen beim zweiseitigen Handelskauf dem sog. Bestimmungslandprinzip. Dies besagt, dass der Versender die Handelsrechnung umsatzsteuerfrei ausstellt, wenn Versender und Empfänger als Kaufleute handeln und eine gültige Umsatzsteuer-Identifikations-Nummer besitzen. Der Empfänger muss den Wareneingang seinem Finanzamt melden und seine nationale Umsatzsteuer (als Vorsteuer) entrichten.

Aus Kontrollgründen müssen die in Deutschland ansässigen Unternehmer bis zum 25. Tag nach Ablauf jedes Kalendermonats bzw. Kalendervierteljahres (Meldezeitraum) eine Zusammenfassende Meldung an das Bundesamt für Finanzen in Saarlouis (Bundeszentralamt für Steuern) melden.

8.3.10 Rechtliche Bestimmungen des Zollwesens

Ablauf einer zollamtlichen Warenbehandlung

Die Wareneinfuhr oder -ausfuhr aus oder nach Drittländern außerhalb der Europäischen Union müssen zollrechtlich erfasst werden. Die Ware muss dabei auf den amtlich vorgeschriebenen Zollstraßen (Land-, Wasserstraßen, Schienenwege usw.) bewegt und dem Zoll gestellt werden (= körperliche Vorführung am Amtsplatz der zuständigen Zollstelle).

Die zollamtliche Warenbehandlung nach EU-Recht beginnt mit der Zollanmeldung auf dem Einheitspapier oder über den elektronischen Weg des ATLAS-Einfuhr- bzw. ATLAS-Ausfuhr (seit 1.1.2009 ist dies bei der Ausfuhr Pflicht)-Verfahrens.

Mündliche Anmeldungen sind nur in wenigen Fällen möglich und können beispielsweise abgegeben werden für:
- Reisemitbringsel, die nicht abgabenfrei sind;
- kommerzielle Ein- und Ausfuhrsendungen mit einem Wert bis 1.000 Euro;
- bestimmte abgabenfreie Rückwaren;
- vorübergehend eingeführte Rundfunk- und TV-Ausrüstung;

Angaben wie Warenbezeichnung, Menge, Wert oder Ursprungsland werden vom Abfertigungsbeamten in einem dafür vorgesehenen Vordruck zur Berechnung der eventuell zu erhebenden Einfuhrabgaben aufgenommen. Dieser gilt nach Entrichtung der Abgaben gleichzeitig als Quittung.

8. Außenhandel

Bei einem Warenwert von mehr als 1.000 € können Zollanmeldungen als Internetanmeldung oder über das elektronische Zollabwicklungssystem „Atl@s" (Automatisiertes Tarif- und lokales Zollabwicklungssystem) abgegeben werden.

Bei der Einfuhr von Warensendungen mit einem Wert über 10.000 € ist ergänzend eine „Anmeldung der Angaben über den Zollwert (Zollwertanmeldung) gemäß Art. 178/179 ZK-DVO abzugeben, die genaue Informationen über die Art der Ware und des Geschäftes, über den Warenwert, die Handelsstufe, die Lieferungs- und Zahlungsbedingungen, die Verpackungskosten, die Umrechnungskurse, Rabatte und sonstiges zu enthalten hat. was zur eindeutigen Bestimmung des Zollwertes erforderlich ist. Der fakturierte Preis ist in Inlandswährung umzurechnen. Die genannten Zollverfahren werden für folgende Abläufe eingesetzt:

Überführung in den freien Verkehr: Bei diesem Verfahren der endgültigen Einfuhr von Drittlandswaren in die EU wird aus Nichtgemeinschaftswaren nach der Zollabfertigung Gemeinschaftsware, also Ware, die zur Verwendung im Binnenmarkt – nach Zahlung der Abgaben – frei gegeben ist.

> **Fallbeispiel:** Die Firma Müller GmbH, Frankfurt hat bei der Smith Trading Inc., Toronto, Kanada Spanplatten gekauft. Lieferung in einer Partie 1x20 FCL/FCL von Halifax über Hamburg nach Frankfurt. Rechnungswert 13.500 € FOB, Halifax, Kanada, gemäß Incoterms 2010. Seefracht und Seetransportversicherung bis Hafen Hamburg 950 €; Transportkosten bis Frankfurt 550 €. Drittlands Zollsatz 7 %, Regelsteuersatz der deutschen USt. 19 %.
> Die Zollabgaben errechnen sich wie folgt:
> 13.500 + 950 = 14.450 (Zollwert der Ware = Wert an der Außengrenze EU)
> 14.450 x 7% = 1.011,50 € Zoll
> Warenwert + Seefracht + Zoll+ Beförderungskosten bis Frankfurt = Basis zur Berechnung der Einfuhrumsatzsteuer: 14.450 + 1.011,50 + 550 = 16.011,50 x 19% = 3.042,19 €
> Der Zollbescheid lautet also 1.011,50 € + Einfuhrumsatzsteuer 3.042,19 € FCL/FCL bedeutet: Full Container Load bei Beladung und Entladung – also ein Versender und ein Empfänger für den 20 Fuß-Container.

Ausfuhrverfahren: Zur Überführung in das Ausfuhrverfahren bedarf es einer elektronischen Zollanmeldung, der Ausfuhranmeldung. Im Normalverfahren ist diese Anmeldung bei der Ausfuhrzollstelle abzugeben. Dies ist die für den Sitz des Ausführers zuständige Zollstelle. Die Zollstelle prüft die Anmeldung und die dazugehörige Ware und fertigt die Ware zum Ausfuhrverfahren ab. Mit einer Bestätigung der Zollstelle auf dem sog. Ausfuhrbegleitdokument gelangt die Ware zur Grenze. Dort überwacht eine Ausgangszollstelle den körperlichen Ausgang der Ware.

Abweichend von diesem Verfahrensablauf sind – bei Vorliegen bestimmter Voraussetzungen – sowohl im Gemeinschafts- als auch im nationalen Recht Vereinfachungen vorgesehen. Hierbei handelt es sich:

- um die sog. „Vereinfachten Verfahren" bei der Abgabe von Zollanmeldungen (Artikel 76 ZK),
- um Vereinfachungen bei Waren mit einem Wert unter 3.000 Euro und
- um das einstufige Ausfuhrverfahren für vertrauenswürdige Ausführer (§ 13 AWV).

8.3.11 Rechtsgrundlagen für die Wareneinfuhr

Das Außenwirtschaftsgesetz – AWG – vom 28. April 1961 (BGBl. 1 S. 481), die Außenwirtschaftsverordnung – AWV – vom 18. Dezember 1986 (BGBl. 1 S. 2671) und die Verordnungen zur Regelungen von Zuständigkeiten im Außenwirtschaftsverkehr – ZustVO – vom 17. März und vom 18. Juli 1977 (BGBl. S. 467 und 1308) sind die wesentlichen staatlichen Lenkungsmaßnahmen zur Regelung des Außenwirtschaftsverkehrs.

Aufgrund dieser Gesetze muss der Einführer die Einfuhrabfertigung der einzuführenden Waren unter Angabe ihrer handelsüblichen Bezeichnung sowie der Nummer des Warenverzeichnisses für die Außenhandelsstatistik – WvzAHStat – (= Nationales statistisches Warenverzeichnis, das bis auf wenige Ausnahmen den achtstelligen Kennziffern der Kombinierten Nomenklatur des EU-Zolltarifs entspricht) bei einer Zollstelle zu beantragen.

8.3.12 Rechtsgrundlagen für die Warenausfuhr

Bei der Ausfuhr von Gemeinschaftswaren aus dem Zollgebiet der Gemeinschaft richtet sich das Verfahren im Wesentlichen nach dem Artikel 161 ZK sowie den Artikeln 279 bis 289 und 788 bis 798 ZK-DVO.

Die Ausfuhrmeldung muss elektronisch erfolgen. Diese ist als Internetmeldung mit sog. Elster-Unterschrift oder über eine eigene Software ATLAS-Ausfuhr möglich. Das Unternehmen erhält dann elektronisch das sog. Ausfuhrbegleitdokument ABD als pdf-Datei. Dies erhält der Frachtführer. Er muss es der Ausgangszollstelle vorlegen, das dann die endgültige Ausfuhr der Waren aus der EU bestätigt.

8. Außenhandel

8.4 Die umsatzsteuerliche Behandlung von innergemeinschaftlichem Warenverkehr (Intrahandel)

Die umsatzsteuerliche Behandlung des innergemeinschaftlichen Warenverkehrs unterliegt zwei unterschiedlichen Prinzipien: Dem Bestimmungslandprinzip im Sinne des Umsatzsteuergesetzes – also die Besteuerung einer Lieferung oder Leistung mit der Umsatzsteuer des Bestimmungslandes – wenn folgende Voraussetzungen erfüllt sind: Lieferant und Erwerber sind Unternehmer und handeln als solche. Beide haben eine gültige Umsatzsteuer-Identifikations-Nummer. Die Handelsrechnung wird umsatzsteuerfrei ausgestellt unter Angabe der beiden USt-ID-Nummern und dem Hinweis: „innergemeinschaftliche, umsatzsteuerfreie Lieferung gem. § 6 UStG". Das bedeutet, dass die Umsatzsteuer der Letzt-Verbraucher in dem Staat trägt, in dem der Endverbrauch der Lieferung oder Leistung erfolgt. Dem Ursprungslandprinzip: hier erfolgt die Besteuerung mit Umsatzsteuer in dem Land, in dem die Ware gekauft wurde. Dies gilt für alle Privatkäufe innerhalb der EU.

8.4.1 Die statistische Meldung INTRASTAT

Die Intrahandelsstatistik INTRASTAT muss von allen natürlichen und juristischen Personen mit einer Umsatzsteuer-Identifikationsnummer monatlich abgegeben werden, wenn der Eingang von Waren aus der EU den Wert von jeweils 800.000 € und der Versand in EU-Mitgliedstaaten 500.000,00 € jährlich überschritten haben.

8.5 Transport und Lagerung, Zertifizierung und Versicherungen

8.5.1 Incoterms® 2020

Da an jedem Ausfuhr- bzw. Einfuhrort grundsätzlich andere Handelsbräuche üblich sein können, ist es besonders wichtig, gleiche Bedingungen für die Abwicklung des Außenhandelsgeschäfts zu Grunde zu legen. Daher ist es empfehlenswert, in jedem Kaufvertrag die Lieferbedingungen gemäß den „Internationalen Regeln für die Auslegung der handelsüblichen Vertrags Formeln" (Incoterms) als rechtsverbindliche Fassung zu vereinbaren.

Incoterms = Spielregeln für den Internationalen Warenhandel!

8.5 Transport und Lagerung, Zertifizierung und Versicherungen

Die Incoterms werden regelmäßig etwa alle 10 Jahre überarbeitet, um mit den Entwicklungen im internationalen Handel Schritt zu halten. Die Incoterms 2020-Regeln berücksichtigen die weitere Ausdehnung von Freihandelszonen, den wachsenden Einsatz elektronischer Kommunikationsmittel bei Geschäftsabwicklungen, das erhöhte Bedürfnis nach Sicherheit im Warenverkehr und Veränderungen bei den Transporttechniken.

Sie erhalten ihre Rechtsgültigkeit in einem Kaufvertrag aber nur durch ausdrückliche Bezugnahme im Kaufvertrag, z. B. durch die Formulierung: „die gewählte Incoterms-Klausel – z.B. FOB – einschließlich des benannten Ortes – Hamburg Hafen – gemäß Incoterms 2010". Damit können sie dann auch gerichtlich durchgesetzt werden.

Bei der Wahl der richtigen Incoterms-Klausel ist zunächst zu beachten, dass sie für die zu versendenden Waren und die geplanten Beförderungsmittel geeignet sein muss. Sie muss aber darüber hinaus alle weiteren, im Kaufvertrag vereinbarten Pflichten von Verkäufer und Käufer richtig abbilden. Die graphische Darstellung und die „ERLÄUTERNDEN KOMMENTARE FÜR NUTZER" der ICC enthält für jede Incoterms hilfreiche Informationen, die insbesondere die Auswahl der geeigneten Klausel erleichtern.

Außerdem sollte beachtet werden, dass die gewählte Incoterms-Klausel ihren Zweck nur erfüllen kann, wenn die Parteien einen Ort oder Hafen so genau wie möglich benennen. Ein gutes Beispiel dazu wäre: FCA Industriestraße 1, München, Germany, Incoterms 2020.

Es gelten seit 1. Januar 2020 nunmehr folgende 11 Klauseln, die in zwei Bereiche eingeteilt sind:

Klauseln für alle Transportarten
- EXW: Ab Werk... (benannter Ort) – Ex Works
- FCA: Frei Frachtführer... (benannter Ort) – Free Carrier
- CPT: Frachtfrei... (benannter Bestimmungsort) – Carriage Paid To
- CIP: Frachtfrei versichert... (benannter Bestimmungsort) – Carriage and Insurance Paid To
- DAP: Geliefert benannter Ort – Delivered At Place
- DPU: Geliefert benannter Ort entladen – Delivered At Place Unloaded
- DDP Geliefert verzollt... (benannter Ort) – Delivered Duty Paid

Klauseln für den See- und Binnenschiffstransport
- FAS: Frei Längsseite Seeschiff… (benannter Verschiffungshafen) – Free Alongside Ship
- FOB: Frei an Bord ... (benannter Verschiffungshafen) – Free on Board
- CFR: Kosten und Fracht ... (benannter Bestimmungshafen) – Cost and Freight
- CIF: Kosten, Versicherung und Fracht... (benannter Bestimmungshafen) – Cost, Insurance and Freight

Die Incoterms-Klauseln wurden bisher als einheitliche internationale Lieferbedingungen für Außenhandelsgeschäfte verwendet. Durch die Schaffung verschiedener Freihandelszonen und

Zollunionen, wie etwa des Binnenhandels in der EU, wurden die Zollgrenzformalitäten zwischen den Mitgliedstaaten aufgehoben bzw. erkennbar verringert.

Entsprechend weist die ICC in den Incoterms 2010 ausdrücklich darauf hin, dass die neuen Incoterms sowohl in internationalen als auch nationalen Kaufverträgen angewendet werden können.

Vor jeder Incoterms findet man einen Anwendungshinweis, der die wesentlichen Inhalte jeder Incoterms-Klausel erklärt: z. B. wann eine bestimmte Klausel verwendet werden sollte, wann die Gefahr übergeht und wie die Kosten zwischen Verkäufer und Käufer verteilt sind. Sie sind kein Bestandteil der eigentlichen Incoterms-Regeln, sondern sollen den Anwender präzise und rasch zu der für ein bestimmtes Geschäft geeigneten Incoterms-Klausel führen.

Die zunehmende Besorgnis über die Sicherheit im Warentransport wegen Terroranschlägen macht heute den Nachweis erforderlich, dass von der Ware keine Gefahr für Leben oder Sachwerte ausgeht. In Artikel A2/B2 werden die Verpflichtungen zwischen Käufer und Verkäufer hinsichtlich der Erlangung von sicherheitsrelevanten Freigaben neu aufgeteilt.

Aufgabe der Incoterms ist es, eine klare und verbindliche Aufteilung folgender Bereiche zwischen Verkäufer und Käufer vorzunehmen:

- **Pflichten:** Wer übernimmt im Rahmen der Beziehung zwischen Verkäufer und Käufer welche Aufgaben, d.h. wer ist für den Transport oder die Versicherung der Waren sowie die Beschaffung der Frachtpapiere und der Ausfuhr- oder Einfuhrabfertigung oder -genehmigung verantwortlich;
- **Gefahrenübergang:** Wo und wann „liefert" der Verkäufer die Ware oder anders gesagt: An welcher Stelle erfolgt der Gefahrenübergang – also der Übergang des Transportrisikos - vom Verkäufer auf den Käufer; und
- **Kosten:** Welche Partei ist für welche Kosten verantwortlich, z. B. Transport-, Verpackungs-, Be- oder Entladekosten und Kontroll- oder sicherheitsrelevante Kosten.

Die Incoterms regeln grundsätzlich nicht den Eigentumsübergang, die Gewährleistungsansprüche, die Zahlungsbedingungen oder den Gerichtsstand.

8.5.2 Einpunkt- und Zweipunktklauseln

Bei den Incoterms müssen Kostenübergang und Risikoübergang nicht am gleichen Ort erfolgen. Bei allen Klauseln der Gruppe C ist der Risikoübergang im Versandland und der Kostenübergang im Bestimmungsland, also an zwei verschiedenen Orten, deshalb spricht man von Zweipunktklauseln.

Fallen Risiko und Kostenübergang an einem Ort zusammen, wie in den E-, F- und D-Klauseln, handelt es sich um Einpunktklauseln.

8.5.3 Klauseln für alle Transportarten

EXW Ex Works
= Ab Werk (fügen Sie den benannten Lieferort ein). EXW stellt die Mindestverpflichtung für den Verkäufer dar. Die Klausel sollte mit Vorsicht angewendet werden, da:
- der Verkäufer gegenüber dem Käufer keine Verpflichtung hat, die Ware zu verladen, selbst wenn der Verkäufer in der Praxis dazu besser in der Lage wäre. Falls der Verkäufer die Ware verlädt, tut er dies auf Gefahr und Kosten des Käufers. Ist der Verkäufer besser in der Lage, die Ware zu verladen, so ist es sinnvoller, die FCA-Klausel zu verwenden, da sie den Käufer verpflichtet, auf seine Gefahr und Kosten zu verladen.
- ein Käufer, der von einem Verkäufer auf EXW-Basis zur Ausfuhr kauft, sich bewusst sein sollte, dass der Verkäufer gegenüber dem Käufer nicht verpflichtet ist, die Ware für die Ausfuhr freizumachen. Er ist lediglich verpflichtet, den Käufer zu unterstützen, dass dieser die Ausfuhr durchführen kann. Käufer sind daher gut beraten, EXW nicht anzuwenden, wenn sie die Ausfuhrabfertigung weder direkt noch indirekt durchführen können.
- der Käufer gegenüber dem Verkäufer nur eine eingeschränkte Verpflichtung hat. Er hat diesem Informationen hinsichtlich der Ausfuhr der Ware zur Verfügung zu stellen, obwohl es sein kann, dass der Verkäufer diese Information der endgültigen Ausfuhr aus der EU aus steuerlichen Gründen (USt) oder aufgrund von Meldepflichten benötigt.

Der Verkäufer (Exporteur) hat:
- die Ware zum vertraglich vereinbarten Zeitpunkt am benannten Lieferort bereitzuhalten, jedoch ohne Verladung auf das abholende Beförderungsmittel
- eine transportgerechte Verpackung zu verwenden und zu markieren,
- in angemessener Frist die Bereitstellung der Ware anzuzeigen,
- Kosten und Risiko bis zur Bereitstellung der Ware zum Transport zu tragen.
- Wird bei der vereinbarten Klausel EXW die Ware aufgrund von praktischen Erwägungen auch noch vom Verkäufer verladen, weil es einfacher für den Ablauf der Abwicklung ist, dann geschieht dies grundsätzlich auf Kosten und Gefahr des Käufers.
- alle werkseitigen Prüfkosten (z.B. Qualität, Gewicht) zu übernehmen
- und auf Verlangen des Käufers, auf dessen Kosten und Gefahr, alle Dokumente und Informationen, einschließlich sicherheitsrelevanter Informationen, die der Käufer für die Aus- und/oder Einfuhr der Ware und/oder den Transport bis zum endgültigen Bestimmungsort benötigt, zur Verfügung zu stellen oder ihn in der Beschaffung zu unterstützen.

Der Käufer (Importeur) hat:
- die Ware innerhalb der vereinbarten Frist anzunehmen und zu bezahlen,
- alle zusätzlichen Kosten und Risiken nach Ablauf der Bereitstellungsfrist zu tragen, sofern es sich um abgesonderte, konkretisierte Waren handelt,

- die Aus- und Einfuhrgenehmigung oder andere behördliche Genehmigungen zu beschaffen sowie alle Zollformalitäten für die Ausfuhr der Ware zu erledigen. Ist es aufgrund der Bestimmungen im Exportland nur den Exporteuren gestattet, eine Ausfuhrgenehmigung zu beantragen, ist die Klausel EXW nicht geeignet.
- alle Kosten und Risiken ab Übergabe am benannten Lieferort zu übernehmen, insbesondere hinsichtlich Ausfuhrabfertigung, Verladung und Transportabwicklung
- den Verkäufer in angemessener Weise über den Zeitpunkt der Warenübernahme innerhalb des vereinbarten Zeitraumes zu benachrichtigen und
- die Kosten für jede vor der Verladung zwingend erforderliche Warenkontrolle (pre-shipment inspection) zu tragen, einschließlich behördlich angeordneter Kontrollen des Ausfuhrlandes.

FCA Free Carrier
= Frei Frachtführer (fügen Sie den benannten Bestimmungsort ein)
Diese Klausel kann unabhängig von der gewählten Transportart verwendet werden, auch dann, wenn mehr als eine Transportart zum Einsatz kommt.
Als Frachtführer gilt gemäß den Incoterms 2020 jene Partei, mit der der Frachtvertrag geschlossen wurde und die sich durch einen Beförderungsvertrag verpflichtet, den Transport per Schiene, Straße, See, Luft, Binnengewässer oder in einer Kombination dieser Transportarten selbst durchzuführen oder durchführen zu lassen (z.B. Spediteure, Reeder, Frachtführer, Linienagenten, MTO, Expressdienstleister).
Neu ist bei dieser Klausel, dass die Vertragsparteien im Kaufvertrag vereinbaren, dass der Käufer seinen Frachtführer anzuweisen hat, dem Verkäufer den vollen Satz des Konnossements mit An-Bord-Vermerk auszustellen.

Der Verkäufer (Exporteur) hat:
- die Ware zum vertraglich vereinbarten Zeitpunkt oder innerhalb der vereinbarten Frist in transportgerechter Verpackung dem Frachtführer oder einer anderen vom Importeur benannten Person zu liefern.
  Die Lieferung ist abgeschlossen:
  - falls der benannte Ort beim Verkäufer liegt, wenn die Ware auf das vom Käufer bereitgestellte Beförderungsmittel verladen worden ist.
  - in allen anderen Fällen, wenn die Ware dem Frachtführer oder einer anderen vom Käufer benannten Person auf dem Beförderungsmittel des Verkäufers entladebereit zur Verfügung gestellt wird.
- alle Kosten und Risiken bis zur Bereitstellung der Ware für den Frachtführer oder bis zur Verladung zu tragen, insbesondere die der Ausfuhrabfertigung,
- den Käufer (Importeur) von der Warenübergabe zu benachrichtigen bzw. ihm mitzuteilen, wenn der Frachtführer die Ware nicht zum vereinbarten Zeitpunkt übernommen hat,

- dem Käufer (Importeur) auf dessen Verlangen, Gefahr und Kosten das Transportdokument und alle anderen benötigten Urkunden aus dem Versandland zu beschaffen und
- die werkseitigen Prüfkosten zu tragen.

Der Käufer (Importeur) hat:
- den Beförderungsvertrag auf eigene Kosten abzuschließen, es sei denn der Käufer oder die Handelspraxis verlangt, dass der Verkäufer diesen Beförderungsvertrag auf Gefahr und Kosten des Käufers abschließt,
- alle Kosten und Risiken ab der Bereitstellung der Ware für den Frachtführer oder ab der Verladung entsprechend der Transportart zu übernehmen, insbesondere die der Einfuhrabfertigung im Importland,
- dem Exporteur den Namen des Frachtführers, die Transportart, den Übergabeort und den Zeitpunkt für die Anlieferung zu benennen und alle Kosten und Risiken zu tragen, die infolge der Unterlassung der Benachrichtigung oder der Nichtübernahme durch den Frachtführer auftreten, sofern es sich um konkretisierbare, abgesonderte Waren handelt, und
- mangels anderer Vereinbarungen die Kosten von Warenkontrollen mit Ausnahme derer von Behörden des Ausfuhrlandes zu tragen.

CPT Carriage Paid To
= Frachtfrei (fügen Sie den benannten Bestimmungsort ein)
Diese Klausel enthält zwei kritische Punkte, da Gefahren- und Kostenübergang an verschiedenen Orten stattfinden. Man spricht in diesen Fällen von einer Zweipunktklausel. Die Vertragsparteien sind gut beraten, im Vertrag sowohl den Lieferort, an dem die Gefahr auf den Käufer übergeht (= Ort der Warenübergabe an den Frachtführer), als auch den benannten Bestimmungsort, bis zu welchem der Verkäufer den Beförderungsvertrag abzuschließen hat, so genau wie möglich anzugeben.
Werden die Klauseln CPT, CIP (CFR oder CIF) verwendet, erfüllt der Verkäufer seine Lieferpflicht, sobald er die Ware dem Frachtführer übergibt und nicht, wenn die Ware den Bestimmungsort erreicht.

Der Verkäufer (Exporteur) hat
- die Ware dem Frachtführer oder einer anderen vom Verkäufer benannten Person an einen vereinbarten Ort zu liefern,
- den Beförderungsvertrag von der vereinbarten Lieferstelle bis zum Bestimmungsort abzuschließen und die Frachtkosten zu zahlen und
- alle Zollformalitäten zu erledigen, die für die Ausfuhr der Ware und für ihre Durchfuhr durch jedes Land vor Lieferung erforderlich sind.

Der Käufer (Importeur) hat:
- alle Gefahren des Verlustes oder der Beschädigung der Ware ab dem Zeitpunkt der Lieferung zu tragen, sofern solche Kosten gemäß Beförderungsvertrag nicht zu Lasten des Verkäufers gehen.
- alle Zölle, Steuern und andere Abgaben, die Kosten der Zollformalitäten und die Durchfuhrkosten durch jedes Land zu tragen, sofern sie nicht in den Kosten des Beförderungsvertrages enthalten sind.

CIP Carriage, Insurance Paid To
= Frachtfrei versichert (fügen Sie den benannten Bestimmungsort ein)
Diese Lieferbedingung ist ebenfalls eine Zweipunktklausel und entspricht im Wesentlichen auch der Klausel CIF mit Ausnahme folgender Merkmale:
- während CIF nur für die See- und Binnenschifffahrt verwendet werden kann, gilt CIP für alle Transportarten.
- als Frachtführer gilt wie bei der Klausel FCA jede Person, die selbst oder durch Dritte den Transport durchführt.

„Frachtfrei versichert" bedeutet, dass der Verkäufer die Ware dem Frachtführer an einen vereinbarten Ort liefert und die Frachtkosten zu zahlen hat. Außerdem muss der Verkäufer die Ware gegen die vom Käufer zu tragenden Transportrisiken des Verlustes oder der Beschädigung versichern. Dabei muss der Verkäufer allerdings nur eine Mindestdeckung abschließen. Wünscht der Käufer einen höheren Versicherungsschutz, wird er dies entweder ausdrücklich mit dem Verkäufer vereinbaren oder eine eigene zusätzliche Versicherung abschließen müssen. Der Verkäufer erfüllt seine Lieferpflicht, sobald er die Ware dem Frachtführer übergibt.

Der Verkäufer (Exporteur) hat
- auf eigene Gefahr und Kosten die Ausfuhrgenehmigung oder andere behördliche Genehmigungen zu beschaffen sowie alle Zollformalitäten zu erledigen, die für die Ausfuhr der Ware erforderlich sind,
- für die Ware einen Beförderungsvertrag von der vereinbaren Lieferstelle am Lieferort bis zum Bestimmungsort abzuschließen und alle Kosten für Verladung und Fracht zu tragen,
- auf eigene Kosten eine Transportversicherung abzuschließen, die zumindest der Mindestdeckung gemäß den Klauseln (C) der Institute Cargo Clauses (LMA/IUA) oder ähnlichen Klauseln entspricht, zuzüglich 10 % zu dem im Vertrag genannten Preis und darüber dem Käufer eine Versicherungspolice oder einen sonstigen Nachweis über den Versicherungsschutz zu übermitteln,
- die Ware zu liefern, indem er sie an den gemäß A3 beauftragten Frachtführer zum vereinbarten Zeitpunkt oder innerhalb des vereinbarten Zeitraums übergibt,

- bis zur Lieferung gemäß A4 alle Gefahren des Verlustes oder der Beschädigung der Ware zu tragen,
- den Käufer zu benachrichtigen, dass die Ware gemäß A4 geliefert worden ist, und auch über alles Nötige, dass dieser die notwendigen Maßnahmen zur Übernahme der Ware treffen kann.

Der Käufer (Importeur) hat
- die Ware zu übernehmen, wenn sie wie in A4 vorgesehen geliefert worden ist, und hat sie am benannten Bestimmungsort vom Frachtführer entgegenzunehmen.
- alle Gefahren des Verlustes oder der Beschädigung der Ware ab dem Zeitpunkt, an dem sie dem vereinbarten Frachtführer (gemäß A4) geliefert worden ist, zu tragen,
- die Entladekosten der Ware am Bestimmungsort zu tragen, sofern solche Kosten gemäß Beförderungsvertrag nicht zu Lasten des Verkäufers gehen,
- alle Zölle, Steuern und andere Abgaben sowie die Kosten der Zollformalitäten, die bei der Einfuhr der Ware fällig werden, zu tragen,
- für jede zusätzlich auf Verlangen des Käufers (nach A3 oder B3) abgeschlossene Versicherung die Kosten zu tragen,
- die Kosten für jede vor der Verladung zwingend erforderliche Warenkontrolle (pre-shipment inspection) zu tragen, mit Ausnahme behördlich angeordneter Kontrollen des Ausfuhrlandes.

DAP Delivered At Place
= Geliefert benannter Ort (fügen Sie den benannten Bestimmungsort ein)
„Geliefert benannter Ort" bedeutet, dass der Verkäufer liefert, wenn die Ware dem Käufer auf dem ankommenden Beförderungsmittel entladebereit am benannten Bestimmungsort zur Verfügung gestellt wird. Die Stelle sollte von den Parteien so genau wie möglich bezeichnet werden. (Diese Klausel ersetzt die DAF-, DES- und DDU-Klausel der Incoterms 2000).

Der Verkäufer (Exporteur) hat
- auf eigene Gefahr und Kosten die Ausfuhrgenehmigung zu beschaffen sowie alle Zollformalitäten zu erledigen, die für die Ausfuhr der Ware erforderlich sind,
- für die Ware auf eigene Kosten einen Beförderungsvertrag bis zum benannten Bestimmungsort abzuschließen,
- die Ware zu liefern, indem er sie dem Käufer auf dem ankommenden Beförderungsmittel entladebereit am benannten Bestimmungsort zur Verfügung stellt,
- alle Gefahren des Verlustes oder der Beschädigung der Ware bis zur Lieferung zu tragen,
- den Käufer zu benachrichtigen, damit dieser die notwendigen Maßnahmen zur Übernahme der Ware treffen kann.

Der Käufer (Importeur) hat:

- die Ware zu übernehmen, wenn sie geliefert worden ist,
- die erforderlichen Entladekosten übernehmen, sofern diese Kosten nicht gemäß Beförderungsvertrag zu Lasten des Verkäufers gehen,
- die Kosten der Zollformalitäten sowie alle Zölle, Steuern und andere Abgaben, die bei der Einfuhr fällig werden, zu tragen,
- dem Verkäufer rechtzeitig alle sicherheitsrelevanten Informationsanforderungen mitzuteilen.

DPU Delivered At Place Unloaded
= Geliefert benannter Ort entladen (fügen Sie den benannten Bestimmungsort ein)
„Geliefert benannter Ort" bedeutet, dass der Verkäufer die Ware liefert, sobald die Ware von dem ankommenden Beförderungsmittel entladen wurde und dem Käufer an dem benannten Ort, oder im benannten Bestimmungshafen, zur Verfügung gestellt wird.
(Diese Klausel ersetzt die DAT-Klausel der Incoterms 2010)

Der Verkäufer (Exporteur) hat:
- für die Ware auf eigene Kosten einen Beförderungsvertrag bis zum benannten Terminal im vereinbarten Bestimmungshafen oder -ort abzuschließen.
- die Ware von dem ankommenden Beförderungsmittel zu entladen und sie dann dem Käufer zu liefern, indem er sie an dem benannten Terminal zum vereinbarten Zeitpunkt oder innerhalb des vereinbarten Zeitraums zur Verfügung stellt.
- alle Gefahren des Verlustes oder der Beschädigung der Ware bis zur Lieferung gemäß A4 zu tragen.
- Die Kosten der für die Ausfuhr notwendigen Zollformalitäten und die Kosten für die Durchfuhr der Ware durch jedes Land vor Lieferung gemäß A4 zu tragen
- Den Käufer über alles Nötige zu benachrichtigen, damit dieser die üblicherweise notwendigen Maßnahmen zur Übernahme der Ware treffen kann.

Der Käufer (Importeur) hat:
- alle Gefahren des Verlustes oder der Beschädigung der Ware ab dem Zeitpunkt der Lieferung, zu tragen,
- alle die Ware betreffenden Kosten ab dem Zeitpunkt der Lieferung,
- alle Kosten der Zollformalität sowie alle Zölle, Steuern und andere Abgaben zu tragen, die bei der Einfuhr der Ware fällig werden.

DDP Delivered Duty Paid
= Geliefert verzollt (fügen Sie den benannten Bestimmungsort ein)

Diese Lieferbedingung stellt die Maximalverpflichtung des Exporteurs dar. Sie hat zum Inhalt, dass der Verkäufer liefert, wenn er die zur Einfuhr freigemachte Ware dem Käufer am Bestimmungsort zur Verfügung stellt.

Die Parteien sind gut beraten, DDP nicht zu verwenden, wenn der Verkäufer nicht in der Lage ist, direkt oder indirekt die Einfuhrabfertigung zu erledigen.

Alle Mehrwertsteuern und andere im Zusammenhang mit der Einfuhr anfallende Steuern gehen zu Lasten des Verkäufers, sofern nicht ausdrücklich etwas anderes im Kaufvertrag vereinbart wurde. Wenn die Parteien wünschen, dass der Käufer alle Gefahren und Kosten der Einfuhrabfertigung trägt, sollte die DAP-Klausel verwendet werden.

Der Verkäufer (Exporteur) hat:
- auf eigene Gefahr und Kosten die Aus- und Einfuhrgenehmigung und andere behördliche Genehmigungen zu beschaffen sowie alle Zollformalitäten zu erledigen, die für die Ausfuhr der Ware, ihre Durchfuhr durch jedes Land und ihre Einfuhr erforderlich sind,
- auf eigene Kosten einen Beförderungsvertrag bis zum benannten Bestimmungsort abzuschließen,
- die Ware zu liefern, indem er sie dem Käufer auf dem ankommenden Beförderungsmittel entladebereit am benannten Bestimmungsort zur Verfügung stellt,
- bis zur Lieferung alle Gefahren des Verlustes oder der Beschädigung der Ware zu tragen und den Käufer zu benachrichtigen, damit dieser die notwendigen Maßnahmen zur Übernahme der Ware treffen kann.

Der Käufer (Importeur) hat
- die Ware zu übernehmen, wenn sie geliefert worden ist,
- Die Entladekosten zu tragen, die erforderlich sind, um die Ware vom ankommenden Beförderungsmittel am benannten Bestimmungsort zu übernehmen, sofern diese Kosten nicht gemäß Beförderungsvertrag zu Lasten des Verkäufers gehen,
- dem Verkäufer rechtzeitig auf dessen Verlangen, Gefahr und Kosten alle Dokumente und Informationen, einschließlich sicherheitsrelevanter Informationen, die der Verkäufer für Transport, Aus- und Einfuhr der Ware benötigt, zur Verfügung zu stellen oder ihn bei deren Beschaffung zu unterstützen.

8.5.4 Klauseln für den See- und Binnenschiffstransport

FAS Free Alongside Ship
= Frei Längsseite Schiff (fügen Sie den benannten Verschiffungshafen ein)
Diese Klausel ist ausschließlich für den See- und Binnenschiffstransport geeignet.

„Frei Längsseite Schiff" bedeutet, dass der Verkäufer liefert, wenn er die Ware längsseits des vom Käufer benannten Schiffs im benannten Verschiffungshafen gebracht hat. Der Käufer trägt ab diesem Zeitpunkt alle Kosten und Gefahren.

Bei containerisierter Ware ist es für den Verkäufer üblich, die Ware nicht längsseits, sondern an den Frachtführer im Terminal zu übergeben. In derartigen Fällen wäre die FAS-Klausel ungeeignet und es sollte die FCA-Klausel verwendet werden.

Der Verkäufer (Exporteur) hat
- auf eigene Gefahr und Kosten die Ausfuhrgenehmigung zu beschaffen sowie alle Zollformalitäten zu erledigen, die für die Ausfuhr der Ware erforderlich sind,
- die Ware entweder durch Bereitstellung längsseits des vom Käufer benannten Schiffs an der vom Käufer benannten Ladestelle im benannten Verschiffungshafen zu liefern,
- alle Gefahren des Verlustes oder der Beschädigung der Ware bis zur Lieferung zu tragen,
- den Käufer, auf dessen Gefahr und Kosten, in angemessener Weise darüber zu benachrichtigen, dass die Ware geliefert wurde oder dass das Schiff die Ware nicht innerhalb der vereinbarten Frist geladen hat,
- auf eigene Kosten die Ware in angemessener Weise zu verpacken, es sei denn, der Käufer hat den Verkäufer über spezifische Verpackungsanforderungen vor Vertragsabschluss in Kenntnis gesetzt.

Der Käufer (Importeur) hat
- auf eigene Kosten den Vertrag über die Beförderung der Ware vom benannten Verschiffungshafen abzuschließen, sofern der Beförderungsvertrag nicht vom Verkäufer (auf Kosten und Gefahr des Käufers) abgeschlossen wurde,
- die Ware zu übernehmen, wenn sie geliefert worden ist,
- alle Gefahren des Verlustes oder der Beschädigung der Ware ab dem Zeitpunkt zu tragen, an dem sie geliefert worden ist,
- alle Kosten ab dem Lieferzeitpunkt zu tragen, insbesondere auch die Kosten aus einer Verspätung oder mangelhaften Eignung des Schiffes, die Verladekosten und die Kosten für ein reines Bordkonnossement und andere gewünschte Dokumente,
- dem Verkäufer den Namen des Schiffes, die Ladestelle und, falls erforderlich, die gewählte Lieferzeit anzugeben,
- die Kosten für jede vor der Verladung zwingend erforderliche Warenkontrolle (pre-shipment inspection) zu tragen, mit Ausnahme behördlich angeordneter Kontrollen des Ausfuhrlandes.

FOB Free On Board
= Frei an Bord (fügen Sie den benannten Verschiffungshafen ein)

Diese Klausel ist ebenfalls ausschließlich für den See- und Binnenschiffstransport geeignet. "Frei an Bord" bedeutet, dass der Verkäufer die Ware an Bord des vom Käufer benannten Schiffs im benannten Verschiffungshafen liefert oder ihm die bereits so gelieferte Ware verschafft. FOB kann ungeeignet sein, wenn die Ware dem Frachtführer übergeben wird, bevor sie sich auf dem Schiff befindet, z. B. bei containerisierter Ware, welche üblicherweise am Terminal geliefert wird. In derartigen Fällen sollte die FCA-Klausel verwendet werden.

Der Verkäufer (Exporteur) hat
- auf eigene Gefahr und Kosten die Ausfuhrgenehmigung zu beschaffen sowie alle Zollformalitäten zu erledigen, die für die Ausfuhr der Ware erforderlich sind,
- die Ware zu liefern, indem er sie an Bord des vom Käufer benannten Schiffs an der vom Käufer bestimmten Ladestelle im benannten Verschiffungshafen verbringt,
- alle Gefahren des Verlustes oder der Beschädigung der Ware zu tragen, bis sie an Bord des Schiffes und gemäß A4 geliefert ist.

Der Käufer (Importeur) hat
- die Ware zu übernehmen, wenn sie geliefert worden ist,
- alle Gefahren des Verlustes oder der Beschädigung der Ware ab dem Zeitpunkt, an dem sie wie in A4 vorgesehen geliefert worden ist,
- alle Kosten zu tragen, die die Ware betreffen ab dem Zeitpunkt ab dem sie geliefert worden ist,
- alle Kosten und Risiken aus der Verspätung des Schiffes oder aus der nicht rechtzeitigen Benennung von Ladeplatz, Ladezeit oder Schiff zu übernehmen,
- alle Zölle, Steuern und andere Abgaben sowie die Kosten der Zollformalität, die bei der Einfuhr der Ware sowie ihrer Durchfuhr durch jedes Land fällig werden,
- die Kosten für die in seinem Auftrag beschafften Dokumente und die erforderlichen Warenkontrollen (pre shipment inspection) zu tragen, mit Ausnahme der behördlich angeordneten Kontrollen des Ausfuhrlandes.

CFR Cost and Freight
= Kosten und Fracht (fügen Sie den benannten Bestimmungshafen ein)
Diese Klausel ist ausschließlich für den See- und Binnenschiffstransport geeignet. Gefahren- und Kostenübergang finden an verschiedenen Orten statt, es handelt sich also um eine Zweipunktklausel.
Werden die Klauseln (CPT, CIP) CFR oder CIF verwendet, erfüllt der Verkäufer seine Lieferpflicht, wenn er die Ware dem Frachtführer an Bord des Schiffs im Verschiffungshafen übergibt und nicht, wenn die Ware den Bestimmungshafen erreicht.

CFR kann ungeeignet sein, wenn die Ware dem Frachtführer übergeben wird, bevor sie sich auf dem Schiff befindet, z. B. bei containerisierter Ware, welche üblicherweise am Terminal geliefert wird. In derartigen Fällen sollte die CPT-Klausel verwendet werden.

Der Verkäufer (Exporteur) hat
- auf eigene Gefahr und Kosten die Ausfuhrgenehmigung zu beschaffen sowie alle Zollformalitäten zu erledigen, die für die Ausfuhr der Ware erforderlich sind,
- auf seine Kosten einen Vertrag über die Beförderung der Ware von der vereinbarten Lieferstelle am Lieferort bis zum Bestimmungshafen abzuschließen,
- die Ware zum vereinbarten Zeitpunkt oder innerhalb des vereinbarten Zeitraums zu liefern, indem er sie an Bord des Schiffs verbringt,
- alle Gefahren des Verlustes oder der Beschädigung der Ware bis zur Lieferung gemäß A4 zu tragen,
- die Fracht und alle entstehenden Kosten für die Verladung der Ware an Bord sowie alle Kosten, die nach dem Beförderungsvertrag vom Verkäufer zu tragen sind, zu tragen,
- den Käufer über alles Nötige zu benachrichtigen, damit dieser die notwendigen Maßnahmen zur Übernahme der Ware treffen kann.

Der Käufer (Importeur) hat
- die Ware zu übernehmen, wenn sie geliefert worden ist,
- alle Gefahren des Verlustes oder der Beschädigung der Ware ab dem Zeitpunkt zu tragen, an dem sie an Bord des Schiffes im Verschiffungshafen geliefert worden ist,
- die Entladekosten, einschließlich Kosten für Leichterung und Kaigebühren zu tragen, es denn, diese Kosten und Abgaben sind nach dem Beförderungsvertrag vom Verkäufer zu tragen,
- alle Zölle, Steuern und andere Abgaben sowie die Kosten der Zollformalitäten zu tragen, die bei der Einfuhr der Ware anfallen,
- die Kosten für jede vor der Verladung zwingend erforderliche Warenkontrolle (pre-shipment inspection) zu tragen, mit Ausnahme behördlich angeordneter Kontrollen des Ausfuhrlandes.

CIF Cost, Insurance, Freight
= Kosten, Versicherung, Fracht (fügen Sie den benannten Bestimmungshafen ein)
Diese Klausel ist ausschließlich für den See- und Binnenschiffstransport geeignet.
Es ist ebenfalls eine Zweipunktklausel.
Kosten- und Gefahrenübergang sind an den gleichen Orten wie bei der CFR-Klausel: Also ist der Gefahrenübergang wie bei der FOB-Klausel und der Kostenübergang ab der zur Verfügungstellung der Waren auf dem Schiff im Bestimmungshafen.

CIF kann ungeeignet sein, wenn die Ware dem Frachtführer übergeben wird, bevor sie sich auf dem Schiff befindet, z. B. bei containerisierter Ware, welche üblicherweise am Terminal geliefert wird. In derartigen Fällen sollte die CIP-Klausel verwendet werden.

Der Verkäufer (Exporteur) hat

- auf eigene Gefahr und Kosten die Ausfuhrgenehmigung zu beschaffen sowie alle Zollformalitäten zu erledigen, die für die Ausfuhr der Ware erforderlich sind,
- auf seine Kosten den Beförderungsvertrag von der vereinbarten Lieferstelle am Lieferort bis zum benannten Bestimmungshafen abzuschließen,
- auf eigene Kosten eine Transportversicherung abzuschließen, die zumindest der Mindestdeckung gemäß den Klauseln (C) der Institute Cargo Clauses (LMA/IUA) oder ähnlichen Klauseln entspricht,
- die Ware, ordnungsgemäß und seefest verpackt, fristgerecht auf das See- oder Binnenschiff im Verschiffungshafen zu verladen und alle Kosten und Risiken zu tragen, bis die Ware sich an Bord des Schiffs befindet,
- den Käufer über alles Nötige zu benachrichtigen, damit dieser die üblicherweise notwendigen Maßnahmen zur Übernahme der Ware treffen kann,
- auf eigene Kosten dem Käufer ein übliches, begebbares Bordkonnossement mit dem Frachtvermerk „bezahlt" zur Verfügung zu stellen,
- dem Käufer auf dessen Gefahr, Verlangen und Kosten weitere Transportrisiken zu versichern, ein Ursprungszeugnis, eine Konsulatsfaktura oder andere Dokumente und Informationen, einschließlich sicherheitsrelevanter Informationen zu beschaffen, die für die Einfuhr benötigt werden.

Der Käufer (Importeur) hat

- die Ware zu übernehmen, wenn sie geliefert worden ist, und sie von dem Frachtführer im benannten Bestimmungshafen entgegenzunehmen und den im Kaufvertrag genannten Preis zu bezahlen,
- auf eigene Gefahr und Kosten die Einfuhrgenehmigung zu beschaffen und alle Zollformalitäten für die Einfuhr der Ware und für die Durchfuhr durch jedes Land zu erledigen,
- die Entladekosten, einschließlich Kosten für Leichterung und Kaigebühren zu tragen, es denn, diese Kosten und Abgaben sind nach dem Beförderungsvertrag vom Verkäufer zu tragen,
- alle Gefahren des Verlustes oder der Beschädigung der Ware ab dem Zeitpunkt zu tragen, an dem sie an Bord des Schiffes im Verschiffungshafen geliefert worden ist,
- die Kosten für jede vor der Verladung zwingend erforderliche Warenkontrolle (pre-shipment inspection) zu tragen, mit Ausnahme behördlich angeordneter Kontrollen des Ausfuhrlandes.

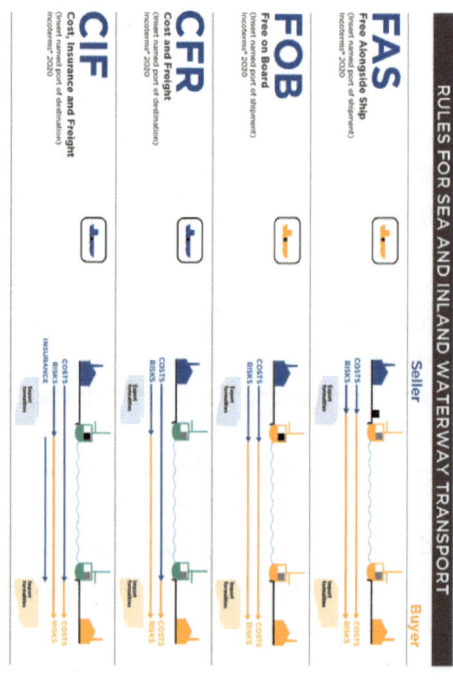

8. Außenhandel

Incoterms 2020
by the International Chamber of Commerce (ICC)

TRANSPORT OBLIGATIONS, COSTS AND RISKS

Blue indicates seller's
Gold indicates buyer's
Green indicates mixed or shared

RULES FOR ANY MODE OR MODES OF TRANSPORT

- **EXW** — Ex Works (insert named place of delivery) Incoterms® 2020
- **FCA** — Free Carrier (insert named place of delivery) Incoterms® 2020
- **CPT** — Carriage Paid to (insert named place of destination) Incoterms® 2020
- **CIP** — Carriage and Insurance Paid to (insert named place of destination) Incoterms® 2020
- **DAP** — Delivered at Place (insert named place of destination) Incoterms® 2020
- **DPU** — Delivered at Place Unloaded (insert named place of destination) Incoterms® 2020
- **DDP** — Delivered Duty Paid (insert named place of destination) Incoterms® 2020

RULES FOR SEA AND INLAND WATERWAY TRANSPORT

- **FAS** — Free Alongside Ship (insert named port of shipment) Incoterms® 2020
- **FOB** — Free on Board (insert named port of shipment) Incoterms® 2020
- **CFR** — Cost and Freight (insert named port of destination) Incoterms® 2020
- **CIF** — Cost, Insurance and Freight (insert named port of destination) Incoterms® 2020

ICC — The world business organization
INTERNATIONAL CHAMBER OF COMMERCE

ICC Publication: 823E
ISBN: 978-92-842-0514-1
ICC Knowledge 2 Go: 2go.iccwbo.org

© 2019 International Chamber of Commerce (ICC)
All rights reserved. No part of this work may be reproduced, distributed, transmitted or adapted in any form or by any means, graphic, electronic or mechanical, including without limitation photocopying, scanning, recording, taping, or by use of computer, the internet or information retrieval systems, without written permission of ICC through ICC Services, Publications Department.

"Incoterms" is a registered trademark of the International Chamber of Commerce

WARNING: This chart is not intended to be used alone, and should always be used in conjunction with the Incoterms® 2020 rule book.

8.6 Arten der Lagerhaltung

Im Außenhandel werden folgende Lagerarten unterschieden:

8.6.1 Zolllager

Waren, die aus einem Drittland kommen, können in einem Zolllager eingelagert werden, wenn die endgültige Verwendung dieser Waren noch nicht entschieden ist. Die Lagerung kann unbefristet geschehen, ohne dass Einfuhrabgaben zu entrichten sind. Also kann der Importeur große Warenmengen im Ausland kaufen, um Preisvorteile zu nutzen; die Waren aber erst bei Bedarf vom Zolllager entnehmen und erst dann zum freien Verkehr abfertigen und die Einfuhrabgaben zahlen.

8.6.2 Lagerhaltung im Freihafen

Der Warenverkehr innerhalb von Freihäfen ist völlig frei von jeder Art zollrechtlicher Beschränkungen. Ohne Zollabfertigung und den damit verbundenen Kosten können hier die Waren umgeladen, gehandelt und beliebig lange gelagert werden. So können z. B. ohne Zollaufsicht die verschiedenen Sendungen umgepackt, umgefüllt oder geteilt werden. Erst dann, wenn Waren aus dem Freihafen über die Zollgrenze in das Zollgebiet verbracht werden, müssen sie an der Freihafengrenze zu einem Zollverfahren angemeldet werden.

Fallbeispiel: Die Spedition des Importhändlers Schmidt Südfrucht GmbH beantragt für eine Sendung aus Costa Rica das Versandverfahren T 1 zur Beförderung dieser Nichtgemeinschaftswaren unter Zollverschluss vom Freihafen zum Einfuhrzollamt dieser Firma in Frankfurt. Dort erfolgt dann die Überführung der Waren zum freien Verkehr.

8.6.3 Konsignationslager

Dies ist der Fachbegriff für die Lagerung von Waren im Ausland auf einem Lager, das der Lieferer (Exporteur) auf seine Kosten beim ausländischen Kunden (Importeur) eingerichtet hat. Es kann sich dabei auch um ein Kommissionslager handeln, d. h. der Partner im Ausland übernimmt die Waren nur in Kommission und der deutsche Exporteur bleibt Eigentümer der Waren bis zum endgültigen Verkauf.

Im Außenhandel mit Drittländern sind Konsignationslager auf Kommissionsbasis mit zu hohen Risiken verbunden (Probleme der Durchsetzung der Eigentumsrechte im Ausland und der Zahlungssicherung) und daher nicht üblich.

8.7 Zertifizierung

8.7.1 Arten der Handelsrechnung

Die Handelsrechnung ist das wichtigste Beweisdokument eines Kaufvertrages und es gibt häufig besondere Bestimmungen des Importlandes, wie dieses Dokument ausgestellt werden muss.
Informationen hierüber – und alle weiteren Dokumente, die für eine Einfuhrverzollung benötigt werden – findet man in den Konsular- und Musterbriefen der Handelskammer Hamburg. Der Rechnungsbetrag ist als sog. Transaktionswert i.d.R. die wichtigste Grundlage für die Ermittlung des Zollwerts einer Ware.

Pro-forma-Rechnung
Die Ausstellung einer Pro-forma-Rechnung kann aus zwei Gründen notwendig werden:
- Für Warenlieferungen ins Ausland, für die keine Zahlung erfolgen soll, z. B. für Warenmuster. Sie dient dem ausländischen Zoll zur Wertermittlung.
- Für Länder, in denen Import- und Devisenbeschränkungen bestehen ist sie die Basis für den Antrag einer Einfuhrgenehmigung und der Devisentransfergenehmigung.

Beglaubigte Handelsrechnung
Die Beglaubigung der Handelsrechnung durch die Industrie- und Handelskammer wird von einigen Ländern gefordert, um den Wahrheitsgehalt des Dokuments zu bekräftigen. Damit die Handelskammer ein Dokument beglaubigt, muss die Geschäftsleitung eine eidesstattliche Erklärung hinterlegen, in der bestätigt wird, dass nur Urkunden zur Beglaubigung eingereicht werden, die der Wahrheit entsprechen.

Legalisierte Handelsrechnung
Diese Handelsrechnungen werden nach der Beglaubigung durch eine Industrie- und Handelskammer durch ein Konsulat oder die Botschaft des Importlandes legalisiert. Das heißt das Konsulat bzw. die Botschaft beglaubigt die Echtheit der Unterschrift der Handelskammer. Durch diese Beglaubigungen sollen Manipulationen der Einfuhrpreise zum illegalen Devisenexport aus dem Einfuhrland unmöglich gemacht werden.

8.7.2 Ursprungszeugnisse

Ursprungszeugnisse werden in Deutschland von den Industrie- und Handelskammern ausgestellt, nach dem es vom exportierenden Unternehmen auf dem entsprechenden Vordruck (Formblatt A) vollständig ausgefüllt wurde und durch entsprechende Unterlagen – Herstellererklärung, Lieferantenbescheinigung – klar zu erkennen ist, in welchem Land die Ware ihren Ursprung hat.
In einigen Importländern genügt allerdings auch ein entsprechender Ursprungsvermerk auf der Handelsrechnung.
Ursprungszeugnisse sollen:
- Sicherstellen, dass die in gegenseitige Handelsverträge festgelegten Zollerleichterungen nur den Vertragsländern gewährt werden.
- Verhindern, dass Waren aus bestimmten Ländern, die nicht zur Einfuhr zugelassen sind, eingeführt werden.
- Informationen sammeln, die für Handelsabkommen benötigt werden.

8.7.3 Inspektionszertifikate

Diese Zertifikate werden von neutralen Sachverständigen erstellt, die damit bescheinigen, dass sie die Waren im Auftrag des Käufers auf Menge und festgelegte Qualitätskriterien überprüft haben. Die größte Dienstleistungsgesellschaft, die solche „quality certificates" ausstellt, ist die Société de Surveillance S.A.

Fallbeispiel: Der deutsche Importeur von Rohkaffee aus Brasilien will sicher sein, dass er Bohnen aus der Ernte des laufenden Jahres erhält. Also fordert er in dem von seiner Hausbank eröffneten Dokumenten-Akkreditiv ein inspection certificate, in dem dies ausdrücklich bestätigt wird.

8.7.4 Präferenznachweise

Die Europäische Union hat zahlreiche Assoziierungsabkommen abgeschlossen, um den Handel mit diesen Ländern durch Zollpräferenzen zu fördern, den zukünftigen Beitritt dieses Landes in die EU vorzubereiten oder mit diesem Land eine Zollunion zu bilden.
Es werden also besondere Zollsätze (Präferenzzollsätze) für die Einfuhr von Waren zwischen der Europäische Gemeinschaft und dem Präferenzland vereinbart. Dabei kann es sich um

- ermäßigte Zollsätze oder um
- Zollfreiheiten (Zollsatz „frei").

handeln.

8.8 Transportversicherung

8.8.1 Versicherungsarten

Wird eine Transportversicherung für eine einzelne Sendung abgeschlossen, so stellt die Versicherungsgesellschaft eine Einzelpolice aus.

Dieses Dokument kann auch auf Anforderung des Versicherungsnehmers als Order-Versicherungspolice ausgestellt werden (man nennt Dokumente, die mit dem Zusatz „an Order" bzw. „to order" ausgestellt werden können, *gekorene Orderpapiere*).

8.8.2 Versicherungssumme, Versicherungswert und Versicherungsprämie

Die Versicherungssumme ist der von der Versicherung gedeckte Betrag. Diese richtet sich nach dem Versicherungswert der Ware.

Der Versicherungswert ist der Warenwert zuzüglich der anfallenden Nebenkosten – z. B. Zollgebühren, Fracht usw.

Liegt die Versicherungssumme unter dem Versicherungswert der Ware, so spricht man von Unterversicherung. In einem solchen Fall zahlt das Versicherungsunternehmen nur den entsprechenden Anteil des anfallenden Schadens.

8.9 Zahlungsverkehr, Zahlungsbedingungen und Finanzierung von Außenhandelsgeschäften

Bei der Zahlungsabwicklung und den Zahlungsbedingungen bestehen zwischen Exporteur und Importeur sehr unterschiedliche Interessen. Denn beide wollen ihre Kosten und Risiken minimieren.

8.9.1 Nichtdokumentärer Zahlungsverkehr / Vorauskasse

Der Exporteur erhält hier vor Lieferung der Waren den gesamten Kaufpreis und ist dadurch natürlich gegen alle Risiken abgesichert. Der Importeur muss ein hohes Vertrauen in dieses

Unternehmen besitzen, denn er trägt nun das Lieferrisiko. Dieses Risiko könnte der Exporteur dem ausländischen Käufer durch eine „advance payment guarantee" (Vorauszahlungs/Anzahlungsgarantie) absichern.

Zahlung per Nachnahme (bei Lieferung) bzw. COD-Verfahren (COD = Cash On Delivery)
Bei dieser Zahlungsbedingung liefert der Exporteur die Waren zum Kunden, die aber vom Frachtführer, dem Paketdienst oder der Post nur gegen Zahlung der Rechnung übergeben wird. Der Exporteur trägt hier das Annahmerisiko und eventuell auch noch die Kosten der Rücklieferung in seinen Betrieb. Das COD-Verfahren ist über den Internationalen Bahnfrachtbrief CIM möglich und viele große internationale Speditionen bieten es im LKW-Verkehr als Dienstleistung an.

Lieferung auf Ziel
Der Exporteur gewährt bei dieser Zahlungsbedingung dem ausländischen Käufer einen Lieferantenkredit z. B. von 30, 60 oder 90 Tagen.
Um den Käufer zu einer schnelleren Zahlung zu bewegen, wird in solchen Fällen häufig mit einer Skontovereinbarung gearbeitet. Diese Zahlungsbedingung wird heute im EU-Binnenhandel zwischen Unternehmen sehr häufig praktiziert.
Bei Lieferung an Kunden mit schwacher Bonität sollte man zur Absicherung der Forderung eine Zahlungsgarantie fordern.

Devisen und Sorten
Wird zwischen Exporteur und Importeur der Warenwert im Kaufvertrag in einer ausländischen Währung vereinbart, so erfolgt die Zahlung in Devisen. Als Devisen im engeren Sinn bezeichnet man ausländisches Buchgeld; also Überweisungen in Fremdwährung, Auslandsschecks und Auslandswechsel. Sorten ist der Fachbegriff für ausländisches Bargeld.
Auf dem Devisenmarkt werden die Kurse der ausländischen (frei konvertierbaren = frei tauschbaren) Währungen mit dem Geldkurs (= Ankaufkurs der Bank) und dem Briefkurs (= Verkaufkurs der Bank) von Euro veröffentlicht. Die Differenz zwischen dem höheren Briefkurs und dem kleineren Geldkurs ist die Gewinnmarge (Spread) der Bank.
Der Devisenhandel wird unterteilt in den **Kassahandel** (Devisenhandel an einem bestimmten Tag mit sofortiger Erfüllung) und den **Terminhandel**, bei dem Devisen auf einen in der Zukunft liegenden Termin gekauft oder verkauft werden.

Internationale Zahlungsverkehrssysteme
In der Europäischen Union können ohne Beschränkungen oder Genehmigungen Zahlungen in das Ausland geleistet oder aus dem Ausland empfangen werden. Voraussetzung für den

weltweiten bargeldlosen Zahlungsverkehrs war die Einrichtung von Gironetzen und Korrespondenz(bank)verbindungen; also die gegenseitige Einrichtung von Konten (Nostro- und Loro-Konten) oder der Anschluss an das SWIFT-Netz. SWIFT-Zahlung wickelt Kontoübertragungen weltweit über eine gemeinsame Computerzentrale, mit Sitz in Brüssel, elektronisch und belegfrei in wenigen Minuten ab.

Im internationalen Zahlungsverkehr gibt es drei Möglichkeiten, die anfallenden Bankgebühren zu regeln:
- SHARE bedeutet, dass die Gebühren des Auftraggebers zu seinen Lasten gehen und fremde Bankspesen zu Lasten des Begünstigten gebucht werden. Diese Regelung wird am häufigsten benutzt und entspricht ja auch dem inländischen Zahlungsverkehr.
- BEN besagt, dass alle Bankspesen zu Lasten des Begünstigten gehen. Diese werden dem zu überweisenden Betrag direkt abgezogen.
- OUR bedeutet, dass alle Bankspesen zu Lasten des Auftraggebers gebucht werden. Diese Regelung wird von der Bank benutzt, wenn keine Angaben zur Entgeltregelung gemacht wurden – gem. Überweisungsgesetz. Diese Regelung stellt sicher, dass der Überweisungsbetrag ohne Abzug beim Begünstigten ankommt.

Überweisungen in das Europäische Ausland – SEPA
Single Euro Payments Area (SEPA) ist der im Januar 2008 gestartete einheitliche Euro-Zahlungsverkehrsraum auf der Grundlage von IBAN und BIC. Die Abwicklung erfolgt in allen 32 angeschlossenen Ländern zu den im Inland jeweils geltenden Bankgebühren.

Auslandswechsel
Im Außenhandel ist die Absicherung von Zahlungen mit Wechseln immer noch relativ häufig. Allerdings sollte die Einlösung von Auslandswechseln immer durch eine Bank besichert werden, da das ausländische Wechselrecht nicht so streng ist, wie das Deutsche Wechselrecht.
Tratte: Dies ist ein vom Gläubiger ausgestellter und auf den ausländischen Schuldner gezogener Wechsel, den dieser noch nicht akzeptiert hat.
Dokumentäre Tratte: Dieser noch nicht akzeptierte Wechsel wird von einem Warendokument begleitet.
Akzept: So nennt man den vollgültigen Wechsel, der vom Bezogenen angenommen, d. h. akzeptiert wurde. Wird der Wechsel von der Bank des Schuldners akzeptiert, so spricht man von einem Bankakzept.
Solawechsel: Hier verpflichtet sich der Aussteller des Wechsels einen bestimmten Betrag an einem bestimmten Termin zu zahlen: Aussteller und Bezogener sind also identisch. Der Wech-

selnehmer (= Exporteur, der die Urkunde nach der Annahme durch den Schuldner erhält) ist dadurch von der Haftung aus dem Wechselgeschäft (der Haftung des Ausstellers) befreit.

8.9.2 Dokumentärer Zahlungsverkehr

Zahlungsauslösende Dokumente
Alle im Außenhandel verwendeten Urkunden und Papiere werden üblicherweise gegliedert in
- Versandpapiere
- Versicherungspapiere
- Handels- und Zollpapiere
- Lagerhaltungspapiere (gehören nicht zu den zahlungsauslösenden Papieren)

Versandpapiere
Bei den Versandpapieren ist zu unterscheiden zwischen solchen, die lediglich den Versand der Ware nachweisen, die üblicherweise auch als Original die Ware begleiten, und solchen, welche die Ware repräsentieren, d. h. deren Besitz gleichbedeutend ist mit der Verfügungsgewalt über die Ware (Traditionspapiere oder Dispositionspapiere). Versandnachweise haben eine rechtlich schwächere Stellung als Traditionspapiere.

1. Seefrachtbrief (Konnossement, Bill of Lading)
Das Konnossement ist ein Traditionspapier – und nicht nur ein Legitimationspapier (Beweisurkunde) wie der LKW- und Eisenbahn-Frachtbrief. Das Konnossement (Bill of Lading) – §§ 642 ff HGB – ist ein gekorenes Orderpapier, erst mit dem Zusatz „to order" bzw. „an Order" wird es also zum Orderpapier.
Das Seekonnossement (Reedereikonnossement, marine, liner oder ocean bill of lading, B/L) ist das klassische Traditionspapier der Seeschifffahrt; es ist nur auf eine Hafen-zu-Hafen-Verladung anwendbar.
Das Konnossement hat eine Doppelfunktion. Zum einen ist es eine Urkunde über den Frachtvertrag zwischen Ablader (Befrachter) und Schiffsfrachtführer, zum anderen eine Urkunde hinsichtlich des Rechtsverhältnisses zwischen Frachtführer und berechtigtem Empfänger.
Mit einem Übernahme-Konnossement bestätigt der Verfrachter, die Ware übernommen zu haben (received for shipment), wobei die Verladung (Abladung) und Verschiffung noch aussteht, z. B. weil das Schiff noch nicht feststeht oder noch nicht im Hafen liegt (intended vessel).
Mit einem (An-)Bord-Konnossement bestätigt der Verfrachter, dass er die Ware an Bord genommen hat und die Verpflichtung zum Transport anerkennt. Für Akkreditive werden meist Bord-Konnossemente verlangt. Durch den vom Kapitän angebrachten Vermerk «shipped on

board» (der nicht unterzeichnet sein muss) kann ein Übernahme-Konnossement in ein Bord-Konnossement überführt werden. Dies ist bei bestimmten Fällen von Bedeutung, weil es dem Importeur die Gewissheit gibt, dass die Ware bereits an Bord verladen und zum Versand gekommen ist.

In der Binnenschifffahrt wird das entsprechende Dokument als Flusskonnossement oder Ladeschein bezeichnet (3 § 444-450 BGB). Es repräsentiert die Ware, kann an Order gestellt sein und ist durch Indossament übertragbar.

2. Internationaler Eisenbahnfrachtbrief (CIM)

Für den Eisenbahntransport wird der CIM-Frachtbrief (CIM: Convention internationale concernant le transport des marchandises par chemin de fer (Internationales Übereinkommen über den Eisenbahnfrachtverkehr; Engl.: railway consignment note.) verwendet. Er besteht aus fünf Exemplaren, von denen eines — das Frachtbrieforiginal — mit der Ware reist und für die Auslieferung an den Empfänger benötigt wird.

Das bahnseitig abgestempelte Frachtbriefdoppel (Duplikatfrachtbrief) behält der Absender als Beweisurkunde, dass die Ware ordnungsgemäß dem Frachtführer (Bahn) übergeben worden ist; die übrigen Exemplare werden für bahnspezifische Zwecke verwendet. Im Frachtbrief werden u. a. alle warenspezifischen Merkmale (Menge, Art, Gewicht etc.) sowie Absender, Frachtführer und Empfänger vermerkt.

3. Internationaler LKW-Frachtbrief (CMR)

Für den Güterkraftverkehr wurde – mit analogen Funktionen – der Internationale CMR-Frachtbrief (CMR: Convention relative au contrat de transport international des marchandises par route) entwickelt (LKW-Frachtbrief oder truckway bill).

4. Luftfrachtbrief (Air Waybill)

Bei Luftfrachtsendungen wird der Luftfrachtbrief verwendet (airway bill, AWB). Der Luftfrachtbrief besteht aus drei Originalen und einer unbestimmten Zahl von Kopien.

5. Multimodaler Transport

Die besondere Funktion multimodaler Transportdokumente leitet sich zum einen aus der Tatsache ab, dass beim Warentransport verschiedene Verkehrsmittel benutzt werden können, z. B. LKW zur Bahn und von der Bahn zum Schiff und dann wieder weiter mit dem LKW, zum anderen aus der Unterscheidung zwischen Spediteur und Frachtführer. Ein Spediteur ist in gewissem Sinne ein Makler, der den Abschluss eines Transportvertrages vermittelt bzw. den Transport durch Dritte (vertragliche Frachtführer, Unterfrachtführer) besorgen lässt. Ein Frachtführer dagegen besorgt den Transport mit eigenen Transportmitteln.

Ein Spediteur gilt selbst als Frachtführer, wenn er als Fixkostenspediteur bzw. als Sammelspediteur auftritt und sein Selbsteintrittsrecht ausübt. Die Unterscheidung zwischen Spediteur und Frachtführer ist in haftungsrechtlicher Hinsicht von Bedeutung: Spediteure haften nur für die sorgfältige Auswahl der Frachtführer, nicht jedoch für deren Handlungen bzw. Unterlassungen. Auch hinsichtlich der Erfüllung der Lieferbedingungen (INCOTERMS) ist diese Unterscheidung von Bedeutung. Mit den Spediteur-Dokumenten bestätigt der Spediteur — unabhängig von den Dokumenten der Verkehrsträger — die Übernahme der Ware.

Versicherungsdokumente
Eine Versicherungspolice ist eine Urkunde eines Versicherers (underwriter) über einen abgeschlossenen Versicherungsvertrag, die als Namens-, Order- oder Inhaberpolice ausgestellt werden kann. Dabei sind Einzelpolicen für eine einzelne Warensendung und Generalpolicen für laufende Versicherungen (als Rahmenvertrag für alle Transporte eines Unternehmens) für einen bestimmten Zeitraum oder eine bestimmte Menge (Abschreibepolicen) gebräuchlich.
Bei Generalpolicen wird der Exporteur häufig ermächtigt, selbst einzelne Versicherungszertifikate (Versicherungsschein) auszustellen. Dies erleichtert die zeitgerechte Abwicklung, z. B. im Rahmen von Dokumenten Akkreditiven.

Handels- und Zolldokumente

1. Handelsrechnung
Die Handelsrechnung ist eines der wichtigsten Dokumente im Außenhandel und die wichtigste Beweisurkunde im Rahmen eines Kaufvertrages. Der Zugang der Handelsrechnung (commercial invoice) löst oft für den Käufer die Zahlungspflicht nach den vereinbarten Zahlungsbedingungen aus; sie hat daher eine zentrale zivilrechtliche Bedeutung.
Gleichzeitig ist sie Grundlage für die Ermittlung des Zollwertes (der wiederum, zuzüglich der Kosten bis zur ersten Bestimmungsstation, in der EU die Einfuhrumsatzsteuer bedingt).

2. Ursprungsnachweise
Für eine Reihe von außenwirtschafts- und zollrechtlichen Zwecken ist es im Importland erforderlich, den Warenursprung nachzuweisen, insbesondere im Zusammenhang mit Importgenehmigungen und Zollpräferenzen.
Ursprungszeugnisse werden in Deutschland von den IHKs ausgestellt und beglaubigt (Formblatt A der EU)
Ursprungserklärungen werden durch den Exporteur auf der Handelsrechnung angebracht.

3. Pre-Shipment Certificate / Inspection Certificate

Bei Dokumentenakkreditiven, aber auch aufgrund amtlicher Importvorschriften ist oft ein Pre-Shipment Inspection Certificate (PSI; Vorversandkontrolle, Vorverschiffungs-kontrolle, Inspektions-Zertifikat) erforderlich, das die Übereinstimmung der verpackten Ware mit der Bestellung bzw. den Importbestimmungen des Einfuhrlandes bescheinigt.

Mit diesem Dokument bestätigt ein vom Importeur beauftragter Prüfer — in der Regel auf Kosten des Importeurs — in einem „clean report of findings" die Korrektheit von Preis, Qualität und Menge der verschifften Ware.

8.9.3 Dokumentäre Zahlungsarten

Dokumenten-Inkasso

Vereinbaren Exporteur (Verkäufer) und Importeur (Käufer) bei Außenhandelsgeschäften als Zahlungsbedingung Kasse gegen Dokumenten = Documents against Payment (d/p) oder Dokumente gegen Akzept = Documents against Acceptance (d/a), so erfolgt die Zahlung des Dokumentengegenwertes oder die Akzeptleistung des Käufers in einem Zug-um-Zug-Geschäft gegen Übergabe der Dokumente.

Kasse gegen Dokumente

Grundlage für die Abwicklung von Dokumenteninkassi sind die Einheitlichen Richtlinien für Inkassi (ERI) der Internationalen Handelskammer (ICC).

Dokumente gegen Akzept

Beim Dokumenteninkasso gegen Akzept (d/a inkasso = documents against acceptance) liegt eine eigene Lieferantenkreditgewährung des Exporteurs auf der Basis eines Handelswechsels vor. Der Exporteur reicht also bei seinem Inkassoauftrag die Dokumente mit einer auf den Importeur gezogenen Tratte ein. Der Importeur erhält die Dokumente sofort nach Akzeptleistung, also meist vor Ankunft des Transportmittels.

8.9.4 Dokumenten-Akkreditiv

Wesen und Zweck des Akkreditivs

Der Zweck des Dokumenten-Akkreditivs ist insbesondere die Zahlungssicherungsfunktion, denn es ist für beide Vertragspartner die sicherste Zahlungsbedingung:

8.9 Zahlungsverkehr, Zahlungsbedingungen und Finanzierung von Außenhandelsgeschäften

- Der Exporteur (Verkäufer) versendet die Ware erst nachdem ihm das Akkreditiv von seiner Bank avisiert und eventuell bestätigt wurde und seine Forderung durch das Zahlungsversprechen von mindestens einer Bank gesichert ist. Er hat durch das Akkreditiv kein Annahme- und Fabrikationsrisiko, denn das Zahlungsversprechen ist abstrakt – also losgelöst vom Grundgeschäft und bei einem bestätigten Akkreditiv auch keine wirtschaftlichen und politischen Risiken, denn seine Hausbank (die Akkreditivstelle = advising bank) haftet ebenfalls für die Erfüllung des Akkreditivs, wenn der Exporteur die genannten Bedingungen buchstabengenau erfüllt.
- Der Importeur (Käufer) kann seinerseits den Akkreditivauftrag so stellen, dass durch Art und Umfang der Dokumente sichergestellt ist, dass nur die von ihm gewünschte Ware in der richtigen Qualität und Menge verladen wird – z. B. durch ein Inspektionszertifikat der SGS und ähnliches mehr.

Akkreditivformen

Nach den ERA ist der Begriff des Dokumentenakkreditivs sehr weit gefasst. Er umfasst jedes Dokumenten-Akkreditiv und jeden Standby Letter of Credit, wobei die beteiligten Banken angeben müssen, ob es durch Sichtzahlung, hinausgeschobene Zahlung, Akzeptleistung oder Negoziierung benutzbar ist. Die Dokumentenvorlage durch den Begünstigten (= Exporteur) muss am oder vor dem Verfalldatum des Akkreditivs erfolgen.

Jedes Akkreditiv ist nach der ERA = Einheitliche Richtlinien für Akkreditiv der Fassung 600 unwiderruflich, d.h. weder der Auftraggeber = Käufer noch seine Bank = die eröffnende Akkreditivbank können das Akkreditiv einseitig widerrufen.

Auszahlungsakkreditive (d/p credit)		Wechselakkreditive (d/a credit)	
Zahlung bei Eingang der Dokumente = **Sichtakkreditiv**, d.h. Akkreditiverfüllung bei Sicht = Vorlage der Dokumente	Zahlung X Tage nach Vorlage der Dokumente oder X Tage nach Verladedatum = **Deferred Payment Letter of Credit**, d.h. Akkreditiv mit hinausgeschobener Zahlung	Zahlung nach Ablauf des Zahlungsziels auf Wechselbasis/Akzeptleistung von Kreditinstituten = **Remboursakkreditiv**	Ankauf von Tratten, die auf eine andere Bank als die benannte Bank (= Akkreditivstelle) gezogen sind (oder Ankauf von konformen Dokumenten durch die benannte Bank vor Fälligkeit) = **Negoziationsakkreditiv**
Nachsichtakkreditive d.h. Zahlung auf Akkreditivbasis erst nach Ablauf einer Frist nach Sicht (= Vorlage) der Dokumente und ggf. Akzeptleistung			

Alle Auszahlungs- und Wechselakkreditive lassen sich nach folgenden Kriterien unterteilen:
- Bestätigung: bestätigte und unbestätigte Akkreditive
- Akkreditiverfüllung: Sichtakkreditive und Nachsichtakkreditive
- Übertragbarkeit: übertragbare und nicht übertragbare Akkreditive
- Revolvierbarkeit: revolvierende und nicht revolvierende Akkreditive

Nachsichtakkreditive
Beim Nachsichtakkreditiv gewährt der Exporteur ein Zahlungsziel. Die Zahlung der eingereichten Dokumente erfolgt also erst nach Ablauf des Lieferantenkredits durch den Importeur und mit dem Nachsichtakkreditiv ist ein Außenhandelskredit verbunden.

Deferred-Payment-Akkreditiv
Beim Deferred-Payment-Akkreditiv handelt es sich um ein Akkreditiv mit hinausgeschobener Zahlung, das für den Zeitraum des Warentransports oder auch darüber hinaus ein offenes Zahlungsziel durch ein abstraktes Schuldversprechen der Akkreditivbank (bei Bestätigung auch der Akkreditivstelle) absichert.

Remboursakkreditv
Beim Remboursakkreditiv erhält der Exporteur bei Vorlage akkreditivkonformer Dokumente zunächst einen (mit den Dokumenten eingereichten) Wechsel zurück, der mit einem Bankakzept von der Akkreditivbank, der Akkreditivstelle oder einer dritten Bank gewährt werden kann. Die Zahlung erfolgt dann bei Präsentation des fälligen Wechsels. Die Einlösung dieses Wechsels ist zusätzlich durch das Zahlungsversprechen des Akkreditivs abgesichert.
Das Bankakzept wird wegen seiner guten Refinanzierungsmöglichkeit meistens gleichzeitig diskontiert.

Übertragbare Akkreditive
Ein übertragbares Akkreditiv berechtigt den Erstbegünstigten (Exporthändler), seine Akkreditivansprüche ganz oder teilweise an einen oder mehrere Zweitbegünstigte (den oder die Hersteller) verfügbar zu machen (Artikel 38 ERA 600).
Das übertragbare Akkreditiv ermöglicht es dem Exporthändler die zukünftige Forderung seinen Lieferanten – i.d.R. des Herstellers – durch Übertragung der Rechte des Akkreditivs abzusichern.

Revolvierende Akkreditive
Bei regelmäßigen Geschäftsbeziehungen oder sehr großen Verträgen mit regelmäßigen Teillieferungen mit einem Exporteur kann der Importeur seine Bank beauftragen, ein revolvierendes Akkreditiv zu jeweils gleichen Grundbedingungen zu eröffnen, bei dem ein Akkreditivbetrag

nach Ablauf einer festgelegten Frist immer wieder auflebt, bis der Akkreditivgesamtbetrag ausgeschöpft ist. Nicht ausgenutzte Teile verfallen.

ERA Einheitliche Richtlinien für Dokumenten-Akkreditive
Rechtsverbindlich werden die ERA nur durch ihre ausdrückliche Nennung, d. h. es gilt rechtlich die sog. „opting in"-Klausel [Angaben werden nur rechtswirksam, wenn im Kaufvertrag auf die entsprechenden einheitlichen internationalen Regeln ausdrücklich verwiesen wird (dies gilt auch für die INCOTERMS)].

8.9.5 Garantien und Bürgschaften

Entwicklung, Bedeutung, Aufgaben der Bankgarantie
Bankgarantien müssen immer selbstschuldnerisch eröffnet werden. Es gelten folgende Merkmale für die Garantie:
- Die Garantie ist abstrakt, d. h. sie ist losgelöst vom Grundgeschäft.
- Die Garantie ist nicht gesetzlich geregelt und deshalb besonders wertvoll im Außenhandel, da unterschiedliche Rechtsnormen keine Rolle spielen. (Die Bürgschaft dagegen ist gesetzlich geregelt und ist im Außenhandel nicht üblich)
- Der Begünstigte aus der Garantie (Avalbegünstigter) kann Zahlung aus der Garantie verlangen, wenn die Bedingungen eingetreten sind, für die sie abgegeben wurde – er muss dies aber nicht beweisen (z. B. Nichterfüllung des Vertrages, Überschreitung des Liefertermins usw.), denn
- Garantien sind zahlbar auf erste Anforderung.

Diese Kriterien machen die Garantie zu einem wichtigen Instrument in Außenhandelsgeschäften, um die Einhaltung von Vertragspflichten abzusichern.

Rechtliche Grundlagen, Regelwerk im Garantiegeschäft
Garantien sind gesetzlich nicht geregelt. Aber es ist amerikanischen Banken nach dem in den USA geltenden Recht nicht erlaubt, Garantien zu eröffnen. Aus diesem Grund wurde als Ersatzinstrument der *Stand by Letter of Credit* entwickelt, der als Garantie oder als Akkreditiv angesehen werden kann. Wegen seiner Anlehnung an ein Dokumenten-Akkreditiv wird er auch in den ERA berücksichtigt.

Garantiearten

a) nach der Art der Garantiestellung unterscheidet man

- direkte Garantien: hier gibt die Bank des Garantieauftraggebers direkt dem ausländischen Begünstigten das abstrakte Zahlungsversprechen. und
- indirekte Garantien: hier muss die Garantie ausdrücklich von einer Bank im Land des Begünstigten erstellt werden. Dies erfolgt, indem sie aufgrund der Garantie der Auslandsbank – also der Bank des Schuldners der Leistung – eine um die eigenen staatlichen Vorschriften ergänzte Garantie an den Garantiebegünstigten eröffnet.

b) nach dem Geschäftsgegenstand

Es wurden für die verschiedenen Absicherungswünsche der Vertragsparteien im Auslandsgeschäft folgende Garantiearten entwickelt:

- **Bietungsgarantie (Bid Bond):** Sie werden bei internationalen Ausschreibungen gefordert. Der Anbieter verpflichtet sich bei dieser Garantie Schadenersatz in Höhe eines bestimmten Prozentsatzes seines Angebotswertes – zwischen 1 % und 5 % – zu leisten, falls er nach erhaltenem Zuschlag die Ausschreibungsbedingungen nicht einhält oder nicht mehr zur Vertragsunterschrift bereit ist.
- **Anzahlungsgarantie (Advance Payment Guarantee):** Diese Garantieform kann bei der Vereinbarung von Vorauskasse mit höheren Beträgen eingesetzt werden, um das Lieferrisikos des ausländischen Käufers abzusichern, denn er kann bei Nichtlieferung des Exporteurs bis zu einer bestimmten Frist über die Garantie seine Vorauszahlung zurückholen.
- **Zahlungsgarantie (Payment Guarantee):** Bei Exporten mit der Zahlungsbedingung „Lieferung auf Rechnung" bzw. „Lieferung auf Ziel" wird das damit verbundene Risiko des Forderungsausfalls durch die Zahlungsgarantie abgesichert. Es handelt sich also um eine Garantie des Importeurs zu Gunsten des Exporteurs. Zahlungsgarantien ersetzen innerhalb der EU die Eröffnung von Akkreditiven.
- **Lieferungs- und Leistungsgarantie (Performance Bond):** Die Lieferungs- und Leistungsgarantie wird vom Exporteur zu Gunsten des Käufers (Importeurs) eröffnet und sichert diesem die vertragsgemäße Erfüllung und Lieferung zum vereinbarten Termin und in der vereinbarten Qualität und Menge.
- **Rücklieferungsgarantie:** Diese Garantie wird bei passiven Veredelungsgeschäften eingesetzt und sichert die Rücklieferung vertragsgerechter Ware. Auftraggeber der Bankgarantie ist daher der Importeur der Halbfertigwaren, der die Lohnveredelung in seinem Land durchführt.

Garantieinanspruchnahme

Bankgarantien sind immer auf „erste Anforderung" zahlbar gestellt. Das bedeutet, dass der aus der Bankgarantie Begünstigte seiner Hausbank den Auftrag erteilt, die zu seinen Gunsten vorliegende Bankgarantie in Anspruch zu nehmen, weil der Garantiefall eingetreten ist. Er muss keine Beweise vorlegen, dass Anspruch besteht – es genügt seine (schriftliche) Aussage, dass die in der Garantie abgesicherte Leistung nicht erbracht wurde. Wurde die Garantie unberechtigt in Anspruch genommen, so muss der Garantiegeber über den Gerichtsweg sein unberechtigt ins Ausland gezahltes Geld zurückfordern.

Bürgschaften
Bürgschaften sind im Außenhandel nicht üblich, da sie gesetzlich geregelt und an das Grundgeschäft gebunden, akzessorisch sind.
Im Außenhandelsgeschäft sind ausschließlich selbstschuldnerische Bankgarantien üblich.

8.10 Zölle und Verbrauchsteuern, Handelshemmnisse und Organisationen zu ihrer Überwindung

8.10.1 Tarifäre Handelshemmnisse

Aufgaben der Zölle
Fiskalzölle sollen Einnahmen für den Staatshaushalt erbringen. Auch nach der Abgabenordnung (AO) sind Zölle Steuern, also Leistungen ohne Gegenleistung, und dienen explizit der Erzielung von Einnahmen (5 3 AO).
Für Deutschland sind die Importzölle seit 1975 keine Haushaltseinnahmen mehr, da die von den Zollämtern erhobenen Einfuhrzölle an den EU-Haushalt abgeführt werden.
Das zweite Zollmotiv ist die Idee des Schutzzolls. Beabsichtigt wird also, die inländische Wirtschaft vor billigerer ausländischer Konkurrenz zu schützen. Dieses historisch im Merkantilismus entstandene Motiv steht auch heute in der Europäischen Gemeinschaft im Vordergrund: Die EU erhebt nur Importzölle. Sie sind eindeutig Schutzzölle, obgleich bei einigen Gütern, die nicht im Inland erzeugt werden — z. B. Kaffee — noch der ursprüngliche Fiskalaspekt weiterbesteht.

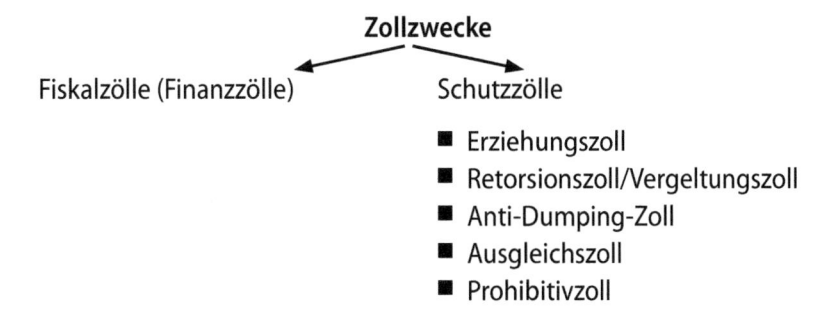

Zollzwecke

Fiskalzölle (Finanzzölle) ← → Schutzzölle

- Erziehungszoll
- Retorsionszoll/Vergeltungszoll
- Anti-Dumping-Zoll
- Ausgleichszoll
- Prohibitivzoll

Zollarten

Es gibt zwei Zollarten: Mengenzölle (= spezifische Zölle) und Wertzölle.

Ein **Wertzoll** bemisst sich nach einem **bestimmten Prozentsatz des Zollwertes** (synonym: proportionaler Zoll). Der Zollwert ergibt sich aus dem sog. Transaktionswert, also dem Warenwert, der im Kaufvertrag vereinbart wurde.

Der **Mengenzoll** wird **pro quantifizierbarer Einheit** erhoben (z. B. Stück [Stückzoll], Gewicht, Volumen, Länge, Alkoholanteil, etc.). Die Schweiz und das mit ihr in einer Zollunion verbundene Fürstentum Liechtenstein sind wohl die einzigen Länder weltweit, die ein rein spezifisches Zollbemessungssystem anwenden.

Häufig werden gemischte Zölle erhoben, die Wertzölle und Mengenzölle kombinieren, beispielsweise 7% vom Zollwert, mindestens aber xy Euro pro 100 kg, oder höchstens yz Euro.

8.10.2 Nicht-Tarifäre Handelshemmnisse

Man spricht von nicht-tarifären Handelshemmnissen, wenn die Einfuhr von Waren nicht durch Zollabgaben, sondern durch andere staatliche Maßnahmen behindert oder unmöglich gemacht wird.

Solche Maßnahmen können technische und rechtliche Normen, Vereinbarung von Kontingenten, Embargovereinbarungen, Maßnahmen der Zollverwaltung oder Exportsubventionen sein.

Kontingente

Mengenbeschränkungen (Kontingente) werden i.d.R. bilateral zwischen Staaten vereinbart – Beispiel: Textilkontingent der EU mit China. Durch solche Kontingente werden die inländischen Anbieter vor einer zu großen (billigeren) Angebotsmenge am Markt geschützt.

Von Selbstbeschränkungsabkommen spricht man, wenn sich ausländische Exporteure in einer bilateralen Vereinbarung freiwillig verpflichten nur eine bestimmte Jahresmenge an das Importland zu liefern

Embargo

Diese Maßnahme bezeichnet eine staatlich angeordnete Zwangsmaßnahme, oft auch als internationale Vereinbarung (Kollektivembargo), mit der der Güterhandel mit einem bestimmten Staat verboten wird.

Dabei kann man unterscheiden zwischen

- Exportembargo (Handelsembargo) Beispiel: Dual-Use-Produkte
- Importembargo Beispiel Erdöl aus einem bestimmten Staat

- Finanzembargo (Kapitalembargo) Beispiel Zahlungssperren oder Verbot von Vermögensübertragungen
- Transportembargo Beispiel Embargo für Schiffe.

Technische und rechtliche Normen
Hier werden Normen und technische Standards so festgelegt, dass sie nur von der heimischen Industrie erfüllt werden können. Auch Auszeichnungs-, Inhalts- und Verpackungsvorschriften können so gestaltet werden, dass sie die Einfuhr von ausländischen Waren erschweren. Ein Beispiel: Das inzwischen aufgehobene deutsche Reinheitsgebot beim Bier.

Administrative Behinderungen
Diese nicht-tarifären Hindernisse entstehen durch die Ausnutzung von Ermessensspielräumen bei den Zollbestimmungen, Zusatzgebühren bei der Zollabfertigung oder die Beschränkung der Zollabfertigung auf bestimmte Einfuhrplätze.

Exportsubventionen
Sie sind ein wichtiges Instrument der Handelspolitik, denn mit ihnen soll erreicht werden, dass die heimischen Produkte auf bestimmten Weltmärkten wettbewerbsfähig werden. Ein Beispiel sind die Agrarexportsubventionen der EU, die sog. Exporterstattungen. Sie führen in den betroffenen Ländern häufig zu großen Störungen im Warenhandel.

8.10.3 Organisationen zum Abbau von Handelshemmnissen

Die World Trade Organisation (WTO) ist eine internationale Organisation mit Sitz in Genf. Ziel der Welthandelsorganisation ist die Liberalisierung des internationalen Handels wie auch die Stabilisierung der Weltwirtschaft durch den Abbau von Zöllen und der Beseitigung von Handelshemmnissen. Die Maßnahmen der WTO prägen in hohem Maße das internationale Außenwirtschaftsrecht. Gegründet wurde die WTO 1994 in Marrakesch.
Die WTO hat zurzeit 150 Mitglieder, unter anderem die USA, Japan, China und die EU. USA und Russland haben 2006 ein Abkommen für den russischen Beitritt zur WTO unterzeichnet.

Einige Grundsätze des WTO:
Meistbegünstigung: Der Grundsatz der allgemeinen Meistbegünstigung besagt: Wenn das Land A dem Land B eine Handelsvergünstigung einräumt, dann soll diese Vergünstigung automatisch auch für alle anderen Mitgliedstaaten gelten.

Inländer-Behandlung: Importierte Waren werden den gleichen internen Abgaben (z. B. Verbrauchsteuern) und Rechtsvorschriften unterworfen wie die im Inland produzierten Waren.
Gleichbehandlung: Wenn das Land A dem Land B eine Vergünstigung einräumt (z. B. Zollfreiheit für Agrarwaren), dann soll das Land B gleichwertige Gegenleistungen für Land A erbringen. (= Reziprozität).
Transparenz: Regelungen und Beschränkungen des Außenhandels müssen veröffentlicht werden (Artikel X).
Verbot der Verschärfung: Die Verschärfung von Handelshemmnissen ist unzulässig.
Die WTO-Abkommen berühren nationales und europäisches Recht.
Die EU ist seit 1995 Mitglied der WTO und übt dort für alle Mitgliedstaaten das Stimmrecht aus.

Freihandelsabkommen
Ein Freihandelsabkommen ist ein völkerrechtlicher Vertrag zwischen verschiedenen Staaten oder Gruppen von Staaten. Die Vertragspartner verzichten untereinander aus Handelshemmnisse.
Mit dem Abkommen wird der Freihandel zwischen den Vertragspartnern gesichert. Zölle und nichttarifäre Handelshemmnisse wie Exportbeschränkungen, Importquoten oder nationale Normen und Standards, werden abgeschafft. Auch staatliche Eingriffe wie Subventionen, Beteiligungen an Unternehmen oder die staatliche Einflussnahme aus das Patentrecht können damit eingeschränkt werden. Immer wichtiger werden in solchen Abkommen auch Regelungen über den Investitionsschutz.
Freihandelsabkommen können sich auch zu Freihandelszonen weiterentwickeln, einer ersten Stufe der wirtschaftlichen Integration von mindestens drei Staaten. Sie praktizieren untereinander zollfreien Warenverkehr, aber jedes Mitglied kann gegenüber Drittstaaten unterschiedliche Zölle erheben.
Zur Verhinderung von Produktionsverlagerungen und Wettbewerbsverfälschungen enthalten alle Freihandelsabkommen Ursprungsregeln, die sicherstellen, dass Waren präferenzberechtigt sind und damit zollfrei in den jeweiligen Staat eingeführt werden können. Dies muss mit einem Präferenzpapier nachgewiesen werden. Wirtschaftliche Zusammenschlüsse auf einer höheren Integrationsstufe (Zollunion mit gemeinsamen Zollkodex, also einheitliche Zölle gegenüber Drittländern; Gemeinsamer Markt; Wirtschafts- und Währungsunion) sind jedoch immer auch Freihandelszonen.
Ziel eines Freihandelsabkommens ist, eine Steigerung des Außenhandels und damit letztlich des Wohlstands in den beteiligten Staaten zu erreichen. Die Welthandelsorganisation WTO fördert aus diesem Grund den Abschluss von Freihandelsabkommen (auch Präferenzabkommen genannt) und die Bildung von Freihandelszonen.

8.10 Zölle und Verbrauchsteuern, Handelshemmnisse und Organisationen zu ihrer Überwindung

Entwicklungspolitische Bedeutung haben Freihandelsabkommen, die Entwicklungsländern den Zugang zu den Märkten der Industrieländer öffnen sollen. Zu diesem Zweck führt die EU mit Staaten in Afrika, in der Karibik und im Pazifik Verhandlungen, die zum Abschluss von Freihandelsabkommen führen sollen.

Die jüngsten Freihandelsabkommen der EU sind das Abkommen mit der Republik Korea (Süd-Korea) und Kanada (genannt CETA).

Die Erfolge solcher Abkommen werden kurzfristig nicht in allen Staaten gleich sein; unter den einzelnen Ländern und Personengruppen kann es damit durchaus Gewinner und Verlierer geben. Ängste und Befürchtungen vor solch einem Schritt kennzeichnen deshalb auch die aktuelle Diskussion über diese und weitere geplante Freihandelsabkommen der Europäischen Union.

8.11 Aufgaben zur Selbstkontrolle

Aufgabe 1
Die Erschließung von Auslandsmärkten erfolgt oft über Messen.
a) Erläutern Sie vier Aufgaben, die Messen bei der Erschließung von Auslandsmärkten erfüllen können.
b) Nennen Sie vier Nachteile, die nur für Spezial- bzw. Fachmessen gelten.

Aufgabe 2
Der Außenhandel ist für Deutschland von sehr großer Bedeutung.
a) Wie groß ist etwa der Beitrag des Exports zum deutschen Bruttoinlandsprodukt (BIB)?
b) Nennen, Sie drei Sonderformen des Außenhandels.
c) Erläutern Sie den Begriff Veredelungsverkehr und unterscheiden Sie, was man in diesem Zusammenhang zollrechtlich unter den Begriffen „aktiv" und „passiv" versteht.

Aufgabe 3: Countertrade
Kompensationsgeschäfte erleben seit einigen Jahren unter dem Begriff Countertrade einen Aufschwung.
a) Definieren Sie den Begriff Countertrade.
b) Nennen Sie drei wirtschaftspolitische Gegebenheiten, unter denen solche Geschäfte bevorzugt getätigt werden.
c) Erläutern Sie in diesem Zusammenhang die Begriffe „Junktim- und Buy-back-Geschäfte".

Aufgabe 4
Einige deutsche Firmen sichern sich ihren Erfolg im Außenhandel durch die Teilnahme an internationalen Ausschreibungen.
a) Beschreiben Sie den Ablauf einer internationalen Ausschreibung vom Zeitpunkt der Veröffentlichung bis zur Auftragserteilung.
b) Welche Bankgarantien werden hierbei häufig gefordert und welche Risiken sollen diese für die ausschreibende Stelle absichern?

Aufgabe 5
Sie sind Assistent(in) des Exportleiters eines mittelständischen Unternehmens, das Verschließanlagen für Säcke herstellt. Ihr Unternehmen hat seinen Firmensitz in einer süddeutschen Kleinstadt. Es erzielt derzeit mit 150 Mitarbeitern einen Umsatz von ca. 50 Mio. EUR. In Deutschland ist der Markt hart umkämpft, so dass das Unternehmen Überlegungen anstellt, seine Marktchancen im Ausland – insbesondere in Asien – zu suchen. Der Exportleiter beauftragt Sie, im

Rahmen einer Art Prefeasibility-Studie verschiedene Formen von Auslandsengagements in Asien gegenüberzustellen.
a) Erörtern Sie drei Probleme, die insbesondere mittelständische Unternehmen im eigenen Hause zu bewältigen haben, wenn sie Direktinvestitionen. im Ausland durchführen wollen.
b) Beschreiben Sie vier Risiken, die bei Direktinvestitionen im Gastland auftreten können.
c) Nennen Sie drei Einrichtungen, die bei der Beschaffung von sekundärstatistischem Material für Ihre Studie behilflich sein können.

Aufgabe 6: Zahlungsabsicherung
Ein Werkzeuggroßhandel liefert Spezialbohrer im Wert von 65.000 € an einen Neukunden in Brasilien.
a) Beschreiben Sie drei Möglichkeiten, den Zahlungseingang abzusichern.
b) Skizzieren Sie den typischen Ablauf eines unwiderruflichen, bestätigten Dokumentenakkreditivs.

Aufgabe 7
Ein norddeutscher Kaffeeröster importiert Kaffeebohnen im Wert von 350.000 USD, FOB Santos, Brasilien, gemäß Incoterms 2010
Transportkosten (einschließlich Versicherung) frei Hamburg   3.000 USD
Zollsatz   3,50 %
Umsatzsteuer   7 %
(Einfuhrverzollung in Hamburg; Wechselkurs: 1 € entspricht 1,35 USD).
a) Errechnen Sie den Zollwert in Euro sowie die Einfuhrabgaben Zoll und EUSt.
b) Erläutern Sie zwei Gründe, warum Staaten oder Wirtschaftsräume Einfuhrzölle erheben.
c) Beschreiben Sie zwei Grundsätze der Welthandelsorganisation (WTO).

Aufgabe 8: Zahlungsrisiken im Export
Sie sollen als angehender Handelsfachwirt einem Auszubildenden Ihres Exportunternehmens erläutern, welche Risiken bei der Bezahlung von Warenlieferungen an Abnehmer in einem Drittland beachtet werden müssen.
a) Beschreiben Sie ein politisches Risiko das vorliegt, wenn trotz Zahlungsfähigkeit und Zahlungswilligkeit ein ausländischer Käufer Ihres Unternehmens seine Verbindlichkeit nicht erfüllen kann.
b) Beschreiben Sie das Risiko und die Gefahr, dass Ihrem Unternehmen Verluste entstehen, wenn Sie beim Export Ihrer Produkte in Drittländer in ausländischer Währung fakturieren müssen.
c) Erläutern Sie zwei Absicherungsmöglichkeiten für Fremdwährungsforderungen.

8. Außenhandel

Lösungen

Aufgabe 1

a) Messebeteiligungen können u.a. diese Aufgaben erfüllen:
Durch die Beteilung an einer internationalen Messe ergeben sich Kontakte zu ausländischen Kunden;
durch den Besuch internationaler Messen ist eine Beurteilung ausländischer Konkurrenz möglich;
durch die Teilnahme an internationalen Messen im Ausland kann man die eigenen Produkte auf ihre Marktfähigkeit und die Akzeptanz im Land testen;
internationale Messen geben gute Möglichkeiten die geplante Marketingstrategie, insbesondere die mögliche Preispolitik zu überprüfen.

b) Vier Nachteile von Spezial- bzw. Fachmessen können sein:
die Messe richtet sich nur an Fachbesucher und nicht an das breite Publikum, das wir als Kunden ansprechen wollen;
Spezial- bzw. Fachmessen haben manchmal nur regionale Bedeutung;
die Bedeutung solcher Fachmessen ist für den Marketing-Mix in vielen Branchen rückläufig;
die hohen Kosten einer Beteiligung an einer Spezial- bzw. Fachmesse stehen häufig in keinem Bezug mehr zu dem daraus ableitbaren Verkaufserfolg.

Aufgabe 2

a) Der Beitrag des deutschen Warenexports am Bruttoinlandsprodukt betrug 2010 etwas mehr als 38 %. (953 Mrd. € Exportvolumen bei einem BIP nominal von 2.476,8 Mrd. €)

b) Sonderformen des Außenhandels können sein:
aktiver und passiver Veredelungsverkehr
Direktinvestitionen im Ausland
Lizenzvergabe und Franchising im Ausland
Kooperationen mit ausländischen Unternehmen
Kompensationsgeschäfte

c) Unter Veredelungsverkehr versteht man die Bearbeitung, Verarbeitung oder Ausbesserung von Waren im Ausland und den Reimport der veredelten Waren in das Ausgangsland.
Aktive Veredelung kann als Zollverfahren angemeldet werden, wenn ein Unternehmen mit Sitz in der EU bzw. in Deutschland Waren zur Veredelung importiert und sich verpflichtet diese nach Veredelung wieder in ein Drittland zu exportieren. Dieses Zollverfahren ist dann zunächst abgabenfrei. Es muss der Nachweis erbracht werden, dass die veredelten Waren die EU tatsächlich wieder verlassen haben.

Bei der passiven Veredelung exportiert ein Unternehmen aus der EU bzw. aus Deutschland Halbfertigwaren in ein Drittland und verpflichtet sich die Fertigwaren wieder in die EU zu importieren. Beim Reimport wird dann nur der sog. Differenzzoll auf die Wertschöpfung im Ausland erhoben. Die Einfuhrumsatzsteuer wird auf den gesamten Warenwert fällig.

Aufgabe 3
a) Der Begriff Countertrade = Kompensationsgeschäft bezeichnet Außenhandelsgeschäfte, bei denen für die gesamte Kaufvertragssumme oder einen Teilbetrag Gegenwaren geliefert werden.

b) Kompensationsgeschäfte sind üblich,
wenn ein Land unter Devisenknappheit leidet,
wenn sogenannte weiche Waren – also Waren, die am internationalen Markt schwer verkäuflich sind – von diesem Land unbedingt als Devisenbringer eingesetzt werden müssen;
wenn in einem Land noch eine sehr geringe Stufe der Industrialisierung vorlegt und durch den Countertrade die Industrialisierung gefördert werden soll.

c) Ein Junktim-Geschäft ist eine Form des Kompensationsgeschäfts, bei der das Gegenlieferungsgeschäft vor dem Basisgeschäft erfolgt. Es wird vereinbart, dass die Gegenlieferung auf spätere Warenlieferungen angerechnet wird. Ein Buyback-Geschäft (Rückkaufgeschäft) ist ein Kompensationsgeschäft, bei dem ein Anlagenlieferant mit Waren bezahlt wird, die auf der gelieferten Anlage erzeugt wurden.

Aufgabe 4
a) Nach der Veröffentlichung einer für unser Unternehmen interessanten Ausschreibung werden folgende Schritte notwendig:
Kauf der Ausschreibungsunterlagen
Prüfung, ob die Ausschreibungsbedingungen von unserem Unternehmen erfüllt werden können
Kalkulation des Angebots und Erstellung aller Ausschreibungsunterlagen
Auftrag an unsere Hausbank die notwendigen Bankgarantien vorzubereiten
Einreichung der Ausschreibungsunterlagen bei der ausschreibenden Stelle und
Eröffnung der i.d.R. notwendigen Garantieerklärung (durch unsere Hausbank)

b) Die geforderten Bankgarantien sind i.d.R.
der Bid Bond = Bietergarantie. Die Garantiesumme beträgt etwa 1 – 5 % des Angebotswerts. Sie muss zugunsten der ausschreibenden Stelle eröffnet werden und wird von dieser in Anspruch genommen, wenn der Anbieter den Zuschlag erhält und dann nicht mehr bereit ist, einen Kaufvertrag abzuschließen. Die Bietergarantie sichert die ausschreibende Stelle vor dem Risiko unseriöser Angebote.

der Performance Bond = Liefergarantie. Die Garantiesumme beträgt etwa 20 – 30 % des Warenwertes und sie sichert die ausschreibende Stelle gegen Lieferverzug oder mangelhafter Lieferung ab. Die Liefergarantie stellt also eine Art Konventionalstrafe dar, die bei verspäteter oder mangelhafter Lieferung in Anspruch genommen wird.

Aufgabe 5
a) 1. Das Unternehmen sollte eine Machbarkeitsstudie (feasibility study) durchführen und insbesondere den Kapitalbedarf ermitteln.
   2. Prüfen, ob der Kapitalbedarf finanziert werden kann.
   3. Das Problem lösen, ob man diese Direktinvestition mit oder ohne ausländischen Partner durchführen sollte.
b) Risiken bei Direktinvestitionen im Ausland können sein:
   1. Politische Risiken, d.h. in diesem Land werden häufig Streiks durchgeführt oder es bricht Bürgerkrieg aus.
   2. Das Land verbietet unerwartet den Transfer von Gewinnen des gegründeten Unternehmens.
   3. Die Konjunktur dieses Landes verändert sich unerwartet negativ und unser Unternehmen wird mit einer starken Rezession konfrontiert.
   4. Ein neuer, sehr starker Wettbewerber investiert ebenfalls in diesem Land und versucht einen Preiskrieg in Gang zu setzen.
c) Drei Einrichtungen zur Beschaffung von sekundärstatistischem Material können sein:
   1. Statistisches Bundesamt
   2. Germany Trade and Invest
   3. Außenhandelskammern der ausgewählten Region bzw. des ausgewählten Landes.

Aufgabe 6
a) Folgende drei Möglichkeiten können den Zahlungseingang für den Verkäufer absichern:
   1. Durch eine Vorauszahlung des Käufers vor Versand der Ware. Handelt es sich um einen größeren Betrag – z.B. mehr als 100.000 € – so kann der Verkäufer die Vorauszahlung durch ein „advance payment guarantee" seiner Bank absichern.
   2. Durch eine Zahlungsgarantie (Bankgarantie) des Käufers zugunsten des Verkäufers, die offene Rechnungen innerhalb der vereinbarten Zahlungsfrist absichert. Der Verkäufer trägt hier allerdings das Annahmerisiko bei der Ware, da ja offene Rechnungen nur nach Warenannahme entstehen.
   3. Durch ein unwiderrufliches, möglichst bestätigtes Dokumenten-Akkreditiv; also einem abstrakten Zahlungsversprechen der Bank des Käufers.

b) 1. Das unwiderrufliche, bestätigte Dokumenten-Akkreditiv beginnt mit dem 1. Antrag auf Akkreditiveröffnung durch den Käufer
2. Nach Prüfung der Bonität ihres Kunden eröffnet die Akkreditivbank das unwiderrufliche, bestätigte Akkreditiv zugunsten des Exporteurs bei seiner Hausbank (= Korrespondenzbank der Akkreditivbank).
3. Die Bank des Exporteurs = Akkreditivstelle avisiert dem Verkäufer, dass zu seinen Gunsten folgendes Akkreditiv vorliegt und fügt auftragsgemäß ihre Bestätigung hinzu. (Damit haften beide Banken für den Akkreditivbetrag)
4. Der Exporteur prüft, ob die Akkreditivbedingungen mit dem Kaufvertrag übereinstimmen. Ist dies der Fall, so produziert und versendet er die Waren und erhält vom Frachtführer das entsprechende Frachtdokument (Originale oder Kopien je nach Transportmittel)
5. Der Exporteur erstellt oder lässt die übrigen, im Akkreditiv geforderten Dokumente ausstellen und reicht diese fristgerecht bei seiner Bank = Akkreditivstelle ein.
6. Die Akkreditivstelle prüft innerhalb von max. 5 Tagen die Dokumente, ob sie mit den Akkreditivbedingungen übereinstimmen, und
7. reicht diese weiter an die Akkreditivbank. Ist das Akkreditiv zahlbar bei Sicht, belastet sie nun auch gleichzeitig das Konto dieser Bank.
8. Die Akkreditivbank belastet nun ihrerseits das laufende Konto des Importeurs und
9. übergibt ihm die vom Exporteur eingereichten Dokumente.

Aufgabe 7

a) Der Zollwert errechnet sich wie folgt:
Warenwert 350.000 USD + Seefracht + Transportversicherung 3.000 USD
= 353.000 USD umgerechnet in EUR:

dividiert mit 1,35 =	261.481,48 EUR

= Zollwert = Wert an der Außengrenze der EU (CIF-Wert)

Davon 3,5 % Zoll =	9.151,85 EUR Zoll
Warenwert CIF Hamburg	261.481,48 €
+ Zoll 3,5 %	9.151,85 €
+ Kosten bis 1. Station EU	0,00 €

(weil Verzollung in Hamburg)

Basis für die Berechnung der EUSt	270.633,33
Davon 7 % =	18.944,33 € EUSt

(Einfuhrumsatzsteuer = Vorsteuer).

b) Die Gründe für Einfuhrzölle können sein:
  1. Fiskalzoll, d. h. die Einnahmen aus Einfuhrzöllen sind eine wichtige Position im Staatshaushalt oder
  2. Schutzzölle, d. h. die Einfuhrzölle werden so gestaltet, dass sie inländische Waren vor ausländischen Billigerzeugnissen schützen.
c) Grundsätze der WTO = World Trade Organisation sind:
  1. Liberalisierung des Welthandels = kontinuierlicher Abbau von tarifären und nichttarifären Handelshemmnissen im Warenhandel
  2. Meistbegünstigungsklausel = wenn Land A dem Land B einen Zollvorteil gewährt, so muss es diesen allen WTO Mitgliedstaaten einräumen.
  3. Gleichbehandlung = Importwaren dürfen nicht schlechter gestellt werden als Inlandswaren, d. h. es für Importwaren z. B. keine besonderen Kennzeichnungsvorschriften geben, die für Inlandswaren nicht gelten.
  4. Transparenz = alle Zollvorschriften müssen veröffentlicht werden.

Aufgabe 8
a) Das politische Risiko das hier vorliegen kann, nennt man Transferrisiko, d.h. die Regierung dieses Staates hat den Transfer der eigenen Währung und von Devisen ins Ausland verboten. Es könnte aber auch sein, dass das Land ein Moratorium beantragt hat, d.h. das Land ist vorübergehend Zahlungsunfähig und Auslandzahlungen sind in dieser Zeit nicht möglich.
b) Bei Fakturierung in ausländischer Währung besteht für den Exporteur das Risiko, dass in Zeit zwischen Abgabe eines bindenden Angebots und dem Zahlungseingang der Kurs dieser ausländischen Währung steigt und er damit weniger EUR erhält, als er ursprünglich kalkuliert hat. Dieses Verlustrisiko nennt man Währungsrisiko.
c) Die Absicherungsmöglichkeiten sind z. B.
  1. der Abschluss eines Devisentermingeschäfts mit seiner Bank: Hier verkauft der Exporteur bei Abschluss eines Kaufvertrages mit ausländischer Währung diesen erwarteten Währungsbetrag – z. B. 100 000 USD – zu einem festen Termin (= erwarteter Termin des Zahlungseingangs) mit einem festen Terminkurs. Zu diesem Kurs hat er dann auch seine Waren kalkuliert.
  2. Kauf einer Devisenoption: Hier erwirbt der Exporteur das Recht einen festen Devisenbetrag (= Kaufvertragssumme) zu einem festen Kurs = Basispreis der Option bis zu einer bestimmten Frist (= Laufzeit der Option) zu verkaufen. Für den Erwerb dieses Rechts zahlt der Exporteur einen Optionspreis.

Teil C

Prüfungssimulation

Erste schriftliche Teilprüfung

Die erste schriftliche Teilprüfung enthält Aufgaben der Handlungsbereiche „Unternehmensführung und – steuerung" sowie „Führung, Personalmanagement, Kommunikation und Kooperation". Insgesamt stehen 240 Minuten für die Bearbeitung zur Verfügung. 100 Punkte sind zu erreichen.
Wenn Sie diese Prüfung planen, können Sie also rund 2 Minuten pro Punkt veranschlagen. Die übrige Zeit brauchen Sie zum sorgfältigen Durchlesen und für die Schlusskontrolle.

Situationsbeschreibung 1

Sie sind Assistent des Geschäftsführenden Gesellschafters der Trinkmann GmbH. Die Trinkmann GmbH ist ein mittelständisches Getränkegroß- und Einzelhandelsunternehmen mit Sitz in einem Mittelzentrum in Nordrhein-Westfalen. Geschäftsführender Gesellschafter ist Marco Trinkmann. Der Gesamtumsatz betrug im letzten Jahr 15,3 Mio. €, davon 7,9 Mio. € im Großhandel, 7,4 Mio. im Einzelhandel. Das Unternehmen hat 52 Mitarbeiter (in VZ gerechnet), dazu fünf Auszubildende. Die Mitarbeiter sind rund zur Hälfte in der Zentrale und in den Märkten tätig. Der Standort befindet sich im Gewerbegebiet der Stadt, weiteres Gelände kann allerdings dort nicht mehr zugekauft werden.
Das Unternehmen betreibt acht Fachmärkte in einer Größenordnung von rund 1000 m² Verkaufsfläche. Weitere sind im Einzugsbereich geplant. Das Sortiment besteht aus alkoholfreien Getränken, Bier, Wein, Likörwein, Schaumwein und Spirituosen. Zusätzlich werden noch Salzgebäck, Gläser, Pralinen und saisonale Artikel wie z.B. Gartenpartyartikel geführt.
Die Kunden des Großhandels aus der Gastronomie werden bei der Anmietung bzw. Anpachtung, der Einrichtung ihres Betriebs sowie bei Events beraten. Außerdem betreibt der Großhandel Getränkeautomaten als Rack Jobber in Kantinen.
In den Fachmärkten können die Kunden Zapf- und Thekenanlagen, Gläser und Festzeltgarnituren mieten. Das Unternehmen unterhält einen eigenen Fuhrpark.
Als Assistent sind Sie für die Expansion des Fachmarktbereichs und die Organisation von Neueröffnung zuständig. Dabei überlegen Sie, ob Sie neben den Fachmärkten in Zukunft auch Weinfachgeschäfte eröffnen wollen. Sie prüfen auch, ob die Expansion mit Hilfe von Franchisenehmern vorgenommen werden sollte.
Der geschäftsführende Gesellschafter, Herr Trinkmann, überlegt aufgrund der positiven Entwicklung seines Unternehmens, die Zentrale zu vergrößern. Da der Standort sich im

Gewerbegebiet der Stadt befindet, wo weiteres Gelände nicht mehr zugekauft werden kann, sucht er einen neuen Standort.

Die Belieferung der Fachmärkte erfolgt mit dem eigenen Fuhrpark. Durch die positive Geschäftsentwicklung (mit mehr Fahrkilometern) des Unternehmens Trinkmann GmbH überlegt Herr Trinkmann, den Transportbereich strategisch neu auszurichten. Das Unternehmen hat fünf LKWs im Einsatz, die von 6 Mitarbeitern gefahren und gewartet werden. Die Fixkosten für diesen Bereich beliefen sich im letzten Jahr auf 320.000 €, die LKWs fuhren insgesamt 150.000 Kilometer in dem Jahr. Durch die Geschäftsentwicklung plant das Unternehmen eine Erhöhung der Kilometerleistung auf 180.000 Kilometer im Jahr. Die Controlling-Abteilung ermittelt mit einer internen Kalkulation variable Kosten in Höhe von 0,65 € je gefahrenen Kilometer.

Aufgabe 1 6 Punkte

Sie prüfen, selbst als Franchisenehmer der Fa. Trinkmann gemeinsam mit einem fachkundigen Freund ein Weinfachgeschäft zu gründen. Für das Gespräch mit dem Geschäftskundenberater der Bank erarbeiten Sie einen Businessplan. Erläutern Sie stichwortartig sechs Punkte, die in diesen Plan hineingehören.

Aufgabe 2 7 Punkte

Sie erwarten einen Jahresumsatz von 500.000 €. Sie sind unsicher, welche Rechtsform Sie für das Unternehmen wählen sollen. Wählen Sie jeweils eine denkbare Personen- und Kapitalgesellschaft aus. Stellen Sie in einer Liste der wichtigsten Entscheidungskriterien die fünf Merkmale der beiden Rechtsformen einander gegenüber und entscheiden Sie sich für eine Rechtsform.

Aufgabe 3 11 Punkte

Herr Trinkmann beauftragt Sie, die Organisation der Zentrale zu prüfen. Sie befassen sich zunächst mit dem organisatorischen Aufbau. Dabei sollen Sie die bestehende Stab-Linien-Organisation auf ihre Zukunftstauglichkeit prüfen.
a) Stellen Sie die Organisation grafisch dar. (3 P)
b) Prüfen Sie anhand von jeweils zwei Vor- und Nachteilen eine alternative Organisationsform und stellen Sie diese grafisch dar. (8 P)

Aufgabe 4 6 Punkte

Herr Trinkmann bittet Sie, sich als Assistent Gedanken über die Investition eines neuen Standorts zu machen. Für diesen neue Standort plante der Architekt eine Investitionssumme von rund 2,0 Mio. €. Im ersten Schritt möchte Herr Trinkmann von Ihnen wissen, welche Finanzierungsmöglichkeiten es für ein Unternehmen gibt!

Erläutern Sie die zwei Möglichkeiten der Finanzierung und entscheiden Sie sich für eine Finanzierungsart, die Sie Ihrem Chef vorschlagen wollen.

Aufgabe 5 8 Punkte

Ein externer Frachtführer bietet den Transport zu einem Kilometerpreis von 2,25 € an.
Herr Trinkmann möchte von Ihnen wissen:
Lohnt es sich, auf das Angebot einzugehen? Ermitteln Sie die Kilometerzahl, bei der die Kosten von Eigen- und Fremdtransport gleich sind, und berechnen Sie für die geplante Kilometerleistung den Kostenvorteil.

Aufgabe 6 6 Punkte

Die Gesellschaft fordert auch von Unternehmen immer mehr, sich am Gebot der Nachhaltigkeit zu orientieren. Herr Trinkmann will von Ihnen wissen, was dies für sein Unternehmen bedeutet. Machen Sie ihm einen Vorschlag für jeweils zwei Maßnahmen, mit denen das Unternehmen den drei Bereichen der Nachhaltigkeit gerecht werden kann.

Aufgabe 7 6 Punkte

Die Außendienstmitarbeiter berichten Ihnen, dass viele Getränkehändler angesichts gestiegener Konkurrenz und der wachsenden Sortimentsfülle überlastet seien. Herr Trinkmann überlegt, in welcher Weise er mit den Einzelhändlern enger kooperieren kann. Franchising ist in diesem Falle nicht vorgesehen.
Erläutern Sie Herrn Trinkmann zwei Formen der Kooperation und vier Felder, auf denen eine solche Kooperation praktisch umgesetzt werden könnte.

Aufgabe 8 11 Punkte

Herr Trinkmann möchte in den eigenen Märkten auch schwerbehinderte Menschen für spezielle Aufgaben einsetzen, weiß aber nicht, wie er dabei vorgehen kann.
a) Sie kennen Institutionen, die in dieser Frage beraten und unterstützen. Schlagen Sie ihm zwei davon vor. Welche Fragen tauchen im Zusammenhang mit der Einstellung von schwerbehinderten Menschen auf? Entwickeln Sie drei. (5 P)
b) Entwickeln Sie eine Checkliste mit sechs Punkten, die Sie bei der Einstellung von schwerbehinderten Menschen berücksichtigen müssen. (6 P)

Aufgabe 9 13 Punkte

a) Zwei Ihrer Auszubildenden im 3. Ausbildungsjahr stehen unmittelbar vor der Abschlussprüfung. Setzen Sie drei Maßnahmen ein, die gewährleisten, dass Ihre Auszubildenden gut vorbereitet in die Prüfung gehen. (6 P)

b) Einer der Auszubildenden leidet unter entsetzlicher Prüfungsangst. Unterstützen Sie Ihren Auszubildenden mit Hilfe von drei Maßnahmen, seine Prüfungsangst zu mildern. (6 P)

c) Beide Auszubildenden sollen übernommen werden. Ihre Verträge enden zum 31. August, die schriftliche Prüfung ist am 24. Mai, die mündliche Prüfung am 8. Juli. Die Ergebnisse der Prüfung werden nach Ende des fallbezogenen Fachgesprächs bekanntgegeben. Ab wann beginnt der neue Arbeitsvertrag? (1 P)

Aufgabe 10   11 Punkte

Als Assistent des Geschäftsführers erstellen Sie die Personalbedarfsplanung für das nächste Jahr. Zunächst analysieren Sie die Ist-Situation:

Markt A Umsatz lfd. Jahr 900.000 €			Markt B Umsatz lfd. Jahr 950.000 €		
Mitarbeiter	Alter	Arbeitszeit/VZ	Mitarbeiter	Alter	Arbeitszeit/VZ
Teamleiterin	32	1,0	Teamleiter	25	1,0
Mitarbeiter	52	1,0	Mitarbeiterin	35	0,6
Mitarbeiter	40	1,0	Mitarbeiterin	34	0,7
Auszubildender	17	0,5	Mitarbeiterin auf Abruf	30	0,4
			Mitarbeiterin auf Abruf	42	0,5

a) Beide Märkte haben die gleiche Größe und sind gut vergleichbar. Ermitteln Sie die Produktivität der beiden Märkte. (4 P)

b) Für das kommende Jahr hat das Unternehmen folgende Planzahlen für jeweils Markt A und Markt B festgelegt:
Umsatzsteigerung von 5%
Produktivität von 290.000 €
Ermitteln Sie den Bruttopersonalbedarf beider Märkte. (4 P)

Nehmen Sie drei Beobachtungen wahr bei dem Vergleich der beiden Märkte bezüglich der Personalsituation quantitativ und/oder qualitativ. (3 P)

Aufgabe 11   6 Punkte

Für die Expansion des Unternehmens planen Sie mittelfristig pro Jahr drei zusätzliche Teamleiter. Hierfür möchten Sie einen Förderkreis bilden. Wählen Sie drei geeignete Auswahlinstrumente für die zukünftigen Mitarbeiter des Förderkreises und suchen Sie drei Methoden für Training on the Job aus, die für diesen Kreis eingesetzt werden sollen.

Aufgabe 12
9 Punkte

Der Arbeitnehmer G war vom 1. Juli 2014 bis zum 30. Juni 2016 mit einem befristeten Arbeitsvertrag in einem der Getränkemärkte angestellt. Zum 1. Juli 2016 erhielt er einen neuen, wieder auf zwei Jahre befristeten Arbeitsvertrag. Ein sachlicher Grund ist in beiden Verträgen nicht genannt. Anlässlich der 25-Jahr-Jubiläumsfeier bat G die Teamleiterin Fachmärkte am 1. Juni 2018, das Arbeitsverhältnis dauerhaft zu verlängern. Diese antwortete, leider könne man M über den 30. Juni 2018 hinaus nicht beschäftigen.

G bittet Sie als kundigen Handelsfachwirt um Rat: Kann G erfolgreich auf eine Beschäftigung über den 30. Juni hinaus hoffen? War der letzte Arbeitsvertrag überhaupt zulässig? Begründen Sie ausführlich Ihre Antwort.

Lösungen

Aufgabe 1
- Details der Geschäftsidee, des Angebots
- Besonderheit, vielleicht sogar Unverwechselbarkeit des Angebots
- Zielgruppen; Kunden
- Abgrenzung des Tätigkeitsbereichs inhaltlich wie evtl. geographisch
- aktuelles Marktvolumen und absehbare Entwicklung
- Wettbewerber; Marktlücken, Marktpreise
- Analyse der externen Bedingungen (z.B. gesetzliche Vorschriften; technische Entwicklungen)
- Marketingkonzeption
- Kapitalbedarf
- Organisation
- Rechtsform
- Finanzierung

Aufgabe 2
Beispielhaft seien hier zwei Rechtsformen genannt:

Merkmal	GbR	GmbH
Startkapital	Keine Vorschrift	25.000 €
Gründung rechtlich	Vertrag empfehlenswert	Vertrag + Eintrag ins Handelsregister
Haftung	Unbeschränkt	Nur mit Geschäftsanteil
Gewinnverteilung	Zu gleichen Teilen oder nach Vertrag	Nach Geschäftsanteilen oder nach Vertrag
Vertretung nach außen	Gemeinsam; einzeln nur mit Vollmacht	Geschäftsführer (ins HR eingetragen)

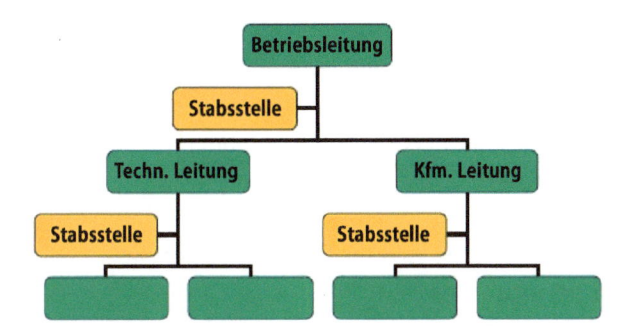

Aufgabe 3
a)

```
                    Betriebsleitung
                          │
                     Stabsstelle
                     ┌────┴────┐
              Techn. Leitung  Kfm. Leitung
              Stabsstelle      Stabsstelle
              ┌──┴──┐          ┌──┴──┐
```

b) Vorteile:
- Eindeutige Unter/Überstellung
- Keine Kompetenzstreitigkeiten
- Leichtere Einweisung neuer Mitarbeiter

Nachteile:
- Vorgesetzter kann nicht alles überblicken
- Der Informationsfluss zwischen den Abteilungen ist umständlich
- Langer Instanzenweg

Ein Mehrliniensystem wie z.B. die Matrixorganisation könnte die Umständlichkeit des Einliniensystems vermeiden. Die Matrixorganisation verbindet die Gliederung nach Funktion mit der Gliederung nach Produkten.

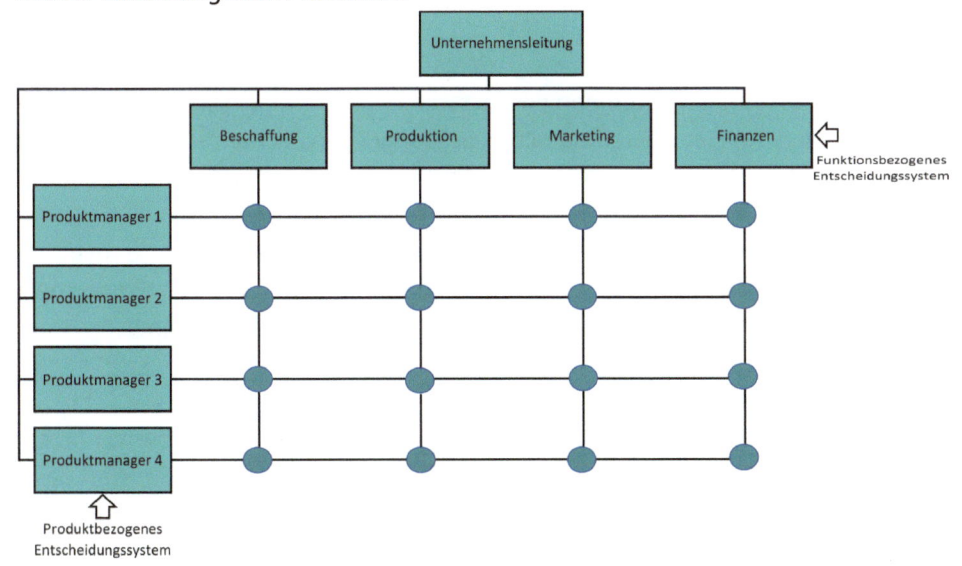

```
                    Unternehmensleitung
                           │
        ┌────────┬─────────┼─────────┬─────────┐
    Beschaffung  Produktion  Marketing  Finanzen  ⇐ Funktionsbezogenes
                                                    Entscheidungssystem
Produktmanager 1 ──●────────●─────────●─────────●
Produktmanager 2 ──●────────●─────────●─────────●
Produktmanager 3 ──●────────●─────────●─────────●
Produktmanager 4 ──●────────●─────────●─────────●
       ⇑
Produktbezogenes
Entscheidungssystem
```

Aufgabe 4

a) Außen- und Innenfinanzierung

Die Außenfinanzierung umfasst die Kapitalbeschaffung in Form von Eigenkapital oder Fremdkapital. Die Mittelzuführung erfolgt hierbei im also durch eine Beteiligung oder durch Kreditaufnahme.

Bei der Innenfinanzierung stammt das Kapital aus dem betrieblichen Umsatzprozess.

b) **Formen der Außenfinanzierung:**

Lieferantenkredit
Er entsteht durch Ausnutzung der vereinbarten Zahlungsziele.
Vorteile: Kurzfristig, keine Kreditprüfung
Nachteil: Er ist kostspielig, da er mit einem Verzicht auf Skontoabzug verbunden ist

Kontokorrentkredit
Ein kurzfristiger Bankkredit als häufigste Finanzierungsform mit bankmäßiger Besicherung.
Vorteil: kurzfristige Ausschöpfung Kreditrahmen
Nachteil: Kreditprüfung durch die Bank und Zinsbelastung

Kundenanzahlungen
Bei dieser Finanzierungsart geht es um die volle oder teilweise Bezahlung der Ware vor der Lieferung an den Kunden.
Vorteile: Keine Kreditprüfung, keine Zinsbelastung
Nachteil: zeitlich begrenzt bis zur Auslieferung an den Kunden

Factoring
Beim Factoring verkauft ein Unternehmen (Factoringnehmer) seine gesamten Forderungen (i.d.R. seine Forderungen aus Lieferungen und Leistungen) an ein Factoring-Institut (Factor). Der Forderungsverkauf ist nicht einmalig, es handelt sich vielmehr um eine laufende Finanzierungsmöglichkeit.
Vorteile: Der Forderungsverkauf führt schnell zu Kapital, die Eigenkapitalquote steigt.
Nachteile: Neben hohen Kosten kann der Verkauf von Forderungen von den Kunden negativ bewertet werden. Darüber hinaus ist Factoring nicht für jede Branche geeignet.

Hypotheken und Grundschulden-Darlehen
Unter einem Hypothekendarlehen versteht man die Beleihung auf Grundbesitz und es besteht bei der von ihr gesicherten Forderung eine rechtliche Abhängigkeit. Der Wert des Darlehens wird als Grundschuld im Grundbuch eingetragen. Das Grundschulden-Darlehen kann aber auch bestehen bleiben.

Vorteile: Hypothek-Löschung nach Bezahlung im Grundbuch, Grundschuld kann dann ohne Formalitäten als Sicherheit für ein neues Darlehen dienen.
Nachteile: Eine neue Hypothek muss neu eingetragen werden und ist mit Kosten verbunden, Grundschuld führt zur Bindung an Kreditgeber

Leasing
Beim Leasing überlässt der Leasinggeber als rechtlicher Eigentümer dem Leasingnehmer den Gebrauch bzw. die Nutzung eines Vermögensgegenstandes (Leasingobjekts) für einen vereinbarten Zeitraum gegen die Zahlung von Leasingraten. Der Leasingnehmer erwirbt kein zivilrechtliches Eigentum an dem Leasingobjekt. Für den Leasingnehmer steht vielmehr das Recht auf Nutzung im Vordergrund.
Vorteile u.a.: keine Bindung von liquiden Mitteln, die Leasingraten sind steuerlich absetzbar (dies gilt aber auch für die Abschreibungen im Falle eines Kaufes und die Zinsen im Falle einer Finanzierung des Kaufes); Nutzung des aktuellen Stands der Verbesserung der Bilanz- und Kapitalstruktur
Nachteile u.a.: geringe Flexibilität während der Laufzeit: das Leasingobjekt kann nicht (zumindest nicht ohne hohe Kosten) ausgetauscht werden, laufende Liquiditätsbelastung durch die Leasingraten, in der Regel höhere Kosten, der Leasinggeber verrechnet in der Leasingrate seine Kosten und Gewinnerwartung

Formen der Innenfinanzierung:
Thesaurierung
Bei der Thesaurierung verbleibt der erzielte Gewinn im Unternehmen und wird nicht an die Anteilseigner ausgeschüttet.
Vorteil: Keine Abhängigkeit von Kreditgebern
Nachteil: Anteilseigner erhalten keine Kapitalverzinsung

Abschreibungen von Anlagevermögen (AfA)
Eine Abschreibung verteilt die Wertminderung einer Vermögensposition auf ihre Nutzungsdauer.
Vorteil: Die jährlichen Abschreibungen reduzieren als Kosten das Betriebsergebnis, sind jedoch keine Ausgabe und stehen als Finanzierungsquelle für künftige Investitionen zur Verfügung.
Nachteil: Kapitalbindung bei Fehlinvestitionen

Auflösung von Rückstellungen
Rückstellungen werden für mögliche Verbindlichkeiten gebildet, die in der Zukunft anfallen können, die aber in ihrer Höhe ungewiss sind.
Vorteil: In dem Jahr, in dem sie gebildet werden, mindern sie den Gewinn, ohne dass Ausgaben entstehen. Dem Unternehmen bleiben sie als Finanzierungsmittel erhalten
Nachteil: Bei Inanspruchnahme der Rückstellung erfolgt der Mittelabfluss der Finanzierungsquelle

Mezzanine Kapital
Mezzanine Kapital ist eine Form von Eigenkapital, Fremdkapital oder Mischkapital je nachdem von welchem Kapitalgeber die Gelder stammen. (Eigenkapital = Kapitaleinlage durch stille Gesellschafter ohne Stimmrecht. Fremdkapital = Kapitaleinlage als nachrangige (Rückzahlungsansprüche nachrangig) und partiarische (gewinnabhängige) Darlehen.
Vorteile: Keine Bankprüfung und keine Mitbestimmung der Kapitalgeber
Nachteil: Kapitalbeschaffung wegen Verlustrisiko für die Kapitalgeber erschwert

Aufgabe 5
Formel:
$$x = \frac{Kf}{kv\ extern - kv\ intern}$$

Berechnung: $\frac{320.000\,€}{2,25 - 0,65} = \frac{320.000\,€}{1,6} = 200.000$ Kilometer

Unterhalb dieser Kilometerleistung ist der Fremdtransport kostengünstiger.
Geplante Kilometerleistung 180.000 Kilometer

	Intern		Extern
Kf =	320.000 €	Kf =	0 €
Kv =	180.000 x 0,65 € = 117.000 €	Kv =	180.000 x 2,25 = 405.000 €
Gesamt =	437.000 €	Gesamt =	405.000 €

Der Kostenvorteil für den Fremdtransport beträgt 32.000 €. Der Assistent empfiehlt, das Angebot anzunehmen.

Aufgabe 6
Ökologische Nachhaltigkeit:
Alle wirtschaftlichen Handlungen sollen so ausgerichtet sein, dass auch für nachfolgende Generationen die Umwelt erhalten bleibt.

Der Assistent empfiehlt einen schonenden Umgang mit Ressourcen (Energie, Material, Verpackung) sowie die Vermeidung schädlicher Stoffe (z.B. FCKW). Konkret kann dies z.B. die Verwendung energiesparender Elektrogeräte oder der Verzicht auf Einweg-Tragetaschen sein.

Ökonomische Nachhaltigkeit:
Alles handeln soll so ausgerichtet sein, dass nicht der kurzfristige Erfolg im Vordergrund steht sondern ein dauerhafter Wohlstand. Dazu gehört, dass eine Überfischung der Meere oder eine Abholzung der Wälder zu vermeiden ist .Im Handel könnte dies eine Dauerpreisstrategie mit dem Verzicht auf kurzfristige Umsatzerfolge sein, die beim Kunden Vertrauen schafft. Ebenso könnte hierzu eine großzügige Regelung von Reklamationen sein, die zwar kurzfristig Geld kostet, jedoch die Kundenbindung fördert.

Soziale Nachhaltigkeit:
Alles Handeln soll so ausgerichtet sein, dass dauerhaft alle Mitglieder der Gesellschaft an der Gemeinschaft teilhaben und damit ihre Würde erhalten können. Dazu gehört z.B. die Rücksicht auf Schwächere und Behinderte. Konkret umfasst dies auch das Bestreben um eine möglichst gerechte Behandlung der Mitarbeiter incl. Des Vergütungssystems und ein moderner kooperativer Führungsstil.

Aufgabe 7
Eine Form der Kooperation ist eine freiwillige Kette. Hierbei schließen sich der Großhändler Trinkmann und die weiterhin selbstständigen Getränkemärkte vertraglich zusammen und verpflichten sich, auf bestimmten, definierten Feldern eng zusammen zu arbeiten. Eine lockere Form könnte eine Erfahrungsaustauschgruppe sein, in der die Mitglieder der Gruppe Daten über alle Bereiche des Unternehmens austauschen und ihre Erfahrungen über alle betrieblichen Vorfälle, richtige und falsche Entscheidungen usw. offen austauschen.
Felder der Kooperation:
- Gemeinsamer Einkauf
- Gemeinsame Organisation von Handelsmarken
- Gemeinsames Marketing und insbesondere gemeinsame Werbung
- Gemeinsame Aus- und Weiterbildung
- Beratung in allen betriebswirtschaftlichen Fragen
- Gemeinsame EDV-Programme, Warenwirtschaftssysteme usw.

Aufgabe 8
a) Agentur für Arbeit, Integrationsamt, evtl. auch eine örtliche Fachstelle für behinderte Menschen im Beruf.

Diese Fragen könnten Sie mit einer Institution klären:
Welche Unterstützung wird für die Beschäftigung behinderter Menschen gewährt? An welche Voraussetzungen sind sie geknüpft?
Muss der Mindestlohn gezahlt werden?
Welche Arten von Behinderung erlauben eine Beschäftigung in den Getränkemärkten und welche nicht?
Kann dem behinderten Mitarbeiter gekündigt werden?

b) Muss der Arbeitsplatz besonders gestaltet werden?
Braucht es besondere Stellenbeschreibungen je nach der Behinderung, sind die Aufgaben besonders zu definieren?
Anforderungen an die Barrierefreiheit von Gebäude, Türen, Parkplatz usw.
Sanitäre Einrichtungen
Besondere arbeitsrechtliche Bestimmungen z.B. über Urlaub, Mehrarbeit
Mitwirkung im Betriebsrat?

Aufgabe 9

a) z.B.
Wiederholung der prüfungsrelevanten Themen mit Hilfe des Lehrgesprächs, der Leittext- oder Fallmethode. Bei allen Methoden sind schnell Defizite zu erkennen, die in der Gruppe oder auch individuell ausgeglichen werden können.
Sie kaufen alte Prüfungen, die die Auszubildenden bearbeiten in der vorgesehenen Prüfungszeit. So können inhaltliche Lücken aufgedeckt und die Schnelligkeit geübt werden.
Anhand von komplexen Prüfungsaufgaben üben Sie die Methodik: Was beinhaltet der Arbeitsauftrag, welche Anlagen gehören dazu, welche Schlüsselwörter markiere ich.
Mit Hilfe von Mindmaps visualisieren Sie Themen, die sie in den Schulungen begleiten. So werden unterschiedliche Gehirnregionen aktiviert.

b) z.B.
Sie simulieren die schriftliche Prüfung – Zeit einhalten, Originalprüfungsbogen einsetzen, im separaten Raum arbeiten – , beobachten den Auszubildenden, geben Feedback.
Sie strukturieren rechtzeitig vor der Prüfung die Vorbereitung, so dass sichergestellt ist, dass ausreichend Zeit für die Wiederholung zur Verfügung steht. Bei richtigen Lösungen anerkennen Sie die Leistung.
Es gibt keinen Stress vor der Prüfung. Auch das „schlimmste Ergebnis" wird in seinen Folgen besprochen und aufgezeigt, dass auch dann der Auszubildende übernommen wird.
Es wird professionelle Hilfe in Anspruch genommen.

c) z.B.
Das Arbeitsverhältnis beginnt am 9. Juli, wenn die Prüfung erfolgreich bestanden ist. Mit der mündlichen Prüfung und Bekanntgabe der Prüfungsergebnisse endet die Ausbildung. (BBiG § 21, 2. – diese Information ist nur für Sie – normalerweise wird nach keinem § gefragt, und dann müssen Sie auch keinen nennen!)

Aufgabe 10
a)

Markt A	Markt B
Umsatz 900.000 Mitarbeiter 3,5	Umsatz 950.000 Mitarbeiter 3,2
Produktivität = $\frac{\text{Umsatz}}{\text{Mitarbeiter}} = \frac{900.000}{3,5} =$	$\frac{950.000}{3,2} =$
257.143 €	296.875 €

b) Planumsatz = 900.000 + 5% = 945.000 €
Planproduktivität = 290.000
Bruttopersonalbedarf
$\frac{\text{Planumsatz}}{\text{Planproduktivität}} = \frac{945.000}{290.000} = 3,258 = 3,3$

c) quantitativ z.B.
Markt B hat bei höherem Umsatz eine niedrigere Besetzung und erreicht daher eine höhere Produktivität.
Die niedrigere Besetzung in Markt B wird durch Mitarbeiter mit flexiblen Arbeitszeiten erreicht wie Teilzeitmitarbeiter, Abrufmitarbeiter.
Markt B bildet nicht aus und beteiligt sich daher nicht an der Zukunftssicherung des Unternehmens.
qualitativ z.B.
Markt A hat eine ausgewogenere Altersstruktur als Markt B; alle Altersstufen sind vertreten und entsprechen dadurch auch der Kundenstruktur.
Außer der Teamleiterin sind im Markt A alle Mitarbeiter männlich. Für die körperliche Arbeit in einem Getränkemarkt ist dies zum Vorteil, im Hinblick auf die Kundenstruktur fehlen weibliche Mitarbeiter.
Im Markt B ist nur der Teamleiter männlich. Dies ist nicht vorteilhaft bezüglich schwerer Lasten im Getränkemarkt, aber auch nicht im Hinblick auf die Kunden, denn ein großer Teil der Kunden ist männlich und bevorzugt u.U. beim Kauf von Bier oder Spirituosen die Beratung von Männern.

Aufgabe 11

a) mitarbeiterbezogene Instrumente z.B.

Analyse der Personaldatei bzw. Personalakte, um Ausbildungsabschluss, Note und Beurteilungen einzusehen, Seminarbesuche und besondere Qualifikationen

Verlauf von Beurteilungen einsehen

bei Ausbildungsabschluss grundsätzlich Mitarbeitergespräch führen, um berufliche Wünsche zu besprechen und möglicherweise einen ersten Karriereplan zu erstellen

Einsatz eines Assessmentcenters wäre denkbar, doch bei der Größe des Unternehmens wohl zu kostspielig und zeitaufwendig

stellenbezogene Instrumente z.B.

Erstellung des zukünftigen Organigramms (in drei bis vier Jahren), um festzustellen, bei welchen Stellen im Groß- und Einzelhandel Bedarf sein wird

dann Erstellung eines zukünftigen Stellenplans, um die Anzahl der Stellen zu ermitteln

ggf. Veränderungen der zukünftigen Stellenbeschreibungen feststellen

entsprechend der zukünftigen Stellenbeschreibungen Anforderungsprofile erstellen

b) z.B.

Job-Enlargement: Die Führungsnachwuchskräfte erhalten über ihre Stellenbeschreibung hinaus quantitativ mehr Aufgaben, z.B. in der Stellenbeschreibung ist festgehalten, dass sie für die Disposition einer Warengruppe zuständig sind; sie disponieren in Zukunft eine Warengruppe zusätzlich.

Job-Enrichment: Die Führungsnachwuchskräfte erhalten erste Führungsaufgaben aus dem Arbeitsbereich des Teamleiters, z.B. erstellen sie die Personaleinsatzplanung für einen Markt.

Job-Rotation: Die Führungsnachwuchskräfte werden systematisch in den verschiedenen Bereichen des Unternehmens eingesetzt: z.B. der Mitarbeiter, der den Ausbildungsabschluss „Kaufmann i. Einzelhandel" abgeschlossen hat, ist für 4 Wochen in einem anderen Markt eingesetzt. Außerdem ist er für ca. 6 Monate im Großhandel und lernt dort Einkauf, Vertrieb und Logistik kennen.

Aufgabe 12

Die Befristung im (zweiten) Zeitarbeitsvertrag zum 30. Juni 2018 war bereits unzulässig. Eine Befristung ohne sachlichen Grund ist nur bis zur Dauer von zwei Jahren zulässig. Es darf überhaupt nicht mehr verlängert werden. Da das Unternehmen 25 Jahre alt ist, gilt auch nicht die Ausnahmebestimmung für neu gegründete Unternehmen, bei denen eine Befristung ohne sachlichen Grund bis zu vier Jahren zulässig ist. Die Folge ist, dass G sich in einem unbefristeten Arbeitsverhältnis befindet. Eine Kündigung durch die Fa. Trinkmann müsste demgemäß sozial gerechtfertigt, d.h. sachlich begründet sein.

Zweite schriftliche Teilprüfung

Diese Teilprüfung enthält in einer Aufgabenstellung die Handlungsbereiche Handelsmarketing sowie Beschaffung und Logistik.
Hierfür stehen 180 Minuten zur Verfügung. Bei 100 Punkten entspricht dies also rund 1 ½ Minuten pro Punkt.

Situationsbeschreibung 2

Das Großhandelsunternehmen „Das Neue Teehandelskontor GmbH" mit Firmensitz in Bremen hat 200 gut geschulte und engagierte Mitarbeiter und vertreibt europaweit Tee und Gewürze in etwa zu gleichen Teilen. Besonders erfolgreich ist Ihre Handelsmarke "Bremer Buttjer" im Schwarztee-Bereich. Der „Bremer Buttjer" symbolisiert auch Ihr Firmenlogo in rot auf weißem Grund. Ihr spezieller Vorteil ist, dass Sie selbst importieren.

Sie sind neuer Einkaufs- und Vertriebsleiter dieses mittelständischen Handelsunternehmens. Der Umsatz betrug im letzten Jahr 70 Mio. €, der Jahresüberschuss 4 Mio. €. Bislang vertreiben Sie Ihre Produkte zu 80 % in Deutschland; in den letzten Jahren gelang es Ihnen auch, innerhalb der angrenzenden EU-Länder Fuß zu fassen.

Der Vertrieb Ihrer Produkte erfolgt über alle Formen des Lebensmittelhandels mit Ausnahme der Discounter, darüber hinaus aber auch über bislang zehn eigene Läden mit ca. 30 qm in den Zentren größerer Städte. Zwei Mietverträge laufen Ende nächsten Jahres aus. In den Läden wird bislang kein Randsortiment geführt. Ihre Kunden sind überwiegend in der Altersgruppe „Ü 40" zu finden. Insgesamt war der Umsatz in den letzten Jahren speziell im Gewürzbereich leider leicht rückläufig. So beziehen besonders die beiden großen Unternehmen Edeka und Rewe ihre Ware direkt vom Hersteller und schalten den Großhandel aus. Man merkt dem Unternehmen die lange Tradition an, z.B. auch in der Ausstattung der Läden mit dunklem Holz und hellen gelben Wandfarben.

Der 64jährige geschäftsführende Gesellschafter Hagenmeyer hat Sie ins Haus geholt, da er sich in Zukunft eher zurückziehen möchte. Ihre Mitbewerber sind vor allem ausgesprochene Teegroßhändler wie auch Gewürzgroßhändler, dazu der Lebensmittelgroßhandel, der mit seinem Sortiment immer stärker in die Tiefe geht. Auf der anderen Seite sind es filialisierende Teefachgeschäfte. Derzeit wird im Hause überlegt, ob man ein Warenwirtschaftssystem einführen soll.

Prüfungssimulation

Aufgabe 1 12 Punkte

Sie wollen sich vor einem Grundsatzgespräch mit Herrn Hagenmeyer einen Überblick über das Unternehmen verschaffen. Erstellen Sie dazu eine SWOT-Analyse für „Das neue Teehandelskontor GmbH" nach folgender Matrix.

Stärken	Schwächen
Chancen	Risiken

Aufgabe 2 5 Punkte

Sie wollen mit Herrn Hagenmeyer besprechen, ob die Mietverträge der Läden in Hamburg und Lübeck verlängert werden sollen. Listen Sie fünf konkrete Informationen auf, die Sie benötigen, um eine Entscheidungsempfehlung zu geben.

Aufgabe 3 10 Punkte

Ihr Mitbewerber reagiert aggressiv auf die zunehmende Attraktivität Ihres Unternehmens. Eines Morgens sehen Sie unmittelbar vor dem Eingang Ihres ganz neu gestalteten Teefachgeschäfts in der Fußgängerzone einen Stand des Mitbewerbers. Darüber ist ein großes Plakat angebracht: „Entdecken Sie, wie Tee wirklich schmecken kann! Pure Natur statt aromatisierter Brühe!"
Sie sehen, dass Mitarbeiter Ihres Mitbewerbers die vorbeigehenden Menschen geradezu abfangen und zu dem Stand lenken.
Bewerten Sie dies aus wettbewerbsrechtlicher Sicht. Erläutern Sie, was die Fa. Teehandelskontor unternehmen kann.

Aufgabe 4 8 Punkte

Bei der Sortimentsanalyse haben Sie festgestellt, dass der Einzelhandelsumsatz in Ihren Filialen im Gewürzbereich besonders gelitten hat. Sie wollen daher Herrn Hagenmeyer vorschlagen, die Filialen als reine Teehandelsfilialen weiter zu führen und das Gewürzsortiment zu bereinigen. Er befürchtet, dass die Gewürzkunden den Unternehmen durch diese Maßnahme verloren gehen und eventuell auch ihren Tee in anderen Läden kaufen werden.
a) Schlagen Sie Herrn Hagenmeyer eine geeignete Maßnahme vor, diesem Kundenverlust vorzubeugen. (2 P)
b) Zur Kundenneugewinnung in den dann reinen Teegeschäften wollen Sie eine Sortimentserweiterung im Randbereich vornehmen. Schlagen Sie zwei geeignete Randsortimente für die Erweiterung vor und begründen Sie Ihren Vorschlag. (6 P)

Aufgabe 5 8 Punkte

Herr Hagenmeyer stürmt in Ihr Büro und erzählt Ihnen begeistert, die Nachfrage nach Tee sei gestiegen, immer mehr Menschen tränken Tee. Sie kennen die Nachfragekurve für ein Produkt.

Wie hat sich tendenziell nach der Aussage die Nachfragekurve verschoben? Erläutern und zeichnen Sie (ohne Skalierung) die bisherige und neue Nachfragekurve.

Aufgabe 6 7 Punkte

Ihr Gewürzsortiment entspricht den Biostandards. So wollen Sie den wachsenden Bio-Supermärkten Ihre Gewürze anbieten. Bei den Abnehmern ist noch Überzeugungsarbeit zu leisten. So kam von der Einzelhandelsseite der Wunsch nach Kommissionsware oder die Idee, mit Ihnen als Rack Jobber zusammenzuarbeiten. Sie wollen dieses Thema mit Herrn Hagenmeyer besprechen. Geben Sie zu beiden Vorschlägen Ihre begründete Stellungnahme ab.

Aufgabe 7 4 Punkte

Die angedachte Einführung eines Warenwirtschaftssystems ist nach Ihrer Überzeugung unverzichtbar, um den Warenfluss effizient zu steuern.
a) Um überzeugende Argumente zu finden, überlegen Sie zunächst, durch welche Maßnahmen generell der Warenfluss beschleunigt werden kann? Nennen und beschreiben Sie zwei. (2 P)
b) Um die Anforderungen an das Warenwirtschaftssystem bestimmen zu können, müssen Struktur und Volumen der Daten festgestellt werden. Erklären Sie in diesem Zusammenhang den Unterschied zwischen Stammdaten und Bewegungsdaten anhand von je einem Beispiel. (2 P)

Aufgabe 8 6 Punkte

Einkauf und Import der verschiedenen Teesorten und Gewürze sind durch über die Jahre hinweg gewachsene Gewohnheiten bestimmt. Um hier das Verbesserungs-Potenzial festzustellen, wollen Sie als erstes alle bezogenen Teesorten auf Grundlage einer kombinierten ABC-/XYZ-Analyse klassifizieren.
a) Beschreiben Sie die Anwendung der ABC-Analyse auf die Teesorten und mögliche Konsequenzen für den Einkauf. (2 P)
b) Beschreiben Sie allgemein Vorgehen und Zweck einer XYZ-Analyse. (2 P)
c) Erläutern Sie die Verbindung beider Analysen und die möglichen Schlussfolgerungen für die Beschaffungsstrategie. (2 P)

Aufgabe 9 4 Punkte

Wegen des in den bevorstehenden Wintermonaten stark steigenden Bedarfs überprüfen Sie die Bestände an Assam-Tee, der anteilmäßig wichtigsten Sorte im „Bremer Buttjer". Sie erhalten folgende Informationen:
- der Bedarf beträgt nach den Daten der Vorjahre pro Arbeitstag durchschnittlich 800 kg;
- der Sicherheitsbestand ist auf eine Reichweite von 10 Tagen festgelegt;

- die für Assam-Tee zur Verfügung stehende Lagerkapazität beträgt max. 32 Tonnen.
- die durchschnittliche Wiederbeschaffungszeit liegt bei 12 Tagen.

a) Erläutern Sie, warum ein Sicherheitsbestand und ein Meldebestand festgelegt werden. (2 P)
b) Berechnen Sie aus den genannten Daten beide Bestandsgrößen. (2 P)

Aufgabe 10 — 6 Punkte

Sie wollen exemplarisch am Beispiel der für Teebeutel verwendeten Sorte Ceylon Hochgewächs Pekoe Fannings prüfen, wieviel Spielraum zur Verringerung der Lagerkosten besteht. Bisher wurde ein Sicherheitsbestand von 1.200 kg vorgehalten und der Jahresverbrauch von 42.000 kg in 20 gleich großen Lieferungen bestellt.
Der Einstandspreis beträgt 4,40 €/kg.
Als Alternative prüfen Sie, künftig die Größe der Teillieferungen um 20% und den Sicherheitsbestand auf 800 kg zu reduzieren.

a) Errechnen Sie die folgenden Lagerkennziffern sowohl für diese Ausgangssituation als auch bei einer Senkung des Sicherheitsbestandes auf 800 kg und der Reduzierung der Teillieferungen um 20%:
  - durchschnittlicher Lagerbestand
  - Lagerumschlagshäufigkeit
  - durchschnittliche Lagerdauer
  - durchschnittliche Kapitalbindung (4 P)
b) Nehmen Sie zu dem Vorschlag Stellung und berücksichtigen Sie dabei auch die Anzahl der Bestellvorgänge. (2 P)

Aufgabe 11 — 7 Punkte

Bei der Überprüfung des Einkaufs mit Hilfe der ABC-Analyse haben Sie auch festgestellt, dass Ihr Sortiment bei insgesamt 68 verschiedenen Lieferanten bezogen wird. Dabei entfallen 69% der Bestellungen auf 10% der Lieferanten.

a) Beurteilen Sie diese Struktur mit ihren Vor- und Nachteilen. (2 P)
b) Entwickeln Sie ein Konzept für eine Lieferantenbeurteilung mit fünf Kriterien. (5 P)

Aufgabe 12 — 4 Punkte

In den bisher zehn eigenen Läden sollen zusätzlich auch „Gewürz-Ecken" eingerichtet werden. Um die eigenen angespannten Kapazitäten aber möglichst wenig zusätzlich mit der Belieferung zu belasten, bereiten Sie ein Gespräch mit Ihrem Gewürz-Importeur über die Möglichkeiten von Cross-Docking in Verbindung mit elektronischem Datenaustausch (EDI) vor. – Beschreiben Sie den Grundgedanken von Cross-Docking und wie dieser im gegebenen Beispiel umgesetzt werden könnte.

Aufgabe 13 5 Punkte

Unter der Bezeichnung „Efficient Consumer Response" wird eine enge Zusammenarbeit zwischen den Herstellern und dem Handel angestrebt
a) Erläutern Sie die Motive für diese Entwicklung sowohl aus Sicht des Handels als auch aus Sicht der Hersteller. (2 P)
b) Nennen Sie drei Basisstragien von ECR und beschreiben Sie eine davon. (3 P)

Aufgabe 14 4 Punkte

Der eigene Import der Teesorten erfordert den Abschluss von Lieferverträgen, in denen auch die zentralen mit dem Transport verbundenen Probleme geregelt sind. Dazu werden in die Verträge sog. „Incoterms" aufgenommen.
a) Nennen Sie zwei Problemstellungen, für die Rechte und Pflichten von Käufer und Verkäufer durch die Incoterms geregelt werden. (2 P)
b) Bekannte Incoterms wie „FoB" (= „free on board") gelten speziell für den Schiffstransport. Nennen und erklären Sie zwei Klauseln, die für alle Transportarten gelten. (2 P)

Aufgabe 15 10 Punkte

Aus einer größeren Lieferung hat die Fa. Teehandelskontor eine Forderung vom März 2014 über 4.000 €.
a) Wann verjährt diese Forderung normalerweise? (3 P)
b) Begründen Sie, ob der Eintritt der Verjährung Auswirkungen auf Ihre Forderung hat. (3 P)
c) Nehmen wir einmal an, der Schuldner würde nach Eintritt der Verjährung in Unkenntnis der Verjährung die Forderung begleichen – könnte er dies zurückfordern? Begründen Sie Ihre Aussage. (2 P)
d) Nennen Sie zwei Maßnahmen, mit denen die Verjährungsfrist neu beginnt oder gehemmt wird. (2 P)

Lösungen

Aufgabe 1
z.B.

Strengths / Stärken	Weaknesses / Schwächen
langjährige Erfahrung im Bereich gut ausgebildete Mitarbeiter Handelsmarke wird von den Einzelhändlern geschätzt	Nachfolge noch nicht geregelt rückläufiger Umsatz „angestaubtes Image" Kostenvorteile durch eigenen Import kein aussagekräftiges Warenwirtschaftssystem
Opportunities / Chancen	**Threats / Risiken**
weitere Expansion in Europa prozentualer Zuwachs in der „Ü 40"-Zielgruppe Discounter mit hohem Absatzpotenzial als Kunden gewinnen Internethandel verzeichnet Zuwachsraten Polarisierung der Kundengruppen in hochwertig und günstig	steigende Mieten in den Innenstadtlagen starker Wettbewerb in der Branche rückläufige Bevölkerungszahlen

Aufgabe 2
Gewinn der Filiale, Umsatzentwicklung, Lagerumschlagsgeschwindigkeit, Quadratmeterumsatz, Miethöhe, Mitbewerbersituation, Standortentwicklung in der Stadt, etc.

Aufgabe 3
Es liegt eine unzulässige vergleichende Werbung vor, die geeignet ist, die Ware des Mitbewerbers herabzusetzen. (§ 6, Ziffer 5 UWG). Ferner handelt es sich um eine belästigende Werbung, und zwar sowohl gegenüber dem Verbraucher wie auch der Fa. Handelskontor. (§ 7 UWG – die §§ waren nicht gefragt, Sie müssen Sie also in diesem Falle nicht nennen.) Das Teehandelskontor kann den Mitbewerber abmahnen, also auffordern, die Werbung unverzüglich zu unterlassen und hierüber eine strafbewehrte Unterlassungserklärung abzugeben.

Aufgabe 4
Vor der Sortimentsbereinigung werden die Kunden über die Veränderung informiert und ihnen wird der Versand der Gewürze angeboten. Die Bestellung ist über das Internet vorgesehen. Für die ältere Zielgruppe ist aber auch eine telefonische Bestellung möglich.

Anbieten würde sich der Bereich Porzellan mit Teetassen und -kannen, um auch Kunden, die ein Geschenk suchen, ein Angebot im etwas höherwertigen Bereich anbieten zu können. Als komplementäre Ergänzung können auch Teesiebe, Zucker als Kandissticks, kleine Zitronenpressen oder Sahnelöffel für die „ostfriesischen Wölkchen" in das Sortiment aufgenommen werden. Passen können auch Angebote von Gebäck oder Süßigkeiten. Sie passen gut zum Teesortiment und sind vom Volumen kleinteilig, so dass nicht allzu viel Platz für diesen Bereich benötigt wird.

Aufgabe 5
Die Nachfragekurve verschiebt sich nach rechts.

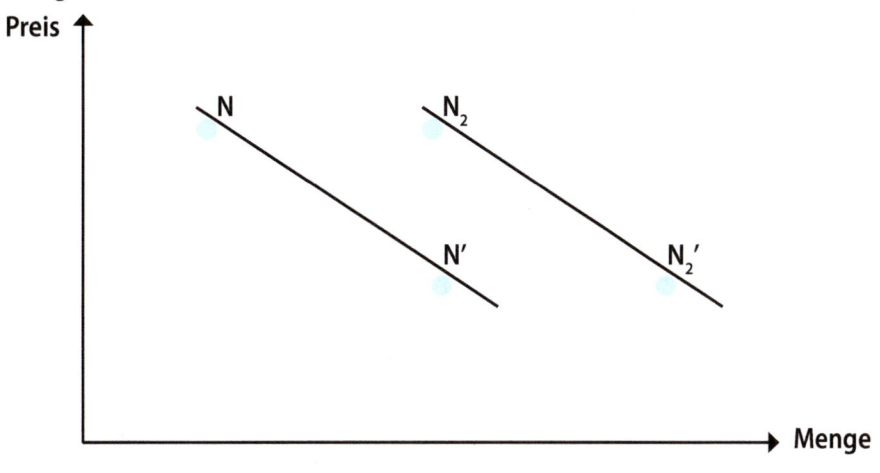

Aufgabe 6
Kommissionsware: Der Einzelhandel trägt kein Absatzrisiko und wird dieses Angebot sehr schätzen. Dafür besteht aber für „Das Neue Teehandelskontor GmbH" das Risiko, die Ware nach dem vereinbarten Zeitablauf zurücknehmen zu müssen. Der Händler achtet u.U. nicht auf den Lagerumschlag und bestellt zu viel Ware und eventuell ist das aufgedruckte Mindesthaltbarkeitsdatum beim Retournieren der Ware schon bald erreicht, sodass der erneute Verkauf für „Das Neue Teehandelskontor GmbH" schwierig wird.

Rack jobber: mit dem Einzelhandel wird eine Regalfläche, die von „Das Neue Teehandelskontor GmbH" angemietet wird, vereinbart. Die Regalpflege = Sortimentsauswahl, Bestückung des Regals, Warenrücknahme wird von „Das Neue Teehandelskontor GmbH" übernommen. So hat der Einzelhandel eine Sortimentsergänzung ohne eigenes Risiko. Die Steuerungsmöglichkeit ist für „Das Neue Teehandelskontor GmbH" besser. Hier sind jetzt die Mietbedingungen im Hinblick auf die Gewinnaussicht zu prüfen. Der in etwa zu erzielende Lagerumschlag ist durch die Erfahrungen in den eigenen Einzelhandelsgeschäften bekannt. Sie empfehlen Herrn Hagenmeyer das Rack-Jobber-Modell.

Aufgabe 7

a) Zum Beispiel:
- Minimierung der Transportzeiten;
- Vermeiden von Pufferzeiten:
- schnelle Transportmittel;
- Beschleunigung des Umschlags durch standardisierte Transportverpackung.

b) Stammdaten sind die zentralen Informationen zur eindeutigen Zuordnung von Vorgängen, z.B. artikelbezogene und zeitunabhängige Daten wie Artikelnummer.
Bewegungsdaten beziehen sich auf die mit dem betrieblichen Leistungsprozess verbundenen Vorgänge bzw. die dabei entstehenden Informationen, z.B. den Zu- und Abgang von Artikeln.

Aufgabe 8

a) Die Teesorten werden absteigend nach Umsatz oder Volumen sortiert und anschließend zu Gruppen so zusammengefasst, dass etwa die größten 20% ca. 80% des Volumens ausmachen (A), die nächsten 30% ca. 15% (B) und die restlichen 50% die restlichen 5% (C). (Es sind auch andere prozentuale Verteilungen möglich und richtig; auf jeden Fall muss bei A der Prozentsatz des Volumens deutlich über 60% liegen, bei C max. 10%). Konsequenzen der Analyse sind eine Konzentration bei Mengenplanung, Lieferantenauswahl und Preisverhandlungen auf A-Artikel; bei C-Artikel wegen der geringeren Kapitalbindung werden eher höhere Bestände und damit weniger Bestellvorgänge der richtige Weg sein.

b) Bei der XYZ-Analyse kann z.B. nach dem Verlauf des Verbrauchs oder der Sicherheit in der Beschaffung unterschieden werden in konstant und damit gut vorhersagbar (X), schwankend und weniger gut vorhersagbar (Y) und unregelmäßig und schlecht vorhersagbar (Z). Im gegebenen Fall bietet sich eine Aufteilung nach Beschaffungssicherheit, z.B. auf Grundlage der Erfahrungen mit Schwankungen der Ernteerträge an. Auf dieser Grundlage kann dann über die optimale Beschaffungsstrategie und die Höhe der Sicherheitsbestände entschieden werden. Generell ermöglicht die X-Kategorie kurzfristigere Lieferbeziehungen und geringere Lagerbestände, während umgekehrt die Z-Kategorie zu größerer Vorsichtslagerung zwingt.

c) Die Zusammenführung beider Analysen ergibt 9 Kombinationen mit unterschiedlichen Strategien. Extreme sind:
AX-Teile (= hoher Wertanteil; konstante Lieferbarkeit); fertigungssynchrone Beschaffung.
BY-Teile (= mittlerer Wertanteil; schwankende Lieferbarkeit); Puffer im Lager.
CZ-Teile (= geringer Wert; unregelmäßige Lieferbarkeit); starke Vorratsbeschaffung.

Aufgabe 9

a) Sicherheitsbestand ist der langfristige Vorrat zur Vorbeugung gegen Versorgungsrisiken, der nicht bzw. nur in Notfällen angegriffen werden darf. Er wird also festgelegt, um eine ununterbrochene Versorgung auch in Ausnahmefällen sicherzustellen.

Meldebestand ist die Bestandshöhe, bei der der Bestellvorgang ausgelöst werden muss, um bis zum Eintreffen der Lieferung den Sicherheitsbestand nicht zu unterschreiten. Er wird also festgelegt, um die Funktion des Sicherheitsbestandes abzusichern.

b) Sicherheitsbestand = 10 Tage á 800 = 8.000 kg = 8 Tonnen.

Meldebestand = Sicherheitsbestand + Wiederbeschaffungszeit x durchschnittlicher Tagesbedarf = 8.000 + 12 x 800 = 17.600 kg = 17,6 Tonnen

Aufgabe 10

a)

	Alt	Neu
LB Schnitt= Bestellmenge/2+SB	2.250	1680/2+800=1640
LU = Jahresverbrauch/LB Schnitt	18,67	25,61
LD = 360 / LU	19,29	14,06
KapB= LB x Preis	9.900	7.216
LK = LB x lk	2.475	1.804

b) Zwar reduziert sich die durchschnittliche Kapitalbindung und die Lagerkosten. Es ist jedoch zu fragen, wie weit die Reduzierung des Sicherheitsbestandes das Ausfallrisiko erhöht und wie hoch ein daraus resultierender Verlust wäre. Außerdem fehlt zur abschließenden Beurteilung die Information über die Bestellkosten. Hier kann die Erhöhung der Lieferfrequenz von bisher 20 auf jetzt über 50 (42.000 / 800 = 52,5) den auf den ersten Blick entstehenden Spareffekt zunichte machen.

Aufgabe 11

a) Es liegt ein Multi-Sourcing, also Verteilung auf viele Einkaufsquellen vor. Das hat zwar den Vorteil von Flexibilität und Unabhängigkeit, aber auch den Nachteil von hohem Bestellaufwand und durchschnittlich niedrigeren Bestellmengen, was wiederum zu geringeren Rabatten führt.

b) Erstellen einer Matrix mit folgenden Kriterien:
Angebotspreis; Qualitätstreue; Termintreue; Lieferzeiten; Lieferbedingungen; Service; Kulanz; Zertifizierungen. – Diese Kriterien sind dann je nach Bedeutung der zu beschaffenden Sorten unterschiedlich zu gewichten.

Aufgabe 12

Grundgedanke des Cross Docking ist eine empfängerorientierte Zusammenstellung der Warensendungen ohne deren Einlagerung. Der Importeur müsste also gestützt auf die durch EDI zur Verfügung gestellten Daten des Bedarfs der einzelnen Filialen die verschiedenen Gewürze so liefern, dass nicht jedes Gewürz für alle Filialen in einer eigenen Transporteinheit verpackt wird, sondern bereits für die einzelnen Filialen kommissioniert wird, also die jeweils benötigten verschiedenen Gewürze in den geforderten Mengen zusammen geliefert werden. Damit kann die Ware ohne weiteres Umpacken an die Filialen weitergegeben werden

Aufgabe 13

a) Die Hersteller sind interessiert u.a. an:
- einem ununterbrochenen, also nicht durch Verzögerungen im Nachschub gestörten Abverkauf ihrer Produkte;
- der möglichst frühzeitigen Information über benötigte Mengen zur optimalen Produktionsplanung;
- einer durch perfekte Abstimmung der Prozesse gefestigte langfristige Zusammenarbeit mit den Distributoren.

Der Handel ist interessiert u.a. an:
- einer Warenversorgung, die unter zeitlichen und kostenmäßigen Aspekten optimal ist;
- der zeitnahen Reaktion auf Kundenwünsche und deren Änderung;
- Unterstützung des Abverkaufs am PoS durch die Hersteller.

b) Genannt werden können hier:

Efficient Replenishment – Optimale Gestaltung der Warenversorgung im Verkauf (des "Wieder-Auffüllens") auf Basis eines Informationsflusses über den Abverkauf vom Handel zum Hersteller ohne Zeitverlust durch Verbindung des Warenwirtschaftssystems beim Händler über elektronischen Datenaustausch (Electronic Data Interchange; EDI).

Efficient Assortment – Optimale Sortimentsgestaltung im Sinne der Kundenzufriedenheit als Teil des Category Management; erfordert Einbeziehung der dezentralen und damit marktnäheren Entscheider in Sortimentsgestaltung.

Efficient Promotion – Optimale Verkaufsförderung durch aufeinander zeitlich und inhaltlich abgestimmte Aktionen von Handel und Hersteller.

Efficient Product Introduction – Optimale Produktneueinführung durch Koordination der Produktentwicklung seitens des Herstellers mit Einführungaktionen des Handels.

Aufgabe 14

a) Geregelt werden in den Incoterms die Pflichten des Verkäufers und des Käufers hinsichtlich:
- Kosten- und Gefahrenübergang der Ware
- Prüfpflichten, Verpackung
- Lizenzen, Genehmigungen, Sicherheitsfreigaben
- Abschluss von Beförderungs- und Versicherungsverträgen

b) Zum Beispiel:
EXW Ex Works   (ab Werk)
CIP Carriage + Insurance Paid   (Transport + Versicherung bezahlt)
DAT Delivered At Terminal   (Verkäufer trägt alle Kosten und Gefahren bis zum Bestimmungsort)
DDP Delivered Duty Paid   (Verkäufer trägt alle Kosten und Gefahren bis zum Bestimmungsort incl. aller Zollformalitäten)

Aufgabe 15

a) Die allgemeine Verjährungsfrist beträgt drei Jahre. Sie beginnt mit Ablauf des Jahres, in dem die Forderung entstanden ist und der Schuldner davon Kenntnis erlangt hat, in diesem Falle also am 31.12.2014.

b) Sie berechtigt den Schuldner dazu, unter der Einrede der Verjährung die Leistung zu verweigern.

c) Deshalb kann der Schuldner, wenn er denn trotz der Verjährung gezahlt hat, das Geld nicht mehr zurückfordern. Denn die Schuld bestand ja trotz der Verjährung noch weiter.

d) Maßnahmen sind Mahnbescheid und Vollstreckungsbescheid, Klage, Stundung, Schuldanerkenntnis des Schuldners oder auch die Anmeldung der Forderung im Insolvenzverfahren.

Prüfungssimulation

Handlungsbereich 5 Vertriebssteuerung (Wahlfach)

Zeit: 120 Minuten
Insgesamt 100 Punkte
Wenn Sie die Zeit für diese Prüfung planen, können Sie also rund 1 Minute pro Punkt veranschlagen. Die übrige Zeit brauchen Sie zum sorgfältigen Durchlesen und für die Schlusskontrolle.

Aufgabe 1 21 Punkte

Herr Hagenmeyer denkt über den Einsatz eines Key Account Managers in seinem Unternehmen nach.
a) Welche generelle Aufgabe hat ein Key Account Manager? (3 P)
b) Stellen Sie für eine Stellenbeschreibung drei Kompetenzen und drei detaillierte Aufgaben dar. (18 P)

Aufgabe 2 16 Punkte

Der Verkaufsleiter schlägt Herrn Hagenmeyer vor, dass der neue KAM nicht nur die bekannten A-Kunden betreuen solle. Es gebe auch noch weitere Gruppen, die eine besondere Betreuung verlangen. Nennen Sie fünf Gruppen von Kunden, die für den Einsatz eines Key Account Managers in Frage kommen, und erläutern Sie zwei davon.

Aufgabe 3 19 Punkte

Herr Hagenmeyer überprüft die Preispolitik für die eigenen Märkte. Das Unternehmen hat die Möglichkeit, seine Preise wettbewerbs-, kosten- oder nachfrageorientiert zu gestalten.
a) Erklären Sie diese grundsätzlichen preispolitischen Verfahren. (9 P)
b) Nennen Sie fünf absatzfördernde Maßnahmen des Einzelhandels, die sich aus der Preispolitik ableiten. (10 P)

Aufgabe 4 12 Punkte

Die Ladengestaltung spielt im Rahmen des Visual Merchandisings eine wichtige Rolle. Für die Planung hat Herr Hagenmeyer Kundenlaufstudien erstellt. Beschreiben Sie, was unter einer Kundenlaufstudie zu verstehen ist, und nennen Sie drei Erkenntnisse, die daraus gewonnen werden können.

Aufgabe 5   18 Punkte

In einem Filialunternehmen mit vielen Filialen weisen Filiale A, B und C folgende Kennzahlen auf:

	Umsatz netto	Flächenleistung	Pro-Kopf-Leistung
durchschnittliche Ergebnisse aller Filialen	2.542.000,00	9.593,00	293.000,00
Filiale A	2.835.000,00	8.146,00	368.000,00
Filiale B	2.546.000,00	9.498,00	295.000,00
Filiale C	2.465.000,00	9.622,00	257.000,00

a) Analysieren Sie die vorliegenden Zahlen. (12 P)
b) Erläutern Sie eine Handlungsempfehlung für Filiale A, um die Ergebnisse zu verbessern. (6 P)

Aufgabe 6   14 Punkte

Kundenbindung ist auch für die Teehandelsgesellschaft besonders wichtig. Sie kann auf unterschiedlichen Wegen erreicht werden.
Erläutern Sie drei Wege, mit denen die Teehandelsgesellschaft eine Bindung der Letztverbraucherkunden erreichen kann, und führen Sie für jede ein Beispiel an.

Lösungen

Aufgabe 1
a) Mit dem Einsatz eines Key Account Managers versucht das Unternehmen, die besonders wichtigen Schlüsselkunden besser zu betreuen.
b) Fachkompetenz, persönliche Kompetenz, Methodenkompetenz, unternehmerisches Denken.
c) Sammeln kundenrelevanter Informationen, Durchleuchten der Kundenorganisation, Führen von Kundengesprächen, Betreuung des Kunden vor Ort.

Aufgabe 2
- Kunden mit hoher Marktbedeutung
- Großkunden
- Entwicklungskunden
- Wachstumskunden
- Kunden mit hohem Deckungsbeitrag
- Prestigeführer
- Meinungsbildner

- Know-how-Träger
- Steigbügelhalter
- Komplexe Kunden
- Angstkunden
- Entscheidungsmultiplikatoren

Anmerkung: Näheres über diese Arten von Kunden finden Sie im Kapitel 5.1.2

Aufgabe 3

a) Wettbewerbsorientiert: Preise werden abhängig von der Preisgestaltung der Mitbewerber festgelegt, Nachfrage- und Kostensituation bleiben weitgehend unberücksichtigt. Gefahr eines Verdrängungswettbewerbs.

Kostenorientiert: Die Verkaufskalkulation bestimmt den Preis, Mitbewerber und Nachfrage bleiben hierbei unberücksichtigt. Bei Alleinstellung bzw. auf Verkäufermärkten möglich.

Nachfrageorientiert: Die Preisbereitschaft des Kunden bestimmt den Preis. Bei schwacher Konkurrenzsituation oder gleichem Konkurrenzverhalten möglich, z.B. Zubehör für technische Geräte.

b) Rabatt
Zugaben
Coupons
Ratenzahlung, Kreditkauf
Kundenkarte mit Bonus-/Zahlungsfunktion Kreditkartenzahlung
Inzahlungnahme von Altgeräten u.a.

Aufgabe 4

Die Kundenlaufstudie ist als Multimomentaufnahme eine Form der primären Marktforschung. Es wird beobachtet, welchen Weg der Kunde durch den Laden geht, wie lange er sich in den Abteilungen aufhält und wo er sich im Besonderen der Ware zuwendet. Erkenntnisse: z.B.

- Verweildauer in den Abteilungen bzw. Warengruppen
- Feststellen der gut bzw. schlecht frequentierten Bereiche der Verkaufsfläche
- Erkenntnisse über die allgemeine Kundenorientierung in Bezug auf die Warenplatzierung und -präsentation

Aufgabe 5

a) Filiale A übersteigt den durchschnittlichen Umsatz um 12%, Filiale C verfehlt den durchschnittlichen Umsatz um 3%.

Bei der Flächenleistung verfehlt Filiale A den durchschnittlichen Wert um 15% trotz des guten Umsatzes, die anderen Filialen erreichen die durchschnittlichen Werte. Bei der Pro-Kopf-Leistung erreicht Filiale A ein um 26% besseres Ergebnis, die Filiale C erreicht die durchschnittliche PKL um 12% nicht.

b) Filiale A muss ihre Flächenleistung korrigieren durch z.B. Untervermietung oder durch weitere Umsatzsteigerungen mit Hilfe von Sortimentserweiterungen.

Aufgabe 6

- Emotionale Kundenbindung: Sie spricht das Gefühl der Kunden an und bewegt den Kunden, auch beim nächsten Einkauf wieder dieses Geschäft aufzusuchen.
  Beispiel: Angenehme Ladengestaltung, Duft, Freundlichkeit der Mitarbeiter, Kundenclubs mit dem Austausch von Teerezepten, Kundenzeitschrift, Events usw.
- Vertragliche Kundenbindung
  Beispiel: Wartungsvertrag für bestimmte technische Geräte.
- Ökonomische Kundenbindung: Sie bietet dem Kunden wirtschaftliche Vorteile, wenn er wiederkommt.
  Beispiel: Sammeln von Bonuspunkten, Stammkundenangebote.
- Technisch-funktionale Kundenbindung: Der Kunde nutzt ein bestimmtes System, das Folgekäufe mit sich bringt.
  Beispiel: Kaffeeautomat, der ganz bestimmte Pads verlangt, die es nur in diesem Geschäft gibt.

Anmerkung: S. hierzu Kapitel 5.1.7 Formen der Kundenbindung

Prüfungssimulation

Handlungsbereich 6 Handelslogistik (Wahlfach)

Zeit: 120 Minuten
Insgesamt 100 Punkte
Wenn Sie die Zeit für diese Prüfung planen, können Sie also rund 1 Minute pro Punkt veranschlagen. Die übrige Zeit brauchen Sie zum sorgfältigen Durchlesen und für die Schlusskontrolle.

Aufgabe 1 — 6 Punkte
Ein Großabnehmer, den Sie bisher unregelmäßig mit verschiedenen Sorten beliefert haben, fragt an, ob Sie bereit sind, in einer neuen größeren Verkaufsstelle ein Konsignationslager einzurichten.
Erläutern Sie das Konzept des Konsignationslagers und wägen Sie die Vor- und Nachteile für Ihr Unternehmen ab.

Aufgabe 2 — 16 Punkte
Bei Durchsicht der Daten des Einkaufs fällt Ihnen auf, dass ein großer Prozentsatz der zu beschaffenden Gewürze immer und ausschließlich bei jeweils einem Lieferanten bestellt wird.
a) Nennen Sie je drei Vor- und Nachteile dieser Beschränkung auf eine Lieferquelle. (12 P)
b) Erstellen Sie für den Einkauf eine Liste mit vier Kriterien für den Vergleich des bisherigen Lieferanten mit einzuholenden Angeboten alternativer Lieferanten. (4P)

Aufgabe 3 — 12 Punkte
Durch die Transportverpackungen fällt ein großes Volumen an Verpackungsabfall aus Styropor, Holz, Pappe und Metall an, das bisher unterschiedslos gesammelt und von einem Vertragspartner einmal pro Woche abgeholt wurde. – Erläutern Sie, welche Aufgaben hier in Übereinstimmung mit dem Kreislaufwirtschafts-Gesetz bestehen und nennen Sie jeweils ein Beispiel.

Aufgabe 4 — 9 Punkte
Ihr Unternehmen beteiligt sich an einem „Tag der offenen Kontore". Sie haben dabei die Aufgabe übernommen, Besuchergruppen durch das Tee-Lager zu führen. Aufbauen wollen Sie Ihre Erläuterungen mit der Darstellung von drei Funktionen, die ein Lager grundsätzlich hat, und jede Funktion mit einem konkreten Beispiel erläutern.

Aufgabe 5 — 16 Punkte
Bisher ist das Lager mit den Teesorten nach dem Festplatzsystem geordnet. Im Zusammenhang mit Überlegungen, die Anzahl verschiedener Teemischungen zur besseren Abdeckung der

immer stärker differenzierten Kundenwünsche deutlich zu erhöhen, wird die Frage gestellt, ob dann nicht zumindest für das Ausgangslager eine „chaotische Lagerhaltung" sinnvoller wäre.

a) Stellen Sie beide Systeme vergleichend gegenüber. (6P)
b) Nehmen Sie Stellung und berücksichtigen Sie in Ihrer Argumentation sowohl Umstellungs- als auch laufende Lagerkosten. (10 P)

Aufgabe 6 8 Punkte

Bei der Analyse der Abläufe beim Wareneingang stellen Sie fest, dass hier grundsätzlich keinerlei Qualitätskontrollen erfolgen, weil das zu aufwendig sei. Nennen Sie den betroffenen Mitarbeitern vier verschiedene Voraussetzungen, unter denen auf eine Qualitätsprüfung tatsächlich verzichtet werden kann.

Aufgabe 7 18 Punkte

Sie wollen exemplarisch am Beispiel der für Teebeutel verwendeten Sorte Ceylon Hochgewächs Pekoe Fannings prüfen, wie viel Spielraum zur Verringerung der Lagerkosten besteht. Bisher wurde ein Sicherheitsbestand von 1.200 kg vorgehalten und der Jahresverbrauch von 42.000 kg in 20 gleich großen Lieferungen bestellt.
Der Einstandspreis beträgt 4,40 €/kg.
Als Alternative prüfen Sie, künftig die Größe der Teillieferungen um 20% und den Sicherheitsbestand auf 800 kg zu reduzieren.

a) Errechnen Sie die folgenden Lagerkennziffern sowohl für diese Ausgangssituation als auch bei einer Senkung des Sicherheitsbestandes auf 800 kg und der Reduzierung der Teillieferungen um 20%:
   - durchschnittlicher Lagerbestand
   - Lagerumschlagshäufigkeit
   - durchschnittliche Lagerdauer
   - durchschnittliche Kapitalbindung (12 P)
b) Nehmen Sie zu dem Vorschlag Stellung und berücksichtigen Sie dabei auch die Anzahl der Bestellvorgänge. (6 P)

Aufgabe 8 15 Punkte

Die Geschäftsführung prüft die Möglichkeit, in den eigene Filialen zusätzlich Teegeschirr zu verkaufen. Sie werden beauftragt, Verhandlungen mit geeigneten Porzellanherstellern zu führen. Da Ihnen bisher Verhandlungserfahrung fehlt, erarbeiten Sie sich einen Merkzettel,
- welche konkreten Vorbereitungen Sie auf ein solches Gespräch treffen müssen;
- in welchen Phasen ein Verhandlungsgespräch idealerweise ablaufen sollte.

Lösungen

Aufgabe 1
Beim Konsignationslager wird die Ware durch den Lieferanten bereits beim Kunden gelagert, bleibt jedoch bis zur Entnahme rechtlich und damit auch wirtschaftlich Eigentum des Lieferanten. Den Kosten für das Lager selbst und die eventuell längere bzw. höhere Kapitalbindung steht in diesem Fall der Vorteil gegenüber, den Kunden für den gesamten Bedarf an sich zu binden.

Aufgabe 2
a) *je Vor- und Nachteil 1 Punkt = 6 Punkte*
  Vorteile sind der auf Routine basierende reibungslose Ablauf, die Stabilität der Geschäftsbeziehung, die Vertrautheit mit den Anforderungen. – Nachteile sind der fehlende Preisvergleich, der Mangel an Wettbewerbsdruck auf den Lieferanten, eine eventuelle Abhängigkeit.
b) *je Kriterium 1 Punkt = 4 Punkte*
  Kriterien: Angebotspreis (Bruttopreis – Rabatte + Zuschläge; Skontierungsmöglichkeiten; Nebenkosten); Qualitäten; Liefertermine, Lieferzeiten.
c) Die Zusammenführung beider Analysen ergibt 9 Kombinationen mit unterschiedlichen Strategien. Extreme sind:
  AX-Teile (= hoher Wertanteil; konstante Lieferbarkeit); fertigungssynchrone Beschaffung.
  BY-Teile (= mittlerer Wertanteil; schwankende Lieferbarkeit); Puffer im Lager.
  CZ-Teile (= geringer Wert; unregelmäßige Lieferbarkeit); starke Vorratsbeschaffung.

Aufgabe 3
1. Abfallvermeidung: Prüfen, ob es Produkte gibt, die auch ohne Verpackung angeliefert bzw. bezogen werden könnten.
2. Abfallverminderung: Zusammenfassen von Bestellungen; Bestellung in größeren Gebinden.
3. Abfallverwendung: Einsatz z.B. des Styropors als Dämm-Material, des (unbehandelten) Holzes zum Heizen.
4. Abfallbeseitigung: Sortieren und artgerechte Lagerung.

Aufgabe 4
Pufferfunktion zum Ausgleich von Bedarfsschwankungen, z.B.: ein Promi hat getwittert, dass er deshalb so schön sei, weil er täglich eine Tasse Darjeeling First Flush trinke – und die Nachfrage steigt plötzlich an.
Sicherheitsfunktion zur Aufrechterhaltung der Herstellung auch bei Lieferstörungen, z.B.: heftige Monsunregen in Indien verhindern eine Woche lang alle Starts von Frachtflugzeugen.

Spekulationsfunktion zum Ausgleich von Preisschwankungen, z.B.: der gleiche Monsunregen wird einen Großteil der Ernte vernichten, also werden die Preise steigen und wir erhöhen deshalb schnell noch die Lagerbestände zum alten Preis.

Transformationsfunktion: frisch fermentiert angelieferte Teeblätter müssen erst noch eine Weile ruhen, um in den Mischungen dann ihr volles Aroma zu entfalten, also werden sie in speziell klimatisierten Räumen eine Weile gelagert.

Aufgabe 5

a) Festplatzsystem bedeutet, dass jeder Artikel einen bestimmten gleich bleibenden Platz im Lager hat, während bei der chaotischen Lagerhaltung eine Lieferung jeweils in den nächsten von den Lageranforderungen her passenden freien Lagerraum gestellt wird. Das Festplatzsystem hat den Vorteil, dass die Mitarbeiter sich ohne weitere Hilfe schnell aus Gewohnheit zurecht finden können, während die chaotische Lagerhaltung eine Erfassung der Lagerplätze per EDV erfordert. Dafür ist die Raumnutzung bei der chaotischen Lagerhaltung besser.

b) Da die Anzahl der Teesorten und auch der Mischungen insgesamt überschaubar ist und auch gut systematisch nach Teearten bzw. Geschmacksrichtungen gegliedert werden kann, zugleich der Platzbedarf nicht so groß ist, wäre der Aufwand für die Umstellung auf chaotische Lagerhaltung nicht gerechtfertigt. Die Kosten der Umstellung können erheblich sein, weil eine zuverlässige Software-Lösung implementiert werden muss, die eventuell auch noch zusätzliche Hardware-Investitionen erforderlich macht. Zu diesen Umstellungskosten hinzukommt noch der Aufwand für Schulungsmaßnahmen. Dagegen ist bei dem vergleichsweise geringen Lagerbedarf der zu erwartende Kostenvorteil bei den laufenden Lagerkosten voraussichtlich nicht groß genug, um diese Umstellungskosten zu rechtfertigen.

Aufgabe 6

je Voraussetzung 2 Punkte = 8 Punkte
Voraussetzungen für Verzicht:
- nachgewiesene oder vertraglich zugesicherte Qualitätsprüfung durch den Lieferanten;
- Irrelevanz möglicher Qualitätsmängel wegen der Bedeutung des Materials für den Wertschöpfungsprozess;
- fehlende Zeit für die Prüfung wegen Zeitdruck der Fertigung;
- keine zerstörungsfreie Prüfung möglich; evtl. Prüfung von Stichproben;
- keine Prüfung möglich mangels geeigneter Prüfverfahren / Prüfgeräte.

Aufgabe 7
a)

	Alt	Neu
LB Schnitt= Bestellmenge/2+SB	2.250	1680/2+800=1640
LU = Jahresverbrauch/LB Schnitt	18,67	25,61
LD = 360 / LU	19,29	14,06
KapB= LB x Preis	9.900	7.216
LK = LB x lk	2.475	1.804

b) Zwar reduzieren sich die durchschnittliche Kapitalbindung und die Lagerkosten. Es ist jedoch zu fragen, wie weit die Reduzierung des Sicherheitsbestandes das Ausfallrisiko erhöht und wie hoch ein daraus resultierender Verlust wäre. Außerdem fehlt zur abschließenden Beurteilung die Information über die Bestellkosten. Hier kann die Erhöhung der Lieferfrequenz von bisher 20 auf jetzt über 50 (42.000 / 800 = 52,5) den auf den ersten Blick entstehenden Spareffekt zunichtemachen.

Aufgabe 8
Nach einer kurzen Einführungsphase mit Themen, die möglicherweise gar nicht zur eigentlichen Verhandlungen gehören, wird eine angenehme Gesprächsatmosphäre geschaffen. Anschließend kann es sinnvoll sein, die eigenen Ziele zu formulieren.
In der Vorbereitung auf eine Verhandlung sollte man als Teilnehmer für seine eigenen Argumente begründen können, warum sie für das eigene Ziele entscheidend sind. Genauso sollte man sich von den Argumenten und Begründungen des Gesprächspartners nicht überraschen lassen. Im Vorfeld ist es wichtig, möglichst viele Informationen über die Ziele des Verhandlungspartners zusammen.

Handlungsbereich 7 Einkauf (Wahlfach)

Zeit: 120 Minuten
Insgesamt 100 Punkte
Wenn Sie die Zeit für diese Prüfung planen, können Sie also rund 1 Minute pro Punkt veranschlagen. Die übrige Zeit brauchen Sie zum sorgfältigen Durchlesen und für die Schlusskontrolle.

Aufgabe 1   12 Punkte
In der gesamten Unternehmensführung begegnen Ihnen immer mehr Compliance-Regeln. Herr Hagenmeyer hat angeordnet, im Einkauf insbesondere diese Regeln zu beachten.
a) Was besagen Compliance-Regeln? (4P)
b) Erläutern Sie anhand von zwei Beispielen konkrete Compliance-Regeln. (8 P)

Aufgabe 2   19 Punkte
Die Europäische Union ist bestrebt, mit möglichst vielen Ländern bilaterale Freihandelsabkommen abzuschließen.
a) Erläutern Sie, welches Ziel sie damit verfolgt. (2 P)
b) Nennen Sie zwei Vereinbarungen, die Gegenstand eines Freihandelsabkommens sein können. (2 P)
c) Beschreiben Sie je einen Vor- und einen Nachteil eines bilateralen Freihandelsabkommens im Vergleich zu der im Rahmen der WTO geltenden Regelung. (6 P)
d) Erläutern Sie, welche Auswirkungen ein Freihandelsabkommen auf Einzelhandel, Verbraucher und Arbeitnehmer haben kann. (9P)

Aufgabe 3   16 Punkte
Sie sollen der Geschäftsleitung geeignete Lieferanten für die Produktion einer neuen Handelsmarke vorschlagen. Ihnen liegen bereits ausreichende Informationen über mögliche Lieferanten vor.
a) Nennen Sie fünf Aspekte. Welches Ziel hat die Lieferantenbewertung? (8 P)
b) Zeigen Sie, wie eine sinnvolle Lieferantenauswahl aussehen könnte. Erläutern Sie vier Methoden und ein konkretes Beispiel. (8 P)

Aufgabe 4   21 Punkte
Eine Ihrer Aufgaben ist es, die Verhandlungen mit Kunden und Kaufinteressenten zu führen. Daher sollen Sie sich mit den Grundzügen der Verhandlungstechnik vertraut machen.
a) Was charakterisiert eine Verhandlung? (3P)

b) Welche Grundelemente spielen bei allen Verhandlungsprozessen eine große Rolle? (4 P)
c) In welche Phasen lassen sich Verhandlungen unterteilen? (6 P)
d) Sie kennen das unbehagliche Gefühl, wenn Ihnen (wörtlich gesehen) „jemand zu nahe tritt". Daher sollten Sie bei Verhandlungen die vier Distanzzonen grundsätzlich beachten und einhalten. Welche Distanzzonen zum Gegenüber unterscheidet man? (4 P)
e) Gute Verhandlungen werden oft als „Gewinnen, ohne zu siegen" beschrieben. Beurteilen Sie diese Aussage. (4 P)

Aufgabe 5 20 Punkte

In wenigen Tagen werden Sie die Möglichkeit haben, erstmals an der Seite von Herrn Hagenmeyer die Einkaufsverhandlungen mit Ihrem wichtigsten Lieferanten zu führen. Herr Hagenmeyer führt bei solchen Verhandlungen immer eine offensive Strategie; er sieht sich als sehr wichtiger Kunde mit wachsenden Umsätzen. Ihnen persönlich liegt mehr eine Win-Win-Strategie. Sie möchten Ihren Chef eher dahin lenken, dass er sich diese Strategie zu eigen macht.
a) Erläutern Sie die beiden Strategien. (12 P)
b) Entscheiden Sie sich für eine und begründen Sie dies im gegebenen Fall. (8 P)

Aufgabe 6 12 Punkte

Nachdem die Prüfung der möglichen Lieferanten für eine eigene Handelsmarke positiv verlaufen ist, verfolgt die Teehandelskontor GmbH dieses Projekt weiter. Damit muss sich das Unternehmen die Überlegungen eines Herstellers zu eigen machen. Bevor ein Produkt in den Markt eingeführt wird, ist über die Preisstrategie zu entscheiden. Man unterscheidet zwischen der Festpreis-, der Preiswettbewerbs- und der Preisabfolgestrategie.
a) Erläutern Sie die einzelnen Ausprägungen. (9 P)
b) Entscheiden Sie sich im konkreten Fall für eine konkrete Strategie. Begründen Sie Ihre Entscheidung. (3 P)

Lösungen

Aufgabe 1
a) Die Notwendigkeit zur Einhaltung gesetzlicher Regelungen durch Unternehmen ergibt sich aus dem Grundsatz, dass Gesetze einzuhalten sind. Werden die dafür notwendigen Maßnahmen nicht ergriffen, können Unternehmensleitung und auch das Unternehmen selbst hierfür bestraft werden. Die Compliancekultur soll allen Unternehmensbeteiligten sowie auch Kunden und Lieferanten des Unternehmens die Bedeutung vermitteln, die das Unternehmen der Beachtung von Regeln beimisst. Diese Grundsätze müssen sich im tatsächlichen Handeln

und Auftreten aller Unternehmensverantwortlichen auf allen Managementebenen widerspiegeln.

b) Konkrete Regeln gibt es z.B. zum Verbot von Korruption und Kartellabsprachen, dem Einhalten von Vorgaben bezüglich Datenschutz und Gleichbehandlung, der Beachtung von Vorschriften zu Produktsicherheit und Arbeitsschutz. Risikominimierung

Aufgabe 2

a) Ziel ist die Förderung des Handels zwischen der EU und diesen Ländern, damit auch die Stärkung von Wachstum und Beschäftigung in der EU.

b) Vereinbarungen, die in einem Freihandelsabkommen enthalten sein können:
- Abbau von Handelshemmnissen
- Bestimmungen zum Schutz geistigen Eigentums

c) Nachteil ist ein erhöhter bürokratischer Aufwand. Um zollfrei ausführen zu können, muss ein Exporteur beim Zoll nachweisen, dass ein Produkt überwiegend in der EU gefertigt wurde – und nicht in einem Drittland, mit dem kein Freihandelsabkommen besteht. Dieses Ursprungszeugnis zu bekommen, ist sehr schwer und teuer. Deshalb lohnt es sich gerade für kleinere und mittlere Unternehmen oft nicht.
Vorteil ist ein höheres zu erwartendes Wirtschaftswachstum. Ein Freihandelsabkommen ist umfassender angelegt und beinhaltet z.B. auch Vereinbarungen über Investitionen. Damit eröffnen sich neue Chancen für EU-Unternehmen.

d) Der Einzelhandel kann neue Produkte anbieten. Auch die Markterweiterung ins Ausland kann möglich sein. Für den Verbraucher bedeutet ein Freihandelsabkommen u.U. günstigere Preise für bestimmte Produkte. Andererseits kann dies auch in bestimmten, dann nicht mehr wettbewerbsfähigen Branchen Arbeitsplätze vernichten. Dafür können woanders neue Arbeitsplätze entstehen.

Aufgabe 3

a) Aspekte der Lieferantenbeziehung sind:
- Lieferantenanalyse und -auswahl
- Qualitäts- und Beziehungsmanagement bei den Zulieferern
- Festlegen von Lieferkonditionen
- Bedarfsermittlung
- Planung, Steuerung und Gestaltung des Warenflusses
- Vermeidung überhöhter Kapitalbindung
- Bestandsmanagement und Bestandscontrolling
- Die Lieferantenbewertung soll die Auswahl der Lieferanten objektivieren und optimieren. Sie ist ein strategischer Ansatz, um leistungsfähige und zuverlässige Partner zu finden.

b) Die Lieferantenanalyse kann auf quantitative und qualitative Weise erfolgen. Für beide Bereiche existieren Alternativen:
- Quantitative Verfahren sind u. a. die Bilanzanalyse und das Kennzahlenverfahren (über Verhältniszahlen erhält man Informationen zu Terminzuverlässigkeit, Mengentreue usw.).
- Bei den qualitativen Verfahren haben sich z. B. folgende Techniken herausgebildet: Polaritätenprofil, Checklisten, Lieferantentypologien und Scoringmodelle.

Beispiel einer Lieferantenbewertung mithilfe eines Scoringmodells:

Kriterium (0 = wenig, 5 = hoch)	Bewertung			Gewichtung (in %) .	Punkte
	Lieferant A	Lieferant B	Lieferant C		
Image	5	3	4	2	
Lieferzeit	2	5	3	10	
Termintreue	5	4	4	12	
Zuverlässigkeit	3	4	5	10	
Qualität	4	5	2	40	
Preis	3	4	5	20	
Flexibilität	4	4	5	6	

Aufgabe 4

a) In einer Verhandlung versuchen zwei (oder mehrere) Verhandlungspartner, ihre abweichenden Ansichten bzw. Ziele durch Kommunikation und Strategie „auf einen Nenner" zu bringen, also einen Interessensausgleich zu erzielen. Voraussetzung ist, dass beide Seiten bereit sind, Zugeständnisse zu machen und vom eigenen Standpunkt abzurücken, um einen Kompromiss (= jeder opfert, jeder gewinnt) eingehen zu können.

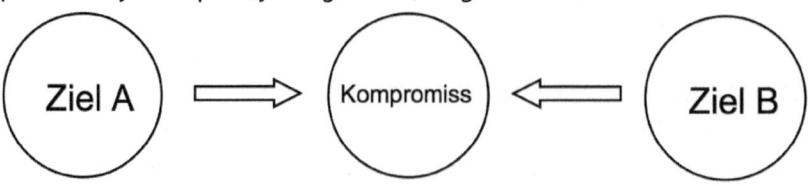

Ziel A ⟹ Kompromiss ⟸ Ziel B

b) Grundelemente des Verhandlungsprozesses:
- Sachkenntnis: Gutes Fachwissen und gute Vorbereitung.
- Logik: Der logische Aufbau einer Gedankenkette kann für den Ausgang einer Verhandlung ausschlaggebend sein.

- **Überzeugungskraft:** Die Fähigkeit, eigene Ansichten einfach und verständlich darzustellen. Auch Mimik, Gestik und Intonation sollten auf Verhandlungsinhalt und -partner abgestimmt sein.
- **Psychologisches Verständnis:** Es ist ratsam, die Persönlichkeit des Partners zu erfassen und situationsgerecht zu beurteilen.

c) Phasen einer Verhandlung:
- Begrüßung der Verhandlungspartner.
- Einleitung: Es werden unstrittige Punkte (Gemeinsamkeiten und übereinstimmende Ansichten) vorgetragen, um eine Ausgangsbasis für die Verhandlung herzustellen.
- Begründung der eigenen Position: Es werden die eigene Position und eigene Vorschläge vorgestellt. Insbesondere sollten auch die Vorteile für den Partner deutlich gemacht werden.
- Begründung der Position des Partners: Der Verhandlungspartner schildert seine Ansichten und unterbreitet Vorschläge. Oft lässt sich schon hier erkennen, wo „Spielräume" vorhanden sind.
- Beginn der eigentlichen Verhandlung: Hierbei geht es um die Konkretisierung der Vorschläge mit überzeugenden Argumenten.
- Kompromiss: Der Kompromiss stellt den Abschluss einer Verhandlung dar (z. B. Abschluss eines Vertrages).

d) Die vier Distanzzonen:
- Intime Distanz: Umfeld von höchstens einem halben Meter. Partner sind sich nah und haben körperlichen Kontakt. Das unerlaubte Eindringen in die Distanzzone kann Ablehnung und Aggression hervorrufen. Bei Geschäftskontakten ist die Zone mit Vorsicht zu behandeln, bei Erstkontakt ist sie tabu.
- Persönliche Distanz: Sie liegt zwischen fünfzig Zentimetern und gut einem Meter. Dieser Abstand erlaubt ein Händeschütteln.
- Gesellschaftliche Distanz: Sie hat eine Entfernung von einem bis zwei Metern. Die Partner begegnen sich abwartend.
- Öffentliche Distanz: Sie beträgt mehrere Meter. Bei Geschäftskontakten spielt sie keine Rolle, da ein persönlicher Kontakt kaum möglich ist.

e) Dies kann als günstigster Abschluss einer Verhandlung betrachtet werden, da eine kooperative Lösung gefunden wurde und trotzdem die eigenen Ziele und Interessen durchgesetzt werden konnten. Jeder kann sein „Gesicht wahren", kein Partner hat das Gefühl, ausgenutzt zu werden.

Aufgabe 5

a) Offensive Strategie

Ein Einkäufer mit starker Markt- und Verhandlungsmacht kann offensiv Forderungen stellen, die sich an der Obergrenze des Verhandlungsspielraums befinden. Damit wird ein schwächerer Lieferant in die Defensive gedrängt, der Lieferant soll somit von vornherein auf seine Minimalforderungen begrenzt werden. Genauso lässt sich eine schwache Verhandlungsposition in eine starke Position umkehren, wenn der Gesprächspartner sich schlecht auf die Verhandlung vorbereitet hat.

Win-Win-Strategie

Vor ca. 30 Jahren hat sich diese Strategie (Harvard-Strategie) entwickelt. Sie basiert auf der Problemlösungsstrategie, bei der es darum geht, dass beide Parteien einer Verhandlung gemeinsam eine Lösung des Problems finden. Das weitergeführte Ziel ist ein gemeinsamer Konsens, oder noch besser eine Win-Win-Situation für Ein- und Verkäufer. Wenn beide Verhandlungspartner diese Strategie verfolgen, werden Sach- und Beziehungsebene getrennt. Beide Seiten haben Verständnis für die Argumente und Interessen des Gegenüber. Auf diese Weise wird ein Kompromiss leichter gefunden.

b) Die offensive Strategie geht von der gegenwärtigen Situation aus und berücksichtigt nicht, dass sich Märkte auch verändern können und dass man den Lieferanten in einer engen Verflechtung (Stichwort: Category Management) auch braucht. Die Win-Win-Strategie ist langfristig angelegt, sie ist geeignet, eine vor beide Seiten vorteilhafte Partnerschaft zu begründen.

Aufgabe 6

a) Festpreisstrategien:
- Hochpreisstrategie: Der Preis wird auf hohem Niveau festgesetzt – oftmals um eine Qualitätsführerschaft zu erreichen.
- Niedrigpreisstrategie: Der Preis wird auf niedrigem Niveau festgesetzt. Der Grund liegt in der angestrebten Kostenführerschaft.

Preiswettbewerbsstrategien:
- Preisführer: Der Preisführer hat den höchsten Preis im Markt.
- Preisfolger: Der eigene Preis wird dem des Preisführers laufend angepasst. Allerdings befindet sich der Preis des Preisfolgers knapp unterhalb dem des Preisführers.
- Preiskämpfer: Der Preiskämpfer hat den niedrigsten Preis.

Preisabfolgestrategien:
- Abschöpfungsstrategie (skimming pricing): Der Preis für ein Produkt wird zunächst hoch angesetzt und mit zunehmender Markterschließung nach unten korrigiert. Ziel ist, bei Pionierkäufern, die bereit sind, für ein neues Produkt einen hohen Preis zu zahlen, diesen „abzuschöpfen".

- Die Penetrationsstrategie (penetration pricing) bezeichnet eine Preispolitik, bei der der Preis anfangs niedrig gehalten wird, um eine hohe Marktdurchdringung zu erzielen. Später wird der Preis sukzessiv erhöht.

b) Im vorliegenden Falle wird eine Festpreisstrategie sinnvoll sein. Aufgrund der günstigen Einkaufsverbindungen bietet sich eine Niedrigpreisstrategie an.

Handlungsbereich 8 Außenhandel (Wahlfach)

Zeit: 120 Minuten
Insgesamt 100 Punkte
Wenn Sie die Zeit für diese Prüfung planen, können Sie also rund 1 Minute pro Punkt veranschlagen. Die übrige Zeit brauchen Sie zum sorgfältigen Durchlesen und für die Schlusskontrolle.

Aufgabe 1 — 19 Punkte
Die Europäische Union ist bestrebt, mit möglichst vielen Ländern bilaterale Freihandelsabkommen abzuschließen.
a) Erläutern Sie, welches Ziel sie damit verfolgt. (2 P)
b) Nennen Sie zwei Vereinbarungen, die Gegenstand eines Freihandelsabkommens sein können. (2 P)
c) Beschreiben Sie je einen Vor- und einen Nachteil eines bilateralen Freihandelsabkommens im Vergleich zu der im Rahmen der WTO geltenden Regelung. (6 P)
d) Erläutern Sie, welche Auswirkungen das Freihandelsabkommen auf Einzelhandel, Verbraucher und Arbeitnehmer haben kann. (9 P)

Aufgabe 2 — 14 Punkte
Das Teehandelskontor lagerte bisher die eingeführte Ware im Freihafen. Jetzt wird darüber diskutiert, diesen aufzulösen.
a) Erläutern Sie, was man unter einem Freihafen versteht. (4 P)
b) Erläutern Sie zwei Gründe, weswegen heute ein Freihafen eher entbehrlich ist. (4 P)
c) Herr Hagenmeyer will wissen, ob ihm ein Zolllager die gleichen Vorteile bieten kann. Erläutern Sie dies. (4 P)
d) Nennen Sie zwei Nachteile, die ein Zolllager aufweisen kann. (2 P)

Aufgabe 3 — 16 Punkte
Das Kontor prüft, Tee ins Ausland zu liefern. Sie prüfen, wie Sie den Zahlungseingang absichern können.
a) Beschreiben Sie drei Möglichkeiten, den Zahlungseingang abzusichern. (6 P)
b) Skizzieren Sie den typischen Ablauf eines unwiderruflichen, bestätigten Dokumentenakkreditivs. (10 P)

Aufgabe 4 23 Punkte

Das Teehandelskontor importiert von einem neuen Lieferanten aus Indien eine Tonne Tee. Die Zahlung erfolgt auf der Grundlage eines Dokumentenakkreditivs in Form eines Sichtakkreditivs (Sichtzahlungsakkreditiv). Gemäß den Incoterms 2010 wurde „CIF Hafen Bremerhaven" vereinbart. Die Verschiffung erfolgte im Hafen von Mumbay, Indien.
Eine unterzeichnete Handelsrechnung sowie ein Ursprungszeugnis dienen als Dokumente im Zusammenhang mit der Abwicklung des Warengeschäfts.

a) Erklären Sie, warum hier zur Zahlung kein Dokumenteninkasso, sondern ein Dokumentenakkreditiv verwendet wurde. (4 P)
b) Erläutern Sie den Unterschied zwischen einem Sichtakkreditiv und einem Akkreditiv mit hinausgeschobener Zahlung. (4 P)
c) Erläutern Sie den Zweck der Incoterms 2010. (3 P)
d) Erläutern Sie, wie bei Verwendung der Klausel CIF im vorliegenden Falle die Kostenverteilung und der Gefahrübergang geregelt sind. (4 P)
e) Erläutern Sie, aus welchen Gründen eine Handelsrechnung ausgestellt wird, und nennen Sie zwei Bestandteile. (6 P)
f) Was ist eine „legalisierte Handelsrechnung"? (2 P)

Aufgabe 5 19 Punkte

Herr Hagenmeyer, Ihr Chef, ist eng mit einem Maschinenbauer befreundet, der ihn in folgender Angelegenheit um Rat fragte:
Der Maschinenbauer hatte auf der Hannover-Messe erste Kontakte mit einem Stahlhersteller aus Südkorea. Eine enge Zusammenarbeit scheint dem deutschen Maschinenbauer interessant. Zuvor aber möchte er mehr über die rechtlichen und wirtschaftlichen Rahmenbedingungen in Südkorea wissen.

a) Nennen Sie zwei Institutionen, bei denen sich der Maschinenbauer über den Wirtschaftsstandort Südkorea informieren kann. (2 P)
b) Beschreiben Sie jeweils eine Aufgabe, die die o.g. Institutionen im Hinblick auf den Informationsbedarf des deutschen Maschinenbauers wahrnehmen können. (4 P)

Das deutsche Maschinenbauunternehmen schließt mit dem Partner in Südkorea einen Vertrag über die Lieferung von Baumaschinen im Wert von 20 Mio. € ab.

c) Beschreiben Sie zwei politische Risiken, die während der Abwicklung des Auftrags eintreten können. (4 P)
d) Erläutern Sie, wie sich der deutsche Maschinenbauer gegen ein Währungsrisiko absichern kann. (5 P)

e) Das Maschinenbauunternehmen möchte wissen, welche Möglichkeit es gibt, sich im Rahmen staatlicher Exportgarantien gegen einen möglichen Zahlungsausfall des südkoreanischen Kunden während der Fabrikationsphase abzusichern. Entwickeln Sie hierzu einen Vorschlag!
(4 P)

Aufgabe 6 9 Punkte

Herr Hagenmeyer sitzt im Beirat einer Messegesellschaft und soll bei seiner IHK einen Vortrag über den Vorteil von Messen halten. Sie bekommen den Auftrag, ihm hierfür Material zu erarbeiten.

a) Beschreiben Sie drei Funktionen, die Messen im Exportgeschäft haben. Beschreiben Sie dabei auch, welche davon das Internet ebenso erfüllen und welche es nicht erfüllen kann. (6P)
b) Erklären Sie drei positive Auswirkungen des Exportgeschäfts für Deutschland. (3 P)

Lösungen

Aufgabe 1

a) Ziel ist die Förderung des Handels zwischen der EU und diesen Ländern, damit auch die Stärkung von Wachstum und Beschäftigung in der EU.
b) Vereinbarungen, die in einem Freihandelsabkommen enthalten sein können:
- Abbau von Handelshemmnissen
- Bestimmungen zum Schutz geistigen Eigentums

c) Nachteil ist ein erhöhter bürokratischer Aufwand. Um zollfrei ausführen zu können, muss ein Exporteur beim Zoll nachweisen, dass ein Produkt überwiegend in der EU gefertigt wurde – und nicht in einem Drittland, mit dem kein Freihandelsabkommen besteht. Dieses Ursprungszeugnis zu bekommen, ist sehr schwer und teuer. Deshalb lohnt es sich gerade für kleinere und mittlere Unternehmen oft nicht.
Vorteil ist ein höheres zu erwartendes Wirtschaftswachstum. Ein Freihandelsabkommen ist umfassender angelegt und beinhaltet z.B. auch Vereinbarungen über Investitionen. Damit eröffnen sich neue Chancen für EU-Unternehmen.

d) Der Einzelhandel kann neue Produkte anbieten. Auch die Markterweiterung ins Ausland kann möglich sein. Für den Verbraucher bedeutet ein Freihandelsabkommen u.U. günstigere Preise für bestimmte Produkte. Andererseits kann dies auch in bestimmten, dann nicht mehr wettbewerbsfähigen Branchen Arbeitsplätze vernichten. Dafür können woanders neue Arbeitsplätze entstehen.

Aufgabe 2

a) Ein Freihafen ist ein Zollfreigebiet innerhalb eines Landes, in dem keine Zölle und Einfuhrumsatzsteuer erhoben werden. Diese werden erst dann fällig, wenn die Ware den Freihafen verlässt.

b) Die EU hat eine Vielzahl von Freihandelsabkommen abgeschlossen. Deshalb ist die Bedeutung von Importzöllen erheblich gesunken. Auch eine Sonderzone ist nicht mehr nötig, da Unternehmen überall Zolllager errichten können.

c) Ein Zolllager bietet die gleichen Vorteile. Während der Einlagerung fallen keine Einfuhrabgaben an und auch handelspolitische Vorschriften wie z.B. die Vorlage einer Einfuhrgenehmigung sind noch nicht zu beachten. Solch ein Lager bietet also die Möglichkeit, bestimmte Zeiträume, Transitware unverzollt zu lagern und zum anderen Waren, die im Inland verkauft werden sollen, erst dann der Einfuhrumsatzsteuer zu unterwerfen, wenn sie das Zolllager verlassen.

d) Nachteile eines Zolllagers:
- Die eingelagerte Ware darf weder weiterverarbeitet noch veredelt werden.
- Die Einlagerung ist relativ teuer.

Aufgabe 3

a) Folgende drei Möglichkeiten können den Zahlungseingang für den Verkäufer absichern:
1. Durch eine Vorauszahlung des Käufers vor Versand der Ware. Handelt es sich um einen größeren Betrag – z.B. mehr als 100.000 € – so kann der Verkäufer die Vorauszahlung durch ein „advance payment guarantee" seiner Bank absichern.
2. Durch eine Zahlungsgarantie (Bankgarantie) des Käufers zugunsten des Verkäufers, die offene Rechnungen innerhalb der vereinbarten Zahlungsfrist absichert. Der Verkäufer trägt hier allerdings das Annahmerisiko bei der Ware, da ja offene Rechnungen nur nach Warenannahme entstehen.
3. Durch ein unwiderrufliches, möglichst bestätigtes Dokumenten-Akkreditiv; also ein abstraktes Zahlungsversprechen der Bank des Käufers.

b) 1. Das unwiderrufliche, bestätigte Dokumenten-Akkreditiv beginnt mit dem 1. Antrag auf Akkreditiveröffnung durch den Käufer.
2. Nach Prüfung der Bonität ihres Kunden eröffnet die Akkreditivbank das unwiderrufliche, bestätigte Akkreditiv zugunsten des Exporteurs bei seiner Hausbank (= Korrespondenzbank der Akkreditivbank).
3. die Bank des Exporteurs = Akkreditivstelle avisiert dem Verkäufer, dass zu seinen Gunsten folgendes Akkreditiv vorliegt und fügt auftragsgemäß ihre Bestätigung hinzu. (Damit haften beide Banken für den Akkreditivbetrag.)

4. Der Exporteur prüft, ob die Akkreditivbedingungen mit dem Kaufvertrag übereinstimmen. Ist dies der Fall, so produziert und versendet er die Waren und erhält vom Frachtführer das entsprechende Frachtdokument (Originale oder Kopien je nach Transportmittel)
5. Der Exporteur erstellt oder lässt die übrigen, im Akkreditiv geforderten Dokumente ausstellen und reicht diese fristgerecht bei seiner Bank = Akkreditivstelle ein.
6. Die Akkreditivstelle prüft innerhalb von max. 5 Tagen die Dokumente, ob sie mit den Akkreditivbedingungen übereinstimmen, und
7. reicht diese weiter an die Akkreditivbank. Ist das Akkreditiv zahlbar bei Sicht, belastet sie nun auch gleichzeitig das Konto dieser Bank.
8. Die Akkreditivbank belastet nun ihrerseits das laufende Konto des Importeurs und
9. übergibt ihm die vom Exporteur eingereichten Dokumente.

Aufgabe 4

a) Zwischen den beiden Geschäftspartnern bestanden bislang noch keine geschäftlichen Beziehungen. Bei einem Dokumenteninkasso besteht aber für den Exporteur das Risiko, dass er keine Zahlung erhält. Das Dokumentenakkreditiv dagegen ist ein abstraktes und bedingtes Zahlungsversprechen der eröffnenden Bank. Bei Vorlage der akkreditivgemäßen Dokumente kann sich dann der Exporteur darauf verlassen, dass er auch das Geld erhält.

b) Bei einem Sichtakkreditiv hat der Begünstigte (also der Exporteur) Anspruch auf Zahlung, sobald er die akkreditivgemäßen Dokumente vorlegt und die Akkreditivbedingungen erfüllt. Bei einem Akkreditiv mit hinausgeschobener Zahlung (Deferred-Payment-Akkreditiv) hat der Auftraggeber des Akkreditivs – das ist der zahlungspflichtige Kunde, unser Teehandelskontor – ein offenes Zahlungsziel, .B. 90 Tage nach Verladedatum. Für den Lieferanten ist also das Sichtakkreditiv vorteilhafter.

c) Durch den Verweis auf die Incoterms werden in einem Kaufvertrag die Rechte und Pflichten beider Seiten eindeutig festgelegt. Das Risiko rechtlicher Auseinandersetzungen wird damit vermindert.

d) Wird die Klausel CIF verwendet, erfüllt der Verkäufer seine Lieferpflicht, wenn er die Ware dem Frachtführer an Bord des Schiffs im Verschiffungshafen übergibt und nicht, wenn die Ware den Bestimmungshafen erreicht.

e) Die Handelsrechnung ist Grundlage für die vertragsgemäße Abwicklung zwischen dem Exporteur und dem Teehandelskontor. Außerdem wird sie für Einfuhrprüfung und Verzollung gebraucht.

f) Eine legalisierte Handelsrechnung zeichnet sich dadurch aus, dass ihre Echtheit von der örtlichen IHK oder dem deutschen Konsulat im Ausland beglaubigt wurde.

Aufgabe 5
a) Institutionen sind z.B. die deutschen Botschaften und die Außenhandelskammern.
b) Die Aufgabe einer Botschaft in Wirtschaftsfragen besteht z.B. darin, die Interessen der deutschen Wirtschaft im Ausland zu unterstütze und über die Rahmenbedingungen im Land zu informieren. Die Außenhandelskammern erteilen Rechts- und Zollauskünfte und stellen Marktinformationen zur Verfügung.
c) Aufgrund politischer Unruhen, kriegerischer Ereignisse oder auch eines Regierungswechsels könnte es zu einem Importverbot kommen. Der Maschinenbauer dürfte dann seine Waren nicht mehr dorthin exportieren. Es könnte bei Unruhen auch zu einer Beschlagnahme der dorthin exportierten Maschinen kommen. Der Importeur würde dann nicht zahlen.
d) Wenn der Kauf vertraglich auf Dollarbasis vereinbart wird und der Dollarkurs gegenüber dem Euro sinkt, erhält der deutsche Maschinenbauer – in Euro gerechnet – weniger Geld. Dagegen kann sich der deutsche Maschinenbauer durch den Abschluss eines Devisentermingeschäfts absichern. Bei einem solchen Geschäft nimmt die Bank die Dollar zu dem bei Vertragsabschluss fest vereinbarten Kurs ab.
e) Der Maschinenbauer könnte im Rahmen der Hermesdeckungen die Gewährung einer Exportgarantie in Form einer Fabrikationsrisikodeckung beantragen. Damit kann es sich vor einem Produktionsabbruch aufgrund eines Zahlungsausfalls des Kunden schützen, und zwar bis zur Höhe der Selbstkosten.

Aufgabe 6
Messen schaffen Markttransparenz, sie erweitern das Blickfeld auch auf solche Artikel, die man ursprünglich nicht gesucht hat, und sie ermöglichen den persönlichen Kontakt mit dem Geschäftspartner. Die ersten beiden dieser Funktionen erfüllt auch das Internet; die dritte Funktion jedoch erfüllt es nicht. Dies ist besonders wichtig bei erklärungsbedürftigen Produkten – wie es Maschinen im allgemeinen sind.
Die Herstellung von Maschinen führt zu mehr Beschäftigung, damit zu einem höheren privaten Einkommen, zu steigenden Steuereinnahmen des Staats und höheren Sozialversicherungsbeiträgen.

Tipps für die Prüfung vor der IHK

> Seit Mai 2014 gilt die neue Rechtsverordnung, die auch Inhalte und Ablauf der Prüfung festlegt.
> Den Text finden Sie im Internet, u.a. unter:
> https://www.bmbf.de/intern/upload/fvo_pdf/15_01_01_Handelsfachwirt.pdf

In § 3 ist festgelegt, dass die Prüfung schriftlich und mündlich durchgeführt wird. Sie besteht aus zwei schriftlichen Teilprüfungen und einer mündlichen Teilprüfung.
Die erste schriftliche Teilprüfung betrifft die Handlungsbereiche
- Unternehmensführung und -steuerung und
- Führung, Personalmanagement, Kommunikation und Kooperation.

Die zweite schriftliche Teilprüfung gliedert sich in die Handlungsbereiche
- Handelsmarketing
- Beschaffung und Logistik

sowie eines der „Wahlfächer"
- Vertriebssteuerung
- Handelslogistik
- Einkauf oder
- Außenhandel

Gestreckte Prüfung möglich: 2 schriftliche und eine mündliche Teilprüfung

Die beiden Teilprüfungen werden auf der Grundlage je einer betrieblichen Situationsbeschreibung mit daraus abgeleiteten Aufgabenstellungen durchgeführt. Die Bearbeitungszeit für die erste Teilprüfung beträgt 240 Minuten, die für die zweite Teilprüfung 300 Minuten; davon entfallen 180 Minuten auf die beiden Handlungsbereiche Handelsmarketing / Beschaffung und Logistik und 120 Minuten auf das Wahlfach.

Wie kommt das Prüfungsergebnis zustande?

Die Prüfungsleistungen in den beiden schriftlichen Teilprüfungen sowie in der mündlichen Teilprüfung sind einzeln nach Punkten zu bewerten. Wer also z.B. in der ersten Teilprüfung besser im Handlungsbereich Personal ist, kann damit seine Schwächen in der Unternehmensführung damit ausgleichen. Es gibt also für jede schriftliche Teilprüfung eine Punktbewertung.
Daraus wird dann wieder das **Ergebnis der schriftlichen Prüfungsleistung** gleichgewichtig aus den beiden schriftlichen Leistungen ermittelt.

Die mündliche Prüfung besteht aus einer Präsentation und einem sich daran anschließenden situationsbezogenen Fachgespräch. Dabei zählt das Fachgespräch gegenüber der Präsentation doppelt.

Und nun kommt der Clou: Die Gesamtnote ergibt sich aus dem arithmetischen Mittel der Ergebnisse der schriftlichen Prüfung und der mündlichen Prüfung. Oder, anders ausgedrückt: 30 Minuten in der mündlichen Prüfung sind genauso viel wert wie 240 + 300 Minuten in den beiden schriftlichen Teilprüfungen. Sie müssen aber, um zu bestehen, in jeder dieser drei Teilprüfungen eine mindestens ausreichende Note erbringen.

Zu Redaktionsschluss (Juli 2018) sind vom DIHK für alle Prüfungen Gesetzestexte zugelassen. Wir empfehlen Ihnen die „Gesetzestexte für Fachwirte und andere IHK-Weiterbildungsprüfungen" aus dem weConsult-Verlag. Hier finden Sie 50 Gesetze und Verordnungen in einem Band, auf die Fortbildung abgestimmt.

Bei der schriftlichen Prüfung empfehlen wir Ihnen, so schwer dies vielleicht auch fallen mag, zunächst den gesamten Bogen mit allen Fragen durchzulesen. Sie erhalten einen Überblick über die gesamte Prüfung und können entscheiden, mit welcher Aufgabe Sie beginnen. Es ist ratsam, eine Aufgabe auszuwählen, die für Sie gut lösbar erscheint, um sich zu motivieren und möglicherweise auch die Nervosität abzulegen. Sollten Sie die Aufgaben nicht der Reihe nach bearbeiten, dann streichen Sie die bearbeiteten Aufgaben im Originalbogen ab oder durch, so dass Sie immer den Überblick behalten, was noch zu bearbeiten ist.

Bei den Prüfungen werden oft die Verben „nennen", „beschreiben" und „erläutern" verwandt. Beachten Sie bitte den Unterschied in der damit geforderten und erwarteten Bearbeitungstiefe und -breite.

- Bei „nennen" wird nur eine stichwortartige Aufzählung von Ihnen verlangt. Diese Art der Fragen dürfte jedoch immer seltener werden.
- Bei „beschreiben" müssen Sie den Sachverhalt in ganzen Sätzen darstellen, ohne Erläuterungen oder Begründungen.
- Diese verlangt jedoch der Begriff „erläutern". Sie beschreiben eine Situation, einen Sachverhalt oder eine Problemlösung und zusätzlich begründen Sie, warum Sie zu diesem Ergebnis gekommen sind. Bei manchen Fragestellungen ist die Problemlösung offen, nur die Begründung fließt in die Punktebewertung ein.

Lesen Sie die Aufgaben bei der Bearbeitung nochmals genau durch. Jedes Wort hat seine Bedeutung innerhalb der Aufgabenstellung. Markieren Sie die wichtigsten Angaben und die Arbeitsaufträge. Dabei antworten Sie nur auf das, was auch gefragt ist. Die Korrektoren sind angehalten, bei Arbeitsaufträgen, die quantifiziert sind wie z.B. „drei Möglichkeiten", nur die erstgenannten zu bewerten. Die Korrektoren dürfen keine Auswahl treffen nach dem Grad der

Richtigkeit und der Chance, die volle Punktzahl zu erhalten. Außerdem müssen Sie berücksichtigen, dass Ihnen möglicherweise die Bearbeitungszeit nicht reicht, wenn Sie über das Gefragte hinaus lange Ausführungen machen!

Korrektoren freuen sich über eine leserliche Schrift. Geben Sie stets an, welche Frage Sie bearbeiten, so dass auch alle Antworten berücksichtigt werden können.

Spätestens zur schriftlichen Prüfung müssen Sie sich für ein Thema entscheiden, zu dem Sie eine Präsentation für die mündliche Prüfung vorbereiten. Das Thema soll sich auf zwei Handlungsbereiche beziehen. Wir empfehlen Ihnen, bereits mit Beginn Ihrer Fortbildung zu überlegen, welcher Themenbereich Sie besonders interessiert und Ihrem Arbeitsalltag entspricht. Dieses Thema stellen Sie – möglichst praxisorientiert – innerhalb von 15 Minuten dar. Dabei sollen Sie ein Problem aus dem Handel zunächst darstellen, es sodann analysieren und beurteilen, um daraus eine Lösung zu entwickeln. Sie können es mit Hilfe einer Powerpoint-Präsentation darstellen. Den Beamer müssen Sie meist selbst stellen. Zur Unterstützung können Sie Whiteboard, Pinwand, Tageslichtprojektor und Flipchart einsetzen. In der Präsentation soll nachgewiesen werden, dass ein komplexes Problem der betrieblichen Praxis erfasst, beurteilt und gelöst werden kann.

Es reicht bei der Präsentation nicht aus, über durchgeführte Projekte aus dem eigenen Betrieb zu erzählen!

Es reicht also nicht aus, aus dem eigenen betrieblichen Alltag etwas zu schildern, was dort gemacht wurde, also z.B. die bereits erfolgte Einführung eines WWS im Unternehmen. Sinnvoll ist, zunächst einmal zu definieren, welche Rolle man selbst hat und welche Rolle der Ausschuss spielt". Wenn man also selbst als Assistent der Geschäftsführung dieser den Vorschlag unterbreitet, die Aufbauorganisation des Unternehmens zu ändern, so ist das ungleich spannender als eine Erzählung von dem, was schon längst vorgefallen ist.

Im Anschluss an die Präsentation führt der Prüfungsausschuss mit Ihnen ein Fachgespräch zu Ihrer Präsentation. Sie müssen also zu Ihrer gewählten Themenstellung ein vertieftes Wissen aufweisen, um auf weitergehende Fragen der Prüfer antworten zu können. Dieses Fachgespräch kann bis zu 20 Minuten dauern.

Bei der Präsentation sowie im Fachgespräch beurteilt der Prüfungsausschuss Ihre Leistungen inhaltlich, jedoch auch Ihr Auftreten, Ihren Medieneinsatz und Ihr sprachliches Ausdrucksvermögen. Die Präsentation geht mit einem Drittel in die Bewertung der mündlichen Prüfung ein, das Fachgespräch mit zwei Drittel.

Wann ist die Prüfung bestanden?
Zunächst wird eine Gesamtnot für jede der schriftlichen Teilprüfungen und die mündliche Prüfung ermittelt. Jede der drei Teilprüfungen muss bestanden sein. Eine mündliche Nachprüfung gibt es also nicht mehr. Die Ergebnisse der beiden schriftlichen Teilprüfungen werden dann wiederum zu einer Note „Schriftliche Prüfungsleistung" zusammengezählt. Wer im Mündlichen gut ist, ist mit dieser neuen Verordnung fein heraus: Denn die Gesamtnote ergibt sich aus dem arithmetischen Mittel der schriftlichen und der mündlichen Prüfung.

Prüfungsergebnis = (Schriftliche Prüfung + Mündliche Prüfung) : 2

Mit dem Bestehen der Prüfung sind Sie zugleich von der schriftlichen AdA-Prüfung befreit.

Wie auf die Prüfung vorbereiten?
Manche Teilnehmer kaufen sich zur Vorbereitung auf die Prüfung Prüfungsbögen aus der Vergangenheit. Doch die darin enthaltenen Lösungshinweise sind nur Hinweise für den Korrektor, keine Musterlösung. Weiter geht da das Buch **„Intensivtraining Geprüfter Handelsfachwirt"** aus dem weConsult-Verlag. Es enthält zu beiden schriftlichen Teilprüfungen mehrere Aufgabensätze und speziell ausgearbeitete Musterlösungen, dazu eine Musterpräsentation.
Immer ist es hilfreich, in Arbeitsgruppen einmal die Fragen durchzugehen. Sie können dann miteinander die Lösung diskutieren und vermeiden, dass Sie sich nur an den Wortlaut einer Frage klammern. Denn wichtiger ist ja, dass Sie auch dann mit einer Prüfungsaufgabe zurechtkommen, wenn sie ein wenig anders gestellt ist!
Wir haben Ihnen hier je eine Prüfungssimulation vorbereitet, damit Sie einen ersten Eindruck vom Niveau erhalten, die zur Verfügung gestellte Zeit einschätzen und Ihr Wissen überprüfen können.

Die 20 wichtigsten Formeln für den Handelsfachwirt

Cash Flow (indirekte Ermittlung)

> Jahresüberschuss (Gewinn)
> − nicht zahlungswirksame Erträge
> + nicht zahlungswirksame Aufwendungen
> = Cashflow

Der Cashflow zeigt den umsatzbedingten Liquiditätszufluss bzw. den Überschuss umsatzbedingter **Einzahlungsströme** über die umsatzbedingten **Auszahlungsströme** an.
Der Cashflow spiegelt damit die Selbstfinanzierungs- und Ertragskraft des Unternehmens wider.

Beispiele für nicht zahlungswirksame Aufwendungen:
- Einstellungen in die Rücklagen
- Abschreibungen
- Erhöhung der Sonderposten mit Rücklageanteil
- Erhöhung der Rückstellungen
- Periodenfremde und außerordentliche Aufwendungen

Beispiele für nicht zahlungswirksame Erträge:
- Entnahme aus Rücklagen
- Zuschreibungen
- Auflösung von Wertberichtigungen
- Minderung der Sonderposten mit Rücklageanteil
- Auflösung von Rückstellungen
- Aktivierte Eigenleistungen
- Periodenfremde und außerordentliche Erträge

Aufgabe:
Ein Unternehmen erwirtschaftet in einer zurückliegenden Periode einen Jahresüberschuss nach Steuern in Höhe von 10 Mio. Euro. Aus der GuV ist bekannt, dass 1,5 Mio. Euro Abschreibungen auf Anlagevermögen, 0,5 Mio. Euro Einstellungen in Rücklagen sowie eine Auflösung von Rückstellungen in Höhe von 1,0 Mio. Euro anfielen. In der folgenden Periode soll eine Nettoinvestition in Höhe von 12 Mio. Euro getätigt werden. Berechnen Sie den Cashflow und den Prozentsatz der Investitionsfähigkeit aus Mitteln der Innenfinanzierung.

Lösung:

Jahresüberschuss	10,00 Mio. Euro
+ Abschreibungen	1,50 Mio. Euro
+ Einst. Rücklagen	0,50 Mio. Euro
− Aufl. Rückstellungen	1,00 Mio. Euro
= Cashflow	11,00 Mio. Euro

Investitionsfähigkeit in (%):

$$\frac{11,00 \text{ Mio. Euro} \cdot 100}{12 \text{ Mio. Euro}} = 91,67\,\%$$

Zu 91,67 % lässt sich die Neuinvestition durch den laufenden Cashflow finanzieren.

Eigenkapitalrentabilität

$$\frac{\text{Gewinn} \cdot 100}{\text{Eigenkapital}}$$

Rentabilitätskennziffern setzen den Gewinn (nach Steuern) ins Verhältnis zur namentlich genannten Größe (hier Eigenkapital). Wie viel Prozent macht der Gewinn vom eingesetzten Eigenkapital aus?

Beispiel:
Gewinn 50.000 Euro, Eigenkapital des Unternehmens 800.000 Euro.

$$\frac{50.000 \cdot 100}{800.000} = 6,25\,\%$$

Umsatzrentabilität

$$\frac{\text{Gewinn} \cdot 100}{\text{Umsatz}}$$

Wieviel Prozent vom erzielten Umsatz macht der Gewinn aus?

Bsp.: Gewinn 50.000 Euro, Umsatz des Unternehmens 5.000.000 Euro.

$$\frac{50.000 \cdot 100}{5.000.000} = 1,00\,\%$$

Handlungskostenzuschlag

$$\frac{\text{Handlungskosten} \cdot 100}{\text{Bezugspreis}}$$

Wieviel Prozent müssen auf den Bezugspreis aufgeschlagen werden, um alle Handlungskosten zu decken?
Bsp.: Handlungskosten pro Stück 15 Euro, Bezugspreis pro Stück 40 Euro.

$$\frac{15 \cdot 100}{40} = 37,50\,\%$$

Kalkulationsschema (Einzelhandel)

Listeneinkaufspreis ./. Rabatt
Zieleinkaufspreis ./. Skonto
Bareinkaufspreis + Bezugskosten
Bezugspreis (Einstandspreis) + Handlungskosten
Selbstkostenpreis + Gewinn
Nettoverkaufspreis + Umsatzsteuer

| = Bruttoverkaufspreis |

Aufgabe:
Ein Unternehmen bezieht eine Ware im Wert von 200 Euro. Der Lieferant gewährt 15 % Rabatt und 3 % Skonto. Die Bezugskosten belaufen sich auf 20 Euro. Der Unternehmer berücksichtigt Handlungskosten von 20 % und möchte 5 % Gewinn machen. Die Umsatzsteuer beträgt 19 %. Zu welchem Verkaufspreis wird die Ware angeboten?

Lösung:

Listeneinkaufspreis	200,00
./. Rabatt	30,00
Zieleinkaufspreis	**170,00**
./. Skonto	6,00
Bareinkaufspreis	**164,00**
+ Bezugskosten	20,00
Bezugspreis (Einstandspreis)	**184,00**
+ Handlungskosten	36,80
Selbstkostenpreis	**220,80**
+ Gewinn	11,04
Nettoverkaufspreis	**231,84**
+ Umsatzsteuer	44,05
= Bruttoverkaufspreis	**275,89**

Handelsspanne

$$\frac{(\text{Nettoverkaufspreis} - \text{Bezugspreis}) \cdot 100}{\text{Nettoverkaufspreis}}$$

oder

$$\frac{(\text{Nettoumsatz} - \text{Wareneinsatz}) \cdot 100}{\text{Nettoumsatz}}$$

Die Handelsspanne gibt an, wieviel Prozent des Nettoverkaufspreises nach Abzug des Bezugspreises zur Deckung der Handlungskosten übrig bleibt.

Beispiel:
Nettoumsatz 500.000 Euro, Wareneinsatz 300.000 Euro

$$\frac{(500.000 - 300.000) \cdot 100}{500.000} = 40{,}00\,\%$$

Die Handelsspanne beträgt 40 %.

Deckungsbeitrag

Nettoumsatz
./. variable Kosten
= Deckungsbeitrag I
./. warengruppenfixe Kosten
= Deckungsbeitrag II
./. unternehmensfixe Kosten
= Betriebsergebnis

Mit Hilfe der Deckungsbeitragsrechnung (Teilkostenrechnung) werden den einzelnen Kostenträgern nur die absatzabhängigen, variablen Kosten (i.d.R. der Bezugspreis) direkt zugerechnet. Es wird der Beitrag des Kostenträgers zur Deckung der Fixkosten ermittelt. Die variablen Stückkosten bilden die **absolute Preisuntergrenze**. Beurteilt man die Abteilungen (Kostenträger) auf Grund der einstufigen Deckungsbeitragsrechnung, so ist eine Abteilung für das Unternehmen tragbar, so lange sie einen positiven Deckungsbeitrag hat.
In zwei weiteren Stufen werden dann warengruppenfixe (z.B. Verkäufergehälter) und unternehmensfixe Kosten in Abzug gebracht. Es ergibt sich der **Betriebsgewinn bzw. –verlust**.

Eigenkapitalquote

$$\frac{\text{Eigenkapital} \cdot 100}{\text{Gesamtkapital}}$$

Liquidität 1. Grades

$$\frac{\text{Barmittel} \cdot 100}{\text{Kurzfristiges Fremdkapital}}$$

Liquidität 2. Grades

$$\frac{(\text{Barmittel} + \text{kurzfristige Forderungen}) \cdot 100}{\text{Kurzfristiges Fremdkapital}}$$

Liquidität 3. Grades

$$\frac{(\text{Barmittel} + \text{kurzfristige Forderungen} + \text{Vorräte}) \cdot 100}{\text{Kurzfristiges Fremdkapital}}$$

Return on Investment (ROI)

Umsatzrentabilität x Kapitalumschlag =

$$\frac{\text{Gewinn}}{\text{Umsatz}} \times \frac{\text{Umsatz}}{\text{Kapital}}$$

Die Formel zeigt als die einzelnen Bestimmungsgrößen auf, mit denen sich der ROI, und damit die Fähigkeit, Investitionen zu tätigen, beeinflussen lässt. Das eingesetzte Kapital muss einen angemessenen Rückfluss erwirtschaften.

Durchschnittlicher Lagerbestand

$$\frac{\text{Anfangsbestand} + \text{Endbestand}}{2}$$

oder

$$\frac{\text{Anfangsbestand} + 12 \text{ Monatsendbestände}}{13}$$

Der durchschnittliche Lagerbestand ist ein Mittelwert, der angibt, welcher Warenbestand sich innerhalb einer Periode (meistens ein Jahr) durchschnittlich im Lager befindet. Je mehr Bestandsdaten zur Berechnung herangezogen werden, desto genauer ist die Berechnung.

Lagerumschlagshäufigkeit

$$\frac{\text{Anfangsbestand} + \text{Zugänge} - \text{Endbestand}}{\text{durchschn. Lagerbestand}} \quad \text{bzw.} \quad \frac{\text{Wareneinsatz}}{\text{durchschn. Lagerbestand}}$$

Als Wareneinsatz bezeichnet man die tatsächlich verbrauchte Warenmenge innerhalb eines Jahres. Neben den verkauften Stückzahlen ist dabei auch Verderb, Diebstahl etc. zu beachten.
Die Lagerumschlagshäufigkeit gibt an, wie oft sich der durchschnittliche Lagerbestand pro Jahr verkauft und ist somit ein Indikator für die Attraktivität der Ware und die Höhe der Kapitalbindung im Lager. Je höher die Lagerumschlagshäufigkeit, desto geringer die Gefahr der Überalterung/des Verderbs von Ware und je niedriger die durch Kapitalbindung entstehenden Lagerzinsen.

Durchschnittliche Lagerdauer

$$\frac{360 \cdot \text{durchschn. Lagerbestand}}{\text{Wareneinsatz}} \quad \text{bzw.} \quad \frac{360}{\text{Lagerumschlagshäufigkeit}}$$

Aufgabe:
Ein Unternehmen kauft im Jahresverlauf 50 Hemden zum Preis von je 20 Euro. Der Anfangsbestand zum 1.1. des Jahres lag bei 12 Hemden, der Lagerendbestand laut Inventur zum 31.12.

belief sich auf 18 Hemden. Berechnen Sie den durchschnittlichen Lagerbestand, die Lagerumschlagshäufigkeit und die durchschnittliche Lagerdauer.

Lösung:
Durchschnittlicher Lagerbestand: (12 + 18) / 2 = 15 Hemden
Lagerumschlagshäufigkeit: (12 + 50 − 18) / 15 = 2,93 (gerundet)
Durchschnittliche Lagerdauer: 360 / 2,93 = 123 Tage (gerundet)

Meldebestand

Durchschn. Absatz pro Tag · Lieferzeit + Sicherheitsbestand (bzw. Mindestbestand)
Der Meldebestand ist der Bestand, bei dem das Auffüllen des Lagers zu veranlassen ist. Er bestimmt den Bestellzeitpunkt. Unbedingt erforderlich ist die Berücksichtigung eines Sicherheits- bzw. Mindestbestandes.

Tausenderkontaktpreis

$$\frac{\text{Kosten der Werbeschaltung} \cdot 1.000}{\text{Summe d. Kontakte (bzw. Reichweite)}}$$

Der Tausenderkontaktpreis zählt zu den Werbekennzahlen und gibt Auskunft darüber, welche Kosten entstehen, um mit 1.000 Nutzern des jeweiligen Werbemediums in Kontakt zu kommen.

Werbeerfolg

$$\frac{\text{Umsatzzuwachs} \cdot 1.000}{\text{Kosten der Werbung}}$$

Beispiel:
Durch eine Werbeaktion zum Preis von 10.000 Euro konnte der Umsatz eines Unternehmens um 40.000 Euro gesteigert werden.

$$\frac{40.000 \cdot 100}{10.000} = 400\,\%$$

Die Investition für die Werbeaktion hat den vierfachen Umsatz gebracht. Dies ist zunächst ein Erfolg und zeigt, dass die Werbung effektiv war.

Marktanteil

$$\frac{\text{Unternehmensumsatz} \cdot 1.000}{\text{Marktvolumen}}$$

Dabei bezeichnet das Marktvolumen den tatsächlich getätigten Umsatz eines Guts, einer Warengruppe oder eines Unternehmens am relevanten Markt innerhalb eines bestimmten Zeitraums.
Hiervon zu unterscheiden ist das Marktpotenzial, welches den maximal möglichen Umsatz eines Guts/einer Branche im Markt innerhalb eines bestimmten Zeitraums beziffert.

Pro-Kopf-Leistung (Personalproduktivität)

$$\frac{\text{Unternehmensumsatz}}{\text{Zahl der Mitarbeiter (umgerechnet in Vollzeit)}}$$

Die Pro-Kopf- oder auch Personalumsatzleistung gibt Auskunft über die Leistungsfähigkeit des Teams. Dabei müssen Teilzeitkräfte anteilig berücksichtigt werden.

Beispiel:
Umsatz 927.500 Euro, 2 Vollzeitkräfte, 3 Halbtagskräfte

$$\frac{927.500}{3,5} = 265.000 \text{ Euro pro Kopf}$$

Literaturverzeichnis

Collier, Wedde, **Geprüfter Handelsfachwirt werden**, weConsult 2015
Cisek, **Mitarbeiter durch richtige Vergütung beflügeln**, weConsult-Verlag 2011
Tschumi, **Handbuch zum Personalmanagement**, Praxium Verlag 2016
Lindner-Lohmann/Lohmann/Schirmer, **Personalmanagement**, Physika-Verlag, 2008
Scholz, **Handbuch zum Personalmanagement**, 2009
Grundzüge des Personalmanagement, Vahlen 2011
Olfert, **Personalwirtschaft**, Kiehl, 2010
Jung, **Personalwirtschaft**, Oldenbourg Wissenschaftsverlag, 2010
Blank/Christ/Schneider, **Personalwirtschaft**, Bildungsverlag Eins, 2009
Olfert, **Kompakt-Training Personalwirtschaft**, Kiehl, 2009
Olfert, **Lexikon Personalwirtschaft**, Kiehl, 2010
Haubrock/Öhlschlegel-Haubrock, **Personalmanagement**, Kohlhammer, 2009
Hermann-Daut, **Kompaktwissen für Azubis**, weConsult 2012
Handlungsfeld Ausbildung: Arbeitsmappe zur Vorbereitung auf die Ausbildereignungsprüfung, 2011
Ruschel, **Die Ausbildereignungsprüfung**, Kiehl, 2009
Altmann, Jörn: **Außenwirtschaft für Unternehmen**: Europäischer Binnenmarkt und Weltmarkt, Stuttgart 1997
Altmann, Jörn und Christoph Graf von Bernstorff: **Zahlungssicherung im Außenhandel: Akkreditive taktisch zur Erfolgssicherung nutzen** von Bundesanzeiger, 2007
Gablers Wirtschaftslexikon, Wiesbaden 2014
Herz, Dietmar: **Die Europäische Union**, München 2002
Jahrmann, F.-U.: **Außenhandel**, Ludwigshafen: Kiehl Verlag 2010
Koch, Eckart: **Internationale Wirtschaftsbeziehungen**, München: Verlag Franz Vahlen, 2006
Pausenberger, Ehrenfried: **Internationales Management. Ansätze und Ergebnisse betriebswirtschaftlicher Forschung**, Schäffer-Poeschel Verlag, Januar 1999
Reeber, P: **Die Europäische Union, eine Einführung**, München 1997
Scholte, Jan Aart: **Globalization. A critical introduction.** New York: St. Martin's Press, Scholarly and Reference Division, 2000
Senti, R.: **Die WTO im Spannungsfeld zwischen Handel, Gesundheit, Arbeit und Umwelt: Geltende Ordnung und Reformvorschläge** von Nomos, 2006
Siebert, Horst: **Außenwirtschaft**. Stuttgart: Lucius und Lucius Verlagsgesellschaft, 2006
Weidenfeld, Werner: **Europa-Handbuch: Band 1: Die Europäische Union – Politisches System und Politikbereiche**. Band 2: Die Staatenwelt Europas: 2 Bde. von Bertelsmann Stiftung, 2006

Literaturverzeichnis

Marxhausen, **Gesetzestexte für Fachwirte und andere IHK-Weiterbildungsprüfungen, 50 Gesetze und Verordnungen in einem Band**, weConsult, 2018
Formelsammlung für Handelsfachwirte und andere IHK-Weiterbildungsprüfungen, weConsult 2015
Handelsverband Deutschland, **Factbook 2015**, LPV Media
Metro-Handelslexikon 2015/16 Metro-Group
EHI-Handelsdaten, EHI Retail Institute, Köln, 2015
Bofinger, **Grundzüge der Volkswirtschaftslehre**, 3. A, Pearson Studium 2011
Weis, **Marketing**, 15. A, Kiehl

Die Autoren

Helge Anke, Diplomkaufmann, sammelte umfangreiche Handelserfahrungen als Berater der BBE- Unternehmensberatung Niedersachsen. Er ist stellvertretender Direktor und Bereichsleiter Aufstiegs Fortbildung des Bildungszentrums des Einzelhandels Niedersachsen. Anke gehört dem Prüfungsausschuss für Geprüfte Handelsfachwirte der IHK Hannover an und wirkte bei der Erstellung des die IHK Rahmenplans für den neuen Studiengang mit.

Helmut Bergup. Ausbildung zum Einzelhandelskaufmann Weiterbildung zum Betriebswirt und Bilanzbuchhalter sowie in Management-Techniken. Zehn Jahre bei der Edeka, Bochum, drei Jahre Kaufhaus Revision Firma Schöpflin, Lörrach. Sechs Jahre Tätigkeit im kaufmännischen Bereich der Firma Messmertee, Grettstadt. 25 Jahre kaufmännischer Leiter mit Prokura für die Bereiche Rechnungswesen, Personal, EDV des Großhandelsunternehmens Husquarna Deutschland. Viele Jahre Dozent bei der Akademie Handel, Mitglied in mehreren Weiterbildungs-Prüfungsausschüssen der IHK Würzburg- Schweinfurt. Mitwirkung bei der Erstellung des Rahmenplans Fachwirt für Marketing.

Doris Bredehöft: 15 Jahre Handelserfahrung beim Textilfilialisten Peek & Cloppenburg KG, Hamburg. Nach der Fortbildung zur Handelsassistentin Abteilungsleiterin in verschiedenen Filialen und Geschäftsleiterin einer großen Filiale. Seit 1999 selbstständig als Personaltrainerin für die Bereiche Marketing und Personal. Seit 2000 Prüferin für die Handelskammer Bremen, Fachleiterin für den Bereich Marketing (Skripterstellung, Einarbeitung neuer Kollegen, Klausurerstellung) für das Bildungszentrum des Einzelhandels Niedersachsen (BZE).

Peter Collier, Dipl. Volkswirt. Nach dem Studium zunächst im Marketing und Vertrieb eines großen Nahrungsmittelherstellers. Seit 1971 als Geschäftsführer des bayerischen Einzelhandelsverbands (heute Handelsverband Bayern) unter anderem mit der Vertretung des Handels nach außen, der Beratung von Kaufleuten und der Entwicklung des Handelsfachwirts und anderer Seminare betraut. Seminarleiter und Dozent. Seit 1972 bis heute Prüfer für Handelsfachwirte und Marketingsfachkaufleute/-fachwirte bei verschiedenen Kammern. Mitwirkung bei der Erstellung des Rahmenplans Gepr. Handelsfachwirt. Lehrtätigkeit unter anderem an der Universität Würzburg, der Dualen Hochschule Baden-Württemberg und der Akademie Handel. 2008 Aufbau der Akademie für Handelsverbände im Handelsverband Deutschland (HDE). Aufsichtsratsvorsitzender einer größeren Klinik. Erste Bücher seit 1990. Seit 2008 selbstständiger Verleger und Autor, weConsult-Verlag Rimpar/Würzburg (www.weConsult-Verlag.de)

Die Autoren

Markus Curtius, Diplombetriebswirt(FH), studierte in Würzburg BWL und arbeitete bereits während seines Studiums im Logistikbereich eines pharmazeutischen Großhandelsunternehmens. Nach Abschluss seines Studiums wechselte er zu einem Groß- und Einzelhandelsunternehmen in Würzburg und leitete ein Logistikzentrum. Heute ist er in führender Position bei einem großen Speditionsunternehmen tätig. Seit Jahren ist er Dozent an der Akademie Handel und als Mitglied des Prüfungsausschusses für Handelsfachwirte, Fachkaufleute und Logistikmeister bei der IHK Würzburg-Schweinfurt tätig.

Reinhard Fresow, Diplom-Volkswirt, 24 Jahre Anzeigenleiter des Main Echo Aschaffenburg; jetzt selbstständiger Verleger, Autor und Dozent bei der Handwerkskammer Unterfranken, bei der IHK Aschaffenburg und der Akademie Handel. Kursleiter und Dozent für Webinare der IHK Hannover, Mitglied in Prüfungsausschüssen der IHK für Betriebswirte, Handelsfachwirte, Marketing Fachwirte und Wirtschaftsfachwirte. (Vors.)

Norbert Hitter, Diplom-Betriebswirt, absolvierte sein Studium an der Hochschule für Wirtschaft in Bremen. Den Master-Fernstudiengang Erwachsenenbildung mit dem akademischen Grad Master of Arts legte er am Fachbereich Sozialwissenschaften der TU Kaiserslautern ab.
Bis 2013 war Norbert Hitter stellvertretender Direktor und Bereichsleiter Aufstiegs Fortbildung beim Bildungszentrum des Einzelhandels Niedersachsen. Er ist Mitglied im Prüfungsausschuss Handelsfachwirt und Fachwirt für Vertrieb im Einzelhandel bei der IHK Hannover und wirkte im Rahmenplan Ausschusses Handelsassistent beim Handelsverband Deutschland mit. Hitter ist Mitautor der Formelsammlung Handelsassistenten der kaufmännischen Formelsammlung sowie des Buchs „Geprüfter Handelsassistent werden".

Wolfram Peine absolvierte nach dem Abitur ein Grundstudium der Wirtschaftswissenschaft in Frankfurt/Main mit anschließender Ausbildung zum staatlich geprüften Organisationsprogrammierer und Handelsfachwirt vor der IHK Frankfurt. Einschlägige Handelserfahrungen beim Schwabversand (Otto) sowie im SB Warenhaus Globus als Verwaltungsleiter. Seit 2000 Prüfer der IHK Frankfurt für handelsbezogene Aus und Weiterbildung. Mitwirkung bei der Erstellung der Rahmenpläne Handelsfachwirt und Fachwirt für Vertrieb im Einzelhandel. Mehrjährige Tätigkeit in Aufgabenerstellungsausschüssen der DIHK Bildung GmbH. Sachverständiger beim BIBB für den Fachkaufmann für Außenwirtschaft. Langjähriger Bereichsleiter für Weiterbildung in der Akademie für Welthandel AG Frankfurt und der Schule für Tourismus, Berlin.

Die Autoren

Sybille Schulemann-Adlhoch, 23 Jahre Führungskraft im Einzelhandel im Verkauf und in der Personalentwicklung; 20 Jahre freiberuflich als Personaltrainern Beraterin und Dozentin tätig. Seit 35 Jahren IHK-Prüferin, zunächst in der Ausbildung und dann in der Fortbildung. Autorin für Literatur zur Fortbildung seit 1995. Mitwirkung bei der Erstellung des Rahmenplans Gepr. Handelsfachwirt.

Rolf H. Stich, Rechtsanwalt, Mediator und Dozent. Neben dem Studium Mitbegründer und Geschäftsführer eines Internethandels, der sich schwerpunktmäßig mit dem Bereich Mobilfunk und neue Medien beschäftigte. Nach dem Studium von 2005-2015 Partner der Kanzlei SBS, Hameln; seit Mitte 2015 der AdvocateAssociate Hameln www.advocateassociate.de.
Darüber hinaus ist Rechtsanwalt Stich regelmäßig als Referent und Dozent insbesondere in den Bereichen IP Recht, Wettbewerbsrecht, Urheberrecht, Arbeitsrecht, Vertragsrecht, Unternehmens- und Steuerrecht unter anderem am Bildungszentrum des Einzelhandels Niedersachsen (dort auch als Fachleiter) sowie an der Hochschule Weserbergland tätig. Er ist Prüfer bei der IHK Hannover, Präsident des Hamelner Anwalt Notarvereins e.V. und Mitglied der Arbeitsgemeinschaft Arbeitsrecht sowie Geistiges Eigentum und Medien des Deutschen Anwaltvereins.

Volker Wedde, Diplom-Betriebswirt (DH), absolvierte ein Studium an der Dualen Hochschule Baden-Württemberg und ist Bezirksgeschäftsführer des Handelsverbands Bayern. Als Dozent ist er für die Akademie Handel tätig. Wedde gehört seit Jahren IHK Prüfungsausschüssen in Aschaffenburg und Würzburg an und ist auch erfolgreicher Autor von Fachbüchern im weConsult-Verlag.

Daikan J. Westerbarkey, Diplom-Kaufmann: langjährige leitende Tätigkeit in Außenhandelsunternehmen. Seit 1987 selbständiger Dozent bei verschiedenen Bildungsträgern wie zum Beispiel der Fachhochschule Weihenstephan, Sabel-Akademie, Akademie Handel, IHK München und IHK Augsburg. Schwerpunkte der Unterrichtsfächer: Allgemeine BWL und VWL, Marketing, Außenhandel, Firmenseminare für zahlreiche Unternehmen aus Industrie und Handel; Mitglied in IHK Prüfungsausschüssen und DIHK Arbeitsgruppen zur Erarbeitung von Rahmenplänen in der Weiterbildung.

Thomas Zimmermann ist gelernter Kaufmann und war über 20 Jahre als Spezialist für Gewürze und Tee tätig. An der heutigen Foodakademie in Neuwied absolvierte er seinen Betriebswirt. Seit Jahren ist er als freiberuflicher Trainer tätig. Zimmermann gehört dem Prüfungsausschuss der IHK Hannover an und ist Co-Autor mehrerer Fachbücher.

Index

4-Stufen-Methode 228

ABC-Analyse 164, 528, 529
Abholgroßhandel 368
Ablauforganisation 46, 54
Abmahnung 286
Abmahnung (UWG) 505
Abrufkräfte 215
Abrufmitarbeiter 278
Absatzkanäle 641
Absatzpotenzial 341
Absatzvolumen 341
Abschlussprüfung 196
Abschöpfungsstrategie 676
Abschreibungen 64
affektiver Lernbereich 224
Affiliate Marketing 462
Agent 370
Agglomeration 384
AIDA-Formel 439
Akkreditivformen 831
Aktiengesellschaft 132
Aktives Zuhören 251, 262
Aktive Veredelung 790
Allgemeines Gleichbehandlungsgesetz 272
Allgemeinverbindlichkeit 299
A-L-P-E-N-Methode 163
Amtsautorität 156
Analyse der Organisation 46
Analyse des Warenbedarfs 528
Analytic-Systeme 462
Änderungskündigung 289
Andler'sche Formel 533, 772
Androhungsfunktion 286
Aneignen des Lernstoffs 28
Anerkennungsgespräch 250
Anforderungen an eine Organisation 45
Anforderungsprofil 154, 207, 212, 245
Angebotsvergleich 546
Angstkunden 638
Anmeldungen und Genehmigungen 36
Anpassung der Organisation 56
Anpassungsfortbildung 218

Arbeitgeber-Image 206
Arbeitnehmer 272
Arbeitsmarkt 208
Arbeitsplatzbeschreibung 212
Arbeitsrecht 271
Arbeitsschutz 269
Arbeitsschutzbestimmungen 283
Arbeitsteilung 48
Arbeitsunfähigkeit 284
Arbeitszeit 283
Arbeitszeitgesetz 283
Arbeitszeitkonto 166, 215
Arbeitszeitmodell 166, 167
Arbeitszeitplan 186
Arbeitszeugnis 294
Arealstrategie 544
Artteilung 48
Artvollmacht 135
ärztliches Beschäftigungsverbot 285
Assessment-Center , 218, 237
Audit 117
Auditierung 120
Auditiver Lerntyp 25
Aufbauorganisation 46, 49
Aufhebungsvertrag 293
Aufstiegsfortbildung 218
Ausbildung \„Kaufmann/Kauffrau im Einzelhandel\" 184
Ausbildung \„Kaufmann/Kauffrau im Großhandel\" 184
Ausbildungsbeauftrage 188
Ausbildungsbedarf 180
ausbildungsbegleitende Hilfe 192
Ausbildungsberufe 182, 183
Ausbildungsberufsbild 185
Ausbildungsordnung 185, 186
Ausbildungsrahmenplan 185, 187
Ausbildungsstätte 282
Ausfuhr 789
Ausfuhrbürgschaften 800
Ausfuhrgarantien 800
Ausfuhrkreditversicherung des Bundes 800
Ausfuhrverfahren 804, 805

Ausgleichsgeber   393
Ausgleichsnehmer   393
Auslandswechsel   825, 826
Ausschreibungen   790, 834
Außendienstpromotion   411
Außenhandelsrisiken   793, 796
Außenwirtschaft   789, 794, 801
Außenwirtschaftsgesetz   801, 805
Außenwirtschaftsverordnung   801, 805
außergewöhnliche Belastungen   124
außerordentliche Kündigung   288
Ausstellungs- und Messe-Ausschuss   794
Austrittsgespräch   250
Auswahlverfahren
    Ausbildung   188
Auszubildende
    leistungsstark   195

B2B = Business-to-Business   453
B2C = Business-to-Consumer   453
Balanced Scorecard   238, 490
Barcode-Technik   555
Basisstrategien   356
Basistechnologien   567
Baunutzungsverordnung   385
Bedarfsmengenermittlung   532
Bedarfsprognosen   537
Befragung   348
befristete Arbeitsverträge   276
befristetes Probearbeitsverhältnis   277
Befristung des Arbeitsverhältnisses   852
Befristung ohne sachlichen Grund   277
Befundsrechnung   596
Beiträge   123
belästigende Werbung   503
Benachteiligung   273
Benchmarking   60
Beobachtung   350
berufliche Handlungskompetenzen   153, 155, 199
Berufsbildungsgesetz   281
Berufsschule   185
Berufsschulpflicht   186
Beschaffung   526
Beschaffungscontrolling   552

Beschaffungskonditionen   546
Beschaffungskonzepte   544
Beschaffungsmarktforschung   542
Beschaffungsmarktsituation   548
Beschaffungspolitik   526
Beschaffungsweg   548
Beschäftigungsbeschränkungen   285
Beschäftigungsverbote   285
Beschwerdemanagement   419, 660
Beschwerdemanagementprozess   421
Bestellpunktverfahren   529, 537, 775
Bestellrhythmusverfahren   538, 776
Bestellverfahren   537
Bestimmungslandprinzip   803, 806
Beteiligungsrechte   297
Betrieblicher Ausbildungsplan   187
Betriebliches Eingliederungsmanagement   249, 270
Betriebsbedingte Kündigung   291
Betriebsformen   330, 331
Betriebsrat   287
Betriebsratwahl   296
Betriebsvereinbarung   298
Betriebsverfassungsgesetz   296
Betriebsversammlung   296
Beurteilungen   197, 237
    Arten   198
    Phasen   202
Beurteilungsfehler   202, 203
Beurteilungsgespräch   204
Beurteilungssystem   197, 199, 201, 204
Beurteilungsverfahren   198
Bewerbungsunterlagen
    Ausbildung   189
Bezugsquellen   548
BGB-Gesellschaft   130
Binnenmarkt   795, 804
Biorhythmus   165
Blended learning   232
Blickfangwerbung   500
Bonanalyse   658
Bonitätsprüfung des Auslandskunden   799
Brainstorming   267
Brandlands   426
Bruttobedarf   209, 210, 211

Bundeselterngeld- und Elternzeitgesetz 285
Bundesimmissionsschutzgesetz 122
Bundeskartellamt 510
Bundesurlaubsgesetz 283
Bundesverband des Deutschen Groß- und Außenhandel 795
Business Improvement District (BID) 389
Businessplan 38

C2C = Consumer-to-Consumer 453
Category 759
Category Management 539, 559, 566, 651, 661, 664, 726
Category-Prozess 560
Chaotische Lagerhaltung 587
Checklist-Verfahren 792
Coaching 230
Collective Sourcing 545
Compliance 58
Conceptstores 333
Consumerismus 329
Conversion-Rate 462
Copyright 507
Copy-Strategie 433
Corporate Governance 58, 114
Corporate Identity 58, 151, 425
Corporate Image 58
Corporate Social Responsibility 327
Cross Docking 555, 557, 728
Customer Relationship Management 417, 643

Dauer der Urheberrechte 508
Dealer Promotion 412
deklaratorisch 128
desk research 346
Deutsche Auslandshandelskammern 794
Devisen 797, 825
Devisenoptionsgeschäft 798
Devisentermingeschäft 798
Dezentraler Einkauf 538, 539, 752
Dezentrales Beschwerdemanagement 421
Diagonale Kooperationen 337
Dienstleistungen 531
Differenzierungsstrategie 358
DIN EN ISO 9000 118

direktes Beschwerdemanagement 421
direkte Steuern 124
Direktinvestitionen 790
Direktwerbung 443
Discounter 332
Diskussion 267
Distributionsanalyse 342
Diversity 152
Dokumentationsfunktion 286
Dokumenten-Akkreditiv 796, 797, 823, 830, 831, 833
Domestic Sourcing 544
Drittländer 789
Duale Ausbildung 185
Dual Sourcing 545
durchschnittlicher Lagerbestand 592, 732
Dynamik der Betriebsformen 329

E-Business 453, 549
E-Commerce 453
ECR 527, 529, 539
EDIFACT (Electronic Data InterchangeForAdministration Commerce and Transport) 556
Efficient Assortment 567, 662
Efficient Consumer Response 527, 559, 560
Efficient Product Introduction 560, 568, 662
Efficient Promotion 560, 568, 663
Efficient Replenishment 553, 662, 727
Efficient Store Assortment 559
Efficient Unit Loads 556
Ehegattensplitting 125
Eigenkapitalquote 902
Eigenlager 583
Eigenmarke 404, 762
Eigen- oder Fremdlager 595
Eigentransport 570
Eigen- und Fremdtransport 700
Eignung der Ausbildungsstätte 282
Eignung des Ausbilders und des Ausbildenden 282
einfaches Zeugnis 294
Einführungsphase Ausbildung 191
Einheitliche Richtlinien für Dokumenten-Akkreditive 833

Einigungsstelle 296
Einkaufsatmosphäre 429, 659
Einkaufsausschuss 539
Einkaufscenter 384
Einkaufskooperation 549, 752, 785
Einkaufslimit 534
Einkaufsverband 336
Einkommensteuer 124
Einkommensteuertabelle 125
Einkunftsarten 124
Ein-Linien-System 51
Einpunktklauseln 808
Einstiegsqualifikation EQ 218
Einstiegsqualifizierung EQJ 185
Einzelprokura 135
Einzugsgebiet 377
Eisenbahnfrachtbrief 828
Eisenhower-Prinzip 164
Electronic Data Interchange (EDI) 336, 556
Elektronische Marktplätze 460, 550
Embargo 836, 837
Employer Branding 301, 307
Entgeltfortzahlungsgesetz 284
Entgeltsysteme 239, 240
Entsorgung 575
Entwicklungskunden 636
E-Procurement 549, 550
Erhaltungsfortbildung 218
Ernährungsberatung 270
Ertragswertmethode 43
Euler-Hermes-Deckung 796, 797, 798
Euler-Hermes-Kreditversicherungs AG 800
Europäischer Sozialfonds 795
Event Marketing 452
Exklusivmarke 404, 762
Export 789, 801
Exportsubventionen 836, 837
Externe Bedingungen der Existenzgründung 39

Fabrikationsrisiko 797, 831
Fachautorität 156
Fachkompetenz 155
Fachliche Voraussetzungen für die Existenzgründung 35
Fachmärkte 332

Feedback 262
Feedbackgespräch 249
Fehlzeiten 269
Feinlernziel 193, 226
Festplatzsystem 586
Festpreisstrategie 882
field research 347
Filialprokura 135
Finanzierung 40
Firma 129
Firmenklarheit 129
Firmenunterscheidbarkeit 129
Firmenwahrheit 129
Firmenwert 42
Flächenarten 656
Flächennutzungsgrad 595, 736
Flächenoptimierung 656
Fluktuation 236, 239
Fluktuationsquote 208
Fördergespräch 248
formelle Gruppen 252
Formfreiheit 275
Forming 254
Formkaufleute 128
Form-Kaufmann 128
Frachtführer 571
Fragetechniken 262
Franchisegeber 370
Franchisenehmer 370
Franchise-Systeme 335, 336, 641
Franchiseunternehmen 754
Franchising 640
Freibeträge 125
Freihandelsabkommen 881
Freiplatzsystem 587
Freizeichnungsklauseln 500
Fremdlager 583
Fremdtransport 570
Frequenzstudie 46
Friedensfunktion 300
Führungsaufgaben
    Fachaufgaben 156
    personenbezogene Aufgaben 156
Führungsgrundsätze 150, 151, 157
Führungsinstrumente 151, 159

Führungsmethoden   150, 156
Führungsmodell   150
Führungsstile   150, 151, 156
  autoritär   157
  kooperativ   157
  patriarchalisch   157
  situativ   157
Führungstechniken   150, 158
Funktionsorientierte Organisation   540
Funktionsrabatte   679
Fusionskontrolle   510

Gantt-Diagramm   55
Garantien   800, 833, 834
Gattungsmarken   405, 763
Gebietsansässige   802
Gebietsfremde   802
Gebrochener Verkehr   704
Gebühren   123
Gemeinschaftsgebiet   801
Gemeinschaftsware   804
Gemeinschaftswerbung   443
Generalklausel   494
Generika   405, 763
Genossenschaft   133
Geotargeting   462
Geringfügig Beschäftigte   278
German Trade and Invest   794
Gesamtprokura   135
Geschäftseinrichtung, Übernahme   43
Geschäftsidee   37
Gesellschaft bürgerlichen Rechts   130
Gesellschaft mit beschränkter Haftung   131
Gesetz gegen den unlauteren Wettbewerb   493
Gesetz gegen Wettbewerbsbeschränkungen   509
Gespräch
  Techniken   262
Gesundheitsschutz   269
Gewerbesteuer   127
gewerblicher Rechtsschutz   493
Gewinnspiele   501
Gleitzone   280
Global Outsourcing   791
Global Selling   791
Global Sourcing   544, 791

Global Trade Item Number (GTIN)   554
GmbH & Co. KG   133
Groblernziel   193, 226
Großanlagengeschäfte   790
Großhandel   549
Großkunden   636
Großmarkt   371
Grundlagengeschäfte   134
Grundpreis   502
Gruppenprozess
  Phasen   254
Guerilla Marketing   446
Günstigkeitsprinzip   272
Güteverhandlung   292

HACCP   121
Handelsmarken   , 338, 404, 762
Handelsmarketing   320
Handelsrechnung   803, 806, 822, 823, 829
Handelsregister   129
Handelsvertreter   369, 549
Händlerpromotion   412
Handlungsvollmacht   135
Hebesatz   127
Herstellermarken   404, 762
Hersteller- und Händlerinteressen   651
Hinweisfunktion   286
Home-Office   215
Hub-and-Spoke-System   574

Ich-Botschaften   251, 262
Identifikationstechnologien   554
IFS   121
Import   789, 790, 822
Importeur   549
Improvisation   47
Incoterms   546, 680
Incoterms 2020   798, 800, 804, 807, 808, 810, 811, 812, 813, 814, 815, 816, 817, 818
indirektes Beschwerdemanagement   421
indirekte Steuern   124
Individuallauf   656
Individual Sourcing   545
Industrie- und Handelskammern   794, 823
Influencer Marketing   447

informelle Gruppen   252
Insolvenz   135
Inspektionszertifikate   823
Instanzen   50, 153
Integrationsstrategie   456
Integrierte Managementsysteme   120
Internet-Auktionen   550
Intrastat   802
irreführende geschäftliche Handlung   494, 498
irreführende Werbung   499
Ist-Arbeitszeit   208
Ist-Kaufmann   128

Job-enlargement   246
Job-enrichment   246
Job-rotation   246
Jugendarbeitsschutzgesetz   284
Jugend- und Auszubildendenvertretung   296

Kaizen   118
Kann-Kaufmann   128
Kapazitätsorientierte Arbeitszeit   278
Kapitalgesellschaft   131
KAPOVAZ   215
Kartellrecht   509
Kasse gegen Dokumente   830
Käufermarkt   322
Kaufkraft   377
Kaufmann   128
Kauf oder Pacht   43
Kennzahlenmethode   209
Key Account Management   635
Keyword-Advertising   462
Kognitiver Lernbereich   224
Kombinierter Verkehr   704
Kommanditgesellschaft   130
Kommissionär   370, 549
Kommissionierung   716
Kommunikation   261, 262, 264
   nonverbal   263
   verbal   263
Kommunikationsmittel   263
Kommunikationsnetze   253
Kommunikationsstrategien   373
Kommunikativer Lerntyp   25

Kompensationsgeschäfte   790
Kompensationsstrategie   676
Konditionenpolitik   678
Konfliktarten   265
Konfliktgespräch   249
Konfliktlösungen   265
Konfliktmanagement   264
Konfliktphasen   265
Konkurrenzanalyse   384
Konnossement   827
Konsignationslager   583, 710
Kontingente   836
Kontinuierlicher Verbesserungsprozess   119
Kontrahierungspolitik   390
Konvertierungsrisiko   797
Konzentrationsauswahlverfahren   347
Kooperationen   549, 790
Kooperationen, Erfolgsfaktoren   339
Kooperation im Handel   336
Körperschaftssteuer   127
Kosten der Lagerhaltung   732
Kostenführerschaft   358
Krankenquote   236
Krankheitsquote   208
Kreditpolitik   681
Kreditwürdigkeit   799
Kreislaufwirtschaftsgesetz   122
Kritikgespräch   248
Kundenanalyse   341
Kundenbedürfnisse   666
Kundenbeziehungsmanagement   417
Kundenbindung   420, 424, 647
Kundenbindung im Internet   458
Kundenlaufstudien   657
Kundenleitsystem   427
Kundenorientierung   644
Kundenorientierung und TQM   119
Kundenspezifische Risiken   796
Kundenzeitschrift   448
Kundenzufriedenheit   421, 423, 424
Kündigung   287
Kündigungsschutz   289
Kündigungsschutzklage   292
Kurzfristige Beschäftigung   280

Lagerarten/-typen 581, 709
Lagerbestandsrechnung 595
Lagerdauer 594, 734
Lagereinrichtung 714
Lagerfunktionen 579
Lagergeschäft 368
Lagergröße 712
Lagerhaltung 540
Lagerhaltungskostensatz 590
Lagerkosten 590
Lagerkostensatz 590
Lagerordnung, Chaotisch 713
Lagerordnungssysteme 586
Lagerorganisation 580, 708
Lagerreichweite 594, 735
Lagersicherheit 580
Lagerstandort 583, 711
Lagersteuerung und -verwaltung 713
Lagerumschlagshäufigkeit 734
Lagerzins 735
Laissez-faire 158
Länderauswahl 792
Länderspezifische Risiken 797, 799
laterale Kooperationen 337
Laufbahnplanung 248
    horizontal 248
    vertikal 248
Leadbuyer 539
Lehrgespräch 232
Lehrplan 185
Leistungskurve 165
Leistungslohn 241
Leitbild 58
Leitlinien für die Zusammenarbeit 151
Leittextmethode 229
Lernbereiche 194, 224
Lernerfolgskontrollen 233
Lernkooperation 187
Lernquellen 27
Lernrhythmus 25
Lernschwierigkeiten
    Ausbildung 194
Lernumgebung 26
Lern- und Arbeitsmethodik 23

Lernziele 192, 194, 223, 245
    Arten 225
Lernzieltaxonomie 226
Lieferantenauswahl 546
Lieferantenstrategie 545
Lieferart 680
Lieferbereitschaft 680
Lieferpolitik 680
Lieferzeit 680
Lifestyletypen 653
Limbic Types 361
Limit 772
Liquidation 136
Liquidität 1. Grades , 101
Liquidität 2. Grades , 101
Liquidität 3. Grades , 101
Liquiditätsplan 41
Lizenzrechte 507
Lizenzverträge 790
LKW-Frachtbrief 828
Lobbying 448
Local Sourcing 544, 745
Lockvogelangebot 395, 496, 499
Logistik 526
Logistikcontrolling 552
Lohnsteuer 125
Luftfrachtbrief 828

Maketing-Mix 487
Managementaufgaben 57
Markengesetz 506
Markenpolitik 403
Markenschutzrecht 506
Marketing 320
Marketingcontrolling 489
Marketingkonzept 40
Marktanalyse 345
Marktanteil 341
marktbeherrschende Stellung 509
Marktforschung 344
Marktpotenzial 39, 341
Marktprognose 346
Marktsättigungsgrad 341
Marktsegmentierung 359
Marktsegmentierungskriterien 360

Marktvolumen 341
Matrixorganisation 53
Mediaplanung / Mediaselektion 433
Mehrarbeit 208
Mehrfachplatzierung 658
Mehr-Linien-System 52
Meinungsbildner 637
Meldebestand 537
Meldepflichten 802
Mengenrabatte 679
Mengenteilung 48
Mengenzoll 836
Mentoring 231
Messen 371
Metaplan-Methode 268
Methoden der Erfolgskontrollen 234
Methodenkompetenz 155
Mieten in Deutschland 388
Minijobs 279
Mischkalkulation 393, 676
Mitarbeiterbefragung 237
Mitarbeitergespräch 248, 250, 260
    Ablauf 251
Mitarbeitergespräch, Phasen 260
Mitarbeiterhandbuch 151, 153
Mitarbeiterpotenzial 245
Mitarbeiterqualifikation 245
Mitbestimmung 297
Mittelstandskartelle 340
Mobile Commerce 456
Modellunternehmen 21
Moderation 268
Moderationstechnik 266
Modular Sourcing 545
Mondpreise 394, 499
Moratoriumsrisiko 797
Motivation 24
Motorischer Lerntyp 25
Multi-Channel-Strategie 641
Multimodaler Transport 828
Multiple Sourcing 545, 745
Mutterschutz 285
Mutterschutzgesetz 285

Nachahmung 497
Nachfolgeplanung 248
Nachfragekurve 862
Nachhaftung 135
Nachweisgesetz 275
Nebentätigkeiten 281
Nettobedarf 211
Nichtgemeinschaftswaren 804, 821
Nicht-Tarifäre Handelshemmnisse 836
Niedrigpreisstrategie 372, 675
No-name 405, 763
Norming 254
Nummer für Versandeinheiten (NVE) 555
Nutzungsrechte 507
Nutzwertanalyse 551

Objektorientierte Stellenbildung 539
Objektstrategie 545
Offenbarungspflicht 274
Offene Handelsgesellschaft 130
Öffentlichkeitsarbeit 447
Öffentlichkeitswirkung 134
Öffnungsklauseln 272
Öko-Audit 123
Online-Handel 367
Online-Shop 454
Operative Planung 60
Optimale Bestellmenge 533, 772
ordentliche Kündigung 288
Ordnungsfunktion 300
Organisation 45
Organisationsentwicklung 217
Overreporting 351

Panel 350
Paneleffekte 351
Panelsterblichkeit 351
Pareto-Prinzip 163
Pausenzeit 283
Penetrationsstrategie 372, 676
Performing 254
Personalbedarfsplanung 205, 206, 212, 213
    Instrumente 212
    Methoden 209
    qualitativ 212

Personalbemessungsmethode 211
Personalbeschaffung
    Ausbildung 188
Personalbestandsanalyse
    quantitativ, qualitativ 207
Personalbewegungen 208
Personalcontrolling 237
personale Autorität 156
Personaleinsatzplanung 166, 205, 206, 214, 216
Personalentwicklung 217, 243, 245
    Bedarfsermittlung 218
    Bereiche 217
    Kontrolle 246
    Phasen 244
    Planung 221
Personalentwicklung, laufbahnbezogen 246
Personalentwicklungsbedarf 244
Personalentwicklungsinstrumente
    on-the-job 246
Personalentwicklungsmethoden 227, 228
    training-near-the-job 228
    training-off-the-job 232
Personalfragebogen 274
Personalführung 150
Personalinformationssystem 234, 235
Personalkennziffern 234, 235
Personalkosten 168, 213
    direkt, indirekt 213
Personalkostenintensität 237
Personalkostenquote 210, 237
Personalplanung 205, 209
    langfristig 180
Personalquote 209, 210
Personalstatistik 236
Personalstrategien 205
Personalstruktur 239
Personenbedingte Kündigung 291
Personengesellschaft 129
Persönliche Voraussetzungen für die Existenzgründung 35
Persönlichkeitskompetenz 155
Pflichten des Arbeitgebers 272, 280, 281
Pflichten des Arbeitnehmers 280
Pflichten des Bewerbers 274
Pflichten von Azubis 281

Phasen der Teambildung 254
Phasen in Managementprozessen 650
Planspiel 230
Plattformen für Auktionen 460
Platzierungseinheiten 427
Pluralinstanz 50
Point of Sale (PoS) 409
Pop-up-Stores 333
Portfolioanalyse 352, 530
Portfoliomatrix 530
Präferenzabkommen 793
Präferenznachweise 823
Präsentation 267
Präsentationstechniken 266
Preisabfolgestrategie 882
Preisangabenverordnung 417, 502
Preisausschreiben 501
Preisdifferenzierung 395, 677
Preiselastizität 393
Preisführerschaft 391
Preisoptik 394
Preispolitik 390, 672
Preispolitik, Formen und Einflussfaktoren 390
Preispolitische Strategien 675
Preisstrategie , 372
Preis- und Konditionenpolitik 672
Preisverfahren 391
Preiswettbewerbsstrategie 882
Premiummarken 405, 763
Premium- oder Prämienpreisstrategie 675
Premiumstrategie 372
Pressearbeit 448
Prestigeführer 637
Primärforschung 346, 347
Prioritätsgrundsatz 506
Private Kreditversicherung 801
Probezeit
    Ausbildung 191
Product-Placement 444
Produktivität 210, 237
Produkt-Markt-Matrix 356
Pro-forma-Rechnung 822
Projekt 230
Projektgruppe 153

Projektmanagement 257, 258
    Projektphasen 258
Pro-Kopf-Leistung 209, 210, 237
Prokura 134
Promotionpreisstrategie 675
Prozessorientierung 119
Prüfungsvorbereitung 196
Psychologische Preisgestaltung 677
psychomotorischer Lernbereich 224
Public Relations 447
Pull-Versorgung 566
Punktbewertungsverfahren 792
Push-Versorgung 566

Qualifiziertes Zeugnis 294
Qualität 118
Quick Response Code (QR-Code) 555
Quotenauswahlverfahren 347

Rabatt 500
Rack Jobber 336, 371
Radio Frequency Identification (RFID) 554
Rahmenlehrplan 185, 186
Randomverfahren 347
Rechnungswesen, extern 61
Rechnungswesen, intern 61
Rechte und Pflichten bei der Einstellung 294
Rechtsform 34
Rechtsquellen 271
Reichweite 438
Reisender 369
Renteneintritt 293
Return on Investment, ROI 903
Richtlernziel 193, 225
Risk Management 800
Rollenspiel 228
Rückgabe- und Umtauschrechte 682
Rückkehrgespräch 249
Rückwärtskalkulation 392

sachliche und zeitliche Gliederung 187
Sales Promotion 409
Sammelladung 573
Sammelwerbung 442
Schätzen 209

Schleichwerbung 501
Schlüsselkunden 635
Schlüsselqualifikationen 194, 243
Schöpfungsakt 507
Schuldenberatung 270
Schulz von Thun 263
Schutzfunktion 299
Schutzzölle 835
schwarze Liste 495
Schwerbehindertenrecht 285
Schwerbehindertenvertretung 296
Scorecard 563
Scoring-Verfahren 355
SEA 461
Seamless Commerce 454
Sekundärforschung 346
Selbststudium 232
SEO 461
SEPA 826
Serial Shipping Container Code (SSCC) 555
Serviceangebote 414
Servicepolitik 414
Shoppingcenter 333
Single Sourcing 545, 745
Singularinstanz 50
Skimming-Preisstrategie 676
Skimmingstrategie 372
Smart-Formel 162
Social Media 462
Soll-Arbeitszeit 208
Sonderangebot 394, 499
Sonderausgaben 124
Sonderkündigungsschutz 289
SOR-Modell 654
Sorten 825
Sortimentsausrichtung 400, 760
Sortimentsauswahl 44
Sortimentsbildung, Einflussfaktoren 397
Sortimentsdimension 399, 758
Sortimentsdynamik 401, 760
Sortimentsexpansion 402
Sortimentskontraktion 402
Sortimentskontrolle 401
Sortimentsniveau 400, 759
Sortimentspolitik 396

Sortimentspolitik, Gestaltungsvarianten 399
Sortimentsstrategien 651
Sortimentsvariation 402
Sourcing-Strategien 544
soziale Rechtfertigung (Kündigung) 291
Sozialkompetenz 155
Soziallohn 241
Space Mmanagement 656
Spediteur 571
Spezialvollmacht 135
Sponsoring 451
Stab-Linien-System 51
Staff Promotion 411
Standortkooperationen 389
Standortmarketing 375
Standortverschleiß 389
Standortwahl im Einzelhandel 377
Statistisches Bundesamt Deutschland 794
Steigbügelhalter 638
Stelle 49
Stellenausschreibung 49, 273
Stellenbeschreibung 49, 153, 162, 207, 245
Stellenbesetzungsplan 212
Stellenbildung 49
Stellenplan 212
Stellenplanmethode 211
Steuermesszahl 127
Steuern 123
Store Brand 404, 762
store erosion 330
Storming 254
strafbewehrte Unterlassungserklärung 505
Strategien des Efficient Consumer Response 565
Strategische Geschäftseinheiten 352, 651
Strategische Planung 59
Streckengeschäft 368, 557
Stress 269
Stressauswirkungen 166
Streugebiet 341, 433
Subjektstrategie 545
Substanzwertmethode 42
Substitutionsprinzip 47
Suchmaschinen 461
Suchtprobleme 270
Supply Chain 694

Supply Chain Management 553, 566, 663
SWIFT 826
SWOT-Analyse 354
SWOT-Matrix 354

Tarifäre Handelshemmnisse 835
Tarifbindung 304
Tarifrecht 299
Tausenderpreis 437
Taxonomie 193
Team
    Rollen 255
Teamgespräch 252
Teilzeitarbeit 278
Teilzeit- und Befristungsgesetz 276
Teleshopping 367
Tensororganisation 53
Test 189
    Anforderungen 189
    Arten 190
Test/Experiment 350
Theorie X/Y 157
Tod des Arbeitnehmers 293
To-do-Liste 163
Tourenplanung 570
Trade Promotion 412
Transferrisiko 797
Transithandel 789, 790
Transportarten 807, 810, 812
Transportkosten 574
Transportnetzwerke 573, 704
Transportprozess 568
Transportrisiko 798, 808
Transportversicherung 798, 812, 819, 824
Transportwege, –mittel und –arten 701
Trennungsgespräch 250
Türöffnungsstrategie 676

Überführung in den freien Verkehr 804
Umfeldanalyse 343
Umsatzsteuer 124, 125
Umschulung 218
Umweltauditgesetz 117
Umwelterklärung 117
Umweltwerbung 499

Underreporting 351
Unique Selling Proposition 642
Unit Sourcing 545
unlautere geschäftliche Handlung 494
Unternehmensleitbild 150, 152
Unternehmergesellschaft 132
Unternehmerische Selbstständigkeit, Chancen und Risiken 33
unverbindliche Preisempfehlung 500
unzumutbare Belästigung 494
Urheberrecht 507
Ursprungslandprinzip 806
Ursprungsnachweise 829
Ursprungszeugnis 819
Urteil 293

Vendor-Managed Inventory, VMI 529, 558
Verbraucherpromotion/Consumer Promotion 413
Verbraucherschutz 493
verbraucherschützende Regelungen 493
Verbrauchs-/Absatzverläufe 535
Verbundplatzierungen 658
Veredelungsverkehr 790
Vereinbarkeit von Beruf und Familie 271
Vergleich 293
vergleichende Werbung 494
Verhaltensbedingte Kündigung 291
Verhandlungstechnik 881
Verkäufermarkt 323
Verkaufsflächengestaltung 658
Verkaufsförderung 409
Verkaufskonzepte im Einzelhandel 363
Verkaufskonzepte im Großhandel 368
Verpackungsverordnung 576
Versanddokumente 827
Versicherungsdokumente 829
Versicherungsprämie 824
Versicherungssumme 824
Versicherungswert 824
Verstehen 28
Vertragshändler 336
Vertrauensarbeitszeit 215
Vertriebsstrategien 632
Vertriebsstrategien im Großhandel 635

Verwässerungsgefahr 506
Verwechslungsgefahr 506
Virales Marketing 444
Virtuelle Marktplätze 754
Visual Merchandising 425
Visueller Lerntyp 25
Vollerhebung 347
Vorratsmenge 499
Vorstellungsgespräch 274
    Ausbildung 188, 190
Vortrag 232, 266
Vorwärtskalkulation 391

Wachstumskunden 637
Währungsrisiko 797
Warenausgangskontrolle 718
Wareneingangskontrolle 715
Warenflusssteuerung 557
Warenhäuser 331
Warenmanipulation 582, 716
Warenplatzierung 656
Warenwirtschaftssysteme 557
Werbebotschaft 433
Werbeerfolgskontrolle 440
Werbeetat 432
Werbeforschung 430
Werbegrundsätze 439
Werbekooperationen 442
Werbekreislauf 430
Werbemittel 434
Werbeplan 432
Werbeträger 434
Werbeziele 431
Werbung 430
Werbung mit Selbstverständlichkeiten 501
Werbungskosten 124
Werkverkehr 700
Wertschöpfungskette 663
Wertzoll 836
Wettbewerbsanalyse 342
wettbewerbsbeschränkende Vereinbarungen 509
Wettbewerbsrecht 493
wettbewerbsrechtliches Verfahren 505
Wettbewerbsstrategien 356

Wheel of Retailing   330
Wirtschaftsausschuss   296
Wirtschaftsgebiet   801
Work-Life-Balance   167
World Trade Organisation   837

XYZ-Analyse   530

Zahlungsabsicherung   888
Zahlungsbedingungen   680, 804, 808, 824, 829
Zahlungsrisiko   796
Zahlungsverkehr   802, 824, 826
Zeitdiebe   165
Zeitlohn   241
Zeitplansystem   164
Zeitrabatte   679
Zeit- und Selbstmanagement   161, 162, 163, 164, 167, 168
   Instrumente   163, 167
Zentraleinkauf   538, 752
zentrales Beschwerdemanagement   421
Zentrale und dezentrale Lagerhaltung   711

Zentralisierung der Entscheidung   51
Zentralität   378
Zentrallager   584
Zeugnis   294
Zeugnisarten   294
Zielgruppen   652
Zielvereinbarungsgespräch   249
Zollarten   836
Zölle   812, 813, 814, 817, 818, 835, 836
Zolllager   821
Zollwert   804, 836
Zollzwecke   835
Zusammenfassende Meldung   803
Zusammenschlusskontrolle   510
Zusammenveranlagung   125
Zustellgeschäft   368
Zustellgrosshandel   368
zu versteuerndes Einkommen   125
Zwangslauf   656
Zweipunktklauseln   808
Zwischenprüfung   196
Zwischenzeugnis   294

Diese Gesetzessammlung dürfen Sie mit in die Prüfung nehmen:

Rechtsanwalt Rolf H. Stich, **Gesetzestexte für Fachwirte**

In dieser speziellen Gesetzessammlung finden Sie 61* Gesetze und Verordnungen, die für Fachwirte relevant sind, teilweise in Auszügen. Vom Allgemeinen Gleichbehandlungsgesetz über BGB, HGB, Arbeits- und Wettbewerbsrecht bis zur Zivilprozessordnung.

Ihr Vorteil:
- Abgestimmt auf die Rahmenpläne für Fachwirteprüfungen
- Alles in einem Band – kein überflüssiger Ballast, kein langes Suchen, kein Vertun oder Vergreifen
- Mit Querverweisen auf andere Gesetze
- Günstiger Preis
- Detaillierte Inhaltsübersicht mit den einzelnen Paragrafen
- Jährlich aktualisiert

1453 Seiten*, 22 €
* Stand 2020

Das Trainingsbuch zur Vorbereitung auf eine erfolgreiche IHK-Prüfung:

Peter Collier (Hrsg) und Dozenten-Autorenteam
Intensivtraining Handelsfachwirt

Seit 1992 haben sich über 22.000 angehende Handelsfachwirte mit dem Intensivtraining „Geprüfter Handelsfachwirt" (früher: Gepr. Handelsfachwirt werden) auf die IHK-Prüfung vorbereitet.

Das Buch enthält zwei Situationsbeschreibungen und jeweils vier komplette Aufgaben- und Lösungssätze aus allen Handlungsbereichen.

Dazu für die mündliche Prüfung eine Musterpräsentation mit Hinweisen zur Vorbereitung auf die mündliche Prüfung sowie Tipps aus der Praxis.

326 S., 25 € (Stand 2020)

Regelmäßig aktualisiert

Das Kompaktbuch zum Nacharbeiten der Seminare und zur Prüfungsvorbereitung:

Peter Collier und Dozenten-Autorenteam
Geprüfter Handelsfachwirt to go

Dieses Buch ist die Kompaktversion des Lehrbuchs „Geprüfter Handelsfachwirt". Es enthält auf 99 Seiten das komplette Fachwissen.

Ideal für alle, die nach einer Seminarveranstaltung noch einmal kurz die wesentlichen Inhalte nacharbeiten, sich konzentriert auf die Prüfung vorbereiten wollen oder auch einfach nur nach kurzen, griffigen Beschreibungen suchen. Über QR-Codes am Ende jedes Abschnitts kann man sich das ausführliche Kapitel aus dem Lehrbuch „Geprüfter Handelsfachwirt" im google-Playstore herunterladen.

Nur 9,99 €

Handbuch des Wettbewerbsrechts

Nachtrag
UWG-Novelle 1986

Verlag C. H. Beck München

Inhaltsübersicht

I.	Vorbemerkung	1
II.	Aktiv- und Passivlegitimation (zu §§ 19 ff. Anspruchsberechtigte etc.)	2
III.	Rücktrittsrecht für Abnehmer	4
IV.	Änderungen der §§ 17, 18, 20 UWG	7
	Zu § 42 Unlautere Ausnutzung fremder Leistung	7
	Zu § 43 Schutz von Geschäfts- und Betriebsgeheimnissen	9
V.	Einfügung der §§ 6c, 6d, 6e UWG	11
	Zu § 48 Irreführende Werbung	11
VI.	Neuregelung für Sonderveranstaltungen	18
	Zu 10. Kapitel. Besondere Verkaufsveranstaltungen	18
	Zu § 51 Ausverkäufe	18
	Zu § 52 Räumungsverkäufe	20
	Zu § 53 Abschnittsschlußverkäufe	21
	Zu § 54 Sonstige Sonderveranstaltungen	21
VII.	Flexible Streitwertbemessung, § 23a UWG	22
	Zu § 68 Streitwert	22
	Zu § 69 Streitwertbegünstigung	22
	Zu § 79 Rechtsmittel	22
	Zu § 80 Allgemeines	22
VIII.	Bundestagsdrucksache 10/4741 (Auszug)	25
IX.	Bundestagsdrucksache 10/5771 (Auszug)	42
X.	Text des Gesetzes gegen den unlauteren Wettbewerb	50

UWG-Novelle 1986

I. Vorbemerkung

1. Allgemeines. Durch das Gesetz zur Änderung wirtschafts-, verbraucher-, arbeits- und sozialrechtlicher Vorschriften vom 25. 7. 1986 (BGBl. I S. 1169) ist das UWG (zuletzt geänd. durch Art. 4 des Zweiten Gesetzes zur Bekämpfung der Wirtschaftskriminalität (2. WiKG) vom 15. 5. 1986 (BGBl. I S. 721) geändert worden. Die Novellierung des UWG geht auf einen von den Fraktionen der CDU/CSU und FDP in den Bundestag eingebrachten Entwurf (BT-Drucksache 10/4741) zurück (sogenanntes Initiativgesetz des Bundestages). Der Gesetzesänderung liegt also kein Regierungsentwurf zugrunde. Der Fraktionsentwurf ist in den nachfolgenden Beratungen noch in einigen Punkten geändert worden (vgl. auch Bericht des Rechtsausschusses [6. Ausschuß] Drucksache 10/5771). In erster Linie ist hier zu nennen der Wegfall des ursprünglich vorgesehenen Ausschlusses des Aufwendungsersatzes für die erste Abmahnung. Statt dessen ist ein Mißbrauchstatbestand im § 13 Abs. 5 eingefügt worden. Auch die übrigen durch den Rechtsausschuß vorgenommenen Änderungen sind durchweg nicht nur redaktioneller Art. Nach der Begründung zum Entwurf (Drucksache 10/4741) verfolgt die Gesetzesänderung das Ziel, die Möglichkeiten der Bekämpfung unlauteren Wettbewerbs im Interesse der Gewerbetreibenden und der Verbraucher dort zu verbessern, wo eine gerechte Abwägung der Interessen der Betroffenen neue gesetzliche Regelungen erfordert oder sich Schwierigkeiten bei der Anwendung des Gesetzes gegen den unlauteren Wettbewerb in der Praxis ergeben haben. Die neu eingefügten Vorschriften der §§ 6d, 6e und die Neuregelung des Rechts der Sonderveranstaltungen betreffen in erster Linie den Einzelhandel. §§ 6d und 6e sollen die Bekämpfung von Mißbräuchen erleichtern, die angeblich mit der Vorschrift des § 3 UWG nicht erfaßt werden könnten.

2. Übersicht über die neuen Vorschriften. *a) Änderungen im materiellen Recht.*
– Verbot der Werbung für Waren, deren Abgabe mengenmäßig beschränkt ist; § 6d;
– Einschränkung der Werbung mit Preisgegenüberstellungen; § 6e;
– Neuregelung für Sonderveranstaltungen (Saisonschlußverkäufe, Jubiläumsverkäufe, Räumungsverkäufe und sonstige Ausverkäufe, Sonderangebote); §§ 7, 8;
– Rücktrittsrecht für Abnehmer bei unwahren Werbeangaben; § 13a;
– Neufassung des § 13 (zivilrechtliche Ansprüche);
– Ausschluß des Unterlassungsanspruches, wenn seine Geltendmachung mißbräuchlich ist; § 13 Abs. 5;

b) Änderungen im Verfahrensrecht
– Flexible Streitwertbemessung; § 23a;
– Zuständigkeitsregelung für Ansprüche aus UWG und insbesondere aus § 13a (Rücktritt); § 27;
– Neufassung des § 27a (Einigungsstellen).

3. Inkrafttreten. Die neuen Vorschriften des UWG treten am 1. 1. 1987 in Kraft (vgl. Art. 14 des Gesetzes zur Änderung wirtschafts-, verbraucher-, arbeits- und sozialrechtlicher Vorschriften). Gleichzeitig werden aufgehoben
– die §§ 7a bis 7d; die §§ 9, 9a, 10 und 11; § 29;
– die VO über Sommer- und Winterschlußverkäufe vom 13. 7. 1950;
– die Anordnung zur Regelung von Verkaufsveranstaltungen besonderer Art vom 4. 7. 1935 = Anordnung des RWM betr. Sonderveranstaltungen;
– die VO über den Handel mit seidenen Bändern vom 11. 1. 1923.
Gemäß Art. 13 des ÄndG zum UWG gelten die neuen Vorschriften auch im Land Berlin.

Nachtrag UWG-Novelle 1986

4. Weitere Änderungen des UWG. Durch das Zweite Gesetz zur Bekämpfung der Wirtschaftskriminalität (2. WiKG) vom 15. 5. 1986 wurden neue Strafvorschriften gegen mißbräuchliche „Schneeballsysteme" und gegen Industriespionage in das UWG eingefügt. Es handelt sich um die Vorschriften des
- § 6c (Schneeballsystem) und
- die Änderung des § 17.

Diese Vorschriften sind am 1. 8. 1986 in Kraft getreten (vgl. Art. 12 des 2. WiKG).

II. Aktiv- und Passivlegitimation (zu § 19 ff. Anspruchsberechtigte etc.)

1. Allgemeines. Die Vorschrift des § 13 UWG ist insgesamt neu gefaßt worden. Betroffen von dieser Änderung sind insbesondere die §§ 19–23 des Handbuches. Aus Anlaß der Einfügung der neuen Absätze 1 und 5 ist § 13 daher insgesamt redaktionell umgestaltet worden. Dabei mußte auch die Einfügung der Vorschriften der §§ 6c, 6d und 6e berücksichtigt werden. Die Umgestaltung der Vorschrift des § 13 UWG dient nach der Begründung zum Fraktionen-Entwurf (BT-Drucksache 10/4741) der besseren Lesbarkeit der Bestimmung und der Abgrenzung zwischen Unterlassungsansprüchen, Anspruchsberechtigung und Schadensersatzansprüchen. Ob das Ziel der besseren Lesbarkeit und damit auch der besseren Übersicht über die Anspruchsberechtigung bei den einzelnen Verstößen gegen das UWG erreicht wurde, muß bezweifelt werden. Die Regelung der Ansprüche und Anspruchsberechtigungen im UWG ist nach wie vor nicht besonders übersichtlich und für den mit der Materie nicht Vertrauten nur schwer zu durchschauen.

2. Übersicht über den Inhalt des § 13 neuer und alter Fassung

Neue Fassung	Alte Fassung
Abs. 1 neu eingefügt; normiert Unterlassungsansprüche bei Verstößen gegen §§ 4, 6, 6c, 12	–
Abs. 2 regelt Aktivlegitimation der Gewerbetreibenden, die Waren oder gewerbliche Leistungen gleicher oder verwandter Art verbreiten, von Verbänden zur Förderung gewerblicher Interessen, Verbraucherverbänden sowie der Industrie- und Handelskammern und Handwerkskammern bei Unterlassungsansprüchen	Abs. 1 und 1a
Abs. 3 Regelung der Aktivlegitimation bei Verstößen gegen § 12 (nur Gewerbetreibende, Verbände und Kammern)	Abs. 1 S. 2
Abs. 4 Haftung für Verstöße von Angestellten und Beauftragten	entspricht dem bisherigen Abs. 3
Abs. 5 neu eingefügt; Wegfall der Klagebefugnis bei Mißbräuchen bei der Geltendmachung von Unterlassungsansprüchen	–
Abs. 6 Regelung der Passivlegitimation bei Schadensersatzansprüchen	entspricht dem bisherigen Abs. 2

3. Zu Abs. 1. Abs. 1 ist neu eingefügt worden und normiert bei Zuwiderhandlungen gegen die Vorschriften der §§ 4, 6, 6c und 12 einen Unterlassungsanspruch. § 6c ist neu und mußte in den § 13 eingefügt werden. Ein Unterlassungsanspruch bei Zuwiderhandlungen gegen § 4 war bisher nicht vorgesehen. Unterlassungsansprüche bei Zuwiderhandlungen gegen die §§ 6 und 12 waren bisher in Abs. 1 S. 2 geregelt.

4. Zu Abs. 2. Abs. 2 regelt die Klagebefugnis (Aktivlegitimation) von Gewerbetreibenden, die Waren oder gewerbliche Leistungen gleicher oder verwandter Art vertreiben, von rechtsfähigen Verbänden zur Förderung gewerblicher Interessen, von rechtsfähigen Verbänden, zu deren satzungsgemäßen Aufgaben es gehört, die Interessen der Verbraucher durch Aufklärung und Beratung wahrzunehmen, der Industrie- und Handelskammern sowie der Handwerkskammern. Dabei entspricht die Regelung des neuen Abs. 2 in etwa der Regelung der bisherigen Abs. 1 und 1a, wie die nachfolgende Übersicht verdeutlicht.

Klagebefugnis von Verbänden etc. nach

Abs. 2 n. F.	Abs. 1 + 1a) a. F.
bei Verstößen gegen	
§ 1	§ 1*
§ 3	§ 3*
§ 4 in § 13 neu aufgenommen	–
§ 6	§ 6*
§ 6a	§ 6a*
§ 6b	§ 6b*
§ 6c neu	–
§ 6d neu	–
§ 6e neu	–
§ 7 (neu gefaßt)	§ 7 Abs. 1*
§ 8 (neu gefaßt)	§ 8
entfallen	§ 10
entfallen	§ 11*
(§ 12 jetzt in Abs. 3)	§ 12

Bei Verstößen gegen die mit einem ★ versehenen Vorschriften waren Verbraucherverbände aktiv legitimiert.

Die Industrie- und Handelskammern sowie die Handwerkskammern sind als Anspruchsberechtigte in Abs. 2 Nr. 4 jetzt besonders genannt.

5. Zu Abs. 3. Bei Verstößen gegen § 12 (Bestechung von Angestellten) kann der Anspruch auf Unterlassung nur von Gewerbetreibenden, Verbänden zur Förderung gewerblicher Interessen, Industrie- und Handelskammern und Handwerkskammern im Sinne des Abs. 2 Nr. 1, 2 und 4, nicht aber von Verbraucherverbänden geltend gemacht werden.

6. Zu Abs. 4. Der bisherige Abs. 3 des § 13 a. F. ist unverändert Abs. 4 geworden und regelt die Haftung für Zuwiderhandlungen von Angestellten und Beauftragten. Vgl. dazu Handbuch § 20 Rdn. 14 und § 21 Rdn. 8–11.

7. Zu Abs. 5. Der Fraktionenentwurf sah ursprünglich vor, daß der dem Abmahnenden von der Rechtsprechung auf der Grundlage der Vorschriften über die Geschäftsführung ohne Auftrag (§§ 677 ff. BGB) zuerkannte Anspruch auf Ersatz seiner Aufwendungen (vgl. hierzu Handbuch § 63 Rdn. 32 ff. und § 20 Rdn. 64 ff.) für die erste Abmahnung grundsätzlich und für alle Abmahnenden entfallen sollte (vgl. BT-Drucksache 10/4741 S. 6 und 17, s. S. 32). Dieser Vorschlag ist jedoch nicht Gesetz geworden, weil er von den betroffenen Verbänden und Organisationen nahezu einhellig abgelehnt wurde. Begründet wurde diese Ablehnung damit, daß die Abschaffung des Erstattungsanspruchs für die Kosten der ersten Abmahnung den seriösen Verbänden und den kleineren Mitbewerbern die legitime Durchsetzung von Unterlassungsansprüchen erschweren würde.

Statt dessen hat der Rechtsausschuß einstimmig den nunmehr im Abs. 5 enthaltenen Mißbrauchstatbestand eingefügt. Nach der Begründung zu dieser Regelung (BT-Drucksache 10/5771 S. 22, s. S. 46) knüpft dieser Änderungsvorschlag an die in der Rechtsprechung vermehrt festzustellende Tendenz an, Mißbräuchen bei der Geltendmachung von Unterlassungsansprüchen durch Verbände und Mitbewerber dadurch zu begegnen, daß die Klagebefugnis und damit auch die Abmahnbefugnis in bestimmten Fällen verneint wird.

§ 13 Abs. 5 UWG besagt daher im Grunde genommen auch nichts Neues, sondern

Nachtrag UWG-Novelle 1986

bringt lediglich einen ohnehin geltenden Rechtsgrundsatz zum Ausdruck (vgl. dazu Handbuch § 19 Rdn. 12). Zutreffend weist daher auch der Rechtsausschuß in seinem Bericht (BT-Drucksache 10/5771 S. 22, s. S. 46) darauf hin, daß sein Vorschlag an eine bereits vorhandene Rechtsprechung anknüpft.

Die Gerichte sind bisher mit der Annahme eines Mißbrauchs der durch das UWG gewährten Klagebefugnis eher zurückhaltend gewesen (vgl. hierzu Handbuch § 19 Rdn. 12; BGH GRUR 1978, 182; OLG Koblenz GRUR 1979, 496/497; OLG Düsseldorf WRP 1983, 159). Einem früher weit verbreiteten Mißbrauch der Klagebefugnis, bei dem z. B. mehrere Wettbewerber gegen einen Verletzer nach entsprechender vorheriger Absprache in getrennten Verfahren vorgingen, um dem Verletzer auf diese Weise hohe Kosten anzulasten oder bei dem nach dem UWG klageberechtigte Verbände sich untereinander benachrichtigten, wenn ein Unternehmen einen klaren und leicht zu verfolgenden Verstoß begangen hatte, um dann nacheinander gegen dieses Unternehmen mit den entsprechenden Kosten vorzugehen, hat der BGH mit seiner Entscheidung vom 2. 12. 1982 (BGH GRUR 1983, 186 – wiederholte Unterwerfung) die Grundlage entzogen. Vor dem Erlaß dieser Entscheidung nahmen Gerichte in solchen Fällen gelegentlich auch einen Mißbrauch der Klagebefugnis an (vgl. OLG Hamburg WRP 1981, 401; OLG Koblenz WRP 1982, 668; siehe aber auch OLG Düsseldorf GRUR 1984, 217, 218).

Ein Mißbrauch der den Wettbewerbern und Verbänden zuerkannten Klagebefugnis liegt vor, wenn die Ausübung der Klagebefugnis dem Sinn und Zweck der Zubilligung dieser Klagebefugnis widerspricht. Dies ist der Fall, wenn Unterlassungsansprüche mit der überwiegenden Absicht der eigenen Gewinnerzielung verfolgt werden (vgl. LG München WRP 1981, 424 – Concurrentia aeterna; *Nordemann* Wettbewerbsrecht 4. Aufl. S. 225 Rdn. 550; s. auch OLG Hamburg WRP 1981, 589).

Ein Mißbrauch der Klagebefugnis eines Verbandes liegt vor, wenn damit verbandsfremde Ziele verfolgt werden (vgl. OLG Koblenz GRUR 1979, 496). Dabei kann – nicht muß – die Verquickung von Verbandsaktivitäten mit der Anwaltstätigkeit verbunden mit einer übermäßigen Prozeßführung ein Indiz für einen Mißbrauch sein (vgl. auch *Ullrich,* Der Mißbrauch der Verbandsklagebefugnis – ein Rückblick, WRP 1984, 368 ff.).

8. Zu Abs. 6. Abs. 6 regelt die bisher in Abs. 2 behandelte Passivlegitimation bei Schadensersatzansprüchen (vgl. dazu Handbuch § 20 Rdn. 9–18).

9. Änderung des RabattG und der ZugabeVO. § 12 RabattG und § 2 Abs. 1 ZugabeVO, die jeweils den Unterlassungsanspruch und die Aktivlegitimation regeln, sind ebenfalls geändert und an die Neuregelung der Klagebefugnis sowie an die flexible Streitwertbemessung im UWG angepaßt worden. § 13 Abs. 2 Nr. 1, 2 und 4, Abs. 4 und 5 sowie § 23a UWG sind bei Rabatt- und Zugabeverstößen jeweils entsprechend anzuwenden.

III. Rücktrittsrecht für Abnehmer

Durch § 13a wird für Abnehmer ein im bisherigen Wettbewerbsrecht unbekanntes Recht zum Rücktritt vom Vertrag bei unwahren Werbeangaben eingeführt.

1. Voraussetzungen des Rechts zum Rücktritt. a) *Rücktrittsberechtigte.* Zum Rücktritt berechtigt sind Abnehmer eines Gewerbetreibenden. Voraussetzung für den Rücktritt ist, daß der Abnehmer durch eine unwahre und zur Irreführung geeignete Werbeangabe im Sinne von § 4, die für den Personenkreis, an den sie sich richtet, für den Abschluß von Verträgen wesentlich ist, zur Abnahme bestimmt worden ist. Abnehmer können sowohl private als auch gewerbliche Abnehmer sein (vgl. BT-Drucksache 10/5771 S. 18). Das Gesetz unterscheidet nicht zwischen der Abnahme von Ware und Leistungen. Es wird daher beides erfaßt.

UWG-Novelle 1986 **Nachtrag**

§ 13a setzt eine Werbeangabe voraus, die den objektiven Tatbestand des § 4 UWG erfüllt. Es muß sich um öffentliche Bekanntmachungen handeln, die sich an einen grundsätzlich unbegrenzten Personenkreis wenden bzw. um Mitteilungen für einen größeren Personenkreis, der grundsätzlich unbestimmt sein muß und nicht individuell begrenzt sein darf. Nicht unter § 4 Abs. 1 und damit auch nicht unter § 13a UWG fallen Mitteilungen an Einzelpersonen, die nicht zur Verbreitung an die Öffentlichkeit geeignet und bestimmt sind. Erfaßt werden Angaben über geschäftliche Verhältnisse. Diese Angaben müssen unwahr und zur Irreführung geeignet sein.

Die so gekennzeichnete Werbeangabe muß für den Personenkreis, an den sie sich richtet, für den Abschluß von Verträgen wesentlich sein. Wesentlich sind Werbeangaben, die bei verständiger Würdigung durch Angehörige des Personenkreises, an den die Werbung sich richtet, geeignet sind, den Kaufentschluß des den Rücktritt ausübenden Abnehmers zu beeinflussen. Unwesentlich ist eine Werbeangabe, wenn sie für die Beurteilung des Angebots durch den Rücktrittsberechtigten keine oder nur eine untergeordnete Bedeutung hat.

Der Abnehmer muß durch die Werbeangabe zur Abnahme bestimmt worden sein. Das Gesetz spricht von Abnahme. Damit kann sinnvollerweise nur der Kaufentschluß, nicht die körperliche Abnahme der Ware oder Leistung gemeint sein. Das Rücktrittsrecht ist ausgeschlossen, wenn für die betreffende Ware oder gewerbliche Leistung zwar mit unwahren und zur Irreführung geeigneten Werbeangaben geworben wurde, der Abnehmer diese aber im Zeitpunkt des Kaufs nicht kannte und infolgedessen durch diese Werbeangabe auch nicht zur Abnahme bestimmt werden konnte. Der Abnehmer muß gerade durch die unwahre Werbeangabe zum Vertragsschluß bestimmt worden sein.

Ein Verschulden des Werbenden hinsichtlich der Unwahrheit der Werbeangabe ist nicht erforderlich und nicht Voraussetzung für das Rücktrittsrecht. Es kommt also nicht darauf an, ob er wissentlich unwahre und zur Irreführung geeignete Werbeangaben gemacht hat.

§ 13a Abs. 1 unterscheidet, ob der Vertragspartner des Abnehmers eine unwahre Werbeangabe gemacht hat, oder ob die Werbeangabe von einem Dritten stammt. Bei diesem Dritten wird es sich meistens um den Warenhersteller handeln, der für seine Produkte wirbt. Im letzteren Fall steht dem Abnehmer das Rücktrittsrecht nur dann zu, wenn sein Vertragspartner die Unwahrheit der Angabe und ihre Eignung zur Irreführung kannte oder kennen mußte, oder wenn er sich die unwahre Angabe durch eigene Maßnahmen zu eigen gemacht hat, z. B. durch das Aufstellen von ihm gelieferter Plakate, Verkaufsständer, etc. oder durch die Übernahme von Aussagen seines Lieferanten in die eigene Werbung.

b) *Ausübung des Rücktrittsrechts.* Der Abnehmer muß seinen Rücktritt dem anderen Vertragsteil gegenüber erklären. Diese Erklärung ist unverzüglich abzugeben, nachdem der Abnehmer von den Umständen Kenntnis erlangt hat, die sein Rücktrittsrecht begründen. Das Gesetz erläutert nicht, was unter unverzüglich zu verstehen ist. Da es sich um die Ausübung des Rücktritts von einem zivilrechtlichen Vertrag handelt, ist dieser Begriff wie in § 121 Abs. 1 BGB auszulegen. Dieser Begriff gilt für das gesamte bürgerliche Recht. Für die Auslegung des Begriffes „unverzüglich" s. daher *Palandt/Heinrichs,* 46. Aufl. § 121 BGB Anm. 2b.

Das Rücktrittsrecht erlischt, wenn der Rücktritt nicht vor dem Ablauf von 6 Monaten nach dem Abschluß des Vertrages erklärt wird.

Der Rücktritt kann nicht im voraus abbedungen werden.

c) *Wirkung des Rücktritts.* Nach § 13a Abs. 3 bestimmen sich die Folgen des Rücktritts bei beweglichen Sachen nach § 1d Abs. 1, 3, 4 und 5 des Gesetzes betr. die Abzahlungsgeschäfte. Danach ist im Falle des Rücktritts des Abnehmers jeder Vertragsteil verpflichtet, dem anderen Teil die empfangenen Leistungen zurückzugewähren. Bei verbrauchbaren Waren ist der Rücktritt für den verbrauchten Teil naturgemäß ausgeschlossen. Bei Gebrauchsgütern ist für den Gebrauch und die Benutzung deren Wert zu vergüten. Die durch

Nachtrag UWG-Novelle 1986

die bestimmungsgemäße Ingebrauchnahme eingetretene Wertminderung hat nach der Vorschrift des § 1 d Abs. 3 AbzahlungsG außer Betracht zu bleiben.

Gemäß § 1 d Abs. 4 AbzG kann der Abnehmer für die auf die Sache gemachten notwendigen Aufwendungen vom anderen Vertragsteil Ersatz verlangen.

Nach der ausdrücklichen Vorschrift des § 1 d Abs. 5 AbzG sind entgegenstehende Vereinbarungen nichtig.

Wegen der Einzelheiten bei der Abwicklung der Rückgewährpflichten s. die Kommentierungen zu § 1 d AbzG, insbes. *Palandt/Putzo*, 46. Aufl. zu § 1 d AbzG.

d) Weitergehende Schäden. Gemäß § 13 a Abs. 3 S. 2 ist die Geltendmachung eines weiteren Schadens nicht ausgeschlossen. Jedoch gewährt auch diese UWG-Novelle dem Verbraucher keinen speziellen wettbewerbsrechtlichen Schadensersatzanspruch, wenn der Werbende gegen Vorschriften des UWG verstößt.

2. Regreßansprüche. Geht die Werbung nicht vom Vertragspartner des zurücktretenden Abnehmers sondern von einem Dritten aus, so trägt im Verhältnis zwischen dem anderen Vertragsteil und dem Dritten der Dritte den durch den Rücktritt des Abnehmers entstandenen Schaden allein, es sei denn, daß der andere Vertragsteil die Unrichtigkeit der Werbeangabe kannte.

IV. Änderungen der §§ 17, 18, 20 UWG

Zu § 42 Unlautere Ausnutzung fremder Leistung (S. 348 ff.)

X. Schutz von Computerprogrammen

1. Angesichts der erheblichen Bedeutung, die die Geheimnisschutzvorschriften der §§ 17 ff. UWG für den wettbewerbsrechtlichen Schutz von Computerprogrammen besitzen, hat die in der Anmerkung zu § 43 allgemeiner behandelte, mit dem 2. WiKG vom 15. 5. 1986 vorgenommene Ausweitung des **§ 17 UWG** Rückwirkungen auch auf dieses Spezialgebiet.

§ 17 Abs. 2 Nr. 1 UWG erfaßt durch zusätzliche Varianten des **objektiven Tatbestands** („sich ... unbefugt verschafft oder sichert") im Vergleich zum früheren Gesetzestext („unbefugt verwertet oder an jemand mittelt") schon Handlungen mit vorbereitendem Charakter. Die drei in § 17 Abs. 2 Nr. 1 aufgeführten Vorgehensweisen des Täters (Anwendung technischer Mittel; Herstellung einer verkörperten Wiedergabe des Geheimnisses; Wegnahme einer Sache, in der das Geheimnis verkörpert ist) sind offenkundig nicht zuletzt dort anwendbar, wo sich jemand unbefugt geheime Computerprogramme verschafft oder sichert (Beispiele: Überwindung technischer Schutzvorrichtungen, heimliches Ausdrucken von Computerprogrammen oder Überspielen auf einen anderen Speicher oder Datenträger, Wegnahme des auf einem Datenträger gespeicherten Programms, eines Programmausdrucks oder der Dokumentation über die Programmentwicklung; ausdrücklich im Bericht des Rechtsausschusses erwähnt wurde das Abrufen von in EDV-Anlagen gespeicherten Daten).

Von Bedeutung ist ferner, daß in bezug auf alle Tathandlungen des § 17 Abs. 2 der **subjektive Tatbestand** erweitert wurde: Indem nun auch die **Absicht** genügt, dem Inhaber des Geschäftsbetriebs **Schaden zuzufügen,** wobei dolus eventualis ausreichen dürfte, kann eher auch die außerhalb des gewerblichen Bereichs angesiedelte Softwarepiraterie der „Hacker" und „Cracker" erfaßt werden.

2. Durch das 2. WiKG wurden ferner einige neue Strafvorschriften in das **StGB** eingefügt, die auch für den Schutz von Computerprogrammen relevant werden können.

a) **§ 202a StGB** bedroht denjenigen mit Strafe, der „unbefugt Daten, die nicht für ihn bestimmt und gegen unberechtigten Zugriff besonders gesichert sind, sich oder einem anderen verschafft". Daten im Sinne dieser Vorschrift sind nur solche, die elektronisch, magnetisch oder sonst nicht unmittelbar wahrnehmbar gespeichert sind oder übermittelt werden. Es spricht viel dafür, auch Computerprogramme als „Daten" im Sinne dieser Bestimmung zu betrachten. Der auf den ersten Blick bestehende Gegensatz zwischen „Daten" und „Datenverarbeitung" bzw. „Datenverarbeitungsprogrammen" ist eher vordergründiger sprachlicher Natur. Da man unter Computersoftware jede Art von Arbeitsanweisungen für den Einsatz informationsverarbeitender Geräte versteht, ohne Zweifel aber betriebsinterne Arbeitsanweisungen jeder sonstigen Art ohne weiteres als „Daten" im Sinne des § 202a StGB zu betrachten sind, legt der Gesetzeszweck in einer mit dem Wortlaut noch zu vereinbarenden Weise den Schluß nahe, daß auch Computerprogramme „Daten" sein können (im Ergebnis ebenso *Lenckner/Winkelbauer* CR 1986, 483/485). Gestützt wird diese Interpretation dadurch, daß sich in der Computertechnik eine klare Abgrenzung der „Daten" und „Dateien" von den Computerprogrammen als solchen kaum vornehmen läßt; Daten und Dateien können unmittelbare Bestandteile von Programmen bilden.

Nachtrag

b) Gewisse Berührungspunkte mit dem Schutz von Computerprogrammen weisen ferner eine Reihe weiterer durch das 2. WiKG eingefügter Straftatbestände zur Bekämpfung der Computerkriminalität auf.

§ 263a StGB betrifft den „Computerbetrug". Strafbar handelt hiernach, wer in der Absicht, sich oder einem Dritten einen rechtswidrigen Vermögensvorteil zu verschaffen, das Vermögen eines anderen dadurch beschädigt, daß er „das Ergebnis eines Datenverarbeitungsvorgangs durch unrichtige Gestaltung des Programms, durch Verwendung unrichtiger oder unvollständiger Daten, durch unbefugte Verwendung von Daten oder sonst durch unbefugte Einwirkung auf den Ablauf beeinflußt". Insbesondere durch das letztgenannte Tatbestandsmerkmal wird – bei Erfüllung des subjektiven Tatbestands – in relativ weitreichendem Umfang die Integrität von Computerprogrammen und Datenverarbeitungsvorgängen geschützt.

Kurz hinzuweisen ist auf **§ 269 StGB** (Fälschung beweiserheblicher Daten) und auf **§ 270 StGB** (Täuschung im Rechtsverkehr bei Datenverarbeitung).

§ 303a StGB betrifft das rechtswidrige Löschen, Unterdrücken, Unbrauchbarmachen oder Verändern elektronisch, magnetisch oder sonst nicht unmittelbar wahrnehmbar gespeicherter oder übermittelter Daten. Auch hier dürften Computerprogramme unter den weiten Datenbegriff fallen (vgl. oben a); rechtswidrige und vorsätzliche Manipulationen an Computerprogrammen unterfallen damit dieser neuen Strafbestimmung. Die Tat wird gemäß § 303c StGB nur auf Antrag verfolgt, es sei denn, daß die Strafverfolgungsbehörde wegen des besonderen öffentlichen Interesses an der Strafverfolgung ein Einschreiten von Amts wegen für geboten hält.

Letzteres gilt auch für die in **§ 303b StGB** angesprochene „Computersabotage". Störende Eingriffe in eine Datenverarbeitung, die für einen fremden Betrieb, ein fremdes Unternehmen oder eine Behörde von wesentlicher Bedeutung sind, werden nach dieser Vorschrift mit Freiheitsstrafe bis zu 5 Jahren oder mit Geldstrafe bestraft, wobei ebenso wie im Falle des § 303a StGB auch der Versuch strafbar ist.

UWG-Novelle 1986 **Nachtrag**

Zu § 43 Schutz von Geschäfts- und Betriebsgeheimnissen (S. 376 ff.)

Durch das **2. WiKG** vom 15. 5. 1986 sind die **§§ 17, 18 und 20 UWG neu gefaßt** worden. Während sich die Änderung des § 18 UWG auf die Streichung des zweiten Satzes (Verweisung auf § 17 Abs. 4 a. F.) und die des § 20 UWG auf die Anfügung eines Absatzes 3 (Verweisung auf § 31 StGB) beschränkt, reicht die Neuregelung des § 17 UWG weiter. Ziel des Gesetzgebers war es, einen verstärkten strafrechtlichen Schutz von Betriebs- und Geschäftsgeheimnissen insbesondere zur **Eindämmung der Wirtschaftsspionage** zu schaffen. Das Ausspähen von Geschäfts- oder Betriebsgeheimnissen war nach altem Recht nicht strafbar (wenn auch in aller Regel wettbewerbswidrig gemäß § 1 UWG); maßgebliche Tathandlungen waren die unbefugte Verwertung oder Mitteilung solcher Geheimnisse, wobei lediglich durch § 20 UWG ein begrenzter strafrechtlicher Schutz im Vorfeld der Ausspähung gewährt wurde. Die wesentlichen Änderungen des § 17 UWG betreffen folgende Punkte:

1. In Abs. 1 wurde als **weiteres subjektives Tatbestandsmerkmal** die Handlung „zugunsten eines Dritten" eingefügt. Gemäß Beschlußempfehlung und Bericht des Rechtsausschusses (BT-Drucksache 10/5058 vom 19. 2. 1986) sollen hierdurch Täter erfaßt werden, die weder wettbewerbliche Interessen fördern wollen noch aus Eigennutz oder in Schädigungsabsicht handeln, sondern z. B. aus ideologischen Motiven im Interesse eines anderen Staates. Hierdurch wird der seit langem beklagten Tatsache Rechnung getragen, daß gerade der der deutschen Wirtschaft durch Betriebsspionage seitens ausländischer Industrien und Nachrichtendienste zugefügte Schaden beträchtlich ist (vgl. schon *Tiedemann* ZStW 86 [1974], 990/1029).

2. **Komplett neu gefaßt** wurde § 17 Abs. 2 UWG. Auch hier ist zunächst eine Erweiterung des **subjektiven Tatbestands** zu verzeichnen: Neben dem Merkmal „zugunsten eines Dritten" wurde auch die „Absicht, dem Inhaber des Geschäftsbetriebs Schaden zuzufügen" aufgenommen. Dolus eventualis reicht aus. Der vom Ansatz her nur lückenhafte strafrechtliche Schutz wird durch diese Erweiterung des subjektiven Tatbestands deutlich ausgedehnt. Hinzu kommt die eingangs angesprochene **Vorverlagerung** des strafrechtlichen Schutzes im objektiven Tatbestand:

a) Strafbar nach § 17 Abs. 2 Nr. 1 UWG macht sich nach der Neuregelung derjenige, der sich das Geheimnis durch Anwendung technischer Mittel, Herstellung einer verkörperten Wiedergabe des Geheimnisses oder Wegnahme einer Sache, in der das Geheimnis verkörpert ist, **unbefugt verschafft oder sichert**. Die Bestimmung stellt damit auf einzelne als typisch und besonders gefährlich angesehene Erscheinungsformen des Ausspähens ab. Das Merkmal der „**Anwendung technischer Mittel**" soll den Einsatz aller im weitesten Sinne der Technik zuzurechnenden Vorrichtungen erfassen, die dem Sichverschaffen oder Sichern von Geschäfts- oder Betriebsgeheimnissen dienen können. Als Beispiele nennt der Ausschußbericht den Einsatz von Ablichtungsgeräten, Fotoapparaten, Filmkameras, Abhörvorrichtungen, Kleinsende- oder Empfangsgeräten sowie das Abrufen von in Datenverarbeitungsanlagen gespeicherten Daten.

Eine „**verkörperte Wiedergabe**" liegt in jeder Form der Vergegenständlichung eines Geheimnisses, die dazu bestimmt ist, das Geheimnis festzuhalten, damit es anderen offenbart werden kann (Beispiele: Ablichtungen, Fotografien, Zeichnungen, Tonbandaufzeichnungen, Texte, Abschriften, print-out eines Computerprogramms). Mit dem Merkmal der „**Wegnahme**" einer Sache, in der das Geheimnis verkörpert ist, sollen gemäß Ausschußbericht alle Maßnahmen erfaßt werden, mit denen jemand ein Geheimnis so an sich bringt, daß er in die Lage versetzt wird, es selber zu verwerten oder an andere weiterzugeben. Dies setzt voraus, daß der Täter ohne diese Handlung noch nicht ohne weiteres in der

Lage war, das Geheimnis zu verwerten oder weiterzugeben, und daß der Täter den betreffenden Gegenstand gegen den Willen des Besitzers an sich bringt.

Indem dem Merkmal des **„Sichverschaffens"** auch das **„Sichern"** zur Seite gestellt wird, wird deutlich, daß auch derjenige Täter erfaßt werden soll, der das Geheimnis zwar schon kennt, sich jedoch eine genaue oder bleibende Kenntnis, etwa in Form einer verkörperten Wiedergabe, verschafft.

b) § 17 Abs. 2 Nr. 2 UWG entspricht in seiner ersten Alternative im objektiven Tatbestand im wesentlichen der alten Fassung des § 17 Abs. 2 UWG. Die zweite Alternative knüpft an die in Nr. 1 neu vorgesehenen Ausspähungshandlungen an; die dritte Alternative stellt das unbefugte Verwerten oder Mitteilen eines unbefugt erlangten oder gesicherten Geschäfts- oder Betriebsgeheimnisses unter Strafe.

3. Durch die Neufassung des **§ 17 Abs. 3 UWG** wird jetzt generell der **Versuch** mit Strafe bedroht. Hiermit entfällt das Bedürfnis zur Aufrechterhaltung der in Abs. 4 der alten Fassung enthaltenen Sonderregelung eines Versuchs am untauglichen Objekt.

4. Ohne Veränderung des Strafrahmens wird in **§ 17 Abs. 4 UWG** nun der Fall des Auslandsverrats insofern verallgemeinert, als er die Bedeutung eines Regelbeispiels für **besonders schwere Fälle des Geheimnisverrats** bildet. Diese Änderung eröffnet die Möglichkeit, auch in anderen Fällen höhere Freiheitsstrafen zu verhängen, beispielsweise wenn Spionage bzw. Verrat zu hohen Schäden für das betroffene Unternehmen führen. Der Ausschußbericht verweist in diesem Zusammenhang auch auf die auf der gleichen Linie liegende Verschärfung des seit 1. 7. 1985 neu gestalteten Urheberstrafrechts und die darin zum Ausdruck kommende Aufwertung des Schutzes geistigen Eigentums.

V. Einfügung der §§ 6c, 6d, 6e UWG

Zu § 48 Irreführende Werbung (S. 463 ff.)

1. Progressive Kundenwerbung (§ 6c UWG). *a) Allgemeines.* Durch das zweite Gesetz zur Bekämpfung der Wirtschaftskriminalität vom 15. 5. 1986[1] wurde § 6c in das UWG eingefügt, der bestimmte Formen der progressiven Kundenwerbung (**„Schneeballsystem"**) mit Freiheitsstrafe bis zu zwei Jahren oder mit Geldstrafe bedroht. Er verbietet, im geschäftlichen Verkehr Nichtkaufleute oder Minderkaufleute zur Abnahme von Waren, gewerblichen Leistungen oder Rechten durch das Versprechen zu veranlassen, ihnen besondere Vorteile für den Fall zu gewähren, daß sie andere zum Abschluß gleichartiger Geschäfte veranlassen, denen ihrerseits nach der Art dieser Werbung derartige Vorteile für eine entsprechende Werbung weiterer Abnehmer gewährt werden sollen. Es handelt sich um einen **Gefährdungstatbestand** zum Schutz gegen Täuschung, glücksspielartige Willensbeeinflussung und Vermögensgefährdung.[2] Typisch für die progressive Kundenwerbung ist, daß der Absatz des Werbenden mit der Rekrutierung von Laien verbunden wird, denen für den Fall der Anwerbung neuer Kunden besondere Vorteile in Aussicht gestellt werden. Mit jeder Absatzstufe weitet sich das System in geometrischer Reihe aus. Es kommt zu einer fortschreitenden **Marktverengung.** Da die Angeworbenen keinen ausreichenden Überblick über den Entwicklungsstand des Systems haben, ergibt sich eine typische Irreführung und Vermögensgefährdung sowie ein glücksspielartiger Anreiz, der unerfahrene Teilnehmer anlockt. Das Verbot greift unabhängig davon ein, ob im konkreten Fall eine Irreführung im Sinne des § 3 nachgewiesen ist. Andererseits erfaßt es nicht Vertriebsformen, bei denen die typischen Gefahren der progressiven Kundenwerbung fehlen, z. B. nicht den Einsatz von Laien in der Werbung für Buchclubs, Abonnements, Versicherungen, Bausparkassen oder Sammelbestellungen, bei dem die auf normalem Wege geworbenen Kunden sich durch Werbung eines neuen Kunden als Anerkennung eine Prämie verdienen können.[3] **Zivilrechtlich** begründen Verstöße gegen das Verbot der progressiven Kundenwerbung Ansprüche auf Unterlassung (§ 13 Abs. 1) und bei Verschulden auf Schadenersatz (§ 13 Abs. 6 Nr. 2). – Schneeballsysteme können neben § 6c auch andere **Straftatbestände** erfüllen, insbesondere des Betruges (§ 263 StGB), der unerlaubten Ausspielung (§ 286 Abs. 2 StGB) oder der irreführenden Werbung (§ 4 UWG).[4] Die Schwierigkeiten bei der Anwendung dieser Bestimmungen waren Anlaß für die Einführung des § 6c. Progressive Kundenwerbung wird darüber hinaus im allgemeinen gegen §§ 1 und 3 UWG verstoßen.[5] Diese Bestimmungen sind auch weiter zur Lückenausfüllung anwendbar. Verträge, die unter Verstoß gegen § 6c zustande kommen, sind nach §§ 134, 138 BGB nichtig.[6]

b) Geltungsbereich. § 6 c setzt ein Handeln im **geschäftlichen Verkehr** voraus. Rein private Betätigung, etwa ein Kettenbrief, wird von der Vorschrift nicht erfaßt.[6a] Handeln zu Wettbewerbszwecken ist nicht erforderlich. Die Bestimmung gilt nur im geschäftlichen Verkehr mit **Nichtkaufleuten,** denen nach Satz 2 **Minderkaufleute** im Sinne des § 4

---

[1] BGBl. 1986 I 721; dazu Rechtsausschuß BT-Drucksache 10/5058 S. 38 f.; RegierungsEntw. Sept. 1978, BT-Drucksache 8/2145 S. 12–14.
[2] Rechtsausschuß BT-Drucksache 10/5058 S. 38.
[3] Rechtsausschuß BT-Drucksache 10/5058 S. 39, RegierungsEntw. BT-Drucksache 8/2145 S. 13.
[4] Vgl. dazu BGHSt 2, 79 und 139; BGH GA 1978, 333; BGH EBE 1986, 394; OLG Frankfurt wistra 1986, 31; *Grebing* wistra 1984, 169; *Möhrenschlager* wistra 1984, 191; StA München wistra 1986, 36; *Schönke/Schröder,* 22. Aufl. 1985, § 286 StGB Rdnr. 13.
[5] BGHZ 15, 356/361 ff.; OLG Köln BB 1971, 1209/1210; *Baumbach/Hefermehl* § 1 UWG Anm. 144.
[6] BGH WM 1978, 875/877 – Golden Products; OLG Köln BB 1971, 1210; WRP 1976, 387; OLG München NJW 1986, 1880.
[6a] BGH EBE 1986, 394/396.

Nachtrag UWG-Novelle 1986

HGB gleichgestellt sind. Der Begriff des Kaufmanns ergibt sich aus §§ 1 bis 3 HGB. Danach sind z. B. Landwirte Nichtkaufleute. Entscheidend ist die Kaufmannseigenschaft des Erstkunden zur Zeit der Tat. § 6c ist auch anwendbar, wenn der Täter dem Erstkunden verspricht, er könne durch die Teilnahme am System die Stellung eines Vollkaufmanns erreichen. Die vom Erstkunden für gleichartige Geschäfte zu werbenden Zweitkunden brauchen keine Nichtkaufleute zu sein. Die Bestimmung gilt auch für Schneeballsysteme, bei denen die geworbenen Erstkunden die gekaufte Ware an Gewerbetreibende weiterverkaufen sollen.

c) Tathandlung. § 6c verlangt, daß der Absatz von Waren, gewerblichen Leistungen oder Rechten durch die Verbindung mit progressiver Kundenwerbung gefördert wird. Es handelt sich um ein **Unternehmensdelikt** im Sinne des § 11 Abs. 1 Nr. 6 StGB; strafbar ist sowohl der Versuch wie die Vollendung der Tat. Es ist nicht nötig, daß es bereits zum Absatz von Waren gekommen ist. Ausreichend als Versuch ist das Rekrutieren von Werbern, die selbst keine Ware abnehmen.[7] Die Vorschrift soll Schneeballsysteme bereits in der Entstehung unterbinden und nicht nur die Abnehmer schützen, die am Ende der Progression ohne realisierbare Vorteilschancen übrigbleiben. – Der Täter muß besondere Vorteile versprechen, die die Erstkunden für die Werbung von Zweitkunden erhalten sollen und die Zweitkunden für die Werbung weiterer Abnehmer. Dadurch erhält die progressive Kundenwerbung ihren glücksspielartigen Charakter. Es muß sich um **besondere Vorteile** handeln. Geringwertige Vorteile, die nicht geeignet sind, die typische Dynamik der progressiven Kundenwerbung in Gang zu setzen, sind nicht ausreichend.[8] Der besondere Vorteil kann in Geld oder anderen vermögenswerten Leistungen bestehen, aber auch in gleichen Waren, Leistungen oder Rechten. Es genügt, daß der Erstkunde den Kaufpreis für die von ihm abgenommenen Waren vermindern oder künftig Waren unentgeltlich oder verbilligt beziehen kann. Die Gewährung der Vorteile kann auch dadurch geschehen, daß ein Teil des Kaufpreises, den die Zweitkunden zahlen, dem Erstkunden überlassen wird, z. B. als Provision. Die Vorteile müssen daran geknüpft sein, daß der Erstkunde Kunden zum Abschluß gleichartiger Geschäfte veranlaßt, denen ihrerseits nach der Art dieser Werbung derartige Vorteile für eine entsprechende Werbung weiterer Abnehmer gewährt werden sollen. Das System muß also darauf ausgerichtet sein, daß auch bei der Werbung weiterer Kunden die besonderen Vorteile in Aussicht gestellt werden. Durch diesen **Ketteneffekt** besonderer Vorteile unterscheidet sich die progressive Kundenwerbung vom üblichen Einsatz von Laienwerbern, die sich durch Werbung eines neuen Kunden eine Prämie verdienen können. Auf solche Werbeprämien bezieht sich § 6c nicht. Teilweise wird bei Systemen der progressiven Kundenwerbung die Zahl der Teilnehmer begrenzt und dadurch das Zufallsmoment verringert. Auch auf solche Systeme findet das Verbot Anwendung, sofern nach der Art der Werbung insgesamt mindestens drei Absatzstufen vorgesehen sind.

d) Täterschaft. Täter ist der **Veranstalter,** auch wenn er selbst nicht handelt, sondern andere für sich handeln läßt und selbst im Hintergrund bleibt. Andere Beteiligte können als Mittäter, Anstifter oder Gehilfen strafbar sein. Die Opfer bleiben als notwendige Teilnehmer straflos. Es handelt sich um ein Offizialdelikt, dessen Verfolgung keinen Strafantrag voraussetzt (§ 22 Abs. 1 Satz 1).

2. Beschränkung der Abgabemenge (§ 6d UWG). *a) Allgemeines.* § 6d wurde durch das Gesetz zur Änderung wirtschafts-, verbraucher-, arbeits- und sozialrechtlicher Vorschriften vom 25. 7. 1986 eingeführt und tritt am 1. 1. 1987 in Kraft.[9] Die Bestimmung

---

[7] Vgl. den Fall OLG Köln BB 1971, 1209.

[8] Rechtsausschuß BT-Drucksache 10/5058 S. 39.

[9] BGBl. 1986 I 1169; dazu Begr. BT-Drucksache 10/4741 S. 11/12 (s. S. 25); Rechtsausschuß BT-Drucksache 10/5771 S. 21 (s. S. 45); CDU/CSU-Entwurf 1978 BT-Drucksache 8/1670 S. 9; CDU/CSU-Entwurf 1981 BT-Drucksache 9/665 S. 10; Stellungnahme Dt. Vereinigung für gewerbl. Rechtsschutz und Urheberrecht GRUR 1986, 439ff.; *Sack* BB 1986, 679/685.

verbietet zwei Fälle der öffentlichen Werbung gegenüber Letztverbrauchern für Ware, die dem Werbenden nur mengenmäßig beschränkt zur Verfügung steht, nämlich die Werbung mit der Mengenbeschränkung (§ 6d Abs. 1 Nr. 1) und die werbliche Herausstellung von Waren, für die eine mengenmäßige Abgabebeschränkung gilt (Nr. 2). Es handelt sich um **Gefährdungstatbestände,** die irreführende Lockvogel-Werbung für Ware unterbinden sollen, die als besonders günstig herausgestellt, aber nicht in beliebiger Menge abgegeben wird. Die Bestimmung ist auch anwendbar, wenn im Einzelfall eine Irreführung im Sinne des § 3 nicht nachzuweisen ist. Sie gewährt einen Unterlassungsanspruch; der Schadenersatzanspruch bei schuldhaften Verstößen ergibt sich aus § 13 Abs. 6 Nr. 2. Das Verbot betrifft nur die Werbung; nur sie kann untersagt werden. Ein rechtlicher **Kontrahierungszwang** folgt aus der Bestimmung nicht. – § 6d geht über das Irreführungsverbot des § 3 hinaus. Danach ist zwar eine Werbung unzulässig, die den Eindruck erweckt, die angebotene Ware stehe zum Verkauf, während sie tatsächlich in dem zu erwartenden Zeitraum nicht vorrätig ist oder nicht zum Verkauf gestellt wird.[10] Als zulässig und zur Vermeidung einer Irreführung notwendig wurden aber Werbehinweise wie „Abgabe nur in haushaltsüblicher Menge" angesehen,[11] es sei denn, daß der sonstige Text der Werbung über die Abgabemenge irreführte, oder daß zu Unrecht der Eindruck einer Warenverknappung oder einer ungewöhnlich günstigen Preisgestaltung erweckt wurde.[12] Diese Rechtsprechung ist durch § 6d überholt.

b) Anwendungsbereich. § 6d erfaßt anders als § 3 nicht jede Werbeangabe, sondern nur die Werbung in **öffentlichen Bekanntmachungen** oder in Mitteilungen, die für einen größeren Kreis von Personen bestimmt sind. Dies entspricht §§ 4 und 6 sowie der Fassung des § 3 vor dem Änderungsgesetz vom 26. 6. 1969. Öffentliche Bekanntmachungen wenden sich an einen unbegrenzten Personenkreis, z. B. Zeitungsanzeigen und Rundfunkwerbung. Es kommt nicht darauf an, ob die Allgemeinheit tatsächlich Kenntnis nimmt. Gleichgestellt sind Mitteilungen, die für einen größeren Kreis von Personen bestimmt sind. Es muß sich um einen unbestimmten, größeren Personenkreis handeln.[13] Eine Mitteilung an einzelne Adressaten oder an einen begrenzten, überschaubaren Kreis genügt nicht. Andererseits ist nicht erforderlich, daß die Mitteilung dem größeren Personenkreis auf einmal zugeht. Es genügt, wenn eine in ihrem sachlichen Gehalt gleichbleibende Behauptung nach und nach gegenüber einer unbestimmten Zahl von Personen wiederholt wird.[13] Die Bestimmung erfaßt auch Werbeangaben auf Plakaten oder in Durchsagen innerhalb von Verkaufsräumen, die einem unbestimmten Personenkreis zugänglich sind.[14] – Weiter verlangt der Tatbestand eine Werbung im geschäftlichen Verkehr mit dem **letzten Verbraucher.** Gegenüber Wiederverkäufern gilt das Verbot nicht. Nach § 6d Abs. 2 gilt das Verbot weiter nicht, wenn sich die Bekanntmachung oder Mitteilung ausschließlich an Personen richtet, die die Waren in ihrer selbständigen beruflichen oder gewerblichen oder in ihrer behördlichen oder dienstlichen Tätigkeit verwenden. Diese Formulierung entspricht weitgehend § 7 Abs. 1 Nr. 1 PAngV.[15] Die Ausnahme setzt voraus, daß die Bekanntmachung oder Mitteilung ausschließlich den privilegierten Personenkreis erreicht, also keine privaten Letztverbraucher. Werbekataloge dürfen deshalb nicht wahllos verschickt werden oder sonst in erheblichem Umfang in die Hände von Letztverbrauchern gelangen; gelegentliche Irrläufer sind unschädlich.[16]

---

[10] Vgl. Handbuch § 48 Rdnr. 186 ff.
[11] OLG Düsseldorf WRP 1981, 100; OLG München WRP 1981, 288; OLG Hamm WRP 1981, 402; dahingestellt von BGH GRUR 1984, 596; vgl. Handbuch § 48 Rdnr. 185.
[12] BGH GRUR 1984, 596 – Da lohnt sich jeder Vorratskauf.
[13] BGH GRUR 1972, 479 – Vorführgeräte.
[14] Begr. BT-Drucksache 10/4741 S. 12 (s. S. 26).
[15] Vgl. Handbuch § 48 Rdnr. 254.
[16] Vgl. BGH GRUR 1979, 61/62 – Schäfer-Shop.

Nachtrag

c) Werbung mit der Mengenbeschränkung. In der Werbung für Sonderangebote wurde in der Vergangenheit die Abgabe gelegentlich auf haushaltsübliche Mengen beschränkt oder an Wiederverkäufer ausgeschlossen. Dahinter stand der Wunsch des Werbenden, den Warenbestand und die damit verbundene Werbewirkung möglichst längere Zeit zu erhalten und zu verhindern, daß seine Mitbewerber den Vorrat aufkaufen. Andererseits suggeriert der Hinweis auf die Abgabebeschränkung dem Verbraucher einen ungewöhnlich günstigen Preis, möglicherweise zu Unrecht. Dieser Irreführungsgefahr will § 6 d Abs. 1 Nr. 1 vorbeugen. Er verbietet, in der öffentlichen Werbung die Abgabe **einzelner** aus dem gesamten Angebot **hervorgehobener Waren** je Kunde mengenmäßig zu beschränken oder Wiederverkäufer auszuschließen. Eine Werbung für das gesamte Sortiment des Anbieters oder ganze Sortimentsteile wird nicht erfaßt. Es muß sich um öffentliche Werbung für ausgewählte Waren handeln, also für verhältnismäßig wenige Posten. Dagegen braucht die Stückzahl des hervorgehobenen Warenpostens nicht gering zu sein. Nicht erforderlich ist, daß sich die Anzeige auf mehrere Waren bezieht und einige gegenüber den anderen angebotenen Waren zusätzlich hervorgehoben werden. Der Hinweis auf die mengenmäßige Beschränkung oder den Ausschluß von Wiederverkäufern braucht seinerseits nicht werblich hervorgehoben zu sein. Ein kleingedruckter Vermerk genügt. Er muß sich auf eine **mengenmäßige Beschränkung je Kunde** beziehen, z. B. ,,Abgabe nur in haushaltsüblichen Mengen" oder ,,Pro Person zwei Pakete". Maßgebend ist die Verkehrsauffassung. Das Verbot erfaßt auch Werbeaussagen, die von den Letztverbrauchern im Sinne einer mengenmäßigen Beschränkung oder eines Ausschlusses von Wiederverkäufern verstanden werden. Dagegen ist es weiter zulässig, in nicht irreführender Art auf den vorhandenen **Warenvorrat** oder die Angebotsmenge hinzuweisen.[17] In öffentlichen Bekanntmachungen gegenüber Verbrauchern kann also die Stückzahl der aus dem gesamten Angebot hervorgehobenen Waren genannt werden, auch wenn sie gering ist. Dies bedeutet nicht, daß die Abgabemenge je Kunde beschränkt wird. Ebenso zulässig ist die Angabe ,,**Solange Vorrat reicht**". Werbehinweise auf den Ausschluß von Wiederverkäufern sind nicht deshalb zulässig, weil der Werbende durch eine Vertriebsbindung verpflichtet ist, nur an Letztverbraucher zu verkaufen.

d) Herausstellungsverbot. § 6 d Abs. 1 Nr. 1 betrifft nur die Werbung mit der Mengenbeschränkung je Kunde, begründet aber keinen Kontrahierungszwang. Dem Werbenden steht es an sich frei, die Abgabe je Kunde tatsächlich mengenmäßig zu beschränken oder an Wiederverkäufer zu verweigern. Das gilt grundsätzlich auch dann, wenn dadurch die Erwartungen der Verbraucher enttäuscht werden, die eine größere Menge der angebotenen Waren erwerben wollen und wegen Fehlens eines Hinweises mit einer mengenmäßigen Beschränkung je Kunde nicht rechnen. Jedoch verbietet § 6 d Abs. 1 Nr. 2, für einzelne aus dem gesamten Angebot hervorgehobene Waren, für die solche Abgabebeschränkungen gelten, zusätzlich noch durch Preisangaben oder blickfangmäßig herausgestellte sonstige Angaben den **Anschein eines besonders günstigen Angebots** hervorzurufen. Sind solche Beschränkungen beabsichtigt, so muß der Werbende darauf verzichten, den Anschein eines besonders günstigen Angebots hervorzurufen. Von dem Angebot muß eine besondere Anlockwirkung ausgehen, nicht etwa von der Tatsache der mengenmäßigen Beschränkung. Dies kann durch die Angabe eines niedrigen Preises geschehen, der nicht blickfangmäßig herausgestellt werden muß. Bei sonstigen Angaben über die Waren ist Voraussetzung für die Anwendung des Verbots, daß sie als Blickfang erscheinen. Sie müssen also gegenüber dem sonstigen Text der Werbung hervorgehoben sein. Das Mittel der Hervorhebung, z. B. Fettdruck, Unterstreichung, Umrahmung, bleibt gleich.[18] Als **mengenmäßige Abgabebeschränkung je Kunde** ist auch die vollständige Lieferverweigerung anzusehen, soweit sie nicht aufgrund gesetzlicher Vorschriften geboten ist, z. B. aus Gründen des Jugendschutzes. Unzulässig ist auch die Verweigerung der Abgabe an

---

[17] Begr. BT-Drucksache 10/4741 S. 12 (s. S. 26).
[18] Vgl. zur Blickfangwerbung § 48 Rdnr. 58, 59.

Wiederverkäufer. Diese brauchen nicht Konkurrenten des Werbenden zu sein. So ist die Bestimmung anwendbar, wenn ein Einzelhändler die Abgabe an Großhändler verweigert. Unter den Begriff des Wiederverkäufers fallen auch Hersteller. Faktisch ermöglicht das Verbot der Lieferverweigerung gegenüber Wiederverkäufern es den Konkurrenten des Werbenden, die von ihm als besonders günstig herausgestellte Ware auszukaufen, auch zum Schaden des Verbrauchers, der durch die Werbung angelockt wird und die angebotene Ware nicht mehr vorfindet. Soweit solche Auskaufaktionen als Behinderungswettbewerb gegen § 1 verstoßen, ist die Verweigerung der Warenherausgabe ausnahmsweise als gerechtfertigt anzusehen. Der Gefährdungstatbestand des § 6d Abs. 1 Nr. 2 tritt dann hinter den Schutz des Anbieters und des Verbrauchers vor wettbewerbswidrigem Auskaufen zurück.

 3. **Preisgegenüberstellung und Preissenkungswerbung (§ 6e UWG).** *a) Allgemeines.* § 6e wurde durch das Gesetz zur Änderung wirtschafts-, verbraucher-, arbeits- und sozialrechtlicher Vorschriften vom 25. 7. 1986 eingeführt.[19] Die Bestimmung tritt am 1. 1. 1987 in Kraft. Sie verbietet bestimmte Formen der Letztverbraucherwerbung mit einer **Senkung des eigenen Preises,** insbesondere entsprechende Preisgegenüberstellungen. Mit diesem **Gefährdungstatbestand** soll Mißbräuchen bei der Werbung mit durchstrichenen Preisen begegnet werden, insbesondere durch Angabe von Preisen, die zuvor nicht ernsthaft verlangt worden waren. Nach bisherigem Recht war die Preisgegenüberstellung grundsätzlich zulässig. Beim Angebot von Markenartikeln in der Publikumswerbung muß klargestellt werden, ob es sich bei dem als ungültig bezeichneten Preis um den eigenen früheren Preis des Werbenden oder um eine Unverbindliche Preisempfehlung handelt.[20] Der Hinweis auf die Senkung des eigenen Preises, insbesondere durch Preisgegenüberstellung, war zulässig, sofern nicht im Einzelfall eine Irreführung der angesprochenen Verkehrskreise zu befürchten war.[21] Dies kam insbesondere in Betracht, wenn der Werbende den höheren Preis nicht ernsthaft über einen längeren Zeitraum hinweg gefordert hatte, wenn die Preissenkung unangemessen lange zurücklag oder über das Ausmaß der Preissenkung irregeführt wurde. Diese Grundsätze bleiben neben § 6e gültig. Sie sind insbesondere nach wie vor bedeutsam für die Einzelwerbung gegenüber dem Letztverbraucher, die Werbung gegenüber Wiederverkäufern und die Ausnahmetatbestände des § 6e Abs. 2. Soweit § 6e Abs. 1 eingreift, kommt es nicht darauf an, ob im Einzelfall eine Irreführung der Letztverbraucher im Sinne des § 3 vorliegt. Das Verbot bezieht sich nicht auf den Vergleich der eigenen Preise mit einer **Unverbindlichen Preisempfehlung.** Dafür gelten nach wie vor die allgemeinen Grundsätze im Rahmen des § 3.[22] Soweit auf mißverständliche Begriffe wie einen regulären Preis, Normalpreis, Listenpreis, Katalogpreis oder Bruttopreis hingewiesen wird, greift meist bereits das allgemeine Irreführungsverbot ein, aber auch § 6e, wenn der Eindruck erweckt wird, daß der Werbende diese höheren Preise früher selbst gefordert hat.[23] – § 6e gewährt einen Unterlassungsanspruch. Bei schuldhaften Verstößen ergibt sich der Schadensersatzanspruch aus § 13 Abs. 6 Nr. 2.

 b) Anwendungsbereich. Ebenso wie § 6d gilt auch § 6e nur für die Werbung in **öffentlichen Bekanntmachungen** oder in Mitteilungen, die für einen größeren Kreis von Personen bestimmt sind, also insbesondere nicht für Angaben, die nur gegenüber einzelnen

---

[19] BGBl. 1986 I 1169; dazu Begr. BT-Drucksache 10/4741 S. 12–14 (s. S. 26ff.); Rechtsausschuß BT-Drucksache 10/5771 S. 21 (s. S. 45); CDU/CSU-Entwurf 1978 BT-Drucksache 8/1670 S. 9; CDU/CSU-Entwurf 1981 BT-Drucksache 9/665 S. 9; Stellungnahme Dt. Vereinigung für gewerbl. Rechtsschutz und Urheberrecht, GRUR 1986, 439/442ff. mit EG-rechtlichen Bedenken; *Sack* BB 1986, 679/688ff.

[20] BGH GRUR 1980, 306/307 – Preisgegenüberstellung III.; 1981, 654/655 – Testpreiswerbung; 1983, 661/663 – Sie sparen 4000,– DM; vgl. Handbuch § 48 Rdnr. 242ff.

[21] BGH GRUR 1975, 78/79 – Preisgegenüberstellung I.; 1980, 306/307 – Preisgegenüberstellung III.; 1984, 212/213 – unechter Einzelpreis.

[22] Handbuch § 48 Rdnr. 247–250.

[23] Vgl. Handbuch § 48 Rdnr. 243; *Sack* BB 1986, 679/689.

Nachtrag

Kunden gemacht werden (vgl. S. 13). Dagegen wird die Werbung in allgemein zugänglichen Verkaufsräumen, etwa durch Plakate oder Durchsagen, erfaßt. Das Verbot gilt für alle Formen der öffentlichen Werbung, auch bei Sonderveranstaltungen und Saisonschlußverkäufen. Preisgegenüberstellungen im Sommer- und Winterschlußverkauf sind deshalb künftig nicht nur außerhalb der Verkaufsräume unzulässig, sondern auch innerhalb, soweit es sich nicht um bloße Preisauszeichnungen im Sinne des § 6e Abs. 2 Nr. 1 handelt. – Wie in § 6d wird nur der geschäftliche Verkehr mit dem **Letztverbraucher** erfaßt, also nicht mit Wiederverkäufern. Ausgenommen sind nach § 6e Abs. 2 Nr. 3 weiter Bekanntmachungen oder Mitteilungen, die sich ausschließlich an Personen richten, die die Waren oder gewerblichen Leistungen in ihrer selbständigen beruflichen oder gewerblichen oder in ihrer behördlichen oder dienstlichen Tätigkeit verwenden. Dies entspricht § 6d Abs. 2 und § 7 Abs. 1 Nr. 1 PAngV (vgl. S. 13). – Anders als § 6d bezieht sich das Verbot der Preisgegenüberstellung nicht nur auf Waren, sondern auch auf gewerbliche Leistungen. Insoweit bestehen hinsichtlich der Irreführungsgefahr keine Unterschiede. Wie in § 6d ist auch hier Voraussetzung, daß für **einzelne** aus dem gesamten Angebot hervorgehobene Waren oder gewerbliche Leistungen geworben wird (vgl. S. 14). Die Preiswerbung muß ausgewählte Waren betreffen, also verhältnismäßig wenige Posten. Dagegen braucht die Stückzahl des hervorgehobenen Warenpostens nicht niedrig zu sein. Eine Preissenkungswerbung für das gesamte Angebot des Unternehmens oder ganze Sortimentsteile wird nicht erfaßt. Soweit es sich nicht um eine unzulässige Sonderveranstaltung im Sinne von § 7 Abs. 1 handelt, ist eine solche Werbung zulässig, etwa im Zusammenhang mit einem Saisonschlußverkauf.[24]

c) Preisgegenüberstellung. § 6e verbietet zunächst die Gegenüberstellung des tatsächlich geforderten Preises und höherer Preise. Dagegen gilt die Bestimmung nicht für die Preisgegenüberstellung nach einer Preiserhöhung. Die Gegenüberstellung muß den Eindruck erwecken, daß der Werbende die höheren Preise **früher selbst gefordert** hat. Das Verbot gilt unabhängig davon, ob dieser Eindruck zutrifft oder nicht. Unzulässig ist nicht nur die irreführende Gegenüberstellung mit angeblich gesenkten Preisen, die der Werbende früher nicht oder nicht ernsthaft gefordert hat, sondern auch der zutreffende Hinweis auf eine Senkung des eigenen Preises durch Preisgegenüberstellung. Entscheidend ist nicht, was der Werbende sagen will, sondern der Eindruck auf die angesprochenen Letztverbraucher. § 6e ist anwendbar, wenn ein **nicht unerheblicher Teil** der Letztverbraucher annimmt, der gegenübergestellte höhere Preis sei vom Werbenden früher gefordert worden.[25] Will der Werbende diesen Eindruck vermeiden, muß er klarstellen, daß es sich bei dem höheren Preis nicht um seinen eigenen früheren Preis handelt, sondern etwa um eine Unverbindliche Preisempfehlung des Herstellers. Wird der höhere Preis nur durchgestrichen oder mit dem Zusatz „statt", „früher" usw. genannt, so ist § 6e anwendbar. Das gleiche gilt bei Hinweisen auf einen regulären Preis, Normalpreis, Listenpreis, Katalogpreis, Bruttopreis oder ähnliche Begriffe, da es sich hierbei um den früheren Preis des Werbenden handeln kann. Zulässig ist dagegen die Gegenüberstellung einer höheren **Unverbindlichen Preisempfehlung** des Herstellers, es sei denn, daß die Werbung durch besondere Umstände den Eindruck erweckt, der Werbende habe den empfohlenen Preis früher selbst gefordert.[26] In diesem Sinn wird die Gegenüberstellung eines früheren gebundenen Preises bei Verlagserzeugnissen im allgemeinen aufgefaßt werden. Auch sonstige Preisgegenüberstellungen – z. B. Subskriptionspreise für Bücher und späterer Ladenverkaufspreis, Gesamtpreis und Einzelpreise sowie Ausgangspreis und Rabattpreis – werden von § 6e nicht erfaßt und unterliegen der Beurteilung nach allgemeinen Vorschriften.

d) Preissenkung. Neben der Preisgegenüberstellung beschränkt § 6e die öffentliche Werbung gegenüber dem letzten Verbraucher mit Preissenkungen. Der Ausgangspreis und

---

[24] Vgl. bisher BGH GRUR 1981, 833 – Alles 20% billiger.
[25] Ebenso *Sack* BB 1986, 688.
[26] Begr. BT-Drucksache 10/4741 S. 13 (s. S. 28).

der neue Preis brauchen nicht genannt zu sein, wohl aber das **Ausmaß der Preissenkung** in bestimmten Beträgen oder Prozentsätzen. Allgemein gehaltene Hinweise auf eine Preissenkung (radikale Preisherabsetzung – reduzierte Preise – jetzt nur noch DM ...), sind dagegen nicht verboten, soweit sie nicht unter das allgemeine Irreführungsverbot fallen. Dagegen erfaßt § 6e eine Preissenkungswerbung mit Margenangaben (bis zu 50% reduziert; um DM 10,– bis DM 20,– billiger). Auch darin liegt die Angabe eines bestimmten Betrages oder Prozentsatzes, da der angegebene Höchstbetrag der Preisherabsetzung tatsächlich bei einem nicht unbedeutenden Teil der genannten Waren erreicht sein muß.[27]

e) Ausnahmen. Nach § 6e Abs. 2 Nr. 1 dürften bei der **Preisauszeichnung** von Waren oder gewerblichen Leistungen Preise gegenübergestellt werden, soweit dies nicht blickfangmäßig geschieht. Damit soll erreicht werden, daß Waren nicht mit neuen Etiketten, Schildern, Aufklebern usw. versehen werden müssen, wenn der ursprünglich angegebene Preis herabgesetzt wird. Vielmehr soll der neue Preis neben den durchstrichenen alten Preis gesetzt werden können. Die Bestimmung ist nicht auf die Änderung überholter Preisauszeichnungsschilder beschränkt. Sie deckt auch die Herstellung neuer Preisauszeichnungen mit nicht blickfangmäßiger Preisgegenüberstellung. Mit dem Begriff Preisauszeichnung knüpft der Ausnahmetatbestand an §§ 2 ff. PAngV an, also die Auszeichnung von Waren in Schaufenstern, Schaukästen, Verkaufsräumen usw. Die Bestimmung erlaubt keine Preisgegenüberstellungen in Werbeanzeigen, Prospekten usw. Die Preisauszeichnung mit Preisgegenüberstellung darf nicht blickfangmäßig herausgestellt werden. Dies gilt sowohl außerhalb der Verkaufsräume, z. B. in Schaufenstern und Verkaufsständen, wie innerhalb. – Eine entsprechende Ausnahme, vor allem für den Versandhandel, enthält § 6e Abs. 2 Nr. 2. Danach kann, insbesondere durch Preisgegenüberstellung, auf einen höheren Preis Bezug genommen werden, der in einem **früheren Katalog** oder einem ähnlichen, das Angebot in einem Waren- oder Dienstleistungsbereich umfassenden Verkaufsprospekt enthalten ist. Auch diese Bezugnahme muß ohne blickfangmäßige Herausstellung geschehen. Der frühere Katalog oder Verkaufsprospekt muß das Angebot in einem Waren- oder Dienstleistungsbereich umfaßt haben. Ein Prospekt oder eine Werbebeilage, die nur einzelne Waren enthielt, rechtfertigt die Preisgegenüberstellung nicht. Dagegen braucht die neue Werbung ihrerseits nicht das gesamte Angebot zu umfassen. Auch Sonderprospekte oder Sonderkataloge mit nicht blickfangmäßig herausgestellten Preisgegenüberstellungen sind zulässig. Es ist auch nicht Voraussetzung, daß die Adressaten des früheren Katalogs und der neuen Werbung identisch sind. Die Ausnahme gilt nicht nur für Warenkataloge, sondern auch für Kataloge mit Dienstleistungen, z. B. von Reiseveranstaltern.

---

[27] BGH GRUR 1966, 382/384 – Jubiläum; 1983, 257/258 – bis zu 40%; vgl. Handbuch § 48 Rdnr. 246.

Nachtrag   UWG-Novelle 1986

VI. Neuregelung für Sonderveranstaltungen

Zu 10. Kapitel. Besondere Verkaufsveranstaltungen (S. 732 ff.)

Vorbemerkung

Übersicht. Die UWG-Novelle 1986 hat das Recht der besonderen Verkaufsveranstaltungen neu geordnet. **Gesetzestechnisch** sind die bisher teilweise zersplitterten Regelungen im UWG zusammengefaßt und gestrafft worden. **Materiell** hat die Novelle die Voraussetzungen für Räumungsverkäufe verschärft; bestimmte bislang zulässige Formen von Sonderveranstaltungen sind in Zukunft unzulässig (Filialausverkäufe; Teilausverkäufe). **Verfahrensrechtlich** ist eine ganz einschneidende Veränderung vorgenommen worden: Das bisherige Verwaltungs- und Ordnungsmittelverfahren ist entfallen; statt dessen ist die Verfolgung von Rechtsverstößen in diesem Bereich allein wettbewerbsrechtlichen Unterlassungsansprüchen zugewiesen worden.

Sämtliche Regelungen finden sich nunmehr abschließend in §§ 7 und 8 UWG; alle anderen Regelungen und die hierauf gestützten Verordnungen (VO über Sommer- und Winterschlußverkäufe vom 13. 7. 1950; AO zur Regelung von Verkaufsveranstaltungen besonderer Art vom 4. 7. 1935; diverse Verordnungen aufgrund der Musteranordnung gemäß Runderlaß vom 19. 10. 1935) sind entfallen.

Die gesetzliche Regelung geht weiterhin von einem generellen Verbot aller Sonderveranstaltungen aus (§ 7 Abs. 1 UWG). Der Oberbegriff für alle zulässigen Sonderveranstaltungen ist der „Räumungsverkauf" (vgl. § 8 Abs. 1 UWG). Zulässige Formen der Räumungsverkäufe sind nur noch

- Winter- und Sommerschlußverkäufe mit Veränderungen des Warenkataloges (§ 7 Abs. 3 Nr. 1 UWG),
- Jubiläumsverkäufe (§ 7 Abs. 3 Nr. 2 UWG),
- Räumungsverkäufe für einen Warenvorrat wegen schadensbedingter Zwangslage (§ 8 Abs. 1 Nr. 1 UWG),
- Räumungsverkäufe eines vorhandenen Warenvorrats wegen baurechtlich relevanten Umbaus (§ 8 Abs. 1 Nr. 2 UWG),
- Räumungsverkäufe wegen Aufgabe des gesamten Geschäftsbetriebes (§ 8 Abs. 2 UWG).

Gang der Darstellung. Nachfolgend werden in der Reihenfolge von Kapitel 10 des Handbuches die Änderungen dargestellt.

Zu § 51 Ausverkäufe (S. 733 ff.)

I. Ausverkäufe

Das Gesetz verwendet diesen Begriff nicht mehr; sachlich sind an die Stelle der Ausverkäufe in der alten Fassung des § 7 UWG die Räumungsverkäufe wegen Aufgabe des Geschäftsbetriebes nach § 8 Abs. 2 UWG getreten.

1. Totalausverkauf. Solche Räumungsverkäufe sind nur noch zulässig wegen Aufgabe des gesamten Geschäftsbetriebes. Die Beibehaltung der bisherigen **Filialausverkäufe** ist im Gesetzgebungsverfahren vielfach gefordert worden; sie ist jedoch im Hinblick auf die Häufung von mißbräuchlichen Veranstaltungen dieser Art nicht mehr im Gesetz enthalten. Das gleiche gilt für **Teilausverkäufe** wegen Aufgabe einer Warengattung.

2. Form der Ankündigung. Die bisherige gesetzliche Regelung in § 7 Abs. 2 UWG ist entfallen. Eine entsprechende Regelung findet sich jedoch jetzt in § 8 Abs. 2 Satz 2 UWG, so daß insoweit keine sachliche Änderung gegeben ist.

UWG-Novelle 1986 **Nachtrag**

3. **Vor- und Nachschieben.** Die bisherige sondergesetzliche Regelung (§ 8 Abs. 1 Nr. 1 UWG alter Fassung) ist entfallen. Die in § 8 Abs. 1 geregelten Ordnungswidrigkeitstatbestände sind nunmehr in § 8 Abs. 5 Nr. 2 UWG zivilrechtlich geregelt; danach löst das unzulässige Vor- und Nachschieben von Waren einen Unterlassungsanspruch aus, der sich nach der klaren gesetzlichen Regelung nunmehr sogleich auf den gesamten Räumungsverkauf erstreckt.

4. **Sperrfrist.** Die jetzt geltenden Regelungen sind in § 8 Abs. 2 und Abs. 6 Nr. 2 UWG enthalten.

a) Nach § 8 Abs. 2 UWG darf ein und derselbe Veranstalter nur **alle drei Jahre** einen Räumungsverkauf wegen Aufgabe des gesamten Geschäftsbetriebes durchführen. Der Begriff des **Veranstalters** umfaßt jedenfalls den „Geschäftsinhaber" des bisherigen Rechtes. Indessen liegt es im Hinblick auf die Zielsetzung des Gesetzes nahe, diesen Begriff weiter zu fassen und auch die im Hintergrund wirkenden Lieferanten und Organisatoren einzubeziehen (*Sack* BB 1986, 679/680). Verwandte sind nur noch insoweit einbezogen, als sie den Veranstaltern zuzurechnen sind.

Die Sperrfrist für Räumungsverkäufe ist örtlich nicht beschränkt.

b) § 8 Abs. 6 Nr. 2 UWG enthält – örtlich beschränkt – eine **zweijährige** (bisher ein Jahr) Sperrfrist für die **Neueröffnung** (bisher § 7c Abs. 1 UWG). Hier sind mittelbare Formen der Fortsetzung einbezogen, womit auch solche Erscheinungsformen erfaßt werden sollen, in denen der Geschäftsbetrieb nicht vom Veranstalter selbst, sondern von Strohmännern fortgesetzt oder eröffnet wird (Begründung zum Entwurf der Novelle: BT-Drucksache 10/4741 S. 16, s. S. 31).

Unzulässig sind sowohl die **Fortsetzung** des Geschäftsbetriebes als auch die mittelbare oder unmittelbare **Aufnahme** eines Geschäftsbetriebes mit den vom Räumungsverkauf betroffenen Warengattungen. Das Sperrgebiet ist auf benachbarte Gemeinden ausgedehnt.

c) Für beide Sperrfristen ist eine **Härteklausel vorgesehen** (§ 8 Abs. 2 und Abs. 6 Nr. 2 UWG). Damit soll die Möglichkeit geschaffen werden, im Hinblick auf die strengere gesetzliche Regelung besondere Fallgestaltungen sachgerecht zu lösen.

5. **Dauer der Veranstaltung.** Bisher war in der Musteranordnung eine Höchstgrenze von zwei Monaten gesetzt; nunmehr ist die Dauer eines Räumungsverkaufes wegen Geschäftsaufgabe auf 24 Werktage beschränkt (§ 8 Abs. 2 UWG). Eine Fristverlängerung ist nicht vorgesehen.

6. **Verfahren.** Vorgesehen ist weiterhin ein Anzeigeverfahren; unterbleibt die Anzeige oder ist sie fehlerhaft, löst dies zivilrechtliche Ansprüche aus. Ein Verwaltungsverfahren oder Ordnungsmittel sind nicht mehr vorgesehen.

a) Die Anzeige eines **Räumungsverkaufes wegen Geschäftsaufgabe** muß spätestens zwei Wochen vor der erstmaligen **Ankündigung** (bisher Beginn der Veranstaltung) erfolgen.

Sie muß den Grund des Räumungsverkaufes angeben und belegen, Beginn und Ende sowie Ort des Räumungsverkaufes angeben und Art, Beschaffenheit und Menge der zu räumenden Waren enthalten.

Dies deckt sich im wesentlichen mit der bisherigen Regelung. Zur Nachprüfung der Angaben sind die amtlichen Berufsvertretungen befugt, die hierfür Erkundigungen einholen können (§ 8 Abs. 4 UWG).

b) § 8 Abs. 4 UWG sieht weiter vor, daß **Einsicht** in die Akten und die Anfertigung von Abschriften oder Ablichtungen **jedem gestattet ist.** Dadurch sollen die tatsächlichen Grundlagen geschaffen werden, um Verstöße festzustellen, welche Grundlage für die Geltendmachung der **zivilrechtlichen Unterlassungsansprüche** nach § 8 Abs. 5 und 6 UWG sind. Die Ansprüche können erhoben werden von Wettbewerbern, Gewerbeverbänden, Verbraucherschutzverbänden und den Industrie- und Handelskammern (§ 13 UWG).

Nachtrag UWG-Novelle 1986

Das entspricht im wesentlichen dem geltenden Recht, da auch bisher bei Verstößen gegen Ordnungsvorschriften zivilrechtliche Ansprüche gegeben waren (vgl. Handbuch § 51 Rdnr. 28). Die von dem Entwurf angestrebte „Entbürokratisierung" findet in diesem Bereich im Ergebnis nur beschränkt statt, weil jedenfalls für die Ermittlung und Kontrolle von Verstößen weiterhin die öffentlich-rechtlichen Berufskammern zuständig sind. Die früheren Verwaltungs- und Ordnungsmittelverfahren sind nicht mehr vorgesehen.

c) Die Unterlassungsansprüche richten sich gegen die **gesamte Durchführung** unzulässiger Räumungsverkäufe, sofern die Voraussetzungen nicht gegeben sind oder vor oder nachgeschoben werden (§ 8 Abs. 5 UWG). Ergänzend enthält § 8 Abs. 6 Nr. 1 UWG eine „**kleine Generalklausel**" für andere Verstoßformen. Dies hielt der Gesetzgeber für sachgerecht, weil die nunmehr ausschließlich mit solchen Fragen befaßten Zivilgerichte bei der Anwendung von Generalklauseln über besondere Erfahrung verfügen (Begründung BT-Drucksache 10/4741).

Zu § 52 Räumungsverkäufe (S. 742 ff.)

I. Räumungsverkäufe

Sie sind nunmehr zusammenfassend geregelt in § 8 Abs. 1 UWG. Das Gesetz verlangt generell eine „**Räumungszwangslage**", welche durch einen Schaden aufgrund besonderer Ereignisse wie Feuer, Wasser, Sturm etc. oder durch bestimmte Baumaßnahmen entstanden sein kann.

1. Schaden. Das Gesetz nennt als **Schadensursachen** Feuer, Wasser, Sturm oder ein vom Veranstalter nicht zu vertretendes „vergleichbares" Ereignis. Hierfür sind nach § 8 Abs. 3 Satz 2 UWG Belege beizufügen.

Erforderlich ist nicht nur der Schadenseintritt als solcher. Nachzuweisen ist darüber hinaus, daß der Schadenseintritt von dem Veranstalter des Räumungsverkaufes **nicht zu vertreten** ist und daß die Schadensfolgen nur durch einen Räumungsverkauf **vermieden** werden können.

2. Umbau. Sonderveranstaltungen wegen Umbaus sollten nach dem ursprünglichen Entwurf insgesamt untersagt werden; im weiteren Verfahren sind sie jedoch aufgrund der Stellungnahme des Rechtsausschusses wieder eingefügt worden (vgl. Bericht des Rechtsausschusses BT-Drucksache 10/5771 S. 21, s. S. 45).

Allerdings sind im Verhältnis zur bisherigen Regelung die **Voraussetzungen verschärft**. Einen hinlänglichen Grund bilden nur solche Umbauten, die **nach baurechtlichen Vorschriften anzeige- oder genehmigungspflichtig sind.** Darüber hinaus muß auch hier die Durchführung eines Räumungsverkaufes „**unvermeidlich**" sein.

Um die Einschränkungen abzusichern, sieht das Gesetz vor, daß auch die von der Baumaßnahme betroffene Fläche in der Anmeldung anzugeben ist (§ 8 Abs. 3 Nr. 4 UWG). Als Beleg ist eine Bestätigung der Baubehörde „über die Zulässigkeit des Bauvorhabens" beizufügen (§ 8 Abs. 3 S. 3 UWG). Sinnvollerweise wird man verlangen müssen, daß die Baubehörde nicht die Zulässigkeit des Vorhabens als solche allein, sondern auch ihre baurechtliche **Anzeige- oder Genehmigungspflichtigkeit** im Sinne des § 8 Abs. 1 Nr. 2 UWG bestätigt.

Zur weiteren Absicherung ist in § 8 Abs. 6 Nr. 3 UWG vorgesehen, daß auf der betroffenen Verkaufsfläche der Verkauf erst nach „**vollständiger** Beendigung" der angezeigten Baumaßnahme fortgesetzt wird. Auf diese Weise soll dem Mißbrauch vorgebeugt werden, daß zwar Räumungsverkäufe durchgeführt werden, die anschließenden Umbauten jedoch – praktisch ohne Sanktionen – bei weitem nicht in dem angekündigten Maße durchgeführt werden (BT-Drucksache 10/5771 S. 22, s. S. 46).

Der Veranstalter darf also auf der in der Anzeige anzugebenden Fläche erst dann seine

UWG-Novelle 1986 **Nachtrag**

Verkaufstätigkeit fortsetzen, wenn all die Baumaßnahmen durchgeführt sind, die er in der Anmeldung angekündigt hat.

3. Die Dauer derartiger Räumungsverkäufe ist auf 12 Werktage beschränkt (§ 8 Abs. 1 UWG). Die Räumungsverkäufe wegen Schadens müssen eine Woche, wegen Umbaues spätestens zwei Wochen vor ihrer erstmaligen Ankündigung angezeigt werden.

4. Verfahren. Hier gelten die Erläuterungen auf S. 19 sinngemäß.

Zu § 53 Abschnittsschlußverkäufe (S. 745 ff.)

I. Abschnittsschlußverkäufe

Die bisher in § 9 UWG und der Verordnung über Sommer- und Winterschlußverkäufe vom 13. 7. 1950 enthaltene Regelung findet sich nunmehr gestrafft in § 7 Abs. 1 UWG. Sachlich stehen folgende Änderungen im Vordergrund:

1. Beginn und Dauer. Hier bleibt es bei der bisherigen Regelung. Jedoch ist die in § 1 Abs. 3 der früheren VO über Sommer- und Winterschlußverkäufe enthaltene Ermächtigung für die Landesregierungen zu **Sonderregelungen in Bädern und Kurorten entfallen.**

2. Warenkatalog. In Abweichung von § 2 der SchlußverkaufsVO sind jetzt Lederwaren generell schlußverkaufsfähig. Neu aufgenommen sind auch Sportartikel.

Umgekehrt sind für die Winterschlußverkäufe Porzellanwaren, Glaswaren und Waren aus Steingut entfallen.

3. Form der Ankündigung. Die **besonderen Werbebeschränkungen** der SchlußverkaufsVO sind **entfallen.** Lediglich das Verbot der Preisgegenüberstellung wird in Zukunft durch § 6e UWG aufrechterhalten. Nach der Begründung bestand für die Aufrechterhaltung weitergehender Werbebeschränkungen kein Bedürfnis.

4. Verfahren. Eine Anzeige ist wie bisher nicht vorgesehen.

Auch in diesem Bereich sind nur noch zivilrechtliche Ansprüche aufgrund von § 7 Abs. 1 UWG gegeben.

5. Resteverkäufe. Diese früher in § 4 der Anordnung des RWM betreffend Sonderveranstaltungen vorgesehene Form ist nicht mehr zulässig.

Zu § 54 Sonstige Sonderveranstaltungen (S. 751 ff.)

I. Sonstige Sonderveranstaltungen

Die bisherige Regelung in der Anordnung des RWM vom 4. 7. 1935, die auf der Grundlage von § 9a UWG beruhte, ist entfallen.

1. Sonderangebote. Die Abgrenzung der generell unzulässigen Sonderveranstaltungen von zulässigen Sonderangeboten findet sich jetzt in § 7 Abs. 2 UWG. Die Regelung ist inhaltlich unverändert.

2. Jubiläumsverkäufe. Sie sollten nach dem ursprünglichen Entwurf entfallen, sind jedoch im weiteren Gesetzgebungsverfahren wieder eingefügt worden (BT-Drucksache 10/5771, s. S. 42 ff.). Sie dürfen wie bisher nach Ablauf von jeweils 25 Jahren vorgenommen werden (§ 7 Abs. 3 Nr. 2 UWG). Die bewußt kurz gehaltene gesetzliche Regelung soll keine materielle Änderung gegenüber den zahlreichen Detailregeln des geltenden Rechtes und der hier zu entwickelnden Rechtsprechung bedeuten (BT-Drucksache 10/5771, s. S. 42 ff.).

3. Rechtsfolgen. Wie überall im Bereich der Sonderveranstaltungen gibt es auch hier kein Verwaltungs- oder Ordnungsmittelverfahren mehr. Die Verfolgung ist alleine zivilrechtlichen Unterlassungsansprüchen überlassen.

Nachtrag

VII. Flexible Preiswertbemessung, § 23 a UWG

Zu § 68 Streitwert (S. 909 ff.), § 69 Streitwertbegünstigung (S. 912 ff.), § 79 Rechtsmittel Rdnr. 51 (S. 999 ff.), § 80 Allgemeines Rdnr. 33 ff. (S. 1015)

I. Streitwertbegrenzung nach § 23 a UWG n. F.

1. Allgemeines. Durch das Gesetz zur Änderung wirtschafts-, verbraucher-, arbeits- und sozialrechtlicher Vorschriften vom 27. 7. 1986 ist das UWG mit Wirkung vom 1. 1. 1987 u. a. um einen neuen § 23 a UWG erweitert worden.[1] Der bisherige § 23 a UWG gilt unverändert als neuer § 23 b UWG fort.

§ 23 a UWG n. F., seiner Art nach ohne Vorbild, schreibt **zwingend** vor, daß bei der Bemessung des Streitwerts für Ansprüche auf Unterlassung von Zuwiderhandlungen gegen die §§ 1, 3, 4, 6, 6 a bis 6 e, 7, 8 UWG n. F. wertmindernd zu berücksichtigen ist, wenn die Sache **nach Art und Umfang einfach gelagert** ist oder wenn eine Belastung einer der Parteien mit dem vollen Streitwert angesichts ihrer **Vermögens- und Einkommensverhältnisse nicht tragbar erscheint.**

Entsprechend anzuwenden ist § 23 a UWG n. F. bei Verstößen gegen **§ 1 der Zugabeverordnung** (s. dort § 2 Abs. 1 n. F.) sowie gegen die Vorschriften des **Rabattgesetzes** (s. dort § 12 n. F.). Eine entsprechende Anwendung von § 23 a UWG n. F. auf andere als die genannten Ansprüche ist **nicht** möglich. Wird ein Unterlassungsanspruch auf mehrere Vorschriften gestützt und befindet sich eine der vorgenannten darunter (z. B. § 1 UWG in Verbindung mit §§ 823 Abs. 1, 1004 BGB), erscheint insgesamt eine Wertminderung zulässig.

§ 23 a UWG n. F. ist in allen Verfahrensarten[2] und Instanzen anzuwenden. In § 23 a UWG n. F. sind Tatbestände der Streitwert*ermittlung* (nach Art und Umfang einfach gelagert) und der Streitwert*begünstigung* (nicht tragbare Belastung) zusammengefaßt, die sich ihrer Rechtsnatur nach sowie in verfahrensrechtlicher Hinsicht grundlegend voneinander unterscheiden.

Ob die Sache „nach Art und Umfang einfach gelagert ist", kann vom Gericht in der Regel schon zu Beginn des Verfahrens erkannt und als – **weiteres** – objektives Kriterium für die Streitwertbemessung (auch für die nach den §§ 3 bis 9 ZPO) berücksichtigt werden. Dieses Element der Wertermittlung ist daher **von Amts wegen** zu beachten.

Inwieweit die Belastung einer der Parteien mit dem vollen Streitwert nicht mehr tragbar erscheint, erschließt sich dem Gericht hingegen nicht ohne weiteres. Es ist hier auf die entsprechenden Informationen seitens der Parteien angewiesen. Faktisch wird dieser Minderungstatbestand erst auf ausdrücklichen Antrag (Anregung) bzw. im Streitwertbeschwerdeverfahren zum Tragen kommen. Für die Streitwertfestsetzung gem. §§ 3 bis 9 ZPO (Zuständigkeitsstreitwert) ist dieser Minderungstatbestand ohne nennenswerte Bedeutung.

Amtsermittlungspflichten begründet § 23 a UWG n. F. **nicht**.

Beantragt eine Partei unter Hinweis auf ihre Einkommens- und Vermögenslage Streitwertbegünstigung, kann zweifelhaft sein, ob nach § 23 a oder § 23 b UWG n. F. zu entscheiden ist. Das Gericht muß dann – gegebenenfalls durch Rückfrage – zweifelsfrei klären, welche Entscheidung verlangt wird, da die (kosten)rechtlichen Folgen bei diesen beiden Vorschriften völlig verschieden sind.[3]

---

[1] Zur grundsätzlichen Problematik der Neuregelung eingehend: Stellungnahme der Deutschen Vereinigung für gewerblichen Rechtsschutz und Urheberrecht v. 21. 4. 1986 in: GRUR 1986, 439 ff./ 447/448.

[2] In der Begründung z. Gesetzentwurf – BT-Drucksache 10/4741 – ist nur von Unterlassungs**klagen** die Rede. Es dürfte sich um ein Versehen handeln. Das Gesetz spricht von „... Ansprüchen auf Unterlassung".

[3] S. Fußn. 1.

II. Grundsätze der Streitwertermittlung unter Berücksichtigung des § 23a UWG n. F.

1. Streitwertfestsetzung erfolgt – auf Antrag oder von Amts wegen –

a) gem. §§ 3 bis 9 ZPO zur Bestimmung der sachlichen Zuständigkeit, zur Ermittlung der Zulässigkeit eines Rechtsmittels sowie zur Berechnung einer Sicherheitsleistung bei vorläufiger Vollstreckbarkeit oder

b) gem. § 25 GKG als Grundlage für die Berechnung der Gerichts- und Anwaltsgebühren (§ 7 BRAGO).[4]

Setzt das Gericht den Wert nach §§ 3 bis 9 ZPO fest, ist diese Festsetzung auch für die Gebührenberechnung maßgeblich (§ 24 GKG).

§ 23a UWG n. F. läßt diese Grundsätze unangetastet. Im Hinblick auf die Regelung in § 24 GKG ist § 23a UWG n. F., obwohl er nur die **gebührenrechtliche** Seite der Wertfestsetzung im Auge hat, bei §§ 3 bis 9 ZPO ebenso zu beachten wie bei § 25 GKG. Bei einer jeden Festsetzung ist – wie bisher – zunächst das objektive Interesse des Klägers (Antragstellers) an dem in dem Verfahren geltend gemachten Anspruch nach den hierzu von der Rechtsprechung entwickelten Kriterien zu ermitteln.[5]

2. Handelt es sich um einen Rechtsstreit, in dem **Unterlassungs**ansprüche der vorbezeichneten Art geltend gemacht werden, ist weiterhin (und zwar zunächst nur dies!) zu prüfen, ob die Sache „nach Art und Umfang einfach gelagert ist". Eine Wertminderung kommt dabei nur in Betracht, wenn sowohl die Art als auch der Umfang „einfach gelagert" erscheinen (kumulative Voraussetzung).

Ihrer Art nach ist eine Sache einfach gelagert, wenn an die Parteien (ihre Vertreter) und das Gericht in **tatsächlicher** Hinsicht (bei den notwendigen Recherchen, der Ermittlung, Aufbereitung, Darstellung, Erfassung des Sachverhaltes, dem Beschaffen von Beweismitteln usw.) und in **rechtlicher** Beziehung (Subsumtion, Anwendung und Auslegung nationaler und internationaler Rechtsnormen, Auswertung, Prüfung und Berücksichtigung der einschlägigen Rechtsprechung und Literatur, Antragsfassung, Tenorierungsfragen, Beweislastprobleme und dgl. mehr) keine besonderen (intellektuellen) Anforderungen gestellt werden. Eine Streitwertminderung unter diesem **qualitativen Aspekt** kommt im wesentlichen in Betracht, wenn der Sachverhalt selbst unstreitig, rasch überschaubar ist oder nur zu einfachen Tatfragen Beweiserhebungen erforderlich sind; des weiteren, wenn der Wettbewerbsverstoß als solcher eindeutig ist oder wenn es sich um „Allerweltsverstöße", „Routine-" und „Serienverfahren" handelt: Glatte („einfache") Rabattverstöße, wettbewerbswidrige (irreführende) Anzeigen, Verstöße gegen das Ladenschlußgesetz in Verbindung mit § 1 UWG, eindeutig wettbewerbswidrige herabsetzende Äußerungen u. ä.

Bei derartigen Verstößen wird regelmäßig auch der **„Umfang"** der Sache (**quantitatives Element**) gering sein (Klage-/Antragsschrift von wenigen Seiten, einige wenige Anlagen wie Werbeanzeige, beanstandete Drucksicht, eidesstattliche Versicherung). Zu bewerten ist insoweit vornehmlich der **tatsächliche** (zeitliche) **Aufwand**, der mit der Bearbeitung der Sache (physisch gesehen) verbunden ist und der sich im wesentlichen im **Umfang der Akte** (einschließlich etwaiger Beiakten, Anlagen, Anschauungsstücke) manifestiert. Erreicht eine Akte eine Stärke von 20 und mehr Seiten **entscheidungserheblichen** Gehalts, wird man nicht mehr von „einfach gelagertem Umfang" sprechen können.

Läßt sich eine Sache nach den genannten Kriterien als nach Art und Umfang einfach gelagert qualifizieren, ist zunächst unter Beachtung der herkömmlichen Grundsätze (d. h. **ohne** Berücksichtigung von § 23a UWG n. F.)[6] zu ermitteln, welcher Streitwert angemessen erscheint. Der so festgestellte Wert ist sodann **angemessen zu mindern.** Der hierbei in

---

[4] Vgl. f. v. *Baumbach/Lauterbach/Albers/Hartmann* ZPO vor §§ 3–9 Anm. 1.
[5] Hierzu näher: Handbuch § 68 Rdnr. 2 ff.; § 80 Rdnr. 33 ff.
[6] S. o. Rdnr. 6, 7 sowie Fußn. 4 u. 5.

Nachtrag

Betracht kommende Abschlag dürfte sich je nach Sachverhalt etwa zwischen ¼ und (höchstens) ⅔ bewegen.

Ist die Sache **ihrer Art nach** einfach gelagert, aus tatsächlichen Gründen aber ausnahms- und notwendigerweise von einigem Umfang, etwa weil mehrere (für sich genommen einfach gelagerte) Verstöße in einem Verfahren zusammengefaßt sind oder in großer Zahl vorgelegte Anlagen zu lesen und zu bewerten sind, der rein zeitliche Bearbeitungsaufwand also beachtlich ist, kommt eine Minderung des Wertes **nicht** in Betracht.

3. Der „an sich richtige", d. h. nach den herkömmlichen Grundsätzen[7] (gegebenenfalls in Verbindung mit § 23a UWG n. F. 1. Minderungstatbestand[8]) ermittelte Wert kann (wenn auch § 23a UWG n. F. 1. Minderuntstatbestand einschlägig ist: **nochmals!**) herabgesetzt werden, wenn die **Einkommens- und Vermögensverhältnisse** einer der Parteien dies gebieten (2. Minderungsfall des § 23a UWG n. F.). Eine solche Herabsetzung wirkt notwendigerweise auch für und gegen die nicht bedürftige Partei.

Obwohl im Gesetz nicht ausdrücklich vorgesehen, setzt eine Entscheidung nach § 23a UWG n. F. 2. Fallgestaltung faktisch einen Antrag (Anregung) bzw. eine Streitwertbeschwerde voraus. Ähnlich wie bei § 23b UWG n. F. hat die Partei (natürliche Person, juristische Person, prozeßfähige Personengesamtheit), die um die Streitwertbegünstigung nachsucht, ihre Einkommens- und Vermögensverhältnisse **darzulegen** und **glaubhaft zu machen** (294 ZPO). Anhand der mitgeteilten Daten prüft das Gericht – ohne daß es noch auf Art und Umfang der Sache ankäme –, ob eine Belastung mit Kosten nach dem vollen Streitwert **nicht tragbar** erscheint. Das Gericht entscheidet nach pflichtgemäßem Ermessen mit wirtschaftlichem Verständnis.

Eine Quote, um die der zunächst ermittelte Wert zu mindern wäre, läßt sich naturgemäß nicht festlegen. Sie muß der Einzelfallentscheidung vorbehalten bleiben. Bei der Entscheidung können aber die Grundsätze, die die Rechtsprechung zu § 23a UWG a. F. entwickelt hat,[9] entsprechend herangezogen werden. Insbesondere muß auch bei Anwendung von § 23a UWG n. F. 2. Minderungsfall der herabgesetzte Wert in einem **angemessenen Verhältnis** zum vollen Streitwert stehen, um der Bedeutung des Rechtsstreits zu entsprechen und das Kostenbewußtsein – namentlich bei einer klagenden Partei, die um die Begünstigung nachsucht – wachzuhalten.[10] Bei einem (vollen) Streitwert von 10 000,– DM wird daher auch hier eine Herabsetzung grundsätzlich zu versagen sein.

Erfolgsaussicht ist **keine** Voraussetzung für eine Streitwertminderung unter dem hier erörterten Aspekt.

Da es sich um eine Ermessensentscheidung handelt, kann aber bei **mißbräuchlicher** Prozeßführung eine Herabsetzung verweigert werden.

4. § 23a UWG n. F. wird häufig bereits in der frühen Phase eines Prozesses wirksam. Fehlbeurteilungen hins. des tatsächlichen Umfangs und der Art sind in diesem Stadium nicht auszuschließen. Stellt sich im Laufe des Verfahrens heraus, daß die Herabsetzung **nicht gerechtfertigt war,** kann das Gericht seine Festsetzung **nachträglich ändern;**[11] eine solche Änderung ist auch noch nach Rechtskraft der Sachentscheidung oder nach anderweitiger Erledigung zulässig, sofern seit diesen Zeitpunkten noch keine 6 Monate verstrichen sind (§ 25 Abs. 1 S. 3 GKG, § 4 GKG).

Entsprechendes gilt, wenn sich nachträglich ergibt, daß die Vermögens- und Einkommensverhältnisse unzutreffend angegeben worden waren.

---

[7] S. o. Fußn. 6.
[8] S. o. Rdnr. 8 ff.
[9] *Baumbach/Hefermehl* aaO § 23a UWG (a. F.) Rdnr. 6 m. w. N.
[10] *Baumbach/Hefermehl* aaO.
[11] *Baumbach/Lauterbach/Albers/Hartmann* aaO Anm. 2.

UWG-Novelle 1986 **Nachtrag**

VIII. Bundestags-Drucksache 10/4741
(Auszug)

Begründung

Zu Artikel 1 (Änderung des UWG)

A. Allgemeines

1. Der Gesetzentwurf verfolgt das Ziel, die Möglichkeiten der Bekämpfung unlauteren Wettbewerbs im Interesse der Gewerbetreibenden und der Verbraucher dort zu verbessern, wo eine gerechte Abwägung der Interessen der Betroffenen neue gesetzliche Regelungen erfordert oder sich Schwierigkeiten bei der Anwendung des Gesetzes gegen den unlauteren Wettbewerb in der Praxis ergeben haben.

2. Der Entwurf beschränkt sich auf einige vordringliche Änderungen des UWG. Er vermeidet die Schaffung neuer bürokratischer Zuständigkeiten und neuer Regelungen, die zu nicht unerheblichen Belastungen für die Wirtschaft führen könnten.

Andererseits sind in einigen Bereichen Mißbräuche zu verzeichnen, die trotz aller gebotenen Zurückhaltung ein Tätigwerden des Gesetzgebers erfordern.

3. Der Entwurf schlägt im wesentlichen folgende Regelungen vor:
1. Verbot der öffentlichen Werbung mit mengenmäßiger Beschränkung (§ 6d),
2. Verbot der öffentlichen Werbung mit Preisgegenüberstellungen (§ 6e),
3. Neuregelung des Rechts der Sonderveranstaltungen (§§ 7, 8),
4. Ausschluß des von den Gerichten nach den Grundsätzen der Geschäftsführung ohne Auftrag gewährten Aufwendungsersatzes für die erste Abmahnung (§ 13 Abs. 5),
5. Rücktrittsrecht für Abnehmer, die durch unwahre Werbeangaben zum Vertragsschluß bestimmt wurden (§ 13a),
6. flexible Streitwertbemessung bei Unterlassungsansprüchen (§ 23a neu).

B. Zu den einzelnen Vorschriften

Zu Artikel 1 Nr. 1 (§§ 6d, 6e)

I. Zu § 6d

1. **Allgemeine Bemerkungen.** *a)* Der Entwurf sieht einen neuen § 6d vor, der – im Anschluß an bereits vorhandene Tatbestände, die bestimmte Erscheinungsformen der irreführenden Werbung gegenüber der Öffentlichkeit erfassen (§§ 6, 6a, 6b und 6c; § 6c regelt ein strafrechtliches Verbot der progressiven Kundenwerbung und ist im Entwurf eines 2. WiKG enthalten) – einen Unterlassungsanspruch in Fällen der öffentlichen Werbung mit mengenmäßigen Beschränkungen und vergleichbaren Tatbeständen einräumt. Damit soll der weit verbreiteten Übung, besonders günstige, vor allem preisgünstige Angebote in der Werbung herauszustellen, die der Werbende aber nicht in beliebiger Menge abzugeben bereit ist, begegnet werden.

Die Bestimmung zielt damit vor allem auf die sogenannte „Lockvogel"-Werbung, die mit § 3 deshalb nicht wirksam bekämpft werden kann, weil die mengenbeschränkenden Angaben in der Werbung eine Irreführung über die Vorratsmenge ausschließen sollen und durch eine entsprechende Ausgestaltung der Werbeangaben erreicht werden kann, daß eine Irreführung über die Preiswürdigkeit des Angebots insgesamt ausscheidet.

Nachtrag UWG-Novelle 1986

b) § 6 d sieht für die genannten Fälle einen Unterlassungsanspruch gegen die entsprechenden Angaben in der Werbung vor und vermeidet damit einen rechtlichen oder auch nur faktischen Kontrahierungszwang. Die Beschränkung bei der Abgabe selbst bleibt, soweit sie nicht auf Grund anderer Vorschriften unzulässig ist, weiterhin möglich, soweit für die betroffenen Waren nicht in der vorgesehenen Art und Weise geworben wird.

2. Zu Absatz 1. *a)* Die Vorschrift richtet sich nicht gegen jede Art der Angabe oder Mitteilung im geschäftlichen Verkehr. Sie betrifft vielmehr nur Angaben gegenüber letzten Verbrauchern, sofern sie in öffentlichen Bekanntmachungen oder in Mitteilungen, die sich an einen größeren Kreis von Personen richten, enthalten sind. Diese Beschränkung erscheint angebracht, weil nur insoweit eine besondere Anlockwirkung vorliegt. Soweit die letzten Verbraucher die angebotenen Waren in ihrer beruflichen, gewerblichen, behördlichen oder dienstlichen Tätigkeit verwenden, ist in Absatz 2 eine Ausnahme vorgesehen, da insoweit ein besonderes Schutzbedürfnis nicht besteht. Der Begriff der „öffentlichen Bekanntmachung oder Mitteilung, die für einen größeren Kreis von Personen bestimmt ist", ist auch in den §§ 4 und 6 enthalten. Damit sollen die unzulässigen Werbeangaben von weiterhin zulässigen, insbesondere Werbeangaben gegenüber einzelnen Adressaten abgegrenzt werden. Im Hinblick auf die Rechtsprechung zu § 4 soll auch im Falle des § 6 d eine öffentliche Bekanntmachung oder Mitteilung angenommen werden, wenn die entsprechenden Werbeangaben auf Plakaten oder sonstigen Ankündigungen (Durchsagen) innerhalb von Verkaufsräumen gemacht werden.

b) Absatz 1 Nr. 1 richtet sich gegen die Verwendung mengenbeschränkender Angaben für einzelne aus dem gesamten Angebot hervorgehobene Waren in der Werbung selbst. Die Vorschrift will nur die Werbung für einzelne aus dem gesamten Angebot hervorgehobene Waren erfassen, also die typische Anzeigen-, Plakat- oder sonstige Medienwerbung für ausgewählte Waren, weil nur insoweit eine besondere Anlockwirkung der Werbung besteht.

Nach Absatz 1 Nr. 1 soll künftig die Werbung mit Angaben wie „Abgabe nur in haushaltsüblichen Mengen", „keine Abgabe an Wiederverkäufer" ausgeschlossen werden, weil mit dieser Werbung regelmäßig eine besondere Anlockwirkung verbunden ist. Nach dieser Bestimmung soll es aber weiterhin zulässig bleiben, in einer nicht irreführenden Art und Weise auf den vorhandenen Warenvorrat oder die Angebotsmenge hinzuweisen.

c) Absatz 1 Nr. 2 sieht einen Unterlassungsanspruch auch dann vor, wenn für einzelne aus dem gesamten Angebot hervorgehobene Waren unter Angabe von Preisen oder sonst blickfangmäßig geworben wird und dabei der Anschein eines besonders günstigen Angebots hervorgerufen wird, wenn der Werbende die Abgabe der Waren je Kunde mengenmäßig beschränkt oder an Wiederverkäufer ausschließt. Damit soll erreicht werden, daß die besonders anlockende Werbung unter Angabe von Preisen oder sonstigen Angaben ohne ausdrückliche Preisnennung untersagt werden kann, wenn die Abgabe – ohne entsprechende Aussage in der Werbung, die bereits nach Absatz 1 Nr. 1 untersagt werden könnte – mengenmäßig beschränkt wird. Diese Bestimmung erscheint erforderlich, um die „Lockvogelwerbung" mit mengenmäßig beschränkten Angeboten als Lockvogel wirksam zu bekämpfen.

Mit der Einbeziehung der Wiederverkäufer soll erreicht werden, daß ein Unterlassungsanspruch gegen die in Absatz 1 Nr. 2 beschriebene Art der Werbung auch dann besteht, wenn der Werbende die Abgabe der Waren an Konkurrenten verweigert. Unter den Begriff des Wiederverkäufers sollen nicht nur die auf der gleichen Handelsstufe wie der Anbieter stehende Mitbewerber, sondern auch vor- oder nachgeordnete Handelsstufen fallen (z. B. Großhändler oder Hersteller im Falle der Werbung durch Einzelhändler oder Groß- und Einzelhändler im Falle von an den letzten Verbraucher gerichteten Angeboten von Herstellern).

Unter den Begriff der mengenmäßigen Beschränkung je Kunde soll auch die vollständige Lieferverweigerung als krasseste Form einer solchen Beschränkung fallen, soweit nicht eine solche Verweigerung z. B. auf Grund gesetzlicher Vorschriften (z. B. keine Abgabe bestimmter Waren an Jugendliche) geboten sein sollte.

3. Zu Absatz 2. Aus den oben unter 1. genannten Gründen erscheint eine Einbeziehung von Werbeangaben gegenüber dem in Absatz 2 genannten Personenkreis nicht erforderlich. Die Formulierung lehnt sich an § 7 Abs. 1 Nr. 1 der Preisangabenverordnung vom 14. 3. 1985 (BGBl. I S. 580) an. Anders als in dieser Bestimmung soll nach Absatz 2 eine Ausnahme von dem Verbot des Absatzes 1 nur dann gelten, wenn die Werbung sich ausschließlich an den genannten Personenkreis richtet.

II. Zu § 6e

1. Allgemeine Bemerkungen. *a)* Der Entwurf schlägt einen neuen § 6e vor, der – von den in Absatz 2 geregelten Ausnahmen abgesehen – einen Unterlassungsanspruch bei der öffentlichen Werbung mit Preisgegenüberstellungen vorsieht. Damit soll vor allem den weit verbreiteten Mißbräuchen bei der Verwendung durchgestrichener Preise oder ähnlicher Angaben begegnet werden. Diese Mißbräuche können bisher trotz der Rechtsprechung zur Zulässigkeit von Preisgegenüberstellungen nicht wirksam bekämpft werden. Wegen der besonderen Anlockwirkung und Irreführungsgefahr soll daher die Verwendung von Preisgegenüberstellungen in der öffentlichen Werbung grundsätzlich unzulässig sein.

Die Bestimmung soll ebenso wie § 6d in die Reihe der Sondertatbestände, die an § 3 anknüpfen, eingefügt werden.

b) Die vorgeschlagene Bestimmung soll aus Gründen der Gleichbehandlung für alle Fälle der öffentlichen Preiswerbung gelten. Sie findet damit auch auf die öffentliche Werbung für Sonderveranstaltungen Anwendung. Dies gilt insbesondere auch für die Werbung für Saisonschlußverkäufe, für die im geltenden Recht eine Sonderbestimmung in § 3 Abs. 3 der Verordnung über Sommer- und Winterschlußverkäufe vorgesehen ist. Diese Verordnung soll demgemäß durch Artikel 7 Abs. 1 Nr. 1 aufgehoben werden.

2. Zu Absatz 1. *a)* Nach Absatz 1 soll die Werbung mit Preisgegenüberstellungen im geschäftlichen Verkehr mit dem letzten Verbraucher in öffentlichen Bekanntmachungen oder in Mitteilungen, die an einen größeren Kreis von Personen gerichtet sind, unzulässig sein. Hinsichtlich der Begrenzung der Bestimmung auf die Werbung gegenüber letzten Verbrauchern und des Merkmals ,,öffentliche Bekanntmachung oder Mitteilung, die an einen größeren Kreis von Personen gerichtet ist" wird auf die Begründung zu § 6d Bezug genommen (oben I.2. a)).

Die Regelung trifft aus den oben I.2. b) genannten Gründen nur die Werbung für einzelne aus dem gesamten Angebot hervorgehobene Waren oder gewerbliche Leistungen. Anders als in § 6d sind aber hier auch die gewerblichen Leistungen mit einbezogen, weil auch insoweit häufig Preisgegenüberstellungen verwendet werden und die besondere Anlockwirkung und Irreführungsgefahr auch bei der Werbung für gewerbliche Leistungen in gleicher Weise wie bei der Werbung für Waren besteht.

b) Unzulässig soll die Werbung mit der Gegenüberstellung aktueller Preise mit früheren höheren Preisen des Werbenden sein, weil diese Form der Preisgegenüberstellung die besondere Anlockwirkung hervorruft und Irreführungsgefahr in sich birgt.

Unzulässig soll nicht nur die Werbung mit konkreten Preisen (früherer Preis/neuer Preis) sein, sondern auch die Werbung mit Preissenkungen um einen bestimmten Betrag oder Prozentsatz, weil auch ohne ausdrückliche Nennung des neuen oder des alten Preises mit einer solchen Preisgegenüberstellung in gleicher Weise wirksam geworben werden kann, wenn sich der alte oder der neue Preis ohne große Mühe aus den gemachten Angaben ermitteln läßt.

Nachtrag UWG-Novelle 1986

c) Da es häufig schwierig sein wird festzustellen, ob der in der Werbung angegebene frühere Preis tatsächlich und über einen bestimmten Zeitraum ernsthaft gefordert worden ist, und es hierauf im Hinblick auf die besondere Anlockwirkung und Irreführungsgefahr auch nicht ankommen soll, soll nach Absatz 1 maßgeblich sein, ob die Werbung den Eindruck erweckt, daß der Werbende den früheren Preis als eigenen gefordert hat. Unzulässig ist damit auch die Gegenüberstellung mit eigenen früheren ,,Mondpreisen".

d) Absatz 1 soll die Gegenüberstellung mit eigenen früheren Preisen des Werbenden erfassen, weil in anderen Fällen die bestehenden Regelungen, insbesondere das Verbot der Werbung mit irreführenden Angaben (§ 3), z. B. über empfohlene Preise, ausreichen. Allerdings soll Absatz 1 auch auf Vergleiche mit empfohlenen Preisen Anwendung finden, wenn der Werbende den Eindruck erweckt, daß er den empfohlenen Preis früher als eigenen Preis gefordert hat.

e) Absatz 1 erfaßt nur Gegenüberstellungen mit eigenen früheren Preisen des Werbenden. Für die Einbeziehung sonstiger Preisvergleiche – wie z. B. Subskriptionspreise für Bücher und Veranstaltungen, Gesamtpreise bei Nennung der Einzelpreise, zulässige Rabatte – besteht kein entsprechendes Bedürfnis. Solche Preisangaben können allerdings im Einzelfall gegen die §§ 1 oder 3 verstoßen.

f) Absatz 1 soll eine entsprechende Werbung mit Preiserhöhungen nicht erfassen, da insoweit eine besondere Gefährdung des lauteren Wettbewerbs nicht zu befürchten ist.

3. Zu Absatz 2. Absatz 2 sieht eine Reihe von Ausnahmen von dem Verbot des Absatzes 1 vor, um den besonderen Bedingungen bei der Preisauszeichnung (Absatz 2 Nr. 1), bei der Werbung in Katalogen insbesondere im Versandhandel (Absatz 2 Nr. 2) und der Werbung gegenüber gewerblichen Abnehmern und vergleichbaren Personen (Absatz 2 Nr. 3) Rechnung zu tragen.

a) Nach Absatz 2 Nr. 1 soll es weiterhin zulässig sein, bei der Preisauszeichnung von Waren oder gewerblichen Leistungen Preise gegenüberzustellen, soweit dies nicht blickfangmäßig geschieht.

aa) Mit der Regelung soll insbesondere erreicht werden, daß Waren nicht mit neuen Etiketten, Schildern, Aufklebern usw. versehen werden müssen, wenn der ursprünglich angegebene Preis herabgesetzt wird. Hier soll vielmehr wie bisher der neue Preis neben den durchgestrichenen alten Preis gesetzt werden können.

bb) Mit der Verwendung des Begriffs ,,Preisauszeichnung" wird an die Regelungen in den §§ 2 ff. der Preisangabenverordnung angeknüpft. Eine generelle Verweisung auf die Preisangabenverordnung kommt allerdings nicht in Betracht, weil sie insbesondere auch eine blickfangmäßige Preisauszeichnung zuläßt.

cc) Da hinsichtlich der Preisauszeichnung allgemein auf eine nicht blickfangmäßige Gegenüberstellung abgestellt wird, erfaßt die Regelung nicht nur entsprechende Preisauszeichnungen außerhalb der Geschäftsräume, wie z. B. in Schaufenstern oder bei offenen Verkaufsständen, sondern auch Blickfangwerbung innerhalb der Geschäftsräume.

b) In Absatz 2 Nr. 2 ist eine weitere Ausnahme für Preisauszeichnungen in Katalogen und ähnlichen Prospekten vor allem des Versandhandels vorgesehen. Diese Ausnahme rechtfertigt sich angesichts der Besonderheiten des Vertriebs durch Kataloge und ähnliche Prospekte, da bei dieser Vertriebsform eine Umzeichnung der Preise an der Ware selbst von vornherein ausscheidet. Auch in diesen Fällen soll jedoch eine Gegenüberstellung nur zulässig sein, wenn dies ohne blickfangmäßige Herausstellung geschieht, weil sonst diese Vertriebsform gegenüber dem stationären Handel ungerechtfertigterweise bevorzugt werden würde.

Nach der vorgesehenen Regelung muß der frühere Preis, auf den Bezug genommen wird, in einem früheren Katalog oder einem ähnlichen das Angebot in einem Warenbereich umfassenden Verkaufsprospekt enthalten sein. Der Katalog oder Prospekt muß das Angebot in einem Warenbereich umfassen, weil andernfalls auch andere zu einer Bestellung auffordernde Werbung, die z. B. in Anzeigen in Zeitungen oder Zeitschriften oder diesen beigefügten Prospekten enthalten ist, privilegiert wäre und somit das Verbot der öffentlichen Werbung mit Preisgegenüberstellungen umgangen werden könnte.

Die Bestimmung stellt nicht darauf ab, daß die spätere Werbung mit gegenübergestellten Preisen an denselben Personenkreis gerichtet ist wie der fühere Katalog oder Prospekt, weil dies angesichts der sich ändernden Adressatenkreise bei dieser Vertriebsform nicht gerechtfertigt wäre und – nicht blickfangmäßig herausgestellte – Preisgegenüberstellungen in Sonderprospekten oder Sonderkatalogen an einen ausgewählten Kreis der Adressaten des früheren Katalogs oder Prospekts zulässig sein sollen.

c) Die Ausnahme in Absatz 2 Nr. 3 entspricht der Ausnahme in § 6d Abs. 2 Auf die Begründung dazu wird Bezug genommen (oben I.3.).

Zu Artikel 1 Nr. 2, 3, 4 und 5 (Neuregelung des Rechts der Sonderveranstaltungen)

I. Allgemeine Bemerkungen

1. Das geltende Recht regelt die Sonderveranstaltungen an verschiedenen Stellen und in einer insgesamt unübersichtlichen und wenig verständlichen Art und Weise:

Nach der auf § 9a gestützten Anordnung zur Regelung von Verkaufsveranstaltungen besonderer Art vom 4. 7. 1935 sind Sonderveranstaltungen grundsätzlich unzulässig. Erlaubt sind die in §§ 7ff. geregelten Aus- und Räumungsverkäufe, die in der auf § 9 gestützten Verordnung über Sommer- und Winterschlußverkäufe vom 13. 7. 1950 geregelten Saisonschlußverkäufe, Jubiläumsverkäufe gemäß § 3 der Anordnung, Resteverkäufe im Rahmen von Saisonschlußverkäufen gemäß § 4 der Anordnung sowie die von den zuständigen Behörden gemäß § 5 der Anordnung in Ausnahmefällen genehmigten Sonderveranstaltungen. Für Ausverkäufe (§ 7) und Räumungsverkäufe (§ 7a) gelten bestimmte Verfahren (§ 7b), außerdem gelten für Ausverkäufe bestimmte Sperregelungen (§ 7c). Nach § 8 sind bestimmte Verstöße gegen die §§ 7a und 7c Ordnungswidrigkeiten, nach § 10 sind andere Verstöße gegen die §§ 7 und 7a, gegen § 7b und gegen die auf Grund der §§ 9, 9a und 11 erlassenen Rechtsverordnungen ebenfalls Ordnungswidrigkeiten. § 29 enthält eine Regelung über die Bestimmung der zuständigen Behörden für Aus- und Räumungsverkäufe.

2. Mit der in dem Entwurf vorgeschlagenen Neuregelung soll das Recht der Sonderveranstaltungen in zwei Vorschriften zusammenfassend im UWG geregelt werden. Dabei werden die Bestimmungen des geltenden Rechts einschließlich der entsprechenden Ermächigungsnormen und der darauf gestützten Verordnungen aufgehoben (Artikel 1 Nr. 3, 5, 14, Artikel 13 Abs. 1).

Die Neuregelung soll das Recht der Sonderveranstaltungen vereinfachen und übersichtlich gestalten. Die Voraussetzungen für die Zulässigkeit von Räumungsverkäufen sollen im Vergleich zum geltenden Recht verschärft werden. Außerdem sollen die Sanktionen der Systematik des UWG insgesamt entsprechend zivilrechtlich ausgestaltet werden. Ein Beibehalten der Ordnungswidrigkeitentatbestände erscheint nicht erforderlich. Der Entwurf trägt damit auf diesem Gebiet auch zur Rechtsvereinfachung und Entbürokratisierung bei.

II. Zu Artikel 1 Nr. 2 (§ 7)

1. Zu Absatz 1. *a)* Nach § 7 Abs. 1 kann auf Unterlassung in Anspruch genommen werden, wer Sonderveranstaltungen ankündigt oder durchführt. Der Begriff der ,,Sonderveranstaltung" entspricht dem geltenden Recht (§ 1 Abs. 1 der Anordnung zur Regelung von Verkaufsveranstaltungen besonderer Art).

b) Das Verbot des Absatzes 1 gilt nicht für Saisonschlußverkäufe zu den herkömmlichen Terminen (12 Werktage beginnend am letzten Montag im Januar und am letzten Montag im Juli).

Nachtrag UWG-Novelle 1986

Ebenso wie das geltende Recht geht der Entwurf davon aus, daß in die Saisonschlußverkäufe nur bestimmte Waren einbezogen werden dürfen. Das geltende Recht sieht in § 2 der Verordnung über Sommer- und Winterschlußverkäufe eine den heutigen Bedürfnissen nicht mehr voll entsprechende Regelung vor, insbesondere hinsichtlich der Lederwaren und der Waren aus Porzellan, Glas und Steingut. Nach dem Entwurf sollen künftig in Sommer- und Winterschlußverkäufen Textilien, Bekleidungsgegenstände und Schuhwaren (wie im geltenden Recht), Lederwaren allgemein (und nicht wie im geltenden Recht auf bestimmte Artikel begrenzt) sowie – über das geltende Recht hinaus – Sportartikel einbezogen werden können. Ein Bedürfnis, weiterhin in Winterschlußverkäufen Porzellanwaren, Glaswaren und Waren aus Steingut anbieten zu können, besteht nicht.

Die in § 1 Abs. 3 der Verordnung über Sommer- und Winterschlußverkäufe für die Landesregierungen vorgesehene Ermächtigung, für Bäder und Kurorte den Beginn der Saisonschlußverkäufe anderweitig festzulegen, wird angesichts eines fehlenden Bedürfnisses für diese Regelung nicht übernommen.

Die besonderen Regelungen für die Werbung – § 3 der Verordnung – erscheinen auch im Hinblick auf die vorgeschlagene Regelung zu § 6e nicht erforderlich.

2. Zu Absatz 2. Absatz 2 stimmt mit dem geltenden Recht (§ 1 Abs. 2 der Anordnung zur Regelung von Verkaufsveranstaltungen besonderer Art) überein.

III. Zu Artikel 1 Nr. 3 (Streichung der §§ 7a bis 7d)

Die Streichung der §§ 7a bis 7d ist eine Folge der Neuregelung des Rechts der Sonderveranstaltungen (siehe oben I.2.).

IV. Zu Artikel 1 Nr. 4 (§ 8)

1. Überblick. In § 8 werden die zulässigen Räumungsverkäufe zusammenfassend geregelt. Nach Absatz 1 sind Räumungsverkäufe in bestimmten Notfällen zugelassen. Nach Absatz 2 dürfen Räumungsverkäufe wegen Aufgabe des gesamten Geschäftsbetriebs durchgeführt werden. In Absatz 3 ist vorgesehen, daß Räumungsverkäufe nach den Absätzen 1 und 2 bei den zuständigen amtlichen Berufsvertretungen anzuzeigen sind. Nach Absatz 4 können die Berufsvertretungen die Angaben überprüfen; die Einsicht in die Anzeige steht jedermann frei. Absatz 5 sieht einen Unterlassungsanspruch bei Verstößen gegen die Absätze 1 bis 4 und beim Vor- und Nachschieben von Waren vor. Absatz 6 sieht schließlich einen Unterlassungsanspruch bei bestimmten Umgehungstatbeständen vor.

2. Zu Absatz 1. Nach Absatz 1 sollen Räumungsverkäufe künftig – außer im Falle der in Absatz 2 geregelten Geschäftsaufgabe – nur noch bei Vorliegen einer Räumungszwangslage durchgeführt werden können, die durch einen Schaden (Feuer, Wasser, Sturm oder ein ähnliches vom Veranstalter nicht zu vertretendes Ereignis) verursacht wurde. Räumungsverkäufe in weiteren Fällen, insbesondere im Falle von Umbauten zuzulassen, erscheint angesichts der weit verbreiteten Mißbräuche und der Möglichkeit, sich bei Umbauten auch durch andere Maßnahmen als die Durchführung von Räumungsverkäufen zu behelfen, nicht erforderlich.

Räumungsverkäufe sollen auch nur insoweit zulässig sein, wie dies zur Behebung der Zwangslage erforderlich ist.

Die Dauer der Räumungsverkäufe soll entsprechend der Regelung in § 7 Abs. 1 höchstens 12 Werktage betragen.

Wie im geltenden Recht (§ 7a) ist bei der Ankündigung eines Räumungsverkaufs der Anlaß für die Räumung des Warenvorrats anzugeben.

3. Zu Absatz 2. Außer den Saisonschlußverkäufen (§ 7 Abs. 1) und den Räumungsverkäufen in Notfällen (Absatz 1) sollen künftig Räumungsverkäufe nur noch bei Aufgabe des gesamten Geschäftsbetriebs zulässig sein. In anderen Fällen, in denen das geltende Recht Ausverkäufe zuläßt, insbesondere bei Aufgabe des Geschäftsbetriebs einer Zweigniederlassung oder der Aufgabe einer einzelnen Warengattung, erscheint die Durchführung eines Räumungsverkaufs regelmäßig nicht erforderlich.

Für die Dauer der Räumungsverkäufe wegen Aufgabe des Geschäftsbetriebs ist ein Zeitraum von 24 Werktagen vorgesehen, weil dies zur Räumung des Warenvorrats ausreichend erscheint.

Räumungsverkäufe wegen Aufgabe des Geschäftsbetriebs sollen nur zulässig sein, wenn der Veranstalter innerhalb von drei Jahren vor Beginn des Räumungsverkaufs keinen Räumungsverkauf wegen Aufgabe eines Geschäftsbetriebs gleicher Art durchgeführt hat. Diese Regelung ergänzt die Sperregelung in Absatz 6 Nr. 2 und soll, auch in Ergänzung zu der Mißbrauchsklausel in Absatz 6 Nr. 1, der wiederholten Durchführung von Räumungsverkäufen durch denselben Veranstalter begegnen. Allerdings erscheint es aus Billigkeitsgründen erforderlich, insoweit eine Härteklausel vorzusehen.

Wie im geltenden Recht (§ 7 Abs. 2) und bei den Räumungsverkäufen nach Absatz 1 ist auch bei Räumungsverkäufen nach Absatz 2 der Grund für die Räumung des Warenvorrats anzugeben.

4. Zu den Absätzen 3 und 4. Mit dieser Regelung soll zusammen mit der Überprüfungsmöglichkeit und dem Einsichtsrecht den betroffenen Mitbewerbern und den nach § 13 klagebefugten Verbänden, einschließlich der Kammern (§ 13 Abs. 2 Nr. 4 des Entwurfs), die Durchsetzung der in den Absätzen 5 und 6 vorgesehenen Unterlassungsansprüche erleichtert werden.

5. Zu Absatz 5. An die Stelle der im geltenden Recht vorgeschriebenen verwaltungsrechtlichen Sanktionen und Ordnungswidrigkeitstatbestände treten nach dem Entwurf die in Absatz 5 und Absatz 6 vorgesehenen zivilrechtlichen Sanktionen. Nach Absatz 5 Nr. 1 besteht der Unterlassungsanspruch bei Zuwiderhandlungen gegen die Absätze 1 bis 4. Darüber hinaus ist ein Unterlassungsanspruch auch dann vorgesehen, wenn Waren vor- oder nachgeschoben werden (Absatz 5 Nr. 2). Damit soll auch künftig ein Vorgehen gegen diese besondere Erscheinungsform des Mißbrauchs von Räumungsverkäufen möglich sein.

6. Zu Absatz 6. *a)* Nach Absatz 6 Nr. 1 besteht ein Unterlassungsanspruch gegen denjenigen, der den Anlaß für einen Räumungsverkauf mißbräuchlich herbeigeführt hat oder in anderer Weise von den Möglichkeiten eines Räumungsverkaufs mißbräuchlich Gebrauch macht. Mit dieser ,,kleinen Generalklausel" soll insbesondere den vielfältigen Erscheinungsformen der Mißbräuche im Bereich der Aus- und Räumungsverkäufe wirksamer als bisher begegnet werden. Hierfür erscheint ein generalklauselartiger Tatbestand besonders geeignet, weil die Zivilgerichte gerade auf dem Gebiet der Anwendung von Generalklauseln (§§ 1 und 3) besondere Erfahrungen entwickelt haben.

b) Nach Absatz 6 Nr. 2 soll ein Unterlassungsanspruch auch in den dort genannten Fällen bestehen. Die vorgesehene Regelung, die zum Teil mit dem geltenden Recht (§ 7c) übereinstimmt, soll insbesondere solche Fälle erfassen, denen mit Unterlassungsansprüchen gegen die Ankündigung oder Durchführung eines Räumungsverkaufs (Absatz 2 und Absatz 5 sowie Absatz 6 Nr. 1) nicht wirksam begegnet werden kann. Nach Absatz 6 Nr. 2 soll insbesondere in den Fällen vorgegangen werden können, bei denen sich aus den Umständen ergibt, daß bei der Durchführung eines Räumungsverkaufs wegen Geschäftsaufgabe in Wirklichkeit eine dauernde Aufgabe des Geschäftsbetriebs nicht beabsichtigt war.

Anders als im geltenden Recht, das den betroffenen Personenkreis näher umschreibt, ist, dem zivilrechtlichen Ansatz entsprechend, auch insoweit eine allgemeine Formulierung (,,mittelbare oder unmittelbare" Fortsetzung des Geschäftsbetriebs oder Aufnahme eines neuen Geschäftsbetriebs) gewählt worden. Mit dieser Formulierung sollen vor allem auch solche Erscheinungsformen erfaßt werden, in denen der Geschäftsbetrieb nicht vom Veranstalter selbst, sondern von Strohmännern fortgesetzt oder eröffnet wird.

Unzulässig soll dabei sowohl die Fortsetzung des Geschäftsbetriebs, dessen Aufgabe

Nachtrag UWG-Novelle 1986

angekündigt worden war, als auch die – mittelbare oder unmittelbare – Aufnahme eines Geschäftsbetriebs mit den vom Räumungsverkauf betroffenen Warengattungen sein. Die Aufnahme eines neuen Geschäftsbetriebs soll – anders als bei der Durchführung eines erneuten Räumungsverkaufs nach Absatz 2 – den Ort, in dem der Geschäftsbetrieb bestand, sowie benachbarte Gemeinden erfassen. Das Sperrgebiet soll dabei über das geltende Recht (§ 7c Abs. 3 und 4) hinaus generell auf benachbarte Gemeinden ausgedehnt werden. Dies erscheint zur Bekämpfung der Mißbräuche im Ausverkaufswesen erforderlich. Aus denselben Gründen soll die Sperrfrist, die im geltenden Recht ein Jahr beträgt, auf zwei Jahre festgesetzt werden.

Ebenso wie in Absatz 2 ist auch in Absatz 6 Nr. 2 eine Härteklausel vorgesehen, der im geltenden Recht die den zuständigen Behörden eingeräumte Befugnis zur Gestaltung von Ausnahmen entspricht (§ 7c Abs. 5).

V. Zu Artikel 1 Nr. 5 (Streichung der §§ 9, 9a, 10, 11)

1. Die Streichung der §§ 9, 9a und 10 ist eine Folgeänderung zur Neuregelung des Rechts der Sonderveranstaltungen (siehe oben I.).

2. § 11 kann aufgehoben werden, da ihm inzwischen keine Bedeutung mehr zukommt. Die entsprechenden Bestimmungen sind heute vor allem im Eichgesetz und in der Fertigpackungsverordnung getroffen worden. Zugleich mit § 11 wird auch die einzige auf diese Bestimmung gestützte Verordnung, nämlich die Verordnung über den Handel mit seidenen Bändern, aufgehoben (Artikel 13 Abs. 1 Nr. 3 des Entwurfs). Der Entwurf trägt damit auch insoweit zur Rechtsvereinfachung bei.

Zu Artikel 1 Nr. 6 (§ 13)

1. Zu § 13 insgesamt. In § 13 sind Unterlassungs- und Schadensersatzansprüche sowie die Klagebefugnis in einer zum Teil schwer verständlichen Art geregelt. Aus Anlaß der Einfügung des neuen Absatzes 5 (dazu unten 2.) wird daher § 13 insgesamt redaktionell umgestaltet. Dabei wird die Einfügung der §§ 6c, 6d und 6e berücksichtigt. Die Umgestaltung dient der besseren Lesbarkeit der Bestimmung und der Abgrenzung zwischen Unterlassungsansprüchen, Anspruchsberechtigung und Schadensersatzansprüchen.

2. Zu § 13 Abs. 5. Der Entwurf sieht in § 13 Abs. 5 die Abschaffung des von der Rechtsprechung auf der Grundlage der Vorschriften über die Geschäftsführung ohne Auftrag (§§ 677 ff. BGB) zuerkannten Aufwendungsersatzes für die erste Abmahnung vor, weil die Mißbräuche der Abmahnbefugnis durch Verbände (sog. Gebührenvereine) und einzelne Mitbewerber trotz vielfältiger Bemühungen der Gerichte und Verwaltungsbehörden sowie der begrüßenswerten und anzuerkennenden Selbsthilfemaßnahmen der Wirtschaft nicht völlig eingedämmt werden konnten. Zur unbürokratischen und effizienten Bekämpfung der verbliebenen Mißbräuche erscheint die vorgeschlagene Regelung erforderlich, aber auch ausreichend.

a) Hinsichtlich der Verbraucherverbände besteht kein Bedürfnis, die Anspruchsberechtigung von weiteren Voraussetzungen wie etwa einer Mindestzahl der Mitglieder oder einer Registrierung abhängig zu machen. Kleinverbänden, die mit Personen ohne jegliche Kenntnisse im Wettbewerbsrecht arbeiteten und durch völlig unbegründete Abmahnungen vor allem kleinere Unternehmen verunsicherten, wurde durch Löschung im Vereinsregister das Handwerk gelegt. Zweifelhafte Verbraucherverbände konnten durch die strikte Anwendung des Erfordernisses einer tatsächlich ausgeübten Verbraucherberatung ebenfalls hinreichend bekämpft werden. Auch den Verbänden, die das Erfordernis der Verbraucherberatung dadurch zu umgehen suchten, daß sie auch einige wenige Gewerbetreibende als Mitglieder aufnahmen, ist die Rechtsprechung wirksam entgegengetreten.

b) Mißstände sind aber im Bereich der gewerblichen Verbände nicht voll beseitigt worden. Verbände, die nur wenige Gewerbetreibende umfassen, mahnen, oft in Zusammenarbeit mit bestimmten Rechtsanwälten, auch in zahlreichen Fällen ab, in denen keine sachlichen oder örtlichen Berührungspunkte mit der gewerblichen Tätigkeit der Verbandsmitglieder bestehen. Der Verdacht, daß sie dies im wesentlichen zur Erzielung von Einnahmen tun, ist nicht von der Hand zu weisen. Darüber hinaus haben sich, vor allem im Immobilienwesen, neue Mißstände ergeben. Hier sind es einzelne Gewerbetreibende, bei denen manchmal sogar der Verdacht besteht, daß das Gewerbe nur zum Schein und nicht tatsächlich betrieben wird, die durch Rechtsanwälte, die mit ihnen zusammenarbeiten, in großem Umfang geringfügige, in Zeitungsanzeigen enthaltene Verstöße abmahnen, um sowohl den Aufwendungsersatz als auch Rechtsanwaltsgebühren geltend zu machen. Daher kann sich eine Regelung zur Bekämpfung der Mißstände nicht auf Regelungen für Verbände beschränken, sondern muß auch die Mitbewerber einbeziehen. Wegen der Ausweichmöglichkeit auf Abmahnungen durch Mitbewerber würde eine Mindestmitgliederzahl für gewerbliche Verbände und eine Registrierung weitgehend wirkungslos sein.

c) Der Entwurf beschränkt sich darauf, mit der vorgeschlagenen Abschaffung des Aufwendungsersatzes für die erste Abmahnung den finanziellen Anreiz zu beseitigen, der den Mißbräuchen zugrunde liegt. Entfällt dieser finanzielle Anreiz und bringt damit das „Abmahngeschäft" allenfalls Kosten, aber keinen Gewinn, so werden Abmahnungen nur noch in Fällen ausgesprochen werden, in denen der Abmahnende oder die Verbandsmitglieder durch die Wettbewerbshandlung so beeinträchtigt sind, daß sie die Mühen und Kosten ihrer Abstellung auf sich nehmen.

d) Eine Neuregelung der Anspruchsberechtigung, die die unmittelbare Berührung der gewerblichen Interessen sowohl in sachlicher als auch in örtlicher Hinsicht zur Anspruchsvoraussetzung macht, könnte zwar zusätzlich zur Abstellung der Mißstände beitragen, sie erscheint aber bedenklich.

Die notwendige Prüfung, ob die unmittelbare Berührung der gewerblichen Interessen gegeben ist, könnte zu einer erheblichen Belastung und Verzögerung der Verfahren der einstweiligen Verfügung führen und die wirksame Bekämpfung unlauteren Wettbewerbs, für die die umgehende Abstellung der unlauteren Wettbewerbshandlung erforderlich ist, schwer beeinträchtigen.

Darüber hinaus könnte bei Verbandsklagen die Anonymität des von der Zuwiderhandlung betroffenen Mitglieds jedenfalls bei kleineren Verbänden nicht gewahrt bleiben, da die Anspruchsvoraussetzungen von Amts wegen zu prüfen und die tatsächlichen Voraussetzungen notfalls zu beweisen sind. Dies könnte das Instrument der Verbandsklage nachhaltig beeinträchtigen, das ein Vorgehen ohne die Gefahr von Repressalien des Gegners ermöglichen soll und daher für kleine und mittlere Unternehmen, die sich gegen unlauteren Wettbewerb von Großunternehmen zur Wehr setzen, von besonderer Bedeutung ist.

Es soll auch weiterhin möglich bleiben, daß Ansprüche auch von Mitbewerbern und Verbänden geltend gemacht werden können, die unmittelbar nicht betroffen sind; dies erscheint im Interesse einer wirksamen Bekämpfung unlauteren Wettbewerbs weiterhin erforderlich. Wer abgemahnt wird, kann – ohne sich einem Aufwendungsersatzanspruch auszusetzen – entscheiden, ob er die Handlung künftig unterlassen oder ein Verfahren in Kauf nehmen will. Im übrigen können die Gerichte wie bisher Klagen wegen Rechtsmißbrauchs abweisen.

e) Die Abschaffung des Aufwendungsersatzes für die erste Abmahnung ist in der Öffentlichkeit mit dem Argument kritisiert worden, sie führe zu einer ungerechtfertigten Benachteiligung der seriösen Verbände, die es sich zur Aufgabe gemacht haben, rechtswidriges Verhalten Dritter abzustellen. Diese Kritik erscheint nicht berechtigt, weil die von den Verbänden zur Erreichung der Verbandsziele gemachten Aufwendungen grundsätzlich von ihnen selbst zu tragen sind und bis zu dem im Jahre 1969 vollzogenen Wandel in der Rechtsprechung selbstverständlich getragen wurden. Zwar dient die Geltendmachung der Unterlassungsansprüche entsprechend den Verbandszielen der vertretenen Ver-

Nachtrag

braucher oder Mitbewerber auch dem Allgemeininteresse. Daraus kann aber nicht hergeleitet werden, daß die Verbände die Wahrnehmung ihrer Aufgaben nicht selbst zu finanzieren hätten. Es erscheint nicht angemessen, für Verbände, die sich der Bekämpfung unlauteren Wettbewerbs widmen, abweichend von den für alle Vereine und Verbände geltenden Grundsätzen eine Ausnahme dahin vorzusehen, daß jede Wahrnehmung dieser Aufgabe grundsätzlich eine Ersatzpflicht des rechtswidrig Handelnden auslöst.

f) Eine gesetzliche Definition der ersten Abmahnung erscheint nicht geboten. Es soll der Rechtsprechung überlassen bleiben, die entsprechenden Kriterien zu entwickeln. Die Gerichte werden insbesondere auch auf Versuche, den Ausschluß des Aufwendungsersatzes für die erste Abmahnung durch vage formulierte Abmahnungsschreiben zu umgehen, reagieren können.

Andererseits sollte aber vermieden werden, daß nach einer erfolglosen korrekten Abmahnung aus Kostengründen stets sofort die Gerichte bemüht werden, selbst wenn eine außergerichtliche Einigung noch möglich erscheint. Deshalb soll ein Aufwendungsersatz für weitere Abmahnungen auch künftig beansprucht werden können.

Zu Artikel 1 Nr. 7 (§ 13a)

1. Allgemeine Bemerkungen. Der Entwurf sieht in § 13a ein Rücktrittsrecht für private oder gewerbliche Abnehmer für den Fall vor, daß unwahre und zur Irreführung geeignete Werbeangaben i. S. des § 4 UWG für den Vertragsabschluß bestimmend waren.

a) Diese Verstärkung des Schutzes vor allem der Verbraucher vor einer unlauteren Beeinträchtigung ihrer Kaufentscheidung erscheint geboten, weil sie immer weniger in der Lage sind, die ihnen angebotenen Waren selbst zu beurteilen. Die Entwicklung hat es mit sich gebracht, daß Verbrauchern häufig die notwendige Sachkunde fehlt, Eigenschaften und Wert der Waren richtig einzuschätzen. Sie sind in steigendem Maße auf Angaben in der Werbung und auf der Verpackung der Waren angewiesen, die zur wesentlichen Informationsquelle geworden sind. Der Ausbau der Selbstbedienung schränkt zudem die Beratungsmöglichkeiten durch den Handel immer weiter ein. Unter diesen Umständen muß sich der Verbraucher auf die Werbung und andere geschäftliche Mitteilungen verlassen können. Diesem Grundsatz trägt das geltende Recht weitgehend dadurch Rechnung, daß es die schnelle Unterbindung irreführender Angaben ermöglicht und dadurch künftige Kunden umfassend vor Irreführung und der unlauteren Beeinträchtigung ihrer Kaufentscheidung schützt. Das geltende Recht schützt aber Kunden, die schon vor Einstellung der irreführenden Angaben getäuscht und zum Kauf veranlaßt worden sind, nur unvollkommen. Vor allem die hohen Anforderungen, die im Bürgerlichen Recht an die Annahme eines Garantieversprechens durch einen Dritten, z. B. den werbenden Hersteller, oder einer durch den Verkäufer zugesicherten Eigenschaft gestellt werden, bürden das Risiko einer Fehlentscheidung häufig allein dem Abnehmer auf, selbst wenn der Werbende mit Sachkunde und Sorgfalt die Irreführung vermeiden kann und dies schuldhaft nicht tut. Diese Regelung, die angemessen war, solange der Abnehmer die Ware ohne Rückgriff auf Angaben in der Werbung oder in anderen geschäftlichen Mitteilungen selbst beurteilen konnte, entspricht angesichts der Änderung der wirtschaftlichen Verhältnisse nicht mehr einem an den Grundsätzen einer sozialen Marktwirtschaft ausgerichteten Interessenausgleich. Sie belastet sowohl den Individualverbraucher als auch vor allem kleine Gewerbetreibende, wie z. B. Handwerker, die sich ebenfalls zunehmend auf Herstellerangaben verlassen müssen, während sie Hersteller und andere Werbende freistellt, die sowohl Vorteil aus der Werbung ziehen als auch bei der notwendigen Sorgfalt die Irreführung verhindern können.

b) Angaben über für den Vertragsschluß wesentliche Umstände werden von den Abnehmern als wichtige Zusicherungen angesehen. Daher ist es dem Werbenden zumutbar, für sie wie für zugesicherte Eigenschaften im Verkaufsgespräch auch ohne Verschulden zu haften. Dies gilt auch für Händler, die sich die Werbung eines Dritten, insbesonre des Herstellers durch eigene Maßnahmen zu eigen machen. Der Abnehmer kann, wenn sich der Händler für den Vertragsschluß wesentliche Werbeangaben zu eigen macht, zu Recht davon ausgehen, daß nicht nur der Dritte, sondern auch der Händler für die Richtigkeit dieser Angaben einsteht. Er erscheint daher angemessen, den Abnehmer nicht auf den umständlicheren Weg der Auseinandersetzung mit dem Dritten zu verweisen, sondern ihm den Rücktritt gegenüber dem Händler zu ermöglichen, der gegen den Dritten Rückgriff nehmen kann.

c) Der Regelung des Rücktrittsrechts kommt somit eine Funktion zu, die der Erwartung der Mehrzahl der reklamierenden Verbraucher entspricht: Für sie steht die Möglichkeit einer Lösung vom Vertrag und einer Rückgabe der unter dem Eindruck einer irreführenden Werbeangabe erworbenen Gegenstände im Vordergrund des Interesses. Die Wirtschaft wird dadurch nicht unzumutbar belastet, weil Fälle dieser Art schon heute überwiegend im Kulanzwege bereinigt werden.

2. Zum Rücktrittsrecht im einzelnen. *a)* Im Interesse der praktischen Handhabbarkeit der Vorschrift setzt das Rücktrittsrecht nach § 13a Abs. 1 nur den Nachweis voraus, daß der Abnehmer durch eine den objektiven Tatbestand des § 4 erfüllende unwahre und zur Irreführung geeignete Werbeangabe zum Vertragsabschluß bestimmt worden ist. Wenn die unwahre Werbeangabe ursprünglich von einem Dritten ausgeht, ist im Interesse möglichst eindeutiger, objektiv feststellbarer Voraussetzungen zusätzlich nachzuweisen, daß der Vertragspartner des Abnehmers sich die Werbung mit der unwahren Angabe durch eigene Maßnahmen, etwa durch Plakate, Verkaufsständer, Schaufensterwerbung oder Inserate oder anderweitig selbst zu eigen gemacht hat oder aber die Unwahrheit der Angabe kannte oder kennen mußte.

b) Die in § 13a getroffene Regelung zur raschen und unkomplizierten Konfliktlösung für die besonders krassen Fälle der Werbung mit unwahren und zur Irreführung geeigneten Angaben lehnt sich gemäß Absatz 3 Satz 1 hinsichtlich der Vertragsabwicklung bei beweglichen Sachen an die Regelung in § 1d des Abzahlungsgesetzes an, weil trotz der rechtlichen Unterschiede zwischen dem dort vorgesehenen Widerrufsrecht und dem Rücktrittsrecht nach § 13a die tatsächliche Interessenlage in beiden Fällen große Ähnlichkeiten aufweist. Die Geltendmachung eines weitergehenden Schadens soll gemäß Absatz 2 nicht ausgeschlossen sein.

c) Bei der in § 13a Abs. 3 Satz 3 vorgeschlagenen Ausgleichspflicht im Verhältnis zwischen dem Vertragspartner des Abnehmers und dem werbenden Dritten soll die Haftung des Werbenden nur bei positiver Kenntnis des Vertragspartners von der Unwahrheit der Werbeangabe ausgeschlossen sein. In anderen Fällen wiegt das Verschulden des werbenden Dritten weit schwerer als eine Beteiligung oder Fahrlässigkeit des Letztverkäufers. Bloße Fahrlässigkeit des Vertragspartners oder der Umstand, daß er sich die Werbemaßnahme durch eigene Maßnahmen zu eigen gemacht hat, soll also sein Recht auf vollen Regreß nicht ausschließen. Kannte dagegen der Letztverkäufer die Unwahrheit der Werbeangabe, so erscheint es nicht gerechtfertigt, ihn im Innenverhältnis zum werbenden Dritten von jeder Haftung freizustellen. Andernfalls könnte ein Händler, letztlich auf das Risiko des werbenden Dritten, trotz voller Kenntnis von der Zuwiderhandlung aus deren schädlicher Wirkung auf den Abnehmer Nutzen ziehen.

Zu Artikel 1 Nr. 8 und 9

Die Änderungen in § 14 Abs. 3 und § 16 Abs. 4 ergeben sich aus der redaktionellen Umgestaltung des § 13 (vgl. Begründung zu Nr. 6 unter 1.).

Zu Artikel 1 Nr. 10 (§ 23a neu)

Der Entwurf sieht in dem neuen § 23a vor, daß über die allgemeinen Grundsätze der Bemessung des Streitwerts hinaus bei Unterlassungsklagen zusätzliche Gesichtspunkte

Nachtrag UWG-Novelle 1986

wertmindernd berücksichtigt werden sollen. Diese Regelung beruht auf den vielfach vorgetragenen Beschwerden darüber, daß die Durchführung von Wettbewerbsverfahren angesichts der hohen Streitwerte in vielen Fällen nicht mehr möglich sei, so daß selbst eindeutige Wettbewerbsverstöße nicht ausreichend verfolgt werden könnten. Außerdem beklagen vor allem kleine und mittelständische Unternehmen hohe Streitwertfestsetzungen insbesondere in kleineren Fällen (irreführende Zeitungsanzeigen etc.). Die vorgeschlagene Regelung soll den Gerichten die Möglichkeit geben, wegen des geringen Umfangs der Sache oder in den Fällen, in denen bei der Bemessung des Streitwerts nur nach den allgemeinen Regeln (§ 12 Abs. 1 GKG in Verbindung mit §§ 3 bis 9 ZPO) ein so hoher Streitwert zugrunde gelegt werden müßte, daß eine Belastung der Parteien mit den Prozeßkosten für diese angesichts ihrer Vermögens- und Einkommensverhältnisse nicht tragbar erscheint, den Streitwert niedriger anzusetzen.

Zu Artikel 1 Nr. 11 (§ 23 b)

Die Umbenennung des geltenden § 23a in § 23b ist eine Folgeänderung der Einführung der Streitwertregelung des § 23a (neu).

Zu Artikel 1 Nr. 12 (§ 27 Abs. 1)

Die in § 27 Abs. 1 vorgesehene Ausnahme von der Zuständigkeit der Kammer für Handelssachen ist für die Fälle geboten, in denen bei einem Rechtsstreit wegen eines Rücktritts nach § 13a ein privater Verbraucher beteiligt ist.

Zu Artikel 1 Nr. 13 (§ 27a)

Die Einführung des Rücktrittsrechts (§ 13a) auch für Verbraucher macht es erforderlich, die Einigungsstellen bei den Industrie- und Handelskammern (§ 27a) nunmehr neben den sachverständigen Gewerbetreibenden auch mit Verbrauchervertretern zu besetzen. Dabei sollen die Vorschläge der für ein Bundesland errichteten, mit öffentlichen Mitteln geförderten Verbraucherzentralen berücksichtigt werden.

Zu Artikel 1 Nr. 14 (§ 29)

Die Streichung des § 29 ist eine Folgeänderung der Neuregelung des Rechts der Sonderveranstaltungen. Insoweit wird auf die Begründung zu Artikel 1 Nr. 2, 3, 4 und 5 unter I. Bezug genommen.

Zu den Artikeln 2 und 3 (Rabattgesetz und Zugabeverordnung)

Das Rabattgesetz und die Zugabeverordnung sollen an die Neuregelung der Klagebefugnis und der Streitwertbemessung im UWG angepaßt werden.

Zu Artikel 4 (§ 95 Abs. 1 Nr. 5 GVG)

Als Folge der Einführung eines Rücktrittsrechts auch für private Verbraucher (§ 13a UWG) soll die Zuständigkeit der Kammern für Handelssachen neu geregelt werden.

Zu Artikel 5 (Änderung des Bürgerlichen Gesetzbuches)

A. Allgemeines

1. § 247 Abs. 1 BGB gewährt dem Schuldner einer mit mehr als 6 vom Hundert jährlich verzinsten Kapitalschuld das unabdingbare Recht, das Kapital nach Ablauf von sechs Monaten mit einer Kündigungsfrist von weiteren sechs Monaten zu kündigen. Ausgenommen vom Kündigungsrecht sind Inhaber- und Orderschuldverschreibungen (§ 247 Abs. 2 Satz 1 BGB). Durch ausdrückliche Vereinbarung kann das gesetzliche Kündigungsrecht bei Darlehen, die zu einer aufgrund gesetzlicher Vorschriften gebildeten Deckungsmasse für Schuldverschreibungen gehören oder gehören sollen, für die Zeit ausge-

schlossen werden, während derer sie zur Deckungsmasse gehören (§ 247 Abs. 2 Satz 2 BGB).

Das gesetzliche Kündigungsrecht war in der Praxis lange Zeit unbeachtet und erlangte erstmals in den Jahren 1977/1978 größere Bedeutung, als nach einer Phase ausgesprochen hoher Zinsen der Kapitalzins so stark fiel, daß eine Umschuldung auf geringer verzinsliche Kredite für die Kreditnehmer rentabel wurde. Nach Angaben der Geschäftsbanken wurden damals bei einem Kreditvolumen von insgesamt rund 600 Mrd. DM 12% bis 15% des Volumens der Kredite an Private und 6% bis 7% des Volumens der Kredite an Unternehmen und öffentliche Hände vorzeitig gekündigt; die Versicherungswirtschaft beziffert das Volumen der vorzeitig gekündigten Kredite bei einem Gesamtkreditvorlumen von rund 150 Mrd. DM auf etwa 10%, den daraus erwachsenen Verlust auf rund 1 Milliarde DM.

2. *a)* Das an den Zinssatz von 6% geknüpfte Kündigungsrecht des Schuldners nach § 247 Abs. 1 BGB kann unter Berücksichtigung des seit Inkrafttreten des Bürgerlichen Gesetzbuchs veränderten Zinsniveaus nicht mehr als Schutz gegenüber besonders hohen Zinsen angesehen werden. Bei Inkrafttreten des BGB und in der Zeit danach bis zur Inflation entsprach der Grenzzins von 6% etwa dem Eineinhalbfachen der üblichen Zinsen am Kapitalmarkt, während danach die Kapitalmarktzinsen in der Regel über 6% lagen. Das gesetzliche Kündigungsrecht des Schuldners ist daher von einem Ausnahmebehelf zu einem – abgesehen von den Fristen – voraussetzungslosen allgemeinen Kündigungsrecht geworden. Mit dem Wesen einer Festzinsabrede ist dies namentlich bei längerfristigen Krediten nicht zu vereinbaren. Der Kreditgeber bleibt bei steigenden Zinsen an einen niedrigeren Vertragszins gebunden, während der Kreditnehmer bei fallenden Zinsen nach der Vorlaufzeit von sechs Monaten mit sechsmonatiger Frist kündigen kann.

b) Die einseitige Verlagerung des Zinsänderungsrisikos auf den Kreditgeber hat gesamtwirtschaftlich nachteilige Auswirkungen. Sie erschwert den professionellen Kreditgebern – soweit sie nicht nach § 247 Abs. 2 BGB privilegiert sind – eine laufzeit- und zinskongruente Refinanzierung mittel- und längerfristiger festverzinslicher Kredite, deren Angebot zur Förderung und Finanzierung von Investitionen erwünscht ist (Jahresgutachten 1981/82 des Sachverständigenrates zur Begutachtung der gesamtwirtschaftlichen Entwicklung, Nr. 397, BT-Drucksache 9/1061 S. 170). Kurzfristige Finanzierungsmittel dürfen die Banken unter Beachtung der Liquiditätsgrundsätze und dem Gesetz über das Kreditwesen nur begrenzt zur Finanzierung längerfristiger Kredite verwenden. Bei einer Refinanzierung mit längerfristigen festverzinslichen Passiven drohen im Falle einer Häufung von Kreditkündigungen auf der Aktivseite erhebliche Ertragseinbußen, die auch unter bankaufsichtlichen Gesichtspunkten bedenklich sind. Das Kündigungsrecht nach § 247 Abs. 1 BGB verstärkt mithin die Tendenz zu vermehrter Herauslegung von Krediten mit kurzen Zinsbindungsfristen oder variablen Zinsen, die wiederum für potentielle Investoren ein nicht abschätzbares Risiko bergen. Soweit die Kreditgeber zu längerfristiger Vereinbarung fester Darlehenszinsen bereit sind, müssen sie danach trachten, das sich aus § 247 BGB ergebende Risiko durch Kostenzuschläge (Disagio, Zinsen) aufzufangen. Auch der Sachverständigenrat zur Begutachtung der gesamtwirtschaftlichen Entwicklung hat sich aus den vorbezeichneten Gründen für eine Aufhebung des gesetzlichen Kündigungsrechtes nach § 247 Abs. 1 BGB bei Krediten unter Kaufleuten ausgesprochen (Jahresgutachten 1981/82 aaO).

c) Die durch § 247 Abs. 2 Satz 2 BGB eröffnete Möglichkeit, das Kündigungsrecht vertraglich auszuschließen, wurde nach der Kündigungswelle der Jahre 1977/78 in der Praxis der Kreditwirtschaft unter Begünstigung durch die höchstrichterliche Rechtsprechung in einer solchen Weise erweitert, daß das gesetzliche Kündigungsrecht als Schutz für die Kreditnehmer weitgehend entwertet ist und die Kündigungsregelung mehr oder weniger willkürähnliche Züge aufweist.

Die im Jahre 1953 eingeführte Möglichkeit zum vertraglichen Ausschluß des Kündigungsrechts bei Darlehen, die zu einer aufgrund gesetzlicher Vorschriften gebildeten Dek-

Nachtrag UWG-Novelle 1986

kungsmasse für Schuldverschreibungen gehören oder gehören sollen, sollte nach dem Willen des Gesetzgebers nur den Realkreditinstituten zugute kommen. Unter Schuldnerschutzgesichtspunkten führt allerdings schon diese Ausnahme zu einer Verschiedenbehandlung der Kreditnehmer je nachdem, ob sie ein Darlehen bei einer Hypothekenbank oder einem gleichgestellten Realkreditinstitut oder bei einem sonstigen Kreditgeber aufnehmen. Der Anwendungsbereich dieser Ausnahme wurde jedoch in der Folgezeit aufgrund höchstrichterlicher Urteile schrittweise vergrößert. Durch Urteil vom 12. 11. 1981 – III ZR 2/80 – (BGHZ 82, 182) entschied der Bundesgerichtshof, daß ein Kündigungsausschluß nach § 247 Abs. 2 Satz 2 BGB auch zwischen einem Kreditnehmer und einer Bank, die nicht zum Kreis der nach dieser Vorschrift begünstigten Darlehensgeber gehört, vereinbart werden kann. Danach reicht es für die Zulässigkeit eines vorsorglichen vertraglichen Ausschlusses des Kündigungsrechts aus, wenn der Darlehensnehmer in ausreichender Form darüber unterrichtet wird, daß der Darlehensgeber die Abtretung der Darlehensforderung an eine Emissionsbank beabsichtigt oder plant, und daß das Kündigungsrecht für den Abtretungsfall ausgeschlossen sein soll. Auch der Gesetzgeber hat in § 14 Abs. 7 des Gesetzes über die Deutsche Genossenschaftsbank eine Ausdehnung des Privilegs des § 247 Abs. 2 BGB bei Abtretungen an die Deutsche Genossenschaftsbank ausdrücklich vorgesehen.

Eine weitere Ausdehnung der Ausnahmeregelung hat der Bundesgerichtshof mit seinem Urteil vom 19. 2. 1984 – III ZR 196/82 (BGHZ 90, 161) zugelassen. Danach kann auch eine öffentlich-rechtliche Sparkasse das Kündigungsrecht des Schuldners nach § 247 Abs. 2 Satz 2 BGB für Darlehen ausschließen, die nach landesrechtlichen Vorschriften als Deckung für von der Sparkasse ausgegebene und im Umlauf befindliche Orderschuldverschreibungen dienen oder dienen sollen.

Für die Geschäfts- und Genossenschaftsbanken, die als Universalbanken mit den öffentlich-rechtlichen Sparkassen im Wettbewerb stehen, führt das die Sparkassen in bezug auf den Kündigungsausschluß privilegierende BGH-Urteil vom 19. 2. 1984 zu einer Benachteiligung, aus der sich Wettbewerbsverzerrungen ergeben. Zwar verweist der Bundesgerichtshof diese Kreditinstitute auf die Möglichkeit eines Kündigungsausschlusses in Verbindung mit einer Abtretung der Darlehensforderung an eine privilegierte Bank, doch muß dies mit der Abgabe des Geschäftes an eine andere Bank erkauft werden.

Für die Kreditnehmerseite bedeutet die vorstehend geschilderte Entwicklung eine weitgehende Entwertung des Kündigungsrechts aus § 247 Abs. 1 BGB. Im Bereich des Realkredits kann heute davon ausgegangen werden, daß von der Abtretung an ein gemäß § 247 Abs. 2 BGB privilegiertes Institut weithin Gebrauch gemacht wird und damit das Kündigungsrecht entfällt. Für Personalkredite wird durch entsprechende Konditionenbildung (Laufzeit, Disagio) die Ausübung des rechtlich fortbestehenden Kündigungsrechts wirtschaftlich meist sinnlos. Beide Entwicklungen sind für die Darlehensnehmerseite mit besonderen Nachteilen verbunden. Die ausschließlich zur Verhinderung der Kündigung praktizierte Abtretung erhöht die Kreditkosten fühlbar, während bei Personalkrediten zu festen Bedingungen eine nachfrage-, d. h. an den Bedürfnissen des Kreditnehmers orientierte Konditionenbildung erheblich erschwert wird. Nach Sachlage muß davon ausgegangen werden, daß § 247 sich mit seinen heute feststellbaren Konsequenzen für beide Seiten des Kreditgeschäfts nachteilig auswirkt. Soweit dabei in einzelnen Fällen eine wirtschaftlich sinnvolle, im Streitfall bestandskräftige Kündigungsmöglichkeit erhalten bleibt, wird es sich um Ausnahmefälle handeln, die nicht wirtschaftlichen oder rechtlichen Ordnungsvorstellungen, sondern dem Zufall folgend vereinzelt eintreten mögen.

3. Das gesetzliche Kündigungsrecht des Schuldners soll durch den Entwurf nicht ersatzlos aufgehoben werden. Der Entwurf verfolgt vielmehr das Ziel, den Schuldnerschutz nur dort auf ein angemessenes Maß zurückzuführen, wo er sich in der Vergangenheit als besonders störend erwiesen hat. Dies ist der Bereich der festverzinslichen Kredite, wo das Kündigungsrecht in seiner gegenwärtigen Form im scharfen Widerspruch steht zum Prin-

zip beiderseitiger vertraglicher Bindung und Risikozuweisung. Der Entwurf beschränkt das gesetzliche Kündigungsrecht bei festverzinslichen Krediten auf folgende Fälle:
- Bei Auslaufen einer beiderseitigen Zinsbindung soll der Schuldner nicht einem einseitigen Zinsbestimmungsrecht des Gläubigers unterliegen (§ 609a Abs. 1 Nr. 1);
- nach einer Laufzeit von 10 Jahren soll der Schuldner in jedem Falle kündigen können (§ 609a Abs. 1 Nr. 3);
- schließlich wird für Verbraucherdarlehen im engeren Sinne aus sozialen Gründen ein kurzfristiges Kündigungsrecht des Schuldners vorgeschlagen (§ 609a Abs. 1 Nr. 2).

Die künftige Regelung des Kündigungsrechtes soll wie der geltende § 247 BGB auch Darlehen mit veränderlichem Zinssatz erfassen. Hier erscheint ein maßvoll ausgestaltetes allgemeines Kündigungsrecht des Schuldners als ein wesentliches und wirksames Gegengewicht gegen das Zinsbestimmungsrecht des Gläubigers; dabei soll das Kündigungsrecht dem Schuldner auch die Möglichkeit eröffnen, bei allgemein sinkendem Zinsniveau auf eine Herabsetzung der Zinsen zu dringen. Deshalb war hier einem allgemeinen Kündigungsrecht der Vorzug zu geben vor der (insbesondere etwa im Versicherungsrecht seit langem üblichen) Kündigungsmöglichkeit als Antwort auf Preis- bzw. Zinserhöhungen. Der Entwurf sieht aus diesen Gründen bei variabel verzinslichen Krediten vor, daß der Schuldner jederzeit unter Einhaltung einer Kündigungsfrist von 3 Monaten den Kredit kündigen kann (§ 609a Abs. 2).

Der Entwurf bietet so dem Schuldner klare Alternativen zwischen einem auch langfristig berechenbaren Kredit (§ 609a Abs. 1) und einem an den jeweiligen Marktgegebenheiten orientierten Kredit (§ 609a Abs. 2), von dem er sich aber auch kurzfristig lösen kann. Unter beiden Formen kann er je nach seinen Kreditbedürfnissen und den Verhältnissen am Kreditmarkt wählen. Da der festverzinsliche Kredit nach dem Entwurf auf eine solide und für den Kreditgeber berechenbare Grundlage gestellt wird, soll der Markt für längerfristige festverzinsliche Kredite auch für solche Geldgeber eröffnet werden, denen er bisher aufgrund der durch das Kündigungsrecht erschwerten Refinanzierung verschlossen war. Zinsänderungsrisiken brauchen nach der vorgeschlagenen Regelung nicht mehr in die Konditionen längerfristiger festverzinslicher Kredite einkalkuliert zu werden.

Für die Kreditnehmer ist daher mit einem verbesserten und breiter gefächerten Angebot insbesondere im Bereich der festverzinslichen Kredite zu rechnen.

Auf Ausnahmen für Darlehen, die zu einer Deckungsmasse für Schuldverschreibungen gehören oder gehören sollen (§ 247 Abs. 2 Satz 2 BGB), kann nach der im Entwurf vorgeschlagenen Regelung des Kündigungsrechtes ersatzlos verzichtet werden. Damit entfällt zugleich die bisherige Ungleichbehandlung der Schuldner je nach Status des Gläubigers und Refinanzierung des Darlehens. Desgleichen entfällt die Ungleichbehandlung der Geldgeber im Hinblick auf die Möglichkeiten, das gesetzliche Kündigungsrecht auszuschließen.

Das gesetzliche Kündigungsrecht des Schuldners soll auch künftig seinem Schutzzweck entsprechend unabdingbar sein (§ 609a Abs. 3). Dies gilt nicht, soweit Bund, Länder und ihre Sondervermögen sowie die Gemeinden und Gemeindeverbände Darlehensnehmer sind.

4. Alternativen zu dem Entwurf, die in vergleichbarer Weise unter Wahrung vertragsrechtlicher Grundsätze einen angemessenen Ausgleich der beteiligten Interessen und die Berücksichtigung sozialer Belange in dem erforderlichen Umfang gewährleisten, sind nicht ersichtlich geworden.

B. *Einzelbegründung*

Zu Artikel 5 Nr. 1

Mit der vorgeschlagenen Regelung des Kündigungsrechts für Darlehen wird der bisherige wesentliche Anwendungsbereich des § 247 BGB einer spezialgesetzlichen Regelung

Nachtrag UWG-Novelle 1986

zugeführt, die bei den Vorschriften über das Darlehen einzustellen ist. Da andere praktische Anwendungsfälle des § 247 Abs. 1 BGB nicht erkennbar geworden sind, ist die Vorschrift zu streichen. Somit wird auch § 247 Abs. 2 BGB gegenstandslos und kann ersatzlos entfallen.

Zu Artikel 5 Nr. 2 (§ 609a BGB)

Absatz 1 gilt nach seinen einleitenden Worten für Darlehen, bei denen „für einen bestimmten Zeitraum ein fester Zinssatz vereinbart ist". Damit wird klargestellt, daß Darlehen mit zeitlich begrenzter Zinsbindung, wie sie z. B. bei der abschnittsweisen Finanzierung von Immobiliarkrediten vorkommen, sowie solche, bei denen ein zunächst fester Zinssatz nach einer bestimmten Zeit verändert werden kann, nicht als Darlehen „mit veränderlichem Zinssatz" im Sinne des Absatzes 2 zu behandeln sind, sondern der Regelung des Absatzes 1 unterliegen. Die Vorschrift statuiert den Grundsatz der Kongruenz zwischen der Vertragsbindung des Schuldners und dem Zeitraum der Zinsbindung des Darlehensgebers; sie gibt dem Darlehensnehmer unabhängig von der Gesamtlaufzeit des Darlehens ein Kündigungsrecht frühestens zu dem Zeitpunkt, an dem die Zinsbindung endet. Das Kündigungsrecht erlischt mit einer neuen Vereinbarung über den Zinssatz (Abs. 1 Nr. 1, 1. Halbsatz). Es bleibt den Geschäftsbedingungen des Kreditinstituts vorbehalten, unter Wahrung des Grundgedankens der vorgeschlagenen Regelung Vorkehrungen zu treffen, die eine zeitliche Eingrenzung der Kündigungsbefugnis des Darlehensnehmers ermöglichen; eine Zinsanpassung gemäß § 315 BGB ist dadurch nicht ausgeschlossen. Der zweite Halbsatz trägt Darlehen mit kurzfristigen, periodischen Zinsanpassungen Rechnung. Für diese, oft an einen vereinbarten Referenzzinssatz gebundenen (sog. rollover-)Kredite erscheint es mit Rücksicht auf die meist kurzfristig aufeinander folgenden Anpassungstermine und den Kreis der in Frage kommenden Kreditnehmer hinnehmbar, diesen ein Kündigungsrecht nur auf die jeweiligen Zinsanpassungstermine zu geben.

Absatz 1 Nr. 2 sieht für Verbraucherdarlehen nach einer unkündbaren Vorlaufzeit von sechs Monaten ein Kündigungsrecht des Schuldners mit dreimonatiger Kündigungsfrist vor. Die Vorschrift trägt dem Umstand Rechnung, daß in bestimmten Bereichen des Konsumentenkredits Umschuldungen zum Zwecke der Zinsanpassung an ein allgemein gesunkenes Zinsniveau wegen der damit verbundenen Kosten selten, infolge Zahlungsschwierigkeiten und erhöhten Kreditbedarfs aber häufig vorkommen. Der Kündigungswunsch des Schuldners ist hier Ausdruck einer meist erheblichen wirtschaftlichen Bedrängnis; nach Wegfall des § 247 Abs. 1 BGB wären die Schuldner ohne diese Sondervorschrift im Umschuldungsfall zusätzlich hohen Vorfälligkeitsentschädigungen oder für längere Zeiträume doppelter Zinsbelastung ausgesetzt.

Dieser Grundgedanke verbietet eine Ausdehnung des Anwendungsbereichs der Vorschrift auf vergleichbare Darlehen, bei denen Zinsänderungen häufig zu Umschuldungswünschen führen; dies gilt insbesondere für Immobiliarkredite, bei denen zusätzlich zu berücksichtigen ist, daß sie infolge der eingangs geschilderten Abtretungspraxis bereits nach geltendem Recht tatsächlich weithin von der Kündigungsmöglichkeit ausgeschlossen sind.

Soweit die Vorschrift darauf abstellt, daß das Grundpfandrecht „gesichert ist", kann es nicht darauf ankommen, welches Stadium der grundbuchmäßigen Erledigung erreicht ist. Nach der Fassung der Vorschrift hat der Kreditgeber zu beweisen, daß das Darlehen für gewerbliche oder berufliche Zwecke gewährt wird; damit soll darauf hingewirkt werden, daß bereits bei der Darlehensgewährung Klarheit über die Zweckbestimmung geschaffen wird.

Absatz 1 Nr. 3 gewährt dem Schuldner bei allen festverzinslichen Darlehen („in jedem Falle") nach Ablauf von 10 Jahren nach der Auszahlung ein gesetzliches Kündigungsrecht. Die Regelung hat nur für Darlehen mit einer Laufzeit von über 10 Jahren praktische Bedeutung. Spätestens nach Ablauf dieses Zeitraums soll der Schuldner die Möglichkeit haben, sich durch Kündigung vom Darlehensvertrag zu lösen. Eine inhaltlich gleichartige Regelung gilt seit langem gemäß § 18 des Hypothekenbankgesetzes für die von den Hypothekenbanken gewährten hypothekarischen Darlehen. Da das Anliegen dieser Regelung, den Schuldner nach Ablauf einer längeren Zeit vor der Bindung an einen nicht mehr zeitgemäßen Zinssatz zu bewahren, für alle festverzinslichen Darlehen gleichermaßen Bedeutung hat, wird sie im Entwurf (§ 609a Abs. 1 Nr. 3) aufgegriffen und auf alle festverzinslichen Darlehen ausgedehnt. Der Schuldner kann die Kündigung frühestens nach Ablauf von 10 Jahren nach der Auszahlung des Darlehens und danach in jedem Zeitpunkt erklären. Um die technische Abwicklung des Vertrags und die Vorbereitung eines neuen Geschäfts zu erleichtern, hat der Schuldner eine Kündigungsfrist von sechs Monaten einzuhalten. Mithin muß zwischen Zugang der Kündigungserklärung und dem Zeitpunkt ihres Wirksamwerdens ein Zeitraum von mindestens sechs Monaten liegen. Das Darlehen kann also frühestens nach Ablauf von zehn Jahren für einen Zeitpunkt gekündigt werden, der sechs Monate nach Zugang der Kündigungserklärung eintritt. Nach Absatz 1 Nr. 3, zweiter Halbsatz beginnt der zehnjährige Zeitraum, nach dessen Ablauf dem Schuldner das gesetzliche Kündigungsrecht zusteht, im Falle einer nach der Auszahlung des Darlehens getroffenen Prolongationsvereinbarung mit dem Zeitpunkt des Abschlusses dieser Vereinbarung. Diese Regelung folgt dem Vorbild des § 18 Abs. 2 Satz 2, zweiter Halbsatz des Hypothekenbankgesetzes. Sie geht davon aus, daß die Prolongationsvereinbarung in der Regel kurz vor Ablauf der ursprünglichen Laufzeit getroffen wird und der Schuldner im Falle einer Prolongationsvereinbarung die Möglichkeit hat, auf eine Anpassung der Darlehensbedingungen an die veränderten Marktbedingungen hinzuwirken.

Ein allgemeiner längerfristiger Ausschluß des Kündigungsrechts nach Absatz 1 Nr. 3 oder ein gänzlicher Verzicht hierauf erscheint vor dem Hintergrund der bisherigen Regelung nicht veranlaßt; eine Privilegierung einzelner Spezialkreditinstitute, wie sie das geltende Recht vorsieht, verbietet sich aus Gründen der Wettbewerbsgleichheit.

Absatz 2 sieht bei Darlehen mit veränderlichem Zinssatz ein Kündigungsrecht des Schuldners vor, das lediglich an die Einhaltung einer Kündigungsfrist von drei Monaten geknüpft ist. Unter Darlehen „mit veränderlichem Zinssatz" sind hier mit Rücksicht auf den Anwendungsbereich des Absatzes 1 nur solche zu verstehen, bei denen jederzeit eine Änderung des Zinssatzes eintreten kann. Ist hingegen für eine bestimmte Zeit ein Zinssatz fest vereinbart und erst danach eine Änderung vorgesehen, so richtet sich das Kündigungsrecht des Schuldners ausschließlich nach Absatz 1. Im übrigen wird auf die Ausführungen im allgemeinen Teil der Begründung Bezug genommen.

Absatz 3 Satz 1 bestimmt in gleicher Weise wie bisher § 247 Abs. 1 Satz 2 BGB, daß das Kündigungsrecht des Schuldners nicht durch Vertrag ausgeschlossen oder erschwert werden kann. Abweichende Vereinbarungen sind nach § 134 BGB nichtig. Beispiele für eine unzulässige Erschwerung des Kündigungsrechtes sind die Vereinbarung einer Vorfälligkeitsentschädigung, einer Vertragsstrafe oder einer Verlängerung der Kündigungsfrist.

Gemäß Satz 2 gilt das Verbot des Satzes 1 nicht bei Darlehen an den Bund, ein Sondervermögen des Bundes, ein Land, eine Gemeinde oder einen Gemeindeverband.

Nachtrag

IX. Bundestags-Drucksache 10/5771

(Auszug)

Bericht der Abgeordneten Eylmann, Sauter (Ichenhausen), Dr. Schröder (Freiburg) und Dr. Schwenk (Stade)

I. Zum Beratungsverfahren

Dem Rechtsausschuß sind zu den zu entscheidenden Regelungskomplexen folgende Vorlagen überwiesen worden:

a) Gesetzentwurf der Fraktion der SPD zur Änderung des Gesetzes gegen den unlauteren Wettbewerb – Drucksache 10/80 –

Dieser Gesetzentwurf wurde vom Deutschen Bundestag in seiner 14. Sitzung vom 16. 6. 1983 in erster Lesung beraten und an den Rechtsausschuß federführend sowie an den Ausschuß für Wirtschaft mitberatend überwiesen.

b) Gesetzentwurf der Fraktionen der CDU/CSU und FDP – Entwurf eines Gesetzes zur Änderung wirtschaftlicher und verbraucherrechtlicher Vorschriften – Drucksache 10/4741 –

Antrag der Fraktion der SPD – Wettbewerb und Verbraucherschutz im Einzelhandel – Drucksache 10/5002 –

Antrag der Fraktion der SPD – Ladenschluß im Einzelhandel – Drucksache 10/5003 –

Dieser Gesetzentwurf und die beiden Anträge wurden vom Deutschen Bundestag in seiner 196. Sitzung vom 5. 2. 1986 in erster Lesung beraten und an den Rechtsausschuß federführend sowie mitberatend an den Finanzausschuß, an den Ausschuß für Wirtschaft, an den Ausschuß für Jugend, Familie und Gesundheit überwiesen.

Der Rechtsausschuß hat zunächst eine öffentliche Anhörung zur vorgeschlagenen Änderung der Ladenschlußzeiten (Artikel 10 des Gesetzentwurfs – Drucksache 10/4741), zur vorgeschlagenen Änderung des Artikels 11 Reichsversicherungsordnung (des Gesetzentwurfs – Drucksache 10/4741) und zum vorgeschlagenen Wegfall der Winterbauförderung (Artikel 12 des Gesetzentwurfs – Drucksache 10/4741) durchgeführt. Sodann hat der Rechtsausschuß in seiner 81. Sitzung am 23. 4. 1986 eine weitere öffentliche Anhörung zu den vorgeschlagenen Änderungen des Gesetzes gegen den unlauteren Wettbewerb, zur vorgesehenen Neuregelung der Kündbarkeit von Darlehen (§§ 247, 609a BGB) sowie zu bestimmten Fragen zum Wettbewerb und Verbraucherschutz im Einzelhandel durchgeführt.

Die angehörten Vertreter von Verbänden, von Unternehmen sowie die Sachverständigen haben zu den vorgeschlagenen Änderungen – abgesehen von dem Wegfall der Winterbauförderung, zu dem einvernehmliche Meinungen bestanden – jeweils sehr gegensätzliche und unterschiedliche Auffassungen vertreten.

Im Anschluß an die öffentlichen Anhörungen, auf deren Stenographische Protokolle Bezug genommen wird, hat der Rechtsausschuß die Vorlagen in seiner 80. Sitzung am 16. 4. 1986, in seiner 86. Sitzung am 4. 6. 1986, in seiner 88. Sitzung am 18. 6. 1986 und in seiner 89. Sitzung am 19. 6. 1986 beraten. Ihm lagen hierbei folgende Stellungnahmen der mitberatenden Ausschüsse vor:

a) Stellungnahme des Finanzausschusses vom 14. 5. 1986: Der Finanzausschuß hat zu dem Gesetzentwurf – Drucksache 10/4741 – darauf hingewiesen, daß sich durch die für Bund, Länder und Gemeinden vorgesehene Möglichkeit, das Kündigungsrecht des Schuldners auszuschließen (§ 609a Abs. 3 Satz 2 BGB in Artikel 5 des Gesetzentwurfs) eine Wettbewerbsverfälschung zugunsten privater Schuldner ergeben könnte. Er bat den Rechtsausschuß um Prüfung dieses Problems. Im übrigen hat er den Gesetzentwurf –

UWG-Novelle 1986 **Nachtrag**

Drucksache 10/4741 – zur Kenntnis genommen und auf eine Beratung zu den Anträgen der Fraktion der SPD – Drucksachen 10/5002, 10/5003 – verzichtet.

b) Stellungnahme des Ausschusses für Jugend, Familie und Gesundheit vom 14. 5. 1986:
Dieser Ausschuß hat in seiner Stellungnahme empfohlen, den Gesetzentwurf – Drucksache 10/4741 – anzunehmen und die Anträge der Fraktion der SPD – Drucksachen 10/5002, 10/5003 – abzulehnen.

c) Stellungnahmen des Wirtschaftsausschusses vom 8. 6. 1986:
Der Wirtschaftsausschuß empfiehlt mit Mehrheit, den Gesetzentwurf – Drucksache 10/4741 – mit Änderungen des Artikels 1 (Änderung des Gesetzes gegen den unlauteren Wettbewerb – § 7 und § 8), des Artikels 10 (Änderung des Ladenschlußgesetzes) und des Artikels 12 (Änderung des Arbeitsförderungsgesetzes), die auch im Rechtsausschuß von der Mehrheit beantragt und beschlossen worden sind, anzunehmen. Darüber hinaus hat der Wirtschaftsausschuß um wohlwollende Prüfung gebeten, ob und wie Räumungsverkäufe bei Aufgabe einer unselbständigen Filiale in die Regelung einbezogen werden sollen. Weiter empfiehlt der Wirtschaftsausschuß mit Mehrheit, den Gesetzentwurf der Fraktion der SPD – Drucksache 10/80 – und die Anträge der Fraktion der SPD – Drucksachen 10/5002, 10/5003 – abzulehnen.

d) Stellungnahme des Ausschusses für Arbeit und Sozialordnung vom 18. 6. 1986:
Der Ausschuß für Arbeit und Sozialordnung hat mit Mehrheit dem Gesetzentwurf – Drucksache 10/4741 – mit der Maßgabe zugestimmt, in Artikel 10 (Änderung des Ladenschlußgesetzes) die Änderungsanträge der Fraktionen der CDU/CSU und FDP, wie sie auch im Rechtsausschuß gestellt und beschlossen worden sind, zu berücksichtigen. Im übrigen wurde mit Mehrheit empfohlen, die Anträge der Fraktion der SPD – Drucksachen 10/5002, 10/5003 – abzulehnen.

II. Zur Beschlußempfehlung des Rechtsausschusses

1. Der Rechtsausschuß empfiehlt mit den Stimmen der Fraktionen der CDU/CSU und FDP, den von diesen Fraktionen eingebrachten Gesetzentwurf – Drucksache 10/4741 – mit den beschlossenen Einzeländerungen anzunehmen. Die Mitglieder der Fraktion der SPD und der Fraktion DIE GRÜNEN haben in der Schlußabstimmung im Rechtsausschuß gegen diesen Gesetzentwurf gestimmt.

Der Rechtausschuß empfiehlt des weiteren mit den Stimmen der Fraktion der CDU/CSU die Ablehnung des Gesetzentwurfs der Fraktion der SPD-Drucksache 10/80 – und der Anträge der Fraktion der SPD – Drucksachen 10/5002, 10/5003.

2. Allgemeines. Der Gesetzentwurf – Drucksache 10/4741 – in der empfohlenen Fassung enthält im wesentlichen folgende Neuregelungen:

a) Änderungen beim unlauteren Wettbewerb (Artikel 1 des Gesetzentwurfs)
Hier soll vorgesehen werden:
– Verbot der öffentlichen Werbung mit mengenmäßiger Beschränkung (§ 6d),
– Verbot der öffentlichen Werbung mit Preisgegenüberstellungen (§ 6e),
– Neuregelung des Rechts der Sonderveranstaltungen (§§ 7, 8). Hier wird vom Ausschuß gegenüber der Fassung des Entwurfs zusätzlich die Zulassung von Jubiläumsverkäufen sowie von Verkäufen wegen eines Umbaus vorgeschlagen,
– Ausschluß des Aufwendungsersatzes bei mißbräuchlicher Geltendmachung von Unterlassungsansprüchen (Abmahnungen) (§ 13 Abs. 5),
– Rücktrittsrecht für Abnehmer, die durch unwahre Werbeangaben zum Vertragsschluß bestimmt wurden (§ 13a),
– flexible Streitwertbemessung bei Unterlassungsansprüchen (§ 23a neu).

Der Gesetzentwurf der Fraktion der SPD zur Änderung des Gesetzes gegen den unlauteren Wettbewerb – Drucksache 10/80 – schlägt teilweise weitergehende und teilweise weniger weitgehende Regelungen vor. Siehe hierzu bei den Ausführungen zu den einzelnen Vorschriften.

Nachtrag UWG-Novelle 1986

b) Der Entwurf hebt den bisherigen § 247 BGB auf und bringt in einem neuen § 609a BGB eine Neugestaltung des Darlehenskündigungsrechts. Es sollen nunmehr unterschiedliche Kündigungsmöglichkeiten für festverzinsliche und variabel verzinsliche Kredite vorgesehen werden. Bei festverzinslichen Darlehen soll kein Kündigungsrecht für die Dauer der jeweiligen Zinsbindung bestehen, wobei die Höchstbindungsfrist zehn Jahre betragen soll. Für Verbraucherdarlehen ist eine Ausnahmeregelung vorgesehen; diese sollen nach einer unkündbaren Vorlaufzeit von sechs Monaten mit einer dreimonatigen Frist kündbar sein. Darlehen mit variablem Zinssatz sollen nun nach Einhaltung einer Frist von drei Monaten kündbar sein.

c) Die vorgeschlagenen Änderungen des Ladenschlußgesetzes sollen nach der Auffassung der Mehrheit die Versorgung der Berufspendler und der anderen Reisenden während der allgemeinen Ladenschlußzeiten an Werktagen ermöglichen. Die Landesregierungen sollen eine entsprechende Verordnungsermächtigung erhalten, bei Städten mit über 200 000 Einwohnern Regelungen zu erlassen, wonach Verkaufsstellen auf Personenbahnhöfen des Schienenfernverkehrs und Verkaufsstellen in Bahnhofspassagen, die einen Personenbahnhof des Schienenfernverkehrs mit einem Verkehrsknotenpunkt des Nah- und Stadtverkehrs verbinden, über die allgemeinen Ladenschlußzeiten offengehalten werden können und sie auch andere Waren als Reisebedarf abgeben können.

Eine entsprechende Verordnungsermächtigung soll auch für Verkaufsstellen auf internationalen Verkehrsflughäfen und in internationalen Fährhäfen vorgesehen werden.

d) Die Änderungen der Reichsversicherungsordnung in Artikel 11 des Gesetzentwurfs gestatten, daß höherverdienende Angestellte bei einem Übergang von Voll- auf Teilzeitbeschäftigung auf Antrag weiterhin von der Krankenversicherungspflicht befreit bleiben können. Hebammen sollen, wenn sie nur ein geringes Einkommen haben, krankenversicherungsfrei werden.

e) Mit der Änderung des Arbeitsförderungsgesetzes soll durch ein befristetes Aussetzen der Arbeitgeberleistungen zur produktiven Winterbauförderung die Bauwirtschaft vorübergehend von Kosten entlastet werden. Das wird zu einer Absenkung der Winterbauumlage von 3% auf 2,2% führen.

Im folgenden werden zu den einzelnen Vorschriften die Änderungsanträge des Rechtsausschusses begründet und die abgelehnten Gegenanträge der Opposition sowie ihre Einwendungen gegen die Empfehlungen der Mehrheit dargelegt. Im übrigen darf auf die Begründung des Gesetzentwurfs – Drucksache 10/4741 – und des Gesetzentwurfs – Drucksache 10/80 – Bezug genommen werden.

Zu Artikel 1 – Gesetz gegen den unlauteren Wettbewerb (UWG) –

Zu Artikel 1 Nr. 3 – § 4 – (SPD-Entwurf)

Der Vorschlag der Ausschußmitglieder der SPD, den Straftatbestand der unwahren Werbung in § 4 UWG in mehrfacher Hinsicht zu verschärfen und dabei auch ausdrücklich den Mißbrauch mit Gewinnspielen einzubeziehen, wurde von der Mehrheit des Rechtsausschusses abgelehnt. Die Mehrheit ist, insbesondere hinsichtlich des Problems des Mißbrauchs mit Gewinnspielen der Auffassung, daß die geltenden Regelungen des UWG (§§ 1, 3 UWG) ausreichenden Schutz gewährten.

Zu Artikel 1 Nr. 1 – § 6d –

Die Umgestaltung des § 6d Abs. 1 Nr. 2 ist redaktioneller Art. Dadurch soll die in der Begründung des Entwurfs dargelegte Zielrichtung gegen bestimmte Formen anlockender Werbung deutlicher zum Ausdruck gebracht werden. Durch die Umstellung soll erreicht werden, daß der Anschein eines besonders günstigen Angebots nicht von der Abgabebeschränkung ausgehen muß.

Den grundsätzlichen Bedenken der Ausschußmitglieder der Fraktion der SPD gegen das Verbot der Werbung im Zusammenhang mit einer mengenmäßigen Beschränkung ist die Mehrheit des Rechtsausschusses im Einvernehmen mit der Mehrheit des Wirtschaftsausschusses wegen der Irreführungsgefahr, die mit einer solchen Werbung typischerweise verbunden ist, nicht gefolgt.

Zu Artikel 1 Nr. 1 – § 6e –

Durch die in § 6e Abs. 2 Nr. 2 vorgeschlagene Änderung soll die Ausnahmeregelung auf Kataloge und katalogähnliche Verkaufsprospekte ausgedehnt werden, in denen Dienstleistungen, wie z. B. Reisen, angeboten werden. Zu Absatz 2 Nr. 2 geht der Ausschuß davon aus, daß Preise in verkehrsüblicher Weise gegenübergestellt werden können. Die Ausschußmitglieder der Fraktion der SPD sind im Gegensatz zur Mehrheitsmeinung überhaupt gegen das Verbot von Preisgegenüberstellungen in der Werbung.

Zu Artikel 1 Nr. 2 – § 7 –

Die vorgeschlagene Aufteilung des Textes des Absatzes 1 auf die Absätze 1 und 3 ist redaktioneller Art. Während in Absatz 1 das grundsätzliche Verbot von Sonderveranstaltungen ausgesprochen werden soll, sollen in Absatz 3 die Ausnahmen (Saisonschlußverkäufe und Jubiläumsverkäufe) geregelt werden.

Durch die redaktionelle Umformulierung in § 7 Abs. 2 soll klargestellt werden, daß es – wie im geltenden Recht – darauf ankommt, daß sich die Sonderangebote (und nicht die Waren) in den regelmäßigen Geschäftsbetrieb des Unternehmens einfügen. Materiell schlägt der Rechtsausschuß einstimmig in Übereinstimmung mit der Stellungnahme des Wirtschaftsausschusses vor, Jubiläumsverkäufe jeweils alle 25 Jahre seit Bestehen des Unternehmens durch § 7 Abs. 3 Nr. 2 in die zulässigen Sonderveranstaltungen einzubeziehen. Da die betroffenen Wirtschaftskreise übereinstimmend ein Bedürfnis für derartige Veranstaltungen geltend gemacht haben und nennenswerte Mißbräuche in diesem Bereich in der Vergangenheit nicht zu verzeichnen waren, sollte insoweit die geltende Rechtslage beibehalten werden. Die aus Gründen der Gesetzgebungsökonomie bewußt kurz gehaltene Formulierung soll keine materielle Änderung gegenüber den zahlreichen Detailregelungen des geltenden Rechts (§ 3 der Anordnung zur Regelung von Verkaufsveranstaltungen besonderer Art vom 4. 7. 1935) und der hierzu entwickelten Rechtsprechung bedeuten.

Zu Artikel 1 Nr. 2 – § 8 –

Der Rechtsausschuß schlägt in Übereinstimmung mit der Stellungnahme des Wirtschaftsausschusses einstimmig vor, in § 8 Abs. 1 Nr. 2 künftig Räumungsverkäufe auch in Fällen von Umbauten zuzulassen. Angesichts der verbreiteten Mißbräuche bei Räumungsverkäufen im Zusammenhang mit Umbauten erscheint die Beschränkung auf solche Umbaumaßnahmen geboten, die nach baurechtlichen Vorschriften anzeige- oder genehmigungspflichtig sind und eine Räumungszwangslage hervorrufen.

Die Umgestaltung des § 8 Abs. 1 im übrigen – Aufteilung in Nummer 1 und 2 sowie Einfügung des Wortes „oder" am Ende von Nummer 1 – ist redaktioneller Art.

Wegen der Gefahr von Mißbräuchen hält es der Rechtsausschuß entgegen der Prüfungsbitte des Wirtschaftsausschusses nicht für sachgerecht, auch im Falle der Aufgabe einer unselbständigen Filiale Räumungsverkäufe zuzulassen.

Bei den Ergänzungen des Absatzes 3 – Anzeige – handelt es sich um Folgeänderungen zur Einfügung des neuen § 8 Abs. 1 Nr. 2. Nach Absatz 3 Satz 1 ist nunmehr eine unterschiedliche Frist für die Anzeige je nach Art des angezeigten Räumungsverkaufes vorgesehen. Dabei muß die Anzeige innerhalb einer bestimmten Frist vor der erstmaligen Ankündigung, nicht – wie im Entwurf vorgesehen – innerhalb einer bestimmten Frist vor dem Beginn des Räumungsverkaufs vorliegen.

Nach Absatz 3 Nr. 3 soll der Inhalt der Anzeige um Angaben zur Beschaffenheit der Ware erweitert werden, insbesondere um über die bessere Identifizierung der Waren eine Kontrolle des sog. Vor- und Nachschiebens zu ermöglichen.

Nachtrag

Nach Absatz 3 Nr. 4 soll im Falle eines Räumungsverkaufs wegen Umbau in der Anzeige auch die vom Umbau betroffene Verkaufsfläche bezeichnet werden, damit den Beteiligten eine entsprechende Überprüfung möglich ist. Die Nummer 4 des Entwurfs wird deshalb Nummer 5.

Im letzten Satz von Absatz 3 ist vorgesehen, daß der Anzeige auch ein Bescheinigung der Baubehörde über die Zulässigkeit des Bauvorhabens beizufügen ist. Damit soll die Voraussetzung des § 8 Abs. 1 Nr. 2, die neben dem Vorliegen einer Räumungszwangslage gegeben sein muß, nachgewiesen werden.

Nach § 8 Abs. 4 soll jedem die Einsicht in die Akten, nicht nur in die Anzeige, gestattet sein. Ziel dieses Vorschlages ist, die so gewonnenen Erkenntnisse im Zivilprozeß nach den Absätzen 5 oder 6 verwerten zu können. Unter anderem im Hinblick auf die im Rahmen des Verfahrens der einstweiligen Verfügung erforderliche Glaubhaftmachung durch präsente Beweismittel soll das Recht auf Anfertigung von Abschriften oder Ablichtungen ausdrücklich vorgesehen werden.

In § 8 Abs. 5 Satz 1 soll durch die Untersagung der Ankündigung oder Durchführung des „gesamten" Räumungsverkaufs klargestellt werden, daß bei einem Verstoß gegen § 8 das Risiko der Untersagungen nicht auf die einzelne Handlung begrenzt bleibt – z. B. die nachgeschobene Ware –, sondern die ganze Veranstaltung betrifft.

Die neue Nummer 3 des § 8 Abs. 6 steht im Zusammenhang mit der Einfügung des § 8 Abs. 1 Nr. 2. Danach soll ein Unterlassungsanspruch auch dann bestehen, wenn der Veranstalter eines Räumungsverkaufs wegen Umbaus auf der von der Baumaßnahme betroffenen Fläche vor Beendigung der Arbeiten den Geschäftsbetrieb fortführt. Auf diese Weise soll dem verbreiteten Mißbrauch vorgebeugt werden, daß zwar Räumungsverkäufe durchgeführt werden, die anschließenden Umbauten jedoch – praktisch ohne Sanktionen – in einer Weise hinter dem angekündigten Umfang zurückbleiben, daß die Rechtfertigung für die stattgefundene Sonderveranstaltung nachträglich entfällt.

Zu Artikel 1 Nr. 6 – § 13 –

Mit der Einfügung des Wortes „den" vor dem Wort „Inhaber" in § 13 Abs. 4 wird ein Druckfehler beseitigt.

Der Rechtsausschuß schlägt außerdem einstimmig vor, in § 13 Abs. 5 an Stelle der im Entwurf vorgesehenen Abschaffung des Aufwendungsersatzes für die Kosten der ersten Abmahnung einen Mißbrauchstatbestand einzuführen. Die im Entwurf vorgesehene Lösung ist auf nahezu einhellige Ablehnung der betroffenen Verbände und Organisationen gestoßen. Sie sind der Auffassung, daß durch diese Lösung angesichts der bereits weitgehend beseitigten Mißbräuche („Gebührenvereine") die legitime Durchsetzung von Unterlassungsansprüchen durch Mitbewerber und vor allem durch seriöse Verbände in Fällen unlauteren Wettbewerbs übermäßig erschwert würde. Der Änderungsvorschlag knüpft an die in der Rechtsprechung vermehrt festzustellende Tendenz an, Mißbräuchen bei der Geltendmachung von Unterlassungsansprüchen durch Verbände und Mitbewerber dadurch zu begegnen, daß die Klagebefugnis und damit auch die Abmahnbefugnis in bestimmten Fällen verneint wird. Diese Tendenz soll durch die Neuregelung gefördert werden.

Zu Artikel 1 Nr. 7 – § 13a –

Die Ergänzung in § 13a Abs. 1 ist redaktioneller Art. Sie bringt zum Ausdruck, daß das Kennen oder Kennenmüssen den gesamten objektiven Tatbestand von § 4 umfassen muß.

Dem Antrag der Ausschußmitglieder der Fraktion der SPD, über das Rücktrittsrecht hinaus auch noch einen Schadensersatzanspruch für Verbraucher einzuführen, ist die Mehrheit des Rechtsausschusses nicht gefolgt, weil sie das Rücktrittsrecht für praktikabler und für ausreichend hielt, um die Interessen der Verbraucher zu berücksichtigen.

UWG-Novelle 1986   **Nachtrag**

Zu Artikel 1 Nr. 10 – § 23 a –

Die redaktionelle Ergänzung des § 23 a bringt das Gewollte deutlicher zum Ausdruck. Um die Gefahr von Mißverständnissen auszuschließen, soll nicht allein der Umfang einer Sache maßgeblich sein. Außerdem soll die Belastung auch nur einer Partei mit den Prozeßkosten ausreichen.

Zu Artikel 1 Nr. 12 – § 27 –

Die Umformulierungen des § 27 – und von Artikel 4 (Änderung des Gerichtsverfassungsgesetzes) – sind redaktioneller Art. Sie sollen klarstellen, daß die Kammern für Handelssachen nur dann nicht zuständig sein sollen, wenn es sich um Ansprüche von Letztverbrauchern handelt, für die das zugrundeliegende Geschäft kein – beiderseitiges – Handelsgeschäft war. In allen anderen Fällen – auch solche, in denen ein Anspruch auf § 13 a von einem Letztverbraucher geltend gemacht wird, für den das zugrundeliegende Geschäft ein Handelsgeschäft war – besteht kein Anlaß, von der grundsätzlich gegebenen Zuständigkeit der Kammer für Handelssachen abzuweichen.

Zu Artikel 4 – § 95 Abs. 1 Nr. 5 GVG –

Vgl. die Ausführungen zu Artikel 1 Nr. 12 – § 27 UWG –

Zu Artikel 5 – Änderung des Bürgerlichen Gesetzbuches

Der geltende § 247 BGB hat sich schon seit langem als änderungsbedürftig erwiesen. Diese Vorschrift gibt dem Schuldner das unabdingbare Recht, ein Darlehen nach Ablauf von sechs Monaten mit einer Kündigungsfrist von weiteren sechs Monaten zu kündigen, wenn die Kapitalschuld mit mehr als 6% jährlich zu verzinsen ist. Zur Zeit des Inkrafttretens des Bürgerlichen Gesetzbuches und in der Zeit danach bis zur Inflation entsprach ein Zinssatz von 6% etwa dem Eineinhalbfachen der übliche Zinsen am Kapitalmarkt, während danach die Kapitalmarktzinsen in der Regel über 6% lagen. Durch diese Entwicklung der Kapitalmarktzinsen ist das gesetzliche Kündigungsrecht nach § 247 zu einem voraussetzungslosen allgemeinen Kündigungsrecht des Schuldners geworden. Das Zinsänderungsrisiko hat sich damit einseitig auf den Kreditgeber verlagert. Ein solches allgemeines Kündigungsrecht des Schuldners ist vor allem bei längerfristigen Krediten mit einer Festzinsabrede nicht tragbar. Das einseitige allgemeine Kündigungsrecht des Schuldners hat zur Folge, daß der Kreditgeber bei steigenden Zinsen an einen niedrigeren Vertragszins gebunden bleibt, während der Kreditnehmer bei fallenden Zinsen nach der Vorlaufzeit von sechs Monaten mit sechsmonatiger Frist kündigen kann.

Gesamtwirtschaftlich kann das einseitige allgemeine Kündigungsrecht des Schuldners erhebliche nachteilige Auswirkungen haben. Den professionellen Kreditgebern wird – soweit sie sich nicht auf das Ausnahmerecht des § 247 Abs. 2 Satz 2 BGB stützen können – eine laufzeit- und zinskongruente Refinanzierung mittels- und längerfristiger festverzinslicher Kredite erschwert, deren Angebot zur Förderung und Finanzierung von Investitionen erwünscht ist (Jahresgutachten 1981/82 des Sachverständigenrates zur Begutachtung der gesamtwirtschaftlichen Entwicklung Nr. 397 – Drucksache 9/1061 S. 170).

Auch der Sachverständigenrat zur Begutachtung der gesamtwirtschaftlichen Entwicklung hat sich deshalb für eine Aufhebung des gesetzlichen Kündigungsrechts nach § 247 Abs. 1 BGB bei Krediten unter Kaufleuten ausgesprochen (Jahresgutachten 1981/82 a. a. O.). In der Praxis wurde das allgemeine Kündigungsrecht des Kreditschuldners nach § 247 Abs. 1 BGB inzwischen weitgehend durch die im Jahre 1953 eingeführte Ausnahme nach § 247 Abs. 2 Satz 2 BGB ausgehöhlt, wonach das Kündigungsrecht vertraglich bei Darlehen ausgeschlossen werden kann, die zu einer aufgrund gesetzlicher Vorschriften gebildeten Deckungsmasse für Schuldverschreibung gehören oder gehören sollen. Durch Rechtsprechung des Bundesgerichtshofes wurde diese Ausnahmeregelung inzwischen so sehr ausgedehnt, daß das Kündigungsrecht des Kreditschuldners aus § 247 Abs. 1 BGB

Nachtrag UWG-Novelle 1986

weitgehend entwertet worden ist (vgl. Urteil des BGH vom 12. 11. 1981 – III. ZR 2/80 – BGHZ 82, 182; Urteil des BGH vom 19. 2. 1984 – III. ZR 196/82 – BGH Z 90, 161). Die Kreditwirtschaft hat, seitdem in den Jahren 1977/78 eine erste Kündigungs- und Umschuldungswelle aufgetreten ist, von der Ausnahmeregelung weithin Gebrauch gemacht.

Durch Artikel 5 des Gesetzentwurfs soll das Kündigungsrecht des Kreditschuldners neu geregelt werden.

Bei festverzinslichen Krediten soll das Kündigungsrecht auf folgende Fälle beschränkt werden:
- Bei Auslaufen einer beiderseitigen Zinsbindung soll der Schuldner nicht einem einseitigen Zinsbestimmungsrecht des Gläubigers unterliegen (§ 609a Abs. 1 Nr. 1). Dem Kreditschuldner wird deshalb nach Ablauf einer Zinsbindung eine Kündigungsmöglichkeit unter Einhaltung von bestimmten Kündigungsfristen gegeben. Nach einer Laufzeit von zehn Jahren soll der Schuldner in jedem Fall kündigen können (§ 609a Abs. 1 Nr. 3).
- Für Verbraucherdarlehen wird ein kurzfristiges Kündigungsrecht des Schuldners vorgeschlagen (§ 609a Abs. 1 Nr. 2).

Die vom Rechtsausschuß vorgeschlagene Änderung (Ersatz des Wortes ,,regelmäßigen" durch das Wort ,,bestimmten") soll den Besonderheiten von (Roll-Over) Eurokrediten Rechnung tragen, bei denen während der Vertragsdauer unterschiedlich lange Zinsperioden möglich sind (ein, zwei, drei oder mehr Monate). Der Rechtsausschuß berücksichtigt damit ein berechtigtes Anliegen der Kreditwirtschaft, das in der öffentlichen Anhörung des Ausschusses vorgetragen worden ist.

Von der Mehrheit des Ausschusses abgelehnt wurde der Antrag der Fraktion des SPD, in § 609a Abs. 1 Nr. 2 Halbsatz 2 die Ausnahme von der Kündigungsmöglichkeit bei Verbraucherdarlehen auf Zwecke einer selbständigen gewerblichen oder beruflichen Tätigkeit einzuschränken. Nach Meinung der Minderheit sollte die Kündigungsmöglichkeit aus sozialen Gründen bei Arbeitnehmern in jedem Fall bestehen, auch wenn das Darlehen für Zwecke der beruflichen Tätigkeit bestimmt ist. Demgegenüber empfiehlt die Mehrheit, die Kündigungsmöglichkeit nur für Verbraucherdarlehen zu gewähren.

Im Ausschuß wurde auch das Problem der Bierlieferungsverträge und der damit zusammenhängenden Darlehen erörtert. Von einer besonderen Regelung wurde aus folgenden Gründen abgesehen:

Darlehensverträge werden auch im Zusammenhang mit Dauerlieferungsverträgen, insbesondere Bierbezugsverträgen, geschlossen, bei denen die Gegenleistung des Schuldners für die Darlehensgewährung zu nicht marktüblichen günstigen Konditionen in der längerfristigen Abnahme der Produkte des Gläubigers besteht. Bierlieferungsvertrag und Darlehen bilden in solchen Fällen zwar ursprünglich, aber nicht notwendig immer eine Einheit; sie können sich getrennt entwickeln. Kündigt der Schuldner das Darlehen nach § 609a Abs. 1 Nr. 1 oder Absatz 2, so darf dies nicht dazu führen, daß er sich einseitig seinen Verpflichtungen aus dem Dauerlieferungsvertrag entzieht. Eine Erstreckung der Kündigungswirkung auf den Liefervertrag wird nur dann in Betracht zu ziehen sein, wenn die Kündigung des Darlehens durch eine Veränderung der Darlehenskonditionen veranlaßt war, die das ursprüngliche Gleichgewicht zwischen den gegenseitigen Leistungen zu Lasten des Darlehensnehmers verschiebt. Ist der Zinssatz des Darlehens an einen anderen, der Einflußnahme des Gläubigers entzogenen Zins (z. B. Diskontsatz der Deutschen Bundesbank) als Bezugsgröße gebunden, so können die dadurch bewirkten Anpassungen nicht als Verschiebung des Gleichgewichts zwischen den gegenseitigen Leistungen angesehen werden.

Es ist auch darauf hinzuweisen, daß im Falle eines besonderen Bedürfnisses die Länder nach Artikel 18 EGHGB die Möglichkeit haben, den Bierlieferungsvertrag zu regeln. Schließlich wird in Absatz 2 des neuen § 609a auch ein Kündigungsrecht bei Darlehen mit veränderlichem Zinssatz vorgesehen. Der Schuldner soll bei variabel verzinslichen Krediten jederzeit unter Einhaltung einer Kündigungsfrist von drei Monaten den Kredit kündigen können. Dieses maßvoll ausgestaltete allgemeine Kündigungsrecht soll zugunsten des

Schuldners einem einseitigen Zinsbestimmungsrecht des Kreditgebers entgegenwirken. Es soll dem Kreditschuldner es ermöglichen, bei allgemein sinkendem Zinsniveau auf eine Herabsetzung der Zinsen zu dringen.

Wie schon beim geltenden § 247 BGB sollen auch die neuen Regelungen des Kündigungsrechts unabdingbar sein (§ 609a Abs. 3).

Im übrigen darf auf die Begründung des Gesetzentwurfs – Drucksache 10/4741 – verwiesen werden.

X. Gesetz gegen den unlauteren Wettbewerb

Vom 7. 6. 1909 (RGBl. S. 499), zuletzt geändert am 25. 7. 1986 (BGBl. I S. 1169)

§ 1. [Generalklausel] Wer im geschäftlichen Verkehre zu Zwecken des Wettbewerbes Handlungen vornimmt, die gegen die guten Sitten verstoßen, kann auf Unterlassung und Schadensersatz in Anspruch genommen werden.

§ 2. [Waren und gewerbliche Leistungen] Unter Waren im Sinne dieses Gesetzes sind auch landwirtschaftliche Erzeugnisse, unter gewerblichen Leistungen und Interessen auch landwirtschaftliche zu verstehen.

§ 3. [Irreführende Angaben] Wer im geschäftlichen Verkehr zu Zwecken des Wettbewerbs über geschäftliche Verhältnisse, insbesondere über die Beschaffenheit, den Ursprung, die Herstellungsart oder die Preisbemessung einzelner Waren oder gewerblicher Leistungen oder des gesamten Angebots, über Preislisten, über die Art des Bezugs oder die Bezugsquelle von Waren, über den Besitz von Auszeichnungen, über den Anlaß oder den Zweck des Verkaufs oder über die Menge der Vorräte irreführende Angaben macht, kann auf Unterlassung der Angaben in Anspruch genommen werden.

§ 4. [Strafbare Werbung] (1) Wer in der Absicht, den Anschein eines besonders günstigen Angebots hervorzurufen, in öffentlichen Bekanntmachungen oder in Mitteilungen, die für einen größeren Kreis von Personen bestimmt sind, über geschäftliche Verhältnisse, insbesondere über die Beschaffenheit, den Ursprung, die Herstellungsart oder die Preisbemessung von Waren oder gewerblichen Leistungen, über die Art des Bezugs oder die Bezugsquelle von Waren, über den Besitz von Auszeichnungen, über den Anlaß oder den Zweck des Verkaufs oder über die Menge der Vorräte wissentlich unwahre und zur Irreführung geeignete Angaben macht, wird mit Freiheitsstrafe bis zu einem Jahre oder mit Geldstrafe bestraft.

(2) Werden die im Absatz 1 bezeichneten unrichtigen Angaben in einem geschäftlichen Betriebe von einem Angestellten oder Beauftragten gemacht, so ist der Inhaber oder Leiter des Betriebs neben dem Angestellten oder Beauftragten strafbar, wenn die Handlung mit seinem Wissen geschah.

§ 5. [Gattungsbezeichnungen; Bildwerbung] (1) Die Verwendung von Namen, die im geschäftlichen Verkehre zur Benennung gewisser Waren oder gewerblicher Leistungen dienen, ohne deren Herkunft bezeichnen zu sollen, fällt nicht unter die Vorschriften der §§ 3, 4.

(2) Im Sinne der Vorschriften der §§ 3, 4 sind den dort bezeichneten Angaben bildliche Darstellungen und sonstige Veranstaltungen gleichzuachten, die darauf bezeichnet und geeignet sind, solche Angaben zu ersetzen.

§ 6. [Konkurswarenverkauf] (1) Wird in öffentlichen Bekanntmachungen oder in Mitteilungen, die für einen größeren Kreis von Personen bestimmt sind, der Verkauf von Waren angekündigt, die aus einer Konkursmasse stammen, aber nicht mehr zum Bestande der Konkursmasse gehören, so ist dabei jede Bezugnahme auf die Herkunft der Waren aus einer Konkursmasse verboten.

(2) [1]Ordnungswidrig handelt, wer vorsätzlich oder fahrlässig entgegen Absatz 1 in der Ankündigung von Waren auf deren Herkunft aus einer Konkursmasse Bezug nimmt. [2]Die Ordnungswidrigkeit kann mit einer Geldbuße bis zu zehntausend Deutsche Mark geahndet werden.

§ 6a. [Verkauf durch Hersteller oder Großhändler an letzte Verbraucher] (1) Wer im geschäftlichen Verkehr mit dem letzten Verbraucher im Zusammenhang mit dem Verkauf von Waren auf seine Eigenschaft als Hersteller hinweist, kann auf Unterlassung in Anspruch genommen werden, es sei denn, daß er
1. ausschließlich an den letzten Verbraucher verkauft oder
2. an den letzten Verbraucher zu den seinen Wiederverkäufern oder gewerblichen Verbrauchern eingeräumten Preisen verkauft oder
3. unmißverständlich darauf hinweist, daß die Preise beim Verkauf an den letzten Verbraucher höher als beim Verkauf an Wiederverkäufer oder gewerbliche Verbraucher, oder dies sonst für den letzten Verbraucher offenkundig ist.

(2) Wer im geschäftlichen Verkehr mit dem letzten Verbraucher im Zusammenhang mit dem Verkauf von Waren auf seine Eigenschaft als Großhändler hinweist, kann auf Unterlassung in Anspruch genommen werden, es sei denn, daß er überwiegend Wiederverkäufer oder gewerbliche Verbraucher beliefert und die Voraussetzungen des Absatzes 1 Nr. 2 oder Nr. 3 erfüllt.

§ 6b. [Berechtigungsscheine für letzte Verbraucher] Wer im geschäftlichen Verkehr zu Zwecken des Wettbewerbs an letzte Verbraucher Berechtigungsscheine, Ausweise oder sonstige Bescheinigungen zum Bezug von Waren ausgibt oder gegen Vorlage solcher Bescheinigungen Waren verkauft, kann auf Unterlassung in Anspruch genommen werden, es sei denn, daß die Bescheinigungen nur zu einem einmaligen Einkauf berechtigen und für jeden Einkauf einzeln ausgegeben werden.

§ 6c. [Progressive Kundenwerbung; „Schneeballsystem"] [1]Wer es im geschäftlichen Verkehr selbst oder durch andere unternimmt, Nichtkaufleute zur Abnahme von Waren, gewerblichen Leistungen oder Rechten durch das Versprechen zu veranlassen, ihnen besondere Vorteile für den Fall zu gewähren, daß sie andere zum Abschluß gleichartiger Geschäfte veranlassen, denen ihrerseits nach der Art dieser Werbung derartige Vorteile für eine entsprechende Werbung weiterer Abnehmer gewährt werden sollen, wird mit Freiheitsstrafe bis zu zwei Jahren oder mit Geldstrafe bestraft. [2]Nichtkaufleuten im Sinne des Satzes 1 stehen Personen gleich, deren Gewerbebetrieb nach Art oder Umfang einen in kaufmännischer Weise eingerichteten Geschäftsbetrieb nicht erfordert.

§ 6d. [Untersagung der Werbung bei Mengenbeschränkung] (1) Wer im geschäftlichen Verkehr mit dem letzten Verbraucher in öffentlichen Bekanntmachungen oder in Mitteilungen, die für einen größeren Kreis von Personen bestimmt sind,
1. die Abgabe einzelner aus dem gesamten Angebot hervorgehobener Waren je Kunde mengenmäßig beschränkt oder an Wiederverkäufer ausschließt oder
2. den Anschein eines besonders günstigen Angebots durch Preisangaben oder blickfangmäßig herausgestellte sonstige Angaben über einzelne aus dem gesamten Angebot hervorgehobene Waren hervorruft, deren Abgabe er je Kunde mengenmäßig beschränkt oder an Wiederverkäufer ausschließt,

kann auf Unterlassung dieser Art der Werbung in Anspruch genommen werden.

(2) Absatz 1 ist nicht anzuwenden, wenn sich die Bekanntmachung oder Mitteilung ausschließlich an Personen richtet, die die Waren in ihrer selbständigen beruflichen oder gewerblichen oder in ihrer behördlichen oder dienstlichen Tätigkeit verwenden.

§ 6e. [Untersagung der Werbung mit Preisgegenüberstellungen] (1) Wer im geschäftlichen Verkehr mit dem letzten Verbraucher in öffentlichen Bekanntmachungen oder in Mitteilungen, die für einen größeren Kreis von Personen bestimmt sind, die tatsächlich geforderten Preise für einzelne aus dem gesamten Angebot hervorgehobene Waren oder gewerbliche Leistungen höheren Preisen gegenüberstellt oder Preissenkungen um einen

Nachtrag UWG-Novelle 1986

bestimmten Betrag oder Vomhundertsatz ankündigt und dabei den Eindruck erweckt, daß er die höheren Preise früher gefordert hat, kann auf Unterlassung in Anspruch genommen werden.

(2) Absatz 1 ist nicht anzuwenden
1. auf Preisauszeichnungen, die nicht blickfangmäßig herausgestellt werden,
2. wenn ohne blickfangmäßige Herausstellung auf einen höheren Preis Bezug genommen wird, der in einem früheren Katalog oder einem ähnlichen, das Angebot in einem Waren- oder Dienstleistungsbereich umfassenden Verkaufsprospekt enthalten ist,
3. wenn die Bekanntmachung oder Mitteilung sich ausschließlich an Personen richtet, die die Waren oder gewerblichen Leistungen in ihrer selbständigen beruflichen oder gewerblichen oder in ihrer behördlichen oder dienstlichen Tätigkeit verwenden.

§ 7. [Sonderveranstaltungen] (1) Wer Verkaufsveranstaltungen im Einzelhandel, die außerhalb des regelmäßigen Geschäftsverkehrs stattfinden, der Beschleunigung des Warenabsatzes dienen und den Eindruck der Gewährung besonderer Kaufvorteile hervorrufen (Sonderveranstaltungen), ankündigt oder durchführt, kann auf Unterlassung in Anspruch genommen werden.

(2) Eine Sonderveranstaltung im Sinne des Absatzes 1 liegt nicht vor, wenn einzelne nach Güte oder Preis gekennzeichnete Waren ohne zeitliche Begrenzung angeboten werden und diese Angebote sich in den regelmäßigen Geschäftsbetrieb des Unternehmens einfügen (Sonderangebote).

(3) Absatz 1 ist nicht anzuwenden auf Sonderveranstaltungen für die Dauer von zwölf Werktagen
1. beginnend am letzten Montag im Januar und am letzten Montag im Juli, in denen Textilien, Bekleidungsgegenstände, Schuhwaren, Lederwaren oder Sportartikel zum Verkauf gestellt werden (Winter- und Sommerschlußverkäufe),
2. zur Feier des Bestehens eines Unternehmens im selben Geschäftszweig nach Ablauf von jeweils 25 Jahren (Jubiläumsverkäufe).

§§ 7a bis 7d. *(aufgehoben)*

§ 8. [Räumungsverkäufe] (1) [1]Ist die Räumung eines vorhandenen Warenvorrats
1. infolge eines Schadens, der durch Feuer, Wasser, Sturm oder ein vom Veranstalter nicht zu vertretendes vergleichbares Ereignis verursacht wurde oder
2. vor Durchführung eines nach den baurechtlichen Vorschriften anzeige- oder genehmigungspflichtigen Umbauvorhabens

den Umständen nach unvermeidlich (Räumungszwangslage), so können, soweit dies zur Behebung der Räumungszwangslage erforderlich ist, Räumungsverkäufe auch außerhalb der Zeiträume des § 7 Abs. 3 für die Dauer von höchstens zwölf Werktagen durchgeführt werden. [2]Bei der Ankündigung eines Räumungsverkaufs nach Satz 1 ist der Anlaß für die Räumung des Warenvorrats anzugeben.

(2) Räumungsverkäufe wegen Aufgabe des gesamten Geschäftsbetriebs können auch außerhalb der Zeiträume des § 7 Abs. 3 für die Dauer von höchstens 24 Werktagen durchgeführt werden, wenn der Veranstalter mindestens drei Jahre vor Beginn keinen Räumungsverkauf wegen Aufgabe eines Geschäftsbetriebs gleicher Art durchgeführt hat, es sei denn, daß besondere Umstände vorliegen, die einen Räumungsverkauf vor Ablauf dieser Frist rechtfertigen. Absatz 1 Satz 2 ist entsprechend anzuwenden.

(3) [1]Räumungsverkäufe nach Absatz 1 Satz 1 Nr. 1 sind spätestens eine Woche, Räumungsverkäufe nach Absatz 1 Satz 1 Nr. 2 und nach Absatz 2 spätestens zwei Wochen vor ihrer erstmaligen Ankündigung bei der zuständigen amtlichen Berufsvertretung von Handel, Handwerk und Industrie anzuzeigen. [2]Die Anzeige muß enthalten:

1. den Grund des Räumungsverkaufs,
2. den Beginn und das Ende sowie den Ort des Räumungsverkaufs,
3. Art, Beschaffenheit und Menge der zu räumenden Waren,
4. im Falle eines Räumungsverkaufs nach Absatz 1 Nr. 2 die Bezeichnung der Verkaufsfläche, die von der Baumaßnahme betroffen ist,
5. im Falle eines Räumungsverkaufs nach Absatz 2 die Dauer der Führung des Geschäftsbetriebs.

[3] Der Anzeige sind Belege für die den Grund des Räumungsverkaufs bildenden Tatsachen beizufügen, im Falle eines Räumungsverkaufs nach Absatz 1 Nr. 2 auch eine Bestätigung der Baubehörde über die Zulässigkeit des Bauvorhabens.

(4) [1] Zur Nachprüfung der Angaben sind die amtlichen Berufsvertretungen von Handel, Handwerk und Industrie sowie die von diesen bestellten Vertrauensmänner befugt. [2] Zu diesem Zweck können sie die Geschäftsräume des Veranstalters während der Geschäftszeiten betreten. [3] Die Einsicht in die Akten und die Anfertigung von Abschriften oder Ablichtungen ist jedem gestattet.

(5) Auf Unterlassung der Ankündigung oder Durchführung des gesamten Räumungsverkaufs kann in Anspruch genommen werden, wer
1. den Absätzen 1 bis 4 zuwiderhandelt,
2. nur für den Räumungsverkauf beschaffte Waren zum Verkauf stellt (Vor- und Nachschieben von Waren).

(6) Auf Unterlassung kann ferner in Anspruch genommen werden, wer
1. den Anlaß für den Räumungsverkauf mißbräuchlich herbeigeführt hat oder in anderer Weise von den Möglichkeiten eines Räumungsverkaufs mißbräuchlich Gebrauch macht,
2. mittelbar oder unmittelbar den Geschäftsbetrieb, dessen Aufgabe angekündigt worden war, fortsetzt oder als Veranstalter des Räumungsverkaufs vor Ablauf von zwei Jahren am selben Ort oder in benachbarten Gemeinden einen Handel mit den davon betroffenen Warengattungen aufnimmt, es sei denn, daß besondere Umstände vorliegen, die die Fortsetzung oder Aufnahme rechtfertigen,
3. im Falle eines Räumungsverkaufs nach Absatz 1 Nr. 2 vor der vollständigen Beendigung der angezeigten Baumaßnahme auf der davon betroffenen Verkaufsfläche einen Handel fortsetzt.

§ 9. *(aufgehoben)*

§ 9a. *(aufgehoben)*

§ 10. *(aufgehoben)*

§ 11. *(aufgehoben)*

§ 12. **[Bestechung von Angestellten]** (1) Wer im geschäftlichen Verkehr zu Zwecken des Wettbewerbs einen Angestellten oder Beauftragten eines geschäftlichen Betriebes einen Vorteil als Gegenleistung dafür anbietet, verspricht oder gewährt, daß er ihn oder einen Dritten bei dem Bezug von Waren oder gewerblichen Leistungen in unlauterer Weise bevorzuge, wird mit Freiheitsstrafe bis zu einem Jahr oder mit Geldstrafe bestraft.

(2) Ebenso wird ein Angestellter oder Beauftragter eines geschäftlichen Betriebes bestraft, der im geschäftlichen Verkehr einen Vorteil als Gegenleistung dafür fordert, sich versprechen läßt oder annimmt, daß er einen anderen bei dem Bezug von Waren oder gewerblichen Leistungen im Wettbewerb in unlauterer Weise bevorzuge.

Nachtrag UWG-Novelle 1986

§ 13. [Anspruch auf Unterlassung] (1) Wer den §§ 4, 6, 6c, 12 zuwiderhandelt, kann auf Unterlassung in Anspruch genommen werden.

(2) In den Fällen der §§ 1, 3, 4, 6 bis 6e, 7, 8 kann der Anspruch auf Unterlassung geltend gemacht werden
1. von Gewerbetreibenden, die Waren oder gewerbliche Leistungen gleicher oder verwandter Art vertreiben,
2. von rechtsfähigen Verbänden zur Förderung gewerblicher Interessen,
3. von rechtsfähigen Verbänden, zu deren satzungsgemäßen Aufgaben es gehört, die Interessen der Verbraucher durch Aufklärung und Beratung wahrzunehmen. Im Falle des § 1 können diese Verbände den Anspruch auf Unterlassung nur geltend machen, soweit der Anspruch eine Handlung betrifft, durch die wesentliche Belange der Verbraucher berührt werden,
4. von den Industrie- und Handelskammern oder den Handwerkskammern.

(3) Im Falle des § 12 kann der Anspruch auf Unterlassung nur von den in Absatz 2 Nr. 1, 2 und 4 genannten Gewerbetreibenden, Verbänden und Kammern geltend gemacht werden.

(4) Werden in den in den Absätzen 2 und 3 genannten Fällen die Zuwiderhandlungen in einem geschäftlichen Betrieb von einem Angestellten oder Beauftragten begangen, so ist der Unterlassungsanspruch auch gegen den Inhaber des Betriebs begründet.

(5) Der Anspruch auf Unterlassung kann nicht geltend gemacht werden, wenn die Geltendmachung unter Berücksichtigung der gesamten Umstände mißbräuchlich ist, insbesondere wenn sie vorwiegend dazu dient, gegen den Zuwiderhandelnden einen Anspruch auf Ersatz von Aufwendungen oder Kosten der Rechtsverfolgung entstehen zu lassen.

(6) Zum Ersatz des durch die Zuwiderhandlung entstehenden Schadens ist verpflichtet:
1. wer im Falle des § 3 wußte oder wissen mußte, daß die von ihm gemachten Angaben irreführend sind. Gegen Redakteure, Verleger, Drucker oder Verbreiter von periodischen Druckschriften kann der Anspruch auf Schadensersatz nur geltend gemacht werden, wenn sie wußten, daß die von ihnen gemachten Angaben irreführend waren;
2. wer den §§ 6 bis 6e, 7, 8, 12 vorsätzlich oder fahrlässig zuwiderhandelt.

§ 13a. [Rücktrittsrecht] (1) [1]Ist der Abnehmer durch eine unwahre und zur Irreführung geeignete Werbeangabe im Sinne von § 4, die für den Personenkreis, an den sie sich richtet, für den Abschluß von Verträgen wesentlich ist, zur Abnahme bestimmt worden, so kann er von dem Vertrag zurücktreten. [2]Geht die Werbung mit der Angabe von einem Dritten aus, so steht dem Abnehmer das Rücktrittsrecht nur dann zu, wenn der andere Vertragsteil die Unwahrheit der Angabe und ihre Eignung zur Irreführung kannte oder kennen mußte oder sich die Werbung mit dieser Angabe durch eigene Maßnahmen zu eigen gemacht hat.

(2) [1]Der Rücktritt muß dem anderen Vertragsteil gegenüber unverzüglich erklärt werden, nachdem der Abnehmer von den Umständen Kenntnis erlangt hat, die sein Rücktrittsrecht begründen. [2]Das Rücktrittsrecht erlischt, wenn der Rücktritt nicht vor dem Ablauf von sechs Monaten nach dem Abschluß des Vertrages erklärt wird. [3]Es kann nicht im voraus abbedungen werden.

(3) [1]Die Folgen des Rücktritts bestimmen sich bei beweglichen Sachen nach § 1d Abs. 1, 3, 4 und 5 des Gesetzes betreffend die Abzahlungsgeschäfte. [2]Die Geltendmachung eines weiteren Schadens ist nicht ausgeschlossen. [3]Geht die Werbung von einem Dritten aus, so trägt im Verhältnis zwischen dem anderen Vertragsteil und dem Dritten dieser den durch den Rücktritt des Abnehmers entstandenen Schaden allein, es sei denn, daß der andere Vertragsteil die Zuwiderhandlung kannte.

§ 14. [Anschwärzung] (1) [1] Wer zu Zwecken des Wettbewerbes über das Erwerbsgeschäft eines anderen, über die Person des Inhabers oder Leiters des Geschäfts, über die Waren oder gewerblichen Leistungen eines anderen Tatsachen behauptet oder verbreitet, die geeignet sind, den Betrieb des Geschäfts oder den Kredit des Inhabers zu schädigen, ist, sofern die Tatsachen nicht erweislich wahr sind, dem Verletzten zum Ersatze des entstandenen Schadens verpflichtet. [2] Der Verletzte kann auch den Anspruch geltend machen, daß die Behauptung oder Verbreitung der Tatsachen unterbleibe.

(2) [1] Handelt es sich um vertrauliche Mitteilungen und hat der Mitteilende oder der Empfänger der Mitteilung an ihr ein berechtigtes Interesse, so ist der Anspruch auf Unterlassung nur zulässig, wenn die Tatsachen der Wahrheit zuwider behauptet oder verbreitet sind. [2] Der Anspruch auf Schadensersatz kann nur geltend gemacht werden, wenn der Mitteilende die Unrichtigkeit der Tatsachen kannte oder kennen mußte.

(3) Die Vorschrift des § 13 Abs. 4 findet entsprechende Anwendung.

§ 15. [Geschäftliche Verleumdung] (1) Wer wider besseres Wissen über das Erwerbsgeschäft eines anderen, über die Person des Inhabers oder Leiters des Geschäfts, über die Waren oder gewerblichen Leistungen eines anderen Tatsachen der Wahrheit zuwider behauptet oder verbreitet, die geeignet sind, den Betrieb des Geschäfts zu schädigen, wird mit Freiheitsstrafe bis zu einem Jahr oder mit Geldstrafe bestraft.

(2) Werden die in Absatz 1 bezeichneten Tatsachen in einem geschäftlichen Betriebe von einem Angestellten oder Beauftragten behauptet oder verbreitet, so ist der Inhaber des Betriebs neben dem Angestellten oder Beauftragten strafbar, wenn die Handlung mit seinem Wissen geschah.

§ 16. [Schutz geschäftlicher Bezeichnungen] (1) Wer im geschäftlichen Verkehr einen Namen, eine Firma oder die besondere Bezeichnung eines Erwerbsgeschäfts, eines gewerblichen Unternehmens oder einer Druckschrift in einer Weise benutzt, welche geeignet ist, Verwechselungen mit dem Namen, der Firma oder der besonderen Bezeichnung hervorzurufen, deren sich ein anderer befugterweise bedient, kann von diesem auf Unterlassung der Benutzung in Anspruch genommen werden.

(2) Der Benutzende ist dem Verletzten zum Ersatze des Schadens verpflichtet, wenn er wußte oder wissen mußte, daß die mißbräuchliche Art der Benutzung geeignet war, Verwechselungen hervorzurufen.

(3) [1] Der besonderen Bezeichnung eines Erwerbsgeschäfts stehen solche Geschäftsabzeichen und sonstige zur Unterscheidung des Geschäfts von anderen Geschäften bestimmte Einrichtungen gleich, welche innerhalb beteiligter Verkehrskreise als Kennzeichen des Erwerbsgeschäfts gelten. [2] Auf den Schutz von Warenzeichen und Ausstattungen *(§§ 1, 15 des Gesetzes zum Schutz der Warenbezeichnungen vom 12. 5. 1894, Reichsgesetzbl. S. 441)* finden diese Vorschriften keine Anwendung.

(4) Die Vorschrift des § 13 Abs. 4 findet entsprechende Anwendung.

§ 17. [Verrat von Geschäftsgeheimnissen] (1) Mit Freiheitsstrafe bis zu drei Jahren oder mit Geldstrafe wird bestraft, wer als Angestellter, Arbeiter oder Lehrling eines Geschäftsbetriebs ein Geschäfts- oder Betriebsgeheimnis, das ihm vermöge des Dienstverhältnisses anvertraut worden oder zugänglich geworden ist, während der Geltungsdauer des Dienstverhältnisses unbefugt an jemand zu Zwecken des Wettbewerbs, aus Eigennutz, zugunsten eines Dritten oder in der Absicht, dem Inhaber des Geschäftsbetriebs Schaden zuzufügen, mitteilt.

(2) Ebenso wird bestraft, wer zu Zwecken des Wettbewerbs, aus Eigennutz, zugunsten eines Dritten oder in der Absicht, dem Inhaber des Geschäftsbetriebs Schaden zuzufügen,
1. sich ein Geschäfts- oder Betriebsgeheimnis durch
   a) Anwendung technischer Mittel,

b) Herstellung einer verkörperten Wiedergabe des Geheimnisses oder
c) Wegnahme einer Sache, in der das Geheimnis verkörpert ist,
unbefugt verschafft oder sichert oder
2. ein Geschäfts- oder Betriebsgeheimnis, das er durch eine der in Absatz 1 bezeichneten Mitteilungen oder durch eine eigene oder fremde Handlung nach Nummer 1 erlangt oder sich sonst unbefugt verschafft oder gesichert hat, unbefugt verwertet oder jemandem mitteilt.

(3) Der Versuch ist strafbar.

(4) In besonders schweren Fällen ist die Strafe Freiheitsstrafe bis zu fünf Jahren oder Geldstrafe. Ein besonders schwerer Fall liegt in der Regel vor, wenn der Täter bei der Mitteilung weiß, daß das Geheimnis im Ausland verwertet werden soll, oder wenn er es selbst im Ausland verwertet.

§ 18. [Verwertung von Vorlagen] Mit Freiheitsstrafe bis zu zwei Jahren oder mit Geldstrafe wird bestraft, wer die ihm im geschäftlichen Verkehr anvertrauten Vorlagen oder Vorschriften technischer Art, insbesondere Zeichnungen, Modelle, Schablonen, Schnitte, Rezepte, zu Zwecken des Wettbewerbs oder aus Eigennutz unbefugt verwertet oder an jemand mitteilt.

§ 19. [Schadensersatzpflicht] [1]Zuwiderhandlungen gegen die Vorschriften der §§ 17, 18 verpflichten außerdem zum Ersatze des entstandenen Schadens. [2]Mehrere Verpflichtete haften als Gesamtschuldner.

§ 20. [Verleiten und Erbieten zum Verrat] (1) Wer zu Zwecken des Wettbewerbes oder aus Eigennutz jemand zu einem Vergehen gegen die §§ 17 oder 18 zu verleiten sucht oder das Erbieten eines anderen zu einem solchen Vergehen annimmt, wird mit Freiheitsstrafe bis zu zwei Jahren oder mit Geldstrafe bestraft.

(2) Ebenso wird bestraft, wer zu Zwecken des Wettbewerbs oder aus Eigennutz sich zu einem Vergehen gegen die §§ 17 oder 18 erbietet oder sich auf das Ansinnen eines anderen zu einem solchen Vergehen bereit erklärt.

(3) § 31 des Strafgesetzbuches gilt entsprechend.

§ 20a. [Im Ausland begangene Straftaten] Bei Straftaten nach den §§ 17, 18 und 20 gilt § 5 Nr. 7 des Strafgesetzbuches entsprechend.

§ 21. [Verjährung] (1) Die in diesem Gesetze bezeichneten Ansprüche auf Unterlassung oder Schadensersatz verjähren in sechs Monaten von dem Zeitpunkt an, in welchem der Anspruchsberechtigte von der Handlung und von der Person des Verpflichteten Kenntnis erlangt, ohne Rücksicht auf diese Kenntnis in drei Jahren von der Begehung der Handlung an.

(2) Für die Ansprüche auf Schadensersatz beginnt der Lauf der Verjährung nicht vor dem Zeitpunkt, in welchem ein Schaden entstanden ist.

§ 22. [Strafantrag; Privatklage] (1) [1]Die Tat wird, mit Ausnahme der in den §§ 4 und 6c bezeichneten Fälle, nur auf Antrag verfolgt. [2]Dies gilt in den Fällen der §§ 17, 18 und 20 nicht, wenn die Strafverfolgungsbehörde wegen des besonderen öffentlichen Interesses an der Strafverfolgung ein Einschreiten von Amts wegen für geboten hält. [3]In den Fällen des § 12 hat das Recht, den Strafantrag zu stellen, jeder der im § 13 Abs. 1 bezeichneten Gewerbetreibenden und Verbände.

(2) Wegen einer Straftat nach den §§ 4 und 6c ist ebenso wie bei einer nur auf Antrag verfolgbaren Straftat nach § 12 neben dem Verletzten (§ 374 Abs. 1 Nr. 7 der Strafprozeß-

ordnung) jeder der im § 13 Abs. 1 bezeichneten Gewerbetreibenden und Verbände zur Privatklage berechtigt.

§ 23. [Bekanntmachung des Urteils] (1) Wird in den Fällen des § 15 auf Strafe erkannt, so ist auf Antrag des Verletzten anzuordnen, daß die Verurteilung auf Verlangen öffentlich bekanntgemacht wird.

(2) Ist auf Grund einer der Vorschriften dieses Gesetzes auf Unterlassung Klage erhoben, so kann in dem Urteile der obsiegenden Partei die Befugnis zugesprochen werden, den verfügenden Teil des Urteils innerhalb bestimmter Frist auf Kosten der unterliegenden Partei öffentlich bekanntzumachen.

(3) Die Art der Bekanntmachung ist im Urteil zu bestimmen.

§ 23a. [Streitwertbemessung] Bei der Bemessung des Streitwerts für Ansprüche auf Unterlassung von Zuwiderhandlungen gegen die §§ 1, 3, 4, 6, 6a bis 6e, 7, 8 ist es wertmindernd zu berücksichtigen, wenn die Sache nach Art und Umfang einfach gelagert ist oder eine Belastung einer der Parteien mit den Prozeßkosten nach dem vollen Streitwert angesichts ihrer Vermögens- und Einkommensverhältnisse nicht tragbar erscheint.

§ 23b. [Herabsetzung des Streitwerts] (1) [1] Macht in bürgerlichen Rechtsstreitigkeiten, in denen durch Klage ein Anspruch auf Grund dieses Gesetzes geltend gemacht wird, eine Partei glaubhaft, daß die Belastung mit den Prozeßkosten nach dem vollen Streitwert ihre wirtschaftliche Lage erheblich gefährden würde, so kann das Gericht auf ihren Antrag anordnen, daß die Verpflichtung dieser Partei zur Zahlung von Gerichtskosten sich nach einem ihrer Wirtschaftslage angepaßten Teil des Streitwerts bemißt. [2] Das Gericht kann die Anordnung davon abhängig machen, daß die Partei außerdem glaubhaft macht, daß die von ihr zu tragenden Kosten des Rechtsstreits weder unmittelbar noch mittelbar von einem Dritten übernommen werden. [3] Die Anordnung hat zur Folge, daß die begünstigte Partei die Gebühren ihres Rechtsanwalts ebenfalls nur nach diesem Teil des Streitwerts zu entrichten hat. [4] Soweit ihr Kosten des Rechtsstreits auferlegt werden oder soweit sie diese übernimmt, hat sie die von dem Gegner entrichteten Gerichtsgebühren und die Gebühren seines Rechtsanwalts nur nach dem Teil des Streitwerts zu erstatten. [5] Soweit die außergerichtlichen Kosten dem Gegner auferlegt oder von ihm übernommen werden, kann der Rechtsanwalt der begünstigten Partei seine Gebühren von dem Gegner nach dem für diesen geltenden Streitwert beitreiben.

(2) [1] Der Antrag nach Absatz 1 kann vor der Geschäftsstelle des Gerichts zur Niederschrift erklärt werden. [2] Er ist vor der Verhandlung zur Hauptsache anzubringen. [3] Danach ist er nur zulässig, wenn der angenommene oder festgesetzte Streitwert später durch das Gericht heraufgesetzt wird. [4] Vor der Entscheidung über den Antrag ist der Gegner zu hören.

§ 24. [Örtliche Zuständigkeit] (1) [1] Für Klagen auf Grund dieses Gesetzes ist das Gericht zuständig, in dessen Bezirk der Beklagte seine gewerbliche Niederlassung oder in Ermangelung einer solchen seinen Wohnsitz hat. [2] Für Personen, die im Inland weder eine gewerbliche Niederlassung noch einen Wohnsitz haben, ist das Gericht des inländischen Aufenthaltsorts zuständig.

(2) Für Klagen auf Grund dieses Gesetzes ist außerdem nur das Gericht zuständig, in dessen Bezirk die Handlung begangen ist.

§ 25. [Einstweilige Verfügung] Zur Sicherung der in diesem Gesetze bezeichneten Ansprüche auf Unterlassung können einstweilige Verfügungen erlassen werden, auch wenn die in den §§ 935, 940 der Zivilprozeßordnung bezeichneten Voraussetzungen nicht zutreffen.

Nachtrag   UWG-Novelle 1986

§ 26. *(aufgehoben)*

§ 27. **[Sachliche Zuständigkeit]** (1) Bürgerliche Rechtsstreitigkeiten, in denen ein Anspruch auf Grund dieses Gesetzes geltend gemacht wird, gehören, sofern in erster Instanz die Landgerichte zuständig sind, vor die Kammern für Handelssachen; ausgenommen sind Rechtsstreitigkeiten, in denen ein letzter Verbraucher einen Anspruch aus § 13a geltend macht, der nicht aus einem beiderseitigen Handelsgeschäft nach § 95 Abs. 1 Nr. 1 des Gerichtsverfassungsgesetzes herrührt.

(2) ^{1}Die Landesregierungen werden ermächtigt, durch Rechtsverordnung für die Bezirke mehrerer Landgerichte eines von ihnen als Gericht für Wettbewerbsstreitsachen zu bestimmen, wenn dies der Rechtspflege in Wettbewerbsstreitsachen, insbesondere der Sicherung einer einheitlichen Rechtsprechung dienlich ist. ^{2}Die Landesregierungen können diese Ermächtigung auf die Landesjustizverwaltungen übertragen.

(3) ^{1}Die Parteien können sich vor dem Gericht für Wettbewerbsstreitsachen auch durch Rechtsanwälte vertreten lassen, die bei dem Gericht zugelassen sind, vor das die Klage ohne die Regelung nach Absatz 2 gehören würde. ^{2}Entsprechendes gilt für die Vertretung vor dem Berufungsgericht.

(4) Die Mehrkosten, die einer Partei dadurch erwachsen, daß sie sich nach Absatz 3 durch einen nicht beim Prozeßgericht zugelassenen Rechtsanwalt vertreten läßt, sind nicht zu erstatten.

§ 27a. **[Einigungsstellen]** (1) Die Landesregierungen errichten bei Industrie- und Handelskammern Einigungsstellen zur Beilegung von bürgerlichen Rechtsstreitigkeiten, in denen ein Anspruch auf Grund dieses Gesetzes geltend gemacht wird (Einigungsstellen).

(2) ^{1}Die Einigungsstellen sind für den Fall ihrer Anrufung durch einen letzten Verbraucher oder einen in § 13 Abs. 2 Nr. 3 genannten Verbraucherverband mit einem Rechtskundigen, der die Befähigung zum Richteramt nach dem Deutschen Richtergesetz hat, als Vorsitzendem und einer gleichen Anzahl von Gewerbetreibenden und Verbrauchern als Beisitzern, im übrigen mit dem Vorsitzenden und mindestens zwei sachverständigen Gewerbetreibenden als Beisitzern zu besetzen. ^{2}Der Vorsitzende soll auf dem Gebiete des Wettbewerbsrechts erfahren sein. ^{3}Die Beisitzer werden von dem Vorsitzenden für den jeweiligen Streitfall aus einer alljährlich für das Kalenderjahr aufzustellenden Liste der Beisitzer berufen. ^{4}Die Berufung soll im Einvernehmen mit den Parteien erfolgen. ^{5}Für die Ausschließung und Ablehnung von Mitgliedern der Einigungsstelle sind §§ 41 bis 43 und § 44 Abs. 2 bis 4 der Zivilprozeßordnung entsprechend anzuwenden. ^{6}Über das Ablehnungsgesuch entscheidet das für den Sitz der Einigungsstelle zuständige Landgericht (Kammer für Handelssachen oder, falls es an einer solchen fehlt, Zivilkammer).

(3) ^{1}Die Einigungsstellen können bei bürgerlichen Rechtsstreitigkeiten aus den §§ 13 und 13a von jeder Partei zu einer Aussprache mit dem Gegner über den Streitfall angerufen werden, soweit die Wettbewerbshandlungen den geschäftlichen Verkehr mit dem letzten Verbraucher betreffen. ^{2}Bei sonstigen bürgerlichen Rechtsstreitigkeiten aus den §§ 13 und 13a können die Einigungsstellen angerufen werden, wenn der Gegner zustimmt.

(4) Für die Zuständigkeit der Einigungsstellen ist § 24 entsprechend anzuwenden.

(5) ^{1}Der Vorsitzende der Einigungsstelle kann das persönliche Erscheinen der Parteien anordnen. ^{2}Gegen eine unentschuldigt ausbleibende Partei kann die Einigungsstelle ein Ordnungsgeld festsetzen. ^{3}Gegen die Anordnung des persönlichen Erscheinens und gegen die Festsetzung des Ordnungsgeldes findet die sofortige Beschwerde nach den Vorschriften der Zivilprozeßordnung an das für den Sitz der Einigungsstelle zuständige Landgericht (Kammer für Handelssachen oder, falls es an einer solchen fehlt, Zivilkammer) statt.

(6) ^{1}Die Einigungsstelle hat einen gütlichen Ausgleich anzustreben. ^{2}Sie kann den Par-

teien einen schriftlichen, mit Gründen versehenen Einigungsvorschlag machen. [3]Der Einigungsvorschlag und seine Begründung dürfen nur mit Zustimmung der Parteien veröffentlicht werden.

(7) [1]Kommt ein Vergleich zustande, so muß er in einem besonderen Schriftstück niedergelegt und unter Angabe des Tages seines Zustandekommens von den Mitgliedern der Einigungsstelle, welche in der Verhandlung mitgewirkt haben, sowie von den Parteien unterschrieben werden. [2]Aus einem vor der Einigungsstelle geschlossenen Vergleich findet die Zwangsvollstreckung statt; § 797a der Zivilprozeßordnung ist entsprechend anzuwenden.

(8) Die Einigungsstelle kann, wenn sie den geltend gemachten Anspruch von vornherein für unbegründet oder sich selbst für unzuständig erachtet, die Einleitung von Einigungsverhandlungen ablehnen.

(9) [1]Durch die Anrufung der Einigungsstelle wird die Verjährung in gleicher Weise wie durch Klageerhebung unterbrochen. [2]Die Unterbrechung dauert bis zur Beendigung des Verfahrens vor der Einigungsstelle fort. [3]Kommt ein Vergleich nicht zustande, so ist der Zeitpunkt, zu dem das Verfahren beendet ist, von der Einigungsstelle festzustellen. [4]Der Vorsitzende hat dies den Parteien mitzuteilen. [5]Wird die Anrufung der Einigungsstelle zurückgenommen, so gilt die Unterbrechung der Verjährung als nicht erfolgt.

(10) [1]Ist ein Rechtsstreit der in Absatz 3 Satz 1 bezeichneten Art ohne vorherige Anrufung der Einigungsstelle anhängig gemacht worden, so kann das Gericht auf Antrag den Parteien unter Anberaumung eines neuen Termins aufgeben, vor diesem Termin die Einigungsstelle zur Herbeiführung eines gütlichen Ausgleichs anzurufen. [2]In dem Verfahren über den Antrag auf Erlaß einer einstweilen Verfügung ist diese Anordnung nur zulässig, wenn der Gegner zustimmt. [3]Absatz 8 ist nicht anzuwenden. [4]Ist ein Verfahren vor der Einigungsstelle anhängig, so ist eine erst nach Anrufung der Einigungsstelle erhobene Klage des Antragsgegners auf Feststellung, daß der geltend gemachte Anspruch nicht bestehe, nicht zulässig.

(11) [1]Die Landesregierungen werden ermächtigt, die zur Durchführung der vorstehenden Bestimmungen und zur Regelung des Verfahrens vor den Einigungsstellen erforderlichen Vorschriften zu erlassen, insbesondere über die Aufsicht über die Einigungsstellen, über ihre Besetzung unter angemessener Beteiligung der nicht den Industrie- und Handelskammern angehörenden Gewerbetreibenden (§ 2 Abs. 2 bis 6 des Gesetzes zur vorläufigen Regelung des Rechts der Industrie- und Handelskammern vom 18. Dezember 1956 – Bundesgesetzbl. I S. 920) und über die Vollstreckung von Ordnungsgeldern, sowie Bestimmungen über die Erhebung von Auslagen durch die Einigungsstelle zu treffen. [2]Bei der Besetzung der Einigungsstellen sind die Vorschläge der für ein Bundesland errichteten, mit öffentlichen Mitteln geförderten Verbraucherzentralen zur Bestimmung der in Absatz 2 Satz 1 genannten Verbraucher zu berücksichtigen.

§ 28. [**Zwischenstaatliches Recht**] Wer im Inland eine Hauptniederlassung nicht besitzt, hat auf den Schutz dieses Gesetzes nur insoweit Anspruch, als in dem Staate, in welchem seine Hauptniederlassung sich befindet, nach einer im Bundesgesetzblatt enthaltenen Bekanntmachung deutsche Gewerbetreibende einen entsprechenden Schutz genießen.

§ 29. *(aufgehoben)*

§ 30. [**Inkrafttreten**] (1) Dieses Gesetz tritt am 1. 10. 1909 in Kraft.

(2) Mit diesem Zeitpunkte tritt das Gesetz zur Bekämpfung des unlauteren Wettbewerbes vom 27. 5. 1896 (Reichsgesetzbl. S. 145) außer Kraft.

Für handschriftliche Notizen

Handbuch des Wettbewerbsrechts

Nachtrag 1989

Verlag C.H. Beck München

ISBN 3 406 33715 5
Druck der C. H. Beck'schen Buchdruckerei, Nördlingen

Inhaltsübersicht

zu § 1	Einführung	1
zu § 6	Internationales Wettbewerbsrecht	3
zu § 7	Internationales Firmen- und Warenzeichenrecht	6
zu § 19	Anspruchsberechtigte, zu § 21 Abwehransprüche, zu § 23 Einwendungen und Einreden	8
zu § 20	Schadensersatz	11
zu § 22	Weitere Ansprüche	18
zu § 25	Vereinheitlichungsbemühungen	20
zu § 26	Gegenwärtiger Stand	24
zu § 27	Bildschirmtext	28
zu § 28	Satellitenwerbung	29
zu § 42	Unlautere Ausnutzung fremder Leistung	30
zu § 42	IX Markenpiraterie	38
zu § 42	X Schutz von Computerprogrammen	41
zu § 43	Schutz von Geschäfts- und Betriebsgeheimnissen	48
zu § 45	Unlautere Behinderung	51
zu § 46	Verletzung gesetzlicher Normen	55
zu § 47	Verletzung untergesetzlicher Regeln und vertraglicher Bindungen	57
zu § 48	Irreführende Werbung	59
zu § 49	Unsachliche Beeinflussung von Abnehmern	76
zu § 50	Zugabe und Rabatt	79
zu § 51	Ausverkäufe	80
zu § 52	Räumungsverkäufe	83
zu § 53	Abschnittsschlußverkäufe	84
zu § 54	Sonstige Sonderveranstaltungen	85
zu § 55	Einführung in das Kennzeichenrecht	87
zu § 56	Entstehung und Erhaltung des Kennzeichenrechts	88
zu § 57	Verkehrsgeltung	89
zu § 58	Verwechslungsfähigkeit	90
zu § 59	Besondere Fallkonstellationen	92
zu § 60	Ansprüche bei Kennzeichnungsrechtsverletzungen	93
zu § 61	Titelschutz	94
zu § 62	Vorschriften zum Schutz von Kennzeichnungsrechten	95
zu § 63	Abmahnung	96
zu § 64	Rechtsweg und Gerichtsbarkeit	98
zu § 65	Zuständigkeit	98
zu § 66	Rechtsschutzbedürfnis	99
zu § 67	Behebungsgefahr	100
zu § 68	Streitwert, § 69 Streitwertbegünstigung	100
zu § 70	Antrag	103

Inhaltsübersicht

zu § 71 Erledigung der Hauptsache 104
zu § 73 Aufbrauchsfrist 105
zu § 75 Verjährung 107
zu § 77 Einigungsstellen 111
zu § 80 Allgemeines 114
zu § 81 Die wettbewerbliche einstweilige Verfügung 114
zu § 83 Voraussetzungen für den Erlaß der einstweiligen Verfügung . 114
zu § 84 Das Anordnungsverfahren 117
zu § 86 Vollziehung der einstweiligen Verfügung 118
zu § 87 Einstweilige Verfügung und Verjährung 118
zu § 88 Rechtsbehelfe und Rechtsmittel 119
zu § 90 Aufhebungsverfahren nach den §§ 936, 926 ZPO 120
zu § 91 Aufhebungsverfahren nach den §§ 936, 926 ZPO 121
zu § 94 Das Abschlußverfahren 122
zu § 95 Zwangsvollstreckung aus der einstweiligen Verfügung . . . 122
zu § 96 Schadensersatzpflicht nach § 945 ZPO 124

Nachtrag zum Handbuch des Wettbewerbsrechts

Zu § 1 Einführung (S. 1ff.)

1. Zu Rdnr. 3. Das GWB schützt nur den lauteren, nicht auch den unlauteren oder sonstwie gesetzwidrigen Wettbewerb (BGH GRUR 1987, 304 – Aktion Rabattverstoß).
In den Fällen der Preisunterbietung, bei der Verluste in Kauf genommen werden, steht sowohl für das Merkmal der Unbilligkeit nach § 26 Abs. 2 GWB als auch für die Frage der Sittenwidrigkeit nach § 1 UWG die Abgrenzung zum Leistungswettbewerb im Vordergrund (BGH GRUR 1986, 397, 399 – Abwehrblatt II).

2. Zu Rdnr. 6, 7, 8. Das in der BerufsO für die Ärzte Bayerns enthaltene Verbot von Ankündigungen, in denen der ärztliche Inhaber eines Sanatoriums neben Namen- und Arztbezeichnung mehr als das Hauptindikationsgebiet angibt, schränkt die freie Berufsausübung übermäßig ein (BVerfG GRUR 1986, 387 – Sanatoriumswerbung). Die in der BerufsO für die Ärzte Bayerns enthaltene Pflicht, bestimmte Werbung und Anpreisung zu unterlassen, regelt in verfassungsrechtlich unbedenklicher Weise die Berufsausübung. Eine Anwendung auf Buchveröffentlichungen eines Arztes ist jedoch mit seinem Grundrecht auf Meinungsfreiheit unvereinbar (BVerfG GRUR 1986, 382 – Arztwerbung).

3. Zu Rdnr. 13. Durch das Gesetz zur Änderung wirtschafts-, verbraucher-, arbeits- und sozialrechtlicher Vorschriften vom 25. 7. 1986 (BGBl. I S. 1169) ist das UWG (zuletzt geänd. durch Art. 4 des Zweiten Gesetzes zur Bekämpfung der Wirtschaftskriminalität (2. WiKG) vom 15. 5. 1986 (BGBl. I S. 721) geändert worden. Durch § 17 des Halbleiterschutzgesetzes vom 22. 10. 1987 (BGBl. I S. 2294) ist das Gesetz vom 25. 7. 1986 geändert worden. Die Änderung betraf die ZugabeVO.

Die Novellierung des UWG geht auf einen von den Fraktionen der CDU/CSU und FDP in den Bundestag eingebrachten Entwurf (BT-Drucks. 10/4741) zurück. Dieser Fraktionsentwurf ist in den nachfolgenden Beratungen noch in einigen Punkten geändert worden (vgl. auch Bericht des Rechtsausschusses (6. Ausschuß) Drucks. 10/5771). In erster Linie ist hier zu nennen der Wegfall des ursprünglich vorgesehenen Ausschlusses des Aufwendungsersatzes für die erste Abmahnung. Stattdessen ist in § 13 Abs. 5 ein Mißbrauchstatbestand eingefügt worden. Nach der Begründung zum Entwurf (Drucks. 10/4741) verfolgt die Gesetzesänderung das Ziel, die Möglichkeiten der Bekämpfung unlauteren Wettbewerbs im Interesse der Gewerbetreibenden und Verbraucher dort zu verbessern, wo eine gerechte Abwägung der Interessen der Betroffenen neue gesetzliche Regelungen erfordert oder sich Schwierigkeiten bei der Anwendung des Gesetzes gegen den unlauteren Wettbewerb in der Praxis ergeben haben. Die Neugestaltungen betreffen in erster Linie den Einzelhandel. §§ 6d und 6e sollen die Bekämpfung von Mißbräuchen erleichtern, die angeblich mit der Vorschrift des § 3 UWG nicht erfaßt werden könnten. Die UWG-Novelle 1986 enthält folgende neue Vorschriften:

a) Änderungen im materiellen Recht
– Verbot der Werbung für Waren, deren Abgabe mengenmäßig beschränkt ist; § 6d;
– Einschränkung der Werbung mit Preisgegenüberstellungen; § 6e;
– Neue Regelung für Sonderveranstaltungen (Saisonschlußverkäufe, Jubiläumsverkäufe, Räumungsverkäufe und sonstige Ausverkäufe, Sonderangebote); §§ 7, 8;
– Rücktrittsrecht für Abnehmer bei unwahren Werbeangaben; § 13a;
– Neufassung des § 13 (Zivilrechtliche Ansprüche);
– Ausschluß des Unterlassungsanspruches, wenn seine Geltendmachung mißbräuchlich ist; § 13 Abs. 5;

Nachtrag

b) Änderungen im Verfahrensrecht
- Flexible Streitwertbemessung; § 23 a;
- Zuständigkeitsregelung für Ansprüche aus UWG und insbesondere aus § 13 a (Rücktritt); § 27;
- Neufassung des § 27 a (Einigungsstellen).

Die neuen Vorschriften des UWG sind am 1. 1. 1987 in Kraft getreten. Gleichzeitig sind folgende Vorschriften aufgehoben worden:
- Die §§ 7 a bis 7 d; die §§ 9, 9 a, 10 und 11; § 29;
- Die VO über Sommer- und Winterschlußverkäufe vom 13. 7. 1950;
- Die Anordnung zur Regelung von Verkaufsveranstaltungen besonderer Art vom 4. 7. 1935 = Anordnung des RWM betr. Sonderveranstaltungen;
- Die Verordnung über den Handel mit seidenen Bändern vom 11. 1. 1923.

Gemäß Art. 13 des ÄndG zum UWG gelten die neuen Vorschriften auch im Land Berlin.

(Literatur: *Alt,* UWG-Novelle und künftige Werbepraxis, NJW 1987, 21; *Lehmann,* Die UWG-Neuregelungen 1987 – Erläuterungen und Kritik, GRUR 1987, 199; *Sack,* Die UWG-Novelle 1986, BB 1986, 2205; *ders.,* Sonderveranstaltungen und Lockvogelwerbung in der bevorstehenden UWG-Novelle, BB 1986, 679; *ders.,* Mißbrauch der wettbewerbsrechtlichen Klagebefugnis und der geplante Wegfall der ersten Abmahngebühr, BB 1986, 953; *Schmidt,* Die UWG-Novelle 1986, AnwBl. 1987, 127; *Tonner,* Verbraucherschutz im UWG und die UWG-Reform von 1986, NJW 1987, 1917).

Durch das am 1. 8. 1986 in Kraft getretene Zweite Gesetz zur Bekämpfung der Wirtschaftskriminalität vom 15. 5. 1986 wurden neue Strafvorschriften gegen mißbräuchliche Schneeballsysteme und gegen Industriespionage in das UWG eingefügt. Es handelt sich um die Vorschrift des § 6 c (Schneeballsystem) und die Änderung des § 17.

Am 1. 1. 1988 ist die EWG-VO Nr. 3842/86 des Rates vom 1. 12. 1986 (ABl EG Nr. L 357/1) über Maßnahmen zum Verbot der Überführung nachgeahmter Waren in den zollrechtlich freien Verkehr in Kraft getreten. Sie ermöglicht die Zollbeschlagnahme ausländischer Ware bei der Einfuhr, wenn fremde Warenzeichen rechtswidrig benutzt werden.

Am 1. 7. 1988 ist das Gesetz zur Änderung des Geschmacksmustergesetzes vom 18. 12. 1986 (BGBl. I S. 2501) in Kraft getreten. Die wesentliche Änderung besteht darin, daß nunmehr Geschmacksmuster nicht mehr bei den örtlich zuständigen Amtsgerichten, sondern zentral beim Deutschen Patentamt (Dienststelle Berlin) zu hinterlegen sind und ein zentrales Musterregister geführt wird.

(Literatur: *von Falckenstein,* Das neue Geschmacksmusterrecht vor dem Start, GRUR 1988, 577; *Richter,* Das neue Geschmacksmusterrecht vor dem Start, GRUR 1988, 583).

Folgende Gesetzesvorhaben befinden sich in der Vorbereitung:
a) Gesetz zur Bekämpfung der **Produktpiraterie**
b) Der Rat der Europäischen Gemeinschaften hat am 22. 6. 1988 einen gemeinsamen Standpunkt im Hinblick auf den Erlaß einer „Ersten **Richtlinie des Rates zur Angleichung der Rechtsvorschriften der Mitgliedsstaaten über die Marken**" (EG-Dokument 7269/88) festgelegt. Die Umsetzung dieser Richtlinie in nationales Recht wird eine Reform des deutschen Warenzeichengesetzes erforderlich machen.
c) Gemeinschaftsmarke. Die Arbeiten an der „**Verordnung über die Gemeinschaftsmarke**" sind abgeschlossen worden. Die Fassung eines „Vorschlages für eine Verordnung des Rates über die Gemeinschaftsmarke vom 11. 5. 1988" ist in dem EG-Dokument 5865/88 enthalten.
d) GWB-Novelle. Hierzu liegt eine Kabinettsvorlage vom 23. 6. 1988 vor, die am 29. 6. 1988 verabschiedet wurde und die „Eckwerte für eine Kartellgesetznovelle" enthält (WuW 1988, S. 752 ff).
e) Vorschlag einer **Verordnung (EWG) des Rates über die Kontrolle von Unternehmenszusammenschlüssen** (veröffentl. in WuW 1988, 405 ff; Arbeitspapier der Kommission – Aktualisierte Fassung vom 25. 7. 1988)

Zu § 6 Internationales Wettbewerbsrecht (S. 43 ff.)

1. Grundlagen. Die Novellierung des EGBGB durch das Gesetz vom 25. 7. 1986 hat zu keiner inhaltlichen Veränderung der bisher geltenden Grundlagen des Internationalen Wettbewerbsrechts geführt. Der bisherige Art. 12 EGBGB – wonach gegen einen Deutschen aus einer im Ausland begangenen unerlaubten Handlung keine weiteren Ansprüche geltend gemacht werden können, als nach deutschem Recht – wurde inhaltlich unverändert als Art. 38 EGBGB in die Neu-Kodifikation übernommen, der Vorbehalt des ordre public – bisher Art. 30 EGBGB – erscheint nunmehr als Art. 6 EGBGB, ohne daß sich auch insoweit materiell Änderungen gegenüber dem bisherigen Rechtszustand ergeben hätten. Eine allseitige Kollisionsnorm zur Regelung des Deliktsrechts, geschweige denn eine Kollisionsnorm zum Recht des unlauteren Wettbewerbes, fehlt nach wie vor. Allerdings steht zu erwarten, daß in einem zweiten Schritt der Gesetzgeber auch das Internationale Privatrecht der außervertraglichen Schuldverhältnisse kodifizieren wird und daß im Zuge dieser zu erwartenden weiteren Novelle auch das deutsche Internationale Wettbewerbsrecht eine gesetzliche Regelung erfährt. Der Entwurf des Bundesministers der Justiz aus dem Jahr 1984 sah insoweit folgenden Art. 40 Abs. 2 Nr. 2 vor:

„Bei Ansprüchen des unlauteren Wettbewerbs (gilt) das Recht des Staates, auf dessen Markt die Wettbewerbsmaßnahme einwirkt, es sei denn, daß überwiegende Geschäftsinteresse eines bestimmten Mitbewerbers betroffen sind."[1]

Falls die in Frage stehende Wettbewerbsmaßnahme direkt gegen einen Mitbewerber gezielt ist, sollen ergänzend die allgemeinen Regeln des internationalen Deliktsrechts gelten, und zwar alternativ das Recht des Handlungs- bzw. Erfolgsorts oder aber auch das Recht des gemeinsamen gewöhnlichen Aufenthalts. Eine derartige Neuregelung würde im großen und ganzen eine Festschreibung der derzeitigen Rechtsprechung des Bundesgerichtshofs bedeuten.

Allerdings erscheint es fraglich, ob eine derartige Regelung de lege ferenda wünschenswert ist, da sich hiergegen letztendlich dieselben Bedenken erheben, wie gegen die derzeitige Rechtsprechung des Bundesgerichtshofs. Diese Kritik läßt sich dahin zusammenfassen, daß eine Anknüpfung an das gemeinsame Heimatstatut zweier deutscher Unternehmen, die auf einem fremden Markt miteinander in Wettbewerb stehen, im Endeffekt wieder dazu führt, daß sie insoweit einem Sonderrecht unterliegen: Soweit sich Wettbewerbsmaßnahmen gegen ausländische Konkurrenten richten, gilt das Marktrecht, während das Wettbewerbsverhältnis zu dem deutschen Mitbewerber sich nach deutschem Recht regeln soll. Ferner wird es oft nicht eindeutig abgrenzbar sein, ob sich eine bestimmte Aktion gezielt gegen einen deutschen Konkurrenten richtet oder gegen alle Mitbewerber auf dem Auslandsmarkt: Man denke nur an den Fall einer vergleichenden Werbung, in der sowohl Produkte ausländischer Mitbewerber, als auch diejenigen inländischen Konkurrenten angesprochen werden. Im einzelnen ist auf Rdnr. 19 ff. in § 6 des Handbuchs zu verweisen.

2. Allgemeines. In diesem Zusammenhang ist weiter auf ein Urteil des Oberlandesgerichts Hamburg vom 15. 5. 1986 hinzuweisen, das im Grundsatz die Maßgeblichkeit des Rechts des jeweiligen Marktortes sowie die Territorialität des Wettbewerbsrechts bestätigt.[2] In dem entschiedenen Fall standen zwei inländische Unternehmen im In- und Ausland miteinander in Wettbewerb. Wegen einer bestimmten Werbeaussage hatte die Beklagte eine strafbewehrte Unterlassungserklärung abgegeben, aus der sie von der Klägerin auf Zahlung von Vertragsstrafe in Anspruch genommen wurde, weil in Süd-

---

[1] Vgl. *Sack* GRUR Int. 1988, 320 f. – zugleich eine Zusammenfassung des gegenwärtigen Meinungsstandes im deutschen Internationalen Wettbewerbsrecht.

[2] OLG Hamburg GRUR Int. 1987, 105.

Nachtrag

afrika angeblich eine Anzeige mit dem verbotenen Inhalt auf Veranlassung der Beklagten erschienen sei. Ferner machte die Klägerin Unterlassungsansprüche wegen Werbung in Frankreich geltend. Im Hinblick auf die Vertragsstrafe entschied das Oberlandesgericht Hamburg, daß der Geltungsbereich einer Unterlassungserklärung, bei der erkennbar auf deutsches Recht Bezug genommen wurde, sich grundsätzlich auf das Inland beschränke und Werbung im Ausland nicht erfasse, es sei denn, zwischen den Parteien ist ausdrücklich etwas anderes vereinbart. Die Werbung der Beklagten in Frankreich hingegen beurteile sich grundsätzlich nach französischem Recht. Die Anwendung des gemeinsamen Heimatsrechts beider Parteien sei auf seltene Ausnahme beschränkt, zu denen der hier zu entscheidende Fall – es ging um Alleinstellungswerbung – nicht zu rechnen sei.

3. Einflüsse Europäischen Rechts. Das Recht der Europäischen Gemeinschaft kann zu einer erheblichen Zurückdrängung des Anwendungsbereiches deutscher wettbewerbsrechtlicher Vorschriften führen. In der Praxis stellt sich nämlich zunehmend die Frage, ob Anbieter und Werbende aus anderen EG-Staaten der Anwendung des „strengen" deutschen Wettbewerbsrechts die Vorschriften über den freien Warenverkehr innerhalb der Europäischen Gemeinschaft entgegenhalten können. In der „Firmensignet"-Entscheidung vom 6. 11. 1984[3] hatte der Europäische Gerichtshof sich mit der Frage zu befassen, ob es einem französischen Unternehmen untersagt werden könne, in Deutschland ein Firmensignet zu verwenden, das verwechslungsfähig mit der Firmenbezeichnung eines anderen in Konkurs gegangenen Unternehmens war. Nach § 3 UWG wäre die Verwendung dieses Signets unzulässig gewesen, da hierdurch falsche Vorstellungen über die tatsächliche betriebliche Herkunft der in Frage stehenden Waren hätten ausgelöst werden können, jedoch beeinträchtigt dieses Signet weder Firmenrechte oder Warenzeichenrechte der Klägerin noch von Dritten. Der Europäische Gerichtshof kam zu dem Ergebnis, daß im konkreten Fall die Untersagung der Verwendung dieses Firmensignets sich als tatsächliche Einfuhrbeschränkung auswirke, die durch Art. 36 EG-Vertrag nicht gerechtfertigt sei. Der Begriff der öffentlichen Ordnung i. S. dieser Norm gehe nicht so weit, daß er auch Verbraucherschutzregeln umfasse.

Dieser Entscheidung ist zuzustimmen. Zum einen wird man in der Tat mit dem Europäischen Gerichtshof nicht sagen können, daß § 3 UWG grundsätzlich und in jedem Fall Bestandteil des deutschen ordre public ist. Zum anderen aber ist es für jedes Unternehmen, das sich auf dem gesamten gemeinsamen Markt betätigt, von essentieller Bedeutung, hierbei seine corporate identity wahren zu können, was die europaweite Verwendung desselben Firmenschlagworts und -Logos beinhaltet. Eine Grenze kann hier nur gezogen werden, soweit konkurrierende Firmen- oder Warenzeichenrechte Dritter verletzt werden, deren Schutz durch Art. 36 EG-Vertrag legitimiert ist.

Aus diesem Urteil des Europäischen Gerichtshofs zog nun weitergehend das Oberlandesgericht Hamburg die Schlußfolgerung, daß grundsätzlich ein in einem anderen EG-Staat ansässiges Unternehmen berechtigt sei, im Inland selbst dann wie in seinem Heimatstaat werben zu dürfen, wenn dies gegen deutsche Wettbewerbsnormen verstößt.[4] Kernpunkt des Streits war, ob eine niederländische Herstellerin von Gesundheitstee im Inland sich derselben Werbung bedienen dürfe wie in den Niederlanden, auch wenn nach deutschem Verständnis solche Werbung als irreführend und damit als unzulässig i. S. des § 3 UWG anzusehen war. Das Oberlandesgericht Hamburg nahm in dem entschiedenen Fall an, daß Art. 30 EG-Vertrag insoweit § 3 UWG und dessen spezialgesetzlichen Ausprägungen vorgeht, allerdings wurde die in Frage stehende Werbung im Endeffekt dennoch untersagt, weil der Senat in der irreführenden Werbung für Gesundheitstee gleichzeitig eine gesundheitliche Gefährdung der Verbraucherschaft sah, die ein Verbot gemäß Art. 36

---

[3] EuGH WRP 1985, Zu § 6 141.
[4] OLG Hamburg GRUR Int. 1988, 254;

Zu § 6   **Nachtrag**

EG-Vertrag rechtfertige.[5] Auch wenn diesem Urteil im Ergebnis zu folgen ist, so wirft es doch eine Reihe von Fragen auf:

Wenn ausländisches Werbematerial, das im Heimatland des betreffenden Unternehmens zulässig ist, auch dann im Inland verwertet werden darf, wenn es nach deutschem Verständnis als irreführend i. S. des § 3 UWG anzusehen ist, führt dies im Endeffekt zu einer Diskriminierung des deutschen Anbieters, der nach wie vor dem strengen deutschen Wettbewerbsrecht unterliegt. Ferner führt diese Auffassung in der Konsequenz dazu, daß sich Unternehmen auch das wettbewerbsrechtliche Gefälle innerhalb der Europäischen Gemeinschaft zunutze machen können, da es danach möglich wäre, ein bestimmtes Produkt mit einer bestimmten Werbung in dem EG-Staat mit den niedrigsten wettbewerbsrechtlichen Schranken zu lancieren, womit es anschließend automatisch in der ganzen Gemeinschaft zugelassen wäre. Diese Problematik läßt sich nur durch eine Angleichung der wettbewerbsrechtlichen Praxis der einzelnen EG-Mitgliedstaaten lösen.

Weiter stellt sich die Frage, ob eine Einschränkung der Werbung gegenüber den Werbemöglichkeiten in anderen EG-Staaten tatsächlich als mengenmäßige Einfuhrbeschränkung i. S. des Art. 30 EG-Vertrag angesehen werden kann. Dies dürfte jedenfalls dann ausscheiden, wenn die Verwendung von Werbematerial, das auf einem anderen Markt benutzt wird, schon aus sprachlichen Gründen in Deutschland ausscheidet und ohnehin Werbematerial in deutscher Sprache erstellt werden muß. In diesem Fall ist es dem Hersteller sicherlich zumutbar, z. B. bei der Neufassung von Prospekten in deutscher Sprache auch deutsche wettbewerbsrechtliche Vorschriften zu berücksichtigen. Komplizierter wird die Situation, wenn – wie häufig – der Hersteller von vornherein mehrsprachige Werbeprospekte verwendet, die überall einheitlich verteilt werden. In diesem Fall spricht in der Tat viel für die Auffassung des Oberlandesgerichts Hamburg, daß in Rücksicht auf Art. 30 EG-Vertrag der Hersteller in einem solchen Fall nur dann zu einer Änderung seines Werbematerials speziell für den deutschen Markt nur gezwungen werden kann, wenn aus deutscher Sicht erhebliche Gemeinschaftsgüter tangiert sind. Umgekehrt führt dies zur Forderung, auch die Anforderungen des deutschen Wettbewerbsrechts an die in den anderen EG-Mitgliedstaaten übliche Praxis anzupassen. Schon im Hinblick auf die 1992 anstehende Einführung des Europäischen Binnenmarktes erscheint diese Forderung unabweisbar, um eine möglichst weitgehende Rechtsvereinheitlichung zu erzielen und nicht diejenigen Unternehmen zu benachteiligen, die in Staaten mit strengerem Wettbewerbsrecht angesiedelt sind.

---

[5] Vgl. auch *Baumbach/Hefermehl* Wettbewerbsrecht, 15. Aufl., Rdnr. 26 ff. vor §§ 3–8 UWG.

Zu § 7 Internationales Firmen- und Warenzeichenrecht (S. 60 ff.)

Seit der 1. Auflage des Handbuchs des Wettbewerbsrechts sind mehrere Entscheidungen ergangen, die das Verhältnis zwischen Internationalem Warenzeichenrecht und den Normen des Europäischen Rechts näher präzisieren. Zu nennen ist in diesem Zusammenhang insbesondere die „KLINT"-Entscheidung des Bundesgerichtshofs vom 6. 11. 1986,[1] durch die der Begriff der Ursprungsgleichheit i. S. der Rechtsprechung des Europäischen Gerichtshofs zu Art. 30 EG-Vertrag näher definiert wurde. Entscheidend ist danach, ob die kollidierenden In- und ausländischen Warenzeichen sich von demselben Inhaber des Warenzeichensrechts ableiten, wobei der Begriff der Inhaberschaft ganz formal zu sehen ist. Der Umstand, daß die im vorliegenden Fall miteinander in Streit stehenden deutschen und französischen Unternehmen sich auf denselben Erfinder des hier in Frage stehenden Produkts bezogen, genügte nicht: Dieser hatte zwar die in Frage stehende Bezeichnung benützt, hatte hierfür jedoch keine Warenzeicheneintragung herbeigeführt, so daß ihm keine Zeichenrechte zustehen konnten, von denen die beiden im Konflikt stehenden Unternehmen ihre Warenzeichenrechte hätten ableiten können. Diese waren vielmehr originär bei ihnen selbst enstanden. In demselben Urteil verweist der BGH unter Berufung auf die „Terrapin"-Entscheidung des Europäischen Gerichtshofs[2] darauf, daß selbst bei Ursprungsgleichheit kollidierender Warenzeichenrechte die Geltendmachung von Schutzrechten aus § 24 WZG nur dann unzulässig sei, wenn diese Rechtsausübung Gegenstand, Mittel oder Folge einer verbotenen Kartellabsprache mit dem Ziel oder der Wirkung wäre, die nationalen Märkte voneinander zu isolieren.

Allerdings erscheint fraglich, ob diese Auslegung der Rechtsprechung des Europäischen Gerichtshofs zutrifft: In der „Terrapin"-Entscheidung wurde die Ausübung von Warenzeichenrechten für unzulässig erklärt, wenn entweder die fragliche Ware von dem Zeicheninhaber selbst im Ausland in den Verkehr gebracht worden sei, oder aber wenn das geltend gemachte Recht aus einer Warenzeichen-Aufspaltung hervorgegangen sei. Selbst wenn diese Voraussetzungen nicht gegeben seien, könne die Geltendmachung von Warenzeichenrechten immer noch unzulässig sein, nämlich wenn hierdurch eine Abschottung der nationalen Märkte voneinander oder eine sonstige Wettbewerbsbeschränkung bezweckt werde. In der „HAG"-Entscheidung des Europäischen Gerichtshofs[3] hatte der Europäische Gerichtshof keinesfalls die Unzulässigkeit der Geltendmachung warenzeichenrechtlicher Rechte gegen ursprungsgleiche fremde Warenzeichenrechte davon abhängig gemacht, daß diese Gegenstand, Mittel oder Folge einer verbotenen Kartellabsprache ist. Hieraus aber wird man den Schluß ziehen müssen, daß im Falle der Ursprungsgleichheit grundsätzlich die Ausübung nationaler Zeichenrechte unzulässig ist, ohne daß es noch darauf ankommt, ob die Ausübung des Warenzeichenrechts der verbotenen Kartellabsprache oder der Abschottung der nationalen Märkte voneinander dient.[4]

Allerding kann umgekehrt der Inhaber einer inländischen Marke sich der Einfuhr von Waren mit verwechslungsfähigen Kennzeichnungen aus einem anderen EG-Staat auch dann widersetzen, wenn die Verwendung der Kennzeichnung in diesem anderen EG-Staat zulässig ist, ja dort sogar für diese Bezeichnung ausstattungsähnliche Rechte bestehen. Derartige Rechte des Inhabers im Ausfuhrstaat wirken grundsätzlich nur territorial im Ausfuhrstaat, es sei denn, der Inhaber dieser Rechte kann sich auf weitergehende Ansprüche z. B. aufgrund der Pariser Verbandsübereinkunft (wie Art. 8 oder Art. 6 bis) berufen.

---

[1] BGH GRUR Int. 1987, 702.
[2] EuGH NJW 1976, 1578.
[3] EuGH WuW/MUV 313.
[4] *Baumbach/Hefermehl* Warenzeichenrecht, 12. Aufl., Rdnr. 78 zu § 15 WZG.

Zu § 7   **Nachtrag**

Jedenfalls steht Art. 30 EG-Vertrag der Geltendmachung der Zeichenrechte durch den inländischen Inhaber in einem solchen Fall nicht entgegen.[5]

Einen weiteren Aspekt der Problematik der Ursprungsgleichartigkeit – nämlich die Umkehrung der „KAFFEE HAG"-Konstellation – zeigt das Urteil des Oberlandesgerichts Hamburg vom 8. 10. 1987:[6] Dort ging es um die Frage, ob die inländische Inhaberin eines Warenzeichens sich gegen die Einfuhr von Waren mit demselben Zeichen sperren kann, die in der Europäischen Gemeinschaft von einer ehemaligen ausländischen Tochtergesellschaft der Inhaberin in den Verkehr gebracht wurden, die infolge des Krieges als Feindvermögen beschlagnahmt und der ursprünglichen Inhaberin entzogen wurde. In diesem Fall – so das Oberlandesgericht Hamburg – kann keine Ursprungsgleichheit i. S. der Rechtsprechung des Europäischen Gerichtshofs angenommen werden, da hier die Aufspaltung des Warenzeichens unfreiwillig und gegen den Willen der ursprünglichen Zeicheninhaberin erfolgte und somit nicht eine konkludente Zustimmung der ursprünglichen Inhaberin zu einer Verwendung des Zeichens durch Dritte angenommen werden kann.

---

[5] OLG Stuttgart GRUR Int. 1988, 592.
[6] OLG Hamburg GRUR Int. 1988, 256.

Zu § 19 Anspruchsberechtigte (S. 150 ff.)
Zu § 21 Abwehransprüche (S. 183 ff.)
Zu § 23 Einwendungen und Einreden (S. 194 f.)

1. Allgemeines. Die Vorschrift des § 13 UWG ist durch die Novelle 1986 insgesamt neu gefaßt worden. Aus Anlaß der Einfügung der neuen Absätze 1 und 5 ist § 13 insgesamt redaktionell umgestaltet worden. Dabei mußte auch die Einfügung der Vorschriften der §§ 6c, 6d und 6e berücksichtigt werden. Die Umgestaltung der Vorschrift des § 13 UWG dient nach der Begründung zum Fraktionen- Entwurf (BT-Drucks. 10/4741) der besseren Lesbarkeit der Bestimmung und der Abgrenzung zwischen Unterlassungsansprüchen, Anspruchsberechtigung und Schadensersatzansprüchen. Ob das Ziel der besseren Lesbarkeit und damit auch der besseren Übersicht über die Anspruchsberechtigung bei den einzelnen Verstößen gegen das UWG erreicht wurde, muß bezweifelt werden. Die Regelung der Ansprüche und Anspruchsberechtigungen im UWG ist nach wie vor nicht besonders übersichtlich und für den mit der Materie nicht Vertrauten nur schwer zu durchschauen.

Zu Rdnr. 9. BGH Urt. v. 19. 5. 1988 BB 1988, 1617 – Zur Klagebefugnis von Verbänden zur Förderung gewerblicher Interessen (Wettbewerbsvereine) s. dazu den Kurzkommentar von *Ulrich* EWiR § 13 UWG 1/88, 1029.
BGH GRUR 1986, 320 – Wettbewerbsverein (Zu den Voraussetzungen der Klagebefugnis von Verbänden nach § 13 Abs. 1 UWG) mit Anm. *Bauer.*
BGH GRUR 1986, 676 – Bekleidungswerk (Zur Frage der Prozeßführungsbefugnis eines Verbandes i. S. des § 13 Abs. 1 UWG, wenn dieser keine eigene Geschäftsstelle unterhält und die Geschäftsführung einem Rechtsanwaltsbüro übertragen hat) mit Anm. *Bauer.*
BGH GRUR 1986, 678 – Wettbewerbsverein II – (Zur Unzulässigkeit der Klage eines Verbandes zur Förderung gewerblicher Interessen bei Fehlen einer ausreichenden finanziellen Ausstattung).
KG GRUR 1987, 540 – Klagebefugnis des Vereins zum Schutz der sozialen Marktwirtschaft e. V. in Berlin.
OLG Hamm GRUR 1987, 541 – Zur Klagebefugnis eines Bundesverbandes von Gewerbetreibenden.
LG Hamburg GRUR 1988, 632 – Zur Klagebefugnis eines Wettbewerbsschutzvereins.

2. Übersicht über den Inhalt des § 13 neuer und alter Fassung

Neue Fassung		Alte Fassung
Abs. 1	neu eingefügt; normiert Unterlassungsansprüche bei Verstößen gegen §§ 4, 5, 6c, 12	–
Abs. 2	regelt Aktivlegitimation der Gewerbetreibenden, die Waren oder gewerbliche Leistungen gleicher oder verwandter Art verbreiten, von Verbänden zur Förderung gewerblicher Interessen, Verbraucherverbänden sowie der Industrie- und Handelskammern und Handwerkskammern bei Unterlassungsansprüchen	Abs. 1 und 1a
Abs. 3	Regelung der Aktivlegitimation bei Verstößen gegen § 12 (nur Gewerbetreibende, Verbände und Kammern)	Abs. 1 S. 2
Abs. 4	Haftung für Verstöße von Angestellten und Beauftragten	entspricht dem bisherigen Abs. 3
Abs. 5	neu eingefügt; Wegfall der Klagebefugnis bei	–

Zu §§ 19, 21, 23 **Nachtrag**

	Mißbräuchen bei der Geltendmachung von Unterlassungsansprüchen	
Abs. 6	Regelung der Passivlegitimation bei Schadensersatzansprüchen	entspricht dem bisherigen Abs. 2

3. Zu Abs. 1 von § 13 UWG. Abs. 1 ist neu eingefügt worden und normiert bei Zuwiderhandlungen gegen die Vorschriften der §§ 4, 6, 6c und 12 einen Unterlassungsanspruch. § 6c ist neu und mußte in den § 13 eingefügt werden. Ein Unterlassungsanspruch bei Zuwiderhandlungen gegen § 4 war bisher nicht vorgesehen. Unterlassungsansprüche bei Zuwiderhandlungen gegen die §§ 6 und 12 waren bisher in Abs. 1 S. 2 geregelt.

4. Zu Abs. 2 des § 13 UWG. Abs. 2 regelt die Klagebefugnis (Aktivlegitimation) von Gewerbetreibenden, die Waren oder gewerbliche Leistungen gleicher oder verwandter Art vertreiben, von rechtsfähigen Verbänden zur Förderung gewerblicher Interessen, von rechtsfähigen Verbänden, zu deren satzungsgemäßen Aufgaben es gehört, die Interessen der Verbraucher durch Aufklärung und Beratung wahrzunehmen, der Industrie- und Handelskammern sowie der Handwerkskammern. Dabei entspricht die Regelung des neuen Abs. 2 in etwa der Regelung des bisherigen Abs. 1 und 1a, wie die nachfolgende Übersicht verdeutlicht.

Klagebefugnis von Verbänden etc. nach...

Abs. 2 n. F.	Abs. 1 + 1a) a. F.
Bei Verstößen gegen	
§ 1	§ 1★
§ 3	§ 3★
§ 4 in § 13 neu aufgenommen	–
§ 6	§ 6★
§ 6a	§ 6a★
§ 6b	§ 6b★
§ 6c neu	–
§ 6d neu	–
§ 6e neu	
§ 7 (neu gefaßt)	§ 7 Abs. 1★
§ 8 (neu gefaßt)	§ 8
entfallen	§ 10
entfallen	§ 11★
(§ 12 jetzt in Abs. 3)	§ 12

Bei Verstößen gegen die mit einem ★ versehenen Vorschriften waren Verbraucherverbände aktivlegitimiert.

Die Industrie- und Handelskammern sowie die Handwerkskammern sind als Anspruchsberechtigte in Abs. 2 Nr. 4 jetzt besonders genannt.

5. Zu Abs. 3 des § 13 UWG. Bei Verstößen gegen § 12 (Bestechung von Angestellten) kann der Anspruch auf Unterlassung nur von Gewerbetreibenden, Verbänden zur Förderung gewerblicher Interessen, Industrie- und Handelskammern und Handwerkskammern i. S. des Abs. 2 Nr. 1, 2 und 4, nicht aber von Verbraucherverbänden geltend gemacht werden.

6. Zu Abs. 4. Der bisherige Abs. 3 des § 13 a. F. ist unverändert Abs. 4 geworden und regelt die Haftung für Zuwiderhandlungen von Angestellten und Beauftragten, vgl. dazu Handbuch § 20 Rdnr. 14 und § 21 Rdnr. 8 bis 11.

7. Zu Abs. 5. Der Fraktionen-Entwurf sah ursprünglich vor, daß der dem Abmahnenden von der Rechtsprechung auf der Grundlage der vorliegenden Vorschriften über die

Nachtrag   Zu §§ 19, 21, 23

Geschäftsführung ohne Auftrag (§§ 677 ff. BGB) zuerkannte Anspruch auf Ersatz seiner Aufwendungen (vgl. hierzu Handbuch § 63 Rdnr. 32 ff. und § 20 Rdnr. 64 ff.) für die erste Abmahnung grundsätzlich und für alle Abmahnenden entfallen sollte (vgl. BT-Drucks. 10/4741 S. 6 und 17). Dieser Vorschlag ist jedoch nicht Gesetz geworden, weil er von den betroffenen Verbänden und Organisationen nahezu einhellig abgelehnt wurde. Begründet wurde diese Ablehnung damit, daß die Abschaffung des Erstattungsanspruches für die Kosten der ersten Abmahnung den seriösen Verbänden und den kleinen Mitbewerbern die legitime Durchsetzung von Unterlassungsansprüchen erschweren würde.

Stattdessen hat der Rechtsausschuß einstimmig den nunmehr in Abs. 5 enthaltenen Mißbrauchstatbestand eingefügt. Nach der Begründung zu dieser Regelung (BT-Drucks. 10/5771 S. 22) knüpft dieser Änderungsvorschlag an die in der Rechtsprechung vermehrt festzustellende Tendenz an, Mißbräuchen bei der Geltendmachung von Unterlassungsansprüchen durch Verbände und Mitbewerber dadurch zu begegnen, daß die Klagebefugnis und damit auch die Abmahnbefugnis in bestimmten Fällen verneint wird.

§ 13 Abs. 5 UWG besagt daher im Grunde genommen auch nichts Neues, sondern bringt lediglich einen ohnehin geltenden Rechtsgrundsatz zum Ausdruck (vgl. dazu Handbuch § 19 Rdnr. 12). Zutreffend weist daher auch der Rechtsausschuß in seinem Bericht (BT-Drucks. 10/5771 S. 22) darauf hin, daß sein Vorschlag an eine bereits vorhandene Rechtsprechung anknüpft.

Die Gerichte sind bisher mit der Annahme eines Mißbrauchs der durch das UWG gewährten Klagebefugnis eher zurückhaltend gewesen (vgl. hierzu Handbuch § 19 Rdnr. 12; BGH GRUR 1978, 182; OLG Koblenz GRUR 1979, 496, 497; OLG Düsseldorf WRP 1983, 159). Einem früher weit verbreiteten Mißbrauch der Klagebefugnis, bei dem z. B. mehrere Wettbewerber gegen einen Verletzer nach entsprechender vorheriger Absprache in getrennten Verfahren vorgingen, um dem Verletzer auf diese Weise hohe Kosten anzulasten oder bei dem nach dem UWG klageberechtigte Verbände sich untereinander benachrichtigten, wenn ein Unternehmen einen klaren und leicht zu verfolgenden Verstoß begangen hatte, um dann nacheinander gegen dieses Unternehmen mit den entsprechenden Kosten vorzugehen, hat der BGH mit seiner Entscheidung vom 2. 12. 1982 (BGH GRUR 1983, 186 – Wiederholte Unterwerfung) die Grundlage entzogen. Vor dem Erlaß dieser Entscheidung nahmen Gerichte in solchen Fällen gelegentlich auch einen Mißbrauch der Klagebefugnis an (vgl. OLG Hamburg WRP 1981, 401; OLG Koblenz WRP 1982, 668; siehe aber auch OLG Düsseldorf GRUR 1984, 217/218). Ein Mißbrauch der den Wettbewerbern und Verbänden zuerkannten Klagebefugnis liegt vor, wenn die Ausübung der Klagebefugnis dem Sinn und Zweck der Zubilligung dieser Klagebefugnis widerspricht. Dies ist der Fall, wenn Unterlassungsansprüche mit der überwiegenden Absicht der eigenen Gewinnerzielung verfolgt werden (vgl. LG München WRP 1981, 424 – Concurrentia Aeterna; *Nordemann* Wettbewerbsrecht 4. Aufl. S. 225 Rdnr. 550; s. auch OLG Hamburg WRP 1981, 589).

Ein Mißbrauch der Klagebefugnis eines Verbandes liegt vor, wenn damit verbandsfremde Ziele verfolgt werden (vgl. OLG Koblenz GRUR 1979, 496). Dabei kann – nicht muß – die Verquickung von Verbandsaktivitäten mit der Anwaltstätigkeit verbunden mit einer übermäßigen Prozeßführung ein Indiz für einen Mißbrauch sein (vgl. auch *Ulrich*, Der Mißbrauch der Verbandsklagebefugnis – Ein Rückblick WRP 1984, 368 ff.).

8. Zu Abs. 6. Abs. 6 regelt die bisher in Abs. 2 behandelte Passivlegitimation bei Schadensersatzansprüchen (vgl. dazu Handbuch § 20 Rdnr. 9 bis 18).

9. Änderung des RabattG und der ZugabeVO. § 12 RabattG und § 2 Abs. 1 ZugabeVO, die jeweils den Unterlassungsanspruch und die Aktivlegitimation regeln, sind ebenfalls geändert und an die Neuregelung der Klagebefugnis sowie an die flexible Streitwertbemessung im UWG angepaßt worden. § 13 Abs. 2 Nr. 1, 2 und 4, Abs. 4 und 5 sowie § 23a UWG sind bei Rabatt- und Zugabeverstößen jeweils entsprechend anzuwenden.

Zu § 20 Schadenersatz (S. 159 ff)

1. Gesetzliche Grundlagen. Am 28. 6. 1986 ist das **Gebrauchsmustergesetz** in einer Neufassung bekanntgemacht worden.[1] Anspruchsgrundlage für Ersatzbegehren nach diesem Gesetz ist seither § 24 Abs. 2 GebrMG in der Fassung dieser Bekanntmachung. Seit der Umstrukturierung des § 13 UWG durch die Novelle vom 25. 7. 1986[2] findet sich die **allgemeine Regelung des wettbewerbsrechtlichen Ersatzanspruchs** in Abs. 4 der Vorschrift. Das sog. **Presseprivileg** ist nunmehr in Abs. 6 der gleichen Norm geregelt. Hinsichtlich der Ersatzansprüche hat die Neuregelung zu sachlichen Änderungen nicht geführt; die ursprünglichen Vorschriften sind im wesentlichen auch im Wortlaut erhalten geblieben.

Die Verbotsvorschriften des UWG sind **Schutzgesetze im Sinne des § 823 II BGB** nur zugunsten der Wettbewerber,[3] nicht jedoch zugunsten der Verbände im Sinne des § 13 II UWG.[4] Im Wettbewerbsrecht dürfte diese Vorschrift jedoch kaum von größerer Bedeutung sein als § 823 I BGB, der nach der Rechtsprechung lediglich lückenausfüllende Bedeutung hat und daher in der Regel hinter den speziellen Normen des Wettbewerbsrechtes zurücktritt.[5] Auch im übrigen neigt die Rechtsprechung insbesondere des BGH verstärkt dazu, in den Sondervorschriften des UWG eine abschließende Regelung der Ersatzansprüche zu sehen.[6]

2. Haftungsgrundlagen. Voraussetzung jeder deliktischen und damit auch der wettbewerbsrechtlichen Ersatzhaftung ist eine **Handlung,** d. h. ein vom Willen und Bewußtsein getragenes Verhalten des Verletzers.[7] Bloße innere Vorgänge genügen in diesem Zusammenhang nicht.[8] Die vergleichsweise scharfe wettbewerbsrechtliche Haftung setzt darüber hinaus ein **Handeln zu Zwecken des Wettbewerbs**[9] voraus. Das ist in der Regel dann anzunehmen, wenn die Handlung objektiv geeignet ist, eigenen oder fremden Wettbewerb zu fördern, und diese Eignung dem Handelnden bewußt ist.[10] Diese Umstände begründen jedoch nur eine Vermutung für eine Wettbewerbshandlung, die im Einzelfall widerlegt werden kann. Das gilt vor allem dann, wenn der Handlung ersichtlich ein anderes anzuerkennendes Motiv zugrundegelegen hat. Von Bedeutung ist dieser Grundsatz vor allem für die **Haftung der Presse** bei Eingriffen in den Wettbewerb insbesondere im Rahmen der **Berichterstattung**. Ist diese wahrheitsgemäß, wird es in der Regel auch dann an einer Wettbewerbsabsicht fehlen, wenn dem Verfasser die Auswirkungen seines Artikels auf den Wettbewerb bekannt und bewußt sind.[11] Bei einem kritischen Testbericht kann eine solche Absicht sogar dann zu verneinen sein, wenn der Verfasser sich neben seiner journalistischen Arbeit auch in der gleichen Branche wie der Kritisierte betätigt,

---

[1] BGBl I S. 1455.
[2] BGBl I S. 1169.
[3] BGHZ 15, 338, 355 – Gema; 41, 314, 317 – Lavamat; NJW 1983, 2493. Derartigen Verbänden stehen nach der Rechtsprechung allein aufgrund des Wettbewerbsverstoßes eigene Ersatzansprüche nicht zu.
[4] BGHZ 52, 393 ff; OLG Hamm, WRP 1988, 316, 317.
[5] BGH NJW 1988, 3154, 3155 m. w. Nachw.; st. Rspr.
[6] BGHZ 15, 338, 355 – Gema; 41, 314, 317 – Lavamat; BGH NJW 1983, 2493.
[7] BGHZ 98, 135, 137.
[8] OLG Hamburg, WRP 1985, 651, 653. Das gilt auch für betriebsinterne Vorgänge wie ein internes Rundschreiben. Ähnl. OLG Koblenz, WRP 1988, 557.
[9] Vgl. hierzu im Einzelnen Handbuch, S. 97 ff.
[10] BGHZ 3, 270, 277 – Constanze I; BGH WRP 1981, 457, 459 – Preisvergleich; WRP 1983, 395, 397 – Geldmafiosi; GRUR 1986, 898 – Frank der Tat; NJW 1987, 1082, 1083 – Gastrokritiker; GRUR 1988, 38 ff = WRP 1988, 99, 100 – Leichenaufbewahrung.
[11] BGH GRUR 1987, 898 – Frank der Tat; NJW 1987, 1082, 1083 – Gastrokritiker; AfP 1986, 219, 220.

also insoweit ein unmittelbares Wettbewerbsverhältnis besteht.[12] Diese Besonderheiten betreffen aber nur die eigentliche **journalistische Tätigkeit** der Presse. Angesichts des Zwecks, der mit Werbung verfolgt wird, kann bei der **Veröffentlichung von Anzeigen** eine Wettbewerbsabsicht bei den Verantwortlichen auch innerhalb der Presse kaum verneint werden. Hier unterliegen daher auch sie der vergleichsweise scharfen wettbewerbsrechtlichen Haftung, wobei hinsichtlich der zu beachtenden Sorgfalt in der Rechtsprechung zunehmend verschärfte Anforderungen gestellt werden. Einzustehen haben sie für den gesamten Anzeigenteil. Von ihrer Verantwortung erfaßt wird grundsätzlich jede gesetzwidrige (also auch die wettbewerbswidrige) Anzeige,[13] wobei sie jedoch nur eine eingeschränkte Pflicht zur Prüfung auf **grobe und offenkundige Verstöße** trifft.[14] Das bedeutet jedoch nicht, daß sich die Verantwortlichen in jedem Fall auf eine oberflächliche Prüfung beschränken könnten. Die Intensität der von ihnen geforderten Prüfung hängt von den Umständen des jeweiligen Einzelfalls ab, insbesondere davon, in welchem diese den Verdacht eines Gesetzes-, insbesondere eines Wettbewerbsverstoßes als begründet erscheinen lassen. Diese Prüfung darf sich nicht auf den Inhalt der Werbung als solcher beschränken; die Verantwortlichen müssen auch im übrigen einem nicht abwegig erscheinenden Verdacht nachgehen.[15] So kann eine **gesteigerte Prüfungspflicht** dann bestehen, wenn für hochwertige Erzeugnisse in einem Blatt geworben werden soll, das sich typischerweise an Abnehmer geringwertiger Produkte (Bauchladenverkäufer) wendet.[16] Wurden sie vor der Veröffentlichung durch Dritte in einer ausführlichen Belehrung auf den Verstoß hingewiesen, können sie sich auch dann nicht auf ihre Unkenntnis berufen, wenn die Rechtsverletzung nicht ohne weiteres zu erkennen war.[17] Daß es sich um eine **außergewöhnliche Werbung** handelt, kann jedenfalls dann, wenn sie in einer Zeitschrift eines Verlages erscheint, der ständig juristische Berater beschäftigt, eine umfassende Prüfungspflicht auslösen.[18] Da das **Presseprivileg** in erster Linie auf einer **Interessenabwägung** beruht,[19] kann die Verantwortlichen eine größere Sorgfaltspflicht treffen, wenn im Interesse des Verkehrs eine intensivere Kontrolle erforderlich erscheint. Das ist vor allem dann anzunehmen, wenn eine Rechtsverfolgung gegen den **Auftraggeber** erschwert ist, etwa weil er nur über einen **Sitz im Ausland** verfügt und dort in Anspruch genommen werden müßte oder wenn er in der Werbung nur mit einer **Postfachanschrift** erscheint. In einem solchen Fall müssen die presserechtlich Verantwortlichen in eine nähere Prüfung der rechtlichen Zulässigkeit der Werbung eintreten und ggf. hierzu auch **Rechtsrat** einholen.[20] Ob ein Verschulden auch dann noch angenommen werden kann, wenn die Werbung in einer **gerichtlichen Entscheidung** durch ein mit mehreren Berufsrichtern besetztes Gericht **für zulässig erklärt** worden ist,[21] erscheint im Hinblick auf die sonstige Rechtspre-

---

[12] BGH NJW 1987, 1082, 1083 – Gastrokritiker.
[13] BGH GRUR 1972, 722, 723 – Geschäftsaufgabe; GRUR 1972, 203, 204 – Badische Rundschau; OLG Frankfurt, GRUR 1985, 71; OLG Düsseldorf, WRP 1982, 469, 473; KG GRUR 1988, 223.
[14] OLG Hamm, GRUR 1984, 538; NJW-RR 1986, 1091; OLG Düsseldorf, WRP 1988, 537, 539 vgl. ferner Fn. 13.
[15] Zu eng insoweit OLG Koblenz, WRP 1988, 325 = GRUR 1988, 552 = NJW-RR 1988, 753, das eine Pflicht zur Ablehnung der Anzeige auch dann verneint, wenn der Verleger durch einen Gewerbetreibenden auf die Unzulässigkeit hingewiesen wurde.
[16] OLG Frankfurt, WRP 1987, 37, 39. Hier drängt sich der Verdacht auf, daß es sich entweder um nachgemachte oder gestohlene Waren handelt. Dem müssen die Verantwortlichen vor der Veröffentlichung eines solchen Inserats nachgehen.
[17] OLG Frankfurt, WRP 1985, 81, 82 = GRUR 1985, 71.
[18] OLG Düsseldorf, WRP 1988, 537, 539.
[19] Einerseits wäre die Presse überfordert, müßte sie die rechtliche Unbedenklichkeit einer Werbung bis ins letzte klären; andererseits verlangt der Schutz des Verkehrs angesichts der Haftung des eigentlichen Verletzers grundsätzlich eine solche umfassende Prüfung nicht.
[20] OLG Düsseldorf, WRP 1982, 469, 473; OLG Frankfurt, WRP 1987, 37, 39; KG Magazindienst 1986, 1120, 1126; 1987, 252, 260; 1987, 633, 639.
[21] So KG GRUR 1988, 223.

chung zum Verschulden zweifelhaft. Nach der Rechtsprechung des BGH insbesondere in Amtshaftungssachen kann dem Täter ein Schuldvorwurf nicht gemacht werden, wenn ein mit mehreren Berufsrichtern besetztes Gericht seine Maßnahme für rechtmäßig gehalten hat und zwar auch dann, wenn leichte Fahrlässigkeit genügt.[22] Vor diesem Hintergrund wird den Verantwortlichen hier ein Verschuldensvorwurf angesichts ihrer nur eingeschränkten Prüfungspflicht kaum gemacht werden können. Das gilt auch dann, wenn sie jede Prüfung unterlassen haben, da es hierauf nicht ankommt. Ein Verschulden entfällt nach der zitierten Rechtsprechung schon deshalb, weil der Täter in der Regel nicht klüger zu sein braucht als ein mit mehreren Juristen besetztes fachkundiges Gericht.

In der Regel ohne Wettbewerbsabsicht handeln auch **unabhängige Testinstitute** bei der Veröffentlichung vergleichender Warenuntersuchungen. Für Fehler haften sie daher regelmäßig nicht aufgrund des Wettbewerbsrechtes, sondern nach allgemeinem Zivilrecht. Anspruchsgrundlage ist dabei vor allem § 823 I BGB aus dem Gesichtspunkt des Eingriffs in den eingerichteten und ausgeübten Gewerbebetrieb.[23] Das Institut haftet jedoch nicht schon deshalb auf Ersatz, weil es eine nachteilige Kritik veröffentlicht hat. Einer berechtigten Kritik an seinen Leistungen muß sich jeder Gewerbebetrieb stellen.[24] Die Grenzen einer solchen Kritik sind aufgrund einer Güter- und Pflichtenabwägung zu bestimmen.[25] Für Wettbewerber gelten dabei engere Grenzen als für unabhängige Tester, bei denen die Grenzen zulässiger Kritik außerordentlich weit gezogen sind.[26] Diese überschreiten sie letztlich erst bei irreführenden, unsachlichen und nicht objektiven Darstellungen[27] oder unvertretbaren Untersuchungen. Grundsätzlich steht dem Testinstitut ein **Beurteilungsspielraum** bei der Bewertung zu.[28] Bei der Überprüfung dieser Bewertung ist auf deren Vertretbarkeit abzustellen.[29] An grundsätzliche Bewertungen durch andere ist das Institut nicht immer gebunden, auch wenn diese Gegenstand einer Industrienorm geworden sind.[30] Erforderlich ist jedoch in jedem Fall ein faires Testverfahren, das darauf angelegt ist, dem Verbraucher durch seine Resultate einen sachgerechten Vergleich zu ermöglichen. Bei einem fehlerhaften Test, der nicht durch den Beurteilungsspielraum gedeckt wird (also unvertretbar ist), haftet das Institut für jedes Verschulden. Besondere Sorgfaltspflichten treffen in diesem Zusammenhang die **Stiftung Warentest,** an die wegen der von ihr in Anspruch genommenen besonderen Vertrauenswürdigkeit, der weiten Verbreitung ihrer Berichte und der daraus resultierenden möglichen weitreichenden Folgen ihrer Äußerungen **hohe Anforderungen** zu stellen sind.[31] Bei einem fehlerhaften Test handelt sie in der Regel auch rechtswidrig; einen solchen Test kann auch sie nicht mit der **Wahrnehmung berechtigter Interessen** verteidigen.[32]

Regelmäßig ist bei tatbestandsmäßigen Eingriffen die **Rechtswidrigkeit** der Handlung

---

[22] BGHZ 27, 338, 343; 73, 161, 164; vgl. auch Reinken/Schwager, DVBl 1986, 985, 990 m. w. Nachweisen aus der Rspr des BGH.
[23] BGHZ 65, 325, 334 = GRUR 1976, 268 = WRP 1976, 166 – Warentest II; GRUR 1987, 468 – Warentest IV; OLG München, OLGZ 1986, 22.
[24] BGHZ 65, 325, 334 – Warentest II.
[25] Diese Abwägung enthält im Rahmen der Ansprüche wegen eines Eingriffs in den eingerichteten und ausgeübten Gewerbebetrieb einen allgemeinen Grundsatz (BGH WRP 1966, 669, 671; BGHZ 65, 325, 334 – Warentest II; vgl. auch BGHZ 45, 296, 307 – Höllenfenster: Maßgebend ist – auch – die Art der Schädigung). So können etwa auch wahre Tatsachenbehauptungen allenfalls dann eine Haftung begründen, wenn der verfolgte Zweck zur entstandenen Beeinträchtigung in einem völlig unangemessenen Verhältnis steht (OLG Karlsruhe, GmbHRdsch 1988, 62).
[26] BGHZ 65, 325, 334 – Warentest II.
[27] OLG München, OLGZ 1986, 22.
[28] BGH, GRUR 1987, 468 – Warentest IV.
[29] BGH GRUR 1987, 468, 469 = WRP 1987, 616, 619 – Warentest IV.
[30] BGH GRUR 1987, 468, 469 – Warentest IV.
[31] BGH NJW 1976, 620; NJW 1986, 981.
[32] BGH NJW 1986, 981.

zu vermuten.[33] Diese Vermutung entfällt nicht nur bei der Haftung wegen eines Eingriffs in den eingerichteten und ausgeübten Gewerbebetrieb, bei dem – da er deliktsrechtlich keinen absoluten Schutz genießt[34] – die Rechtswidrigkeit eines Eingriffs nur aufgrund einer Güter- und Pflichtenabwägung bestimmt werden kann.[35] Eine die Rechtswidrigkeit indizierende Wirkung wird in der Rechtsprechung z. T. auch § 24 WZG abgesprochen.[36]

3. Schadensberechnung. Grundlage aller Schadensberechnungen ist die Differenzmethode, d. h. der Vergleich des tatsächlichen Vermögensbestandes mit dem, wie er ohne das schädigende Ereignis bestanden hätte. Damit ist jedoch zunächst nur der grobe Rahmen festgelegt. Im Zivilrecht gilt ein **normativer Schadensbegriff**,[37] dem auch eine wertende Betrachtung zugrundeliegt. Hierdurch wird der Umfang der Ersatzpflicht zum Teil eingeschränkt; zum Teil kann auf diese Weise die Haftung auch erweitert werden. **Einschränkungen** ergeben sich in dieser Hinsicht insbesondere nach den Lehren von der Haftungsbegrenzung nach dem Schutzzweck der Norm bzw. vom Rechtswidrigkeitszusammenhang.[38] Diese betreffen insbesondere die Frage, ob der konkret vorliegende Nachteil nach Sinn und Schutzzweck der konkreten Ersatznorm auszugleichen ist[39] oder ein solcher Ausgleich hiermit in Widerspruch stünde.[40] Dieser Gedanke schließt etwa Ersatzleistungen für solche Gewinne aus, die der Verletzte seinerseits nur bei rechtswidrigem Verhalten hätte ziehen können.[41] Das gilt auch dann, wenn ihm die Rechtsordnung die Möglichkeit eröffnet hätte, diesen Vorteil einzuziehen.[42] Beruhen die Nachteile sowohl auf einem rechtswidrigen als auch auf einem rechtlich zulässigen Verhalten des Schädigers, haftet er wegen der gebotenen Wertung nur dann auf Ersatz, wenn der Geschädigte nachweist, daß der Schaden gerade auf der Rechtsverletzung beruht.[43] Andererseits kann der normative Schadensbegriff auch zu einer **Haftungserweiterung** führen, nämlich dann, wenn bei Anwendung der reinen Differenzmethode ein Unterschied im Vermögen zwar nicht festzustellen ist, die Verneinung eines Ersatzanspruchs bei wertender Betrachtung jedoch mit der Billigkeit nicht zu vereinbaren wäre.[44] Von Bedeutung ist diese Betrachtung vor allem bei dem Verlust von Gebrauchs- und Nutzungsmöglichkeiten, bei denen sich in der Rechtsprechung eine zunehmende Tendenz zeigt, dem Verletzten auch dann einen Ausgleich zukommen zu lassen, wenn er einen wirtschaftlich meßbaren Nachteil unmittelbar nicht erlitten hat oder ein solcher jedenfalls nicht festzustellen ist. Diese Grundsätze des normativen Schadensbegriffes aber auch sind für den wettbewerbsrechtlichen Ersatzanspruch von erheblicher Bedeutung, bei dem dem ebenfalls oft nicht oder nur schwer zu ermitteln ist, ob und in welcher Höhe der Verletzte eine Einbuße erlitten hat.

Auf einer vergleichbaren wertenden Betrachtung beruht zunächst die Bestimmung der Ersatzpflicht bei einem **Marktverwirrungsschaden**. Hier können meßbare Schäden zu-

---

[33] Zu den Besonderheiten des nur fahrlässigen Eingriffs vgl. Handbuch § 20 Rdnr. 21.
[34] BGHZ 45, 296, 307 – Höllenfenster.
[35] BGH WRP 1966, 669, 671; BGHZ 65, 325, 334 – Warentest II.
[36] OLG Köln, GRUR 1987, 709.
[37] BGH (GrZS) BGHZ 98, 212ff = MDR 1987, 109, 110.
[38] Nur teilweise hiermit im Zusammenhang steht der Gedanke, daß eine Haftung auch dann entfallen kann, wenn der Nachteil auch bei rechtmäßigem Verhalten des Verletzers eingetreten wäre (vgl. etwa BGH GRUR 1988, 716, 717 – Aufklärungspflichten des Abgemahnten). Mit dieser Erwägung wird auch ein Kausalitätsproblem angesprochen.
[39] Eine solche Ersatzpflicht besteht etwa auch nicht bei Verletzungen des § 3 UWG für solche Nachteile, die sich daraus ergeben, daß der Verletzte versehentlich eine Schwesterfirma des eigentlichen Verletzers in Anspruch genommen hat BGH WRP 1988, 359, 360 – Auto F. GmbH.
[40] BGHZ 27, 137, 140; 70, 374, 377; 97, 184, 184; BGH NJW 1982, 572, 573; WM 1985, 666, 669.
[41] BGH JZ 1986, 505; NJW 1986, 1486.
[42] An einem ausgleichspflichtigen Schaden kann es daher auch dann fehlen, wenn der Geschädigte ohne das schädigende Ereignis einen materiell-rechtlich nicht bestehenden Anspruch aus prozessualen Gründen gegen einen Dritten hätte erfolgreich durchsetzen können; vgl. BGH MDR 1988, 47, 48.
[43] BGH GRUR 1987, 316, 318 – Türkei-Flug.
[44] BGH – Großer Zivilsenat – MDR 1988, 109, 110.

nächst in Form der Kosten einer Gegenwerbung vorliegen,[45] die der Geschädigte zum Zwecke der Richtigstellung betreibt. Diese Kosten sind auszugleichen, soweit die **Gegenwerbung** zur Beseitigung oder Minderung des Schadens erforderlich erscheint, wobei diese Notwendigkeit aufgrund einer Abwägung unter allen beteiligten Interessen festzustellen ist. Sie kann daher entfallen, wenn den berechtigten Belangen des Verletzten auf eine kostengünstigere Weise (etwa durch eine Gegendarstellung) hinreichend Rechnung getragen werden kann.[46] Darüber hinaus sind alle weiteren Aufwendungen auszugleichen, die zur Beseitigung der Marktverwirrung erforderlich sind. Anhand der erfahrungsgemäß zu erwartenden Kosten kann dieser Schaden auch geschätzt werden.[47] Bei einer Marktverwirrung ist die Ersatzpflicht jedoch nicht auf die Aufwendungen beschränkt, zumal die Gegenmaßnahmen des Verletzten in der Regel nicht zu einem vollen Ausgleich führen werden. Auch für die Nachteile aus der Marktverwirrung selbst kann Ersatz begehrt werden. Vor allem dieser Schaden, der rechnerisch praktisch nicht zu ermitteln ist, kann nach den §§ 286, 287 ZPO geschätzt werden. Voraussetzung hier ist indessen, daß überhaupt ein derartiger Schaden eingetreten ist.[48] Bei dieser Prüfung kann regelmäßig die Lebenserfahrung helfen. Ein Marktverwirrungsschaden kommt nur bei Handlungen in Betracht, die zu Fehlvorstellungen im Verkehr führen können. Diese haben aber schon ihrer Definition nach in der Regel eine Marktverwirrung zur Folge. Kann wegen der ursprünglichen Verletzungshandlung aber Ersatz nicht verlangt werden (etwa weil der Anspruch insoweit verwirkt ist), kann die Lebenserfahrung bei der Frage, ob darüber hinaus ein weiterer Schaden entstanden ist, in der Regel nicht mehr nutzbar gemacht werden. Hier muß vor der Schätzung festgestellt werden, ob ein solcher Schaden entstanden ist.[49] Grundlage der Schätzung nach den §§ 286, 287 ZPO ist der Aufwand des Verletzers,[50] d. h. – soweit bekannt – Art, Umfang, Dauer, Inhalt und Zeitpunkt der Werbung sowie ihre wahrscheinliche Effektivität auch unter Berücksichtigung der Art und Zahl der Werbeträger und -mittel oder – soweit sich diese Umstände nicht hinreichend sicher ermitteln lassen – die Kosten der verletzenden Werbung.[51] Über die in diesem Zusammenhang erforderlichen Tatsachen muß der Verletzer Auskunft erteilen. Diese Verpflichtung beschränkt sich jedoch auf die Angaben, die geeignet sind, als Grundlage der Schätzung zu dienen und für diese erforderlich sind.[52]

Auch der Verpflichtung zur Herausgabe des **Verletzergewinns**[53] liegt eine vergleichbare wertende Schadensermittlung zugrunde. Daß der Verletzte einen entsprechenden Gewinn hätte ziehen können, ist nicht Voraussetzung einer derartigen Ersatzleistung. Gedanklicher Ansatz der Haftung ist hier im Grunde die Überlegung, daß dem Verletzer der aus der unberechtigten Benutzung einer fremden Position erwachsene Gewinn nicht verbleiben darf. Trotz dieses scheinbar bereicherungsrechtlichen Ansatzes handelt es sich hier nicht um einen Bereicherungsausgleich, sondern um Schadensersatz im eigentlichen Sinne. Herausgabe des Verletzergewinns kann nur aufgrund einer Schadenersatzpflicht, d. h. bei schuldhaften Verletzungshandlungen verlangt werden. Bei schuldlosen Eingriffen in

---

[45] BGH NJW 1976, 1198; NJW 1978, 210; NJW 1986, 981, 982. Voraussetzung eines solchen Ersatzanspruchs ist jedoch, daß der Verletzte tatsächlich eine Gegenwerbung betrieben hat. Die fiktiven Kosten einer möglichen Gegenwerbung können demgegenüber nicht Grundlage einer Schadensberechnung sein; vgl. BGH GRUR 1984, 489 ff – Korrekturflüssigkeit.
[46] BGH NJW 1986, 981, 982.
[47] Vgl. dazu auch Leisse, Die Fiktion im Schadensersatzrecht, GRUR 1988, 88 ff.
[48] BGH NJW 1988, 2469, 2471 – PPC; vgl. auch BGH GRUR 1975, 434, 437 – Bouchet.
[49] BGH NJW 1988, 2469, 2471 – PPC.
[50] BGH GRUR 1982, 489 – Korrekturflüssigkeit; OLG München, GRUR 1985, 548.
[51] BGH WRP 1987, 466 = GRUR 1987, 364, 365 – Vier Streifen Schuh; vgl. dazu auch Leisse, Die Fiktion im Schadensersatzrecht, GRUR 1988, 88 ff.
[52] BGH GRUR 1987, 364, 365 – Vier Streifen Schuh.
[53] BGHZ 34, 320, 321 – vital-sulfal; BGH GRUR 1973, 375, 377 = WRP 1973, 213 – miß petite; GRUR 1981, 592, 594 – champione du monde.

Nachtrag

fremde Rechte oder Güter können zwar **Bereicherungsansprüche** bestehen. Gegenstand der Bereicherung ist nach der Rechtsprechung jedoch nicht der aus der objektiven Verletzung gezogene Gewinn, sondern allein die Möglichkeit, die fremde Position zu nutzen. Bei schuldlosen Eingriffen in fremde Positionen kommt danach ein Anspruch auf Herausgabe des Gewinns nicht in Betracht; denkbar sind nur Ansprüche auf eine Vergütung für die Nutzungsmöglichkeit, d. h. auf eine angemessene Lizenzgebühr.[54] Als Verletzergewinn ist jeder Gewinn herauszugeben, der auf der Verletzungshandlung beruht, also auch die Vorteile, die sich aus der Steigerung der Auflage einer Zeitschrift infolge eines Verstoßes ergeben,[55] der eine Berechnung der Ersatzpflicht auf dieser Grundlage ermöglicht.[56] Andererseits ist jedoch erforderlich, daß der Gewinn auf der Verletzungshandlung beruht.[57]

Eine in ähnlicher Weise wertende Betrachtung liegt schließlich auch der Ersatzleistung in Form einer **angemessenen Lizenzgebühr** zugrunde. Hintergrund der Ersatzpflicht ist auch hier, daß der Verletzer wenigstens den Betrag entrichten soll, den er bei einer berechtigten Inanspruchnahme der fremden Position zu leisten gehabt hätte. Anders als die Verpflichtung zur Herausgabe des Verletzergewinns kann die zur Zahlung einer angemessenen Lizenzgebühr sowohl auf das **Schadensersatzrecht** als auch auf das **Bereicherungsrecht** gestützt werden.[58] Maßstab für die Bemessung der Lizenzgebühr ist in beiden Fällen das, was vernünftige Vertragspartner vereinbart hätten.[59] Zugrundezulegen ist daher in der Regel die branchenübliche oder tarifmäßige Vergütung,[60] die durch das Gericht auf ihre Angemessenheit überprüft werden kann.[61] Eine übliche oder tariflich bestimmte Lizenzgebühr kann zur Berechnung dieses Schadens nur dann herangezogen werden, wenn sie das übliche Entgelt für die Benutzung darstellt, die der Verletzer in Anspruch genommen hat.[62] Ist eine solche Gebühr anderweitig nicht hinreichend sicher zu ermitteln, kann sie ggf. auch durch das Gericht nach § 287 I ZPO **geschätzt** werden.[63] Diese Form der Schadensberechnung ist für alle Fälle einer unberechtigten Nutzung fremder Rechte und vergleichbarer Positionen von Bedeutung. Auf sie kann auch im Falle einer **widerrechtlichen Entnahme** im Patentrecht zurückgegriffen werden.[64]

Daß ein Schaden nach § 287 ZPO geschätzt werden kann, entbindet nicht von der Notwendigkeit, die **tatsächlichen Grundlagen dieser Schätzung** zu ermitteln und über diese – soweit sie streitig sind – notfalls Beweis zu erheben.[65] Das gilt auch bei Erleichterungen der Schadensberechnung wie etwa bei dem entgangenen Gewinn nach § 252 BGB. Hier müssen die für eine Schätzung des nach dem gewöhnlichen Lauf der Dinge zu erwartenden Gewinns wesentlichen Tatsachen geklärt werden, bevor eine Schätzung nach § 287 ZPO einsetzen kann.[66]

Für die **Kosten,** die mit der **Verfolgung** eines Wettbewerbsverstoßes verbunden sind, kann der Verletzte (sofern er Gewerbetreibender ist und ihm daher überhaupt ein Ersatz-

---

[54] BGH GRUR 1987, 520, 523 – Chanel no. 5 I; GRUR 1982, 301, 302 – Kunststoffhohlprofile II.
[55] BGH GRUR 1987, 464, 467 – BND-Interna.
[56] Vgl. dazu Handbuch, § 20 Rdn. 56 ff; § 42, Rdn. 151; § 60, Rdn. 15.
[57] BGH GRUR 1987, 37, 39 – Violinlizenzvertrag; GRUR 1959, 379 ff – Gasparone. Bei der rechtswidrigen Verwendung einer Bearbeitung kann der Bearbeiter daher nur den Teil des Verletzergewinns verlangen, der auf die Verwendung seiner Bearbeitung entfällt.
[58] BGH GRUR 1987, 520, 523 – chanel no. 5 II.
[59] BGH GRUR 1975, 323, 324 – Geflügelte Worte.
[60] BGH GRUR 1987, 36 – Lichttextwiedergabe II; GRUR 1983, 565, 566 – Tarifüberprüfung II; BGHZ 97, 37, 42 – Filmmusik.
[61] BGHZ 97, 37, 42 – Filmmusik.
[62] OLG Karlsruhe, GRUR 1987, 818. Daran fehlt es der Lizenzgebühr nach § 54 (IV) UrhG etwa im Hinblick auf die Nutzung fremder Rechte.
[63] OLG Karlsruhe, GRUR 1987, 818.
[64] OLG Frankfurt, GRUR 1987, 886.
[65] BGH (6. Zivilsenat), MDR 1988, 850.
[66] BGH MDR 1988, 850.

anspruch zustehen kann)[67] grundsätzlich Ausgleich auch dann verlangen, wenn sich der Verletzer auf die Abmahnung eines Dritten hin bereits ausreichend unterworfen hat; die nicht unproblematische Rechtsprechung zur **Drittunterwerfung** ist für den Ersatzanspruch grundsätzlich ohne Bedeutung.[68] Zu beachten ist in diesem Zusammenhang allerdings die **Schadensminderungspflicht** des Verletzten. Ersatz für die Kosten wird er kaum verlangen können, wenn ihm die ausreichende Unterwerfung gegenüber dem Dritten bekannt ist und kein Anlaß für die Annahme besteht, daß diese nicht auf Dauer vor weiteren Verstößen schützt. Die insbesondere auch im Hinblick auf die Schadensminderungspflicht bestimmte Notwendigkeit bildet auch das entscheidende Kriterium dafür, daß und nach welchen Gesichtspunkten Aufwendungen für **Testkäufe** auszugleichen sind.[69] Ersatz kann hier nur für solche Ausgaben begehrt werden, die für Gegenstände getätigt wurden, die der Verletzte für den Prozeß für erforderlich halten durfte; ein Ausgleich für den Versuch, den Verletzer auszukaufen, kann nicht durchgesetzt werden.

4. Verwirkung. Anders als bei dem Unterlassungsanspruch, bei dem eine Verwirkung einen schutzwürdigen Besitzstand des Verletzers voraussetzt, kann der Schadensersatzanspruch schon verwirkt sein, wenn der Verletzer aufgrund des Verhaltens des Verletzten annehmen durfte, er werde nicht mehr auf Ersatz in Anspruch genommen[70] und dieses Vertrauen insbesondere in Hinblick etwa die Dauer der Untätigkeit des Verletzten schutzwürdig erscheint.

---

[67] Vgl. dazu Handbuch § 20, Rdnr. 54.
[68] OLG München, GRUR 1988, 843, 844.
[69] OLG Karlsruhe, WRP 1988, 382.
[70] BGH NJW 1988, 2469, 2470 – PPC.

Zu § 22 Weitere Ansprüche (S. 189 ff.)

Durch die UWG-Novelle 1986 wurde mit der Regelung des § 13a UWG für Abnehmer ein im bisherigen Wettbewerbsrecht unbekanntes Recht zum Rücktritt vom Vertrag bei unwahren Werbeangaben eingeführt.

1. Voraussetzungen des Rechts zum Rücktritt. *a) Rücktrittsberechtigte.* Zum Rücktritt berechtigt sind Abnehmer eines Gewerbetreibenden. Voraussetzung für den Rücktritt ist, daß der Abnehmer durch eine unwahre und zur Irreführung geeignete Werbeangabe im Sinne von § 4, die für den Personenkreis, an den sie sich richtet, für den Abschluß von Verträgen wesentlich ist, zur Abnahme bestimmt worden ist. Abnehmer können sowohl private als auch gewerbliche Abnehmer sein (vgl. BT-Drucks. 10/5771 S. 18). Das Gesetz unterscheidet nicht zwischen der Abnahme von Ware und Leistungen. Es wird daher beides erfaßt.

§ 13a setzt eine Werbeangabe voraus, die den objektiven Tatbestand des § 4 UWG erfüllt. Es muß sich um öffentliche Bekanntmachungen handeln, die sich an einen grundsätzlich unbegrenzten Personenkreis wenden bzw. um Mitteilungen für einen größeren Personenkreis, der grundsätzlich unbestimmt sein muß und nicht individuell begrenzt sein darf. Nicht unter § 4 Abs. 1 und damit auch nicht § 13a UWG fallen Mitteilungen an Einzelpersonen, die nicht zur Verbreitung an die Öffentlichkeit geeignet und bestimmt sind. Erfaßt werden Angaben über geschäftliche Verhältnisse. Diese Angaben müssen unwahr und zur Irreführung geeignet sein.

Die so gekennzeichnete Werbeangabe muß für den Personenkreis, an den sie sich richtet, für den Abschluß von Verträgen wesentlich sein. Wesentlich sind Werbeangaben, die bei verständiger Würdigung durch Angehörige des Personenkreises, an den die Werbung sich richtet, geeignet sind, den Kaufentschluß des den Rücktritt ausübenden Abnehmers zu beeinflussen. Umwesentlich ist eine Werbeangabe, wenn sie für die Beurteilung des Angebots durch den Rücktrittsberechtigten keine oder nur eine untergeordnete Bedeutung hat.

Der Abnehmer muß durch die Werbeangabe zur Abnahme bestimmt worden sein. Das Gesetz spricht von Abnahme. Damit kann sinnvollerweise nur der Kaufentschluß, nicht die körperliche Abnahme der Ware oder Leistung gemeint sein. Das Rücktrittsrecht ist ausgeschlossen, wenn für die betreffende Ware oder gewerbliche Leistung zwar mit unwahren und zur Irreführung geeigneten Werbeangaben geworben wurde, der Abnehmer diese aber im Zeitpunkt des Kaufs nicht kannte und infolgedessen durch diese Werbeangabe auch nicht zur Abnahme bestimmt werden konnte. Der Abnehmer muß gerade durch die unwahre Werbeangabe zum Vertragsschluß bestimmt worden sein.

Ein Verschulden des Werbenden hinsichtlich der Unwahrheit der Werbeangabe ist nicht erforderlich und nicht Voraussetzung für das Rücktrittsrecht. Es kommt also nicht darauf an, ob er wissentlich unwahre und zur Irreführung geeignete Werbeangaben gemacht hat.

§ 13a Abs. 1 unterscheidet, ob der Vertragspartner des Abnehmers eine unwahre Werbeangabe gemacht hat, oder ob die Werbeangabe von einem Dritten stammt. Bei diesem Dritten wird es sich meistens um den Warenhersteller handeln, der für seine Produkte wirbt. Im letzteren Fall steht dem Abnehmer das Rücktrittsrecht nur dann zu, wenn sein Vertragspartner die Unwahrheit der Angabe und ihre Eignung zur Irreführung kannte oder kennen mußte, oder wenn er sich die unwahre Angabe durch eigene Maßnahmen zu eigen gemacht hat, z. B. durch das Aufstellen von ihm gelieferter Plakate, Verkaufsständer, etc. oder durch die Übernahme von Aussagen seines Lieferanten in die eigene Werbung.

b) Ausübung des Rücktrittsrechts. Der Abnehmer muß seinen Rücktritt dem anderen Vertragsteil gegenüber erklären. Diese Erklärung ist unverzüglich abzugeben, nachdem der Abnehmer von Umständen Kenntnis erlangt hat, die sein Rücktrittsrecht begründen. Das

Gesetz erläutert nicht, was unter unverzüglich zu verstehen ist. Da es sich um die Ausübung des Rücktritts von einem zivilrechtlichen Vertrag handelt, ist dieser Begriff wie in § 121 Abs. 1 BGB auszulegen. Dieser Begriff gilt für das gesamte bürgerliche Recht. Für die Auslegung des Begriffes „unverzüglich" s. daher *Palandt/Heinrichs,* 48. Aufl. § 121 BGB Anm. 2b.

Das Rücktrittsrecht erlischt, wenn der Rücktritt nicht vor dem Ablauf von 6 Monaten nach dem Abschluß des Vertrages erklärt wird.

Der Rücktritt kann nicht im voraus abbedungen werden.

c. Wirkung des Rücktritts. Nach § 13 Abs. 3 bestimmten sich die Folgen des Rücktritts bei beweglichen Sachen nach § 1 Abs. 1, 3, 4 und 5 des Gesetzes betr. die Abzahlungsgeschäfte. Danach ist im Falle des Rücktritts des Abnehmers jeder Vertragsteil verpflichtet, dem anderen Teil die empfangenen Leistungen zurückzugewähren. Bei verbrauchbaren Waren ist der Rücktritt für den verbrauchten Teil naturgemäß ausgeschlossen. Bei Gebrauchsgütern ist für den Gebrauch und die Benutzung deren Wert zu vergüten. Die durch die bestimmungsgemäße Ingebrauchnahme eingetretene Wertminderung hat nach der Vorschrift des § 1d Abs. 3 AbzahlungsG außer Betracht zu bleiben.

Gemäß § 1 Abs. 4 AbzG kann der Abnehmer für die auf die Sache gemachten notwendigen Aufwendungen vom anderen Vertragsteil Ersatz verlangen.

Nach der ausdrücklichen Vorschrift des § 1 Abs. 5 AbzG sind entgegenstehende Vereinbarungen nichtig.

Wegen der Einzelheiten bei der Abwicklung der Rückgewährungspflichten s. die Kommentierungen zu § 1 AbzG, insbes. *Palandt/Putzo,* 48. Aufl. zu § 1 AbzG.

d) Weitergehende Schäden. Gemäß § 13 Abs. 3 S. 2 ist die Geltendmachung eines weiteren Schadens nicht ausgeschlossen. Jedoch gewährt auch diese UWG-Novelle dem Verbraucher keinen speziellen wettbewerbsrechtlichen Schadensersatzanspruch, wenn der Werbende gegen Vorschriften des UWG verstößt.

2. Regreßansprüche. Geht die Werbung nicht vom Vertragspartner des zurückgetretenen Abnehmers, sondern von einem Dritten aus, so trägt im Verhältnis zwischen dem anderen Vertragsteil und dem Dritten der Dritte den durch den Rücktritt des Abnehmers entstandenen Schaden allein, es sei denn, daß der andere Vertragsteil die Unrichtigkeit der Werbeangabe kannte. (Literatur: *Sack,* Das Rücktrittsrecht gem. § 13a UWG Beilage 2/1987 zu Heft 5/1987 BB; *Schäfer,* Vertragsauflösung wegen irreführender Werbung, ZIP 1987, 554; s. a. die Literatur zur UWG-Novelle § 1 Rdnr. 13).

Zu § 25 Vereinheitlichungsbemühungen (S. 200 f.)

I. Entwicklung

Die Harmonisierungsbemühungen der EG im Wettbewerbsrecht sind nicht entscheidend vorangekommen. Die EG-Richtlinie über täuschende Werbung von 1984[1] ist die bisher einzige auf Vereinheitlichung abzielende Gemeinschaftsregelung geblieben. Ihr effektiver Harmonisierungseffekt erscheint zweifelhaft, nachdem Mitgliedstaaten mit so unterschiedlichen Rechtssystemen wie die Bundesrepublik und Großbritannien ihre nationalen Rechte mit der Richtlinie im Einklang stehend empfinden und keine Notwendigkeit für eine Anpassung sehen.[2] Als zusätzliches Problem hat sich erwiesen, daß in einigen Mitgliedstaaten neben dem Verbraucherschutz der **Schutz des Mittelstandes** ein besonderes Anliegen des Wettbewerbsrechts geworden ist und sich diese Tendenz innerhalb der EG zu verstärken scheint.[3] Das hat zur Folge, daß die bisher für das Wettbewerbsrecht erarbeiteten Harmonisierungsmuster nicht mehr ausreichen und sich die Schwerpunkte und Interessen einzelner Mitgliedstaaten verschoben haben – ein Zeichen dafür, daß die Harmonisierungsbemühungen eher stärker noch als bisher hinter den teils dynamischen Entwicklungen der nationalen Wettbewerbsrechte hinterherhinken.[4]

II. EG-Binnenmarkt

Die EG-Mitgliedstaaten haben sich gemäß Art. 8a EWGV, eingefügt durch Art. 13 der Einheitlichen Europäischen Akte (EEA)[5], verpflichtet, bis zum **31. Dezember 1992** den europäischen **Binnenmarkt** zu verwirklichen. Er umfaßt einen Raum ohne Binnengrenzen, in dem die vier Freiheiten des EWG-Vertrages – freier Warenverkehr, Niederlassungsfreiheit, Freizügigkeit der Arbeitnehmer und freier Dienstleistungsverkehr – gewährleistet sind. Nach Art. 8a EWGV trifft die Gemeinschaft die erforderlichen Maßnahmen, um den europäischen Binnenmarkt als zentrale Zielsetzung der EEA zu vollenden. Freilich wird damit keine neue Gemeinschaftsaufgabe konstituiert; denn die Verwirklichung des Binnenmarktes ist schon in Art. 2 EWGV vorgesehen. Doch wird diese Zielsetzung konkretisiert, und es wird ein fester Termin für seine Verwirklichung bestimmt.[6] Allerdings ist dieser Termin – 31. Dezember 1992 – nicht verbindlich, daß mit dessen

---

[1] Näher dazu § 26 Rdnr. 11.
[2] Vgl. *Henning-Bodewig* Bericht in GRUR Int. 1986, 166.
[3] Diese Tendenz zeichnet sich besonders in Belgien und den Niederlanden ab. So kennt z. B. das belgische Gesetz über Handelspraktiken vom 14. 7. 1971 ein Verbot des Verkaufs unter Selbstkosten (Art. 22, abgedruckt in GRUR Int. 1972, 202/204). Vgl. dazu *Henning-Bodewig* aaO.
[4] Zu den Harmonisierungsbemühungen auf den anderen Gebieten des gewerblichen Rechtsschutzes und im Urheberrecht vgl. die Berichte in GRUR Int. 1986, 157 ff.
[5] BGBl. 1986 II 1102, abgedruckt auch bei *Grabitz* EWGV Anhang V. Sie ist am 1. 7. 1987 in Kraft getreten, nachdem sie am 25. 6. 1987 von der Republik Irland und damit dem 12. Mitgliedstaat der EG ratifiziert worden ist (ABl. L 169/29). Vgl. näher dazu *Grabitz* EEA Rdnr. 1 ff.; *Sedemund/Montag* NJW 1988, 601. Vgl. zur EEA auch *Meier* NJW 1987, 537.
Art. 8a EWGV lautet:
„Die Gemeinschaft trifft die erforderlichen Maßnahmen, um bis zum 31. Dezember 1992 gemäß dem vorliegenden Artikel, den Artikeln 8b, 8c und 28, Artikel 57 Absatz 2 Artikel 59, Artikel 70 Absatz 1 und den Artikeln 84, 99, 100a und 100b unbeschadet der sonstigen Bestimmungen dieses Vertrages den Binnenmarkt schrittweise zu verwirklichen.
Der Binnenmarkt umfaßt einen Raum ohne Binnengrenzen, in dem der freie Verkehr von Waren, Personen, Dienstleistungen und Kapital gemäß den Bestimmungen dieses Vertrages gewährleistet ist."
[6] *Grabitz* EWGV Art. 8a Rdnr. 2 f.; *Pescatore* EuR 1986, 153/156; *Meier* NJW 1987, 537/538; vgl. auch *Koenigs* FS Preu, S. 267.

Erreichen der Binnenmarkt automatisch errichtet wäre.[7] Nach der Erklärung der Regierungsvertreter zu Art. 8a EWGV bringt die Festsetzung dieses Termins „keine automatische rechtliche Wirkung mit sich".[8] Immerhin liegt aber in der Terminierung nicht eine bloße Absichtserklärung, sondern eine – freilich nicht justiziable – Selbstverpflichtung der Gemeinschaft, den Binnenmarkt innerhalb dieser Frist zu vollenden.

Die Verwirklichung des Binnenmarktes führt im Wettbewerbsrecht und dem Recht der gewerblichen Schutzrechte ebensowenig wie auf anderen Rechtsgebieten zu einer automatischen Harmonisierung oder Rechtsangleichung der verschiedenen nationalen Rechtsordnungen innerhalb der Gemeinschaft. Allerdings ist sie für das Wettbewerbsrecht nicht ohne Folgen, soll sie doch eine vollständige Herstellung der Freiheit des Warenverkehrs innerhalb der Gemeinschaft bringen.

Die **Freiheit des Warenverkehrs** (Art. 30 EWGV) ist innerhalb der Gemeinschaft schon durch eine sehr ausgebildete EuGH-Rechtsprechung weitgehend verwirklicht. Soweit die Ausübung nationaler gewerblicher Schutzrechte und die Geltendmachung wettbewerbsrechtlicher Unterlassungsansprüche, z. B. die Berufung auf Patent-, Warenzeichen- und Ausstattungsrechte, auf Namens- und Kennzeichnungsrechten oder z. B. auf täuschende und irreführende Kennzeichnungen verhindert werden, daß in den Mitgliedstaaten ordnungsgemäß in den Verkehr gebrachte Waren ins Inland eingeführt und hier vertrieben werden, hat der EuGH in ständiger Rechtsprechung folgende Grundsätze aufgestellt[9]:
– Die Ausübung nationaler gewerblicher Schutzrechte (Patent- und Gebrauchsmusterrechte, Warenzeichenrechte, Ausstattungsschutz, Rechte aus geschützten Mustern und Modellen, Urheberrechte) ist unzulässig (gemäß Art. 30, 36 EWGV), wenn dadurch die Einfuhr von Erzeugnissen verhindert wird, die von dem Schutzrechtsinhaber selbst oder mit seiner Zustimmung in einem anderen Mitgliedstaat ordnungsgemäß in den Verkehr gebracht worden sind.[10]
– Es ist (gemäß Art. 30, 36 EWGV) unzulässig, durch nationale Kennzeichnungsvorschriften bestimmte Ausstattungen (z. B. Bocksbeutelflasche[11]), Gattungsbegriffe (z. B. Bier[12]) oder Bezeichnungen ausschließlich für inländische Erzeugnisse vorzubehalten, wenn für die betreffenden Erzeugnisse im Ausfuhrstaat identische oder ähnliche Ausstattungsformen nach lauterer und herkömmlicher Übung verwendet werden oder ähnliche Erzeugnisse (z. B. Bier, ital. Teigwaren) im Ausfuhrstaat anders hergestellt werden, dies dort lauterer und herkömmlicher Übung entspricht und eine sachgerechte

---

[7] Näher *Grabitz* EWGV EEA Rdnr. 28 f. und Art. 8a Rdnr. 5.
[8] Die Erklärung, abgedruckt bei *Grabitz* EWGV Anhang V, S. 75, lautet:
„Die Konferenz möchte mit Artikel 8a den festen politischen Willen zum Ausdruck bringen, vor dem 1. Januar 1993 die Beschlüsse zu fassen, die zur Verwirklichung des in diesem Artikel beschriebenen Binnenmarktes erforderlich sind, und zwar insbesondere die Beschlüsse, die zur Ausführung des von der Kommission in dem Weißbuch über den Binnenmarkt aufgestellten Programm notwendig sind.
Die Festsetzung des Termins „31. 12. 1992" bringt keine automatische rechtliche Wirkung mit sich."
[9] Vgl. die Zusammenfassungen der EuGH-Rechtsprechung bei *Grotzen* GRUR Int. 1984, 146; Koenigs DB 1983, 1415; *Reischl* GRUR Int. 1982, 151.
[10] Vgl. für Patentrechte: EuGH GRUR Int. 1985, 822 = Slg. 1985, 2291 – Pharmon/Hoechst; EuGH GRUR Int. 1974, 454 = Slg. 1974, 1147 – Centrafarm/Sterling Drug; für Warenzeichen- und Ausstattungsrechte: EuGH GRUR Int. 1981, 393 = Slg. 1981, 181 – Dansk Supermarket/Imerco; EuGH GRUR Int. 1974, 456 = Slg. 1974, 1183 – Centrafarm/Winthrop; für Rechte aus geschützten Mustern und Modellen: EuGH GRUR Int. 1982, 643 – Slg. 1982, 2853 – Keurkoop/Nancy Kean Gifts; für Urheberrechte: EuGH GRUR Int. 1981, 229 = Slg. 1981, 147 – Musik-Vertrieb membran; EuGH GRUR Int. 1971, 450 = Slg. 1971, 487 – Metro/Deutsche Grammophon. Vgl. auch *Grabitz/Matthies* Art. 36 Rdnr. 18; *Greuner* Handbuch § 4 Rdnr. 27 ff.
[11] EuGH GRUR 1984, 343 = GRUR Int. 1984, 291 = Slg. 1984, 1299 – Bocksbeutel; vgl. auch EuGH GRUR Int. 1987, 414 – pétillant de raisin.
[12] EuGH GRUR 1987, 245 = GRUR Int. 1987, 404 = NJW 1987, 1133 – Reinheitsgebot Bier; vgl. dazu *Moench* NJW 1987, 1109; *Zipfel* NJW 1987, 2113; *Rabe* EuR 1987, 253; *Rütsch* BB 1987, 858.

Nachtrag

Zu § 25

Information der Verbraucher durch entsprechende Hinweise auf den Erzeugnissen gewährleistet ist.[13]

– Die Geltendmachung wettbewerbsrechtlicher Unterlassungsansprüche (z. B. aus § 3 UWG) ist unzulässig, wenn dadurch die weitere Benutzung einer bisher wettbewerbsrechtlich unbeanstandeten Kennzeichnung oder Werbung im Inland durch einen Wettbewerber aus einem Mitgliedstaat oder die in einem anderen Mitgliedstaat erlaubte Werbung verhindert werden soll.[14]

– Die Ausübung nationaler gewerblicher Schutzrechte und die Geltendmachung wettbewerbsrechtlicher Unterlassungsansprüche bleiben dagegen zulässig zur Verhinderung der Einfuhr von Erzeugnissen, die unlauter (z. B. sklavisch nachgeahmt) oder ohne Zustimmung des Schutzrechtsinhabers in einem Mitgliedstaat in den Verkehr gebracht worden sind.[15] Gleiches gilt für die Abwehr von Werbung für derartige Erzeugnisse oder zur Sicherung des Verbraucherschutzes im Inland.[16]

Ungeklärt sind noch Fragen des **Umfangs nationaler gewerblicher Schutzrechte,** insbesondere die praktisch wichtige Frage, ob deren jeweiliger Umfang ausschließlich nach den Grundsätzen des nationalen Rechts zu ermitteln oder ob auch insoweit Gemeinschaftsrecht heranzuziehen und der nationale Schutzrechtsumfang auf seine Vereinbarkeit mit dem Gemeinschaftsrecht zu überprüfen ist.[17] Die Vollendung des Binnenmarktes verpflichtet die Mitgliedstaaten, etwaige Beschränkungen des freien Warenverkehrs auch in dieser Hinsicht abzubauen und mit Hilfe des verbesserten Instrumentariums der Art. 100a, b EWGV eine Harmonisierung der nationalen Schutzrechte herbeizuführen oder doch für eine **einheitliche Auslegung** der Schutzrechte Sorge zu tragen.[18] Dies muß auch dazu führen, daß das Recht des unlauteren Wettbewerbs durch Erlaß von Richtlinien weiter harmonisiert und angeglichen wird und die Mitgliedstaaten diese Richtlinien zügig in ihren nationalen Rechtsordnungen umsetzen. Unberührt bleiben dagegen Beschränkungen des freien Warenverkehrs, die auf dem Gebot der **Lauterkeit des Handelsverkehrs** beruhen; Erzeugnisse, die auf unlautere Weise (im Sinne des Gemeinschaftsrechts) in den Verkehr gebracht werden, bleiben auch nach Vollendung des Binnenmarktes von dem freien Warenverkehr ausgeschlossen.[19]

Der EEA zeitlich vorausgegangen war ein von der Kommission herausgegebenes **Weiß-**

---

[13] EuGH NJW 1988, 2169 – Teigwaren; EuGH GRUR 1987, 245 = GRUR Int. 1987, 404 = NJW 1987, 1133 – Reinheitsgebot Bier; EuGH GRUR Int. 1986, 633 – Genever; vgl. *Koenigs* FS Preu, S. 269/271. Zum Lebensmittelrecht auch EuGH NJW 1987, 1136 – Müller.

[14] EuGH NJW 1988, 2169 – Teigwaren; EuGH GRUR Int. 1985, 110 = Slg. 1984, 3651 – r + r. Dazu OLG Hamburg GRUR Int. 1988, 254 – Nau-YU-Tee.

[15] EuGH GRUR Int. 1983, 648 = Slg. 1982, 4575 – Oosthoeks Uitgeversmaatschappij; EuGH GRUR Int. 1979, 468 = Slg. 1979, 649 – Cassis de Dijon; vgl. *Koenigs* FS Preu, S. 269/271/274.

[16] EuGH GRUR Int. 1983, 293 = Slg. 1982, 3961 – Margarineverpackung; EuGH GRUR Int. 1979, 468 = Slg. 1979, 649 – Cassis de Dijon.

[17] Diese Frage hat der EuGH im Fall Terrapin/Terranova unbeantwortet gelassen, da sie ihm vom BGH nicht vorgelegt worden war, GRUR Int. 1976, 402 = Slg. 1976, 1039; a. A., aber unzutreffend BGH GRUR 1977, 719/723 – Terranova-Terrapin; vgl. dazu *Koenigs* FS Preu, S. 272/279. Der BGH hatte seinerseits die Verwechslungsfähigkeit von Terrapin und Terranova und die Gleichartigkeit der Produkte aufgrund nationalen Rechts bejaht. Die Kommission hatte sich in ihrer Stellungnahme auf den Standpunkt gestellt, die Merkmale Verwechslungsgefahr und Gleichartigkeit in Firmen und Warenzeichenrechts dürften nicht nur nach den Grundsätzen des nationalen Rechts, sondern müßten nach den Maßstäben des Gemeinschaftsrechts ausgelegt werden, da die Auslegung sich unmittelbar auf die Freiheit des Warenverkehrs auswirke (GRUR Int. 1976, 402/409f. = Slg. 1976, 1039/1058). Vgl. dazu *Gaedertz* GRUR 1985, 979 (Anm. zu BGH „Shamrock I und II"); *Loewenheim* GRUR 1977, 426/430; *Beier* GRUR 1976, 363/373; *Röttger* RIW 1976, 354/360; *Johannes* RIW 1976, 10/13.

[18] So zutreffend *Koenigs* FS Preu, S. 275ff./278.

[19] *Koenigs* FS Preu, S. 275ff., 278/288; vgl. zur bisherigen Rechtsprechung: EuGH GRUR Int. 1983, 648 = Slg. 1982, 4575 – Oosthoeks Uitgeversmaatschappij; EuGH GRUR Int. 1982, 439 – Slg. 1982, 707 – Industriediensten Groep/Beele.

Zu § 25

buch zur Vollendung des Binnenmarktes.[20] Darin werden Programm und Zeitplan für dessen Verwirklichung festgelegt und auch ausdrücklich ein Harmonisierungskonzept im Bereich des freien Warenverkehrs entwickelt. Danach muß bei künftigen Initiativen zur Verwirklichung des Binnenmarktes unterschieden werden zwischen den Bereichen, in denen eine Harmonisierung unerläßlich ist, und solchen Bereichen, in denen man es bei einer gegenseitigen Anerkennung der nationalen Regelungen und Normen belassen kann. Bei jeder künftigen Rechtsangleichungsinitiative wird daher von der Kommission aufgezeigt, ob bestehende Vorschriften und Normen mit den zwingenden Erfordernissen, die sie zu erfüllen suchen, nicht (mehr) in Einklang stehen und deshalb ungerechtfertigte Handelsschranken im Sinne der Art. 30, 36 EWGV darstellen. Die Harmonisierung von Rechtsvorschriften wird sich künftig darauf beschränken, zwingende Erfordernisse für Gesundheit und Sicherheit festzulegen, die in allen Mitgliedstaaten vorgeschrieben sein müssen und bei deren Beachtung ein Erzeugnis frei verkehren kann. Die Harmonisierung von Industrienormen durch Ausarbeitung europäischer Normen wird weitmöglichst gefördert. Allerdings darf das Fehlen europäischer Normen nicht für eine Behinderung des freien Warenverkehrs benutzt werden.[21]

Die Harmonisierungsbemühungen sind bisher vielfach an dem Einstimmigkeitserfordernis von Harmonisierungsrichtlinien nach Art. 100 EWGV gescheitert. Nach Art. 100a EWGV sind Harmonisierungsrichtlinien, die die Schaffung und das Funktionieren des Binnenmarktes zum Gegenstand haben, künftig bereits mit qualifizierter Mehrheit der Mitgliedstaaten (vgl. Art. 148 Abs. 2 EWGV) möglich. Es bleibt abzuwarten, ob dies ein praktikables Instrumentarium ist oder ob die Mitgliedstaaten davon Abstand nehmen, Harmonisierungsrichtlinien auch gegen ein sich verweigerndes Mitglied durchzusetzen. Jeder Mitgliedstaat kann überdies nach Art. 100a Abs. 4 EWGV nationale Rechts- und Verwaltungsvorschriften, die der Harmonisierungsrichtlinie widersprechen, aufrechterhalten oder einführen, soweit dieses durch wichtige Erfordernisse im Sinne des Art. 36 EWGV, in bezug auf den Schutz der Arbeitsumwelt und den Umweltschutz gerechtfertigt ist, sofern die nationalen Maßnahmen nicht eine willkürliche Diskriminierung und keine verschleierte Beschränkung des Handels zwischen den Mitgliedstaaten darstellen.[22] Damit ist ein Instrumentarium geschaffen, das den einzelnen Mitgliedstaaten doch wieder gestattet, ihre nationalen Rechtsordnungen trotz mit qualifizierter Mehrheit beschlossener Harmonisierungsmaßnahmen des Rates beizubehalten. Darin wird man – richtig verstanden – allerdings nicht ein Freigehege für den Fortbestand nationaler Eigenheiten sehen dürfen. Vielmehr wird dadurch den Mitgliedstaaten die Möglichkeit gegeben, die Integration Europas schrittweise von innen heraus und unter organischer Anpassung der nationalen Rechte an die Harmonisierungsrichtlinien zu verwirklichen und ein Europa durch Gleichmacherei zu vermeiden.

---

[20] Vollendung des Binnenmarktes, Weißbuch der Kommission an den Europäischen Rat, BAnz 1985.
[21] Vgl. *Meier* NJW 1987, 537, 538.
[22] *Meier* ebenda.

Zu § 26 Gegenwärtiger Stand (S. 201 ff.)

I. Rechtszustand in den EG-Ländern

In den letzten drei Jahren sind einige Änderungen und Ergänzungen im Wettbewerbsrecht der EG-Länder eingetreten, auf die kurz eingegangen werden soll. Außerdem hat sich die EG um neue Mitgliedstaaten erweitert.

1. Frankreich. Das Wettbewerbsrecht in Frankreich ist durch eine Reihe wichtiger Verordnungen liberalisiert worden. Die Verordnung vom 1. 12. 1986[1] und das Dekret vom 30. 12. 1986[2] haben die staatliche Preiskontrolle (nach der Preisverordnung vom 30. 6. 1945) aufgehoben; Preisbindung und Verkauf unter Einstandspreis sind verboten. Für einige wichtige Bereiche – Pharmazeutika, Bücher, Energie, Tabak –, für Taxen und öffentliche Verkehrsmittel und für einige freie Berufe ist es bei dem Vorbehalt der staatlichen Preiskontrolle geblieben.[3] Beschränkende Maßnahmen sind allerdings nur für 6 Monate zulässig. Selektive Vertriebsbindungen – besonders wichtig z. B. für die französischen Parfumhersteller – sind erlaubt.[4]

Weitere Vorschriften der Verordnungen befassen sich mit wettbewerbswidrigen Praktiken, wie Absprachen, abgestimmtes Verhalten, Verkaufsverweigerungen oder Ausbeutung wirtschaftlicher Abhängigkeiten z. B. durch Koppelungsverkäufe.[5] Dem Verbraucherschutz dient eine Regelung, nach der Wirtschaftsunternehmen verpflichtet werden, Vorschriften zugunsten der Verbraucher zu beachten, die ihre Information und ihren Schutz betreffen.[6]

Die Überwachung und Durchsetzung der neuen Bestimmungen obliegt dem neugeschaffenen Wettbewerbsrat (Conseil de la Concurrence), der über weitgehende Unabhängigkeit und große Kompetenzen verfügt. Er kann sowohl von sich aus als auch auf Antrag von Ministerien, Unternehmen, Verbänden usw. tätig werden. Die möglichen Sanktionen bestehen im wesentlichen in Geldbußen.[7]

2. Belgien. Das Gesetz über die Handelspraktiken vom 14. 7. 1971 erfuhr durch Gesetz vom 26. 7. 1985 seine dritte Änderung. Sie erweitert den Anwendungsbereich des Gesetzes bei Dienstleistungen (Art. 12) und enthält Bestimmungen über Preisauszeichnungen, Preisherabsetzungen, über Verlustverkäufe und Schlußverkäufe.[8]

Die Preisauszeichnungspflicht (Art. 1) gilt jetzt auch für natürliche und juristische Personen, die im Rahmen der Verfolgung ihres satzungsmäßigen Zwecks Waren oder Dienstleistungen an Endverbraucher anbieten. Bei Preisherabsetzungen und Preisvergleichen (Art. 4) wird angenommen, daß diese auf zuvor gewöhnlich (d. h. mindestens einen Monat vorher) verlangte Preise für identische Waren oder Dienstleistungen im gleichen Geschäft Bezug nehmen. Die Preisherabsetzung ist zeitlich auf mindestens einen vollen Tag und – mit Ausnahme von Ausverkäufen – höchstens einen Monat begrenzt. Art. 22 (Verbot von Verkäufen unter Einstandspreis) wurde dahin ergänzt, daß der König für bestimmte Gruppen von Waren eine Minimalspanne festsetzen kann, bei deren Unter-

---

[1] Nr. 86-1243 relative à la liberté des prix et de la concurrence, JCP 1986.III. 59487. Vgl. dazu *Calais-Auloig* D. 1987, Chr., S. 137; *Jeantet* JCP 1987. I. 3277; *Hübner/Constantinesco* Einführung in das französische Recht, 2. Aufl. 1988, S. 196.

[2] Nr. 86-1309 fixant les conditions d'application de l'ordonnance no. 86-1243, JCP 1987.III. 59564. Vgl. dazu *Hübner/Constantinesco* ebenda.

[3] Art. 1 Abs. 2 i. V. m. Art. 61 der Verordnung mit Annex 1 des Dekrets.

[4] Vgl. näher *Hübner/Constantinesco* S. 196 f.; *Bach* RIW 1987, 419; Bericht GRUR Int. 1987, 58.

[5] Vgl. Bericht GRUR Int. 1987, 58.

[6] Art. 28 der Verordnung.

[7] Art. 11 ff. der Verordnung. Näher *Hübner/Constantinesco* S. 196 f.; Bericht GRUR Int. 1987, 58.

[8] Bericht GRUR Int. 1986, 68.

schreitung ein Verlustverkauf angenommen wird. Durch den neueingeführten Art. 33 wurde untersagt, für Schlußverkaufsware 6 Wochen vor Beginn des Schlußverkaufs durch Preisherabsetzungen zu werben.[9]

3. Spanien. Im spanischen Wettbewerbsrecht fehlt eine einheitliche gesetzliche Regelung.[10] Traditionell war es strafrechtlich geprägt, was den Fortschritt zu einem modernen Wettbewerbsinstrumentarium gehemmt hat.[11] Das erste Gesetz, das dem Schutz des gewerblichen Eigentums gewidmet war, stammt vom 16. 5. 1902[12] und enthielt in Art. 131, 132 strafrechtliche Sanktionen für den Angriff auf „bienes immateriales"'.[13] Art. 132 führt 7 Fälle, die als unlauterer Wettbewerb gekennzeichnet und mit Strafe bedroht werden. Äußerst kontrovers wurde die Frage diskutiert, ob ein Ausbau dieser Bestimmung zu einer umfassenden Generalklausel gegen den unlauteren Wettbewerb am Grundsatz „nulla poena sine lege" scheitert. Mitunter suchen Rechtsprechung und Lehre Zuflucht zu Art. 10 Abs. 2 der Pariser Verbandsübereinkunft, der als „direkt anwendbare Komplementärnorm" verstanden wurde.[14]

Überraschend wurde 1964 ein reines Werbegesetz[15] erlassen, dessen Schutzobjekt die Mitbewerber und die Verbraucher sind. Es verbietet nachteilig wirkende Täuschungshandlungen; bei der Werbung sind die Grundsätze der Gesetzmäßigkeit (Art. 7), der Wahrheit (Art. 8), der Authentizität (Art. 9) und des freien Wettbewerbs (Art. 10) zu beachten. Das Gesetz blieb indessen eine stumpfe Waffe. Denn es sieht lediglich verwaltungsrechtliche Kontrollen und eine freiwillige Werbe-Selbstkontrolle vor, schafft dagegen keine zivilrechtlichen Anspruchsgrundlagen und bot daher keinen wirksamen Rechtsschutz.[16]

Durch Gesetz vom 27. 12. 1978 wurde der **Verbraucherschutz** als Art. 51 Abs. 1 in die spanische Verfassung aufgenommen.[17] Dies und der Speiseölskandal von 1981 waren Anstoß und Anlaß, am 24. 7. 1984 ein Verbraucherschutzgesetz zu verabschieden.[18] Ziel dieses Gesetzes ist nach seinem Art. 1 die Verteidigung der Interessen der Verbraucher im Rahmen des Wirtschaftssystems der freien Marktwirtschaft. Das Gesetz regelt das Recht der allgemeinen Geschäftsbedingungen und die Produzentenhaftung, enthält aber nur unzureichende Bestimmungen über Wettbewerb und Werbung. Überdies fehlt ein wirksamer Schutz der Verbraucher durch klagbare (Unterlassungs-)Ansprüche oder die Möglichkeit, durch einstweilige Verfügung eine unlautere oder täuschende Werbung schnell zu unterbinden.[19]

4. Portugal. Am 25. 8. 1986 ist das Dekret-Gesetz Nr. 253/86 gegen unlauteren Wettbewerb und zum Schutz der Verbraucher verkündet worden,[20] in Kraft seit dem 23. 11.

---

[9] Bericht GRUR Int. 1986, 68 f.
[10] Es existiert allerdings ein ausführliches Gesetz gegen Wettbewerbsbeschränkungen vom 23. 7. 1963 (Decreto Ley vom 20. 7. 1963 „Represión de prácticas restrictivas de la competencia a prevenir y a combatir las prácticas monopolísticas"), abgedruckt in WuW 1964, 226 ff.
[11] Vgl. Übersicht von *Krömer* Kurzmitteilungen der Deutschen Handelskammer für Spanien 3/86, S. 5 ff.; *Fröhlingsdorf* RIW 1985, 99 ff.
[12] Ley de Propiedad Industrial, 16. 5. 1902; vgl. dazu *Krömer* ebenda.
[13] *Krömer* ebenda.
[14] *Krömer* ebenda.
[15] Estatuto de la Publicidad, 11. 6. 1984; vgl. dazu *Krömer* S. 6; *Fröhlingsdorf* S. 100.
[16] *Krömer* aaO.
[17] Art. 51 Abs. 1 lautet: „*Die öffentlichen Gewalten haben den Schutz der Verbraucher und Benutzer von Dienstleistungen zu gewährleisten, indem sie mittels geeigneter Maßnahmen deren Sicherheit, Gesundheit und legitime wirtschaftliche Interessen schützen.*"
[18] Gesetz 26 vom 19. 7. 1984, Ley General para la Defensa de los Consumidores y Usuarios. Eingehend dazu *Fröhlingsdorf* aaO, S. 99 ff.; vgl. auch *Krömer* S. 7.
[19] *Fröhlingsdorf* S. 104; *Krömer* ebenda.
[20] Decreto-Lei n.° 253/86, Diário de República I Serie No. 194 v. 25. 8. 1986. Vgl. Bericht in GRUR Int. 1986, 834.

Nachtrag

Zu § 26

1986 (Art. 24 I). Kapitel I behandelt Verkäufe mit Preisherabsetzungen, zu Sonderpreisen sowie andere Praktiken zur Förderung oder Einführung neuer Produkte, wobei diese Regeln auch für das Anbieten von Dienstleistungen gelten (Art. 1 III). Den Verbrauchern müssen ausreichend Hinweise gegeben werden, damit sie die Art des Verkaufs mit Preisherabsetzungen erkennen können; Anfang und Dauer der Preisherabsetzungen müssen ausdrücklich angekündigt werden (Art. 2). Das Verhältnis zu angegebenen Referenzpreisen ist im einzelnen in Art. 3 geregelt;[21] die Beweislast für die Korrektheit dieser Preise liegt beim Verkäufer. Art. 4 behandelt die Art und Weise, wie Preisherabsetzungen angekündigt werden müssen (öffentlich oder durch Preisauszeichnung). Der Verkäufer ist verpflichtet, während der Dauer der Preisherabsetzung einen ausreichenden Vorrat vorzuhalten (Art. 5). Auf fehlerhafte Produkte muß audrücklich hingewiesen werden (Art. 6). Art. 8 ff. regeln die Saisonschlußverkäufe und sonstigen Ausverkäufe. Verboten ist es, Waren anzubieten, die speziell für den Zweck solcher Ausverkäufe angeschafft worden sind (Art. 9). Art. 10 führt die Gelegenheiten auf, bei denen sonstige Aus- und Sonderverkäufe gestaltet sind, z. B. bei Geschäftsaufgabe, Umbauten, Schäden wegen höherer Gewalt oder Verkäufe in Erfüllung von gerichtlichen Zwangsvollstreckungsmaßnahmen. Solche Sonderverkäufe müssen dem Generaldirektor für den Binnenhandel (Direcção-Geral do Comércio Interno – DGCI) bekanntgegeben werden und dürfen nicht mehr als 60 Tage dauern (Art. 11 III).

Kapitel II (Art. 14 ff.) verbietet Verkäufe unter Einstandspreis (plus Steuern) an Endverbraucher; Rabatte sind zu berücksichtigen (Art. 14 II). Die Beweislast, nicht unter Einstandspreis anzubieten, liegt beim Verkäufer (Art. 14 III). Art. 15 sieht eine Reihe von Ausnahmen vor, z. B. für leicht verderbliche Waren, für Ausverkaufs- und Saisonschlußverkaufswaren, für technisch überholte Waren sowie solche Waren, bei denen die neue Lieferung billiger erstanden werden konnte. Art. 17 befaßt sich mit Direktverkäufen von Herstellern an Verbraucher; sie müssen ebenfalls dem Generaldirektor für den Binnenhandel bekanntgegeben werden und sind nur in engen Grenzen und nur kurzzeitig (weniger als 1 Monat) zulässig (Art. 18). Ausnahmen gelten z. B. für Versand- und Haustürgeschäfte, für Personalverkäufe, Verkäufe durch Handelsvertreter (aaO).[22]

Verstöße gegen das Dekret-Gesetz werden nach dem Dekret-Gesetz Nr. 28/84 vom 20. 1. 1984 geahndet (Art. 21).

5. Türkei. Das Wettbewerbsrecht ist, soweit es Handelsunternehmen betrifft, in Art. 56–65 des türkischen Handelsgesetzes (Nr. 6762) geregelt, in Kraft seit 1. 1. 1958.[23] Unlauterer Wettbewerb ist danach jeder Mißbrauch wirtschaftlichen Wettbewerbs durch täuschende oder sonstige arglistige Handlungen (Art. 56). Als arglistige Handlungen gelten z. B. unrichtige oder irreführende Angaben über Waren, persönliche Verhältnisse, Arbeitsergebnisse, kaufmännische Tätigkeiten oder Handelsgeschäfte, unwahre Mitteilungen über persönliche Verhältnisse, das Erwecken des Anscheins außerordentlicher Fähigkeiten (z. B. Titelmißbrauch), Maßnahmen zur Irreführung mit Waren, Sicherstellung oder Versprechen unberechtigter Vergünstigungen an Angestellte, Verleiten von Angestellten zum Geheimnisbruch, Ausnutzung und Vorteilziehung aus Geheimnisbruch, Ausstellen unwahrer Leistungszeugnisse, Mißachtung von Geschäfts- und Berufsregeln (Art. 57). *Zivilrechtliche Klagemöglichkeiten* einschließlich einstweiliger Verfügung sind in Art. 58, 63 vorgesehen, außerdem die vom Gericht zu gewährende Befugnis der Urteilsveröffentlichung (Art. 61). Die Ansprüche *verjähren* innerhalb eines Jahres ab Entstehung des Klagerechts (Art. 62).

Es bestehen keine besonderen gesetzlichen Vorschriften über Verkäufe unter Einstands-

---

[21] Näher in GRUR Int. 1986, 834.
[22] Näher in GRUR Int. ebenda.
[23] Deutscher Text bei *Behcet Cemal* Türkisches Handelsgesetzbuch No. X 6762 vom 9. 7. 1956, Istanbul, S. 22 ff. und bei Transpatent, 905/5004/501 ff. Das Gesetz ist durch das schweizerische UWG von 1943 beeinflußt.

preis und Schluß-, Sonder- und Ausverkäufe im türkischen Wettbewerbsrecht.[24] Es gelten allerdings berufsständische Regeln der Handelskammer.[25]

II. EG-Richtlinie über irreführende Werbung

Die nationalen Rechte der EG-Mitgliedstaaten sollten bis zum 1. 10. 1986 in materiellrechtlicher und prozeßrechtlicher Hinsicht der EG-Richtlinie 84/450/EWG über irreführende Werbung angeglichen werden.[26] Der deutsche Gesetzgeber hat davon keinen Gebrauch gemacht, weil seiner – zutreffenden – Ansicht nach das deutsche materielle und prozessuale Wettbewerbsrecht in vollem Umfang der Richtlinie entspricht und, soweit es strengere Maßstäbe anlegt – etwa bei dem täuschungsrelevanten Anteil der angesprochenen Verkehrskreise –, durch Art. 7 gedeckt ist.[27]

Sollten gleichwohl Rechtsanwendungsdivergenzen zwischen der EG-Richtlinie und dem deutschen Wettbewerbsrecht verbleiben, so gilt die EG-Richtlinie nicht etwa unmittelbar, weil die Umsetzungsfrist verstrichen ist und die Richtlinie damit automatisch unmittelbar verbindlich (im Sinne von Art. 189 EWGV) geworden wäre. Vielmehr kann sich jeder betroffene Marktbürger trotz der fehlenden Umsetzung in bestimmten begrenzten Fällen gegenüber dem Mitgliedstaat in einem Rechtsstreit auf die Richtlinie „berufen"; der Mitgliedstaat kann ihm die Nichterfüllung (Nichtumsetzung) der Richtlinie nicht entgegenhalten.[28] Dieses Recht auf **„Anrufbarkeit"**, das mit dem Interesse des Marktbürgers an möglichst weitreichendem Rechtsschutz begründet wird,[29] gilt für jede den Betroffenen begünstigende Regelung in einer Richtlinie.

Bezogen auf die EG-Richtlinie 84/450/EWG könnte diese „Anrufbarkeit" allenfalls für die *Beweislastumkehr* zu Lasten des Werbenden in Art. 6 gelten, weil allenfalls in dieser beweisrechtlichen Frage eine Diskrepanz zum nationalen Recht bestehen könnte.[30] Indessen enthält Art. 6 keine generelle Beweislastumkehr, sondern ermächtigt die Gerichte und Verwaltungsbehörden, vom Werbenden Beweis für die Richtigkeit von Tatsachenbehauptungen zu verlangen, „wenn ein solches Verlangen unter Berücksichtigung der berechtigten Interessen des Werbenden und anderer Verfahrensbeteiligten im Hinblick auf die Umstände des Einzelfalls angemessen erscheint".[31] Damit wird die Beweislastumkehr von dem Einzelfall abhängig gemacht, und dies entspricht der deutschen UWG-Rechtsprechung.[32] Für ein Recht auf „Anrufbarkeit" auf die Richtlinie dürfte daher in einem deutschen Wettbewerbsprozeß kein Raum sein.

---

[24] Im Gegensatz zu Art. 17–20 des schweizerischen UWG.
[25] Vgl. *Dawid/Karayalcin,* Pinner's World Unfair Competition Law, 1978, Survey Tur S. 1 ff.
[26] Handbuch § 26 Rdnr. 11.
[27] Handbuch § 26 Rdnr. 17.
[28] BVerfGE 75, 223, 234 ff. = NJW 1988, 1459, 1460 f. – Kloppenburg (Aufhebung des BFH in BFHE 143, 383 = EuR 1985, 191 m. Anm. *Tomuschat* EuR 1985, 346; dazu auch *Magiera* DÖV 1985, 937); das BVerfG hat damit die Rechtsprechung des EuGH bestätigt, EuGH Slg. 1982, 70 – Becker, Slg. 1963, 1 – von Gren & Loos – und insbesondere EuGH, Slg. 1984, 1075 – Kloppenburg. Diese Rechtsprechung ist weitgehend gebilligt worden, vgl. statt vieler *Everling* in FS Carstens, Bd. 2, Köln, 1984, S. 95 ff.; *Oldenbourg* Die unmittelbare Wirkung von EG-Richtlinien im innerstaatlichen Bereich, München, 1984, S. 215 ff.; *Dänzer-Vanotti* BB 1982, 1109; *Meier* BB 1981, 1884; *Millarg* EuR 1981, 454 (Anm.); *Scheuing* EuR 1985, 264 ff.; *Hilf* EuR 1988, 1 ff. Kritisch z. B. *Börner* in FS Kegel, Köln, 1987, S. 57 ff.
[29] EuGH Slg. 1984, 1975 – Kloppenburg; BVerfGE 75, 223, 240 f. = NJW 1988, 1459, 1461 – Kloppenburg; BVerfGE 31, 145, 173 ff.
[30] Handbuch § 26 Rdnr. 23.
[31] Handbuch § 26 Rdnr. 23.
[32] *Baumbach/Hefermehl* § 3 Rdnr. 120; kritisch *Baumgärtel/Ulrich* UWG § 3 Rdnr. 42.

Zu § 27 Bildschirmtext (S. 211 ff.)

Der BGH hat sich eingehend und grundsätzlich zur wettbewerbsrechtlichen Beurteilung des unverlangten „Einlegens" von Werbung in den Btx-Mitteilungsdienst geäußert.[1] Das Btx-System besteht aus dem Angebotsdienst und dem Mitteilungsdienst; an letzterem muß sich der Benutzer gesondert anschließen. Während sich der Angebotsdienst an die Allgemeinheit aller Btx-Benutzer richtet und allgemein interessierende Informationen und auch Werbung enhält – die nach Art. 8 Btx-StV mit einem „W" kenntlich gemacht werden muß[2] –, ermöglicht der Mitteilungsdienst den angeschlossenen Benutzern den individuellen Austausch von Nachrichten: der Absender kann im Postspeicher seine Mitteilungen „hinterlegen", und der jeweilige Empfänger kann sie abrufen, sobald er seinen „elektronischen Briefkasten" leeren möchte. In diesem Mitteilungsdienst kann auch unverlangt Werbung „hinterlegt" werden, ohne daß diese nach Art. 8 Btx-StV mit einem „W" gekennzeichnet werden müßte. Der Benutzer kann sie also anders als im Angebotsdienst nicht sogleich als solche erkennen, wenn er seinen „elektronischen Briefkasten" leert; außerdem war das Einlegen von Mitteilungen in den Mitteilungsdienst lange Zeit gebührenfrei und daher für den Werbenden besonders attraktiv.[3]

In dem Fall, der dem BGH zur Entscheidung vorlag, wandte sich ein Verbraucherschutzverband dagegen, daß unverlangt und ungekennzeichnet Werbung in dem Btx-Mitteilungsdienst „hinterlegt" wird und der Benutzer sie beim Leeren seines „Briefkastens" notwendig zur Kenntnis nehmen muß. Während beide Vorinstanzen die Klage abgewiesen hatten,[4] zog der BGH die Grundsätze über die belästigende Telefon- und Telexwerbung[5] heran: eine Werbeart sei als unlauter zu beurteilen, wenn sie den Keim zu einem immer weiteren Umsichgreifen in sich trage und damit erst zu einer untragbaren Belästigung und einer Verwilderung der Wettbewerbssitten führe.[6]

Der BGH stellte allerdings ausdrücklich klar, daß dies anders zu beurteilen sei, wenn seitens der Bundespost die Möglichkeit geboten werde, Werbemitteilungen auch im *Btx-Mitteilungsdienst* schon anhand des Inhaltsverzeichnisses ohne weiteres zu identifizieren und sie ohne vorherigen Abruf und Bildaufbau und damit ohne Kenntnisnahme des Inhalts zu löschen.[7] Diese Möglichkeit ist inzwischen geschaffen: Werbemitteilungen können im Inhaltsverzeichnis auch des Btx-Mitteilungsdienstes mit einem „W" gekennzeichnet werden, und die Bundespost weist die Teilnehmer in der Benutzungsanleitung darauf hin, daß werbende Einzelmitteilungen entsprechend markiert sind.[8] Die BGH-Entscheidung ist daher technisch überholt, bleibt aber dennoch wegen ihrer generellen Bewertung grundlegend bedeutsam für die Werbung im Bildschirmtext. Es muß danach in Zukunft als **wettbewerbswidrig** angesehen werden, wenn ein Werbetreibender eine werbliche Einzelmitteilung in Btx-Mitteilungsdienst entgegen der Empfehlung der Bundespost nicht mit einem „W" kennzeichnet und so den Eindruck erweckt, als handele es sich um eine individuelle Einzelmitteilung und eben nicht um Werbung (Verstoß gegen § 1 UWG und im Einzelfall auch gegen § 3 UWG).[9]

---

[1] BGH GRUR 1988, 614 – Btx-Werbung – m. Anm. *Lachmann*.
[2] Näher Handbuch § 27 Rdnr. 14.
[3] *Lachmann* GRUR 1988, 617.
[4] LG Berlin NJW 1984, 2423; KG WRP 1986, 473.
[5] BGHZ 54, 188 = GRUR 1970, 523 – Telefonwerbung; BGHZ 59, 317 = GRUR 1973, 210 – Telexwerbung. Vgl. näher Handbuch § 27 Rdnr. 25 und § 49 Rdnr. 49 ff.
[6] BGH GRUR 1988, 616 unter Berufung auf BGHZ 43, 278/282 = GRUR 1965, 489 – Kleenex und BGH GRUR 1967, 430/431 – Grabsteinaufträge.
[7] BGH GRUR 1988, 617.
[8] Mitgeteilt bei *Lachmann* GRUR 1988, 617 f.
[9] Zutreffend *Lachmann* GRUR 1988, 618.

Zu § 28 Satellitenwerbung (S. 221 ff.)

Auf S. 232 ist eine Übersicht über den Satelliten-Fernsehempfang in der Bundesrepublik abgedruckt. Diese Übersicht ist inzwischen überholt und wird nachfolgend aktualisiert.

Kabel- und Satellitenfernseh-Empfang in der Bundesrepublik Deutschland

Länder	Baden-Württemberg	Bayern	Berlin	Bremen	Hamburg	Hessen	Niedersachsen	Nordrhein-Westfalen	Rheinland-Pfalz	Saarland	Schleswig-Holstein	Bundesrepublik	Europa
Zahl der Haushalte mit terrestrischer Empfangsmöglichkeit **	260000	1209000	617000	414000	667000	101000	1720000	3829000	247000	46000	489000	9599000	
	162000	1196000	—	414000	600000	667000	840000	959000	107000	41000	466000	5452000	
Haushalte mit 1) Kabelanschluß	480000	722000	351000	75000	108000	256000	516000	817000	241000	46000	190000	3802000	
2) Satellitenfernsehen	443000	627000	351000	74000	108000	223000	512000	805000	235000	43000	188000	3609000	
Fernmeldesatelliten ECS 1													
Sat 1	■	■*z.T.	■*	■	■*	■*z.T.	■	■*	■*z.T.	■*	■*	4500000	5000000
RTL-plus	■	■	■	■	■	■	■	■*	■*z.T.	■*	■	5380000	5980000
Sky Channel	■	■	■	■	■	■	■	■	■	■	■	3614000	13125000
Super Channel	■	■	■	■	■	■	■	■	■	■	■	3414000	11498000
TV 5	■	■	■*	■	■	■	■	■	■	■	■	1875000	9150000
3Sat	■	■	■	■	■	■	■	■*	■	■	■	3511000	4531000
Fernmeldesatelliten Intelsat V													
Tele 5	■	■*z.T.	■	■	■	■	■	■	■	■	■	2154000	
Eureka (News)	■	■	■	■	■	■	■	■	■	■	■	3280000	3280000
ARD 1 Plus	■	■	■	■	■	■	■	■	■	■	■	2174000	
Bayern III	■	■*	■	■	■	■	■	■	■	■	■	2850000	
WDR III	■	■	■	■	■	■	■	■*	■	■	■	1886000	

■ = über Kabelnetze verbreitet
* = drahtlos, terrestrisch verbreitet und über die Hausantenne aufgenommen
** = Erste Reihe: Empfang über Erstfrequenzen; zweite Reihe: Empfang über Zweitfrequenzen. Angaben der Deutschen Bundespost aufgeschlüsselt in Haushalte.

© Copyright: F.A.Z. (8/1988)

Zu § 42 Unlautere Ausnutzung fremder Leistung (S. 288 ff.)

I. Allgemeines – Abgrenzung zum Sonderrechtsschutz

In der Literatur wird verstärkt die Auffassung vertreten, der Schutz zumindest gegen das identische oder nahezu identische Nachmachen nicht unter Sonderschutz stehender Produkte sei unzureichend.[1] Die angeblich zurückhaltende Rechtsprechung der Gerichte wird beklagt.[2] Dem ist mit Recht entgegengehalten worden, daß es der grundsätzlichen Systematik des § 1 UWG widerspricht, über ihn ein „kleines Sonderschutzrecht" einführen zu wollen.[3] Auch in der Rechtsprechung ist den Tendenzen zur Ausdehung des wettbewerbsrechtlichen Leistungsschutzes – zumindest teilweise – mit Nachdruck entgegengetreten und die grundsätzliche Nachahmungsfreiheit bekräftigt worden. Das muß im besonderen Maße gelten, wenn es für das wettbewerblich zu schützende Arbeitsergebnis einen Sonderrechtsschutz gegeben hätte und versäumt wurde, diesen in Anspruch zu nehmen.[4] Ein stärkeres Abrücken vom Grundsatz der Nachahmungsfreiheit wird vor allem für den Bereich kurzlebiger Produkte, deren Überleben am Markt vom jeweiligen Zeitgeschmack abhänge, für notwendig erachtet.[1] Ausgangspunkt ist die Rechtsprechung des BGH zu den Modeneuheiten.[5] Sie bezog sich ursprünglich nur auf den Bereich der Textilmode. Daraus wurden jedoch Grundsätze abgeleitet, die auch in anderen Branchen angewendet werden sollten, in denen der Erfolg neuer Produkte stark vom wandelnden Zeitgeschmack abhänge.[6]

Vereinzelt wurde dieser Gedanke von der Rechtsprechung übernommen. So z. B. für den Bereich der Video-Spiele.[7] Andererseits wurde eine Ausweitung dieser Grundsätze entschieden abgelehnt.[8]

Auch in der neueren Rechtsprechung wird überwiegend der Grundsatz bestätigt, daß unabhängig vom Bestehen eines Sonderrechtsschutzes ein wettbewerblich begründeter Schutz gegen die Ausnützung einer fremden Leistung in Betracht kommt. Doch wird immer daran festgehalten, daß über die bloße Übernahme hinaus weitere unlautere Begleitumstände hinzutreten müssen.[9]

Wenn demgegenüber in der Literatur gefordert wird, jedenfalls für die Fälle des identischen oder fast identischen Nachmachens bei zumutbaren Ausweichmöglichkeiten eine Unlauterkeit per se anzunehmen[10] ist dem jedenfalls der BGH zurecht nicht gefolgt.

---

[1] *Krüger*, Der Schutz kurzlebiger Produkte gegen Nachahmungen (Nichttechnischer Bereich), unter Hinweis auf BJM Engelhardt, Recht Nr. 7/1985, 1 ff., sowie der Stellungnahme der Vereinigung für gewerblichen Rechtsschutz und Urheberrecht an das BJM vom 13. 5. 1985 in GRUR 1985, 367.

[2] *Krüger* (Fn. 1) m. w. N., vgl. dort Fußn. 3.

[3] So schon *Luchterhandt*, Die Rechtsprechung zur Sittenwidrigkeit der unmittelbaren Ausnutzung fremder Leistung, GRUR 1969, 581.

[4] OLG Nürnberg WRP 1987, 329/331.

[5] BGH GRUR 1973, 478 – Modeneuheiten, BGH GRUR 1984, 453 – Hemdblusenkleid.

[6] *Krüger* (Fn. 1) S. 116.

[7] OLG Frankfurt GRUR 1983, 757 – Donkey Kong Junior.

[8] OLG Nürnberg WRP 1987, 329/332; *Krüger*, Der Schutz kurzlebiger Produkte gegen Nachahmungen (nichttechnischer Bereich) GRUR 1986, 115 ff.; *Tilmann*, Der wettbewerbsrechtliche Schutz vor Nachahmungen, GRUR 1987, 865/868.

[9] OLG München WRP 1987, 197.

[10] *Krüger*, Der Schutz kurzlebiger Produkte gegen Nachahmungen (nichttechnischer Bereich) GRUR 1986, 115 ff.

II. Unmittelbare Übernahme fremder Leistung

Der Begriff der unmittelbaren Übernahme wird in der instanzgerichtlichen Rechtsprechung und Literatur häufig verkannt. Oft wird er schon gebraucht, wenn ein Erzeugnis identisch oder nahezu identisch nachgeahmt wird.[11] Die höchstrichterliche Rechtsprechung hat jedoch stets klar unterschieden zwischen dem Fall, in dem ein Erzeugnis mittels eines technischen Verfahrens dupliziert wurde und der Konstellation, die dadurch gekennzeichnet ist, daß rein physisch betrachtet eine eigenständige Gestaltung eines Produktes erfolgte, wenn hierbei auch das Original absolut oder nahezu identisch nachgeahmt worden ist. Eine treffende Definition der unmittelbaren Übernahme gibt Art. 5 Buchst. c) des Schweizerischen UWG, wo darauf abgestellt wird, daß „das marktreife Arbeitsergebnis eines anderen ohne angemessenen Eigenaufwand durch technische Reproduktionsverfahren als solche" übernommen und verwertet wird.

Der BGH ist auch in diesem Bereich den Tendenzen der Instanzgerichte, den Grundsatz der Nachahmungsfreiheit zu verwässern, deutlich entgegengetreten. In der Notenstichbilder-Entscheidung,[12] mit der eine anderslautende Entscheidung des OLG Frankfurt[13] aufgehoben wurde, ist der Grundsatz bekräftigt worden, daß die Tatsache der unmittelbaren Ausnutzung einer fremden Leistung ohne eigene nachschaffende Arbeit nicht ausreicht, um die Unlauterkeit zu begründen. Weitere Umstände müssen hinzutreten, um die Unlauterkeit zu indizieren. Solche unlauterkeitsbegründende Merkmale können im übrigen nicht aus dem Schutz kulturpolitischer Anliegen abgeleitet werden. Es ist dem § 1 UWG fremd, eine Wettbewerbsposition deshalb zu schützen, weil die Erträge aus dem Vertrieb nachgeahmter Erzeugnisse erforderlich sind, um damit kulturpolitische Aufgaben erfüllen zu können.[14] Der Kern des Unlauterkeitsvorwurfs liegt darin, daß dem Erstanbieter die Früchte seiner Arbeit verbleiben sollen. Ist dies geschehen, indem er über einen hinreichend langen Zeitraum ungehindert von Nachahmern sein Erzeugnis vertreiben konnte, entfällt dieser die Unlauterkeit der Nachahmung begründende Umstand. Nach einem Zeitraum von 50 Jahren ist diese Grenze jedenfalls für den Vertrieb von Notenstichbildern überschritten.[15] Für die Bemessung der wettbewerbsrechtlich begründeten Schutzfristen gegen Nachahmer können die Schutzfristen für in Betracht kommende Sonderschutzrechte ein Anhaltspunkt sein.[16] Angesichts der Wertung des Gesetzgebers, die Schutzdauer für ein die Hürde des Sonderschutzrechts übersteigendes Leistungsergebnis auf bestimmte Zeiträume zu beschränken, gibt es keine Rechtfertigung, um unter dem Aspekt des ergänzenden wettbewerbsrechtlichen Leistungsschutzes eine darüber hinaus gehende – möglicherweise ewige – Schutzposition zu begründen.[17] Die wettbewerblich begründete Schutzdauer ist eher deutlich kürzer zu bemessen, als die gesetzliche Höchstschutzdauer für ein entsprechendes Sonderschutzrecht.[18]

Zunehmendes Gewicht bekommt die Fallgruppe der unmittelbaren Leistungsübernahme im Hinblick auf die Übernahme fremder Computerprogramme.[19] Dies kann durch schlichte Vervielfältigung eines Datenträgers (Diskette, Magnetband usw.) geschehen.[20]

---

[11] Z. B. OLG Hamburg GRUR 1984, 139 – Garnierschneider.
[12] BGH GRUR 1986, 895/896 – Notenstichbilder.
[13] OLG Frankfurt GRUR 1984, 543/544 – Notennachdruck.
[14] BGH GRUR 1986, 895/896 mit ablehnender Anmerkung von *Schulze*.
[15] BGH GRUR 1986, 895/896.
[16] BGH GRUR 1986, 895/896.
[17] A. A. *Schulze* in der Anm. zu der Entscheidung des BGH Notenstichbilder in GRUR 1986, 895/897.
[18] *Quiring*, Zum wettbewerbsrechtlichen Schutz von kurzlebigen Produkten gegen Nachahmung, WRP 1985, 684/689.
[19] Vgl. hierzu die detaillierten Ausführungen Handbuch § 42 Rdnr. 176 ff.
[20] *Baums*, Wettbewerbsrechtlicher Schutz von Computer-Programmen, DB 1988, 429 ff.

Nachtrag

Zu § 42

Unter Hinweis auf den Grundsatz der Nachahmungsfreiheit und die Notwendigkeit weiterer unlauterer Begleitumstände für einen wettbewerblichen Leistungsschutz wurde die bloße Vervielfältigung eines ordnungsgemäß erworbenen und nicht urheberrechtlich geschützten Computerprogramms sowie der Einsatz dieser Kopie für eigene Zwecke als wettbewerblich zulässig bezeichnet.[21] Soweit hierbei an die – vertraglich meist untersagte – Vervielfältigung im Verhältnis zwischen Lieferant und Erwerber des Computerprogramms gedacht ist, ist dem schon deshalb zuzustimmen, weil es insoweit an einem Wettbewerbsverhältnis fehlt.

Wird ein unautorisiert kopiertes Computerprogramm vermarktet, kommen die allgemeinen Grundsätze zum Tragen, wie sie unter Rdnr. 12 behandelt wurden. Es ist keine Unlauterkeit per se anzunehmen. Allerdings obliegt es dem Kopierer darzutun, warum in seinem Fall die Vervielfältigung des Programms des Konkurrenten wettbewerblich unbedenklich sein soll. Soweit die Auffassung vertreten wurde, die Tatsache des Kopierens und das damit verbundene Ersparen der Aufwendungen für die Erstellung eines eigenständigen Programms für sich allein reiche aus, die wettbewerbliche Unlauterkeit zu begründen,[22] entspricht das nicht der herrschenden Rechtsprechung.

Wie in anderen Fällen der unmittelbaren Übernahme fremder Leistung ergibt sich auch im Zusammenhang mit dem Kopieren von Computerprogrammen hinsichtlich des sonst regelmäßig geforderten Elements der „wettbewerblichen Eigenart" des kopierten Programms ein gewisses Problem.[23] Die bei den Fällen der Herkunftstäuschung und Rufausbeutung erforderliche wettbewerbliche Eigenart wird regelmäßig darin gesehen, daß das nachgeahmte Erzeugnis Merkmale aufweisen muß, aus denen der Verkehr einen Hinweis auf seine Herkunft ableitet oder mit denen ein besonderer, durch die Übernahme ausgebeuteter Ruf verbunden ist. In anderen Sonderfällen unlauterer Übernahme fremder Leistung – z. B. aufgrund der Modeneuheiten-Rechtsprechung – wird die notwendige wettbewerbliche Eigenart aus „Besonderheiten" – meist gestalterischer Art – des nachgeahmten Erzeugnisses abgeleitet. Bei Computerprogrammen wird es häufig schwierig sein, eine wettbewerbliche Eigenart in diesem Sinne zu begründen. Wie bereits unter Rdnr. 19 ausgeführt wurde, ist es im Hinblick auf die die Unlauterkeit der unmittelbaren Leistungsübernahme begründenden Umstände nicht erforderlich, eine besondere wettbewerbliche Eigenart des nachgeahmten Produktes in dem sonst verstandenen Sinne zu verlangen.[24]

Soweit ein wettbewerblicher Schutz gegen die unmittelbare Übernahme fremder Computerprogramme zu bejahen ist, stellt sich wiederum die Frage nach der Dauer dieses Schutzes. Nachdem der Kern des Unlauterkeitsvorwurfes darin liegt, daß es nicht zu billigen ist, wenn jemand unter Ersparung eigener Aufwendungen das mit Mühe und Aufwand gewonnene Arbeitsergebnis eines anderen zu dessen Schaden übernimmt, muß auch im vorliegenden Zusammenhang der Schutz enden, wenn derjenige, der das Programm erstmals erarbeitet hat, durch ein – in diesem Fall wettbewerbsrechtlich begründetes – Monopol ausreichend Gelegenheit hatte, seinen Aufwand wieder einzuspielen. Hierfür kann es keine feste Grenze geben. Es muß auf die Umstände des Einzelfalles ankommen. Die Schutzdauer eines in Betracht kommenden gesetzlichen Sonderschutzrechts kann hierbei ein Anhaltspunkt sein.[25] Doch ist es verfehlt, die gesetzliche Regelung über die Schutzdauer z. B. des Urheberrechts von 25 Jahren generell entsprechend anzuwenden.[26]

---

[21] *Baums* DB 1988, 429.
[22] *Baums* DB 1988, 429.
[23] Zur generellen Problematik der wettbewerblichen Eigenart, vgl. *Sambuc*, Die Eigenart der wettbewerblichen Eigenart, GRUR 1986, 130 ff.
[24] Ebenso *Baums* (Fn. 20); *Tilmann*, Der wettbewerbsrechtliche Schutz vor Nachahmungen, GRUR 1987, 865 ff.
[25] BGH GRUR 1986, 895 – Notenstichbilder.
[26] So *Baums* (Fn. 20).

III. Nachschaffende Leistungsübernahme

1. Identisches Nachahmen. Ein wettbewerblicher Schutz gegen Nachahmungen setzt voraus, daß es sich bei dem nachgeahmten Produkt um ein schutzwürdiges Leistungsergebnis mit wettbewerblicher Eigenart handelt. Sodann müssen weitere, die Unlauterkeit begründende Umstände hinzutreten, wobei an diese Merkmale umso geringere Anforderungen zu stellen sind, je näher das nachgeahmte Erzeugnis dem Original kommt.[27] In den Fällen einer unlauteren Leistungsübernahme wegen einer damit verbundenen Herkunftstäuschung oder Rufausbeutung wird dabei die wettbewerbliche Eigenart regelmäßig darin gesehen, daß das nachgeahmte Erzeugnis Merkmale aufweist, die als Herkunftshinweis dienen oder mit denen der Verkehr die positive Assoziation eines guten Rufes verbindet. In anderen Fällen der unlauteren Leistungsübernahme bleibt oft unklar, worin die wettbewerbliche Eigenart zu sehen ist. Teilweise wird von „Besonderheiten" gesprochen,[28] ohne daß allerdings klar erkennbar wäre, worin diese „Besonderheiten" begründet sein sollen oder müssen. Bei einem regelmäßig erscheinenden Informationsdienst für die Bauwirtschaft, mit dem die Abonnenten über die Planung von Baumaßnahmen, Submissionsergebnissen, Wettbewerbe und Ausschreibungen unterrichtet werden, wurde die die Schutzwürdigkeit begründende wettbewerbliche Eigenart vom BGH dahin gesehen, daß es eines erheblichen Kostenaufwandes bedarf, um die veröffentlichten Informationen laufend zu beschaffen. Dem ist im Ergebnis zuzustimmen.[29] Die Unlauterkeit liegt im Kern darin, daß jemand ein fremdes Arbeitsergebnis übernimmt zum Schaden dessen, „dem billigerweise die Früchte davon zukommen müßten".[30] Besonders unterstrichen wird dies, wenn die Übernahme fortlaufend und systematisch geschieht.[31] Unerheblich ist es, wenn geringfügige Änderungen an den übernommenen Informationen vorgenommen werden oder wenn Ergänzungen hinzugefügt werden.

2. Täuschung über die Herkunft einer Ware oder Leistung (vermeidbare Herkunftstäuschung). *a) Schutzwürdigkeit – Wettbewerbliche Eigenart.* Die wettbewerbliche Eigenart, als notwendige Voraussetzung für einen Schutz wegen vermeidbarer Herkunftstäuschung kann auch dadurch begründet werden, daß Formelemente, die für sich betrachtet durchaus verbreitet und von daher nicht geeignet wären, ein Produkt besonders zu charakterisieren, im Rahmen eines Produktprogramms wiederkehrend bei allen zu diesem Programm gehörenden Einzelteilen so konsequent verwendet werden, daß hierdurch das Gesamtprogramm eine bestimmte Ausprägung erhält, aus der die Zugehörigkeit der Einzelteile zu diesem Programm ohne weiteres erkennbar wird.[32] Wird durch die Übernahme dieser das Gesamtprogramm kennzeichnenden Formelemente die Gefahr von Herkunftstäuschung hervorgerufen, macht das die Nachahmung unzulässig. Dabei besteht wiederum eine Wechselwirkung zwischen dem Grad der Eigenart des nachgeahmten Produkts und der Intensität der Nachahmung. Je sklavischer die Anlehnung, je geringer sind die Anforderungen an die Eigenart des Nachgeahmten, um die Wettbewerbswidrigkeit der Nachahmung annehmen zu können.[33]

Auch Kennzeichen oder beschreibende Angaben, die ein Anbieter zur Unterscheidung der verschiedenen zu seinem Angebotsprogramm gehörenden Produkte verwendet, können vom Verkehr als Hinweis auf die betriebliche Herkunft der so bezeichneten Erzeugnisse angesehen werden. Das gilt z. B., wenn in Katalogen u. ä. Werbeunterlagen zur

---

[27] BGH GRUR 1988, 309/310 – Informationsdienst.
[28] BGH GRUR 1970, 244/246 – Spritzgußengel, GRUR 1979, 119 – Modeschmuck.
[29] Vgl. hierzu die Ausführungen zur Frage der wettbewerblichen Eigenart bei der unmittelbaren Leistungsübernahme, Handbuch § 42 Rdnr. 16 bis 19.
[30] BGH GRUR 1966, 503/506 – Apfelmadonna.
[31] BGH GRUR 1988, 308 – Informationsdienst.
[32] BGH GRUR 1986, 673/675 – Beschlagprogramm.
[33] BGH GRUR 1986, 673/675 – Beschlagprogramm.

Nachtrag   Zu § 42

Unterscheidung der einzelnen Typen, Buchstaben und Zahlen als „Bestellnummern" verwendet werden und die Kunden mit diesen Typenbezeichnungen einen über die gattungsmäßige Bezeichnung der Ware hinausgehenden Herkunftshinweis verbinden.[34] Selbst beschreibende Farbangaben („Havanna", „Mais", „Olive") für von einem Hersteller erstmalig angebotene Farbtöne können diese Herkunftshinweisfunktion haben.[35] Dann mag die Übernahme der neuen Farbtöne selbst wettbewerbsrechtlich unbedenklich sein, nicht aber die Übernahme ihrer Bezeichnung, wenn der Verkehr aus diesen Bezeichnungen auf die Herkunft der so charakterisierten Produkte aus einem bestimmten Unternehmen schließt.

b) Herkunftstäuschung. Zur Frage der Herkunftstäuschung wurde in der Rechtsprechung vereinzelt die Auffassung vertreten, um eine solche annehmen zu können, sei es nicht erforderlich, daß das angesprochene Publikum den Hersteller des Originalprodukts kennt. Es reiche aus, wenn es das Original und die Nachahmung demselben Hersteller zuschreibt.[36] Dem ist nur insoweit zuzustimmen, als der Verkehr den Anbieter des nachgeahmten Erzeugnisses nicht namensmäßig bezeichnen, ihn nicht individualisieren können muß. Abgesehen von dem Sonderfall des wettbewerblichen Leistungsschutzes von Modeneuheiten,[37] wo eine gewisse Bekanntheit des nachgeahmten Produkts aus der Natur der Sache heraus nicht gefordert werden kann, wenn überhaupt ein Schutz gegen Nachahmungen wirksam gewährt werden soll, ist grundsätzlich daran festzuhalten, daß eine gewisse Bekanntheit des Originals gegeben sein muß, um eine Unlauterkeit der Nachahmung wegen einer vermeidbaren Herkunftstäuschung annehmen zu können.[38] Wenn darüber hinaus für den Fall einer „besonders hervorragenden wettbewerblichen Eigenart" auf eine gewisse Verkehrsbekanntheit überhaupt verzichtet wurde,[39] ist dem nur für den Einzelfall zuzustimmen.

Ist allerdings das notwendige Maß an Bekanntheit der die wettbewerbliche Eigenart begründenden Merkmale eines Produkts im Verkehr nachgewiesen, dann reicht es für den darüber hinaus erforderlichen Nachweis der Verwechslungsgefahr aus, wenn ein nicht unerheblicher Teil der Verkehrskreise bei Vorlage von Original und Nachahmung den gleichen Ursprung annimmt. Für diesen Nachweis ist es nicht erforderlich, daß der so Getäuschte das Original als solches vorher kannte. Die Gefahr einer Herkunftstäuschung ist damit belegt.

Eine festgestellte Herkunftstäuschung für sich allein begründet noch nicht die Unlauterkeit der Nachahmung. Diese muß vermeidbar sein. Das setzt voraus, daß es zumutbare Abweichungen gibt, durch deren Verwendung die Täuschung vermieden wird. Ist aber durch bestimmte Aspekte des Herstellverfahrens, durch geschmackliche Erfordernisse oder sonstige Anforderungen des Verbrauchers eine Ähnlichkeit bedingt und würde der Zweitanbieter durch einen Verzicht auf die Nachahmung wettbewerbliche Nachteile in Kauf nehmen müssen, weil er hierdurch praktischen Anforderungen der Nachfrager nicht mehr gerecht werden könnte, sind ihm Abweichungen nicht zumutbar. Die Nachahmung mit der Gefahr objektiver Herkunftstäuschungen muß dann in Kauf genommen werden.[40]

3. Täuschung über die Herkunft durch Nachahmung von Kennzeichen. Die verwechslungsfähige Verwendung nicht sonderschutzrechtlich abgesicherter Produktbezeichnungen kann unter dem Gesichtspunkt der Herkunftstäuschung wettbewerbswidrig sein. Voraussetzung ist, daß das Kennzeichen geeignet ist, als Hinweis auf die betriebliche Herkunft der Ware zu dienen. Die kennzeichenmäßig verwendete Produktbezeichnung „Maracuja-Geister" für ein weinhaltiges Getränk mit Maracuja-Geschmack erfüllt z. B.

---

[34] BGH GRUR 1956, 553 – Coswig.
[35] BGH GRUR 1985, 445/446.
[36] OLG Stuttgart WPR 1985, 179/180.
[37] Vgl. § 42 Rdnr. 95 ff.
[38] Vgl. § 42 Rdnr. 38 f.
[39] BGH WRP 1976, 370/371 – Ovalpuderdose.
[40] OLG Stuttgart WRP 1985, 179, 181 – Käserolle.

diese Voraussetzung. Jedenfalls durch die Kombination dieser beiden für sich allein sicher nicht kennzeichnend wirkenden Begriffe wird die erforderliche wettbewerbliche Eigenart begründet.[41] Ist innerhalb der beteiligten Verkehrskreise diese Produktbezeichnung mindestens soweit bekannt, daß durch die Verwendung der gleichen Bezeichnung durch einen Dritten die Gefahr von Verwechslungen begründet wird, handelt der zweite Benutzer wettbewerbswidrig, wenn diese Verwechslungsgefahr vermeidbar war. Das wird gerade bei der Verwendung von Produktkennzeichen regelmäßig anzunehmen sein.

IV. Ausnutzung des positiven Rufs einer fremden Ware oder Leistung

Zunehmend werden eingeführte Marken, mit denen ein „guter Ruf" oder „Anmutungen"[42] verbunden sind, zusätzlich vermarktet, indem Dritten die Nutzung der Marke für Waren ganz anderer Art als solchen, mit denen der gute Ruf ursprünglich geschaffen wurde, gestattet wird. Parallel zu dieser vertraglich gestatteten Zweitnutzung der Marke häufen sich die Fälle unautorisierter Nutzung im Bereich nicht gleichartiger Waren. Das ist unzulässig, wenn in der Inanspruchnahme der fremden Kennzeichnung eine Verkaufsförderung zur Empfehlung der eigenen Ware liegt. Das zur Begründung eines wettbewerbsrechtlichen Unterlassungsanspruchs vom BGH nach wie vor für erforderlich gehaltene Wettbewerbsverhältnis[43] wird seit der grundlegenden Rolls-Royce-Entscheidung darin gesehen, daß für die Zweitnutzung von Marken mit einem positiven Assoziationsgehalt ein Markt besteht und der Kennzeicheninhaber durch die unautorisierte Nutzung Dritter hinsichtlich dieser Marktverwertungschancen behindert wird. So ist z. B. mit der Marke „Dimple" das Image einer Exklusivmarke verbunden, das wirtschaftlich selbständig verwertbar ist.[44] Wird diese Marke z. B. für Kosmetika verwendet, wird ihr guter Ruf auch auf diese Produkte übertragen, weshalb darin – geschieht es unautorisiert – eine sittenwidrige Rufausbeutung zu sehen ist. Gegen diese Rechtsprechung ist in der Literatur Kritik erhoben worden. Insbesondere was die Bedeutung eines Wettbewerbsverhältnisses angeht.[45]

Gegen den vom BGH für Marken mit einem überragenden Ruf angenommenen wettbewerbsrechtlichen Besitzstand ist geltend gemacht worden, daß er nicht mehr im Einklang stehe mit dem Schutzzweck der wettbewerbsrechtlichen Generalklausel.[46]

Ferner wurde in der Zubilligung eines so begründeten wettbewerbsrechtlichen Leistungsschutzes ein Wertungswiderspruch zu warenzeichenrechtlichen Vorschriften gesehen. Dem ist nicht zuzustimmen. Das Warenzeichenrecht stellt einen Ausschnitt aus dem allgemeinen Wettbewerbsrecht dar. Es knüpft an bestimmte Tatbestände an, die sich nicht mit den Voraussetzungen für einen wettbewerbsrechtlichen Schutz im Rahmen des § 1 UWG decken müssen. Das gilt vor allem insoweit, als z. B. für den Schutz einer Marke gegen ihre identische oder verwechslungsfähige Verwendung im Bereich nicht gleichartiger Waren ein hoher Anmutungsgehalt vorausgesetzt wird. Rufausbeutung kann ohne einen entsprechend einsetz- und verwertbaren guten Ruf nicht begangen werden. Die

---

[41] OLG Koblenz GRUR 1987, 525/726.
[42] *Tilmann* in der Anmerkung zu der Entscheidung des BGH – Dimple, GRUR 1985, 553/554.
[43] BGH GRUR 1983, 247 – Rolls Royce; GRUR 1985, 550/553 – Dimple; in der Literatur wurde dies, zumindest was das sog. konkrete Wettbewerbsverhältnis angeht, in Frage gestellt, vgl. *Baumbach/Hefermehl*, 15. Aufl., Einleitung UWG, Rdnr. 228 und 245; vgl. ferner *Kroitzsch*, Rufausbeutung und § 1 UWG-Lizenz, GRUR 1986, 570; *Mergel*, Die Rufausbeutung als Unlauterkeitstatbestand in der neueren Rechtsprechung des BGH – der wettbewerbsrechtlich verankerte Schutz „bekannter" und „exklusiver" Marken ein gangbarer Weg? GRUR 1986, 646 ff.
[44] BGH GRUR 1985, 550/552 – Dimple.
[45] *Kroitzsch*, Rufausbeutung und § 1 UWG Lizenz, GRUR 1986, 579 ff.
[46] *Mergel*, Die Rufausbeutung als Unlauterkeitstatbestand in der neueren Rechtsprechung des BGH – Der wettbewerbsrechtlich verankerte Schutz „bekannter" und „exklusiver" Marken, ein gangbarer Weg? GRUR 1986, 646 ff.

Nachtrag   Zu § 42

Schaffung eines solchen Rufs ist wiederum eine Leistung, die bei rein warenzeichenrechtlicher Betrachtung irrelevant ist, aber im wettbewerbsrechlichen Zusammenhang gerade den Schutz gegen schmarotzende Übernahme begründet.[47]

Auch die Schwierigkeit, im Einzelfall näher zu bestimmen, was als ein „wegen seiner anerkannten Qualität oder Exklusivität besonders geschütztes Erzeugnis zu gelten habe" steht der grundsätzlichen Zubilligung eines Schutzes nicht entgegen.[48] Allerdings kommt eine solche Rufausbeutung zur Empfehlung der eigenen Ware nicht für alle Produktarten in Betracht. Sind die Produkte des Zweitnutzers von denen des Erstnutzers hinsichtlich Art, Empfängerkreis und Anwendungszweck zu weit voneinander entfernt, überschneidet sich die „Anmutung" nicht,[49] ist also nicht davon auszugehen, daß sich der positive Assoziationsgehalt der Originalmarke auf die Kaufentscheidungen hinsichtlich der Produkte des Zweitnutzers auswirkt, entfällt der Vorwurf der Rufausbeutung. Das gilt z. B. hinsichtlich der Nutzung der Whisky-Marke „Dimple" für „Wasch- und Bleichmittel, Putz-, Polier-, Fettentfernungs- und Schleifmittel".[50]

Mit geographischen Herkunftsbezeichnungen kann ebenfalls ein besonderer guter Ruf verbunden sein. Dieser steht dann nicht in Verbindung mit den Produkten eines bestimmten Anbieters, sondern mit den Erzeugnissen der in dem betreffenden Gebiet ansässigen Unternehmen. Ein solcher wettbewerblicher Besitzstand gewährt zwar nicht ohne weiteres ein gegen Dritte wirkendes Ausschlußrecht,[51] obwohl er in seiner Schutzwürdigkeit der individuellen Marke eines einzelnen Unternehmens nicht wesentlich nachsteht.[52] Qualifizierte Herkunftsangaben, d. h. solche, mit denen eine bestimmte Qualitätserwartung verbunden ist,[53] sind auf jeden Fall gegen Rufausbeutung und Verwässerung ihrer Werbekraft zu schützen.[54] Wird für ein Mineralwasser mit dem Slogan „Ein Champagner unter den Mineralwassern" geworben, wird damit unzulässigerweise der mit den Schaumweinen aus der Champagne verbundene hervorragende Ruf ohne einen rechtfertigenden Grund in schmarotzender Weise zur Förderung des eigenen Absatzes genutzt. Zusätzlich kommt hinzu, daß die Anbieter, die für ihre Produkte aus der Region den damit verknüpften guten Ruf geschaffen haben, ein schutzwürdiges Interesse daran haben, die Schlagkraft ihrer Herkunftsangabe nicht schwächen und verwässern zu lassen.[55] Damit können sie auch berechtigtermaßen einem Prozeß vorbeugen, daß eine derzeit noch als geographischer Herkunftshinweis verstandene Angabe sich in eine Gattungsbezeichnung verwandelt.[56]

V. Nachahmung fremder Ware

1. Identische oder fast identische Nachahmung. Die Übernahme fremder Werbung kann zum einen unter den Gesichtspunkten der vermeidbaren Herkunftstäuschung, der Rufausbeutung, der Verwässerung einer berühmten Werbung und einer Behinderung durch systematisches Anlehnen unzulässig sein.[57] Darüber hinaus kann sich die Unlauter-

---

[47] *Mettang,* Unlautere Rufausbeutung durch Konkurrenten und Branchenfremde – der Bundesgerichtshof auf Abwegen? GRUR 1987, 149 ff.
[48] *Mettang* (Fn. 47) S. 153.
[49] Vgl. Tilmann in der Anmerkung zu der Dimple-Entscheidung des BGH GRUR 1985, 550/554.
[50] BGH GRUR 1985, 550 – Dimple.
[51] BGH GRUR 1983, 247 – Rolls Royce; BGH GRUR 1985, 564/565 – „Champagner unter den Mineralwassern"; *Mettang,* Unlautere Rufausnutzung durch Konkurrenten und Branchenfremde – der Bundesgerichtshof auf Abwegen? GRUR 1987, 149 ff.
[52] *Beier* GRUR Int. 1968, 69.
[53] BGH GRUR 1965, 317/318 – Kölnisch Wasser.
[54] *Baumbach/Hefermehl,* 15. Aufl., § 1 Rdnr. 533.
[55] BGH GRUR 1985, 564 – „Champagner unter den Mineralwassern".
[56] Vgl. hierzu BGH GRUR 1965, 317 – Kölnisch Wasser; *Tilmann,* Die geographische Herkunftsangabe, 1976, S. 260 ff.; *Schricker* GRUR Int. 1982, 515/519; *Beier* GRUR 1963, 236/237.
[57] Vgl. § 42 Rdnr. 84 ff.

keit in den Fällen einer unmittelbaren Übernahme oder eines identischen oder fast identischen Nachmachens aus den gleichen Gründen ergeben, wie das im Hinblick auf die Nachahmung eines Produktes selbst gilt.[58] Voraussetzung eines wettbewerblichen Schutzes gegen die Übernahme einer Werbung durch Dritte ist jedoch eine wettbewerbliche Eigenart der übernommenen Werbung. Sie ist – jedenfalls für den Bereich der unmittelbaren Übernahme fremder Werbung – dann gegeben, wenn die Originalwerbung einen eigenständigen schutzwürdigen Gedanken enthält und ist zu verneinen bei Werbemaßnahmen, die sich von selbst anbieten,[59] wobei es allerdings eine Tautologie darstellt, wenn die Schutzwürdigkeit dann gegeben sein soll, wenn die Werbung einen schutzwürdigen Gedanken enthält.[60] Wenn in der Rechtsprechung die wettbewerbliche Eigenart des nachgebildeten Gegenstandes – alternativ zu subjektiven Unlauterkeitsmerkmalen – als ausreichendes Kriterium für die Begründung eines wettbewerblichen Schutzes gegen identisches Nachmachen bezeichnet wurde,[61] ist dem nicht zuzustimmen. Die wettbewerbliche Eigenart i. S. einer in irgendeiner Hinsicht auffallenden, Aufmerksamkeit erregenden oder sonstwie eigenständigen Gestaltung ist insbesondere im Zusammenhang mit der Übernahme fremder Werbung Voraussetzung dafür, daß überhaupt ein wettbewerbsrechtlicher Schutz gegen das Kopieren durch Dritte in Betracht kommt. Das allein reicht jedoch nicht aus. Es müssen weitere die Unlauterkeit begründende Umstände hinzutreten.

VI. Sonderfälle unlauterer Leistungsübernahme

1. Nachahmung von Modeneuheiten. Ein Schutz von Modeneuheiten kommt grundsätzlich nur zeitlich befristet für die Saison in Betracht, für die die Neuheit gedacht ist. Kann das Erzeugnis aufgrund seiner Eigenart auch in der sich jahreszeitlich anschließenden Saison nachgefragt werden, kommt eine Verlängerung des Schutzes in Betracht.[62]

2. Nachahmung aufgrund Vertrauensbruch. Werden neuartig gestaltete Produkte angeboten und verwendet der Empfänger das Angebot und die Unterlagen, um einen Wettbewerber aufzufordern, etwas Entsprechendes, nur eben preisgünstiger zu entwickeln, kann hierin eine gegen gute kaufmännische Sitten verstoßende Inanspruchnahme der Arbeitsergebnisse des Erstentwicklers liegen. Allerdings ist auch in diesem Falle zu fordern, daß das nachgeahmte Erzeugnis über eine wettbewerbliche Eigenart verfügt.[63]

3. Schmarotzende Nutzung fremder Leistung. Ein besonderer Fall wettbewerbswidriger Nutzung fremder Leistung liegt darin, daß die geschäftlichen Aktivitäten eines Dritten schmarotzend für den eigenen Geschäftsverkehr genutzt werden. Das Aufbauen auf einer fremden Leistung ist grundsätzlich erlaubt. Das gilt nicht, wenn im Rahmen eines Wettbewerbsverhältnisses Leistungen des Dritten zur Förderung des eigenen Absatzes genutzt werden, um sich hierdurch einen Vorsprung auch gegenüber dem zu verschaffen, dessen Leistungen schmarotzend in Anspruch genommen werden. Das ist z. B. der Fall, wenn ein Makler durch systematische Zuschriften auf in einer Tageszeitung veröffentlichte Chiffreanzeigen den Chiffreanzeigendienst des Zeitungsverlages, der die eingehenden Zuschriften, also auch die des Maklers, sortiert, sichtet und weiterleitet, für eigene Zwecke in Anspruch nimmt und sich hierdurch mit minimalem Kostenaufwand eine eigene Kundenkartei aufbaut.[64]

---

[58] Vgl. zur unmittelbaren Übernahme Handbuch § 42 Rdnr. 12 ff. und zum identischen oder fast identischen Nachahmen Handbuch § 42 Rdnr. 26 ff.
[59] OLG Frankfurt WRP 1973, 162.
[60] Vgl. ferner OLG Frankfurt WRP 1987, 480.
[61] OLG Frankfurt WRP 1987, 480, das im übrigen auch unzutreffend von dem Fall einer unmittelbaren Übernahme ausgeht, statt von einem tatsächlich erfolgenden fast identischen Nachmachen.
[62] OLG Hamburg GRUR 1986, 83 – Übergangsbluse.
[63] OLG Hamm, U. v. 21. 7. 83, 4 U 207/82, berichtet in WRP 1985, 61.
[64] OLG München WRP 1987, 504.

Zu § 42 IX Markenpiraterie (S. 334 ff.)

1. In den letzten Jahren hat das Problem der Markenpiraterie speziell und der Produktpiraterie generell **verstärkte Aufmerksamkeit** auf **nationaler und internationaler Ebene** erfahren. Die internationale Handelskammer hat Ende 1987 den Anteil des Handels mit Piratenware auf 4 bis 5% des Welthandels geschätzt. Der Verlust an Arbeitsplätzen durch aus Drittländern eingeführte Fälschungen beläuft sich nach einem Bericht des Ausschusses für Außenwirtschaftsbeziehungen des Europäischen Parlaments auf etwa 100000, davon allein 50000 in der Bundesrepublik Deutschland (Dokument A 2–115/85 vom 9. 10. 1985). Zahlreiche **nationale und internationale Organisationen** befassen sich mit den wirtschaftlichen und rechtlichen Aspekten dieser Erscheinung, deren nachteilige Auswirkungen auf die Wirtschaft in zahlreichen Industrieländern noch zugenommen haben. Zu erwähnen sind u. a. die **WIPO**-Mustervorschriften (Ind. Prop. 1986, 300 ff.; s. ferner WIPO-Dokumente PAC/EC/II/2 vom 18. 2. 1987 und C&P/CE/1 vom 18. 2. 1988 mit Musterbestimmungen für nationale Gesetze und verschiedene Internationale Konventionen, insbesondere die PVÜ und RBÜ), die Arbeiten der **AIPPI** (vgl. Resolution in GRUR Int 1986, 626 f.) und die **Verordnung (EWG) Nr. 3842/86 des Rates** vom 1. 12. 1986 über Maßnahmen zum Verbot der Überführung nachgeahmter Waren in den zollrechtlich freien Verkehr (ABl. Nr. L 357 = GRUR Int 1987, 98 ff.; vgl. hierzu die Durchführungsvorschriften der Verordnung (EWG) Nr. 3077/87 der Kommission vom 14. 10. 1987; Vorschriftensammlung der Bundesfinanzverwaltung vom 22. 12. 1987, VSF-Nachrichten N 8787 vom 22. 12. 1987). Die Verordnung (EWG) Nr. 3842/87 wird unter Ziffer 2. näher behandelt. Einen Überblick über den Stand der internationalen und der nationalen Maßnahmen und Diskussionen in verschiedenen Ländern geben *Levin* (GRUR Int 1987, 18 ff. = IIC Bd. 18 (1987) 435 ff.) und *Knaak* (GRUR Int 1988, 1 ff.; s. ferner u. a. Aracama Zorraquin Ind. Prop. 1986, 482 ff.).

In der **Bundesrepublik Deutschland** liegt der Referentenentwurf eines **Gesetzes zur Bekämpfung der Produktpiraterie** vor (BMJ Geschäftszeichen IIIB6-3650-17-1III-2-320229/88; Kurzbericht in GRUR 1988, 362 f.), der zur Zeit noch diskutiert wird. Der Entwurf greift Anregungen des GRUR-Fachausschusses für Wettbewerbs- und Warenzeichenrecht (GRUR 1985, 867 ff.) auf, erweitert den Anwendungsbereich der effizienter gestalteten Vorschriften jedoch erheblich, indem Pirateriestraftatbestände auch außerhalb des Warenzeichenrechts erfaßt werden. Die wichtigsten Punkte des Entwurfs sind folgende:
- Verschärfung der strafrechtlichen Sanktionen;
- Erweiterung der Vernichtungs- und Einziehungsmöglichkeiten für Piratenware und Produktionsmittel;
- Gesetzliche Verankerung eines umfassenden Auskunftsanspruchs, der in besonders klaren Fällen auch im Wege der einstweiligen Verfügung durchgesetzt werden kann;
- Erweiterung der Beschlagnahmemöglichkeiten bei der Einfuhr (weit über § 28 WZG hinaus).

2. Für den Bereich der Markenpiraterie ist die **Beschlagnahme durch die Zollbehörden** durch die oben erwähnten, am 1. 1. 1988 in Kraft getretenen Verordnungen ausgebaut worden. Warenzeicheninhaber können beantragen, daß nachgeahmte Waren zollamtlich nicht freigegeben werden, wenn der begründete Verdacht besteht, daß die **Einfuhr** der nachgeahmten Waren in den **zollrechtlich freien Verkehr der Europäischen Gemeinschaft** vorgesehen ist. Nachgeahmte Waren im Sinne der Verordnungen sind solche Produkte, die rechtswidrig mit einem Zeichen versehen sind, das mit einem im Einfuhrland für derartige Waren rechtsgültig eingetragenen Warenzeichen identisch oder von ihm in seinen wesentlichen Merkmalen nicht unterscheidbar ist. Diese in Art. 1 (2) a der Verordnung Nr. 38242/86 gegebene Definition erweckt durch ihre Formulierung („derartige

Waren") den Eindruck, daß jedenfalls nicht alle im Sinne des deutschen Warenzeichenrechts „gleichartigen" Waren erfaßt werden, sondern es sich um „gleiche" oder jedenfalls sehr ähnliche Waren handeln muß (hierzu auch *Knaak* GRUR Int 1988, 1/9 f.).

Die Verordnung gilt nur für Einfuhren aus **Drittländern,** nicht für den innergemeinschaftlichen Warenverkehr. Entsprechende Beschlagnahmeanträge sind bei der Oberfinanzdirektion zu stellen, in deren Bezirk der Geschäftssitz des Zeicheninhabers liegt; für Zeicheninhaber ohne Geschäftssitz in der Bundesrepublik Deutschland ist die OFD München zuständig. Stellt eine Zollstelle fest, daß zur Überführung in den freien Verkehr angemeldete Drittlandswaren einem Beschlagnahmeantrag entsprechen, so setzt sie die Freigabe aus und nimmt die Waren auf Kosten des Zeicheninhabers in Verwahrung. Der Beteiligte und der Zeicheninhaber werden umgehend unterrichtet. Die Zollstelle hat – ggf. unter Einschaltung des Zeicheninhabers und/oder von Sachverständigen – unverzüglich zu entscheiden, ob es sich um nachgeahmte Waren im Sinne der Verordnung handelt. Ist dies der Fall, so sind die Waren im Regelfall zugunsten des Bundes einzuziehen; die eingezogenen Waren werden vernichtet oder – ausnahmsweise – nach Entfernung der rechtswidrig angebrachten Kennzeichen verwertet. Für die Bearbeitung des Beschlagnahmeantrags und die Leistung der Sicherheit wenden die Zollbehörden vorläufig die zu § 28 WZG entwickelten Grundsätze an (vgl. die vorläufige Dienstanweisung vom 22. 12. 1987, Vorschriftensammlung Bundesfinanzverwaltung, VSF-Nachrichten N 8787).

Die Vorschriften der EWG-Verordnungen überlagern den Anwendungsbereich von § 28 WZG nur teilweise. § 28 WZG behält seine volle Bedeutung u. a.
– im innergemeinschaftlichen Warenverkehr (wenn also die widerrechtlich gekennzeichnete Piratenware aus einem anderen Mitgliedstaat in das Bundesgebiet eingeführt werden soll);
– für lediglich zur Durchfuhr ins Bundesgebiet gebrachte Waren;
– für Waren, die nicht unter die oben erwähnte Definition „nachgeahmter Waren" im Sinne der EWG-Verordnung, jedoch unter den Anwendungsbereich des § 28 Abs. 1 WZG fallen (Beispiel: Das Zeichen ist nicht eingetragen, sondern nach § 25 WZG geschützt).

In der Praxis werden die Zollbehörden zumindest in der Bundesrepublik Deutschland bestrebt sein, die Verfahren nach beiden Vorschriften soweit wie möglich zu harmonisieren; u. a. darf wohl erwartet werden, daß auch im Rahmen der gegenwärtig geltenden Fassung des § 28 WZG die Zeicheninhaber/Antragsteller umfassender informiert werden als in früheren Jahren (hierzu Handbuch § 42 Rdnr. 167; der Entwurf des Gesetzes zur Bekämpfung der Produktpiraterie sieht eine wesentlich stärkere Einbeziehung der Zeicheninhaber vor).

3. Mit den **Prüfungspflichten des Handels** hat sich der BGH in seinen Entscheidungen „Chanel No. 5 I und II" befaßt (GRUR 1987, 520 ff. bzw. 525 ff.). In den Entscheidungen heißt es, daß „angesichts der in neuerer Zeit bekanntgewordenen Fälle sogenannter Markenpiraterie gewerbliche Einkäufer gerade beim Bezug weithin bekannter Markenwaren gehalten sind, der Prüfung der Echtheit der Waren im Sinne der Herkunft vom Inhaber der Marke besondere Aufmerksamkeit zu widmen. Ergeben sich Anhaltspunkte, die ernsthafte Zweifel an der Herkunft der Waren begründen können, so folgen daraus für den Käufer besondere Nachforschungspflichten. Wann solche Anhaltspunkte gegeben sind, läßt sich jedoch nicht allgemein bestimmen, bedarf vielmehr der Prüfung der im Einzelfall vorliegenden besonderen Umstände" (GRUR 1987, 520/522 und 525). Der bloße Umstand, daß die Ware außerhalb des vom Hersteller organisierten Vertriebsweges und/oder zu einem besonders günstigen Preis erworben worden ist, rechtfertigt für sich allein noch nicht automatisch den Schluß, daß es sich um gefälschte (und nicht etwa nur um echte, wenn auch vom „grauen Markt" stammende) Ware handelt. Je nach Einzelfall kommt es auf weitere Begleitumstände an, etwa auf eine zum Zeitpunkt des Einkaufs vorhandene oder sich jedenfalls geradezu aufdrängende Kenntnis dessen, daß in der betreffenden Bran-

Nachtrag

Zu § 42 IX

che in erheblichem Umfang mit Piratenware gehandelt wird (vgl. BGH GRUR 1987, 520/525). In der Entscheidung „Chanel No. 5 I" gesteht der BGH im übrigen dem Zeicheninhaber ausdrücklich einen verschuldensunabhängigen **Bereicherungsanspruch** zu, der sich auf die Entrichtung einer angemessenen und üblichen **Lizenzgebühr** richtet; der Anspruch auf Herausgabe des Verletzergewinns setzt dagegen den Nachweis schuldhaften Handelns voraus (BGH GRUR 1987, 520/523).

Einen **allgemeinen Auskunftsanspruch** über Verletzungshandlungen Dritter oder auch zur Feststellung, ob und welche Verletzungshandlungen vorliegen, gewährt die Rechtsprechung nach wie vor nicht (vgl. *v. Gamm* WRP 1988, 289 mwN.). Welche Ausnahmen für den Bereich der Markenpiraterie – insbesondere in bezug auf die Nennung der Lieferanten und gewerblichen Wiederverkäufer – gelten, ist höchstgerichtlich nicht geklärt. Die in § 42 Rdnr. 148 ff. vertretene Auffassung, nach der Verkäufer und Piratenware in der Regel ihre Lieferquelle und eventuell auch ihre gewerblichen Abnehmer aufdecken müssen, hat im Ergebnis Unterstützung erfahren (*Tilmann* GRUR 1987, 251/260 ff.; *Engel* in Lehmann, Rechtsschutz und Verwertung von Computerprogrammen XVIII Rdnr. 57; zur Auskunftspflicht auch *Teplitzky,* Wettbewerbsrechtliche Ansprüche, 5. Aufl., Kap. 38 Rdnr. 32; *Knaak* GRUR Int 1988, 1/6 f.; OLG Karlsruhe GRUR 1987, 644 f. – Lieferanten-Nennung – zur Auskunftspflicht eines Außenseiters, der sich vertriebsgebundene Ware auf Schleichwegen beschafft hat). Die Forderungen nach effektiver Absicherung des Auskunftsanspruchs finden im eingangs erwähnten Gesetzentwurf zur Bekämpfung der Produktpiraterie Berücksichtigung, der die Pflicht zur Benennung von Lieferanten und Abnehmern in diesem Sonderbereich zur Regel erhebt und in eindeutigen Fällen die Möglichkeit vorsieht, den Auskunftsanspruch im Wege der einstweiligen Verfügung durchzusetzen.

Zu § 42 X Schutz von Computerprogrammen (S. 348 ff.)

1. Allgemeines. Das **dringende Schutzbedürfnis** für die hohen geistigen und finanziellen Leistungen, die sich in komplexeren und am Markt erfolgreichen Computerprogrammen verkörpern, wird **weithin anerkannt.** Stellvertretend mag hierzu eine Äußerung zu einem benachbarten Zweig der Datenverarbeitungstechnik zitiert werden (Begründung zum Regierungsentwurf des 1. 11. 1987 in Kraft getretenen **Halbleiterschutzgesetzes,** BGBl. I S. 2294):
„Der Entwurf eines einzigen Chips kann hohen Personaleinsatz erfordern, sehr zeitaufwendig sein und – insbesondere auch wegen des Einsatzes technischer Hilfsmittel – außerordentlich hohe Kosten verursachen. Werden Systeme von Chips hergestellt, kann deren Entwicklung hunderte von Millionen DM und jahrelange Entwicklungsarbeit erfordern. Kopien der Topographien von Halbleitererzeugnissen können dagegen vergleichsweise leicht und in kurzer Zeit zu einem Bruchteil der Kosten hergestellt werden. Dabei wird in der Regel ein zur Herstellung identischer Chips geeigneter Maskensatz mit Fotografien der einzelnen Schichten des Originalchips, die nacheinander freigelegt werden, hergestellt. Werden diese Kopien vermarktet, können sie wesentlich billiger vertrieben werden als die mit den Entwicklungskosten belasteten Originalchips. Dadurch werden die Absatzmöglichkeiten der Originalhersteller beschränkt und ihre Chancen gemindert, ihre Innovations- und Investitionsleistung belohnt zu sehen... Zur Erhaltung von Innovationskraft und Investitionsbereitschaft der Halbleiterindustrie ist ein Schutz gegen das unrechtmäßige Kopieren von Mikro-Chips erforderlich"
Basierend auf der Richtlinie des Rates vom 16. 12. 1986 über den Schutz von Topographien von Halbleitererzeugnissen (ABl. Nr. L 24/36 vom 27. 1. 1987; hierzu *Massaguer-Fuentes/Pérez-Frias* CR 1988, 368 ff.) wurde aufgrund dieser Erwägungen ein **sondergesetzlicher Schutz** eingeführt, wie er in bezug auf Computerprogramme seit Jahren diskutiert, jedoch nicht in die Tat umgesetzt worden ist (zum neuen Halbleiterschutzgesetz ausführlich *von Gravenreuth* in: Computerrechts-Handbuch Kennziffer 53; *Steup/Koch,* Der Halbleiterschutz nach nationalem und europäischem Recht, in: Lehmann, Rechtsschutz und Verwertung von Computerprogrammen).
Die Investitionen in Datenverarbeitungsprojekte verlagern sich immer mehr in den Software-Bereich (für die neunziger Jahre rechnet man mit einem Anteil von 70 bis 80%, vgl. Soma 18 IIC (1987) 751), dessen Expansionsrate für die nächsten Jahre auf jeweils etwa 20% geschätzt wird. **International** zeichnet sich eine gewisse **Tendenz** zum primär **urheberrechtlichen** Schutz ab (vgl. u. a. *Kindermann* Copyright 1988, 201 ff.; *Dreier* GRUR Int 1988, 476/481 ff.; *Haberstumpf.* Der urheberrechtliche Schutz, in: Lehmann, aaO II Rdnr. 8; *Harte-Bavendamm* in: Computerrechts-Handbuch Kennziffer 54 Rdnr. 144 ff. mwN.). Dies gilt auch für das „Green Paper on Copyright and the Challenge of Techology" – COM (88) 172 v. 7. 6. 1988 – und eine mittlerweile in Vorbereitung befindliche Richtlinie der EG-Kommission.
In der Bundesrepublik Deutschland gewinnt der Rechtsschutz für Computerprogramme zunehmends Konturen, auch wenn viele Fragen in bezug auf Schutzvoraussetzungen und -umfang und die effektive prozessuale Durchsetzung noch offen sind. Im Zentrum stehen nach wie vor Urheberrecht (dazu unten 2.) und Wettbewerbsrecht (dazu unten 3.). Daneben ist jedoch auch in die **patentrechtliche** Diskussion wieder Bewegung gekommen, obwohl § 1 Abs. 1 Ziffer 3 i. V. m. Abs. 3 PatG Programme für Datenverarbeitungsanlagen „als solche" ausdrücklich aus dem Kreis patentfähiger Erfindungen ausnimmt (hingewiesen werden kann u. a. auf die Prüfungsrichtlinien des Europäischen Patentamts, EPA ABl. 1985, 173, und des Deutschen Patentamts, Bl. f. PMZ 1987, 1 und DB 1987, 423; ferner *Gall* Mitt. 1985, 181; *von Hellfeld* GRUR 1985, 1025 ff.; *Brandi-Dohrn* GRUR

Nachtrag Zu § 42 X

1987, 1 ff.; *Betten* Mitt. 1986, 10 f.; *Betten* CR 1986, 311 ff.; *Kraßer,* Der Schutz nach deutschem Patentrecht, in: Lehmann, aaO; IV; *von Gravenreuth* in: Computerrechts-Handbuch Kennziffer 51 f.). **Flankierende Schutzmaßnahmen** können in einer sorgfältigen **Vertragsgestaltung** (hierzu u. a. *Harte-Bavendamm/Kindermann* in: Münchener Vertragshandbuch, Bd. 3, 2. Aufl. 1987, S. 507 bis 618; *Geissler/Pagenberg,* Der Software-Lizenzvertrag in der Praxis, in: Lehmann, aaO, XIV) und in einer Ausschöpfung **kennzeichenrechtlicher** Möglichkeiten liegen. Stark begrenzt ist der vom Kennzeichenrecht zu leistende Beitrag naturgemäß insofern, als er keine Handhabe gegen die mehr oder weniger unmittelbare Übernahme des Programm**inhalts** bietet. Da jedoch auf der Basis von § 24 WZG oder § 16 UWG die praktische Rechtsverfolgung besonders effektiv ist und Software-Piraten häufig mehr oder weniger unbesehen das gesamte Programm elektronisch reproduzieren – einschließlich offen oder verdeckt darin untergebrachter Kennzeichen des Rechtsinhabers – lohnt es sich für den Nutzungsberechtigten durchaus, in diesem Bereich alle Optionen offenzuhalten. Wo es primär um Zeitgewinn und eine schnell zu erwirkende Unterlassungs- und Beschlagnahmeverfügung gegen vollständig oder fast vollständig übernommene Programme geht, kann sich der kennzeichenrechtliche Weg ungeachtet seiner eben erwähnten Schranken als sehr hilfreich erweisen (zu diesem Themenkreis *Bohlig* CR 1986, 126 ff.; *Betten* Mitt. 1986, 10 f.; *Lehmann* CR 1986, 373 ff.; *Schweyer.* Der warenzeichenrechtliche Schutz, in Lehmann, aaO, VIII; *Harte-Bavendamm* in: Computerrechts-Handbuch Kennziffer 56 mwN.).

2. Urheberrecht. Nach Veröffentlichung der Grundsatzentscheidung des **BGH** (CR 1985, 22 ff. = GRUR 1985, 1041 ff. – **Inkasso-Programm**) ist hinsichtlich der praktischen Möglichkeiten, auf urheberrechtlicher Basis effektiv gegen Nachahmer vorzugehen, zunächst eine gewisse Ernüchterung eingetreten (vgl. u. a. *Bauer* CR 1985, 5/10; *Schulze* GRUR 1985, 997 ff.; *Haberstumpf* GRUR 1986, 222 ff.; *Brandi-Dohrn* GRUR 1987, 1 ff.; zur urheberrechtlichen Situation nach dem „Inkasso-Programm"-Urteil ausführlich auch *Erdmann* CR 1986, 249 ff.; *Sieber* CR 1986, 699 ff.; *Soma* 18 IIC (1987) 751/754; *Kindermann* in: Festschrift für Preu, Lohn der Leistung und Rechtssicherheit, S. 51 ff.; *Schricker/Loewenheim* § 2 Rdnr. 75 ff.; *Haberstumpf,* in: Lehmann, aaO; *Harte-Bavendamm* in: Computerrechts-Handbuch Kennziffer 54). Dennoch erscheint in Ermangelung eines maßgeschneiderten Sonderrechtsschutzes nach wie vor das Urheberrecht als adäquate Grundlage für den Schutz von Computerprogrammen. Seine Reichweite bleibt weiter auszuloten, insbesondere im Hinblick auf die konkreten Anforderungen an den Werkcharakter und auf die prozessuale Durchsetzbarkeit (vgl. *Brandi-Dohrn* CR 1985, 67; vgl. ferner die für die Beweiswürdigung bedeutsamen Entscheidungen BGH GRUR 1987, 630 ff. – Raubpressungen – und LG Hannover GRUR 1987, 635 ff. – Raubkopien). Zu allzu düsteren Prognosen besteht kein Anlaß. Es erscheint durchaus denkbar, daß innerhalb der nächsten Jahre ein einigermaßen verläßlicher und handhabbarer Rechtsschutz für die oberhalb des ganz Alltäglichen angesiedelten Computerprogramme herausgearbeitet wird, soweit ein zu starrer, formelhafter oder überspannter Umgang mit dem Merkmal der Gestaltungshöhe vermieden wird. In dieser Hinsicht läßt auch der vom BGH gewählte Ansatz durchaus **Raum für angemessene Einzelfallentscheidungen.** Diese Einschätzung gründet sich u. a. auf folgende Erwägungen:

a) Es kann nicht angenommen werden, daß der BGH den Urheberrechtsschutz für Computerprogramme „praktisch verneinen" (*Bauer* CR 1986, 5/10) oder „bis zur Unkenntlichkeit einschränken" (*Haberstumpf* GRUR 1986, 222/232) wollte (ebenso *Kolle* GRUR 1985, 1016 f. und *Kindermann* S. 52/59 ff.). Allzu offenkundig ist das – auch **vom BGH** (u. a. in NJW 1981, 2684) **anerkannte** – **Schutzbedürfnis** für die in umfangreicheren und erfolgreichen Computerprogrammen verkörperten Leistungen.

b) Der BGH hat die Revision gegen die Entscheidung des OLG Frankfurt (CR 1986, 13 ff. = GRUR 1985, 1049 ff. – Baustatikprogramm) nicht angenommen. Im Rahmen der in § 42 Rdnr. 215 wiedergegebenen Bewertungskriterien, die das OLG Frankfurt aufgestellt hat, relativiert das Wort „somit" die Gefahr, daß sich das Merkmal des „bedeutenden Überragens der Gestaltungsfähigkeit" zu einer übersteigerten zusätzlichen Prüfungsschwelle verfestigt.

c) Der Begriff des „**Durchschnittsprogrammierers**", richtig verstanden, bezeichnet **keine hohe Schwelle** (ebenso Soma 18 IIC (1987) 751/754; Kindermann S. 52/56f.). Der BGH (CR 1985, 22/31) stellt ihm – als offenbar auf derselben Ebene liegend – „das rein Handwerksmäßige, die mechanisch-technische Aneinanderreihung und Zusammenfügung des Materials" zur Seite. Aufschlußreich ist es in diesem Zusammenhang, wenn der BGH in der Entscheidung „Anwaltsschriftsatz" (GRUR 1986, 739/741) das „alltägliche, mehr oder weniger auf Routine beruhende Anwaltsschaffen" als Vergleichsmaßstab wählt und die Ansicht des Landgerichts zurückweist, das dem Verfasser des Schriftsatzes einen „ähnlich guten Anwalt" als Vergleichsperson gegenübergestellt hatte. Soma (aaO) hebt zu Recht hervor, daß „Durchschnittsprogrammierer" in der Regel im Bereich der Softwarepflege oder bei der Vornahme kleinerer Änderungen an existierenden Programmen eingesetzt werden. Soweit es nicht um kleinere und einfachere Programme geht, ist das Maß der beim Programmdesign geforderten intellektuellen Kreativität so groß, daß hier tendenziell ohnehin nur die überdurchschnittlichen Software-Experten zum Zuge kommen (und zwar primär im Bereich der Analyse und des Grob- und Feinentwurfs – die reine Codierung tritt demgegenüber, was ihren Anteil am Entwicklungsaufwand betrifft, immer mehr zurück). Programme, die heute auf dem Markt Erfolg haben sollen, sind durch alltägliches mechanisch-technisches Aneinanderreihen und Zusammenfügen kaum noch zu erstellen, sondern erfordern in aller Regel Einfallsreichtum und fachliches Geschick, das sich deutlich vom Können eines durchschnittlichen Programmierers abhebt (ebenso Soma aaO). Nur ein geringer, wahrscheinlich deutlich unter 10% liegender Teil aller Programme gelangt überhaupt in einen nennenswerten Vertrieb und stößt auf spürbare Nachfrage bei Lizenznehmern und Nachahmern; blasse Durchschnittsware löst kaum jemals bedeutende Verletzungsfälle aus.

d) Die wesentlich milderen Formulierungen, die der BGH hinsichtlich der notwendigen Gestaltungshöhe bei **Darstellungen wissenschaftlicher und technischer Art** in den neueren Entscheidungen „Werbepläne" (GRUR 1987, 360f.) und „Topographische Landeskarten" (GRUR 1988, 33f.) gewählt hat, lassen eventuell auch eine gewisse Angleichung im Bereich der Computerprogramme erwarten (ebenso Kindermann S. 51/60ff.) – anderenfalls verbliebe eine schwer nachvollziehbare Diskrepanz: Vorstufen wie Datenflußpläne (zweifellos ebenso wie Werbepläne oder topographische Landeskarten als „Darstellungen wissenschaftlicher oder technischer Art" einzuordnen) wären dem Urheberrechtsschutz eher zugänglich als die nachfolgenden, dann im Gewand des Schriftwerks auftretenden Entwicklungsstufen, obwohl sich in letzteren zumindest kein niedrigeres Maß an kreativen Leistungen verkörpert.

Der sorgfältigen und anschaulichen Aufbereitung des Sachverhalts in enger Kooperation zwischen Datenverarbeitungsexperten und Juristen und der Aufgeschlossenheit der mit der Entscheidung befaßten Richter kommt im Einzelfall erhebliche Bedeutung zu (zum Sachvortrag im Software-Verletzungsprozeß ausführlich Engel in: Lehmann, aaO, VIII Rdnr. 108ff.; Kindermann S. 52/66ff.; Harte-Bavendamm in: Computerrechts-Handbuch Kennziffer 44 Rdnr. 23ff.). Zumindest im Sinne einer **Kontrolle** dessen, ob das eigene (juristische) Bild von der urheberrechtlichen Schutzwürdigkeit eines Computerprogramms eine gewisse Wahrscheinlichkeit in Anspruch nehmen kann, mit den wirklichen Verhältnissen übereinzustimmen, empfiehlt sich ein Blick auf **Einzelfaktoren,** die **indiziellen Charakter** haben können, ohne daß einer von ihnen für sich allein genommen (stets) ausschlaggebend wäre. In Ergänzung der Ausführungen in Handbuch § 42 Rdnr. 216 kann hierzu verwiesen werden auf Geissler/Pagenberg in: Lehmann, XIV Rdnr. 14 (Bestreiten der Schutzwürdigkeit eines Computerprogramms durch den Lizenznehmer kann unter Umständen ein „venire contra factum proprium" darstellen), Brandi-Dohrn GRUR 1985, 1979/183, von Gravenreuth GRUR 1986, 720f. und Erdmann

Nachtrag

Zu § 42 X

CR 1986, 249/255 (zu Programmumfang und -komplexität), *Schulze* CR 1986, 779/785 (völlige Andersartigkeit gegenüber dem Vorherigen, Auszeichnungen seitens der Fachwelt, hierzu auch *Engel* in seiner Anmerkung zu LG München CR 1986, 384/388), *Engel* in: Lehmann, XVIII Rdnr. 123 und *Soma* 18 IIC 751/754 ff. (besondere Resonanz auf dem Markt).

Die **Darlegungs- und Beweislast** darf nicht in zu weitgehendem Umfang dem Entwickler des Programms auferlegt werden (ähnlich *Haberstumpf* in: Lehmann, II Rdnr. 92 und *Kindermann* S. 52/63 ff. mwN.). Hat dieser in plausibler Weise die Existenz und tatsächliche Ausfüllung eines Gestaltungsspielraums und anhand einer Anzahl von Punkten eine individuelle Eigenprägung des Programms aufgezeigt, so wird es Sache des (angeblichen) Verletzers sein, diesen Behauptungen durch Vorlage vorher bereits bekannter Programme und/oder mit dem konkreten Nachweis entgegenzutreten, daß im wesentlichen nur gemeinfreies Instrumentarium verwendet wurde und dem Programm somit hinreichend eigenschöpferische Züge abgehen.

3. Wettbewerbsrecht. *a)* Die in Handbuch § 42 Rdnr. 187 ff. hervorgehobene, von *v. Gamm* schon 1969 (WRP 1969, 96/99) angedeutete nachhaltige Bedeutung des Wettbewerbsrechts für den Schutz von Computerprogrammen hat sich mittlerweile in verschiedener Hinsicht bestätigt, nicht zuletzt in Anbetracht der (vielleicht allzu) skeptischen Beurteilung der urheberrechtlichen Schutzmöglichkeiten nach Veröffentlichung der „Inkasso-Programm"-Entscheidung. Es kann heute davon ausgegangen werden, daß ein Programm, das eine gewisse wettbewerbliche Eigenart aufweist, mit einem nicht unerheblichen Aufwand an Zeit, Mühe und Kosten geschaffen worden ist und nicht ohne weiteres neu erstellt werden kann, einen **schützenswerten wettbewerblichen Besitzstand** verkörpert, dessen unmittelbare oder (fast) identische Übernahme und Verwertung **regelmäßig wettbewerbswidrig** ist (*v. Gamm,* Wettbewerbsrecht, 5. Aufl. 1987, Kap. 21 Rdnr. 55; *Harte-Bavendamm* CR 1986, 615 ff.; *Lehmann,* Rechtsschutz und Verwertung von Computerprogrammen, IX, Rdnr. 6; vgl. auch die allerdings schon von 1983 stammende, in CR 1986, 332 f. veröffentlichte rechtskräftige Entscheidung des LG München I mit Anmerkung von *Brandi-Dohrn*). Auf der gleichen Linie liegt eine Entscheidung des Österreichischen Obersten Gerichtshofs (CR 1988, 282/284 – Zahnarztprogramm), in der es u. a. heißt:

„Die unmittelbare Aneignung eines fremden, nicht unter Sonderrechtsschutz stehenden Arbeitsergebnisses verstößt nicht nur dann gegen § 1 UWG, wenn besondere Umstände vorliegen, die auch das „sklavische" Nachahmen eines fremden Vorbildes im Einzelfall unlauter machen würden. Wer ohne jede eigene Leistung, ohne eigenen ins Gewicht fallenden Schaffensvorgang das ungeschützte Arbeitsergebnis eines anderen ganz oder doch in erheblichen Teilen glatt übernimmt, um so dem Geschädigten mit dessen eigener mühevoller und kostspieliger Leistung Konkurrenz zu machen, macht sich in jedem Fall schmarotzerischer Ausbeutung fremder Leistung schuldig und verstößt damit gegen die guten Sitten im Sinne des § 1 UWG."

(Zum wettbewerbsrechtlichen Programmschutz in Österreich vgl. auch *Wolff* CR 1988, 280 ff.). Erwähnenswert ist auch Art. 5 c des am 19. 12. 1986 neu gefaßten Schweizerischen UWG (GRUR 1987, 159 ff.), wenn es dort zur Verwertung fremder Leistungen heißt: „Unlauter handelt insbesondere, wer ... das marktreife Arbeitsergebnis eines anderen ohne angemessenen eigenen Aufwand durch technische Reproduktionsverfahren als solches übernimmt und verwertet". Bei Anstrengungen zur Überwindung von Kopierschutzvorrichtungen, zur Verschleierung der Reproduktion oder zur technisch unvermeidlichen Teil-Anpassung handelt es sich nie um einen „angemessenen eigenen Aufwand", der den Makel der Unlauterkeit beseitigen könnte.

Wettbewerbswidrig sind auch **Vorbereitungs- und Mitwirkungshandlungen** in bezug auf die Reproduktion fremder Programme. Wer beispielsweise Dienstleistungen der folgenden Art (zitiert bei *von Gravenreuth* GRUR 1985, 404/406) anbietet:

Zu § 42 X **Nachtrag**

„Kopierschutz adé

Besitzen Sie wertvolle Programme mit Kopierschutz, von denen Sie gerne eine zweite oder mehrere Kopien hätten? Senden Sie mir die Kassetten mit diesem Programm und einer Leerdiskette guter Qualität und ausreichender Länge ... (es folgen technische Details und die Preise)",

handelt ebenso wettbewerbswidrig wie derjenige, der solche Programme unter Durchbrechung des Kopierschutzes für den eigenen Massenvertrieb vervielfältigt. Gegen § 1 UWG verstößt aber auch der gewerbliche Vertrieb von **Kopierprogrammen** als solcher. Unter Kopierprogrammen werden hier solche Programme verstanden, deren ausschließliche oder im Vordergrund stehende Funktion es ist, den Anwendern die Reproduktion attraktiver, mit elektronischen Schutzvorrichtungen versehener Computerprogramme anderer Anbieter zu ermöglichen. Ein Beispiel findet sich in einer Entscheidung des LG Düsseldorf (CR 1986, 133: „Ärgern Sie sich auch als Benutzer über die Nichtkopierbarkeit von Genie-Text?! ... Mit unserem einzigartigen Kopierprogramm ... können Sie so viele Kopien wie Sie selbst wollen herstellen ...").

Koch (Zivilprozeßpraxis in EDV-Sachen, S. 152f.) hat darauf hingewiesen, daß im Bereich der professionellen Software die **nachschaffende** (also nicht nur die unmittelbare) **Leistungsübernahme** erhebliches Gewicht erlangt hat: Es geht oft nicht mehr um die unmittelbare Aneignung des Programmcodes, sondern um die Übernahme **konzeptioneller Entwicklungsarbeit** bezüglicher differenzierter Strukturmerkmale von Programmen; es ist dann naturgemäß sehr viel schwieriger, die Schutzfähigkeit der Vorlage sowie die Verletzungshandlung schlüssig darzulegen und von einer bloßen Übereinstimmung in abstrakten Lehren, Methoden und Aufgabenstellungen abzugrenzen.

Ein unter Umständen ebenfalls über § 1 UWG zu erfassender Sonderfall unlauterer Softwareübernahme liegt in der Nachahmung der „**Benutzeroberfläche**". Der Grad von Übereinstimmungen in den Programmcodes kann dahingestellt bleiben, wenn sich charakteristische Ähnlichkeiten gerade in denjenigen Zügen des Systems zeigen, die der Bediener unmittelbar wahrnimmt. Unabhängig von der konkreten inneren Systemstruktur ist es wettbewerbswidrig, ein (Software-) Produkt im charakteristischen Gewand eines Wettbewerbserzeugnisses daherkommen zu lassen; insofern ergibt sich eine besonders deutliche Parallele zur Nachahmung dreidimensionaler Produkte, bei denen die Rechtsprechung seit jeher primär auf eine wettbewerbliche Eigenart der äußeren, vom Verkehr als eigentümlich empfundenen Form abgestellt hat (ungeachtet der Tatsache, daß ein Schutz nach § 1 UWG auch dann nicht ausgeschlossen ist, wenn sich die Besonderheiten des Produkts erst in dessen innerer Konstruktion, Beschaffenheit oder Arbeitsweise oder bei dessen Gebrauch zeigen, vgl. hierzu *Baumbach/Hefermehl* § 1 UWG Rdnr. 421 mwN.). Wann die „Benutzeroberfläche", also beispielsweise die auf dem Bildschirm erscheinenden grafischen Darstellungen, Menüs, Textpassagen, Befehlssätze oder gar die gesamte einprägsame Befehlsstruktur, eine hinreichende Eigenart aufweist, ist naturgemäß Frage des Einzelfalls. Das Kammergericht (CR 1987, 850 – Kontenrahmen) hat den urheberrechtlichen und wettbewerbsrechtlichen Schutz für einen im Rahmen eines Fernbuchungssystems erscheinenden Kontenrahmen verneint. Das Gericht ging aufgrund verschiedener Sachverständigengutachten davon aus, daß die Grobeinteilung und die Sortierreihenfolge bei solchen Kontenrahmen weitgehend vorgegeben war und die Klägerin weithin übliche Wortbezeichnungen gewählt hatte. Ob die Entscheidung im Ergebnis zutrifft, läßt sich mangels genauer Kenntnis der zugrundeliegenden Fakten nicht beurteilen; die Ausführungen, mit denen das Kammergericht einen Verstoß gegen § 1 UWG verneint, sind jedoch zumindest in der konkreten Formulierung fragwürdig (S. 853). So kommt es für den besonderen Aspekt der Nachahmung (eines wesentlichen Teils) der Benutzeroberfläche entgegen der vom KG angedeuteten Auffassung nicht unbedingt darauf an, daß für die Bewertung des Buchungssystems „letztlich das Computerprogramm" (gemeint ist wohl: der Code) und weniger der als „Äußerlichkeit" bezeichnete Kontenrahmen maßgeblich ist. Gerade bei Systemen für einen breiten Kreis von Anwendern, die keinen Einblick in

Nachtrag Zu § 42 X

dessen „innere Struktur" besitzen, können es – wie in „klassischen" Nachahmungsfällen bei dreidimensionalen Produkten – gerade solche „Äußerlichkeiten" sein, die dem Produkt eine gewisse Eigenart geben. Das Landgericht Hamburg hat in einer durch Urteil vom 22. 7. 1988 (74 O 253/88) bestätigten einstweiligen Verfügung dem Anbieter eines elektronischen Mailbox-Systems untersagt, die im Dialog zwischen Anwender und System abrufbaren ausführlichen „Hilfe-Texte" und den aus ca. 35 in bestimmter Weise abzukürzenden Befehlen zusammengesetzten Befehlssatz zu übernehmen, den in fast identischer Form ein anderes Mailbox-Unternehmen entwickelt hatte. Im Einklang mit der Rechtsprechung (vgl. u. a. *v. Gamm* Kap. 21 Rdnr. 45 f. mwN.) ging das LG Hamburg u. a. davon aus, daß eine wettbewerbliche Eigenart auch in solchen Merkmalen begründet sein kann, die zwar technische Funktionen haben, aber (zumindest teilweise) gleichwohl willkürlich auswechselbar sind.

b) Angesichts der in Handbuch § 42 Rdnr. 195 ff. dargelegten Bedeutung, die die **Geheimnisschutzvorschriften der §§ 17 ff.** UWG für den wettbewerbsrechtlichen Programmschutz besitzen, hat die in der Anmerkung zu § 43 allgemeiner behandelte, mit dem 2. WiKG vom 15. 5. 1986 vorgenommene Ausweitung des § 17 UWG Rückwirkungen auch auf dieses Spezialgebiet (hierzu auch *Rupp* WRP 1985, 676/679 f. und ausführlich *Harte-Bavendamm* in: Computerrechts-Handbuch Kennziffer 57 Rdnr. 39 ff.).

§ 17 Abs. 2 Nr. 1 UWG erfaßt durch zusätzliche Varianten des objektiven Tatbestands („sich ... unbefugt verschafft oder sichert") im Vergleich zum früheren Gesetzestext („unbefugt verwertet oder an jemand mittelt") schon Handlungen mit vorbereitendem Charakter. Die drei in § 17 Abs. 2 Nr. 1 aufgeführten Vorgehensweisen des Täters (Anwendung technischer Mittel; Herstellung einer verkörperten Wiedergabe des Geheimnisses; Wegnahme einer Sache, in der das Geheimnis verkörpert ist) sind offenkundig nicht zuletzt dort anwendbar, wo sich jemand unbefugt geheime Computerprogramme verschafft oder sichert (Beispiele: Überwindung technischer Schutzvorrichtungen, heimliches Ausdrucken von Computerprogrammen oder Überspielen auf einen anderen Speicher oder Datenträger, Wegnahme des auf einem Datenträger gespeicherten Programms, eines Programmausdrucks oder der Dokumentation über die Programmentwicklung; ausdrücklich im Bericht des Rechtsausschusses erwähnt wurde das Abrufen von in EDV-Anlagen gespeicherten Daten). S. ferner die Anmerkungen zu Handbuch § 43.

Von Bedeutung ist ferner, daß in bezug auf alle Tathandlungen des § 17 Abs. 2 der subjektive Tatbestand erweitert wurde: Indem nun die Absicht genügt, dem Inhaber des Geschäftsbetriebs Schaden zuzufügen, kann eher auch die außerhalb des gewerblichen Bereichs angesiedelte Softwarepiraterie der „Hacker" und „Cracker" erfaßt werden.

Durch das 2. WiKG wurden ferner einige neue Strafvorschriften in das StGB eingefügt, die auch für den Schutz von Computerprogrammen relevant sein können.

§ 202a StGB bedroht denjenigen mit Strafe, der „unbefugt Daten, die nicht für ihn bestimmt und gegen unberechtigten Zugriff besonders gesichert sind, sich oder einem anderen verschafft". Daten im Sinne dieser Vorschrift sind nur solche, die elektronisch, magnetisch oder sonst nicht unmittelbar wahrnehmbar gespeichert sind oder übermittelt werden. Es spricht viel dafür, auch Computerprogramme als „Daten" im Sinne dieser Bestimmung zu betrachten. Der auf den ersten Blick bestehende Gegensatz zwischen „Daten" und „Datenverarbeitung" bzw. „Datenverarbeitungsprogrammen" ist eher vordergründiger sprachlicher Natur. Da man unter Computersoftware jede Art von Arbeitsanweisungen für den Einsatz informationsverarbeitender Geräte versteht, ohne Zweifel aber betriebsinterne Arbeitsanweisungen jeder sonstigen Art ohne weiteres als „Daten" im Sinne des § 202a StGB zu betrachten sind, legt der Gesetzeszweck in einer mit dem Wortlaut noch zu vereinbarenden Weise den Schluß nahe, daß auch Computerprogramme „Daten" sein können (im Ergebnis ebenso *Lenckner/Winkelbauer* CR 1986, 483/485 und *Brandi-Dohrn* GRUR 1987, 1 f.). Gestützt wird diese Interpretation dadurch, daß sich in der Computertechnik eine klare Abgrenzung der „Daten" und „Dateien" von den Computerprogrammen als solchen kaum vornehmen läßt; Daten und Dateien können unmittelbare Bestandteile von Programmen bilden.

Gewisse Berührungspunkte mit dem Schutz von Computerprogrammen weisen ferner eine Reihe weiterer durch das 2. WiKG eingefügter Straftatbestände zur Bekämpfung der Computerkriminalität auf.

§ 263a StGB betrifft den „Computerbetrug". Strafbar handelt hiernach, wer in der Absicht, sich oder einem Dritten einen rechtswidrigen Vermögensvorteil zu verschaffen, das Vermögen eines anderen dadurch beschädigt, daß er „das Ergebnis eines Datenverarbeitungsvorgangs durch unrichte Gestaltung des Programms, durch Verwendung unrichtiger oder unvollständiger Daten, durch unbefugte Verwendung von Daten oder sonst durch unbefugte Einwirkung auf den Ablauf beeinflußt". Insbesondere durch das letztgenannte Tatbestandsmerkmal wird – bei Erfüllung des subjektiven Tatbestands – in relativ weitreichendem Umfang die Integrität von Computerprogrammen und Datenverarbeitungsvorgängen geschützt.

Kurz hinzuweisen ist auf § 269 StGB (Fälschung beweiserheblicher Daten) und auf § 270 StGB (Täuschung im Rechtsverkehr bei Datenverarbeitung).

§ 303a StGB betrifft das rechtswidrige Löschen, Unterdrücken, Unbrauchbarmachen oder Verändern elektronisch, magnetisch oder sonst nicht unmittelbar wahrnehmbar gespeicherter oder übermittelter Daten. Auch hier dürften Computerprogramme vom weiten Datenbegriff umfaßt werden (vgl. oben a); rechtswidrige und vorsätzliche Manipulationen an Computerprogrammen unterfallen damit dieser neuen Strafbestimmung. Die Tat wird gemäß § 303c StGB nur auf Antrag verfolgt, es sei denn, daß die Strafverfolgungsbehörde wegen des besonderen öffentlichen Interesses an der Strafverfolgung ein Einschreiten von Amts wegen für geboten hält.

Letzteres gilt auch für die in § 303b StGB angesprochene „Computersabotage". Störende Eingriffe in eine Datenverarbeitung, die für einen fremden Betrieb, ein fremdes Unternehmen oder eine Behörde von wesentlicher Bedeutung sind, werden nach dieser Vorschrift mit Freiheitsstrafe bis zu 5 Jahren oder mit Geldstrafe bestraft, wobei ebenso wie im Falle des § 303a StGB auch der Versuch strafbar ist.

Zu § 43 Schutz von Geschäfts- und Betriebsgeheimnissen (S. 376 ff.)

1. Durch das **2. WiKG** vom 15. 5. 1986 sind die **§§ 17, 18 und 20 UWG neu gefaßt** worden. Während sich die Änderungen des § 18 UWG auf die Streichung des zweiten Satzes (Verweisung auf § 17 Abs 4 a. F.) und die des § 20 UWG auf die Anfügung eines Absatzes 3 (Verweisung auf § 31 StGB) beschränkt, reicht die Neuregelung des § 17 UWG weiter. Ziel des Gesetzgebers war es, einen verstärkten strafrechtlichen Schutz von Betriebs- und Geschäftsgeheimnissen insbesondere zur **Eindämmung der Wirtschaftsspionage** zu schaffen. Das Ausspähen von Geschäfts- und Betriebsgeheimnissen war nach altem Recht nicht strafbar (wenn auch in aller Regel wettbewerbswidrig gemäß § 1 UWG); maßgebliche Tathandlungen waren die unbefugte Verwertung oder Mitteilung solcher Geheimnisse, wobei lediglich durch § 20 UWG ein begrenzter strafrechtlicher Schutz im Vorfeld der Ausspähung gewährt wurde. Die wesentlichen Änderungen des § 17 UWG betreffen folgende Punkte:

a) In **§ 17 Abs 1** wurde als weiteres subjektives Tatbestandsmerkmal die Handlung **„zugunsten eines Dritten"** eingefügt. Gemäß Beschlußempfehlung und Bericht des Rechtsausschusses (BT-Drucksache 19/5058 vom 19. 2. 1986) sollen hierdurch Täter erfaßt werden, die weder wettbewerbliche Interessen fördern wollen noch aus Eigennutz oder in Schädigungsabsicht handeln, sondern z. B. aus ideologischen Motiven im Interesse eines anderen Staates. Hierdurch wird der seit langem beklagten Tatsache Rechnung getragen, daß gerade der der deutschen Wirtschaft durch Betriebsspionage seitens ausländischer Industrien und Nachrichtendienste zugefügte Schaden beträchtlich ist (vgl. schon *Tiedemann* ZStW 86 [1974], 990/1029).

b) **§ 17 Abs. 2** wurde durch das 2. WiKG komplett neu gefaßt und in zwei Tatbestände aufgegliedert. In seiner früheren Fassung fand Abs. 2 Anwendung, wenn der Täter – ein Angestellter oder ein beliebiger Dritter – auf unredliche Weise von der geheimzuhaltenden Tatsache Kenntnis erlangt hatte und diese anschließend verwertete oder anderen verriet. Dieser Regelungsbereich wird mit einer gewissen Erweiterung jetzt durch § 17 Abs. 2 Ziffer 2 erfaßt. Darüber hinaus wurde nunmehr in **§ 17 Abs. 2 Ziffer 1** der Schutz von Betriebs- und Geschäftsgeheimnissen **auf bestimmte Ausspähungshandlungen vorverlagert**. Strafbar macht sich nach der Neuregelung auch schon derjenige, der sich ein Geheimnis durch Anwendung technischer Mittel, Herstellung einer verkörperten Wiedergabe des Geheimnisses oder Wegnahme einer Sache, in der das Geheimnis verkörpert ist, unbefugt verschafft oder sichert. Die Bestimmung stellt damit auf einzelne als typisch und besonders gefährlich angesehene Erscheinungsformen der Wirtschaftsspionage ab und greift unabhängig davon ein, ob es anschließend tatsächlich noch zu einer Verwertung oder Weitergabe der unbefugt erlangten Kenntnisse kommt.

Das Merkmal **„Anwendung technischer Mittel"** soll den Einsatz aller im weitesten Sinne der Technik zuzurechnenden Vorrichtungen erfassen, die dem Sichverschaffen oder Sichern von Geschäfts- oder Betriebsgeheimnissen dienen können. Als Beispiele erwähnt der Bericht des Rechtsausschusses (BT-Drucksache 10/5058 vom 19. 2. 1986) den Einsatz von Ablichtungsgeräten, Fotoapparaten, Filmkameras, Abhörvorrichtungen, Kleinsende- oder Empfangsgeräten sowie das Anrufen von in Datenverarbeitungsanlagen gespeicherten Daten. *Baumbach/Hefermehl* (§ 17 UWG Rdnr. 26) nennt als weiteres Beispiel die Telefonbenutzung. Die neue Tatbestandsalternative erfaßt zahlreiche Fälle der unbefugten Aneignung von Computersoftware und/oder elektronisch gespeicherten Daten. Der Täter setzt hier in der Regel Datenverarbeitungsgeräte ein, um sich die Kenntnis von dem in Rede stehenden Programm oder den gespeicherten Daten zu verschaffen oder ein bis zu einem gewissen Grade eventuell bereits vorhandenes Wissen zu sichern (vgl. *Rupp* WRP 1985, 676/679 f.). Der Einsatz der Datenverarbeitungsgeräte einschließlich der Peripheriegeräte stellt eine „Anwendung technischer Mittel" dar: Computerprogramme oder Datensätze werden mittels der Datenverarbeitungsanlage ausgedruckt, auf Datenträger überspielt oder über Bildschirme sichtbar gemacht und von dort mit herkömmlichen Aufzeichnungsmitteln übernommen. Auch beim Mißbrauch der Datenfernverarbeitung oder des time-sharing-Verfahrens ist der Einsatz technischer Mittel die Regel (vgl. *Rupp* aaO).

Eine **verkörperte Wiedergabe** liegt in jeder Form der Vergegenständlichung eines Geheimnisses, die dazu bestimmt ist, das Geheimnis festzuhalten, damit es anderen offenbart werden kann (Beispiele: Ablichtungen, Fotografien, Zeichnungen, Abschriften, print-out von Computerprogrammen, Tonbandaufzeichnungen von abgehörten Telefongesprächen, Speicherung auf einem Datenträger). Mit dem Merkmal der „**Wegnahme**" einer Sache, in der das Geheimnis verkörpert ist (vgl. die eben erwähnten Beispiele), sollen gemäß Ausschußbericht alle Maßnahmen erfaßt werden, mit denen jemand ein Geheimnis so an sich bringt, daß er in die Lage versetzt wird, es selbst zu verwerten oder an andere weiterzugeben. Dies setzt voraus, daß der Täter ohne diese Handlung noch nicht ohne weiteres in der Lage war, das Geheimnis zu verwerten oder weiterzugeben, und daß der Täter den betreffenden Gegenstand gegen den ausdrücklichen oder mutmaßlichen Willen des (mittelbaren oder unmittelbaren, alleinigen oder Mit-)Besitzers an sich bringt.

Indem dem Merkmal des „**Sicherverschaffens**" auch das „**Sichern**" zur Seite gestellt wird, wird deutlich, daß auch derjenige Täter erfaßt werden soll, der das Geheimnis zwar schon kennt, sich jedoch eine genaue oder bleibende Kenntnis, etwa in der Form einer verkörperten Wiedergabe, verschafft. Auf der anderen Seite kommt es weder für das Sichverschaffen noch für das Sichern darauf an, ob der Täter vom Inhalt des Geheimnisses schon Kenntnis genommen hat (*v. Gamm* Kap. 50 Rdnr. 36), also etwa eine von ihm heimlich angefertigte Fotokopie von Konstruktionsvorlagen oder eine auf einen leeren Datenträger überspielte Programmkopie überhaupt im einzelnen studiert hat. Entscheidend ist, daß der Täter das Geheimnis an sich gebracht hat und er jederzeit darüber verfügen kann.

Unbefugt handelt derjenige, der vom Geheimnisinhaber weder ausdrücklich noch stillschweigend ermächtigt worden ist, sich das Geheimnis zu verschaffen oder zu sichern. Unbefugt handelt ferner, wer sich die Zustimmung des Geheimnisinhabers auf unredliche Weise erschlichen hat (*Baumbach/Hefermehl* § 17 UWG Rdnr. 29). Nach Ansicht des BayObLG (GRUR 1988, 634) liegt (jedenfalls im strafrechtlichen Anwendungsbereich von § 17 a. F.) kein unbefugtes Handeln vor, wenn der Mitteilungsempfänger einen zivilrechtlichen Anspruch auf Überlassung des Geheimnisses hat.

§ 17 Abs. 2 Ziffer 2 UWG deckt im objektiven Tatbestand im wesentlichen den früheren Anwendungsbereich des § 17 Abs. 2 a. F. UWG ab.

Erheblich **erweitert** worden ist in bezug auf beide Regelungsbereiche des neu gefaßten § 17 Abs. 2 der **subjektive Tatbestand:** Während bisher ein Handeln zu Zwecken des Wettbewerbs oder aus Eigennutz erforderlich war, wird jetzt auch das Handeln **zugunsten eines Dritten** (s. Ziffer 1 a) und das Handeln in der Absicht, dem Inhaber des Geschäftsbetriebs Schaden zuzufügen, einbezogen. Die **Schädigungsabsicht** erfordert den Nachweis eines – sei es auch neben anderen Beweggründen vorhandenen – Schädigungszwecks. Bedingter Vorsatz reicht nicht aus (*v. Gamm* Kap. 50 Rdnr. 34). Ebensowenig fallen Mitteilungen aus Leichtsinn, Geschwätzigkeit oder Prahlerei unter dieses Merkmal (*Baumbach/Hefermehl* § 17 UWG Rdnr. 22, 39); auch die Neufassung des § 17 Abs. 2 UWG bleibt deshalb häufig unanwendbar, wo „Hacker" oder „Cracker" in fremde Datenspeicher und -verarbeitungssysteme einbrechen (s. hierzu jedoch § 202a StGB, vgl. Anmerkung 3 b zu § 42 X).

c) Durch die Neufassung des **§ 17 Abs. 3 UWG** wird jetzt generell der **Versuch** mit Strafe bedroht. Hiermit entfällt das Bedürfnis zur Aufrechterhaltung der in Absatz 4 a. F. enthaltenen Sonderregelung eines Versuchs am untauglichen Objekt.

d) Ohne Veränderung des Strafrahmens wird in **§ 17 Abs. 4** nun der Fall des Auslandsverrats insofern verallgemeinert, als er die Bedeutung eines Regelbeispiels für **besonders schwere Fälle des Geheimnisverrats** bildet. Diese Änderung eröffnet die Möglichkeit,

Nachtrag Zu § 43

auch in anderen Fällen höhere Freiheitsstrafen zu verhängen, beispielsweise wenn Spionage bzw. Verrat zu hohen Schäden für das betroffene Unternehmen führen. Der Ausschußbericht verweist in diesem Zusammenhang auch auf die auf der gleichen Linie liegende Verschärfung des seit 1. 7. 1985 neu gestalteten Urheberstrafrechts und die darin zum Ausdruck kommende Aufwertung des Schutzes geistigen Eigentums.

2. Hinzuweisen ist ferner auf einen vom OLG München (GRUR 1987, 33f) entschiedenen Fall, in dem zur **Wahrung von Betriebsgeheimnissen** der **Besichtigungsanspruch nach § 809 BGB** (hier: Begutachtung von Datenträgern zur Klärung, ob die hierauf gespeicherten Programme mit bestimmten Programmen des Klägers ganz oder teilweise übereinstimmten) nicht vom Gläubiger selbst, sondern von einem Computersachverständigen als Dritten wahrgenommen wurde (nach Ansicht des OLG München gehören die Kosten dieses vom Verfügungskläger beauftragten Sachverständigen weder zu den Prozeß- noch zu den Vollstreckungskosten des Eilverfahrens). Eine kritische Auseinandersetzung mit Vorschlägen, in den **Zivilprozeß** Elemente eines Geheimverfahrens einzuführen, um Unternehmensgeheimnisse vor dem Gegner und vor Dritten wirksam schützen zu können, findet sich bei *Lachmann* (NJW 1987, 2206 ff.). Die Durchsetzung des Schutzes betriebsgeheimen Know-hows behandelt *Gaul* WRP 1988, 215 ff. *Vollrath* (GRUR 1987, 670 ff.) befaßt sich mit den Geheimhaltungspflichten des Arbeitnehmers bei freigewordenen Diensterfindungen.

Zu § 45 Unlautere Behinderung (S. 415 ff.)

I. Absatzbehinderung

Das Abfangen potentieller Kunden ist ein typischer Fall der unlauteren Behinderung auf der Absatzseite. Der BGH hat es als wettbewerbswidrig angesehen, wenn ein Speditionsunternehmen **Zollabfertigungsaufträge**, die einem anderen Spediteur erteilt werden, an der Torkontrolle abfängt und sie selbst ausführt.[1] Dagegen stellt es keinen Wettbewerbsverstoß im Sinne einer Absatzbehinderung dar, wenn eine Kommune die im Bereich ihrer Krankenhäuser anfallenden Transportaufträge ausschließlich an die örtliche Rettungsleitstelle weitergibt und andere – private – Anbieter bei Krankentransporten nicht berücksichtigt.[2] Dies gilt selbst dann, wenn die Kommune auf diese Weise über ihre Berufsfeuerwehr an dem Transportaufkommen sachlich und finanziell partizipiert.

II. Werbebehinderung und vergleichende Werbung

Nach langer Pause hat sich der BGH in insgesamt vier wichtigen Entscheidungen mit der Frage der Werbebehinderung durch **vergleichende Werbung** befaßt und dabei zwar keine Wende in der bisherigen Rechtsprechung, aber doch eine Klarstellung und Präzisierung gebracht.

Die *erste* Entscheidung, über die schon in § 45 Rdz. 24 berichtet ist, betraf die Werbung eines Lebensmittel-Filialunternehmens, in der die eigene Cognac-Marke geschmacklich auf eine Stufe mit weitaus teureren Cognacs gestellt und behauptet wurde, letztere seien nur deswegen teurer, weil für sie großer Werbeaufwand betrieben werde.[3] Der BGH hat diese Bezugnahme mit Recht als wettbewerbswidrig angesehen, weil sie die Konkurrenzprodukte kritisiert, herabsetzt und unnötig diskriminiert.

In einer *zweiten* Entscheidung hatte sich der BGH mit der Werbung für einen *Vorsatz-Fensterflügel* zu befassen, mit dessen Hilfe aus einem vorhandenen Einfachfenster mit geringem Aufwand zur besseren Schall- und Wärmedämmung ein Doppelfenster entsteht.[4] Die Beklagte, eine Glashandlung, hatte ursprünglich diese Vorsatz-Fensterflügel vertrieben, verkaufte danach aber Konkurrenzprodukte, nachdem sich nach ihrer Darstellung mit den Fensterflügen der Klägerin eine Reihe schwerer Unfälle ereignet hatte. Auf diese Unfälle hatte die Beklagte auch ihre Kunden hingewiesen. Die Klägerin verlangte Unterlassung. Der BGH wies die Klage ab. Für eine wahrheitsgemäße Aufklärung der Verbraucher über die Gefahren der Fensterflügel der Klägerin bestehe ein hinreichender Anlaß, zumal diese Fensterflügel auch bei sachgemäßer Bedienung verkanten, zerbrechen und den Benutzer verletzen könnten. Der BGH hat klargestellt, daß ein Werbevergleich mit den Produkten des Mitbewerbers als Ausnahme von dem grundsätzlichen Verbot einer gleichenden Werbung dann als erlaubt anzusehen ist, wenn ein hinreichender Anlaß dazu besteht und wenn sich die Angaben nach Art und Maß in den Grenzen des Erforderlichen und der wahrheitsgemäßen sachlichen Erörterung halten.[5]

In dem Fall „*Dachsteinwerbung*"[6] hatte ein Unternehmen, das Dachsteine aus Beton herstellt, für ihre Produkte mit einem Wirtschaftlichkeitsvergleich gegenüber Dachziegeln geworben: auf einen Quadratmeter brauche man nur 10 Dachsteine statt 15 normale Ziegel. Diese Reduzierung des Warenartenvergleich auf eine einzige, für den Verbraucher

---

[1] BGH GRUR 1987, 532/533 – Zollabfertigung.
[2] BGHZ 101, 72/76 = GRUR 1987, 829/830 – Krankentransporte.
[3] BGH GRUR 1985, 982/983 – Großer Werbeaufwand.
[4] BGH GRUR 1986, 618 – Vorsatz-Fensterflügel.
[5] BGH GRUR 1986, 620.
[6] BGH GRUR 1986, 548 – Dachsteinwerbung.

Nachtrag   Zu § 45

allerdings wichtige Komponente hat der BGH für zulässig erachtet, wenn dadurch und durch die Auslassung anderer Gesichtspunkte kein unrichtiger Gesamteindruck entsteht.[7] Beim Warenartenvergleich erfordert die Verpflichtung des Werbenden zur Aufklärung über Vor- und Nachteile der einander gegenübergestellten Warenarten nicht eine Aufzählung aller Gesichtspunkte. Es besteht zwar eine erhöhte Aufklärungs-, aber *keine Vollständigkeitspflicht*. Anderenfalls würde der Warenartenvergleich außerordentlich schwerfällig und damit als sinnvolles Werbemittel[8] weitgehend unbrauchbar.[9]

Die bedeutsamste und weitreichendste Entscheidung betraf den *„Pepsi-Test"*.[10] Der BGH hatte über die Zulässigkeit eines Werbefilms zu befinden, in dem ein jugendlicher Cola-Trinker (Martin) einen Blindtest mit drei nicht gekennzeichneten Cola-Getränken machte und dabei – blind – Pepsi-Cola als das Getränk herausfand, das seinen Geschmack am besten traf. Der Film endete mit der Stimme des Sprechers: *„Pepsi gewinnt nicht immer, aber Martin steht nicht allein – es gibt noch viele andere, die nicht wissen, wie gut Pepsi-Cola schmeckt; denn jeder hat seinen eigenen Geschmack und jedes Cola schmeckt anders. Mach' den Pepsi-Test!"*[11] Der BGH hat das der Unterlassungsklage stattgebende Urteil des OLG Düsseldorf aufgehoben und die Klage abgewiesen. Er hat ausgeführt: Das Verbot der vergleichenden Werbung erfaßt ausschließlich die kritisierende und herabsetzende Bezugnahme auf das Konkurrenzprodukt. Eine solche Herabsetzung (des Marktführers Coca-Cola) enthält der Werbefilm nicht; seine „Botschaft" geht dahin, Pepsi-Cola habe einen ansprechenden Geschmack und der Verbraucher solle das Getränk auf den Geschmack hin probieren, den „Pepsi-Test" machen.[12] In der Aufforderung des Werbenden an das Publikum, die eigene und die Konkurrenzware selbst zu vergleichen und zu erproben, liegt in der Regel keine Wettbewerbswidrigkeit, insbesondere keine kritisierende Aussage über die zum Vergleich stehenden Produkte. Diese Produkte wurden in dem Film nur als unterschiedlich im Geschmack hingestellt, was in der Werbeaussage des Films ohne Bewertung blieb und dadurch zusätzlich neutralisiert wurde, daß auf die Subjektivität des Geschmacksempfindens hingewiesen wurde.[13]

Die Entscheidung steht auf dem Boden der bisherigen Rechtsprechung.[14] Sie ist weder ein Umschwung noch eine generelle Aufgabe des Verbots der vergleichenden Werbung. Sie präzisiert zutreffend, daß der Werbevergleich nur dann unlauter ist, wenn damit – wie meist – eine kritisierende Herabsetzung und unnötige Diskriminierung der Konkurrenzprodukte verbunden ist. Die Aufforderung an den Verbraucher zum eigenen Warentest, ohne daß dabei Voreingenommenheiten zum Ausdruck kommen, ist wettbewerbsimmanent.[15] Fast jede Werbung, schon die Schaufensterauslage, fordert den angesprochenen Verbraucher zu einem Vergleich mit Konkurrenzwaren auf. Ebenso wie dieses nicht zu beanstanden ist, muß die „Übertragung" solcher Werbung in einen Film zulässig sein. Im konkreten Fall kam noch hinzu, daß durch die Dreier-Anordnung des Testes eine konkrete Bezugnahme auf den Marktführer Coca-Cola vermieden wurde.[16] Wenn die Verbrau-

---

[7] BGH GRUR 1986, 549.
[8] BGH GRUR 1952, 416/417 – Dauerdose.
[9] BGH GRUR 1986, 548/549.
[10] BGH GRUR 1987, 49 – Cola-Test – m. Anm. *Sack*.
[11] BGH GRUR 1987, 49. Schon bei der Entstehung des Films und des Textes hatten Wettbewerbsjuristen maßgebend mitgewirkt.
[12] BGH GRUR 1987, 50.
[13] BGH ebenda.
[14] *von Gamm* § 22 Rdnr. 34; ebenso *Baumbach/Hefermehl* § 1 Rdnr. 326, 330; *Strothmann* GRUR 1988, 588/597; *Moeser* NJW 1987, 1789 ff; teilweise a. A. *Sack* GRUR 1987, 51.
[15] BGH GRUR 1974, 280 – Divi; eingehend *Baumbach/Hefermehl* § 1 Rdnr. 330 m. zahlr. weiteren Beispielen.
[16] Die Dreier-Anordnung war gewählt worden, weil einerseits eine Zweier-Anordnung ausschied – dies hätte als deutliche Bezugnahme auf Coca-Cola verstanden werden können –, andererseits bei

cher den Film gleichwohl als Werbung „gegen Coca-Cola" ansahen, dann allenfalls aufgrund der überragenden Marktführerschaft von Coca-Cola (damals 75% gegenüber ca. 12% von Pepsi-Cola), nicht aber aufgrund irgendeiner Aussage in dem Film.[17]

Der BGH hat weiter klargestellt, daß eine vergleichende, aber nicht kritisierende Werbung unter dem Gesichtspunkt der *unlauteren Anlehnung* wettbewerbswidrig sein könnte.[18] In der Tat hatte das OLG Düsseldorf sein Berufungsurteil u. a. hierauf mit dem Bemerken gestützt, Pepsi-Cola lehne sich an den guten Ruf des Marktführers an.[19] Der BGH hat demgegenüber für eine solche unlautere Anlehnung keine Anhaltspunkte gesehen; der Film wirbt mit dem *unterschiedlichen* Geschmack und will sich damit gerade nicht anlehnen, sondern absetzen.

III. Öffentlicher Warentest

In „*Warentest IV*"[20] hat der BGH für den öffentlichen Warentest, dort durchgeführt von der „Stiftung Warentest" entschieden, daß ein solcher Test in seinen Prüfungsanforderungen nicht ohne weiteres an DIN-Normen gebunden ist. Es ging um den Test von elektrisch betriebenen Komposthäckslern. Die Geräte der Klägerin waren „mangelhaft" bewertet worden. Sie wehrte sich dagegen und machte geltend, die Prüfungsanforderungen hätten beim Anlaufschutz und bei der Auswurfsicherung nicht der maßgebenden DIN 11004 entsprochen. Der BGH billigte dem Testinstitut mit Rücksicht auf den Zweck (Verbraucheraufklärung) und auf die Freiheit der Meinungsäußerung (Art. 5 Abs. 1, 2 GG) einen angemessenen **Ermessensfreiraum** für die Untersuchungsmethoden, die vorgenommenen Wertungen und die Veröffentlichungen zu.[21] Das Testverfahren muß sachkundig orientiert und fair sein, und es müssen sachliche Schlußfolgerungen aus den gewonnenen Ergebnissen gezogen werden; der Test muß sowohl nach der Zusammensetzung der Produkte einen sinnvollen, an der Verbrauchererwartung orientierten Vergleich erlauben als auch hinsichtlich der Prüfungsmethoden und -kriterien von der Sache her vertretbar sein. Innerhalb dieser Vorgaben steht dem Institut ein erheblicher Freiraum zu; er wird durch bestehende DIN-Normen nicht eingeschränkt, da diese bloße Empfehlungen, nicht verbindliche Rechtsnormen sind.[22]

Das vorzeitige **Ausscheiden** von Produkten, die im Testbereich „Sicherheitsprüfung" nicht einmal DIN-Anforderungen erfüllen, vom weiteren Prüfungsverfahren verstößt nicht gegen die bei öffentlichen Warentests gebotene Objektivität und Neutralität.[23]

Bei der **Veröffentlichung** der Testergebnisse sind ebenfalls Neutralität, Sachkunde und Objektivität zu wahren. Eine Kurzfassung des Ergebnisses (z. B. „Test auf einen Blick" oder „test Kompaß") ist nicht zu beanstanden, doch muß auch sie nach den genannten Kriterien vertretbar sein. Das wäre dann nicht mehr der Fall, wenn die Veröffentlichung zu Mißverständnissen beim interessierten Verbraucher führt. Damit sich der Verbraucher

---

mehr als 3 Getränken ein echter, zuverlässiger Geschmackstext wegen der Vielzahl der Eindrücke nicht mehr gewährleistet gewesen wäre.

Die Testanordnung ist inzwischen mehrfach kopiert worden, z. B. für das Orangensaft-Getränk „Valensina".

[17] Zu dieser Problematik vgl. *Baumbach/Hefermehl* § 1 Rdnr. 326.

[18] BGH aaO, S. 50; vgl. auch OLG Köln GRUR 1986, 472 – Bioäquivalenz.

[19] Mitgeteilt in den Gründen des BGH-Urteils, aaO.

[20] BGH GRUR 1987, 468 = NJW 1987, 2222; vgl. dazu *Klette* WRP 1987, 604ff.

[21] BGH GRUR 1987, 469.

[22] DIN-Normen enthalten, sofern sie nicht in ein Gesetz inkorporiert sind (vgl. dazu KG GRUR 1988, 450), lediglich Mindestanforderungen, deren freiwillige Anwendung empfohlen wird; sie haben keine Rechtsnormqualität. Vgl. BGH NJW 1968, 2238, 2240; *Klette* WRP 1987, 604. Ein Verstoß gegen DIN-Normen ist daher auch nicht ohne weiteres als Rechtsbruch zu bewerten; vgl. OLG Köln BB 1981, 143 m. insow. zust. Anm. *Lindacher* und Handbuch § 47 Rdnr. 22.

[23] BGH GRUR 1987, 470.

Nachtrag Zu § 45

ein sachgerechtes Urteil auch aufgrund der Kurzfassung bilden kann, müssen bei einer solchen zusammenfassenden Darstellung die Einzelergebnisse der verschiedenen Testbereiche dargetan werden, insbesondere wenn das Einzelergebnis bei einem Testbereich wegen seiner herausragenden Bedeutung zu einer Abwertung bei der Gesamtnote führt.[24] Durchführung und Veröffentlichung neutraler Waren- und Leistungstests dürfen nicht zu Zwecken des Wettbewerbs geschehen.[25] Nur so sind sie durch das Recht auf freie Meinungsäußerung gedeckt.

Vertritt ein Kritiker, der eine – negative – Pressekritik über seine Eindrücke und Erfahrungen in einem bestimmten Weinlokal veröffentlicht, zugleich die wirtschaftlichen Interessen einer Weinkellerei, dann wird in den individuellen Bereich des Wettbewerbs von Marktkonkurrenten eingegriffen.[26] Das Recht auf Meinungsäußerung und das Informationsinteresse der Allgemeinheit werden in solchem Fall nur als Mittel zur Förderung privater Wettbewerbsinteressen eingesetzt; dies ist wettbewerbswidrig und verstößt gegen § 1 UWG.[27]

IV. Entfernung von Kontrollnummern

Die Entfernung von Kontrollnummern, die der Hersteller an seinen Waren anbringt, verstößt grundsätzlich nicht gegen § 1 UWG, wenn diese Kontrollnummern dem Hersteller die Überwachung des Weitervertriebs seiner Waren ermöglichen sollen und ein zulässiges und wirksames Vertriebsbindungssystem nicht besteht.[28] Der Hersteller wird in seinem Interesse, die Absatzwege seiner Waren zu kontrollieren, bei nicht zulässiger Vertriebsbindung nicht durch § 1 UWG geschützt. Ausnahmsweise kann dies anders zu beurteilen sein, wenn von der Ware Gefahren für den Verbraucher ausgehen und das Kontrollsystem auch dazu dient, solche Gefahren abzuwehren (z. B. Rückrufaktionen unter Verwendung des Nummernsystems zu ermöglichen), und damit schutzwürdige Interessen verfolgt werden.[29]

Die dargestellte BGH-Rechtsprechung gilt für die Entfernung von Kontrollnummern *außerhalb* eines zulässigen selektiven Vertriebsbindungssystems. Ist das System dagegen theoretisch und praktisch *lückenlos* und damit zulässig, so greift die Entfernung von Kontrollnummern und Codierungen in das Recht des Herstellers am eingerichteten und ausgeübten Gewerbebetrieb ein; denn es zielt darauf ab, das Vetriebsbindungssystem lückenhaft und unkontrollierbar zu machen und damit zu zerstören.[30] Dies ist unlauter unter dem Gesichtspunkt des Behinderungswettbewerbs. Darüber hinaus verdient auch ein *im Aufbau befindliches* Bindungssystem Schutz – als Teil künftiger Berufsausübung über Art. 12 Abs. 1 GG –; die Entfernung von Kontrollnummern in einem entstehenden Bindungssystem muß daher, wenn sie planmäßig und systematisch geschieht, ebenfalls als typischer Fall des Behinderungswettbewerbs durch Betriebsstörung und damit als Verstoß gegen § 1 UWG gewertet werden.[31]

---

[24] BGH GRUR 1987, 471.
[25] Handbuch § 45 Rdnr. 32.
[26] BGH GRUR 1986, 812 – Gastrokritiker.
[27] BGH GRUR 1986, 813; vgl. auch BGH GRUR 1984, 461/463 – Kundenboykott.
[28] BGH GRUR 1988, 823 – Entfernung von Kontrollnummern I; GRUR 1988, 826 – Entfernung von Kontrollnummern II; ebenso OLG München GRUR 1987, 558/559.
[29] BGH GRUR 1988, 826/828 – Entfernung von Kontrollnummern II (es ging um Hifi-Geräte); BGH GRUR 1978, 364 – Golfrasenmäher.
[30] Zum Schutz des lückenlosen selektiven Vertriebsbindungssystems BGH GRUR 1985, 1059 – Vertriebsbindung.
[31] Zutreffend OLG Frankfurt GRUR 1987, 642.

Zu § 46 Verletzung gesetzlicher Normen (S. 434 ff.)

In einer Vielzahl neuerer Entscheidungen hat sich die Rechtsprechung mit der wettbewerbsrechtlichen Einordnung und Bewertung von Normen befaßt, deren Mißachtung geeignet ist, den Wettbewerb zu beeinflussen. Man unterscheidet zwischen werthaltigen Normen einerseits und wertneutralen Normen andererseits.[1] Erstere beruhen auf einer sittlich-fundierten Wertung oder haben unmittelbaren Wettbewerbsbezug; ihre Verletzung greift unmittelbar in den Wettbewerb ein und verstößt gegen § 1 UWG, ohne daß es auf weiteres ankommt. Die letzteren – die wertneutralen Normen – sind keiner sittlichen Wertung verpflichtet, sondern dienen der Zweckmäßigkeit oder erfüllen ein bestimmtes Ordnungsinteresse; ihre Verletzung führt nur dann zur Wettbewerbswidrigkeit nach § 1 UWG, wenn im Einzelfall besondere Unlauterkeitsmerkmale hinzutreten, insbesondere sich der Verletzer mit dem Rechtsverstoß einen Wettbewerbsvorsprung gegenüber seinen gesetzestreuen Mitbewerbern verschaffen will.

I. Werthaltige Normen

1. Normen mit sittlich-fundierter Wertung. Hierzu zählen in erster Linie Vorschriften, die dem **Schutz der Volksgesundheit** und dem **Jugendschutz** dienen.[2] Eine Verletzung solcher Normen impliziert unmittelbar einen Verstoß gegen § 1 UWG. Neben den in § 46 Rdz. 5 genannten Bestimmungen gehören hierzu
- § 30 Abs. 4 LMBG (Verbot des Inverkehrbringens von Reinigungs- und Pflegemitteln derart, daß sie mit Lebensmitteln verwechselt werden können)[3]
- § 48 Abs. 1 AMG (Verbot der Abgabe rezeptpflichtiger Medikamente an Verbraucher ohne ärztliche Verschreibung)[4]
- § 3 Abs. 1 Nr. 2 GjS (Angebot indizierter Videofilme nur in einem für Kinder und Jugendliche nicht zugänglichen Ladengeschäft)[5]
- §§ 4 Abs. 1 Nr. 3, 6 Nr. 2 GjS (Verbot des Anbietens pornographischer Schriften und Werke im Versandhandel).[6]

Weiter führt ein Verstoß gegen Normen zum Schutz einer **geordneten Rechtspflege und Steuerrechtspflege** unmittelbar zur Verletzung des § 1 UWG. Hierzu gehören
- Art. 1 § 1 RBerG (Erlaubnisvorbehalt für rechtsbesorgende Tätigkeit)[7]
- § 1 Abs. 3 2. AVO zum RBerG (Werbeverbot für Rechtsanwälte)[8]
- § 3 Abs. 3 BRAO (Recht der freien Anwaltswahl)[9]
- § 5 StBerG (unbefugte Steuerberatung)[10]
- § 57 Abs. 1 StBerG (Beschränkungen bei der Übernahme von Steuerberatungsaufträgen)[11]
- §§ 48 Abs. 1, 26 Abs. 1 StBerG (Werbeverbot für Lohnsteuerhilfevereine).[12]

---

[1] Näher Handbuch § 45 Rdnr. 1 ff.
[2] Handbuch § 45 Rdnr. 4–10.
[3] KG GRUR 1986, 552/553.
[4] OLG Düsseldorf GRUR 1987, 295.
[5] OLG Hamburg GRUR 1987, 381/382.
[6] OLG Hamburg GRUR 1987, 543/544.
[7] BGH GRUR 1987, 714/715 – Schuldenregulierung; GRUR 1987, 719/711 – Schutzrechtsüberwachung; GRUR 1987, 373 – Rentenberechnungsaktion; OLG Köln GRUR 1986, 625.
[8] BGH GRUR 1986, 81/82 – Hilfsdienst für Rechtsanwälte.
[9] OLG Karlsruhe GRUR 1988, 703/706.
[10] BGH GRUR 1987, 172/176 – Unternehmensberatungsgesellschaft I.
[11] BGH GRUR 1987, 176/178 – Unternehmensberatungsgesellschaft II.
[12] OLG Koblenz GRUR 1986, 550.

Nachtrag

2. Normen mit Wettbewerbsbezug und zum Verbraucherschutz. Daneben gibt es Vorschriften mit **unmittelbarem Wettbewerbsbezug** und solche, die dem **Verbraucherschutz** dienen. Auch ihre Verletzung stellt unmittelbar einen Wettbewerbsverstoß (§ 1 UWG) dar. Hierzu gehören
- §§ 1b, 1c AbzG (Pflicht zur Widerrufsbelehrung);[13] die Ansicht in § 46 Rdz. 14, die diese Normen noch als wertneutral ansah, wird aufgegeben.
- § 2 Abs. 1 S. 2, 3 HausTWG (Pflicht zur Widerrufsbelehrung).[14]
- §§ 1, 4 PAngVO 1985 (Pflicht zur Preisauszeichnung und zur Angabe des effektiven Jahreszinses)[15] – anders als § 1 PAngVO a. F., der als wertneutral anzusehen war;[16] die gegenteilige Ansicht in § 46 Rdz. 14, die auch die neue PreisangabenVO als wertneutral ansah, wird aufgegeben.

II. Wertneutrale Normen

Als wertneutrale Rechtsnormen, deren Verletzung erst durch Hinzutreten besonderer Umstände wettbewerbswidrig ist, sind neben § 46 Rdz. 14 zu nennen
- Gewährleistungsbestimmungen des BGB-Kaufrechts[17]
- § 1 HandwO[18]
- Bestimmungen über Farbanstrich von Taxen[19]
- FeiertagsG NW (Betrieb einer automatischen Waschstraße)[20]
- Bestimmungen der Friedhofsordnung über das Aufstellen von Blumenangeboten[21]
- § 8 Abs. 1 LPG NW (Impressumpflicht)[22]
- § 4 Abs. 2 HOAI (Unterschreiten der Mindestsätze nur in Ausnahmefällen)[23]
- § 105b Abs. 2 S. 1 GewO (Beschäftigungsverbot an Sonn- und Feiertagen)[24]
- § 49 Abs. 4 S. 3 PBefG (Rückkehrpflicht)[25]
- § 19 Abs. 3 LSchlG.[26]

Die Vorschriften der §§ 21, 22 BGB über die wirtschaftliche Betätigung von Idealvereinen hat der BGH weder als wettbewerbsregelnde Normen noch sonstwie als Vorschriften angesehen, deren Verletzung einen Sittenstoß nach § 1 UWG darstellen könnte.[27]

---

[13] BGH GRUR 1986, 816/818 – Widerrufsbelehrung bei Teilzahlungskauf; GRUR 1986, 819/820 – Zeitungsbestellkarte.

[14] OLG Karlsruhe GRUR 1988, 919/920; OLG Köln GRUR 1988, 132.

[15] Nach zutreffender Ansicht hat die neue PreisangabenVO – anders als die frühere – einen unmittelbaren wettbewerbsregelnden Schutzzweck, so OLG Frankfurt GRUR 1988, 49/50; OLG Koblenz GRUR 1988, 925/927; offengelassen OLG Düsseldorf GRUR 1987, 727. A. A., ohne allerdings die Frage zu problematisieren und offenbar noch „im alten Fahrwasser" BGH GRUR 1988, 699, 700 – qm-Preisangaben II, ausdrücklich aber Beschl. v. 26. 1. 1989 – I ZR 135/88. Die Frage dürfte freilich keine große praktische Bedeutung haben, da jeder Verstoß gegen die PAngVO zugleich dazu dient und geeignet ist, einen Wettbewerbsvorsprung zu erzielen.

[16] Vgl. BGH GRUR 1983, 665/666 – qm-Preisangaben und Handbuch § 46 Rdnr. 14 Fn. 59.

[17] BGH GRUR 1987, 180/181 – Ausschank unter Eichstrich II.

[18] Vgl. OLG Frankfurt GRUR 1986, 380 – dort offengelassen.

[19] BGH GRUR 1986, 621 – Taxen-Farbanstrich.

[20] OLG Hamm GRUR 1986, 175.

[21] OLG Frankfurt GRUR 1987, 446.

[22] OLG Düsseldorf GRUR 1987, 297.

[23] OLG Hamm GRUR 1987, 844.

[24] BGH GRUR 1988, 310, 311 – Sonntagsvertrieb.

[25] BGH GRUR 1988, 831 – Rückkehrpflicht – dort offengelassen.

[26] BGH GRUR 1988, 382/383 – Schelmenmarkt; GRUR 1984, 361/363 – Hausfrauen-Infoabend.

[27] BGH GRUR 1986, 824 – Fernsehzuschauerforschung.

III. Sittenwidrigkeit des Normenverstoßes

Ergänzend zu § 46 Rdz. 30 ff.: Zwischen den Mitbewerbern muß Schrankengleichheit bestehen, um durch Gesetzesverstoß überhaupt einen Wettbewerbsvorsprung erzielen zu können und das Handeln darauf auszurichten. Verhalten sich alle örtlichen Mitbewerber in gleicher Weise gesetzwidrig, so kann ein Verstoß gegen § 1 UWG nicht vorliegen.[28] Das hat der BGH für die nicht dem Ladenschlußgesetz entsprechenden Öffnungszeiten für einen örtlichen „Schelmenmarkt" ausdrücklich ausgesprochen,[29] allerdings – inkonsequent – hinzugefügt, der Beklagte könne sich in Zukunft, nachdem er das Gesetzwidrige seines Verhaltens kenne, nicht mehr auf einen Rechtsirrtum berufen.[30]

IV. Subjektive Voraussetzungen

Ein bewußter Verstoß gegen eine wertneutrale Vorschrift scheidet aus, wenn deren Auslegung umstritten ist und der Zuwiderhandelnde sich auf eine ihm günstige Stellungnahme der für ihn zuständigen Ordnungsbehörde und des Verwaltungsgerichts berufen kann.[31]

Zu § 47 Verletzung untergesetzlicher Regeln und vertraglicher Bindungen (S. 449 ff.)

I. Verletzung von technischen Regeln

Die technischen Regeln über **Druckgase** (TRG 300) dienen dem Schutz des Publikums gegen mögliche gesundheitliche Schäden beim Umgang mit Druckgaspackungen und sind wertbezogen.[1] Ein Verstoß gegen § 1 UWG ist allerdings nicht schon dann gegeben, wenn objektiv gegen die TRG 300 verstoßen wird, sondern subjektive Kenntnis muß hinzutreten.[2]

II. Verletzung vertraglicher Bindungen

Das systematische Hinwegsetzen über vertragliche **Erfüllungspflichten** kann im Einzelfall wettbewerbswidrig sein, wenn der Schuldner sich damit gezielt und planmäßig Vorteile im Wettbewerb verschaffen will.[3]

Die Verletzung einer mietvertraglichen **Konkurrenzklausel** ist, auch wenn sie zu Wettbewerbszwecken erfolgt, nicht ohne weiteres wettbewerbswidrig. Nur wenn besondere Unlauterkeitsmerkmale hinzu treten, kann im Einzelfall ein Vertragsbruch auch als Verstoß gegen § 1 UWG zu werten sein.[4]

Strittig ist, ob und unter welchen Voraussetzungen der Verstoß gegen einen für allgemeinverbindlich erklärten **Tarifvertrag** sittenwidrig im Sinne von § 1 UWG ist.[5] Diese

---

[28] BGH GRUR 1988, 382 – Schelmenmarkt – m. Anm. *Schulze zur Wiesche;* vgl. auch OLG Frankfurt GRUR 1987, 446.
[29] BGH GRUR 1988, 382.
[30] BGH aaO, S. 383; insoweit a. A. – wie hier – *Schulze zur Wiesche* S. 384.
[31] OLG Hamburg GRUR 1987, 555.
[1] OLG München GRUR 1986, 82.
[2] Im dortigen Fall wurde Kenntnis des Händlers verneint, zumal sich die TRG 300 an den Hersteller von Druckgaspackungen wendet.
[3] BGH GRUR 1987, 180/181 – Ausschank unter Eichstrich II.
[4] BGH GRUR 1987, 832/833 – Konkurrenzschutzklausel.
[5] Vgl. dazu OLG Hamburg GRUR 1987, 546; OLG Stuttgart NJW-RR 1988, 103; OLG Frankfurt GRUR 1988, 844.

Nachtrag Zu § 47

Frage wird bedeutsam, wenn im Streit zweier Gewerbetreibenden der eine behauptet, der andere entlohne seine Arbeitnehmer nicht tarifvertragsgerecht und könne daher billiger anbieten. Bleibt der Tarifvertragsverstoß ein betriebsinterner Vorgang, ohne daß er sich auf die Angebotskalkulation auswirkt, so fehlt ein Wettbewerbsbezug. Bietet der Unternehmer infolge des Verstoßes seine Leistung günstiger und zu einem Preis an, den er bei Einhaltung des Tarifvertrages so nicht kalkulieren könnte, so erstrebt er einen ungerechtfertigten Wettbewerbsvorsprung und ist sein Handeln sittenwidrig (§ 1 UWG).[6]

---

[6] Wie hier OLG Frankfurt aaO; OLG Stuttgart aaO und wohl auch OLG Hamburg aaO.

Zu § 48 Irreführende Werbung (S. 463 ff.)

1. Progressive Kundenwerbung (§ 6c UWG). *a) Allgemeines.* Durch das zweite Gesetz zur Bekämpfung der Wirtschaftskriminalität vom 15. 5. 1986[1] wurde § 6c in das UWG eingefügt, der bestimmte Formen der progressiven Kundenwerbung („**Schneeballsystem**") mit Freiheitsstrafe bis zu zwei Jahren oder mit Geldstrafe bedroht. Er verbietet, im geschäftlichen Verkehr Nichtkaufleute oder Minderkaufleute zur Abnahme von Waren, gewerblichen Leistungen oder Rechten durch das Versprechen zu veranlassen, ihnen besondere Vorteile für den Fall zu gewähren, daß sie andere zum Abschluß gleichartiger Geschäfte veranlassen, denen ihrerseits nach der Art dieser Werbung derartige Vorteile für eine entsprechende Werbung weiterer Abnehmer gewährt werden sollen. Es handelt sich um einen **Gefährdungstatbestand** zum Schutz gegen Täuschung, glücksspielartige Willensbeeinflussung und Vermögensgefährdung.[2] Typisch für die progressive Kundenwerbung ist, daß der Absatz des Werbenden mit der Rekrutierung von Laien verbunden wird, denen für den Fall der Anwerbung neuer Kunden besondere Vorteile in Aussicht gestellt werden. Mit jeder Absatzstufe weitet sich das System in geometrischer Reihe aus. Es kommt zu einer fortschreitenden **Marktverengung**. Da die Angeworbenen keinen ausreichenden Überblick über den Entwicklungsstand des Systems haben, ergibt sich eine typische Irreführung und Vermögensgefährdung sowie ein glücksspielartiger Anreiz, der unerfahrene Teilnehmer anlockt. Das Verbot greift unabhängig davon ein, ob im konkreten Fall eine Irreführung im Sinne des § 3 nachgewiesen ist. Andererseits erfaßt es nicht Vertriebsformen, bei denen die typischen Gefahren der progressiven Kundenwerbung fehlen, z. B. nicht den Einsatz von Laien in der Werbung für Buchclubs, Abonnements, Versicherungen, Bausparkassen oder Sammelbestellungen, bei dem die auf normalem Wege geworbenen Kunden sich durch Werbung eines neuen Kunden als Anerkennung eine Prämie verdienen können.[3] **Zivilrechtlich** begründen Verstöße gegen das Verbot der progressiven Kundenwerbung Ansprüche auf Unterlassung (§ 13 Abs. 1) und bei Verschulden auf Schadenersatz (§ 13 Abs. 6 Nr. 2). – Schneeballsysteme können neben § 6c auch andere **Straftatbestände** erfüllen, insbesondes des Betruges (§ 263 StGB), der unerlaubten Ausspielung (§ 286 Abs. 2 StGB) oder der irreführenden Werbung (§ 4 UWG).[4] Die Schwierigkeiten bei der Anwendung dieser Bestimmungen waren Anlaß für die Einführung des § 6c. Progressive Kundenwerbung wird darüber hinaus im allgemeinen gegen §§ 1 und 3 UWG verstoßen.[5] Diese Bestimmungen sind auch weiter zur Lückenausfüllung anwendbar. Insbesondere können auch Kettenbriefaktionen ohne Warenabsatz gegen § 1 verstoßen, wenn der Täter geschäftsmäßig handelt.[6] Verträge, die unter Verstoß gegen § 6c zustandekommen, sind nach §§ 134, 138 BGB nichtig.[7]

b) Geltungsbereich. § 6c setzt ein Handeln im **geschäftlichen Verkehr** voraus. Rein private Betätigung wird von der Vorschrift nicht erfaßt.[8] Handeln zu Wettbewerbszwek-

---

[1] BGBl. 1986 I 721; dazu Rechtsausschuß BT-Drucksache 10/5058 S. 38 f.; RegierungsEntw. Sept. 1978, BT-Drucksache 8/2145 S. 12–14.
[2] Rechtsausschuß BT-Drucksache 10/5058 S. 38.
[3] Rechtsausschuß BT-Drucksache 10/5058 S. 39, RegierungsEntw. BT-Drucksache 8/2145 S. 13.
[4] Vgl. dazu BGHSt 2, 79 und 139; BGH GA 1978, 333; BGH NJW 1987, 851; OLG Frankfurt wistra 1986, 31; *Grebing* wistra 1984, 169; *Möhrenschlager* wistra 1984, 191; StA München wistra 1986, 36; *Schönke/Schröder,* 22. Aufl. 1985, § 286 StGB Rdnr. 13.
[5] BGHZ 15, 356/361 ff.; OLG Köln BB 1971, 1209/1210; *Baumbach/Hefermehl* § 1 UWG Anm. 152.
[6] Gutachterausschuß WRP 1988, 337.
[7] BGH WM 1978, 875/877 – Golden Products; OLG Köln BB 1971, 1210; WRP 1976, 387; OLG München NJW 1986, 1880.
[8] BGH NJW 1987, 853; dazu Gutachterausschuß WRP 1988, 337.

ken ist nicht erforderlich. Die Bestimmung gilt nur im geschäftlichen Verkehr mit **Nichtkaufleuten,** denen nach Satz 2 **Minderkaufleute** im Sinne des § 4 HGB gleichgestellt sind. Der Begriff des Kaufmanns ergibt sich aus §§ 1 bis 3 HGB. Danach sind z. B. Landwirte Nichtkaufleute. Entscheidend ist die Kaufmannseigenschaft des Erstkunden zur Zeit der Tat. § 6c ist auch anwendbar, wenn der Täter dem Erstkunden verspricht, er könne durch die Teilnahme am System die Stellung eines Vollkaufmanns erreichen. Die vom Erstkunden für gleichartige Geschäfte zu werbenden Zweitkunden brauchen keine Nichtkaufleute zu sein. Die Bestimmung gilt auch für Schneeballsysteme, bei denen die geworbenen Erstkunden die gekaufte Ware an Gewerbetreibende weiterverkaufen sollen.

c) Tathandlung. § 6c verlangt, daß der Absatz von Waren, gewerblichen Leistungen oder Rechten durch die Verbindung mit progressiver Kundenwerbung gefördert wird. Es handelt sich um ein **Unternehmensdelikt** im Sinne des § 11 Abs. 1 Nr. 6 StGB; strafbar ist sowohl der Versuch wie die Vollendung der Tat. Es ist nicht nötig, daß es bereits zum Absatz von Waren gekommen ist. Ausreichend als Versuch ist das Rekrutieren von Werbern, die selbst keine Waren abnehmen.[9] Die Vorschrift soll Schneeballsysteme bereits in der Entstehung unterbinden und nicht nur die Abnehmer schützen, die am Ende der Progression ohne realisierbare Vorteilschancen übrigbleiben. – Der Täter muß besondere Vorteile versprechen, die die Erstkunden für die Werbung von Zweitkunden erhalten sollen und die Zweitkunden für die Werbung weiterer Abnehmer. Dadurch erhält die progressive Kundenwerbung ihren glücksspielartigen Charakter. Es muß sich um **besondere Vorteile** handeln. Geringwertige Vorteile, die nicht geeignet sind, die typische Dynamik der progressiven Kundenwerbung in Gang zu setzen, sind nicht ausreichend.[10] Der besondere Vorteil kann in Geld oder anderen vermögenswerten Leistungen bestehen, aber auch in gleichen Waren, Leistungen oder Rechten. Es genügt, daß der Erstkunde den Kaufpreis für die von ihm abgenommenen Waren vermindert oder künftig Waren unentgeltlich oder verbilligt beziehen kann. Die Gewährung der Vorteile kann auch dadurch geschehen, daß ein Teil des Kaufpreises, den die Zweitkunden zahlen, dem Erstkunden überlassen wird, z. B. als Provision. Die Vorteile müssen daran geknüpft sein, daß der Erstkunde Kunden zum Abschluß gleichartiger, nicht notwendig identischer Geschäfte veranlaßt, denen ihrerseits nach der Art dieser Werbung derartige Vorteile für eine entsprechende Werbung weiterer Abnehmer gewährt werden sollen. Das System muß also darauf ausgerichtet sein, daß auch bei der Werbung weiterer Kunden besondere Vorteile in Aussicht gestellt werden, die mit den Vorteilen des Erstkunden aber nicht identisch sein müssen. Durch diesen **Ketteneffekt** besonderer Vorteile unterscheidet sich die progressive Kundenwerbung vom üblichen Einsatz von Laienwerbern, die sich durch Werbung eines neuen Kunden eine Prämie verdienen können. Auf solche Werbeprämien bezieht sich § 6c nicht. Teilweise wird bei Systemen der progressiven Kundenwerbung die Zahl der Teilnehmer begrenzt und dadurch das Zufallsmoment verringert. Auch auf solche Systeme findet das Verbot Anwendung, sofern nach der Art der Werbung insgesamt mindestens drei Absatzstufen vorgesehen sind.

d) Täterschaft. Täter ist der **Veranstalter,** auch wenn er selbst nicht handelt, sondern andere für sich handeln läßt und selbst im Hintergrund bleibt. Andere Beteiligte können als Mittäter, Anstifter oder Gehilfen strafbar sein. Die Opfer bleiben als notwendige Teilnehmer straflos. Es handelt sich um ein Offizialdelikt, dessen Verfolgung keinen Strafantrag voraussetzt (§ 22 Abs. 1 Satz 1).

2. Beschränkung der Abgabenmenge (§ 6d UWG). *a) Allgemeines.* § 6d wurde durch das Gesetz zur Änderung wirtschafts-, verbraucher-, arbeits- und sozialrechtlicher Vorschriften vom 25. 7. 1986 eingeführt.[11] Die Bestimmung verbietet zwei Fälle der öffentli-

---

[9] Vgl. den Fall OLG Köln BB 1971, 1209.
[10] Rechtsausschuß BT-Drucksache 10/5058 S. 39.
[11] BGBl. 1986 I 1169; dazu Begr. BT-Drucksache 10/4741 S. 11/12; Rechtsausschuß BT-Drucksa-

chen Werbung gegenüber Letztverbrauchern für Ware, die dem Werbenden nur mengenmäßig beschränkt zur Verfügung steht, nämlich die Werbung mit der Mengenbeschränkung (§ 6d Abs. 1 Nr. 1) und die werbliche Herausstellung von Waren, für die eine mengenmäßige Abgabebeschränkung gilt (Nr. 2). Es handelt sich um **Gefährdungstatbestände**, die irreführende Lockvogel-Werbung für Ware unterbinden sollen, die als besonders günstig herausgestellt, aber nicht in beliebiger Menge abgegeben wird. Die Bestimmung ist auch anwendbar, wenn im Einzelfall eine Irreführung im Sinne des § 3 nicht nachzuweisen ist. Sie gewährt einen Unterlassungsanspruch; der Schadenersatzanspruch bei schuldhaften Verstößen ergibt sich aus § 13 Abs. 6 Nr. 2. Das Verbot betrifft nur die Werbung; nur sie kann untersagt werden. Ein rechtlicher **Kontrahierungszwang** folgt aus der Bestimmung nicht. Sinn der Bestimmung ist es auch nicht, Angebote unter Einstandspreis mittelbar dadurch zu verhindern, daß Mitbewerber die Sonderangebote des Werbenden auskaufen.[12] – § 6d geht über das Irreführungsverbot des § 3 hinaus. Danach ist zwar eine Werbung unzulässig, die den Eindruck erweckt, die angebotene Ware stehe zum Verkauf, während sie tatsächlich in dem zu erwartenden Zeitraum nicht vorrätig ist oder nicht zum Verkauf gestellt wird.[13] Als zulässig und zur Vermeidung einer Irreführung notwendig wurden aber Werbehinweise wie „Abgabe nur in haushaltsüblicher Menge" angesehen,[14] es sei denn, daß der sonstige Text der Werbung über die Abgabemenge irreführte, oder daß zu Unrecht der Eindruck einer Warenverknappung oder einer ungewöhnlich günstigen Preisgestaltung erweckt wurde.[15] Diese Rechtsprechung ist durch § 6d überholt.

b) *Anwendungsbereich*. § 6d erfaßt anders als § 3 nicht jede Werbeangabe, sondern nur die Werbung in **öffentlichen Bekanntmachungen** oder in Mitteilungen, die für einen größeren Kreis von Personen bestimmt sind. Dies entspricht §§ 4 und 6 sowie der Fassung des § 3 vor dem Änderungsgesetz vom 26. 6. 1969. Öffentliche Bekanntmachungen wenden sich an einen unbegrenzten Personenkreis, z. B. Zeitungsanzeigen und Rundfunkwerbung. Es kommt nicht darauf an, ob die Allgemeinheit tatsächlich Kenntnis nimmt. Gleichgestellt sind Mitteilungen, die für einen größeren Kreis von Personen bestimmt sind. Es muß sich um einen unbestimmten, größeren Personenkreis handeln.[16] Eine Mitteilung an einzelne Adressaten oder an einen begrenzten, überschaubaren Kreis genügt nicht. Andererseits ist nicht erforderlich, daß die Mitteilung dem größeren Personenkreis auf einmal zugeht. Es genügt, wenn eine in ihrem sachlichen Gehalt gleichbleibende Behauptung nach und nach gegenüber einer unbestimmten Zahl von Personen wiederholt wird.[16] Die Bestimmung erfaßt auch Werbeangaben auf Plakaten oder in Durchsagen innerhalb von Verkaufsräumen, die einem unbestimmten Personenkreis zugänglich sind.[17] – Weiter verlangt der Tatbestand eine Werbung im geschäftlichen Verkehr mit dem **letzten Verbraucher**. Gegenüber Wiederverkäufern gilt das Verbot nicht. Nach § 6d Abs. 2 gilt das Verbot weiter nicht, wenn sich die Bekanntmachung oder Mitteilung ausschließlich an Personen richtet, die die Waren in ihrer selbständigen beruflichen oder gewerblichen oder in ihrer behördlichen oder dienstlichen Tätigkeit verwenden. Diese Formulierung entspricht weitgehend § 7 Abs. 1 Nr. 1 PAngV.[18] Die Ausnahme setzt

---

che 10/5771 S. 21; CDU/CSU-Entwurf 1978 BT-Drucksache 8/1670 S. 9; CDU/CSU-Entwurf 1981 BT-Drucksache 9/665 S. 10; Stellungnahme Dt. Vereinigung für gewerbl. Rechtsschutz und Urheberrecht GRUR 1986, 439 ff.; *Sack* BB 1986, 679/685; *Lehmann* GRUR 1987, 199 ff./204.

[12] OLG Stuttgart NJW-RR 1988, 294/295; a. A. Wettbewerbszentrale WRP 1988, 407/408; vgl. *Nacken* WRP 1987, 598 ff.

[13] Vgl. Handbuch § 48 Rdnr. 186 ff.

[14] OLG Düsseldorf WRP 1981, 100; OLG München WRP 1981, 288; OLG Hamm WRP 1981, 402; dahingestellt von BGH GRUR 1984, 596; vgl. Handbuch § 48 Rdnr. 185.

[15] BGH GRUR 1984, 596 – Da lohnt sich jeder Vorratskauf.

[16] BGH GRUR 1972, 479 – Vorführgeräte.

[17] Begr. BT-Drucksache 10/4741 S. 12; OLG Düsseldorf WRP 1988, 173/174.

[18] Vgl. Handbuch § 48 Rdnr. 254.

Nachtrag

voraus, daß die Bekanntmachung oder Mitteilung ausschließlich den privilegierten Personenkreis erreicht, also keine privaten Letztverbraucher. Werbekataloge dürfen deshalb nicht wahllos verschickt werden oder sonst in erheblichem Umfang in die Hände von Letztverbrauchern gelangen, gelegentliche Irrläufer sind unschädlich.[19] – § 6 d in beiden Alternativen betrifft nur die Abgabe von Waren gegen Entgelt, nicht die Ankündigung oder Verteilung von Werbegeschenken, Warenproben und zulässigen Zugaben; insoweit ist eine mengenmäßige Beschränkung erlaubt.

c) Werbung mit der Mengenbeschränkung. In der Werbung für Sonderangebote wurde in der Vergangenheit die Abgabe gelegentlich auf haushaltsübliche Mengen beschränkt oder an Wiederverkäufer ausgeschlossen. Dahinter stand der Wunsch des Werbenden, den Warenbestand und die damit verbundene Werbewirkung möglichst längere Zeit zu erhalten und zu verhindern, daß seine Mitbewerber den Vorrat aufkaufen. Andererseits suggeriert der Hinweis auf die Abgabebeschränkung dem Verbraucher einen ungewöhnlich günstigen Preis, möglicherweise zu Unrecht. Dieser Irreführungsgefahr will § 6 d Abs. 1 Nr. 1 vorbeugen. Er verbietet, in der öffentlichen Werbung die Abgabe **einzelner** aus dem gesamten Angebot **hervorgehobener Waren** je Kunde mengenmäßig zu beschränken oder Wiederverkäufer auszuschließen. Eine Werbung mit mengenmäßiger Abgabebeschränkung für das gesamte Sortiment des Anbieters oder ganze Sortimentsteile wird nicht erfaßt. Es muß sich um öffentliche Werbung für ausgewählte Waren handeln. In einer Werbung für viele Waren können einzelne hervorgehoben sein. Dagegen greift das Verbot nicht ein, wenn in der Werbung viele Warenposten ohne Hervorhebung einzelner angeboten werden.[20] Die Stückzahl innerhalb der hervorgehobenen einzelnen Warenposten braucht nicht gering zu sein. Es ist auch nicht erforderlich, daß sich die Anzeige auf mehrere Waren bezieht. Der Hinweis auf die mengenmäßige Beschränkung oder den Ausschluß von Wiederverkäufern braucht seinerseits nicht werblich hervorgehoben zu sein. Ein kleingedruckter Vermerk genügt, auch wenn er die Abgabebeschränkung als allgemeines Geschäftsprinzip des Werbenden darstellt, das nicht nur für die hervorgehobenen Waren gilt.[21] Der Hinweis muß sich auf eine **mengenmäßige Beschränkung je Kunde** beziehen, z. B. „Abgabe nur in haushaltsüblichen Mengen" oder „pro Person zwei Pakete". Maßgebend ist die Verkehrsauffassung. Das Verbot umfaßt auch Werbeaussagen, die von den Letztverbrauchern im Sinne einer mengenmäßigen Beschränkung oder eines Ausschlusses von Wiederverkäufern verstanden werden, z. B. den Hinweis „Abgabe an Endverbraucher", durch den sinngemäß Wiederverkäufer ausgeschlossen werden. Weiterhin zulässig ist es, in nicht irreführender Weise auf den vorhandenen **Warenvorrat** oder die Angebotsmenge hinzuweisen.[22] In öffentlichen Bekanntmachungen gegenüber Verbrauchern kann also die Stückzahl der aus dem gesamten Angebot hervorgehobenen Waren genannt werden, auch wenn sie gering ist. Dies bedeutet nicht, daß die Abgabemenge je Kunde beschränkt wird. Ebenso zulässig ist die Angabe **„solange Vorrat reicht"**. Werbehinweise auf den **Ausschluß von Wiederverkäufern** sind nicht deshalb zulässig, weil der Werbende durch eine Vertriebsbindung verpflichtet ist, nur an Letztverbraucher zu verkaufen. Trotz des engeren Wortlautes der Bestimmung ist auch die Werbung mit einer mengenmäßigen Abgabebeschränkung für Wiederverkäufer unzulässig, etwa auf die für einen Testkauf nötige Menge. Die anlockende Wirkung eines solchen Hinweises auf den Letztverbraucher wäre dieselbe.[23]

---

[19] Vgl. BGH GRUR 1979, 61/62 – Schäfer-Shop.
[20] Ebenso BGH, I ZR 118/87; *Nacken* WRP 1987, 598/600; vgl. BGH GRUR 1988, 834/836 – Schilderwald; 1988, 836/837 – Durchgestrichener Preis – zu § 6e; a. A. *Baumbach/Hefermehl* § 6d Anm. 7.
[21] A. A. *Nacken* WRP 1987, 600.
[22] Begr. BT-Drucksache 10/4741 Seite 12.
[23] A. A. zu § 6d Abs. 1 Nr. 2: OLG München WRP 1988, 262; OLG Koblenz GRUR 1987, 733/735; vgl. auch OLG Stuttgart NJW RR 1988, 294/295.

Zu § 48 **Nachtrag**

d) Herausstellungsverbot. § 6 d Abs. 1 Nr. 1 betrifft nur die Werbung mit der Mengenbeschränkung je Kunde, begründet aber keinen Kontrahierungszwang. Dem Werbenden steht es an sich frei, die Abgabe je Kunde tatsächlich mengenmäßig zu beschränken oder an Wiederverkäufer zu verweigern. Das gilt grundsätzlich auch dann, wenn dadurch die Erwartungen der Verbraucher enttäuscht werden, die eine größere Menge der angebotenen Waren erwerben wollen und wegen Fehlens eines Hinweises mit einer mengenmäßigen Beschränkung je Kunde nicht rechnen. Selbstverständlich dürfen die Kunden darauf in nicht werbender Form hingewiesen werden, z. B. an der Kasse, ohne daß dies gegen § 6 d Abs. 1 Nr. 1 verstößt.[24] Jedoch verbietet § 6 d Abs. 1 Nr. 2, für einzelne aus dem gesamten Angebot hervorgehobene Waren, für die solche Abgabebeschränkungen gelten, zusätzlich noch durch Preisangaben oder blickfangmäßig herausgestellte sonstige Angaben den **Anschein eines besonders günstigen Angebots** hervorzurufen. Sind solche Beschränkungen beabsichtigt, so muß der Werbende darauf verzichten, die Ware als besonders günstig herauszustellen. Die Bestimmung greift sowohl ein, wenn das Angebot tatsächlich günstig ist[25] wie im gegenteiligen Fall. Von dem Angebot muß eine besondere Anlockwirkung ausgehen, nicht etwa von der Tatsache der mengenmäßigen Beschränkung. Dies kann durch die Angabe eines niedrigen Preises geschehen, der nicht blickfangmäßig herausgestellt werden muß. Bei sonstigen Angaben über die Waren ist Voraussetzung für die Anwendung des Verbots, daß sie als Blickfang erscheinen. Sie müssen also auffällig hervorgehoben sein, was nicht voraussetzt, daß daneben andere, weniger auffällige Angaben erscheinen.[26] Das Mittel der Hervorhebung, z. B. Fettdruck, Unterstreichungen, Umrahmungen, Hinweispfeile bleibt gleich.[27] Die geringe Größe einer Anzeige schließt nicht aus, daß Angaben über einzelne Waren darin blickfangmäßig herausgestellt sind; umgekehrt sind nicht alle Angaben in einer auffälligen Anzeige schon aus diesem Grund Blickfang. Eine Anzeige kann mehrere Angaben blickfangmäßig herausstellen.[28] Allein die Aufnahme eines Warenangebotes in einen Prospekt bewirkt noch nicht den Anschein eines besonders günstigen Angebots.[29] – Als **mengenmäßige Abgabebeschränkung je Kunde** ist auch die vollständige Lieferverweigerung anzusehen, soweit sie nicht aufgrund gesetzlicher Vorschriften geboten ist, z. B. aus Gründen des Jugendschutzes. Unzulässig ist auch die Verweigerung der Abgabe an **Wiederverkäufer.** Diese brauchen nicht Konkurrenten des Werbenden zu sein. So ist die Bestimmung anwendbar, wenn ein Einzelhändler die Abgabe an Großhändler verweigert. Unter den Begriff des Wiederverkäufers fallen auch Hersteller. Ein unbeschränktes Auskaufen von Sonderangeboten durch Mitbewerber bringt den Werbenden in Konflikt mit seiner aus § 3 folgenden Pflicht, eine ausreichende Warenmenge für die Letztverbraucher vorrätig zu halten. Zur Lösung des Konflikts wird, gestützt auf den Wortlaut des § 6 d Abs. 1 Nr. 2, die Ansicht vertreten, gegenüber Wiederverkäufern sei, anders als gegenüber anderen Kunden, eine Mengenbeschränkung zuzulassen,[30] oder die Abgabe sei in allen Fällen auf Mengen zu beschränken, mit denen im Einzelhandel vernünftigerweise noch gerechnet werden muß.[31] Die zutreffende Eingrenzung ergibt sich aus § 1 UWG: der Gefährdungstatbestand des § 6 d Abs. 1 Nr. 2 tritt zurück, wenn das Auskaufen durch Wettbewerber als unzulässige Behinde-

---

[24] Ebenso *Lehmann* GRUR 1987, 199/204.
[25] OLG Koblenz GRUR 1987, 735; a. A. *Lehmann* GRUR 1987, 204 f.
[26] OLG Düsseldorf WRP 1988, 173/174; *Borck* GRUR 1988, 424; *Nacken* WRP 1987, 347/351.
[27] Vgl. zur Blickfangwerbung Handbuch § 48 Rdnr. 58, 59; eingehend *Borck* GRUR 1988, 422 ff.
[28] OLG Hamburg GRUR 1988, 471; a. A. *Borck* GRUR 1988, 424.
[29] OLG Stuttgart NJW-RR 1988, 294; a. A. OLG München WRP 1988, 691/692.
[30] OLG München WRP 1988, 262; OLG Koblenz GRUR 1987, 733/735; OLG Schleswig GRUR 1988, 714.
[31] OLG Stuttgart NJW RR 1988, 294/295; OLG Koblenz GRUR 1987, 735; *Seisler* WRP 1987, 596; a. A. *Traub* WRP 1987, 709.

rungsmaßnahme gegen § 1 verstößt.[32] Dies ist anzunehmen, wenn es mit dem Ziel erfolgt, den Werbenden als lieferunfähig hinzustellen oder seine Preispolitik zu behindern.[33]

3. Preisgegenüberstellung und Preissenkungswerbung (§ 6e UWG). *a) Allgemeines.*
§ 6e wurde durch das Gesetz zur Änderung wirtschafts-, verbraucher-, arbeits- und sozialrechtlicher Vorschriften vom 25. 7. 1986 eingeführt.[34] Die Bestimmung verbietet bestimmte Formen der Letztverbraucherwerbung mit einer **Senkung des eigenen Preises**, insbesondere entsprechende Preisgegenüberstellungen. Mit diesem **Gefährdungstatbestand** soll Mißbräuchen bei der Werbung mit durchstrichenen Preisen begegnet werden, insbesondere durch Angabe von Preisen, die zuvor nicht ernsthaft verlangt worden waren. Die Verfassungsmäßigkeit der Bestimmung ist umstritten.[35] Nach bisherigem Recht war die Preisgegenüberstellung grundsätzlich zulässig. Beim Angebot von Markenartikeln in der Publikumswerbung muß klargestellt werden, ob es sich bei dem als ungültig bezeichneten Preis um den eigenen früheren Preis des Werbenden oder um eine Unverbindliche Preisempfehlung handelt.[36] Der Hinweis auf die Senkung des eigenen Preises, insbesondere durch Preisgegenüberstellung, war zulässig, sofern nicht im Einzelfall eine Irreführung der angesprochenen Verkehrskreise zu befürchten war.[37] Dies kam insbesondere in Betracht, wenn der Werbende den höheren Preis nicht ernsthaft über einen längeren Zeitraum hinweg gefordert hatte, wenn die Preissenkung unangemessen lange zurücklag oder über das Ausmaß der Preissenkung irregeführt wurde. Diese Grundsätze bleiben neben § 6e gültig. Sie sind insbesondere nach wie vor bedeutsam für die Einzelwerbung gegenüber dem Letztverbraucher, die Werbung gegenüber Wiederverkäufern und die Ausnahmetatbestände des § 6e Abs. 2. Soweit § 6e Abs. 1 eingreift, kommt es nicht darauf an, ob im Einzelfall eine Irreführung der Letztverbraucher im Sinne des § 3 vorliegt. Das Verbot bezieht sich nicht auf den Vergleich der eigenen Preise mit einer **Unverbindlichen Preisempfehlung.** Dafür gelten nach wie vor die allgemeinen Grundsätze im Rahmen des § 3.[38] Soweit auf mißverständliche Begriffe wie einen regulären Preis, Normalpreis, Listenpreis, Katalogpreis oder Bruttopreis hingewiesen wird, greift meist bereits das allgemeine Irreführungsverbot ein, aber auch § 6e, wenn der Eindruck erweckt wird, daß der Werbende diese höheren Preise früher selbst gefordert hat.[39] Als Ausnahme vom Grundsatz der freien Werbung mit der eigenen Preiswürdigkeit ist die Bestimmung einschränkend auszulegen.[40] – § 6e gewährt einen Unterlassungsanspruch. Bei schuldhaften Verstößen ergibt sich der Schadenersatzanspruch aus § 13 Abs. 6 Nr. 2.

b) Anwendungsbereich. Ebenso wie § 6d gilt auch § 6e nur für die Werbung in **öffentlichen Bekanntmachungen** oder in Mitteilungen, die für einen größeren Kreis von Personen bestimmt sind, also insbesondere nicht für Angaben, die nur gegenüber einzelnen

---

[32] Ebenso *Baumbach/Hefermehl* § 6d Anm. 15; *Nacken* WRP 1987, 598/601; wohl auch Wettbewerbszentrale WRP 1988, 407/408; a. A. LG Lübeck GRUR 1988, 466.
[33] Vgl. BGH GRUR 1988, 619/620 – Lieferantenwechsel.
[34] BGBl. 1986 I 1169; dazu Begr. BT-Drucksache 10/4741 S. 12–14; Rechtsausschuß BT-Drucksache 10/5771 S. 21; CDU/CSU-Entwurf 1978 BT-Drucksache 8/1670 S. 9; CDU/CSU-Entwurf 1981 BT-Drucksache 9/665 S. 9; Stellungnahme Dt. Vereinigung für gewerbl. Rechtsschutz und Urheberrecht, GRUR 1986, 439/442ff. mit EG-rechtlichen Bedenken; *Sack* BB 1986, 679/688ff.
[35] Bejahend OLG Hamburg GRUR 1988, 471; OLG Düsseldorf WRP 1988, 173/174; OLG München WRP 1988, 691/693; a. A. *Lehmann* GRUR 1987, 199/206 Fn. 75; *Keßler* WRP 1987, 75; dahingestellt von BGH GRUR 1988, 834/835.
[36] BGH GRUR 1980, 306/307 – Preisgegenüberstellung III; 1981, 654/655 – Testpreiswerbung; 1983, 661/663 – Sie sparen 4000,– DM; vgl. Handbuch § 48 Rdnr. 242ff.
[37] BGH GRUR 1975, 78/79 – Preisgegenüberstellung I.; 1980, 306/307 – Preisgegenüberstellung III.; 1984, 212/213 – unechter Einzelpreis.
[38] Handbuch § 48 Rdnr. 247–250.
[39] Vgl. Handbuch § 48 Rdnr. 243; *Sack* BB 1986, 679/689.
[40] BGH GRUR 1988, 834/836 – Schilderwald; *Völp* GRUR 1987, 676/679.

Kunden gemacht werden. Dagegen wird die Werbung in allgemein zugänglichen Verkaufsräumen, etwa durch Plakate oder Durchsagen, erfaßt.[41] Das Verbot gilt für alle Formen der öffentlichen Werbung, auch bei Sonderveranstaltungen, Saisonschlußverkäufen und Räumungsverkäufen.[42] Preisgegenüberstellungen für einzelne Waren im Sommer- und Winterschlußverkauf sind deshalb nicht nur, wie früher, außerhalb der Verkaufsräume unzulässig, sondern auch innerhalb, soweit es sich nicht um bloße Preisauszeichnungen im Sinne des § 6e Abs. 2 Nr. 1 handelt. – Wie in § 6d wird nur der geschäftliche Verkehr mit dem **Letztverbraucher** erfaßt, also nicht mit Wiederverkäufern. Ausgenommen sind nach § 6e Abs. 2 Nr. 3 weiter Bekanntmachungen oder Mitteilungen, die sich ausschließlich an Personen richten, die die Waren oder gewerblichen Leistungen in ihrer selbständigen beruflichen oder gewerblichen oder in ihrer behördlichen oder dienstlichen Tätigkeit verwenden. Dies entspricht § 6d Abs. 2 und § 7 Abs. 1 Nr. 1 PAngV. – Anders als § 6d bezieht sich das Verbot der Preisgegenüberstellung nicht nur auf Waren, sondern auch auf gewerbliche Leistungen. Insoweit bestehen hinsichtlich der Irreführungsgefahr keine Unterschiede.

c) *Einzelne Waren oder gewerbliche Leistungen.* Wie § 6d ist auch § 6e in seinen beiden Alternativen nur auf eine Werbung für **einzelne** aus dem gesamten Angebot hervorgehobene Waren oder Leistungen anwendbar. Das gilt zunächst für das Verbot der Preisgegenüberstellung. Es ist zulässig, die Preise für das gesamte Angebot des Unternehmens, ganze Warengattungen oder Sortimentsteile den früher geforderten höheren Preisen gegenüberzustellen. Das Verbot setzt eine Werbung für ausgewählte Waren voraus, also verhältnismäßig wenige Posten. Dagegen braucht die Stückzahl innerhalb des hervorgehobenen Warenpostens nicht niedrig zu sein. Ein „Schilderwald" mit Preisgegenüberstellungen für 1280 Artikel eines Warenhauses wird von § 6e nicht erfaßt;[43] entsprechendes gilt für eine Prospektwerbung mit einer mehrseitigen Liste von Preisgegenüberstellungen für viele Warenposten.[44] Auch das Verbot der Ankündigung von Preissenkungen bezieht sich nur auf einzelne aus dem gesamten Angebot hervorgehobene Waren, nicht auf die Werbung für das gesamte Sortiment oder ganze Teilsortimente.[45] Soweit es sich nicht um eine unzulässige Sonderveranstaltung im Sinne von § 7 Abs. 1 handelt, ist eine solche Werbung zulässig, etwa im Zusammenhang mit einem Saisonschlußverkauf.[46] Dagegen greift § 6e ein, wenn als Beispiele der Preisherabsetzung einzelne Waren hervorgehoben werden.[47]

d) *Preisgegenüberstellung.* § 6e verbietet zunächst die Gegenüberstellung des tatsächlich geforderten Preises und des früher geforderten höheren Preises. Dagegen gilt die Bestimmung nicht für die Preisgegenüberstellung nach einer Preiserhöhung; ebensowenig für den Hinweis auf einen künftigen höheren Preis.[48] Eine Preisgegenüberstellung setzt voraus, daß sich aus der konkreten Ankündigung nicht nur die Tatsache der Preisherabsetzung, sondern auch der alte und der neue Preis der Höhe nach erkennbar sind.[48a] Eine Preisgegenüberstellung liegt nicht vor, wenn der frühere Preis geschwärzt oder sonst

---

[41] OLG Düsseldorf WRP 1988, 173/174.
[42] OLG Frankfurt WRP 1987, 392.
[43] BGH GRUR 1988, 834; 1988, 836/837 – Durchgestrichener Preis; a. A. OLG Celle WRP 1988, 105; OLG Düsseldorf WRP 1988, 173/174; *Baumbach/Hefermehl* § 6e Anm. 12.
[44] KG NJW-RR 1988, 1001; A. A. LG Köln GRUR 1987, 389/391.
[45] BGH GRUR 1988, 835 – Schilderwald; OLG Hamburg GRUR 1988, 62, 315 u. 467; OLG Köln GRUR 1988, 226; OLG Hamm GRUR 1988, 468; OLG Bremen GRUR 1988, 470; *Lehmann* GRUR 1987, 199/207; *Nacken* WRP 1987, 347/349; *Völp* GRUR 1987, 676/679; a. A. insbesondere OLG Frankfurt WRP 1987, 392 und 741; OLG München WRP 1987, 694/695; KG WRP 1987, 671; OLG Düsseldorf WRP 1988, 173/175; *Baumbach/Hefermehl* § 6e Anm. 15; *Sack* BB 1986, 679/688.
[46] Vgl. bisher BGH GRUR 1981, 833 – Alles 20% billiger.
[47] OLG Hamburg GRUR 1988, 315.
[48] Vgl. aber BGH GRUR 1985, 929, wenn das Inkrafttreten des höheren Preises zeitlich nicht festgelegt ist.
[48a] BGH GRUR 1988, 837.

Nachtrag Zu § 48

unleserlich ist.[49] Die Gegenüberstellung muß den Eindruck erwecken, daß der Werbende die höheren Preise **früher selbst gefordert** hat. Das Verbot gilt unabhängig davon, ob dieser Eindruck zutrifft oder nicht. Unzulässig ist nicht nur die irreführende Gegenüberstellung mit angeblich gesenkten Preisen, die der Werbende früher nicht oder nicht ernsthaft gefordert hat, sondern auch der zutreffende Hinweis auf eine Senkung des eigenen Preises durch Preisgegenüberstellung. Entscheidend ist nicht, was der Werbende sagen will, sondern der Eindruck auf die angesprochenen Letztverbraucher. § 6e ist anwendbar, wenn ein **nicht unerheblicher Teil** der Letztverbraucher annimmt, der gegenübergestellte höhere Preis sei vom Werbenden früher gefordert worden.[50] Will der Werbende diesen Eindruck vermeiden, muß er klarstellen, daß es sich bei dem höheren Preis nicht um seinen eigenen früheren Preis handelt, sondern etwa um eine Unverbindliche Preisempfehlung des Herstellers. Wird der höhere Preis nur durchgestrichen oder mit dem Zusatz „statt", „früher" usw. genannt, so ist § 6e anwendbar. Das gleiche gilt bei Hinweisen auf einen regulären Preis, Normalpreis, Listenpreis, Katalogpreis, Bruttopreis oder ähnliche Begriffe, da es sich hierbei um den früheren Preis des Werbenden handeln kann. Zulässig ist dagegen die Gegenüberstellung einer höheren **Unverbindlichen Preisempfehlung** des Herstellers, es sei denn, daß die Werbung durch besondere Umstände den Eindruck erweckt, der Werbende habe den empfohlenen Preis früher selbst gefordert.[51] In diesem Sinn wird die Gegenüberstellung eines früheren gebundenen Preises bei Verlagserzeugnissen im allgemeinen aufgefaßt werden.[52] Auch andere Preisgegenüberstellungen werden von § 6e nicht erfaßt, wenn nicht der Eindruck entsteht, daß der Werbende den höheren Preis früher selbst gefordert hat, z. B. Subskriptionspreise für Bücher und späterer Ladenverkaufspreis, Gesamtpreis und Einzelpreis,[53] Ausgangspreis und Rabattpreis sowie der Preis für einwandfreie Ware und solche mit Mängeln, z. B. brandgeschädigte Ware im Räumungsverkauf.[54] Insoweit gelten die allgemeinen Vorschriften.

e) *Preissenkung.* Neben der Preisgegenüberstellung beschränkt § 6e die öffentliche Werbung gegenüber dem letzten Verbraucher mit Preissenkungen für einzelne aus dem gesamten Angebot hervorgehobene Waren oder gewerbliche Leistungen. Der Ausgangspreis und der neue Preis brauchen nicht genannt zu sein,[55] wohl aber das **Ausmaß der Preissenkung** in bestimmten Beträgen oder Prozentsätzen. Gleich zu behandeln ist die Angabe von Bruchteilen, z. B. „um die Hälfte herabgesetzt".[56] Allgemein gehaltene Hinweise auf eine Preissenkung (radikale Preisherabsetzung – reduzierte Preise – jetzt nur noch DM . . . . .) sind dagegen nicht verboten, soweit sie nicht unter das allgemeine Irreführungsverbot fallen. Dagegen erfaßt § 6e eine Preissenkungswerbung mit Margenangaben (bis zu 50% reduziert; um DM 10,– bis DM 20,– billiger).[57] Auch damit wird eine Preissenkung um einen bestimmten Betrag oder Prozentsatz angekündigt, da der angegebene Höchstbetrag der Preisherabsetzung tatsächlich bei einem nicht unbedeutenden Teil

---

[49] OLG Hamburg GRUR 1987, 722; *Lehmann* GRUR 1987, 199/207.
[50] Ebenso *Baumbach/Hefermehl* § 6e Anm. 18; *Sack* BB 1986, 688.
[51] Begr. BT-Drucksache 10/4741 Seite 13; OLG München GRUR 1988, 147.
[52] Anders zutreffend OLG Frankfurt GRUR 1988, 314, wenn der Werbende hervorhebt, daß er das Buch während der Preisbindung nicht führte.
[53] BGH, 24. 11. 88 – I ZR 200/87 – EBE 1989, 30; OLG Köln WRP 1988, 390; abw. OLG München WRP 1988, 485.
[54] OLG Stuttgart WRP 1988, 64.
[55] A. A. *Lehmann* GRUR 1987, 199/208; *Nacken* WRP 1987, 347, 349.
[56] A. A. *Lehmann* GRUR 1987, 199/207f.
[57] A. A. BGH GRUR 1988, 834/836 – Schilderwald; OLG Hamm GRUR 1988, 468; *Nacken* WRP 1987, 347/349; *Kamin-Wilke,* 5. Auflage, Rdnr. 75; wie hier KG WRP 1987, 671/673; OLG München WRP 1987, 694; OLG Karlsruhe GRUR 1988, 63; OLG Celle WRP 1988, 105/107; OLG Düsseldorf WRP 1988, 173/175; OLG Hamburg GRUR 1988, 315; OLG Frankfurt WRP 1988, 309/310; *Baumbach/Hefermehl* § 6e Anm. 16.

der Waren erreicht sein muß.[58] Die Bestimmung erfaßt auch die Ankündigung mehrerer Beträge oder Prozentsätze.

f) Ausnahmen. Nach § 6e Abs. 2 Nr. 1 dürfen bei der **Preisauszeichnung** von Waren oder gewerblichen Leistungen Preise gegenübergestellt werden, soweit dies nicht blickfangmäßig geschieht. Damit soll erreicht werden, daß Waren nicht mit neuen Etiketten, Schildern, Aufklebern usw. versehen werden müssen, wenn der ursprünglich angegebene Preis herabgesetzt wird. Vielmehr soll der neue Preis neben den durchstrichenen alten Preis gesetzt werden können. Die Bestimmung ist nicht auf die Änderung überholter Preisauszeichnungsschilder beschränkt. Sie deckt auch die Herstellung neuer Preisauszeichnungen mit nicht blickfangmäßiger Preisgegenüberstellung. Mit dem Begriff Preisauszeichnung knüpft der Ausnahmetatbestand an §§ 2ff. PAngV an, also die Auszeichnung von Waren in Schaufenstern, Schaukästen, Verkaufsräumen usw. Die Bestimmung erlaubt keine Preisgegenüberstellungen in Werbeanzeigen, Prospekten usw.[59] Die Preisauszeichnung mit Preisgegenüberstellung darf nicht blickfangmäßig herausgestellt werden. Dies gilt sowohl außerhalb der Verkaufsräume, z. B. in Schaufenstern und Verkaufsständen, wie innerhalb. Die Preisauszeichnung im Schaufenster ist nicht schon aus diesem Grund blickfangmäßig herausgestellt; es kommt wesentlich auf die Umgebung an.[60] Blickfang ist die Preisauszeichnung, wenn sie auffällig hervorgehoben ist, z. B. durch Druck, Farbe, Größe oder zusätzliche Hinweisschilder. Dies setzt nicht voraus, daß daneben noch andere, weniger auffällige Angaben erscheinen.[61] In einem Geschäft können durchaus mehrere Preisauszeichnungen als Blickfang wirken.[62] Eine entsprechende Ausnahme, vor allem für den Versandhandel, enthält § 6e Abs. 2 Nr. 2. Danach kann, insbesondere durch Preisgegenüberstellung, auf einen höheren Preis Bezug genommen werden, der in einem **früheren Katalog** oder einem ähnlichen, das Angebot in einem Waren- oder Dienstleistungsbereich umfassenden Verkaufsprospekt enthalten ist. Auch diese Bezugnahme muß ohne blickfangmäßige Herausstellung geschehen. Der frühere Katalog oder Verkaufsprospekt muß das Angebot in einem Waren- oder Dienstleistungsbereich umfaßt haben. Ein Prospekt oder eine Werbebeilage, die nur einzelne Waren enthielt, rechtfertigt die Preisgegenüberstellung nicht. Dagegen braucht die neue Werbung ihrerseits nicht das gesamte Angebot zu umfassen. Auch Sonderprospekte oder Sonderkataloge mit nicht blickfangmäßig herausgestellten Preisgegenüberstellungen sind zulässig.[63] Es ist auch nicht Voraussetzung, daß die Adressaten des früheren Katalogs und der neuen Werbung identisch sind. Die Ausnahme gilt nicht nur für Warenkataloge, sondern auch für Kataloge mit Dienstleistungen, z. B. von Reiseveranstaltern.

---

[58] BGH GRUR 1966, 382/384 – Jubiläum; 1983, 257/258 – bis zu 40%; vgl. Handbuch § 48 Rdnr. 246.

[59] Ebenso OLG Hamburg GRUR 1988, 471; *Baumbach/Hefermehl* § 6e Anm. 22; *v. Gamm* Kap. 44 Rdnr. 8; a. A. *Nacken* WRP 1987, 347/351.

[60] *Nacken* WRP 1987, 347/351 f; *Völp* GRUR 1987, 676/679; *Borck* GRUR 1988, 422/426; LG Essen GRUR 1987, 849; *v. Gamm* Kap. 44 Rdnr. 8; a. A. *Baumbach/Hefermehl* § 6e Anm. 25.

[61] OLG Düsseldorf WRP 1988, 173/174; *Borck* GRUR 1988, 422/424; *Nacken* WRP 1987, 347/351.

[62] OLG Hamburg GRUR 1988, 471; OLG Köln NJW-RR 1989, 40; a. A. *Borck* GRUR 1988, 424.

[63] *Borck* GRUR 1988, 427; vgl. dazu OLG Köln NJW-RR 1989, 40; OLG München WRP 1988, 691/693.

Nachtrag

Zu § 48

Einzelergänzungen

1. Zu Rdnr. 27. Angabe im Sinne des § 3 kann auch die Verwendung einer Farbe sein, die bei den angesprochenen Verkehrskreisen unzutreffenden Vorstellungen auslöst (BGH GRUR 1986, 621/622 – Taxenfarbanstrich; 1988, 636 – Golddarm).

2. Zu Rdnr. 36. Die Bezeichnung eines neu zu errichtenden Gebäudes als „Ärztehaus" ist gegenüber Kapitalanlegern und den als Mietern angesprochenen Ärzten nicht irreführend, unter Umständen aber in einer an das Publikum gerichteten Werbung (BGH GRUR 1988, 458 – Ärztehaus). Bei einer an Fachkreise gerichteten Werbung gehören zum angesprochenen Verkehr auch die Personen, die mit der Werbung im Vorfeld der Kaufentscheidung befaßt sind und ihrerseits den Fachmann, der über den Kauf zu entscheiden hat, erst veranlassen, sich mit dem beworbenen Gegenstand zu befassen (BGH GRUR 1988, 700/702 – Meßpuffer).

3. Zu Rdnr. 42. Wann ein im Sinne des § 3 irregeführter Teil des Verkehrs als unerheblich anzusehen ist, kann nur unter Berücksichtigung aller Umstände des Einzelfalls beurteilt werden, wobei sich je nach Art der Irreführung, insbesondere deren Gefährlichkeit oder Geringfügigkeit, unterschiedliche Grenzen ergeben können (BGH GRUR 1987, 171/172 – Schlußverkaufswerbung). Aus diesem Grund kann bei objektiv richtigen Angaben ein höherer Prozentsatz Irregeführter erforderlich sein (BGH aaO). Zur Würdigung demoskopischer Gutachten vgl. Nachtrag zu Rdnr. 107.

4. Zu Rdnr. 47. Auch objektiv zutreffende Werbeangaben sind nach § 3 unzulässig, wenn sie zwar von der Mehrheit richtig aufgefaßt, von einer beachtlichen Minderheit aber mißverstanden werden (BGH GRUR 1987, 171/172 – Schlußverkaufswerbung; 1987, 444 – laufende Buchführung; 1987, 916/917 – Gratis-Sehtest). Es kann jedoch geboten sein, eine höhere Irreführungsquote zu fordern und im Rahmen einer Interessenabwägung die Auswirkungen des Verbots zu berücksichtigen (BGH GRUR 1987, 172).

5. Zu Rdnr. 48. Auf die Unentgeltlichkeit einer Sonderleistung darf werblich, auch auffällig, hingewiesen werden, selbst wenn die Mitbewerber dieselbe Leistung bieten. Die Werbung für eine solche freiwillige unentgeltliche Leistung, die für den Umworbenen keine wirtschaftlichen Risiken mit sich bringt, kann einer unzulässigen Werbung mit gesetzlich vorgeschriebenen oder durch das Wesen der Ware zwangsläufig vorgegebenen Eigenschaften eines Angebots nicht gleichgestellt werden (BGH GRUR 1987, 916/917 – Gratis-Sehtest). Die Werbung einer Apotheke mit freundlicher Bedienung spiegelt keinen Vorzug gegenüber den übrigen Apotheken vor (BGH GRUR 1987, 178/179 f – Guten Tag-Apotheke). Die Werbeangabe „Haus inklusive Grundstück" ist keine unzulässige Werbung mit Selbstverständlichkeiten (OLG Hamm GRUR 1987, 542).

6. Zu Rdnr. 51. Beim Angebot reimportierter Kraftfahrzeuge als Neuwagen muß darauf hingewiesen werden, daß sie im Ausland schon zugelassen waren und daß deshalb die Frist für die Werksgarantie bereits zu laufen begonnen hat; dies gilt auch bei Gewährung einer Händlergarantie (BGH GRUR 1986, 615/617 – Reimportierte Kraftfahrzeuge; vgl. auch BGH GRUR 1988, 826/827 – Entfernung von Kontrollnummern II). Bei Schlafanzügen mißt der Verbraucher dagegen einer Werksgarantie keine Bedeutung bei (BGH GRUR 1987, 707/709 – Ankündigungsrecht I; vgl. auch BGH GRUR 1988, 823/824 – Entfernung von Kontrollnummern I). Ein Großhändler muß beim Verkauf von Radiorecordern an Wiederverkäufer ausdrücklich auf die Entfernung der am Gerät angebrachten Gerätenummern hinweisen (BGH GRUR 1988, 461 – Radiorecorder).

7. Zu Rdnr. 76. Die planmäßige Schlechterfüllung durch Ausschank von Bier unter dem Eichstrich verstößt gegen § 3 (BGH GRUR 1987, 180. Zur Ausreißer-Problematik vgl. auch Nachtrag zu Rdnr. 189; BGH GRUR 1986, 816/819 – Widerrufsbelehrung bei

Zu § 48   **Nachtrag**

Teilzahlungskauf; 1988, 461/462 – Radiorecorder; GRUR 1988, 629/630 – Falsche Preisauszeichnung).

8. Zu Rdnr. 79. Das Verhalten des Gewerbetreibenden bei der Abwicklung eines bereits abgeschlossenen Kaufvertrages ist für die Kaufentscheidung seines Vertragspartners im allgemeinen nicht mehr relevant; anders ist es, wenn der Anbieter die Schlecht- oder Mindererfüllung abgeschlossener Verträge von vornherein planmäßig zum Mittel des Wettbewerbs macht (BGH GRUR 1986, 615/618 – Reimportierte Kraftfahrzeuge; 1986, 816/819 – Widerrufsbelehrung bei Teilzahlungskauf; 1987, 180 – Ausschank unter Eichstrich II). – Eine falsche Vorstellung über den Umfang eines gratis angebotenen Sehtests ist nicht geeignet, die Entscheidung des Kunden, sich mit den Angeboten des Werbenden zu befassen, positiv zu beeinflußen (BGH GRUR 1987, 916/918 – Gratis-Sehtest). Das gleiche gilt für einen etwaigen Irrtum des Verbrauchers über die Bereitschaft des werbenden Händlers, Ware an Testkäufer abzugeben (BGH GRUR 1987, 835/837 – Lieferbereitschaft). – Bei Prüfung der Relevanz eines Irrtums kommt es nur auf den irregeführten Teil des Verkehrs an, nicht auf diejenigen, die die Angabe richtig verstehen (BGH GRUR 1987, 535/537 – Wodka Woronoff). Zu untersuchen ist die Relevanz der konkreten Fehlvorstellung; nehmen die Verbraucher teilweise an, der in einer bestimmten Aufmachung angebotene Wodka stamme aus der Sowjetunion, so kommt es darauf an, ob dieses Herkunftsland für die Kaufentscheidung relevant ist, nicht die geografische Herkunft von Wodka allgemein (a. A. BGH GRUR 1987, 537 f).

9. Zu Rdnr. 84 ff. Ansprüche aus § 3 unterliegen grundsätzlich nicht der Verwirkung (BGH GRUR 1985, 930/931 – JUS-Steuerberatungsgesellschaft). Ebensowenig kann ihnen eine vertragliche Vereinbarung der Parteien entgegengehalten werden (BGH GRUR 1986, 325/329 – Peters). – Wird eine objektiv richtige Werbeangabe im Verkehr falsch verstanden, so unterliegt die Anwendung des Irreführungsverbots einer Interessenabwägung, wobei auch die Auswirkungen eines Verbots in die Erwägungen einzubeziehen sind (BGH GRUR 1987, 171/172 – Schlußverkaufswerbung). Wird eine Gattungsbezeichnung oder ein Beschaffenheitshinweis von Teilen des Verkehrs als mittelbare geografische Herkunftsangabe verstanden, so kann er trotzdem solange in seiner ursprünglichen Bedeutung verwendet werden, bis die gewandelte Bedeutung sich nicht nur bei einem nicht unbeachtlichen Teil des Verkehrs durchgesetzt hat, sondern bei der überwiegenden Mehrheit (BGH GRUR 1986, 469/470 – Stangenglas II). Dasselbe gilt für den Wandel einer allgemeinen Gattungsbezeichnung zu einer engeren Bedeutung mit zusätzlichen Anforderungen an die Produktbeschaffenheit (BGH GRUR 1986, 822 – Lakritz-Konfekt mit Anmerkung Klette GRUR 1986, 794). Der durch langjährige Benutzung einer Unternehmensbezeichnung erworbene Besitzstand verdient bei der Interessenabwägung allenfalls den Vorrang, wenn die Irreführungsgefahr gering ist (verneint von BGH GRUR 1985, 930/931 für „JUS-Steuerberatungsgesellschaft"). Dies kommt zum Beispiel in Betracht, wenn die betreffende Angabe ihre ursprüngliche Bedeutung bereits weitgehend eingebüßt hat und laufend weiter verflacht (BGH GRUR 1986, 903/904 – Küchen-Center).

10. Zu Rdnr. 107. Bei einer Werbung für Tabakwaren kann der Richter die Irreführungsgefahr aus eigenem Wissen verneinen, wenn die Bedeutung der Werbeanzeige eindeutig ist (BGH WRP 1988, 237/238 – In unserem Haus muß alles schmecken; GRUR 1988, 636/637 – Golddarm; vgl. dagegen BGH GRUR 1987, 124 – Echt versilbert). Gehört dagegen der Richter den angesprochenen Verkehrskreisen nicht an, z. B. bei einer Werbung gegenüber Gewerbetreibenden und Handwerkern, so kann er in der Regel aufgrund eigener Sachkunde oder allgemeiner Lebenserfahrung nicht ausschließen, daß jedenfalls ein nicht unbeachtlicher Teil dieser Verkehrskreise irregeführt wird. Dies kann auch gelten, wenn ein Begriff in einem weithin üblichen Sinn verwendet wird (BGH GRUR 1987, 444/446 – laufende Buchführung). – Demoskopische Untersuchungen hat das Gericht selbständig zu würdigen, auch wenn die Parteien der Beweisfrage zugestimmt haben (BGH GRUR 1987, 171 – Schlußverkaufswerbung; 1987, 535/538 – Wodka Woro-

Nachtrag   Zu § 48

noff). Ist die konkrete Form einer Werbeaussage geeignet, die Gefahr von Mißverständnissen zu verringern, so darf sie nicht isoliert in neutraler Form Gegenstand der Meinungsbefragung sein (BGH GRUR 1986, 322 – Modemacher). Umgekehrt darf, wenn mit der Klage die Aufmachung eines Flaschenetiketts isoliert angegriffen wird, die Flaschenform nicht in die Umfrage mit einbezogen werden, wenn sie geeignet ist, die Irreführungsgefahr zu erhöhen (BGH GRUR 1987, 537). Durch demoskopische Untersuchungen festgestellte Irreführungsquoten an der Grenze der Unerheblichkeit sind besonders bei mehrdeutigen Werbeangaben, Widerspruch zur Lebenserfahrung oder abweichenden Ergebnissen anderer Umfragen kritisch zu überprüfen, ob sie die Anwendung des § 3 rechtfertigen können (BGH GRUR 1986, 322; 1987, 172).

    11. Zu Rdnr. 134. Wird in der Werbung auf DIN-Normen Bezug genommen, so erwartet der Verkehr grundsätzlich, daß die Ware normgemäß ist, und zwar je nach Inhalt der Norm hinsichtlich ihres Endzustandes oder auch hinsichtlich der Fertigungsmethode (BGH GRUR 1985, 973/974 – DIN 2093). Aufgrund der DIN-Plakette an Zapfsäulen erwartet der Verbraucher normgerechten Kraftstoff (BGH GRUR 1988, 832/834 – Benzinwerbung; OLG Düsseldorf WRP 1987, 252; OLG Hamm GRUR 1987, 922; OLG Karlsruhe WRP 1988, 52).

    12. Zu Rdnr. 144. Die Angabe „echt versilbert" für ein Kaffeeservice kann als Hinweis auf gehobene Qualität unter den versilberten Waren aufgefaßt werden (BGH GRUR 1987, 124; vgl. KG GRUR 1987, 448 zur Unzulässigkeit der Angabe des Feingehaltes von Vergoldungsmaterial).

    13. Zu Rdnr. 145. Honig darf gemäß § 17 Abs. 1 Nr. 4 LMBG nicht als naturrein bezeichnet werden, wenn er Rückstände von Pflanzenschutz- oder Pflanzenbehandlungsmitteln enthält, ungeachtet der Rückstandsmenge und ihrer Herkunft aus allgemeiner Umweltkontamination (BVerwG ZLR 1987, 465). Die Bezeichnung eines Dauerwellenpräparats mit chemischen Wirkstoffen als „Bio-Naturwelle" ist irreführend (OVG Nordrhein-Westfalen, LRE 19, 220). Ob dagegen von einer „Natur-Hauptpflege" erwartet wird, daß sie keine technisch unverzichtbaren Konservierungsstoffe enthält, erscheint zweifelhaft (so aber OLG Koblenz ZLR 1988, 152). – Die Angabe „Eier aus Bodenhaltung vom Geflügelhof" mit Abbildung eines freilaufenden Huhnes erweckt den Eindruck von Freilandhaltung und ist deshalb für Eier aus geschlossener Stallhaltung irreführend (OLG München WRP 1986, 303; vgl. OLG Köln NJW 1985, 1911 – Farm-Eier). – Welche Bedeutung der Begriff „Bio" für den Verbraucher hat, hängt von der Art des Produkts ab, insbesondere, ob angenommen wird, es enthalte keine chemischen Bestandteile. Der Verbraucher erwartet von einem „Bio"-Produkt jedenfalls einen erheblichen Unterschied hinsichtlich Umweltverträglichkeit oder natürlicher Beschaffenheit wesentlicher Zutaten (OLG Düsseldorf GRUR 1988, 55/57 – auch zum Begriff „biologisch abbaubar" –). – Die Angabe „umweltfreundlich" für ein Industrieprodukt löst die Erwartung aus, daß die fragliche Ware bestimmte Eigenschaften und eine bestimmte Beschaffenheit aufweist, die sie – konkret feststellbar – von einem gleichartigen, aber nicht als umweltfreundlich eingestuften Warenangebot abheben (BGH BB 1989, 236 – Umweltengel; OLG Düsseldorf GRUR 1988, 55/58 f). Die Werbung mit Umweltschutzbegriffen und -zeichen ist ähnlich wie die Gesundheitswerbung grundsätzlich nach strengen Maßstäben zu beurteilen. Ist die Ware nicht insgesamt und nicht in jeder Beziehung, sondern nur in Teilbereichen umweltschonender, muß dies deutlich sichtbar klargestellt werden (BGH BB 1989, 236/237 – Umweltengel; BGH, 20. 10. 1988 – I ZR 238/87; OLG Köln GRUR 1988, 51; 1988, 630; LG Köln GRUR 1988, 53/55 und 59). Die Verwendung des RAL-Umweltzeichens („Blauer Umweltengel") ohne den dazugehörigen erklärenden Hinweis auf den Grund der Umweltfreundlichkeit ist irreführend (BGH BB 1989, 236; OLG Köln GRUR 1988, 51).

    14. Zu Rdnr. 148. Welche Anforderungen in qualitativer und zeitlicher Hinsicht für die Angabe „frisch" zu stellen sind, hängt von der Art des Lebensmittels ab (vgl. die Zusammenstellung bei Lips ZLR 1986, 364). Die Bezeichnung „frische Vollmilch" für pasteurisierte Milch ist nicht schon als solche irreführend, wohl aber, wenn die Qualität durch die Behandlung oder durch Zeitablauf mehr als nur unwesentlich gemindert worden ist (BVerwG ZLR 1987, 562). Die Angabe „mit frischem Ei" soll für Teigwaren nur zulässig sein, wenn sich die Eier bei Beginn des Produktionsvorgangs noch in der Schale befunden haben (BVerwG LRE 18, 263). Wird ein Fruchtsaft aus Konzentrat in der Werbung zutreffend als solcher bezeichnet, so ist der Zusatz „schmeckt fast wie frisch gepreßt" zulässig, wenn er sich von frischgepreßtem Saft nur wenig unterscheidet (KG GRUR 1987, 737).

15. Zu Rdnr. 149. Das Angebot von Skiern mit blickfangmäßigem Hinweis auf „Sommerpreise" ist irreführend, wenn nur unauffällig erwähnt wird, daß es sich um Auslaufmodelle handelt (BGH GRUR 1987, 45/47); ausnahmsweise kann wegen der Art der Ware oder der Werbung ein ausdrücklicher Hinweis auf die Modelländerung entbehrlich sein (vgl. OLG Düsseldorf GRUR 1987, 450; KG WRP 1988, 301). Ein Großhändler muß beim Verkauf von Radio-Recordern an Wiederverkäufer auf das Fehlen der Gerätenummern hinweisen (BGH GRUR 1988, 461; vgl. aber BGH GRUR 1988, 823/824; 1988, 826/827), beim Angebot reimportierter Kraftfahrzeuge auf Einschränkungen der Werksgarantie (BGH GRUR 1986, 615/617 – Reimportierte Kraftfahrzeuge; anders für Schlafanzüge BGH GRUR 1987, 707/709 – Ankündigungsrecht I), beim Angebot technischer Geräte auf die Eigenschaft als Gebrauchtgerät (KG WRP 1986, 678 – rebuilt), auf nachträgliche technische Veränderungen durch ein vom Hersteller nicht autorisiertes Unternehmen (OLG Düsseldorf GRUR 1987, 723) und auf das Fehlen der für den Betrieb erforderlichen behördlichen Zulassung (OLG München GRUR 1987, 181; KG WRP 1988, 333; OLG Frankfurt WRP 1988, 341/342). Beim Angebot von Wohnimmobilien erwartet der Verkehr in einer Anzeige keine umfassende Information; das Fehlen des Hinweises, daß das Objekt noch nicht fertiggestellt ist, macht die Anzeige deshalb nicht irreführend (anderer Ansicht KG GRUR 1987, 736; WRP 1988, 165; GRUR 1988, 921).

16. Zu Rdnr. 168. Reimportierte Kraftfahrzeuge dürfen als Neuwagen angeboten werden, wenn sie unbenutzt, fabrikneu und kein Auslaufmodell sind. Jedoch muß auf die Erstzulassung im Ausland und eine dadurch bewirkte Verkürzung der Werksgarantie hingewiesen werden (BGH GRUR 1986, 615/617).

17. Zu Rdnr. 176. Ein Werbespot, in dem ein Darsteller mehrere Getränke probiert und vergleicht, erweckt nicht den Eindruck eines objektiven Warentests (BGH GRUR 1987, 49/51 – Cola-Test). Ist nicht das mit dem Testprädikat „sehr gut" beworbene Gerät getestet worden, sondern nur ein äußerlich ähnliches, technisch baugleiches Gerät, so muß dies unübersehbar klargestellt werden (OLG Köln WRP 1988, 391).

18. Zu Rdnr. 180. Von einem Gütezeichen erwartet der Verkehr u. a. eine Überwachung durch einen neutralen Dritten nach objektiven Gütebedingungen (OLG Düsseldorf BB 1985, 2191; OLG Hamburg BB 1985, 2193 mit Anm. *Strecker*). Zur Verwendung des RAL-Umweltzeichens vgl. Nachtrag zur Randnummer 145. – Wird in der Werbung für Sportartikel auf eine Empfehlung des Deutschen Fußballbundes verwiesen, erwartet der Verkehr, daß dieser aufgrund einer Prüfung eine Empfehlung für das beworbene Produkt ausgesprochen hat (OLG Hamburg WRP 1985, 649; GRUR 1986, 550).

19. Zu Rdnr. 183. § 11 UWG ist aufgehoben durch Gesetz vom 25. 7. 1986.

20. Zu Rdnr. 185. Zur mengenmässigen Abgabebeschränkung, insbesondere zur Unzulässigkeit der Werbung damit gegenüber Letztverbrauchern, vgl. jetzt § 6d.

21. Zu Rdnr. 186. Ob der angesprochene Verbraucher aufgrund der Werbung die absolute Lieferbarkeit jeder darin angekündigten Ware erwartet, hängt vom Einzelfall ab. Werden ein oder wenige einzelne Artikel besonders herausgestellt, ist dies im allgemeinen anzunehmen; anders kann es bei einer Werbung für eine Vielzahl von Sonderangeboten sein, wenn nur ein oder wenige Artikel aufgrund einer vereinzelten Fehldisposition nicht verfügbar sind (BGH GRUR 1987, 52/54 – Tomatenmark; 1987, 371/372 – Kabinettwein;

Nachtrag   Zu § 48

1988, 311/312 – Beilagenwerbung; vgl. aber BGH GRUR 1988, 629 – Konfitüre; *v. Gramm* WRP 1988, 281/287). Mit solchen geringfügigen Fehlern im Einzelfall, die bei einem großen Sortiment fast unvermeidbar sein können, rechnet der Verbraucher. Bei hochwertigen Möbeln, die in unterschiedlicher Ausgestaltung angeboten werden, erwartet der Verbraucher keine Vorratshaltung, sondern nur, daß sie vom Händler nach seinen Wünschen bestellt werden (BGH GRUR 1987, 903/905 – Le Corbusier-Möbel; anders für billige Möbel zum Selbstabholen OLG Hamburg NJW RR 1986, 1372). Ist der beworbene Artikel wegen einer gezielten Aufkaufaktion von Mitbewerbern vor der Zeit vergriffen, so kann daraus nicht auf einen unzureichenden Warenvorrat geschlossen werden (BGH GRUR 1987, 835/837 – Lieferbereitschaft; vgl. *Nacken* WRP 1987, 598/603; *Traub* WRP 1987, 709/712). Eine generelle Verweigerung der Warenabgabe an Testkäufer, die möglicherweise nicht die Verbrauchererwartung berührt (BGH GRUR 1987, 837), wird vielfach gegen § 6 e Abs. 1 Nr. 2 verstoßen. – Die angekündigte Ware muß nicht nur vorrätig sein, sie darf auch nicht mit höheren Preisen ausgezeichnet sein (BGH GRUR 1988, 629). – Die Werbung für Pauschalreisen, die bereits beim Erscheinen der Werbung nicht mehr gebucht werden können, ist irreführend (OLG Düsseldorf WRP 1986, 33; OLG Karlsruhe WRP 1987, 401).

22. Zu Rdnr. 199 ff. Von einem als „Urselters" bezeichneten Mineralwasser erwartet der Verkehr aufgrund der Vorsilbe „Ur" nicht nur Herkunft aus dem Ort Selters, sondern zusätzlich, daß es nach Austrittstelle und Beschaffenheit mit dem Wasser aus der ursprünglichen historischen Seltersquelle im wesentlichen übereinstimmt (BGH GRUR 1986, 316/317 – Urselters). Die Bezeichnung „Woronoff-Wodka" mit einem Wappenadler auf dem Etikett eines Wodka kann, auch zusammen mit einer zwiebelturmförmigen Flasche, als mittelbarer geografischer Herkunftshinweis auf die Sowjetunion wirken, auch wenn auf dem Etikett der Hinweis „Deutsches Erzeugnis" und eine deutsche Firma stehen (BGH GRUR 1987, 535/537; vgl. bei Süßwaren OLG Köln GRUR 1987, 374 – Suchard/Milka; BPatGE 27, 133). Die Annahme, die örtliche Herkunft aus der Sowjetunion sei für den Verbraucher bedeutungslos, bedarf besonderer Gründe (BGH aaO). – Die Ausnutzung des besonderen Rufs einer geschützten geografischen Herkunftsangabe durch werbemäßige Verwendung für ungleichartige Produkte, kann gegen § 1 verstoßen (BGH GRUR 1988, 453/455 – ein Champagner unter den Mineralwässern).

23. Zu Rdnr. 211. Die Werbeabbildung eines Bierglases, das ursprünglich allenfalls ein Hinweis auf die Produktgattung obergäriges Bier war, kann nur dann als mittelbarer Hinweis auf die Herkunft des Bieres aus Köln angesehen werden, wenn dieser Bedeutungswandel bei der überwiegenden Mehrheit des angesprochenen regionalen Verkehrskreises eingetreten ist (BGH GRUR 1986, 469/470 – Stangenglas II; vgl. Nachtrag zu Rdnr. 84 ff).

24. Zu Rdnr. 229. Stimmt die Preisauszeichnung an der Ware nicht mit dem in der Werbung angegebenen niedrigeren Preis überein, so ist dies regelmäßig irreführend; Fehlauszeichnungen an einzelnen Stücken sind nur bei ordnungsgemäßen Kontrollen unschädlich (BGH GRUR 1988, 629 – Konfitüre).

25. Zu Rdnr. 244. Zur Unzulässigkeit der Preisgegenüberstellung bei einzelnen aus dem Gesamtangebot hervorgehobenen Waren oder gewerblichen Leistungen sowie der Ankündigung von Preissenkungen um einen bestimmten Betrag oder Prozentsatz vgl. § 6 e.

26. Zu Rdnr. 247. Ein Vergleich mit einer unverbindlichen Preisempfehlung des Herstellers ist irreführend, wenn die Empfehlung kartellrechtlich unzulässig ist, weil es sich mangels einer Herkunftskennzeichnung nicht um Markenware handelt (BGH GRUR 1987, 367/370 – Einrichtungs-Paß).

27. Zu Rdnr. 264. Ausflugsfahrten, die zugleich dem Warenabsatz an die Fahrtteilnehmer im Rahmen einer unterwegs stattfindenden Verkaufsveranstaltung dienen, sind nicht generell unzulässig. Auf den Verkaufscharakter der Fahrt und ihre Einzelumstände, auch auf die Freiwilligkeit der Teilnahme an der Verkaufsveranstaltung, muß eindeutig und unmißverständlich hingewiesen werden (BGH GRUR 1986, 318/320 – Verkaufsfahrten; 1988, 130/132 – Mehrtägige Verkaufsreisen). Die Bezeichnung als „Werbefahrt" ist mehrdeutig und genügt deshalb nicht (BGH WRP 1988, 668). – Eine Rabattkarte, die jedem Kunden angeboten und auf Verlangen ausgehändigt wird, erweckt auch bei kreditkartenähnlicher Aufmachung nicht die Vorstellung, der Karteninhaber habe eine bevorzugte Stellung unter den Kunden, auch wenn Barzahlungsnachlaß nur gegen Vorlage der Karte gewährt wird (BGH GRUR 1987, 185/186 – Rabattkarte). – Die Ankündigung eines Versandhauses, alle Waren gegen Ratenzahlung zu veräußern, ist auch dann nicht irreführend, wenn nicht gesondert darauf hingewiesen wird, daß bei zweifelhafter wirtschaftlicher Leistungsfähigkeit die Lieferung nur gegen Nachnahme erfolgt (BGH GRUR 1988, 459 – Teilzahlungsankündigung). – Die Verwendung von Bestellformularen bei Teilzahlungsgeschäften oder Zeitungsabonnements, deren Widerrufsbelehrung dem AbzG nicht entspricht, ist geeignet, den Verbraucher über sein Widerrufsrecht irrezuführen (BGH GRUR 1986, 816 und 819). – Die Verwendung von Angebotsformularen, die bei den Empfängern den Eindruck einer Rechnung und damit einer bereits bestehenden Zahlungspflicht erwecken, verstößt gegen § 3 (OLG Düsseldorf WRP 1987, 417; OLG Frankfurt WRP 1987, 650).

28. Zu Rdnr. 273. Großhandel ist auch die Belieferung von Gewerbetreibenden mit Waren, für die in ihrem konkreten Betrieb eine Verwendungsmöglichkeit besteht; eine mit viel Phantasie zu konstruierende theoretische Verwendungsmöglichkeit reicht nicht aus (OLG Köln WRP 1987, 492/500). Führt ein Selbstbedienungs-Großhändler weder nachhaltige Eingangskontrollen noch irgendwelche Ausgangsverwendungskontrollen durch, und ist sein Geschäft auch sonst auf Privateinkäufe der gewerblichen Kundschaft zugeschnitten, so spricht die Lebenserfahrung dafür, daß diese Privateinkäufe die zulässige Toleranzgrenze übersteigen (OLG Köln aaO). – Vom Kaufscheinverbot ausgenommen ist die Ausgabe von Einzelkaufscheinen durch Händler, die so einen an sie selber herangetragenen Kaufwunsch erfüllen wollen, nicht aber die Ausgabe durch Gewerbetreibende, deren Tätigkeit im wesentlichen allein darin besteht, auf Anforderung Kaufscheine zum Einkauf beim Großhandel auszugeben oder die sich auf telefonische Anfrage des Großhändlers bereit erklären, im Kaufvertrag als Verkäufer aufgeführt zu werden. Dagegen ist das erlaubte Kaufscheingeschäft nicht davon abhängig, daß der Einzelhändler über ein Warenlager oder Ausstellungsstücke der jeweiligen Ware verfügt (BGH GRUR 1987, 367/369 – Einrichtungspaß).

29. Zu Rdnr. 274. Die Verwendung des für Taxen vorgeschriebenen Farbanstrichs in hell-elfenbein für einen Mietwagen ist nicht zur Irreführung geeignet (BGH GRUR 1986, 621/622 – Taxenfarbanstrich). – Führt der Konkursverwalter das Unternehmen des Gemeinschuldners fort, so darf er in der Werbung den Konkurs nicht verschweigen, wenn dieser Umstand für die Kunden von Bedeutung ist (OLG Koblenz GRUR 1988, 43/44 – Weingut; a. A. Gutachterausschuß WRP 1988, 337).

30. Zu Rdnr. 278. Der Begriff „laufende Buchführung" wird zwar weithin im Sinne der einfachen Buchhaltungsarbeiten verstanden, die nicht den steuerberatenden Berufen vorbehalten sind. Dies schließt nicht aus, daß die Angabe von Teilen der angesprochenen Verkehrskreise, insbesondere kleineren Gewerbetreibenden, unzutreffend in einem umfassenderen Sinne verstanden wird (BGH GRUR 1987, 444 – laufende Buchführung). Die Firmierung „JUS-Steuerberatungsgesellschaft" erweckt den Eindruck einer besonderen rechtswissenschaftlichen Qualifikation des Unternehmens (BGH GRUR 1985, 930; vgl. BGH WM 1987, 1229/1230 – DATA Tax Control).

31. Zu Rdnr. 281. Verwendet ein Versandhaus den Werbespruch „Die Mode kommt von Neckermann", so entnimmt das Publikum daraus nicht, daß es zu den führenden Modeanbietern oder Modeschöpfern gehört (BGH GRUR 1986, 322 – Modemacher). – Ob die besondere Herausstellung einer Marke den Eindruck erweckt, der Anbieter sei ein

Nachtrag Zu § 48

vom Hersteller autorisierter Vertragshändler, hängt vom Einzelfall ab, insbesondere von der Warenart, Werbung und dem Geschäftstyp des Anbieters (verneint von BGH GRUR 1987, 707/709 für SB-Großhandel; 1987, 823/824 für die Herausstellung vieler Marken). Der Verbraucher wird jedoch annehmen, daß die betreffende Markenware in einer gewissen Sortimentsbreite erhältlich ist, nicht nur Auslaufmodelle (BGH GRUR 1987, 825).

32. Zu Rdnr. 283. Aus dem Angebot eines Immobilienunternehmens muß der gewerbliche Charakter ersichtlich sein, auch wenn das Objekt nicht vermittelt wird, sondern Eigentum des Anbieters ist. Nichtssagende Namen, Chiffren, Telefonnummern oder andere mißverständliche Angaben genügen zur Aufklärung nicht (BGH GRUR 1987, 748/749 – Getarnte Werbung II; KG NJW-RR 1988, 878/880 – Fa.).

33. Zu Rdnr. 287. Auch wenn ein Hersteller die für den Firmenbestandteil „Bekleidungswerk" erforderlichen Größenmerkmale erfüllt, ist es irreführend, diesen Begriff in der Werbung für den Direktverkauf an Letztverbraucher blickfangmäßig herauszustellen, wenn ein Drittel des Angebots nicht aus eigener Produktion stammt, sondern zugekauft wird (BGH GRUR 1986, 676/677 – Bekleidungswerk).

34. Zu Rdnr. 297. Erzielt ein Großhändler mehr als die Hälfte seines Gesamtumsatzes mit Wiederverkäufern und erfüllt er darüberhinaus die Voraussetzungen des § 6a Abs. 2, so werden die angesprochenen Kunden auch nicht im Sinne des § 3 über seine Großhändlereigenschaft irregeführt (OLG Köln WRP 1987, 492/499). – Ein geschäftlicher Verkehr des Großhändlers mit dem Letztverbraucher liegt auch vor, wenn ein Einzelhändler als Verkäufer zwischengeschaltet wird, der jedoch – anders als beim echten Unterkundengeschäft – wirtschaftlich keine Einzelhandelsfunktion, sondern nur die Funktion eines Verkaufsvermittlers ausübt (BGH GRUR 1987, 367/370 – Einrichtungs-Paß).

35. Zu Rdnr. 301. Angesichts der Häufigkeit des Firmenbestandteils „Deutsch" erwartet der Verkehr regelmäßig kein Unternehmen, das für die deutsche Wirtschaft beispielhaft oder besonders wichtig ist, sondern nur, daß es nach Größe und Aufgabenstellung auf den deutschen Bereich als Ganzes zugeschnitten ist (BGH GRUR 1987, 638/639 – Deutsche Heilpraktiker). Aus dem Verbandsnamen „Deutsche Heilpraktiker e. V.-Bundesverband" ergibt sich nicht, daß es sich um die einzige Standesorganisation oder um einen Zusammenschluß aller deutschen Heilpraktiker handelt. Ob die Bezeichnung „Deutsche Kreditkarte" den Eindruck erweckt, der betreffenden Organisation komme in der Bundesrepublik eine hervorgehobene Stellung zu, erscheint zweifelhaft (so OLG München GRUR 1988, 709).

36. Zu Rdnr. 307. Die Bezeichnung „Küchen-Center" erfordert nicht, daß das Unternehmen eine Vorrangstellung gegenüber gleichartigen Unternehmen hat; anders kann es bei Kombination mit einer Ortsangabe sein (vgl. BGH GRUR 1986, 903/904 m. Anm. *Schulze zur Wiesche*).

37. Zu Rdnr. 310. Stempel von freien Sachverständigen, die nicht öffentlich bestellt und vereidigt sind, dürfen nicht so gestaltet sein, daß sie mit dem üblichen Rundstempel öffentlich bestellter und vereidigter Sachverständiger verwechselt werden können (vgl. OLG München WRP 1981, 483; OLG Stuttgart WRP 1987, 334; OLG Hamm GRUR 1987, 57; OLG Düsseldorf WRP 1988, 278). Verwenden Unternehmen aus anderen Branchen in ihrer Werbung runde stempelartige Embleme, so ist dies nur beim Vorliegen besonderer Umstände irreführend (OLG Frankfurt NJW-RR 1988, 103).

38. Zu Rdnr. 311. Die Verwendung des Professorentitels in der Werbung für Arzneimittel ist irreführend, wenn diesem Titel nur die Ernennung zum außerordentlichen Professor an einer ausländischen Universität zugrundeliegt und keines der herkömmlichen Merkmale für ein deutsches Professorenamt erfüllt ist (BGH GRUR 1987, 839; vgl. auch OLG Düsseldorf WRP 1986, 707). Die Verwendung der Angaben „prakt. Psychologe" und „Intern-Medizin" neben der Berufsbezeichnung „Heilpraktiker" erweckt den irreführenden Eindruck einer akademischen Vorbildung (BGH GRUR 1985, 1064).

39. Zu Rdnr. 312. Die Bezeichnung „staatl. Selters" deutet darauf hin, daß das Unternehmen dem Staat gehört und dieser maßgeblichen unternehmerischen Einfluß nehmen kann (BGH GRUR 1986, 316/318 – Urselters). Die Angabe „gemmologisches Institut" in Alleinstellung kann Anlaß zu der Vorstellung geben, es handle sich um eine öffentliche oder unter öffentlicher Aufsicht stehende Einrichtung mit wissenschaftlichem Personal; der privatwirtschaftliche Charakter kann jedoch durch Zusätze deutlich gemacht werden (BGH GRUR 1987, 365; OLG Celle WRP 1988, 243 – Institut für biologische Therapie).

40. Zu Rdnr. 313. Die blickfangmäßig herausgestellte Angabe „seit 772" auf dem Etikett eines Mineralwassers wird auf das Produkt bezogen und so verstanden, daß es hinsichtlich Herkunft und Qualität mit dem seit dem Jahre 772 geförderten Mineralwasser im wesentlichen übereinstimmt (BGH GRUR 1987, 316/317 f – Urselters).

Zu § 49 Unsachliche Beeinflussung von Abnehmern (S. 655 ff.)

I. Gefühlsbetonte Werbung

Der zielgerichtete und planmäßige Einsatz Schwer-Sprachbehinderter in der Zeitschriftenwerbung im Haus-zu-Haus-Geschäft, die sich nur durch das Vorzeigen einer Schrifttafel verständlich machen können, ist als gefühlsbetonte Werbung unzulässig.[1]

II. Werbung mit der Angst

Nach BGH ist es keine sittenwidrige Werbung mit der Angst, wenn mit der Angabe *„Erkältung und grippale Infekte überrollen Berlin; sofort besorgen"* für eine – weithin einem alten Hausmittel ähnlich erachtete – Kräuteressenz wie „Klosterfrau Melissengeist" geworben wird.[2] Der Hinweis auf derartige Gefahren erscheine – so der BGH – ungeeignet, ernsthafte, besondere Angstgefühle bei den angesprochenen Verbrauchern zu erzeugen.

III. Werbung mit Umweltschutz

Mit der steigenden Bedeutung des Umweltschutzes hat sich auch die Werbung dieses Themas bemächtigt. Dadurch wird ein erhebliches Gefühls- und Irreführungspotential freigesetzt, bevorzugt der Verbraucher doch häufig auch bei höherem Preis ein Produkt, bei dem er etwas für die Umwelt tun kann oder deren *„Umweltfreundlichkeit"* ihm durch Gütesiegel u. dgl. versichert wird.[3] Zu unterscheiden sind zwei Fallgruppen: einmal die Bewerbung eines Produktes, bei dem mittelbar der Umweltschutz begünstigt wird, etwa durch einen Spendenanteil; hierher gehören die Urteile *„Ein Baum für Köln"*[4] und *„Bäumchen-Aktion"*.[5] Zum anderen geht es um die Werbung für ein Produkt, das selbst als „umweltfreundlich" oder „umweltverträglich" o. ä. angepriesen wird und meist ein entsprechendes Gütesiegel, z. B. den **blauen Umweltengel** trägt.

In der ersten Fallgruppe wird an das soziale Verantwortungsgefühl, das Umweltbewußtsein und unterschwellig an das schlechte Gewissen appelliert. Eine solche Werbung ist wegen des davon ausgehenden Verantwortungsdrucks und psychologischen Kaufzwangs unlauter; der Verbraucher entschließt sich zum Kauf nicht wegen der Güte der Ware oder Leistung, sondern wegen des versprochenen Nebeneffektes, dem er sich nicht entziehen kann.[6]

Mit der zweiten Fallgruppe haben sich eine Reihe von Instanzgerichten[7] und in zwei Entscheidungen der BGH[8] befaßt. Der BGH hat dabei auf die **Werbung mit Umweltschutzbegriffen und -zeichen** die strengen Maßstäbe der Gesundheitswerbung angewendet. Mit der allgemeinen Anerkennung der Umwelt als eines wertvollen und schutzbedürftigen Gutes hat sich in den letzten Jahren zunehmend ein verstärktes Umweltbewußtsein entwickelt, so daß der Verkehr vielfach Waren und Leistungen bevorzugt, auf deren besondere Umweltverträglichkeit hingewiesen wird. Gleichwohl bestehen in Einzelheiten noch weitgehende Unklarheiten über Bedeutung und Inhalt der verwendeten

---

[1] OLG Hamburg GRUR 1986, 261.
[2] BGH GRUR 1986, 902 – Angstwerbung; der BGH hat das in Handbuch § 49 Rdnr. 31 mitgeteilte Urteil des KG in WRP 1984, 686 aufgehoben.
[3] Vgl. dazu *Rohnke* GRUR 1988, 667.
[4] KG WRP 1984, 607; vgl. Handbuch § 49 Rdnr. 33.
[5] OLG Hamburg GRUR 1987, 386.
[6] KG aaO; OLG Hamburg aaO.
[7] OLG Frankfurt WRP 1985, 271; OLG Düsseldorf GRUR 1988, 55; OLG Köln GRUR 1988, 51; LG Köln GRUR 1988, 53, 55 und 59. Vgl. auch unten S. 70 Ziff. 13.
[8] BGH, NJW 1989, 711 – Umweltengel – und NJW 1989, 712 – ... aus Altpapier –.

Begriffe – wie etwa *umweltfreundlich, umweltverträglich, umweltschonend* oder *bio* – sowie der hierauf hindeutenden Zeichen. Eine Irreführungsgefahr ist daher nach Ansicht des BGH in dem Bereich der umweltbezogenen Werbung besonders groß. Die beworbenen Produkte sind überdies regelmäßig nicht insgesamt und nicht in jeder Beziehung, sondern meist nur in Teilbereichen umweltschonender, meist nur weniger umweltstörend als andere Waren. Unter diesen Umständen besteht nach Ansicht des BGH ein gesteigertes Aufklärungsbedürfnis der angesprochenen Verkehrskreise über Bedeutung und Inhalt der verwendeten Begriffe und Zeichen. Fehlen die gebotenen aufklärenden Hinweise in der Werbung oder sind sie nicht deutlich sichtbar herausgestellt, so besteht in besonders hohem Maße die Gefahr, daß bei den angesprochenen Verkehrskreisen irrige Vorstellungen über die Beschaffenheit der angebotenen Ware hervorgerufen und sie dadurch in ihrer Kaufentscheidung beeinflußt werden.[9] Bezüglich der Verwendung des **blauen Umweltengels** mit der Angabe „*umweltfreundlich, weil . . .*" hat der BGH ausgeführt, daß die angesprochenen Verbraucher damit keinen eindeutig und klar umrissenen Inhalt verbinden; die Kriterien, nach denen das Zeichen vergeben werde, seien im einzelnen nicht bekannt. Der BGH hält es daher für notwendig, den Verbraucher in besonderem Maße über die Eigenschaften, aufgrund deren eine „Umweltfreundlichkeit" für das Produkt reklamiert werde, aufzuklären. Gerade bei einem in seinen Grundlagen noch unaufgeklärten und mit widersprüchlichen Erwartungen, Vorstellungen und Emotionen belegten Begriff ist der Werbende zur Aufklärung verpflichtet; anderenfalls führt er über die seinen Waren vom Verkehr belegten Eigenschaften irre. Dieser Aufklärungspflicht kommt ein Werbender dann nicht ausreichend nach, wenn er nicht zumindest auf die Einschränkungen hinweist, unter denen auch der Hersteller für die Waren nur werben darf; dieser darf nämlich für das Umweltzeichen nur in der verliehenen Form werben. Sie umfaßt die Angabe des Grundes für die Verleihung; denn ihr liegt regelmäßig nur eine „relative Umweltfreundlichkeit" zugrunde. Nach Ansicht des BGH genügt es zur Erfüllung dieser Aufklärungspflicht nicht, wenn ein Werbender in der Umschrift des Umweltengels neben dem Wort „umweltfeundlich" das Wort „weil" eindruckt. Denn allein dadurch wird für den flüchtigen Verkehr nicht hinreichend deutlich, daß die „Umweltfreundlichkeit" nur in einer bestimmten Beziehung besteht.[10] **Verkehrswesentliche Erläuterungen zum Umweltzeichen** müssen drucktechnisch **deutlich sichtbar herausgestellt** werden; ein kleingedruckter Text, in dem sich ein Hinweis für die Gründe der „Umweltfreundlichkeit" befindet, reicht nicht aus.[11]

Damit hat sich der BGH der genannten Rechtsprechung der Instanzgerichte[12] angeschlossen und diese bestätigt.

IV. Belästigung

Das gezielte **Verteilen von Handzetteln** an Kunden eines Konkurrenten in der Nähe dessen Unternehmens hat der BGH als noch zulässig angesehen.[13] Der Kläger betrieb auf einem Parkplatzgelände einen Automarkt, auf dem Kunden gegen Stellplatzmiete ihren Wagen an Interessenten anbieten konnten. Der Beklagte betrieb mehrere Kilometer entfernt einen ähnlichen Automarkt. Es ging dazu über, an den „Markttagen" des Klägers an einer etwa 15 m vor dessen Zufahrt entfernten Verkehrsinsel Handzettel zu verteilen, die auf seinen eigenen Automarkt hinwiesen. Der BGH hat klargestellt, daß das Abfangen von Kunden als Absatzbehinderung wettbewerbswidrig ist,[14] andererseits aber niemand

---

[9] BGH ebenda.
[10] BGH aaO – Umweltengel –.
[11] BGH aaO – . . . aus Altpapier –.
[12] S. Fn. 7.
[13] BGH GRUR 1986, 547, 548 – Handzettelwerbung –; vgl. auch LG Berlin WRP 1987, 139.
[14] Vgl. Nachtrag oben zu § 45 I; vgl. auch BGH GRUR 1987, 532/533 – Zollabfertigung –.

Nachtrag

Zu § 49

Anspruch auf Unversehrtheit seines Kundenkreises hat. Das Ausspannen von Kunden, auch wenn es zielbewußt und systematisch geschehe, liege im Wesen des Wettbewerbs.[15]

Die Bewerbung und Durchführung von **Hausbesuchen** hat das OLG Koblenz bei einem Augenoptiker als unzulässig angesehen.[16] Für ihn sei es typisch, seine Leistungen im Rahmen der Gesundheitsfürsorge in einem Betrieb zu erbringen. Es entspreche allgemeiner Standesauffassung und -übung der Augenoptiker, nicht mit Hausbesuchen zu werben.

Die ungebetene **Telefonwerbung** ist auch im gewerblichen Bereich belästigend und verstößt gegen § 1 UWG, wenn bisher noch keine Geschäftsbeziehung zwischen Anrufer und Fernsprechteilnehmer besteht und das Anliegen des Anrufers nicht die eigentliche Geschäftstätigkeit des Anschlußinhabers betrifft.[17] Bestehen dagegen bereits Geschäftsbeziehungen, so kann die Telefonwerbung regelmäßig nicht als unlauter angesehen werden.[18]

Für die **Btx-Werbung**, und zwar das unverlangte „Einlegen" von nicht als solcher gekennzeichneten Werbung in den „elektronischen Briefkasten" eines Teilnehmers im Rahmen des Btx-Mitteilungsdienstes, gelten die Rechtsprechungsgrundsätze über die ungebetene Telefon- und Telexwerbung.[19]

---

[15] BGH GRUR 1987, 532/548.
[16] OLG Koblenz GRUR 1987, 729.
[17] OLG Hamm GRUR 1987, 60; OLG Koblenz GRUR 1987, 721.
[18] LG Oldenburg GRUR 1988, 551, 552.
[19] BGH GRUR 1988, 614 – Btx-Werbung – mit Anm. *Lachmann;* ausführlich dazu oben Nachtrag zu § 27, S. 28.

Zu § 50 Zugabe und Rabatt (S. 699 ff)

1. Zu Rdnr. 9. OLG Hamm WRP 1986, 416 (Verkauf von Kfz. mit Radio zum Gesamtpreis keine Zugabe).

2. Zu Rdnr. 11. OLG Stuttgart WRP 1987, 696 (Teilnahmeberechtigung an einer Verlosung als Zugabe).
OLG Stuttgart WRP 1987, 58 (Gutschein für die Vollwäsche einer Steppdecke als Zugabe).
OLG Hamburg WRP 1988, 462 (One for Two – Angebot als Zugabeverstoß).
OLG Hamburg WRP 1987, 482 (Sachprämien für Wiederverkäufer als Zugaben).

3. Zu Rdnr. 15. BGH GRUR 1988, 321 – Zeitwertgarantie (beim Kauf eines Neufahrzeugs) mit Anm. Klosterfelde. OLG Köln GRUR 1988, 151 – One for Two I (zweimal Essen – einmal zahlen).
OLG Nürnberg WRP 1988, 63 (Zur Frage, ob die kostenlose Überlassung einer Kundenzeitschrift durch einen Großhändler an den Einzelhändler eine Zugabe ist).
OLG Düsseldorf GRUR 1987, 646 – Vertrauensgarantie (Umtausch- und Rückgaberecht auf Schmuck und Uhren keine Zugabe).
OLG Hamburg GRUR 1987, 562 – Nähset (Zugabe trotz Firmenaufdrucks).
OLG Frankfurt WRP 1986, 220 (Wertscheck für ein kostenloses Hauptgericht in Restaurants als Zugabe).
KG GRUR 1987, 454 – Inbetriebnahme- und Servicepauschale.
LG Berlin GRUR 1988, 154 – One for Two III.

4. Zu Rdnr. 35. OLG München WRP 1986, 173 (Unentgeltlich abgegebene Kundenzeitschrift).

5. Zu Rdnr. 38. OLG Koblenz WRP 1986, 422 (Ankündigung handelsüblicher Nebenleistungen als kostenlos).

6. Zu Rdnr. 54. EuGH WRP 1987 S. 542 (Zur Frage, ob ein innerstaatliches Gericht aufgrund des Gemeinschaftsrechts verpflichtet ist, die Anwendung innerstaatlicher Vorschriften gegen den unlauteren Wettbewerb und über Zugaben zu unterlassen).
KG GRUR 1986, 471 – EWG-Butter (Zur Durchbrechung inländischer Rabatt-, Zugabe- und wettbewerbsrechtlicher Vorschriften durch eine Entscheidung der EG-Kommission).

7. Zu Rdnr. 62. KG WRP 1987, 386 (Warengutscheine als Preise eines Gewinnspiels).

8. Zu Rdnr. 63. BGH GRUR 1987, 63 – Kfz.-Preisgestaltung mit Anm. Gloy.
OLG Frankfurt WRP 1986, 275 (Leasing-Rabatt beim Kauf eines Kraftfahrzeuges).
OLG Karlsruhe WRP 1988, 620 (Preisabweichungen im Anzeigengeschäft).
OLG Karlsruhe WRP 1987, 684 (Aufgeschlüsselter Leasing-Endpreis für Kfz.)
LG Berlin GRUR 1988, 153 – One for Two II (zweimal Essen – einmal zahlen).

9. Zu Rdnr. 66. BGH GRUR 1987, 185 – Rabattkarte.
OLG Koblenz WRP 1987, 125 (Die Verteilung von Geschenkgutscheinen einer Fahrschule an Jugendliche stellt keine unzulässige Gewährung eines Rabattes dar).

10. Zu Rdnr. 79. OLG Düsseldorf WRP 1986, 332 (Kaufpreisstundung oder Teilzahlung gegen Entgelt und Rabatt).
OLG München WRP 1988, 599 (Zinsgewinn als Rabattverstoß).
OLG Karlsruhe WRP 1987, 686 (jetzt kaufen – später zahlen = Zinslose Kreditierung).
KG WRP 1986, 610 (Zinslose Stundung als Rabatt).

11. Zu Rdnr. 91. BGH GRUR 1987, 302 – Unternehmeridentität.

12. Zu Rdnr. 103. OLG München WRP 1987, 131 (Zur Handelsüblichkeit eines Mengenrabatts bei Sportbekleidungsstücken im Versand- und Ladenhandel).
KG GRUR 1986, 908 – Disketten-Mengenrabatt.

13. Zu Rdnr. 116. BGH GRUR 1987, 304 – Aktion Rabattverstoß.

Zu 10. Kapitel. Besondere Verkaufsveranstaltungen (S. 732 ff.)

Vorbemerkung[1]

Übersicht. Die UWG-Novelle 1986 hat das Recht der besonderen Verkaufsveranstaltungen neu geordnet. **Gesetzestechnisch** sind die bisher teilweise zersplitterten Regelungen im UWG zusammengefaßt und gestrafft worden. **Materiell** hat die Novelle die Voraussetzungen für Räumungsverkäufe verschärft; bestimmte bislang zulässige Formen von Sonderveranstaltungen sind in Zukunft unzulässig (Filialausverkäufe; Teilausverkäufe). **Verfahrensrechtlich** ist eine ganz einschneidende Veränderung vorgenommen worden: Das bisherige Verwaltungs- und Ordnungsmittelverfahren ist entfallen; statt dessen ist die Verfolgung von Rechtsverstößen in diesem Bereich allein wettbewerbsrechtlichen Unterlassungsansprüchen zugewiesen worden.

Sämtliche Regelungen finden sich nunmehr abschließend in §§ 7 und 8 UWG; alle anderen Regelungen und die hierauf gestützten Verordnungen (VO über Sommer- und Winterschlußverkäufe vom 13. 7. 1950; AO zur Regelung von Verkaufsveranstaltungen besonderer Art vom 4. 7. 1935; diverse Verordnungen aufgrund der Musteranordnung gemäß Runderlaß vom 19. 10. 1935) sind entfallen.

Die neue gesetzliche Regelung gilt für alle Verkaufsveranstaltungen, die nach dem 1. 1. 1987 durchgeführt werden; Übergangsvorschriften sind nicht vorgesehen.[2]

Die gesetzliche Regelung geht weiterhin von einem generellen Verbot aller Sonderveranstaltungen aus (§ 7 Abs. 1 UWG). Der Oberbegriff für alle zulässigen Sonderveranstaltungen ist der „Räumungsverkauf" (vgl. § 8 Abs. 1 UWG). Zulässige Formen der Räumungsverkäufe sind nur noch
- Winter- und Sommerschlußverkäufe mit Veränderungen des Warenkataloges (§ 7 Abs. 3 Nr. 1 UWG),
- Jubiläumsverkäufe (§ 7 Abs. 3 Nr. 2 UWG),
- Räumungsverkäufe für einen Warenvorrat wegen schadensbedingter Zwangslage (§ 8 Abs. 1 Nr. 1 UWG),
- Räumungsverkäufe eines vorhandenen Warenvorrats wegen baurechtlich relevanten Umbaues (§ 8 Abs. 1 Nr. 2 UWG),
- Räumungsverkäufe wegen Aufgabe des gesamten Geschäftsbetriebes (§ 8 Abs. 2 UWG).

Gang der Darstellung. Nachfolgend werden in der Reihenfolge von Kapitel 10 des Handbuches die Änderungen unter Berücksichtigung der seit der Novelle ergangenen Rechtsprechung dargestellt.

Zu § 51 Ausverkäufe (S. 733 ff.)

I. Ausverkäufe

Das Gesetz verwendet diesen Begriff nicht mehr; sachlich sind an die Stelle der Ausverkäufe in der alten Fassung des § 7 UWG die Räumungsverkäufe wegen **Aufgabe** des Geschäftsbetriebes nach § 8 Abs. 2 UWG getreten.

---

[1] Zusammenfassende Erläuterungen zur neuen gesetzlichen Regelung: *Kamin/Wilke,* Die Verkaufsveranstaltungen im Handel, 5. Aufl. 1987; *v. Gamm,* Wettbewerbsrecht, 5. Aufl. 1987, Kap. 46; *Baumbach/Hefermehl,* Wettbewerbsrecht, 15. Aufl. 1988; *Heilmann,* Problemfälle im neuen Räumungsverkaufsrecht, BB 1987, 492; *Hinz,* Das neue Sonderverkaufsrecht, WRP 1988, 80.
[2] OLG Frankfurt WRP 1987, 275.

Zu § 51 **Nachtrag**

1. Totalausverkauf. Solche Räumungsverkäufe sind nur noch zulässig wegen Aufgabe des gesamten Geschäftsbetriebes. Die Beibehaltung der bisherigen **Filialausverkäufe** ist im Gesetzgebungsverfahren vielfach gefordert worden; sie ist jedoch im Hinblick auf die Häufung von mißbräuchlichen Veranstaltungen dieser Art nicht mehr im Gesetz enthalten. Das gleiche gilt für **Teilausverkäufe** wegen Aufgabe einer Warengattung.

2. Form der Ankündigung. Die bisherige gesetzliche Regelung in § 7 Abs. 2 UWG ist entfallen. Eine entsprechende Regelung findet sich jedoch jetzt in § 8 Abs. 1 Satz 2 UWG, so daß insoweit keine sachliche Änderung gegeben ist.

3. Vor- und Nachschieben. Die bisherige sondergesetzliche Regelung (§ 8 Abs. 1 Nr. 1 UWG alter Fassung) ist entfallen. Die in § 8 Abs. 1 geregelten Ordnungswidrigkeitstatbestände sind nunmehr in § 8 Abs. 5 Nr. 2 UWG zivilrechtlich geregelt; danach löst das unzulässige Vor- und Nachschieben von Waren einen Unterlassungsanspruch aus, der sich nach der klaren gesetzlichen Regelung nunmehr zugleich auf den gesamten Räumungsverkauf erstreckt.

4. Sperrfrist. Die jetzt geltenden Regelungen sind in § 8 Abs. 2 und Abs. 6 Nr. 2 UWG enthalten.

a) Nach § 8 Abs. 2 UWG darf ein und derselbe Veranstalter nur **alle drei Jahre** einen Räumungsverkauf wegen Aufgabe des gesamten Geschäftsbetriebes durchführen. Die Wartefrist ist auch dann einzuhalten, wenn der (frühere) Räumungsverkauf unter der Geltung des alten Rechts durchgeführt wurde.[3] Der Begriff des **Veranstalters** umfaßt jedenfalls den „Geschäftsinhaber" des bisherigen Rechtes. Indessen liegt es im Hinblick auf die Zielsetzung des Gesetzes nahe, diesen Begriff weiter zu fassen und auch die im Hintergrund wirkenden Lieferanten und Organisatoren einzubeziehen.[4] „Veranstalter" ist dagegen, der entweder auf die Geschäftsführung maßgeblichen Einfluß ausübt oder sonst kraft seiner wirtschaftlichen Stellung ausüben kann, wofür eine Schachtelbeteiligung ausreichen kann.[5] Verwandte sind nur noch insoweit einbezogen, als sie dem Veranstalter zuzurechnen sind.

Die Sperrfrist für Räumungsverkäufe ist örtlich nicht beschränkt.

b) § 8 Abs. 6 Nr. 2 UWG enthält – örtlich beschränkt – eine **zweijährige** (bisher ein Jahr) Sperrfrist für die **Neueröffnung** (bisher § 7 c Abs. 1 UWG). Hier sind mittelbare Formen der Fortsetzung einbezogen, womit auch solche Erscheinungsformen erfaßt werden sollen, in denen der Geschäftsbetrieb nicht vom Veranstalter selbst, sondern von Strohmännern fortgesetzt oder eröffnet wird.[6]

Unzulässig sind sowohl die **Fortsetzung** des Geschäftsbetriebes als auch die mittelbare oder unmittelbare **Aufnahme** eines Geschäftsbetriebes mit den vom Räumungsverkauf betroffenen Warengattungen. Das Sperrgebiet ist auf benachbarte Gemeinden ausgedehnt.

c) Für beide Sperrfristen ist eine **Härteklausel vorgesehen** (§ 8 Abs. 2 und Abs. 6 Nr. 2 UWG). Damit soll die Möglichkeit geschaffen werden, im Hinblick auf die strengere gesetzliche Regelung besondere Fallgestaltungen sachgerecht zu lösen.

5. Dauer der Veranstaltung. Bisher war in der Musteranordnung eine Höchstgrenze von zwei Monaten gesetzt; nunmehr ist die Dauer eines Räumungsverkaufes wegen Geschäftsaufgabe auf 24 Werktage beschränkt (§ 8 Abs. 2 UWG). Eine Fristverlängerung ist nicht vorgesehen.

6. Verfahren. Vorgesehen ist weiterhin ein Anzeigeverfahren; unterbleibt die Anzeige oder ist sie fehlerhaft, löst dies zivilrechtliche Ansprüche aus. Ein Verwaltungsverfahren oder Ordnungsmittel sind nicht mehr vorgesehen.

---

[3] OLG Frankfurt GRUR 1988, 558.
[4] Sack BB 1986, 679, 680.
[5] OLG Frankfurt GRUR 1988, 558.
[6] Begründung zum Entwurf der Novelle; BT-Drucksache 10/4741 v. 29. 1. 1986 Seite 16.

Nachtrag   Zu § 51

a) Die Anzeige eines **Räumungsverkaufes wegen Geschäftsaufgabe** muß spätestens zwei Wochen vor der erstmaligen **Ankündigung** (bisher Beginn der Veranstaltung) erfolgen.

Sie muß den Grund des Räumungsverkaufes angeben und belegen, Beginn und Ende sowie Ort des Räumungsverkaufes angeben und Art, Beschaffenheit und Menge der zu räumenden Waren enthalten. Das Warenverzeichnis muß nicht Preisangaben enthalten, wohl aber muß es so detailliert sein, daß ein zuverlässiger Vergleich zwischen der verzeichneten Ware und dem wirklich vorhandenen Warenvorrat möglich ist. Dies gilt in verstärktem Maße, wenn der Veranstalter des Räumungsverkaufs unter der gleichen Anschrift mehrere Geschäftsbetriebe unterhält. Das Warenverzeichnis muß so detailliert sein, daß sich das unzulässige Vorschieben und Nachschieben von Ausverkaufsware feststellen läßt.[7]

Dies deckt sich im wesentlichen mit der bisherigen Regelung. Zur Nachprüfung der Angaben sind die amtlichen Berufsvertretungen befugt, die hierfür Erkundigungen einholen können (§ 8 Abs. 4 UWG).

b) § 8 Abs. 4 UWG sieht weiter vor, daß **Einsicht** in die Akten und die Anfertigung von Abschriften oder Ablichtungen **jedem gestattet ist.** Dadurch sollen die tatsächlichen Grundlagen geschaffen werden, um Verstöße festzustellen, welche Grundlage für die Geltendmachung der **zivilrechtlichen Unterlassungsansprüche** nach § 8 Abs. 5 und 6 UWG sind. Die Ansprüche können erhoben werden von Wettbewerbern, Gewerbeverbänden, Verbraucherschutzverbänden und den Industrie- und Handelskammern (§ 13 UWG).

Das entspricht im wesentlichen dem geltenden Recht, da auch bisher bei Verstößen gegen Ordnungsvorschriften zivilrechtliche Ansprüche gegeben waren (vgl. Handbuch § 51 Rdn. 28). Die von dem Entwurf angestrebte „Entbürokratisierung" findet in diesem Bereich im Ergebnis nur beschränkt statt, weil jedenfalls für die Ermittlung und Kontrolle von Verstößen weiterhin die öffentlich-rechtlichen Berufskammern zuständig sind. Die früheren Verwaltungs- und Ordnungsmittelverfahren sind nicht mehr vorgesehen.

c) Die Unterlassungsansprüche richten sich gegen die **gesamte Durchführung** unzulässiger Räumungsverkäufe, sofern die Voraussetzungen nicht gegeben sind oder vor- oder nachgeschoben wird (§ 8 Abs. 5 UWG). Unterlassungsansprüche können auch schon vor Beginn einer möglichen unzulässigen Veranstaltung durch einstweilige Verfügung geltend gemacht werden.[8] Ergänzend enthält § 8 Abs. 6 Nr. 1 UWG eine **„kleine Generalklausel"** für andere Verstoßformen. Dies hielt der Gesetzgeber für sachgerecht, weil die nunmehr ausschließlich mit solchen Fragen befaßten Zivilgerichte bei der Anwendung von Generalklauseln über besondere Erfahrung verfügen.[9]

§ 8 Abs. 6 Nr. 2 und 3 UWG gewähren Unterlassungsansprüche, welche die Einhaltung von Sperrfristen sicherstellen sollen. Das gilt jedoch nur für Sperrfristen, die sich aus dem neuen Recht ergeben; soweit Teilausverkäufe betroffen sind, die nach neuem Recht nicht mehr vorgesehen sind, lassen sich Unterlassungsansprüche nicht auf § 8 Abs. 6 Nr. 2 UWG stützten.[10]

---

[7] OLG Frankfurt GRUR 1988, 558/560.
[8] LG Frankfurt WRP 1987, 703.
[9] Begründung aaO (Fn. 6).
[10] OLG Hamburg GRUR 1988,, 147/148.

Zu § 52 Räumungsverkäufe (S. 742 ff.)

I. Räumungsverkäufe

Sie sind nunmehr zusammenfassend geregelt in § 8 Abs. 1 UWG. Das Gesetz verlangt generell eine **„Räumungszwangslage"**, welche durch einen Schaden aufgrund besonderer Ereignisse wie Feuer, Wasser, Sturm etc. oder durch bestimmte Baumaßnahmen entstanden sein kann.

1. **Schaden.** Das Gesetz nennt als **Schadensursachen** Feuer, Wasser, Sturm oder ein vom Veranstalter nicht zu vertretendes „vergleichbares" Ereignis. Hierfür sind nach § 8 Abs. 3 Satz 2 UWG Belege beizufügen.

Erforderlich ist nicht nur der Schadenseintritt als solcher. Nachzuweisen ist darüber hinaus, daß der Schadenseintritt von dem Veranstalter des Räumungsverkaufes **nicht zu vertreten** ist und daß die Schadensfolgen nur durch einen Räumungsverkauf **vermieden** werden können.

2. **Umbau.** Sonderveranstaltungen wegen Umbaues sollten nach dem ursprünglichen Entwurf insgesamt untersagt werden; im weiteren Verfahren sind sie jedoch aufgrund der Stellungnahme des Rechtsausschusses wieder eingefügt worden.[11]

Allerdings sind im Verhältnis zur bisherigen Regelung die **Voraussetzungen verschärft**. Einen hinlänglichen Grund bilden nur solche Umbauten, die **nach baurechtlichen Vorschriften anzeige- oder genehmigungspflichtig sind**. Darüber hinaus muß auch hier die Durchführung eines Räumungsverkaufes **„unvermeidlich"** sein. Die anzeige- oder genehmigungspflichtigen Baumaßnahmen selbst müssen die Zwangslage begründen. Es genügt nicht, daß sich die Zwangslage aus sonstigen Renovierungsmaßnahmen ergibt, die zusätzlich durchgeführt werden.[12]

Um die Einschränkungen abzusichern, sieht das Gesetz vor, daß auch die von der Baumaßnahme betroffene Fläche in der Anmeldung anzugeben ist (§ 8 Abs. 3 Nr. 4 UWG). Als Beleg ist eine Bestätigung der Baubehörde „über die Zulässigkeit des Bauvorhabens" beizufügen (§ 8 Abs. 3 S. 3 UWG). Sinnvollerweise wird man verlangen müssen, daß die Baubehörde nicht die Zulässigkeit des Vorhabens als solche allein, sondern auch ihre baurechtliche **Anzeige- oder Genehmigungspflichtigkeit** im Sinne des § 8 Abs. 1 Nr. 2 UWG bestätigt.

Zur weiteren Absicherung ist in § 8 Abs. 6 Nr. 3 UWG vorgesehen, daß auf der betroffenen Verkaufsfläche der Verkauf erst nach **„vollständiger** Beendigung" der angezeigten Baumaßnahme fortgesetzt wird. Auf diese Weise soll dem Mißbrauch vorgebeugt werden, daß zwar Räumungsverkäufe durchgeführt werden, die anschließenden Umbauten jedoch – praktisch ohne Sanktionen – bei weitem nicht in dem angekündigten Maße durchgeführt werden.[13]

Der Veranstalter darf also auf der in der Anzeige anzugebenden Fläche erst dann seine Verkaufstätigkeit fortsetzen, wenn all die Baumaßnahmen durchgeführt sind, die er in der Anmeldung angekündigt hat.

3. Bei Räumungsverkäufen wegen Schadens und Umbaues nach § 8 Abs. 1 Satz 1 UWG ist der Anlaß für die Räumung des Warenvorrates anzugeben (§ 8 Abs. 1 Satz 2 UWG).

Umgekehrt dürfen nur zulässige Räumungsverkäufe als solche angekündigt werden, da sonst eine nach § 7 Abs. 1 UWG unzulässige Sonderveranstaltung gegeben ist. Die Ankündigung in einer Vielzahl von Angeboten, deren konkrete Preisangabe mit dem Zusatz „jetzt nur noch..." versehen ist, oder mit dem Hinweis „radikal reduziert bis 70% und mehr" beworben wird, stellt in Verbindung mit dem Hinweis „trotz Erweiterungsum-

---

[11] Bericht des Rechtsausschusses; BT-Drucksache 10/5771 v. 25. 6. 1986 Seite 21.
[12] OLG Stuttgart WRP 1988, 203/204.
[13] Bericht des Rechtsausschusses aaO Seite 22.

Nachtrag Zu § 53

baues geht der Verkauf weiter" einen Verstoß gegen §§ 7, 8 UWG dar. Der Eindruck einer (scheinbaren) Räumungszwangslage, deren gesetzliche Voraussetzungen nicht vorliegen, verstärkt noch den Eindruck einer Sonderveranstaltung, die außerhalb des regelmäßigen Geschäftsverkehrs liegt.[14] Als unzulässige Ankündigung einer Sonderveranstaltung wurde auch der Hinweis „Liquidation" im Zusammenhang mit der Angabe „Bekanntmachung" angesehen.[15]

4. Die Dauer derartiger Räumungsverkäufe ist auf 12 Werktage beschränkt (§ 8 Abs. 1 UWG). Die Räumungsverkäufe wegen Schadens müssen eine Woche, wegen Umbaues spätestens zwei Wochen vor ihrer erstmaligen Anküdigung angezeigt werden.

5. Verfahren. Hier gelten die Erläuterungen zu § 51 I. 6 sinngemäß. Die Anzeigefrist ist für Ausverkäufe wegen besonderer Schäden (§ 52 I. 1) auf eine Woche verkürzt.

Zu § 53 Abschnittsschlußverkäufe (S. 745 ff.)

I. Abschnittsschlußverkäufe

Die bisher in § 9 UWG und der Verordnung über Sommer- und Winterschlußverkäufe vom 13. 7. 1950 enthaltene Regelung findet sich nunmehr gestrafft in § 7 Abs. 1 UWG. Sachlich stehen folgende Änderungen im Vordergrund:

1. Beginn und Dauer. Hier bleibt es bei der bisherigen Regelung. Jedoch ist die in § 1 Abs. 3 der früheren VO über Sommer- und Winterschlußverkäufe enthaltene Ermächtigung für die Landesregierungen zu **Sonderregelungen in Bädern und Kurorten entfallen.**

2. Warenkatalog. In Abweichung von § 2 der SchlußverkaufsVO sind jetzt Lederwaren generell schlußverkaufsfähig, nicht aber Hartschalenkoffer.[16] Neu aufgenommen sind auch Sportartikel.

Umgekehrt sind für die Winterschlußverkäufe Porzellanwaren, Glaswaren und Waren aus Steingut entfallen.

3. Form der Ankündigung. Die **besonderen Werbebeschränkungen** der SchlußverkaufsVO sind **entfallen.** Lediglich das Verbot der Preisgegenüberstellung wird in Zukunft durch § 6e UWG aufrechterhalten. Nach der Begründung bestand für die Aufrechterhaltung weitergehender Werbebeschränkungen kein Bedürfnis. Jedoch sollte sich durch diese Gesetzesregelung an der bisherigen Rechtslage nichts ändern,[17] so daß insbesondere die Rechtslage betreffend Vorwegnahme von Saisonschlußverkäufen (dazu Handbuch § 53 Rndr. 7 ff.) unverändert ist. Danach liegt eine unverändert unzulässige Ankündigung vor, wenn am Freitag vor Beginn des Winterschlußverkaufes – im Zusammenhang mit dem Hinweis auf den am folgenden Montag beginnenden Schlußverkauf – mit der Angabe geworben wird „jetzt räumt... die Lagerbestände".[18]

4. Verfahren. Eine Anzeige ist wie bisher nicht vorgesehen.

Auch in diesem Bereich sind nur noch zivilrechtliche Ansprüche aufgrund von § 7 Abs. 1 UWG gegeben.

5. Restverkäufe. Diese früher in § 4 der Anordnung des RWM betreffend Sonderveranstaltungen vorgesehene Form ist nicht mehr zulässig.

---

[14] OLG Frankfurt WRP 1988, 309/310.
[15] OLG Hamm WRP 1987, 763.
[16] OLG Hamburg GRUR 1988, 472.
[17] BGH WRP 1988, 365.
[18] OLG Hamburg WRP 1988, 551; vgl. auch OLG Frankfurt WRP 1987, 582; zu den Anforderungen an ein Meinungsforschungsgutachten zu der Frage, ob der Verkehr bei einer allgemein gehaltenen Schlußverkaufswerbung annimmt, das gesamte schlußverkaufsfähige Sortiment sei herabgesetzt (vgl. BGH WRP 1988, 365).

Zu § 54 Sonstige Sonderveranstaltungen (S. 751 ff).

Die bisherige Regelung in der Anordnung des RWM vom 4. 7. 1935, die auf der Grundlage von § 9a UWG beruhte, ist entfallen.

1. Sonderangebote. Die Abgrenzung **der generell unzulässigen Sonderveranstaltungen von** zulässigen Sonderangeboten findet sich jetzt in § 7 Abs. 2 UWG. Die Regelung ist inhaltlich unverändert.[19] Das gilt für die Abgrenzung des Bergriffes „im Einzelhandel"[20] und den Sonderveranstaltungscharakter von Versteigerungen gebrauchter Kraftfahrzeuge im Einzelhandel.[21] Das Element der zeitlichen Befristung bleibt im Reisegewerbe unberücksichtigt, so daß eine Sonderveranstaltung vorliegen kann, wenn das gesamte Warenangebot als besonders preisgünstige Kaufgelegenheit dargestellt wird.[22] Die Bezeichnung einer Verkaufsveranstaltung als „große Minolta 7000 Tauschaktion" führt noch nicht dazu, daß die Veranstaltung außerhalb des regelmäßigen Geschäftsverkehrs liegt; es kann sich hier um eine vernünftige Fortentwicklung der bisherigen Branchenübung handeln, jedoch kann ein Rabattverstoß vorliegen.[23]

Weiterhin kann auch eine besonders bombastische Aufmachung der Werbung den Eindruck einer (unzulässigen) Sonderveranstaltung vermitteln („sensationell – alle Sommerblousons 50% reduziert").[24] Ein „Flohmarkt" bei einem Einzelhändler von Fernseh- und Rundfunkgeräten kann in Verbindung mit Worten „wie Auslaufmodelle und Einzelstücke" – „heiße Sonderpreise" ebenfalls den Eindruck zeitlicher Beschränkung und damit einer unzulässigen Sonderveranstaltung vermitteln.[25] Die Ankündigung eines Verkaufes „Möbel aus dem Zelt für wenig Geld" kann eine unzulässige Sonderveranstaltung jedenfalls dann beinhalten, wenn das Zelt zusätzlich als „großes Zelt voller Schnäppchen" bezeichnet wird.[26] Eine zeitliche Beschränkung liegt selbstverständlich in der Ankündigung „Angebot des Monats",[27] während andererseits die warenmäßige Beschränkung als solche, die jedem Sonderangebot nach der Natur der Sache anhaftet, nicht ausreicht, um dem Publikum eine zeitliche Begrenzung zu suggerieren.[28]

2. Jubiläumsverkäufe. Sie sollten nach dem ursprünglichen Entwurf entfallen, sind jedoch im weiteren Gesetzgebungsverfahren wieder eingefügt worden.[29] Sie dürfen wie bisher nach Ablauf von jeweils 25 Jahren vorgenommen werden (§ 7 Abs. 3 Nr. 2 UWG). Die bewußt kurz gehaltene gesetzliche Regelung soll keine materielle Änderung gegenüber den zahlreichen Detailregeln des geltenden Rechtes und der hier zu entwickelnden Rechtsprechung bedeuten.[30] Wie bisher sind Jubiläumsverkäufe nur zulässig, wenn Unternehmenskontinuität gegeben ist; daran fehlt es, wenn das ursprüngliche Unternehmen liquidiert worden ist und der frühere Inhaber danach ein neues Unternehmen beginnt.[31] Auch ist weiterhin die Wartefrist von 25 Jahren auf jeden Fall nach dem letzten Jubiläums-

---

[19] BGH WRP 1988, 365.
[20] BGH aaO: Vertrieb des Herstellers von Fertighäusern kein Warenverkauf „im Einzelhandel"; jedoch können Verkaufsaktionen eines Herstellers, die sich im Einzelhandel auswirken, als unzulässige Sonderveranstaltungen anzusehen sein (OLG Frankfurt WRP 1988, 103/104 – Jubiläumsangebot).
[21] BGH BB 1988, 1414.
[22] OLG Karlsruhe WRP 1987, 44.
[23] OLG Hamburg GRUR 1987, 383.
[24] OLG Karlsruhe WRP 88, 124/125.
[25] OLG Oldenburg WRP 87, 649.
[26] OLG Frankfurt GRUR 1987, 731.
[27] OLG München WRP 87, 134.
[28] OLG Köln GRUR 1987, 447.
[29] Bericht des Rechtsausschusses aaO Fn. 13 Seite 22.
[30] AaO.
[31] OLG Celle WRP 1988, 507.

Nachtrag

Zu § 54

verkauf einzuhalten – auch wenn dieser aufgrund falscher Berechnung zu früh stattgefunden hat.[32]

3. Rechtsfolgen. Wie überall im Bereich der Sonderveranstaltungen gibt es auch hier kein Verwaltungs- und Ordnungsmittelverfahren mehr. Die Verfolgung ist allein zivilrechtlichen Unterlassungsansprüchen überlassen.

---

[32] LG Essen WRP 1988, 136.

Zu § 55 Einführung in das Kennzeichenrecht (S. 761 ff.)

Gesetzesänderungen sind im Kennzeichnungsrecht seit Herausgabe des Handbuches nicht eingetreten. Die Rechtsprechung bewegt sich im wesentlichen in den vorgezeichneten Bahnen; gewisse Tendenzen und Bestätigungen aus der höchstrichterlichen Rechtsprechung bis Mitte 1988 werden im folgenden dargestellt.

1. Name, Firma, Firmenschlagwort, Firmenbestandteil (Rdnr. 8 f.). Für die selbständige Schutzfähigkeit eines Firmenschlagwortes bzw. einer Firmenabkürzung im Rahmen des § 16 Abs. 1 UWG kommt es nicht darauf an, ob das Unternehmen selbst diese Kurzform – neben seiner Gesamtbezeichnung – zur selbständigen Kennzeichnung seines Betriebes tatsächlich herausstellt. Es genügt vielmehr, daß der Verkehr das Schlagwort mit der Gesamtfirmierung verbindet, was auch unabhängig von der Benutzung durch das Unternehmen selbst möglich erscheint und ggf. im Wege einer Meinungsumfrage ermittelbar ist.[1]

2. Besondere Bezeichnung eines Erwerbsgeschäfts (Rdnr. 10). Der BGH hat den Grundsatz, daß mehrere selbständige Teilgeschäftsbereiche innerhalb eines einheitlichen Unternehmens eigenständige Kennzeichnungsrechte im Sinne des § 16 Abs. 1 UWG begründen können, in einer Entscheidung[2] noch verfeinert und ausgeführt, daß es nicht einmal einer räumlichen und personellen Abgrenzung des im Sinne von § 16 Abs. 1 UWG selbständigen Teilgeschäftsbereiches von anderen Unternehmensteilen bedürfe. Es genüge vielmehr, daß ein dauerhaft verselbständigter Wirkungsbereich mit einem besonderen Gegenstand und spezieller Zwecksetzung vorliege, der von einem besonderen Personenkreis nach bestimmten Verfahrensregeln und Richtlinien mit Hilfe von Sachmitteln, die von anderen Geschäftsbereichen zur Verfügung gestellt würden, ausgefüllt werde.

---

[1] BGH GRUR 1988, 636 – Grundcommerz.
[2] BGH GRUR 1988, 561 – Christophorus-Stiftung.

Zu § 56 Entstehung und Erhaltung des Kennzeichnungsrechts (S. 766 ff.)

1. Kennzeichnungsrecht – Übertragungsvertrag (Rdnr. 38). Der BGH[1] hat die Vorschrift des § 8 WZG, wonach ein Warenzeichen nicht ohne den dazugehörigen Geschäftsbetrieb veräußert werden darf, als zum ordre public gehörig eingestuft mit der Begründung, der Herkunftshinweis auf den Geschäftsbetrieb sei die wesentlichste Aufgabe des Zeichens, so daß eine Abtrennung des Zeichens von dem Geschäftsbetrieb, auf den es hinweise, nicht erfolgen dürfe. Angesichts dessen, daß auch innerhalb des Geschäftsbetriebes relevante Änderungen eintreten können und daß auch der Geschäftsbetrieb das gleiche Zeichen durchaus für unterschiedlichste Waren einsetzen oder das Zeichen lizensieren kann, der Verkehr also keinen Anspruch auf gleichbleibende Qualität und Herkunftsstelle der mit dem Zeichen gekennzeichneten Ware hat, erscheint diese herausgehobene Bewertung des § 8 WZG nicht überzeugend.

2. (Rdnr. 40). Ergänzend zu der untrennbaren Verbindung zwischen dem Kennzeichnungsrecht einerseits und den daraus folgenden Ansprüchen andererseits hat das OLG Koblenz[2] entschieden, wettbewerbsrechtliche Unterlassungsansprüche gemäß § 16 Abs. 1 UWG könnten wirksam nur dann abgetreten werden, wenn gleichzeitig auch das Kennzeichnungsrecht übertragen werde (und dazu dann also auch gem. § 24 HGB, § 8 WZG der dazugehörige Geschäftsbetrieb).

3. (Rdnr. 42 f.). Die dargestellte Rechtsauffassung ist vom OLG Koblenz[3] bestätigt worden: Ein älteres Unternehmen, welches den Namen eines inzwischen ausgeschiedenen Gesellschafters in seiner Firma führt, kann sich gegen ein jüngeres Unternehmen dieses früheren Gesellschafters, das wiederum seinen Namen in der Firma führt, auf den Grundsatz der Priorität berufen und also kennzeichnungsrechtliche Ansprüche geltend machen. Der Ausgleich hat dann nach den Regeln des Rechts der Gleichnamigen zu geschehen, siehe Handbuch § 59 Rdnr. 2 ff.

---

[1] BGH GRUR 1987, 525/526 f. – LITAFLEX.
[2] OLG Koblenz WRP 1988, 258/260.
[3] OLG Koblenz WRP 1988, 258/259.

Zu § 57 Verkehrsgeltung (S. 786 ff.)

1. Einzelfälle (Rdnr. 14 ff.). Das OLG Frankfurt[1] hat „Pizza & Pasta" für schutzfähig gehalten und mit „Pasta & Pizza" für verwechslungsfähig gehalten. Das OLG Hamburg hat einerseits in GRUR 1986, 475 „Blitz-Blank" für ein Gebäudereinigungsunternehmen für schutzfähig gehalten, dagegen in GRUR 1987, 184 die Bezeichnung „Sicherheit + Technik" nicht und dementsprechend kennzeichnungsrechtliche Ansprüche gegen eine gleichnamige Firma abgelehnt. Es dürfte dabei nur unerheblich ins Gewicht fallen, daß es sich im Falle des OLG Frankfurt um einen Kochbuchtitel handelte und daher die erleichterten Schutzmöglichkeiten für Titel (vgl. Handbuch § 61 Rdnr. 2 ff.) in Betracht zu ziehen sind; eher wird man wohl sagen können, daß zusammenfassende Wortbildungen dann, wenn sie entsprechend der üblichen Sprachgewohnheit gebildet sind, keinen Kennzeichenschutz genießen, dagegen dann schutzbegründend sind, wenn ein gewisses „poetisches Versmaß" mitschwingt („Charme & Chic", „Pizza & Pasta", „Blitz-Blank"). Dem entspricht wohl auch, daß der BGH „Videorent" nicht für schutzfähig erachtet hat,[2] weil das englische Verb „to rent" jedenfalls im Geschäftsleben in Deutschland allgemein bekannt sei, dann aber an der Wortschöpfung „Videorent" nichts Originelles bleibe, was schutzbegründend sein könnte.

2. Beteiligte Verkehrskreise (Rdnr. 52). Entgegen der Darstellung im Text, daß nur solche Verkehrskreise für die Feststellung der Verkehrsgeltung in Betracht zu ziehen sind, denen gegenüber die Kennzeichnung auch tatsächlich in Erscheinung tritt, hat der BGH[3] entschieden, daß es eine auf den Handel beschränkte Verkehrsdurchsetzung bei solchen Waren, die an Endverbraucher gelangen, auch dann nicht gebe, wenn den Endverbrauchern gegenüber die Kennzeichnung gar nicht in Erscheinung trete, also auf der Handelsstufe vor dem Verkauf an den Endverbraucher entfernt werde.

3. Mindestprozentsätze (Rdnr. 65). Die im Text dargestellten Prozentsätze für eine Verkehrsgeltung gemäß § 4 Abs. 3 WZG haben eine Bestätigung gefunden durch die Entscheidung BPatG GRUR 1986, 671 – GfK.[4]

---

[1] OLG Frankfurt GRUR 1987, 457/457 f. – Pizza & Pasta.
[2] BGH WRP 1986, 671/671 f. – VIDEO-RENT.
[3] BGH Mitt. 1986, 214 – OCM.
[4] Vgl. dazu auch *Ströbele* GRUR 1987, 75.

Zu § 58 Verwechslungsfähigkeit (S. 813 ff.)

1. Ermittlung der Verkehrsauffassung (Rdnr. 34 f.). Es erscheint bedauerlich, daß der BGH[1] die Möglichkeit ausgelassen hat, Vorstellungen darüber zu entwickeln, wie eine von ihm in Betracht gezogene Verwechslungsfähigkeit im weiteren Sinne (Konzernverbundenheit von Kennzeichnungen, die vom Verkehr als unterschiedlich erkannt werden) durch eine Meinungsumfrage nachgewiesen werden kann, wie er sie dem OLG, an das der Rechtsstreit zurückverwiesen wurde, anheimgestellt hat. Denn hier wird man den befragten Verkehrsbeteiligten ja zunächst einige begriffliche Vorgaben machen müssen, um deren Meinung über eine angenommene Konzernverbundenheit überhaupt ermitteln zu können. Es erscheint nicht einfach, dabei eine gewisse suggestive Wirkung für die Antworten der Befragten zu vermeiden.

2. Wortkombinationen – Einzelelemente (Rdnr. 52). Der BGH hat klargestellt, daß dem Anfangsteil einer Wortkombination nur dann eine besondere Dominanz bei der kennzeichnungsrechtlichen Beurteilung zukomme, wenn er von sich aus eine eigenständige prägende Kraft habe. Die schutzbegründende Kennzeichnungskraft eines Wortbestandteils könne auch dann die Verwechslungsfähigkeit begründen, wenn dieser Bestandteil in der Verletzungsform erst an der hinteren Stelle einer eigenständig gebildeten Wortkombination stehe.[2]

3. Schwäche der Kennzeichnungskraft (Rdnr. 86). Die mit der „Indorectal"-Entscheidung begonnene Rechtsprechungs-Entwicklung, von der „Polyestra-Doktrin" wegzukommen und auch solche Zeichen einzutragen, die „sprechend" an beschreibende oder sonstige nicht schutzfähige Angaben angenähert sind, ist fortgesetzt worden.[3]

4. Branchennähe nach üblichem Erscheinungsbild (Rdnr. 106). Den Grundsatz, daß kleineren Unternehmen eine Ausweitungstendenz hinsichtlich ihres Produktprogrammes mit Einfluß auf die Beurteilung der Branchennähe in der Regel nicht geltend machen können, hat der BGH[4] bestätigt.

5. Einzelfälle (Rdnr. 110). In der Entscheidung GRUR 1986, 255 f. – Zentis hat der BGH Branchennähe zwischen Konfitüren und anderen süßen Brotaufstrichen einerseits und Molkereiprodukten andererseits zu Recht bejaht und insbesondere die Wechselwirkung zwischen Kennzeichnungskraft und Branchennähe noch einmal ausdrücklich bestätigt.[5]

6. Beschaffenheitsangabe (Rdnr. 123 f.). Der BGH hat inzwischen mehrfach herausgestellt, daß eine kennzeichenmäßige Verwendung im Zweifel dann nicht anzunehmen sei, wenn eine beschreibende oder sonst nicht schutzfähige Bezeichnung – sei es auch in herausgestellter Form – in Rede stehe. Diese Rechtsprechung ist der sinnvolle Ausgleich dafür, daß der BGH in zunehmendem Umfang die Schutzfähigkeit von an Beschaffenheitsangaben angenäherten Bezeichnungen bejaht, vgl. Handbuch § 58 Rdnr. 85 f. Zu dieser Rechtsprechung wird hingewiesen auf BGH GRUR 1984, 815 – Indorectal; GRUR 1985, 41 – REHAB; GRUR 1985, 1053 – ROAL; GRUR 1986, 245 – India-Gewürze; GRUR 1988, 379 – RIGIDITE. In ähnliche Richtung weist die Entscheidung GRUR 1988, 307 – Gaby, in welcher ausgesprochen wird, es liege in der Benutzung eines gebräuchli-

---

[1] BGH GRUR 1988, 635 – Grundcommerz.
[2] BGH GRUR 1988, 635/635 f. – Grundcommerz; BGH GRUR 1988, 638/639 – Hauer's Autozeitung.
[3] Dazu ist hinzuweisen auf die Entscheidungen BGH GRUR 1985, 1053 – ROAL; GRUR 1988, 379 – RIGIDITE; sowie des BPatG GRUR 1987, 236 – Balfast.
[4] BGH GRUR 1986, 402 – Fürstenberg.
[5] Vgl. dazu Handbuch § 58 Rdnr. 3 ff.

Zu 11. Kapitel **Nachtrag**

chen Vornamens zur Bezeichnung einer Ware in Abgrenzung von mit anderen Vornamen versehenen Waren in einem Bestellkatalog im Zweifel keine kennzeichenmäßige Verwendung. Allerdings ist auch diese „im Zweifel-Regel" nicht kennzeichenmäßiger Verwendung von schutzunfähigen Bezeichnungen richtigerweise widerlegbar, wie die Entscheidung BGH GRUR 1988, 542/543 – ROYALE zeigt.

Zu § 59 Besondere Fallkonstellationen mit vermindertem Schutzumfang (S. 851 ff.)

1. Grundsatz: Abgrenzung durch Zusätze (Rdnr. 3 ff.). Die Grundsätze des Rechtes der Gleichnamigen mit den dargestellten Rücksichtnahmen gelten nur bei Firmenbezeichnungen in ihrem Verhältnis zueinander, nicht dagegen bei sich gegenübertretenden Warenzeichen untereinander[1] und auch nicht beim Aufeinandertreffen einer prioritätsälteren Firma mit einer prioritätsjüngeren Marke.[2] Hier gilt vielmehr der Prioritätsgrundsatz uneingeschränkt, weil ein Bedürfnis für die Eintragung des Namens des Firmeninhabers bzw. Gesellschafters als Marke in weit geringerem Umfang besteht als für die Führung des eigenen Namens als Firma.

2. Gleichgewichtslage und ihre Veränderung (Rdnr. 17). Eine Bestätigung des Grundsatzes, daß eine kennzeichnungsrechtliche Gleichgewichtslage nicht ohne Rücksicht auf die Interessenlage des anderen Unternehmens, mit dem diese Gleichgewichtslage besteht, abgeändert werden darf, findet sich in BGH GRUR 1987, 182/183 – Stoll: Wenn zwei Träger des gleichen Familiennamens ihre jeweiligen Unternehmen jahrzehntelang unter ihrem Familiennamen und Vornamen und eines dieser beiden Unternehmen darüber hinaus noch mit einem Sachzusatz – ohne daß dazu nach dem Recht der Gleichnamigen eine rechtliche Verpflichtung bestanden hätte – im geschäftlichen Verkehr geführt haben, dann darf dieser Sachzusatz nicht mehr ersatzlos fortgelassen werden, weil dadurch eine Annäherung an die Rechtsposition des anderen Unternehmens bewirkt würde.

3. Keine Ausübung des Kennzeichnungsrechts (Rdnr. 18). Gegenüber dem Grundsatz, mit dem erstmaligen Inverkehrbringen seien die aus dem Schutzrecht folgenden kennzeichnungsrechtlichen Ansprüche erschöpft, hat der BGH entschieden, eine gewisse Einflußmöglichkeit habe allerdings der Kennzeichnungsrechtsinhaber noch über die Art, wie mit seinen Produkten im weiteren Vertriebsweg geworben werde. Er könne nicht nur aus § 3 UWG, sondern auch aus §§ 15, 24 WZG Rechte geltend machen, wenn in unzulässiger Weise mit seiner Kennzeichnung im Handel geworben werde. In BGH GRUR 1987, 707/708 und GRUR 1987, 823/824 „Ankündigungsrecht I und II" sagt der BGH: „So wie der Zeicheninhaber auch nach dem Inverkehrsetzen der Ware die ordnungsgemäße Zeichenverwendung an der Ware selbst oder an ihrer Verpackung überwachen kann,[3] ist er auch bei der Benutzung seines Warenzeichens in der Werbung zu einer entsprechenden Überwachung berechtigt. Dem Warenzeicheninhaber (entsprechendes gilt natürlich auch für andere Kennzeichnungsrechte) muß es unbenommen bleiben, zeichenrechtlich mißbräuchlichen Ankündigungen seiner Waren aufgrund seines Ankündigungsrechts entgegenzutreten." Wann allerdings ein „Mißbrauch" vorliegt, wenn der Handel eine Kennzeichnung hervorgehoben in den Regalen herausstellt – möglicherweise ohne entsprechend gekennzeichnete Waren in angemessenem Umfang zur Verfügung zu haben –, bleibt einer wertenden Betrachtung im Einzelfall vorbehalten.

4. (Rdnr. 20) Die deutsche Rechtsprechung scheint bemüht, Restriktionen, die sich aus der HAG-Doktrin des EuGH[4] für die Durchsetzung von kennzeichnungsrechtlichen Ansprüchen im grenzüberschreitenden Verkehr ergeben, wieder einzuschränken. Die Definition dessen, was in BGH GRUR Int. 1987, 702/703 f. – KLINT und OLG Hamburg WRP 1988, 252/254 – HAG als „ursprüngliche Rechte" verstanden wird und dementsprechend nach dem HAG-Urteil des EuGH unabhängig von der Priorität – nicht gegen nationale Kennzeichnungsrechte innerhalb des Gemeinsamen Marktes verstößt, erscheint bei unbefangener Betrachtungsweise nahezu so, als wolle die deutsche Rechtsprechung dem EuGH die Gefolgschaft verweigern.

---

[1] BGH GRUR 1966, 499/501 – Merck).
[2] BGH GRUR 1986, 402/403 – Fürstenberg.
[3] BGH GRUR 1982, 115/116 f. – Öffnungshinweis.
[4] EuGH GRUR Int. 1974, 338.

Zu § 60 Ansprüche bei Kennzeichnungsrechtsverletzungen (S. 861 ff.)

1. Unterlassungsanspruch (Rdnr. 2ff.). Zum Unterlassungsanspruch gegenüber dem Geschäftsführer einer GmbH oder dem Vorstand einer AG vgl. BGH GRUR 1986, 248 – Sporthosen.

2. Löschungsanspruch (Rdnr. 14). Einige Handelsregister-Gerichte pflegen einer Firmen-Teillöschung im Rahmen der Vollstreckung eines auf z. B. das Schlagwort einer Firma beschränkten Urteils gemäß § 894 ZPO entgegenzuhalten, die Teillöschung sei unzulässig, weil dann nur noch ein Firmen-Torso übrigbleibe, der als solcher nicht eintragungsfähig sei. Diesem Einwand ist mit dem Hinweis zu begegnen, daß hinsichtlich dieses Firmenrechtes dann ein Amtslöschungs-Verfahren zu betreiben sein mag, wenn nicht der Schuldner des Teillöschungs-Urteils seinerseits eine Firmenänderung vornimmt, die der ausgeurteilten Teillöschung seiner Firma Rechnung trägt. Es geht nicht an, den von höchstrichterlicher Rechtsprechung wiederholt bestätigten Löschungsurteilen, die auf den jeweils verletzenden Bestandteil einer eingetragenen Firma beschränkt sind, im Vollstreckungsverfahren durch handelsregisterliche Einwendungen die Gefolgschaft zu verweigern und sie damit nicht vollstreckungsfähig zu machen.

3. Verschulden (Rdnr. 16f.). Über die Verantwortlichkeit der einzelnen Mitglieder eines aus mehreren Personen bestehenden Organs eines verletzten Unternehmens hat sich der BGH eingehend in der Entscheidung GRUR 1986, 248 – Sporthosen geäußert.

Zu § 61 Titelschutz (S. 870ff.)

1. Voraussetzungen (Rdnr. 7). Die bloße Bezeichnung „Sonntagsblatt" für ein nur sonntags verteiltes Anzeigenblatt ist nach OLG Oldenburg GRUR 1987, 127 – Sonntagsblatt trotz der geringen Ansprüche zur Unterscheidungskraft bei Zeitungs- und Zeitschriftentiteln nicht schutzfähig. Dagegen reicht der Titel „Abenteuer heute" für ein periodisch erscheinendes Blatt mit Angebot und Beschreibung von Abenteuerreisen nach OLG Karlsruhe GRUR 1986, 554/555 – Abenteuer heute zur Schutzfähigkeit aus.

2. Titelschutzanzeige (Rdnr. 10). Zur Bedeutung der Titelschutzanzeige (vgl. Ochs WRP 1987, 651 und Arras GRUR 1988, 356.

3. Verwechslungsgefahr (Rdnr. 16). Den Rechtsprechungsgrundsatz, daß der Verkehr bei Zeitschriftentiteln wegen deren erheblicher Vielfalt schon auf geringfügige Unterschiede sehr genau achte, hat das OLG Hamm GRUR 1988, 477 – WAZ/WAS dahin modifiziert, daß diese These bei Abkürzungen nicht ohne weiteres gelte. Es hat den abgekürzten Zeitungstitel „WAZ" (für „Westdeutsche Allgemeine Zeitung") für verwechslungsfähig mit „WAS" (für „Witten am Samstag") gehalten, obgleich beide Abkürzungs-Titel nicht in Alleinstellung benutzt wurden, sondern stets nur im unmittelbaren Zusammenhang mit dem ausgeschriebenen Titel.

Trotz nur geringer Kennzeichnungskraft des Titels „Express" für eine Tageszeitung hat das OLG München GRUR 1987, 925/926 – EXPRESS Verwechslungsfähigkeit mit dem wöchentlich erscheinenden Titel „Sport-Express" angenommen.

4. Schutzumfang (Rdnr. 16 und 21). Ein typischer Beispielsfall, wie mit der der Frage der Verwechslungsfähigkeit zugrunde zu legenden Verkehrsauffassung in unterschiedlicher Weise argumentiert wird – ohne daß die Auffassung der beteiligten Verkehrskreise, nämlich der potentiellen Leser der Zeitschrift, tatsächlich festgestellt wird – findet sich in BGH GRUR 1988, 638 – „Hauer's Auto-Zeitung". Hier wurde aus dem von Haus aus nur schwach kennzeichnungskräftigen Titel „Auto-Zeitung" – seine Verkehrsgeltung, die allerdings auch nicht ermittelt wurde, unterstellt – gegen den Zeitschriftentitel „Hauer's Auto-Zeitung" geklagt. Das Berufungsgericht hatte – wie auch das Landgericht – angenommen, der Verkehr würde zur Abkürzung des angegriffenen Periodikums sich eher an dem charakteristischen Eigennamen als an dem nicht kennzeichnenden Gattungsbegriff orientieren und also „Hauer's" oder „Hauer's Zeitung" als den Begriff „Auto-Zeitung" zur Abkürzung verwenden. Der BGH hat diese Auffassung des OLG Hamburg als erfahrungswidrig kritisiert und gemeint, bei einem Fachblatt komme es dem Verkehr zunächst darauf an, den Fachbereich zu bezeichnen. Der dazugewählte Eigenname spiele nur eine untergeordnete Rolle und eigne sich dementsprechend nicht zur Abkürzung. Beide Auffassungen erscheinen vertretbar. Die Entscheidung zeigt deutlich, daß die zur Begründung jeweils herangezogene Verkehrsauffassung, solange sie nicht tatsächlich ermittelt wird, nur ein Schein-Argument ist.

5. Schutz von Titeln als Warenzeichen (Rdnr. 24). Der BGH hat nicht nur die Eintragung eines Titels als Warenzeichen für Zeitungen, Bücher etc. zugelassen, sondern auch die Eintragung von Titeln vor periodisch ausgestrahlter Fernsehsendungen als Dienstleistungsmarke.[1] Er hat dabei hervorgehoben, daß die Unterscheidungskraft beim Markenschutz höher sein müsse als beim Schutz als Titel gemäß § 16 Abs. 1 UWG. Denn bei einer Zeicheneintragung müsse der Titel auch die Eignung zur Herkunftskennzeichnung aus einem bestimmten Geschäftsbetrieb haben und nicht nur zur Unterscheidung zwischen mehreren Titeln, die möglicherweise auch aus demselben Unternehmen stammen könnten, dienen.

---

[1] BGH GRUR 1982, 431 – POINT; GRUR 1988, 377 – Apropos Film.

Zu § 62 Vorschriften zum Schutz von Kennzeichnungsrechten außerhalb § 16 UWG und WZG (S. 879 ff.)

1. Irreführung (Rdnr. 7). Den Grundsatz, daß im Rahmen von § 3 UWG ein relevanter Irrtum über den „Ursprung ... von Waren, gewerblichen Leistungen oder das Angebot" nur dann vorliegt, wenn er durch andere Irreführungsmomente als durch marken- oder firmenmäßige Verwendung ausgefüllt wird, hat der BGH in GRUR 1986, 325 – Peters und GRUR 1988, 635 – Grundcommerz bestätigt. Welche sonstigen Irreführungsmerkmale über den Ursprung der Ware aus einer bestimmten Betriebsstätte allerdings vorliegen müssen und ausreichen, um eine Irreführung im Sinne von § 3 UWG annehmen zu können, bleibt weiter wenig überschaubar.

2. Alleinstellung (Rdnr. 13). Der BGH hat in der Entscheidung GRUR 1987, 711/712 f. – Camel-Tours erstmals entschieden, daß allein der verwässernde Einfluß einer verwechslungsfähigen Firmierung auf den branchenübergreifenden Schutz einer „berühmten Marke" nicht ausreiche; es müsse vielmehr noch eine gesondert zu ermittelnde Beeinträchtigung im geschäftlichen Verkehr hinzukommen, an die „nicht zu geringe Anforderungen gestellt werden" dürften. Insofern gilt nach Auffassung des BGH offenbar nicht einmal eine Vermutung, so daß also die Darlegungslast für die konkrete Beeinträchtigung bei dem Inhaber der berühmten Marke zu liegen scheint. Wenn dann nicht einmal im Falle eines Reiseveranstalters „Camel-Tours" gegenüber der Zigarettenmarke „Camel" eine verletzende Beeinträchtigung vorliegt, obwohl gerade unter dieser Zigarettenmarke Fernreisen betont werblich herausgestellt werden, fragt sich allerdings, ob der BGH damit nicht der „berühmten Marke" nahezu den Todesstoß versetzt hat zugunsten des alleinigen Rechtsschutzes aus § 1 UWG, dessen Grenzziehungen allerdings unübersichtlich sind.[1]

3. Ermittlung der überragenden Verkehrsbekanntheit (Rdnr. 15). Die bisher geltende Annahme, daß etwa 20% der Konsumenten keinerlei Markenbewußtsein haben, also etwa 80% Verkehrsbekanntheit das absolute Maximum sei, welches eine „berühmte Marke" erreichen könne, muß revidiert werden. Neue Meinungsumfragen haben ergeben, daß die Werbung sich inzwischen bis in den letzten Winkel und gegenüber jedermann ausbreitet und also Verkehrsdurchsetzungsgrade von weit über 90% möglich macht.[2] Dann aber ist es folgerichtig, von einer „berühmten Marke" mit ihrem branchenübergreifenden Schutz nur dann auszugehen, wenn wirklich Verkehrsbekanntheitswerte in diesem Bereich um 90% und mehr ermittelt werden.

---

[1] Vgl. auch Handbuch § 62 Rdnr. 5.
[2] Vgl. OLG Hamburg GRUR 1987, 400 – Pirelli.

Zu § 63 Abmahnung (S. 886 ff.)

1. Zu Rdnr. 2. OLG Karlsruhe GRUR 1987, 845 (zur Schutzrechtsverwarnung gegenüber Abnehmern).

2. Zu Rdnr. 4. OLG Stuttgart WRP 1987, 406 (Veranlassung zur Klage kann auch geben, wer nicht abgemahnt wird, aber nach Erlaß des Anerkenntnisurteils eine Auffassung vertritt, die mit dem anerkannten Anspruch nicht zu vereinbaren ist).
OLG München WRP 1988, 62 (zur Frage der Kostenpflicht bei Abmahnung).

3. Zu Rdnr. 9. OLG Karlsruhe WRP 1986, 165 (auch bei bewußt rechtswidrigem Handeln ist eine Abmahnung erforderlich).
OLG Saarbrücken WRP 1988, 198 (vorherige Abmahnung bei vorsätzlichem Handeln).

4. Zu Rdnr. 11. OLG Hamburg WRP 1988, 47 (zur Entbehrlichkeit einer Abmahnung bei Sequestration).

5. Zu Rdnr. 14. OLG Hamm WRP 1987, 261 (zur Abmahnung von zwei möglichen Verhaltensweisen des Störers).
OLG Hamburg WRP 1986, 292 (Erfordernisse einer ordnungsgemäßen Abmahnung).

6. Zu Rdnr. 17. BGH GRUR 1987, 919 – Wiederholte Unterwerfung II.

7. Zu Rdnr. 18. KG GRUR 1988, 567 – Telex-Unterlassungsverpflichtung I und GRUR 1988, 568 – Telex-Unterlassungsverpflichtung II (zur Berechtigung eines Gläubigers, eine mit Unterschrift versehene Bestätigung zu verlangen, wenn die Unterlassungsverpflichtung per Telex abgegeben wird).
Rödding, Die Rechtsprechung zur Drittunterwerfung – ein Irrweg? WRP 1988, 514.

8. Zu Rdnr. 23. BGH GRUR 1987, 748 – Getarnte Werbung II (zur Ernsthaftigkeit eines Vertragsstrafeversprechens, an einen Dritten zu zahlen).
OLG Köln GRUR 1986, 194 (keine Vertragsstrafe zu Gunsten eines Dritten gegen den Willen des Abmahnenden).
KG GRUR 1986, 563 (Zweifel an der Ernstlichkeit einer Unterlassungserklärung gegenüber einem Dritten bei Verschweigen).

9. Zu Rdnr. 24. OLG Frankfurt WRP 1986, 404 (unangemessen kurze Abmahnfrist).

10. Zu Rdnr. 26. OLG Frankfurt GRUR 1987, 732 (zu einer nicht gewährten Fristverlängerung).
OLG Stuttgart WRP 1986, 54 (Erforderlichkeit und Zumutbarkeit einer telefonischen Abmahnung).
OLG München WRP 1988, 62 (zur telefonischen Abmahnung).
OLG Frankfurt WRP 1987, 563 (zu den Anforderungen an eine mündliche Abmahnung).

11. Zu Rdnr. 32. Schnepf, Ersatzansprüche bei ungerechtfertigter Abmahnung wegen Schutzrechtsverletzung und unlauterem Wettbewerb GRUR 1987, 434.
Eser, Probleme der Kostentragung bei einer vorprozessualen Abmahnung und beim Abschlußschreiben in Wettbewerbsstreitigkeiten GRUR 1986, 35 ff.
LG Mannheim WRP 1986, 56 (zur Sittenwidrigkeit einer Abmahnung).

12. Zu Rdnr. 34. KG GRUR 1987, 540 (zur Berechnung der Abmahnpauschale).
KG GRUR 1987, 942 – Erneuter Wettbewerbsverstoß (kein Erstattungsanspruch für einen Fachverband hinsichtlich Anwaltskosten bei erneutem Wettbewerbsverstoß).
AG Gelsenkirchen WRP 1987, 408.
KG WRP 1986, 384 (Berechnung der Abmahnpauschale).

13. Zu Rdnr. 36. AG Kempen GRUR 1987, 657 (kein Anspruch des Abgemahnten auf Erstattung seiner Kosten).

Zu § 63 **Nachtrag**

A.M. LG Wiesbaden GRUR 1987, 658 (bei unberechtigter Abmahnung hat der Abmahnende die dem Gegner entstehenden Kosten nach den Grundsätzen der Geschäftsführung ohne Auftrag zu erstatten).

14. Zu Rdnr. 37. LG Köln GRUR 1987, 654 (zur Erstattung der Mehrwertsteuer).

15. Zu Rdnr. 43. OLG Stuttgart WRP 1986, 359 (zur Behandlung fiktiver Abmahnkosten).

OLG Köln WRP 1986, 426 (zur Behandlung fiktiver Abmahnkosten).

16. Zu Rdnr. 46. BGH GRUR 1987, 54 – Aufklärungspflicht des Abgemahnten mit Anm. *Lindacher*.

BGH GRUR 1987, 640 – Wiederholte Unterwerfung II.

BGH GRUR 1988, 716 – Aufklärungspflicht gegenüber Verbänden.

Zu § 64 Rechtsweg und Gerichtsbarkeit (S. 903, 904)

I. Ordentlicher Rechtsweg

Die Frage, ob für die Entscheidung über das Klagebegehren der ordentliche Rechtsweg (§ 13 GVG) oder der Verwaltungsrechtsweg (§ 40 VwGO) gegeben ist, richtet sich nach der **Natur des Klageanspruchs,** wie er sich aus den zu seiner Begründung vorgetragenen Tatsachen ergibt. Diesen in den Beschlüssen vom 22. 3. 1976[1] herausgearbeiteten Grundsatz hat der BGH neuerlich bekräftigt[2] und hierbei die inzwischen als gefestigt anzusehende h. M. bestätigt, wonach Wettbewerbsstreitigkeiten als bürgerliche Rechtsstreitigkeiten auch dann vor den ordentlichen Gerichten auszutragen sind, wenn wettbewerbsrechtliches Handeln der öffentlichen Hand in Frage steht.[3]

II. Deutsche Gerichtsbarkeit

Begeht ein Ausländer im Ausland einen Wettbewerbsverstoß, der für das Inland sogenannte Erstbegehungsgefahr begründet,[4] unterliegt der Unterlassungsstreit der deutschen Gerichtsbarkeit.[5] Dies ist die notwendige Folge davon, daß die Erstbegehungsgefahr neben der Wiederholungsgefahr als materiellrechtliche Voraussetzung des Unterlassungsanspruchs zugelassen wird. **International** zuständig ist in einem derartigen Fall das (deutsche) Gericht, das **örtlich** zuständig ist.[6]

Der Gerichtsstand der Unterlassungsklage bestimmt sich dabei in aller Regel nach den § 32 ZPO, § 24 Abs. 2 UWG. Das Gericht, das im Gerichtsstand der unerlaubten Handlung zur Entscheidung berufen ist, kann, wenn ein Gerichtsstand für vertragliche Ansprüche in der Bundesrepublik Deutschland nicht gegeben ist, als Vorfrage auch darüber entscheiden, ob eine Verletzungshandlung aufgrund vertraglicher Vereinbarungen rechtmäßig ist.[7]

Zu § 65 Zuständigkeit (S. 904 ff.)

I. Örtliche Zuständigkeit

Bei Zeitungs- und Zeitschriftenwerbung ist nach nunmehr ganz überwiegender Ansicht insbesondere der Oberlandesgerichte[1] der Gerichtsstand des § 24 Abs. 2 UWG grundsätzlich an jedem Ort gegeben, an dem das Erzeugnis verbreitet, d. h. dritten Personen **bestimmungsgemäß** und nicht nur zufällig zur Kenntnis gebracht wird (sogenannter fliegender Gerichtsstand), sofern die Werbung geeignet ist, den Wettbewerb im Bereich des

---

[1] BGH GRUR 1976, 658/659 – Studentenversicherung; GRUR 1977, 51/52 – Auto-Analyzer.
[2] GRUR 1987, 116/117 – Kommunaler Bestattungswirtschaftsbetrieb I; GRUR 1987, 119/120 – Kommunaler Bestattungswirtschaftsbetrieb II m. Anm. *Vollhard;* s. a. OLG München GRUR 1987, 550/551.
[3] Zu diesen Fragen näher – auch zur Frage der prozessualen Behandlung der öffentlichen Hand bei hoheitlichem Tätigwerden –: *Teplitzky,* Wettbewerbsrechtliche Ansprüche, 1986, Kap. 45 Rdnr. 1 mwN.
[4] Zur Erstbegehungsgefahr s. Handbuch § 64 Rdnr. 11; § 83 Rdnr. 58.
[5] OLG Hamburg GRUR 1987, 403.
[6] OLG Hamburg aaO; BGH GRUR 1988, 483, 485 – AGIAV, für den Geltungsbereich des EUGVÜ (Art. 5 Nr. 3); *Teplitzky* (Fn. 3) Rdnr. 18, mit dem zutreffenden Hinweis auf die funktionelle Verschiedenheit von internationaler und örtlicher Zuständigkeit.
[7] BGH aaO.
[1] Vgl. *Teplitzky* aaO mwN.

angerufenen Gerichts zu **beeinflussen**.[2] Diese Voraussetzungen sind zu verneinen, wenn sich der angesprochene Leser durch die Anzeige nicht mehr als Marktteilnehmer angesprochen fühlt. Bei benachbarten Landgerichtsbezirken wird aber in der Regel anzunehmen sein, daß zahlreiche Unternehmen grenzüberschreitend Kunden ansprechen und zu beeinflussen suchen.[3] Bedient sich das werbende Unternehmen der Beilagenwerbung, die nur einem bestimmten Teil der Gesamtausgabe beigefügt ist, fehlt es nach OLG Köln[4] an dem für die Bejahung des fliegenden Gerichtsstands erforderlichen planmäßigen Vertrieb der Werbung. Das bewußt **selektive Verhalten des Werbenden** steht in einem solchen Falle auch der Annahme einer ernsthaften Begehungsgefahr in anderen Bezirken entgegen.[5]

Legt man beim fliegenden Gerichtsstand diese strengen Maßstäbe an, erübrigt sich in der Regel ein Rückgriff auf das Rechtsinstitut des „Gerichtsstandsmißbrauchs", das vor allem bei überregional verbreiteten Zeitungen herangezogen wird.[6] Solche Presseerzeugnisse werden zwar bestimmungsgemäß überregional oder gar bundesweit vertrieben, es fehlt weit vom Sitz des Werbenden entfernt aber durchweg das Element der Kundenbeeinflussung.

Zu § 66 Rechtsschutzbedürfnis (S. 907f.)

Dem Leistungsverfahren gebührt bei identischem Streitgegenstand grundsätzlich der Vorrang gegenüber dem negativen Feststellungsverfahren.[1]

Bei der Beurteilung, ob das Feststellungsinteresse als Folge einer Leistungsklage entfallen ist, ist – aus der Sicht der letzten mündlichen Verhandlung –[2] maßgeblich auf den Zeitpunkt abzustellen, in dem die Leistungsklage nicht mehr einseitig zurückgenommen werden kann,[3] also auf den Zeitpunkt des Beginns der mündlichen Verhandlung im Leistungsverfahren. Das Feststellungsinteresse bleibt ausnahmsweise erhalten, wenn der Feststellungsrechtsstreit schon entscheidungsreif ist und der Feststellungskläger durch klageabweisendes Prozeßurteil auf das gerade erst beginnende Leistungsverfahren verwiesen würde.

Wird das Feststellungsverfahren trotz fehlenden Feststellungsinteresses fortgesetzt, lebt letzteres auch dann nicht wieder auf, wenn der Feststellungsrechtsstreit vor dem parallel geführten Leistungsverfahren Entscheidungsreife erlangt. Erweist sich allerdings die Erhebung der Leistungsklage als rechtsmißbräuchlich, so daß für diese das (allgemeine) Rechtsschutzbedürfnis zu verneinen ist, würde für das parallele Feststellungsverfahren das Feststellungsinteresse gegeben sein.[4] Es hätte dann zu keinem Zeitpunkt gefehlt. Mit seiner Entscheidung hat der BGH eine bisher nicht klar beantwortete Frage „sinnvoller Prozeßökonomie"[5] zutreffend und eindeutig geklärt.

Eine **Unterlassungswiderklage** ist mangels Rechtsschutzbedürfnisses vor Entscheidung über die Klage **durch Teilurteil** als unzulässig abzuweisen, wenn der Widerbeklagte (= als

---

[2] OLG Köln WRP 1988, 261, 262; OLG München 1986, 357/358; a. A. OLG Düsseldorf WRP 1987, 476, 477.
[3] OLG Köln aaO.
[4] WRP 1988, 126, 127.
[5] OLG Köln aaO 127.
[6] OLG Hamm GRUR 1987, 569/570.
[1] BGH GRUR 1987, 402/403 – Parallelverfahren; zur Frage des Feststellungsinteresses generell und zum Verhältnis zwischen Beklagten und Dritten s. BGH GRUR 1987, 938/939 – Videorechte.
[2] BGH NJW 1973, 1500.
[3] BGH GRUR 1985, 41/44 – REHAB.
[4] BGH GRUR 1987, 402/403 – Parallelverfahren; RG JW 1936, 3185.
[5] BGHZ 18, 22/43.

Nachtrag Zu §§ 67–69

Zeuge benannter Testkäufer) ausschließlich im Zusammenhang mit dem von dem Kläger gegen den Beklagten und Widerkläger eingeleiteten Rechtsstreit angeblich ehrkränkende Tatsachenbehauptungen aufgestellt hat.[6]

Behauptungen, die (allein) der Rechtsverfolgung dienen, können grundsätzlich nicht mit Erfolg zum Gegenstand eines Unterlassungsverfahrens (Klage, Widerklage) gemacht werden.[7] Dem immer wieder zu beobachtenden Versuch auf Unterlassung in Anspruch genommener Wettbewerber, auf den Ablauf des (gerichtlichen) Verfahrens unzulässig Einfluß zu nehmen, wird durch diese zutreffende Rechtsprechung ein wirksamer Riegel vorgeschoben. Offen gelassen hat der BGH in der Entscheidung, wie die Rechtslage bei Verwendung und/oder Verbreitung der Behauptungen außerhalb des Verfahrens und ohne Zusammenhang mit diesem (verfahrens-)rechtlich zu beurteilen ist. In solchen Fällen wird eine beschränkte, den Verfahrensbereich aussparende Unterlassungsverurteilung in Betracht kommen können.

Zu § 67 Begehungsgefahr (S. 909)

Zur Frage der **Mehrfachabmahnung** und des **Wegfalls der Wiederholungsgefahr** durch einmalige Unterwerfung s. **Nachtrag zu § 83**.

Zu § 68 Streitwert (S. 909 ff.) und zu § 69 Streitwertbegünstigung (S. 912 ff.)

I. Streitwertbegrenzung nach § 23 a UWG n. F.

1. Allgemeines. Durch das Gesetz zur Änderung wirtschafts-, verbraucher-, arbeits- und sozialrechtlicher Vorschriften vom 27. 7. 1986 ist das UWG mit Wirkung vom 1. 1. 1987 u. a. um einen neuen Paragraphen 23 a UWG erweitert worden.[1] Der bisherige § 23 a UWG gilt unverändert als neuer § 23 b UWG fort.

§ 23 a UWG n. F., seiner Art nach ohne Vorbild, schreibt **zwingend** vor, daß bei der Bemessung des Streitwertes für Ansprüche auf Unterlassung von Zuwiderhandlungen gegen die §§ 1, 3, 4, 6, 6a–6e, 7, 8 UWG n. F. wertmindernd zu berücksichtigen ist, wenn die Sache **nach Art und Umfang einfach gelagert** ist oder wenn eine Belastung einer der Parteien mit dem vollen Streitwert **angesichts ihrer Vermögens- und Einkommensverhältnisse nicht tragbar** erscheint.

Entsprechend anzuwenden ist § 23 a UWG n. F. bei Verstößen gegen **§ 1 der Zugabeverordnung** (s. dort § 2 Abs. 1 n. F.) sowie gegen die Vorschriften des **Rabattgesetzes** (s. dort § 12 n. F.). Eine entsprechende Anwendung von § 23 a UWG n. F. auf andere als die genannten Ansprüche ist **nicht** möglich. Wird ein Unterlassungsanspruch auf mehrere Vorschriften gestützt und befindet sich eine der vorgenannten darunter, erscheint insgesamt eine Wertminderung zulässig.

2. § 23 a UWG n. F. ist in allen Verfahrensarten[2] und Instanzen anzuwenden. In § 23 a UWG n. F. sind Tatbestände der Streitwertermittlung und der Streitwertbegünstigung

---

[6] BGH WRP 1987, 627/628 – Gegenangriff.

[7] BGH GRUR 1969, 236/237 – Ostflüchtling; GRUR 1971, 175/176 – Steuerhinterziehung; GRUR 1987, 627/628 – Gegenangriff mwN.

[1] Zur grundsätzlichen Problematik der Neuregelung: Stellungnahme der Deutschen Vereinigung für gewerblichen Rechtsschutz und Urheberrecht in GRUR 1986, 439 ff., 447, 448; *Lehmann*, Die UWG-Neuregelung 1987, GRUR 1987, 199, 214; *Teplitzky* Kap. 61 Rdnr. 1 ff.; Kap. 63 Rdnr. 12 ff.; *Alt* NJW 1987, 21/27 f.

[2] In der Begründung zum Gesetzesentwurf – BT-Drucksache 10/4741 – ist nur von Unterlassungsklagen die Rede. Es dürfte sich um ein Versehen handeln. Das Gesetz spricht von „... Ansprüchen auf Unterlassung".

zusammengefaßt, die sich ihrer Rechtsnatur nach sowie in verfahrensrechtlicher Hinsicht klar voneinander unterscheiden.

Ob die Sache „nach Art und Umfang einfach gelagert ist", kann vom Gericht in der Regel schon zu Beginn des Verfahrens erkannt und als – **weiteres** – objektives Kriterium für die Streitwertbemessung berücksichtigt werden. Dieses Element der Wertermittlung ist daher **von Amts wegen** zu beachten.

Inwieweit die Belastung einer der Parteien mit dem vollen Streitwert nicht mehr tragbar erscheint, erschließt sich dem Gericht hingegen nicht ohne weiteres. Es ist hier, obwohl § 23a UWG n. F. insgesamt eine **Mußvorschrift** ist, auf die entsprechenden Informationen seitens der Parteien angewiesen. Faktisch wird dieser Minderungstatbestand erst auf ausdrücklichen Antrag (Anregung) bzw. im Streitwertbeschwerdeverfahren zum Tragen kommen.

Amtsermittlungspflichten begründet § 23a UWG n. F. nicht.

Beantragt eine Partei unter Hinweis auf ihre Einkommens- und Vermögenslage Streitwertbegünstigung, kann zweifelhaft sein, ob nach § 23a oder § 23b UWG n. F. zu entscheiden ist. Das Gericht muß dann – ggf. durch Rückfrage – zweifelsfrei klären, welche Entscheidung verlangt wird, da die (kosten)rechtlichen Folgen bei diesen beiden Vorschriften verschieden sind. Unter Umständen können auch beide Vorschriften zur Anwendung kommen.[3]

II. Streitwertermittlung unter Berücksichtigung des § 23a UWG n. F.

1. Streitwertfestsetzung erfolgt – auf Antrag oder von Amts wegen –

a) gem. §§ 3–9 ZPO zur Bestimmung der sachlichen Zuständigkeit, zur Ermittlung der Zulässigkeit eines Rechtsmittels sowie zur Berechnung einer Sicherheitsleistung bei vorläufiger Vollstreckbarkeit oder

b) gem. § 25 GKG als Grundlage für die Berechnung der Gerichts- und Anwaltsgebühren (§ 7 BRAGO).[4]

Setzt das Gericht den Wert nach §§ 3–9 ZPO fest, ist diese Festsetzung auch für die Gebührenrechnung als Ausgangswert maßgeblich (§ 24 GKG).

§ 23a UWG n. F. läßt diese Grundsätze unangetastet. Für den Streitwert als Maßstab der **Zuständigkeit** und der **Beschwer** (§§ 1, 2ff., 511a, 546 ZPO, 23 Nr. 1 GVG) sind § 23a UWG n. F. und § 23b UWG n. F. (wie bisher § 23a UWG a. F.) **ohne Bedeutung.** Beide Vorschriften enthalten Regelungen für den Bereich des **Kosten- und Gebührenrechts** (§§ 11ff GKG; §§ 7ff BRAGO).[5] Setzt also das Gericht gem. §§ 3–9 ZPO den Streitwert fest, bildet dieser zugleich den – fortbestehenden – Zuständigkeits- und den der Überprüfung nach § 23a, § 23b UWG n. F. unterworfenen Grund- bzw. Ausgangswert (Streitwertspaltung).

Bei der Streitwertbestimmung ist daher – wie bisher – zunächst das objektive Interesse des Klägers (Antragstellers) an dem in dem Verfahren geltend gemachten Anspruch nach den hierzu entwickelten Kriterien und ohne Berücksichtigung der §§ 23a, 23b UWG n. F. zu ermitteln („voller Streitwert").[6]

2. Handelt es sich um einen Rechtsstreit, in dem **Unterlassungsansprüche** der vorbezeichneten Art geltend gemacht werden, ist weiterhin zu prüfen, ob die Sache „nach Art und Umfang einfach gelagert ist". Eine Wertminderung kommt dabei nur in Betracht,

---

[3] S. Fn. 1; ferner: *Teplitzky* Kap. 61 Rdnr. 19ff zum Verhältnis d. § 23a zu § 23b UWG n. F.; OLG Köln WRP 1989, 123/124.

[4] Für viele: *Baumbach/Lauterbach/Albers/Hartmann*, ZPO, vor §§ 3–9 Anm. 1.

[5] KG GRUR 1987, 452/453; s. a. OLG Köln WRP 1987, 691; KG WRP 1988, 373/374; OLG Koblenz GRUR 1988, 474/475.

[6] Grund -oder Ausgangsstreitwert; vgl. Handbuch § 68 Rdnr. 2ff.; § 80 Rdnr. 33ff.; *Teplitzky* Kap. 61 Rdnr. 3; KG aaO.

Nachtrag Zu §§ 68, 69

wenn sowohl die Art als auch der Umfang „einfach gelagert" erscheinen (**kumulative Voraussetzung**).

Ihrer Art nach ist eine Sache einfach gelagert, wenn an die Parteien (ihre Vertreter) und das Gericht in **tatsächlicher** Hinsicht (bei den notwendigen Recherchen, der Ermittlung, Aufbereitung, Darstellung, Erfassung des Sachverhaltes, dem Beschaffen von Beweismitteln usw.) und in **rechtlicher** Beziehung (Subsumtion, Anwendung und Auslegung nationaler und internationaler Rechtsnormen, Auswertung, Prüfung und Berücksichtigung der einschlägigen Rechtsprechung und Literatur, Antragsfassung, Tenorierungsfragen, Beweislastprobleme und dgl. mehr) keine besonderen (intellektuellen) Anforderungen gestellt werden.[7] Eine Streitwertminderung unter diesem qualitativen Aspekt kommt im wesentlichen in Betracht, wenn der Sachverhalt selbst unstreitig, rasch überschaubar ist oder nur zu einfachen Tatfragen Beweiserhebungen erforderlich sind; des weiteren, wenn der Wettbewerbsverstoß als solcher eindeutig ist oder wenn es sich um „Allerweltsverstöße", „Routine-" und „Serienverfahren" handelt: glatte (einfache) Rabattverstöße, wettbewerbswidrige (irreführende) Anzeigen, Verstöße gegen das Ladenschlußgesetz in Verbindung mit § 1 UWG, eindeutig wettbewerbswidrige herabsetzende Äußerungen u. ä.

Bei derartigen Verstößen wird regelmäßig auch der **„Umfang"** der Sache (quantitatives Element) gering sein (Klage-/Antragsschrift von wenigen Seiten, einige wenige Anlagen wie Werbeanzeige, beanstandete Druckschrift, eidesstattliche Versicherung). Zu bewerten ist insoweit vornehmlich der **tatsächliche** (zeitliche) **Aufwand,** der mit der Bearbeitung der Sache verbunden ist und der sich im wesentlichen im **Umfang der Akte** (einschließlich etwaiger Beiakten, Anlagen, Anschauungsstücke) manifestiert. Erreicht eine Akte eine Stärke von 20 und mehr Seiten entscheidungserheblichen Gehalts, wird man nicht mehr von „einfach gelagertem Umfang" sprechen können.[8]

Läßt sich eine Sache nach den genannten Kriterien als nach Art und Umfang einfach gelagert qualifizieren, ist zunächst unter Beachtung der herkömmlichen Grundsätze, d. h. **ohne** Berücksichtigung von 23 a UWG n. F.,[9] zu ermitteln, welcher Streitwert angemessen erscheint. Der so festgestellte Wert ist sodann **angemessen zu mindern.** Der hierbei in Betracht kommende Abschlag dürfte sich je nach Sachverhalt **zwischen einem Viertel und (höchstens) zwei Dritteln bewegen.**[10]

Ist die Sache **ihrer Art nach** einfach gelagert, aus tatsächlichen Gründen aber ausnahms- und notwendigerweise von einigem Umfang, etwa weil mehrere (für sich genommene einfach gelagerte) Verstöße in einem Verfahren zusammengefaßt sind, oder in großer Zahl vorgelegte Anlagen zu lesen und zu bewerten sind, der rein zeitliche Bearbeitungsaufwand als beachtlich ist, kommt eine Minderung des Wertes **nicht** in betracht.

3. Der „an sich richtige" Streitwert (Ausgangswert) ist auch herabzusetzen, wenn die **Einkommens- und Vermögensverhältnisse** einer Partei dies gebieten (zweiter Minderungsfall). Auch eine solche Herabsetzung wirkt für und gegen **beide** Parteien.[11]

Ist auch der erste Minderungstatbestand erfüllt, erfolgt **keine „Addition"** beider Minderungen.[12]

---

[7] Schwere und Auswirkungsgrad der Verletzungshandlung spielen bei der Streitwertbegünstigung keine Rolle, so zutreffend *Teplitzky* Kap. 61 Rdnr. 6.
[8] Weitere Kriterien bei *Teplitzky* Kap. 61 Rdnr. 5ff.; s. a. OLG Köln WRP 1987, 690/691 – Tägliche Routinearbeit für Rechtsanwälte; s. ferner OLG Köln WRP 1989, 123/124; GRUR 1988, 775/776; OLG Frankfurt WRP 1989, 26/27.
[9] *Teplitzky* Rdnr. 4; KG aaO; OLG Koblenz aaO.
[10] KG aaO S. 453 hält einen Regelsatz von 50% des „Normalstreitwerts" für angemessen; s. a. OLG Köln, OLG Frankfurt (Fn. 8) sowie OLG Köln WRP 1988, 623/624.
[11] KG aaO S. 453, 1. Sp.
[12] *Teplitzky* Rdnr. 4; *Baumbach/Hefermehl,* Wettbewerbsrecht, 15. Aufl., § 23 a UWG Rdnr. 9, s. a. OLG Koblenz aaO; es ist lediglich eine methodologische Frage, ob man in diesen Fällen den Streitwert allein aufgrund der weiterreichenden Alternative bestimmt oder ob man zunächst die „Um-

Zu § 70

Obwohl im Gesetz nicht ausdrücklich vorgesehen, setzt eine Entscheidung nach § 23a UWG n. F. 2. Alt. faktisch einen Antrag (Anregung) bzw. eine Streitwertbeschwerde voraus. Ähnlich wie bei § 23b UWG n. F. hat die Partei, die um Streitwertbegünstigung nachsucht, ihre Einkommens- und Vermögensverhältnisse darzulegen und glaubhaft zu machen (§ 294 ZPO). Anhand der mitgeteilten Daten prüft das Gericht – ohne daß es noch auf Art und Umfang der Sache ankäme –, ob eine Belastung mit Kosten nach dem vollen Streitwert **nicht tragbar**[13] erscheint. Das Gericht entscheidet nach pflichtgemäßem Ermessen mit wirtschaftlichem Verständnis.

Eine Quote, um die der zunächst ermittelte Wert zu mindern wäre, läßt sich naturgemäß nicht festlegen. Sie muß der Einzelfallentscheidung vorbehalten bleiben. Bei der Entscheidung können aber die Grundsätze, die die Rechtsprechung zu § 23a UWG a. F. entwickelt hat,[14] entsprechend herangezogen werden. Insbesondere muß auch bei Anwendung von § 23a UWG n. F. 2. Minderungsfall der herabgesetzte Wert in einem **angemessenen Verhältnis** zum vollen Streitwert stehen, um der Bedeutung des Rechtsstreits zu entsprechen und das Kostenbewußtsein – namentlich bei einer klagenden Partei, die um die Begünstigung nachsucht – wachzuhalten.[15] Bei einem (vollen) Streitwert von DM 10000,– wird daher auch hier eine Herabsetzung grundsätzlich zu versagen sein.

Erfolgsaussicht ist **keine** Voraussetzung für eine Streitwertminderung unter dem hier erörterten Aspekt.

Da es sich um eine Ermessensentscheidung handelt, kann aber bei **mißbräuchlicher Prozeßführung** eine **Herabsetzung** verweigert werden.

§ 23a UWG ist mit seiner **1. Minderungsalternative** auch bedeutsam im Rahmen des **Abmahn- und Abschlußverfahrens**.[16]

4. § 23a UWG n. F. wird häufig bereits in der frühen Phase eines Prozesses wirksam. Fehlbeurteilungen hinsichtlich des Umfanges und der Art sind in diesem Stadium nicht auszuschließen. Stellt sich im Laufe des Verfahrens heraus, daß die Herabsetzung nicht gerechtfertigt war, kann das Gericht seine Festsetzung **nachträglich ändern;**[17] eine solche Änderung ist auch **nach Rechtskraft** der Sachentscheidung oder nach anderweitiger Erledigung zulässig, sofern seit diesen Zeitpunkten noch keine sechs Monate verstrichen sind (§ 25 Abs. 1 S. 3 GKG, § 4 GKG).

Entsprechendes gilt, wenn sich nachträglich ergibt, daß die Vermögens- und Einkommensverhältnisse unzutreffend angegeben worden waren.

Die Vorschrift des § 23a UWG ist bei **leugnenden Unterlassungsfeststellungsklagen** (entsprechend) anwendbar.[18]

Zu § 70 Antrag (S. 914ff.)

Wählt der Kläger (Antragsteller) zur besseren Charakterisierung des Unterlassungsanspruchs einen verallgemeinernden Obersatz[1] und ergänzt er diesen durch den sogenannten

---

fangsprüfung" anstellt und von dem danach erhaltenen Wert, der nicht der „Grund- oder Ausgangswert" im vorbezeichneten Sinne des „Normalstreitwerts" wäre, noch einen zusätzlichen angemessenen Abschlag macht.

[13] Zum Tatbestandsmerkmal „nicht tragbar": vgl. *Teplitzky* Rdnr. 13 ff.; *Baumbach/Hefermehl* Rdnr. 9.
[14] *Baumbach/Hefermehl* 14. Aufl. Rdnr. 6 und 15. Aufl. Rdnr. 12 sowie § 23b Rdnr. 2ff., 6.
[15] *Baumbach/Hefermehl* aaO.
[16] *Baumbach/Hefermehl* 15. Aufl. § 23a UWG Rz. 8.
[17] *Baumbach/Lauterbach/Albers/Hartmann* Anm. 2; *Teplitzky* Rdnr. 26 ff.
[18] KG GRUR 1988, 148.
[1] Hierzu näher Handbuch § 84 Rdnr. 47 ff.

Nachtrag Zu § 71

„insbesondere"-Zusatz, so liegt darin regelmäßig weder eine Einschränkung noch eine Erweiterung des Obersatzes. Es handelt sich um eine beispielhafte Verdeutlichung des Obersatzes.[2]

Mit der Frage **alternativer Fassung des Klageantrages** bei Verwirklichung unterschiedlicher Wettbewerbsverstöße durch eine einheitliche Wettbewerbshandlung (z. B. Anzeige) befaßt sich das OLG Hamm,[3] ohne die Frage abschließend zu klären. Sachgerechte Ergebnisse lassen sich in derartigen Fällen durch eine konsequente Anwendung der Grundsätze zur sogenannten **„konkreten Verletzungsform"** erzielen,[4] wobei ggf. die materielle Rechtskraftwirkung in den Entscheidungsgründen festgelegt werden kann.

Zu § 71 Erledigung der Hauptsache (S. 918)

Die Kostenentscheidung gem. § 91a ZPO ist aufgrund des bisherigen, d. h. bei Eintritt der Erledigung gegebenen Sach- und Streitstandes, zu treffen; § 570 ZPO ist daher grundsätzlich nicht anzuwenden. Nachgereichte eidesstattliche Versicherungen sind grundsätzlich nicht zu berücksichtigen.[1] S. auch Nachtrag zu § 83 und zu § 84.

---

[2] KG GRUR 1988, 78, 79; ebenso Handbuch § 84 Rdnrn. 48; OLG Koblenz GRUR 1988, 555/556.
[3] WRP 1988, 182/183.
[4] Handbuch § 84 Rdnr. 14 ff.; zur konkreten Verletzungsform und zur Antragsfassung bei verbotenem Gewinnspiel sowie zum Umfang eines solchen Verbots: OLG Hamburg WRP 1987, 742/744; ferner: *Ahrens/Spätgens,* Einstweiliger Rechtsschutz und Vollstreckung zu UWG-Sachen, 1988, S. 211 ff.; 217 ff. (Fallbeispiele).
[1] OLG Frankfurt WRP 1987, 116, 117 m. w. N.; *Baumbach/Hefermehl* § 25 Rdnr. 47 ff.

Zu § 73 Aufbrauchsfrist (S. 933 ff.)

1. Vorprozessuale Inanspruchnahme. Wer die Aufbrauchsfrist als eine aus § 242 BGB abgeleitete Beschränkung des materiellrechtlichen Anspruchs ansieht, muß dem Verletzer einzelfallbezogen das Recht einräumen, eine **Unterwerfungserklärung** nur **unter Inanspruchnahme einer** angemessenen **Aufbrauchsfrist** abzugeben.[1] Denn der Unterlassungsanspruch reicht nicht weiter; der Verletzer braucht sich nicht weiterreichend zu unterwerfen, als der gegen ihn gerichtete Unterlassungsanspruch des Verletzten geht.[2] Diese Konsequenz wird aber sehr zurückhaltend gezogen. Denn der so handelnde Verletzer geht hierbei das **Risiko** ein, **daß** der Verletzte dieser Abänderung (vgl. § 150 Abs. 2 BGB) nicht zustimmt und das von ihm deshalb angerufene Gericht bei der anzustellenden Interessenabwägung das Vorliegen der Voraussetzungen zur Gewährung einer Aufbrauchsfrist oder einer solchen von der Dauer und/oder Art, wie sie der Verletzer einseitig in Anspruch genommen hat, verneint. Die Folge davon ist, daß die **Wiederholungsgefahr** vorprozessual **nicht ausgeräumt** wurde.[3]

2. Gerichtliche Gewährung. Selbst, wenn die Aufbrauchsfrist als eine aus Treu und Glauben abgeleitete **Rechtswohltat prozessualen Charakters** eingeordnet wird,[4] bleibt **umstritten**, ob sie auch **im** einstweiligen **Verfügungsverfahren,** und zwar im Rahmen einer Beschluß- wie einer Urteils-Verfügung, gewährt werden darf.[5] Da der Grundsatz von Treu und Glauben die gesamte Rechtsordnung einschließlich des Verfahrensrechts durchdringt, kann er auch aus dem summarischen Eilverfahren nicht ausgeklammert werden; allerdings stellen hier bei der Interessenabwägung die jeweiligen Dringlichkeitsanforderungen eine hohe Hürde dar.[6] Aus vergleichbaren Erwägungen wird ja auch bei der einstweiligen Einstellung der Zwangsvollstreckung in solchen Verfahren Zurückhaltung geübt.[7]

Umstritten bleibt auch, **ob Aufbrauchsfristen nur in „endgültigen" Entscheidungen**[8] oder auch schon in nicht rechtskräftigen Instanzerkenntnissen gewährt werden dürfen.[9] Da ihre Abstützung materiell- oder verfahrensrechtlich letztlich auf dem Grundsatz von Treu und Glauben beruht und das Prozeß-, nicht erst das Vollstreckungsgericht über ihre Gewährung zu befinden hat, gibt es keinen Grund, sie nur letztinstanzlichen Entscheidungen vorzubehalten. Die zugehörigen Tatsachen sind auch nicht erst in der Revisionsinstanz vorzutragen.[10] Außerdem kann die Gewährung einer Aufbrauchsfrist im erst- oder zweitinstanzlichen Urteil den Verletzer dazu veranlassen, von einer Fortsetzung des Rechtsstreits Abstand zu nehmen. Des weiteren erübrigen sich dann die oft schwierig einzuschätzenden Anträge auf einstweilige Einstellung der Zwangsvollstreckung.

Gegen die Gewährung einer Aufbrauchsfrist in einem erstinstanzlichen Urteil ist nach dem Meistbegünstigungsgrundsatz **auch** die **Berufung** (§ 511 ZPO) statthaft, handelt es

---

[1] Vgl. hierzu *Teplitzky,* Wettbewerbsrechtliche Ansprüche, 5. Aufl., Kap. 8 Fn. 34 zu Rdnr. 29; *Ahrens/Spätgens,* Die gütliche Streiterledigung in UWG-Sachen, 2. Aufl., S. 85/86/87.
[2] MünchKomm/*Roth,* 2. Aufl., § 242 BGB Rdnr. 139.
[3] Skeptisch OLG Frankfurt/M WRP 1976, 478/481; *Teplitzky* Kap. 8 Rdnr. 29.
[4] BGH GRUR 1974, 735/737 – Pharmamedan; BGH GRUR 1982, 425/431-Brillen-Selbstabgabestellen; BGH GRUR 1985, 389/391-Familienname; ebenso *v. Gamm,* Wettbewerbsrecht, 5. Aufl., Kap. 18 Rdnr. 63, Kap. 57 Rdnr. 12; *Teplitzky* Kap. 57 Rdnr. 17.
[5] Verneinend OLG Düsseldorf GRUR 1986, 197/198.
[6] *Teplitzky* Kap. 57 Rdnr. 22.
[7] Vgl. Handbuch § 79 Rdnr. 17/24, § 85.
[8] KG WRP 1971, 326; *Baumbach/Hefermehl,* Wettbewerbsrecht, 15. Aufl., EinlUWG Rdnr. 461; vgl. im übrigen Handbuch § 73 Fn. 35 zu Rdnr. 17.
[9] *Teplitzky* Kap. 57 Rdnr. 23.
[10] *v. Gamm* Kap. 18 Rdnr. 63.

Nachtrag

sich doch um eine Entscheidung im Erkenntnisverfahren, nicht des Vollstreckungsgerichts i. S. d. § 765 a ZPO.[11] Der Umfang der Aufbrauchsfrist bestimmt sich nach dem Zweck ihrer Gewährung.[12] Im Ordnungsmittelverfahren wird eine Aufbrauchsfrist nur in den Grenzen des § 765 a ZPO gewährt.[13]

---

[11] So jetzt auch OLG Düsseldorf GRUR 1986, 197; *Baumbach/Hefermehl* EinlUWG Rdnr. 461.
[12] KG, B. v. 1. 7. 1986 – 5 W 2500/86 nach *Mielke,* Dokumentation der „örtlichen Besonderheiten" in der Rechtsprechung der Oberlandesgerichte zum gewerblichen Rechtsschutz/Kammergericht, WRP 1987, 363/374; *Baumbach/Hefermehl* § 3 UWG Rdnr. 169 a. E.
[13] KG WRP 1983, 523 = KG nach *Mielke* WRP 1987, 363/374.

Zu § 75 Verjährung (S. 955 ff.)

I. Verjährung im Zivilrecht

1. Grundfragen. Umstritten bleibt, ob **vorbeugende Unterlassungsansprüche** überhaupt verjähren können. Die überwiegende Meinung verneint dies weiterhin, weil die Erstbegehungsgefahr einer Dauerhandlung vergleichbar sei, während derer die Verjährungsfrist auch nicht läuft.[1] Schwierigkeiten kann die Abgrenzung der Dauerhandlung von bloßen **Fort- oder Nachwirkungen einer abgeschlossenen Einzelhandlung** bereiten, die den Verjährungsbeginn nicht hinausschieben.[2] So ist die in der Aufgabe einer Annonce in einer Fachzeitschrift liegende wettbewerbswidrige Handlung mit dem Erscheinen der Zeitschrift beendet, auch wenn sie noch längere Zeit im Umlauf bleibt; die Verjährungsfrist beginnt demgemäß mit Kenntnis des Verletzten von der Anzeige und dem hierfür Verantwortlichen.[3] Soweit für den Beginn der Verjährungsfrist die **Kenntnis** von der Person des Verletzers/Ersatzpflichtigen erforderlich ist (§ 21 Abs. 1 UWG, § 852 Abs. 1 BGB), kann ihr **im Ausnahmefall auch einmal mißbräuchliche Nichtkenntnis**(nahme) gleichgestellt werden; für letzteres reicht allerdings nicht schon grob fahrlässige Unkenntnis aus.[4] **Zweifel an der Beweisbarkeit** eines Vorwurfs **hindern** den **Verjährungsbeginn nicht**, wenn Beweismittel zur Verfügung stehen.[5] Selbst durch ausdrückliche Erklärung, daß das Klagebegehren nicht auf bestimmte Anspruchsgrundlagen gestützt werde, kann der Kläger grundsätzlich nicht bestimmen, welche Verjährungsfrist auf Einrede des Beklagten hin maßgeblich ist; sonst könnte er einen etwaigen Vorrang der kürzeren Verjährungsfrist des § 21 Abs. 1 UWG vor der längeren des § 852 Abs. 1 BGB einseitig ausmanövrieren.[6] Desgleichen wäre § 21 Abs. 1 UWG ausgehöhlt, ließe sich allein aus der einem verjährten Anspruch zugrunde liegenden Verletzungshandlung eine „Erst"-Begehungsgefahr für eine vorbeugende Unterlassungsklage ableiten.[7] **Anders** ist es hingegen, **wenn sich** der **Verletzer** weiterhin, sei es auch „nur" im Prozeß, **berühmt**, zu dem beanstandeten Verhalten (auch) in Zukunft berechtigt zu sein.[8]

---

[1] BGH GRUR 1979, 121/122-Verjährungsunterbrechung; *Teplitzky*, Wettbewerbsrechtliche Ansprüche, 5. Aufl., Kap. 16 Rdnr. 4/5; a. A. *Ahrens*, Wettbewerbsverfahrensrecht, 1983, S. 31/Fn. 81 m. w. N.; vgl. auch Handbuch § 87 Rdnr. 6.
[2] BGH GRUR 1974, 99/100 – Brünova; *Teplitzky* Kap. 16 Rdnr. 12/13, Kap. 36 Rdnr. 4/5.
[3] OLG Köln GRUR 1987, 644 – Zeitschriftenanzeige; *Baumbach/Hefermehl*, Wettbewerbsrecht, 15. Aufl., § 21 UWG Rdnr. 12.
[4] BGH NJW 1985, 2022/2023; *Baumbach/Hefermehl* § 21 UWG Rdnr. 15; vgl. dazu *Teplitzky* Kap. 16 Rdnr. 10.
[5] OLG Köln NJW-RR 1986, 679; vgl. *Baumbach/Hefermehl* § 21 UWG Rdnr. 16a.
[6] *Teplitzky* Kap. 16 Rdnr. 21.
[7] BGH GRUR 1987, 125 – Berühmung; KG nach *Mielke*, Dokumentation der „örtlichen Besonderheiten" in der Rechtsprechung der Oberlandesgerichte zum gewerblichen Rechtsschutz/Kammergericht, WRP 1987, 363/365; OLG Koblenz WRP 1986, 114/115; OLG Karlsruhe WRP 1984, 634/635; HansOLG Hamburg WRP 1979, 140/141; HansOLG Hamburg WRP 1981, 469/470; OLG Frankfurt/M WRP 1979, 469/470; *Teplitzky* Kap. 16 Rdnr. 30; *v. Gamm*, Neuere Rechtsprechung im Wettbewerbs- und Warenzeichenrecht, WRP 1988, 281/290; *Baumbach/Hefermehl* § 21 UWG Rdnr. 11.
[8] BGH DB 1988, 1215 – Auto F. GmbH; BGH GRUR 1987, 125/126 – Berühmung; kritisch zum vorausgegangenen Berufungsurteil des OLG Frankfurt/M (GRUR 1985, 71 – Rechtshilfe-Anzeige) *Traumann*, Zum Einfluß des Vortrags von Rechtsansichten auf die Verjährung wettbewerbsrechtlicher Unterlassungsansprüche, DB 1986, 262/263; OLG München GRUR 1988, 715 – Verjährung bei Berühmung; *v. Gamm*, Wettbewerbsrecht, 5. Aufl., Kap. 18 Rdnr. 61.

Nachtrag   Zu § 75

Vergleichsverhandlungen hemmen auch im Wettbewerbsrecht nach § 852 Abs. 2 BGB die Verjährung.[9]

Ein erst **nach Ablauf der Verjährungsfrist** abgegebenes **Anerkenntnis unterbricht** die Verjährung **nicht;**[10] allerdings kann darin ein Verzicht auf die Einrede der Verjährung liegen.[11] **In der Zurücknahme der Berufung** des Verletzers mit dem Hinweis auf das Fehlen von Erfolgsaussichten kann – auch im einstweiligen Verfügungsverfahren – ein verjährungsunterbrechendes **Anerkenntnis** i. S. des § 208 BGB liegen.[12] Eine vom Kläger in Wettbewerbssachen zu verantwortende **Verzögerung der Klagezustellung um 15 Tage** kann die Anwendbarkeit des § 270 Abs. 3 ZPO i. V. m. § 209 Abs. 1 BGB ausschließen.[13] Durch **Anrufung der Einigungsstelle** wird die Verjährung von Unterlassungs- wie Schadenersatzansprüchen[14] nach § 27a Abs. 9 S. 1, Abs. 3 S. 1 UWG auch dann unterbrochen, wenn das Einigungsverfahren vom Verletzer, nicht vom Verletzten, eingeleitet wurde.[15]

Auch wenn Anträge auf Erlaß einstweiliger Verfügungen die Verjährungsfrist nicht analog § 209 Abs. 1 BGB unterbrechen,[16] **unterbricht** doch ein **Antrag auf Festsetzung von Ordnungsmitteln** nach § 890 Abs. 1 ZPO **wegen Zuwiderhandlung** auch **gegen** einen „bloßen" **Verfügungstitel** die **Verjährung** nach § 209 Abs. 5 BGB (vgl. auch § 216 BGB).[17] Vollstreckungshandlung i. S. des § 209 Abs. 5 BGB ist allerdings noch nicht die Zustellung des im Wege der einstweiligen Verfügung erlassenen, selbst ordnungsmittelbewehrten Unterlassungstitels im Parteibetrieb, weil sie erst die für den Bestand des Titels notwendige Vollziehung (§ 929 Abs. 2 ZPO) darstellt.[18] Trotz Nichtanwendbarkeit der Verweisungsvorschrift des § 281 ZPO kann auch beim **Übergang vom Zivilprozeß zum Schiedsgerichtsverfahren** die nach § 209 Abs. 1 BGB eingetretene Verjährungsunterbrechung erhalten bleiben (§§ 220 Abs. 1, 212 Abs. 2 BGB).[19]

2. Verjährung einzelner Ansprüche. Unterlassungsansprüche gemäß den §§ 1; 3; 6a Abs. 1, Abs. 2; 6b; 6d Abs. 1; 6e Abs. 1; 7 Abs. 1; 8 Abs. 5, Abs. 6; 13 Abs. 1, Abs. 2, Abs. 3, Abs. 4; 14 Abs. 1 S. 2, Abs. 2 S. 1; 16 Abs. 1 UWG verjähren in 6 Monaten (§ 21 Abs. 1 UWG). Das gleiche gilt für Unterlassungsansprüche aus § 12 RabG (§ 17 S. 1 RabG i. V. m. § 14 DVRabG) und aus § 2 Abs. 1 ZugabeVO (§ 2 Abs. 4 ZugabeVO). **Schadenersatzansprüche** aus den §§ 1; 13 Abs. 6; 13a Abs. 3 S. 3; 14 Abs. 1 S. 1, Abs. 2 S. 2; 16 Abs. 2; 19 S. 1 UWG verjähren ebenfalls in 6 Monaten (§ 21 Abs. 1 UWG). Für Unterlassungs- und Schadenersatzansprüche wegen unerlaubter Handlung gilt hingegen

---

[9] So erneut *Teplitzky* Kap. 16 Rdnr. 52/55; ihm folgend *Baumbach/Hefermehl* § 21 UWG Rdnr. 2; *Nordemann,* Wettbewerbsrecht, 5. Aufl., Rdnr. 592b; vgl. auch die Heranziehung des § 852 Abs. 2 BGB bei gesetzlichen Ansprüchen aus § 558 BGB und damit konkurrierenden vertraglichen Ansprüchen: BGHZ 93, 64/69/70; BGH DB 1987, 886/887.
[10] BGH GRUR 1987, 125 – Berühmung; RGZ 78, 130/131; MünchKomm/*v. Feldmann,* 2. Aufl., § 208 BGB Rdnr. 1; *v. Staudinger/Dilcher,* 12. Aufl., § 208 BGB Rdnr. 2.
[11] MünchKomm/*v. Feldmann* § 222 BGB Rdnr. 4, § 225 BGB Rdnr. 3.
[12] OLG Bremen GRUR 1986, 178 – Verjährungseinrede.
[13] OLG Düsseldorf GRUR 1988, 65/66 – Zustellungsverzögerung.
[14] *Teplitzky* Kap. 16 Rdnr. 35, Kap. 36 Rdnr. 11.
[15] OLG Koblenz GRUR 1988, 566/567 – Wirkung der Unterwerfungserklärung.
[16] BGH GRUR 1979, 121 – Verjährungsunterbrechung; OLG Celle GRUR 1987, 716 – Konkurrenten – Warnhinweis; *Emmerich,* Das Recht des unlauteren Wettbewerbs, 2. Aufl., § 17 Anm. 8c; *Baumgärtel/Ulrich,* Handbuch der Beweislast im Privatrecht, Bd. 3 (1987), § 21 UWG Rdnr. 5.
[17] *Teplitzky* Kap. 16 Rdnr. 41/44.
[18] BGH GRUR 1979, 121 – Verjährungsunterbrechung; OLG Hamm WRP 1988, 552/553; OLG Bremen nach *Prengel,* Dokumentation der „örtlichen Besonderheiten" in der Rechtsprechung der Oberlandesgerichte zum gewerblichen Rechtsschutz/OLG Bremen, WRP 1986, 649/650; *Teplitzky* Kap. 16 Rdnr. 44/45.
[19] *Junker,* Verjährungsunterbrechung beim Übergang vom Zivilprozeß zum Schiedsverfahren, KTS 1987, 37/41/42/43; a. A. MünchKomm/*v. Feldmann* § 212 BGB Rdnr. 5.

Zu § 75　　　　　　　　　　　　　　　　　　　　　　　　　　　**Nachtrag**

wie bisher die 3-Jahres-Frist des § 852 Abs. 1 BGB, es sei denn, daß es sich um eine Verletzung des Rechts am eingerichteten und ausgeübten Gewerbebetrieb oder UWG-Bestimmungen als Schutzgesetze i. S. des § 823 Abs. 2 BGB handelt.[20] Die 3jährige Verjährungsfrist des § 852 Abs. 1 BGB gilt bei unerlaubten Handlungen einheitlich für **namens-, firmen- und zeichenrechtliche Ansprüche** aus § 12 BGB, § 24 WZG und § 16 UWG.[21] Die 6-Monats-Frist des § 13a Abs. 2 S. 2 UWG für die Ausübung des **Rücktritts**rechts als Gestaltungsrecht ist keine Verjährungs-, sondern eine Ausschlußfrist;[22] nach Rücktrittserklärung verjähren die **Rückgewähr-, Wert- und Aufwendungsersatzansprüche** des Abnehmers bei beweglichen Sachen (§ 13a Abs. 3 S. 1 UWG i. V. m. § 1d Abs. 1, 3, 5 AbzG) in 30 Jahren (§ 195 BGB) und die Rückgewähransprüche des Vertragspartners (§ 13a Abs. 3 S. 1 UWG i. V. m. § 1d Abs. 1 AbzG) nach 2, 4 oder 30 Jahren (§§ 196 Abs. 1, Abs. 2, 195 BGB).[23]

Der **Anspruch auf** Zahlung einer durch Zuwiderhandlung verwirkten **Vertragsstrafe** (§ 339 S. 2 BGB) unterliegt nicht der kurzen Verjährung des § 21 UWG; er verjährt in 30 Jahren (§ 195 BGB).[24] Der **Anspruch auf Ersatz der Verwarnungskosten** verjährt als Schadenersatzanspruch i. S. des § 13 Abs. 6 UWG nach 6 Monaten (§ 21 Abs. 1 UWG als lex specialis), selbst wenn er (auch) auf die §§ (1004), 683, 677, 670 BGB gestützt wird.[25] Hingegen gilt für den **prozessualen Kostenerstattungsanspruch** der §§ 91 ff ZPO die 30jährige Frist der §§ 195, 218 Abs. 1 S. 1 BGB.[26]

3. Prozessuale Folgen der Verjährung. Umstritten ist weiterhin, ob die während des einstweiligen Verfügungsverfahrens eingetretene und vom Antragsgegner geltend gemachte Verjährung einen Grund für die Erledigung des Verfahrens darstellt.[27] Noch kontroverser wird desgleichen die weitere Frage diskutiert, wer nach übereinstimmender Erledigungserklärung in solchen Fällen die Kosten zu tragen haben soll. Wer im Verjährungseintritt kein erledigendes Ereignis sieht oder es dem Antragsteller im Rahmen der Billigkeitsentscheidung des § 91a ZPO ankreidet, daß er seinen Anspruch verjähren ließ, auferlegt ihm die Kosten.[28] Andere treffen die Entscheidung danach, wie der Rechtsstreit

---

[20] *Teplitzky* Kap. 16 Rdnr. 16/17/18; *Nordemann* Rdnr. 590/591.
[21] BGH GRUR 1968, 367/370 – Corrida; BGH GRUR 1984, 820/823 – Intermarkt II; *v. Gamm* Wettbewerbsrecht, 5. Aufl., Kap. 8 Rdnr. 10, Kap. 57 Rdnr. 10/53; *Teplitzky* Kap. 16 Rdnr. 19/20; a. A. in Bezug auf Ansprüche aus § 12 BGB wegen § 195 BGB: *Klippel,* Der zivilrechtliche Schutz des Namnes, 1985, S. 434/435; *Baumbach/Hefermehl* § 21 UWG Rdnr. 9; vgl. auch Handbuch § 20 Rdnr. 6.
[22] *Teplitzky* Kap. 60 Rdnr. 19; *Baumbach/Hefermehl* § 13a UWG Rdnr. 21; a. A. *Sack,* Das Rücktrittsrecht gemäß § 13a UWG, Beilage 2/1987 zu BB 5/1987, S. 10.
[23] *Palandt-/Putzo,* BGB, 47. Aufl., § 1d AbzG Anm. 1d, 1e i. V. m. § 1 AbzG Anm. 7b; vgl. im übrigen ausführlich *Sack* S. 10/17/20/27.
[24] So jetzt auch LG Mannheim GRUR 1987, 743/744; ebenso *Horschitz,* Atypische Vertragsstrafen, NJW 1973, 1958/1961.
[25] AG Wiesloch BB 1983, 2071/2072 m. zust. Anm. v. *Schibel,* der in Fn. 7 auf ein entsprechendes Urteil des AG Heidelberg hinweist; *Faber,* Die Verjährung des Anspruchs auf Erstattung der Verwarnungskosten in Wettbewerbssachen, WRP 1986, 371/373; *Baumbach/Hefermehl* § 21 UWG Rdnr. 9/19; *Ahrens/Spätgens,* Die gütliche Streiterledigung in UWG-Sachen, 2. Aufl., S. 184/186.
[26] OLG München NJW 1971, 1755; *Thomas/Putzo,* 14. Aufl., Vorbem. § 91 ZPO Anm. IV/1b; *Zöller/Schneider,* 15. Aufl., Vor § 91 ZPO Rdnr. 10.
[27] Verneinend: OLG München WRP 1987, 267; OLG Schleswig NJW-RR 1986, 38/39; OLG Hamm BB 1979, 1377/1378; *Baumbach/Lauterbach/Albers/Hartmann,* 46. Aufl., § 91a ZPO Anm. 2 A c; *Zöller/Vollkommer* § 91a ZPO Rdnr. 5, 58 (Stichwort „Verjährung"); *Nordemann* Rdnr. 592a; *Baumgärtel/Ulrich* § 21 UWG Rdnr. 8; bejahend: *Teplitzky* Kap. 55 Rdnr. 31; *Baumbach/Hefermehl* § 25 UWG Rdnr. 95.
[28] OLG Koblenz WRP 1986, 298; OLG Karlsruhe/ZS Freiburg WRP 1985, 137; *Ulrich,* Die Aufklärungspflichten des Abgemahnten – Zur sinngemäßen Anwendung des § 93 ZPO zugunsten des Klägers/Antragstellers, WRP 1985, 117/125.

Nachtrag

ohne Verjährungseintritt ausgegangen wäre,[29] insbesondere auch deshalb, weil eine Unterlassungsverfügung duch späteren Verjährungseintritt nicht rückwirkend unrechtmäßig geworden sei.[30]

---

[29] OLG Celle GRUR 1987, 716; *Baumbach/Lauterbach/Albers/Hartmann* § 93 ZPO Anm. 4; *Baumbach/Hefermehl* § 25 UWG Rdnr. 95.
[30] OLG Celle GRUR 1987, 716.

Zu § 77 Einigungsstellen (S. 976 ff.)

I. Aufgabenstellung

1. Errichtung und Besetzung. Die im Rahmen der UWG-Novelle 1986[1] vorgenommene Einführung eines Rücktrittsrechts für durch Werbeangaben irregeführte Abnehmer (§ 13a UWG) hat eine **Erweiterung der Aufgabenstellung** der Einigungsstellen erforderlich gemacht.[2] Die bei fast allen Industrie- und Handelskammern bestehenden Einigungsstellen können ausweislich der Neufassung des § 27a Abs. 1 UWG seit 1. 1. 1987 zur Beilegung nicht mehr nur von Wettbewerbsstreitigkeiten, sondern aller bürgerlichen Rechtsstreitigkeiten (vgl. § 13 GVG) angerufen werden, in denen ein sich auf das UWG gründender Anspruch geltend gemacht wird. Ob dies zu einer stärkeren Nutzung der außergerichtlichen Erledigung der schon bisher sehr unterschiedlich beanspruchten Einigungsstellen[3] führen wird, läßt sich noch nicht abschätzen; dies gilt umso mehr, als es bisher keine bundesweite Erfassung und zentrale statistische Auswertung ihrer Tätigkeiten gibt.[4]

2. Charakter und Zielsetzung. Da die Einigungsstelle jetzt auch von Letztverbrauchern angerufen werden kann (§ 27a Abs. 3 UWG), ist sie in diesen Fällen wie bei ihrer Anrufung durch einen Verbraucherverband i. S. des § 13 Abs. 2 Nr. 3 UWG mit einer gleichen Anzahl von Gewerbetreibenden und **Verbrauchern als Beisitzern** zu besetzen (§ 27a Abs. 2 S. 1 UWG). Hierbei sind die Vorschläge der für ein Bundesland errichteten, mit öffentlichen Mitteln geförderten Verbraucherzentralen zu berücksichtigen (§ 27a Abs. 11 S. 2 UWG); für ganz Nordrhein-Westfalen sind das bisher nur zwei Repräsentanten der Verbraucher.[5] Ungeachtet dieser Besetzung bleiben die Einigungsstellen aber **von den Schlichtungsstellen für Verbraucherbeschwerden**[6] **zu unterscheiden,** die inzwischen ebenfalls bei fast allen Industrie- und Handelskammern gebildet worden sind und für die – ebenso wie für die bei Handwerks- und Berufskammern, Innungen und Verbänden errichteten Schlichtungsstellen für Streitigkeiten mit Handwerkern, aus Kraftfahrzeug-, Radio- und Fernsehreparaturen, Textil- und Schuhreklamationen, in Bau- und Mietsachen, des Gebrauchtwagenhandels sowie der Ärzte, Zahnärzte und Apotheker[7] oder für die beim Deutschen Industrie- und Handelstag 1985 eingerichtete Schlichtungsstelle zur Sicherung des Leistungswettbewerbs gemäß der Gemeinsamen Erklärung von 15 Spitzenorganisationen der Gewerblichen Wirtschaft[8] – § 27a UWG selbst bei Geltendmachung

---

[1] Gesetz zur Änderung wirtschafts-, verbraucher-, arbeits- und sozialrechtlicher Vorschriften vom 25. 7. 1986 (BGBl. I S. 1169).
[2] So ausdrücklich die Begründung zu Art. 1 Nr. 13 des von den Fraktionen der CDU/CSU und FDP eingebrachten Gesetzentwurfs (BT-Drucksache 10/4741).
[3] *Preibisch*, Außergerichtliche Vorverfahren in Streitigkeiten der Zivilgerichtsbarkeit, 1982, S. 236/237.
[4] *Preibisch* S. 238; *Teplitzky*, Wettbewerbsrechtliche Ansprüche, 5. Aufl., Kap. 42 Rdnr. 3; *Kunze*, Hier bemüht sich die Kammer um einen gütlichen Ausgleich, Markt + Wirtschaft/Mitteilungen der Industrie- und Handelskammer zu Köln 1/1987, S. 28/30; Zentrale zur Bekämpfung unlauteren Wettbewerbs e. V., Rückblick auf die Arbeit im Jahre 1987, WRP 1988, 407/411.
[5] *Kunze* Markt + Wirtschaft 1/1987, S. 28/29; vgl. dazu auch *Lehmann*, Die UWG-Regelungen 1987 – Erläuterungen und Kritik, GRUR 1987, 199/214; *Teplitzky* Kap. 62 Rdnr. 8/10.
[6] *Kunze*, Zur Wahrung von Sitte und Anstand, Markt + Wirtschaft 12/1986, S. 26/27.
[7] Vgl. das vom Justizminister des Landes Nordrhein-Westfalen herausgegebene Faltblatt „Was Sie über Schlichtungsstellen wissen sollten/Verzeichnis außergerichtlicher Schlichtungsstellen in NRW", 1987.
[8] Abgedruckt in MA 1984, 398 sowie bei *Baumbach/Hefermehl* Wettbewerbsrecht, 15. Aufl., § 1 UWG Rdnr. 860; vgl. auch Jahresbericht 1984–1986 des Bundesverbandes der deutschen Industrie e. V., S. 65.

Nachtrag   Zu § 77

wettbewerbsrechtlicher Ansprüche nicht gilt. In allen übrigen Fällen wirken, wie bisher, mindestens zwei sachverständige Gewerbetreibende als Beisitzer der Einigungsstelle mit (§ 27a Abs. 2 S. 1 UWG).

Die Einigungsstellen dienen bei bürgerlichen Rechtsstreitigkeiten aus den §§ 13, 13a UWG wie auch weiterhin aus dem RabG und der ZugabeVO der Aussprache mit dem Gegner, insbesondere soweit es um Wettbewerbshandlungen im geschäftlichen Verkehr mit dem Letztverbraucher geht (§ 27a Abs. 3 S. 1 UWG, § 13 RabG, § 2 Abs. 1 Zugabe-VO i. V. m. § 13 UWG).[9] **Ziel** der Aussprache ist weiterhin die Herbeiführung eines **außergerichtlichen gütlichen Ausgleichs** (§ 27a Abs. 3 S. 1, Abs. 6 S. 1, Abs. 7 S. 2, Abs. 10 S. 1 UWG). Durch Anrufung der Einigungsstelle kann der Verletzer allerdings den Verletzten nicht daran hindern, den Erlaß einer einstweiligen Verfügung zu beantragen (§ 27a Abs. 10 S. 2, 4 UWG)[10] oder Klage zu erheben.[11]

II. Verfahren

1. Verhältnis zu gerichtlichen Streitverfahren. Da eine Parallelität von Einigungsverfahren und Klageverfahren ausweislich § 27a Abs. 10 UWG tunlichst zu vermeiden ist, ist strittig, ob letzteres bis zur Beendigung des Einigungsverfahrens zu vertagen (§ 227 Abs. 1 S. 1 ZPO) oder analog § 251 ZPO zum Ruhen zu bringen[12] oder analog § 148 ZPO auszusetzen ist.[13] Von daher ist nach wie vor auch umstritten, ob gegen die Anordnung des Prozeßgerichts zur Anrufung der Einigungsstelle (§ 27a Abs. 3 S. 1, Abs. 10 S. 1 UWG) Beschwerde oder die Ablehnung einer solchen Anordnung sofortige Beschwerde nach § 252 ZPO gegeben ist[14] oder nicht.[15] Lehnt die Einigungsstelle, sofern keine Anordnung durch das ordentliche Gericht gemäß § 27a Abs. 10 S. 1 UWG vorliegt, die Einleitung eines Einigungsverfahrens mangels Zuständigkeit (vgl. auch § 27a Abs. 3 S. 2 UWG) oder wegen offenbarer Unbegründetheit des Antragsbegehrens (§ 27a Abs. 8 UWG) ab, gibt es hiergegen kein Rechtsmittel.[16]

2. Einigungsverhandlung. Um der nach § 27a Abs. 5 S. 1 UWG möglichen **Anordnung des persönlichen Erscheinens** der Parteien Nachdruck zu verleihen, kann die Einigungsstelle **Ordnungsgeld** festsetzen (§ 27a Abs. 5 S. 2 UWG). Hierüber ist schon in Anbetracht des Charakters der Einigungsstelle und des Ziels des Einigungsverfahrens aus rechtsstaatlichen Gründen zu belehren (vgl. auch § 141 Abs. 3 S. 3 ZPO).[17] Die Festsetzung von Ordnungsgeld ist im Interesse der Gewährleistung des Einigungsverfahrens insbesondere auch dann zulässig, wenn die säumige Partei sich vor der Einlassung hierauf selbst schriftlich nicht erklärt[18] oder mitgeteilt hat, daß sie sich ohnehin nicht gütlich einigen wolle.[19] Daran ändert auch das Fehlen einer prozessualen Erklärungs- und Wahrheitspflicht nichts.[20] Die gegen die Anordnung des persönlichen Erscheinens oder die Festsetzung von Ordnungsgeld nach § 27a Abs. 5 S. 3 UWG i. V. m. § 577 ZPO zugelas-

---

[9] *Teplitzky* Kap. 42 Rdnr. 7; ein Muster einer Anrufung der Einigungsstelle findet sich im Beck'schen Prozeßformularbuch/*Mes*, 4. Aufl., Form II.L.12.

[10] So auch KG DB 1985, 2403; *Mielke*, Dokumentation der „örtlichen Besonderheiten" in der Rechtsprechung der Oberlandesgerichte zum gewerblichen Rechtsschutz/Kammergericht, WRP 1987, 363/366; *Teplitzky* Kap. 42 Rdnr. 13/16.

[11] *Teplitzky* Kap. 42 Rdnr. 13.

[12] *Teplitzky* Kap. 42 Rdnr. 14/15/23.

[13] *Baumbach/Hefermehl* § 27a UWG Rdnr. 5.

[14] *Baumbach/Hefermehl* § 27a UWG Rdnr. 5.

[15] *Teplitzky* Kap. 42 Rdnr. 15/23.

[16] *Teplitzky* Kap. 42 Rdnr. 4/23; *Baumbach/Hefermehl* § 27a UWG Rdnr. 10.

[17] LG Hannover NJW-RR 1987, 817; LG Hannover WRP 1988, 574.

[18] OLG Frankfurt/M GRUR 1987, 150/151.

[19] OLG Koblenz WRP 1988, 280.

[20] So schon RG GRUR 1937, 326.

Zu § 77 **Nachtrag**

sene **sofortige Beschwerde** steht als weitere Beschwerde allerdings nicht der Industrie- und Handelskammer, bei der die Einigungsstelle errichtet worden ist, oder der Einigungsstelle oder der sie errichtet habenden Landesregierung, wohl aber eventuell dem Verfahrensgegner gegen Entscheidung der ordentlichen Gerichte über Beschwerden der säumigen Partei zu.[21]

Kommt im Einigungsverfahren nicht wenigstens ein Verlgeich über die Verteilung von dessen **Kosten** zustande und sieht auch die Kostenentscheidung der Einigungsstelle keine Kostenerstattung vor, können sie vom Verletzer jedenfalls dann nicht unter dem Gesichtspunkt der Geschäftsführung ohne Auftrag (§§ 683, 677 BGB) erstattet verlangt werden, wenn er sein Verhalten für gerechtfertigt und deshalb vorher die Abgabe einer strafbewehrten Unterlassungserklärung abgelehnt hatte.[22]

---

[21] OLG Hamm WRP 1987, 187/188; OLG Frankfurt/M WRP 1988, 175/176; *Teplitzky* Kap. 42 Rdn. 23 lehnt eine weitere Beschwerde gänzlich ab.
[22] OLG Hamm GRUR 1988, 715/716.

Zu § 80 Allgemeines (S. 1002 ff.)

1. Verfügungs- und/oder Klageverfahren (S. 1002). Klage und einstweilige Verfügung verfolgen unterschiedliche Rechtsschutzziele. Dabei sind beide Verfahren grundsätzlich in jeder Lage des Verfahrens und unabhängig von der Reihenfolge nebeneinander zulässig.[1]

2. Schutzschrift (S. 1009 ff.). Auf breiter Front durchgesetzt hat sich in Rechtsprechung und Literatur die Ansicht, daß die **Kosten der Schutzschrift** erstattungsfähig sind, wenn die Schrift **vor dem Verfügungsantrag** eingereicht und dieser entweder **im Beschlußverfahren zurückgewiesen** oder vom Antragsteller **zurückgenommen wurde**.[2]

Beschlußverfügungen sind grundsätzlich durch Zustellung an den „Schutzschrift-Bevollmächtigten" zu vollziehen, wenn dieser sich in der Schutzschrift unmißverständlich für den Antragsgegner bestellt hat. Ist dies jedoch nur gegenüber dem Gericht geschehen und hat der Antragsteller hiervon in nicht vorwerfbarer Weise keine Kenntnis erlangt, reicht die an den Antragsgegner **persönlich bewirkte Zustellung** als Vollziehung.[3]

Zustellungsadressat ist nach OLG Karlsruhe[4] auch der nichtpostulationsfähige Verfahrensbevollmächtigte.

3. Streitwert im Verfügungsverfahren (S. 1015 f.). Maßgeblich für die Bestimmung des Streitwertes ist auch beim Verfügungsverfahren der Zeitpunkt der Antragstellung, von dem aus selbstverständlich auch die Interessenlage des Antragstellers zu bestimmen ist. Diese ist notwendigerweise eine andere als die des Klägers. Daraus leitet *Teplitzky*[5] den Grundsatz ab, daß der Streitwert der Unterlassungsverfügung **regelmäßig niedriger anzusetzen** sei als der des Hauptsacheverfahrens.

Zu § 81 Die wettbewerbliche einstweilige Verfügung (S. 1016 ff.)

1. Mit der Frage der Zulässigkeit einer einstweiligen Verfügung auf **Auskunftserteilung** hat sich jüngst das Kammergericht befaßt[1] und diese Frage auch und gerade unter wettbewerbsrechtlichen Aspekten im Einklang mit der h. M. überzeugend verneint.

Zu § 83 Voraussetzungen für den Erlaß der einstweiligen Verfügung (S. 1029 ff.)

1. Verfügungsgrund („Dringlichkeit") (S. 1034 ff.). Führt ein Wettbewerber seine Werbemaßnahmen jeweils nur im Abstand von einem Jahr durch (z. B. regelmäßige Frühjahrsmodeschauen), so entfällt nach OLG Stuttgart[1] die Dringlichkeit eines Verfügungsantrages nicht dadurch, daß die bei Antragseinlegung unmittelbar bevorstehende Werbe-

---

[1] OLG Köln WRP 1987, 188/190; GRUR 1988, 646 (LS); *Ahrens/Spätgens*, Einstweiliger Rechtsschutz und Vollstreckung in UWG-Sachen, 1988, S. 4 ff.
[2] Vgl. die ausführliche Übersicht bei *Teplitzky*, Anm. zu OLG Düsseldorf GRUR 1988, 404/405 ff.; s. f. – auch zur Höhe der erstattungsfähigen Kosten – OLG Frankfurt WRP 1987, 114/115 sowie KG WRP 1988, 240 ff.
[3] OLG Hamburg WRP 1987, 121/122, auch zur Frage der Unterrichtung des Antragstellers vom Vorliegen einer Schutzschrift durch das Gericht.
[4] WRP 1987, 44/46; KG WRP 1988, 240 f.; OLG Köln GRUR 1988, 725/726; eingehend zur Schutzschrift auch: *Ahrens/Spätgens*, Einstweiliger Rechtsschutz, aaO S. 80 ff. mwN.
[5] *Teplitzky*, Wettbewerbsrechtliche Ansprüche, 1986, Kap. 49 Rdnr. 25 ff; a. A. *Baumbach/Hefermehl* § 25 UWG Rdnr. 45, der u. U. sogar für das Verfügungsverfahren einen höheren Streitwert für möglich hält; s. a. *Ahrens* GRUR 1988, 726 f., Anm. zu OLG Köln (17. ZS) GRUR 1988, 725 f.
[1] GRUR 1988, 403/404.

maßnahme nach Erlaß der Beschlußverfügung durchgeführt wurde. Denn wenn auch nach Verstreichen der angekündigten Termine die nächsten Aktivitäten erst wieder in einem Jahr zu erwarten seien, also hinreichend Zeit für eine Hauptsacheklage gegeben sei, bestehe jedenfalls dann ein Bedürfnis für eine Klärung der Rechtslage im Verfügungsverfahren, wenn dieses bereits in zulässiger Weise begonnen habe.[2]

Beantragt der unterlegene Antragsteller in der Berufungsinstanz ohne zwingenden Grund **Verlängerung der Begründungsfrist** und nutzt er diese, läßt dies die Dringlichkeit entfallen.[3] Diese Rechtsauffassung kann heute als herrschend bezeichnet werden.[4]

2. Begehungsgefahr (S. 1043 ff.). a) *Wiederholungsgefahr.* Die Vervielfältigung der Gläubigerstellung durch § 13 UWG ermöglicht bei einem Wettbewerbsverstoß mehrere parallele gerichtliche Verfahren.[5]

Bei **parallelen Abmahnungen** hat die Rechtsprechung bis 1983 überwiegend verlangt, daß der Wettbewerbsstörer gegenüber jedem Unterlassungsgläubiger eine gesicherte Unterwerfungserklärung abgeben müsse. Da die Wiederholungsgefahr materiellrechtliches Element des Unterlassungsanspruches ist, nahm die Rechtsprechung bis 1983 zwangsläufig an, daß für jede der hier in Betracht kommenden Unterlassungs-Rechtsbeziehungen eine je eigene Wiederholungsgefahr besteht („Teilbarkeit" der Wiederholungsgefahr). In seinem Urteil vom 2. 12. 1982[6] hat der BGH dann aber entschieden, daß die Beurteilung der Wiederholungsgefahr nur eine **einheitliche** sein könne und daß sie mit Abgabe der **ersten** gesicherten Unterlassungsverpflichtungserklärung **allen potentiellen Unterlassungsgläubigern gegenüber entfalle,** wobei aber – was den Wegfall der Wiederholungsgefahr als solchen angehe – auf den Einzelfall abgestellt werden müsse.[7]

Entscheidend ist danach also, ob die (erste) Unterwerfung unter Einbeziehung aller Beurteilungskriterien („Gesamtschau") geeignet erscheint, den Unterlassungsschuldner ernsthaft von weiteren Verletzungshandlungen der beanstandeten Art abzuhalten.[8]

Die **Beweislast** für den Wegfall der Wiederholungsgefahr schlechthin obliegt dabei dem Unterlassungsschuldner.[9]

Rechtsprechung und Literatur konzentrieren sich seit der Entscheidung des BGH vornehmlich darauf, die konkreten Einzelfallumstände nach allen Seiten hin zu durchleuchten und auszudifferenzieren mit dem Ziel, das Abmahnrecht praktikabel zu halten und böswillige Taktiken der Abgemahnten abzuwenden.[10] Bewertet werden hierbei u. a.: **Eignung des Vertragsstrafegläubigers,**[11] **Annahme** oder **Nichtannahme** der Erstunterwerfung,[12] **Inhalt** und **Fassung** der **Unterlassungsverpflichtung,**[13] Höhe der Vertragsstra-

---

[1] WRP 1988, 398, 399/400.
[2] Ebenso *Baumbach/Hefermehl* § 25 UWG Rdnr. 18.
[3] OLG Nürnberg GRUR 1987, 727 mwN.
[4] *Baumbach/Hefermehl* Rdnr. 16; differenzierend: *Teplitzky* Kap. 54 Rdnr. 27.
[5] BGH GRUR 1987, 45/46 – Sommerpreiswerbung, mit Anm. *Klaka.*
[6] GRUR 1983, 186 f. – Wiederholte Unterwerfung I.
[7] Zur Problematik im einzelnen: *Ahrens/Spätgens,* Die gütliche Streiterledigung in UWG-Sachen, 1987, S. 141 ff.; *Baumbach/Hefermehl* Einl. UWG Rdnr. 316.
[8] *Baumbach/Hefermehl* aaO; KG GRUR 1988, 930.
[9] BGH GRUR 1987, 640 ff. – Wiederholte Unterwerfung II mit Anm. *Lehmpfuhl* GRUR 1987, 919/920.
[10] *Ahrens/Spätgens* S. 144 ff.
[11] OLG Hamburg WRP 1984, 622; LG Essen, Bericht d. Wettbewerbszentrale, WRP 1984, 719 (Fachverband); OLG Köln WRP 1986, 506 f. (Einzelhandelsverband); BGH GRUR 1987, 650/641 – Wiederholte Unterwerfung II; OLG Hamburg WRP 1984, 563/564; s. f. *Tack* WRP 1984, 455/457; *Kues* WRP 1985, 196/199; *Borck* WRP 1983, 266; WRP 1985, 311/314 f. (insb. zur „abmahnungslosen" Unterwerfung); *Teplitzky* Kap. 8 Rdnr. 50.
[12] LG Düsseldorf WRP 1984, 449 f.; *Traub* WRP 1987, 257 unter Hinweis auf die geänderte Rechtsprechung des BGH zur einseitig bleibenden Unterwerfung.
[13] OLG Hamm WRP 1987, 261/264 (unbestimmte Formulierung); KG WRP 1987, 322/323 (Vorbehalt des Widerrufs).

Nachtrag Zu § 83

fe,[14] **nachtatliches Verhalten** des Schuldners,[15] **Manipulationen** bei der Auswahl des Gläubigers[16] u. a. m.[17]

Hat der Unterlassungsschuldner **mehrere selbständige** Wettbewerbsverstöße begangen, von denen die Drittunterwerfung nur einen Teil umfaßt, besteht Wiederholungsgefahr nur bezüglich des Restes.[18]

Die Wiederholungsgefahr entfällt auch nicht, wenn der Zweitabmahner aufgrund desselben Wettbewerbsverstoßes berechtigterweise **eine andere (weitergehende) Unterwerfung** verlangen kann.[19] Diese Variante gewinnt besondere Bedeutung, wenn die Drittunterwerfung zu konkret gefaßt war.

Fühlt sich der Schuldner an die Drittunterwerfung **nicht mehr gebunden,** entfaltet diese keine Wirkung mehr.[20]

Ungeklärt ist bisher, wie zu verfahren ist, wenn **mehrere Schuldner** existieren[21] und wenn Wettbewerbsverstöße begangen wurden, bei denen eine **Abmahnung** für **entbehrlich** gehalten wird.[22]

Zur **Aufklärungspflicht** des Abgemahnten hat sich der BGH inzwischen eindeutig geäußert und eine solche bei berechtigter Abmahnung bejaht.[23] In seinem Urteil vom 13. 5. 1987 hat er dann aber weiter klargestellt, daß eine Verletzung dieser Aufklärungspflicht, die **auch gegenüber Verbänden** besteht,[24] (lediglich) einen Anspruch auf Schadensersatz wegen positiver Forderungsverletzung begründen, nicht aber bei verschwiegener Drittunterwerfung schlechthin zur Annahme des Fortbestandes der Wiederholungsgefahr führen könne.[25]

b) Erstbegehungsgefahr. Ist bei **Rabattverstößen** bewiesen, daß ein Verkäufer im Rahmen eines Verkaufsgespräches aus der Sicht eines normalen Durchschnittsinteressenten einen unzulässigen Rabatt (hier auf den Kaufpreis für einen PKW) *angeboten* hat, begründet dies in der Regel die ernsthafte Gefahr dafür, daß der Verkäufer derartige unzulässige Preisnachlässe *gewähren* wird.[26]

3. Glaubhaftmachung (S. 1044). Die **anwaltliche Versicherung** über Vorgänge, die der Rechtsanwalt in seiner beruflichen Tätigkeit wahrgenommen hat, ist ein geeignetes Glaubhaftmachungsmittel.[27]

---

[14] OLG Frankfurt WRP 1987, 255/256 mit Anm. *Traub;* WRP 1987, 740/741; *Tack* aaO.
[15] OLG Frankfurt WRP 1984, 413/414; WRP 1985, 220/222; OLG Köln WRP 1986, 506/507; KG GRUR 1986, 563; *Kues* aaO; *Ahrens/Spätgens* S. 149, 150.
[16] LG Düsseldorf WRP 1984, 449; *Tack* aaO; s. a. *Borck* WRP 1985, 311/315.
[17] S. *Ahrens/Spätgens* aaO mit weiteren Beispielen; *Baumbach/Hefermehl* aaO.
[18] OLG Stuttgart WRP 1986, 305/306.
[19] OLG Frankfurt WRP 1987, 255/256 mit Anm. *Traub.*
[20] OLG Hamburg WRP 1986, 560/561 – neu entstandene Wiederholungsgefahr; hierzu auch *Teplitzky* Kap. 8 Rdnr. 51 ff.; *Baumbauch/Hefermehl* Rdnr. 276.
[21] S. Beispiele bei *Ahrens/Spätgens* S. 148.
[22] S. *Lehmpfuhl* WRP 1987, 919/920.
[23] BGH GRUR 1987, 54, 55 – Aufklärungspflicht des Abgemahnten, mit Anm. *Lindacher.*
[24] BGH ZIP 1988, 866/867 = GRUR 1988, 716 ff. = WRP 1989, 90 f. – Aufklärungspflicht gegenüber Verbänden.
[25] BGH GRUR 1987, 640/641 – Wiederholte Unterwerfung II; *Baumbach/Hefermehl* aaO Rdnr. 513.
[26] OLG Köln WRP 1988, 190/191 (Voraussetzungen einer vorbeugenden Unterlassungsklage).
[27] OLG Köln GRUR 1986, 196 – Anwaltliche Versicherung I.

Zu § 84 Das Anordnungsverfahren (S. 1047 ff.)

1. (S. 1060). Wählt der Antragsteller zur besseren Charakterisierung des Unterlassungsanspruchs einen verallgemeinernden Obersatz, so liegt in dem beigefügten „**insbesondere**" – Zusatz regelmäßig nur eine beispielhafte Verdeutlichung.[1]

Mit der Möglichkeit einer **alternativen Fassung des Antrages** bei Verwirklichung unterschiedlicher Wettbewerbsverstöße durch eine Wettbewerbshandlung befaßt sich das OLG Hamm[2] ohne eine abschließende Antwort zu geben. Sachgerechte Ergebnisse lassen sich in diesen Fällen durch konsequente Anwendung der Grundsätze zur sogenannten „konkreten Verletzungsform" erzielen; die materielle Rechtskraftwirkung läßt sich ggf. in den Entscheidungsgründen festlegen.

2. Neuerlaß der einstweiligen Verfügung (S. 1064). *Teplitzky*[3] und *Hefermehl*[4] halten bei Versäumung der Vollziehungsfrist die Beantragung einer neuen einstweiligen Verfügung in dem noch anhängigen Verfahren, namentlich in der Berufungsinstanz, für **unzulässig**; die Entscheidung des Berufungsgerichts muß sich hiernach auf die Aufhebung der einstweiligen Verfügung beschränken, so daß der Antrag auf Neuerlaß beim zuständigen Gericht **erster Instanz** zu stellen ist.

Der Zulässigkeit der Berufung gegen ein Verfügungsurteil, mit der fehlende Vollziehung geltend gemacht wird, steht nicht entgegen, daß dem Antragsteller auch die Möglichkeit des Verfahrens nach §§ 936, 927 ZPO zur Verfügung steht.[5]

3. (S. 1079 f.). Wird eine einstweilige Verfügung ohne mündliche Verhandlung antragsgemäß erlassen, dann durch das erstinstanzliche Gericht aufgehoben, durch das Berufungsgericht jedoch bestätigt, beginnt nach h. M. für den Gläubiger die Frist des § 929 Abs. 2 ZPO mit Verkündung des Berufungsurteils zu laufen. Nach OLG Celle[6] folgt hieraus jedoch nicht, daß das Berufungsurteil nochmals vom Gläubiger im Parteibetrieb zugestellt werden müsse. Sei bereits der ursprüngliche Beschluß rechtzeitig ordnungsgemäß zugestellt gewesen, genüge dies.

4. Kostenentscheidung (S. 1086). Zeigt die Reaktion des Abgemahnten, daß er ebenfalls an einer gütlichen Streitbeilegung interessiert und kooperationswillig ist (Abgabe einer Unterwerfungserklärung nach „altem Hamburger Brauch" bei geforderter Vertragsstrafe von DM 5000,–), ist der Antragsteller nach KG[7] gehalten, **nochmals** an den Unterlassungsschuldner heranzutreten. Unterläßt er dies, kann dem Antragsgegner nicht entgegen gehalten werden, Veranlassung zur Verfahrenseinleitung gegeben zu haben.

5. Verletzung von Aufklärungpsflichten (S. 1089). Zu dieser Frage hat sich der BGH inzwischen im Sinne der hier vertretenen Auffassung klar geäußert.[8] Danach konkretisiert die durch eine wettbewerbliche Verletzungshandlung veranlaßte Abmahnung das zwischen den Beteiligten (Wettbewerber, Verbände) bestehende gesetzliche Schuldverhältnis aus unerlaubter Handlung in der Weise, daß der Verletzer im Rahmen dieses Verhältnisses nach Treu und Glauben verpflichtet ist, den Abmahnenden aufzuklären, so etwa darüber, daß wegen derselben Verletzungshandlung bereits eine Unterwerfungserklärung gegen-

---

[1] KG GRUR 1988, 78/79.
[2] WRP 1988, 182/183.
[3] AaO. Kap. 55 Rdnr. 49, 50 mwN.
[4] AaO. § 25 Rdnr. 64; hierzu auch: *Ahrens/Spätgens,* Einstweiliger Rechtsschutz und Vollstreckung in OWG-Sachen, 1988, S. 41 ff. m. w. N.
[5] OLG Düsseldorf WRP 1987, 633/634.
[6] GRUR 1987, 66; a. A. die herrsch. Meinung: s. *Ahrens/Spätgens,* (Fn. 4) S. 33 ff. mwN.
[7] WRP 1987, 34/35.
[8] GRUR 1987, 54/55 – Aufklärungspflicht des Abgemahnten; ZIP 1988, 866/867 = WRP 1989, 90 ff. – Aufklärungspflicht gegenüber Verbänden; s. a. EWiR § 242 BGB 8/86, 971 *(Spätgens)* mwN.

Nachtrag Zu §§ 86, 87

über einem Dritten abgegeben worden ist. Verletzt der Abgemahnte diese Pflicht schuldhaft, so kann darin eine **positive Forderungsverletzung** mit der Folge der **Schadensersatzpflicht** liegen. Von besonderer Bedeutung ist diese Rechtsprechung im Fall der Mehrfachabmahnung bei Wegfall der Wiederholungsgefahr durch einmalige Unterwerfung.[9]

Zu § 86 Vollziehung der einstweiligen Verfügung (S. 1095 ff.)

1. Unterlassungsverfügung (S. 1097 ff.). Wird eine einstweilige Verfügung ohne mündliche Verhandlung antragsgemäß erlassen, dann aber durch das erstinstanzliche Gericht aufgehoben, durch das Berufungsgericht jedoch bestätigt, soll eine Vollziehungszustellung des Urteils im Parteibetrieb nach OLG Celle[1] nicht mehr erforderlich sein, wenn bereits die ursprüngliche Beschlußverfügung rechtzeitig und ordnungsgemäß zugestellt war.

Hat sich ein sogenannter „**Schutzschrift-Bevollmächtigter**" unmißverständlich für den Antragsgegner bestellt, ist dieser „**Vollziehungsadressat**". Ist die Bestellung jedoch nur gegenüber dem Gericht erfolgt und hat der Antragsteller hiervon in nicht vorwerfbarer Weise keine Kenntnis erlangt, reicht die **an den Antragsgegner persönlich** bewirkte Zustellung als Vollziehung aus.[2]

2. Mängel der Vollziehung (S. 1100 f.). Eine wirksame Vollziehung der Beschlußverfügung erfordert grundsätzlich die Zustellung einer **vollständigen Ausfertigung des Beschlusses** durch den Antragsteller, und zwar in der Form der tatsächlich ergangenen gerichtlichen Entscheidung. Ist die Ausfertigung **unvollständig,** fehlen also z. B. in den Tenor übernommene Texte/Abbildungen/Anzeigen u. dgl., fehlt es an einer notwendigen Vollziehung.[4] Die einstweilige Verfügung wird entgültig wirkungslos.

Die Voraussetzungen für **eine Heilung des Zustellungsmangels** sind erst dann gegeben, wenn der **Zweck** der verletzten Verfahrensnorm auf andere Weise dennoch eingetreten ist.[5] Hierzu genügt allerdings im Hinblick auf das Authentizitätsprinzip[6] nicht eine anderweitige Kenntniserlangung, etwa durch Unterrichtung über den Inhalt des Beschlusses durch den Anwalt nach Akteneinsicht.

Zu § 87 Einstweilige Verfügung und Verjährung (S. 1103 ff.)

Ist ein geltend gemachter wettbewerbsrechtlicher Anspruch nach § 21 UWG verjährt, bewirkt die Einrede der Verjährung nur, daß der Gläubiger an der Durchsetzung seines Anspruchs gehindert ist. Dagegen berührt die Verjährung nicht die Rechtmäßigkeit einer vor Eintritt der Verjährung erwirkten einstweiligen Verfügung, sondern nur die Fortdauer der Rechtmäßigkeit.[1]

---

[9] BGH GRUR 1983, 186 f. – Wiederholte Unterwerfung I.; GRUR 1987, 640/641 – Wiederholte Unterwerfung II; *Ahrens/Spätgens,* Die gütliche Streiterledigung zu VWG-Sachen, 1987, S. 155 ff. mwN.

[1] GRUR 1987, 66; es ist dies letztlich die Folge der von OLG Celle vertretenen Auffassung, daß durch ein vorläufig vollstreckbares Aufhebungsurteil die ursprüngliche Beschlußverfügung nicht beseitigt wird, WRP 1986, 612; a. A. die wohl überwiegende Ansicht, s. *Teplitzky* WRP 1987, 149/150; Handbuch § 84 Rdnr. 128; s. a. Nachtrag zu § 88.

[2] OLG Hamburg WRP 1987, 121/122; s. a. OLG Karlsruhe WRP 1987, 44, 45; *Ahrens/Spätgens,* Einstweiliger Rechtsschutz aaO, S. 35 ff.

[3] Hierzu näher Handbuch § 84 Rdnr. 102 und dortige Fußnoten.

[4] OLG Köln GRUR 1987, 404/405.

[5] S. o. Fn. 2, auch zur Frage einer evt. teilweisen Vollziehung; ferner OLG Karlsruhe WRP 1987, 44, 46 mwN.

[6] Vgl. Handbuch § 86 Rdnr. 20.

[1] OLG Celle GRUR 1987, 716.

Zu § 88 Rechtsbehelfe und Rechtsmittel im einstweiligen Verfügungsverfahren (S. 1107 ff.)

1. Widerspruch (S. 1108). Durch die Entscheidung des OLG Celle vom 24. 7. 1986[1] ist erneut die Diskussion darüber entfacht worden, ob bei **Aufhebung einer Beschlußverfügung** durch ein Urteil im Widerpsruchsverfahren die Beschlußverfügung sofort oder erst nach Rechtskraft des Aufhebungsurteils beseitigt wird.[2] Die Beantwortung dieser Frage ist unter anderem für das Ordnungsmittelverfahren nach § 890 ZPO von einiger Bedeutung. Die Entscheidung des OLG Celle steht im Widerspruch zur nahezu einhelligen Ansicht in der Literatur,[3] der der Vorzug zu geben ist. Die von *Teplitzky*,[4] *Grundsky*[5] und *Pastor*[6] herausgearbeiteten Gesichtspunkte sprechen überzeugend gegen die – im wesentlichen formalen – Erwägungen in der Entscheidung des OLG Celle,[7] die neben der gerichtlichen Aufhebungsentscheidung die ursprüngliche Beschlußverfügung ein für den Antragsgegner gefährliches Eigenleben führen läßt.

2. Kostenwiderspruch (S. 1109 ff.). Mit einer in der Praxis nicht ungewöhnlichen taktischen Spielart der Verfolgung von Wettbewerbsverstößen durch den Mitbewerber beschäftigt sich die Entscheidung des OLG Düsseldorf vom 18. 3. 1987.[8]

Häufig mahnen Wettbewerber ihre Konkurrenten ab, beantragen aber zugleich, jedenfalls aber noch vor Ablauf der gesetzten Erklärungsfrist, auch eine einstweilige Unterlassungsverfügung.

(Wettbewerbs-)rechtlich ist hiergegen nichts zu erinnern, da, worauf in der Entscheidung zutreffend hingewiesen wird, ein Gewerbetreibender, dem ein wettbewerbsrechtlicher Unterlassungsanspruch zusteht, in seiner Entscheidung frei ist, welchen Weg er zur Durchsetzung dieses Anspruches wählen will.

Allerdings muß er die möglichen **kostenrechtlichen** Folgen des hier erörterten Verfahrens im Auge behalten. Unterwirft sich der Schuldner innerhalb der gesetzten Frist, hat der Antragsteller die Kosten des Verfügungsverfahrens **gem. § 93 ZPO** zu tragen. Versäumt der Schuldner die Frist, gehen die Kosten zu dessen Lasten, da sich die Einschaltung des Gerichtes dann als notwendig erwiesen hat. Die Vorwegnahme dieser „Erkenntnis" durch den Antragsteller ist für die – spätere – kostenrechtliche Prüfung im Rahmen der §§ 91, 93 ZPO ohne Bedeutung. Selbst wenn der säumige Schuldner lediglich Kostenwiderspruch einlegt, entbindet ihn das nicht von der Kostentragungspflicht.[9]

3. Berufung (S. 1116 ff.). Gibt der Antragsgegner nach Zustellung des Urteils, durch das der Antrag auf Erlaß einer einstweiligen Verfügung zurückgewiesen wurde, eine strafbewehrte Unterlassungsverpflichtungserklärung ab, entfällt hiermit nach OLG Saarbrücken[10] nicht die für eine Berufungseinlegung durch den Antragsteller erforderliche

---

[1] WRP 1986, 612; ebenso OLG Hamburg WRP 1976, 777; KG WRP 1982, 95/96; OLG Düsseldorf WRP 1981, 278.
[2] Zum Stand der Diskussion s. *Teplitzky* WRP 1987, 149/150; *Ahrens/Spätgens* S. 130 ff.; S. 158 ff.
[3] *Teplitzky* mwN.; *ders.*, Wettbewerbsrechtliche Ansprüche, Kap. 55 Rdnr. 13; *Baumbach/Hefermehl* § 25 UWG Rdnr. 69; *Nirk/Kurzte*, Wettbewerbsstreitigkeiten, Rdnr. 302; *Winkler* MDR 1962, 88; *Stein/Jonas/Grunsky*, ZPO, § 925 Rdnr. 19; *Baumbach/Lauterbach/Albers/Hartmann*, ZPO, 45. Aufl. § 925 Anm. 2. A. d.
[4] WRP 1987, 149/150.
[5] *Stein/Jonas/Grunsky* § 925 ZPO Rdnr. 19.
[6] Der Wettbewerbsprozeß, S. 359.
[7] S. Fn. 1.
[8] WRP 1988, 107/108.
[9] OLG Düsseldorf aaO; s. zum Kostenwiderspruch ferner: OLG Köln GRUR 1988, 487; KG WRP 1988, 198; OLG Hamburg WRP 1988, 47; *Ahrens/Spätgens* S. 42 ff.
[10] WRP 1987, 571/572 (Klagelosstellung durch Abgabe einer strafbewehrten Unterlassungserklärung, mwN. zum Sach- und Streitstand); OLG Hamm GRUR 1984, 68 und AnwBl. 1987, 42.

Nachtrag   Zu § 90

Beschwer. Wenn es mit einer solchen Berufung vielfach auch nur um eine Korrektur der Kostenentscheidung geht, bleibt dennoch zu beachten, daß die angefochtene Entscheidung durch den Ausspruch der Zurückweisung des Antrages gewisse Rechtskraftwirkungen zeitigt,[11] so daß mit Recht auch in diesem Falle die ausreichende sogenannte formelle Beschwer bejaht wurde. Im Hinblick auf § 99 Abs. 1 ZPO könnte allenfalls zweifelhaft sein, ob das allgemeine Rechtsschutzbedürfnis für die Berufung vorliegt, das hier aber gleichfalls zu bejahen sein dürfte, da bei Entscheidungen der vorliegenden Art sich das Rechtsschutzbegehren des Klägers nicht ausschließlich auf die Beseitigung des belastenden Kostenausspruchs beschränken dürfte. Diese Auffassung vertritt offensichtlich auch das OLG Saarbrücken, das allerdings in seiner Entscheidung diese Frage nicht abschließend beantwortet.[12]

Die Verurteilung zur Unterlassung mit **Gewährung einer Aufbrauchsfrist** enthält eine **teilweise Klageabweisung;** bei erstinstanzlichen Urteilen ist daher **Berufung** möglich.[13]

Zu § 90 Aufhebungsverfahren nach §§ 936, 926 ZPO (S. 1120 ff.)

1. Aufhebungsverfahren nach § 926 Abs. 2 ZPO (S. 1121). Der Aufhebungsantrag ist zulässig, wenn und solange die einstweilige Verfügung, deren Aufhebung begehrt wird, noch besteht, Frist nach §§ 936, 926 Abs. 1 ZPO gesetzt worden ist und die Voraussetzungen für die Fristsetzung (insbesondere das Rechtsschutzbedürfnis) noch vorliegen. Ein Fristsetzungsantrag nach § 926 Abs. 1 ZPO scheitert nach h. M.,[1] wenn der Antragsteller vorbehaltlos auf alle Rechte aus der erlassenen einstweiligen Verfügung verzichtet und den Titel dem Antragssteller ausgehändigt hat, der zu sichernde Anspruch auf jeden Fall entfallen ist oder wenn bei einem Unterlassungsanspruch wegen Zeitablaufs die Wiederholungsgefahr nicht mehr besteht. Sind diese Voraussetzungen erfüllt, fehlt zugleich das Rechtsschutzbedürfnis für einen Aufhebungsantrag nach § 926 Abs. 2 ZPO.[2] Das Rechtsschutzbedürfnis läßt sich auch nicht damit begründen, daß noch eine abschließende Bereinigung ansteht und die Verzichtserklärung des Antragstellers den Kostenausspruch ausgespart hat. § 926 ZPO verschafft dem Antragsgegner nur **die Möglichkeit, eine Überprüfung des materiellen Anspruchs im Hauptsacheverfahren zu erzwingen.** Mit seiner Entscheidung hat sich das OLG Düsseldorf[3] der überwiegenden Ansicht zu diesem Punkt angeschlossen.

Zur Wahrung der nach § 926 Abs. 1 ZPO gesetzten Frist kommt es entscheidend auf die **Zustellung** der Klageschrift an den Schuldner des vorläufig gesicherten Anspruchs an.[4] Wird die Frist **versäumt,** verliert die einstweilige Verfügung nicht ohne weiteres ihre Wirkung. Vielmehr bedarf sie – auf Antrag nach § 926 Abs. 2 ZPO – der – förmlichen – **Aufhebung.** Gem. § 231 Abs. 2 ZPO hat dies wiederum zur Folge, daß die Klageerhebung bis zum Schluß der mündlichen Verhandlung über den Aufhebungsantrag im ersten Rechtszug nachgeholt werden kann.[5] Gegen die wohl h. M.[6] lehnt das OLG Frankfurt[7] aus erwägenswerten, aber wohl eher pragmatischen Gründen[8] die Anwendbarkeit des § 270 Abs. 3 ZPO auf die Frist des § 926 Abs. 1 ZPO ab.

---

[11] S. Handbuch § 84 Rdnr. 174 ff.
[12] Vgl. zum Problem auch BGH NJW 1958, 995/996; OLG Hamm GRUR 1984, 68, 69.
[13] *Baumbach/Hefermehl* Einl. UWG Rdnr. 462; s. ferner OLG Düsseldorf GRUR 1986, 197.
[1] Handbuch § 90 Rdnr. 1 u. dortige Fußnoten; s. a. OLG Hamburg GRUR 1986, 564 ff.; Zu den Aufhebungsrechtsbehelfen insgesamt s. *Ahrens/Spätgens,* Einstweiliger Rechtsschutz und Vollstreckung in UWG-Sachen, 1988, S. 100 ff.
[2] OLG Düsseldorf WRP 1988, 247/248 mwN.
[3] OLG Düsseldorf aaO.
[4] OLG Frankfurt GRUR 1987, 650/651.
[5] Handbuch § 90 Rdnr. 13 mwN.
[6] *Baumbach/Hefermehl* § 25 UWG Rdnr. 82; *Baumbach/Lauterbach/Albers/Hartmann* § 926 Anm. 3.
[7] AaO.
[8] S. vor allem S. 651 1. Sp.

Zu § 91 Aufhebungsverfahren nach §§ 936, 927 ZPO (S. 1127 ff.)

1. „Veränderte Umstände" (Aufhebungsgrund (S. 1129). Ist die Vollziehungsfrist des § 929 Abs. 2 ZPO versäumt, wird die erlassene einstweilige Verfügung, ohne Möglichkeit einer Heilung oder eines Verzichts durch den Antragsgegner, **endgültig wirkungslos.** Hierzu bedarf es der förmlichen **Aufhebung im Verfahren gem. §§ 936, 927 ZPO.**[1]

Liegt zur **Hauptsache erst ein vorläufig vollstreckbares Urteil** vor, durch das die Unterlassungsklage abgewiesen wurde, bewirkt dies nicht ohne weiteres, daß nunmehr auch die – vom selben Gericht – erlassene und in Kenntnis der Entscheidung im Hauptsacheverfahren bestätigte einstweilige Verfügung aufgehoben werden müßte. Maßgeblich ist vielmehr der **Inhalt** der Hauptsacheentscheidung.[2] Ergibt sich bei kritischer Prüfung des vorläufig vollstreckbaren, aber noch nicht rechtskräftigen Urteils, daß es **rechtlich zutreffend begründet** und mit einem Erfolg des eingelegten Rechtsmittels **nicht zu rechnen** ist, kann die einstweilige Verfügung aufgehoben werden.[3] Eine entsprechende Entscheidung entspräche pflichtgemäßem richterlichen Handeln. Hegt das zu Entscheidung berufene Gericht berechtigte Zweifel, ob das abweisende Hauptsachurteil in der Rechtsmittelinstanz Bestand haben wird, empfiehlt sich die **Aussetzung des Aufhebungsverfahrens** bis zur rechtskräftigen Entscheidung des Hauptsacheverfahrens.[4]

Bei Eintritt veränderter Umstände kann der Antragsgegner frei wählen, ob er die Beseitigung der einstweiligen Verfügung über das **Anordnungs-** (Widerspruch, Berufung) oder über das **Aufhebungsverfahren** erreichen will.[5]

Allerdings kann ein verurteilter Antragsgegner – bei Versäumung der Vollziehungsfrist – Berufung und Verfahren nach §§ 936, 927 ZPO zulässigerweise **nicht nebeneinander** durchführen[6] oder nach Einlegung der Berufung **zusätzlich** ein Verfahren nach §§ 936, 927 ZPO einleiten.[7]

Die Parteien sind andererseits nicht gehindert, noch im Aufhebungsverfahren nach §§ 936, 927 ZPO den Verfügungsrechtsstreit übereinstimmend für in der Hauptsache erledigt zu erklären, selbst wenn gegen die einstweilige Verfügung mittlerweile Berufung eingelegt wurde.[8] Dieses Rechtsmittel ist der gegenüber dem zeitlich voraufgegangene Antrag nach §§ 936, 927 ZPO formal und materiellrechtlich weiterreichende Rechtsbehelf.[9] Daraus folgt aber zugleich, daß sich ein bei Berufungseinlegung bereits anhängiges Verfahren nach §§ 936, 927 ZPO als überflüssig und als **von Anfang an unzulässig** erweist.[10] Die Kosten dieses – unzulässigen – Verfahrens fallen nach übereinstimmender Erledigung gem. § 91a ZPO folglich dem Antragsgegner zur Last. Die entsprechende Kostenentscheidung umfaßt grundsätzlich aber **nur die Kosten des Aufhebungsverfahrens,** nicht diejenigen des Verfahrens der einstweiligen Verfügung.[11]

Zu der Streitfrage, ob durch **Klageabweisung im Hauptsacheverfahren** eine aufgrund

---

[1] So jetzt auch OLG Köln GRUR 1987, 404/405.
[2] Handbuch § 91 Rdnr. 11 mwN; s. a. *Ahrens/Spätgens,* S. 100 ff.
[3] OLG Düsseldorf WRP 1987, 252/263 mwN.; *Teplitzky* aaO.
[4] *Teplitzky* aaO.; *ders.,* Wettbewerbsrechtliche Ansprüche Kap. 56 Rdnr. 28; OLG Düsseldorf GRUR 1984, 757; GRUR 1985, 160; a. A. *Stein/Jonas/Grunsky* § 927 Rdnr. 6.
[5] Handbuch § 91 Rdnr. 2; *Ahrens/Spätgens,* S. 140 ff. mwN.
[6] OLG Düsseldorf WRP 1987, 676/677.
[7] OLG Koblenz WRP 1988, 389/390; *Teplitzky* Kap. 56 Rdnr. 33.
[8] OLG Düsseldorf aaO, auch zur Frage des Rechtsschutzbedürfnisses für die Berufung bei Möglichkeit eines Antrages nach §§ 936, 927 ZPO; s. a. OLG Köln WRP 1987, 567/568.
[9] OLG München WRP 1982, 602; OLG Hamm GRUR 1978, 611/618; s. f. OLG Karlsruhe WRP 1981, 285; OLG Düsseldorf aaO.
[10] OLG Düsseldorf aaO; s. f. OLG Koblenz aaO.
[11] OLG Koblenz aaO; Handbuch § 91 Rdnr. 14.

Nachtrag

Zu §§ 94, 95

desselben Sachverhaltes ergangene einstweilige Verfügung automatisch wirkungslos wird[12] oder der Aufhebung gem. §§ 936, 927 ZPO bedarf,[13] hat der BGH nunmehr das letzte Wort gesprochen und im Sinne der herrschenden Meinung entschieden.[14] Offengelassen hat er allerdings, ob Aufhebung nach §§ 936, 927 ZPO auch bereits vor Rechtskraft des klageabweisenden Hauptsacheurteils erfolgen kann oder u. U. sogar erfolgen muß.[15]

Zu § 94 Das Abschlußverfahren (S. 1138 ff.)

Es ist inzwischen allgemein anerkannt, daß **nach Erlaß einer einstweiligen Verfügung** ungeachtet einer bereits vor Einleitung des einstweiligen Verfügungsverfahrens vergeblich ausgesprochenen Abmahnung grundsätzlich nur dann ohne Kostenrisiko aus § 93 ZPO Hauptsacheklage erhoben werden kann, wenn der Beklagte zuvor – regelmäßig in Form eines sogenannten „Abschlußschreibens" – unter Fristsetzung befragt worden ist, **ob er die einstweilige Verfügung als endgültige Regelung des Wettbewerbsstreits anerkennen wolle und wenn dem Kläger vor Einreichung der Klage eine sogenannte „Abschlußerklärung" nicht übermittelt worden ist.**[1] Nach OLG Köln[2] gilt das auch, wenn der Verletzte trotz Nichtabgabe der Abschlußerklärung zunächst von der Klageerhebung absieht und die mündliche Verhandlung über den gegen eine Beschlußverfügung eingelegten Widerspruch sowie die Verkündung des (bestätigenden) Urteils abwartet. In derartigen Fällen ist daher ein **zweites Abschlußschreiben** notwendig, um Kostennachteile nach § 93 ZPO zu vermeiden.

Was den **Zeitpunkt** der Übermittlung des Abschlußschreibens bei Urteilsverfügungen und bestätigenden Verfügungsurteilen anbelangt, ist zu beachten, daß dem Verletzer hinreichend Gelegenheit gegeben ist, sich darüber schlüssig zu werden, ob er den Rechtsstreit fortsetzen oder die einstweilige Verfügung als endgültig anerkennen will. Gelegenheit dazu erlangt er erst, wenn ihm das Urteil **in vollständiger Form** zugestellt worden ist, wobei die **Bedenkfrist** (hier: 12 Tage) erst mit diesem Zeitpunkt zu laufen bginnt. Es kann von dem Antragsgegner insbesondere nicht verlangt werden, seine Entscheidung bereits aufgrund des Verlaufs der mündlichen Verhandlung im Widerspruchsverfahren zu treffen oder bereits nach Einblick in das bei Gericht befindliche Original des Urteils.[3]

Zu § 95 Zwangsvollstreckung aus der einstweiligen Verfügung (S. 1145 ff.)

1. Abgrenzung zur Handlungsvollstreckung (S. 1151). Aufgrund der Unterlassungsverurteilung ist der Schuldner ggf. auch zur Vornahme gewisser **Handlungen** verpflichtet.[1] Jedoch ist der Unterlassungsschuldner *aus dem Unterlassungstitel* nicht zur Beseitigung eines zuvor von ihm geschaffenen Störungszustandes verpflichtet, wenn dieser Zustand

---

[12] So etwa *Pastor*, Der Wettbewerbsprozeß, S. 471.
[13] So d. h. M., vgl. Handbuch § 91 Rdnr. 11 mwN.; *Teplitzky* WRP 1987, 149.
[14] WRP 1987, 169/171 – Berührung; s. a. OLG Koblenz WRP 1988, 389/390; *Ahrens/Spätgens*, S. 113 f.
[15] Vgl. hierzu Handbuch § 91 Rdnr. 11; *Teplitzky* aaO; OLG Düsseldorf WRP 1987, 252/253; *Ahrens/Spätgens*, aaO mwN.
[1] OLG Köln WRP 1987, 188/190 mwN.; OLG Köln WRP 1984, 505; *Teplitzky*, Wettbewerbsrechtliche Ansprüche, Kap. 43 Rdnr. 1 ff. mwN.; s. a. OLG Köln GRUR 1986, 563 ff. – Antragsveranlassung; *Ahrens/Spätgens*, S. 58 ff., auch zum Umfang der Verzichtserklärung.
[2] WRP 1987, 188/190 f.
[3] OLG Köln WRP 1987, 188/190.
[1] Handbuch § 95 Rdnr. 2 u. 27; *Ahrens/Spätgens* Gütliche Streiterledigung in VWG-Sachen, S. 5 f., Einstw. Rechtsschutz und Vollstreckung in VWG-Sachen, S. 170 ff.

nicht mehr seinem eigenen Verfügungsbereich unterliegt. Auch eine **Vertragsstrafe** wird daher nach OLG Stuttgart[2] z. B. **nicht verwirkt,** wenn bereits verteilte Prospekte von unabhängigen Händlern nicht zurückgerufen werden.

2. **Vollstreckungsvoraussetzungen (S. 1151).** Umstritten ist, was im Hinblick auf ein bereits freiwillig gezahltes oder vollstrecktes Ordnungsmittel gem. § 890 Abs. 1 ZPO zu geschehen hat, wenn der Gläubiger den Vollstreckungsantrag zurücknimmt.[3]

Im Falle des **noch nicht rechtskräftigen Ordnungsmittelbeschlusses** hält das OLG Düsseldorf[4] eine analoge Anwendung des § 269 Abs. 3 ZPO für geboten. Begründung und Ergebnis verdienen Zustimmung.

Nach wie vor uneinheitlich behandeln die Oberlandesgerichte die Frage, wie der **Titelfortfall nach Zuwiderhandlung,** insbesondere der Fall der übereinstimmenden Erledigungserklärung, vollstreckungsrechtlich zu behandeln ist.[5] Mit unterschiedlichen Akzentsetzungen in der Begründung halten die Oberlandesgerichte Düsseldorf[6] und Hamm[7] es aus grundsätzlichen vollstreckungsrechtlichen Gründen – Fehlen eines Vollstreckungstitels im maßgeblichen Zeitpunkt der Entscheidung über das Ordnungsmittelgesuch – schlechthin für unzulässig, bei Titelfortfall noch Maßnahmen gem. § 890 ZPO zu treffen oder aufrechtzuerhalten.[8] Fortfall des Vollstreckungstitels führt nach dieser – weitgehend mit formalen Gründen unterlegten – Ansicht zwangsläufig zur Erledigung eines noch schwebenden Ordnungsmittelverfahrens (§ 91 a ZPO).[9]

Im Zwangsvollstreckungsverfahren sind an die Einhaltung aller Förmlichkeiten strenge Anforderungen zu stellen. Namentlich dort, wo es, wie bei der Vollstreckung aus § 890 ZPO, entscheidend auf die subjektive Seite, das Verschulden des Schuldners, ankommt, ist der genaue Wortlaut einer vollstreckbaren Entscheidung von wesentlicher Bedeutung. Dem OLG Karlsruhe[10] ist daher zu folgen, wenn es bei einem auf Widerspruch neu formulierten, wenn auch inhaltlich nicht wesentlich veränderten Verfügungsgebot die Vollstreckungsvoraussetzungen dann nicht für gegeben erachtet, wenn das mit Gründen versehene Urteil erst nach der Zuwiderhandlung zugestellt wurde.

3. **Zuwiderhandlung (S. 1154).** Der Schutzumfang des Unterlassungstenors umfaßt auch Handlungen, die im Kern verboten sind.[11] Festzustellen ist also in jedem Einzelfall der Kern der Verletzungshandlung. Das geschieht ggf. durch Auslegung des Urteils aus dem Zusammenhang von Tenor und Entscheidungsgründen.[12]

4. **Entscheidung des Gerichtes (S. 1157).** Die **Höhe des Ordnungsgeldes** muß schuldangemessen und geeignet sein, den titulierten Anspruch durchzusetzen. Es muß sich an der **Intensität der Titelmißachtung** orientieren und jedenfalls so hoch angesetzt werden, daß der aus dem Verstoß erzielte **Gewinn abgeschöpft** wird. Nur auf diese Weise läßt sich eine Beachtung des gerichtlichen Verbotes letztlich sicherstellen.[13] Die Ersatzordnungs-

---

[2] OLG Stuttgart WRP 1988, 129.
[3] Vgl. etwa *Baumbach/Lauterbach/Albers/Hartmann* § 890 Anm. 4 mwN.
[4] WRP 1988, 374/375; s. a. *Wieser* NJW 1988, 665/666.
[5] *Pastor,* Die Unterlassungsvollstreckung nach § 890 ZPO, S. 71 ff., 121 ff., 228 ff.; OLG Düsseldorf WRP 1988, 37/38 mwN; *Ahrens/Spätgens,* Einstweiliger Rechtsschutz und Vollstreckung in UWG-Sachen, S. 202 ff.
[6] OLG Düsseldorf aaO.
[7] OLG Hamm WRP 1987, 566 ff.; s. a. OLG Hamm MDR 1985, 591; ebenso OLG Köln GRUR 1986, 335 ff.
[8] Zur grundsätzliche Problematik: Handbuch § 95 Rdnr. 29 ff.; *Teplitzky* Kap. 57 Rdnr. 37; s. a. Fn. 5.
[9] OLG Hamm aaO.
[10] WRP 1988, 257/258.
[11] Handbuch § 95 Rdnr. 42 ff. mwN; *Ahrens/Spätgens* S. 211 ff.
[12] OLG Köln WRP 1987, 127.
[13] OLG Köln WRP 1987, 569 mwN.

Nachtrag

haft muß den vorgenannten repressiven und präventiven Zwecken des Ordnungsgeldes entsprechen. Dieses Prinzip wird nach OLG Frankfurt[14] ermessenfehlerhaft mißachtet, wenn bei einem „empfindlichen" Ordnungsgeld von 7500,– DM lediglich eine Ersatzordnungshaft von drei Tagen angesetzt wird.

Der Vollstreckungsgläubiger kann in einem solchen Falle **sofortige Beschwerde** mit dem Ziel der Erhöhung der Ersatzordnungshaft einlegen.[15]

Rechtsnatur, Wesen und Zielsetzung des Ordnungsmittels verbieten es jedoch, bei der Festsetzung der Ersatzordnungshaft die strafrechtlichen Grundsätze über die Höhe eines Tagesatzes heranzuziehen.[16]

Ordnungsmittel werden grundsätzlich für „jeden Fall" der Zuwiderhandlung verhängt. Das schließt indes nicht aus, daß mehrere mit Gesamtvorsatz begangene Einzelhandlungen zu einer einzigen **Fortsetzungstat** zusammengefaßt werden, die nur ein (allerdings **angemessenes!**) Orndungsmittel auslöst.[17]

Der Fortsetzungszusammenhang wird **unterbrochen,** wenn die Festsetzungsentscheidung zugestellt wird; auf Einzelhandlungen, die **nach Festsetzung** begangen werden, bezieht sich der Fortsetzungszusammenhang nicht.[18]

Besitzt der Gläubiger einen Titel gegen eine GmbH & Co KG, ihre Komplementär-GmbH und deren Geschäftsführer, läßt das OLG Hamm[19] bei einem Verstoß gegen das Titelgebot nur ein **einheitliches Ordnungsgeld** gegen die drei Schuldner als **Gesamtschuldner** zu. Es begründet dies überzeugend damit, daß nur ein einziges Fehlverhalten der einzigen natürlichen Person unter den drei Schuldnern vorliege, für das die beiden anderen einstehen müßten. Diese Lösung vermeidet die mißliche, rechtsstaatlich bedenkliche Folge, daß eine etwaige Ersatzordnungshaft mehrfach an dem Geschäftsführer vollzogen werden müßte oder daß er – trotz eigener Zahlung – für die nichtzahlenden Schuldner die Ersatzordnungshaft abzuleisten hätte.

Zu § 96 Schadensersatzpflicht nach § 945 ZPO (S. 1159 ff.)

1. Voraussetzungen (S. 1160). Als von Anfang an ungerechtfertigt anzusehen ist eine einstweilige Verfügung auch dann, wenn die ihr zugrunde liegende Gesetzesvorschrift vom Bundesverfassungsgericht **für verfassungswidrig und nichtig erklärt** wird.[1]

2. Umfang der gerichtlichen Nachprüfung bei Vorliegen einer rechtskräftigen Vorentscheidung (S. 1161 ff.). Bei der Frage, ob und inwieweit **Vorentscheidungen im Verfügungs- oder Hauptsacheverfahren** das Schadensersatzgericht **binden,** läßt sich eine einheitliche Rechtsprechungslinie bisher nicht ausmachen.[2]

Bindungswirkung durch ein den Verfügungsanspruch verneinendes **Verfügungsurteil** lehnt das *KG*[3] im Anschluß an *Teplitzky*[4] mit der deutlich im Vordringen befindlichen Auffassung in Literatur und Rechtsprechung[5] überzeugend ab.

---

[14] GRUR 1987, 940.
[15] OLG Frankfurt aaO mwN. (Fn. 14).
[16] OLG Frankfurt aaO (Fn. 14).
[17] H. M.; vgl. *Baumbach/Hefermehl* Einl. UWG Rdnr. 546; *Teplitzky* Kap. 47 Rdnr. 34, jeweils mwN.; *Ahrens/Spätgens* Die gütliche Streiterledigung in UWG-Sachen, S. 69 ff. mwN. – für Vertragsstrafe –; OLG Stuttgart GRUR 1986, 335 ff.
[18] *Baumbach/Hefermehl* aaO.
[19] WRP 1987, 42.
[1] KG GRUR 1987, 570, 571; h. M.; vgl. *Teplitzky* Kap. 37 Rdnr. 10 mwN.
[2] Eingehend zu diesem Problem: *Teplitzky* Kap. 37 Rdnr. 13 ff.; *ders.,* WRP 1987, 149 ff.; s. f. *Baumbach/Hefermehl* § 25 UWG Rdnr. 108.
[3] GRUR 1987, 940/941.
[4] AaO.; *ders.,* NJW 1984, 850 ff., DRiZ 1985, 179 ff.
[5] S. Handbuch § 96 Rdnr. 9.

Zu § 96

3. Schadensersatzanspruch (S. 1163 f.). Aufgrund des § 945 ZPO kann der Antragsgegner den Schaden ersetzt verlangen, der ihm **„aus der Vollziehung"** entstanden ist. Hat der Schuldner ein **Ordnungsgeld** zahlen müssen, beruht das nicht auf der Vollziehung, sondern auf dem Verstoß gegen die einstweilige Verfügung. Die Zahlung erfolgte überdies an die Staatskasse und nicht an den Gläubiger. Der nach § 945 ZPO zu ersetzende Schaden umfaßt daher **nicht** ein gem. § 890 ZPO gezahltes Ordnungsgeld.[6]

---

[6] H. M., zuletzt: KG GRUR 1987, 571 f.; s. a. *Teplitzky* Kap. 37 Rdnr. 46 f.; s. f. *Ahrens/Spätgens*, Einstweiliger Rechtsschutz S. 137 ff. mwN.

Um das Einstecken der Nachtragslieferung in die Tasche des Hauptbandes zu erleichtern, wurde der Umschlag auf der Rückseite leicht abgeschrägt.